U0794865

法律硕士联考

标准化题库

白文桥　陈鹏展　郭志京
编写

中国人民大学出版社
·北京·

图书在版编目（CIP）数据

法律硕士联考标准化题库/白文桥，陈鹏展，郭志京编写．--北京：中国人民大学出版社，2023.2
ISBN 978-7-300-31354-2

Ⅰ.①法… Ⅱ.①白…②陈…③郭… Ⅲ.①法律—研究生—入学考试—习题集 Ⅳ.①D9-44

中国国家版本馆CIP数据核字（2023）第016681号

法律硕士联考标准化题库
白文桥　陈鹏展　郭志京　编写
Falü Shuoshi Liankao Biaozhunhua Tiku

出版发行	中国人民大学出版社		
社　址	北京中关村大街31号	**邮政编码**	100080
电　话	010-62511242（总编室）		010-62511770（质管部）
	010-82501766（邮购部）		010-62514148（门市部）
	010-62515195（发行公司）		010-62515275（盗版举报）
网　址	http://www.crup.com.cn		
	http://www.1kao.com.cn(中国1考网)		
经　销	新华书店		
印　刷	涿州市星河印刷有限公司		
规　格	185 mm×260 mm　16开本	**版　次**	2023年2月第1版
印　张	37.5	**印　次**	2023年2月第1次印刷
字　数	1 132 000	**定　价**	99.90元

法硕精品课程使用说明

人大社法硕绿皮书已陪伴一届又一届法硕考生走过近二十载，为了不负考生们的信任和厚爱，我们一直坚持提供高质高效的备考复习内容。随着法硕考生人数的增加，竞争日趋激烈，为了更好地服务广大考生，我们邀请绿皮书系列的主要作者、法硕辅导名师白文桥主讲法硕备考精品课程。白老师毕业于中国人民大学法学院，深耕法硕联考辅导多年，通贯五科，深谙命题规律和解题方法，培训出众多高分考生。

凡是购买正版书的考生，可凭封面兑换码，兑换免费学习课程。衷心希望人大社法硕绿皮书及精品课程能帮助考生高效复习，快速提分，金榜题名！

课程兑换及使用说明：

关注微信公众号“法硕绿皮书”，点击公众号底栏中的“课程中心”，下拉进入“个人中心”，在“个人中心”中找到“兑换中心”，输入封面课程兑换码，即兑换成功。兑换成功后，可在“个人中心”中“我的课程”里进入已兑换的课程进行学习。

注：随书兑换的课程均非销售课程，只能通过购书免费兑换使用。由于平台条件设置，兑换课程须标出价格，标识价格不代表课程为付费课程。

关于课程的详细说明及更多备考干货，可关注微信公众号后获取。

扫码关注“法硕绿皮书”

法律硕士联考各类题型的解题技巧

（代前言）

一、概述

复习是应试的基础，是考研成功的根本保障。一切解题技巧都是建立在认真复习、全面掌握有关知识的基础之上的，离开全面、认真、深入、细致的复习，所谓的应试技巧都是无水之源、无本之木，扎实复习、读透考纲、吃透教材才是根本。但是，单凭考纲和教材是不够的，考生还应当根据考试大纲的要求，选择合适的习题集，进行有针对性的练习。这对于考生明确法律硕士联考的考查范围，提高应试水平，大有裨益。

本书一共编写了 1 600 多道题，题型涉及单项选择题、多项选择题、简答题、法条分析题、案例分析题、分析题和论述题。上述练习题都是根据法律硕士入学考试的要求设计的。需要注意的是，上述练习题中，非法学方向刑法学和民法学不考论述题，法学方向刑法学和民法学不考法条分析题，其余题型都属于非法学方向和法学方向必考题型，只是在考查的分值上有差异，具体表现在：（1）非法学方向专业课和综合课单选题都是 40 分，而法学方向专业课和综合课单选题都是 20 分；（2）非法学方向专业课案例分析题一道题为 15 分，法学方向专业课案例分析题一道题为 20 分；（3）非法学方向中国法制史考查的 1 道分析题为 10 分，法学方向中国法制史考查的 1 道分析题为 20 分。

二、选择题的答题方法

选择题是一种客观性试题，具有标准答案。在非法学方向的法律硕士入学考试中，专业课和综合课选择题的分值总计 120 分，占总分值的 40%；在法学方向的法律硕士入学考试中，专业课和综合课选择题的分值总计 80 分，占总分值的 27%。选择题分为单项选择题和多项选择题两种。考生在做选择题时要特别注意看清题意和要求，千万不要尚未理解题意便匆匆做题，造成不应有的失分。考生一定要注意题干中表达否定含义的词语，如“下列选项中，表述错误的是（　）”“下列表述不正确的是（　）”“下列选项中，不适用不当得利的有（　）”，对于带有否定性字眼的选择题，一定不要作出相反的选择。

例 1（刑法学，单项选择题）：下列关于犯罪客体的表述中，错误的是（　　）。

A. 犯罪同类客体是建立刑法分则体系的主要依据

B. 犯罪直接客体就是犯罪行为直接指向的人或物

C. 犯罪直接客体是刑法所保护而被犯罪侵犯的具体社会关系

D. 一个犯罪可以同时侵犯数个直接客体

由于题干要求选出表述错误的选项，因此答案应当是 B 项。

关于选择题，常见的解题技巧有：

（1）顺推法，即根据记忆从备选项中选出正确答案。

例 2（民法学，多项选择题）：下列人格权益中，权利人可以许可他人使用的是（　　）。

A. 姓名　　B. 名称

C. 名誉　　D. 肖像

《民法典》第 993 条规定，民事主体可以将自己的姓名、名称、肖像等许可他人使用，但是依照法律规定或者根据其性质不得许可的除外。据此，选 A、B、D 项，而从性质上分析，名誉不可能许可他人使用。从这道题可以看出，熟悉民法典条文，对于作答选择题是十分必要的。

（2）排除法，即排除不正确的选项，然后剩下的就是正确答案了。

例 3（法理学，多项选择题）：西方社会两大法系的差别有（　　）。

A. 阶级本质不同　　B. 历史渊源不同

C. 经济基础不同　　D. 诉讼模式不同

西方社会的两大法系指的是大陆法系和英美法系，两大法系的阶级本质和经济基础是相同的，都属于资本主义法系，故排除 A 项和 C 项。本题属于多选，至少需要选两个选项，即便考生不理解 B 项或 D 项的真实含义，也要选择 B 项和 D 项。

当然，上述两种方法并用效果会更佳。

（3）对比法，即将本题目与相关的内容（相反或者相近的内容）进行对比，从而确定正确答案。

例 4（中国宪法学，单项选择题）：下列选项中，属于我国现行宪法规定的公民政治权利的是（　　）。

A. 结社自由　　B. 通信自由

C. 劳动者休息的权利　　D. 受教育权

通过对例 4 所列选项的对比可以发现，只有结社自由属于公民的政治权利，而通信自由属于广义人身权利的范畴，劳动者的休息权和受教育权属于社会文化权利。

如果用以上方法难以确定答案，最后一招就是根据感觉挑选答案，但这实在是迫不得已之举。

例 5（中国法制史，多项选择题）：下列选项中，属于宋朝临时设置的专门处理皇帝交办案件的中央司法机关有（　　）。

A. 审刑院　　B. 枢密院

C. 制勘院　　D. 推勘院

该题答案是 C 项和 D 项。如果考生对宋朝的司法机关不熟悉，那么用顺推法、排除法、对比法都未必能将此题选对，特别对于超纲题，考生更是难以选择。因此，迫不得已的办法就是跟着感觉走，这虽然并不稳妥，但也是无奈之举。这也表明，扎实的法学功底是顺利通过法律硕士入学考试的基础。

三、简答题的命题规律和答题方法

简答题是一种常见的主观性试题，题目可大可小，内容可深可浅，伸缩性较强。但从历年试卷简答题的考查内容来看，简答题涉及的是比较重要的知识点，偏、难、怪题很少出现，无论是法学方向还是非法学方向的法律硕士入学考试概莫如此。例如，在非法学方向的法律硕士入学考试中，自 2004 年起，刑法学考查过的简答题包括：教唆犯的概念和处断原则，侵占罪和盗窃罪的界限，一般累犯的成立条件及累犯的法律后果，抢劫罪与敲诈勒索罪的界限，撤销缓刑的事由和法律后果，职务侵占罪和侵占罪的区别，刑法关于死刑的限制性规定，转化型抢劫的成立条件，刑罚特殊预防、一般预防的概念及相互关系，强奸罪（未遂）与强制猥亵、侮辱妇女罪的区别，酌定量刑情节的概念和种类，行贿罪的成立条件，防卫过当的成立条件，黑社会性质组织的特征，犯罪预备的成立条件，渎职罪的概念和构成要件，犯罪中止的特征，利用影响力受贿罪的主体范围，因缺乏共同故意从而不构成共同犯罪的具体情形，诽谤罪的构成要件，间接故意与过于自信的过失的区别，骗取贷款罪的构成要件，缓刑的适用条件，组织、领导、参加恐怖组织罪的构成要件，结合犯的特征，赌博罪的构成要件，假释的法律后果，危害公共安全罪的共同特征，连续犯的特征，减刑的限度，犯罪客体的种类，集资诈骗罪与非法吸收公众存款罪的区别，单位自首的认定，徇私枉法罪的构成要件，纯正不作为犯的构成要件，寻衅滋事罪的客观方面，刑罚的主要特征，侵犯著作权罪的客观行为方式。民法学考查过的简答题包括：用益物权和担保物权的区别，表见代理的概念和构成要件（2017 年联考中重考），附条件民事法律行为的概念和所附条件的特点，抵押权的概念和特征，建筑物区分所有权的概念和特征，代位继承和转继承的区别，善意取得的概念和构成条件，遗赠和遗嘱继承的区别，物权和债权的区别，我国侵权民事责任归责原则的种类及其各自的适用范围，法人成立的条件，保证的含义和特征，民事法律行为的有效条件，缔约过失责任的适用情形，诚实信用原则的含义和功能，我国民法中适用无过错责任原则的主要情形，民事法律行为的含义和特征，留置权的含义及成立条件，知识产权的法律特征，遗嘱的有效条件，不安抗辩权的构成要件，邻接权与著作权的主要区别，职务发明创造的具体类型，滥用代理权的主要情形及其效力，宣告死亡的条件，我国专利权客体的具体类型，侵权责任的承担方式，效力待定民事法律行为的法律后果，表演者的权利与表演权的区别，地役权的特征，赠与人可以行使法定撤销权的事由，撤销监护人资格的法定事由，侵犯商标权的主要情形，宅基地使用权的特征，民法典侵权责任编中连带责任的适用情形，物业服务合同中物业服务人的主要义务，肖像权合理使用的情形。法理学考查过的简答题包括：法律规范的特征，法的社会作用与规范作用之间的区别，法的指引作用的种类，法律制定的特征，法律规范的逻辑结构及其要素，法律责任的分类，法律是一种特殊社会规范的原因，法律监督体系中有关国家监督的内容，司法解释的基本作用，资本主义法律的基本特征，法律事实的含义和特征，执法的基本原则，法的规范作用与社会作用的关系，两大法系的主要区别，我国司法机关依法独立行使职权的内涵，法律继承的根据，法律全球化的主要表现，中国特色社会主义法治体系的主要内容，法律的基本特征，法律职业的内涵与特征，法律事实的概念与主要分类，形式法律推理的种类。中国宪法学考查过的简答题包括：我国公民选举权的平等性原则，民族区域自治与特别行政区自治的区别，2004 年宪法修正案关于经济制度修改的内容，我国现行宪法解释体制，全国人大专门委员会的性质和作用，全国人民代表大会代表的权利和义务，全国人民代表大会常务委员会组成人员的规定及其意义，我国现行宪法的修改制度，我国宪法关于紧急状态的规定，上下级人民检察院的关系及其表现，我国宪法关于公民私有财产保护的规定，我国宪法关于宗教信仰自由的规定，我国宪法对公民人身自由的规定，我国现行宪法规定的公民的基本义务，我国选举制度的基本原则，我国宪法上的公民监督权，现行宪法对非公有制经济的规定，我国人大代表执行职务的保障，宪法解释的方法。中国法制史考查过的内容包括：《中国土地法大纲》的内容，南京国民政府民法典的内容、特点，《大清新刑律》的内容、特点，南京临时政府司法改革的主要措施，1935 年《中华民国刑法》的主要特点，南京国民政府法律体系的主要构成，清末领事裁判权制度，南京国民政府法律制度的主要特点（2018 年联考中重考），《中华民国临时约法》的历史意义，清末修律的历史意义，中国古代法典从《唐律疏议》到《大清律例》篇章体例的发展演变，北洋政府立法活动的特点，《中华民国临时政府组织大纲》的性质及其历史意义，汉代的春秋决狱，《大清现行刑律》对《大清律例》的主要修改，1923 年《中华民国宪法》的主要特点，宋朝监察制度的主要内容。

在法学方向的法律硕士入学考试中，自 2010 年起，刑法学考查过的简答题包括：结果加重犯的概念和构成特征，交通肇事罪的概念和构成要件，刑事责任的解决方式，生产、销售伪劣产品罪的行为方式，犯罪未遂的特征与类型，逃税罪的构成要件，法条竞合的概念及其处理原则，食品监管渎职罪的构成要件，刑法中危害结果的分类，污染环境罪的构成要件，缓刑的适用条件，我国刑法中国家工作人员的范围，刑法的概念和特征，渎职罪的共同特征，牵连犯的概念及要件，危害公共安全罪的概念和共同特征，连续犯的特征，减刑的限度，犯罪客体的种类，集资诈骗罪与非法吸收公众存款罪的区别，单位自首的认定，徇私枉法罪的构成要件，纯正不作为犯的构成要件，寻衅滋事罪的客观方面，刑罚的主要特征，侵犯著作权罪的客观行为方式。民法学考查过的简答题包括：婚姻的效力，一般人格权的功能，非法人组织的概念及应具备的条件，地役权和相邻关系的区别，民事法律行为的含义和特征，用益物权和担保物权的区别，共同危险行为的构成要件，遗赠和遗赠扶养协议的区别，共同侵权行为的概念和构成要件，离婚与撤销婚姻的区别，产品责任的构成要件及其责任形式，滥用代理权的主要情形及其效力，商业秘密的构成要件，附条件民事法律行为的含义和所附条件的特点，商标权的内容，侵权责任的抗辩事由，效力待定民事法律行为的法律后果，表演者的权利与表演权的区别，地役权的特征，赠与人可以行使法定撤销权的事由，撤销监护人资格的法定事由，侵犯商标权的主要情形，宅基地使用权的特征，民法典侵权责任编中连带责任的适用情形，物业服务合同中物业服务人的主要义务，肖像权合理使用的情形。法理学考查过的简答题包括：科学技术对法律的影响，法的基本特征，我国法律责任的归责原则，法律责任的构成要件，法的作用的局限性，法律与国家的一般关系，法律论证的正当性标准，法律全球化的主要表现，中国特色社会主义法治体系的主要内容，法律的基本特征，法律职业的内涵与特征，法律事实的概念与主要分类，形式法律推理的种类。中国宪法学考查过的简答题包括：我国基层群众性自治组织的概念和特点，我国宪法作为根本法的特征，我国人民法院的审判工作原则，我国中央对特别行政区行使的权力，我国现行宪法规定的土地制度，我国民族自治机关自治权的主要内容，宪法的发展趋势，我国现行宪法规定的公民的基本义务，我国选举制度的基本原则，我国宪法上的公民监督权，现行宪法对非公有制经济的规定，我国人大代表执行职务的保障，宪法解释的方法。中国法制史考查过的简答题包括：《中华民国民法》的主要内容和特点，清末司法组织体制改革的主要内容，《中华民国临时政府组织大纲》的特点和历史意义，《中华民国临时约法》的主要内容，《中华民国训政时期约法》的主要内容，中国古代法典从《唐律疏议》到《大清律例》篇章体例的发展演变，清末诉讼审判制度改革的主要内容，《中华民国临时政府组织大纲》的性质及其历史意义，中华民国南京国民政府法律制度的主要特点，汉代的春秋决狱，《大清现行刑律》对《大清律例》的主要修改，1923 年《中华民国宪法》的主要特点，宋朝监察制度的主要内容。

上述简答题都属于法律硕士考试大纲规定的比较重要的知识点。从法律硕士入学考试的试卷结构来看，专业基础课部分刑法学和民法学各占两道简答题，而综合课部分，法理学、中国宪法学和中国法制史则各占一道简答题。现举例说明各门学科的命题规律和答题方法。

（一）专业基础课简答题的命题规律和答题方法

无论是非法学方向研究生入学考试，还是法学方向研究生入学考试，专业基础课简答题的答题方法都是：由于受分值的限制，简答题应当问什么就回答什么，对于没有指明回答的问题，不要作出额外的回答。除了概念之外，每一个要点都要用一两句话作出概括性总结，最好不要超过两句话。因此，回答专业基础课的简答题时，切忌展开论述，做无目的的长篇大论。

从命题规律上看，考试中刑法学的两道简答题，总则占一道，分则占一道（2018 年非法学和法学方向联考中，刑法学考查的都是总则方面的简答题）；从出题类型上看，总则部分的简答题考查的类型包括概念、特征、构成要件（成立条件）、客观方面（法定客观行为方式）、处断原则和法律后果，分则部分的简答题考查的类型包括各类罪名的概念、特征、构成要件以及两个相近罪名的区别等。

从命题规律上看，考试中民法学的两道简答题，往往集中在总则、物权、债权、继承和侵权几部分，但命题比重最高的是物权，其次是总则和继承，再次是侵权。简答题考查的类型包括概念、特征、构成要件、适用情形（法定事由、法定情形）、适用范围、类型、内容（含民事主体的权利义务）和概念之间的区别等。例如，简述留置权的概念和成立条件，简述肖像权合理使用的情形，简述违反物权法定原则的法律后果，简述处理个人信息的原则和条件，简述承揽合同中承揽人的权利，简述遗赠扶养协议和遗赠的区别，等等。

现举刑法学和民法学各一例来说明简答题的答题方法。

例 6（刑法学，简答题）：简述假释的概念和法律后果。

答案：假释是指对被判处有期徒刑、无期徒刑的犯罪分子，在执行一定刑期之后，因其认真遵守监规，接受教育改造，确有悔改表现，没有再犯罪的危险，而附条件地将其予以提前释放的制度。

假释的法律后果有：

（1）被假释的犯罪分子，在假释考验期内没有法定撤销假释的情形，假释考验期满，就认为原判刑罚已经执行完毕。

（2）被假释的犯罪分子，在假释考验期内再犯新罪或者发现其在判决前还有其他犯罪没有判决的，应当撤销假释，对所犯罪行按刑法规定实行数罪并罚。

（3）被假释的犯罪分子，在假释考验期内有违反法律、法规的行为，尚未构成犯罪的，应当依据法定程序撤销假释，收监执行未执行完毕的刑罚。

例7（民法学，简答题）：简述知识产权的概念和特征。

答案：知识产权是指民事主体对创造性智力成果依法享有的权利的总称。

知识产权的特征有：

（1）专有性（或排他性、独占性）。知识产权为权利主体独占享有，同一智力成果之上不能有两项以上完全相同的知识产权并存。

（2）地域性。知识产权只在其产生的特定国家或地区的领域内有效，不具有域外效力。

（3）时间性。知识产权通常只在法定期限内有效，超出法定保护期，知识产权即消灭。

（4）客体的无形性。知识产权的客体是智力成果，而智力成果是不具有物质形态的，这是知识产权与其他民事权利的重大区别。

（二）综合课简答题的命题规律和答题方法

从命题规律上看，综合课法理学、中国宪法学和中国法制史因学科性质不同，命题侧重点和命题方式有所差异。一般而言，法理学简答题的命题方式较为复杂，包括概念、特征、条件、作用、任务、原则、类型、情形、表现、主要内容以及相关概念的区别等。中国宪法学重点考查条文类简答题，以宪法条文为主，同时也有非条文类的简答题。对于一些条文类的中国宪法学简答题，需要考生归纳总结，如我国宪法关于紧急状态的规定，我国宪法关于政治权利和自由的规定。综观十多年考试情况，中国法制史简答题从考查近代内容向考查古代和近代内容兼顾的方向发展，除2015年、2019年和2022年法律硕士联考（含非法学和法学）外，其余年份考查的简答题都是出自近代内容。现举例说明综合课简答题的答题方法。

例8（法理学，简答题）：简述形式法律推理的种类。

答案：刑式法律推理包括演绎推理、归纳推理和类比推理三种。

（1）演绎推理，是从一般到特殊的推理形式，即从一般的知识推出特殊的知识的推理。

（2）归纳推理，是从个别事物或现象的知识推出该类事物或现象的一般原则的推理。

（3）类比推理，是一种从个别到个别的推理，它是根据两类对象的某些属性的相似性推出它们在另一些属性方面也具有相似性的推理活动。

例9（中国宪法学，简答题）：简述上下级人民检察院的关系及其表现。

答案：（1）主要组成人员的任免。地方各级检察院检察长的任免必须报上一级检察院检察长提请该级人大常委会批准。省、自治区内按地区设立的和在直辖市内设立的人民检察院分院检察长、副检察长、检察委员会委员和检察员，由省、自治区、直辖市人民检察院检察长提请本级人民代表大会常务委员会任免。全国人民代表大会常务委员会和省、自治区、直辖市人民代表大会常务委员会根据本级人民检察院检察长的建议，可以撤换下级人民检察院检察长、副检察长和检察委员会委员。

（2）业务领导。上级人民检察院认为下级人民检察院的决定错误的，可以指令下级人民检察院纠正，或者依法撤销、变更；可以对下级人民检察院管辖的案件指定管辖；可以办理下级人民检察院管辖的案件；可以统一调用辖区的检察人员办理案件。下级人民检察院应当执行上级人民检察院的决定；有不同意见的，可以在执行的同时向上级人民检察院报告。

例10（中国法制史，简答题）：简述南京国民政府法律体系的主要构成。

答案：南京国民政府法律体系主要是由基本法典、关系法规、判例和解释例三个层次构成的。具体的构成是：

（1）基本法典。宪法、民法、刑法、刑事诉讼法、民事诉讼法等基本法典和行政法构成了南京国民政府六法全书的法律体系的核心和骨架。

（2）关系法规。围绕着基本法典而制定的关系法规包括条例、命令、细则、办法等，是对各自的基本法典的重要补充。

（3）判例和解释例。最高法院依照法定程序做成的判例和司法院大法官会议作出的解释例和决议，也是六法体系的构成部分。

四、专业基础课法条分析题的命题规律和答题方法

在法律硕士研究生入学考试中，只对报考非法学方向的考生考查法条分析题，报考法学方向的考生可以忽略该部分内容。

法条分析题主要考查考生对重要法条及法学理论的理解能力。在非法学方向的法律硕士入学考试中，只有刑法学和民法学考查法条分析题，其中，刑法学和民法学各有一道题，每题 10 分。法条分析题属于典型的主观性试题。

从法条分析题的出题方式上看，刑法学和民法学法条分析题一般设置 2～3 个问题对条文进行考查。就刑法学法条分析题而言，其设置问题所考查的内容包括制度的含义、罪状类型、构成特征、适用范围以及条文中某些规定、用语的具体含义等；就民法学法条分析题而言，其设置问题考查的内容包括制度的概念、特征、构成要件、法律后果、适用范围以及条文中某些规定、用语的具体含义等。

综观法律硕士联考，刑法学考查过的法条包括：第 16 条（无罪过事件）、第 24 条（犯罪中止）、第 26 条第 1 款（主犯）、第 28 条（胁从犯，兼考第 63 条关于减轻处罚的规定）、第 29 条（教唆犯）、第 30 条（单位犯罪）、第 111 条（为境外窃取、刺探、收买、非法提供国家秘密、情报罪）、第 133 条（交通肇事罪，2017 年联考中重考）、第 213 条（假冒注册商标罪）、第 234 条（故意伤害罪）、第 239 条（绑架罪）、第 263 条（抢劫罪）、第 264 条（盗窃罪）、第 266 条（诈骗罪）、第 270 条（侵占罪）、第 384 条（挪用公款罪）、第 385 条（受贿罪）、第 395 条（巨额财产来源不明罪）、第 397 条（滥用职权罪、玩忽职守罪）。民法学考查过的法条包括：《民法通则》第 62 条（附条件的民事法律行为，该条文被《民法典》第 158 条取代）、第 83 条（相邻关系，该条文被《民法典》第 288 条取代）、第 92 条（不当得利，该条文被《民法典》第 122 条取代）、第 93 条（无因管理，该条文被《民法典》第 121 条取代，2017 年联考中重考）、第 130 条（共同侵权行为，该条文被《民法典》第 1168 条取代）；最高人民法院《关于贯彻执行〈中华人民共和国民法通则〉若干问题的意见（试行）》第 89 条（善意取得，该条文被《民法典》第 311 条取代）；《民法总则》第 145 条（限制民事行为能力人实施的民事法律行为的效力，该条文被《民法典》第 145 条取代）；《民法典》第 170 条（职务代理）、《物权法》第 5 条（物权法定原则，该条文被《民法典》第 116 条取代）、第 15 条（区分不动产物权变动效力和合同效力，该条文被《民法典》第 215 条取代）、第 20 条（预告登记，该条文被《民法典》第 221 条取代）、第 70 条（建筑物区分所有权，该条文被《民法典》第 271 条取代）；《民法典》第 396 条（动产浮动抵押）；《合同法》第 39 条第 1 款（格式条款，该条文被《民法典》第 496 条第 2 款取代）、第 42 条（缔约过失责任，该条文被《民法典》第 500 条取代）、第 49 条（表见代理，该条文被《民法典》第 172 条取代）、第 67 条（先履行抗辩权，该条文被《民法典》第 526 条取代）、第 73 条（代位权，该条文被《民法典》第 535 条取代）、第 286 条（建设工程合同中承包人的优先受偿权，该条文被《民法典》第 807 条取代）；《担保法》第 6 条（保证，该条文在《民法典》中无相应规定）；《婚姻法》第 11 条（可撤销婚姻，该条文被《民法典》第 1052 条取代）；《侵权责任法》第 6 条（过错责任原则和推定过错责任原则，该条文被《民法典》第 1165 条取代）。

现举两例说明法条分析题的答题步骤和答题方法。

例 11（刑法学，法条分析题）：《中华人民共和国刑法》第 133 条规定："违反交通运输管理法规，因而发生重大事故，致人重伤、死亡或者使公私财产遭受重大损失的，处三年以下有期徒刑或

者拘役；交通运输肇事后逃逸或者有其他特别恶劣情节的，处三年以上七年以下有期徒刑；因逃逸致人死亡的，处七年以上有期徒刑。”

请分析：

(1) 如何理解本条中的“交通运输肇事后逃逸”?

(2) 如何理解本条中的“因逃逸致人死亡”?

(3) 对于吸食毒品后驾驶机动车，因违章发生交通事故，致使2人被撞死，应如何处理?

答题方法与答案要点：

(1)（直接回答术语的含义）“交通运输肇事后逃逸”，是指行为人具有法定情形，在发生交通事故后，为逃避法律追究而逃跑的行为。

(2)（直接回答术语的含义）“因逃逸致人死亡”，是指行为人在交通肇事后为逃避法律追究而逃跑，致使被害人因得不到救助而死亡的情形。

(3)（直接回答处理方式）对此应以交通肇事罪定罪处罚。

例12（民法学，法条分析题）：《民法典》第539条规定：“债务人以明显不合理的低价转让财产、以明显不合理的高价受让他人财产或者为他人的债务提供担保，影响债权人的债权实现，债务人的相对人知道或者应当知道该情形的，债权人可以请求人民法院撤销债务人的行为。”

请分析：

(1) 如何认定“明显不合理的低价”和“明显不合理的高价”?

(2) 如何理解本条规定的主观条件?

答题方法与答案要点：

(1)（直接回答含义）人民法院应当以交易当地一般经营者的判断，并参考交易当时交易地的物价部门指导价或者市场交易价，结合其他相关因素综合考虑予以确认。转让价格达不到交易时交易地的指导价或者市场交易价70%的，一般可以视为明显不合理的低价；对转让价格高于当地指导价或者市场交易价30%的，一般可以视为明显不合理的高价。

(2)（直接回答撤销权的主观条件）债权人行使撤销权的主观要件是相对人具有恶意，即债务人实施以明显不合理的低价转让财产、以明显不合理的高价受让他人财产或者为他人的债务提供担保，影响债权人的债权实现，债务人的相对人知道或者应当知道该情形。

五、专业基础课案例分析题的命题规律和答题方法

在法律硕士入学考试中，只有刑法学和民法学考查案例分析题，其中，刑法学和民法学各有一道案例分析题，在非法学方向的法律硕士入学考试中，案例分析题的分值为15分，在法学方向的法律硕士入学考试中，案例分析题的分值为20分。尽管分值不同，但是命题规律和答题方法基本是一致的。从形式上看，案例分析题属于主观性试题，主要考查考生理解和运用法律规范的能力，它不仅要求考生熟练掌握有关法律规范，还要求考生运用法律规范解决具体法律问题。做案例分析题应当注意以下几点。

(1) 认真阅读案例。在做题前应当认真阅读案例，特别应注意有关细节，这些细节与案例有直接关系，此外还要弄清题目的要求和问题。

(2) 认真分析案例。针对题目的要求和问题，根据有关法律对案例进行认真分析、仔细推敲，然后回答有关问题。

(3) 弄清案例事实和法律规定。进行案例分析的依据有两个：案例事实和法律规定。在弄清案例事实的基础上，找出相应的法律规定，解释有关的法律规定，然后运用法律规定解决问题。

(4) 答题方法适当。答题时一般应首先表明观点，解答有关问题，然后摆出理由，理由包括案例事实和法律规定两个方面，要将二者结合起来。

现举两例来说明刑法学和民法学案例分析题的答题步骤和答题方法。

例13（刑法学，案例分析题）：甲（女，1994年7月20日生）因其同居男友乙另有新欢丙而生

恨意。2014 年 6 月 7 日，甲得知当晚丙一人独居于郊外的出租屋，遂叫来好友丁（男，1996 年 12 月 13 日生），要其晚上去强奸丙，并给了丁 500 元"报酬"，丁同意。晚 9 点，甲领着丁来到丙住处附近，指认了出租屋，并给了丁一把其从男友处偷来的钥匙。晚 10 点左右，丁找到出租屋，因房门未锁而顺利进入房间，正欲强奸时，遭到被害人极力反抗。黑暗中丁用力反复将被害人头部向墙体撞去，见被害人不再反抗于是拉开电灯。丁准备强奸时发现被害人已没有了气息，遂匆忙逃走。回家后，丁越想越怕，便告知父母。其父母反复规劝，并硬拉着丁到公安机关交代了罪行。案发后查明：（1）甲已有 3 个月身孕；（2）甲于 2013 年 1 月 4 日因盗窃罪被判处有期徒刑 6 个月，缓刑 1 年，并处罚金 500 元；（3）被害女子并非丙，而是丙的另一同室女友戊，丙当晚因加班未归；（4）戊因丁的暴力而死亡。

阅读分析上述案例后，请回答以下问题：

（1）甲、丁的犯罪行为构成何罪？构成一罪还是数罪？请简要说明理由。

（2）甲原想让丁强奸丙，实际上加害了丙的同室女友戊。这对甲、丁的定罪量刑有无影响？为什么？

（3）对甲能否判处死刑缓期二年执行？为什么？

（4）甲是否构成累犯？为什么？

（5）指出丁具备的法定量刑情节及其处罚原则。

答题方法与答案要点：

（1）（直接表态，然后根据有关规定和理论结合案例事实说明原因）甲、丁的行为构成了强奸罪一罪，不构成数罪；甲教唆丁实施强奸行为，并为丁的强奸行为提供了帮助行为，丁接受教唆并实施强奸行为，符合强奸罪的构成要件，甲成立教唆犯，丁是实行犯，甲的帮助行为为教唆行为所吸收，不再独立评价。两人的行为成立强奸罪共同犯罪。丁在实施强奸中致被害人死亡的行为不需要单独定罪，因为刑法明确规定，强奸致使被害人死亡的属于强奸罪的结果加重犯，甲也应对戊的死亡结果承担责任。

（2）（直接表态，然后根据有关规定和理论结合案例事实说明原因）这一事实对甲、丁的定罪量刑没有影响。因为戊虽然不是甲、丁预期的犯罪对象，但这属于法律性质相同的对象认识错误，甲也应对戊的死亡结果承担责任。

（3）（直接表态，然后根据有关规定和理论结合案例事实说明原因）不能对甲适用死刑缓期二年执行。因为死缓是死刑的一种执行方法，对怀孕的妇女不能判处死刑，包括不能判处死刑缓期二年执行。

（4）（直接表态，然后根据有关规定和理论结合案例事实说明原因）甲不构成累犯。因为甲犯强奸罪是在盗窃罪的缓刑考验期满以后，且没有刑法规定的撤销缓刑的法定事由。根据刑法规定，此情形是原判刑罚不再执行，不是刑罚执行完毕，不符合累犯的成立条件。

（5）（直接表态，然后根据有关规定和理论结合案例事实说明原因）丁犯罪时不满 18 周岁，应当从轻或者减轻处罚；丁被其父母硬拉到公安机关交代罪行的行为，符合自首的成立条件，成立自首，犯罪以后自首，可以从轻或者减轻处罚。

例 14（民法学，案例分析题）：2020 年 8 月，甲企业通过转让取得一块土地的建设用地使用权，并在该土地上合法建造了一座厂房。2021 年 5 月，甲企业向乙银行借款 1 500 万元，同时以该厂房作为抵押物为借款提供担保，双方签订了抵押合同并办理了抵押权登记手续。2021 年 7 月，乙银行认为甲企业用作抵押物的厂房价值不足，于是要求甲企业另行提供担保。甲企业遂委托丙公司作保证人，丙公司与乙银行签订了保证合同。2022 年 1 月，乙银行将 1 500 万元的债权转让给丁银行。现 1 500 万元借款已到期，甲企业因经营管理不善无力偿还。

根据上述案情，请回答：

（1）甲企业对其建造的厂房是否享有所有权？为什么？

（2）丙公司对丁银行的债权是否应承担保证责任？为什么？

(3) 本案中丁银行应如何通过担保实现自己的债权？为什么？

答题方法与答案要点：

(1)（直接根据问题表态，然后根据有关规定和理论结合案例事实说明原因）甲企业对其建造的厂房享有所有权。根据民法典规定，因合法建造等事实行为设立物权的，自事实行为成就时发生效力。建造房屋属于事实行为，房屋建好后，即在事实上产生了房屋的所有权。

(2)（直接根据问题表态，然后根据有关规定和相关理论结合案例事实说明原因）丙公司对丁银行的债权不再承担保证责任。根据民法典的规定，债权人转让全部或者部分债权，未通知保证人的，该转让对保证人不发生效力。本案中，乙银行转让债权没有通知丙公司，因此丙公司不再承担保证责任。

(3)（直接根据问题表态，然后根据有关规定和理论结合案例事实说明原因）丁银行应首先行使对厂房的抵押权，行使抵押权后仍不能实现债权的，可以要求保证人丙公司清偿。根据民法典规定，同一债权既有保证又有物的担保的，如果物的担保是由债务人提供的，债权人应先就该物的担保实现债权；保证人只对物的担保以外的债权承担保证责任。

六、综合课分析题的命题规律和答题方法

综合课分析题也属于主观性试题。从试卷结构看，综合课分析题一共 3 道，法理学、中国宪法学和中国法制史各占一道。在非法学方向考试中，分析题的分值为 10 分；在法学方向考试中，法理学和中国宪法学分析题的分值为 15 分，中国法制史分析题的分值为 20 分。由于法学方向中国法制史分析题的分值较高，因此在难度上，法学方向中国法制史分析题的难度要高于非法学方向中国法制史分析题的难度。总体上看，分析题出题方式较为灵活，要求考生对相关知识具有融会贯通的能力，且有些年份考查的分析题不能在辅导书上找到完整的答案。

（一）法理学分析题的命题规律和答题方法

法律硕士入学考试中，法理学分析题的考查方式是，给出一段材料，并在材料后设置 2～4 个问题，让考生根据法理学理论和知识对给出的材料进行分析。材料的选择范围包括日常生活中有关的法律认识、法律评价、法律实施和适用状况，还包括有关法律关系、法律渊源、法的局限性、法律要素、法律方法、法律责任和法与科技、道德等其他社会现象的关系等。可见，法理学分析题的考查范围较广，一个材料分析可能包括了法理学的多个知识点，因此，考生在复习法理学时，一定要建立起各个知识点之间的联系，这样才能在分析题上获得高分。

自 2004 年起，在非法学方向的法律硕士入学考试中，法理学分析题考查的知识点主要包括：法的规范作用的种类，法的规范作用和社会作用及其相互关系，法的局限性，法的价值及其冲突的解决原则，立法的特征，科学立法原则，法律规则的种类，法律规则的逻辑结构，法律原则及其功能，法律渊源中的行政规章，规范性法律文件的效力位阶，解决规范性法律文件效力冲突的原则，执法的原则，司法机关依法独立行使职权原则，以事实为根据、以法律为准绳的司法原则，司法公正原则，实体公正和程序公正，守法，法律监督的种类和意义，法律推理，法律关系的种类，法律事实，法律责任的种类，责任法定原则，权利保障的法治原则，法律文化，法律与道德的联系和区别，法律与执政党政策的关系。在法学方向的法律硕士入学考试中，法理学分析题考查的知识点主要包括：法律实证主义的基本观点，法的自由、秩序、正义等价值，法律渊源中的法律、行政法规和部门规章，法律规则的种类，法律原则与法律规则的区别，法律监督的种类和意义，法律论证的正当性标准，法律归责的原则，法律制裁的种类，法治原则中的权利保障原则、权力制约原则和正当程序原则，法治国家的主要标志，法治政府建设，法与社会发展，党对立法工作的领导及法律与执政党政策的关系，法律与道德的联系和区别，科技发展对法的影响（含立法、执法、司法等），法对科技的作用。

现举一例说明法理学分析题的答题方法。

例 15（法理学，分析题）：某村民委员会在开展“争创精神文明户”活动中，将子女是否孝敬老

人作为一项重要的指标，要求村民对孝敬老人作出承诺。张老汉的儿子张三写了书面承诺书，保证每月至少给父亲50元的赡养费，保证书一式三份，村民委员会在保证书上盖章后，张老汉、张三和村民委员会各存一份。之后，张三家被评为“精神文明户”。但是张三始终没有履行承诺。一次，张老汉向儿子张三要钱看病，张三以其儿女上学需要学费、经济紧张为由拒绝。村民委员会据此撤销了张三家“精神文明户”的称号，并支持张老汉向法院起诉。法院审理后，支持了张老汉的诉讼请求，判令张三每月向张老汉支付赡养费50元，并支付张老汉看病的费用。几个月后，张老汉再次找到原审法官，请求撤销原判决。理由是判决生效后，虽然张三付清了他看病的医疗费，每月也按时给他50元赡养费，但是他的孙子和孙女从此再也不喊他“爷爷”了，他为此非常伤心。法官听后也很同情，但感到无能为力。

阅读上述材料，结合法理学知识和原理，谈谈你对村民委员会的举措、法院的判决以及张老汉的遭遇的认识。

答题方法与答案要点：

(1)（直接回答本分析题的主题，以切中要害）本案例主要体现了法律与道德的关系以及法律作用的局限性。

(2)（结合本题回答道德对法律的作用）道德是法律运作的社会基础和评价标准，道德对法律的实施有促进作用，社会主义道德观念的培养和道德水平的提高有助于我国法律的实施和实现。村民委员会提倡孝敬老人和支持张老汉起诉的举措有利于相关法律规定的落实。

(3)（结合本题回答法律对道德的作用）法律是传播道德、保障道德实施的有效手段，我国法律对社会主义道德的某些原则和要求加以确认，使之具有法律的属性，法律成为进行社会主义道德教育的重要方式。就本案例而言，张老汉作为老年人应享有的权利和张三作为子女应尽的赡养义务得到了我国宪法和法律的确认。法院的判决体现了法律传播社会主义道德和保障社会主义道德实现的作用。

(4)（结合本题回答法律的局限性）法律在社会关系的调整中居于主导地位，但是并非所有的问题都可以适用法律，在有些社会关系的调整中，法律无法发挥其作用，而更多地需要道德等手段来调整。就本案例而言，关于张老汉赡养费的问题，法律和道德可以共同调整，可以通过法律的适用来解决。但是，对于张老汉的孙子和孙女不喊他“爷爷”的苦恼，法律却无能为力，这体现了法律作用的局限性。

（二）中国宪法学分析题的命题规律和答题方法

中国宪法学分析题的考查方式和法理学基本一致，但出题范围没有法理学广。综合近几年考试情况，中国宪法学分析题的考查范围主要集中在公民的基本权利、合宪性审查制度、公民权利的保障等，并以这些知识点为核心，结合其他知识点综合出题。

自2004年起，在非法学方向的法律硕士入学考试中，中国宪法学分析题考查的知识点主要包括：宪法原则中的人民主权原则、法治原则（含法律保留），我国宪法的修改制度，合宪性审查制度和合法性审查制度，设区的市的地方立法权限，司法解释的权限范围和原则，贿选、对代表的罢免，立法法中的民主立法原则，第七次选举法修改的深层次原因和意义，选举法中的选举程序，村民委员会组织法中村民委员会的组成、职责、选举以及村民会议和村民代表会议，公民基本权利中的平等权、人权、言论自由、人身自由权和人格尊严权（含通信自由和通信秘密受法律保护）、集会游行示威自由、监督权、私有财产权、受教育权，侵犯公民基本权利的救济途径，国家机关的组织活动原则，全国人大常委会的职权，人大代表的言论免责权，人民法院依法独立行使审判权原则，人民检察院依法独立行使检察权原则，人民检察院的领导体制，人民法院、人民检察院和公安机关的关系，地方国家机关中人大常委会和人民法院之间的关系，地方国家机关的职权。在法学方向的法律硕士入学考试中，中国宪法学分析题考查的知识点主要包括：合宪性审查制度，中央和地方关系遵循的原则，暂时调整或暂时停止部分法律适用，授权立法，选举程序，村民委员会组织法中有关村民委员会和乡政府之间的关系、村民委员会的选举以及基层群众自治制度的完善，公民基本权利的限制(含比例原则、法律保留原则和明确性原则等）及个人信息保护，公民基本权利中的选举权和被选举权，平等权及其内涵、平等权与合理差别、人身自由权、私有财产权、监督权、住宅权、言论自由、通信自由和通信秘密、人格尊严权、纳税义务，全国人大代表的特殊身份保障，特定问题的调查委员会，地方国家机关的职权。

现举一例说明中国宪法学分析题的答题方法。

例 16（中国宪法学，分析题）：2014 年 1 月，某村民委员会进行换届选举。投票结束后，39 名村民以有候选人在选举前给他们发钱为由，向县政府反映此次选举涉嫌贿选，要求调查。县政府据此派出联合调查组，经调查后出具书面答复，认为该村换届选举不存在贿选，确认选举结果合法有效。

请结合宪法学知识和原理以及我国现行宪法和法律的规定分析材料并回答问题：

（1）县政府关于选举结果的确认行为是否合法？为什么？

（2）村民如果认为村民委员会选举有问题，应如何维护自己的权利？

答题方法与答案要点：

（1）（直接表态并根据我国宪法及选举法、组织法等其他法律的规定说明原因）不合法。村民委员会是基层群众性自治组织，村民委员会组成人员由村民依法直接选举产生。村民选举委员会依法主持村民委员会换届选举，并确认选举结果有效。县政府不是组织选举的机构，它可以就村民举报的违法情况组织调查，将调查结果提交，由村民选举委员会决定选举是否有效。因而，该县政府宣布选举结果有效的行为是违法的。

（2）（直接表态并根据我国宪法及选举法、组织法等其他法律说明原因及解决办法）村民如果认为村民委员会选举有问题，可以书面向村民选举委员会提出申诉，也可以向县、乡级人民代表大会常务委员会或县、乡级人民政府及有关主管部门举报。

（三）中国法制史分析题的命题规律和答题方法

法律硕士入学考试中，中国法制史分析题的考查方式是，给出一段古文，然后根据古文的内容设置 3～4 个问题，要求考生根据材料回答问题。从考查范围看，古文涉及的内容包括立法、宪政和司法制度，其中，以刑事立法和司法制度为重点。从历史时期看，选材来自西周、秦汉、唐朝、宋元、明朝和清朝。要求考生回答的问题包括古文涉及的制度及其含义、历史渊源、古文的基本含义、立法宗旨、例外性规定和古文反映的问题等。需要说明的是，法学方向的中国法制史分析题分值很高（20 分），考查的古文分析题无论是在内容上还是在形式上都要难于非法学方向的分析题，特别是近两年，法学方向中国法制史分析题特别注重古文案例的分析，这一倾向值得法学方向的考生注意。

自 2004 年起，在非法学方向的法律硕士入学考试中，中国法制史分析题考查的知识点主要包括：战国至唐朝封建成文法典总则的完善，汉朝的亲亲得相首匿，唐朝的“德本刑用”的立法指导思想、类推、同居相隐不为罪、疑罪各依所犯以赎论、契约、继承、缉捕制度、死刑复奏制度、录囚、断罪具引律令格式、官司出入人罪，宋朝的翻异别推制，元朝的诉讼代理制度，明朝的“轻其所轻”和“重其所重”、厂卫，清朝的秋审（2009 年、2022 年重考）。在法学方向的法律硕士入学考试中，中国法制史分析题考查的主要知识点包括：西周婚姻成立的条件（“父母之命、媒妁之言”、六礼）、婚姻解除的条件（“七出”“三不去”），秦朝的法律答问、自出、盗窃按赃值定罪、共犯处罚原则，汉朝的公正执法和法信于民、廷尉的职权，唐朝的共同犯罪处罚原则、自首减免刑罚原则、老幼废疾减刑原则、化外人有犯、契约、违令罪和不应为罪、律文和疏议的关系，唐宋的“十恶”，以及礼法结合、赦宥、八议、儒家伦理对法律的渗透、孝道对法律的影响、断罪无正条等。

现举两例说明中国法制史分析题的答题方法。

例 17（中国法制史，分析题）：《清史稿》卷一百四十四《刑法三》：朝审原于明天顺三年，令每岁霜降后，但有该决重囚，三法司会同公、侯、伯从实审录。秋审亦原于明之奏决单，冬至前会审决之。顺治元年，刑部左侍郎党崇雅奏言：“旧制凡刑狱重犯，自大逆、大盗决不待时外，余俱监候处决。在京有热审、朝审之例，每至霜降后方请旨处决。在外直省，亦有三司秋审之例，未尝一丽死刑辄弃于市。望照例区别，以昭钦恤。”此有清言秋、朝审之始。嗣后逐渐举行，而法益加密。初制分情实、缓决、矜、疑，然疑狱不经见。雍正以后，加入留养承祀，区为五类。

请运用中国法制史的知识和理论，分析上述文字并回答下列问题：

（1）何为秋审？其历史渊源是什么？

（2）试分别说明秋审案件的五种处理方式。

（3）清朝秋审制度的主要作用体现在哪些方面？

答题方法与答案要点：

（1）（直接指明所反映的制度及其基本含义）该段文字反映的是清朝的秋审制度，该制度是清朝最重要的死刑复审制度。秋审是清朝各部、院、寺长官于每年秋季会同复审各省斩、绞监候案件的一种重要的会审制度，被奉为“国家大典”。秋审源于汉、唐的秋冬行刑之制，是由明朝奏决单制度演变而来的，但秋审最直接的渊源是明朝的朝审制度。

（2）（根据材料中的表述归纳出所问的问题，相当于将古文中的表述翻译成现代文）秋审案件经过复审程序后，分为五种情况处理：第一，情实：指罪情属实、罪名恰当者，经皇帝御笔勾决，于霜降后至冬至前处决。第二，缓决：指案情虽然属实，但危害性不大者，可再押监候处理，留待下年秋审再作决定。第三，可矜：指案情属实，但情有可原，予以免死并减等发落。第四，可疑：指案情事实尚未完全搞清的，一般发回原省重审。第五，留养承祀：指案情属实，罪名恰当，但罪犯为独子而祖父母、父母年老无人奉养，则经皇帝批准，可改判重杖一顿，枷号示众三个月后释放。

（3）（具体回答材料中的制度的意义和反映的宏观问题）秋审是清朝刑事审判制度臻于完备的重要标志。秋审制度的实行，体现了国家对死刑案件的审慎和宽仁的态度，是中央对于地方政府司法审判活动进行监督检查的重要手段，体现了皇帝对司法权控制的加强，同时也有助于统一法律适用和纠正冤假错案。

例 18（中国法制史，分析题，主要供法学方向考生参考）：《太平御览·刑法部·决狱》：“甲夫乙将船，会海风盛，船没，溺流死亡，不得葬。四月，甲母丙即嫁甲，欲当何论？或曰，甲夫死未葬，法无许嫁，以私为人妻，当弃市。议曰：臣（这里指董仲舒——编者注）愚以为《春秋》之义，言夫人归于齐，言夫死无男，有更嫁之道也。妇人无专制擅恣之行，听从为顺，嫁之者归也，甲又尊者所嫁，无淫行之心，非私为人妻也。明于决事，皆无罪名，不当坐。”

请运用中国法制史的知识和理论，分析上述文字并回答下列问题：

（1）依据汉律，甲改嫁他人的行为应如何论罪？为什么？唐朝对夫丧即改嫁的行为应如何论罪？为什么？

（2）依据《春秋》断狱，甲改嫁他人“不当论”的原因是什么？

（3）请结合材料对《春秋》断狱进行评价。

答题方法与答案要点：

（1）（直接回答如何定罪和所判处的刑罚，然后言简意赅地说明论罪理由）依据汉律，甲的行为构成“私为人妻”罪，应当弃市。因为汉律规定，丈夫死后且发丧之前，妻子不得改嫁，否则论死。唐朝将夫丧即改嫁的行为归为十恶之一，唐律规定，夫丧即改嫁，对该改嫁妇女以“不义”罪论处。

（2）（直接结合材料说明援引）援引《春秋》的“丈夫死后没有儿子，妇女可以改嫁”的成例，坚持“妇人无专制擅恣之行，听从为顺”的原则，认定甲既是遵“尊者所嫁，无淫行之心，非私为人妻”，不当论罪。

（3）（具体分为几个要点并结合材料说明合理性和弊端）从材料反映的情况看：①《春秋》断狱有助于减少重刑案件的发生，案件轻判有助于稳定社会秩序。②《春秋》断狱强调分析行为人的主观动机，以此作为减免刑罚的依据，使得案件由重改轻，从而修正了审案原则，有合理因素。③该案依律判决，甲应论死，依《春秋》断狱，甲则为无罪，轻重极为悬殊，造成了司法的随意性，导致“罪同而论异”的后果。（注意：没有结合材料说明，而是空泛表述《春秋》断狱的合理性和弊端的，酌情扣分或者不给分——编者注）

七、论述题的命题规律和答题方法

论述题属于典型的主观性试题。在专业基础课考试中，只有法学方向考论述题，题量为两题，每道题的分值为 15 分，非法学方向专业基础课不考论述题。在综合课考试中，无论是非法学方向考试，还是法学方向考试，只有法理学和中国宪法学考论述题，题量为两题，每道题的分值为 15 分，中国法制史不考论述题。自 2004 年起，在非法学方向的法律硕士入学考试中，法理学考查过的论述题包括：当代中国公民在法律适用上一律平等原则，试从立法、执法和司法角度论述权利保障的法治原则及其意义，法律意识的培养和提高对我国法治建设的影响，“依法治国”方略的实施，法律对我国社会主义市场经济的作用，我国法律监督的现实意义，我国社会主义法治建设在构建社会主义和谐社会中的保障作用，法律解释的必要性，法的作用的局限性及其对社会主义法治国家建设的启示，良好的法律意识对法治的意义以及培养法律意识的措施，法的价值冲突及其解决，法治思维，清末修律如何处理外来法和本国固有法，全面依法治国的基本格局，法律是最低限度的道德（法律与道德的关系），司法解释的内涵和主要作用，法治社会建设中的法治、德治、自治相结合原则。非法学方向中国宪法学论述题一般结合法理学知识综合考查，宪法学知识尚未以论述题形式进行单独考查，中国宪法学考查过的论述题包括：人权的内涵以及人权保障在我国宪法中的体现，宪法宣誓制度对推进依法治国的意义，结合权力制约与监督原则论述制定监察法的法治意义，结合法理论述我国宪法上特定群体的权利保障。在法学方向的法律硕士入学考试中，刑法学考查过的论述题包括：共同犯罪中主犯的认定，犯罪既遂的认定，我国刑法对死刑适用的限制，累犯的构成条件，刑法中紧急避险的成立条件，防卫过当的成立条件及刑事责任，我国刑法中的教唆犯，刑法中的法律认识错误，犯罪的基本特征，我国刑法理论中判断犯罪既遂的不同学说，我国刑法中数罪并罚的限制加重原则，想象竞合犯按照实质一罪论处的理由，醉驾入刑的合理性。民法学考查过的论述题包括：狭义无权代理中各方当事人的权利义务，情事变更原则，合同的相对性，民事权利的私力救济，民法的性质，物权的保护，物权的公示、公信原则，民法基本原则的含义和功能，我国民法中绿色原则的功能，可撤销的民事法律行为，债权让与，《民法典》物权编对我国物权立法的完善与发展，我国《民法典》践行“绿水青山就是金山银山”理念的规则体系。法理学考查过的论述题包括：立法民主原则的内容、要求及意义，社会主义民主是社会主义法治的前提和基础，影响法律实现的主要因素，法治国家的主要标志，法律权利与法律义务之间的关系，通过司法实现正义的途径与措施，公民普遍守法的一般条件，权利保障的法治原则，“将权力关进制度的笼子里”的内涵与意义（法治原则中的权力制约原则），结合法律论证原理论述释法说理的内涵及目的，“正义不仅要实现，而且要以看得见的方式实现”（实体正义和程序正义），法律的权威性与法律实施的关系，司法责任原则的内涵及对促进司法公正的意义。中国宪法学考查过的论述题包括：宪法监督制度的内容及其完善，“公民在法律面前一律平等”的内涵，言论自由，国家机构的组织和活动原则，我国的单一制国家结构形式，宪法上的平等保护与合理差别的内涵，宪法基本原则的内容及其在我国宪法中的体现，我国中央人民政府和特别行政区的关系，人民法院、人民检察院和公安机关在办理刑事案件中的相互关系，我国的总理负责制，2018 年我国宪法修改的主要内容，设立监察委员会对人民代表大会制度的发展，我国爱国统一战线的性质及特点。

论述题主要考查考生的应变能力、知识应用能力和表达能力。论述题一般涉及面广，有相当深度，给考生留下了一定发挥的空间，是考查考生综合能力的理想题型。作答论述题时要做到观点鲜明、论据充足、论证充分、结构严谨，必要时还要适当展开。

（一）法理学论述题的命题规律和答题方法

无论是非法学方向的法律硕士入学考试，还是法学方向的法律硕士入学考试，法理学论述题是必考题型。从近几年法理学论述题的考查方向来看，一般要求考生结合实际情况论述立法、司法、执法、法律监督、法与社会、法治等方面的重大问题。

现举一例说明法理学论述题的答题方法。

例 19（法理学，论述题）：《法治社会建设实施纲要（2020—2025 年）》提出，2035 年我国将基本建成法治社会。结合实际，论述法治社会建设中的“法治、德治、自治相结合原则”。

答题方法与答案要点：

（1）（法治社会的含义）法治社会是社会依法治理、社会成员人人崇尚法治、社会组织依法自治、社会秩序和谐稳定的社会。

（2）（法治、德治、自治相结合）法治社会建设必须坚持法治、德治、自治相结合。通过法律维护社会公平正义，通过道德促进社会友善和谐，通过自治实现基层治理规范有序，三方面有机结合，相辅相成。

（3）（如何推进法治、德治和自治及其结合）推进法治必须完善立法，加强法律实施；推进德治必须弘扬社会主义核心价值观，强化道德建设；推进自治必须完善村规民约，加强基层自治。

（二）中国宪法学论述题的命题规律和答题方法

无论是非法学方向的法律硕士入学考试，还是法学方向的法律硕士入学考试，中国宪法学论述题是必考题型。

现举一例说明中国宪法学论述题的答题方法。

例 20（中国宪法学，论述题）：结合法理学和宪法学知识，论述宪法关于新发展理念的规定对“五个文明”的协调发展和社会和谐发展的新理念的体现和保障作用。

答题方法与答案要点：

（1）（我国宪法关于新发展理念和“五个文明”协调发展的规定）创新、协调、绿色、开放、共享的新发展理念是党中央推动经济发展实践的理论结晶，2018 年宪法修正案明确写入“贯彻新发展理念”“推动物质文明、政治文明、精神文明、社会文明、生态文明协调发展，把我国建设成为富强民主文明和谐美丽的社会主义现代化强国，实现中华民族的伟大复兴”。

（2）（“五个文明”的协调发展）“五个文明”协调发展是党统筹推进“五位一体”总体布局的宪法性表达。社会主义社会应该是“五个文明”全面发展的社会，其中，生态文明是“五个文明”系统中的前提，物质文明是系统中的基础，政治文明是系统中的保障，精神文明是系统中的灵魂，社会文明是系统中的目的。强调“五个文明”协调发展，是对人类社会发展趋势的正确回应，“五个文明”共同构成文明系统整体，协调发展，相互影响，相互制约，最终实现宪法确立的根本任务。

（3）（宪法助推五大社会发展理念）宪法助推五大社会发展理念，体现和保障创新、协调、绿色、开放、共享的社会发展，宪法规定的新发展理念是体现和保障社会和谐发展的新理念：第一，依法实施创新驱动发展战略；第二，依法增强社会发展的整体协调性；第三，依法推进人与自然和谐共生的绿色发展观；第四，依法形成对外开放的发展新体制；第五，依法践行以人民为中心的共享发展思想。

（三）刑法学论述题的命题规律和答题方法（仅供法学方向的考生参考）

综合法学方向法律硕士入学考试，刑法学论述题的考查一般都是刑法总论方面的基础理论和重要制度，涉及刑法的性质、原则、功能，犯罪构成诸要素，犯罪形态，共同犯罪，罪数，刑事责任，刑罚适用、裁量和执行等。对于刑法分则各罪名，至今尚未以论述题形式命题。

现举一例说明刑法学论述题的答题方法。

例 21（刑法学，论述题）：试论我国刑法中的坦白制度。

答题方法与答案要点：

（1）（坦白的概念及意义）坦白是指犯罪分子被动归案之后，如实供述自己的罪行，并接受司法机关审查和裁判的行为。坦白以犯罪分子实施了犯罪行为为前提，并在归案之后如实交代自己的犯罪事实，以获得从宽处罚。坦白表明犯罪分子有心悔悟，说明其人身危险性有所降低，也有利于节约司法资源，避免特别严重后果的发生。

（2）（坦白的成立条件及综合认定）坦白的成立条件是如实供述自己的罪行。如实供述，意味着行为人按照自己的记忆供述自己的犯罪行为，而不是作虚假供述。如实供述的内容，除自己主要的犯罪事实外，还应包括姓名、年龄、职业、住址、前科等情况。犯罪嫌疑人在交代罪行的过程中隐瞒主要事实或关键情节，掩盖真相，企图蒙混过关，属于未如实供述罪行，不能成立坦白；犯罪嫌疑人如实供述自己的罪行后，又翻供的，也不能认定为坦白。

（3）（对坦白的处罚）我国刑法规定，犯罪嫌疑人虽不具有自首情节，但是如实供述自己罪行的，可以从轻处罚；因其如实供述自己罪行，避免特别严重后果发生的，可以减轻处罚。这表明，如果是普通坦白，可以从轻处罚；因坦白而避免特别严重后果发生的，可以减轻处罚，这要求避免特别严重后果发生与坦白要具有因果关系，否则不能减轻处罚。

（四）民法学论述题的命题规律和答题方法（仅供法学方向的考生参考）

综合法学方向法律硕士入学考试，民法学论述题的考查一般都是基础理论和重要制度，涉及民法的性质、原则，民事权利，民事法律行为，人格权，物权，债权，侵权责任等，其中，物权和债权这两部分内容最重要，其次是民法总则和侵权责任。考生在复习时应当有所侧重。

从答题方法上看，一般而言，民法学的论述题并没有完整、统一的标准答案，答案只能参照相关教材和专家学者的有关著述，但这并不意味着民法学的论述题可以漫无边际地任意发挥。所以，掌握论述题的答案要点，言之有理并有一定的发挥空间是非常关键的，但要掌握分寸。

现举一例说明民法学论述题的答题方法。

例 22（民法学，论述题）：试论效力未定的民事法律行为。

答题方法与答案要点：

（1）（效力未定的民事法律行为的概念）效力未定的民事法律行为是指民事法律行为成立之后，是否能发生效力尚不能确定，有待享有形成权的第三人作出追认或者拒绝的意思表示来使之有效或无效的民事法律行为。

（2）（效力未定的民事法律行为的特征）效力未定的民事法律行为具有如下特征：①效力未定的民事法律行为已经成立，但因缺乏处分权或行为能力而使其效力不齐备。②效力未定的民事法律行为的效力既非完全无效，也非完全有效，而是处于一种效力不确定的中间状态。③效力未定的民事法律行为是否发生效力尚不能确定，有待于其他行为或事实使之确定。

（3）（效力未定的民事法律行为的情形）现行法认定的效力未定的民事法律行为的情形主要有：①限制民事行为能力人从事依法不能从事的法律行为，其行为效力有待其法定代理人确认。②无权代理行为，但表见代理除外。

（4）（效力未定的民事法律行为的效力）效力未定的民事法律行为效力的确定基于以下不同法律事实：①真正的权利人行使追认权，对效力未定的民事法律行为进行事后追认。追认是一种单方意思表示，无须相对人的同意即可发生法律效力。②善意相对人行使撤销权，从而使效力未定的民事法律行为归于无效。③效力未定的民事法律行为会因特定事实的出现而补正其效力。

目 录

刑法学

民法学

法理学

中国宪法学

中国法制史

刑 法 学

第一章

单项选择题

单元一

1. 下列说法正确的是（　　）。

A. 甲想杀害其妻子，便劝说其妻子乘坐飞机外出旅游，希望飞机失事而致使其妻子死亡。甲的妻子便乘飞机旅游，结果果然因飞机失事而死亡。甲的劝说行为与其妻子死亡之间具有因果关系

B. 乙为抢劫而殴打李某，李某逃跑，乙随后追赶。李某在逃跑时钱包不慎从身上掉下，乙拾得钱包后离开。乙的暴力行为和取得财物之间存在因果关系

C. 赵某是死刑犯，在即将对赵某执行死刑时，丙夺走法警的手枪将赵某杀死，丙的行为与赵某死亡之间有因果关系

D. 丁为了盗窃钱财将王某的皮包窃走，打开皮包发现里面放的是一把手枪，丁的盗窃行为与王某枪支失窃之间不具有因果关系

2. 在犯罪的基本特征中，（　　）体现了罪刑法定原则的要求和刑法的限制与保障功能。

A. 严重的社会危害性　　B. 刑事违法性

C. 应受刑罚处罚性　　D. 主观恶性

3. 下列选项中，关于单位犯罪的主体的说法错误的是（　　）。

A. 不具有法人资格的私营企业，也可以成为单位犯罪的主体

B. 刑法分则规定的只能由单位构成的犯罪，不可能由自然人单独实施

C. 单位的分支机构或者内设机构，可以成为单位犯罪的主体

D. 为进行违法犯罪活动而设立的公司、企业、事业单位，或者公司、企业、事业单位设立后，以实施犯罪为主要活动的，不能成为单位犯罪的主体

4. 赵某教唆李某杀死王某，李某接受唆使后于深夜潜入王某家，适逢王某外出未归，李某便将熟睡中的王某的妻子强奸后逃离。本案中，赵某的行为（　　）。

A. 不构成犯罪　　B. 属于意外事件

C. 应当从重处罚　　D. 可以从轻或者减轻处罚

5. 下列选项中，属于防卫过当的情形是（　　）。

A. 甲用拳头打乙，乙从腰间拿出枪向甲射击却没有击中，甲被吓跑了

B. 甲拿菜刀砍乙，乙加以还击，一拳将甲打成重伤

C. 甲用刀砍杀乙，乙拿起身边的锄头将甲打死

D. 甲拿擀面杖打乙，乙掏出猎枪将甲打死

6. 关于老年人犯罪，下列说法正确的有（　　）。

A. 已满 75 周岁的人犯罪的，应当一律减轻处罚

B. 已满 75 周岁的人犯罪的，应当一律免除处罚

C. 已满 75 周岁的人故意犯罪的，应当从轻或者减轻处罚

D. 已满 75 周岁的人过失犯罪的，应当从轻或者减轻处罚

7. 赵某因为涉嫌犯抢劫罪 2005 年 1 月 1 日被拘留，2005 年 4 月 1 日被判处有期徒刑 12 年，附加剥夺政治权利 3 年，该判决 2005 年 4 月 11 日生效并被交付执行，赵某从什么时候开始将不享有政治权利？(　　)

A. 2005 年 1 月 1 日

B. 2005 年 4 月 1 日

C. 2005 年 4 月 11 日

D. 2017 年 1 月 1 日

8. 下列关于有期徒刑的说法，正确的是(　　)。

A. 有期徒刑的刑期，从判决执行之日起计算；判决执行以前先行羁押的，羁押一日折抵刑期一日

B. 被判处有期徒刑的罪犯，如果其剩余刑期在 2 年以下的，由看守所代为执行

C. 凡是被判处有期徒刑的罪犯都应当参加劳动，接受教育改造

D. 被判处有期徒刑的罪犯数罪并罚不超过 20 年

9. 下列选项中，应当数罪并罚的是(　　)。

A. 甲 2018 年 1 月盗窃他人财物 2 000 元，2019 年 1 月盗窃他人财物 3 000 元

B. 乙伪造商务部的批文后，利用该伪造的批文骗取某企业 5 万元

C. 丙是司法工作人员，在刑事诉讼过程中将应被判处 4 年有期徒刑的犯罪分子适用缓刑后收受犯罪分子家属给的 1 万元

D. 丁因为抢劫他人财物被判处有期徒刑 3 年，在刑罚执行期间发现其还有另外应当判处 4 年有期徒刑的漏罪没有判处

10. 关于假释，下列选项表述正确的是(　　)。

A. 被假释的犯罪分子，未经执行机关批准，不得行使言论、出版、集会、结社、游行、示威自由的权利

B. 被假释的犯罪分子，在假释考验期间再犯新罪的，不构成累犯

C. 对于累犯，只要被判处的刑罚为 10 年以下有期徒刑，均可适用假释

D. 对于犯杀人、爆炸、抢劫、强奸、绑架等暴力性犯罪的犯罪分子，即使被判处 10 年以下有期徒刑，也不得适用假释

11. 下列行为中，应以掩饰、隐瞒犯罪所得、犯罪所得收益罪论处的是(　　)。

A. 甲用贪污所得 2 500 万元在一线城市购得一栋豪宅

B. 乙明知是其朋友抢劫所得的汽车而更改该车外形

C. 丙与盗窃犯事前通谋后代为销售其盗窃的财物

D. 丁明知其朋友走私贩毒所得赃款而为其开设账户，代买股票

12. 下列关于非国家工作人员受贿罪的说法，错误的是(　　)。

A. 非国家工作人员受贿罪侵犯的客体是公司、企业和其他单位的正常管理活动和职务行为的廉洁性

B. 非国家工作人员受贿罪的客观方面表现为利用职务上的便利，索取他人财物或非法收受他人财物，为他人谋取利益，数额较大的行为

C. 非国家工作人员受贿罪的犯罪主体是特殊主体，只能是非国有公司、企业的工作人员

D. 非国家工作人员受贿罪的主观方面表现为故意

13. 我国刑法中的多次盗窃是指(　　)。

A. 一年内三次以上盗窃

B. 一年内五次以上盗窃

C. 二年内三次以上盗窃

D. 二年内五次以上盗窃

14. 下列情形不应当按照抢劫罪加重构成定罪处罚的有(　　)。

A. 甲闯入住宅对贾某实施了抢劫

B. 乙在公共汽车上抢劫售票员

C. 丙拿着一把假枪进行抢劫　　　　　　D. 丁冒充武警进行抢劫

15. 下列犯罪行为中，以生产、销售有毒、有害食品罪一罪定罪处罚的是(　　)。

A. 甲将大量变质的糕点销售给消费者，引发多起严重食物中毒事故

B. 乙公司以提供给某屠宰场销售肉类食品为目的，非法生产禁止用于肉类食品的非食品原料

C. 丙为了获利乘夜将邻居的多头牛打昏并偷走后予以转售

D. 丁利用“地沟油”生产“食用油”并大量销售

16. 下列犯罪行为中，应当以强奸罪一罪定罪处罚的是(　　)。

A. 甲为迫使被拐卖的妇女李某卖淫而将李某强行奸淫并致其死亡

B. 乙在组织多人偷越国境过程中，将被组织的妇女陈某强行奸淫

C. 丙在拐卖妇女刘某的过程中，强行将刘某奸淫

D. 丁利用女下属孙某醉酒熟睡之机将孙某奸淫

17. 下列关于聚众斗殴罪的说法，正确的是(　　)。

A. 聚众斗殴罪只是处罚聚众斗殴的首要分子，其他参与者不负刑事责任

B. 在聚众斗殴的过程中，如果致人死亡，那么聚众斗殴双方所有人都应当按照故意杀人罪定罪处罚

C. 在聚众斗殴过程中，如果致人死亡，那么对首要分子一律按照故意杀人罪定罪处罚

D. 在聚众斗殴过程中，如果致人死亡，那么直接致使被害人死亡的犯罪分子应当按照故意杀人罪定罪处罚

18. 按照刑法规定，以下情形中应当以故意杀人罪定罪处罚的是(　　)。

A. 拐卖妇女造成被害人死亡的　　　　B. 劫持航空器致人死亡的

C. 抢劫致被害人死亡的　　　　　　　D. 刑讯逼供致人死亡的

19. 下列说法正确的是(　　)。

A. 法官甲在审理一起刑事案件过程中，因接受被告人乙的吃请而将多份证明乙有罪的证据材料销毁，导致乙被宣告无罪。甲构成伪证罪

B. 公安局局长甲因接受犯罪嫌疑人陈某家属的吃请，违反规定将陈某取保候审，结果导致陈某脱保潜逃。甲构成徇私枉法罪

C. 甲将乙家养鱼场的水门打开，导致乙家的鱼都游入大海。甲构成盗窃罪

D. 甲在餐厅声称需要借乙的手机打电话。乙将手机借给甲后，甲假装拨打电话，并谎称信号不好，一边与“电话中的对方通话”，一边往餐厅外走，然后趁机逃走。甲构成诈骗罪

20. 蔡某想做生意，无奈手中缺钱，某日趁自己做生意的朋友律某之子小东放学之机，骗其到自己事先租用的一所房子内，打电话要挟律某用 20 万元换孩子。律某报警，蔡某发现后将小东杀死。对蔡某的行为应当(　　)。

A. 以敲诈勒索罪和故意杀人罪并罚

B. 以绑架罪和故意杀人罪并罚

C. 以绑架罪和故意杀人罪的牵连犯，择一重罪处断

D. 以绑架罪处罚

单元一答案与精解

1. C

【精解】刑法上的因果关系是危害行为与危害结果之间的引起与被引起关系。A 项中，虽然甲的妻子按照甲的劝说乘坐飞机，但是由于飞机失事不是甲所能控制的，所以甲的劝说行为与其妻子死亡之间不存在因果关系。B 项中，钱包不是乙通过暴力行为得到的，所以乙的暴力行为与取财之间不存在因果关系。C 项中，虽然赵某即将被执行死刑，但是丙的行为却是赵某死亡的客观原因，所

以两者之间存在因果关系。D项中，因果关系是行为与危害结果之间的客观联系，不受主观因素的影响，丁虽然主观上没有盗窃枪支的故意，但是不影响因果关系的认定。

2. B

【精解】罪刑法定原则要求法定化，即只有法律明确将该行为规定为犯罪行为的，国家才能够动用刑罚进行处罚。刑事违法性这一犯罪特征反映了罪刑法定原则的具体要求，将仅仅具有社会危害性而不具有刑事违法性的行为排除在外。故选B项。

3. A

【精解】不具有法人资格的私营企业实施危害行为，只能按照自然人犯罪来处理，不能认定为单位犯罪的主体。我国刑法分则中，有的犯罪只能由自然人构成，有的犯罪只能由单位构成，有的犯罪既可以由单位构成也可以由自然人构成。如果刑法分则的条文明确规定只能由单位构成该罪，那么自然人当然不能成为该罪的犯罪主体。单位犯罪不是法人犯罪，所以单位的分支机构或者内设机构，虽然不是法人，但是可以成为单位犯罪的主体。根据有关司法解释，为进行违法犯罪活动而设立的公司、企业、事业单位，或者公司、企业、事业单位设立后，以实施犯罪为主要活动的，不能认定为单位犯罪，而只能认定为自然人犯罪。故选A项。

4. D

【精解】根据刑法的规定，被教唆者没有犯教唆之罪的，对教唆者可以从轻或者减轻处罚。故选D项。

5. D

【精解】防卫过当是指超出必要的限度并且造成了重大损害的情形。A项中，乙的行为虽然超出了必要的限度，但是没有造成重大损害，故不属于防卫过当。B项中，乙的行为虽然造成了重大损害，但是没有超出必要的限度，不是防卫过当。C项中，甲的砍杀行为属于特殊防卫的范畴，乙不是防卫过当。D项中，乙的行为超出了必要的限度并且造成了重大损害，是防卫过当。故选D项。

6. D

【精解】为了体现宽严相济的刑事政策，《刑法》第17条之一对老年人犯罪的处罚作出特别的规定，即已满75周岁的人故意犯罪的，可以从轻或者减轻处罚；过失犯罪的，应当从轻或者减轻处罚。故应当选择D项。

7. C

【精解】根据我国刑法的规定，附加剥夺政治权利的期限从刑罚执行完毕或者赦免之日起计算，但是剥夺政治权利的效力当然适用于主刑执行期间。所以，从2005年4月11日被交付执行之日起赵某就不再享有政治权利。故选C项。

8. A

【精解】被判处有期徒刑的罪犯，如果其剩余刑期在3个月以下的，可由看守所代为执行。故应当排除B项。没有劳动能力的罪犯可以不参加劳动。故应当排除C项。根据《刑法》第69条第1款的规定，有期徒刑数罪并罚的，有期徒刑总和刑期不满35年的，最高不能超过20年，总和刑期在35年以上的，最高不能超过25年。故应当排除D项。

9. D

【精解】A项中，甲犯的是同种数罪，根据我国司法实践，对于同种数罪不并罚。B项中，乙的两个行为分别触犯了伪造国家机关公文罪和诈骗罪，但是两个罪之间存在牵连关系，根据刑法理论通说，对于牵连犯应当从一重处断。C项中，丙的行为分别构成徇私枉法罪和受贿罪，根据刑法规定，贪赃枉法的，应当从一重处断。D项中，丁的情形属于在刑罚执行过程中发现漏罪，对于发现了漏罪的，一律要数罪并罚。故选D项。

10. B

【精解】未经执行机关批准，不得行使言论、出版、集会、结社、游行、示威自由的权利是对被判处管制的犯罪分子而不是对被假释的犯罪分子的限制。根据我国刑法的规定，对累犯以及因故意杀人、强奸、抢劫、绑架、放火、爆炸、投放危险物质或者有组织的暴力性犯罪被判处 10 年以上有期徒刑、无期徒刑的犯罪分子，不得假释。所以，对于累犯，一律不适用假释。而对犯故意杀人、强奸、抢劫、绑架、放火、爆炸、投放危险物质或者有组织的暴力性犯罪的犯罪分子，如果其宣告刑没有达到 10 年有期徒刑以上的刑罚，同样可以假释。被假释的犯罪分子，在假释考验期间再犯新罪的，应当撤销假释数罪并罚，不能按照累犯来处理。故选 B 项。

11. B

【精解】掩饰、隐瞒犯罪所得、犯罪所得收益罪是指明知是犯罪所得及其产生的收益而予以窝藏、转移、收购、代为销售或者以其他方法掩饰、隐瞒的行为。A 项表述中，甲是贪污罪的本犯，本犯掩饰、隐瞒自己犯罪所得的，不构成掩饰、隐瞒犯罪所得罪，不选 A 项。B 项表述中，根据最高人民法院和最高人民检察院《关于办理与盗窃、抢劫、诈骗、抢夺机动车相关刑事案件具体应用法律若干问题的解释》的规定，明知是盗窃、抢劫、诈骗等犯罪所得的机动车而予以窝藏、转移、买卖、介绍买卖、典当、拍卖、抵押、用其抵债的，或者拆解、改装、拼装、组装的，或者修改发动机号、车辆识别代号的，或者更改车身颜色或者车辆外形的，或者提供或出售机动车来历凭证、整车合格证、号牌以及有关机动车的其他证明和凭证的，或者提供或出售伪造、变造的机动车来历凭证、整车合格证、号牌以及有关机动车的其他证明和凭证的，应以掩饰、隐瞒犯罪所得、犯罪所得收益罪论处。据此，乙明知是其朋友抢劫所得的汽车而更改该车外形，构成掩饰、隐瞒犯罪所得、犯罪所得收益罪，选 B 项。C 项表述中，丙与盗窃犯“事前通谋”，对丙应以盗窃罪的共犯论处，不选 C 项。D 项表述中，根据《刑法》第 191 条规定，对于走私犯罪、毒品犯罪所得及其产生的收益，而将财产转换为现金、金融票据、有价证券的，构成洗钱罪。据此，丁将其朋友的走私贩毒赃款转换为股票，构成洗钱罪，不选 D 项。

12. C

【精解】非国家工作人员受贿罪侵犯的客体是公司、企业和其他单位的正常管理活动和职务行为的廉洁性，A 项表述正确。非国家工作人员受贿罪客观方面表现为行为人利用职务上的便利，索取他人财物或非法收受他人财物，为他人谋取利益，数额较大的行为，B 项表述正确。非国家工作人员受贿罪的犯罪主体是特殊主体，即非国家工作人员，如公司、企业或者其他单位的工作人员。C 项表述将非国家工作人员的范围仅限于“非国有公司、企业的工作人员”，而没有将“其他单位的工作人员”（这里的“其他单位”，既包括事业单位、社会团体、村民委员会、居民委员会、村民小组等常设性的组织，也包括为组织体育赛事、文艺演出或者其他正常活动而成立的组委会、筹委会、工程承包队等非常设性的组织）纳入主体范围，因而是错误的，选 C 项。非国家工作人员受贿罪的主观方面表现为故意，D 项表述正确。

13. C

【精解】根据最高人民法院和最高人民检察院《关于办理盗窃刑事案件适用法律若干问题的解释》第 3 条第 1 款规定，2 年内盗窃 3 次以上的，应当认定为“多次盗窃”。据此，选 C 项。

14. C

【精解】根据刑法的规定，抢劫罪的加重构成有：（1）入户抢劫的；（2）在公共交通工具上抢劫的；（3）抢劫银行或者其他金融机构的；（4）多次抢劫或者抢劫数额巨大的；（5）抢劫致人重伤、死亡的；（6）冒充军警人员抢劫的；（7）持枪抢劫的；（8）抢劫军用物资或者抢险、救灾、救济物资的。A 项属于入户抢劫；B 项属于在公共交通工具上抢劫；D 项属于冒充军警人员抢劫；C 项不属于持枪抢劫，因为假枪不是持枪抢劫中的“枪”。故选 C 项。

15. D

【精解】生产、销售有毒、有害食品罪，是指违反国家食品安全管理法规，在生产、销售的食品中掺入有毒、有害的非食品原料，或者销售明知掺有有毒、有害的非食品原料的食品。A 项表述构成生产、销售不符合安全标准的食品罪，不选 A 项。生产、销售有毒、有害食品罪与生产、销售不符合安全标准的食品罪的关键区别在于：生产、销售有毒、有害食品罪造成危害的是“有毒、有害的非食品原料”，包括本身就不是食品的物质；而生产、销售不符合安全标准的食品罪中的“食品”，则通常是食品的物质，因为变质而产生毒害。此外，行为人实施了生产、销售有毒、有害食品的行为，就构成生产、销售有毒、有害食品罪，但生产、销售不符合安全标准的食品罪，除了实施生产、销售不符合安全标准的食品外，还要足以造成严重食物中毒事故或者其他严重食源性疾病，才能构成犯罪。B项表述构成非法经营罪，不选B项，根据最高人民法院、最高人民检察院《关于办理危害食品安全刑事案件适用法律若干问题的解释》，以提供给他人生产、销售食品为目的，违反国家规定，生产、销售国家禁止用于食品生产、销售的非食品原料，情节严重的，以非法经营罪定罪处罚。据此，不选B项。C项表述构成盗窃罪，其中，丙事后转售行为是不可罚行为，丙的行为构成盗窃罪，不选C项。D项表述构成生产、销售有毒、有害食品罪，根据最高人民法院、最高人民检察院、公安部《关于依法严惩“地沟油”犯罪活动的通知》，对于利用“地沟油”生产“食用油”，以及明知是利用“地沟油”生产的“食用油”而予以销售的，以生产、销售有毒、有害食品罪定罪处罚。可见，选D项。

16. D

【精解】在拐卖妇女的过程中，造成被害人死亡的，应区别情况处理：在拐卖过程中行为人因遇被害人反抗而故意杀死被害人的，应以故意杀人罪与拐卖妇女罪实行数罪并罚；在拐卖妇女过程中，为防止被害人逃跑而对其非法拘禁或实施殴打、捆绑、麻醉等方法时导致被害人死亡的，应视为拐卖妇女罪的加重情节，只认定为拐卖妇女罪一罪。A项表述中，拐卖妇女造成被害人死亡的，可能构成拐卖妇女罪和故意杀人罪数罪，也可能构成拐卖妇女罪一罪，题干要求选择应以强奸罪一罪定罪处罚的选项，A项表述不符合题意，故不选A项。根据《刑法》第318条第2款规定，犯组织他人偷越国（边）境罪，对被组织人有强奸行为的，依照数罪并罚的规定处罚。据此，B项表述中，乙构成组织他人偷越国境罪和强奸罪数罪，不选B项。根据《刑法》第240条规定，在拐卖妇女的过程中奸淫被拐卖的妇女的，以拐卖妇女罪定罪处罚。强奸行为被拐卖妇女罪包容，属于拐卖妇女罪的加重犯，不定强奸罪，不选C项。D项表述中，强奸罪是指违背妇女意志，以暴力、胁迫或者其他手段，强行与其发生性交或者奸淫不满14周岁的幼女的行为。丁利用女下属孙某醉酒熟睡之机将孙某奸淫，这属于利用暴力、胁迫以外的“其他手段”强奸妇女，丁的行为构成强奸罪，选D项。

17. D

【精解】根据刑法的规定，聚众斗殴罪的犯罪主体包括首要分子和其他积极参加者。故应排除A项。聚众斗殴过程中，致人死亡的，如何追究刑事责任，应当具体问题具体分析。原则上，不是所有的人都转化为故意杀人罪，只是直接致使被害人死亡的行为人转化为故意杀人罪。如果首要分子不存在杀人的故意，那么致使被害人死亡的，属于实行过限，首要分子不应当承担故意杀人的刑事责任。故应当排除B、C项，而选D项。

18. D

【精解】根据我国刑法的规定，拐卖妇女造成被害人死亡的，应当按照拐卖妇女罪的加重构成定罪处罚。劫持航空器致人死亡的，属于劫持航空器罪的加重构成，所以，不构成故意杀人罪。抢劫罪的暴力行为包括了故意杀人的行为，所以抢劫致人死亡的，也按照抢劫罪定罪处罚。刑讯逼供致人死亡的，根据刑法的规定，应当转化为故意杀人罪，按照故意杀人罪定罪处罚。故选D项。

19. B

【精解】法官甲接受吃请而徇私枉法，构成徇私枉法罪，故A项表述错误。公安局局长甲接受陈某家属的吃请而徇私枉法，导致陈某脱保潜逃，构成徇私枉法罪，故B项表述正确，选B项。甲打开水门，导致乙家养鱼场的鱼游入大海，甲并不以非法占有为目的，因此不构成盗窃罪，而应构成故意毁坏财物罪，故C项表述错误。甲以借手机打电话为名将乙的手机偷走，甲的行为构成盗窃罪，故D项表述错误。

20. D

【精解】行为人在绑架过程中杀害被绑架人，或者故意伤害被绑架人，致人重伤、死亡的，都只定绑架罪一罪，对故意杀害、故意伤害行为不再另行定罪。因此，蔡某在绑架小东过程中将小东杀死（“撕票”），是绑架杀人，只定绑架罪一罪。可见，选D项。

单元二

1. 承担民事赔偿责任的犯罪分子，同时被判处罚金，其财产不足以全部支付的（　　）。

A. 按照“先刑事后民事”的原则，先执行罚金，剩余部分再支付民事赔偿

B. 应当先承担民事赔偿责任，剩余部分再执行罚金

C. 以犯罪分子的财产为限，民事赔偿和罚金各占50%

D. 先执行罚金，民事赔偿部分暂缓支付

2. 我国《刑法》第13条“但书”的规定，即“情节显著轻微危害不大的，不认为是犯罪”，应理解为（　　）。

A. 是犯罪不以犯罪论处　　B. 是犯罪不以犯罪处罚

C. 不构成犯罪　　D. 是犯罪但应免除处罚

3. 易某持枪抢劫开车的甲，强行抢走手机后下车逃跑。甲立即开车追赶，在易某往前跑了100米处将其腿撞骨折并夺回手机。关于甲的行为的性质，下列选项正确的是（　　）。

A. 被害人承诺　　B. 紧急避险

C. 正当防卫　　D. 自救行为

4. 王某盗窃正在使用的汽车的轮胎，数额不大，构成破坏交通工具罪。刘某盗窃轮胎厂准备出厂的轮胎，数额较大，构成盗窃罪。王某、刘某的行为所侵犯的对象相同，但罪名不同，原因是（　　）。

A. 犯罪对象数额大小不同

B. 犯罪对象本身性质不同

C. 犯罪对象可能造成的危害不同

D. 犯罪行为所破坏的社会关系的性质不同

5. 下列关于暴力干涉婚姻自由罪的说法，正确的有（　　）。

A. 该罪属于妨害社会管理秩序犯罪

B. 该罪的犯罪主体是特殊主体，只能是和被害人有亲属关系的人

C. 暴力干涉婚姻自由罪中致使被害人死亡，只限于过失，不包括故意致使被害人死亡的情形

D. 暴力干涉婚姻自由罪是告诉的才处理，即使被害人死亡，也只能按照自诉案件处理

6. 甲意欲抢劫银行，在去银行途中，因违章乱穿马路，被车撞伤，其处于抢劫的（　　）形态。

A. 犯意表示　　B. 犯罪预备

C. 犯罪既遂　　D. 不构成犯罪

7. 关于贿赂犯罪的定性，下列说法正确的是（　　）。

A. 甲是某乡的党委书记，在研究决定金矿开采权的承包、转包过程中，要求通过公开招标合法取得承包权的乙给予其一定份额的股权，否则将不给乙某承包权，乙只得同意给予甲5%的股权，并约定年底参与分红。甲构成受贿罪，乙构成行贿罪

B. 甲系某餐厅老板，因餐厅用水超标被罚款2万元。市环保局局长乙暗示甲送给其5 000元，即可免予处罚。甲送给乙5 000元钱后，乙还是按照正常标准对甲的餐厅进行了处罚。甲构成行贿罪，乙构成受贿罪

C. 甲在担任证监局局长期间为乙的公司上市做出了很多努力。在甲退休后，乙主动送给甲1万股公司股票。甲不构成受贿罪

D. 某药品监督管理局局长甲应朋友李某的邀请去新马泰旅游，旅游、购物费用共计10多万元由李某承担。回国后，甲对李某销售假药的行为睁只眼、闭只眼，对严重药品安全违法行为不予查处，造成特别严重的后果。甲同时触犯受贿罪与药品监管渎职罪，应当择一重罪处罚

8. 下列选项中，构成立功的有(　　)。

A. 甲是唯一知晓同案犯裴某手机号的人，其主动供述裴某的手机号，侦查机关据此采用技术侦查手段将裴某抓获

B. 乙因购买境外人士赵某的海洛因被抓获后，按司法机关要求向赵某发短信“报平安”，并表示还要购买毒品，赵某因此未离境，等待乙时被抓获

C. 丙被抓获后，通过律师转告其父想办法协助司法机关抓捕同案犯，丙父最终找到同案犯藏匿地点，协助侦查机关将其抓获

D. 丁被抓获后，向侦查机关提供同案犯的体貌特征，同案犯由此被抓获

9. 某甲因犯抢劫罪被判处有期徒刑10年，剥夺政治权利3年。2019年1月1日，某甲主刑执行完毕。2019年7月1日，某甲因犯诈骗罪被判处有期徒刑5年，某甲政治权利还应被剥夺多长时间？(　　)

A. 2年半　　B. 5年

C. 8年　　D. 7年半

10. 行为人欲杀甲而向甲开枪，结果既杀死甲又伤害了乙，这属于(　　)。

A. 继续犯　　B. 想象竞合犯

C. 牵连犯　　D. 连续犯

11. 甲给乙5万元请乙“教训”丙一顿，乙给丁2万元让丁打丙，并带丁辨认了丙。之后，甲感到害怕，又打电话给乙说不打了，并说愿意承担“违约”责任，只需乙退回2.5万元。乙当即说“听你的”，但未向丁转达。丁还是带人将丙打成重伤。甲的行为属于(　　)。

A. 犯罪预备　　B. 犯罪未遂

C. 犯罪中止　　D. 犯罪既遂

12. 关于减刑和假释，下列说法正确的是(　　)。

A. 减刑只适用于被判处有期徒刑和无期徒刑的犯罪分子

B. 被判处缓刑的犯罪分子主刑减刑的，其缓刑考验期不受影响

C. 对依法限制减刑的死缓犯，缓期执行期满后依法减为无期徒刑的，减刑后实际执行的刑期不能少于25年

D. 无期徒刑减为有期徒刑的，其有期徒刑的刑期，自行为人被羁押之日起计算

13. 保险事故的鉴定人、证明人、财产评估人故意提供虚假证明文件，为他人骗取保险金提供条件的，(　　)。

A. 构成提供虚假证明文件罪　　B. 以保险诈骗罪的共犯论处

C. 构成伪证罪　　D. 构成提供虚假证明文件罪和保险诈骗罪两罪

14. 关于死刑缓期执行，下列说法错误的有(　　)。

A. 在死刑缓期执行期间，如果有故意犯罪，且犯罪情节恶劣的，执行死刑

B. 在死刑缓期执行期间，如果有故意犯罪，但不属于情节恶劣的，可以不执行死刑，新判处的刑罚与原来的死缓刑数罪并罚，继续执行死缓刑，原有的死刑缓期执行期间继续有效。死刑缓期执行的期间重新计算

C. 在死刑缓期执行期间，如果没有故意犯罪，二年期满以后，减为无期徒刑

D. 在死刑缓期执行期间，如果没有故意犯罪，且确有重大立功表现，二年期满以后，减为25年有期徒刑

15. 在组织他人卖淫的过程中，通过强奸迫使其卖淫的，应当(　　)。

A. 以组织卖淫罪定罪处罚　　B. 以强奸罪定罪处罚

C. 按组织卖淫罪和强奸罪实行数罪并罚　　D. 定组织卖淫罪但是适用强奸罪的法定刑

16. 下列说法错误的有(　　)。

A. 偷开机动车，导致车辆丢失的，以盗窃罪定罪处罚

B. 为盗窃其他财物，偷开机动车作为犯罪工具，使用后非法占有车辆，被盗车辆的价值计入盗窃数额

C. 为实施其他犯罪，偷开机动车作为犯罪工具，使用后非法占有车辆，以盗窃罪和其他犯罪按照牵连犯处断原则从一重处罚

D. 为实施其他犯罪，偷开机动车作为犯罪工具，使用后将车辆送回未造成丢失的，按照其所实施的其他犯罪从重处罚

17. 某市场监督管理局干部夏某，在查处生产有毒、有害食品案件中，故意为犯罪嫌疑人文某通风报信，帮助其逃避处罚。夏某的行为构成（　　）。

A. 包庇罪　　B. 生产、销售有毒、有害食品罪（共犯）

C. 窝藏罪　　D. 放纵制售伪劣商品犯罪行为罪

18. 贾某在商场金店发现柜台内放有一条重 12 克、价值 1 600 元的纯金项链，与自己所戴的镀金项链样式相同。贾某以挑选金项链为名，趁售货员不注意，用自己的镀金项链调换了上述纯金项链。贾某的行为构成（　　）。

A. 盗窃罪　　B. 诈骗罪

C. 诈骗罪与盗窃罪的想象竞合犯　　D. 诈骗罪与盗窃罪二罪

19. 王某利用计算机知识获取某公司上网账号和密码后，以每 3 个月 100 元的价格出售上网账号和密码，从中获利 5 000 元，给该公司造成 4 万元的损失。对此，下列说法正确的是（　　）。

A. 王某的行为构成盗窃罪，盗窃数额为 5 000 元

B. 王某的行为构成诈骗罪，诈骗数额为 5 000 元

C. 王某的行为构成盗窃罪，盗窃数额为 4 万元

D. 王某的行为构成诈骗罪，诈骗数额为 4 万元

20. 下列关于强令、组织他人违章冒险作业罪的说法，错误的是（　　）。

A. 强令、组织他人违章冒险作业罪属于危害公共安全的犯罪

B. 强令、组织他人违章冒险作业罪不能由单位构成

C. 强令、组织他人违章冒险作业罪的犯罪主体为特殊主体，包括对矿山作业负有组织、指挥或者管理职责的负责人、管理人员、实际控制人、投资人等

D. 强令、组织他人违章冒险作业罪是过失犯罪

单元二答案与精解

1. B

【精解】根据我国《刑法》第 36 条第 2 款的规定，承担民事赔偿责任的犯罪分子，同时被判处罚金，其财产不足以全部支付的，或者被判处没收财产的，应当先承担对被害人的民事赔偿责任。故选 B 项。

2. C

【精解】为了区分犯罪与一般的违法行为，我国刑法在规定犯罪概念的时候特别强调“量”的因素，没有达到一定“量”，就不能认定为犯罪。“情节显著轻微危害不大的”就是没有达到需要动用刑罚来制裁的程度，所以只是一般的违法行为，不构成犯罪。故选 C 项。

3. C

【精解】易某虽然已经将手机抢走，但是并没有完全控制手机，甲仍然具有立即将手机夺回的可能性，易某的不法侵害行为并没有结束。在这种情况下，甲将易某撞伤并夺回手机完全符合正当防卫的成立条件。故选 C 项。

4. D

【精解】决定犯罪本质的是犯罪客体而不是犯罪对象。同一犯罪对象可能在不同的情况下表现出不同的社会关系。所以，虽然两个犯罪行为的对象都是轮胎，但是各自表现的犯罪客体不同，因而成立不同的犯罪。故选D项。

5. C

【精解】暴力干涉婚姻自由罪属于侵犯公民权利的犯罪。故应当排除A项。虽然实践中构成该罪的往往都是被害人的亲属，但是从刑法规定本身来看并没有将其他人排除在外，所以该罪的犯罪主体是一般主体，而不是特殊主体。故应排除B项。暴力干涉婚姻自由罪一般情形是告诉的才处理，但是该罪的结果加重犯，即造成被害人死亡结果发生的，就不再属于告诉的才处理了。故应当排除D项。暴力干涉婚姻自由罪中致使被害人死亡，只能是过失，不包括故意的情形，如果是故意，则应当按照故意杀人罪定罪处罚，而不能按照暴力干涉婚姻自由罪的结果加重犯处理。故选C项。

6. B

【精解】根据刑法的规定，行为人已经实施了犯罪的预备行为，但是由于意志以外的原因而没有着手实施犯罪的犯罪形态是犯罪预备。甲在去银行的途中，由于意志以外的原因而没有着手实施犯罪，是犯罪预备。故选B项。

7. C

【精解】行贿罪是指为谋取不正当利益，给予国家工作人员以财物的行为。因此，构成行贿罪须以“为谋取不正当利益”为必要构成要素。据此，乙给付甲财物的行为是为了保护自己的合法权利，并非为了获取不正当利益，因此乙不构成行贿罪。可见，A项表述错误。被索贿的餐厅老板甲并没有获取不正当利益，因此甲不构成行贿罪。可见，B项表述错误。《全国法院审理经济犯罪案件工作座谈会纪要》指出，国家工作人员利用职务上的便利为请托人谋取利益，并与请托人事先约定，在其离职后收受请托人财物，构成犯罪的，以受贿罪定罪处罚。据此，原证监局局长甲已经离职，但在甲担任证监局局长期间，甲、乙并没有关于甲离职后收受乙财物的约定，而是乙“主动”送给甲1万股股票，因此，甲不构成受贿罪。可见，C项表述正确。根据《刑法》第408条之一的规定，药品监督管理局局长甲构成药品监管渎职罪。另据最高人民法院、最高人民检察院《关于办理渎职刑事案件适用法律若干问题的解释》第3条的规定，国家机关工作人员实施渎职犯罪并收受贿赂，同时构成受贿罪的，除刑法另有规定外，以渎职犯罪和受贿罪数罪并罚。据此，对甲应以药品监管渎职罪和受贿罪实行数罪并罚。可见，D项表述错误。

8. B

【精解】立功是指犯罪分子揭发他人犯罪行为，查证属实，或者提供重要线索，从而得以侦破其他案件的行为。根据最高人民法院《关于处理自首和立功具体应用法律若干问题的解释》的规定，犯罪分子有检举、揭发他人重大犯罪行为，经查证属实；提供侦破其他重大案件的重要线索，经查证属实；阻止他人重大犯罪活动；协助司法机关抓捕其他重大犯罪嫌疑人（包括同案犯）；对国家和社会有其他重大贡献等表现的，应当认定为有重大立功表现。根据最高人民法院《关于处理自首和立功若干具体问题的意见》的规定，犯罪分子具有下列行为之一，使司法机关抓获其他犯罪嫌疑人的，属于“协助抓捕其他犯罪嫌疑人”：（1）按照司法机关的安排，以打电话、发信息等方式将其他犯罪嫌疑人（包括同案犯）约至指定地点的；（2）按照司法机关的安排，当场指认、辨认其他犯罪嫌疑人（包括同案犯）的；（3）带领侦查人员抓获其他犯罪嫌疑人（包括同案犯）的；（4）提供司法机关尚未掌握的其他案件犯罪嫌疑人的联络方式、藏匿地址的，等等。犯罪分子提供同案犯姓名、住址、体貌特征等基本情况，或者提供犯罪前、犯罪中掌握、使用的同案犯联络方式、藏匿地址，司法机关据此抓捕同案犯的，不能认定为协助司法机关抓捕同案犯。据此，A项表述中，甲提供同案犯裴某的手机号，侦查机关据此采用技术侦查手段将裴某抓获，属于犯罪分子提供犯罪前、犯罪中掌握、使用的同案犯联络方式，不成立立功。因为他掌握的信息是由于他和裴某共同犯罪所获得的，他理当提供同案犯的这些信息，因此其行为不能认为是立功。可见，不选A项。B项表述中，乙按司法机关要求向赵某发短信“报平安”，并表示还要购买毒品，赵某在等待乙时被抓获，乙属于按照司法机关的安排，以打电话、发信息等方式将同案犯约至指定地点，协助司法机关抓捕同案犯，因而成立立功。对此，最高人民法院《全国部分法院审理毒品犯罪案件工作座谈会纪要》规定，被告人交代了与同案犯的联系方式，又按要求与对方联络，积极协助公安机关抓获了同案犯等，属于协助司法机关抓获同案犯，应认定为立功。可见，选B项。根据最高人民法院《关于处理自首和立功若干具体问题的意见》的规定，犯罪分子亲友为使犯罪分子“立功”，向司法机关提供他人犯罪线索、协助抓捕犯罪嫌疑人的，不能认定为犯罪分子有立功表现。据此，立功必须是犯罪分子本人实施的行为。虽然丙的父亲协助司法机关抓捕了丙的同案犯，但丙不成立立功。可见，不选C项。根据最高人民法院《关于处理自首和立功若干具体问题的意见》的规定，丁被抓获后，向侦查机关提供同案犯的体貌特征，同案犯由此被抓获，不能成立立功，但是可以成立自首。可见，不选D项。

9. D

【精解】某甲是在附加剥夺政治权利执行期间又犯新罪，根据刑法的规定，应当数罪并罚，即将后罪有期徒刑5年和剩余的剥夺政治权利2年半（主刑执行完毕后剥夺政治权利已经执行了半年）进行并罚，应决定执行有期徒刑5年，附加剥夺政治权利2年半。根据有关司法解释，前罪尚未执行完毕的附加刑剥夺政治权利的刑期从新罪的主刑有期徒刑执行之日起停止计算，并从新罪的主刑有期徒刑执行完毕之日或者假释之日起继续计算。所以，2年半的剥夺政治权利在2019年7月1日起停止计算，并从5年有期徒刑主刑执行完毕后继续计算。同时，根据刑法的规定，附加刑剥夺政治权利的效力施用于新罪的主刑执行期间。所以，两者相加，某甲政治权利还应被剥夺7年半。

10. B

【精解】想象竞合犯是指行为人实施一个犯罪行为同时触犯数个罪名的情况。行为人的一个开枪行为，触犯了故意杀人罪与故意伤害罪（或过失伤害罪）两个不同的罪名，符合想象竞合犯的条件。故选B项。

11. D

【精解】共同犯罪是一个整体，要从共同犯罪整体上考虑共同犯罪的停止形态，而不能仅考虑每一个共同犯罪人的情况。共同犯罪人有一个既遂，即为犯罪既遂。所以，本案应当认定为犯罪既遂。甲虽然有中止行为，但是没有能够有效地阻止危害结果的发生，所以不成立犯罪中止。故选D项。

12. C

【精解】减刑适用于被判处管制、拘役、有期徒刑和无期徒刑的犯罪分子，故A项表述错误。最高人民法院《关于办理减刑、假释案件具体应用法律的规定》第18条规定，被判处拘役或者3年以下有期徒刑，并宣告缓刑的罪犯，一般不适用减刑。前款规定的罪犯在缓刑考验期内有重大立功表现的，可以参照《刑法》第78条的规定予以减刑，同时应当依法缩减其缓刑考验期。缩减后，拘役的缓刑考验期限不得少于2个月，有期徒刑的缓刑考验期限不得少于1年。据此，B项表述错误。根据《刑法》第78条第2款的规定，减刑以后实际执行的刑期不能少于下列期限：（1）判处管制、拘役、有期徒刑的，不能少于原判刑期的1/2；（2）判处无期徒刑的，不能少于13年；（3）人民法院依照《刑法》第50条第2款规定限制减刑的死刑缓期执行的犯罪分子，缓期执行期满后依法减为无期徒刑的，不能少于25年，缓期执行期满后依法减为25年有期徒刑的，不能少于20年。据此，C项表述正确。《刑法》第80条规定，无期徒刑减为有期徒刑的刑期，从裁定减刑之日起计算。据此，D项表述错误。

13. B

【精解】根据我国《刑法》第198条的规定，保险事故的鉴定人、证明人、财产评估人故意提供虚假证明文件，为他人骗取保险金提供条件的，以保险诈骗罪的共犯论处。故选B项。与之相似的是《刑法》第156条关于走私罪的规定。

14. B

【精解】根据《刑法》第50条第1款的规定，在死缓期间，有故意犯罪，但不属于情节恶劣的，可以不执行死刑，但数罪并罚后继续执行死缓刑，死刑缓期执行的期间重新计算。原先执行的死缓刑刑期无效。

15. C

【精解】根据《刑法》第358条的规定，犯组织卖淫罪，又有故意杀人、故意伤害、强奸等行为的，按照组织卖淫罪和相应犯罪数罪并罚。据此，选C项。

16. C

【精解】一般而言，偷开机动车的行为完全符合盗窃罪的构成要件，应当按照盗窃罪定罪处罚。这里有两个考点需要注意：一是如果偷开机动车是作为其盗窃其他财物的工具时，按照同种数罪不并罚的原则，将机动车价值纳入盗窃总额中并按照盗窃罪一罪来处理；二是如果偷开机动车是作为盗窃罪之外犯罪的工具时，虽然符合牵连犯的特征，但是由于司法解释有特殊规定，所以要数罪并罚，而不是从一重处断。故应当选择C项。至于D项，由于将机动车送回，很难认定其具有非法占有的目的，所以不宜认定为盗窃罪，但是其偷开机动车的行为还是有社会危害性的，所以要在量刑中有所体现，因而要从重处罚。

17. D

【精解】放纵制售伪劣商品犯罪行为罪是指对生产、销售伪劣商品犯罪行为负有追究刑事责任的国家机关工作人员，徇私舞弊，不履行法律规定的追究职责，情节严重的行为。这里的“情节严重”，指的是：放纵生产、销售假药或者有毒、有害食品犯罪行为的；放纵生产、销售伪劣农药、兽药、化肥、种子犯罪行为的；放纵依法可能判处3年有期徒刑以上刑罚的生产、销售伪劣商品犯罪行为的；对生产、销售伪劣商品犯罪行为不履行追究职责，致使生产、销售伪劣商品犯罪行为得以继续的；3次以上不履行追究职责，或者对3个以上有生产、销售伪劣商品犯罪行为的单位或者个人不履行追究职责的；其他情节严重的情形。据此，夏某为生产有毒、有害食品犯罪行为的犯罪嫌疑人文某通风报信，帮助其逃避处罚，属于放纵制售伪劣商品犯罪行为，且情节严重，构成放纵制售伪劣商品犯罪行为罪，选D项。

18. A

【精解】盗窃罪和诈骗罪区分的关键是：被害人是否自愿交付财物。如果合法占有人虽然受骗，但是并没有作出处分其财产的错误的意思表示，行为人是采用秘密窃取的方式获得财物，则仍然构成盗窃罪；如果财物的合法占有人基于错误的认识和判断而“自愿”地将财物交给犯罪分子，认定为诈骗罪。故选A项。

19. C

【精解】《刑法》第287条规定，利用计算机实施金融诈骗、盗窃、贪污、挪用公款、窃取国家秘密或者其他犯罪的，依照本法有关规定定罪处罚。即对利用电脑进行金融诈骗、盗窃、贪污、挪用公款、窃取国家秘密活动的，分别按照金融诈骗罪、盗窃罪、贪污罪、挪用公款罪、非法获取国家秘密罪定罪处罚。另外，最高人民法院、最高人民检察院《关于办理盗窃案件中具体应用法律的若干问题的解答》中规定：对被盗财物只计算直接损失，不包括间接损失；计算被盗财物的实际价格，不是指盗窃犯低价销赃的价格。对于电信资费的损失也是按照合法用户为其支付的电话费计算。因此，对于王某的盗窃数额，应按照给公司造成的4万元损失计算。故选C项。

20. C

【精解】强令、组织他人违章冒险作业罪和重大责任事故罪一样都是危害公共安全的犯罪和过失犯罪。故排除A项和D项。根据单位犯罪法定原则，由于刑法没有将单位规定为强令、组织他人违章冒险作业罪的犯罪主体，故该罪只能由自然人构成。故应当排除B项。虽然强令、组织他人违章冒险作业罪的犯罪主体通常由对矿山作业负有组织、指挥或者管理职责的负责人、管理人员、实际控制人、投资人等构成，但是刑法不排除由其他人员构成的可能性，故该罪的犯罪主体是一般主体。

单元三

1. 关于共犯，下列说法正确的是(　　)。

A. 策划分裂国家，由他人实施分裂国家的行为，策划者不是分裂国家的实行犯

B. 以出卖为目的，为拐卖妇女的犯罪分子接送、中转被拐卖的妇女的，以拐卖妇女罪的帮助犯论处

C. 与走私罪犯通谋，为其提供资金、账号的，以走私罪的共犯论处

D. 通过转账方式将走私所得巨款跨境转移的，对该行为人应以走私罪一罪从重处罚

2. 对累犯从重处罚的刑罚制度，体现了我国刑法的(　　)。

A. 惩罚与教育相结合原则　　B. 罪刑法定原则

C. 罪责刑相适应原则　　D. 刑法适用平等原则

3. 甲为了提干，送给机关领导乙一箱茅台酒，乙拒绝。次日，甲再次到乙家，将一箱茅台酒放在茶几上离开，乙不知情。乙的妻子丙以为乙知道此事，将茅台酒放入乙的柜子。对此，下列表述正确的有(　　)。

A. 甲构成行贿罪　　B. 乙构成受贿罪

C. 甲、乙构成共同犯罪　　D. 丙构成利用影响力受贿罪

4. 2016年12月15日，某市中区法院对张某等15人以非法买卖枪支罪判处有期徒刑。2018年4月9日，中区法院根据最新司法解释的规定对该案件进行重审，经审理认为，该案所涉枪支为气枪，因此维持原定罪判决，但因枪支杀伤力不足，涉案人员主观上认为是玩具枪，客观上没有造成严重后果，且有自首、立功等情节，因而免予刑事处罚。对于本案，下列说法错误的是(　　)。

A. 法院重审后对涉枪人员的判决体现了罪责刑相适应原则

B. 法院根据最新司法解释作出判决，并对涉案人员免予刑事处罚，这体现了从旧兼从轻原则

C. 法院的判决坚持了主客观相统一原则

D. 法院对涉枪人员依法改判体现了刑法所具有的保障机能

5.《刑法》第94条关于“本法所称司法工作人员，是指有侦查、检察、审判、监管职责的工作人员”的规定属于(　　)。

A. 论理解释　　B. 司法解释

C. 学理解释　　D. 立法解释

6. 张某、王某、何某三人均是油漆工。一天，他们为某工厂车间地板刷油漆，中午休息时，张某说这油漆是否能燃烧，王某说我去试试，说完便用打火机去点，结果引燃了油漆，将车间烧毁。对于引燃油漆，王某的心理态度是（　　）。

A. 过于自信的过失　　B. 疏忽大意的过失

C. 直接故意　　D. 间接故意

7. 甲因对社会不满，企图制造事故，使火车脱轨，遂在火车到达之前5分钟将一块大石头搬运到铁轨上，足以使火车发生倾覆。约2分钟后，甲又将该石头搬离了铁轨，有效地避免了事故的发生。甲的行为属于(　　)。

A. 犯罪预备

B. 自动放弃犯罪的犯罪中止

C. 自动有效地防止犯罪结果发生的犯罪中止

D. 犯罪既遂

8. 下列不属于自动投案的是(　　)。

A. 犯罪后主动报案，虽未表明自己是作案人，但没有逃离现场，在司法机关询问时交代自己罪行的

B. 明知他人报案而在现场等待，抓捕时无拒捕行为，供认犯罪事实的

C. 在司法机关未确定犯罪嫌疑人，尚在一般性排查询问时主动交代自己罪行的

D. 犯罪嫌疑人被亲友采用捆绑等手段送到司法机关的

9. 贾某教唆郭某去杀情敌杨某，在郭某买好枪支弹药准备出发时，贾某怕情人责怪且感到悔悟，就让郭某不要再去杀杨某，但是郭某仍然执意前往并将杨某杀死。贾某的行为属于（　　）。

A. 犯罪预备　　B. 犯罪未遂

C. 犯罪中止　　D. 犯罪既遂

10. 乙、丙身着警服携带警棍冒充警察“抓赌”。参赌者甲见来了警察，急忙逃跑。乙抓住甲的衣服，甲拔出水果刀扎乙，致乙重伤。甲的行为属于（　　）。

A. 正当防卫　　B. 防卫过当

C. 故意伤害罪　　D. 假想防卫

11. 刑法规定，故意杀人情节较轻的，处 3 年以上 10 年以下有期徒刑。对此追诉期限为(　　)。

A. 5 年　　B. 10 年

C. 15 年　　D. 20 年

12. 甲因犯盗窃罪被逮捕，在侦查人员对其审讯期间，甲供述了司法机关尚未掌握的其和乙在火车上持枪抢劫的事实，并协助侦查人员将乙抓获。对甲的抢劫罪(　　)。

A. 可以减轻或者免除处罚　　B. 可以从轻或者减轻处罚

C. 应当减轻或者免除处罚　　D. 应当从轻或者免除处罚

13. 甲于 1995 年 2 月犯故意伤害罪被判处无期徒刑，1998 年 2 月因在劳动改造生产中抗御自然灾害舍己救人有重大立功表现，被法院裁减为有期徒刑 18 年。如无再次减刑，甲将在(　　)年 2 月刑满释放。

A. 2015　　B. 2016

C. 2013　　D. 2012

14. 出租汽车司机甲因被单位领导批评，为发泄不满、私愤，驾车驶入闹市区向密集的人群冲去，当场轧死 5 人，撞伤 19 人。对甲的行为应认定为(　　)。

A. 故意杀人罪　　B. 交通肇事罪

C. 以危险方法危害公共安全罪　　D. 重大责任事故罪

15. 拐卖妇女后，又强迫被拐卖的妇女卖淫或者将被拐卖的妇女卖给他人迫使其卖淫的，应定(　　)。

A. 拐卖妇女罪　　B. 强迫卖淫罪

C. 拐卖妇女罪和强迫卖淫罪数罪并罚　　D. 引诱卖淫罪

16. 下列选项中，构成刑法中的正当化事由的是(　　)。

A. 医生经病人同意对其实施“安乐死”

B. 甲经过乙的同意将乙的一批货物销毁

C. 丙挑拨丁攻击自己，然后拔刀将丁刺成重伤

D. 黑夜中的乙以为对方是自己的丈夫而同意发生性关系

17. 甲开办一间小汽修店，因修理一进口轿车缺零配件，便于晚间在一停车场将一同型号小轿车备用轮胎一个（价值 1 200 元）和发动机（价值 5 万元）拆下盗走，甲的行为(　　)。

A. 构成盗窃罪和破坏交通工具罪，数罪并罚

B. 构成盗窃罪和破坏交通工具罪，属想象竞合犯，从一重罪即破坏交通工具罪定罪处罚

C. 只构成破坏交通工具罪

D. 只构成盗窃罪

18. 甲为杀害贺某，在偏僻处埋伏，见有人过来，以为是贺某，便开枪射击。黑影倒地后，甲发现死者竟然是自己的父亲。事后查明，甲的子弹并未击中其父亲，其父亲患有严重心脏病，因听到枪声后过度惊吓死亡。关于甲的行为，下列说法正确的是（　　）。

A. 构成故意杀人罪既遂

B. 构成故意杀人罪未遂

C. 构成过失致人死亡罪

D. 应按照故意杀人罪未遂和过失致人死亡罪择一重罪处罚

19. 根据刑法规定，盗窃信用卡并使用的，构成（　　）。

A. 诈骗罪　　B. 信用卡诈骗罪

C. 盗窃罪　　D. 侵占罪

20. 甲、乙为劫取财物将在河边散步的丙杀死，当场取得其随身携带的现金 3 000 余元。甲、乙随后从丙携带的名片上得知丙是某公司总经理。两人经谋划后，按名片上的电话给丙的妻子丁打电话，声称丙已被绑架，丁必须于次日下午 5 点前将 20 万元现金放在某处，否则杀害丙。丁立即报警，甲、乙被抓获。对甲、乙应以（　　）。

A. 抢劫罪和绑架罪实行数罪并罚

B. 故意杀人罪、盗窃罪和绑架罪实行数罪并罚

C. 抢劫罪和敲诈勒索罪实行数罪并罚

D. 故意杀人罪和诈骗罪实行数罪并罚

单元三答案与精解

1. C

【精解】根据《刑法》第 103 条的规定，组织、策划、实施分裂国家行为的，都是分裂国家罪的实行行为。所以，应排除 A 项。根据《刑法》第 240 条的规定，拐卖妇女、儿童罪是指以出卖为目的，有拐骗、绑架、收买、贩卖、接送、中转妇女、儿童的行为之一的。接送、中转被拐卖的妇女是拐卖妇女的实行行为，而不是帮助行为。所以应当排除 B 项。根据《刑法》第 156 条的规定，与走私罪犯通谋，为其提供贷款、资金、账号、发票、证明，或者为其提供运输、保管、邮寄或者其他方便的，以走私罪的共犯论处。故应选 C 项。根据《刑法》第 191 条第 1 款规定，为掩饰、隐瞒毒品犯罪、黑社会性质的组织犯罪、恐怖活动犯罪、走私犯罪、贪污贿赂犯罪、破坏金融管理秩序犯罪、金融诈骗犯罪的所得及其产生的收益的来源和性质，有下列行为之一的，构成洗钱罪：（1）提供资金账户的；（2）将财产转换为现金、金融票据、有价证券的；（3）通过转账或者其他支付结算方式转移资金的；（4）跨境转移资产的；（5）以其他方法掩饰、隐瞒犯罪所得及其收益的来源和性质的。上述行为不仅包括本犯之外的人以洗钱罪论处的情形，也包括本犯自行洗钱构成洗钱罪的情形。据此，行为人构成走私罪，又将走私巨款跨境转移，构成洗钱罪。对该行为人应以走私罪和洗钱罪实行数罪并罚。可见，D 表述错误，不选 D 项。

2. C

【精解】累犯具有严重的人身危险性，再犯可能性大，因此其刑事责任就重，所以对累犯应当从重处罚。刑罚的轻重与犯罪人主观恶性的深浅、再次犯罪危险性的大小相适应，体现的是罪责刑相适应原则，故选 C 项。

3. A

【精解】甲为谋取不正当利益而主动送与国家工作人员财物，无论其是否实际谋取到不正当利益，都构成行贿罪。乙不并知情贿赂一事，没有受贿故意，不构成受贿罪。可见，A 项表述正确，

选A项，而B项表述是错误的。贿赂犯罪属于对向犯，对向犯构成共同犯罪的，必须采取必要共犯形式，但是，对向犯不要求都构成犯罪。可见，C项表述错误。丙没有利用国家工作人员乙的职权或地位为甲谋取不正当利益的故意和行为，不构成犯罪。可见，D项表述错误。

4. B

【精解】A项表述正确，该案所涉枪支为气枪，因此维持原定罪判决，但因枪支杀伤力不足，客观上没有造成严重后果，且涉枪人员有自首、立功等情节，因而将原判决的有期徒刑改为免予刑事处罚，这体现了罪责刑相适应原则。可见，不选A项。B项表述错误，按照最新司法解释判决，且从题干表述看，新的司法解释规定的刑罚较轻，因此肯定没有体现从旧兼从轻原则。可见，选B项。C项表述正确，因为行为人主观上认为是玩具枪，客观上没有造成严重后果，这体现了主客观相统一原则。可见，不选C项。D项表述正确，因为法院改判为免予刑事处罚，发挥了刑法的人权保障机能。可见，不选D项。

5. D

【精解】根据解释的效力，刑法解释可分为立法解释、司法解释和学理解释。立法解释是最高立法机关对刑法条文的解释，司法解释是最高司法机关对刑法条文的解释。立法解释和司法解释是有权解释。学理解释是有权解释机关之外的机关、团体和个人对刑法条文的解释。学理解释是无权解释。根据解释的方法，刑法解释分为文理解释和论理解释。其中，论理解释是根据立法的精神和目的对条文进行的说明。立法解释有以下三种：一是全国人大常委会以决议的形式对刑法条文的解释；二是在刑法条文中对有关术语的专门解释；三是在刑法的起草说明或修订说明中所作的解释。本题表述属于立法解释的第二种情形，故选D项。

6. B

【精解】张某、王某、何某三人均是油漆工，因此应当预见到油漆燃烧的结果，但因疏忽大意而未能预见，结果导致火灾的发生，王某的主观心理态度是疏忽大意的过失。可见，选B项。

7. D

【精解】危险犯是以发生了法律规定的危险成立犯罪既遂的犯罪形态。破坏交通设施罪是危险犯，故行为人将大石头搬运到铁轨上，就产生了足以使火车倾覆的危险，成立破坏交通设施罪的既遂。而犯罪既遂是犯罪的停止形态之一，换言之是犯罪最后停止下来的形态，已经既遂的不可能回到未遂、预备或者中止形态。甲的行为最多视为量刑中可以考虑的情节，而不影响破坏交通设施罪既遂的成立。故选D项。

8. D

【精解】自动投案的关键在于投案的自愿性和主动性。D项中未能体现这一特征，所以不能认定为自动投案。但是需要指出的是，对该类情形虽然不能认定为自动投案，但可以参照法律按照自首的有关规定酌情从轻处罚。而A、B、C项中都在一定程度上体现自动投案的自愿性和主动性特征，同时，为了达到通过自首鼓励犯罪分子和司法机关合作、降低司法成本的立法目的，对自动投案的解释通常来说是比较宽的，这既是立法精神，也是司法实践的通常做法，考试时需要注意从这方面把握自动投案的本质。

9. D

【精解】贾某教唆杀手郭某故意杀人，属于共同犯罪，应当对犯罪行为整体结果负责。由于贾某没有自动有效地防止犯罪结果的发生，所以仍成立犯罪既遂，而不是犯罪中止。可见，选D项。

10. C

【精解】成立正当防卫须具备防卫目的的正当性，甲拔出水果刀扎乙，致乙重伤，甲的行为不具有防卫目的的正当性，不成立正当防卫，也无所谓防卫过当，甲的行为构成故意伤害罪。可见，选C项。假想防卫是指本不存在正当防卫的前提条件，而行为人误以为存在着该条件，进而实施了所谓的防卫行为。本案中，甲的行为不符合假想防卫的特征，故不选D项。

11. C

【精解】根据刑法的规定，法定最高刑 5 年以上不满 10 年的，追诉时效是 10 年。法定最高刑是 10 年以上的，追诉时效是 15 年。由于“不满”不包括本数，而“以上”“以下”包括本数，所以本题的追诉时效应当是 15 年。故选 C 项。

12. A

【精解】甲在被采取强制措施期间，如实供述司法机关尚未掌握的抢劫事实，就抢劫罪构成自首，可以从轻或者减轻处罚。由于甲和乙持枪在公共交通工具上抢劫，乙可能被判处无期徒刑以上的刑罚，所以甲协助公安机关抓住乙，构成重大立功，可以减轻或者免除处罚。在“可以从轻或者减轻处罚”和“可以减轻或者免除处罚”两个从宽处罚情节同时存在的情况下，处理结果就是“可以减轻或者免除处罚”。故选 A 项。特别需要指出的是，《刑法》取消了自首后又有重大立功表现的，应当减轻或者免除处罚的规定。故不能选择 C 项。C 项是本题最大的干扰点。

13. B

【精解】根据我国《刑法》第 80 条的规定，无期徒刑减为有期徒刑的刑期，从裁定减刑之日起计算。所以，甲的有期徒刑的 18 年刑期应当从 1998 年 2 月起开始计算。所以，甲应当在 2016 年 2 月刑满释放。故选 B 项。

14. C

【精解】因为行为人甲对于危害结果的发生是持故意的心理态度，所以不可能构成交通肇事罪或者重大责任事故罪。由于行为人甲的行为侵犯了不特定多数人的人身和财产安全，是危害公共安全的犯罪，所以构成以危险方法危害公共安全罪。故选 C 项。

15. A

【精解】根据刑法的规定，拐卖妇女后，强迫被拐卖的妇女卖淫或者将被拐卖的妇女卖给他人迫使其卖淫的，应当按照拐卖妇女罪的加重构成定罪处罚，而不另外定强迫卖淫罪。故选 A 项。

16. B

【精解】正当化事由包括法定正当化事由和非法定正当化事由。法定正当化事由包括正当防卫和紧急避险。非法定正当化事由包括依照法律的行为、执行命令的行为、正当业务行为、经权利人承诺的行为和自救行为。我国对“安乐死”以故意杀人罪论处，不选 A 项。B 项表述为经权利人承诺的行为，不构成故意毁坏财物罪，属于正当化事由，选 B 项。C 项表述为防卫挑拨，不能阻却违法，应以故意伤害罪论处。经权利人承诺的行为必须出于权利人的真实承诺，如果是因为错误认识或者被骗而进行的承诺，不能阻却违法，D 项表述中，乙基于错误认识而作出发生性关系的承诺，不构成正当化事由，故不选 D 项。

17. D

【精解】破坏交通工具罪是危害公共安全的犯罪，其侵犯的客体是公共交通运输安全，而要构成破坏交通工具罪就必须要求行为人的行为危害到不特定多数人的人身与财产的安全。在本题中，行为人将小轿车的备用轮胎和发动机盗走，导致该小轿车不可能再上路行驶，也就不可能再危害到不特定多数人的人身与财产安全，所以不可能构成破坏交通工具罪。但是其盗窃的轮胎和发动机数额较大，符合盗窃罪的构成要件，应当按照盗窃罪定罪处罚。故选 D 项。

18. A

【精解】本题涉及的是对事实认识错误问题。根据刑法理论，对于对象认识错误的，只要是属于犯罪构成内部的错误，则不影响刑事责任。本题中，甲虽然错误地将自己的父亲当作贺某而开枪射击，但是其父亲和贺某都是自然人，属于犯罪构成内部的错误，不影响刑事责任。另外，根据刑法理论，对因果关系的认识错误，也不影响刑事责任。本题中，甲的父亲是被吓死的，而不是中枪死亡，但是这是对因果关系认识的错误，同样不影响刑事责任。故应选 A 项。

19. C

【精解】我国《刑法》第 196 条规定，盗窃信用卡并使用的，构成盗窃罪。对刑法中有关特别规定应当重点掌握，这一般是考试的侧重点所在。类似规定还有偷盗技术秘密、偷盗古生物化石等。

20. C

【精解】绑架罪的暴力可以包括杀害，但要求杀害之时具有向第三人勒索赎金或者提出请求的目的。本题表述中，甲、乙杀害被害人的目的是直接取财，而不是向第三人勒索赎金，故构成抢劫罪而不是绑架罪。在杀害行为实施之后，才另起犯意向第三人勒索赎金，但是，此时由于被害人已经死亡，行为人不能实施扣押、控制或杀害行为。绑架罪要求必须真实地绑架被害人，未实际绑架被害人而捏造被害人被绑架的虚假信息敲诈他人的，构成敲诈勒索罪（与诈骗罪想象竞合）。因此，行为人的前后两部分行为分别构成抢劫罪和敲诈勒索罪，应当数罪并罚。可见，选C项。

单元四

1. 下列情形构成不作为犯罪的是（　　）。

A. 甲男与乙女系恋人，后来乙女提出分手，甲男声称如果分手就自杀，但乙女执意分手，甲男便跳河自杀身亡。乙女构成不作为故意杀人罪

B. 赵男与梁女系夫妻，梁女明知赵男受贿数额巨大而不加制止，梁女构成不作为受贿罪

C. 游泳教练丙带着初学游泳的学员丁到河里游泳，当丁游入深水时，丙不加制止，导致丁被淹死

D. 武某正在河中游泳，突然发现何某在深水中挣扎，但武某并未及时救助，导致何某溺水死亡

2. 2022年8月，甲已经确诊为新型冠状病毒感染肺炎病人，但是拒绝隔离治疗并擅自脱离隔离治疗，多次进入数家商场购物并乘坐公交车。甲的行为（　　）。

A. 不构成犯罪　　B. 构成以危险方法危害公共安全罪

C. 构成投放危险物质罪　　D. 构成妨害传染病防治罪

3. 下列不属于告诉才处理的情形是（　　）。

A. 侵占罪

B. 侮辱罪未严重危害社会秩序和国家利益的

C. 虐待罪致使被害人重伤、死亡的

D. 暴力干涉婚姻自由罪，未致使被害人重伤、死亡的

4. 甲与乙有仇，欲置乙于死地。某日，甲见乙与丙被绳索悬吊于半空中洗擦楼房外墙玻璃，便用刀割断绳索，致乙、丙一起坠地死亡。对此，甲的主观罪过形式是（　　）。

A. 对乙属直接故意，对丙属间接故意，具有两个罪过

B. 对乙属直接故意，对丙属轻信过失，具有两个罪过

C. 对乙属直接故意，对丙也是直接故意

D. 对乙属直接故意，对丙属意外事件，只具有一个罪过

5. 甲犯抢劫罪、盗窃罪和诈骗罪，所判处的刑罚分别为10年、8年和6年有期徒刑。对于这三个罪的并罚，下列表述正确的是（　　）。

A. 对甲应在10年以上24年以下决定执行的刑期

B. 对甲应在6年以上24年以下决定执行的刑期

C. 对甲应在10年以上20年以下决定执行的刑期

D. 对甲应在20年以上24年以下决定执行的刑期

6. 甲和乙共同入户抢劫并致人死亡后分头逃跑，后甲因犯强奸罪被抓获归案。在羁押期间，甲向公安人员供述了自己和乙共同所犯的抢劫罪行，并协助公安机关将乙抓获。对于本案，下列哪一选项是正确的？（　　）

A. 甲的行为属于坦白，但不成立特别自首

B. 甲的行为成立特别自首，但不成立立功

C. 甲的行为成立特别自首和立功，但不成立重大立功

D. 甲的行为成立特别自首和重大立功

7. 下列关于死刑的说法，正确的是(　　)。

A. 甲女因贩毒在被刑事拘留期间，自然流产，后因证据不足而被释放，半年后公安机关又发现了新的证据将其逮捕，法院经审理认定构成贩卖毒品罪且数量特别巨大，对甲女可判处死刑

B. 乙 74 周岁时，以特别残忍的手段将被害人虐杀致死，法院审理此案时，乙已满 76 周岁，对乙不能判处死刑

C. 丙因故意杀人罪被判处死刑缓期 2 年执行，甲在缓期执行半年后有重大立功，在缓期执行 1 年后却又故意伤害同监舍犯人致其轻伤，情节并不恶劣，则对丙应当报最高人民法院核准执行死刑

D. 丁在闹市区以开车乱撞的方式撞死一人、重伤 3 人，因以危险方法危害公共安全罪被判处死刑缓期 2 年执行，法院对丁可以同时决定限制减刑

8. 李某与王某发生口角后，王某声称要把李某杀死，并去商店买了一把匕首，李某怕王某杀死自己，就在王某从商店回来的路上，用猎枪打死了王某。李某的行为属于(　　)。

A. 正当防卫　　B. 防卫过当

C. 假想防卫　　D. 故意犯罪

9. 甲醉酒驾驶汽车，依据刑法规定，危险驾驶罪的法定刑为拘役。则对甲的追诉期限为(　　)。

A. 6 个月　　B. 1 年

C. 3 年　　D. 5 年

10. 下列关于立功的说法，错误的有(　　)。

A. 犯罪分子被羁押后与律师、亲友会见过程中违反监管规定，获取他人犯罪线索并"检举揭发"的，不能认定为有立功表现

B. 犯罪分子从负有查办犯罪、监管职责的国家工作人员处获取的他人犯罪线索予以检举揭发的，不能认定为有立功表现

C. 犯罪分子亲友为使犯罪分子"立功"，向司法机关提供他人犯罪线索、协助抓捕犯罪嫌疑人的，可以认定为犯罪分子有立功表现

D. 犯罪分子将其本人在以往查办犯罪的职务活动中掌握的他人犯罪线索，予以检举揭发的，不能认定为有立功表现

11. 甲将刚买回的彩电放在楼道门口，便上楼开门，被恰好路过的乙发现。乙抱起彩电就跑。乙刚跑出 10 米远，甲正好下楼，将乙抓获。关于乙的行为，下列说法正确的是(　　)。

A. 构成侵占罪既遂　　B. 构成侵占罪未遂

C. 构成盗窃罪既遂　　D. 构成盗窃罪未遂

12. 下列行为应当认定为犯罪的是(　　)。

A. 甲、乙互相交换配偶

B. 丙看到有人被强奸而见危不救

C. 李某某日晚偷开他人机动车跑出租，并于次日凌晨将车放回原处

D. 胡某乘夜劫财未果而自认晦气

13. 甲是某派出所的值班警察，在值班室接到一群众上交的他人丢失的皮包。甲打开皮包后发现里面有高档手机一部、信用卡若干张、现金数百元，产生了非法占有的念头，遂将皮包内的物品转放进自己的皮包，失主来认领时，仅将空包返还给失主。甲的行为构成(　　)。

A. 盗窃罪　　B. 滥用职权罪

C. 职务侵占罪　　D. 贪污罪

14. 甲在银行自动取款机上取钱时，发现前一位客户把银行卡忘在了机器里，立即对这张银行卡的密码作了修改，并提取了 5 万元现金。甲的行为构成(　　)。

A. 诈骗罪　　B. 信用卡诈骗罪

C. 侵占罪　　D. 盗窃罪

15. 孙某将周某打成重伤而休克，临时起意拿走了周某的手机，孙某将手机占为己有。经鉴定，手机价值 4 000 元。对于孙某行为的定性，下列说法正确的是(　　)。

A. 构成故意伤害罪和抢劫罪　　B. 构成故意伤害罪和抢夺罪

C. 构成故意伤害罪和盗窃罪　　D. 只构成抢劫罪

16. 某县有一伙人以暴力、威胁等手段，有组织地进行违法犯罪活动，称霸当地，为非作歹，欺压、残害群众，严重破坏经济、社会秩序。张某参加该组织并按该组织授意杀害了丁某全家。张某的行为构成(　　)。

A. 参加恐怖组织罪　　B. 参加恐怖组织罪、故意杀人罪

C. 参加黑社会性质组织罪、故意杀人罪　　D. 参加黑社会性质组织罪

17. 甲用爆炸的方法炸毁了正在行驶中的一列车的主要设备，甲的行为构成(　　)。

A. 爆炸罪　　B. 破坏交通工具罪

C. 破坏交通工具罪和爆炸罪数罪并罚　　D. 破坏交通设施罪

18. 甲公司以非法占有为目的，编造虚假的项目骗取银行贷款。甲公司构成(　　)。

A. 骗取贷款罪　　B. 贷款诈骗罪

C. 合同诈骗罪　　D. 诈骗罪

19. 下列说法正确的有(　　)。

A. 盗窃增值税专用发票的，构成逃税罪

B. 携带凶器盗窃的，构成抢劫罪

C. 盗窃信用卡并使用的，构成信用卡诈骗罪

D. 携带凶器抢夺的，构成抢劫罪

20. 行为人伪造货币并出售或者运输的，(　　)。

A. 以伪造货币罪一罪定罪从重处罚

B. 以出售、运输假币罪一罪定罪从重处罚

C. 以伪造货币罪和出售、运输假币罪实行数罪并罚

D. 比较伪造货币罪和出售、运输假币罪的刑罚轻重，择一重罪从重处罚

单元四答案与精解

1. C

【精解】A 项表述中，甲男的自杀风险并非乙女本人创设，也不存在乙女引起的先前行为，因而乙女不构成不作为故意杀人罪，不选 A 项。B 项表述中，基于法律地位或法律行为所产生的义务属于不作为构成犯罪的义务来源。这种地位或行为存在于父母与子女、监护人与被监护人、保姆与婴儿等之间，但夫妻之间、成年兄弟姐妹之间，因系平等主体，并不存在这种法律地位或者法律行为所产生的不作为义务来源，因而也就不存在不作为犯罪。可见，不选 B 项。C 项表述属于因先前行为产生的不作为犯罪，选 C 项。D 项表述中，何某陷入危险，何某的危险状态并非武某创设，不存在先前行为引起的义务；何某与武某也不存在法律地位上的特殊关系，我国刑法也没有规定“见危不救”罪，武某亦无法律规定的救助义务，因而武某不构成不作为犯罪。可见，不选 D 项。

2. B

【精解】根据《新型冠状病毒感染肺炎违法犯罪意见》的规定，故意传播新型冠状病毒感染肺炎病原体，具有下列情形之一，危害公共安全的，以以危险方法危害公共安全罪定罪处罚：(1) 已经确诊的新型冠状病毒感染肺炎病人、病原携带者，拒绝隔离治疗或者隔离期未满擅自脱离隔离治疗，

并进入公共场所或者公共交通工具的；（2）新型冠状病毒感染肺炎疑似病人拒绝隔离治疗或者隔离期未满擅自脱离隔离治疗，并进入公共场所或者公共交通工具，造成新型冠状病毒传播的。其他拒绝执行卫生防疫机构依照传染病防治法提出的防控措施，引起新型冠状病毒传播或者有传播严重危险的，以妨害传染病防治罪定罪处罚。可见，甲的行为构成以危险方法危害公共安全罪，选B项。

3. C

【精解】根据我国刑法的规定，侵占罪是绝对的告诉的才处理，即在任何情况下都是亲告罪。但是侮辱罪、诽谤罪、虐待罪和暴力干涉婚姻自由罪则不同，它们是有条件的告诉的才处理，即在没有发生严重后果的情况下，才是告诉的才处理。C项中由于发生了严重的后果，则不受告诉的才处理的限制。故选C项。

4. C

【精解】罪过由意识因素和意志因素两个因素组成，这两个因素相互影响。意识因素会影响到意志因素。如果行为人认识到自己的行为必然会造成危害结果的发生，而仍然实施的，那么其罪过只能是直接故意，而不可能是间接故意。由于甲对乙和丙死亡的发生是明知的，且认识到是必然发生的，所以只能是直接故意，而没有间接故意成立的可能性。故选C项。

5. C

【精解】限制加重原则中的“限制”，一种情形就是受数罪并罚法定最高刑的限制。根据《刑法》第69条的规定，判决宣告的数个主刑均为有期徒刑的，应当在总和刑期以下（24年）、数刑中最高刑期以上（10年），酌情决定执行的刑期；有期徒刑总和刑期不满35年的，最高不能超过20年，总和刑期在35年以上的，最高不能超过25年。由于总和刑期超过20年且不满35年，则总和刑期最高不能超过20年。可见，C项表述的数罪并罚符合题意，选C项。

6. D

【精解】根据刑法的规定，被采取强制措施的犯罪嫌疑人、被告人和正在服刑的罪犯，如实供述司法机关还未掌握的本人其他罪行的，以自首论。甲因犯强奸罪被抓获归案，在羁押期间，甲向公安人员供述了自己和乙共同所犯的抢劫罪行，符合特别自首的成立条件。同时，根据有关司法解释，协助司法机关抓获同案犯，是立功行为。由于甲、乙两人入户抢劫且造成他人死亡的结果发生，乙可以被判处无期徒刑以上的刑罚，所以甲协助司法机关抓获乙，属于重大立功。故选D项。

7. D

【精解】《刑法》第49条第1款规定，犯罪的时候不满18周岁的人和审判的时候怀孕的妇女，不适用死刑。此外，对于怀孕的妇女因涉嫌犯罪在羁押期间流产后，又因同一事实被起诉、交付审判的，应当视为“审判的时候怀孕的妇女”。可见，A项表述中，对甲女不能判处死刑，A项表述错误。《刑法》第49条第2款规定，审判的时候已满75周岁的人，不适用死刑，但以特别残忍手段致人死亡的除外。据此，B项表述中，乙以特别残忍的手段将被害人虐杀致死，乙在审判的时候已满75周岁，可以适用死刑，B项表述错误。《刑法》第50条第1款规定，判处死刑缓期执行的，在死刑缓期执行期间，如果没有故意犯罪，2年期满以后，减为无期徒刑；如果确有重大立功表现，2年期满以后，减为25年有期徒刑；如果故意犯罪，情节恶劣的，报请最高人民法院核准后执行死刑；对于故意犯罪未执行死刑的，死刑缓期执行的期间重新计算，并报最高人民法院备案。据此，对于C项表述的情形，应当按照有利于被告人的原则处理，即先死缓期满减为25年有期徒刑，再与故意伤害罪实行数罪并罚。至于C项表述中的“故意伤害，情节并不恶劣”，并不影响本项判断。可见，C项表述错误。《刑法》第50条第2款规定，对被判处死刑缓期执行的累犯以及因故意杀人、强奸、抢劫、绑架、放火、爆炸、投放危险物质或者有组织的暴力性犯罪被判处死刑缓期执行的犯罪分子，人民法院根据犯罪情节等情况可以同时决定对其限制减刑。据此，D项表述中，限制减刑的对象虽然不包括以危险方法危害公共安全的行为，但包括杀人行为；在实施以危险方法危害公共安全中杀人的，可限制减刑。可见，D项表述正确，选D项。

8. D

【精解】根据刑法的规定，正当防卫要求不法侵害必须正在进行，李某在王某伤害行为实施之前就实施了防卫行为，是事前防卫。对于事前防卫的，应当追究防卫人故意犯罪的刑事责任。故选D项。

9. D

【精解】根据《刑法》第87条的规定，法定最高刑为不满5年有期徒刑的，经过5年不再追诉。这里的“法定最高刑为不满5年有期徒刑的”，应当解释为“包括法定最高刑为拘役的”。危险驾驶罪的法定刑为拘役，其追诉期限为5年，选D项。

10. C

【精解】立功是对社会有贡献的行为，其本身应当具有正当性。通过非法手段获得线索从而检举他人的，不具有社会正当性，而不能认定为立功。故应当排除A项和B项。立功应当是犯罪分子自己的行为，而不能是他人的行为，故选C项。D项中，犯罪分子获取的线索是其通过职务行为获得的，其本身就有告知相关组织的义务，如果因此而获得从轻处罚的机会，会造成极大的不公平。故应当排除D项。

11. D

【精解】本题考查的重点是侵占罪与盗窃罪的区别。盗窃罪是将公私财物占为己有，而侵占罪是将代为保管的他人财物或者无人占有的财物占为己有。本题中，甲虽然将彩电放在楼道口，上楼开门，但是彩电仍然在甲的占有支配之下，甲并没有放弃对该彩电的占有，所以乙的行为构成盗窃罪而不是侵占罪。乙虽然抱起了彩电，但是并没有完全控制彩电，所以属于盗窃未遂。故应选D项。

12. D

【精解】基于罪刑法定原则，A项表述不构成犯罪，刑法分则中也找不到A项表述构成犯罪的相应条款，对于A项表述的行为是否构成犯罪，不能基于伦理标准予以认定。可见，不选A项。刑法没有规定见危不救罪，基于罪刑法定原则，B项表述不构成犯罪，不选B项。C项表述中，李某偷开他人机动车跑出租，但清晨就将车开回原地，这表明李某没有非法占有机动车的目的，不构成盗窃罪，也不构成其他犯罪，对李某至多予以治安管理处罚。可见，不选C项。D项表述为犯罪预备（尚未着手实行犯罪）或犯罪未遂（已经着手实行犯罪），构成犯罪，选D项。

13. D

【精解】甲是值班警察，属于国家工作人员范围，其有保管他人丢失的财物的职责，甲利用这个便利，将皮包中的财物据为己有，符合利用职务便利侵吞财物的性质。根据《刑法》第91条第2款的规定，在国家机关管理中的私人财产，以公共财产论。因此，在派出所保管中的私人财产，以公共财产论，所以甲的行为构成贪污罪。可见，本题选D项。甲的行为不构成盗窃罪，如果甲是利用其他便利而不是职务便利，将上交给其他警察的财物窃为己有，则构成盗窃罪。

14. B

【精解】根据最高人民法院、最高人民检察院《关于办理妨害信用卡管理刑事案件具体应用法律若干问题的解释》第5条第2款的规定，拾得他人信用卡并使用的属于冒用信用卡的情形，根据《刑法》第196条第1款的规定，冒用信用卡并使用，构成信用卡诈骗罪。据此，甲拾得信用卡并使用，构成信用卡诈骗罪，故选B项。

15. C

【精解】由于孙某是临时起意拿走周某的手机，故在实施暴力行为时主观上没有非法占有的目的，所以孙某不构成抢劫罪。由于孙某是在周某休克失去知觉后拿走手机，属于秘密窃取他人财物，故构成盗窃罪。故应选C项。

16. C

【精解】根据刑法的规定，黑社会性质的组织应当同时具备以下特征：（1）形成较稳定的犯罪组织，人数较多，有明确的组织者、领导者，骨干成员基本固定；（2）有组织地通过违法犯罪活动或者其他手段获取经济利益，具有一定的经济实力，以支持该组织的活动；（3）以暴力、威胁或者其他手段，有组织地多次进行违法犯罪活动，为非作恶，欺压、残害群众；（4）通过实施违法犯罪活动，或者利用国家工作人员的包庇或者纵容，称霸一方，在一定区域或者行业内，形成非法控制或者重大影响，严重破坏经济、社会生活秩序。所以，张某首先构成参加黑社会性质组织罪。同时，根据刑法的规定，参加黑社会性质组织后又实施其他犯罪的，应当数罪并罚。对张某应当按照参加黑社会性质组织罪和故意杀人罪实行并罚。故选 C 项。

17. B

【精解】虽然甲的行为也符合爆炸罪的构成要件，但是破坏交通工具罪包含了用爆炸的方法破坏交通工具的情形，用破坏交通工具罪能更全面地评价甲的行为，所以应当按照破坏交通工具罪定罪处罚。故选 B 项。

18. C

【精解】根据《刑法》第 193 条的规定，贷款诈骗罪的犯罪主体只能由自然人构成，单位不能成为贷款诈骗罪的主体。根据《全国法院审理金融犯罪案件工作座谈会纪要》，以公司名义实施贷款诈骗的，按照合同诈骗罪论处。可见，选 C 项。

19. D

【精解】按照《刑法》第 210 条的规定，盗窃增值税专用发票的，构成盗窃罪。故应当排除 A 项。按照《刑法》第 264 条的规定，携带凶器盗窃的，是盗窃罪的一种犯罪方式，与普通盗窃犯罪的不同之处在于没有数额较大的要求。故应当排除 B 项。根据《刑法》第 196 条的规定，盗窃信用卡并使用的，按照盗窃罪定罪处罚。故应当排除 C 项。按照《刑法》第 267 条的规定，携带凶器抢夺的，按照抢劫罪定罪处罚。故应当选择 D 项。

20. A

【精解】牵连犯是指行为人实施一定的行为，而其手段行为或者目的行为又构成另外犯罪的犯罪形态。行为人伪造货币之后所进行的运输和出售的行为与伪造行为之间存在牵连关系，成立牵连犯。而牵连犯的处罚原则是从一重处罚。因为伪造货币罪是重罪，所以应当以伪造货币罪一罪定罪，并从重处罚。故选 A 项。

单元五

1. 关于数罪并罚，下列说法错误的是(　　)。

A. 在刑罚执行完毕以前发现漏罪的，应当按照“先并后减”的原则实行数罪并罚

B. 在刑罚执行完毕以前又犯罪的，应当按照“先减后并”的原则实行数罪并罚

C. 在刑罚执行完毕之后发现漏罪的，应当按照“先并后减”的原则实行数罪并罚

D. 数罪中既有被判处有期徒刑，也有被判处管制，在有期徒刑执行完毕后继续执行管制

2. 甲因为男友乙不忠而生恨意，决定杀乙。某日把乙引到家中，将一瓶安眠药（50 片）掺入咖啡让乙喝下。乙在甲的床上昏睡，甲离家到附近一座山上打算自杀。甲在山上犹豫徘徊一昼夜，心生悔意急回家，发现乙已经被人送医院抢救，未死。甲大喜过望。对甲(　　)。

A. 按既遂犯处罚

B. 可以比照既遂犯从轻、减轻或者免除处罚

C. 可以比照既遂犯从轻或者减轻处罚

D. 应当免除处罚

3. 下列人员不属于首要分子的有(　　)。

A. 在犯罪集团中起组织作用的犯罪分子　　B. 在犯罪团伙中起组织作用的犯罪分子

C. 在聚众犯罪中起组织作用的犯罪分子　　D. 在聚众犯罪中起策划作用的犯罪分子

4. 甲于傍晚跟踪仇人乙，意图杀害乙。甲趁乙不备用刀朝乙的背部猛刺数刀，致乙当场昏迷，

甲见乙没有呼吸，误以为乙已死亡，为消灭罪迹，将乙“抛尸”于小河中。经鉴定，乙是溺水窒息死亡。甲的认识错误属于(　　)。

A. 对犯罪手段的认识错误　　B. 对因果关系的认识错误

C. 对目标的认识错误　　D. 对犯罪工具的认识错误

5. 甲欲杀害乙。一日，甲得知乙一人在家，遂携带匕首前往乙家，不料途中腹部剧痛，不得已而折返。次日，甲腹痛消失，遂再赴乙家将乙杀死。甲的行为在刑法理论上属于(　　)。

A. 吸收犯　　B. 连续犯

C. 继续犯　　D. 牵连犯

6. 关于危害公共安全类犯罪，下列说法正确的是(　　)。

A. 甲为了讨薪，持一块大石头砸坏一辆公交车的车门和车窗，情节严重，甲构成破坏交通工具罪

B. 乙驾车撞倒一名路人，见夜色已晚，悄悄把奄奄一息的路人拉到草丛中，后路人因失血过多而身亡，乙构成交通肇事罪

C. 丙偷走高速公路上“前方有加油站和服务区”的标志牌（价值 3 000 元），触犯盗窃罪和破坏交通设施罪，择一重罪处罚

D. 丁盗割安装完毕并已经交付电力部门使用的但还未通电的电力线缆，销赃后得5 000 余元，构成破坏电力设备罪

7. 甲被判处 14 年有期徒刑，经过一次或者几次减刑，其实际执行的刑期应不少于(　　)。

A. 4 年　　B. 6 年半　　C. 10 年　　D. 7 年

8. 王某因抢劫罪于 2015 年 1 月 10 日被判处有期徒刑 5 年（判决前被羁押了 6 个月），2017 年 1 月 10 日，王某因有重大立功表现被减刑为 3 年有期徒刑，王某还需要服刑(　　)。

A. 2 年　　B. 2 年 6 个月

C. 6 个月　　D. 1 年

9. 关于减轻处罚，下列说法错误的有(　　)。

A. 犯罪分子具有减轻处罚情节的，应当在法定刑以下判处刑罚

B. 犯罪分子具有减轻处罚情节，但是其所犯之罪具有数个量刑幅度的，只能在法定量刑幅度的下一个量刑幅度内判处刑罚

C. 犯罪分子不具有法定减轻处罚情节的，绝对不能在法定刑以下判处刑罚

D. 犯罪分子既有减轻处罚情节，也有从轻处罚情节的，也只能在法定量刑幅度的下一个量刑幅度内判处刑罚

10. 赵某犯 A 罪，依法应当附加剥夺政治权利。合议庭提出以下四种量刑意见，其中必定错误的意见是(　　)。

A. 判处有期徒刑 2 年，附加剥夺政治权利 1 年

B. 判处有期徒刑 2 年，缓刑 3 年，附加剥夺政治权利 1 年

C. 判处管制 2 年，附加剥夺政治权利 1 年

D. 判处拘役 6 个月，附加剥夺政治权利 1 年

根据下列案情，回答第 11、12 题：

律师卢某接受被告人马某妻子朱某的委托，担任马某涉嫌受贿一案的辩护人。卢某到法院复印了该案的卷宗材料后，马某的妻子朱某等人要求他把材料留下看看，卢某遂将材料连同起诉书复印了一份给其留下。朱某等人拿到材料后，针对案卷有关材料连夜仔细推敲，进行一系列反侦查活动，找到其中的两个关键证人，每人给了 10 万元现金，做工作让他们提供假证言，导致有关证词一翻再翻，使该案两次延期审理。

11. 律师卢某的行为(　　)。

A. 构成故意泄露国家秘密罪　　B. 构成过失泄露国家秘密罪

C. 构成妨害作证罪　　D. 不构成犯罪

12. 朱某的行为(　　)。

A. 构成非法获取国家秘密罪　　B. 构成行贿罪

C. 构成妨害作证罪　　D. 不构成犯罪

13. 根据刑法规定与相关司法解释，下列符合交通肇事罪中的“因逃逸致人死亡”的是(　　)。

A. 交通肇事后因害怕被现场群众殴打逃往公安机关自首，被害人因得不到救助而死亡

B. 交通肇事致使被害人当场死亡，但肇事者误以为被害人没有死亡，为逃避法律责任而逃逸

C. 交通肇事致人重伤后误以为被害人已经死亡，为逃避法律责任而逃逸，导致被害人得不到及时救助而死亡

D. 交通肇事后，将被害人转移至隐蔽处，导致其得不到救助而死亡

14. 国家工作人员肖某在经济往来中，违反国家规定，收受某公司回扣 4 万元，归个人所有。肖某的行为构成(　　)。

A. 贪污罪　　B. 受贿罪

C. 介绍贿赂罪　　D. 贪污罪和受贿罪

15. 安某虐待其 10 岁的继女王某达 3 年之久。某日，安某又因琐事痛打王某，王某稍有反抗，安某即拿起一根铁条向王某眼睛刺去，当场将王某右眼扎瞎。对安某的行为应定性为(　　)。

A. 虐待罪　　B. 故意伤害罪

C. 虐待致人重伤　　D. 虐待罪和故意伤害罪

16. 对集资诈骗罪认识错误的是(　　)。

A. 侵犯客体是出资人的财产所有权和国家对金融活动的管理秩序

B. 客观方面表现为行为人使用诈骗方法非法集资，数额较大的行为

C. 犯罪主体是自然人和单位

D. 主观方面可以是直接故意也可以是间接故意

17. 甲为索取债务，将债务人乙关在地窖中长达四天四夜，因地窖内通风不畅，致使乙大脑缺氧死亡。甲的行为(　　)。

A. 构成过失致人死亡罪

B. 构成非法拘禁罪和过失致人死亡罪，应数罪并罚

C. 构成非法拘禁罪并应按照结果加重犯来处罚

D. 构成故意杀人罪

18. 甲组建某恐怖组织，乙加入成为该组织成员。甲为制造社会恐慌，指使乙实施爆炸。丙知晓此事后，为甲的恐怖组织提供活动场所，并为乙实施爆炸提供物质资助。乙设置好炸弹，尚未引爆时被抓获。对于甲、乙、丙的行为定性，下列表述正确的是(　　)。

A. 甲构成组织恐怖组织罪、爆炸罪，应当从一重罪论处

B. 乙构成参加恐怖组织罪、爆炸罪（危险犯的未遂），应当数罪并罚

C. 丙构成帮助恐怖活动罪、爆炸罪，应当从一重罪论处

D. 甲、乙、丙三人成立爆炸罪的共同犯罪

19.《刑法》第 24 条第 2 款规定：对于中止犯，没有造成损害的，应当免除处罚。从刑事责任解决方式上分析，该规定属于(　　)。

A. 定罪判刑方式　　B. 定罪免刑方式

C. 消灭处理方式　　D. 转移处理方式

20. 下列选项中，成立结果加重犯的情形是(　　)。

A. 甲在劫持航空器过程中将机组人员张某杀死

B. 乙在劫持汽车过程中故意将乘务员徐某杀死

C. 医生丙在诊疗过程中严重不负责任，造成患者李某死亡

D. 纳税人丁在抗税过程中将税务人员陈某打成重伤

单元五答案与精解

1. C

【精解】根据刑法的规定，实行数罪并罚的前提条件是刑罚没有执行完毕。如果前罪的刑罚已经执行完毕，就不存在适用数罪并罚的条件了。故应选C项。另外，需要说明的是，根据《刑法修正案（九）》的规定，有期徒刑和管制、拘役和管制之间数罪并罚的，采用并科制；而有期徒刑和拘役之间并罚的，采用吸收制。

2. C

【精解】首先，甲引诱乙将大剂量的安眠药喝下，已经着手实施完毕了杀人行为，因此，不可能是犯罪预备。其次，由于乙被人送医院抢救，没有发生故意杀人罪的危害后果，不可能是犯罪既遂。对于实行终了的犯罪，要成立犯罪中止必须是自动有效地阻止危害结果的发生。换言之，行为人的中止行为应当和危害结果没有发生之间具有因果关系。本题中乙没有死亡不是甲的抢救行为造成的，而是他人的行为造成的，所以不可能成立犯罪中止，而只能成立犯罪未遂。根据《刑法》第23条第2款的规定，对于未遂犯，可以比照既遂犯从轻或者减轻处罚。所以应选C项。

3. B

【精解】根据我国刑法的规定，所谓首要分子，是指在犯罪集团或者聚众犯罪中起组织、策划、指挥作用的犯罪分子。犯罪团伙不是法律术语，不能将其等同于犯罪集团。只有符合犯罪集团特征的犯罪团伙才能被认定为犯罪集团。故选B项。

4. B

【精解】认识错误包括对法律的认识错误和对事实的认识错误。一般而言，对法律的认识错误不影响刑事责任，但是对事实的认识错误可能影响刑事责任。对事实的认识错误包括客体错误、对象错误、手段错误、行为偏差、因果关系错误等。对因果关系的认识错误，是指行为人对其所实施的行为和所造成的结果之间的因果关系的实际发展认识错误。本题中，甲以为乙是因为自己的刺杀行为而死亡，而实际上乙是因为溺水窒息死亡，属于对因果关系的认识错误。故选B项。

5. A

【精解】吸收犯的形式包括吸收必经阶段的行为、吸收组成部分的行为和吸收当然结果的行为。本题表述中，甲实施了两个独立的行为，第一个行为属于故意杀人罪的犯罪预备，第二个行为属于故意杀人罪的犯罪既遂。虽然有学者将既遂行为吸收预备行为这种吸收形式归结为吸收犯，但从理论上讲，第一个预备行为被第二个既遂行为吸收，属于吸收犯，选A项。

6. D

【精解】甲为了讨薪，持一块大石头砸坏一辆公交车的车门，因没有造成危害公共安全的可能，不构成破坏交通工具罪，但情节严重，应当认定为故意毁坏财物罪，不选A项。乙将路人带离现场，并使其因为得不到救助而死亡，其行为构成故意杀人罪，而不构成交通肇事罪，故B项表述错误，不选B项。丙偷走高速公路上“前方有加油站和服务区”的标志牌，没有造成危害公共安全的可能，不构成破坏交通设施罪，但因盗窃数额较大，可构成盗窃罪，不选C项。最高人民法院《关于审理破坏电力设备刑事案件具体应用法律若干问题的解释》第4条第1款规定，本解释所称电力设备，是指处于运行、应急等使用中的电力设备；已经通电使用，只是由于枯水季节或电力不足等原因暂停使用的电力设备；已经交付使用但尚未通电的电力设备。不包括尚未安装完毕，或者已经安装完毕但尚未交付使用的电力设备。据此，D项表述中，丁盗割电力线缆，虽然该电力设备并未供电，但已经交付电力部门使用，属于“正在使用中的电力设备”，构成破坏电力设备罪，选D项。

7. D

【精解】根据《刑法》第78条第2款规定，减刑以后实际执行的刑期不能少于下列期限：

（1）判处管制、拘役、有期徒刑的，不能少于原判刑期的 1/2；（2）判处无期徒刑的，不能少于 13 年；（3）人民法院依照《刑法》第 50 条第 2 款规定限制减刑的死刑缓期执行的犯罪分子，缓期执行期满后依法减为无期徒刑的，不能少于 25 年，缓期执行期满后依法减为 25 年有期徒刑的，不能少于 20 年。据此，甲被判处 14 年有期徒刑，经过一次或几次减刑后，其实际执行的刑期不能少于原判刑期的 1/2（7 年）。可见，选 D 项。

8. C

【精解】根据刑法的规定，被判处有期徒刑的犯罪分子先前已经被羁押的，羁押一日折抵刑期一日。所以，王某被羁押的 6 个月应当计算在已经执行的刑期之中。又因为王某被减为 3 年有期徒刑，故其实际在监狱中的执行刑期为 2 年 6 个月。而王某到 2017 年 1 月 10 日已经执行了 2 年，所以只需要再执行 6 个月刑期即可。故选 C 项。

9. C

【精解】根据《刑法》第 63 条第 2 款的规定，特殊情况下，经最高人民法院核准，犯罪分子不具有法定减轻处罚情节的，也可以在法定刑以下判处刑罚。另外，需要说明的是，刑法对减轻处罚作出了修改，其实质就是 B 项内容，即减轻处罚不能宽大无边，在有多个量刑幅度时，只能降低一个量刑幅度。

10. C

【精解】根据刑法的规定，附加剥夺政治权利的刑期有以下几种情况：（1）一般情况下，无论是附加适用还是单独适用，剥夺政治权利的刑期为 1 年以上 5 年以下。（2）判处管制附加剥夺政治权利的刑期与管制的刑期相同，即管制执行之日就是附加剥夺政治权利执行之日；解除管制之日就是附加剥夺政治权利执行完毕之日。（3）对于被判处死刑、无期徒刑的犯罪分子，应当剥夺政治权利终身。（4）在死刑缓期执行减为有期徒刑或者无期徒刑减为有期徒刑的时候，应当把附加剥夺政治权利的期限改为 3 年以上 10 年以下。C 项中，判处管制 2 年，其附加剥夺政治权利的期限应当和管制的期限相同，都应当是 2 年。所以，应选 C 项。

11. D

【精解】首先，涉嫌贪污的案件并不是涉及国家秘密的案件；其次，律师卢某通过正当渠道获取的卷宗材料并不属于国家秘密，卢某将该材料留给犯罪嫌疑人的亲属，并不属于犯罪行为；再次，卢某并没有参与朱某等人的犯罪行为，对于朱某的行为主观上也没有故意，所有卢某不构成犯罪。

12. C

【精解】妨害作证罪是指以暴力、威胁、贿买等方法阻止证人作证或者指使他人作伪证的行为。据此，朱某通过贿买手段指使两个关键证人作伪证，朱某贿买证人的行为构成妨害作证罪。可见，选 C 项。

13. C

【精解】根据刑法和有关司法解释的规定，“因逃逸致人死亡”是指行为人为了逃避法律追究而逃离事故现场致使被害人死亡的情形。A 项中，行为人没有逃避法律追究，故应当排除。B 项中，行为人的逃离行为与被害人死亡结果之间不存在因果关系，故应当排除。D 项中，行为人将被害人转移至隐蔽处，使得被害人不可能得到他人的救治，是故意杀人行为，不属于“因逃逸致人死亡”的情形，故应当排除。

14. B

【精解】根据刑法的规定，国家工作人员在经济往来中，违反国家规定，收受各种名义的回扣、手续费，归个人所有的，以受贿论处。故选 B 项。

15. D

【精解】安某虐待其 10 岁的继女王某达 3 年之久的行为本身已经构成虐待罪。安某将王某眼睛刺瞎，是故意伤害致人重伤，已经超出了虐待罪构成要件辖制的范围，单独成立故意伤害罪。至于 C 项中按照虐待致人重伤处理也不适当。因为虐待致人重伤是指在虐待过程中过失致人重伤的情形，不包括故意致人重伤的情形。故选D项。

16. D

【精解】根据我国刑法的规定，集资诈骗罪的主观方面需要以非法占有为目的，而间接故意是对危害结果的放任，而非追求一定的危害结果的发生，所以集资诈骗罪的主观方面只能是直接故意，而不可能是间接故意。故选D项。

17. C

【精解】《刑法》第238条第2款规定，犯前款罪，致人重伤的，处3年以上10年以下有期徒刑；致人死亡的，处10年以上有期徒刑。使用暴力致人伤残、死亡的，依照本法第234条、第232条的规定定罪处罚。据此，甲非法拘禁债务人乙，因过失致使乙死亡，甲的行为构成非法拘禁罪的结果加重犯，故选C项。

18. D

【精解】《刑法》第120条第2款规定，犯组织、领导、参加恐怖组织罪并实施杀人、爆炸、绑架等犯罪的，依照数罪并罚的规定处罚。据此，甲构成组织恐怖组织罪、爆炸罪（教唆犯），应当数罪并罚，A项表述错误。乙加入恐怖组织，构成参加恐怖组织罪，爆炸罪是危险犯，乙已经将炸弹安置完毕，构成爆炸罪既遂，而不是未遂，对乙应以参加恐怖组织罪、爆炸罪（危险犯的既遂），实行数罪并罚，B项表述错误。丙为甲的恐怖组织提供活动场所，并为乙实施爆炸提供物质帮助，丙构成帮助恐怖活动罪（《刑法》第120条之一，帮助恐怖活动罪为共犯行为正犯化，丙不能认定为组织恐怖组织罪的帮助犯）和爆炸罪（帮助犯），应当数罪并罚，C项表述错误。甲、乙、丙都触犯爆炸罪，具有共同犯意，甲是爆炸罪的教唆犯，乙是爆炸罪的正犯或实行犯，丙是爆炸罪的帮助犯，D项表述正确，选D项。

19. B

【精解】刑事责任的解决方式包括定罪判刑方式、定罪免刑方式、消灭处理方式和转移处理方式。《刑法》第24条第2款中“应当免除处罚”的规定属于定罪免刑方式。定罪免刑方式是指人民法院在判决中对犯罪人作出有罪宣告，但同时决定免除刑罚处罚。

20. A

【精解】根据《刑法》第121条的规定，“致人重伤、死亡或者使航空器遭受严重破坏”属于劫持航空器罪的结果加重犯。“致人重伤、死亡”不仅包括暴力、胁迫行为过失致人重伤、死亡，而且还应包括故意致人重伤与故意杀人。可见，选A项。根据《刑法》第122条的规定，劫持船只、汽车罪结果加重犯中的“造成严重后果”不包括故意重伤、故意杀人。这与劫持航空器罪的结果加重犯“致人重伤、死亡”可以包括故意重伤、故意杀人有所不同。劫持船只、汽车的过程中故意重伤、故意杀人的，应当数罪并罚，故不选B项。根据《刑法》第335条的规定，医疗事故罪是指医务人员由于严重不负责任，造成就诊人死亡或者严重损害就诊人身体健康的行为。据此定义，造成就诊人死亡或者严重损害就诊人身体健康的行为，属于医疗事故罪本身的构成要素，而不是医疗事故罪的结果加重犯，不选C项。根据最高人民法院《关于审理偷税抗税刑事案件具体应用法律若干问题的解释》第6条的规定，行为人在暴力抗税中故意致税务人员重伤、死亡的，按照转化犯处理（而不是结果加重犯），即以故意杀人罪、故意伤害罪论处，不选D项。

单元六

1. 下列行为中，应以故意杀人罪定罪处罚的是（　　）。

A. 甲在与钱某争吵中，突然抽出随身携带的匕首向钱某刺一刀后扬长而去，致其重伤

B. 乙在非法拘禁孙某过程中，使用暴力致孙某死亡

C. 丙在绑架李某并向李某家属勒索财物过程中，杀害李某

D. 丁对公共建筑物放火，大火烧毁该建筑物，并且烧死二人

2. A宾馆大堂领班甲在工作中获得乙的姓名、年龄、身份证号码等信息，并将这些信息出售给多家旅行社和汽车经销商等。经查，甲多次出售或者提供所获取的个人信息，获利巨大，且社会影响极为恶劣。甲的行为构成（　　）。

A. 报复陷害罪　　B. 买卖身份证件罪

C. 侵犯公民个人信息罪　　D. 非法经营罪

3. 已满14周岁不满16周岁的人盗窃他人巨额财产的，（　　）。

A. 构成犯罪，但应当从轻或者减轻处罚　　B. 构成犯罪，但可能从轻或者减轻处罚

C. 构成犯罪，但不负刑事责任　　D. 不构成犯罪，不负刑事责任

4. 甲男欲强奸乙女，先将乙女禁闭于室内数十日，待乙女无力气反抗时对其实施奸淫。甲男的行为属于（　　）。

A. 连续犯　　B. 牵连犯

C. 吸收犯　　D. 想象竞合犯

5. 下列关于主犯的说法，符合我国刑法规定的是（　　）。

A. 单位主管人员在单位犯罪中是主犯

B. 犯罪集团中的主犯一定是首要分子

C. 共同犯罪中可能只有主犯而没有从犯

D. 共同过失犯罪的主要责任人应认定为主犯

6. 甲带邻居家5岁小孩乙去河里游泳，因没看管好孩子，最后乙在河里溺水死亡，甲应负不作为犯罪的刑事责任。甲不作为犯罪的义务来源是（　　）。

A. 法律的直接规定　　B. 职务上或业务上的要求

C. 道义上的义务　　D. 先前行为引起的义务

7. 下列说法正确的是（　　）。

A. 甲欲强奸某妇女遭到激烈反抗，一怒之下将该妇女勒死，之后又实施奸淫行为。甲的行为属于强奸致人死亡，应当加重处罚

B. 乙为迫使妇女肖某卖淫而将肖某强奸，对乙应当以强奸罪从重处罚

C. 丙在组织他人偷越国（边）境过程中，强奸了被组织的妇女钱某。对丙应当以组织他人偷越国（边）境罪加重处罚

D. 丁在拐卖妇女的过程中，强行奸淫了被拐卖的妇女。对丁应当以拐卖妇女罪加重处罚

8. 根据刑法规定，对于连续犯追诉期限的起算，是从（　　）。

A. 实施犯罪预备行为时起算　　B. 着手实行犯罪时起算

C. 犯罪行为连续状态终了之日起算　　D. 犯罪行为既遂时起算

9. 左某因犯罪被判处有期徒刑3年，剥夺政治权利2年。左某自2014年7月20日被羁押，判决自2015年1月20日生效。如左某未获减刑，其政治权利应当在（　　）内被剥夺。

A. 2018年1月20日至2019年1月19日　　B. 2015年1月20日至2019年7月19日

C. 2017年7月20日至2019年7月19日　　D. 2014年7月20日至2019年1月19日

10. 吕某因为绑架罪被判处死刑缓期执行，两年考验期满后，因有重大立功表现被减为有期徒刑25年，根据刑法规定，人民法院对吕某（　　）。

A. 既可以减刑，也可以假释　　B. 可以减刑，但不能假释

C. 可以假释，但不能减刑　　D. 既不能减刑，也不能假释

11. 下列关于死刑缓期执行的有关说法，正确的有（　　）。

A. 在甲死缓考验期内发现其有应当判处有期徒刑3年的故意犯罪没有宣告，对甲应当执行死刑

B. 在乙死缓考验期期满后发现其有应当判处无期徒刑的故意犯罪没有宣告，对乙应当执行死刑

C. 在死缓考验期内丙又犯故意伤害（致死）罪，手段残忍，在死缓减为无期徒刑后的1年内被司法机关发现，对丙应报请核准后执行死刑

D. 在死缓考验期内丁多次违反监规，不服从教育改造，考验期期满后对丁不应减为无期徒刑，而应当延长丁的死缓考验期

12. 下列犯罪行为中，属于不作为行为方式的是(　　)。

A. 甲因高兴将3岁的儿子抛接，但因失手致其死亡

B. 乙分娩婴儿后为掩盖未婚先孕真相，将婴儿扔出窗外致婴儿死亡

C. 丙分娩女婴后不愿抚养，遂以2万元价格将其卖给他人

D. 丁分娩婴儿后将婴儿弃置于火车站致其冻成重伤

13. 甲因为重男轻女，将妻子刚生下才3天的女婴包裹好放在医院门口，躲在一边观察。见有群众围观、议论，便放心离开。第二天一早，甲又到医院门口查看，见女婴还在，但女婴却因晚间气温过低被冻死。甲的行为属于(　　)。

A. 纯正的作为犯　　B. 不纯正的作为犯

C. 纯正的不作为犯　　D. 不纯正的不作为犯

14. 甲经营一非法制售烟花厂，因违反操作规定，用铁器打白药时引起在厂房堆放的火药爆炸，致6人烧死。甲的行为构成(　　)。

A. 危险物品肇事罪　　B. 重大责任事故罪

C. 过失爆炸罪　　D. 玩忽职守罪

15. 下列表述中，依据消灭处理方式解决刑事责任承担问题的是(　　)。

A. 甲是某国外交官，多次倒卖文物，其刑事责任应通过外交途径解决

B. 乙犯行贿罪，在被追诉前主动交代行贿行为，且有重大立功表现而被免除处罚

C. 丙因特赦被免予刑事处罚

D. 丁因贩卖毒品而被判处有期徒刑15年

16. 国有公司仓库保管员甲与社会上的乙、丙内外勾结，由甲利用职务上的便利，与乙、丙共同盗骗国家大量财物。此案(　　)。

A. 甲构成贪污罪，乙、丙构成盗窃罪

B. 甲构成贪污罪，乙、丙构成诈骗罪

C. 甲定贪污罪，乙、丙以贪污罪共犯论处

D. 乙、丙定盗窃罪，甲以盗窃罪共犯论处

17. 下列构成诬告陷害罪的是(　　)。

A. 甲为了得到提拔，便捏造同事杨某包养情人并匿名举报，使杨某失去晋升机会

B. 乙捏造宫某收受他人贿赂的事实，并向公安部门举报

C. 丙捏造同事贾某挪用公款200万元的事实，并写成多份传单在县城的大街小巷张贴

D. 丁匿名举报单位领导屠某贪污救灾款50万元。事后查明，屠某只贪污了救灾款5万元

18. 下列情形中，属于犯罪未遂的是(　　)。

A. 甲持匕首在张三每天下夜班经过的路口守候，准备杀死张三，但张三当夜没有出现在这一地点

B. 乙携带匕首乘坐出租车，准备对出租车司机进行抢劫，因形迹可疑，出租车司机将车开进了派出所将其抓获

C. 丙非法购进两支手枪，还未来得及出卖即被抓获

D. 丁为抢劫李四的钱财，假装劝酒将李四灌醉，没来得及取走李四的财物，因被李四的妻子发现而慌忙逃走

19. 李某欠赵某1万元，赵某为了索要1万元将李某关在地窖里，后由于地窖缺氧李某死亡，赵某的行为构成(　　)。

A. 非法拘禁罪　　B. 绑架罪

C. 故意杀人罪　　D. 过失致人死亡罪

20. 甲将 10 岁幼童乙拐骗离家出走并欲将乙带至外地卖掉，途中甲被抓获而乙得救。甲的行为构成(　　)。

A. 拐骗儿童罪　　B. 拐卖人口罪

C. 拐卖妇女、儿童罪　　D. 拐卖儿童罪

单元六答案与精解

1. B

【精解】对于概括故意而言，是根据危害结果的内容来决定犯罪故意的内容。A 项中，甲的行为造成了他人重伤的危害结果，所以对于甲应当按照故意伤害罪定罪处罚。故应当排除 A 项。根据《刑法》第 239 条的规定，绑架他人后故意杀害被绑架人的，应当按照绑架罪定罪处罚，而不另外定故意杀人罪。所以应当排除 C 项。D 项中，丁的行为危害到不特定多数人的人身和财产安全，应当按照放火罪定罪处罚，而不构成故意杀人罪。所以应当排除 D 项。根据《刑法》第 238 条的规定，非法拘禁过程中使用暴力致人死亡的，应当按照故意杀人罪定罪处罚。所以应选 B 项。

2. C

【精解】侵犯公民个人信息罪的行为方式包括 3 种：(1) 违反国家有关规定，向他人出售或者提供公民的个人信息。(2) 违反国家有关规定，将在履行职责或者提供服务过程中获得的公民个人信息，出售或者提供给他人。(3) 窃取或者以其他方法非法获取公民个人信息。“窃取”也是“非法获取”的一种方式，只是由于窃取的方式较为常见，所以刑法将其作为单独一款规定。“以其他方法非法获取”，包括购得、骗取、夺取等。此外，“情节严重”才能构成侵犯公民个人信息罪。本题表述中，甲的行为符合侵犯公民个人信息罪的行为方式，且获利巨大，社会影响极为恶劣，构成“情节严重”，选 C 项。

3. D

【精解】我国《刑法》第 17 条规定，已满 14 周岁不满 16 周岁的人，只对故意杀人、故意伤害致人重伤或者死亡、强奸、抢劫、贩卖毒品、放火、爆炸、投放危险物质罪承担刑事责任。根据罪刑法定原则，已满 14 周岁不满 16 周岁的人盗窃他人巨额财产的，不构成盗窃罪。故选 D 项。

4. B

【精解】所谓牵连犯是指行为人实施某种犯罪，而方法行为或者结果行为又触犯其他罪名的犯罪形态。甲为了实施强奸行为而将乙禁闭达数十日之久，其方法行为构成非法拘禁罪，强奸行为和非法拘禁行为之间存在手段行为和目的行为的牵连关系。故选 B 项。

5. C

【精解】单位犯罪不是指单位中的所有成员共同犯罪，构成单位犯罪的，对单位判处罚金，并对其主管人员和其他直接责任人员判处刑罚。因此，单位主管人员并非单位犯罪中的主犯，故 A 项表述错误。犯罪集团中的主犯不一定是首要分子，犯罪集团中的主犯可能有多人，但只有对犯罪集团起组织、领导作用的，才是首要分子。可见，B 项表述错误。共同犯罪中可能只有主犯而没有从犯，C 项表述正确，选 C 项。共同犯罪指的是二人以上共同故意犯罪，共同过失犯罪不构成共同犯罪，也就无所谓主犯和从犯的区分，故 D 项表述错误。

6. D

【精解】甲带 5 岁的小孩到河里游泳，其行为已经使得小孩的生命处于一种危险的状态，甲有义务阻止这种危险向现实转化。所以，甲的不作为犯罪的义务来源是其先前的行为。故选 D 项。

7. D

【精解】在 A 项中，甲临时起意将被害人杀死，已经超出了强奸罪的范围，应当按照故意杀人罪定罪处罚。故应当排除 A 项。在 B 项中，根据《刑法》第 358 条第 3 款的规定，组织、强迫卖淫又

犯强奸罪，应当数罪并罚。故应当排除B项。根据《刑法》第318条的规定，组织他人偷越国（边）境的，对被组织人有杀害、伤害、强奸、拐卖等犯罪行为，或者对检查人员有杀害、伤害等犯罪行为的，依照数罪并罚的规定处罚。故应当排除C项。根据《刑法》第240条的规定，在拐卖妇女的过程中强奸妇女的，应当按照拐卖妇女罪的加重构成定罪处罚。故应选D项。

8. C

【精解】根据我国刑法的规定，追诉时效的起算点是犯罪之日，如果犯罪有连续或者持续状态的，应当自犯罪的连续或者持续状态结束之日起计算。故选C项。

9. B

【精解】根据我国刑法的规定，附加剥夺政治权利的刑期，从有期徒刑或者拘役执行完毕之日或者从假释之日起计算，剥夺政治权利的效力当然施用于主刑的执行期间。本题中，左某被判处3年有期徒刑，但是先前被羁押6个月，应当折抵刑期。故其有期徒刑的服刑期间应从2015年1月20日至2017年7月19日，再加上剥夺政治权利的2年，所以，应当到2019年7月19日止，左某被剥夺政治权利的期间为2015年1月20日至2019年7月19日。故选B项。

10. B

【精解】根据我国刑法的规定，吕某是被判处死缓，但由于死缓考验期内有重大立功表现，被减为有期徒刑，符合假释的对象条件，但是由于吕某系暴力犯罪被判处10年以上有期徒刑，所以不能假释。故应排除A项和C项。同时，根据《刑法》的规定，对被判处死刑缓期执行的累犯以及因故意杀人、强奸、抢劫、绑架、放火、爆炸、投放危险物质或者有组织的暴力性犯罪被判处死刑缓期执行的犯罪分子，人民法院根据犯罪情节可以同时决定对其限制减刑。所以应当排除D项。

11. C

【精解】根据《刑法》第50条第1款的规定，罪犯在死缓考验期内故意犯罪，情节恶劣的，才会执行死刑。由于甲和乙都没有又犯新罪，而只是发现漏罪，所以不应当执行死刑。故应当排除A、B项。死缓减为无期徒刑不属于减刑制度的内容，所以减刑要求的认真遵守监规，接受教育改造，确有悔改表现的要求不适用于死缓减为无期徒刑。只要罪犯在死缓考验期内没有故意犯罪，在死缓考验期期满后都应当无条件地减为无期徒刑。故应当排除D项。丙虽然已经减为无期徒刑，但是他仍然属于在死缓考验期内故意犯罪，且情节恶劣，也没有超过追诉时效，应报请最高人民法院核准后执行死刑。可见，本题应选C项。

12. D

【精解】不作为的实质是应为而不为。D项中，丁有抚养的义务而不履行，其行为方式是不作为。

13. C

【精解】甲构成遗弃罪。不作为犯罪可以分为纯正的不作为犯和不纯正的不作为犯。其分类的标准是完成该罪的行为方式，如果该罪只能由不作为的方式实施，那么就是纯正的不作为犯；如果该罪既可以由作为构成也可以由不作为构成，那么就是不纯正的不作为犯。行为人只能以不履行特定义务的方式构成遗弃罪，所以遗弃罪是典型的纯正的不作为犯罪。另外，纯正的不作为犯和不纯正的不作为犯是对不作为犯的划分，而作为犯是不能划分为纯正的作为犯和不纯正的作为犯的。故应选C项。

14. A

【精解】危险物品肇事罪是指违反爆炸性、易燃性、放射性、毒害性、腐蚀性物品的管理规定，在生产、储存、运输、使用中发生重大事故，造成严重后果的行为。本题表述中，甲制造烟花所需火药为易燃易爆的危险物品，甲在违规生产烟花过程中造成火药爆炸，造成严重后果，符合危险物品肇事罪的犯罪构成，构成危险物品肇事罪，选A项。重大责任事故罪和危险物品肇事罪存在法条竞合关系，在行为人的行为符合危险物品肇事罪的犯罪构成时，不定重大责任事故罪，不选B项。过失爆炸罪发生于一般生活中，而非危险物品的生产、储存、运输、使用中，因此，本题表述的情形只能认定为危险物品肇事罪，不选C项。玩忽职守罪的犯罪主体是国家机关工作人员，而甲并非国家机关工作人员，不选D项。

15. C

【精解】刑事责任的解决方式包括定罪判刑方式、定罪免刑方式、消灭处理方式和转移处理方式。消灭处理方式是指行为人的行为本已成立犯罪而应负刑事责任，但由于存在法律的规定而实际阻却追究刑事责任的事实，如犯罪已过追诉时效期限，告诉才处理的犯罪中的被害人没有告诉或者在判决确定前撤回告诉，犯罪嫌疑人死亡或者被赦免等，使行为人的刑事责任归于消灭。可见，选C项。转移处理方式是指享有外交特权和外交豁免权的外国人的刑事责任不由我国司法机关处理，而是根据《刑法》第11条的规定通过外交途径予以解决。A项表述的是转移处理方式。定罪免刑方式即人民法院在判决中对犯罪人作出有罪宣告，但同时决定免除刑罚处罚。B项表述的是定罪免刑方式。定罪判刑方式即人民法院在判决中对犯罪人作出有罪宣告的同时确定对其适用相应的刑罚。这种方式是解决刑事责任最常见、最基本的一种方式。D项表述的是定罪判刑方式。

16. C

【精解】根据我国刑法的规定，伙同他人贪污的，应当按照贪污罪的共同犯罪论处。所以本题应当选择C项。不但对于贪污犯而言如此，对于其他的身份犯，只要存在共同犯罪的故意，都按照具有特定身份的人来定罪量刑。

17. B

【精解】根据刑法的规定，诬告陷害罪是捏造事实诬告陷害他人，意图使他人受刑事追究，情节严重的行为。A项中，甲主观上没有“意图使他人受刑事追究”的目的，应当予以排除。C项中，丙没有向有关司法机关告发而是向社会公开，其行为不构成诬告陷害罪，而是构成诽谤罪，故应当排除。D项中，丁主观上没有诬告的故意，只是举报失实，不构成诬告陷害罪，故应当排除。

18. D

【精解】A项和B项中，由于甲和乙都还没有着手实施犯罪行为，故其犯罪形态为犯罪预备。C项中，非法买卖枪支罪只要行为人购买了枪支，就符合该罪的构成要件，故丙的犯罪形态是犯罪既遂。D项中，丁已经着手实施了犯罪，但是由于意志以外的原因而没有得逞，故其犯罪形态是犯罪未遂。

19. A

【精解】为了索取债务而将他人拘禁的，由于不具有勒索财物的目的，所以不构成绑架罪。根据刑法的规定，在非法拘禁的过程中，使用暴力致人死亡的，才转化为故意杀人罪。而本题中，赵某没有使用暴力，所以不构成故意杀人罪。同时，根据我国刑法的规定，非法拘禁罪是结果加重犯，过失致使被拘禁人死亡是非法拘禁罪的加重处罚情节，所以赵某构成非法拘禁罪。故选A项。

20. D

【精解】拐卖妇女、儿童罪，是指以出卖为目的，拐骗、绑架、收买、贩卖、接送、中转妇女、儿童的行为。由于甲存在出卖目的，同时其仅仅实施了拐卖儿童的行为，而没有拐卖妇女的行为，所以应当认定为拐卖儿童罪。故选D项。

单元七

1. 美国公民甲从日本劫持新加坡的民用飞机到泰国，后逃至我国领域内，我国司法机关适用中国刑法对甲追究刑事责任，所体现的是(　　)。

A. 保护管辖原则　　B. 普遍管辖原则

C. 属地管辖原则　　D. 属人管辖原则

2. 甲贩运假烟，驾车路过一检查站时，被工商部门拦住检查，检查人员朱某正登车检查时，甲突然发动汽车夺路而逃，朱某抓住汽车把手不放，甲为摆脱朱某，在疾驶后突然急刹车，朱某被摔在地上，头部着地死亡。甲对朱某死亡的心理态度是(　　)。

A. 直接故意　　B. 间接故意

C. 过于自信的过失　　D. 疏忽大意的过失

3. 下列行为构成非法获取国家秘密罪的有(　　)。

A. 甲为美国的军工厂窃取我国长征三号火箭的点火技术，经鉴定，该技术属于国家秘密

B. 乙接受国外间谍组织的指派，在我国境内收买经济情报

C. 出租车司机丙在公安机关进行查处卖淫嫖娼专项行动时，将相关信息透露给卖淫嫖娼者，导致专项行动失败

D. 计算机爱好者丁侵入教育部网站，获得即将开考的大学英语四级考试试题，自己使用，没有泄露给他人

4. 侯某(15周岁)教唆赵某(17周岁)实施盗窃，价值5 000元；又教唆张某(17周岁)实施绑架犯罪，同时还帮助卢某实施了抢劫犯罪。侯某的行为构成(　　)。

A. 盗窃罪、绑架罪、抢劫罪　　B. 盗窃罪、绑架罪

C. 绑架罪、抢劫罪　　D. 抢劫罪

5. 下列被判处死刑缓期二年执行的犯罪分子不能适用限制减刑的是(　　)。

A. 累犯　　B. 抢劫犯

C. 贩毒犯　　D. 放火犯

6. 甲在一胡同口抢劫一女青年钱包。抢到钱后，突然发现该女青年是自己的邻居，于是将钱包当面还给女青年，声称刚才的行为是开玩笑。甲的行为是(　　)。

A. 犯罪预备　　B. 犯罪中止

C. 犯罪未遂　　D. 犯罪既遂

7. 下列哪一种情形，尚不能认为是犯罪行为?(　　)

A. 甲打电话邀约其朋友李某一起去实施抢劫

B. 乙向其朋友赵某表示要杀掉仇人陈某

C. 丙为了盗窃张某家财产，毒死了张某家的看家犬

D. 丁为方便对刘某实施抢劫，对刘某的活动规律进行跟踪调查

8. 甲为投身恐怖主义活动而参加了某国际恐怖主义组织，法院认定甲构成参加恐怖组织罪。甲的行为属于(　　)。

A. 预备犯　　B. 实行犯

C. 帮助犯　　D. 未遂犯

9. 甲于2019年6月与乙合谋共同诈骗李某30 000元，甲、乙平分各得15 000元。在审理本案期间，甲主动交代曾在2013年3月间诈骗张某4 000元的犯罪事实。根据《刑法》规定，诈骗公私财物，数额较大的，处3年以下有期徒刑、拘役或者管制，并处或者单处罚金。据此，在处罚甲诈骗罪时，其犯罪金额应为(　　)。

A. 34 000元　　B. 30 000元

C. 19 000元　　D. 15 000元

10. 下列说法正确的有(　　)。

A. 伪造居民身份证之后，利用伪造的身份证骗领信用卡，分别构成伪造居民身份证罪和妨害信用卡管理罪，两者之间存在牵连关系，应数罪并罚

B. 窃取他人信用卡信息数据同时又侵犯商业秘密的，属于想象竞合犯，应从一重处断

C. 运输伪造的信用卡和空白的信用卡，都要求达到量较大的程度，才构成犯罪

D. 妨害信用卡管理罪中的信用卡不包括没有透支功能的借记卡

11. 依据法律规定，在管制的判决和执行方面，下列说法正确的是(　　)。

A. 管制的期限为3个月以上2年以下，数罪并罚时不得超过3年

B. 对于需要遵守禁止令的管制犯，管制执行的期限不得少于1年

C. 对于被判处管制的犯罪分子，在劳动中应酌量发给报酬

D. 管制的刑期从判决执行之日起计算，判决执行以前先行羁押的，羁押一日折抵刑期一日

12. 行为人甲看到股票交易所的椅子上坐着乙和丙，他们面前放着一个手提包，乙在睡觉，丙在看交易信息。甲以为手提包是乙的，遂上前将手提包拿走，被丙发现。手提包实际上是丙的，丙害怕被甲报复，看着手提包被甲拿走而没有喊叫。甲的行为构成(　　)。

A. 盗窃罪　　B. 诈骗罪

C. 抢夺罪　　D. 侵占罪

13. 俞某向孙某声称要购买 80 克海洛因，孙某便从外地购买了 80 克海洛因。到达约定交货地点后，俞某掏出仿真手枪威胁孙某，从孙某手中夺取了 80 克海洛因。此后半年内，因没有找到买主，俞某一直持有 80 克海洛因。半年后，俞某将 80 克海洛因送给其毒瘾很大的朋友钱某，钱某因过量吸食海洛因而死亡。关于本案，下列说法正确的是(　　)。

A. 对俞某应当按照非法持有毒品罪定罪处罚

B. 对俞某应当按照抢劫罪加重构成定罪处罚

C. 对俞某应当按照抢劫罪定罪处罚，但是不属于持枪抢劫

D. 对俞某应当按照贩卖毒品罪定罪处罚

14. 顾某搭乘公交车过程中因驾驶员按照疫情防控要求，对未佩戴口罩的一名乘客进行劝阻引发争吵。顾某不满驾驶员的语气态度，遂也与之发生口角。后在车辆行驶过程中，顾某突然至驾驶位拉拽公交车方向盘，公交车险与前方私家车和客运大巴车追尾，驾驶员随即刹停车辆。顾某摆脱上前劝阻的乘客后，又用拳挥打驾驶员头部，随后其按下驾驶位操控台按钮，打开车门后逃逸。顾某的行为构成(　　)。

A. 以危险方法危害公共安全罪　　B. 妨害安全驾驶罪

C. 交通肇事罪　　D. 破坏交通工具罪

15. 甲采取暴力重伤的方法拒不执行人民法院已经生效的民事判决，造成法院执行人员乙重伤。甲的行为构成(　　)。

A. 妨害公务罪　　B. 拒不执行判决、裁定罪

C. 故意伤害罪　　D. 过失致人重伤罪

16. 检察院干警李某在负责侦查某国有公司女经理王某贪污案时，对王某贪污公款 15 万元的罪行不追查、不取证，并将罪证材料销毁，以帮助王某逃避处罚。王某在李某的帮助下获释后，李某以此为要挟，将王某多次奸污。李某的行为除构成强奸罪外，还构成(　　)。

A. 包庇罪　　B. 徇私枉法罪

C. 滥用职权罪　　D. 玩忽职守罪

17. 王某见一男子喝得酩酊大醉，神志模糊，躺在马路边，旁边放一只皮包。王某对周围的人谎称该男子为其朋友，将该男子扶到偏僻无人之处，悄悄拿走其皮包（内有现金3 500余元）。王某的行为构成(　　)。

A. 诈骗罪　　B. 盗窃罪

C. 抢劫罪　　D. 抢夺罪

18. 甲路过某汽车修理店，见有一辆轿车停在门口，车钥匙没拔下来，便欲据为己有。甲谎称要购买汽车配件并催促店主去 50 米之外的库房拿货，店主临走时对甲说："我去拿货，你帮我看一下店。"店主离开后，甲开走了汽车。甲的行为构成(　　)。

A. 诈骗罪　　B. 盗窃罪

C. 侵占罪　　D. 职务侵占罪

19. 甲在火车上认识乙，见乙的背包中有大量现金，于是意图据为己有。在与乙攀谈过程中，甲递给乙一根含有乙醚的香烟，致乙吸完后昏迷，甲遂拿走背包并下了车。甲的行为构成(　　)。

A. 盗窃罪　　B. 侵占罪

C. 抢劫罪　　D. 诈骗罪

20. 甲犯盗窃罪被判处有期徒刑 5 年，犯诈骗罪被判处拘役 6 个月，犯虐待罪被判处管制 1 年。在合并执行上述刑罚时，对甲应当执行的刑罚为(　　)。

A. 判处甲有期徒刑 5 年 6 个月，刑罚执行完毕后，执行管制 1 年
B. 判处甲有期徒刑 6 年 6 个月
C. 判处甲有期徒刑 5 年，拘役和管制刑不予执行
D. 判处甲有期徒刑 5 年，有期徒刑执行完毕后，执行管制 1 年

单元七答案与精解

1. B

【精解】《刑法》第 9 条规定，对于中华人民共和国缔结或者参加的国际条约所规定的罪行，中华人民共和国在所承担条约义务的范围内行使刑事管辖权的，适用本法。据此，美国公民甲劫持民用飞机的行为属于国际性犯罪，而我国刑法也将劫持民用航空器的行为规定为犯罪（劫持航空器罪），因此，我国对甲可以依据普遍管辖原则追究其刑事责任。可见，选 B 项。

2. B

【精解】主观罪过中间接故意的区分和辨别是考试的重点和难点，历年考试均有涉及。所谓间接故意是指行为人明知自己的行为会造成危害社会的结果，而放任这种危害结果发生的心理态度。间接故意一般有三种情形：（1）行为人追求某种犯罪目的而放任另一危害结果的发生；（2）行为人追求一个非犯罪目的而放任某种危害结果的发生；（3）突发性的犯罪，不计后果，放任严重结果的发生。故选 B 项。

3. D

【精解】甲的行为构成为境外窃取国家秘密罪。乙的行为构成间谍罪。根据《刑法》第 362 条的规定，丙的行为构成包庇罪。根据刑法的规定，构成非法获取国家秘密罪，并不要求行为人将秘密泄露出去，故丁的行为构成非法获取国家秘密罪。

4. D

【精解】根据我国刑法的规定，盗窃罪的刑事责任年龄是 16 周岁，绑架罪的刑事责任年龄也是 16 周岁，而抢劫罪的刑事责任年龄是 14 周岁，所以侯某的行为只能构成抢劫罪。故选 D 项。

5. C

【精解】《刑法》第 50 条第 2 款规定，对被判处死刑缓期执行的累犯以及因故意杀人、强奸、抢劫、绑架、放火、爆炸、投放危险物质或者有组织的暴力性犯罪被判处死刑缓期执行的犯罪分子，人民法院根据犯罪情节等情况可以同时决定对其限制减刑。贩毒没有规定在其中，所以，应选 C 项。

6. D

【精解】犯罪的停止形态是指犯罪行为停止下来后的相对静止的犯罪形态，具有不可逆转性，即如果已经实施了犯罪实行行为，那么就不可能是犯罪预备；如果犯罪已经既遂，则不可能再成立犯罪中止。本题中，甲已经将女青年的钱包抢到手，是抢劫罪的犯罪既遂。即使其又主动将钱包还给女青年，也不可能再构成犯罪中止。当然，甲主动返还钱包的行为可以作为酌定的量刑情节加以考虑。故选 D 项。

7. B

【精解】犯罪是行为，这是刑法理论达成的基本共识，也是近现代刑法理论的基石。所以，成立犯罪的前提条件是行为人实施了一定的危害行为。与危害行为密切相关的是犯意表示，如果只是将犯罪意图表示出来，而没有实施任何其他的行为，那么就应当认定为犯意表示，从而排除犯罪的成立。故选 B 项。在 A 项、C 项和 D 项中，行为人都实施了预备行为，是可以认定为犯罪预备的。

8. B

【精解】由于犯罪停止下来的具体原因不同，刑法理论将故意犯罪分为预备犯、未遂犯、中止犯和既遂犯。对于既遂犯而言，根据完成既遂的条件不同，又可以分为行为犯、危险犯、实害犯。根

据共同犯罪人分工的不同，可以分为组织犯、实行犯、帮助犯和教唆犯。所谓实行犯是指实施了基本的犯罪构成中的危害行为的人。帮助犯是没有实施基本的犯罪构成中的危害行为，却实施了修正的犯罪构成中的危害行为的人。组织、领导、参加恐怖组织罪是必要的共同犯罪，而甲实施了组织、领导、参加恐怖组织罪基本的犯罪构成中的危害行为，因此属于实行犯。故选 B 项。

9. B

【精解】共同犯罪最大的特点是共同犯罪人的行为是一个整体，无论是在定罪还是在量刑时都应当把共同犯罪人的行为作为一个整体来对待。所以，本题中对于共同犯罪的犯罪数额而言，应当按照其共同诈骗的数额来确定犯罪数额，而不考虑共同犯罪人实际违法所得的数额。根据有关司法解释，甲诈骗张某 4 000 元属于诈骗数额较大，法定最高刑为 3 年有期徒刑，追诉时效为 5 年，所以到 2019 年 6 月，甲诈骗张某的行为已经超过追诉时效。因此，本题中甲诈骗罪的犯罪金额是 30 000 元。故选 B 项。

10. B

【精解】A 项中，伪造居民身份证罪和妨害信用卡管理罪之间存在牵连关系，由于法律没有明确规定，应当从一重处断，而不应数罪并罚。故应排除 A 项。根据刑法规定，运输空白的信用卡，要求数量较大，才构成犯罪，但是对于运输伪造的信用卡，则没有数量的要求。故应当排除 C 项。根据立法解释，刑法规定的“信用卡”，是指由商业银行或者其他金融机构发行的具有消费支付、信用贷款、转账结算、存取现金等全部功能或者部分功能的电子支付卡。故应当排除 D 项。

11. A

【精解】根据《刑法》第 38 条第 1 款和第 69 条第 1 款的规定，管制的期限，为 3 个月以上 2 年以下，但是数罪并罚最高不能超过 3 年。据此，A 项表述正确，选 A 项。根据最高人民法院、最高人民检察院、公安部、司法部《关于对判处管制、宣告缓刑的犯罪分子适用禁止令有关问题的规定(试行)》的规定，对于管制犯，禁止令的期限既可以与管制执行的期限相同，也可以短于管制执行的期限，但不得少于 3 个月。判处管制的犯罪分子在判决执行以前先行羁押以致管制执行的期限少于 3 个月的，禁止令的期限不受 3 个月的最短期限的限制。禁止令的期限，从管制执行之日起计算。据此，B 项表述错误。《刑法》第 39 条第 2 款规定，对于被判处管制的犯罪分子，在劳动中应当同工同酬。据此，C 项表述错误。《刑法》第 41 条规定，管制的刑期，从判决执行之日起计算；判决执行以前先行羁押的，羁押 1 日折抵刑期 2 日。据此，D 项表述错误。

12. A

【精解】只要行为人本人认为自己是在秘密窃取他人财物，即构成盗窃罪，而不管客观上他的行为是否被他人发现。故本题应当选 A 项。

13. C

【精解】毒品虽然属于违禁物，但是抢劫毒品仍然构成抢劫罪。由于俞某是以假枪实施抢劫，不可能使用枪支而危害到他人的生命健康，故不属于持枪抢劫，不能按照抢劫罪的加重构成处罚。由于俞某是将毒品无偿转让给他人，所以，不是贩卖毒品的行为，不构成贩卖毒品罪。由于抢劫毒品之后必然持有毒品，持有毒品是不可罚的事后行为，所以俞某不构成非法持有毒品罪。

14. B

【精解】妨害安全驾驶罪是指对行驶中的公共交通工具的驾驶人员使用暴力或者抢控驾驶操纵装置，干扰公共交通工具正常行驶，或者行驶中的公共交通工具的驾驶人员在行使的公共交通工具上擅离职守，与他人互殴或者殴打他人，危及公共安全的行为。据此，顾某抢控方向盘干扰公交车正常行驶的行为威胁到当时公交车上的乘客、道路上其他机动车、非机动车上其他不特定人员的生命和财产安全，已危及公共安全。考虑到顾某拉拽方向盘幅度较小、公交车司机及时刹停车辆、公交车也未偏离正常行驶车道、没有造成人员伤亡等情节后，认为本案中其行为的危险性尚未达到放火、爆炸等严重危害公共安全的程度，因此，顾某的行为构成妨害安全驾驶罪。可见，选 B 项。

15. C

【精解】由于拒不执行判决、裁定罪的法定最高刑是3年有期徒刑，所以其手段行为不可能包括重伤行为，故使用暴力重伤的方法拒不执行判决、裁定的，超出了拒不执行判决、裁定罪的规制范围，应当按照故意伤害罪定罪处罚。故选C项。

16. B

【精解】李某的行为既符合徇私枉法罪的构成要件，成立徇私枉法罪，同时也符合包庇罪的构成要件，成立包庇罪。但是徇私枉法罪是重罪，而且在本案中徇私枉法罪属于特别规定，即其主体必须是司法工作人员，而包庇罪的主体是一般主体，根据重法优于轻法、特殊法优于一般法的原则，应当按照徇私枉法罪定罪处罚。故选B项。

17. B

【精解】由于被害人喝醉与王某无关，所以王某没有实施抢劫罪的手段行为，因此不可能成立抢劫罪。虽然王某也采用了虚构事实的方法，但是该方法并没有导致王某获得财物，所以不构成诈骗罪。由于被害人已经喝醉，神志不清，不可能对王某的犯罪事实有认识，因此不可能成立抢夺罪。王某利用被害人喝醉的事实，采用秘密窃取的手段将财物拿走，符合盗窃罪的构成要件，成立盗窃罪。故选B项。

18. B

【精解】甲的行为构成盗窃罪。盗窃罪是指以非法占有为目的窃取他人财物的行为，一般而言，这里的对他人财物的“占有”，是指处于他人直接支配下属于他人占有的财物，对于他人的事实支配领域内（他人支配的空间内）的财物也属于他人占有的财物，虽然表面上处于他人支配领域之外，但存在可以推知由他人事实上支配状态时，也属于他人占有的财物。本题表述的情形中，汽车就是处于他人支配领域之外属于他人事实支配状态下由他人占有的财物，即使汽车没有上锁。类似的例子还有：他人果园里的果实，农民地里的作物、他人鱼池中的水产品，即使没有围栏、栏杆，也属于他人占有。又如，挂在他人门上、窗户上的任何财物，都由他人占有。再如，大学生在校园食堂先用自己的钱包、手提电脑等占座位，然后购买饭菜时，该钱包、电脑依然由大学生占有。综上所述，本题表述中，甲的行为构成盗窃罪，选B项。甲的行为不构成诈骗罪，因为构成诈骗罪，应当使被害人仿佛“心甘情愿地”交出财物，而本题表述中，店主并没有基于错误认识处分财产，因而不构成诈骗罪，不选A项。甲的行为不构成侵占罪，因为汽车并非甲代为保管的他人财物，或者他人的遗忘物或者埋藏物，不选C项。甲的行为不构成职务侵占罪，因为甲并不具有公司、企业或者其他单位的人员的特殊身份，甲也没有利用职务便利，不选D项。

19. C

【精解】抢劫罪是指以非法占有为目的，以暴力、胁迫或者其他方法，强取公私财物的行为，这里的“其他方法”，是指暴力、胁迫以外的造成被害人不能反抗的强制方法，最典型的是采取药物、酒精、乙醚等使被害人暂时丧失自由意志，然后劫走财物。本题表述中，甲用乙醚将乙迷昏，并乘机取走财物，属于抢劫罪中的以“其他方法”劫财，构成抢劫罪，选C项。

20. D

【精解】《刑法》第69条第2款对数个不同种有期自由刑合并处罚规则作出规定，即数罪中有判处有期徒刑和拘役的，执行有期徒刑。数罪中有判处有期徒刑和管制，或者拘役和管制的，有期徒刑、拘役执行完毕后，管制仍须执行。据此，选D项。

单元八

1. 下列说法正确的是（　　）。

A. 甲为了让其仇人卢某死亡，便到庙里祈祷让神杀死卢某，因被人发现而被抓获，甲构成故意杀人罪未遂

B. 乙为了杀死周某，买了砒霜放到周某的水杯里，因砒霜失效，周某没有中毒。由于砒霜失效不可能致使周某死亡，故乙不构成犯罪

C. 丙认为其妻子被魔鬼附体，只有用火烧，魔鬼才能逃离，为了拯救其妻子，便在其妻子身上浇上汽油，结果将其妻子烧死。由于丙存在迷信思想，属于迷信犯，不构成犯罪

D. 丁误把一个男子当作女子实施强奸，丁构成强奸罪未遂

2. 甲伪造社会保障卡用于骗取社会保险金和其他社会保障待遇达 3 万余元。甲的行为构成(　　)。

A. 伪造身份证件罪　　B. 保险诈骗罪

C. 招摇撞骗罪　　D. 诈骗罪

3. 外国人在我国领域外对我国国家或者公民犯罪，适用我国刑法，必须是(　　)。

A. 按照我国刑法规定最低刑为 3 年以上有期徒刑的

B. 按照犯罪地法律应受处罚的

C. 按照我国刑法规定最低刑为 3 年以上有期徒刑，并按照犯罪地法律应受处罚的

D. 犯罪地国家未对其处罚的

4. 根据刑法规定，可以从轻、减轻或者免除处罚的情形是(　　)。

A. 不满 18 周岁的人犯罪

B. 尚未完全丧失辨认和控制能力的精神病人犯罪

C. 犯罪未遂

D. 盲人犯罪

5. 关于单位犯罪，下列表述正确的为(　　)。

A. 单位犯罪就是共同犯罪

B. 公有制单位和私有制单位都可以成为单位犯罪的主体

C. 只有非法成立的单位才能成为单位犯罪的主体

D. 犯罪单位必须具有法人资格

6. 下列说法正确的是(　　)。

A. 非国家工作人员是不可能单独构成挪用公款罪的

B. 非国家工作人员不符合挪用公款罪的主体条件，所以不可能和国家工作人员构成挪用公款罪的共同犯罪

C. 由于抢劫罪的刑事责任年龄是 14 周岁，不同于一般的犯罪，故抢劫罪的犯罪主体是特殊主体

D. 侵犯著作权罪要求犯罪主体主观上“以营利为目的”，这是对犯罪主体的特殊要求，故侵犯著作权罪的犯罪主体是特殊主体

7. 朱某伺机报复冯某。一天，朱某见冯某 10 岁的儿子在地里干活，便叫自己 11 岁的小儿子替父报仇，朱某儿子受怂恿挥锹砍断冯某儿子的大动脉血管致其流血过多而亡。对本案(　　)。

A. 朱某的儿子才 11 岁不构成犯罪，朱某也不构成教唆犯罪

B. 朱某构成了故意伤害罪的教唆犯

C. 朱某构成故意伤害罪的间接实行犯，承担全部刑事责任

D. 朱某与其子构成故意伤害罪的共犯

8. 甲为杀人而与乙商议并委托乙购买毒药，乙果然为其买来了剧毒农药。但 12 天后甲放弃了杀人意图，将毒药销毁并掩埋。则(　　)。

A. 甲、乙成立犯罪中止

B. 甲成立犯罪中止，乙成立犯罪未遂

C. 甲成立犯罪中止，乙成立犯罪预备

D. 甲、乙成立犯罪未遂

9. 下列选项中，错误的说法是(　　)。

A. 犯罪既遂与犯罪未遂区别的关键在于是否实现了预期的目的

B. 犯罪未遂与犯罪预备区别的关键在于是否着手实行犯罪

C. 只有在造成法定损害结果时，才处罚过失行为

D. 未完成罪仅仅存在于直接故意犯罪过程中

10. 下列说法正确的是(　　)。

A. 村委会主任甲将收缴的征地补偿款 1 万元占为己有，构成职务侵占罪

B. 乙受黄某之托将价值 5 万元的手表送给朱某，乙在路上让他人捆绑自己，伪造了抢劫现场，将表占为己有。报案后，乙向警方说自己被抢。乙的行为构成诈骗罪

C. 丙非法从事资金支付结算业务，获利 20 万元，丙构成非法经营罪

D. 丁为了能够被破格提拔，买了一辆假冒某名牌的摩托车送给教育局局长印某。丁的行为构成诈骗罪

11. 关于累犯，下列说法正确的是（　　）。

A. 对累犯和犯罪集团的积极参加者，不适用缓刑

B. 对累犯，如假释后对所居住的社区无不良影响的，法院可决定假释

C. 对被判处无期徒刑的累犯，根据犯罪情节等情况，法院可同时决定对其限制减刑

D. 因恐怖活动犯罪被判处有期徒刑 4 年，刑罚执行完毕后的第 12 年又犯黑社会性质的组织犯罪的，成立累犯

12. 关于假释，下列说法正确的是（　　）。

A. 被假释的犯罪分子，在假释考验期间再犯新罪的，不构成累犯

B. 对于累犯，只要被判处的刑罚为 10 年以下有期徒刑，均可适用假释

C. 对于犯杀人、爆炸、抢劫、强奸、绑架等暴力性犯罪的犯罪分子，即使被判处 10 年以下有期徒刑，也不得适用假释

D. 被假释的犯罪分子，未经执行机关批准，不得行使言论、出版、集会、结社、游行、示威自由的权利

13. 甲贪污公款 3 万元，后逃到外地，因害怕被从重处罚，为了争取宽大处理，即向原居住地检察机关写了一封信，如实交代了自己的罪行和赃款隐藏地点，随后甲被公安机关逮捕。甲属于(　　)。

A. 自首并有立功表现　　B. 自首

C. 坦白　　D. 非自首情况

14. 张某被判处有期徒刑 2 年，宣告缓刑，其缓刑考验期应为(　　)。

A. 2 年以下　　B. 2 年以上 5 年以下

C. 5 年以下　　D. 至少 1 年

15. 甲为外交部官员，在履行公务出访其他国家时接受对方赠送的礼品，价值超过 50 万元，甲将礼品占为己有。甲的行为构成(　　)。

A. 侵占罪　　B. 受贿罪　　C. 贪污罪　　D. 职务侵占罪

16. 甲欲出售猪瘟病死猪肉以牟利，经检验不符合食用猪肉的安全标准，尚未销售即被抓获，货值金额 30 万元。甲的行为构成(　　)。

A. 销售不符合安全标准的食品罪和销售伪劣产品罪（既遂），择一重罪处罚

B. 销售有毒、有害食品罪和销售伪劣产品罪（既遂），择一重罪处罚

C. 销售不符合安全标准的食品罪和销售伪劣产品罪（未遂），择一重罪处罚

D. 销售有毒、有害食品罪和销售伪劣产品罪（未遂），择一重罪处罚

17. 网站经营者甲未经权利人乙许可，擅自在网站上传播其破解商业软件的源代码；甲的网站采用会员制方式，会员交纳注册费后方可登录阅读，所收取的注册费用达 10 万余元。甲的行为构成(　　)。

A. 侵犯著作权罪　　B. 销售侵权复制品罪

C. 侵犯商业秘密罪　　D. 属于著作侵权行为，不构成犯罪

18. 甲系外贸公司总经理，在公司会议上拍板：为物尽其用，将公司以来料加工方式申报进口的原材料剩料在境内销售。该行为未经海关许可，应缴税款 90 万元，公司亦未补缴。对此，下列说法正确的是(　　)。

A. 虽未经海关许可，但外贸公司擅自销售原材料剩料的行为发生在我国境内，不属于走私行为

B. 外贸公司的销售行为构成走私废物罪

C. 外贸公司采取隐瞒手段不进行纳税申报，逃避缴纳税款较大且占应纳税额的 10%以上，构成逃税罪

D. 如海关下达补缴通知后，外贸公司补缴应纳税款，缴纳滞纳金，接受行政处罚，则不再追究外贸公司的刑事责任

19. 下列说法正确的是(　　)。

A. 通过互联网将国家秘密非法发送给境外机构的，成立故意泄露国家秘密罪

B. 以营利为目的，在计算机网络上建立赌博网站，或者为赌博网站担任代理，接受投注的，属于《刑法》第 303 条规定的“开设赌场”的行为

C. 以牟利为目的，利用互联网传播淫秽电子信息的，成立传播淫秽物品罪

D. 组织多人故意在互联网上编造、传播爆炸、生化、放射威胁等虚假恐怖信息，严重扰乱社会秩序的，成立组织恐怖组织罪

20. 下列行为不属于妨害公务罪的是(　　)。

A. 甲以暴力、威胁方法阻碍工商行政管理机关工作人员依法查处伪劣商品的行为

B. 乙以暴力、威胁方法阻碍国有公司经理依法履行组织生产经营职责的行为

C. 丙以暴力、威胁方法阻碍市人大代表依法执行代表职务的行为

D. 在重大洪灾中，丁以暴力、威胁方法阻碍红十字会工作人员依法履行防疫职责的行为

单元八答案与精解

1. D

【精解】在 A 项中，甲的祈祷行为是绝对不可能杀死卢某的，故甲属于迷信犯，不作为犯罪处理。应排除 A 项。在 B 项中，用砒霜下毒的行为完全有可能致使周某死亡，只是由于乙意志以外的原因而没有得逞，属于犯罪未遂。应排除 B 项。在 C 项中，丙的行为完全符合故意杀人罪的构成要件，成立故意杀人罪，行为人主观上的愚昧思想不能成为无罪的辩护理由。应排除 C 项。在 D 项中，丁由于意志以外的原因而不能得逞，是犯罪未遂。应选 D 项。

2. D

【精解】相关司法解释规定，以欺诈、伪造证明材料或者其他手段骗取养老、医疗、工伤、失业、生育等社会保险或者其他社会保障待遇的行为，以诈骗罪定罪处罚。本题表述中，甲伪造社会保障卡用于骗取社会保险金和其他社会保障待遇达 3 万余元，构成伪造身份证件罪和诈骗罪的牵连，以诈骗罪定罪处罚。可见，选 D 项。

3. C

【精解】我国刑法规定，外国人在中华人民共和国领域外对中华人民共和国国家或者公民犯罪，按本法规定的最低刑为 3 年以上有期徒刑的，可以适用本法，但是按照犯罪地的法律不受处罚的除外。根据这一规定，我国刑法在确定保护管辖原则时采用了重罪原则与双重犯罪原则。重罪原则表现为法定最低刑必须是 3 年以上有期徒刑。故选 C 项。

4. D

【精解】根据刑法的规定，未成年人犯罪的，是“应当”情节。排除 A 项。尚未完全丧失辨认和控制能力的精神病人犯罪的，可以从轻或者减轻处罚，但是不包括免除处罚的情形。排除 B 项。犯

罪未遂的，可以比照既遂犯从轻或者减轻处罚，同样不包括免除处罚的情形。排除C项。盲人犯罪的，可以从轻、减轻或者免除处罚。故选D项。

5. B

【精解】单位犯罪与共同犯罪是两个完全不同的概念。排除A项。只有合法成立的单位才可能成为单位犯罪的主体，非法成立的单位不能成为单位犯罪的主体。排除C项。单位犯罪与法人犯罪不同，单位犯罪的外延要大于法人犯罪的外延。排除D项。

6. A

【精解】共同犯罪是一个整体，只要是利用国家工作人员职务上的便利，非国家工作人员可以和国家工作人员构成挪用公款罪的共同犯罪。应排除B项。特殊主体的外延应当小于一般主体的外延，而抢劫罪犯罪主体的外延大于一般主体，所以抢劫罪的犯罪主体不是特殊主体。应排除C项。侵犯著作权罪要求主观上“以营利为目的”，是对犯罪的主观方面的要求，而不是对犯罪主体的要求，侵犯著作权罪的犯罪主体是一般主体。应排除D项。

7. C

【精解】自然人之间要成立共同犯罪，要求自然人都必须具备刑事责任能力。朱某的儿子不满12周岁，不可能构成犯罪。所以，朱某儿子的行为只是朱某行为的延伸，因此直接追究朱某的刑事责任即可，即将朱某视为故意伤害罪的间接正犯。故选C项。

8. C

【精解】甲在预备阶段自动放弃犯罪，属于犯罪中止中的预备阶段的中止。乙系预备阶段因意志以外的原因（同伙不配合）停顿，故乙的行为成立犯罪预备。可见，选C项。由于甲尚未实施杀人行为，即甲的行为没有进入实施阶段，因而谈不上犯罪既遂或者未遂，这表明，乙的行为也不可能成立犯罪既遂或者未遂，故不选B、D项。

9. A

【精解】我国刑法以处罚故意犯罪为原则，以处罚过失犯罪为例外，所以对于过失行为而言，只有在造成了法定的损害结果时，才达到需要动用刑罚加以干涉的程度。排除C项。由于过失犯罪的成立必须要以客观危害结果的发生为条件，因此不可能存在犯罪的未完成形态。同样，认定间接故意也必须要以客观危害结果的发生为条件，因此，间接故意犯罪过程中也不可能存在犯罪的未完成形态。排除D项。犯罪未遂与犯罪预备区别的关键在于是否着手实施犯罪；犯罪未遂与犯罪中止区别的关键在于行为人是不是出于主观意愿自动地放弃犯罪；犯罪既遂与犯罪未遂区别的关键在于犯罪的实行行为是否具备了刑法分则规定的特定犯罪的全部犯罪构成要件，而不在于是否发生了实际的犯罪结果或者是否达到了行为人预期的犯罪目的。故本题应选A项。

10. C

【精解】在A项中，根据立法解释，村民委员会工作人员在协助人民政府管理土地征用补偿款时，视为国家工作人员，村委会主任甲将1万元征地补偿款占为己有，其行为构成贪污罪。在B项中，乙将代为保管的他人财物非法占为己有，符合侵占罪的构成要件，成立侵占罪。在D项中，丁的行为符合行贿罪的构成要件，成立行贿罪；虽然丁的行为具有欺骗印某的性质，但是由于印某因欺骗而损失的利益不是法律所保护的利益，所以不构成诈骗罪。根据《刑法》第225条的规定，对于非法从事资金支付结算业务，情节严重的，构成非法经营罪。据此，丙非法从事资金支付结算业务，获利20万元，情节严重，应以非法经营罪定罪处罚，C项表述正确，选C项。

11. D

【精解】《刑法》第74条规定，对于累犯和犯罪集团的首要分子，不适用缓刑。据此，犯罪集团的积极参加者不同于首要分子。可见，A项表述错误，不选A项。《刑法》第81条第2款规定，对累犯以及因故意杀人、强奸、抢劫、绑架、放火、爆炸、投放危险物质或者有组织的暴力性犯罪被判处10年以上有期徒刑、无期徒刑的犯罪分子，不得假释。据此，累犯不得假释，故B项表述错误，不选B项。《刑法》第50条第2款规定，对被判处死刑缓期执行的累犯以及因故意杀人、强奸、抢劫、绑架、放火、爆炸、投放危险物质或者有组织的暴力性犯罪被判处死刑缓期执行的犯罪分子，人民法院根据犯罪情节等情况可以同时决定对其限制减刑。据此，被判处死缓的累犯可以限制减刑，但对于被判处无期徒刑的累犯，不能限制减刑，故C项表述错误，不选C项。《刑法》第66条规定，危害国家安全犯罪、恐怖活动犯罪、黑社会性质的组织犯罪的犯罪分子，在刑罚执行完毕或者赦免以后，在任何时候再犯上述任一类罪的，都以累犯论处。据此，甲符合特别累犯的构成要件，构成特别累犯，特别累犯也是累犯，故D项表述正确，选D项。

12. A

【精解】构成一般累犯的条件之一就是“刑罚执行完毕或者赦免以后”5年内再犯被判处有期徒刑以上刑罚之罪，而对于被假释的犯罪分子，假释考验期间再犯新罪的，由于刑罚还未执行完毕，不符合累犯的构成条件，不构成累犯，故A项说法正确，选A项。《刑法》第81条第2款规定，对累犯以及因杀人、爆炸、抢劫、强奸、绑架等暴力性犯罪被判处10年以上有期徒刑、无期徒刑的犯罪分子不得假释。对本条的解读应当分两部分：一是对累犯不得假释；二是因杀人、爆炸、抢劫、强奸、绑架等暴力性犯罪被判处10年以上有期徒刑、无期徒刑的犯罪分子，不得假释。因此，对于累犯一律不得假释，对于犯杀人、爆炸、抢劫、强奸、绑架等暴力性犯罪被判处10年以下有期徒刑的犯罪分子，才可以假释。可见，B、C项说法都是错误的。被假释的犯罪分子并未被剥夺政治权利，而D项表述是剥夺政治权利的犯罪人或者缓刑犯应当遵守的规定，不是假释犯应当遵守的规定，故D项说法错误。

13. B

【精解】根据我国刑法的规定，犯罪分子犯罪后自动投案如实供述自己罪行的，是自首。为了鼓励犯罪分子自首，我国司法实践对于自首的自动投案作了扩张解释。甲向检察机关写了一封信，如实交代了自己的罪行和赃款隐藏地点，符合自首的法定条件。所以，甲构成自首。故选B项。

14. B

【精解】《刑法》第73条规定，拘役的缓刑考验期限为原判刑期以上1年以下，但是不能少于2个月。有期徒刑的缓刑考验期限为原判刑期以上5年以下，但是不能少于1年。缓刑考验期限，从判决确定之日起计算。据此，选B项。

15. C

【精解】根据《刑法》第394条的规定，国家工作人员在国内公务活动或者对外交往中接受礼物，依照国家规定应当交公而不交公，数额较大的，依照本法第382条、第383条的规定定罪处罚。故应当选C项。对于刑法中的特别规定应当特别加以注意。类似的法条有《刑法》第183条、第350条、第362条等。

16. C

【精解】生产、销售有毒、有害食品罪与生产、销售不符合安全标准的食品罪的区别在于：前罪造成危害的是“有毒、有害的非食品原料”，包括本身就不是食品的物质；而后罪的食品，则通常是食品的物质，因为变质而产生毒害。生产、销售有毒、有害食品罪是行为犯（或者抽象危险犯），行为人实施了生产、销售有毒、有害食品的行为，就构成生产、销售有毒、有害食品罪，但生产、销售不符合安全标准的食品罪是危险犯，除了实施生产、销售不符合安全标准的食品外，还要足以造成严重食物中毒事故或者其他严重食源性疾病，才能构成犯罪。本题中，食用猪肉本身是食品。根据最高人民法院、最高人民检察院《关于办理生产、销售伪劣商品刑事案件具体应用法律若干问题的解释》的规定，属于病死、死因不明或者检验检疫不合格的畜、禽、兽、水产动物及其肉类、肉类制品的，属于不符合食品安全标准的食品，因此，甲的行为构成销售不符合安全标准的食品罪。根据《关于办理生产、销售伪劣商品刑事案件具体应用法律若干问题的解释》的规定，生产、销售伪劣产品的数额已经达到5万元的，即构成生产、销售伪劣产品罪的既遂，未达到5万元这一数额的，属于一般违法行为。伪劣产品尚未销售，货值金额达到《刑法》第140条规定的销售金额3倍（15万元）以上的，以生产、销售伪劣产品罪（未遂）定罪处罚。根据《2008年立案追诉标准（一）》，生产、销售伪劣产品涉嫌下列情形之一的，应予立案追诉：（1）伪劣产品销售金额 5 万元以上的；（2）伪劣产品尚未销售，货值金额 15 万元以上的；（3）伪劣产品销售金额不满 5 万元，但将已销售金额乘以 3 倍后，与尚未销售的伪劣产品货值金额合计 15 万元以上的。根据上述司法解释规定，甲的行为构成生产、销售伪劣产品罪的修正构成（因尚未销售的猪肉货值金额超过 15 万元，构成未遂）。根据《关于办理生产、销售伪劣商品刑事案件具体应用法律若干问题的解释》的规定，生产、销售不符合食品安全标准的食品，有毒、有害食品，以生产、销售不符合安全标准的食品罪或者生产、销售有毒、有害食品罪定罪处罚，同时构成其他犯罪的，依照处罚较重的规定定罪处罚。据此，对甲应以销售伪劣产品罪和销售不符合安全标准的食品罪，择一重罪论处，选 C 项。

17. A

【精解】根据刑法规定，以营利为目的，通过信息网络向公众传播其文字作品、音乐、美术、视听作品、计算机软件及法律、行政法规规定的其他作品的，违法所得数额较大或者有其他严重情节的，构成侵犯著作权罪。结合司法解释规定，本题表述中，甲以会员制方式通过信息网络传播他人作品，收取会员注册费，应当认定为“以营利为目的”，且获取的会员费（获利）巨大，构成侵犯著作权罪，故 A 项是正确答案。

18. C

【精解】《刑法》第 154 条规定，下列走私行为，根据本节规定构成犯罪的，依照走私普通货物、物品罪定罪处罚：（1）未经海关许可并且未补缴应缴税额，擅自将批准进口的来料加工、来件装配、补偿贸易的原材料、零件、制成品、设备等保税货物，在境内销售牟利的；（2）未经海关许可并且未补缴应缴税额，擅自将特定减税、免税进口的货物、物品，在境内销售牟利的。据此，外贸公司的行为属于走私行为，构成走私普通货物、物品罪。可见，A 项表述错误，不选 A 项。根据《刑法》第 152 条第 2 款的规定，走私废物罪是指逃避海关监管，将境外固体废物、液态废物和其他废物运输进境，情节严重的行为。据此，本题表述的“原材料剩料”并非固体废物，而是通过合法的来料加工方式进境的，外贸公司的行为不构成走私废物罪。可见，B 项表述错误，不选 B 项。外贸公司擅自销售“保税”货物的行为未经海关许可，应缴税款 90 万元（数额较大），其亦未补缴 90 万元（逃税 100%）。可见，外贸公司逃避缴纳税款数额较大并且占应纳税额 10%以上，该行为构成逃税罪。可见，C 项表述正确，选 C 项。外贸公司的逃税行为，如果经税务机关依法下达追缴通知后，外贸公司补缴应纳税款，缴纳滞纳金，已受行政处罚的，不再追究其逃税罪的刑事责任，但是，这并不意味着不能追究外贸公司走私普通货物、物品罪的刑事责任。走私普通货物、物品罪与逃税罪不是对立关系，走私普通货物、物品的行为可能同时触犯逃税罪。即便不再追究外贸公司逃税罪的刑事责任，也应追究外贸公司走私普通货物、物品罪的刑事责任。可见，D 项表述错误，不选 D 项。

19. B

【精解】在 A 项中，通过互联网将国家秘密非法发送给境外机构的，成立为境外非法提供国家秘密罪而不是泄露国家秘密罪。在 C 项中，以牟利为目的，利用互联网传播淫秽电子信息的，构成传播淫秽物品牟利罪，而不是传播淫秽物品罪。在 D 项中，组织多人编造、传播虚假恐怖信息，却没有形成一个稳定的恐怖组织，不可能构成组织恐怖组织罪，而应当按照编造、故意传播虚假恐怖信息罪定罪处罚。故选 B 项。

20. B

【精解】妨害公务罪的客观方面表现为以暴力、威胁的方法阻碍国家机关工作人员、人大代表依法执行职务；或者在自然灾害或突发事件中，以暴力、威胁方法阻碍红十字会人员依法履行职责；或者虽未使用暴力、威胁的方法，但故意阻碍国家安全机关、公安机关依法执行国家安全工作任务，造成严重后果的行为。而 B 项中，阻碍国有公司经理依法履行组织生产经营职责的行为不属于上述行为方式中的任何一种。故选 B 项。

单元九

1. 下列犯罪行为中，关于我国行使刑事管辖权的做法，正确的是（　　）。

A. A国公民甲携带贩卖的毒品乘坐B国飞机在我国机场换乘时，被我国司法机关抓获。我国可以依据普遍管辖权追究甲的刑事责任

B. C国公民汤姆等人在D国领海劫持了一艘E国游艇后，驾驶该游艇途经我国领海回C国时，被我国警方抓获。我国可以依据属地管辖原则追究汤姆等人的刑事责任

C. 中国公民李某在美国强奸了中国公民郑某（女），被美国法院以强奸罪追究刑事责任。李某回到中国后，对李某仍然可以依据我国刑法追究其刑事责任

D. 外国公民阿姆杜拉将一枚炸弹邮寄到我国某市，致使二人被炸死、五人被炸伤。对阿姆杜拉应适用属人管辖追究其刑事责任

2. 下列选项中，成立犯罪未遂的是(　　)。

A. 甲对胡某实施诈骗行为，被胡某识破骗局。但胡某觉得甲穷困潦倒，实在可怜，就给其3 000元钱，甲得款后离开现场

B. 乙为了杀死刘某，持枪尾随刘某，行至偏僻处时，乙向刘某开了一枪，没有打中；在还可以继续开枪的情况下，乙害怕受刑罚处罚，没有继续开枪

C. 丙绑架赵某，并要求其亲属交付100万元。在提出勒索要求后，丙害怕受刑罚处罚，将赵某释放

D. 丁抓住妇女李某的手腕，欲绑架李某然后出卖。李某为脱身，便假装说："我有性病，不会有人要。"丁信以为真，于是垂头丧气地离开现场

3. 铁路扳岔工不按时扳道岔，致使火车相撞，构成犯罪，其义务来源于(　　)。

A. 法律规定的义务

B. 由于法律行为而产生的义务

C. 由于先前行为而产生的义务

D. 职务或者业务上要求履行的义务

4. 关于罪数形态，下列表述正确的是(　　)。

A. 张强与李玉是男女朋友关系，因李玉家人极力反对两人交往，李玉提出分手。张强怀恨在心，将李玉骗至市郊树林杀害，后又于第二日晚将李玉之母砍伤。张强的行为属于连续犯

B. 王刚以介绍工作为名将找工作的乡下女赵艳从A市骗至B市，在寻求买主的同时强迫其卖淫。王刚的行为属于结果加重犯

C. 宋小文抢夺李老太钱包（内有人民币3 000元），因用力过猛致李老太摔倒在地而身亡。宋小文的行为属于想象竞合犯

D. 冯某抗税过程中致使税务人员死亡。冯某的行为属于结果加重犯

5. 有关单位犯罪，下列说法正确的是（　　）。

A. 信用卡诈骗罪和贷款诈骗罪的主体包括自然人和单位

B. 行政机关不能成为单位犯罪的主体

C. 不具备法人资格的私营企业不能成为单位犯罪的主体

D. 经企业领导集体研究决定并实施的盗窃电力的行为，可以成立单位犯罪，但不对单位判处罚金，只处罚作出该决定的单位领导和直接实施盗窃行为的责任人员

6. 下列属于自首的是(　　)。

A. 甲杀人后，其父主动报案并将甲送到派出所，甲当即交代了杀人的全部事实和经过

B. 甲和乙共同贪污之后，主动到检察机关交代自己的贪污事实，但未提及乙

C. 甲和乙共同盗窃之后，主动向公安机关反映乙曾经诈骗数千元，经查证属实

D. 甲给监察局打电话，承认自己收受他人1万元贿赂，交代事情经过，然后出走，不知去向

7. 下列犯罪行为中，不存在事实认识错误的是(　　)。

A. 甲趁其仇人文某值夜班之际放火烧毁值班室，不料将顶替文某值夜班的范某烧死

B. 乙欲杀死妻子以便与情人结婚，由于杀妻心切而不顾与妻子一起吃饭的儿子小明的死活，仍在妻子的饭碗里投入剧毒物质，结果妻子和小明都被毒死

C. 丙想用枪打死仇人胡某，却因枪法不准将胡某身旁的吴某打死

D. 丁误将真信用卡当作假信用卡而冒用，从取款机中取出 2 万元

8. 李某因犯抢劫罪被判处有期徒刑 3 年，决定宣告缓刑 3 年，缓刑考验期满后不久，又查获李某在判决宣告以前曾盗窃价值 1 万元的财物。对于李某的处理，下列说法正确的是（　　）。

A. 撤销缓刑，以累犯从重处罚

B. 撤销缓刑，前后罪实行数罪并罚

C. 不撤销缓刑，对新发现的罪作出判决并执行

D. 不撤销缓刑，以累犯从重处罚

9. 甲欲杀乙，误将丙当乙杀死，甲的行为属于事实上的认识错误之(　　)。

A. 对象错误　　B. 手段的认识错误

C. 因果关系的认识错误　　D. 行为误差

10. 郝某为泄私愤报复单位领导，将本单位仓库浇上汽油点燃后，逃离现场。适逢消防队路过，将火扑灭。郝某的行为属于(　　)。

A. 犯罪预备　　B. 犯罪未遂

C. 犯罪既遂　　D. 犯罪中止

11. 2017 年 2 月起，贾某与许某结伙盗窃，先后共同作案 5 次，窃得财物价值为25 000 元，销赃后得赃款 9 000 元，二人平分。2016 年 10 月，贾某单独作案一次，窃得现金 5 000 元。在追究贾某刑事责任时，贾某对下列何种数额负责？(　　)

A. 贾某盗窃 25 000 元　　B. 贾某盗窃 39 000 元

C. 贾某盗窃 14 000 元　　D. 贾某盗窃 30 000 元

12. 关于受贿，下列说法正确的是(　　)。

A. 国家工作人员利用职务上的便利为请托人谋取利益，收受请托人提供的干股的，如果进行了股权转让登记，所分红利计入受贿数额

B. 国家工作人员利用职务上的便利为请托人谋取利益，收受请托人提供的干股的，如果股份未实际转让，以股份分红名义获取利益的，实际获利数额应当认定为受贿数额

C. 国家工作人员根据商品经营者事先设定的各种优惠交易条件，以优惠价格购买商品的，应认定为受贿

D. 国家工作人员收受请托人财物后即构成既遂，即使及时退还或者上交的，也应认定为受贿罪

13. 下列情形，应当认定构成窝藏罪的是（　　）。

A. 公安机关调查发现乙有走私犯罪的重大嫌疑，准备抓捕。得知情况的甲打电话给乙通报这一情况，并建议乙不要坐火车、飞机，将自己的摩托车借给乙使用。乙骑摩托车逃往外地

B. 甲承包经营一家宾馆，明知有人员长期租住其客房从事卖淫活动，装作不知，且一旦公安机关有查处行动，就给卖淫人员通风报信，使公安的多次打击行动受挫

C. 医师甲明知乙有罪且精神正常，故意出具乙患有神经病，属于限制刑事责任能力人的证明

D. 某局长甲违章驾驶肇事致人死亡，乙主动到公安机关投案，声称是自己肇事

14. 明知对方是境外间谍组织而为其窃取、刺探、收买、非法提供国家秘密、情报的，构成(　　)。

A. 间谍罪

B. 为境外窃取、刺探、收买、非法提供国家秘密、情报罪

C. 背叛国家罪

D. 间谍罪和为境外窃取、刺探、收买、非法提供国家秘密、情报罪两罪

根据下列事实一和事实二回答第 15、16 题：

事实一：甲以银行定期存款 3 倍的高息放贷，很快赚了钱。随后，甲四处散发传单，声称为加盟店筹资，承诺 3 个月后还款并支付银行定期存款 1.5 倍的利息。甲从社会上筹得资金 1 000 万元，高利贷出，赚取息差。

事实二：甲资金链断裂无法归还借款，但仍继续扩大宣传，又吸纳社会资金 2 000 万元，以后期借款归还前期借款。后因亏空巨大，甲将余款 500 万元交给其子，跳楼自杀。

15. 关于事实一的定性，下列选项正确的是（　　）。

A. 甲的行为构成诈骗罪　　B. 甲的行为构成非法吸收公众存款罪

C. 甲的行为构成非法经营罪　　D. 甲的行为构成集资诈骗罪

16. 关于事实二的定性，下列说法错误的是（　　）。

A. 甲以非法占有为目的，非法吸纳资金，构成集资诈骗罪

B. 甲集资诈骗的数额为 2 000 万元

C. 根据刑法规定，集资诈骗数额巨大的，可判处死刑

D. 甲已死亡，不再追究甲的刑事责任，但法院应对 500 万元予以追缴或责令退赔

17. 甲因与丙有矛盾，故邀乙相助打丙。到丙家后，乙冲过去给丙一拳，致丙口鼻流血；甲随即刺丙一刀，造成丙重伤。关于本案正确的说法是（　　）。

A. 对乙按故意伤害致人重伤处罚

B. 对乙按故意伤害致人轻伤处罚

C. 乙不构成犯罪，因为其拳击未造成轻伤以上的结果

D. 对乙应当按照主犯处罚

18. 公安人员张某在审讯犯罪嫌疑人高某时，对其捆绑、吊打，致高某颅内大面积出血而死亡。对张某的行为进行处罚的原则是（　　）。

A. 按刑讯逼供罪从重处罚　　B. 按故意杀人罪从重处罚

C. 按故意伤害罪从重处罚　　D. 按过失致人死亡罪从重处罚

19. 郑某冒充银行客服发送短信，称张某手机银行即将失效，需重新验证。张某信以为真，按短信提示输入银行卡号、密码等信息后，又将收到的编号为 709 428 的“验证码”输入手机页面。后张某发现，其实是将 709 428 元汇入了郑某账户。郑某构成（　　）。

A. 盗窃罪　　B. 诈骗罪

C. 侵犯公民个人信息罪　　D. 非法利用信息网络罪

20. 某事业单位负责人甲决定以单位名义将本单位资金 150 余万元贷给另一公司，所得高利息归本单位所有。甲未谋取个人利益。下列说法正确的是（　　）。

A. 甲构成挪用公款罪　　B. 甲构成挪用资金罪

C. 甲构成挪用特定款物罪　　D. 甲不构成挪用公款罪

单元九答案与精解

1. C

【精解】A 项表述中，甲的行为属于贩卖毒品罪（或者在无证据证明存在贩卖毒品行为及目的时认定为非法持有毒品罪），根据“遍在说”，由于在我国机场被抓获，对 A 国公民甲适用属地管辖原则追究其刑事责任。可见，A 项表述错误，不选 A 项。B 项表述中，对 C 国公民汤姆等人应适用普遍管辖原则追究其刑事责任。B 项表述的情形不能适用“遍在说”，因为行为和结果都没有发生在我国领域，在途经我国领域时，其劫持行为已经结束，因而不能适用属地管辖原则，这不同于 A 项表述的情形，A 项表述中，途经我国领域时，至少可以认定甲在我国境内存在非法持有毒品行为，或者认定在我国境内存在贩卖毒品的预备行为或者未遂行为（具体情况具体分析）。可见，B 项表述错

误，不选B项。C项表述中，从维护国家司法主权的角度出发，我国刑法规定外国法院的刑事判决对我国没有约束力，因而可以按照我国刑法对行为人追究刑事责任。不过，考虑到在外国已经受过刑事处罚，可以对被告人免除或者减轻处罚（《刑法》第10条）。可见，C项表述正确，选C项。D项表述中，犯罪结果地在我国领域，因而对阿姆杜拉应按照属地管辖原则追究其刑事责任。可见，D项表述错误，不选D项。

2. A

【精解】B项中，乙的行为属于放弃可以重复侵害的行为，应当认定为犯罪中止。C项中，丙的行为完全符合绑架罪的基本犯罪构成，属于犯罪既遂而不是犯罪未遂。D项中，李某的谎言虽然不利于丁实施犯罪行为，但是没有达到足以阻止丁实施拐卖行为的程度，本质仍然属于丁自动放弃犯罪，应当认定为犯罪中止。A项中，甲虽然获得了财物，但是甲获得财物不是由其犯罪行为所导致，所以不能认定为犯罪既遂，而应当认定为犯罪未遂。

3. D

【精解】不作为义务的来源有4个方面：(1) 法律上的明文规定。(2) 行为人职务上、业务上的要求。(3) 行为人的法律地位或法律行为所产生的义务。(4) 行为人自己先前行为具有发生一定危害结果的危险的，负有防止其发生的义务。铁路扳岔工的职责就是扳道岔，所以其义务的来源是行为人职务上、业务上的要求。选D项。

4. C

【精解】构成连续犯，行为人须连续实施数个行为，触犯同一罪名，而张强的行为构成故意杀人罪和故意伤害罪，张强所犯数罪，罪名不同，不符合连续犯的特征，对张强应当实行数罪并罚。可见，不选A项。王刚拐卖妇女并迫使其卖淫，王刚的行为构成拐卖妇女罪，迫使妇女卖淫属于拐卖妇女的情节加重犯，而不是结果加重犯。可见，B项表述错误，不选B项。抢夺他人财物致人重伤、死亡的，究竟属于想象竞合犯还是结果加重犯，有不同说法。本书认为，结果加重犯以刑法分则明文规定为依据，但是刑法分则并没有规定抢夺致人重伤、死亡属于结果加重犯，故不能认定抢夺致人重伤、死亡为抢夺罪的结果加重犯，但可以认定为情节加重犯；根据最高人民法院《关于审理抢夺刑事案件具体应用法律若干问题的解释》第5条的规定，实施抢夺公私财物行为，构成抢夺罪，同时造成被害人重伤、死亡等后果，构成过失致人重伤罪、过失致人死亡罪等犯罪的，依照处罚较重的规定定罪处罚。该司法解释采纳的是想象竞合犯的观点，因此，C项表述的情形或者认定为情节加重犯，或者认定为想象竞合犯，但不能认定为结果加重犯。可见，C项表述正确，选C项。冯某抗税过程中致使税务人员死亡，对冯某应以转化犯论处，即以故意杀人罪定罪处罚（有的观点认为构成想象竞合犯，本书采纳转化犯的观点），但不能认定为结果加重犯，故D项表述错误，故不选D项。

5. C

【精解】信用卡诈骗罪和贷款诈骗罪的主体只能是自然人，不包括单位，故A项表述错误。单位犯罪主体包括公司、企业、事业单位、机关、团体，因此，行政机关可以成为单位犯罪的主体，故B项表述错误。不具备法人资格的私营企业不能成为单位犯罪的主体，故C项表述正确，选C项。全国人民代表大会常务委员会《关于〈中华人民共和国刑法〉第三十条的解释》指出，公司、企业、事业单位、机关、团体等单位实施刑法规定的危害社会的行为，刑法分则和其他法律未规定追究单位的刑事责任的，对组织、策划、实施该危害社会行为的人依法追究刑事责任。据此，经企业领导集体研究决定并实施的盗窃电力的行为，不能成立单位犯罪，只对组织、策划、实施盗窃电力行为的人依法追究刑事责任。可见，D项表述错误。

6. A

【精解】自首，是自动投案，如实供述自己犯罪行为的行为。B项中，甲将责任揽到自己身上，并没有如实供述犯罪事实，不是自首。C项中，甲检举他人犯罪，经查证属实，是立功，而不是自首。D项中，甲没有将自己置于司法机关的控制之下，使得司法机关无法追究其刑事责任，也不是自首。为了鼓励自首，有关司法解释对于自动投案作了扩张解释，对于A项中的行为，也认定为自动投案。所以，应当选择A项。

7. B

【精解】事实认识错误包括客体错误、对象错误、手段错误、行为偏差和因果关系错误等。A项表述中，甲不论烧死谁，都没有超出故意杀人罪的犯罪构成，属于事实认识错误中的对象错误，不选A项。B项表述中，乙对妻子的死亡主观上存在直接故意，而对其儿子小明的死亡则是间接故意，不存在事实认识错误，选B项。关于B项，乙对其儿子小明的死亡并非对象错误，对象错误和间接故意的区别在于：对象错误存在主观辨认错误，如A项表述的情形，而间接故意则不存在主观认识错误，如B项表述的情形。C项表述中，丙不存在主观辨认错误，但因客观能力不足导致行为偏差，属于事实认识错误，不选C项。D项表述中，根据《刑法》第196条的规定，误将真信用卡当作假信用卡而冒用，冒用真信用卡与使用假信用卡均是信用卡诈骗行为，没有超出信用卡诈骗罪的同一犯罪构成，是事实认识错误中的对象错误，不选D项。

8. C

【精解】《刑法》第77条第1款规定，被宣告缓刑的犯罪分子，在缓刑考验期限内犯新罪或者发现判决宣告以前还有其他罪没有判决的，应当撤销缓刑，对新犯的罪或者新发现的罪作出判决，把前罪和后罪所判处的刑罚，依照本法第69条的规定，决定执行的刑罚。据此，撤销缓刑的适用前提是“在缓刑考验期限内”发现判决宣告以前还有其他罪没有判决（漏罪），才能撤销缓刑；既然在缓刑考验期内没有发现判决宣告以前还有其他罪没有判决，就不能撤销缓刑，只能对新发现的罪作出判决并执行。可见，本题正确答案为C项。缓刑考验期满，原判刑罚就“不再执行”，而不是“执行完毕”，因此缓刑考验期满不存在累犯的适用问题，故A、D项表述都是错误的。

9. A

【精解】根据法定符合说，题干表述的情形应当属于对象认识错误，即甲欲杀乙，但却错杀了丙。甲预想侵犯的对象是乙，实际侵犯的对象是丙。由于乙、丙都是人，没有超出故意杀人罪的犯罪构成，应当构成故意杀人罪（既遂），选A项。

10. C

【精解】放火罪是危险犯，认定放火罪既遂的标准是独立燃烧说。所以，郝某将汽油点燃即为犯罪既遂。故选C项。

11. D

【精解】共同犯罪是一个整体，每个人都要对共同犯罪所造成的危害结果负责，即实行“部分行为承担全部责任”的归责原则。所以，贾某对和许某共同犯罪的25 000元负责任。同时，数额的计算应当以行为人的行为造成他人的损失为标准，而不是以行为人所获得的财物作为标准。

12. B

【精解】根据有关司法解释的规定，国家工作人员利用职务上的便利为请托人谋取利益，收受请托人提供的干股的，是受贿。如果股权已经转让的，那么红利应当视为受贿的孳息；如果股权没有转让的，那么红利数额应当作为受贿数额。故应当选B项，而排除A项。商品经营者事先设定的各种优惠交易条件，是面向公众的，任何人都可以利用该条件进行交易，国家工作人员根据该条件进行交易，并不是权钱交易行为，所以不能认定为受贿。故应当排除C项。国家工作人员收受请托人财物后及时退还或者上交的，说明国家工作人员主观上没有受贿的故意，所以不构成受贿罪。故排除D项。

13. A

【精解】窝藏罪是指明知是犯罪的人，而为其提供隐藏处所，财物，帮助其逃匿的行为。A项表述中，甲的行为符合窝藏罪的构成要件，故选A项。包庇罪是指明知是犯罪的人，而为其作假证明包庇的行为，故D项表述中，乙试图冒名顶替为甲开罪，构成包庇罪，而不是窝藏罪，故不选D项。根据《刑法》第362条的规定，旅馆业、文化娱乐业、出租汽车业等单位的人员，在公安机关查处卖淫、嫖娼活动时，为违法犯罪分子通风报信，情节严重的，依照《刑法》第310条的规定，以包庇罪定罪处罚。据此，B项表述中，甲的行为构成包庇罪，而不是窝藏罪，故不选B项。医师甲明知乙有罪且精神正常，但仍出具虚假鉴定结论，甲的行为构成伪证罪，而不是窝藏罪或者包庇罪，故不选C项。

14. A

【精解】刑法理论认为，明知是间谍组织而为其窃取、刺探、收买、非法提供国家秘密、情报的，直接按照间谍罪定罪处罚，不实行数罪并罚。故选A项。

15. B

【精解】(1) 宣传筹资，承诺还本付息，符合非法集资行为的特征，不具有非法占有目的，构成非法吸收公众存款罪。(2) 因不具有非法占有目的，不构成诈骗罪和集资诈骗罪。(3) 双方约定的利率超过合同成立时一年期贷款市场报价利率的4倍的，属于高利贷，不受法律保护。而甲以定期存款3倍的利息放贷，没有超过4倍，因此不属于高利贷，为合法民间利率，受法律保护，当然，甲放贷的行为不构成犯罪，也就不构成非法经营罪。

16. C

【精解】(1) 甲明知不能归还，仍然以后期借款归还前期借款，属于“明知没有归还能力而仍然大量骗取资金”，应当认定为以非法占有为目的。亦即，对以后的资金2 000万元具有非法占有目的，对此款项构成集资诈骗罪。(2) 对于金融诈骗类犯罪，《刑法修正案（九）》已废除死刑。(3) 甲死亡，导致对其不能追究刑事责任，但应对赃款进行追缴或责令退赔。综上分析，只有C项表述是错误的，故选C项。

17. A

【精解】共同犯罪是一个整体，只要是在犯罪的共同故意范围之内的损害，共同犯罪人都要承担，即所谓部分行为全部责任。所以，乙也要承担故意伤害致人重伤的刑事责任。当然，在共同犯罪中乙起次要作用，应当认定为从犯，在量刑上加以从宽考虑。故选A项。

18. B

【精解】根据我国刑法的规定，行为人的行为具备刑讯逼供罪的基本犯罪构成，而且致人伤残、死亡的，刑讯逼供罪则转化为故意伤害罪、故意杀人罪，应依照故意伤害罪、故意杀人罪从重处罚。所以，对于张某应当按照故意杀人罪定罪处罚。故选B项。

19. A

【精解】郑某的行为实际上属于吸引被害人注意力，趁被害人不注意，利用被害人的疏忽，窃取被害人财物，故其行为构成盗窃罪。可见，选A项。张某在输入所谓“验证码”时并没有财产处分意识，也没有转移财物占有的意思，故郑某的行为不构成诈骗罪。可见，不选B项。郑某只非法获取张某1条个人信息，难以认定为情节严重，对此不能以侵犯公民个人信息罪论处。即便肯定其行为构成侵犯公民个人信息罪，依据从一重罪处断原则，盗窃罪的法定刑更重，因此应当以盗窃罪论处，而不能以侵犯公民个人信息罪论处。可见，不选C项。《刑法》第287条之一第1款第3项规定，为实施诈骗等违法犯罪活动发布信息的，构成非法利用信息网络罪。《刑法》第287条第3款还规定，同时构成其他犯罪的，依照处罚较重的规定定罪处罚。因盗窃罪的法定刑重于非法利用信息网络罪的法定刑，故对郑某应以盗窃罪论处。可见，不选D项。

20. D

【精解】根据全国人民代表大会常务委员会《关于〈中华人民共和国刑法〉第三百八十四条第一款的解释》，挪用公款归个人使用的情况有以下几种：(1) 将公款供本人、亲友或者其他自然人使用的；(2) 以个人名义将公款供其他单位使用的；(3) 个人决定以单位名义将公款供其他单位使用，谋取个人利益的。因此，要认定以单位名义将公款供其他单位使用是否构成挪用公款罪的条件是：个人决定，而且还要谋取个人利益。所以，甲不可能构成挪用公款罪。故选D项。

单元十

1. 甲、乙二人系某厂锅炉工。一天，甲的朋友多次打电话催其赴约，但离交班时间还有15分钟。甲心想，乙一直以来都是提前15分钟左右来接班，今天也快来了。于是，在乙到来之前，甲就离开了岗位。恰巧乙这天也有要事。乙心想，平时都是我去后甲才离开，今天迟去15分钟左右，甲不会有什么意见的。于是，乙过了正常交接班时间15分钟左右才赶到岗位。结果，由于无人看管，致使锅炉发生爆炸，损失惨重。甲、乙的行为(　　)。

A. 属共同犯罪　　B. 属意外事件

C. 各自构成故意犯罪　　D. 应按照各自所犯的罪分别处罚

2. 下列行为中，不构成洗钱罪的是(　　)。

A. 甲将自己贿赂所得的100万元现金跨境转移

B. 乙明知是贪污所得而通过转账方式帮助其朋友将50万元现金转移

C. 丙事后明知汽车是其朋友窃得的而予以变现

D. 丁将其同事走私石油获得的巨款转换成有价证券

3. 甲（15周岁）实施的下列行为中，应当承担刑事责任的是(　　)。

A. 乙盗窃价值10万元的汽车一辆，甲事后帮助乙销赃

B. 甲骗取乙数额巨大财物，为抗拒抓捕，当场使用暴力将乙打成重伤

C. 甲将乙非法拘禁致使乙重伤

D. 甲在春节期间放鞭炮，导致邻居失火，造成10万元损失

4. 甲通过伪造国家机关公文，骗取某市公安局副局长的职位。在选拔该局中层干部时，甲向乙索要2万元作为将来提拔乙的条件。乙便送给甲2万元。关于对甲的行为的处理意见，下列说法正确的是(　　)。

A. 甲构成伪造国家机关公文罪与招摇撞骗罪　　B. 甲构成伪造国家机关公文罪与敲诈勒索罪

C. 甲构成伪造国家机关公文罪与受贿罪　　D. 甲构成伪造国家机关公文罪与诈骗罪

5. 我国刑法规定，对犯罪集团的首要分子的处罚原则是(　　)。

A. 按照其所参与的全部犯罪处罚　　B. 按照其所组织、指挥的全部犯罪处罚

C. 按照犯罪集团所犯全部罪行处罚　　D. 从重处罚

6. 某罪的法定刑是7年以上有期徒刑，甲犯了该罪，那么对于甲的追诉时效的期限是（　　）。

A. 5年　　B. 10年

C. 15年　　D. 20年

7. 甲向社会公众募集资金500万元，并承诺还款期限届满还本付息，案发后，甲仅归还本金及利息300万元，甲携带剩余资金潜逃。甲的行为构成(　　)。

A. 非法吸收公众存款罪和集资诈骗罪择一重罪定罪处罚

B. 非法经营罪和非法吸收公众存款罪数罪并罚

C. 非法经营罪和集资诈骗罪数罪并罚

D. 非法吸收公众存款罪和集资诈骗罪数罪并罚

8. 在下列犯罪形态中，原则上适用“从一重处断”原则予以论处的是(　　)。

A. 结果加重犯　　B. 继续犯

C. 想象竞合犯　　D. 吸收犯

9. 下列犯罪行为中，应当认定为一罪的是(　　)。

A. 甲在走私的数额巨大的货物中藏匿毒品

B. 甲公司骗取出口退税50万元，其中包括已征的增值税、产品税等税款19万元

C. 甲以捏造的事实提起民事诉讼，诈骗乙的数额较大钱财

D. 甲在抢劫乙的财产后，为灭口将乙杀死

10. 下列情形中，属于连续犯的有(　　)。

A. 甲和村委会主任有仇，在三天之内先后杀死了村委会主任的妻子、儿子和儿媳

B. 乙在半年的时间内，持续对丈夫与其前妻所生孩子以打骂、冻饿、不让吃饭等方式进行虐待

C. 丙系国家工作人员，在一个月之内，先后实施了贪污和受贿行为

D. 丁以其妻子快要生小孩为由，将其年迈的父亲赶出家门，使父亲沿门乞讨；一周后又将妻子生下的女婴溺死

11. 下列情况中，不属于刑法规定的立功表现的是(　　)。

A. 揭发他人犯罪行为，经查证属实

B. 提供重要线索，帮助司法机关侦破其他案件

C. 主犯揭发同案犯的共同犯罪行为，经查证属实

D. 羁押期间阻止他人重大犯罪活动

12. 甲欲翻物资仓库的围墙盗窃抢险物资，因身体矮小未能翻越围墙进入仓库。乙路过见此情形，以与甲一起分赃为条件，找梯子帮助甲越过围墙，甲应允。乙找到梯子后甲顺利翻过围墙窃得财物，甲、乙二人共同分赃。甲、乙二人的共同犯罪属于(　　)。

A. 简单的共同犯罪和事前通谋的共同犯罪

B. 任意的共同犯罪和事前通谋的共同犯罪

C. 复杂的共同犯罪和事前无通谋的共同犯罪

D. 特殊的共同犯罪和事前无通谋的共同犯罪

13. 甲在国有公司担任职务，后因该国有公司与某外商企业合资，国有公司占10%的股份，甲被该国有公司委派到合资企业担任副总经理。在任职期间，甲利用职务上的便利，将合资企业价值5万元的财物非法据为己有。甲的行为应定(　　)。

A. 侵占罪　　B. 职务侵占罪

C. 盗窃罪　　D. 贪污罪

14. 刘某因犯故意杀人罪于2011年3月被判处死刑缓期两年执行（判决前已经被羁押1年），同时法院决定对其限制减刑，如果刘某在死刑缓期执行期间没有故意犯罪，考验期满后被减为无期徒刑，那么刘某最少将服刑至(　　)。

A. 2038年3月　　B. 2037年3月

C. 2035年3月　　D. 2036年3月

15. 《刑法》第115条第2款规定“过失犯前款罪的……”，属于(　　)。

A. 简单罪状　　B. 叙明罪状

C. 空白罪状　　D. 引证罪状

16. 张某、李某经共谋后于深夜蒙面持刀进入一狭窄小巷抢劫。张某叫李某把住街口，自己进入小巷抢劫了一妇女2 000元。张某与李某会合后对李某说：“什么也没抢着，这妇女身上一分钱也没有。”李某信以为真。张某、李某的行为(　　)。

A. 张某、李某均构成抢劫罪既遂

B. 张某构成抢劫罪，李某不构成犯罪

C. 张某构成抢劫罪既遂，李某构成抢劫罪未遂

D. 张某、李某均构成抢劫罪未遂

17. 下列情形中，不成立自首的是(　　)。

A. 甲因吸毒被公安机关强制戒毒，在强制戒毒期间主动交代了司法机关尚未掌握的抢劫事实

B. 乙醉酒驾车，将一正常行走的人撞成重伤后，打电话向交警部门报告，等待交警前来调查，并如实供述了犯罪事实

C. 丙强奸致人死亡后，知道邻居报警，却不离开现场，直至公安人员赶来，抓捕时无拒捕行为，并如实供述了犯罪事实

D. 丁因受贿自首后，又交代因受贿为他人谋取利益的行为，构成滥用职权罪

18. 宋某持三角刮刀抢劫王某财物，王某夺下宋某的三角刮刀，并将宋某推倒在水泥地上，宋某头部着地，当即昏迷。王某随后持三角刮刀将宋某杀死。关于王某行为的性质，下列说法正确的

是（　　）。

A. 根据《刑法》第 20 条第 3 款，王某将抢劫犯杀死，属于正当防卫

B. 王某的行为属于防卫过当

C. 王某前面的行为是正当防卫，后面的行为是防卫过当

D. 王某前面的行为是正当防卫，后面的行为是故意杀人

19. 甲为了显示自己在计算机技术方面的才华，制作了一种计算机病毒，并通过互联网进行传播，影响计算机系统正常运行，造成了严重后果。甲的行为构成（　　）。

A. 非法侵入计算机信息系统罪

B. 非法获取计算机信息系统数据、非法控制计算机信息系统罪

C. 提供侵入、非法控制计算机信息系统程序、工具罪

D. 破坏计算机信息系统罪

20. 派出所所长陈某在“追逃”专项斗争中，为得到表彰，在网上通缉了 7 名仅违反治安管理处罚条例并且已受过治安处罚的人员。虽然陈某通知本派出所人员不要“抓获”这 7 名人员，但仍有 5 名人员被外地公安机关“抓获”后关押。关于陈某行为的性质，下列说法正确的是（　　）。

A. 陈某的行为构成滥用职权罪　　B. 陈某的行为构成玩忽职守罪

C. 陈某的行为构成非法拘禁罪　　D. 陈某的行为不构成犯罪

单元十答案与精解

1. D

【精解】甲、乙对于危害结果的发生都是持过失的心理态度，而不是故意的心理态度，所以不可能构成共同犯罪。我国《刑法》第 25 条第 2 款规定，二人以上共同过失犯罪，不以共同犯罪论处；应当负刑事责任的，按照他们所犯的罪分别处罚。所以，应当选择 D 项。

2. C

【精解】《刑法》第 191 条规定，为掩饰、隐瞒毒品犯罪、黑社会性质的组织犯罪、恐怖活动犯罪、走私犯罪、贪污贿赂犯罪、破坏金融管理秩序犯罪、金融诈骗犯罪的所得及其产生的收益的来源和性质，有下列行为之一的，没收实施以上犯罪的所得及其产生的收益，处 5 年以下有期徒刑或者拘役，并处或者单处罚金；情节严重的，处 5 年以上 10 年以下有期徒刑，并处罚金：（1）提供资金账户的；（2）将财产转换为现金、金融票据、有价证券的；（3）通过转账或者其他支付结算方式转移资金的；（4）跨境转移资产的；（5）以其他方法掩饰、隐瞒犯罪所得及其收益的来源和性质的。单位犯前款罪的，对单位判处罚金，并对其直接负责的主管人员和其他直接责任人员，依照前款的规定处罚。据此规定第（4）项，A 项表述中，甲的行为构成受贿罪和洗钱罪，应当数罪并罚，故不选 A 项。需要注意的是，以往刑事立法规定，本犯不构成洗钱罪，但是，《刑法修正案（十一）》将自洗钱的行为也认定为洗钱行为的表现形式。根据上述规定第（3）项，乙明知是贪污所得而通过转账方式帮助其朋友将 50 万元现金转移，构成洗钱罪，故不选 B 项。洗钱罪的上游犯罪没有盗窃罪，故 C 项表述不构成洗钱罪，而应构成掩饰、隐瞒犯罪所得、犯罪所得收益罪。可见，选 C 项。根据上述规定第（2）项，丁将其同事走私石油获得的巨款转换成有价证券，构成洗钱罪，故不选 D 项。

3. B

【精解】甲已满 14 周岁未满 16 周岁，应对故意杀人、故意伤害致人重伤或者死亡、强奸、抢劫、贩卖毒品、放火、爆炸、投放危险物质八种犯罪行为负刑事责任。甲事后帮助销赃的行为，不构成掩饰、隐瞒犯罪所得罪，不选 A 项。甲有诈骗行为，但对诈骗行为不负刑事责任，甲为抗拒抓捕，将乙打成重伤，不构成转化型抢劫，但甲应对故意伤害致人重伤的行为负刑事责任，甲构成故意伤害罪，选 B 项。甲对非法拘禁罪不负刑事责任，即便在非法拘禁乙的过程中致使乙重伤，仍然

属于非法拘禁范畴，甲对非法拘禁行为仍然不负刑事责任，不选C项。甲在春节期间放鞭炮，导致邻居失火，造成10万元损失，甲系失火行为，主观心态为过失，15周岁的人对失火行为不负刑事责任，不选D项。

4. C

【精解】甲伪造国家机关公文，构成伪造国家机关公文罪。甲担任的公安局副局长职务虽然是骗来的，但是甲在行使职权时主动索贿，侵犯了国家工作人员职务行为的廉洁性，应按照受贿罪定罪处罚，才能实现罪责刑相适应原则。

5. C

【精解】我国的刑事政策是区别对待，对于首要分子要严厉打击。根据我国刑法的规定，犯罪集团的首要分子应当对犯罪集团所犯的全部罪行承担责任。故选C项。

6. C

【精解】根据我国刑法的规定，犯罪经过下列期限不再追诉：（1）法定最高刑为不满5年有期徒刑的，经过5年；（2）法定最高刑为5年以上不满10年有期徒刑的，经过10年；（3）法定最高刑为10年以上有期徒刑的，经过15年；（4）法定最高刑为无期徒刑、死刑的，经过20年。如果20年以后认为必须追诉的，须报请最高人民检察院核准。本题中，甲所犯罪的法定刑是7年以上有期徒刑，最高刑是15年，所以追诉时效应当是15年。故应当选C项。

7. D

【精解】甲向社会公众募集资金500万元，其中有一部分非法集资的资金已经还本付息，这部分资金因不具有非法占有的目的，构成非法吸收公众存款罪。甲携带剩余资金潜逃，对这部分资金具有非法占有的目的，构成集资诈骗罪。对甲应以非法吸收公众存款罪和集资诈骗罪实行数罪并罚。

8. C

【精解】由于刑法对结果加重犯规定了比基本犯罪更重的法定刑，所以对结果加重犯只能依照刑法的规定，在较重的法定刑幅度内量刑。刑法分则对于属于继续犯的犯罪设专条加以规定，并置以相应的法定刑，因此，对继续犯应依刑法规定以一罪论处。吸收犯的处罚原则是依照吸收行为所构成的犯罪处断，被吸收的犯罪行为失去存在意义，不再予以定罪，不实行数罪并罚。对于想象竞合犯和牵连犯，理论通说认为应当"从一重处罚"，即按照数罪中处罚最重的一个罪处理。故选C项。

9. C

【精解】甲在走私的货物中藏匿毒品，行为人实施了一个行为，本为想象竞合犯，但根据最高人民法院、最高人民检察院《关于办理走私刑事案件适用法律若干问题的解释》第22条的规定，在走私的货物、物品中藏匿《刑法》第151条、第152条、第347条、第350条规定的货物、物品，构成犯罪的，以实际走私的货物、物品定罪处罚；构成数罪的，实行数罪并罚。据此，A项表述应当数罪并罚，不选A项。根据《刑法》第204条第2款的规定，纳税人缴纳税款后，又骗取出口退税，骗取税款超过所缴纳的税款的，以逃税罪和骗取出口退税罪实行数罪并罚。据此，行为人缴纳税款后再骗税的，对于没有超过已缴纳部分的税款的，认定为逃税罪，超过的部分认定为骗取出口退税罪，并数罪并罚，不选B项。根据《刑法》第307条之一第3款的规定，犯虚假诉讼罪，非法占有他人财产或者逃避合法债务，又构成其他犯罪的，依照处罚较重的规定定罪从重处罚。据此，C项表述的情形构成虚假诉讼罪和诈骗罪，择一重罪论处，选C项。甲抢劫乙的财产构成抢劫罪，为灭口又将乙杀死，对甲应以抢劫罪和故意杀人罪实行数罪并罚，不选D项。

10. A

【精解】所谓连续犯，是指行为人基于数个同一的犯罪故意，连续多次实施数个性质相同的犯罪行为，触犯同一罪名的犯罪形态。B项中，虐待罪的客观方面表现为对共同生活的家庭成员经常以打骂、捆绑、冻饿、有病不给治、强迫超体力劳作、限制自由等方式，从肉体上或者精神上摧残、折磨的行为。长期性、反复性是构成虐待罪的要素，所以乙的行为只能是构成一个虐待罪，不符合连续犯是实质数罪的特征。C项中，由于丙的行为分别构成贪污罪与受贿罪，是两个不同的犯罪，所以不构成连续犯。D项中，丁的行为分别构成遗弃罪和故意杀人罪，是不同的犯罪，不构成连续犯。故选A项。

11. C

【精解】根据有关司法解释的规定，犯罪分子检举、揭发他人犯罪行为，包括共同犯罪案件中的犯罪分子揭发同案犯共同犯罪以外的其他犯罪，经查证属实；提供侦破其他案件的重要线索，经查证属实；阻止他人犯罪活动；协助司法机关抓捕其他犯罪嫌疑人（包括同案犯）；具有其他有利于国家和社会的突出表现的，应当认定为有立功表现。排除A、B、D项。而主犯揭发同案犯的共同犯罪行为，经查证属实，是坦白或者自首的要求，不能构成立功。故选C项。

12. C

【精解】根据共同犯罪是否能够依据法律的规定任意形成，分为任意的共同犯罪和必要的共同犯罪；根据共同犯罪故意形成的时间，分为事前通谋的共同犯罪和事前无通谋的共同犯罪；根据共同犯罪人之间有无分工，分为简单的共同犯罪和复杂的共同犯罪；根据共同犯罪有无组织形式，分为一般的共同犯罪和特殊的共同犯罪。由于盗窃罪既可以由一人完成，也可以由数人完成，所以是任意的共同犯罪。甲、乙双方事前无通谋，在实施犯罪时形成共同犯罪故意，所以是事前无通谋的共同犯罪。甲、乙双方在实施盗窃行为时存在分工，所以是复杂的共同犯罪。甲、乙双方不存在组织关系，因而是一般的共同犯罪。故选C项。

13. D

【精解】甲受国有公司委托到非国有公司中从事公务，属于国家工作人员。甲利用职务上的便利侵占5万元的财物，构成贪污罪。故选D项。

14. A

【精解】刘某于2011年3月被判处死缓，考验期是2年，到2013年3月应减为无期徒刑。根据《刑法》第78条第2款第3项的规定，人民法院决定限制减刑的死刑缓期执行的犯罪分子，缓期执行期满后依法减为无期徒刑的，其实际执行刑期不能少于25年。所以应当从2013年3月算起再加上25年，即2038年3月，故应选择A项。死缓前被羁押的时间和死缓考验期2年不能计入实际执行期，故应当排除B项和C项。

15. D

【精解】罪状是指刑法分则条文对犯罪特征的描述。刑法理论认为，罪状可以分为简单罪状、叙明罪状、空白罪状、引证罪状和空白罪状与叙明罪状并存的形式。引证罪状是指引用刑法分则的其他条款来说明某种犯罪的特征。《刑法》第115条第2款引用了《刑法》第115条第1款的内容，所以该款为引证罪状。

16. A

【精解】共同犯罪是一个整体，张某与李某合谋进行抢劫，只要张某既遂，整个犯罪就是既遂。至于张某欺骗李某，只是共同犯罪人内部的分赃关系，不影响犯罪既遂的成立。故选A项。

17. D

【精解】根据相关司法解释的规定，因特定违法行为被采取行政拘留、司法拘留、强制隔离戒毒等行政、司法强制措施期间，主动向执行机关交代尚未被掌握的犯罪行为的，视为自动投案。据此，A项表述成立自首。根据相关司法解释的规定，交通肇事后保护现场、抢救伤者，并向公安机关报告的，以及交通肇事逃逸后又自动投案的，应认定为自动投案，成立自首。据此，B项表述成立自首。根据相关司法解释的规定，明知他人报案而在现场等待，抓捕时无拒捕行为，供认犯罪事实的，视为自动投案。据此，C项表述构成自首。根据相关司法解释的规定，供述罪名与已经掌握的罪名，在法律、事实上密切关联，不属于自首。据此，D项表述中，滥用职权行为与受贿行为紧密关联（滥用职权实系受贿请托所致），不属于“不同种罪行”，不构成自首（特别自首），属于坦白。可见，选D项。

18. D

【精解】特殊防卫权与一般防卫权仅仅是在防卫的限度上存在区别，成立特殊防卫同样要求满足一般的正当防卫所要满足的其他条件。王某夺下宋某的三角刮刀，并将宋某推倒在水泥地上，完全符合正当防卫的条件，成立正当防卫。但是在宋某昏迷后，其不法侵害已经结束，王某杀害宋某的行为属于事后防卫，应当承担故意杀人罪的刑事责任。故选 D 项。

19. D

【精解】甲的行为构成破坏计算机信息系统罪。根据《刑法》第 286 条的规定，破坏计算机信息系统罪的行为方式包括：(1) 违反国家规定，对计算机信息系统功能进行删除、修改、增加、干扰，从而造成计算机信息系统不能正常运行，后果严重的行为。(2) 违反国家规定，对计算机信息系统中存储、处理或者传输的数据和应用程序进行删除、修改、增加的操作，后果严重。(3) 故意制作、传播计算机病毒等破坏性程序，影响计算机系统正常运行，后果严重。此外，根据全国人大常委会《关于维护互联网安全的决定》第 1 条的规定，对于违反国家规定，擅自中断计算机网络或者通信服务，造成计算机网络或者通信系统不能正常运行的，也以破坏计算机信息系统罪论处。本题表述的情形符合破坏计算机信息系统罪的客观表现，选 D 项。非法侵入计算机信息系统罪（《刑法》第 285 条第 1、4 款）是指违反国家规定，侵入国家事务、国防建设、尖端科学技术领域的计算机信息系统的行为。非法获取计算机信息系统数据、非法控制计算机信息系统罪（《刑法》第 285 条第 2、4 款），是指违反国家规定，侵入国家事务、国防建设、尖端科学技术领域以外的计算机信息系统或者采用其他技术手段，获取该计算机信息系统中存储、处理或者传输的数据，或者对该计算机信息系统实施非法控制，情节严重的行为。提供侵入、非法控制计算机信息系统程序、工具罪（《刑法》第 285 条第 3、4 款），是指提供专门用于侵入、非法控制计算机信息系统的程序、工具，或者明知他人实施侵入、非法控制计算机信息系统的违法犯罪行为而为其提供程序、工具，情节严重的行为。

20. A

【精解】陈某对危害结果的发生持放任的心理态度，所以不可能构成玩忽职守罪，但是却符合滥用职权罪的构成要件，所以应当按照滥用职权罪定罪处罚。故选 A 项。

第二章

多项选择题

单元一

1. 关于刑事管辖权，下列说法正确的是(　　)。

A. 甲在国外雇用阴某到中国境内实施杀人行为，我国对甲的行为没有管辖权

B. 隶属于中国某边境城市旅游公司的长途汽车在从中国进入越南境内之后，因争抢座位，美国的甲一怒之下杀死了伊朗的乙。对甲的杀人行为不适用中国刑法

C. 丙将英国航空器劫持到日本，我国对丙的行为没有管辖权

D. 外国人丁在中国领域外对中国公民犯罪，即使按照中国刑法的规定，该罪的最低刑为3年以上有期徒刑，也可能不适用中国刑法

2. 甲在戒毒所强制戒毒时，无法抗拒毒瘾，设法逃出戒毒所，径直到毒贩陈某家，以赊账方式买了少量毒品过瘾。后甲逃往乡下，告知朋友乙详情，请乙收留，乙让甲住下。对此，下列表述正确的是(　　)。

A. 甲是依法被关押的人员，其逃出戒毒所的行为构成脱逃罪

B. 甲购买少量毒品是为了自吸，购买毒品的行为不构成犯罪

C. 陈某出卖毒品给甲，虽未收款，但仍属于贩卖毒品罪既遂

D. 乙收留甲的行为构成窝藏罪

3. 甲、乙二人合谋后进入丙家进行盗窃，二人分别进入不同的房间。甲窃得财物之后离开房间，而乙窃得财物之后又产生了毁灭现场的意图，正好房间里有电炉，就在电炉上放上一些报纸后插上电源离开。乙和甲在屋外会合后，乙告诉甲他插上了电炉，稍后就会起火烧毁犯罪现场，甲并没有阻止，两人离开现场。后来房屋被烧毁，造成了巨大的财产损失，丙也被烧死。对此，下列表述正确的是(　　)。

A. 甲、乙构成盗窃罪共同犯罪

B. 甲构成放火罪，乙不构成放火罪

C. 甲、乙构成放火罪共同犯罪

D. 乙成立放火罪的结果加重犯

4. 下列哪些情况属于不能犯未遂？(　　)

A. 由于光线暗，未能射中被害人

B. 撬开保险柜，保险柜内空无财物

C. 误把白糖当作砒霜杀人的

D. 把男子作为强奸对象

5. 违反传染病防治法的规定，有下列情形之一，引起甲类传染病以及依法确定采取甲类传染病预防、控制措施的传染病传播或者有传播严重危险的行为，构成妨害传染病防治罪的有(　　)。

A. 供水单位供应的饮用水不符合国家规定的卫生标准的
B. 准许或者纵容传染病病人、病原携带者和疑似传染病病人从事国务院卫生行政部门规定禁止从事的易使该传染病扩散的工作的
C. 出售、运输疫区中被传染病病原体污染或者可能被传染病病原体污染的物品，未进行消毒处理的
D. 拒绝执行县级以上人民政府、疾病预防控制机构依照传染病防治法提出的预防、控制措施的

6. 下列情形不应当认定为立功的有(　　)。
A. 某甲通过体罚虐待同监室的王某，迫使王某说出曾经伙同他人实施抢劫，某甲遂向警察举报，经查证属实
B. 某乙系某市禁毒支队的警察，在工作中通过特情得知张某将从昆明运输毒品至上海。某乙因受贿被立案调查，在此期间向办案民警讲述张某运输毒品一事，经查证属实
C. 某丙的律师赵某在会见某丙的过程中，将其掌握的苏某强奸的线索告知某丙，某丙向警察举报苏某犯强奸罪，经查证属实
D. 某丁因犯盗窃罪被逮捕，其弟弟为了帮助某丁减轻罪责，主动向公安人员举报蔡某曾挪用公款 10 万元，经查证属实

7. 下列情形中，构成生产、销售伪劣产品罪的有(　　)。
A. 个体医生甲将医用限制性用药“氯化琥珀胆碱注射液”冒充“硫酸卡那霉素注射液”销售，销售金额达 20 万元，同时造成数人死亡
B. 王某以残次、废旧汽车零部件非法拼装汽车，冒充正品，准备销售，即被查获，货值总额达 50 万元
C. 某企业生产的电热毯，质量不符合保障人身财产安全的国家标准，先后造成 3 名消费者触电死亡、5 人受重伤
D. 某企业生产的药品销路不好，因长期积压导致药品变质不能用，但仍将其销售，销售额达 15 万元，但经鉴定，尚不足以严重危害人体健康

8. 关于未成年人犯罪，有关说法正确的是(　　)。
A. 甲犯罪时不满 18 周岁，被判处拘役 3 个月，在参军入伍时可以不报告自己上述被判刑的情况
B. 乙 16 周岁 3 个月时因犯盗窃罪被判处有期徒刑 6 个月，后刑满释放，17 周岁 6 个月时又故意伤害致人死亡，乙不构成累犯
C. 丙是未成年人，没有政治权利，所以不能判处剥夺政治权利
D. 丁 15 周岁时实施故意决水行为致使数十人死亡，由于丁没有达到决水罪的刑事责任年龄，所以不构成犯罪

9. 下列关于敲诈勒索罪的说法，正确的有(　　)。
A. “多次敲诈勒索”是指二年内敲诈勒索三次以上
B. 敲诈勒索近亲属的财物，获得谅解的，一般不认为是犯罪
C. 明知他人实施敲诈勒索犯罪，为其提供信用卡、手机卡、通信工具帮助的，以共同犯罪论处
D. 被害人对敲诈勒索的发生存在过错的，可以对行为人酌情从宽处理

10. 下列关于违规制造、销售枪支罪的说法，错误的有(　　)。
A. 违规制造、销售枪支罪只能由单位构成，自然人不可能单独成为该罪的犯罪主体
B. 违规制造、销售枪支罪只是处罚单位犯罪中的自然人，不处罚单位
C. 由于违规制造、销售枪支罪的犯罪主体是被指定、确定的枪支制造企业，所以被指定、确定的枪支制造企业以外的企业生产枪支的，不构成犯罪
D. 在境外销售为境内生产的枪支，构成违规制造、销售枪支罪

单元一答案与精解

1. BD

【精解】在A项中，甲和阴某是共同犯罪，共同犯罪是一个整体，既然实行行为发生在我国境内，那么我国对甲的行为就具有管辖权。应当排除A项。在B项中，危害行为与危害结果都没有发生在我国境内，不适用属地管辖；行为人不是中国人，不适用属人管辖；被害人不是中国人，不适用保护管辖；故意杀人不是国际条约中规定的适用普遍管辖的情形。所以，B项是正确的。在C项中，根据国际条约，劫持航空器的，属于普通管辖的情形，故我国有管辖权。故应当排除C项。在D项中，适用保护管辖的，还需要满足一个条件，即犯罪地法律也认为该行为构成犯罪。所以，D项是正确的。

2. BC

【精解】脱逃罪的犯罪主体包括依法被关押的罪犯、被告人和犯罪嫌疑人。依法被关押的罪犯、犯罪嫌疑人、被告人逃离监管场所的，才有可能构成脱逃罪。强制戒毒不是刑事强制措施，甲不是依法被关押的罪犯、被告人和犯罪嫌疑人，其逃出戒毒所的行为不构成脱逃罪。可见，A项表述错误，不选A项。同理，窝藏罪作为妨害司法的犯罪，其前提是明知他人是犯罪的人，而为其提供隐匿的场所，帮助其逃匿以妨害司法追诉，故乙收留并未涉嫌犯罪的甲的行为不构成窝藏罪。可见，D项表述错误，不选D项。购买毒品，其最终目的是少数自吸，多数出售，从而实现“以贩养吸”的，构成贩卖毒品罪；为个人吸食毒品而购买大量毒品的，可能构成非法持有毒品罪。但甲购买少量毒品是为了自吸，该行为不构成犯罪。可见，B项表述正确，选B项。贩卖毒品只需要交易达成，行为人将毒品提供给他人，就会发生妨害社会管理秩序的后果，出卖者是否收取款项，对于犯罪既遂没有影响，故陈某出卖毒品给甲，虽未收款，仍属于贩卖毒品既遂。可见，C项表述正确，选C项。

3. ACD

【精解】甲、乙合谋盗窃，构成盗窃罪共同犯罪，选A项。乙窃得财物后，为毁灭现场放火，构成放火罪；因放火行为是因盗窃后毁坏现场引起的，是甲、乙二人共同犯罪引发的危险，甲有制止的义务但没有制止，系不作为的放火罪。对于放火，甲（不作为）与乙（作为）构成放火罪的共同犯罪，这不同于实行过限。可见，选C项，不选B项。乙放火致人死亡，甲、乙都成立放火罪的结果加重犯，选D项。

4. BCD

【精解】所谓不能犯未遂，是指行为人已经着手实行刑法分则规定的特定犯罪构成客观要件的行为，但由于对行为事实的认识错误而在客观上使其不可能完成犯罪，因而不能达到既遂状态的犯罪未遂形态。不能犯未遂又分工具不能犯未遂和对象不能犯未遂。所谓工具不能犯未遂，是指行为人由于认识错误而使用了按其客观性质不能实现犯罪意图、不能达到既遂状态的犯罪工具的犯罪未遂形态。误把白糖当作砒霜杀人的，就是工具不能犯未遂，使用的工具使其不可能达到犯罪既遂。对象不能犯未遂，是指行为人由于认识错误而针对本不存在的犯罪对象实施了犯罪行为，因而未能达到既遂状态的犯罪未遂形态。保险柜中没有财物以及把男子作为强奸的对象，都是属于对象不能犯未遂，即由于对象的特殊性导致犯罪是不可能既遂的。而由于光线暗，未能射中被害人，是属于能犯未遂的范畴。故选B、C、D项。

5. ABCD

【精解】根据《刑法》第330条的规定，违反传染病防治法的规定，有下列情形之一，引起甲类传染病以及依法确定采取甲类传染病预防、控制措施的传染病传播或者有传播严重危险的，构成妨害传染病防治罪：（1）供水单位供应的饮用水不符合国家规定的卫生标准的；（2）拒绝按照疾病预防控制机构提出的卫生要求，对传染病病原体污染的污水、污物、粪便进行消毒处理的；（3）准许或者纵容传染病病人、病原携带者和疑似传染病病人从事国务院卫生行政部门规定禁止从事的易使该传染病扩散的工作的；（4）出售、运输疫区中被传染病病原体污染或者可能被传染病病原体污染的物品，未进行消毒处理的；（5）拒绝执行县级以上人民政府、疾病预防控制机构依照传染病防治法提出的预防、控制措施的。据此，备选项应全选。

6. ABCD

【精解】立功首先必须是犯罪分子本人的行为。为使犯罪分子得到从轻处理，犯罪分子的亲友直接向有关机关揭发他人犯罪行为，提供侦破其他案件的重要线索，或者协助司法机关抓捕其他犯罪嫌疑人的，不应当认定为犯罪分子的立功表现。所以，应当选 D 项。立功是有利于社会的行为，犯罪分子立功应具有合法性和正当性，通过非法手段、非法途径获取的立功线索，以及他人违反法律规定向行为人提供立功线索的，都不能认定为犯罪分子有立功表现。故应当选 A 项和 C 项。至于 B 项，某乙因原来具有的查禁犯罪等职务获取的线索，具有职务性和公务性，不是其个人掌握的线索，不能认定其具有立功表现。故应当选择 B 项。

7. BD

【精解】生产、销售伪劣产品罪和该节的其他犯罪是一般法和特殊法的关系，原则上适用特别法，但是还受到重法优于轻法的原则的制约。A 项中，甲的行为构成生产、销售、提供假药罪，且该罪重于生产、销售伪劣产品罪。故排除 A 项。C 项中，某企业的行为构成生产、销售不符合安全标准的产品罪，但是由于没有提及销售金额，所以应当认定其行为构成生产、销售不符合安全标准的产品罪。故排除 C 项。D 项中，由于变质药品尚不足以严重危害人体健康，所以不可能构成生产、销售、提供劣药罪，但是其销售金额达到 15 万元，符合生产、销售伪劣产品罪构成要件。故选 D 项。B 项中，王某的行为构成生产、销售伪劣产品罪是没有争议的。故选 B 项。

8. AB

【精解】《刑法》第 100 条规定，依法受过刑事处罚的人，在入伍、就业的时候，应当如实向有关单位报告自己曾受过刑事处罚，不得隐瞒。犯罪的时候不满 18 周岁被判处 5 年有期徒刑以下刑罚的人，免除前款规定的报告义务。据此，A 项表述中，甲被判处拘役，免除前科报告义务，故 A 项表述正确，选 A 项。《刑法》第 65 条第 1 款规定，被判处有期徒刑以上刑罚的犯罪分子，刑罚执行完毕或者赦免以后，在 5 年以内再犯应当判处有期徒刑以上刑罚之罪的，是累犯，应当从重处罚，但是过失犯罪和不满 18 周岁的人犯罪的除外。据此，B 项表述中，乙犯罪的时候不满 18 周岁，不构成累犯。可见，B 项表述正确，选 B 项。对于危害国家安全的犯罪，必须要附加剥夺政治权利，这是刑法的强制性规定。所以应当排除 C 项。虽然决水罪的刑事责任年龄是 16 周岁，但是丁的行为同时还构成故意杀人罪，可以按照故意杀人罪追究其刑事责任。所以 D 项应当排除。

9. ABCD

【精解】构成敲诈勒索罪须“数额较大”或者“多次敲诈勒索”。根据最高人民法院、最高人民检察院《关于办理敲诈勒索刑事案件适用法律若干问题的解释》的规定，2 年内敲诈勒索 3 次以上的，应当认定为“多次敲诈勒索”。据此，A 项表述正确。与对其他人实施敲诈勒索的社会危害性相比较，行为人对近亲属实施敲诈勒索，社会危害性要小得多，司法实践中也往往区别对待，而且又获得了被害人的谅解，社会危害性进一步降低，所以原则上不应当作为犯罪处理，这也是宽严相济刑事政策的具体体现。故应当选择 B 项。根据共同犯罪原理，行为人有共同犯罪的故意，又有共同犯罪的帮助行为，构成共同犯罪。故应当选择 C 项。被害人有过错，虽然不是法定的从轻处罚情节，但对犯罪的社会危害性评价有重要影响，是酌定量刑情节，可以从轻处罚。故应当选择 D 项。

10. BCD

【精解】根据刑法的规定，违规制造、销售枪支罪实行双罚制，既处罚单位，又处罚单位犯罪直接责任人员。故应当选B项。虽然违规制造、销售枪支罪的犯罪主体是特定的，不是被指定、确定的枪支制造企业不构成该罪，但是其他企业生产枪支的，可以构成非法制造枪支罪，而不是不构成犯罪。故应当选C项。根据刑法的规定，在境内销售为出口制造的枪支，构成违规制造、销售枪支罪，但是在境外销售为境内生产的枪支，则不可能构成违规制造、销售枪支罪。故应选D项。

单元二

1. 下列说法正确的是(　　)。

A. 具有严重的社会危害性的行为就是犯罪行为

B. 犯罪行为都具有严重的社会危害性，但有严重社会危害性的行为不一定是犯罪

C. 情节显著轻微、危害不大的行为属于犯罪行为，但不予以刑罚处罚

D. 情节显著轻微、危害不大的行为不属于犯罪行为，不应受刑罚处罚

2. 关于投放虚假危险物质罪，下列说法正确的有(　　)。

A. 本罪客观方面表现为投放了虚假的爆炸性、危害性、放射性、传染病病原体等物质的行为

B. 本罪属于危害公共安全犯罪

C. 本罪的主观方面是故意

D. 如果投放了真实的爆炸性、危害性、放射性、传染病病原体等物质并造成了严重后果，则按照投放虚假危险物质罪的结果加重犯处罚

3. 下列情形中，存在共同犯罪的有（　　）。

A. 乙欲对丙实施强奸行为时，甲在乙不知情的情况下，使用暴力将丙打伤，乙得以顺利实施奸淫行为

B. 甲和乙碰巧同一时间到所在乡政府办公楼盗窃财物

C. 刘某与蔡某商议“收拾”张某，但刘某以杀人的故意、蔡某以伤害的故意对张某进行殴击

D. 敬某步行中巧遇朋友路某在非法殴打李某，在路某的请求下，敬某上前帮助路某将李某打成重伤

4. 下列关于胁从犯的表述，正确的是(　　)。

A. 胁从犯包括在身体受到外力强制、丧失意志自由的情况下被迫参加共同犯罪的犯罪分子

B. 胁从犯包括在他人精神强制下被迫参加共同犯罪的犯罪分子

C. 胁从犯包括被他人诱骗参加共同犯罪的犯罪分子

D. 对于胁从犯，应当按照他的犯罪情节减轻处罚或者免除处罚

5. 无过当防卫权针对的犯罪种类包括(　　)。

A. 强奸罪　　　　B. 遗弃罪

C. 重大盗窃罪　　　　D. 抢劫罪

6. 下列关于自动投案的说法，正确的有(　　)。

A. 交通肇事后保护现场、抢救伤者，并向公安机关报告的，应认定为自动投案

B. 交通肇事逃逸后不可能再构成自动投案

C. 罪行未被司法机关发觉，仅因形迹可疑被盘问后，主动交代了犯罪事实的，应当视为自动投案

D. 公安人员发现被告人身上有可疑血迹，并发现持有带血的尖刀而将其扣留的，不能认定为自动投案

7. 下列说法正确的有(　　)。

A. 某甲虽然携带管制刀具进行抢夺，但没有向被害人显示刀具，某甲构成抢夺罪

B. 某乙在夺取他人财物时，因被害人不放手进而强行夺取的，某乙构成抢夺罪

C. 某丙趁被害人不备将被害人耳环夺走，并造成被害人耳垂撕裂，某丙构成抢劫罪

D. 某丁驾驶摩托车将被害人强行逼倒后夺取财物，某丁构成抢劫罪

8. 下列情形构成抢劫罪的有（　　）。

A. 甲为给妻子切菜从商店购买了一把菜刀放在背包里。回家途中，见一女士乙刚从银行取款出来，于是跟踪乙到僻静处，乘乙不备，夺下乙的皮包就跑

B. 甲将一把手枪别在腰间，见一人打手机神情很专注，从后面蹑手蹑脚地走上前去，抢过手机就跑

C. 甲拦路抢劫，翻拣被害人身上没有发现任何财物，只在其衣兜里发现了被害人银行卡一张。甲对其一顿暴打，被害人被迫以为一朋友垫付医疗费为由要求其妻子往卡里存 10 万元钱，甲取钱走人

D. 甲带着女儿上街，乙趁甲没注意，抱起甲的女儿，喝令甲交 10 万元钱，否则杀死甲的女儿

9. 下列关于拐卖儿童罪的说法，正确的有（　　）。

A. 以出卖为目的绑架儿童后予以出卖的，构成拐卖儿童罪

B. 以出卖为目的捡拾儿童后予以出卖的，构成拐卖儿童罪

C. 以非法获利为目的，出卖亲生子女的，构成拐卖儿童罪

D. 以抚养为目的偷盗婴幼儿，之后予以出卖的，以拐卖儿童罪论处

10. 下列选项中，属于犯罪未遂的是（　　）。

A. 甲欲杀害乙，自感人单力薄，遂极力请求朋友丙一道前去。丙则劝阻甲不要杀害乙，但未成，遂打电话报案。公安干警火速赶到，将正在赶赴乙家的甲抓获

B. 周某用猎枪瞄准正在骑马的李某，欲将其打死，枪响后即逃走，结果将马打死，李某负轻伤

C. 黄某向检察机关投寄诬告信，捏造马某贪污国家财产 5 万元的事实，检察院对马某立案侦查

D. 刘某夜间潜入某妇女房内企图实施强奸，他摸索到妇女床前将妇女惊醒，妇女大呼有贼，刘某害怕，迅速逃离

单元二答案与精解

1. BD

【精解】犯罪的本质特征是具有严重的社会危害性，即任何犯罪都有严重的社会危害性。但是并不是所有的具有严重社会危害性的行为都是犯罪，因为根据罪刑法定原则，即使是具有严重社会危害性的行为，如果没有被法律规定为犯罪，就不是犯罪。故应当选择 B 项而排除 A 项。根据我国《刑法》第 13 条但书的规定，情节显著轻微危害不大的，不认为是犯罪。“不认为是犯罪”是指不是犯罪，因而不应当受到刑罚处罚。故选 D 项，排除 C 项。

2. AC

【精解】投放虚假危险物质罪侵犯的客体是社会管理秩序，属于妨害社会管理秩序罪。故应排除 B 项。行为人如果投放了真实的危险物质，则构成投放危险物质罪。故应当排除 D 项。

3. CD

【精解】A 项表述的情形为片面共犯，片面共犯是指对他人犯罪暗中相助的情况，片面共犯不构成共同犯罪，故不选 A 项。B 项表述的情形为同时犯，同时犯是指二人以上同时侵害同一对象，但彼此缺乏共同犯罪故意的意思联络，同时犯不构成共同犯罪，故不选 B 项。C 项表述中，刘某与蔡某没有共同杀人的故意，但在伤害的范围内成立共同伤害的故意，故 C 项表述存在共同犯罪的适用情形，选 C 项。D 项表述中，敬某在路某犯罪过程中加入犯罪，二人成立事中共犯，故 D 项表述存在共同犯罪的适用情形，选 D 项。

4. BD

【精解】胁从犯是指被胁迫参加共同犯罪的犯罪分子。胁迫是指精神胁迫。对于胁从犯，应当按

照他的犯罪情节减轻处罚或者免除处罚。成立胁从犯必须要求行为人仍然存在意志自由，如果不存在任何意志自由，则行为人不构成犯罪。1979年刑法中的胁从犯包括被人诱骗参加犯罪的情形，而1997年刑法则将被人诱骗的情形从胁从犯中删除。故选B、D项。

5. AD

【精解】根据我国《刑法》第20条第3款的规定，对正在进行行凶、杀人、抢劫、强奸、绑架以及其他严重危及人身安全的暴力犯罪，采取防卫行为，造成不法侵害人伤亡的，不属于防卫过当，不负刑事责任。重大盗窃罪和遗弃罪不属于严重危及人身安全的暴力犯罪，所以，无过当防卫权针对的犯罪种类不包括盗窃罪和遗弃罪。故选A、D项。

6. ACD

【精解】虽然交通肇事后及时报案是交通参与者的法定义务，但是从政策的角度认定为自动投案，更有利于鼓励肇事者自首，更有利于司法机关及时破案，节约司法资源，所以认定为自动投案更符合立法本意。所以应选择A项。交通肇事逃逸后仍然可以基于主观意愿自动投案，只是在处罚时以较重法定刑为量刑基准。所以应排除B项。C项和D项是关于形迹可疑的理解，根据最高人民法院《关于处理自首和立功具体应用法律若干问题的解释》的规定，C项的行为成立自动投案。但是D项的情形，其已经不仅仅是“形迹可疑”了，而是非常可疑，不能再认定为自动投案。故应当选择C和D项。

7. CD

【精解】根据刑法规定，携带凶器抢夺的，一律构成抢劫罪，行为人是否使用凶器，对犯罪性质不会产生影响。故应当排除A项。某乙在抢夺过程中被被害人发现后依然使用强力将财物夺走的，此时行为的性质已经发生了变化，已经从对财物的暴力转化为对被害人人身的暴力，符合抢劫罪的构成要件，故应构成抢劫罪。故应当排除B项。C项和D项之所以也构成抢劫罪，也是基于行为人的行为既侵犯了人身权利也侵犯了财产权利，超出了抢夺罪的范围，符合抢劫罪的构成要件。

8. BCD

【精解】甲趁乙不备，夺走其皮包，甲的行为构成抢夺罪，故不选A项。根据《刑法》第267条的规定，携带凶器抢夺的，以抢劫罪定罪处罚。这里的“携带凶器”，应是行为人有意携带凶器以作为抢夺行为的后盾，因而应该是将凶器显露出来，而不是客观地持有，至于被害人是否畏惧恐慌并不影响对抢劫罪的认定。据此，B项表述的情形属于携带凶器抢夺，构成抢劫罪。可见，选B项。C项表述中，甲拦路劫财，所劫财物具有当场性，符合抢劫罪的构成要件，构成抢劫罪，故选C项。D项表述中，乙以杀死甲的女儿相要挟，当场要求甲交出10万元钱，因劫财具有当场性，乙构成抢劫罪。可见，选D项。

9. ABCD

【精解】拐卖儿童罪是目的犯，要求行为人的犯罪故意必须是以出卖为目的，但是对于行为人采取何种手段控制被害人则没有要求，无论是绑架、捡拾、盗窃、欺骗、威逼等，对于犯罪的成立没有任何影响。所以，应当首先选择A、B项。通常情况下，对于父母迫于生活困难，或者受重男轻女思想影响，私自将没有独立生活能力的子女送给他人抚养，即使收取少量“营养费”“感谢费”，也属于民间送养行为，从刑法谦抑性考虑，不按照犯罪处理。但是如果以非法获利为目的，将生育作为非法获利手段，生育后即出卖子女的，则明显为社会伦理所不容，必须按照拐卖儿童罪处罚。所以，应选择C项。至于D项，行为人虽然一开始没有以出卖为目的，但是后来出现了犯意转化，产生了出卖目的，又将被害人卖出，符合拐卖儿童罪的构成要件，所以应当选择D项。

10. BD

【精解】A项中，甲由于没有着手实施犯罪，所以是犯罪预备。B项中，周某已经实施杀人行为，但是由于意志以外的原因没有得逞，是犯罪未遂。C项中，黄某的行为已经得逞，是犯罪既遂。D项中，刘某已经着手实施犯罪，但是由于意志以外的原因而没有得逞，是犯罪未遂。

单元三

1. 下列选项中，可以成立共同犯罪的有(　　)。

A. 甲教唆赵某入户抢劫，但赵某接受教唆后实施拦路抢劫

B. 乙为钱某入户盗窃望风，钱某入户窃取财物后为抗拒抓捕而当场使用暴力，将户主打成重伤

C. 丙将孙某绑架，丙的朋友王某得知后答应给孙某的家人打电话，帮助丙勒索赎金

D. 丁是国有公司出纳，李某是私人超市售货员，丁在为公司采购商品时与李某通谋，由李某开具假收据，丁到公司报销骗取5万元，事后二人私分

2. 下列选项所列情形，不构成共同犯罪的是(　　)。

A. 甲指使未满16周岁但已满14周岁的刘某使用麻醉方法绑架某私营企业主10岁的儿子，以勒索该私营企业主的钱财

B. 事先无通谋的两抢劫犯在抢劫过程中因单个人力量薄弱而互相配合抢劫

C. 甲在一隐蔽处向丙开枪，乙同时也向丙开了枪，据查，甲、乙并无通谋

D. 甲在境外购买了毒品，乙在境外购买了大量彩电，都想将各自的上述物品运往境内。二人共同雇请一艘走私船将这些物品运往境内

3. 下列说法不正确的有(　　)。

A. 某甲系艾滋病人，其用针筒抽取自己的血液后到公共场所扎过往行人张某，某甲构成投放危险物质罪

B. 某乙打电话给航空公司谎称正在飞行的某航班上有爆炸物，造成飞机迫降，某乙构成编造虚假恐怖信息罪

C. 某丙在互联网上编造并传播帖子称收到内幕消息股市将暴跌，导致股票市场混乱，某丙构成编造、传播虚假恐怖信息罪

D. 某丁参加了恐怖组织后，因为被他人欺骗买了假的炸药，某丁背着假的炸药到火车站，点燃炸药包并高呼口号，导致车站秩序严重混乱，对某丁要按照参加恐怖组织罪和投放虚假危险物质罪数罪并罚

4. 国有公司经理甲利用职务便利与出纳乙通谋，将公司公款5万元挪用供乙的亲友使用，被法院判处刑罚。对此，下列判断正确的是(　　)。

A. 甲的行为属于挪用公款归个人使用

B. 甲、乙的犯罪形态属于修正的犯罪构成

C. 对甲判处刑罚时，人民法院可同时决定不得减刑、假释

D. 法院对甲宣判刑罚时可以宣告甲禁止从事相关企业管理工作

5. 下列情形，可以适用假释的是(　　)。

A. 甲因犯抢劫罪被判处有期徒刑8年，因犯盗窃罪被判处有期徒刑5年，合并执行12年

B. 乙因犯绑架罪被判处有期徒刑8年，因犯强奸罪被判处有期徒刑6年，合并执行12年

C. 丙因犯爆炸罪被判处有期徒刑12年，因犯盗窃罪被判处有期徒刑5年，合并执行14年

D. 丁因犯故意杀人罪被判处有期徒刑12年，经减刑后其刑期低于10年有期徒刑

6. 沈某为抢劫财物将王某打倒在地，王某失去知觉。沈某的朋友冷某正好经过此地，冷某得知真相后应沈某的要求帮助脱去王某的外衣，使沈某顺利地将王某的钱包拿走。关于本案，下列说法正确的是(　　)。

A. 冷某与沈某构成抢劫罪的共同犯罪

B. 沈某构成抢劫罪，冷某构成盗窃罪，属于共同犯罪

C. 沈某是共同犯罪中的主犯

D. 冷某是共同犯罪中的从犯

7. 甲的下列行为中，可以构成敲诈勒索罪的是(　　)。
A. 乙欠甲 1 万元赌债，甲声称乙如果不还钱，就将乙嫖娼的事实公布于众，乙基于恐惧偿还赌债
B. 甲捡到乙的贵重文物古琴，打电话向乙索要酬谢费 2 万元，并声称如果乙不给钱，就将古琴毁坏
C. 甲因 A 厂生产的产品质量问题而受伤，花去医药费 5 000 元，于是甲向 A 厂“索赔”500 万元，称如果不给钱就起诉 A 厂，还要将事情贴到网上
D. 甲谎称王某被绑架，向王某妻子乙要求将 10 万元打入自己指定的账户，否则撕票，乙被迫给甲打款 10 万元
8. 下列情形中，甲的行为构成挪用公款罪的是（　　）。
A. 甲是某国有单位负责人，将单位 10 万元公款挪借给税务局局长的儿子做生意
B. 甲是某国有单位的负责人，其以个人名义将单位 10 万元公款借给其他企业从事生产经营活动
C. 甲是某国有单位的负责人，其个人决定，以单位名义将该单位 10 万元公款借给其他企业从事经营活动，该企业给侯某好处费 3 万元
D. 甲是某国有单位会计室主任，某日其好友乙以购房急需交首期款项，尚缺 5 万元为由，让其帮忙想办法。甲碍于情面，将单位公款挪用供其好友使用。乙将该款项用于偿还因走私毒品欠下的债务。一周后，乙从其他亲友处筹足款项，归还了指使甲挪用的公款
9. 下列说法正确的是(　　)。
A. 缓刑由社区矫正机构予以考察　　B. 假释由社区矫正机构予以监督
C. 假释由公安机关予以监督　　D. 缓刑由公安机关予以考察
10. 下列情形符合危险驾驶罪的客观行为方式的有(　　)。
A. 追逐竞驶，情节恶劣的
B. 醉酒驾驶机动车的
C. 从事校车业务或者旅客运输，严重超过额定乘员载客，或者严重超过规定时速行驶的
D. 违反危险化学品安全管理规定运输危险化学品，危及公共安全的

单元三答案与精解

1. ABCD

【精解】甲有教唆他人抢劫的故意，而赵某接受教唆实施抢劫，依据“法定符合说”，不管是入户抢劫，还是拦路抢劫，都没有超出抢劫罪的犯罪构成，都属于抢劫故意范围内的行为，故而甲、赵某成立抢劫罪共同犯罪，甲是教唆犯。可见，选 A 项。在共同犯罪中存在望风行为的，望风者属于共同犯罪中的帮助犯。乙为钱某入户盗窃望风，乙、钱某成立盗窃罪共同犯罪，至于钱某在户内因抗拒抓捕构成转化型抢劫，属于实行过限，乙对钱某的转化型抢劫行为不负刑事责任，但在盗窃罪的重合范围内成立共同犯罪（抢劫罪与盗窃罪重合于盗窃罪）。可见，选 B 项。绑架罪属于继续犯，对于继续犯，存在承继的共同犯罪，即在继续犯进行过程中，第三人加入该继续犯行为的，成立共同犯罪。丙的绑架行为处于继续状态，王某加入，属于事中共犯、承继共犯，丙、王某成立绑架罪的共同犯罪。可见，选 C 项。丁具有国家工作人员身份，李某不具有国家工作人员身份，丁构成贪污罪，对于有特殊身份的主体与无特殊身份的主体实施共同犯罪的，按照特殊主体的身份定罪，即可构成身份犯的共同犯罪，丁、李某构成贪污罪共同犯罪。可见，选 D 项。

2. ACD

【精解】A 项中，由于绑架罪的刑事责任年龄是 16 周岁，所以甲与刘某不构成共同犯罪，甲按

照间接正犯处理。B项中，在犯罪的过程中形成了共同犯罪的故意，符合共同犯罪的成立条件，成立共同犯罪。C项中，由于甲、乙没有通谋，虽然犯罪内容相同，但是没有共同犯罪的故意，不成立共同犯罪，属于同时犯，应当分别追究其刑事责任。D项中，甲的犯罪是走私毒品，乙的犯罪是走私普通货物、物品，两者犯罪的内容不同，所以不构成共同犯罪。所以，应当选A、C、D项。

3. ACD

【精解】A项中某甲的行为只是侵犯了特定的被害人张某的人身权利，构成故意伤害罪，而不构成投放危险物质罪。C项中某丙编造的信息虽然是虚假信息，但是不属于恐怖信息，所以不构成编造、传播虚假恐怖信息罪。D项中某丁客观上点燃的虽然是虚假的爆炸物，但是不构成投放虚假危险物质罪，因为某丁系被他人欺骗，其主观上有爆炸的故意，客观上有爆炸的行为，应当按照爆炸罪未遂定罪处罚。同时根据刑法规定，参加恐怖组织后又实施其他犯罪的，应当将参加恐怖组织罪和其他犯罪一起实施数罪并罚。故本题应当选择A、C、D项。

4. ABD

【精解】构成挪用公款罪须以“归个人私用”为必要构成要素。根据全国人大常委会《关于〈中华人民共和国刑法〉第三百八十四条第一款的解释》，有下列情形之一的，属于挪用公款归个人使用：(1) 将公款供本人、亲友或者其他自然人使用的；(2) 以个人名义将公款供其他单位使用的；(3) 个人决定以单位名义将公款供其他单位使用，谋取个人利益的。据此，甲的行为属于挪用公款归个人使用，构成挪用公款罪，A项表述正确，选A项。犯罪构成有基本的犯罪构成和修正的犯罪构成之分。甲、乙构成挪用公款罪的共同犯罪，共同犯罪属于修正的犯罪构成，B项表述正确，选B项。《刑法》第383条第4款规定，犯第一款罪，有第三项规定情形被判处死刑缓期执行的，人民法院根据犯罪情节等情况可以同时决定在其死刑缓期执行2年期满依法减为无期徒刑后，终身监禁，不得减刑、假释。据此，挪用公款罪法定最高刑为无期徒刑，没有适用该条的余地，故C项表述错误，不选C项。《刑法》第37条之一第1款规定，因利用职业便利实施犯罪，或者实施违背职业要求的特定义务的犯罪被判处刑罚的，人民法院可以根据犯罪情况和预防再犯罪的需要，禁止其自刑罚执行完毕之日或者假释之日起从事相关职业，期限为3年至5年。据此，从业禁止适用的对象包括：(1) 因利用职务便利实施犯罪被判处刑罚；(2) 实施违背职业要求的特定义务的犯罪被判处刑罚。甲利用职务便利犯挪用公款罪，法院可对甲适用从业禁止，并宣告禁止令。可见，D项表述正确，选D项。

5. AB

【精解】《刑法》第81条第2款规定，对累犯以及因故意杀人、强奸、抢劫、绑架、放火、爆炸、投放危险物质或者有组织的暴力性犯罪被判处10年以上有期徒刑、无期徒刑的犯罪分子，不得假释。据此，A项表述中，尽管合并执行刑期高于10年，但抢劫罪本身为有期徒刑8年，因而可以假释。可见，选A项。《刑法》第81条第2款规定中的“10年以上有期徒刑、无期徒刑”是指行为人犯罪被判处了10年以上有期徒刑或无期徒刑；如果行为人实施了数罪并被数罪并罚，在数罪中至少有一个是暴力性犯罪，并且因这个罪被单独判处了10年以上有期徒刑或无期徒刑。因此，如果行为人实施了数个暴力性犯罪，每一个罪被判处的刑罚均不满10年有期徒刑，即使数罪并罚后决定执行的刑期为10年以上有期徒刑的，也仍然可以适用假释。据此，B项表述中，乙因犯绑架罪被判处有期徒刑8年，因犯强奸罪被判处有期徒刑6年，虽然前后两罪都是暴力性犯罪，即使数罪并罚合并执行12年，但因每一个单罪都没有超过10年，因此，可以适用假释。可见，选B项。C项表述中，丙所犯爆炸罪本身刑期已超过10年，不得假释。可见，不选C项。10年以上有期徒刑、无期徒刑是指行为人被“判处”的刑罚。因此，行为人被判处10年以上有期徒刑或者无期徒刑以后获得减刑，即使减刑后的刑期低于10年有期徒刑的，也不得适用假释。据此，D项表述中，丁因犯故意杀人罪被判处有期徒刑12年，经减刑后刑期低于10年有期徒刑，不得假释。可见，不选D项。

6. ACD

【精解】共同犯罪既有事前通谋的共同犯罪，也有事前无通谋的共同犯罪。在犯罪的过程中，共同犯罪人也可以形成共同犯罪的故意。本题中，在沈某实施抢劫犯罪的过程中，沈某与冷某形成了共同抢劫的故意，冷某利用了沈某先前的暴力行为，故沈某与冷某构成抢劫罪的共同犯罪。在共同犯罪中，沈某起主要作用，是主犯；冷某起次要作用，是从犯。故选 A、C、D 项。

7. BD

【精解】A 项表述中，对于揭发违法事实的，虽可构成恐吓，但目的是追索赌债，不具有非法占有目的，不构成敲诈勒索罪，不选 A 项。B 项表述中，甲捡到乙的古琴，索要酬谢费，如果扬言不给钱就不归还古琴，不构成敲诈勒索，属于民事纠纷；但如果甲扬言毁坏财物，则构成敲诈勒索罪，选 B 项。C 项表述中，甲与 A 厂之间系民事纠纷，不构成敲诈勒索罪，不选 C 项。D 项表述中，甲谎称王某被绑架，是假绑架，以此虚构事实向王某的妻子威胁索财，意图利用被害人的认识错误和恐惧心理取财，应当认定为敲诈勒索罪与诈骗罪的想象竞合犯，实践中经常直接以敲诈勒索罪论处，选 D 项。

8. ABC

【精解】构成挪用公款罪须以“归个人使用”为必要构成要素。全国人民代表大会常务委员会《关于〈中华人民共和国刑法〉第三百八十四条第一款的解释》规定，有下列情形之一的，属于挪用公款“归个人使用”：(1) 将公款供本人、亲友或者其他自然人使用的；(2) 以个人名义将公款供其他单位使用的；(3) 个人决定以单位名义将公款供其他单位使用，谋取个人利益的。挪用公款罪有三种客观表现：(1) 挪用公款进行赌博、走私等非法活动；(2) 挪用公款数额较大，进行营利活动；(3) 挪用公款数额较大，超过 3 个月未还。据此，甲挪用公款给税务局局长的儿子做生意，属于挪用公款归个人使用，进行营利活动，构成挪用公款罪，选 A 项。据此，甲以个人名义将单位公款借给企业从事生产经营活动，属于挪用公款归个人使用进行营利活动，构成挪用公款罪，选 B 项。甲个人决定以单位名义将公款借给其他企业，属于挪用公款归个人使用进行营利活动，其收取好处费 3 万元表明，甲挪用公款的目的是“谋取个人利益”，构成挪用公款罪。可见，选 C 项。D 项表述中，甲挪用公款给其好友买房，属于挪用公款归个人使用，但是，甲并不知道其好友将挪用的公款用于偿还因走私毒品欠下的债务，因此不能认定甲挪用公款用于非法活动，但如果超过 3 个月未还，仍然构成挪用公款罪。甲在挪用公款一周即归还了挪用的公款，因此不构成挪用公款罪。可见，不选 D 项。

9. AB

【精解】《刑法》第 76 条规定，对宣告缓刑的犯罪分子，在缓刑考验期限内，依法实行社区矫正，如果没有本法第 77 条规定的情形，缓刑考验期满，原判的刑罚就不再执行，并公开予以宣告。据此，社区（矫正机构）是缓刑考验的主体，故 A 项表述正确，选 A 项；而 D 项表述则是错误的。《刑法》第 85 条规定，对假释的犯罪分子，在假释考验期限内，依法实行社区矫正，如果没有本法第 86 条规定的情形，假释考验期满，就认为原判刑罚已经执行完毕，并公开予以宣告。据此，假释的监督机关为社区矫正机构，故 B 项表述正确，选 B 项；而 C 项表述则是错误的。

10. ABCD

【精解】《刑法》第 133 条之一第 1 款规定，在道路上驾驶机动车，有下列情形之一的，构成危险驾驶罪：(1) 追逐竞驶，情节恶劣的；(2) 醉酒驾驶机动车的；(3) 从事校车业务或者旅客运输，严重超过额定乘员载客，或者严重超过规定时速行驶的；(4) 违反危险化学品安全管理规定运输危险化学品，危及公共安全的。据此，备选项应全选。

单元四

1. 对于假释的犯罪分子，可以撤销假释的条件有(　　)。

A. 犯严重的故意犯罪

B. 发现其在判决宣告前还有其他罪没有判决

C. 过失犯罪

D. 违反国务院有关部门关于假释的监督管理规定，但没有构成犯罪

2. 贾某教唆17岁的吴某抢夺他人手提包，吴某在抢夺得手后，为抗拒抓捕将追赶来的被害人打成重伤。关于本案，下列说法正确的是(　　)。

A. 贾某构成抢夺罪
B. 吴某构成抢劫罪
C. 对贾某应当从重处罚
D. 贾某与吴某之间不构成共同犯罪

3. 甲将乙杀死，劫得现金1万余元，又打电话给乙的亲属，声称乙被绑架，向其亲属索要钱财10万元，否则撕票。甲的行为构成(　　)。

A. 绑架罪
B. 敲诈勒索罪
C. 抢劫罪
D. 故意杀人罪

4. 关于数罪并罚，下列表述正确的是(　　)。

A. 甲犯某罪被判处有期徒刑2年，犯另一罪被判处拘役6个月。对甲只须执行有期徒刑
B. 乙犯某罪被判处有期徒刑2年，犯另一罪被判处管制1年。对乙应在有期徒刑执行完毕后，继续执行管制
C. 丙犯某罪被判处有期徒刑6年，执行4年后发现应被判处拘役的漏罪。数罪并罚后，对丙只需再执行尚未执行的2年有期徒刑
D. 丁犯某罪被判处有期徒刑6年，执行4年后被假释，在假释考验期内犯应被判处1年管制的新罪。对丁应再执行2年有期徒刑后，执行1年管制

5. 下列关于自首的说法，正确的有(　　)。

A. 甲因贪污被逮捕后，如实供述司法机关尚未掌握的其他三起贪污事实，甲的行为构成自首
B. 乙伤害被害人肖某后，明知他人报案而在现场等待，抓捕时无拒捕行为，并如实供认犯罪事实，构成自首
C. 丙自动投案时虽然没有交代自己的主要犯罪事实，但在司法机关掌握其主要犯罪事实之前主动交代的，构成自首
D. 丁抢劫四次，自动投案后供述了三次抢劫共计抢劫5 000元的事实，但是隐瞒了另外一起抢劫致人死亡的犯罪事实，不构成自首

6. 下列说法正确的是(　　)。

A. 甲在走私石油的过程中使用暴力抗拒缉私，按照走私普通货物罪与妨害公务罪实行数罪并罚
B. 乙在走私毒品的过程中使用暴力抗拒检查，按照走私毒品罪与妨害公务罪实行数罪并罚
C. 丙使用李某的摩托车后藏匿不想归还。李某要求其归还时，丙谎称摩托车被盗。丙欺骗李某的行为不单独构成诈骗罪
D. 丁盗窃信用卡并使用，按照盗窃罪一罪定罪处罚

7. 关于贪污罪，下列说法正确的是(　　)。

A. 对多次贪污未经处理的，按照累计贪污数额处罚
B. 不是国家工作人员但受国家机关委托管理国有财产的，也可以构成贪污罪
C. 对于犯贪污罪的被告人若被判处死刑缓期执行的，人民法院根据犯罪情节等情况可以同时决定在其死刑缓期执行二年期满依法减为无期徒刑后，终身监禁，不得减刑、假释
D. 贪污数额小，但情节严重的，同样构成贪污罪

8. 下列犯罪中，法律明文规定“明知”是构成要件的有(　　)。

A. 生产、销售伪劣产品罪
B. 掩饰、隐瞒犯罪所得、犯罪所得收益罪
C. 窝藏罪
D. 传播淫秽物品罪

9. 甲找到某国有企业出纳乙，称自己公司生意困难，让乙想办法提供点资金，并许诺给乙好处。乙便找机会从公司账户中拿出150万元借给甲。甲从中拿了2万元给乙。之后，甲因违法行为被公安机关逮捕，乙害怕受牵连，携带100万元公款潜逃。乙的行为构成(　　)。

A. 挪用公款罪
B. 贪污罪
C. 受贿罪
D. 职务侵占罪

10. 下列行为中，构成受贿罪的有(　　)。
A. 利用自己的职务便利，索取他人财物，为请托人谋取利益
B. 利用自己的职务便利，非法收受他人财物，为请托人谋取不正当利益
C. 利用所处地位形成的便利条件，通过其他国家工作人员职务上的行为，为请托人谋取不正当利益，收受请托人财物
D. 利用自己的职务，通过其他国家工作人员职务上的行为，为请托人谋取不正当利益，收受请托人财物

单元四答案与精解

1. ABCD

【精解】根据我国《刑法》第 86 条的规定，撤销假释的条件是：(1) 犯新罪；(2) 发现漏罪；(3) 违反法律、行政法规或者国务院有关部门关于假释的监督管理规定，但没有构成犯罪。其中的犯新罪，没有任何的限制，可以是故意犯罪也可以是过失犯罪。这与死缓制度中的情形不同。故备选项应全选。

2. ABC

【精解】贾某和吴某有实施抢夺行为的共同故意，在抢夺罪的范围内成立共同犯罪。吴某在实施抢夺行为后为抗拒抓捕又当场实施暴力行为，应当按照抢劫罪定罪处罚。由于吴某实施暴力行为抗拒抓捕已经超出了贾某与吴某共同犯罪故意的范围，属于实行过限，贾某不承担抢劫罪的刑事责任。由于贾某是教唆未成年人犯罪，根据刑法的规定，应当从重处罚。故应选 A、B、C 项。

3. BC

【精解】甲为劫财将乙杀死，构成抢劫罪，故意杀人行为不再评价。之后，甲又隐瞒乙已经被杀死的真相，向乙的亲属索要钱财，甲意图利用被害人的认识错误和恐惧心理取财，应当认定为敲诈勒索罪（与诈骗罪想象竞合)。

4. ABCD

【精解】《刑法》第 69 条第 2 款规定，数罪中有判处有期徒刑和拘役的，执行有期徒刑。数罪中有判处有期徒刑和管制，或者拘役和管制的，有期徒刑、拘役执行完毕后，管制仍须执行。据此，有期徒刑与拘役数罪并罚时，拘役被吸收，只执行有期徒刑，故 A、C 项表述正确。有期徒刑与管制数罪并罚时，二者皆须执行，故 B、D 项表述正确。

5. BCD

【精解】A 项表述中，甲的行为不构成自首。首先，甲并非自动投案，不构成一般自首；其次，甲被采取强制措施后，如实供述的犯罪事实与司法机关已经掌握的事实属于同种罪行，不构成特别自首，因为犯罪嫌疑人、被告人或者正在服刑的罪犯如实供述司法机关尚未掌握的本人其他不同种罪行的，才构成特别自首。总之，甲的行为不构成自首，A 项表述的情形可以认定为坦白。自动投案关键在于犯罪嫌疑人有投案的意愿和行为，行为可以是积极的也可以是消极的，明知他人报案而在现场等待，抓捕时无拒捕行为，说明其有明确的投案意愿，同样构成自首。故应当选择 B 项。自首并没有要求在自动投案时就如实供述自己的罪行，只要在司法机关掌握其主要犯罪事实之前主动交代的，同样起到了节约司法成本的作用，可以构成自首。故应当选择 C 项。丁犯有抢劫罪同种数罪，但是没有供述最为严重的抢劫行为，属于没有如实供述主要犯罪事实，不构成自首。故应当选择 D 项。

6. ACD

【精解】根据《刑法》第 157 条的规定，以暴力、威胁方法抗拒缉私的，以走私罪和本法第 277 条规定的阻碍国家机关工作人员依法执行职务罪，依照数罪并罚的规定处罚。故应当选择 A 项。根

据《刑法》第347条的规定，在走私毒品的过程中抗拒检查的，按照走私毒品罪加重处罚，而不实行数罪并罚。故排除B项。根据《刑法》第196条的规定，盗窃信用卡并使用的，按照盗窃罪定罪处罚。故应当选择D项。在C项中，丙谎称摩托车被盗是其侵占行为的不可罚的事后行为，所以按照侵占罪定罪处罚即可，不另外成立诈骗罪。故应当选C项。

7. ABCD

【精解】根据刑法的规定，多次贪污未处理的，可以累计计算。根据《刑法》第382条第2款的规定，受国家机关委托管理、经营国有财产的人员也可以构成贪污罪。《刑法修正案（九）》对于贪污罪作出重大修改，其中特别需要注意的是：一是规定终身监禁制度，这是死缓执行制度的新的创新；二是将贪污罪入罪标准由原来的5 000元改为数额较大或者情节严重，数额不再是唯一的构成犯罪的标准。故应当选择A、B、C、D项。

8. BC

【精解】根据刑法的规定，窝藏、包庇罪，是指明知是犯罪的人而为其提供隐藏处所、财物，帮助其逃匿或者作假证明包庇的行为。掩饰、隐瞒犯罪所得、犯罪所得收益罪，是指明知是犯罪所得的赃物及其产生的收益而予以窝藏、转移、收购或者代为销售的行为。刑法在规定这两个罪时非常明确地要求对犯罪的人或者赃物要“明知”。而生产、销售伪劣产品罪以及传播淫秽物品罪则没有相应的要求。故选B、C项。

9. ABC

【精解】乙挪用150万元公款给甲是为了进行营利活动（甲许诺给乙好处），数额较大，构成挪用公款罪，选A项。乙利用职务便利，收受甲的贿赂2万元为甲谋取利益，构成受贿罪。根据最高人民法院《关于审理挪用公款案件具体应用法律若干问题的解释》第7条的规定，收受贿赂后挪用公款构成犯罪的，实行数罪并罚。可见，选B项。根据《刑法》第382条的规定，挪用公款携款潜逃，应以贪污罪论处。对于乙携带100万元公款潜逃的行为，应认定为贪污罪，选C项。乙是国有公司的出纳，不能成为职务侵占罪的犯罪主体，不选D项。

10. ABCD

【精解】根据刑法的规定，受贿罪，是指国家工作人员利用职务上的便利，索取他人财物，或者非法收受他人财物，为他人谋取利益的行为。索贿的人即使不为他人谋取利益，也构成犯罪，为他人谋取利益的，当然更构成犯罪。在直接受贿中，只要谋取了利益即可，至于是正当利益还是不正当利益，不影响受贿罪的成立。但是受贿罪中还存在间接受贿的情形，即国家工作人员利用本人职权或者地位形成的便利条件，通过其他国家工作人员职务上的行为，为请托人谋取不正当利益，索取请托人财物或者收受请托人财物的行为。对于间接受贿的，则要求为他人谋取了不正当利益。故备选项应全选。

单元五

1. 下列情形构成信用卡诈骗罪的有(　　)。

A. 张某使用已经作废的信用卡购物

B. 李某借用杨某的信用卡买房

C. 詹某在使用信用卡时明知钱已不多仍透支使用

D. 孙某拾得刘某的信用卡并以刘某的名义使用

2. 下列选项中，构成强奸罪中“奸淫幼女”行为的是(　　)。

A. 甲知道或者应当知道对方是不满14周岁的幼女，而实施奸淫行为的

B. 乙对于不满12周岁的被害人实施奸淫等行为的

C. 丙对于已满12周岁不满14周岁的被害人，从其身体发育状况、言谈举止、衣着特征、生活作息规律等观察可能是幼女，而实施奸淫行为的

D. 丁知道或者应当知道不满 14 周岁幼女被他人强迫卖淫而仍与其发生性关系的

3. 禁止令的适用对象是(　　)。

A. 被判处管制的犯罪分子　　B. 被判处拘役的犯罪分子

C. 被宣告缓刑的犯罪分子　　D. 被假释的犯罪分子

4. 关于假释的适用，下列说法正确的是(　　)。

A. 甲因爆炸罪被判处有期徒刑 15 年。在服刑 13 年时，因有悔改表现而被裁定假释

B. 乙犯抢劫罪被判处有期徒刑 9 年，犯盗窃罪应判 8 年，数罪并罚决定执行 15 年。在服刑 13 年时，因有悔改表现而被裁定假释

C. 对于因杀人、绑架等暴力性犯罪被判处 10 年以上有期徒刑的犯罪分子，不得假释；当他们被减刑后，如果剩余刑期低于 10 年有期徒刑的，则可以假释

D. 丁犯盗窃罪被判处有期徒刑 3 年，缓刑 4 年。经过缓刑考验期后，发现丁在缓刑考验期内的第 2 年，犯故意伤害罪，应判 9 年，数罪并罚决定执行 10 年。在服刑 7 年时，因丁有悔改表现而被裁定假释

5. 下列情形构成强制猥亵、侮辱罪的是(　　)。

A. 甲冒充某女的情夫，乘夜入室与该女发生性关系

B. 乙将某女骗至人迹罕至之处对该女实施倍感难堪的羞辱

C. 丙组织多人将某男子捆绑后实施鸡奸

D. 丁在大庭广众之下向某女身上不断地倾倒脏水

6. 下列行为中，可构成侵犯著作权罪的有(　　)。

A. 以营利为目的，出版他人享有专有出版权的图书

B. 以销售为目的，未经录音录像制作者许可，复制发行其制作的录音录像

C. 以营利为目的，制作、出售假冒他人署名的美术作品

D. 以销售为目的，未经表演者许可，对其表演制作录音录像出版

7. 下列犯罪中，主体为特殊主体的是(　　)。

A. 虐待罪　　B. 内幕交易罪

C. 刑讯逼供罪　　D. 泄露国家秘密罪

8. 应当处 10 年以上有期徒刑、无期徒刑或者死刑的抢劫罪的有(　　)。

A. 携带管制刀具抢劫的　　B. 在办公室抢劫的

C. 在公共汽车上抢劫的　　D. 冒充人民警察抢劫的

9. 下列说法正确的是(　　)。

A. 甲将苏某杀害后，又以苏某被绑架为由，向其亲属索要钱财。甲除构成故意杀人罪外，还构成绑架罪

B. 酒吧老板乙向实际消费数十元的信某索要数千元。信某不从，乙召集店员对其进行殴打，致其被迫将钱交给乙。乙的行为构成敲诈勒索罪

C. 职员丙被公司辞退，要求公司支付 10 万元补偿费，否则会将所掌握的公司商业秘密出卖给其他公司使用。丙的行为构成敲诈勒索罪

D. 丁冒充联防队员抓住嫖娼的黄某，以将黄某送去劳动教养进行威胁，令黄某交出5 000 元罚款。丁的行为构成敲诈勒索罪

10. 下列行为中，可以构成合同诈骗罪的有(　　)。

A. 甲冒用某单位的名义，通过私刻单位公章的方式，与他人签订合同

B. 乙为取得对方当事人的信任，要求其好友王某为其出具一份虚假的产权证明作担保

C. 丙在签订合同后，携带对方当事人的预付款 10 万元逃匿

D. 丁借用其他单位的公章和合同文本签订合同

单元五答案与精解

1. AD

【精解】根据《刑法》第196条的规定，信用卡诈骗罪的客观行为方式包括：（1）使用伪造的信用卡，或者使用以虚假的身份证明骗领的信用卡的；（2）使用作废的信用卡的；（3）冒用他人信用卡的；（4）恶意透支的。据此，A项表述的情形符合信用卡诈骗罪的客观行为方式，选A项。根据最高人民法院、最高人民检察院《关于办理妨害信用卡管理刑事案件具体应用法律若干问题的解释》第5条第2款的规定，《刑法》第196条第1款第3项所称“冒用他人信用卡”，包括以下情形：（1）拾得他人信用卡并使用的；（2）骗取他人信用卡并使用的；（3）窃取、收买、骗取或者以其他非法方式获取他人信用卡信息资料，并通过互联网、通讯终端等使用的；（4）其他冒用他人信用卡的情形。据此，D项表述的“拾得并使用”属于冒用，构成信用卡诈骗罪，选D项。不选B项：李某是合法使用他人信用卡的行为，不是冒用，不构成犯罪。不选C项：詹某的行为不属于恶意透支（透支数额没超过5万元）。

2. ABCD

【精解】最高人民法院、最高人民检察院、公安部、司法部《关于依法惩治性侵害未成年人犯罪的意见》（2013年10月）第19条规定，知道或者应当知道对方是不满14周岁的幼女，而实施奸淫等性侵害行为的，应当认定行为人“明知”对方是幼女。对于不满12周岁的被害人实施奸淫等性侵害行为的，应当认定行为人“明知”对方是幼女。对于已满12周岁不满14周岁的被害人，从其身体发育状况、言谈举止、衣着特征、生活作息规律等观察可能是幼女，而实施奸淫等性侵害行为的，应当认定行为人“明知”对方是幼女。据此，选A、B、C项。上述司法解释第20条规定，以金钱财物等方式引诱幼女与自己发生性关系的；知道或者应当知道幼女被他人强迫卖淫而仍与其发生性关系的，均以强奸罪论处。据此，选D项。

3. AC

【精解】《刑法》第38条第2款规定，判处管制，可以根据犯罪情况，同时禁止犯罪分子在执行期间从事特定活动，进入特定区域、场所，接触特定的人。《刑法》第72条第2款规定，宣告缓刑，可以根据犯罪情况，同时禁止犯罪分子在缓刑考验期限内从事特定活动，进入特定区域、场所，接触特定的人。根据上述规定，对于被判处管制和宣告缓刑的犯罪分子，可以适用禁止令，选A、C项。

4. BD

【精解】假释的限制条件是，对累犯以及因故意杀人、强奸、抢劫、绑架、放火、爆炸、投放危险物质或者有组织的暴力性犯罪被判处10年以上有期徒刑、无期徒刑的犯罪分子，不得假释。这里的“被判处10年以上有期徒刑”是指因为一罪而被判处10年以上有期徒刑的情形，而不包括数罪并罚的情形。可见，甲不得假释，而乙可以假释，故选B项，不选A项。对于因杀人、绑架等暴力性犯罪被判处10年以上有期徒刑的犯罪分子，即便被减刑后，剩余刑期低于10年有期徒刑的，也不得假释。可见，C项表述错误，故不选C项。D项表述中，丁在刑罚执行期间犯新罪，不构成累犯，且执行期间所犯故意伤害罪应判处9年有期徒刑，刑期低于10年，因此可以假释。可见，D项表述正确，选D项。

5. BC

【精解】强制猥亵、侮辱罪是指违背他人意志，以暴力、胁迫或者其他方法强制猥亵他人或者侮辱妇女的行为。作答本题的关键是区分强奸罪、侮辱罪与强制猥亵、侮辱罪的界限。区分强奸罪与强制猥亵、侮辱罪的关键在于：强奸罪以性交为目的；强制猥亵、侮辱罪则不以性交为目的，而是以寻求性刺激为目的。区分强制猥亵、侮辱罪与侮辱罪的关键在于：强制猥亵、侮辱罪中的侮辱与猥亵具有同一性，且侮辱行为具有寻求性刺激的目的；侮辱罪中的侮辱行为则以暴力或其他方法公然败坏他人名誉，一般不具有寻求性刺激的目的。备选项中，A项构成强奸罪，D项构成侮辱罪，B、C项构成强制猥亵、侮辱罪。

6. AC

【精解】根据《刑法》第217条的规定，侵犯著作权罪的主观方面应当以营利为目的，客观行为方式表现为：（1）未经著作权人许可，复制发行、通过信息网络向公众传播其文字作品、音乐、美术、视听作品、计算机软件及法律、行政法规规定的其他作品的；（2）出版他人享有专有出版权的图书的；（3）未经录音录像制作者许可，复制发行、通过信息网络向公众传播其制作的录音录像的；（4）未经表演者许可，复制发行录有其表演的录音录像制品，或者通过信息网络向公众传播其表演的；（5）制作、出售假冒他人署名的美术作品的；（6）未经著作权人或者与著作权有关的权利人许可，故意避开或者破坏权利人为其作品、录音录像制品等采取的保护著作权或者与著作权有关的权利的技术措施的。结合上述主、客观方面的构成要件，选A、C项。

7. ABC

【精解】特殊主体是指具有我国刑法分则某些犯罪所要求的特定身份的犯罪主体。虐待罪的主体必须是共同生活的家庭成员。内幕交易罪的主体必须是掌握内幕信息的人员。刑讯逼供罪的主体必须是司法工作人员。而泄露国家秘密罪的主体一般情况下要求是国家机关工作人员，但是刑法又规定非国家机关工作人员实施泄露国家秘密的行为的也按照泄露国家秘密罪定罪处罚，所以，泄露国家秘密罪的犯罪主体是一般主体。故选A、B、C项。

8. CD

【精解】根据我国《刑法》第263条的规定，抢劫罪的加重构成为：（1）入户抢劫的；（2）在公共交通工具上抢劫的；（3）抢劫银行或者其他金融机构的；（4）多次抢劫或者抢劫数额巨大的；（5）抢劫致人重伤、死亡的；（6）冒充军警人员抢劫的；（7）持枪抢劫的；（8）抢劫军用物资或者抢险、救灾、救济物资的。刑法规定的入户抢劫是指进入以居住为目的封闭的场所进行的抢劫，而办公室不是用来居住的，故进入办公室抢劫的不是入户抢劫。携带管制刀具进行抢劫的，不是抢劫罪的加重构成之一。故选C、D项。

9. CD

【精解】在A项中，甲明知苏某已经死亡，主观上不可能存在绑架的故意，故甲不构成绑架罪。在B项中，乙是使用暴力当场劫取他人财物，符合抢劫罪的构成要件，构成抢劫罪而不是敲诈勒索罪。在C、D项中，丙和丁的行为都是利用对方的恐惧心理获得财物，符合敲诈勒索罪的构成要件。故应当选C、D项。

10. ABC

【精解】《刑法》第224条规定了几种合同诈骗行为方式：（1）以虚构的单位或者冒用他人名义签订合同的；（2）以伪造、变造、作废的票据或者其他虚假的产权证明作担保的；（3）没有实际履行能力，以先履行小额合同或者部分履行合同的方法，诱骗对方当事人继续签订和履行合同的；（4）收受对方当事人给付的货物、货款、预付款或者担保财产后逃匿的；（5）以其他方法骗取对方当事人财物的。故选A、B、C项。

单元六

1. 根据我国刑法的规定，对下列哪些情形适用属地管辖原则？（　　）

A. 外国人甲在中国境外打猎，因疏忽大意击中中国境内的外国公民，致其重伤

B. 外国人乙乘坐外国航空器，当该航空器进入中国领空时在该航空器上实施犯罪

C. 中国人丙乘坐中国民用航空器，当该航空器进入外国领空时在该航空器上实施犯罪

D. 中国人丁在中国境内打猎，因过失击中中国境外的外国公民，致其重伤

2. 在不考虑情节的情形下，下列行为构成侵犯公民个人信息罪的有(　　)。

A. 甲长期用高倍望远镜偷窥邻居的日常生活
B. 乙将单位数据库中病人的姓名、血型、DNA 等资料，卖给某生物制药公司
C. 丙将捡到的几本通讯簿在网上卖给他人，通讯簿被他人用于电信诈骗犯罪
D. 丁将收藏的多封 20 世纪 50 年代的信封（上有收件人姓名、单位或住址等信息）提供给他人
3. 下列犯罪行为中，应当按照实质的一罪处理的是（　　）。
A. 甲使用暴力阻碍国家机关工作人员依法执行职务，致使依法执行职务的人员受轻伤
B. 乙多次从事赌博活动
C. 丙杀死一家 5 口之后，出门又将串门的李某杀死
D. 丁为索取赌债而非法拘禁陶某达一个月之久
4. 下列行为中，构成受贿罪的有(　　)。
A. 离职的国家工作人员利用原职权或者地位形成的便利条件，通过其他国家工作人员职务上的行为，为请托人谋取不正当利益，索取请托人财物或者收受请托人财物的
B. 国家工作人员利用自己的职务便利，索取他人财物，为请托人谋取正当利益的
C. 国家工作人员利用所处地位形成的便利条件，通过其他国家工作人员职务上的行为，为请托人谋取不正当利益，收受请托人财物的
D. 国家工作人员的近亲属，通过该国家工作人员职务上的行为，或者利用该国家工作人员职权或者地位形成的便利条件，通过其他国家工作人员职务上的行为，为请托人谋取正当利益，索取请托人财物或者收受请托人财物的
5. 关于不作为犯罪，下列说法正确的是(　　)。
A. 在不作为犯罪中，不作为与危害结果之间的因果关系是拟制的
B. 在不作为犯罪中，可以是直接故意的不作为犯罪，也可以是间接故意的不作为犯罪
C. 遗弃罪是一种不履行扶养义务的行为，属于不作为犯罪
D. 刑法规定，将代为保管的他人财物非法占为己有，数额较大，拒不退还的，构成犯罪。该罪以拒不退还为成立条件，属于不作为犯罪
6. 下列犯罪行为中，构成徇私枉法罪的有(　　)。
A. 警察甲与犯罪嫌疑人肖某曾是好友，在对肖某采取监视居住期间，故意对其放任不管，导致肖某逃匿，司法机关无法对其进行追诉
B. 法官乙为报复被告人赵某对自己出言不逊，故意在刑事附带民事判决中加大赵某对被害人的赔偿数额，致使赵某多付 10 万元
C. 鉴定人丙在收取犯罪嫌疑人乔某的钱财后，将被害人的伤情由重伤改为轻伤，导致乔某轻判
D. 检察官丁为打击被告人程某，将对程某不起诉的理由从“证据不足，指控犯罪不能成立”擅自改为“可以免除处罚”
7. 下列说法正确的有（　　）。
A. 管制、缓刑、假释的执行机关都是社区矫正组织
B. 对于被判处管制、缓刑、假释的犯罪分子，法院可以根据犯罪情况，禁止犯罪分子在执行期间或者考验期间从事特定活动，进入特定区域、场所，接触特定的人
C. 犯罪嫌疑人虽不符合自首的条件，但是如实供述自己罪行的，可以从轻处罚；因其如实供述自己罪行，避免特别严重后果发生的，可以减轻处罚
D. 刑法规定有数个量刑幅度的，减轻处罚应当在法定量刑幅度的下一个量刑幅度内判处刑罚
8. 下列情形应当数罪并罚的是（　　）。
A. 甲经营一间书画沙龙，制作、出售假冒某著名画家署名的美术作品，同时还销售从乙处获得的假冒另一著名书法家署名的书法作品
B. 丙在未获相关许可的情况下，大肆销售劣质卷烟
C. 丁潜入一工艺品商店进行盗窃，盗窃名贵工艺品价值数十万元，并致价值十余万元的工艺品

受到损坏

D. 戊在组织他人偷越边境的过程中，对被组织人员中的一名妇女多次实施强奸

9. 下列情形构成信用卡诈骗罪的是（　　）。

A. 甲以“购车退税”为名，诱导沙某在自动取款机上按照自己的指示进行操作，误将其银行卡中的 10 万元钱转到了甲的信用卡中

B. 乙窃取胡某信用卡的账号、密码，通过互联网将胡某信用卡上的钱转到自己的信用卡上

C. 丙骗取蔡某的借记卡到商场刷卡消费 1 万多元

D. 丁在自动取款机取款时忘了将贷记卡拿走，其后取钱的戊从丁的贷记卡中取走了 1 万多元

10. 下列说法中错误的是（　　）。

A. 贪污贿赂罪的犯罪主体是特殊主体，只能由国家工作人员构成

B. 国有公司的承包人可以是贪污罪的主体

C. 挪用公款数额较大，进行营利活动，只有超过 3 个月未还的，才构成挪用公款罪

D. 索贿是受贿罪的一种行为表现形式，对索贿的应从重处罚

单元六答案与精解

1. ABCD

【精解】根据我国刑法的规定，犯罪行为或者犯罪结果有一项发生在中华人民共和国境内，就视为在中华人民共和国领域内犯罪，并适用属地管辖原则。A 项中，危害结果发生在中国境内；B 项中，危害行为发生在中国境内；D 项中，危害行为发生在中国境内。同时，根据我国刑法的规定，在悬挂中华人民共和国国旗的航空器或者船舶中犯罪的，视为在中华人民共和国领域内犯罪，C 项也应当适用属地原则。故备选项应全选。

2. BC

【精解】侵犯公民个人信息罪是指违反国家有关规定，向他人出售或者提供公民个人信息，或者将在履行职责或者提供服务过程中获得的公民个人信息，出售或者提供给他人，以及窃取或者以其他方法非法获取公民个人信息，情节严重的行为。侵犯公民个人信息罪中的“个人信息”，是指是以电子或者其他方式记录的能够单独或者与其他信息结合识别特定自然人的各种信息，包括自然人的姓名、出生日期、身份证件号码、生物识别信息、住址、电话号码、电子邮箱、健康信息、行踪信息等。A 项表述中，甲仅是偷窥邻居的日常生活，不存在以电子或者其他方式记录的能够单独或者与其他信息结合识别自然人个人身份的各种信息，故甲的行为不构成侵犯公民个人信息罪，不选 A 项。B、C 项表述中，乙将单位数据库中病人的姓名、血型、DNA 等资料，卖给某生物制药公司，以及丙将捡到的几本通讯簿在网上卖给他人，均属于向他人出售公民个人信息，这些公民个人信息有可能被用于违法犯罪活动，故乙、丙构成侵犯公民个人信息罪。可见，选 B、C 项。D 项表述中，由于侵犯公民个人信息罪属于侵犯公民人身权利、民主权利的犯罪，而收藏者丁提供 20 世纪 50 年代的信封，由于社会剧烈变迁，这些信封上的个人信息很难对行为客体即相关人员的人身、财产安全造成损害，故丁不构成侵犯公民个人信息罪。可见，不选 D 项。

3. AD

【精解】实质的一罪包括继续犯、想象竞合犯和结果加重犯。A 项表述中，甲实施一个行为触犯妨害公务罪和故意伤害罪两个罪名，属于想象竞合犯，只定妨害公务罪。可见，选 A 项。B 项表述中，乙多次赌博，乙的行为属于集合犯，为法定的一罪，而不是实质的一罪，故不选 B 项。C 项表述中，丙基于概括的故意连续实施杀人行为，乙的行为属于连续犯，为处断的一罪，而不是实质的一罪，故不选 C 项。D 项表述中，丁为索取赌债而非法拘禁陶某，陶某的人身自由受到持续、不间断地损害，犯罪行为与非法拘禁陶某的不法状态同时、持续地存在，丁构成非法拘禁罪，为继续犯，

属于实质的一罪，故选D项。

4. ABC

【精解】受贿罪是指国家工作人员利用职务上的便利，索取他人财物，或者非法收受他人财物，为他人谋取利益的行为。受贿罪包括普通型受贿和特殊型受贿，普通型受贿包括索贿和收受贿赂，特殊型受贿就是斡旋受贿（间接受贿）。普通受贿中的索贿不以“为他人谋利益”为要件，而收受贿赂则以“为他人谋取利益”为要件，且为他人谋取利益中的“利益”既可以是正当利益，也可以是不正当利益。但斡旋受贿必须以“为他人谋取不正当利益”为要件。利用影响力受贿罪是指国家工作人员的近亲属或者其他与该国家工作人员关系密切的人，通过该国家工作人员职务上的行为，或者利用该国家工作人员职权或者地位形成的便利条件，通过其他国家工作人员职务上的行为，为请托人谋取不正当利益，索取请托人或者收受请托人财物，数额较大或者有其他较重情节的行为，或者离职的国家工作人员或者其近亲属以及与其关系密切的人，利用该离职的国家工作人员职权或者地位形成的便利条件，通过其他国家工作人员职务上的行为，为请托人谋取不正当利益，索取或者收受请托人财物，数额较大或者其他较重情节的行为。构成利用影响力受贿罪，要以为请托人“谋取不正当利益”为必要构成要素，在这一点上与受贿罪中的斡旋受贿相同。A项表述构成利用影响力受贿罪，因为该离职的国家工作人员为请托人谋取的是“不正当利益”，符合利用影响力受贿罪的构成要件。B项表述的情形属于普通受贿罪中的索贿，构成受贿罪，选B项。C项表述的情形属于受贿罪中的斡旋受贿，也属于受贿罪，选C项。D项表述的“国家工作人员的近亲属”，不是国家工作人员，不构成受贿罪，但也不构成利用影响力受贿罪，因为该国家工作人员的近亲属为请托人谋取的是“正当利益”，而不是“不正当利益”，不符合利用影响力受贿罪的犯罪构成，不选D项。

5. BC

【精解】在不作为犯罪中，不作为与危害结果之间的因果关系是客观存在的，而不是拟制的。故应当排除A项。不作为犯罪是从行为角度对犯罪的划分，而直接故意犯罪和间接故意犯罪是从犯罪故意的角度对犯罪的划分，一个是从客观角度，一个是从主观角度，两者之间不矛盾，故不作为犯罪在主观上既可以是直接故意，也可以是间接故意。故应当选择B项。遗弃罪是典型的不作为犯罪，而且是纯正的不作为犯罪。故应当选择C项。侵占罪中的拒不退还是行为人主观上非法占有目的的客观表现，所以只要证明行为人主观上有非法占有的目的，即使客观上没有实施拒不退还的行为，也成立侵占罪。所以，不能认定侵占罪是不作为犯罪。故应当排除D项。

6. ABD

【精解】徇私枉法罪是指司法工作人员徇私枉法、徇情枉法，在刑事诉讼中，对明知是无罪的人而使其受到追诉，对明知是有罪的人而故意包庇使其不受追诉，或者在刑事审判活动中故意违背事实和法律作枉法裁判的行为。A项表述中，根据最高人民检察院《关于渎职侵权犯罪案件立案标准的规定》第5项，在立案后，虽然采取强制措施，实际放任不管，致使犯罪嫌疑人、被告人实际脱离司法机关侦控的，构成徇私枉法罪，选A项。徇私枉法罪发生于刑事诉讼活动中，包括“刑事审判活动中”。刑事附带民事诉讼由刑事法官及刑事法庭审理，也应属于“在刑事审判活动中”，法官乙出于报复动机违背事实和法律作枉法裁判，其行为也属于“徇私枉法”，选B项。徇私枉法罪的犯罪主体是司法工作人员，而丙是鉴定人，不是司法工作人员，不能成为徇私枉法罪的犯罪主体，不构成徇私枉法罪，丙的行为成立伪证罪，不选C项。根据最高人民检察院《关于渎职侵权犯罪案件立案标准的规定》第5项，在刑事审判活动中故意违背事实和法律，作出枉法裁判、裁定，即有罪判无罪、无罪判有罪，或者重罪轻判、轻罪重判的，都构成徇私枉法罪。据此，D项表述中，本案情形是结局不变，但不起诉理由变化，由于“证据不足，指控犯罪不能成立”与“可以免除刑罚”存在实质差异，前者为证据不足无罪，后者为有罪但免除处罚，表面上虽然只是理由变化，但该理由实际上是刑事司法程序的“结论”，因此属于故意违背事实和法律作出枉法裁定，构成徇私枉法罪，选D项。

7. ACD

【精解】根据刑法和刑事诉讼法的规定，社区矫正的对象为：被判处管制、宣告缓刑、裁定假释、暂予监外执行以及被剥夺政治权利并在社会上服刑的罪犯。被判处管制、宣告缓刑、裁定假释的犯罪分子，执行社区矫正的机关都是社区矫正组织，A 项表述正确，选 A 项。对于被假释的犯罪分子，没有关于禁止令的规定，故 B 项表述错误。《刑法》第 67 条第 3 款规定，犯罪嫌疑人虽不具有前两款规定的自首情节，但是如实供述自己罪行的，可以从轻处罚；因其如实供述自己罪行，避免特别严重后果发生的，可以减轻处罚，此为坦白之规定。据此，C 项表述正确，故选 C 项。《刑法》第 63 条第 1 款规定，犯罪分子具有本法规定的减轻处罚情节的，应当在法定刑以下判处刑罚；本法规定有数个量刑幅度的，应当在法定量刑幅度的下一个量刑幅度内判处刑罚。据此，D 项表述正确，选 D 项。

8. AD

【精解】根据《刑法》第 217 条的规定，制作、出售假冒他人署名的美术作品的，构成侵犯著作权罪。据此，甲构成侵犯著作权罪。根据最高人民法院、最高人民检察院《关于办理侵犯知识产权刑事案件具体应用法律若干问题的解释》第 14 条的规定，实施《刑法》第 217 条规定的侵犯著作权犯罪，又销售该侵权复制品，构成犯罪的，应当依照《刑法》第 217 条的规定，以侵犯著作权罪定罪处罚。实施《刑法》第 217 条规定的侵犯著作权犯罪，又销售明知是他人的侵权复制品，构成犯罪的，应当实行数罪并罚。据此，甲又销售另一著名书法家的作品，构成销售侵权复制品罪，对甲应以侵犯著作权罪和销售侵权复制品罪实行数罪并罚。可见，选 A 项。根据《刑法》第 225 条第 1 项的规定，未经许可经营法律、行政法规规定的专营、专卖物品或者其他限制买卖的物品的，构成非法经营罪。据此，丙构成非法经营罪。丙销售劣质香烟，构成生产、销售伪劣产品罪。丙的行为属于想象竞合犯，应当择一重罪处断，不实行数罪并罚。可见，不选 B 项。根据最高人民法院《关于审理盗窃案件具体应用法律若干问题的解释》第 12 条第 5 项的规定，实施盗窃犯罪，造成公私财物损毁的，以盗窃罪从重处罚；又构成其他犯罪的，择一重罪从重处罚；盗窃公私财物未构成盗窃罪，但因采用破坏性手段造成公私财物损毁数额较大的，以故意毁坏财物罪定罪处罚。盗窃后，为掩盖盗窃罪行或者报复等，故意破坏公私财物构成犯罪的，应当以盗窃罪和构成的其他罪实行数罪并罚。据此，丁实施盗窃并造成公私财物毁损，构成盗窃罪和故意毁坏财物罪，应择一重罪从重处罚，不实行数罪并罚。可见，不选 C 项。根据《刑法》第 318 条第 2 款的规定，犯组织他人偷越国（边）境罪，对被组织人有杀害、伤害、强奸、拐卖等犯罪行为，或者对检查人员有杀害、伤害等犯罪行为的，依照数罪并罚的规定处罚。据此，对戊应以组织他人偷越国（边）境罪和强奸罪实行数罪并罚。可见，选 D 项。

9. BCD

【精解】甲通过诈骗手段使沙某将其银行卡中的钱转到甲的信用卡中，甲的行为构成诈骗罪，而不是信用卡诈骗罪，故不选 A 项。根据《刑法》第 196 条的规定，信用卡诈骗罪的行为方式包括：（1）使用伪造的信用卡，或者使用以虚假的身份证明骗领的信用卡的；（2）使用作废的信用卡的；（3）冒用他人信用卡的；（4）恶意透支的。根据最高人民法院、最高人民检察院《关于办理妨害信用卡管理刑事案件具体应用法律若干问题的解释》第 5 条第 2 款的规定，刑法第 196 条第 1 款第 3 项所称“冒用他人信用卡”，包括以下情形：（1）拾得他人信用卡并使用的；（2）骗取他人信用卡并使用的；（3）窃取、收买、骗取或者以其他非法方式获取他人信用卡信息资料，并通过互联网、通讯终端等使用的；（4）其他冒用他人信用卡的情形。据此，乙属于通过窃取方式获取他人信用卡信息资料，并通过互联网使用，构成信用卡诈骗罪，故选 B 项。丙通过骗取方式获取蔡某的借记卡（属于信用卡）并使用，构成信用卡诈骗罪，故选 C 项。戊拾得丁的贷记卡（信用卡的一种）并使用，构成信用卡诈骗罪，故选 D 项。

10. AC

【精解】根据我国刑法的规定，贪污罪的犯罪主体有两类，即国家工作人员和受国家机关、国有公司、企业、事业单位、人民团体委托管理、经营国有财产的人员。国有公司的承包人就是贪污罪的第二类主体。根据我国刑法的规定，挪用公款罪，是指国家工作人员利用职务上的便利，挪用公款归个人使用，进行非法活动的，或者挪用公款数额较大、进行营利活动的，或者挪用公款数额较大、超过3个月未还的行为。对于挪用公款进行营利活动或者非法活动的，未超过3个月同样构成挪用公款罪。索贿是受贿罪的一种表现形式，其社会危害性更大，所以对于索贿的，应当从重处罚；而且对于索贿的，不要求为他人谋利。故选A、C项。

单元七

1. 下列情形属于冒用他人信用卡进行信用卡诈骗的是(　　)。

A. 甲在路上拾到一张信用卡而到商场使用

B. 乙从同学王某处骗取信用卡并到KTV消费

C. 丙盗窃同事赵某信用卡并到餐厅刷卡使用

D. 丁通过对时某电脑安装木马病毒而获取时某信用卡信息资料，然后利用该信用卡信息资料在网上购买商品

2. 有关剥夺政治权利的刑期及其计算，正确的说法是(　　)。

A. 判处管制附加剥夺政治权利的，剥夺政治权利的期限与管制期限相等，同时起算

B. 判处有期徒刑附加剥夺政治权利的，剥夺政治权利的期限为1年以上5年以下，从有期徒刑执行完毕或者从假释之日起计算，主刑执行期间不享有政治权利

C. 判处拘役附加剥夺政治权利的，剥夺政治权利的期限为1年以上3年以下，从拘役执行完毕之日起计算，主刑执行期间当然不享有政治权利

D. 死刑缓期执行减为有期徒刑或者无期徒刑减为有期徒刑的，附加剥夺政治权利终身减为1年以上5年以下，该剥夺政治权利的刑期，应从减刑以后的有期徒刑执行完毕或者从假释之日起计算，在主刑执行期间，当然不享有政治权利

3. 关于诈骗罪，下列说法正确的是(　　)。

A. 甲冒充干洗店的老板，骗取被害人的保姆说是被害人的衣服要干洗，将一件名贵西服拿走。甲构成诈骗罪

B. 乙冒充交通警察对开车违章的司机罚款3 000元。乙构成诈骗罪

C. 丙受托为江某的藏品进行鉴定，丙明知该藏品价值100万元，但故意贬其价值后以1万元收买。丙构成诈骗罪

D. 丁冒充保洁人员，在打扫卫生的过程中将笔记本电脑拿走。丁构成诈骗罪

4. 下列选项中，构成强迫交易罪的有(　　)。

A. 乙向甲收购某“宋代瓷器”一件，发现甲的瓷器为赝品，市价仅值500元；甲被识破后，恼羞成怒，持枪威胁乙，强行让乙以1万元的价格买下瓷器

B. 甲在拍卖会上，采用恐吓的方式，不准其他人与自己竞标，从而以最低价拍卖下该拍卖物品

C. 甲见乙参股的A公司非常赚钱，就假称自己是黑社会威逼乙，让其将所持的A公司股票以市价转让给自己

D. 甲向A银行申请贷款因不符合条件被拒绝，遂持刀进入行长乙家中，威胁乙在贷款申请书上签字，从而从A银行贷款20万元，后因经营不善不能归还

5. 关于减刑和假释的程序性条件，正确的说法有(　　)。

A. 犯罪人所在的执行机关向中级以上人民法院提出建议书

B. 只能由高级人民法院进行裁定

C. 有管辖权的中级以上人民法院组成合议庭进行审理

D. 非经法定程序不得减刑或者假释

6. 关于行贿罪的正确说法是(　　)。

A. 行为人主观上具有谋取不正当利益的目的

B. 行为人被勒索而给予国家工作人员财物，没有获得不正当利益的，不是行贿

C. 行为人构成行贿罪，在被追诉前主动交代行贿行为的，可以减轻处罚或者免除处罚

D. 单位为谋取不正当利益给予国家工作人员财物的，其直接负责的主管人员和其他直接责任人员也构成行贿罪

7. 下列关于坦白的说法，正确的有(　　)。

A. 坦白是法定从宽处罚情节

B. 坦白是酌定从宽处罚情节

C. 坦白的，可以从轻处罚；因其坦白，避免特别严重后果发生的，可以减轻处罚

D. 坦白的，可以从轻处罚；因其坦白，避免特别严重后果发生的，可以免除处罚

8. 下列行为中，不构成假冒注册商标罪的有(　　)。

A. 未经注册商标所有人许可，在同一种商品上使用与其注册商标相同的商标

B. 未经注册商标所有人许可，在相同商品上使用与其注册商标相似的商标

C. 未经注册商标所有人许可，在近似商品上使用与其注册商标相同的商标

D. 未经注册商标所有人许可，在近似商品上使用与其注册商标相似的商标

9. 下列犯罪中，属于告诉才处理的是(　　)。

A. 遗弃罪　　　　B. 虐待罪

C. 重婚罪　　　　D. 侵占罪

10. 关于走私、贩卖、运输、制造毒品罪的正确说法是(　　)。

A. 走私、贩卖、运输、制造的毒品数量以查证属实的计算，不以纯度折算

B. 走私、贩卖、运输、制造毒品构成犯罪没有数量上的要求

C. 因犯非法持有毒品罪被判过刑又犯本罪的，从重处罚

D. 向未成年人出售毒品的，不应加重处罚

单元七答案与精解

1. ABD

【精解】根据最高人民法院、最高人民检察院《关于办理妨害信用卡管理刑事案件具体应用法律若干问题的解释》的规定，下列情形属于冒用他人信用卡：(1) 拾得他人信用卡并使用的；(2) 骗取他人信用卡并使用的；(3) 窃取、收买、骗取或者以其他非法方式获取他人信用卡信息资料，并通过互联网、通讯终端等使用的；(4) 其他冒用他人信用卡的情形。根据该规定，应当选择 A、B、D 项。根据刑法的规定，盗窃信用卡并使用的，应当按照盗窃罪定罪处罚，不属于信用卡诈骗罪中的冒用他人信用卡的情形，故应排除 C 项。

2. AB

【精解】根据我国刑法的规定：(1) 对被判处管制附加剥夺政治权利的，剥夺政治权利的期限与管制期限相等，同时起算；(2) 对被判处有期徒刑或者拘役附加剥夺政治权利的，剥夺政治权利的期限为 1 年以上 5 年以下，从有期徒刑、拘役执行完毕或者从假释之日起计算，主刑执行期间不享有政治权利；(3) 对被判处死刑或者无期徒刑附加剥夺政治权利的，应当剥夺政治权利终身；(4) 死刑缓期执行减为有期徒刑或者无期徒刑减为有期徒刑的，附加的剥夺政治权利终身减为 3 年以上 10 年以下，该剥夺政治权利的刑期，应从减刑以后的有期徒刑执行完毕或者从假释之日起计算，在主刑执行期间，当然不享有政治权利；(5) 独立适用剥夺政治权利的，剥夺政治权利的期限是 1 年以上 5 年以下，从判决确定之日起计算。故选 A、B 项。

3. AC

【精解】根据刑法的规定，以非法占有为目的，通过虚构事实或者隐瞒真相骗取财物的，是诈骗罪。A项和C项中，甲、丙分别实施虚构事实和隐瞒真相的行为，并基于此而获得财物，符合诈骗罪的构成要件。B项中，乙虽然也虚构事实，但是乙冒充的是人民警察，符合招摇撞骗罪的构成要件，不构成诈骗罪。D项中，丁虽然也虚构事实，但是被害人并没有自愿交付财物，不是诈骗罪，而是盗窃罪。故应当选A、C项。

4. BCD

【精解】强迫交易罪与抢劫罪的关键区别在于交易是否真实、价金是否悬殊。根据最高人民法院《关于审理抢劫、抢夺刑事案件适用法律问题的意见》的规定，从事正常商品买卖、交易或者劳动服务的人，以暴力、胁迫手段迫使他人交出与合理价钱、费用相差不大钱物，情节严重的，以强迫交易罪定罪处罚；但以非法占有为目的，以买卖、交易、服务为幌子，采用暴力、胁迫手段迫使他人交出与合理价钱、费用相差悬殊的钱物的，以抢劫罪定罪处刑。在具体认定时，既要考虑超出合理价钱、费用的绝对数额，还要考虑超出合理价钱、费用的比例，加以综合判断。据此，A项表述的交易价金与实际价金非常悬殊，应当认定为抢劫罪，不选A项。根据《刑法》第226条的规定，以暴力、胁迫手段实施的强迫交易的法定方式有：（1）强买强卖商品的；（2）强迫他人提供或者接受服务的；（3）强迫他人参与或者退出投标、拍卖的；（4）强迫他人转让或者收购公司、企业的股份、债券或者其他资产的；（5）强迫他人参与或者退出特定的经营活动的。根据上述规定第（3）项，B项表述构成强迫交易罪，选B项。根据上述规定第（4）项，C项表述构成强迫交易罪，选C项。最高人民检察院《关于强迫借贷行为适用法律问题的批复》指出：以暴力、胁迫手段强迫他人借贷，属于《刑法》第226条第2项规定的“强迫他人提供或者接受服务”，情节严重的，以强迫交易罪追究刑事责任。据此，D项表述的情形属于强迫他人提供借贷服务，构成强迫交易罪，选D项。

5. ACD

【精解】根据我国《刑法》第79条的规定，对于犯罪分子的减刑，由执行机关向中级以上人民法院提出减刑建议书。人民法院应当组成合议庭进行审理，对确有悔改或者立功事实的，裁定予以减刑。非经法定程序不得减刑。我国《刑法》第82条规定，对于犯罪分子的假释，依照本法第79条规定的程序进行。非经过法定程序不得假释。故选A、C、D项。

6. AB

【精解】行贿罪在主观方面表现为故意，并且具有谋取不正当利益的目的，A项表述正确，选A项。《刑法》第389条第3款规定，因被勒索给予国家工作人员以财物，没有获得不正当利益的，不是行贿。据此，对于索贿的，无所谓行贿，因此B项表述正确。《刑法》第390条第2款规定，行贿人在被追诉前主动交代行贿行为的，可以从轻或者减轻处罚。其中，犯罪较轻的，对侦破重大案件起关键作用的，或者有重大立功表现的，可以减轻或者免除处罚。据此，C项表述错误。根据《刑法》第393条的规定，单位行贿罪是指单位为了谋取不正当利益而行贿，或者违反国家规定，给予国家工作人员以回扣、手续费，情节严重的行为。单位行贿罪的犯罪主体只能是单位。构成单位行贿罪的，采取两罚制，其直接负责的主管人员和其他直接责任人员与单位一起构成单位行贿罪，而不能认定其直接负责的主管人员和其他直接责任人员构成行贿罪。可见，D项表述错误。

7. AC

【精解】《刑法》明确规定了坦白的处罚原则，故坦白已经从酌定量刑情节变为法定量刑情节。可见，A项表述正确、B项表述错误。《刑法》第67条第3款（坦白）规定，犯罪嫌疑人虽不具有自首情节，但是如实供述自己罪行的，可以从轻处罚；因其如实供述自己罪行，避免特别严重后果发生的，可以减轻处罚。据此，坦白只是“可以”情节，同时不包括免除处罚的情形。可见，选C项，不选D项。

8. BCD

【精解】根据《刑法》第213条的规定，未经注册商标所有人许可，在同一种商品上使用与其注册商标相同的商标，情节严重的，构成假冒注册商标罪。B、C、D项虽然是侵犯商标权的民事违法行为，但不构成犯罪。故选B、C、D项。

9. BD

【精解】根据我国刑法的规定，我国刑法中属于告诉才处理的犯罪有：暴力干涉婚姻自由罪、侮辱罪、诽谤罪、虐待罪、侵占罪。故选B、D项。

10. ABC

【精解】根据我国刑法的规定，走私、贩卖、运输、制造毒品构成犯罪没有数量上的要求，而且毒品数量以查证属实的计算，不以纯度折算。故选A、B项。向未成年人出售毒品的，应当从重处罚。故排除D项。根据我国《刑法》第356条的规定，因走私、贩卖、运输、制造、非法持有毒品罪被判过刑，又犯本节规定之罪的，从重处罚。故选C项。

单元八

1. 武某基于杀害潘某的意思将潘某勒昏，误以为其已死亡，为毁尸灭迹而将潘某扔进大海里。事后查明，潘某不是被勒死而是被淹死的。关于本案，下列说法错误的是(　　)。

A. 武某在本案中存在因果关系的认识错误

B. 武某在本案中存在对象认识错误

C. 武某构成故意杀人罪未遂与过失致人死亡罪

D. 武某构成故意杀人罪未遂

2. 甲实施的下列行为中，应当承担刑事责任的有(　　)。

A. 乙偷偷在甲的水杯中放入致幻剂，想在甲陷入幻觉后利用其杀死仇人丙，甲喝完水后陷入幻觉，将丙杀死

B. 甲明知自己饮酒会产生幻觉，仍坚持大量饮酒导致醉酒并产生幻觉。甲在醉酒并有幻觉状态下将乙女奸淫

C. 甲于14岁生日当天在某饭店庆生，因不满邻桌乙在用餐时喧哗而在打斗中将乙刺伤

D. 甲违章驾驶汽车将路人乙撞成重伤后逃逸，因群众追赶导致间歇性精神病发作

3. 下列选项中的网络服务提供者，不履行法律、行政法规规定的信息网络安全管理义务，经监管部门责令采取改正措施而拒不改正，构成拒不履行信息网络安全管理义务罪的是(　　)。

A. 甲利用网络致使违法信息大量传播的

B. 乙帮助利用网络实施犯罪的赵某进行服务器托管的

C. 丙帮助利用网络进行违法活动的钱某毁灭证据，致使证据灭失的

D. 丁利用网络致使用户信息泄露，造成严重后果的

4. 下列犯罪中，属于实害犯的有(　　)。

A. 故意杀人罪　　B. 妨害作证罪

C. 生产、销售、提供劣药罪　　D. 贪污罪

5. 下列犯罪行为中，甲的行为与被害人的死亡有因果关系的有(　　)。

A. 甲以杀人的故意用铁棒将刘某打昏后，以为刘某已死亡，为隐藏尸体将刘某埋入雪沟，致其被冻死

B. 甲夜间驾车撞倒李某后逃逸，李某被随后驶过的汽车碾轧，但不能查明是哪辆车造成李某死亡

C. 甲将海洛因送给13周岁的王某吸食，造成王某吸毒过量身亡

D. 甲以杀人的故意开车撞向周某，周某为避免被撞跳入河中，不幸溺亡

6. 根据我国刑法规定，应当被附加剥夺政治权利的犯罪分子有(　　)。

A. 被判处10年以上有期徒刑的严重破坏社会秩序的犯罪分子

B. 被判处死刑的犯罪分子

C. 被判处无期徒刑的犯罪分子

D. 危害国家安全的犯罪分子

7. 关于受贿罪的判断，下列选项正确的是(　　)。

A. 教育局局长甲收受学生家长 10 万元现金，允诺保证学生上重点高中，后因为有上级机关督察而没有办成。由于甲并没有为他人谋取利益，所以不构成受贿罪

B. 国家机关工作人员乙在退休前利用职务便利为蔡某谋取了不正当利益，蔡某要给 10 万元作为酬谢，乙担心被人检举，便约定退休后收受财物。乙仍然构成受贿罪

C. 基层法院法官丙受被告人孙某家属之托，请中级人民法院承办法官李某对孙某减轻处罚，并无减轻情节的孙某因此被减轻处罚。事后，丙收受孙某家属 10 万元现金。丙不具有制约李某的职权与地位，不成立受贿罪

D. 检察院工作人员丁收受 10 万元贿赂后徇私舞弊，对应当追诉的犯罪嫌疑人作出不起诉决定，应当按照徇私枉法罪和受贿罪从一重罪论处

8. 下列关于处置与犯罪有关的财物的说法，正确的有(　　)。

A. 甲贩卖毒品海洛因 100 克，对海洛因应当予以没收

B. 乙诈骗银行贷款 10 万元，对诈骗所得的 10 万元应当返还银行

C. 丙盗窃商店金首饰一个后丢失，应当对丙责令退赔

D. 丁使用自己的笔记本电脑侵入证券公司网络并修改信息从而增加自己账户的资金，对于丁的笔记本电脑应当予以没收

9. 下列关于放纵制售伪劣商品犯罪行为罪的说法，正确的有(　　)。

A. 放纵制售伪劣商品犯罪行为罪与滥用职权罪是法条竞合关系

B. 放纵制售伪劣商品犯罪行为罪的客观行为方式表现为不作为

C. 放纵制售伪劣商品犯罪行为罪的主观方面只能是故意

D. 国家机关工作人员为他人制售伪劣商品提供帮助的，应当按照放纵制售伪劣商品犯罪行为罪从重处罚

10. 丈夫甲为了杀死妻子乙，在妻子饭碗里投放毒药，明知孩子丙可能分食而中毒，由于杀妻心切而不顾孩子的死活。甲对乙的心理态度和对丙的心理态度分别是(　　)。

A. 均为直接故意　　　　B. 对乙为直接故意

C. 均为间接故意　　　　D. 对丙为间接故意

单元八答案与精解

1. BCD

【精解】本题中，武某对造成潘某死亡的因果关系存在认识错误，但是对对象不存在认识错误。根据刑法理论，因果关系认识错误的，不影响刑事责任，对武某应当按照故意杀人罪既遂定罪处罚。故应当选 B、C、D 项。

2. BD

【精解】A 项表述中，乙仅是利用甲，把甲当作杀人的工具，乙是间接正犯，甲不负刑事责任。从另外一个角度分析，甲并非有意使自己陷入幻觉状态，并非为原因自由行为，因此甲对杀人行为不负刑事责任，不选 A 项。B 项表述中，甲明知自己饮酒会产生幻觉，仍坚持大量饮酒导致醉酒并产生幻觉，甲故意使自己陷入幻觉状态，并对自己实施的危害行为也有故意认识，即甲能够认识到自己会实施强奸行为，甲应对强奸罪负刑事责任，选 B 项。C 项表述中，甲 14 岁生日当天在与乙打斗过程中将乙刺伤，甲实施故意伤害行为时不满 14 周岁（生日当天未满 14 周岁）。根据《刑法》第

17 条第 3 款的规定，已满 12 周岁不满 14 周岁的人，犯故意杀人、故意伤害罪，致人死亡或者以特别残忍手段致人重伤造成严重残疾，情节恶劣，经最高人民检察院核准追诉的，应当负刑事责任。据此，甲的伤害行为发生于打斗过程中，并非属于“以特别残忍手段致人重伤造成严重残疾”的情形，尚未达到“情节恶劣”的程度，不必经最高人民检察院核准追诉，因此甲对乙的伤害行为不负刑事责任，故不选 C 项。D 项表述中，甲交通肇事后逃逸，在实施犯罪时精神正常。根据《刑法》第 18 条第 2 款的规定，间歇性的精神病人在精神正常的时候犯罪，应当负刑事责任。据此，甲应当负刑事责任，选 D 项。

3. AD

【精解】《刑法》第 286 条之一规定，网络服务提供者不履行法律、行政法规规定的信息网络安全管理义务，经监管部门责令采取改正措施而拒不改正，有下列情形之一的，构成拒不履行信息网络安全管理义务罪：（1）致使违法信息大量传播的；（2）致使用户信息泄露，造成严重后果的；（3）致使刑事案件证据灭失，情节严重的；（4）有其他严重情节的。据此，选 A、D 项。B 项表述构成帮助信息网络犯罪活动罪。C 项表述构成帮助毁灭、伪造证据罪。

4. ACD

【精解】实害犯作为犯罪既遂的形态之一，是指行为人不仅要实施符合具体构成要件的行为，而且还必须已造成法定的实害结果才能认定为犯罪的既遂。故意杀人罪、生产、销售劣药罪、贪污罪都是实害犯，选 A、C、D 项。妨害作证罪是行为犯，只要行为人实施阻止证人作证或者指使他人作伪证的行为，就构成妨害作证罪，故不选 B 项。注意：生产、销售、提供假药罪是行为犯或者抽象危险犯。

5. ABCD

【精解】A 项表述中，甲以杀人的故意用铁棒打击刘某，该行为本身就具有致使刘某死亡的高度危险，在以为刘某死亡后，甲埋尸灭迹，这一介入因素并不异常，是不异常的介入因素导致了死亡结果的发生，因此应认定甲的杀人行为与死亡结果之间具有因果关系。可见，选 A 项。B 项表述中，甲夜间驾车撞倒李某后逃逸，若李某死于甲的汽车碾轧，肯定甲的行为与李某的死亡具有因果关系。这是因为，甲未下车救助李某，倒地的李某失去自救能力，在路上车辆较多时，甲将李某撞倒不救助的行为本身就具有致使李某死亡的高度危险，作为介入因素，李某被他车碾轧，这毫不异常。因此，应当认定甲的行为与李某的死亡之间存在因果关系。可见，选 B 项。C 项表述中，甲将海洛因送给 13 周岁的王某吸食，由于王某未成年，既不能完全了解吸食毒品的意义与后果，也不能合理控制吸食毒品的数量，故对死亡结果不能要求王某自负其责。将毒品送给未成年人吸食的行为本身就具有可能致人死亡的危险，在明显不存在其他因素的情况下，死亡危险已经现实化，应当认定甲的行为与王某的死亡之间具有因果关系。可见，选 C 项。D 项表述中，甲以杀人的故意开车撞向周某，该行为本身具有致人死亡的高度危险，周某为了避免被撞跳入河中，此系为躲避甲的不法侵害而采取的合理规避措施，周某跳河作为介入因素并不异常，是并不异常的介入因素导致了死亡结果的发生，因此，甲的行为与周某的死亡之间具有因果关系。可见，选 D 项。

6. BCD

【精解】根据《刑法》第 56 条、第 57 条的规定，对于危害国家安全的犯罪分子，对于被判处无期徒刑、死刑的犯罪分子，应当附加剥夺政治权利，故选 B、C、D 项。对于故意杀人、强奸、放火、爆炸、投毒、抢劫等严重破坏社会秩序的犯罪分子，“可以”附加剥夺政治权利，而不是“应当”附加剥夺政治权利，故不选 A 项。

7. BD

【精解】受贿罪中的为他人谋取利益是指允诺为他人谋取利益，而不要求实际为他人谋取利益，所以甲的行为也构成受贿罪。故应当排除 A 项。根据《刑法》第 388 条的规定，国家工作人员利用本人职权或者地位形成的便利条件，通过其他国家工作人员职务上的行为，为请托人谋取不正当利益，索取请托人财物或者收受请托人财物的，以受贿罪论处。丙的行为完全符合斡旋受贿的相关规定，丙构成受贿罪。故应当排除C项。B项中，乙在退休后收受贿赂，不影响权钱交易的本质，只是获取财物的时间发生了变化而已，故乙完全符合受贿罪的构成要件。故应当选B项。根据《刑法》第399条的规定，司法工作人员徇私枉法、徇情枉法，同时又构成受贿罪的，依照处罚较重的规定定罪处罚。故应当选D项。

8. ABCD

【精解】《刑法》第64条规定，犯罪分子违法所得的一切财物，应当予以追缴或者责令退赔；对被害人的合法财产，应当及时返还；违禁品和供犯罪所用的本人财物，应当予以没收。没收的财物和罚金，一律上缴国库，不得挪用和自行处理。海洛因属于违禁品，应当予以没收。故选A项。10万元是受骗银行的合法财产，应当予以返还。故选B项。由于丙盗窃的首饰已经丢失，只能责令退赔，而不能予以追缴。因为根据有关司法解释，追缴犯罪所得的前提是犯罪物品仍然存在。故应当选C项。丁使用的笔记本电脑是犯罪工具，应当予以没收。故应当选D项。

9. ABC

【精解】放纵制售伪劣商品犯罪行为是特殊的滥用职权行为，放纵制售伪劣商品犯罪行为罪与滥用职权罪是特殊法与一般法的关系。故应当选择A项。放纵制售伪劣商品犯罪行为罪的客观方面是对生产、销售伪劣商品犯罪行为负有追究责任的国家机关工作人员，徇私舞弊，不履行法律规定的追究职责，属于应为而不为，是典型的不作为犯罪。故应当选择B项。放纵制售伪劣商品犯罪行为罪的主观方面只能是故意，不可能是过失。故应当选择C项。国家机关工作人员为他人制售伪劣商品提供帮助已经超出了“放纵”的范畴，应当按照制售伪劣商品相关犯罪的共犯定罪处罚。故应当排除D项。

10. BD

【精解】直接故意，是指行为人明知自己的行为会发生危害社会的结果，并且希望这种结果发生的心理态度。间接故意，是指行为人明知自己的行为可能发生危害社会的结果，并且放任这种结果发生的心理态度。丈夫对妻子的死亡是积极追求的，所以对于妻子的死亡是直接故意。丈夫在追求妻子死亡的结果发生的同时，又放任了其孩子死亡的结果发生，所以对于其孩子死亡的结果发生是间接故意。故选B、D项。

单元九

1. 张某与同学周某深夜喝酒。周某醉酒后，钱包从裤袋里掉到地上，张某拾后见钱包里有5 000元现金，就将其隐匿。周某要张某送其回家，张某怕钱包之事被发现，托词拒绝。周某在回家途中醉倒在地，被人发现时已冻死。关于本案，下列说法正确的是(　　)。

A. 张某构成盗窃罪　　B. 张某构成侵占罪

C. 张某构成不作为的故意杀人罪　　D. 张某不构成不作为的故意杀人罪

2. 关于危害行为的正确表述是(　　)。

A. 危害行为是一切犯罪的必备条件

B. 危害行为必须是表现人的犯罪心理态度的行为

C. 危害行为必须具有社会危害性

D. 在身体受到外力强制下形成的对社会造成损害的行为，也属于危害行为，只是因为行为人不具有罪过而不构成犯罪

3. 关于假释的撤销，下列表述正确的是(　　)。

A. 被假释的犯罪分子，在假释考验期内犯新罪的，应撤销假释，按照先减后并的方法实行并罚

B. 被假释的犯罪分子，在假释考验期内严重违反假释监督管理规定，即使假释考验期满后才被发现，也应撤销假释

C. 在假释考验期内，发现被假释的犯罪分子在判决宣告前还有同种罪未判决的，应撤销假释

D. 在假释考验期满后，发现被假释的犯罪分子在判决宣告前有他罪未判决的，应撤销假释，数罪并罚

4. 下列属于犯罪集团成立条件的有(　　)。

A. 犯罪人数三人以上

B. 所建立的犯罪组织具有相当的稳定性

C. 犯罪具有行业性或地域性

D. 成立组织的目的在于实施犯罪

5. 扰乱法庭秩序罪的客观行为方式有(　　)。

A. 聚众哄闹、冲击法庭的

B. 殴打司法工作人员或者诉讼参与人的

C. 侮辱、诽谤、威胁司法工作人员或者诉讼参与人，不听法庭制止，严重扰乱法庭秩序的

D. 有毁坏法庭设施，抢夺、损毁诉讼文书、证据等扰乱法庭秩序行为，情节严重的

6. 污染环境罪的犯罪对象包括(　　)。

A. 放射性的废物

B. 含传染病病原体的废物

C. 有毒物质

D. 其他有害物质

7. 下列行为应认定为抢劫罪一罪的是(　　)。

A. 甲将仇人杀死后，取走其身上的5 000元现金

B. 甲持刀拦路抢劫，故意将受害人杀死后取走其财物

C. 甲在抢劫过程中，为压制被害人的反抗，故意将被害人杀死，取走其财物

D. 甲实行抢劫后，为防止受害人报案，将其杀死

8. 在缓刑考验期间，犯罪分子应当遵守的规定包括(　　)。

A. 遵守法律、行政法规，服从监督

B. 离开所居住的市、县或者迁居，应当报经考察机关批准

C. 根据法院的判令不得从事特定活动，不得进入特定区域、场所，不得接触特定的人

D. 未经执行机关批准，不得行使言论、出版、集会、结社、游行、示威自由的权利

9. 下列犯罪行为中，构成非法经营罪的有(　　)。

A. 甲非法出版、发行某作家创作的小说

B. 乙用POS机为他人刷信用卡套取现金提供便利，赚取手续费

C. 丙设立地下钱庄，经营高利贷业务，放贷资金累计1亿元，收取利息3 000余万元

D. 丁非法生产具有退币、退分、退钢珠功能的赌博电子游戏设施，并销售给张某用于开设赌场

10. 知悉国家秘密的国家机关工作人员为境外组织非法提供国家秘密的，(　　)。

A. 以为境外非法提供国家秘密、情报罪一罪定罪处罚

B. 以故意泄露国家秘密罪定罪处罚

C. 属于为境外非法提供国家秘密、情报罪和故意泄露国家秘密罪的想象竞合犯

D. 既侵犯了国家保密制度，又危害到国家安全

单元九答案与精解

1. AD

【精解】首先，周某的钱包掉到地上，并没有丧失对该钱包的占有，故张某将钱包占为己有，构成盗窃罪，而不是侵占罪。其次，由于张某和周某是同学关系，张某没有护送周某回家的义务，所以张某不构成不作为的故意杀人罪。故应当选A、D项。

2. ABC

【精解】刑法理论中的危害行为与一般的行为不同，它是指表现人的犯罪心理态度，为刑法所禁止的危害社会的行为。危害社会的行为具有以下特征：(1) 必须是对我国社会主义社会有危害性的，

为刑法所禁止的行为。(2) 必须是表现人的犯罪心理态度的行为。在身体受到外力强制下形成的对社会造成损害的行为并不能表现行为人的心理态度，不是刑法理论中的危害行为。犯罪是行为，一切犯罪都必须以危害行为为基础，没有危害行为而只有思想的，是不可能构成犯罪的。故应当选 A、B、C 项。

3. ABC

【精解】根据《刑法》第 86 条第 1 款的规定，被假释的犯罪分子，在假释考验期限内犯新罪的，应当撤销假释，按照先减后并的方法实行数罪并罚。可见，A 项表述正确，选 A 项。根据《刑法》第 86 条第 3 款的规定，被假释的犯罪分子，在假释考验期限内，有违反法律、行政法规或者国务院有关部门关于假释的监督管理规定的行为，尚未构成新的犯罪的，应当依照法定程序撤销假释，收监执行未执行完毕的刑罚。即使假释考验期满后才被发现，也应撤销假释。故 B 项表述正确，选 B 项。根据《刑法》第 86 条第 2 款的规定，在假释考验期限内，发现被假释的犯罪分子在判决宣告以前还有其他罪没有判决的，应当撤销假释，依照本法第 70 条的规定实行数罪并罚。据此，在假释考验期内发现漏罪，无论该漏罪是同种罪还是异种罪，都应撤销假释，实行数罪并罚。可见，C 项表述正确，选 C 项。在假释考验期满后，发现被假释的犯罪分子在判决宣告前有他罪未判决的，不得撤销假释，若漏罪尚未超过追诉时效，则只能单独追究该漏罪的刑事责任，不得数罪并罚。因为数罪并罚对漏罪进行并罚的前提条件是，漏罪的发现是在判决宣告以后、刑罚执行完毕以前。撤销假释的法定情形之一是，在假释考验期限内发现漏罪。因此，假释考验期满视为刑法已经执行完毕，此后才发现漏罪的，不符合数罪并罚的时限条件和撤销假释的条件，因此，只能对漏罪进行处罚，不影响原先假释的效力。可见，D 项表述错误。

4. ABD

【精解】根据我国《刑法》第 26 条第 2 款的规定，三人以上为共同实施犯罪而组成的较为固定的犯罪组织，是犯罪集团。构成犯罪集团的条件有：(1) 主体上，必须是三个以上具有刑事责任能力的自然人；(2) 主观方面，必须以共同犯罪为目的；(3) 客观方面，形成了较为稳定的犯罪组织。故选 A、B、D 项。值得注意的是，应当将犯罪集团和黑社会性质的组织加以区别。

5. ABCD

【精解】根据《刑法》第 309 条的规定，扰乱法庭秩序罪的法定行为方式有：(1) 聚众哄闹、冲击法庭的；(2) 殴打司法工作人员或者诉讼参与人的；(3) 侮辱、诽谤、威胁司法工作人员或者诉讼参与人，不听法庭制止，严重扰乱法庭秩序的；(4) 有毁坏法庭设施，抢夺、损毁诉讼文书、证据等扰乱法庭秩序行为，情节严重的。本罪是结果犯，行为人实施前述行为，还必须“严重”扰乱法庭秩序。

6. ABCD

【精解】根据《刑法》第 338 条的规定，违反国家规定，排放、倾倒或者处置有放射性的废物、含传染病病原体的废物、有毒物质或者其他有害物质，严重污染环境的，构成污染环境罪。故应当选择 A、B、C、D 项。

7. BC

【精解】根据《刑法》第 263 条的规定，抢劫致人重伤、死亡属于抢劫罪的加重处罚情节。抢劫致人重伤、死亡不仅包括使用暴力过失致人重伤、死亡，而且也包括为劫取他人财物当场故意重伤他人或当场故意杀死他人，即抢劫罪的“暴力方法”包括以暴力杀人的方法，这种情况下，杀人作为暴力的具体体现，属于抢劫罪的方法行为，直接定抢劫罪，死亡作为抢劫罪的结果加重犯处理。据此，B、C 项构成抢劫罪一罪，选 B、C 项。A 项表述中，甲先将仇人杀死，已经成立故意杀人罪之后，临时起意取财的，应成立故意杀人罪和盗窃罪，应当数罪并罚，故不选 A 项。D 项表述中，甲在实施抢劫之后，为防止被害人报案，杀死被害人的行为构成故意杀人罪，应与抢劫罪数罪并罚，故不选 D 项。

8. ABC

【精解】根据《刑法》第75条的规定，应当选择A、B项。根据《刑法》第72条第2款的规定，对于被判处缓刑的犯罪分子，人民法院可以根据犯罪情况，同时判令犯罪分子不得从事特定活动，不得进入特定区域、场所，不得接触特定的人。这是对缓刑制度新的完善，可以有针对性地对犯罪分子进行管束，比如，对于幼女有性侵犯倾向的犯罪分子，可以判令其不得接触幼女，从而预防其犯罪。故应当选择C项。至于D项，属于被判处管制的犯罪分子应当承担的义务，故应当排除D项。

9. BCD

【精解】根据1998年最高人民法院《关于审理非法出版物刑事案件具体应用法律若干问题的解释》的规定，违反国家规定，出版、印刷、复制、发行严重危害社会秩序和扰乱市场秩序的非法出版物（构成其他较重犯罪的除外），情节严重的，以非法经营罪论处。但是，根据2007年最高人民法院、最高人民检察院《关于办理侵犯知识产权刑事案件具体应用法律若干问题的解释（二）》第2条第3款规定，非法出版、复制、发行他人作品，侵犯著作权构成犯罪的，按照侵犯著作权罪定罪处罚。针对同一事项，根据新的司法解释优先于旧的司法解释适用的原则，对于A项表述的情形，应当适用新的司法解释的规定。换言之，对于A项表述的行为，即使触犯了非法经营罪，也不再以非法经营罪定罪处罚，而应当以侵犯著作权罪定罪处罚，故不选A项。根据最高人民法院、最高人民检察院《关于办理妨害信用卡管理刑事案件具体应用法律若干问题的解释》的规定，违反国家规定，使用销售点终端机具（POS机）等方法，以虚构交易、虚开价格、现金退货等方式向信用卡持卡人直接支付现金，情节严重的，以非法经营罪定罪处罚。据此，B项表述构成非法经营罪，选B项。根据最高人民法院、最高人民检察院、公安部、司法部《关于办理非法放贷刑事案件若干问题的意见》的规定，违反国家规定，未经监管部门批准，或者超越经营范围，以营利为目的，经常性地向社会不特定对象发放贷款，扰乱金融市场秩序，情节严重的，依照非法经营罪定罪处罚。据此，C项表述构成非法经营罪，选C项。根据最高人民法院、最高人民检察院、公安部《关于办理利用赌博机开设赌场案件适用法律若干问题的意见》的规定，以提供给他人开设赌场为目的，违反国家规定，非法生产、销售具有退币、退分、退钢珠等赌博功能的电子游戏设施设备或者其专用软件，情节严重的，以非法经营罪论处。据此，D项表述构成非法经营罪，选D项。

10. ACD

【精解】知悉国家秘密的国家机关工作人员为境外组织非法提供国家秘密的，既符合故意泄露国家秘密罪的构成要件，也符合为境外非法提供国家秘密、情报罪的构成要件，即一个行为触犯两个不同的罪名，成立想象竞合犯。而为境外非法提供国家秘密、情报罪为重罪，所以应当以为境外非法提供国家秘密、情报罪一罪定罪处罚。故选A、C、D项。

单元十

1. 下列关于传播性病罪的说法，错误的有（　　）。

A. 某甲明知自己患有梅毒而多次卖淫的，构成传播性病罪

B. 某乙明知自己患有淋病而强奸他人的，构成传播性病罪

C. 某丙为了报复将与自己分手的情人张某，明知自己患有艾滋病而与张某发生性关系，并导致张某被感染艾滋病的，构成传播性病罪

D. 某丁明知自己患有严重性病而多次容留他人卖淫的，构成传播性病罪

2. 正当防卫成立的条件是（　　）。

A. 必须有危害社会的不法侵害行为发生

B. 防卫行为必须是为了使合法权益免受不法侵害而实施

C. 防卫行为针对不法侵害者本人及其亲属实施

D. 防卫行为不能明显超过必要限度造成重大损害

3. 刘某以出卖为目的偷盗一名男童，得手后因未找到买主，就产生了自己抚养的想法。在抚养过程中，因男童日夜啼哭，刘某便将男童送回家中。关于刘某的行为，下列说法错误的是(　　)。

A. 构成拐卖儿童罪　　B. 构成绑架罪

C. 属于拐卖儿童罪未遂　　D. 属于拐卖儿童罪中止

4. 下列选项中，符合犯罪故意认识因素中"明知"认定的是(　　)。

A. 成立掩饰、隐瞒犯罪所得罪，要求行为人明知自己掩饰、隐瞒的是犯罪所得

B. 成立徇私枉法罪，要求行为人认识到自己是司法工作人员

C. 成立故意杀人罪，要求行为人明知自己的行为属于杀人行为

D. 成立非法狩猎罪，要求行为人明知在禁猎期内禁止捕猎

5. 下列说法错误的是(　　)。

A. 过失犯罪原则上以造成后果为前提，否则不构成犯罪

B. 医生让不知情的护士为病人注射毒药，对医生来说，是一种不作为犯罪

C. 甲骂乙，致乙因气愤而心脏病发作死亡。甲的行为与乙的死亡没有因果关系，因甲不知道乙有心脏病

D. 发表言论绝对不可能构成犯罪

6. 下列关于单位犯罪的有关说法，正确的有(　　)。

A. 甲系某企业总经理，该企业经研究决定，为了减少企业支出，增加企业利润，由甲组织企业电工偷电，共计偷电 10 万度。该企业不构成盗窃罪，甲构成盗窃罪

B. 某县交通局共逃避缴纳税款 50 万元，占应当缴纳税款的 30%。由于县交通局是国家机关，不能成为犯罪主体，所以交通局不构成犯罪

C. 乙系某公司总经理，该公司决定走私石油，由乙具体负责。乙和该公司都构成走私普通货物、物品罪，且乙和该公司是共同犯罪

D. 丙系某工厂厂长，该厂非法倒卖香烟。丙自动投案，如实供述工厂倒卖香烟的犯罪事实，丙构成自首，该工厂也是自首

7. 关于抢劫罪的定性，下列说法正确的是(　　)。

A. 甲欲进王某家盗窃，正撬门时，路人李某经过，甲误以为李某是王某，会阻止自己盗窃，将李某打昏，再从王某家窃走财物。甲构成抢劫既遂

B. 乙潜入周某家盗窃，正欲离开时，周某回家，进屋将乙堵在卧室内。乙掏出凶器对周某恐吓，迫使周某让其携带财物离开。乙构成入户抢劫

C. 丙窃取刘某汽车时被发现，驾刘某的汽车逃跑，刘某乘出租车追赶。途遇路人陈某过马路，丙也未减速，将陈某撞成重伤。丙构成抢劫致人重伤

D. 丁抢夺张某财物后逃跑，为阻止张某追赶，出于杀害故意向张某开枪射击。子弹未击中张某，但击中路人汪某，致其死亡。丁构成抢劫致人死亡

8. 甲与乙素有积怨，得知乙持铁棍向其父挑衅后，便前往乙家滋事。因乙不在家，甲返回途中从路过的丁家取了一把菜刀藏于身后。乙闻讯赶至并持铁棍打甲，甲即持菜刀与乙对打，砍伤乙左手腕关节（轻伤），甲也被随后赶至的乙之女儿丙砍伤。甲在住院治疗期间委托其姐向公安机关投案。在庭审中，甲辩解是在受到乙一家围攻殴打时才拔刀还击的，属于正当防卫。甲的行为(　　)。

A. 成立正当防卫，不构成犯罪

B. 属于故意伤害罪

C. 成立自首

D. 属于故意伤害罪，成立防卫过当，应当减轻、免除处罚

9. 下列行为中应当以贪污罪定罪处罚的是(　　)。

A. 某省副省长赵某在国内公务活动中接受大量礼物，依照国家规定应当交公而不交公

B. 国有保险公司工作人员钱某利用职务上的便利，故意编造未曾发生的保险事故进行虚假理赔，骗取保险金归自己所有

C. 县教育局局长孙某为购房挪用公款 20 万元后，采取销毁有关账目的手段，使所挪用的公款已难以在单位账目上反映出来，且没有归还行为

D. 市财政局局长李某挪用公款后，携带挪用的全部公款潜逃

10. 挪用公款给他人使用的，使用人在下列何种情况下，构成挪用公款罪的共犯？（　　）

A. 知道是挪用的公款仍然使用　　　B. 指使挪用人挪用公款

C. 应当知道其使用的是挪用款　　　D. 参与策划取得挪用款

单元十答案与精解

1. BCD

【精解】《刑法》第 360 条规定，明知自己患有梅毒、淋病等严重性病卖淫、嫖娼的，处 5 年以下有期徒刑、拘役或者管制，并处罚金。故应当排除 A 项。B 项中，某乙的行为构成强奸罪，故应当选择 B 项。C 项中，某丙有明确的伤害张某的故意，又存在故意伤害他人身体的结果，按照故意伤害罪定罪处罚更能体现罪责刑相适应原则，故应当选择 C 项。D 项中，某丁自己患病，不会因为容留他人卖淫而产生传播性病的危险，故应当选择 D 项。

2. ABD

【精解】正当防卫是指为了公共利益、本人或者他人的人身或其他权利免受正在进行的不法侵害，而对实施侵害的人所采取的合理的防卫行为。正当防卫的成立条件有：(1) 起因条件：有不法侵害行为发生。(2) 时间条件：只能对正在进行的不法侵害进行防卫。(3) 对象条件：防卫行为必须是针对不法侵害者本人实行。(4) 主观条件：防卫必须是基于保护合法权利免受不法侵害的目的。(5) 限度条件：正当防卫不能明显超过必要限度造成重大损害。C 项认为“对不法侵害人的亲属也可以进行防卫”的说法不符合正当防卫成立的对象条件，是错误的，不选 C 项，选 A、B、D 项。

3. BCD

【精解】刘某以出卖为目的偷盗儿童，其行为构成拐卖儿童罪，而不是绑架罪。拐卖妇女、儿童罪是行为犯，只要行为人将拐卖行为实施完毕就构成既遂，不可能再出现犯罪未遂、中止的情形。故应当选 B、C、D 项。

4. ACD

【精解】在犯罪故意中，明知的范围仅限于对诸客观事实的认识，具体而言，“明知”（认识）的范围包括：(1) 对行为、结果以及它们之间的因果关系这样的客观事实的明确认识以及对行为对象（犯罪对象）的认识，就是对犯罪构成事实所属情况的认识。(2) 对行为及其结果具有社会危害性的认识。此外，某些犯罪的故意还要求行为人认识到刑法规定的特定事实，如特定的行为时间、地点、方法、手段等。备选项中，A 项表述的“犯罪所得”属于客观事实中的犯罪对象；C 项表述的“杀人行为”是客观事实中的行为；D 项表述的“禁猎期”是客观事实中的犯罪时间。可见，选 A、C、D 项。需要注意的是，特定的时间、地点和方法，只有在其属于犯罪构成客观方面的必备要素时，才属于故意犯罪认识的范围，如果犯罪的时间、地点和方法对犯罪构成没有影响，则不属于故意犯罪的认识范围。至于 B 项表述的“司法工作人员”，并非属于客观事实，而是犯罪主体，不属于犯罪故意的认识内容，故不选 B 项。

5. BCD

【精解】在我国刑法中，过失犯罪的成立以特定的危害结果的发生作为必要条件。B 项中，医生违反了禁止杀人的刑法规范，不是不作为犯罪，而是作为犯罪。由于该护士没有罪过，只是被医生利用的工具，所以对于医生按照间接正犯处理。C 项中，甲的行为引起了乙的死亡，所以甲的行为

与乙的死亡之间存在着因果关系。发表言论本身也是行为，是可以成立犯罪的，例如煽动分裂国家罪。

6. AD

【精解】在A项中，单位犯罪以有法律明确规定为前提条件。刑法没有将单位规定为盗窃罪的犯罪主体，故单位不可能构成盗窃罪。单位虽然不构成盗窃罪，但是甲组织他人窃电，完全符合盗窃罪的构成要件，故甲构成盗窃罪。故应当选A项。在B项中，根据《刑法》第30条的规定，公司、企业、事业单位、机关、团体都可以成为单位犯罪的主体，国家机关也是机关的一种，故交通局可以成为单位犯罪的主体。应排除B项。在C项中，单位犯罪是一个犯罪主体，两个处罚对象，对乙进行处罚，是因为乙是公司的总经理，是单位犯罪的直接负责的主管人员，而不是因为乙和公司是共同犯罪关系。应当排除C项。在D项中，根据有关司法解释，单位主要负责人自首的，应当视为单位自首。故应当选D项。

7. BD

【精解】A项表述中，甲不构成抢劫罪既遂。这是因为，构成抢劫罪既遂，要求压制被害人反抗与取得财物之间存在因果关系，而李某系路人，不是财物的所有者或者看护人，即便不将李某打昏，也不妨碍甲取得财物。既然甲不属于实施暴力压制被害人的反抗进而取得被害人的财物，甲的取财结果与甲的暴力行为之间不存在因果关系，甲就不构成抢劫罪既遂，甲的行为仍然是盗窃罪既遂。可见，A项表述错误，不选A项。B项表述中，乙构成入户抢劫。这是因为，入户抢劫不仅要求实施强制手段的行为人位于室内，也要求被害人位于室内，事后抢劫（转化型抢劫）的场合也是如此。乙在实施强制手段时位于室内，被害人周某也身处室内，故应认定乙构成入户抢劫。B项表述的情形也可以简单地理解为携带凶器入户盗窃转化为入户抢劫（转化型抢劫）。可见，B项定性正确，选B项。C项表述中，丙不构成抢劫罪致人重伤。这是因为，在事后抢劫的场合，暴力的对象为财物的所有人、看护人或者意图阻止财产犯罪的人员。路人陈某无意阻止丙的盗窃行为，不是事后抢劫中暴力的适格对象，故丙将其撞伤的行为不构成事后抢劫，自然就不存在抢劫致人重伤的问题。可见，C项定性错误，不选C项。在D项中，丁抢夺张某财物后为阻止张某而杀人，该行为符合事后抢劫的成立要件，构成抢劫罪。在客观上，是丁开枪这一抢劫性质的行为造成了路人汪某的死亡。在主观上，丁本想打死张某，但实际上打死的是路人汪某，这是事实认识错误中的打击错误。根据法定符合说，对汪某的死亡可认定丁具有故意，而抢劫致人死亡的情形既包括在劫取财物过程中，为制服被害人反抗而故意杀人，也包括过失致人死亡的情形。总之，丁构成抢劫致人死亡。可见，D项定性正确，选D项。

8. BC

【精解】这道题考查的是相互斗殴和自首。相互斗殴是指参与者在其主观上的不法侵害故意的支配下，实施的具有连续性的互相侵害行为。相互斗殴的双方主观上都有侵害对方的故意，客观上都实施了侵害对方的行为，双方都不得主张正当防卫。可见，选B项，不选A项。自首是指自动投案，如实供述自己罪行的行为。根据最高人民法院《关于处理自首和立功具体应用法律若干问题的解释》第1条的规定，犯罪嫌疑人因病、伤或者为了减轻犯罪后果，委托他人先代为投案的，视为自动投案。据此，甲在住院治疗期间委托其姐向公安机关投案，属于自动投案。甲承认持菜刀砍伤乙的事实就可认为如实供述。此外，甲称自己属于正当防卫，属于对“行为性质”的辩解，对基本事实供述属实但对其性质进行辩解的，不认为不如实供述。总之，甲的行为属于自首，故选C项。成立防卫过当的前提是存在防卫行为，甲的行为不是正当防卫，自然也就不是防卫过当，故不选D项。

9. ABCD

【精解】根据《刑法》第394条的规定，国家工作人员在国内公务活动或者对外交往中接受礼物，依照国家规定应当交公而不交公，数额较大的，以贪污罪定罪处罚。据此，A项表述构成贪污罪，选A项。根据《刑法》第183条第2款的规定，国有保险公司工作人员和国有保险公司委派到非国有保险公司从事公务的人员有前款行为的，依照贪污罪定罪处罚。据此，选B项。《全国法院审理经济犯罪案件工作座谈会纪要》指出，行为人挪用公款后采取虚假发票平账、销毁有关账目等手段，使所挪用的公款已难以在单位财务账目上反映出来，且没有归还行为的，应当以贪污罪定罪处罚。据此，选C项。《全国法院审理经济犯罪案件工作座谈会纪要》指出，行为人"携带挪用的公款潜逃的"，对其携带挪用的公款部分，以贪污罪定罪处罚。据此，选D项。

10. BD

【精解】成立共同犯罪的前提条件是行为人之间要有挪用公款的共同犯罪的故意。只有在指使和参与策划的情况下，使用人才可能与挪用人具有挪用公款的共同故意。故选B、D项。

第三章

简答题

单元一

1. 简述刑法中因果关系的特点。

2. 简述单位犯罪的概念和成立条件。

3. 简述对有影响力的人行贿罪的概念和构成要件。

单元一答案要点

1. (1) 客观性。危害行为与危害结果之间的因果关系是不以人的主观意志为转移的客观存在。

(2) 相对性。在社会生活中各种现象普遍存在联系，这种现象相对于被它引起的结果而言是原因，而它本身又是被某种现象引起的结果，由此形成无数的因果环节。

(3) 必然性。因果关系一般表现为两种现象之间有内在的、必然的、合乎规律的引起与被引起的关系。这是因果关系基本和主要的表现形式。

(4) 复杂性。因果关系会呈现出一果多因或者一因多果的复杂状态。

2. 单位犯罪是指公司、企业、事业单位、机关、团体实施的依法应当承担刑事责任的危害社会的行为。

单位犯罪的成立条件有：

(1) 主体要件。单位犯罪的主体包括公司、企业、事业单位、机关和团体，既包括国有、集体所有的公司、企业、事业单位，也包括依法设立的合资经营、合作经营企业和具有法人资格的独资、私营等公司、企业、事业单位。

(2) 法定要件。单位犯罪只有法律明文规定的，才负刑事责任。单位犯罪，以刑法分则有明文规定的为限。

3. 对有影响力的人行贿罪是指为谋取不正当利益，向国家工作人员的近亲属或者其他与该国家工作人员关系密切的人，或者向离职的国家工作人员或者其近亲属以及其他与其关系密切的人行贿的行为。

对有影响力的人行贿罪的构成要件有：

(1) 侵犯的客体是国家工作人员职务行为的廉洁性。

(2) 客观方面表现为行为人为谋取不正当利益，向国家工作人员的近亲属或者其他与该国家工作人员关系密切的人，或者向离职的国家工作人员或者其近亲属以及其他与其关系密切的人行贿的行为。

(3) 犯罪主体是自然人，单位也可以成为本罪的主体。

(4) 主观方面表现为故意，并具有谋取不正当利益的目的。

单元二

1. 简述罪刑法定原则的基本内容和体现。
2. 简述继续犯的构成要件。
3. 简述不解救被拐卖、绑架妇女、儿童罪的构成要件。

单元二答案要点

1. (1) 刑法规定，法律明文规定为犯罪行为的，依照法律定罪处刑；法律没有明文规定为犯罪行为的，不得定罪处刑。罪刑法定原则的基本内容有：①法定化，即犯罪和刑罚必须事先由法律明文规定。②反对事后法。犯罪行为发生之后生效的法律，对其生效前发生的犯罪行为，只有在处罚轻于犯罪行为发生时生效的法律的场合才能适用。③反对类推。类推违反罪刑法定原则。④禁止绝对不确定的刑罚。绝对不确定的刑罚违反罪刑法定原则。⑤明确化，即对于什么行为是犯罪以及犯罪行为所产生的法律后果，都必须作出具体规定，并用文字表述清楚。⑥合理化，即罪刑法定原则要求合理确定犯罪的范围和惩罚的程度，防止滥施刑罚，禁止采用过分、残酷的刑罚。

(2) 罪刑法定原则主要体现在：①在刑事立法方面，刑法总则规定了犯罪的一般定义、共同构成要件、刑罚的种类、刑罚运用的具体制度等；刑法分则明确规定了各种具体犯罪的构成要件及其法定刑，为正确定罪量刑提供明确、完备的法律标准。②在刑事司法上，废除了刑事司法类推制度，要求司法机关严格解释和适用刑法，依法定罪处刑。

2. (1) 一个犯罪故意。

(2) 侵犯同一客体（法益或社会关系）。

(3) 犯罪行为能够对客体形成持续、不间断的侵害。

(4) 犯罪完成、造成不法状态后，行为仍能继续影响不法状态，使客体遭受持续侵害。

3. (1) 侵犯的客体是国家机关的正常管理活动和妇女、儿童的人身自由权利。

(2) 客观方面表现为，接到被拐卖、绑架的妇女、儿童及其家属的解救要求或者接到其他人的举报，而对被拐卖、绑架的妇女、儿童不进行解救，造成严重后果的行为。

(3) 犯罪主体是特殊主体，即对被拐卖、绑架的妇女、儿童负有解救职责的国家机关工作人员。

(4) 主观方面表现为故意，且要求行为人必须对妇女、儿童被拐卖、绑架的事实存在明知。

单元三

1. 简述我国刑法所规定的共同犯罪人的刑事责任。
2. 简述法定情节的种类。
3. 简述抢劫罪与绑架罪的界限。

单元三答案要点

1. 根据我国刑法的规定，共同犯罪人分为主犯、从犯、胁从犯和教唆犯。

(1) 主犯是指组织、领导犯罪集团进行犯罪活动或者在共同犯罪中起主要作用的犯罪分子。对犯罪集团的首要分子，按照集团所犯的全部罪行处罚。对其他主犯，应当按照其所参与或者组织、指挥的全部犯罪处罚。

（2）从犯是指在共同犯罪中起次要或者辅助作用的犯罪分子。对于从犯，应当从轻、减轻或者免除处罚。

（3）胁从犯是指被胁迫参加共同犯罪的犯罪分子。对于胁从犯，应当按照他的犯罪情节减轻或者免除处罚。

（4）教唆犯是指故意唆使他人犯罪的犯罪分子。对于教唆犯，应当按照他在共同犯罪中所起的作用处罚。

2.（1）从轻处罚。从轻处罚是指在法定刑幅度内选择判处比没有该情节的类似犯罪相对较轻的刑种或刑期。

（2）从重处罚。从重处罚是指在法定刑幅度内选择判处比没有该情节的类似犯罪相对较轻的刑种或刑期。

（3）减轻处罚。减轻处罚是指在法定刑以下判处刑罚；刑法规定有数个量刑幅度的，应当在法定量刑幅度的下一个量刑幅度内判处刑罚。

（4）免除处罚。免除处罚是对犯罪分子作有罪宣告，但免除其刑罚处罚。

3.（1）主观方面不尽相同。抢劫罪中，行为人一般出于非法占有他人财物的故意实施抢劫行为；绑架罪中，行为人既可能为勒索他人财物而实施绑架行为，也可能出于其他非经济目的实施绑架行为。

（2）行为手段不尽相同。抢劫罪表现为行为人劫取财物一般应在同一时间、同一地点，具有“当场性”；绑架罪表现为行为人以杀害、伤害等方式向被绑架人的亲属或其他人或单位发出威胁，索取赎金或提出其他非法要求，劫取财物一般不具有“当场性”。

单元四

1. 简述对事实认识错误的处理方法。
2. 简述特别累犯的构成条件。
3. 简述虚假诉讼罪的概念和构成要件。

单元四答案要点

1.（1）对事实认识错误，通常采取“法定符合说”，认定行为人的罪责。按照“法定符合说”，行为人预想事实与实际发生的事实法律性质上是相同的，不能阻却行为人对因错误而发生的危害结果承担故意的责任。

（2）对于客体错误，按照行为人意图侵犯的客体定罪。

（3）对于对象认识错误的，行为人的行为没有超出同一犯罪构成所侵犯对象的范围，也没有使犯罪客体的性质发生变化，因此对象认识错误不影响对行为性质的认定。

（4）对于手段认识错误的，由于该种错误并未造成任何非预想的犯罪结果，故不影响罪过的性质。

（5）对行为偏差，假如预想打击的目标与实际打击的目标在法律规定的范围内一致，不妨碍行为人对误击的目标承担故意罪责；假如在法律规定的范围内不一致，则阻却对误击的目标承担故意的罪责。

（6）对于因果关系认识错误的，不影响定罪量刑。

2.（1）前罪与后罪为危害国家安全犯罪、恐怖活动犯罪、黑社会性质的组织犯罪的任一类犯罪。

（2）前罪被判处的刑罚和后罪应判处的刑罚的种类及其轻重不受限制。

（3）因危害国家安全犯罪、恐怖活动犯罪、黑社会性质的组织犯罪的任一类犯罪被判处刑罚，在刑罚执行完毕或者赦免以后的任何时候，再犯危害国家安全罪、恐怖活动犯罪、黑社会性质的组织犯罪的任一类犯罪，就构成特别累犯。

3. 虚假诉讼罪是指以捏造的事实提起民事诉讼，妨害司法秩序或者严重侵害他人合法权益的行为。

虚假诉讼罪的构成要件有：

（1）侵犯的客体是司法秩序和他人的合法权益。

（2）客观方面表现为以捏造的事实提起民事诉讼，妨害司法秩序或者严重侵害他人合法权益的行为。

（3）犯罪主体包括自然人和单位。

（4）主观方面表现为故意。

单元五

1. 简述犯罪过失的概念及过失犯罪的刑事责任。
2. 简述我国刑法规定的数罪并罚中并科原则的适用。
3. 简述强制猥亵、侮辱罪的概念和构成要件。

单元五答案要点

1. 犯罪过失是指行为人应当预见自己的行为可能发生危害社会的结果，因为疏忽大意而没有预见或者已经预见而轻信能够避免的心理态度。

过失犯罪的刑事责任是：

（1）对过失犯罪，法律有规定的才负刑事责任。这意味着刑法分则各条规定的犯罪，在没有特别说明的情况下，其主观罪过形式当然是故意，并且不能理解为当然包括过失。只有当法律条文明示该条之罪的罪过形式是过失或者包括过失，过失才可能构成犯罪，承担刑事责任。这充分显示刑法以惩罚故意犯罪为主，以惩罚过失犯罪为例外。

（2）对过失行为，只有造成严重后果的才负刑事责任。刑法所规定的过失犯罪有一个明显的共同点，就是必须以造成法定的严重后果为构成要件。换言之，刑法规定的过失犯罪只有完成形态并且只处罚完成形态。与此形成鲜明对比的是，刑法不仅处罚故意犯罪完成形态，而且处罚其未完成形态。

2.（1）数罪中有判处有期徒刑和管制，或者拘役和管制的，有期徒刑、拘役执行完毕后，管制仍须执行。

（2）数罪中有判处附加刑的，附加刑仍须执行，其中附加刑种类相同的，合并执行，种类不同的，分别执行。

3. 强制猥亵、侮辱罪是指违背他人意志，以暴力、胁迫或者其他方法强制猥亵他人或者侮辱妇女的行为。

强制猥亵、侮辱罪的构成要件有：

（1）侵犯客体是他人的人格、名誉权利。

（2）客观方面表现为行为人违背他人意志，以暴力、胁迫或者其他方法使他人处于不能抗拒、不敢抗拒或者不知抗拒的状态而强制猥亵他人或侮辱妇女的行为。

（3）犯罪主体是一般主体。

（4）主观方面表现为故意，其中对妇女不具有奸淫的目的。其动机通常是寻求性刺激。

单元六

1. 简述直接故意与间接故意的界限。
2. 简述危险作业罪的客观方面。
3. 简述盗窃罪与侵占罪的界限。

单元六答案要点

1. （1）从认识因素看，二者对危害结果发生的认识程度不同。在直接故意的情况下，行为人认识到危害结果发生的可能性或者必然性；在间接故意的情况下，行为人认识到危害结果发生的可能性。假如行为人认识到危害结果发生的必然性还执意为之造成该结果，合理的认定是行为人对该结果持希望态度，具有直接故意。

（2）从意志因素看，二者对危害结果发生的态度明显不同。直接故意是希望这种危害社会结果的发生，对结果是积极追求的态度；间接故意则是放任这种危害社会结果的发生，不是积极追求的态度，而是任凭事态发展。

（3）特定的危害结果是否发生对二者具有不同的意义。在直接故意的场合，即使追求的特定危害结果没有实际发生，通常应当追究预备、未遂的罪责；在间接故意的场合，如果没有实际发生特定危害结果，就无所谓犯罪的成立。

2. （1）关闭、破坏直接关系生产安全的监控、报警、防护、救生设备、设施，或者篡改、隐瞒、销毁其相关数据、信息的。

（2）因存在重大事故隐患被依法责令停产停业、停止施工、停止使用有关设备、设施、场所或者立即采取排除危险的整改措施，而拒不执行的。

（3）涉及安全生产的事项未经依法批准或者许可，擅自从事矿山开采、金属冶炼、建筑施工，以及危险物品生产、经营、储存等高度危险的生产作业活动的。

3. （1）犯罪故意产生的时间不同。侵占罪的行为人在占有公私财物之后才产生犯罪故意，产生非法占有公私财物的目的；盗窃罪的行为人是在占有财物之前就产生了非法占有他人财物的目的。

（2）犯罪对象不尽相同。侵占罪的对象是行为人业已占有的公私财物，公私财物已经在行为人的控制之下；盗窃罪的对象则是他人所有、管理、持有的公私财物，公私财物在被害人的控制之下。

（3）客观方面不尽相同。侵占罪客观方面表现为侵占行为，即将自己控制下的公私财物非法占有；盗窃罪客观方面表现为秘密窃取行为，行为人采取自以为不会被财物的所有人、保管人、看护人、持有人等发觉的方法窃取财物。

（4）侵占罪是亲告罪；盗窃罪不是亲告罪。

单元七

1. 简述吸收犯的概念和成立条件。
2. 简述妨害药品管理罪的客观表现。
3. 简述侵占罪与职务侵占罪的界限。

单元七答案要点

1. 吸收犯是指一个犯罪行为因为是另一个犯罪行为的必经阶段、组成部分、当然结果，而被另一个犯罪行为吸收的情况。

吸收犯的成立条件有：

（1）有数个危害行为。如果行为人只实施了一个犯罪行为，不构成吸收犯。

（2）犯数罪。行为人的行为触犯数个罪名，触犯一个罪名的不构成吸收犯。

（3）犯不同种数罪。行为人实施的数个行为分别属于不同性质的、具有独立犯罪构成的犯罪行为。

（4）其中的一个行为吸收其他行为。数个犯罪行为之间必须存在吸收关系才能认定为吸收犯。吸收关系来自行为之间的发展、更替或者派生的关系。

（5）吸收犯属于实际的数罪、处断的一罪。

2.（1）生产、销售国务院药品监督管理部门禁止使用的药品的。

（2）未取得药品批准证明文件生产、进口药品或者明知是上述药品而销售的。

（3）药品申请注册中提供虚假的证明、数据、资料、样品或者采取其他欺骗手段的。

（4）编造生产、检验记录的。

3.（1）犯罪客观行为方式不同。职务侵占罪表现为利用职务上的便利，将本单位的财物非法占有；侵占罪表现为将他人的财物占为己有，其占有与职务上的便利无关。

（2）犯罪行为对象不同。职务侵占罪的对象是行为人所在公司、企业等单位的财物；侵占罪的对象则是行为人代为保管的他人财物、行为人拾得的他人遗忘物或者发掘的埋藏物。

（3）犯罪主体不同。职务侵占罪的主体是特殊主体，即公司、企业或者其他单位的人员；侵占罪的主体是一般主体。

（4）侵占罪是告诉的才处理；职务侵占罪不是告诉的才处理。

单元八

1. 简述减刑的概念和条件。

2. 简述无罪过事件的情形。

3. 简述妨害作证罪的构成要件。

单元八答案要点

1. 减刑是指被判处管制、拘役、有期徒刑或者无期徒刑的犯罪分子，因其在刑罚执行期间认真遵守监规，接受教育改造，确有悔改表现或者立功表现，而适当减轻其原判刑罚的制度。

减刑的条件有：

（1）对象条件。减刑只适用于被判处管制、拘役、有期徒刑、无期徒刑的犯罪分子。

（2）实质条件。可以减刑的实质条件是，犯罪分子在刑罚执行期间认真遵守监规，接受教育改造，确有悔改表现，或者有立功表现。应当减刑的实质条件是，犯罪分子在执行期间有重大立功表现。

（3）限度条件。减刑后实际执行的刑期，判处管制、拘役、有期徒刑的，不能少于原判刑期的1/2；判处无期徒刑的，不能少于13年；对于死缓犯，缓期执行期满后依法减为无期徒刑的，不能少于25年，缓期执行期满后依法减为25年有期徒刑的，不能少于20年。

2. (1) 意外事件，是指行为在客观上虽然造成了损害结果，但是不是出于故意或者过失，而是由于不能预见的原因所引起的而不构成犯罪的情形。

(2) 不可抗力，是指行为在客观上虽然造成了损害结果，但不是出于故意或者过失，而是由于不能抗拒的原因所引起的而不构成犯罪的情形。

(3) 期待可能性，是指在行为人实施犯罪的具体场合，期待其实施适法行为而不实施违法行为的可能性。

3. 妨害作证罪，是指以暴力、威胁、贿买等方法阻止证人作证或者指使他人作伪证的行为。

妨害作证罪的构成要件有：

(1) 本罪的客体是国家司法机关正常的诉讼秩序和司法活动的客观公正性。

(2) 客观方面表现为以暴力、威胁、贿买等方法阻止证人作证或者指使他人作伪证的行为。

(3) 犯罪主体是一般主体即自然人。

(4) 主观方面表现为故意。

单元九

1. 简述假释的限制条件。
2. 简述袭警罪的构成要件。
3. 简述抢劫罪与敲诈勒索罪的界限。

单元九答案要点

1. (1) 被判处有期徒刑的犯罪分子，执行原判刑期 1/2 以上，被判处无期徒刑的犯罪分子，实际执行 13 年以上，才可以适用假释。如果有特殊情况，经最高人民法院核准，可以不受上述执行刑期的限制。

(2) 对累犯以及因故意杀人、强奸、抢劫、绑架、放火、爆炸、投放危险物质或者有组织的暴力性犯罪被判处 10 年以上有期徒刑、无期徒刑的犯罪分子，不得假释。因前述情形和犯罪被判处死刑缓期执行的罪犯，被减为无期徒刑、有期徒刑后，也不得假释。对犯罪分子决定假释时，应当考虑其假释后对所居住社区的影响。

2. (1) 侵犯的客体是社会管理秩序、警察执法权和警察的人身权利。

(2) 客观方面表现为暴力袭击正在依法执行职务的人民警察，或者使用枪支、管制刀具，或者以驾驶机动车撞击等手段，严重危及其人身安全的行为。

(3) 犯罪主体是一般主体即自然人。

(4) 主观方面表现为故意。

3. (1) 行为的内容不同。抢劫罪以当场实施暴力、暴力相威胁为其行为内容；敲诈勒索罪仅限于威胁，不当场实施暴力，而且威胁的内容不只是暴力，还包括非暴力威胁。

(2) 犯罪的行为方式不同。抢劫罪的威胁当着被害人的面实施，一般是用言语或动作来表示；敲诈勒索罪的威胁可以是当着被害人的面，也可以是通过第三者来实施，可以用口头的方式来表示，也可以通过书信的方式来表示。

(3) 非法取得财物的时间不同。抢劫罪是当场取得财物；敲诈勒索罪可以是当场，也可以是在实施威胁、要挟之后取得他人财物。行为人以暴力相威胁迫使被害人限期交出财物的行为，不应定为抢劫罪，而应当以敲诈勒索罪论处。

(4) 成立犯罪的标准不同。抢劫行为有较大的社会危害性，法律不要求其劫取财物的数额必须达到数额较大才构成犯罪；敲诈勒索行为的社会危害性相对较小，刑法规定以数额较大或者多次敲诈勒索作为构成敲诈勒索罪的必要要件。

单元十

1. 简述危害结果的概念和在定罪量刑中的作用。
2. 简述非法吸收公众存款罪的概念和构成要件。
3. 简述妨害传染病防治罪的客观方面。

单元十答案要点

1. 危害结果是指危害行为对犯罪直接客体造成的实际损害或现实危险状态。

危害结果在定罪量刑中的作用体现在：

(1) 危害结果是某些犯罪成立的必备条件。绝大多数过失犯罪都要求发生法定的物质性危害结果才能构成犯罪，危害结果是绝大多数过失犯罪的必备构成要素；一些故意犯罪把法定危害结果规定为犯罪构成的必备要素。

(2) 危害结果是某些犯罪既遂的必备条件。

(3) 出现某种危害结果作为对犯罪加重法定刑的条件。

(4) 发生某种实际损害的可能性（危险）作为某些犯罪的构成要件或者某些犯罪既遂的条件。

2. 非法吸收公众存款罪是指违反国家金融管理法规，非法吸收公众存款或变相吸收公众存款，扰乱金融秩序的行为。

非法吸收公众存款罪的构成要件有：

(1) 本罪的客体是国家对吸收公众存款的金融管理秩序。

(2) 客观方面表现为非法吸收公众存款或者变相吸收公众存款，扰乱金融秩序的行为。

(3) 犯罪主体是一般主体，包括自然人和单位。

(4) 主观方面表现为故意，且不要求将吸收的存款用于信贷的目的，但必须没有非法占有的目的。

3. (1) 供水单位供应的饮用水不符合国家规定的卫生标准的。

(2) 拒绝按照疾病预防控制机构提出的卫生要求，对被传染病病原体污染的污水、污物、场所和物品进行消毒处理的。

(3) 准许或者纵容传染病病人、病原携带者和疑似传染病病人从事国务院卫生行政部门规定禁止从事的易使该传染病扩散的工作的。

(4) 出售、运输疫区中被传染病病原体污染或者可能被传染病病原体污染的物品，未进行消毒处理的。

(5) 拒绝执行县级以上人民政府、疾病预防控制机构依照传染病防治法提出的预防、控制措施的。

第四章

法条分析题（非法学方向专用）

单元一

1.《刑法》第13条规定："一切危害国家主权、领土完整和安全，分裂国家、颠覆人民民主专政的政权和推翻社会主义制度，破坏社会秩序和经济秩序，侵犯国有财产或者劳动群众集体所有的财产，侵犯公民私人所有的财产，侵犯公民的人身权利、民主权利和其他权利，以及其他危害社会的行为，依照法律应当受刑罚处罚的，都是犯罪，但是情节显著轻微危害不大的，不认为是犯罪。"

请分析：

(1) 概括表述本条规定的犯罪概念。

(2) 根据本条规定说明犯罪有哪些基本特征？

(3) 本条规定"但书"的意义是什么？

2.《刑法》第263条规定："以暴力、胁迫或者其他方法抢劫公私财物的，处三年以上十年以下有期徒刑，并处罚金；有下列情形之一的，处十年以上有期徒刑、无期徒刑或者死刑，并处罚金或者没收财产：

(一) 入户抢劫的；

(二) 在公共交通工具上抢劫的；

(三) 抢劫银行或者其他金融机构的；

(四) 多次抢劫或者抢劫数额巨大的；

(五) 抢劫致人重伤、死亡的；

(六) 冒充军警人员抢劫的；

(七) 持枪抢劫的；

(八) 抢劫军用物资或者抢险、救灾、救济物资的。"

试说明：

(1) 根据犯罪构成理论确认抢劫罪的犯罪构成。

(2) 本条规定中的"其他方法"的含义是什么？

(3) 本条规定中的"入户抢劫"的含义是什么？

(4) 本条规定中的"在公共交通工具上抢劫"的含义是什么？

(5) 什么是"持枪抢劫"？

3.《刑法》第382条规定："国家工作人员利用职务上的便利，侵吞、窃取、骗取或者以其他手段非法占有公共财物的，是贪污罪。

受国家机关、国有公司、企业、事业单位、人民团体委托管理、经营国有财产的人员，利用职务上的便利，侵吞、窃取、骗取或者以其他手段非法占有国有财物的，以贪污论。

与前两款所列人员勾结，伙同贪污的，以共犯论处。"

试说明：

（1）根据犯罪构成原理确定贪污罪的犯罪构成。

（2）什么是“国家工作人员”?

（3）什么是“利用职务上的便利”?

（4）“受国家机关、国有公司、企业、事业单位、人民团体委托管理、经营国有财产的人员”能够成为挪用公款罪的主体吗?

单元一答案要点

1.（1）犯罪是危害社会、依照法律应受刑罚处罚的行为。

（2）犯罪的基本特征有：犯罪是严重危害社会的行为，具有严重的社会危害性；犯罪是触犯刑法的行为，具有刑事违法性；犯罪是应受刑罚惩罚的行为，具有应受刑罚惩罚性。

（3）规定“但书”的意义在于：可以缩小犯罪或刑事处罚的范围，避免给一些轻微的危害行为打上犯罪的标记，有利于行为人改过自新，还可以合理地配置司法资源，集中力量惩罚严重的违法行为——犯罪。

2.（1）抢劫罪的构成特征为：①侵犯客体为复杂客体，即不仅侵犯财产所有权，同时也侵害他人的人身权利。②客观方面表现为行为人对公私财物的所有人、保管人、看护人或者持有人当场使用暴力、胁迫或者其他方法，迫使其立即交出财物或者立即将财物抢走的行为。③犯罪主体是一般主体即自然人，凡年满 14 周岁并具有刑事责任能力的自然人，均可以成为抢劫罪的主体。④主观方面表现为故意，并且具有非法占有公私财物的目的。

（2）“其他方法”是指行为人实施暴力、胁迫方法以外的其他使被害人不知反抗或不能反抗的方法。

（3）“入户抢劫”，是指为实施抢劫行为而进入他人生活的与外界相对隔离的住所，包括进入封闭的院落、牧民的帐篷、渔民作为家庭生活场所的渔船、为生活租用的房屋等进行抢劫的行为。

（4）“在公共交通工具上抢劫”，既包括在从事旅客运输的各种公共汽车、大中型出租车、火车、船只、飞机等正在运营中的机动公共交通工具上对旅客、司售、乘务人员实施的抢劫，也包括对运行途中的机动公共交通工具加以拦截后，对公共交通工具上的人员实施的抢劫。

（5）“持枪抢劫”，是指行为人使用枪支或者向被害人显示持有、佩带的枪支进行抢劫的行为。

3.（1）贪污罪的构成特征为：①侵犯客体是复杂客体，即国家工作人员职务行为的廉洁性和公共财产所有权。②客观方面表现为利用职务上的便利，侵吞、窃取、骗取或者以其他手段非法占有公共财物的行为。③犯罪主体是特殊主体，即国家工作人员和受国家机关、国有公司、企业、事业单位、人民团体委托管理、经营国有财产的人员。④主观方面表现为故意，并且具有非法占有公共财物的目的。

（2）国家工作人员是指国家机关中从事公务的人员。国有公司、企业、事业单位、人民团体中从事公务的人员和国家机关、国有公司、企业、事业单位委派到非国有公司、企业、事业单位、社会团体从事公务的人员，以及其他依照法律从事公务的人员，以国家工作人员论。从事公务是国家工作人员的本质特征。

（3）所谓利用职务上的便利，是指利用职务范围内的权力和地位形成的有利条件，具体表现为主管、保管、出纳、经手等便利条件。利用因工作关系熟悉作案环境、凭工作人员身份便于接近作案目标等与职务无关的便利条件，不属于利用职务上的便利。

（4）“受国家机关、国有公司、企业、事业单位、人民团体委托管理、经营国有财产的人员”是基于《刑法》第 382 条第 2 款的特别规定而成为贪污罪的犯罪主体，但是从其性质上讲不是国家工作人员，所以不能成为挪用公款罪的犯罪主体。

单元二

1.《刑法》第 14 条规定：“明知自己的行为会发生危害社会的结果，并且希望或者放任这种结果发生，因而构成犯罪的，是故意犯罪。

故意犯罪，应当负刑事责任。”

请分析：

(1) 如何认定“明知”的范围?

(2)“希望或者放任这种结果发生”的具体含义是什么?

(3) 本条第 2 款规定的“刑事责任”的含义是什么?

2.《刑法》第 270 条规定：“将代为保管的他人财物非法占为己有，数额较大，拒不退还的，处二年以下有期徒刑、拘役或者罚金；数额巨大或者有其他严重情节的，处二年以上五年以下有期徒刑，并处罚金。

将他人的遗忘物或者埋藏物非法占为己有，数额较大，拒不交出的，依照前款的规定处罚。

本条罪，告诉的才处理。”

试说明：

(1)《刑法》第 270 条的罪名是什么? 该罪中的罚金刑的适用方式是什么?

(2) 根据刑法理论确认该罪的犯罪构成。

(3) 什么是“代为保管的他人财物”?

(4) 什么是“遗忘物”?

(5) 本条规定中的“拒不退还”的含义是什么?

(6) 本条规定中的“告诉的才处理”的含义是什么?

3.《刑法》第 384 条规定：“国家工作人员利用职务上的便利，挪用公款归个人使用，进行非法活动的，或者挪用公款数额较大、进行营利活动的，或者挪用公款数额较大、超过三个月未还的，是挪用公款罪，处五年以下有期徒刑或者拘役；情节严重的，处五年以上有期徒刑。挪用公款数额巨大不退还的，处十年以上有期徒刑或者无期徒刑。

挪用用于救灾、抢险、防汛、优抚、扶贫、移民、救济款物归个人使用的，从重处罚。”

试说明：

(1) 根据犯罪构成理论确认挪用公款罪的犯罪构成。

(2) 本条规定中的“挪用公款归个人使用”的含义是什么?

(3) 本条规定中的“挪用公款数额巨大不退还”的含义是什么?

(4) 甲将公款挪用一段时间后，又携款潜逃。如果你是法官，应当如何处理该案?

单元二答案要点

1. (1)“明知”的范围包括：对行为、结果以及它们之间的因果关系这样的客观事实的明确认识；对行为及其结果具有社会危害性的认识。

(2)“希望这种结果发生”是指行为人对危害结果的积极追求，把它作为自己行为的目的，并采取积极的行动为达到这个目的而努力；“放任这种结果发生”是指听其自然，纵容危害结果的发生，对危害结果的发生虽然不积极追求但也不设法避免。

(3) 刑事责任是指行为人因其犯罪行为所应承受的、代表国家的司法机关根据刑事法律对该行为所作的否定性评价和对行为人进行谴责的责任。

2.（1）《刑法》第270条的罪名是侵占罪。根据《刑法》第270条的规定，侵占罪的罚金刑的适用方式有两种，即选处罚金刑和并处罚金刑。

（2）侵占罪的构成特征为：①侵犯客体为公私财产所有权。②客观方面表现为非法占有代为保管的他人财物或者将他人的遗忘物、埋藏物非法占为己有，数额较大，拒不退还或者拒不交出的行为。③犯罪主体是一般主体，凡是年满16周岁并具有刑事责任能力的人都可以构成侵占罪。④主观方面表现为故意，并且必须具有非法占有的目的。

（3）所谓代为保管的他人财物，是指基于他人的委托代为保管的财物或者根据事实上的管理而被认为是合法持有的财物。

（4）所谓遗忘物，是指所有人或持有人因一时疏忽遗忘于某特定地点或场所但知道该地点或场所的财物。

（5）所谓拒不退还，是指行为人将财物非法占有后，当财物所有人发现并要求其退还时，仍不退还或交出。当然，如果有证据表明行为人主观上具有明显的非法占有的目的，例如行为人有将该财物予以挥霍、变卖等行为，也就足以认定行为人是拒不退还。

（6）所谓告诉的才处理，是指被害人告诉才处理。换言之，没有被害人的控告，司法机关不得主动追究行为人的刑事责任。当然，如果被害人因受强制、威吓无法告诉的，人民检察院和被害人的近亲属也可以告诉。

3.（1）挪用公款罪的构成特征为：①侵犯客体是复杂客体，即国家工作人员职务行为的廉洁性、国家财经管理制度以及公款使用权。②客观方面表现为利用职务上的便利挪用公款归个人使用，进行非法活动，或者挪用公款数额较大、进行营利活动，或者挪用公款数额较大、超过3个月未还的行为。③犯罪主体是特殊主体，即国家工作人员。④主观方面表现为故意，并以归个人使用为目的。

（2）有下列情形之一的，属于挪用公款“归个人使用”：①将公款供本人、亲友或者其他自然人使用的；②以个人名义将公款供其他单位使用的；③个人决定以单位名义将公款供其他单位使用，谋取个人利益的。

（3）“挪用公款数额巨大不退还”是指由于客观上的原因而导致无力偿还公款的情形。

（4）甲将公款挪用一段时间后，又携款潜逃，说明其主观罪过发生了变化，即具有非法占有的目的，应当按照贪污罪定罪处罚。

单元三

1.《刑法》第15条规定：“应当预见自己的行为可能发生危害社会的结果，因为疏忽大意而没有预见，或者已经预见而轻信能够避免，以致发生这种结果的，是过失犯罪。

过失犯罪，法律有规定的才负刑事责任。”

请分析：

（1）如何理解本条第1款规定的“因为疏忽大意而没有预见”？

（2）如何理解本条第1款规定的“轻信能够避免”？

（3）如何理解本条第2款规定？

2.《刑法》第264条规定：“盗窃公私财物，数额较大的，或者多次盗窃、入户盗窃、携带凶器盗窃、扒窃的，处三年以下有期徒刑、拘役或者管制，并处或者单处罚金；数额巨大或者有其他严重情节的，处三年以上十年以下有期徒刑，并处罚金；数额特别巨大或者有其他特别严重情节的，处十年以上有期徒刑或者无期徒刑，并处罚金或者没收财产。”

请回答下列问题：

（1）什么是多次盗窃？

（2）入户盗窃中的“入户”的含义是什么？

（3）携带凶器盗窃的含义是什么？

（4）什么是扒窃？

3.《刑法》第274条规定：“敲诈勒索公私财物，数额较大或者多次敲诈勒索的，处三年以下有期徒刑、拘役或者管制，并处或者单处罚金；数额巨大或者有其他严重情节的，处三年以上十年以下有期徒刑，并处罚金；数额特别巨大或者有其他特别严重情节的，处十年以上有期徒刑，并处罚金”。

请分析：

（1）“敲诈勒索”的含义。

（2）“多次敲诈勒索”的认定。

（3）“并处或者单处罚金”的含义。

单元三答案要点

1.（1）“因为疏忽大意而没有预见”是指按照行为人行为时的认识能力和客观条件，他本该预见到，由于马虎大意、缺乏责任心而未能预见，以致造成危害结果。

（2）“轻信能够避免”是指，一方面，行为人希望和相信能够避免危害结果发生；另一方面，行为人没有确实可靠的客观根据而轻率相信可以避免。

（3）过失犯罪，法律有规定的才负刑事责任，即只有当法律条文明示该条规定之罪的罪过形式是过失或者包括过失，过失才能构成犯罪，承担刑事责任。

2.（1）多次盗窃是指二年内盗窃三次以上的行为。

（2）入户盗窃是指非法进入供他人家庭生活、与外界相对隔离的住所盗窃的行为。

（3）携带凶器盗窃是指携带枪支、爆炸物、管制刀具等国家禁止个人携带的器械盗窃，或者为了实施违法犯罪携带其他足以危害他人人身安全的器械盗窃的行为。

（4）扒窃是指在公共场所或者公共交通工具上盗窃他人随身携带的财物的行为。

3.（1）敲诈勒索是指行为人以非法占有为目的，对公私财物的所有人、管理人使用威胁或者要挟的方法，多次强行索取公私财物或者索取数额较大的公私财物的行为。

（2）“多次敲诈勒索”是指2年内敲诈勒索3次以上的。

（3）“并处或者单处罚金”，罚金既可以附加主刑适用，也可以作为一种与有关主刑并列的刑种供选择适用。

单元四

1.《刑法》第22条规定：“为了犯罪，准备工具、制造条件的，是犯罪预备。

对于预备犯，可以比照既遂犯从轻、减轻处罚或者免除处罚。”

请分析：

（1）如何理解“准备工具”和“制造条件”？

（2）预备行为和实行行为的实质区别是什么？

（3）如何理解“从轻处罚”“减轻处罚”“免除处罚”的含义？

2.《刑法》第240条规定：“拐卖妇女、儿童的，处五年以上十年以下有期徒刑，并处罚金；有下列情形之一的，处十年以上有期徒刑或者无期徒刑，并处罚金或者没收财产；情节特别严重的，处死刑，并处没收财产：

（一）拐卖妇女、儿童集团的首要分子；

（二）拐卖妇女、儿童三人以上的；

（三）奸淫被拐卖的妇女的；

（四）诱骗、强迫被拐卖的妇女卖淫或者将被拐卖的妇女卖给他人迫使其卖淫的；

（五）以出卖为目的，使用暴力、胁迫或者麻醉方法绑架妇女、儿童的；

（六）以出卖为目的，偷盗婴幼儿的；

（七）造成被拐卖的妇女、儿童或者其亲属重伤、死亡或者其他严重后果的；

（八）将妇女、儿童卖往境外的。

拐卖妇女、儿童是指以出卖为目的，有拐骗、绑架、收买、贩卖、接送、中转妇女、儿童的行为之一的。”

请回答下列问题：

(1)《刑法》第 240 条的罪名是什么？有什么特点？

(2) 以犯罪构成理论确认该罪的犯罪构成。

(3)“拐卖妇女、儿童集团”的含义是什么？

(4)“奸淫被拐卖的妇女”的含义是什么？

(5)“造成被拐卖的妇女、儿童或者其亲属重伤、死亡或者其他严重后果的”的主观罪过是什么？说明理由。

3.《刑法》第 163 条第 1 款规定：“公司、企业或者其他单位的工作人员，利用职务上的便利，索取他人财物或者非法收受他人财物，为他人谋取利益，数额较大的，处三年以下有期徒刑或者拘役，并处罚金；数额巨大或者有其他严重情节的，处三年以上十年以下有期徒刑，并处罚金；数额特别巨大或者有其他特别严重情节的，处十年以上有期徒刑或者无期徒刑，并处罚金。”

请分析：

(1) 如何认定本款规定中的“其他单位”的范围？

(2) 如何理解“利用职务上的便利”？

(3) 如何认定本款规定中“财物”的范围和具体数额？

单元四答案要点

1. (1)“准备工具”是指准备为实行犯罪使用的各种物品；“制造条件”是指为实行犯罪制造机会或创造条件。

(2) 预备行为和实行行为的实质区别是：能够直接侵害犯罪客体。

(3) 从轻处罚是指在法定刑幅度内选择判处比没有该情节的类似犯罪相对较轻的刑种或刑期。减轻处罚是指在法定刑以下判处刑罚；刑法规定有数个量刑幅度的，应当在法定量刑幅度的下一个量刑幅度内判处刑罚。免除处罚是对犯罪分子作有罪宣告，但免除其刑罚处罚。

2. (1)《刑法》第 240 条的罪名是拐卖妇女、儿童罪。该罪名是选择性罪名，根据行为人实施行为的不同，可以分为拐卖妇女罪、拐卖儿童罪和拐卖妇女、儿童罪。

(2) 拐卖妇女、儿童罪的构成特征为：①侵犯客体是妇女、儿童的人身自由。②客观方面表现为拐卖妇女、儿童的行为，即拐骗、绑架、收买、贩卖、接送或者中转年满 14 周岁的妇女或者未满 14 周岁的儿童的行为。③犯罪主体只能是自然人。④主观方面表现为直接故意，并以出卖为目的。

(3)“拐卖妇女、儿童集团”是指三人以上为共同实施拐卖妇女、儿童的犯罪而组成的较为固定的犯罪组织。

(4)“奸淫被拐卖的妇女”是指行为人在拐卖妇女的过程中，与被害妇女发生性交行为，不论行为人是否使用了暴力、胁迫等强制手段，也不论被害妇女是否有反抗表示。

(5)“造成被拐卖的妇女、儿童或者其亲属重伤、死亡或者其他严重后果的”的主观罪过只能是过失，而不可能是故意。这是由拐卖妇女、儿童罪中的“以出卖为目的”的主观目的所决定的。如果行为人对被害人进行故意重伤、杀害的，应以故意伤害罪、故意杀人罪与拐卖妇女、儿童罪实行数罪并罚。

3. (1)“其他单位”，既包括事业单位、社会团体、村民委员会、居民委员会、村民小组等常设性的组织，也包括为组织体育赛事、文艺演出或者其他正当活动而成立的组委会、筹委会、工程承包队等非常设性的组织。

(2)“利用职务上的便利”，是指行为人利用自己在公司、企业和其他单位的职务行为的便利条件。

(3)“财物”，既包括金钱和实物，也包括可以用金钱计算数额的财产性利益，如提供房屋装修、含有金额的会员卡、代币卡（券）、旅游费用等，具体数额以实际支付的资费为准。

单元五

1.《刑法》第23条规定：“已经着手实行犯罪，由于犯罪分子意志以外的原因而未得逞的，是犯罪未遂。

对于未遂犯，可以比照既遂犯从轻或者减轻处罚。”

请分析：

(1) 如何理解“已经着手实行犯罪”?

(2) 如何理解“犯罪未得逞”?

(3) 如何理解“犯罪分子意志以外的原因”？犯罪分子意志以外的原因主要有哪些?

2.《刑法》第238条规定：“非法拘禁他人或者以其他方法非法剥夺他人人身自由的，处三年以下有期徒刑、拘役、管制或者剥夺政治权利。具有殴打、侮辱情节的，从重处罚。

犯前款罪，致人重伤的，处三年以上十年以下有期徒刑；致人死亡的，处十年以上有期徒刑。使用暴力致人伤残、死亡的，依照本法第二百三十四条、第二百三十二条的规定定罪处罚。

为索取债务非法扣押、拘禁他人的，依照前两款的规定处罚。

国家机关工作人员利用职权犯前三款罪的，依照前三款的规定从重处罚。”

试说明：

(1) 根据犯罪构成理论确认非法拘禁罪的犯罪构成。

(2) 非法拘禁罪本身是哪一种典型的罪数形态?

(3) 本条有关“犯前款罪，致人重伤的，处三年以上十年以下有期徒刑；致人死亡的，处十年以上有期徒刑”的规定反映了哪一种罪数形态?

(4) 本条规定中的“使用暴力致人伤残、死亡”的含义是什么?

(5) 甲为了索取赌债而将被害人乙绑架数日并向乙家人索要赌债，在乙家人将赌债还清后，甲将乙释放。如果你是法官，本案应当如何处理?

3.《刑法》第399条规定：“司法工作人员徇私枉法、徇情枉法，对明知是无罪的人而使他受追诉、对明知是有罪的人而故意包庇不使他受追诉，或者在刑事审判活动中故意违背事实和法律作枉法裁判的，处五年以下有期徒刑或者拘役；情节严重的，处五年以上十年以下有期徒刑；情节特别严重的，处十年以上有期徒刑。

在民事、行政审判活动中故意违背事实和法律作枉法裁判，情节严重的，处五年以下有期徒刑或者拘役；情节特别严重的，处五年以上十年以下有期徒刑。

在执行判决、裁定活动中，严重不负责任或者滥用职权，不依法采取诉讼保全措施、不履行法定执行职责，或者违法采取诉讼保全措施、强制执行措施，致使当事人或者其他人的利益遭受重大损失的，处五年以下有期徒刑或者拘役；致使当事人或者其他人的利益遭受特别重大损失的，处五年以上十年以下有期徒刑。

司法工作人员收受贿赂，有前三款行为的，同时又构成本法第三百八十五条规定之罪的，依照处罚较重的规定定罪处罚。”

试说明：

（1）根据犯罪构成理论确认徇私枉法罪的犯罪构成。

（2）什么是“司法工作人员”？

（3）《刑法》第 399 条第 3 款的罪名是什么？

（4）《刑法》第 399 条第 4 款的罪数形态是什么？

单元五答案要点

1.（1）“已经着手实行犯罪”是指犯罪分子已经开始实行刑法分则条文所规定的某种犯罪的基本构成要件的行为。

（2）“犯罪未得逞”是指犯罪没有既遂，即犯罪行为尚未完整地满足刑法分则规定的全部犯罪构成事实。

（3）“犯罪分子意志以外的原因”是指违背犯罪分子本意的原因。犯罪分子意志以外的原因主要有：被害人的反抗、第三者的阻止、自然力的障碍、物质的障碍、犯罪人能力不足、认识发生错误等。

2.（1）非法拘禁罪的构成特征为：①侵犯客体是他人的人身自由。②客观方面表现为非法拘禁他人或者以其他方法非法剥夺他人人身自由的行为。③犯罪主体是自然人。④主观方面表现为故意。

（2）非法拘禁罪是典型的继续犯。所谓继续犯，是指犯罪行为自着手实行之时直至其构成既遂、且通常在既遂之后至犯罪行为终了的一定时间内，该犯罪行为及其所引起的不法状态同时处于持续过程中的犯罪形态。非法剥夺人身自由的行为是一种持续行为，即该行为在一定时间内处于继续状态，具有不间断性。行为人只要实施了非法剥夺他人人身自由的行为即构成犯罪，行为持续时间的长短不影响本罪的成立，但是应当作为量刑的情节加以考虑。

（3）“犯前款罪，致人重伤的，处三年以上十年以下有期徒刑；致人死亡的，处十年以上有期徒刑”是结果加重犯的规定。所谓结果加重犯，是指实施基本犯罪构成要件的行为，由于发生了刑法规定的基本犯罪构成要件以外的重结果，刑法对其规定加重法定刑的犯罪形态。《刑法》第 238 条在规定了非法拘禁罪基本犯罪构成的基础上，又分别规定了致人重伤和致人死亡两种加重结果和相应的加重法定刑，完全符合结果加重犯的成立条件。

（4）“使用暴力致人伤残、死亡”是非法拘禁罪转化犯的前提条件，它有以下几个方面的含义：首先，行为人必须是以暴力方法犯非法拘禁罪，即行为人的行为具备非法拘禁罪的基本构成，而且客观上以暴力为手段，主观上行为人也认识到自己以暴力为手段实施非法拘禁的行为。其次，客观上必须造成被害人重伤、死亡结果的发生。最后，行为人主观上对于重伤、死亡结果的发生有罪过，如果没有罪过则不发生转化。

（5）应当按照非法拘禁罪定罪处罚。《刑法》第 238 条第 3 款明确规定，为索取债务非法扣押、拘禁他人的，依照前两款的规定处罚，这里的债务并没有限制为合法债务。同时，行为人本身是为了索取债务，说明其主观上不具备勒索财物的目的，因而不可能构成绑架罪。

3.（1）徇私枉法罪的构成特征为：①侵犯客体是国家司法机关的正常活动与国家的司法公正。②客观方面表现为司法工作人员利用职务上的便利，实施了下列枉法行为：第一，对明知是无罪的人而使其受追诉；第二，对明知是有罪的人而故意包庇不使其受追诉；第三，在刑事审判活动中故意违背事实和法律作枉法裁判。③犯罪主体是特殊主体，即司法工作人员。④主观方面表现为故意，即出于私情、私利有意枉法追诉、包庇、裁判。

(2) 根据《刑法》第94条的规定，所谓司法工作人员，是指有侦查、检察、审判、监管职责的工作人员。

(3)《刑法》第399条第3款的罪名是执行判决、裁定失职罪和执行判决、裁定滥用职权罪。

(4)《刑法》第399条第4款的罪数形态是牵连犯，行为人受贿和徇私枉法的行为之间存在牵连关系，《刑法》第399条第4款的规定是对牵连犯从一重处断原则的确认。

单元六

1.《刑法》第27条规定："在共同犯罪中起次要或者辅助作用的，是从犯。

对于从犯，应当从轻、减轻处罚或者免除处罚。"

请分析：

(1) 如何理解在共同犯罪中起"次要作用"和"辅助作用"？

(2) 如何把握从犯的范围？

2.《刑法》第267条规定："抢夺公私财物，数额较大的，或者多次抢夺的，处三年以下有期徒刑、拘役或者管制，并处或者单处罚金；数额巨大或者有其他严重情节的，处三年以上十年以下有期徒刑，并处罚金；数额特别巨大或者有其他特别严重情节的，处十年以上有期徒刑或者无期徒刑，并处罚金或者没收财产。

携带凶器抢夺的，依照本法第二百六十三条的规定定罪处罚。"

请回答下列问题：

(1) 根据犯罪构成理论确认抢夺罪的犯罪构成。

(2)"携带凶器抢夺"的含义是什么？

(3) 除了携带凶器抢夺外，行为人实施哪些抢夺行为的构成抢劫罪？

(4) 甲为了抢夺被害人乙手中的包，用力过猛致使被害人乙脑部撞地而死亡，如果你是法官，如何处理本案？

3.《刑法》第312条规定："明知是犯罪所得及其产生的收益而予以窝藏、转移、收购、代为销售或者以其他方法掩饰、隐瞒的，处三年以下有期徒刑、拘役或者管制，并处或者单处罚金；情节严重的，处三年以上七年以下有期徒刑，并处罚金。

单位犯前款罪的，对单位判处罚金，并对其直接负责的主管人员和其他直接责任人员，依照前款的规定处罚。"

试说明：

(1)《刑法》第312条的罪名是什么？具体有什么样的特征？

(2) 本条规定的直接负责的主管人员和其他直接责任人员的含义是什么？

(3) 对直接负责的主管人员和其他直接责任人员处罚时，是否要区分主犯、从犯？

(4) 乙与丙合谋，由乙实施盗窃行为，丙进行销售，对于丙应当如何定罪处罚？

(5) 丁明知是走私的犯罪所得而将其转化为金融票据汇往国外，应当如何定罪处罚？

单元六答案要点

1. (1) 次要作用是指在共同犯罪中所起的作用比主犯小，包括起次要作用的实行犯和教唆犯。辅助作用是指为共同犯罪的实行行为提供便利条件或者帮助创造方便条件，而不直接参加犯罪实行行为，对犯罪仅具有的帮助作用。

(2) 认定从犯时，要根据行为人在共同犯罪中所处的地位、对共同故意形成的作用、实际参与的程度、具体行为的样式以及对危害结果的发生所起的作用等进行具体分析判断。

2. (1) 抢夺罪的构成特征为：①侵犯客体是公私财物的所有权。②客观方面表现为公然夺取公私财物的行为。所谓公然夺取，是指当着财物所有人、保管人、看护人、持有人的面或者在上述被害人可以立即发现的情况下，乘其不备，公开夺取财物，行为人在夺取财物时并没有使用暴力或以暴力相威胁。③犯罪主体是一般主体，即自然人。④主观方面表现为直接故意，并且以非法占有财物为目的。

(2) “携带凶器抢夺”，是指行为人随身携带枪支、爆炸物、管制刀具等国家禁止个人携带的器械进行抢夺或者为了实施犯罪而携带其他器械进行抢夺的行为。

(3) 根据《刑法》第 269 条的规定，行为人犯抢夺罪，为窝藏赃物、抗拒抓捕或者毁灭罪证而当场使用暴力或者以暴力相威胁的，依照抢劫罪定罪处罚。

(4) 这种情形属于想象竞合犯，即行为人的一个行为既符合抢夺罪的犯罪构成，同时又符合过失致人死亡罪的犯罪构成，应当按照想象竞合犯的处断原则，从一重罪定罪处罚。

3. (1)《刑法》第 312 条的罪名是掩饰、隐瞒犯罪所得、犯罪所得收益罪。其罪名是选择性罪名，应当根据行为人实际实施的犯罪行为确定具体的罪名。

(2) 直接负责的主管人员，是在单位实施的犯罪中起决定、批准、授意、纵容、指挥作用的人员，一般是单位的主管负责人。其他直接责任人员，是在单位犯罪中具体实施犯罪并起较大作用的人员，既可以是单位的管理人员，也可以是单位的普通工作人员。

(3) 单位犯罪不同于共同犯罪，在对直接负责的主管人员和其他直接责任人员处罚时，不区分主犯、从犯，按照各自在单位犯罪中所起的作用判处刑罚。

(4) 乙与丙合谋，由乙实施盗窃行为，丙进行销售的，丙按照盗窃罪的共犯定罪处罚，丙的行为属于事后不可罚行为，因此丙不构成掩饰、隐瞒犯罪所得、犯罪所得收益罪，只按照盗窃罪定罪处罚。

(5) 丁明知是走私的犯罪所得而将其转化为金融票据汇往国外，丁构成洗钱罪，而不构成掩饰、隐瞒犯罪所得、犯罪所得收益罪。因为洗钱罪是特殊的赃物犯罪，按照特别法优于一般法的适用原则，应当按照洗钱罪定罪处罚。

单元七

1.《刑法》第 31 条规定：“单位犯罪的，对单位判处罚金，并对其直接负责的主管人员和其他直接责任人员判处刑罚。本法分则和其他法律另有规定的，依照规定。”

请分析：

(1) 如何认定“直接负责的主管人员”?

(2) 如何认定“其他直接责任人员”?

(3) 在个案中如何处理直接负责的主管人员和其他直接责任人员与主犯、从犯的关系?

2.《刑法》第 198 条规定：“有下列情形之一，进行保险诈骗活动，数额较大的，处五年以下有期徒刑或者拘役，并处一万元以上十万元以下罚金；数额巨大或者有其他严重情节的，处五年以上十年以下有期徒刑，并处二万元以上二十万元以下罚金；数额特别巨大或者有其他特别严重情节的，处十年以上有期徒刑，并处二万元以上二十万元以下罚金或者没收财产：

(一) 投保人故意虚构保险标的，骗取保险金的；

(二) 投保人、被保险人或者受益人对发生的保险事故编造虚假的原因或者夸大损失的程度，骗取保险金的；

(三) 投保人、被保险人或者受益人编造未曾发生的保险事故，骗取保险金的；

(四) 投保人、被保险人故意造成财产损失的保险事故，骗取保险金的；

（五）投保人、受益人故意造成被保险人死亡、伤残或者疾病，骗取保险金的。

有前款第四项、第五项所列行为，同时构成其他犯罪的，依照数罪并罚的规定处罚。

单位犯第一款罪的，对单位判处罚金，并对其直接负责的主管人员和其他直接责任人员，处五年以下有期徒刑或者拘役；数额巨大或者有其他严重情节的，处五年以上十年以下有期徒刑；数额特别巨大或者有其他特别严重情节的，处十年以上有期徒刑。

保险事故的鉴定人、证明人、财产评估人故意提供虚假的证明文件，为他人诈骗提供条件的，以保险诈骗的共犯论处。”

试说明：

（1）《刑法》第 198 条的罪名是什么？其犯罪客体和主观罪过是什么？

（2）本条规定中的“故意虚构保险标的”的含义是什么？

（3）本条规定中的“受益人”的含义是什么？

（4）投保人甲为了骗取保险金将被保险人乙烧死在公寓里，如果你是法官，应当如何处理？简要说明理由。

（5）非国有保险公司的工作人员丙利用办理理赔业务的便利，虚构保险事故，骗取 5 万元人民币，应当如何处理？简要说明理由。

3.《刑法》第 363 条第 1 款规定：“以牟利为目的，制作、复制、出版、贩卖、传播淫秽物品的，处三年以下有期徒刑、拘役或者管制，并处罚金；情节严重的，处三年以上十年以下有期徒刑，并处罚金；情节特别严重的，处十年以上有期徒刑或者无期徒刑，并处罚金或者没收财产。”

试说明：

（1）《刑法》第 363 条第 1 款的罪名是什么？

（2）根据刑法理论确认该罪的犯罪构成。

（3）什么是“淫秽物品”？

（4）如果不是以牟利为目的传播淫秽物品的，构成何罪？

单元七答案要点

1.（1）“直接负责的主管人员”是在单位实施的犯罪中起决定、批准、授意、纵容、指挥等作用的人员，一般是单位的主管负责人，包括法定代表人。

（2）“其他直接责任人员”是在单位犯罪中具体实施犯罪并起较大作用的人员，既可以是单位的经营管理人员，也可以是单位的职工，包括聘任、雇用的人员。

（3）主管人员与直接责任人员，在个案中，不是当然的主犯、从犯关系，有的案件，主管人员与直接责任人员在实施犯罪行为中的主从关系不明显的，可不分；可以分清，且不分清主犯、从犯，在同一法定刑档次、幅度内量刑无法做到罪刑相适应的，应当分清主犯、从犯，依法处罚。

2.（1）《刑法》第 198 条的罪名是保险诈骗罪。保险诈骗罪的犯罪客体是复杂客体，即国家有关保险活动的监督管理制度和保险人的财产所有权。保险诈骗罪主观方面表现为故意，并具有非法占有保险金之目的。

（2）“故意虚构保险标的”是指在与保险人订立保险合同时，故意捏造根本不存在的保险对象，以为日后编造保险事故、骗取保险金创造条件。

（3）受益人是指人身保险合同中由被保险人或者投保人指定的享有保险金请求权的人，投保人、被保险人可以是受益人。

（4）应当按照放火罪和保险诈骗罪两罪实行数罪并罚。甲采用放火的方式将乙烧死在公寓内，危害到不特定多数人的人身、财产安全，属于危害公共安全的犯罪，应当按照放火罪定罪处罚，而不是按照故意杀人罪定罪处罚。同时，甲实施放火行为是为了骗取保险金，其放火罪和保险诈骗罪之间存在手段与目的的牵连关系。《刑法》第198条第2款对与保险诈骗罪有关的牵连犯的处罚原则作出了特别规定，所以应当按照《刑法》第198条第2款的规定实行数罪并罚。

（5）丙构成职务侵占罪，不构成保险诈骗罪。虽然丙采取了欺骗的手段，但是由于其不是投保人，不是被保险人，也不是受益人，不是保险诈骗罪的犯罪主体，所以不可能构成保险诈骗罪。职务侵占罪，是指公司、企业或者其他单位的人员，利用职务上的便利，将本单位财物非法占有，数额较大的行为。丙的行为完全符合职务侵占罪的构成要件，应当按照职务侵占罪定罪处罚。

3.（1）《刑法》第363条第1款的罪名是制作、复制、出版、贩卖、传播淫秽物品牟利罪。

（2）制作、复制、出版、贩卖、传播淫秽物品牟利罪的构成特征为：①本罪侵犯的客体是社会主义道德风尚和国家文化市场管理制度。②本罪客观方面表现为行为人实施了制作、复制、出版、贩卖、传播淫秽物品的行为。③本罪的主体为一般主体，既可以是自然人，也可以是单位。④本罪主观方面为故意，并具有牟利的目的。

（3）所谓淫秽物品，是指具体描绘性行为或者露骨宣扬色情的诲淫性的书刊、影片、录像带、录音带、图片及其他淫秽物品。但是有关人体生理、医学知识的科学著作不是淫秽物品；包含有色情内容的有艺术价值的文学、艺术作品不视为淫秽物品。

（4）如果不是以牟利为目的传播淫秽物品的，构成传播淫秽物品罪。

单元八

1.《刑法》第48条规定：“死刑只适用于罪行极其严重的犯罪分子。对于应当判处死刑的犯罪分子，如果不是必须立即执行的，可以判处死刑同时宣告缓期二年执行。

死刑除依法由最高人民法院判决的以外，都应当报请最高人民法院核准。死刑缓期执行的，可以由高级人民法院判决或者核准。”

请分析：

（1）如何理解本条第1款规定的“罪行极其严重”？

（2）死刑的限制条件有哪些？

（3）死缓的适用条件有哪些？

（4）死缓的适用结局有哪些？

（5）人民法院根据犯罪情节等情况可以同时决定对死缓犯限制减刑的对象有哪些？

2.《刑法》第125条第1款规定：“非法制造、买卖、运输、邮寄、储存枪支、弹药、爆炸物的，处三年以上十年以下有期徒刑；情节严重的，处十年以上有期徒刑、无期徒刑或者死刑。”

《刑法》第128条第1款规定：“违反枪支管理规定，非法持有、私藏枪支、弹药的，处三年以下有期徒刑、拘役或者管制；情节严重的，处三年以上七年以下有期徒刑。”

试说明：

（1）“非法储存”的含义是什么？

（2）“非法持有”的含义是什么？

（3）“私藏”的含义是什么？

（4）某甲为了建房，非法制造黑火药2千克（达到追诉标准），但某甲安全使用黑火药未造成社会危害，且有悔罪表现。根据刑法规定，通常情况下对某甲要在3年以上10年以下判处刑罚，如果你是某甲的辩护人，可以依据哪些法律依据要求法院对某甲从宽处罚？

3.《刑法》第234条规定：“故意伤害他人身体的，处三年以下有期徒刑、拘役或者管制。

犯前款罪，致人重伤的，处三年以上十年以下有期徒刑；致人死亡或者以特别残忍手段致人重伤造成严重残疾的，处十年以上有期徒刑、无期徒刑或者死刑。本法另有规定的，依照规定。”

试说明：

（1）根据犯罪构成理论确认故意伤害罪的犯罪构成。

（2）“致人死亡”的含义是什么？

（3）什么是“重伤”？

（4）“致人死亡或者以特别残忍手段致人重伤造成严重残疾的，处十年以上有期徒刑、无期徒刑或者死刑”是哪一种罪数形态？说明理由。

（5）“本法另有规定的，依照规定”的含义是什么？

单元八答案要点

1.（1）“罪行极其严重”是指犯罪的性质极其严重、犯罪的情节极其恶劣和犯罪分子的人身危险性极其严重。

（2）死刑的适用和限制条件有：死刑仅适用于罪行极其严重的犯罪分子；严格遵守罪刑法定原则，只有对分则条文明文规定了死刑的犯罪，才可能判处死刑；不得对犯罪的时候不满18周岁的人和审判的时候怀孕的妇女适用死刑；不得对审判的时候已满75周岁并且未以特别残忍的手段致人死亡的人适用死刑；判处死刑立即执行的，除依法由最高人民法院判决的以外，都应当报请最高人民法院核准；如果不是必须立即执行的，可以判处死缓。

（3）死缓的适用条件有：犯罪分子应当判处死刑；对犯罪分子不是必须立即执行死刑。

（4）判处死刑缓期执行的，在死刑缓期执行期间，如果没有故意犯罪，2年期满以后，减为无期徒刑；如果确有重大立功表现，2年期满以后，减为25年有期徒刑；如果故意犯罪，情节恶劣的，报请最高人民法院核准后执行死刑。

（5）对被判处死刑缓期执行的累犯以及因故意杀人、强奸、抢劫、绑架、放火、爆炸、投放危险物质或者有组织的暴力性犯罪被判处死刑缓期执行的犯罪分子，人民法院根据犯罪情节等情况可以同时决定对其限制减刑。

2.（1）“非法储存”是指明知是他人非法制造、买卖、运输、邮寄的枪支、弹药而为其存放的行为，或者非法存放爆炸物的行为。

（2）“非法持有”是指不符合配备、配置枪支、弹药条件的人员，违反枪支管理法律、法规的规定，擅自持有枪支、弹药的行为。

（3）“私藏”是指依法配备、配置枪支、弹药的人员，在配备、配置枪支、弹药的条件消除后，违反枪支管理法律、法规的规定，私自藏匿所配备、配置的枪支、弹药且拒不交出的行为。

（4）可以通过以下几个途径要求法院对某甲从宽处罚：第一，根据《刑法》第63条第2款的规定，要求法院在法定刑以下量刑，即“犯罪分子虽然不具有本法规定的减轻处罚情节，但是根据案件的特殊情况，经最高人民法院核准，也可以在法定刑以下判处刑罚”。按照该规定，对某甲要定罪，但可以减轻处罚。第二，根据《刑法》第37条的规定，认为某甲的行为属于犯罪情节轻微不需要判处刑罚，要求法院判处免予刑事处罚。根据该规定，对某甲要定罪，但是可以免除刑罚处罚。第三，根据《刑法》第13条的规定，结合本案的具体情节，说明某甲的行为属于情节显著轻微危害不大，因而不认定为犯罪。根据该规定，某甲的行为根本就不构成犯罪。

3.（1）故意伤害罪的构成特征为：①侵犯客体是他人的身体健康。②客观方面表现为非法损害他人身体健康的行为。③犯罪主体是一般主体即自然人，凡年满12周岁并具有刑事责任能力的自然人，都可以成为本罪的主体。其中，对于已满12周岁未满14周岁的自然人犯故意伤害罪致人死亡或者以特别残忍手段致人重伤造成严重残疾，情节恶劣的，经最高人民检察院核准，应当负刑事责任。④主观方面表现为非法伤害他人的故意，即行为人明知自己的行为会造成他人重伤或者轻伤结果的发生而希望或者放任这种结果的发生。

（2）“致人死亡”包括以下几个方面的含义：首先，行为人故意伤害他人的行为导致了被害人死亡的结果发生，即行为人的伤害行为与他人死亡结果之间存在因果关系。其次，死亡的人必须是伤害行为针对的行为对象，不能是其他第三人。最后，行为人对被害人死亡结果的发生主观上有过失。如果没有过失的，行为人不对死亡结果承担责任；如果是故意的，则按照故意杀人罪定罪处罚，而不能适用《刑法》第 234 条的规定。

(3) 根据《刑法》第 95 条的规定，重伤，是指有下列情形之一的伤害：①使人肢体残废或者毁人容貌的；②使人丧失听觉、视觉或者其他器官机能的；③其他对于人身健康有重大伤害的。

(4)"致人死亡或者以特别残忍手段致人重伤造成严重残疾的，处十年以上有期徒刑、无期徒刑或者死刑"的罪数形态是结果加重犯。所谓结果加重犯，亦称加重结果犯，是指实施基本犯罪构成要件的行为，由于发生了刑法规定的基本犯罪构成要件以外的重结果，刑法对其规定加重法定刑的犯罪形态。《刑法》第 234 条在规定故意伤害罪基本的犯罪构成基础上，又规定"致人死亡"的加重结果和相应的加重法定刑，完全符合结果加重犯的成立条件。

(5)"本法另有规定的，依照规定"是指行为人在实施其他故意犯罪的过程中，故意伤害他人，刑法其他条文另有规定的，应依照有关条文定罪量刑，不以故意伤害罪论处。例如，犯强奸，抢劫，拐卖妇女、儿童等罪致人死亡的，应依照各相关条文定罪量刑，不以故意伤害罪论处。在某种意义上，这是刑法分则关于法条竞合处理原则的特别规定，即故意伤害罪是一般法，刑法分则中其他犯罪的规定是特别法。

单元九

1.《刑法》第 67 条规定："犯罪以后自动投案，如实供述自己的罪行的，是自首。对于自首的犯罪分子，可以从轻或者减轻处罚。其中，犯罪较轻的，可以免除处罚。

被采取强制措施的犯罪嫌疑人、被告人和正在服刑的罪犯，如实供述司法机关还未掌握的本人其他罪行的，以自首论。

犯罪嫌疑人虽不具有前两款规定的自首情节，但是如实供述自己罪行的，可以从轻处罚；因其如实供述自己罪行，避免特别严重后果发生的，可以减轻处罚。"

请分析：

(1) 如何理解本条第 1 款规定中的"自动投案"和"如实供述自己的罪行"?

(2) 如何认定本条第 2 款规定中的"司法机关还未掌握的本人其他罪行"?

(3) 本条第 3 款规定的是何种法律制度？其与本条第 1 款、第 2 款规定的制度的关键区别是什么？

2.《刑法》第 170 条规定："伪造货币的，处三年以上十年以下有期徒刑，并处罚金；有下列情形之一的，处十年以上有期徒刑或者无期徒刑，并处罚金或者没收财产：

(一) 伪造货币集团的首要分子；

(二) 伪造货币数额特别巨大的；

(三) 有其他特别严重情节的。"

《刑法》第 172 条规定："明知是伪造的货币而持有、使用，数额较大的，处三年以下有期徒刑或者拘役，并处或者单处一万元以上十万元以下罚金；数额巨大的，处三年以上十年以下有期徒刑，并处二万元以上二十万元以下罚金；数额特别巨大的，处十年以上有期徒刑，并处五万元以上五十万元以下罚金或者没收财产。"

试说明：

(1) 请根据犯罪构成理论确认伪造货币罪的犯罪构成。

(2)《刑法》第 170 条第 1 项中的"首要分子"的含义是什么？

(3) 伪造货币罪和《刑法》第 172 条规定的持有假币罪的关系是什么？

(4) 行为人伪造货币后又将伪造的货币出售的，应当如何处理？

3.《刑法》第236条规定："以暴力、胁迫或者其他手段强奸妇女的，处三年以上十年以下有期徒刑。

奸淫不满十四周岁的幼女的，以强奸论，从重处罚。

强奸妇女、奸淫幼女，有下列情形之一的，处十年以上有期徒刑、无期徒刑或者死刑：

（一）强奸妇女、奸淫幼女情节恶劣的；

（二）强奸妇女、奸淫幼女多人的；

（三）在公共场所当众强奸妇女、奸淫幼女的；

（四）二人以上轮奸的；

（五）奸淫不满十周岁的幼女或者造成幼女伤害的；

（六）致使被害人重伤、死亡或者造成其他严重后果的。"

请分析：

（1）第1款中"其他手段"的含义是什么？

（2）如何认定"奸淫不满十四周岁的幼女的，以强奸论，从重处罚"？

（3）如何认定强奸妇女、奸淫幼女"多人"？

（4）如何认定在公共场所"当众"强奸妇女、奸淫幼女？

（5）何为"轮奸"？

（6）如何认定"致使被害人重伤、死亡"？其属于强奸罪的何种罪数形态？

单元九答案要点

1.（1）"自动投案"是指在犯罪事实或者犯罪嫌疑人未被司法机关发觉，或者虽被发觉，但犯罪嫌疑人尚未受到讯问、未被采取强制措施时，主动、直接向公安机关、人民检察院或者人民法院投案。"如实供述自己的罪行"是指供述自己实施并由自己承担刑事责任的罪行。

（2）"司法机关还未掌握的本人其他罪行"是指与司法机关已掌握的或者判决确定的罪行属于不同种罪行。

（3）本条第3款规定的是坦白制度。坦白与一般自首的关键区别在于，坦白是被动归案，一般自首是自动投案；坦白与特别自首的关键区别在于，坦白交代的是已经被司法机关掌握的罪行，特别自首交代的是司法机关还未掌握的其他罪行。

2.（1）伪造货币罪的构成特征为：①侵犯客体是国家对货币的管理制度，具体指破坏货币的公共信用和侵害货币的发行权。②客观方面表现为伪造货币的行为。伪造货币是指没有货币发行权的人仿照真货币的形状、样式、图案、色彩等特征制造假币，以假充真。③犯罪主体是一般主体，即个人。④主观方面表现为故意，即行为人明知自己不具有货币发行权，而有意伪造货币。

（2）《刑法》第170条第1项中的"首要分子"是指在伪造货币犯罪集团中起组织、策划、指挥作用的犯罪分子。

（3）明知是伪造的货币而持有，数额较大，根据现有证据不能认定行为人是为了进行其他假币犯罪的，以持有假币罪定罪处罚；如果有证据证明其持有的假币已构成其他假币犯罪的，应当以其他假币犯罪定罪处罚。

（4）伪造货币并出售伪造的货币的，出售伪造货币的行为是不可罚的事后行为，没有必要再进行评价，所以应当依照伪造货币罪定罪，从重处罚。

3.（1）"其他手段"，是指使用暴力、胁迫以外的使被害妇女不知抗拒或者无法抗拒的手段，其核心是违背了妇女的意志。

(2) 首先，实施了奸淫不满 14 周岁幼女的行为；其次，具有奸淫幼女的故意；最后，只要和不满 14 周岁的幼女发生性关系，不管幼女是否自愿都以强奸罪从重处罚。

(3) 强奸妇女、奸淫幼女多人是指强奸妇女、奸淫幼女总数为 3 人以上。

(4) 在校园、游泳馆、儿童游乐场等公共场所对未成年人实施强奸犯罪，只要有其他多人在场，不论在场的人是否实际看到，均可认定为在公共场所“当众”强奸妇女。

(5) 轮奸是指两个以上男子对同一妇女在同一时间内进行强奸。

(6)“致使被害人重伤、死亡”是指强奸行为导致被害人性器官严重损伤，或者造成其他严重伤害，甚至当场死亡或者经抢救无效死亡（不包括被害人事后自杀身亡）。“致使被害人重伤、死亡”属于强奸罪的结果加重犯。

单元十

1.《刑法》第 89 条规定：“追诉期限从犯罪之日起计算；犯罪行为有连续或者继续状态的，从犯罪行为终了之日起计算。

在追诉期限以内又犯罪的，前罪追诉的期限从犯后罪之日起计算。”

请分析：

(1) 本条规定的是何种法律制度？其含义是什么？

(2) 如何认定共犯人追诉期限是否中断？

(3) 在追诉时效的中断与追诉时效的延长竞合时，二者如何适用？

2.《刑法》第 201 条规定：“纳税人采取欺骗、隐瞒手段进行虚假纳税申报或者不申报，逃避缴纳税款数额较大并且占应纳税额百分之十以上的，处三年以下有期徒刑或者拘役，并处罚金；数额巨大并且占应纳税额百分之三十以上的，处三年以上七年以下有期徒刑，并处罚金。

扣缴义务人采取前款所列手段，不缴或者少缴已扣、已收税款，数额较大的，依照前款的规定处罚。

对多次实施前两款行为，未经处理的，按照累计数额计算。

有第一款行为，经税务机关依法下达追缴通知后，补缴应纳税款，缴纳滞纳金，已受行政处罚的，不予追究刑事责任；但是，五年内因逃避缴纳税款受过刑事处罚或者被税务机关给予二次以上行政处罚的除外。”

试说明：

(1)《刑法》第 201 条的罪名是什么？根据犯罪构成原理确定其犯罪构成。

(2) 本条规定中的“虚假纳税申报”的含义是什么？

(3) 本条规定中的“未经处理”的含义是什么？

(4) 本条规定中的“纳税人”和“扣缴义务人”的含义各是什么？

(5) 本条第 4 款中前段，受到“行政处罚”是不追究刑事责任的条件，而在后段中，受到“行政处罚”却是需要追究刑事责任的条件，请问是否合理？为什么？

3.《刑法》第 239 条规定：“以勒索财物为目的绑架他人的，或者绑架他人作为人质的，处十年以上有期徒刑或者无期徒刑，并处罚金或者没收财产；情节较轻的，处五年以上十年以下有期徒刑，并处罚金。

犯前款罪，杀害被绑架人的，或者故意伤害被绑架人，致人重伤、死亡的，处无期徒刑或者死刑，并处没收财产。

以勒索财物为目的偷盗婴幼儿的，依照前两款的规定处罚。”

试说明：

（1）本条规定中的“杀害被绑架人”的含义是什么?

（2）行为人绑架后着手实施杀人行为企图灭口，但是由于意志以外的原因被害人没有死亡，是否要判处死刑？为什么?

（3）如何理解“偷盗婴幼儿”？以出卖为目的偷盗婴幼儿的，如何处理?

（4）甲 15 周岁，绑架乙后将乙杀死，如果你是法官，应当如何处理此案?

单元十答案要点

1.（1）本条规定的是追诉时效的中断。追诉时效中断是指在追诉期限内，因发生法定事由而使已经过了的时效期间归于无效，法定事由消失后重新计算追诉期限的制度。

（2）在共同犯罪中，在追诉期限以内又犯罪的共犯人，其前罪追诉的期限从犯后罪之日起计算；在追诉期限内没有再犯罪的共犯人，其犯罪的追诉期限并不中断。

（3）在追诉时效的中断与追诉时效的延长竞合时，应当适用追诉时效延长的规定。

2.（1）《刑法》第 201 条的罪名是逃税罪。逃税罪的构成特征为：①侵犯客体是国家的税收征管制度。②客观方面表现为纳税人采取欺骗、隐瞒手段进行虚假纳税申报或者不申报，逃避缴纳税款数额较大并且占应纳税额 10%以上的行为以及扣缴义务人采用上述手段不缴或者少缴已扣、已收税款数额较大的行为。③犯罪主体是特殊主体，即纳税人、扣缴义务人，包括个人和单位。④主观方面表现为故意，并具有逃避纳税义务、谋取非法利益的目的。

（2）“虚假纳税申报”是指纳税人或者扣缴义务人向税务机关报送虚假的纳税申报表，财务报表，代扣代缴、代收代缴税款报告表或者其他纳税申报资料，如提供虚假申请，编造减税、免税、抵税、先征收后退还税款的虚假资料等。

（3）“未经处理”是指纳税人或者扣缴义务人在一年内多次实施逃税行为，但每次逃税数额均未达到《刑法》第 201 条规定的构成犯罪的数额标准，且未受行政处罚的情形。

（4）纳税人即纳税义务人，是指按照税收征管的一系列法律规定，有义务向国家纳税的个人和企事业单位。扣缴义务人，是指根据税收征管法律的规定，负有代扣代缴义务的单位和个人，具体包括代扣代缴义务人和代收代缴义务人。

（5）该规定是合理的，体现了宽严相济的刑事政策。第 4 款的前段体现了立法对初犯者宽的一面，行为人的行为尽管符合逃税罪构成要件，但是由于能够补缴应纳税款，缴纳滞纳金，弥补了国家税收损失，减轻了行为的社会危害性，并接受了行政处罚，实现了责任和处罚的统一，避免了刑罚的过度扩张。但是行为人在五年内被税务机关给予两次以上行政处罚，说明其社会危险性大，给予行政处罚已经不足以遏制其犯罪，其行为具有“应受刑罚惩罚性”，故应当追究其刑事责任。

3.（1）“杀害被绑架人”是指行为人在实施绑架行为的过程中故意杀害被绑架人的情形。

（2）原则上不应判处死刑。因为死刑只适用于罪行极其严重的罪犯。被害人没有死亡的，行为人的行为没有达到极其严重的程度。同时，根据罪责刑相适应原则，本条中的“杀害被绑架人”应解释为故意杀害并致使被绑架人死亡的行为。故不适用死刑。

（3）“偷盗婴幼儿”是指采取不为婴幼儿父母、监护人、看护人知晓的秘密方式偷盗不满 1 周岁的婴儿或者 1 周岁以上 6 周岁以下的幼儿的行为。以出卖为目的偷盗婴幼儿的，按照拐卖儿童罪定罪处罚。

（4）应当按照故意杀人罪定罪处罚。因为绑架罪的刑事责任年龄是 16 周岁，甲不可能构成绑架罪。但是甲的行为完全符合故意杀人罪的犯罪构成，所以构成故意杀人罪。

第五章

论述题（法学方向专用）

单元一

1. 试论不作为构成犯罪的条件及不作为义务的来源。
2. 试论集合犯的构成要件及处断原则。

单元一答案要点

1.（1）刑法上的不作为是指行为人消极地不履行法律义务而危害社会的行为。从表现形式上看，不作为是消极的身体动作，即不为某种行为；从违反法律规范的性质看，不作为直接违反了某种命令性规范。不作为是危害行为的基本形式之一，具有危害行为的特征。

（2）构成不作为犯罪应当具备如下条件：①行为人负有某种特定义务，这是构成不作为的前提条件。行为人有实施一定行为的义务，这种义务或者是由法律直接规定，或者基于职务或业务上的要求，或者是基于先前行为产生的义务，或者是由于行为人自己的行为而使法律所保护的某种利益处于危险状态所发生的救助义务。②行为人能够履行义务，即行为人有可能和能力履行其实施一定行为的义务，这是不作为成立的重要条件。如果行为人虽有防止犯罪结果发生的义务，但是由于缺乏必要的能力或其他原因而不可能防止危害结果发生的，也不成立不作为犯罪。③行为人不履行特定义务，造成或可能造成危害结果。这是构成不作为犯罪的关键条件。如果行为人确实没有实施他有义务实行的行为，并且是出于故意或者过失，非不可抗力或紧急避险情况下的不作为，造成或者可能造成危害结果的，就构成不作为犯罪。

（3）行为人负有实施某种特定义务的行为，是不作为成立的前提条件。在不作为犯罪中，作为义务反映了不作为犯罪的基本犯罪事实和构成要素的本质特征，因此，对于不作为犯罪来说，是否违反作为义务是行为人的行为是否构成不作为犯罪的标准和前提。在不作为犯罪中，行为人负有特定义务的来源包括：①法律上的明文规定。其中的法律，不仅指刑法，还包括宪法、行政法规、规章等，此外还需要有刑法的认可。当法律明文规定的义务成为刑法规范所要求履行的义务时，违反该义务就可能构成不作为犯罪。②行为人职务、业务上的要求。这一特定义务以行为人具有某种职务身份或从事某种业务并且正在执行该业务为前提，如果行为人没有某种职务身份或没有从事某种业务，或者有某种职务身份或某种业务，但并没有执行该业务，则不可能构成不作为犯罪。③行为人的法律地位或法律行为所产生的义务。基于行为人的法律地位或法律行为上的要求，行为人负有防止侵害法益的危险发生的义务。基于一定的法律地位或法律行为产生某种特定的积极义务，行为人不履行该义务，致使刑法所保护的社会关系受到侵害或威胁，就可以成立不作为形式的危害行为。④因先行行为引起的义务。行为人自己的先前行为具有一定危害结果发生的危险的，负有防止其发生的义务。如果行为人不履行这种义务，就是以不作为形式实施的危害行为。

2.（1）集合犯是指行为人以实施不定次数的同种犯罪行为为目的，实施了数个同种犯罪行为，刑法规定为一罪论处的犯罪形态。

（2）集合犯具有如下特征：①行为人以实施不定次数的同种犯罪行为为目的。即行为人不是意图实施一次犯罪行为即行结束，而是预计实施不定次数的同种犯罪行为。这是集合犯主观方面的特征。②行为人实施了数个同种犯罪行为，即刑法要求行为人具有多次实施同种犯罪行为的意图，并且行为人一般也是实施了数个同种犯罪行为的。所谓“同种犯罪行为”，是指数个行为的法律性质是相同的。集合犯的数个同种犯罪行为，必须触犯的是同一个罪名。③刑法将数个同种犯罪行为规定为一罪，集合犯是法定的一罪。对于集合犯，刑法规定同种的数行为为一罪，所以集合犯是法定的一罪；集合犯由数个同种的犯罪行为组成，并且行为之间存在时间的间隔。简言之，集合犯是行为人实施了数个行为，如果行为人实施的仅是一个行为，不构成集合犯。

（3）集合犯的处断原则。集合犯是法定的一罪，刑法分则条文设有明文规定，对集合犯，不论行为人实施多少次行为，都只能以法律规定的一罪论处，不实行数罪并罚。

单元二

1. 试论刑法中的事实认识错误。
2. 试论连续犯的构成要件及处罚原则。

单元二答案要点

1.（1）事实认识错误是指行为人对与自己行为有关的事实情况有不正确的理解。对事实认识错误，通常采取“法定符合说”认定行为人的罪责。按照“法定符合说”，行为人预想的事实与实际发生的事实在法律性质上是相同的，不能阻却行为人对因错误而发生的危害结果承担故意的责任。这里所称的法律性质相同，是指属于同一犯罪构成范围内的情形；法律性质不同，是指属于不同犯罪构成的情形。

（2）事实认识错误的情形有：①客体错误。客体错误是指行为人预想侵犯的对象与实际侵犯的对象在法律性质上不同（分属不同犯罪构成的情况）。对于客体错误，按照行为人意图侵犯的客体定罪。②对象错误。对象错误是指行为人预想侵犯的对象与行为人实际侵犯的对象在法律性质上是相同的（属于同一犯罪构成要件）。对于对象认识错误的，不影响对行为性质的认定。③手段错误。手段错误是指行为人对犯罪手段发生误用。对于手段认识错误的，不影响罪过的性质。④行为偏差（目标打击错误）。行为偏差是指行为人预想打击的目标与实际打击的目标不一致。行为偏差的，如果预想打击的目标与实际打击的目标在法律规定的范围内一致，不妨害行为人对误击的目标承担故意罪责；如果在法律规定的范围内不一致，则阻却对误击的目标承担故意的罪责。⑤因果关系认识错误。因果关系认识错误是指行为人对自己的行为和所造成的结果之间因果关系的实际情况发生误认。因果关系认识错误的，不影响定罪量刑。

（3）对于误认了对象或误用了方法而造成损害后果的，以及由于误认了事实而误认为行为性质是正当的、合法的，也属于广义上的事实认识错误，但由于没有犯罪故意，仅存在犯罪有无过失的认定问题。对于行为人在故意犯罪中发生认识错误，但既没有造成预期的犯罪结果，也未能造成预期之外的犯罪结果的，属于不能犯的问题，不适用事实认识错误的理论解决。

2.（1）连续犯是指行为人基于同一或者概括的犯罪故意，连续多次实施犯罪行为，触犯相同罪名的犯罪形态。

（2）连续犯具有如下特征：①行为人实施数个独立成罪的犯罪行为。这是连续犯成立的前提条件，没有实施数个行为，只实施一个行为的，不可能成立连续犯。此外，实施的数个行为必须是独立成罪的，即各个行为都独立具备犯罪构成的要件，连续犯才可能成立。如果数个行为刑法规定为一罪论处的，则不是连续犯。②数个犯罪行为具有连续性。这是连续犯成立的重要条件；否则，独立成罪的数个行为之间，如果不具有连续性，则只能构成独立的数罪，而不构成连续犯。(3) 数个犯罪行为出于同一或概括的故意。同一故意是指行为人预计实施数次同一犯罪的故意，每次实施的具体犯罪都明确地包含在行为人的故意内容之中。概括的故意是指行为人概括地具有实施数次同一犯罪的故意，每次实施的具体犯罪并非都明确地包含在行为人的故意内容之中。(4) 数个犯罪行为触犯相同罪名。相同罪名是指出于符合相同基本犯罪构成的罪名，包括独立成罪的数个行为均与具体犯罪的基本犯罪构成相符合；数个行为中，有的与具体犯罪的基本构成相符合，有的与由该基本构成派生的构成相符合；数个行为中有的与具体犯罪的基本构成相符合，有的与该基本构成的修正构成相符合。

(3) 连续犯实际上是以数行为犯同种数罪。鉴于连续犯只有一个概括或同一的犯罪故意，实施的数行为又具有连续性，一般应按一罪处罚。

单元三

1. 试论犯罪目的和犯罪动机的关系。

2. 试论刑事责任与犯罪、刑罚的关系。

单元三答案要点

1. (1) 犯罪目的是指犯罪人希望通过实施某种犯罪行为实现某种犯罪结果的心理态度。犯罪动机是指推动犯罪人实施犯罪行为的内心起因。作为犯罪主观方面的内容，二者既有联系又有区别。

(2) 犯罪目的和犯罪动机的联系。①犯罪目的和犯罪动机都是犯罪人实施犯罪行为过程中存在的主观心理活动，它们的形成和作用都反映行为人的主观恶性程度及行为的社会危害性程度。②犯罪目的以犯罪动机为前提和基础，犯罪动机促成犯罪目的的形成：犯罪动机是推动行为人追求某种犯罪目的的原因，犯罪目的是行为人希望通过实施某种行为实现某种结果的心理态度。刑法注重行为人对犯罪结果的态度，当行为人把某一犯罪结果作为其追求的目标时，该心理内容就是犯罪目的。如果脱离了对犯罪结果态度的判定，则难以确定犯罪的目的或动机。同一犯罪行为可能出于不同的犯罪动机；同一犯罪动机可能实施各种不同的犯罪。③在某些情况下，二者有时表现为直接的联系，即它们所反映的需要是一致的，如出于贪利动机实施以非法占有为目的的侵犯财产犯罪即是如此。

(3) 犯罪目的和犯罪动机的区别。①从内容、性质和作用上看，犯罪动机是表明行为人为什么要犯罪的内心起因，比较抽象，是更为内在的发动犯罪的力量，起的是推动犯罪实施的作用；犯罪目的则是实施犯罪行为所追求的客观危害结果在主观上的反映，起的是为犯罪定向、确定目标和侵害程度的引导、指挥作用，它比较具体，已经指向外在的具体犯罪对象和客体。②一种犯罪的犯罪目的相同，而且，除复杂客体犯罪以外，一般是一罪一目的；同种犯罪动机则往往因人、因具体情况而异，一罪可有不同的犯罪动机。③一种犯罪动机可以导致几个或者不同的犯罪目的；一种犯罪目的也可以同时为多种犯罪动机所推动。④犯罪活动与犯罪动机在一些情况下所反映的需要并不一致；而犯罪目的则反映了行为人精神的、政治的需要。⑤一般而言，二者在定罪量刑中的作用有所不同，犯罪目的的作用偏重于影响定罪，犯罪动机的作用偏重于影响量刑。

2. (1) 犯罪、刑事责任和刑罚是各自独立而又相互联系的三个范畴，其中的刑事责任是犯罪与刑罚之间的纽带。刑事责任以犯罪为前提，属于法律的法律后果，而其本身又是刑罚的前提，刑罚系实现刑事责任的基本方式。

(2) 犯罪是刑事责任产生的法律事实根据，没有犯罪就不可能有刑事责任，刑事责任是犯罪的必然法律后果，只要实施了犯罪，就会产生刑事责任，这体现了犯罪与刑事责任的质的一致性。同时，由于各种犯罪的社会危害程度不同，犯罪人承担的刑事责任也不相同。一般而言，罪重则刑事责任就重，罪轻则刑事责任轻，这体现了犯罪与刑事责任的量的一致性。

(3) 刑事责任与刑罚有明显的区别：①刑事责任是一种法律责任，刑罚则是一种强制方法。②刑事责任以犯罪人应当承受刑事处罚、非刑罚方法的处理和单纯否定性评价为内容，刑罚则以实际剥夺犯罪人的一定的权益（法益）为内容。③刑事责任随实施犯罪而产生，刑罚则随法院的定罪判刑决定宣告生效而出现。

(4) 刑事责任和刑罚存在普遍联系：①刑事责任的存在是适用刑罚的直接前提，无刑事责任则不能适用刑罚。②刑事责任的大小直接决定刑罚的轻重，刑事责任小的，刑罚必然轻，刑事责任大的，刑罚必然重。③刑事责任主要通过刑罚来实现，非刑罚处理方法等虽然也是刑事责任的实现方式，但由于其在司法实践中适用相对很少而被视为次要的实现方式。

单元四

1. 试论正当防卫的概念和成立条件。

2. 试论我国死刑的适用。

单元四答案要点

1. 正当防卫是指为了公共利益、本人或者他人的人身和其他权利免受正在进行的不法侵害，而对实施侵害的人所采取的合理的防卫行为。正当防卫是有益、合法的行为，因此给不法侵害人造成必要损害的，虽然形似犯罪，而实质没有犯罪性，故依法不负刑事责任。

正当防卫的成立条件有：

(1) 起因条件：有不法侵害行为发生。正当防卫的前提是存在不法侵害。不法侵害既包括侵犯生命、健康权利的行为，也包括侵犯人身自由、公私财产等权利的行为；既包括犯罪行为，也包括违法行为。不应将不法侵害不当限缩为暴力侵害或者犯罪行为。对于非法限制他人人身自由、非法侵入他人住宅等不法侵害，可以实行防卫。不法侵害既包括针对本人的不法侵害，也包括危害国家、公共利益或者针对他人的不法侵害。对于正在进行的拉拽方向盘、殴打司机等妨害安全驾驶、危害公共安全的违法犯罪行为，可以实行防卫。成年人对于未成年人正在实施的针对其他未成年人的不法侵害，应当劝阻、制止；劝阻、制止无效的，可以实行防卫。

(2) 时间条件：对正在进行的不法侵害进行防卫。关于不法侵害开始的时间，正当防卫必须是针对正在进行的不法侵害。对于不法侵害已经形成现实、紧迫危险的，应当认定为不法侵害已经开始；对于不法侵害虽然暂时中断或者被暂时制止，但不法侵害人仍有继续实施侵害的现实可能性的，应当认定为不法侵害仍在进行；在财产犯罪中，不法侵害人虽已取得财物，但通过追赶、阻击等措施能够追回财物的，可以视为不法侵害仍在进行；对于不法侵害人确已失去侵害能力或者确已放弃侵害的，应当认定为不法侵害已经结束。对于不法侵害是否已经开始或者结束，应当立足于防卫人在防卫时所处情境，按照社会公众的一般认知，依法作出合乎情理的判断，不能苛求防卫人。对于防卫人因为恐慌、紧张等心理，对不法侵害是否已经开始或者结束产生错误认识的，应当根据主客观相统一原则，依法作出妥当处理。

(3) 对象条件：防卫行为必须是针对不法侵害者本人实施。正当防卫必须针对不法侵害人进行。

具言之，正当防卫只能通过给不法侵害人造成损害的方法来进行，而不能通过给第三者（包括侵害者的家属、子女在内）造成损害的方法来进行。如果故意针对第三者进行防卫的，按照故意犯罪处理；如果误认为第三者是不法侵害者而进行所谓防卫的，属于假想防卫。此外，对于多人共同实施不法侵害的，既可以针对直接实施不法侵害的人进行防卫，也可以针对在现场共同实施不法侵害的人进行防卫。明知侵害人是无刑事责任能力人或者限制刑事责任能力人的，应当尽量使用其他方式避免或者制止侵害；没有其他方式可以避免、制止不法侵害，或者不法侵害严重危及人身安全的，可以进行反击。

（4）主观条件：防卫必须是基于保护不法侵害者本人实施。防卫目的的正当性既是正当防卫成立的首要条件，也是正当防卫不负刑事责任的重要根据。因此，"防卫挑拨"不能成立正当防卫。另外，在双方互殴的场合，因互殴双方都有侵害对方的意图，原则上不能成立正当防卫。但是，在实践中应准确界分防卫行为与相互斗殴。防卫行为与相互斗殴具有外观上的相似性，准确区分两者要坚持主客观相统一原则，通过综合考量案发起因、对冲突升级是否有过错、是否使用或者准备使用凶器、是否采用明显不相当的暴力、是否纠集他人参与打斗等客观情节，准确判断行为人的主观意图和行为性质。因琐事发生争执，双方均不能保持克制而引发打斗，对于有过错的一方先动手且手段明显过激，或者一方先动手，在对方努力避免冲突的情况下仍继续侵害的，还击一方的行为一般应当认定为防卫行为。双方因琐事发生冲突，冲突结束后，一方又实施不法侵害，对方还击，包括使用工具还击的，一般应当认定为防卫行为。不能仅因行为人事先进行防卫准备，就影响对其防卫意图的认定。

（5）限度条件：正当防卫不能超过必要限度造成重大损害。正当防卫的必要限度，是指足以制止正在进行的不法侵害所必需的限度。对于明显没有立即危及人身安全，或者国家和人民重大利益的不法侵害，不允许用重伤、杀害的手段防卫；明显能用较缓和的手段制止不法侵害时，不允许采用激烈手段，更不允许为保护微小利益而采取激烈的防卫手段，因为这些手段显然不是有效地制止不法侵害所必需的。所谓重大损害，是指致人重伤、死亡或者造成重大财产损失。此外，应当防止将滥用防卫权的行为认定为防卫行为。对于显著轻微的不法侵害，行为人在可以辨识的情况下，直接使用足以致人重伤或者死亡的方式进行制止的，不应认定为防卫行为。不法侵害系因行为人的重大过错引发，行为人在可以使用其他手段避免侵害的情况下，仍故意使用足以致人重伤或者死亡的方式还击的，不应认定为防卫行为。

2. 我国刑法贯彻了保留死刑、严格控制死刑的政策，适用死刑时应以这一刑事政策为指导。

（1）必须恪守罪刑法定原则。只有对刑法分则条文明文规定了死刑的犯罪，才可能判处死刑。既不能擅自对没有规定死刑的犯罪判处死刑，也不能为了判处死刑而将法定刑没有死刑的犯罪认定为法定刑具有死刑的犯罪。

（2）应当把握死刑的精神。从总则规定看，死刑只适用于罪行极其严重的犯罪分子，总则还规定了死缓制度。从分则规定看，虽然只能对刑法分则条文规定了死刑的犯罪判处死刑，但又绝不意味着对分则条文规定了死刑的犯罪都应判处死刑。

（3）对犯罪的时候不满 18 周岁的人和审判的时候怀孕的妇女不得适用死刑。这里的不适用死刑，既包括不适用死刑立即执行，也包括不适用死刑缓期 2 年执行。

（4）审判的时候已满 75 周岁的人，不适用死刑，但以特别残忍手段致人死亡的除外。其中的不适用死刑，既包括不适用死刑立即执行，也包括不适用死刑缓期 2 年执行。"以特别残忍手段致人死亡的除外"，并不限于以特别残忍手段故意杀人，还包括以特别残忍手段实施其他暴力犯罪致人死亡。

（5）不得违反法定程序适用死刑。死刑案件只能由中级以上法院进行一审，即基层法院不得判处被告人死刑。死刑除依法由最高人民法院判决的以外，都应当报请最高人民法院核准后执行死刑。非经法定程序不得执行死刑。

（6）不得任意采用死刑执行方法。死刑采用枪决或者注射等方法执行。非经法定死刑执行方法执行死刑都是非法的。

单元五

1. 试论犯罪预备的构成要件及处罚原则。

2. 试论我国死刑的存废。

单元五答案要点

1. (1) 犯罪预备是指为了犯罪，准备工具、制造条件的行为。

(2) 犯罪预备的构成要件有：1) 行为人具有为了便利实行、完成某种犯罪的主观意图。成立犯罪预备，要求行为人主观上为了实行犯罪，即为了实施犯罪的实行行为。为了实行犯罪，表明行为人具有确定的犯罪故意；为了实行犯罪，表明行为人认识到预备行为为实行行为创造了便利，认识到预备行为对结果的发生起着积极的促进作用；为了实行犯罪，表明行为人在该心理支配下实施的行为是犯罪预备行为，因而与犯意表示相区别。2) 客观上犯罪人进行了准备工具、制造条件等犯罪的预备活动。所谓准备工具，是指准备为实行犯罪所使用的各种物品，具体表现为，购买某种物品作为犯罪工具，改装物品使之适应犯罪需要，租借他人物品作为犯罪工具，等等。所谓制造条件，是指为实行犯罪制造机会或创造条件的行为。3) 犯罪的预备行为由于犯罪分子意志以外的原因被阻止在犯罪的准备阶段，未能进展到着手实行犯罪。具体而言：①犯罪预备终结于预备阶段，即事实上未能着手实行犯罪；如果已经着手实行了犯罪，就不可能是犯罪预备。未能着手实行犯罪主要包括两种情况：一是预备行为没有实行终了，由于某种原因未能继续实施预备行为，因而不可能着手实行；二是预备行为已经实行终了，但由于某种原因未着手实行。②未能着手实行犯罪是由于行为人意志以外的原因。犯罪预备终结于预备阶段，未能着手实行犯罪，必须是行为人意志以外的原因，即行为人本欲继续实施预备行为，进而着手实行犯罪，但由于违背行为人意志的原因，使得行为人客观上不可能继续实施预备行为，或者客观上不可能着手实行犯罪，或者使得行为人认识到自己客观上已经不可能继续实施预备行为与着手实行犯罪。

(3) 我国刑法规定：对于预备犯，可以比照既遂犯从轻、减轻处罚或者免除处罚。据此，对预备犯坚持的处罚原则有：①由于预备犯在主观上实施的仅是犯罪的预备行为，从主客观统一上看，预备犯的危害一般既小于既遂犯，也显著轻于未遂犯，因而我国刑法对预备犯规定了比照既遂犯从宽处罚且轻于未遂犯的处罚原则。这体现了主客观相统一和罪责刑相适应原则的要求。②在对预备犯定罪量刑时，应当同时引用刑法总则关于对预备犯的处罚原则和刑法分则具体犯罪条文的规定，在罪名上应对预备形态有所体现。③在决定对实施犯罪预备行为是否追究刑事责任，是否从宽处罚以及从宽处罚的幅度时，要考虑以下情况：行为人预备所犯罪行的性质和危害程度；行为人预备行为的性质、危害程度和进展程度；行为人未能着手实行犯罪的具体原因；行为人的人身危险程度。

2. 我国目前没有废除死刑，但废除死刑是一种必然的趋势，死刑存废之争，只是现在废除死刑还是将来废除死刑之争，基于此，保留死刑，但严格控制死刑是我国基本的死刑政策。

(1) 我国现阶段仍然有保留死刑的必要。理由在于：①现实生活中还存在着极其严重的危害国家安全、危害公共安全、破坏市场经济秩序、侵犯公民人身权利等犯罪，保留死刑有利于惩治这些犯罪，从而保护国家和人民的重大利益。②保留死刑有利于我国刑罚目的的实现。对于那些罪行极其严重的各类犯罪分子只有适用死刑，才能使其不再犯罪，从而达到刑法特殊预防的目的。同时，死刑的存在使那些试图铤而走险、意图实施极其严重犯罪的人有所惧怕，不敢重蹈覆辙，不去实施犯罪，从而达到一般预防的目的。③保留死刑符合我国现阶段的社会价值观念，为广大公民所支持，具有满足社会大众安全心理需要的功能。而废除死刑则超越了我国现阶段的社会价值观念，不能为广大公民所接受，会导致社会大众的心理恐惧。

（2）坚持少杀、慎杀。保留死刑是我国目前的基本态度，但坚持少杀、反对多杀和错杀是我国的长期死刑政策。我国长期坚持少杀政策的理由包括：①大量适用死刑不符合我国的社会主义性质。②死刑的威慑力来源于死刑适用的必要性和谨慎性。只有在必要的时候谨慎地适用死刑，才能保持死刑的威慑力，滥用死刑必将丧失威慑力和预防犯罪的作用。③生命的丧失具有不可恢复性，死刑的错误适用必将导致不可挽回的损失。大量地适用死刑难免造成错杀，而坚持少杀有利于防止错杀。④限制死刑是当今世界发展的趋势，坚持少杀为顺应这一趋势所必需。少杀政策在我国刑事立法上得到了充分的体现，即我国刑事法律对死刑的适用作了多方面的限制规定，包括死刑适用条件、适用对象、适用程序、执行制度上的限制等，从而更好地贯彻少杀的刑事政策。

单元六

1. 试论犯罪未遂的构成要件及处罚原则。

2. 试论继续犯的构成要件及处罚原则。

单元六答案要点

1.（1）已经着手实行犯罪，由于犯罪分子意志以外的原因而未得逞的，是犯罪未遂。

（2）犯罪未遂的构成要件有：①犯罪分子已着手实行犯罪。所谓已着手实行犯罪，是指犯罪分子已经开始实行刑法分则条文所规定的某种犯罪的基本构成要件的行为。②犯罪未得逞。所谓犯罪未得逞，是指犯罪行为尚未完整地满足刑法分则规定的全部犯罪构成事实。犯罪未得逞是犯罪未遂与既遂区别的标志。倘若犯罪已得逞，即已完成，不复有成立该犯罪未完成形态的可能性。③犯罪未得逞是由于犯罪分子意志以外的原因。所谓犯罪分子意志以外的原因，是指违背犯罪分子本意的原因。犯罪未得逞并不是犯罪分子自愿的，而是由于不可克服的客观障碍造成的。犯罪分子意志以外的原因主要有：第三者的阻力、自然力的阻力、物质的障碍、犯罪人能力不足、认识发生错误等。

（3）我国刑法规定：对于未遂犯，可以比照既遂犯从轻或者减轻处罚。据此，我国刑法对于未遂犯的处罚采取得减主义的处罚原则。正确适用这一处罚原则，应当注意 4 点：①对未遂犯的定罪量刑，应当同时引用刑法总则有关未遂犯处罚原则的规定和刑法分则具体条文的规定，在罪名上应对未遂形态有所体现。②在对未遂犯的处罚原则上与既遂犯相比，对未遂犯一般要从轻或者减轻处罚。此外，要采取原则性和灵活性处罚的规定，使罪责刑相适应原则能够得到贯彻执行。③对未遂犯的确定是否可因犯罪未遂而从轻或减轻处罚时，应当把未遂情况置于全案情节中统筹考虑。④在对未遂犯从宽处罚的基础上，为正确确定从宽处罚的幅度，必须正确判定未遂案件与既遂案件危害程度的差别，这主要考虑的因素包括：未遂形态距离犯罪完成形态的远近程度；犯罪未遂所属的类型；未遂形态所表现出来的行为人犯罪意志的坚决程度。

2.（1）继续犯是指作用于同一对象的一个犯罪行为从着手实行到实行终了，犯罪行为与不法状态在一定时间内形成持续、不间断的侵害的犯罪形态。

（2）继续犯具有如下特征（成立条件）：①一个犯罪故意。继续犯支配行为的犯意只有一个，并且这种犯意贯穿实行行为的开始到终了。②侵犯同一客体（法益或社会关系）。一个行为侵犯了同一具体的客体（法益或社会关系），即实行行为自始至终都针对同一对象、侵犯同一客体（法益或社会关系）。如果数行为侵犯同一客体（法益或社会关系），或者一行为侵犯数客体（法益或社会关系），则不是继续犯。③犯罪行为能够对客体形成持续、不间断的侵害。继续犯的实行行为必须具有时间上的继续性，即在一定时间内持续，持续时间的长短不影响继续犯的成立。④犯罪完成、造成不法状态后，行为仍能继续影响不法状态，使客体遭受持续侵害。不法状态不能脱离犯罪行为而独立存在。

(3) 刑法分则对于继续犯设置了专门法条，规定了具体罪名，确定了相应的法定刑，对于继续犯，应当依据刑法分则的规定论处，不实行数罪并罚。至于继续时间的长短，是量刑考虑的因素。

单元七

1. 试论犯罪中止的构成要件及处罚原则。

2. 试论量刑原则。

单元七答案要点

1. (1) 在犯罪过程中，自动放弃犯罪或者自动有效地防止犯罪结果发生的，是犯罪中止。

(2) 犯罪中止的构成要件有：①时间性：在犯罪过程中，所谓犯罪过程，就是从犯罪预备开始到犯罪既遂以前的全过程，这是犯罪中止的时间条件。如果犯罪已经既遂，则不存在犯罪中止问题。犯罪人在既遂后返还原物、赔偿损失的，不能成立犯罪中止。犯罪明显告一段落归于未遂后，有某种补救行为的，不成立中止。在犯罪过程中，自动放弃可重复加害行为的，可以成立中止。②自动性：自动放弃犯罪或者自动有效地预防犯罪结果发生。所谓自动放弃犯罪，是指犯罪分子在自认为能够完成犯罪的情况下，由本人自主地决定放弃犯罪。所谓自动有效地防止犯罪结果发生，是指在犯罪行为实行终了、犯罪结果尚未发生的特定场合，行为人自动采取积极行动实际有效地阻止了犯罪结果的发生。自动放弃犯罪意味着行为人彻底放弃继续实施该犯罪的意图。如果行为人仅仅考虑犯罪的时机、条件不成熟而暂时停止犯罪，待条件成熟后再实施犯罪的，是犯罪的撤退，不能成立犯罪中止。自动中止的原因有：出于真诚的悔悟；基于对被害人的怜悯，受到别人的规劝，害怕受到刑罚的惩罚等。但是，不管出于何种原因，只要是犯罪分子认为自己能够把犯罪进行到底而自动停止犯罪行为，或者自动有效地防止犯罪结果发生，都认为具备自动性。在犯罪实际上不可能进行到底而犯罪人自认为能够把犯罪进行到底的情况下，犯罪人自动停止犯罪，或者自动防止犯罪结果发生的，可以成立犯罪中止。③客观有效性：中止不仅仅是良好的愿望，还应当有客观的放弃犯罪或阻止结果发生的实际行动，并有效地阻止犯罪结果发生。在通常情况下，行为人自动放弃正在预备或实行的犯罪就具备客观有效性，在犯罪实行终了、犯罪结果将要发生的特定场合，行为人采取积极行动实际阻止犯罪结果发生，才能具备客观有效性。如果行为人虽有意放弃犯罪并采取了防止犯罪结果发生的措施，但未能有效阻止犯罪结果发生的，不成立犯罪中止。

(3) 我国刑法规定，对于中止犯，没有造成损害的，应当免除处罚；造成损害的，应当减轻处罚。这里的“损害”，不得是犯罪既遂结果。据此，对中止犯的处罚坚持的原则有：①对中止犯应当免除或减轻处罚，并先考虑损害结果。②对中止犯的处罚，应同时引用刑法总则关于中止犯的处罚规定和刑法分则有关具体条文规定，在罪名上体现中止犯。③对中止犯处罚要综合考虑主客观情况决定减免。④对于中止犯，“情节显著轻微，危害不大的”，应当依法不认为是犯罪。

2. (1) 以事实为根据的量刑原则。犯罪事实是引起刑事责任的基础，也是进而对犯罪人裁量刑罚的根据。无犯罪事实，也就无刑事责任，更无所谓对犯罪人裁量刑罚的可能。所以，量刑必须以犯罪事实为根据。所谓犯罪事实，是指客观存在的犯罪的一切实际情况的总和。它既包括属于犯罪构成要件的基本事实，也包括犯罪构成要件以外的影响犯罪社会危害性程度的其他事实。故以犯罪事实为根据中的犯罪事实，是具有概括性特征但所含内容丰富的案件事实。它具体包括犯罪事实、犯罪性质、犯罪情节和对社会的危害程度等几个方面的内容。遵守以犯罪事实为根据的原则，必须做到以下几点：查清犯罪事实，确定犯罪性质，考察犯罪情节，判断犯罪的社会危害程度。除上述内容外，作为量刑的根据或者量刑时应予考虑的，还有犯罪人的某些个人情况和犯罪后的态度。因为这些情况和事实，在一定程度上反映了犯罪人的人身危险性和再犯可能性。它们在一定程度上与刑罚裁量具有必然的联系和影响。

（2）以法律为准绳的量刑原则。量刑仅以犯罪事实为根据是不够的，因为仅以犯罪事实作为量刑的根据，并不能保证量刑结果必然适当。要做到量刑适当，还必须以刑法的规定为准绳。贯彻这一量刑原则，必须做到以下几点：①必须依照刑法关于各种刑罚方法的适用条件和各种刑罚裁量制度的规定。②必须依照刑法关于各种量刑情节的适用原则和有关各种量刑情节的规定。③必须依照刑法分则和其他刑法规范规定的法定刑和量刑幅度，针对具体犯罪选择判处适当的刑罚。

单元八

1. 试论从犯的认定及刑事责任。
2. 试论酌定量刑情节的种类及适用。

单元八答案要点

1.（1）从犯是指在共同犯罪中起次要或辅助作用的犯罪分子。

（2）从犯的种类。①在共同犯罪中起次要作用的实行犯。所谓在共同犯罪中起次要作用，是指虽然参与实行了某一犯罪构成客观要件的行为，但在共同犯罪中所起的作用比主犯小，主要表现为：在犯罪集团的首要分子领导下从事犯罪活动，罪恶不够重大或情节不够严重，或者在一般共同犯罪中虽然直接参加实行犯罪，但所起作用不大，行为没有造成严重危害后果等。这种情况就是次要的实行犯。因此，不能笼统地认为从犯就是帮助犯，也不能把实行犯一律认为是主犯。②在共同犯罪中辅助他人实行犯罪的帮助犯。辅助作用也是次要作用，之所以特别提出辅助作用，因为按照分工，对共同犯罪的分类中存在着帮助犯，如果说上述次要作用是次要的实行犯，那么辅助作用就是指帮助犯。所谓辅助作用，是指为共同犯罪人实行犯罪创造方便条件，帮助实行犯罪，而不直接参加实行犯罪客观构成要件的行为。如提供犯罪工具、排除实施犯罪的障碍、事前答应事后窝藏赃物、隐匿罪犯、指点犯罪的动机或对象，协助拟定犯罪计划等。

（3）从犯的刑事责任。刑法规定，对于从犯，应当从轻、减轻处罚或者免除处罚。据此，我国刑法对从犯的刑事责任采取必减说，具体而言：①刑法不仅规定了对从犯应当从宽处罚，而且规定从宽的幅度较大。②对于从犯，既可以从轻、减轻处罚，也可以免除处罚。至于在什么情况下从轻、减轻或者免除处罚，应当考虑他所参加实施犯罪的性质、情节轻重、参与实施犯罪的程度以及他在犯罪中所起的作用的次要程度等情况来确定。

2.（1）酌定量刑情节是指人民法院从审判经验中总结出来的，在刑罚裁量过程中灵活掌握、酌情适用的情节。

（2）酌定量刑情节主要包括：①犯罪动机。犯罪动机不同，说明犯罪人的主观恶性不同，因而犯罪动机是量刑时需要考虑的因素之一。②犯罪手段。在犯罪手段不是犯罪构成要件的情况下，犯罪手段不同，直接体现着犯罪行为的不同社会危害程度，因此，它是影响量刑的因素之一。③犯罪时间、地点。犯罪发生的时间、地点不同，在一定程度上也影响犯罪的社会危害程度，因此，在量刑时也要予以考虑。④犯罪侵害的对象。犯罪人选择不同的犯罪对象，表明其主观恶性和行为的社会危害程度不同，因而在犯罪对象不是构成要件时，它也是量刑的酌定情节之一。⑤犯罪造成的损害结果。这里的危害结果或损害结果是指作为犯罪构成要件之外的危害结果，包括直接结果和间接结果。作为非构成要件的危害结果，对定罪不起作用，但它直接表明犯罪行为对刑法所保护的社会关系所造成的损害程度，因而是重要的酌定情节。⑥犯罪分子的一贯表现。犯罪人的一贯表现是体现其人身危险大小和改造难易程度等因素，从有利于刑罚目的的实现出发，这一因素在量刑时也需要予以考虑。⑦犯罪后的态度。犯罪后的态度，也反映了犯罪人人身危险性的大小和改造的难易程度等因素，从有利于刑罚目的的实现出发，这一因素也应予以考虑，如真诚悔过、坦白罪行、积极退赃、主动赔偿损失、积极采取措施消除和减轻危害结果等表现，较之于拒不认罪、毁灭罪证、意图逃避罪责等表现，前者应当受到相对较轻的处罚。

（3）正确适用酌定处罚情节，主要应注意以下问题：①准确认定酌定情节的性质。与法定情节相同，酌定情节可以分为从宽情节和从严情节。从宽情节和从严情节对量刑结果影响的性质是不同的。从宽情节是指会使犯罪人受到从宽处罚的情节，它包括从轻处罚、减轻处罚和免除处罚的情节；从严情节是指会使犯罪人受到从严处罚的情节，仅有从重处罚情节一种。②全面把握酌定情节的内容。同一案件中所具有的酌定情节，往往是多方面的，既有从宽情节，也有从严情节。全面把握酌定情节的内容，就是要求客观、全面地分析、掌握可能对量刑结果产生不同影响的所有情节，从而为正确量刑奠定公正、合理的基础。③合理协调酌定情节与法定情节的关系。在同一案件中既有法定情节又有酌定情节的条件下，注意协调酌定情节与法定情节的关系，充分发挥酌定情节的作用，对于保证法定情节适用结果的准确性，是至关重要的。此外，在法定情节与酌定情节并存的情况下，应本着法定情节优于酌定情节的原则予以适用。④公正适用酌定情节。酌定情节是法官自由裁量权的重要依据之一。但是，酌定情节的这一属性，并非表明法官可随心所欲、不受制约地决定酌定情节的取舍和适用结果。任何法官都应当在罪责刑相适应原则和适用刑法人人平等原则的制约下，公正、合理地适用酌定情节，准确裁量刑罚。

单元九

1. 试论罪数的认定。
2. 试论假释的条件及法律后果。

单元九答案要点

1.（1）关于罪数的判断标准，在理论上主要有如下4种学说：①行为标准说。该说认为行为是犯罪的核心要素，主张按照自然观察的行为个数判断犯罪的个数，即行为人实施一个行为的，构成一罪；实施数个行为的，构成数罪。因此当一个行为造成数个结果，触犯数个罪名的，也认为是一罪。②法益标准说（结果说）。该说认为犯罪的本质是对法益的侵害，主张以犯罪行为的法益个数作为判断罪数的标准。③犯意标准说（意思说）。该说认为犯罪是行为人主观犯罪意思的外部表现，行为只是行为人犯罪意思或主观恶性的表征，因此认为应当以行为人犯罪意思的个数作为判断犯罪个数的标准。只要出于单一的意思，不管造成什么样的结果，都是一罪。④构成要件标准说。构成要件说以构成要件为标准，主张符合一次（一个）构成要件的事实就是一罪，符合数次（数个）构成要件的事实就是数罪。

（2）采用不同的标准判断罪数，往往得出不同的结论。对于想象竞合犯，按照行为说是实质的一罪、想象的数罪；按照法益说、结果说或构成要件说，则认为是实质的数罪、处断的一罪。对于连续犯、牵连犯，按照意思说通常认为是一罪，而按照行为说或构成要件说，则认为是数罪、处断的一罪。

（3）我国通说上确定罪数的标准采取犯罪构成说，即凡是行为人以一个犯意，实施一个行为，符合一个犯罪构成的，就是一罪；凡是以数个犯意，实施数个犯罪行为，符合数个犯罪构成的，就是数罪。采取犯罪构成说，贯彻了罪刑法定原则、主客观相统一原则和犯罪构成理论，因而是科学的。

2.（1）假释是指对被判处有期徒刑的犯罪分子，在执行一定刑期之后，如果认真遵守监规，接受教育改造，确有悔改表现，没有再犯罪的危险，而附条件地将其予以提前释放的制度。

（2）适用假释的条件有：①对象条件：假释适用于被判处有期徒刑、无期徒刑的犯罪分子。假释是对犯罪分子附条件地提前释放，并在一定期限内保持继续执行未执行的部分刑罚的可能性。正是假释的这一基本特点，决定了假释只能适用于判处有期徒刑、无期徒刑的犯罪分子。其他种类的刑罚，或因性质决定而不存在假释的可能（死刑立即执行），或因执行方式决定而不能直接适用假释（死刑缓期执行），或因刑期较短而不具有适用假释的实际意义（拘役），或因仅在监外执行、限制部分自由而没有必要适用假释（管制）。此外，对于死缓犯减为无期徒刑或者有期徒刑后，符合假释条件的，可以适用假释。②限制条件：假释适用于被判处有期徒刑的犯罪分子，执行原判刑期 1/2 以上，被判处无期徒刑的犯罪分子，实际执行 13 年以上。如果有特殊情况，经最高人民法院核准，可以不受上述执行刑期的限制。对累犯以及因故意杀人、强奸、抢劫、绑架、放火、爆炸、投放危险物质或者有组织的暴力性犯罪被判处 10 年以上有期徒刑、无期徒刑的犯罪分子，不得假释。因前述情形和犯罪被判处死缓的罪犯，被减为无期徒刑、有期徒刑后，也不得假释。对犯罪分子决定假释时，应当考虑其假释后对所居住社区的影响。③实质条件：适用假释的犯罪分子，必须认真遵守监规，接受教育改造，确有悔改表现，没有再犯罪的危险。所谓确有悔改表现，是指罪犯认真服法，认真遵守监规、接受教育改造，积极参加政治、文化、技术学习，积极参加劳动，完成生产任务。所谓没有再犯罪危险，是指罪犯在刑罚执行期间一贯表现好，确有悔改表现，不致违法、重新犯罪，或是年老、身体有残疾，并丧失犯罪能力。

（3）假释的法律后果有：①对假释的犯罪分子，在假释考验期限内，依法实行社区矫正，如果没有再犯新罪或发现漏罪，或者违反法律、行政法规或者国务院有关部门关于假释的监督管理规定，假释考验期满，就认为原判刑罚已经执行完毕，并公开予以宣告。②被假释的犯罪分子，在假释考验期限内再犯新罪，应当撤销假释，依照“先减后并”的规定实行数罪并罚。③在假释考验期限内，发现被假释的犯罪分子在判决宣告以前还有其他罪没有判决的，应当撤销假释，依照“先并后减”的规定实行数罪并罚。④被假释的犯罪分子，在假释考验期限内，有违反法律、行政法规或者国务院有关部门关于假释的监督管理规定的行为，尚未构成新的犯罪的，应当依照法定程序撤销假释，收监执行未执行完毕的刑罚。

单元十

1. 试论结果加重犯的构成特征及处罚原则。
2. 试论受贿罪的特别犯罪构成。

单元十答案要点

1.（1）结果加重犯是指实施基本犯罪构成的行为，同时又造成一个基本犯罪构成以外的结果，刑法对其规定较重法定刑的情况。

（2）结果加重犯的构成特征（成立条件）有：①行为人实施了基本犯罪构成的行为。基本犯罪构成是结果加重犯存在的前提，没有基本犯罪构成就没有结果加重犯。基本犯不限于结果犯，基本犯可以是结果犯、实害犯或危险犯。基本犯通常是故意，但不排除出于过失。失火致人死亡的，其基本犯就是出于过失。②行为人产生了基本构成以外的加重结果。构成结果加重犯，以发生重结果为不可缺少的条件，并且重结果必须由基本犯罪的犯罪行为所引起，即重结果与基本犯罪行为之间必须具有因果关系；否则，不构成结果加重犯。③行为人对加重结果有过错。行为人对基本犯罪具有故意或者过失，但对加重结果至少需要有过失。“对加重结果至少有过失”是认定结果加重犯所坚持的基本原则。④刑法规定了比基本犯罪较重的法定刑。较重的法定刑，是相对于基本犯罪构成法定刑而言，即结果加重犯的法定刑高于基本犯罪构成的法定刑。如果刑法没有加重法定刑，结果再严重也不是结果加重犯。

(3) 结果加重犯的处断原则：对于结果加重犯，以一罪处罚，不实行数罪并罚，因为该结果已经作为适用较重法定刑的依据。

2. (1) 刑法规定，国家工作人员在经济往来中，违反国家规定，收受各种名义的回扣、手续费，归个人所有的，以受贿论处。此为受贿罪的特别犯罪构成之规定。

(2) 受贿罪的特别犯罪构成须符合受贿罪的一般构成条件，即侵犯客体为国家工作人员职务行为的廉洁性，犯罪主体为国家工作人员，主观方面表现为故意等，其“特别”之处在于，其客观行为发生于经济往来中，犯罪对象针对的是国家工作人员收受的回扣和手续费。

(3) 受贿罪特别犯罪构成具有如下特点：①发生在经济往来中。这里的经济往来，是指国家经济管理活动以及国家工作人员直接参与到销售、购买商品或者提供、接受服务等交易活动中。如果不是发生在经济往来中，不适用受贿罪特别犯罪构成之规定。②违反国家规定，收受各种名义的回扣、手续费。国家工作人员基于其职务参与经济往来之中，违反国家规定，收受各种名义的回扣、手续费，必定利用职务上的便利，并且以为他人谋取利益为目的或者实际上已经为他人谋取了利益。国家工作人员在经济往来中，账外暗中收取各种名义的回扣、手续费的，以受贿论。③将收受的回扣、手续费归个人所有。这里的归个人所有，是指个人账外暗中据为己有。如果国家工作人员收受了回扣、手续费之后，入账上交本单位，而没有归个人所有的，不构成犯罪。如果是单位在经济往来中，账外暗中收受各种名义的回扣、手续费的，以单位受贿罪论处。

第六章

案例分析题

单元一

1. 被告人：黄某，男，22 岁；刘某，男，20 岁；靳某，女，17 岁。

2013 年夏天，被告人黄某从某信用社购买摩托车一辆。因手续不全，黄某让被告人靳某到某信用社找该社主任张某补办摩托车过户证明。张某提出与靳某约会，靳某将此事告诉了黄某。黄某想到自己想做生意贷不来款，张某贪恋女色，遂即与被告人刘某预谋，指使靳某以色相勾引张某，以此为把柄，敲诈、要挟张某为其提供资金。在黄某的授意下，2013 年 10 月 30 日下午，靳某按照预谋将张某诱骗到黄某的二哥家。黄某藏于室内，刘某先对张某进行殴打、威逼，迫使张某为他们提供 15 万元贷款。张某借故推脱，刘某继续殴打，此时，黄某从室内出来，与刘某一起对张某软硬兼施，进行威逼。张某无奈，便以自己的名义，亲笔写了一张"市行急需 2 万元现金"的便条，要某信用社值班人员支付。刘某持此便条到某信用社取走现金 2 万元。直到晚上，黄某、刘某才将张某放回。

问：本案如何处理？

2. 被告人：汤甲，男，26 岁，因为犯盗窃罪被判处有期徒刑 2 年，2012 年 3 月 4 日刑满释放；汤乙，男，29 岁。

2014 年 4 月 4 日下午，被告人汤甲、汤乙两兄弟开手扶拖拉机去某村运输氟石，因故未运成。归途路经周庄村时，被告人汤甲见该村口公路旁堆有氟石，即示意停车，提出"不能空手开回去，把这里的矿石运点回去"，得到被告人汤乙的同意并一同盗装氟石 2.3 吨，计价值 1 500 元。当两被告人刚准备将氟石运走时，被周庄村村民李某、张某、叶某等发现而上前制止。汤乙弃车逃跑。李某等人要汤甲将所盗氟石卸下。汤甲非但置之不理，而且用拳头和拖拉机手摇柄等工具，对李某、张某、叶某进行殴打，致李某颈部、腰部，张某头部、脚部多处损伤，叶某颅骨骨折，经鉴定为重伤。后汤甲被随后赶到的周庄村村民制服并扭送到派出所。

问：(1) 本案如何定罪？

(2) 犯罪的停止形态是什么？

(3) 本案如何量刑？

3. 甲系某国家机关负责财会工作的人员。个体工商户乙见甲掌管巨额资金，就以小恩小惠拉拢甲。后乙以做生意需要资金为由，劝诱甲出借公款，并与甲共同策划了挪用公款的方式，还送给甲好处费 3 万元。甲擅自将自己掌握的 100 万元单位资金借给乙。乙得到巨款以后，告知银行职员丙该款的真实来源，丙为乙提供资金账户，为乙打掩护。乙利用该资金炒卖股票，并通过多列支出的方法，少缴税款 5 万元，占应当缴纳税款的 15%。在甲的催促下，乙归还 30 万元，后来就拒绝和甲见面。甲见追回剩余 70 万元无望，就携带乙归还的 30 万元潜逃。甲在半年内将 30 万元挥霍一空，走投无路后向司法机关投案，交代了借公款给乙、接受乙贿赂和携款潜逃的事实，并提供线索协助司法机关将乙捉拿归案。乙归案后主动交代了行贿和司法机关尚未掌握的逃税的犯罪事实。

问：本案应当如何处理？

单元一答案要点

1.（1）抢劫罪，是指以非法占有为目的，当场使用暴力、胁迫或者其他方法，强行劫取财物的行为。在本案中，被告人为了获取资金，限制被害人人身自由后对被害人进行殴打、威逼，即使用了暴力和胁迫的手段；尽管被害人是以写便条的方式由被告人刘某领取了现金，但是被害人为信用社主任，其便条能够对信用社值班人员产生相应的约束力，值班人员也正因对便条的执行而向被告人刘某提供现金。因此，虽然本案中从被告人向被害人威逼写便条到被告人实际取得现金之间的持续时间较长，而且并非被害人直接交出现金，但是由于被害人的特殊身份，应认为是被告人直接向被害人劫取了财物。所以，黄某等三人的行为符合抢劫罪的构成要件，成立抢劫罪。

（2）共同犯罪是指二人以上共同故意犯罪。黄某与刘某、靳某以非法占有为目的，共同谋划、实施抢劫被害人钱财的行为，具有共同犯罪的故意和共同犯罪行为，成立共同犯罪。

（3）在共同犯罪中，黄某和刘某起主要作用，是主犯；靳某起次要作用，是从犯，根据刑法的规定，对靳某应当从轻、减轻处罚或者免除处罚。

（4）根据刑法的规定，未成年人犯罪的，应当从轻或者减轻处罚。被告人靳某是未成年人，所以对于靳某应当减轻或者免除处罚。

2.（1）盗窃罪是指以非法占有为目的，秘密窃取他人财物，数额较大的行为。本案中，被告人汤甲与汤乙共同秘密窃取了他人财物，是盗窃罪的共同犯罪。

根据刑法的规定，犯盗窃、诈骗、抢夺罪，为窝藏赃物、抗拒抓捕或者毁灭罪证而当场使用暴力或者以暴力相威胁的，依照抢劫罪定罪处罚。本案中，被告人汤甲在实施盗窃行为的过程中，为了抗拒抓捕而当场使用暴力，其行为已构成抢劫罪。而被告人汤乙已经逃离现场，其行为没有转化为抢劫罪。

（2）犯罪未遂，是指行为人已经着手实施具体犯罪构成的实行行为，由于其意志以外的原因而未能完成犯罪的一种犯罪停止形态。本案中，被告人汤甲和汤乙在实施盗窃行为的过程中，因被他人发现而没有得逞，属于盗窃未遂。

根据有关司法解释的规定，在实施抢劫行为的过程中，即使没有获取财物，但是造成被害人轻伤以上的危害后果的，应当认定为抢劫既遂。本案中，被告人汤甲在实施抢劫行为过程中造成他人重伤的后果，所以属于抢劫既遂。

（3）根据刑法的规定，抢劫致人重伤的属于抢劫罪的加重构成，所以对于汤甲应当判处有期徒刑10年以上的刑罚。

根据刑法的规定，对于犯罪未遂的，可以比照既遂犯从轻或者减轻处罚，所以对于汤乙可以从轻或者减轻处罚。

根据刑法的规定，累犯是指被判处有期徒刑以上刑罚并在刑罚执行完毕或者赦免以后5年内再犯应当判处有期徒刑以上刑罚之罪的犯罪分子。本案中，被告人汤甲在刑罚执行完毕5年之内又故意犯罪，系累犯，应当从重处罚。

3.（1）根据刑法的规定，国家工作人员利用职务上的便利，挪用公款归个人使用，进行营利活动，数额较大的，构成挪用公款罪。本案中，甲和乙共谋，利用国家工作人员甲职务上的便利，挪用100万元公款炒卖股票，进行营利活动，符合挪用公款罪的构成要件，甲、乙均构成挪用公款罪。甲在共同犯罪中系主犯，乙系从犯，对乙应当从轻、减轻或者免除处罚。

（2）根据刑法的规定，国家工作人员以非法占有为目的，利用职务上的便利，将公共财物占为己有的，构成贪污罪。本案中，甲利用职务上的便利携带30万元公款潜逃并挥霍一空，说明其主观上有非法占有的目的，符合贪污罪的构成要件，甲构成贪污罪。

(3) 根据刑法的规定，国家工作人员利用职务上的便利，收受贿赂，为他人谋取利益的，是受贿罪。本案中，甲将自己掌握的单位资金挪给乙使用，而收受3万元好处费，符合受贿罪的构成要件，甲构成受贿罪。

(4) 根据刑法的规定，为谋取不正当利益，向国家工作人员行贿的，是行贿罪。本案中，乙为了获得公款的使用权，给国家工作人员甲好处费3万元，符合行贿罪的构成要件，乙构成行贿罪。

(5) 根据刑法的规定，纳税人采取欺骗、隐瞒手段进行虚假纳税申报或者不申报，逃避缴纳税款数额较大并且占应纳税额10%以上的，构成逃税罪。本案中，乙通过多列支出的方式，偷逃税款5万元，并占应缴纳税款的15%，符合逃税罪的构成要件，乙构成逃税罪。

(6) 根据刑法的规定，为掩饰隐瞒贪污贿赂犯罪的所得，而为其提供资金账户隐瞒资金来源的，是洗钱罪。本案中，丙为掩饰隐瞒100万元资金系挪用的公款，为乙提供资金账户，符合洗钱罪的构成要件，丙构成洗钱罪。

(7) 根据刑法的规定，犯罪以后自动投案，如实供述自己罪行的，是自首。本案中，甲自动向公安机关投案，并如实供述有关犯罪事实，构成自首，可以从轻或者减轻处罚。

(8) 根据有关司法解释的规定，协助司法机关抓获同案犯的，是立功。本案中，甲协助司法机关将乙抓获归案，构成立功，可以从轻或者减轻处罚。

(9) 根据刑法的规定，被采取强制措施的犯罪嫌疑人、被告人和正在服刑的罪犯，如实供述司法机关还未掌握的本人其他罪行的，以自首论。本案中，乙在被抓获后如实供述了司法机关尚未掌握的逃税的犯罪事实，就逃税罪而言是自首，可以从轻或者减轻处罚。

(10) 综上所述，对甲应当按照挪用公款罪、受贿罪、贪污罪实行数罪并罚，并考虑其主犯、自首、立功等情节进行处罚。对乙应按照挪用公款罪、行贿罪、逃税罪实行数罪并罚，并考虑乙是挪用公款罪的从犯，并就逃税罪而言有自首情节进行处罚。对丙应按照洗钱罪定罪处罚。

单元二

1. 被告人，赵某，男，45岁，2011年因犯交通肇事罪被判处有期徒刑3年，缓刑5年；卢某，男，42岁。

被告人赵某系某建筑工程公司（私营公司）招聘的民工，在公司中负责看护施工现场存放的钢筋、水泥等建筑材料。卢某为无业人员，与赵某为同乡。卢某见公司对施工现场的建筑材料使用情况审核松懈，管理不严，即产生窃取建筑材料贩卖牟利的念头，并与赵某商量，赵某同意提供帮助。2015年2月至3月期间，卢某利用赵某单独看管建筑材料的便利条件，于深夜将公司施工现场存放的价值5万元的建筑材料盗出，然后以低价卖给他人，得价款12 000元，二被告人各得赃款6 000元。2015年3月21日，被告人卢某正在盗运公司钢筋时，被公司的一名项目经理发现，及时报案而案发。

问：(1) 本案应当如何定罪？

(2) 对卢某量刑时，作为量刑基准的数额应当是多少？为什么？

(3) 本案应当如何对赵某量刑？

2. 被告人，杨某，女，20岁；吴某，男，28岁。

2015年初，被告人杨某、吴某两人制订了捞钱的计划，由杨某到街上以“三陪”小姐的身份拉客到一歌舞厅消费，然后再由跑场的吴某冒充警察，借口进行扫黄强行索取顾客的钱财。2015年2月2日晚，被告人杨某以色相手段将游人杨甲招揽到该歌舞厅一包厢内看录像。刚落座不久，被告人吴某便冒充警察进入包厢内，以杨甲涉嫌嫖娼为由对杨甲进行罚款，杨甲害怕此事张扬出去，按照吴某的要求交了5 000元罚款。后因为群众举报，2015年4月3日，被告人杨某与吴某被公安机关抓获。

在公安机关审查期间，被告人吴某还交代了其另外一个犯罪事实：2014年初，杨某和吴某合谋后，决定由吴某以歌舞厅工作人员的身份，借口虚开“消费单”强行索取顾客的钱财。2014年3月2日晚，被告人杨某以色相手段将游人谢某招揽到该歌舞厅一包厢内看录像。刚落座后，被告人杨某即自行向服务员点要茶、酒各两杯，并将两杯酒迅速喝光。谢某见势不妙欲离开时，被早已守候在门外的被告人吴某强行堵在包厢内，强迫谢某“结账”，否则不让谢某离开歌舞厅。最后，吴某向谢某索得“消费款”人民币2 000元。

问：本案应当如何处理？

3. 被告人，林某，男，35岁，工人。

2016年3月，林某窜入某百货公司，窃得自行车两辆、收音机一台及烟、酒等物价值3 000余元。2016年4月，林某被公安机关拘留。林某在被拘留期间，出于悔罪，除如实交代上述盗窃行为，还交代了其他的犯罪事实。首先，2016年2月12日在富裕小区的一家住户内盗窃：在该户的保险柜中看到白粉（海洛因）就顺手带上，回家一称竟有100克；拿走保险柜里的一张信用卡，并用这张信用卡支取了5 000元钱。其次，2015年7月10日，林某邀约王某持一把匕首窜入被害人住宅内，因被害人反抗，林某使用匕首刺伤被害人并劫取一部手机，被害人后因抢救无效死亡。

问：对以上案件事实应当如何处理？

单元二答案要点

1.（1）职务侵占罪，是指公司、企业或者其他单位的人员，利用职务上的便利，将本单位财物非法占有，数额较大的行为。本案中，被告人赵某与卢某合谋后，以非法占有为目的，利用被告人赵某看管建筑材料职务上的便利，将公司财物占为己有，符合职务侵占罪的构成要件，是职务侵占罪的共同犯罪。在共同犯罪中，两个被告人的作用相当，都是主犯。

（2）在对卢某量刑时，作为量刑基准的数额应当是5万元。因为犯罪数额的认定应当是物品的价值而不应当是销赃的数额，同时，由于共同犯罪是一个整体，不能以分赃的数额作为量刑的基准数额。

（3）根据刑法的规定，在缓刑考验期内又犯新罪的，应当撤销缓刑与后罪进行并罚。本案中，赵某在缓刑考验期内又犯职务侵占罪，应当撤销缓刑，将交通肇事罪的3年有期徒刑和职务侵占罪所判处的刑罚合并后进行并罚。

2.（1）根据刑法的规定，敲诈勒索罪是指以非法占有为目的，对公私财物的所有人、管理人实施威胁或者要挟的方法，强行索取数额较大的公私财物或多次敲诈勒索的行为。本案中，被告人吴某与杨某合谋后，通过虚开“消费单”强行索取顾客谢某的钱财，符合敲诈勒索罪的构成要件，成立敲诈勒索罪的共同犯罪。在共同犯罪中，吴某是主犯，而杨某是从犯。

（2）根据刑法的规定，招摇撞骗罪是指以谋取非法利益为目的，冒充国家机关工作人员招摇撞骗的行为。本案中，被告人吴某与杨某合谋后，由被告人吴某冒充人民警察对杨甲进行“罚款”，符合招摇撞骗罪的构成要件，成立招摇撞骗罪的共同犯罪。在共同犯罪中，吴某是主犯，而杨某是从犯。

（3）根据我国刑法的规定，对于从犯，应当从轻、减轻处罚或者免除处罚。本案中，被告人杨某是从犯，所以应当从轻、减轻处罚或者免除处罚。

（4）根据我国刑法的规定，被采取强制措施的犯罪嫌疑人、被告人和正在服刑的罪犯，如实供述司法机关还未掌握的本人其他罪行的，是自首。本案中，被告人吴某在被采取强制措施之后，如实供述司法机关没有掌握的敲诈勒索的犯罪事实，符合自首的法定条件，系自首，可以从轻或者减轻处罚。

（5）本案中，被告人吴某和杨某都构成敲诈勒索罪和招摇撞骗罪，应当将两罪分别量刑，然后并罚。

3.（1）根据刑法的规定，盗窃罪是指以非法占有为目的，盗窃公私财物，数额较大的，或者多次盗窃、入户盗窃、携带凶器盗窃、扒窃的行为。本案中，被告人林某在百货公司里秘密窃取价值3 000余元的财物，符合盗窃罪的构成要件，成立盗窃罪。

（2）根据有关司法解释的规定，违禁物品也是盗窃罪的犯罪对象。本案中，被告人林某将海洛因100克盗走，符合盗窃罪的构成要件，成立盗窃罪。由于盗窃的是违禁品海洛因，在量刑时不计数额，而根据犯罪情节决定量刑的轻重。

（3）根据刑法的规定，盗窃信用卡并使用的，按照盗窃罪定罪处罚。本案中，被告人林某盗窃信用卡并支取了5 000元钱，构成盗窃罪。

（4）对于上述的盗窃行为构成的同种数罪，不实行数罪并罚，而将盗窃数额累计计算。同时，考虑到盗窃海洛因的情节，在量刑时应加以考虑。

（5）根据刑法的规定，以非法占有为目的，当场使用暴力、胁迫或者其他方法，强行劫取财物的行为是抢劫罪。本案中，被告人林某伙同王某使用暴力手段抢劫财物，构成抢劫罪的共同犯罪。同时，由于存在入户抢劫、抢劫致人死亡两个加重的量刑情节，应当按照抢劫罪的加重构成定罪处罚。因此，对于林某应当按照盗窃罪与抢劫罪实行数罪并罚。

（6）根据刑法的规定，特别自首是指被采取强制措施的犯罪嫌疑人、被告人和正在服刑的罪犯，如实供述司法机关还未掌握的本人其他罪行的行为。本案中，被告人林某因为盗窃被司法机关采取了强制措施之后，首先，交代了2016年2月12日的盗窃行为，其交代的犯罪事实与司法机关所掌握的犯罪事实是同种类的犯罪事实，不认定为自首，但是可以酌情从轻处罚。其次，交代了2015年7月10日的抢劫行为，符合特别自首的成立条件，成立自首。

单元三

1. 李某，男，17岁，系某市国有百货文化用品公司工人。王某，男，系李某结拜兄弟。王某16岁生日将至，多次向李某要生日礼物。2015年9月10日，被告人李某在本公司营业厅盗得该公司空白提货单2份（五联单）并乘收款员刘某不备，在提货单上偷盖了该公司付款专用章。而后，李某分别在提货单上填写了购货单位和物品名称等项目。同年10月26日，在王某生日当天，李某将提货单交给其结拜兄弟王某，告诉其实际情况，并将该提货单作为生日礼物送给王某。同日下午，王某去该国有百货文化用品公司仓库，分别提走洗发水100箱、洗面奶100箱，物品价值7 690元。

问：（1）本案应当如何处理？

（2）如果李某在提货单上填写的货物的数额特别巨大，可以判处的最重主刑和附加刑是什么？

2. 被告人，吴某，男，26岁。

2015年3月，被告人吴某从某县离家外出，先后流窜到云南省的昆明市等地，同年4月7日上午窜至大理古城，在同福旅社住下后携带匕首上街游逛。10时许逛到大理中路至小邑庄岔路口时，遇见来华旅游的日本人高杉某挎着照相机朝洱海方向游览观光，吴某遂生抢劫歹念，便尾随其后。当行至大理古城东郊，即大理中路之小邑庄时，被告人吴某见四下无人，乘高杉某不备夺走其带的照相机，高杉某大声呼喊，吴某怕事情败露，回头拔出匕首朝高杉某的胸部猛刺一刀。高杉某奋力反抗并呼叫，在与被告人搏斗中跌进蚕豆田里，被告人趁此又朝高杉某的面部、胸部等处乱刺数刀。被告人见被害人反抗强烈，担心有人路过而罪行败露，遂丢下匕首，仓皇逃离现场。被害人高杉某在被送往医院的途中死亡。

问：（1）本案应当如何处理？

（2）如果吴某没有夺下被害人的照相机，在争夺的过程中吴某用匕首将被害人刺死，由于害怕被人发现逃离现场而没有拿走照相机，又如何处理？

（3）第二种情况下的犯罪的停止形态又是什么？

3. 冉某，男，29岁，小学文化，某工厂工人。冉某于2016年3月因聚众斗殴罪被判刑3年，刑满释放后，经常夜间携带三棱刮刀到处游荡。2019年9月上旬，冉某嫌这把三棱刮刀不锋利，又购买一把0.3米长的三棱刮刀带在身上。9月16日晚9时许，冉某与其朋友陈某在当地人民路人民饭店饮食部门前闲逛，遇见相识的周某、匡某、吴某等人。周某、匡某、吴某等先后向冉某要香烟，冉某给匡某、吴某各一支，未给周某，周某抓住冉某的衣服与之纠缠。冉某将周某的手拨开，发生拉扯，周某打冉某面部两拳。冉某受伤后退几步，随即拔出携带的三棱刮刀由上而下对周某的左肋刺一刀，伤及心脏，周某倒地死亡。冉某见状后向公安机关投案自首，但是在法院审理期间否认了犯罪事实。

问：(1) 冉某的主观罪过是什么？

(2) 对于冉某有何量刑情节？

(3) 如果冉某在法院审理案件期间没有否认自己的犯罪事实，但是提出自己的行为是正当防卫，又应当如何处理？

单元三答案要点

1. (1) 根据刑法的规定，以非法占有为目的，用虚构事实或者隐瞒真相的方法，骗取数额较大的公私财物的行为，是诈骗罪。本案中，被告人李某与王某通过伪造某公司的提货单而使得被害方自愿交付财物，数额较大，构成诈骗罪。共同犯罪是两人以上的共同故意犯罪。成立共同犯罪要求两个自然人都必须具有刑事责任能力。本案中，被告人王某是在生日当天实施了提货行为，并没有年满16周岁，所以，李某与王某不构成共同犯罪。王某不承担刑事责任，李某是诈骗罪的间接正犯，单独承担诈骗罪的刑事责任。

(2) 由于诈骗罪的法定最高刑是无期徒刑，所以对于李某判处的最高主刑应当是无期徒刑。根据刑法的规定，对于判处无期徒刑的犯罪分子，应当附加剥夺政治权利终身。同时，诈骗罪是财产犯罪，对于诈骗罪应当判处财产刑，又由于无期徒刑是重刑，与之相应的财产刑只能是没收财产，所以，附加刑是剥夺政治权利终身和没收财产。

2. (1) 根据刑法的规定，携带凶器抢夺的，按照抢劫罪定罪处罚。本案中，被告人吴某携带管制刀具进行抢夺，其行为已经构成抢劫罪。被告人吴某在抢劫行为实施完毕之后，为了防止犯罪行为败露而又用匕首刺被害人的胸部，具有明显的杀人故意，其行为又致被害人死亡，所以被告人吴某又构成故意杀人罪。因此，对于被告人吴某应按照抢劫罪与故意杀人罪实行数罪并罚。

(2) 以非法占有为目的，当场使用暴力、胁迫或者其他方法，强行劫取财物的行为是抢劫罪。抢劫罪的暴力行为包括故意杀人的行为。被告人为了劫取他人财物用匕首将被害人刺死，符合抢劫罪的构成要件，成立抢劫罪。同时，被告人吴某抢劫致人死亡，符合抢劫罪的加重构成，不另外成立故意杀人罪。

(3) 根据有关司法解释，在实施抢劫行为的过程中，即使没有获取财物，但是造成被害人轻伤以上的危害后果的，应当认定为抢劫既遂。所以，对于第二种情况，虽然被告人没有获取财物，但是致使被害人死亡，所以应当认定为抢劫既遂。

3. (1) 根据刑法的规定，间接故意是指行为人明知自己的行为会造成危害社会的结果而放任危害结果发生的心理态度。本案中，冉某在主观上对周某的死亡结果之态度是放任，而非过失。冉某明知自己用锋利的三棱刮刀猛刺对方，有可能使其发生死亡的结果，却听之任之，放任死亡结果的发生。

(2) 根据刑法的规定，一般累犯，是指被判处有期徒刑以上刑罚并在刑罚执行完毕或者赦免以后，在5年内再犯应当判处有期徒刑以上刑罚之罪的犯罪分子。本案中，被告人冉某在犯聚众斗殴罪刑满释放后5年内又犯故意杀人罪，符合一般累犯的成立条件。根据刑法的规定，对于累犯，应当从重处罚。根据刑法的规定，犯罪分子在犯罪后自动投案，如实供述自己罪行的，是自首。但是在审判过程中翻供的，不认定为自首。本案中，被告人冉某有翻供行为，所以不成立自首。

（3）根据有关司法解释，犯罪分子不否认犯罪事实，但是对于行为的性质进行辩解的，不影响自首的成立，所以，如果冉某仅仅指出自己的行为是正当防卫，那么不影响自首的成立。

单元四

1. 被告人，张某，男，28岁。

被告人张某于2018年12月利用因病休假的机会，与其兄张浩合伙投资开办新兴木器厂。该厂资金大部分为张浩所投入，张某只投入部分工具和木材。在1年多的经营中，张浩分给张某人民币及家用电器等物共计人民币7万多元，张某认为分配不公，经常表示不满，兄弟二人为此发生过纠纷。2020年7月中旬，张某的所在单位要张某回厂上班，张某又因为分配问题对其兄嫂不满。2020年7月22日上午8时许，张某先到木器厂，将和其兄张浩共同保管的保险箱打开，拿走其中的新兴木器厂的经营资金4万元。然后，张某趁其兄嫂家中无人之机，携带羊角锤、螺丝刀等工具，翻墙破窗进入其兄家中，撬开保险柜，盗走人民币48 700余元、价值13 000余元的金饰品以及一本存折。随后，张某利用假的身份证将存折中的1万元取出。作案后，张某把窃得的财物藏在家中，将作案时使用的羊角锤和螺丝刀扔给一个收废品的人。案发后经公安机关传讯，张某交代了盗窃事实，赃款赃物已全部追回，其作案时使用的铁棍、塑料编织袋等物也一并查获。

问：（1）本案应当如何处理？

（2）如果张浩要求司法机关不追究张某的刑事责任，你作为法官应当如何处理？

2. 2017年下半年，被告人白某与湖北省A市的个体经营者张某做生意，张某欠下白某货款6 000余元。白某向张某多次讨要未成，遂起意扣押人质索要欠款。2018年1月19日，白某邀约了被告人于某、高某携带手铐，租乘个体出租车从某县开往A市。途中，白某买了艾司唑仑片一盒。1月21日下午，白某等人到达A市。白某先到张某家去要钱又未果，即于当晚8时许将张某骗出，与于某和高某将张某挟持到出租车上，后挟持到一宾馆内。在宾馆内，张某极力反抗、呼喊。白某对张某进行了殴打，并私下告诉于某和高某下手要注意，只是要钱，别搞出人命来。于某用酒瓶打了张某头部一下，高某用手铐铐住张某的双手。张某继续呼喊，白某又迫使张某吞服艾司唑仑2片，并用毛巾将其嘴堵住。在张某昏睡时，白某、高某和于某共同搜身，将张某身上的现金1万余元拿走。1月22日中午，张某趁于某外出、白某和高某睡熟的机会，逃出宾馆。但是被外出回来的于某发现，于某追上张某后用匕首向张某胸部猛刺一刀，张某死亡。经法医鉴定：死者张某尸体上虽有较多的损伤，且头面部的创伤较重，但这些创伤均不足以导致张某立即死亡且在性质上属于轻伤（偏重），胸部的创伤是致命伤。

问：本案应当如何处理？

3. 戚某（男）与牛某（女）相识后发展为恋爱关系。后来戚某对牛某深感失望，便决定断绝关系。但牛某百般纠缠，最后竟以公开隐情相要挟，要求戚某给予500万元补偿费。戚某假意筹钱，实际打算除掉牛某。随后，戚某找到师某和贾某，共谋将牛某杀害。按照事前分工，贾某发微信将牛某诱骗到湖边小屋。但贾某得知牛某到达后害怕出事后被抓，给戚某打电话说："我不想继续参与了。你也别杀她了。"戚某大怒说："你太不义气啦，算了，别管我了！"贾某又随即打牛某电话，打算让其离开小屋，但牛某手机关机未打通。戚某、师某到达小屋后，师某寻机抱住牛某，戚某卡牛某脖子。待牛某不能挣扎后，戚某一人将牛某身上绑上石块将其扔入湖中，经鉴定被害人系溺死。戚某回到小屋后，发现牛某的手包内有5 000元现金、身份证和一张信用卡，戚某将现金据为己有。后来，戚某冒充牛某从银行柜台取出了该信用卡中的2万元。

问：本案应当如何处理？

单元四答案要点

1.（1）根据刑法的规定，侵占罪是指以非法占有为目的，将代为保管的他人财物或者他人的遗忘物、埋藏物非法占为己有，数额较大，拒不退还或者拒不交出的行为。本案中，被告人张某以非法占有为目的，将与其兄共同保管的木器厂的经营资金 4 万元占为已有，数额较大，符合侵占罪的构成要件，成立侵占罪。

根据刑法的规定，盗窃罪是指以非法占有为目的，盗窃公私财物，数额较大的，或者多次盗窃、入户盗窃、携带凶器盗窃、扒窃的行为。本案中，被告人张某以非法占有为目的，将其兄的人民币 48 700 余元、价值 13 000 余元的金饰品盗走，符合盗窃罪的构成要件，成立盗窃罪。

根据刑法的规定，诈骗罪是指以非法占有为目的，用虚构事实或者隐瞒真相的方法，骗取数额较大的公私财物的行为。本案中，被告人张某利用虚假的身份证从银行骗走人民币 1 万元，符合诈骗罪的构成要件，成立诈骗罪。

行为人张某犯侵占罪、盗窃罪和诈骗罪，根据刑法的规定，应当数罪并罚。

（2）根据刑法的规定，侵占罪是告诉的才处理。如果被害人张浩要求司法机关不追究张某的刑事责任，那么作为法官可以根据法律的规定，不追究张某侵占罪的刑事责任。

根据有关司法解释，偷拿自己家的财物或者近亲属的财物，一般可不按犯罪处理；对确有追究刑事责任必要的，处罚时也应与在社会上作案的有所区别。本案中，被告人张某盗窃的财物数额较大，确有追究刑事责任的必要，但是在量刑时可以就盗窃罪适当从轻处罚。同时，对于诈骗罪也可以参照盗窃罪的规定，适当从轻处罚。

2.（1）根据刑法的规定，非法拘禁罪是指非法拘禁他人或者以其他方法非法剥夺他人人身自由的行为。本案中，白某、于某和高某合谋后，非法拘禁他人，符合非法拘禁罪的构成要件，成立非法拘禁罪的共同犯罪。

（2）根据刑法的规定，以非法占有为目的，当场使用暴力、胁迫或者其他方法，强行劫取财物的行为是抢劫罪。本案中，被告人白某、高某和于某共同使用暴力等手段从被害人身上搜走人民币 1 万余元，符合抢劫罪的构成要件，成立抢劫罪的共同犯罪。

（3）根据刑法的规定，故意致人死亡的，是故意杀人罪。本案中，被告人于某使用匕首向被害人张某胸部猛刺一刀，其杀人的故意明显，并导致被害人死亡，符合故意杀人罪的构成要件。于某是在非法拘禁行为已经结束的情况下实施了杀人行为，因此不能按照非法拘禁罪的转化犯处理。而被告人白某和高某没有杀人的故意，所以于某的杀人故意超出了白某和高某共同故意的范围，仅仅于某一人构成故意杀人罪。

（4）根据刑法理论，结果加重犯要求行为人对加重的结果主观上应当有罪过。本案中，被害人的死亡已经超出了被告人白某与高某的预见范围，白某与高某对于被害人的死亡主观上没有罪过，所以不属于非法拘禁致人死亡的情形。同时，被告人白某与高某在非法拘禁过程中虽然使用了暴力行为，但是不是该暴力行为导致被害人死亡，所以不构成故意杀人罪。

（5）被告人白某和高某构成非法拘禁罪和抢劫罪，实行数罪并罚。被告人于某构成非法拘禁罪、抢劫罪和故意杀人罪，实行数罪并罚。

（6）在非法拘禁和抢劫的共同犯罪过程中，白某起主要作用，是主犯；高某与于某起次要作用，是从犯，根据刑法的规定，对于从犯，应当从轻、减轻处罚或者免除处罚。

3.（1）根据刑法的规定，故意非法剥夺他人生命的，构成故意杀人罪。二人以上共同故意犯罪的，系共同犯罪。本案中，被告人戚某、师某和贾某共谋杀害牛某，且实施了杀人的行为，并发生了牛某死亡的结果，故戚某、师某和贾某均构成故意杀人罪。

（2）根据刑法理论，犯罪行为具备了构成要件的全部内容的，即为犯罪既遂。本案中，发生了被害人死亡的危害结果，故构成犯罪既遂。根据刑法理论，成立犯罪中止，必须有效地防止危害结果的发生。本案中，被告人贾某虽然想放弃犯罪，但是没有能够有效地阻止危害结果的发生，所以和戚某、师某一样都按照犯罪既遂来处罚。

(3) 根据刑法的规定，在犯罪中起主要作用的是主犯，起辅助或者次要作用的是从犯。本案中，被告人戚某提出犯意，并实施了直接导致被告人死亡的卡脖行为，以及将被害人投入水中的行为，在犯罪中起主要作用，系主犯。被告人贾某实施了欺骗牛某到犯罪现场的行为，被告人师某实施了抱住被害人的行为，对于犯罪结果的发生起到了一定的次要作用，系从犯，根据刑法的规定，应当从轻、减轻处罚或者免除处罚。

(4) 根据刑法规定，秘密窃取他人财物，数额较大的，构成盗窃罪。本案中，被告人戚某将被害人手包内的5 000元现金占为己有，数额较大，构成盗窃罪。根据刑法规定，窃取信用卡并使用的，构成盗窃罪。本案中，被告人戚某盗窃被害人信用卡并取出了该卡中的2万元，构成盗窃罪。数额犯，未经处理的，应当累计计算，故对戚某按照25 000元的盗窃数额进行处罚。

单元五

1. 被告人，钱某，男，32岁，无业游民。

2018年6月，被告人钱某在某县车站等车时偶遇某县自动化设备厂供销员方某，因同路相互攀谈而初识。2018年12月，被告人在某市时又遇到方某，交谈中被告人得知方某来该市办理申请出境赴香港的手续，乃心生邪念，自称是市公安局出入境办事处工作人员，并接过方某所带材料翻了翻，颇似内行地指出方某不符合申请出境条件。由于当时钱某身着警服，且双方自认有缘，方某对其深信不疑，乃求其帮忙。钱某拍着胸脯向方某保证，此事包在他身上，但同时向方某提出"打通关节需一些活动费"。方某当即将有关材料及"活动费"5 000元交给钱某。后方某见久无回音，到市公安局一打听，乃知上当受骗，报案后钱某被抓获。在公安机关，钱某还交代了其于2011年12月在公共汽车上窃取他人财物1 500元的犯罪事实。

问：本案应当如何定罪量刑？

2. 被告人，丁甲，男，43岁，农民；丁乙，女，18岁，待业青年；丁丙，男，15岁，学生；姜某，男，19岁，无业。

2017年12月10日，丁丙、姜某在家饮酒时产生抢劫歹意，遂蒙面伪装后，持猎枪闯入某公司经理张某家，对张某进行威胁，从张某身上搜得仅有的50元钱。二犯仍不满足，随即以匕首撬开室内组合柜，将柜中人民币1万元以及一些贵重物品洗劫一空。作案后二犯携带钱物逃至丁丙家，家中只有丁丙之姐姐丁乙。姜某当着丁乙的面将所抢得的钱物放在床上说"这是我们抢来的"，并提出把现金先藏在丁家。被告人丁乙不同意，提议放在丁丙奶奶家藏匿。被告人丁乙返回家后，即将此事告知其父被告人丁甲。次日，公安人员根据线索到丁家调查其子抢劫一案，丁甲谎称其子上学未归，并与丁乙一同竭力证明丁丙没有作案时间。其后，丁甲还指使丁乙将丁丙的衣服、皮鞋以及两张火车票送到奶奶家中，告知丁丙公安人员曾来家中调查一事。当丁丙得知自己已被公安机关列为怀疑对象时，即脱掉作案时穿的衣服、鞋交给丁乙，并换上丁乙带来的衣服和鞋，丁乙将丁丙作案时穿的衣服、鞋毁弃于屋后垃圾坑中。丁丙与姜某一起携赃款赃物乘坐火车潜逃。丁乙回家后便将二犯潜逃一事告知其父丁甲。丁甲即对丁乙说："此事千万不要说出去，否则要犯杀头罪的。"丁乙点头同意照办。当公安机关传讯二被告人询问丁丙去向时，二被告人均隐瞒了二犯潜逃的事实和其他情节。不久案发，公安机关依法拘留了丁甲、丁乙。

问：(1) 对丁丙和姜某应当如何定罪量刑？

(2) 丁甲与丁乙构成何罪？

(3) 如果丁甲是在被丁丙教唆后而为丁丙提供火车票帮助其逃跑的，对于丁丙的教唆行为又如何处理？

3. 廖某，女，30岁，国家机关工作人员；牛某，女，28岁，医院主任医师；郭某，男，38岁，公安局预审员。廖某平日为人奸猾，爱占小便宜。为此，廖某的小叔子贾某与其常常争吵、抗衡，揭露她爱占小便宜的短处。2018年6月15日下午，贾某从工厂下班回家，当时廖某及其女儿乐乐（6岁）在家，廖某计上心头，认为报复的好时机终于来到了。她偷偷地把6岁的乐乐放在家中，自己故作出去串门去了。许久，廖某从外面回来，进院就破口大骂贾某奸污了乐乐。当时贾某被骂得莫名其妙，一下子呆住了，连忙争辩说："我一直在屋里看电视，乐乐在院子里玩，不信你问一下乐乐。"6岁的乐乐刚要说话，被廖某一耳光打哭，拉起乐乐回到娘家。廖某在娘家私下要求其女儿说其被贾某奸污。由于廖某的打骂，乐乐答应。之后，廖某又找到北京市某医院的主任医师牛某，因廖某与牛某曾是高中同学，关系较好，廖某提出要牛某开一个乐乐被奸污的伪证明，牛某立即执笔写了一份乐乐被奸污的证明，盖上公章后，交给了廖某。廖某如获至宝，马上向北京市某公安机关报案。公安机关派员询问了乐乐和牛某，乐乐依廖某教的那样说了她被"奸淫"的经过，而牛某依然作了假证明。不久，贾某被逮捕。预审中，贾某拒不供认奸淫了乐乐。预审员郭某反复亮出牛某的假证明及乐乐的陈述词，可贾某仍然拒招，郭某为获口供，将贾某吊起，用皮带抽打，用烟头烫伤贾某身上多处。贾某在严刑拷打下承认了自己奸淫乐乐的情况。由于贾某的口供与乐乐的陈述不相吻合，郭某再次拷打贾某。结果，贾某在郭某的数次拷打下，由于身体过度虚弱，最后死在公安局预审处。至此，公安局以贾某死亡而结束此案。

问：(1) 廖某构成何罪？有无特殊的量刑情节？

(2) 牛某是否构成伪证罪？如果构成，为什么？如果不构成，构成何罪？

(3) 对郭某应当如何定罪处罚？

单元五答案要点

1. (1) 根据刑法的规定，招摇撞骗罪是指以谋取非法利益为目的，冒充国家机关工作人员招摇撞骗的行为。本案中，被告人钱某冒充人民警察骗取他人钱财，符合招摇撞骗罪的构成要件，成立招摇撞骗罪。

(2) 根据刑法的规定，犯罪的法定最高刑不满5年的，追诉时效是5年。本案中，被告人钱某盗窃1 500元，可以判处的法定最高刑是3年有期徒刑，所以追诉时效是5年。自犯罪之日2011年12月起计算，至2018年12月，已经超过追诉时效，不能追究其刑事责任。

(3) 由于不能追究钱某盗窃的刑事责任，所以在司法机关采取强制措施之后，钱某如实供述的盗窃犯罪事实也没有认定自首的必要。

(4) 根据刑法的规定，冒充人民警察招摇撞骗的，应当从重处罚。所以，本案对于被告人应当按照招摇撞骗罪从重处罚。

2. (1) 根据刑法的规定，以非法占有为目的，当场使用暴力、胁迫或者其他方法，强行劫取财物的行为是抢劫罪。本案中，被告人丁丙和姜某合谋，共同实施暴力行为并劫取他人财物，符合抢劫罪的构成要件，成立抢劫罪的共同犯罪。

根据刑法的规定，入户抢劫、持枪抢劫和抢劫数额巨大是抢劫罪的加重构成的情节。所以本案中对被告人丁丙和姜某应当按照抢劫罪的加重构成处罚。同时，根据刑法的规定，未成年人犯罪的，应当从轻或者减轻处罚。本案中，被告人丁丙犯罪时不满18周岁，所以应当从轻或者减轻处罚。

(2) 根据刑法的规定，窝藏、包庇罪，是指明知是犯罪的人而为其提供隐藏处所、财物，帮助其逃匿或者作假证明包庇的行为。本案中，被告人丁甲和丁乙明知被告人丁丙是犯罪人，还为其作没有犯罪的假证明，符合包庇罪的构成要件，成立包庇罪的共同犯罪。同时，被告人丁甲和丁乙明知被告人丁丙和姜某是犯罪人，还为其逃跑提供便利条件，符合窝藏罪的构成要件，成立窝藏罪的共同犯罪。

(3) 如果丁甲是在被丁丙教唆后而为丁丙提供火车票帮助其逃跑的，丁丙也不是窝藏罪的教唆犯。因为我国刑法理论中通常认为，被窝藏、包庇的犯罪人教唆他人对自己予以窝藏、包庇时，不构成窝藏、包庇罪。

3.（1）第一，根据刑法的规定，诬告陷害罪是指捏造事实诬告陷害他人，意图使他人受刑事追究，情节严重的行为。本案中，被告人廖某捏造贾某奸淫其女的犯罪事实并向司法机关告发，符合诬告陷害罪的构成要件，成立诬告陷害罪。第二，根据刑法的规定，国家工作人员犯诬告陷害罪的，从重处罚。本案中，被告人廖某是国家机关工作人员，所以在量刑时应当从重处罚。

（2）根据刑法的规定，伪证罪，是指在刑事诉讼中，证人、鉴定人、记录人、翻译人对与案件有重要关系的情节，故意作虚假证明、鉴定、记录、翻译，意图陷害他人或者隐匿罪证的行为。伪证罪的犯罪主体是特殊主体，本案中，被告人牛某并不了解案件情况，不是案件的证人，所以不符合伪证罪的主体条件，不构成伪证罪。被告人牛某明知被告人廖某要陷害贾某而提供帮助，是诬告陷害罪的共同犯罪。在共同犯罪中，牛某起次要作用，是从犯。根据刑法的规定，对于从犯，应当从轻、减轻处罚或者免除处罚。所以，对于牛某应当按照诬告陷害罪从轻、减轻处罚或者免除处罚。

（3）根据刑法的规定，行为人的行为具备刑讯逼供罪的基本犯罪构成，而且致人伤残、死亡的，刑讯逼供罪则转化为故意伤害罪、故意杀人罪，应依照故意伤害罪、故意杀人罪从重处罚。本案中，被告人郭某作为侦查人员，在审讯过程中为了逼取贾某的供述，使用暴力致使贾某死亡，应当按照故意杀人罪从重处罚。

单元六

1. 被告人，黄某，男，28 岁，农民；王某，男，23 岁，农民。

被告人黄某与王某系一起长大的近邻。二人本都生活于穷困潦倒之中。但突然有一天，黄某发现王某已今非昔比，乃悄悄请教致富秘诀。王某碍于多年朋友之情面，坦言自己正从事贩毒活动，并进而向黄某鼓吹了一通诸如“马无夜草不肥，人无横财不富”之类的“至理名言”。在王某的“开导”下，黄某蠢蠢欲动，便和王某一起从他人处购得 50 克纯度为 50%的海洛因。为了增加数量，黄某和王某又在海洛因中掺入 50 克西药“头痛粉”，并转手以每克 120 元的价格卖给他人，其间，由王某联系下家并交接毒品，黄某在一旁“学习”技巧。其后，黄某开始单干，索性以“头痛粉”冒充海洛因，当黄某携带 250 克假毒品准备贩卖时，被公安机关当场擒获。黄某归案后，检举了王某和其共同贩卖毒品的犯罪事实，并协助司法机关抓获了王某。在王某处查获海洛因 200 克，并查明王某没有吸食海洛因的历史。

问：（1）本案应当如何定罪？

（2）黄某是否构成累犯？是否构成特别再犯？

（3）对黄某应当如何量刑？

（4）黄某和王某贩卖毒品的数量各是多少？为什么？

2. 被告人，江某，男，32 岁，无业；苏某，男，35 岁，农民。

2014 年 6 月，被告人江某租房开办“一品香餐馆”，同年 8 月更名为“一品香茶庄”，店内增设酒吧、卡拉 OK 包房。由于经营无起色，为了增加营业收入，被告人江某从 10 月份起以当歌厅小姐为名，通过招募、雇用、强迫等手段使女青年谢某、李某、王某等 11 人到该店从事卖淫活动。有些女青年开始时犹豫不决，江某便向其大力灌输资产阶级腐朽的生活方式，无耻地煽动说：“外国人一点都不在乎，你们不要这么蠢!”“你们这么漂亮，绝对可挣大钱!”李某不愿意卖淫，江某便伙同一嫖客苏某，先后强行与李某发生性关系。对于其他女青年，一旦不同意卖淫，江某便大打出手，并施以禁闭、冻饿等，最终迫使其屈服。为了加强对这些卖淫女的控制，江某制定了一套“店规”，规定不经同意不得私自接客，不得请假外出，吧女与嫖客外出嫖娼，必须经过批准，统一安排，吧女必须陪好客人，让客人满意，否则就得不到工资。由于李某多次逃跑、反抗，被告人江某为了减少麻烦将李某卖给周某。

问：本案应当如何处理？

3. 甲、乙、丙三人共谋前往丁家盗窃。甲、乙二人入户，丙在门口“望风”。恰逢户主丁外出回家，在门口放哨的丙给在室内的甲、乙二人发出“有人，快跑”的信号之后，急忙逃走。丁进家，甲、乙二人来不及躲避，甲便从卧室蹿出，捂住丁的嘴将其按倒在地。乙从地上捡起一个酒瓶朝丁头上砸了一下，见酒瓶破碎后，又从地上捡起一把菜刀，用刀背朝丁的脖子、背部连砍两下，致丁当场昏迷。甲、乙携带物品及人民币 105 元仓皇逃走，被害人丁花去医疗费、护理费、营养费 1 万余元，造成误工损失费 2 000 余元。

请分析对甲、乙、丙怎么定罪量刑。

单元六答案要点

1. （1）第一，根据刑法的规定，明知是毒品而故意实施贩卖的构成贩卖毒品罪。本案中，被告人王某和黄某合谋后共同将毒品倒手买卖，符合贩卖毒品罪的构成要件，成立贩卖毒品罪的共同犯罪。第二，根据刑法的规定，诈骗罪是指以非法占有为目的，用虚构事实或者隐瞒真相的方法，骗取数额较大的公私财物的行为。本案中，被告人黄某以“头痛粉”冒充海洛因，是通过隐瞒真相的方法骗取钱财，符合诈骗罪的构成要件，成立诈骗罪。

（2）根据刑法的规定，一般累犯，是指被判处有期徒刑以上刑罚并在刑罚执行完毕或者赦免以后 5 年内再犯应当判处有期徒刑以上刑罚之罪的犯罪分子。特别再犯，是指因走私、贩卖、运输、制造、非法持有毒品被判过刑，又犯本罪的情形。无论是一般累犯还是特别再犯，都要求行为人在判刑之后再犯罪，而本案中被告人黄某不符合该条件，所以既不是一般累犯，也不是特别再犯。

（3）第一，根据刑法的规定，被采取强制措施的犯罪嫌疑人、被告人和正在服刑的罪犯，如实供述司法机关还未掌握的本人其他罪行的行为，是自首。本案中，被告人黄某因为诈骗罪被司法机关采取强制措施后，如实供述了其与被告人王某共同贩卖毒品的犯罪事实，符合自首的法定条件，成立自首，可以从轻或者减轻处罚。第二，根据刑法的规定，协助司法机关抓捕同案犯，是立功。本案中，被告人黄某协助司法机关抓获同案犯王某，符合立功的法定条件，成立立功，可以从轻或者减轻处罚。第三，根据刑法的规定，对于从犯，应当从轻、减轻处罚或者免除处罚。在被告人黄某与王某共同贩卖毒品一案中，被告人黄某起次要作用，是从犯，应当从轻、减轻处罚或者免除处罚。第四，由于黄某一人犯贩卖毒品罪和诈骗罪两罪，应当实行数罪并罚。

（4）根据我国刑法的规定，贩卖毒品的，数量不以纯度折算，所以黄某与王某共同贩卖的毒品数量应当是 50 克纯度为 50%的海洛因加上 50 克“头痛粉”，即 100 克。由于共同犯罪是一个整体，部分行为要承担整体责任，所以在黄某与王某共同贩卖毒品一案中，黄某贩卖的毒品数量应当是 100 克，王某贩卖的毒品数量也是 100 克。另外，在王某住处发现的 200 克海洛因，由于王某实施了贩卖毒品的行为，本身又没有吸食毒品的历史，足以证明被告人王某有贩卖该 200 克毒品的故意。所以最终应当认定黄某贩卖毒品的数量是 100 克，王某贩卖毒品的数量是 300 克。

2. （1）根据刑法的规定，组织卖淫罪是指以招募、雇用、纠集、强迫、引诱、容留等手段，控制多人从事卖淫的行为。本案中，被告人江某通过招募、雇用、强迫等手段使多名女青年卖淫，符合组织卖淫罪的构成要件，成立组织卖淫罪。

（2）根据刑法的规定，拐卖妇女罪是指以出卖为目的，拐骗、绑架、收买、贩卖、接送、中转妇女的行为。本案中，被告人江某将被害人李某卖给周某，符合拐卖妇女罪的构成要件，成立拐卖妇女罪。

（3）根据刑法的规定，强奸罪是指违背妇女意志，以暴力、胁迫或者其他手段，强行与其发生性交的行为。本案中，被告人江某与苏某合谋后，违背妇女的意志，先后强行与李某发生性关系，符合强奸罪的构成要件，成立强奸罪的共同犯罪，且属于轮奸。

（4）根据刑法的规定，在组织卖淫犯罪过程中，又犯强奸罪的，应数罪并罚，故本案中，对于江某应当按照组织卖淫罪、拐卖妇女罪、强奸罪（加重）数罪并罚；对于苏某按照强奸罪定罪，并按照加重构成处罚。

3.（1）甲、乙二人入室窃取财物，为抗拒抓捕、窝藏赃物，当场使用暴力将丁打伤，其行为均已构成抢劫罪（转化型抢劫）。

（2）甲、乙二人属于入户抢劫（加重的抢劫罪），依法应当处 10 年以上有期徒刑、无期徒刑或者死刑。

（3）丙仅有盗窃的故意，并且没有实施暴力行为，不构成抢劫罪的共犯，但与甲、乙在盗窃罪的范围内成立共犯。甲、乙是主犯，丙是从犯，对丙应当从轻、减轻处罚或者免除处罚。

单元七

1. 乐全五金矿产有限公司是 2017 年 7 月 5 日开业的有限责任公司，总经理邹某为法定代表人，副总经理赵某负责日常的管理工作。从乐全公司设立之日起，邹某和赵某就合谋，以乐全公司的名义与境内外贸公司签订虚假的铁矿砂来料加工合同，逃避经贸部门和海关的监管。2018 年 1 月 27 日，乐全公司与澳大利亚某铁矿砂公司签订了进口 120 万吨铁矿砂的一般贸易合同。为了使一般贸易合同项下的铁矿砂能够免税进口，乐全公司采取来料加工的模式，持来料加工合同领到了某市经贸委的批准文件，又凭来料加工合同、委托加工合同和市经贸委的批文到海关领到了来料加工登记手册。乐全公司又委托金山冶金公司对铁矿砂进行冶炼加工。后乐全公司将冶炼好的生铁共 10 万吨准备在国内市场上销售牟利，逃避税款 200 万元。但是由于市场价格的波动，结果没有获得任何利润。在海关进行缉私检查过程中，邹某和赵某组织乐全公司的人员采用暴力手段阻碍海关人员进行检查。

问：（1）本案是否属于单位犯罪？

（2）本案应当如何处理？

2. 被告人，周某，女，46 岁，工人。

2016 年 10 月，周某来到担任动迁员的董某办公室，询问其母亲住所地相关动迁事宜及在动迁过程中如何能多得到补偿。董某表示可以为周某办理假离婚，将周某及其女儿作为“引进人口”列入其母亲住所地动迁时应安置的人员范围内，从而多得到房屋拆迁安置款。数日后，周某将伪造的法院离婚调解书及复印件交给董某，并要求董某在办理相关事宜时能够提供方便。后来周某利用该方法共骗取房屋拆迁安置款 87 000 元。事后，周某给董某 1 万元作为政策咨询费，董某收下。

问：本案应当如何处理？

3. 2018 年 3 月，梁某伪造了某市供销贸易公司营业执照副本、公章和合同专用章。当月中旬，梁某认识了周某，梁某自称是供销贸易公司的业务经理，提出聘周某为公司业务员，周某允诺。3 月下旬的一天，梁某用伪造的公章以供销贸易公司的名义与一乡办衬衫厂签订合同一份，约定衬衫厂向其供应衬衫 5 000 件，价款 15 万元；供方三天内交货，需方提货时先付 20%货款，五日内付清全部货款。随后，梁某将假冒供销贸易公司签订合同一事告诉了周某，并让周某筹款 1 万元，联系衬衫销路，以便到衬衫厂提货后迅速出手。周某听后不悦，表示没钱，不愿到厂家提货，但可帮助联系衬衫销路。第二天，梁某雇车单独到衬衫厂，交了 3 万元货款后，提取衬衫 5 000 件。运到服装城后，销给周某联系的客户 4 000 件，得款 8 万元。另1 000件推销给服装个体户李某。李某从梁某、周某小声言谈和急于出手的神态上，知悉此货系骗来的，考虑到自己未骗人，且买卖自由，便将价格压至每件 10 元（该品牌衬衫市场零售价为 50 元左右），梁某得款 1 万元。事后，梁某给周某 1.5 万元。

问：（1）梁某的行为构成何种犯罪？为什么？

（2）周某是否与梁某构成共同犯罪？为什么？

（3）李某是否构成犯罪？为什么？

单元七答案要点

1.（1）根据有关司法解释的规定，公司、企业、事业单位成立之后，以实施犯罪行为为主要活动的，不以单位犯罪论处。本案中，从乐全公司设立之日起，邹某和赵某就合谋，以乐全公司的名义与境内外贸公司签订虚假的铁矿砂来料加工合同，逃避经贸部门和海关的监管，所以，不能按照单位犯罪论处，而应当按照共同犯罪处理。

（2）第一，根据刑法的规定，未经海关许可并且未补缴应缴税额，擅自将批准进口的来料加工、来件装配、补偿贸易的原材料、零件、制成品、设备等保税货物，在境内销售牟利的，按照走私普通货物、物品罪定罪处罚。其中的“在境内销售牟利”只要是以牟利为目的即可，不要求实际获利。本案中，被告人邹某与赵某合谋后，采用来料加工的模式，逃避海关监管，符合走私普通货物、物品罪的构成要件，成立走私普通货物、物品罪的共同犯罪。第二，根据刑法的规定，在走私普通货物、物品的过程中使用暴力抗拒缉私的，应当按照走私普通货物、物品罪与妨害公务罪实行数罪并罚。所以，本案被告人邹某与赵某都构成走私普通货物、物品罪和妨害公务罪，应当实行数罪并罚。

2.（1）根据刑法的规定，伪造国家机关公文的，是伪造国家机关公文罪。本案中，被告人周某伪造人民法院的离婚调解书，符合伪造国家机关公文罪的构成要件，成立伪造国家机关公文罪。

（2）根据刑法的规定，诈骗罪是指以非法占有为目的，用虚构事实或者隐瞒真相的方法，骗取数额较大的公私财物的行为。本案中，被告人周某虚构离婚的事实，骗取房屋拆迁安置款 87 000 元，符合诈骗罪的构成要件，成立诈骗罪。

（3）根据刑法理论，所谓牵连犯，是指行为人实施某种犯罪（即本罪），而方法行为或结果行为又触犯其他罪名（即他罪）的犯罪形态。本案中，被告人周某伪造国家机关公文与诈骗行为之间存在手段与目的的牵连关系，成立牵连犯。根据牵连犯的处断原则应当从一重处断，即应按照诈骗罪定罪处罚。

（4）根据刑法的规定，行贿罪是指为谋取不正当利益，给予国家工作人员以财物的行为。本案中，被告人周某为了谋取不正当利益，给予国家工作人员董某人民币 1 万元，符合行贿罪的构成要件，成立行贿罪。董某构成受贿罪。

（5）所以，对被告人周某应当按照伪造国家机关公文罪、诈骗罪和行贿罪实行数罪并罚，对董某依受贿罪的相关规定处罚。

3.（1）根据刑法的规定，合同诈骗罪是指以非法占有为目的，在签订、履行合同过程中，骗取对方当事人财物，数额较大的行为。本案中，梁某伪造了某市供销贸易公司营业执照副本、公章和合同专用章，假冒供销贸易公司名义与衬衫厂签订合同，先交少量货款 3 万元，骗取价值 15 万元的衬衫，符合合同诈骗罪的构成要件，成立合同诈骗罪。

（2）根据我国刑法的规定，两人以上共同故意犯罪是共同犯罪。本案中，梁某将假冒供销贸易公司签订合同一事告诉了周某后，周某答应帮助联系衬衫销路，形成了共同犯罪的故意，并且实施了共同犯罪的行为，即帮助梁某销赃，所以周某与梁某成立共同犯罪。梁某在共同犯罪中起主要作用，是主犯；周某在共同犯罪中起次要作用，是从犯，对周某应当从轻、减轻处罚或者免除处罚。

（3）根据刑法的有关规定，明知是犯罪所得赃物而收购的，构成掩饰、隐瞒犯罪所得、犯罪所得收益罪。本案中，李某从梁某和周某的言谈与神态中已知悉衬衫是犯罪所得仍予以收购，符合掩饰、隐瞒犯罪所得、犯罪所得收益罪的构成要件，成立掩饰、隐瞒犯罪所得、犯罪所得收益罪。

单元八

1. 2018 年 10 月 12 日，田某在路过郊区时发现被害人兰某一人在牧羊，便产生强奸的邪念。田某将被害人拉入附近的沟内按倒在地，强行撕扯被害人的衣裤，欲行强奸。兰某极力反抗，并大声呼救。田某怕罪行暴露，掏出随身携带的匕首向兰某的腹部刺一刀。被害人继续呼叫，田某又向被害人的腹部连刺数刀，致使被害人当场死亡。田某取走被害人身上的 20 元钱，并将被害人的尸体掩埋。随后，田某将被害人放牧的 15 只羊赶到临近的一个村中卖给他人而被发现。

问：本案应当如何处理？

2. 案例一：被告人甲（非中国籍），系某外国航运公司工作人员。该外国航运公司租用我国某远洋运输公司一远洋货轮及部分船员，甲随货轮工作。当货轮行至公海区时，甲与该远洋运输公司的乙产生矛盾，由于双方语言障碍，致使沟通中误解加深，甲为泄愤，顺手拿起甲板上的斧子砍向乙，致使乙身受重伤。

案例二：2018 年 10 月，被告人和某伙同缅甸人腊某（在逃），在缅甸购得鸦片 8 500 克。和某和腊某将鸦片背入我国云南境内广蚌寨农民徐某（另案处理）家中，由徐某带路，3 人将鸦片运往缅甸洋人街贩卖。同年 12 月，和某将 10 000 克鸦片从缅甸运入我国境内广蚌寨，藏放在徐某家中，2 人准备将鸦片运往缅甸洋人街时，被我公安机关抓获。检察机关对和某以运输毒品罪提起公诉。被告方辩称：和某系外国人，且其行为对我们国家和社会没有造成危害，只是将在国外购买的鸦片途经我国运到外国去贩卖，没有对我国公民的身体和健康造成实际的危害后果，不应以犯罪论处。

问：(1) 案例一中，我国刑法对其是否具有效力？为什么？

(2) 案例二中，被告人的辩护理由是否成立？为什么？

(3) 如果案例二中的被告人已经在缅甸被追究过刑事责任，我国是否还可以追究其刑事责任？

3. 甲系某县民政局干部，负责防汛款的管理分配工作。2017 年 5 月，其友乙（某私有有限责任公司负责人）因经营不善，向甲提出能否将甲手中的防汛款 30 万元暂时借用周转一下，以解燃眉之急。甲要求乙务必在 3 个月内归还，同时利用职权将 30 万元防汛款转到乙的公司账户上，双方签订了还款协议。乙给了甲 1 万元“好处费”。乙借款后三日，即携款潜逃，不予归还。后乙被抓获归案。

问：本案应当如何处理？

单元八答案要点

1. (1) 根据刑法的规定，强奸罪是指违背妇女意志，以暴力、胁迫或者其他手段，强行与其发生性交的行为。本案中，被告人田某违背被害人的意志，采用暴力手段，强行与被害人发生性关系，但是由于意志以外的原因而没有得逞，是强奸罪的犯罪未遂。根据刑法的规定，对于犯罪未遂，可以比照既遂犯从轻或者减轻处罚。

(2) 根据刑法的规定，故意剥夺他人生命的是故意杀人罪。本案中，被告人田某用匕首刺被害人腹部数刀，杀人的故意明显，并致使被害人死亡，是故意杀人罪的既遂。

(3) 根据刑法的规定，盗窃罪是指以非法占有为目的，盗窃公私财物，数额较大的，或者多次盗窃、入户盗窃、携带凶器盗窃、扒窃的行为。本案中，被告人田某在将被害人杀死之后，临时起意拿走被害人的现金和羊，符合盗窃罪的构成要件，成立盗窃罪。

(4) 所以，对本案的被告人田某应当按照强奸罪（未遂）、故意杀人罪和盗窃罪实行数罪并罚。

2. (1) 根据我国刑法的规定，在悬挂中华人民共和国国旗的船舶或航空器上犯罪的，视为在中华人民共和国领土上犯罪。在案例一中，案件尽管发生在公海上，但同时是发生在悬挂我国国旗的船舶上，视为在我国领域内犯罪，所以根据属地管辖的原则，我国刑法对该案有效力。

(2) 根据我国刑法的规定，犯罪的行为或者结果有一项是在中华人民共和国领域内的，就认为是在中华人民共和国领域内犯罪。在案例二中，被告人和某运输毒品的行为发生在中华人民共和国领域内，所以是在中华人民共和国领域内犯罪，根据属地管辖的原则，我国刑法对其有效力。被告人的辩护理由不成立。

（3）根据我国刑法的规定，凡在中华人民共和国领域外犯罪，依照我国刑法应当负刑事责任的，虽然经过外国审判，仍然可以依照我国刑法追究其刑事责任。所以，尽管被告人在缅甸被追究过刑事责任，仍然可以依据我国刑法追究其刑事责任。

3.（1）根据刑法的规定，挪用公款罪，是指国家工作人员利用职务上的便利，挪用公款归个人使用，进行非法活动的，或者挪用公款数额较大、进行营利活动的，或者挪用公款数额较大、超过3个月未还的行为。本案中，被告人甲利用负责管理分配防汛款的职务便利，将公款挪给他人使用，符合挪用公款罪的构成要件，成立挪用公款罪。根据刑法的规定，挪用用于救灾、抢险、防汛、优抚、扶贫、移民、救济款物归个人使用的，从重处罚。所以，本案中应当对于甲从重处罚。

（2）根据刑法的规定，受贿罪，是指国家工作人员利用职务上的便利，索取他人财物，或者非法收受他人财物，为他人谋取利益的行为。本案中，被告人甲利用职务上的便利，将防汛款挪给他人使用，为他人谋取利益，并收受他人的财物，符合受贿罪的构成要件，成立受贿罪。

（3）根据有关司法解释，在挪用公款的过程中又收受贿赂的，应当按照挪用公款罪与受贿罪实行数罪并罚。所以本案中，应当对甲按照受贿罪与挪用公款罪实行数罪并罚。

（4）根据刑法的规定，行贿罪，是指为谋取不正当利益，给予国家工作人员以财物的行为。本案中，被告人乙为了获取30万元的防汛资金进行周转，而向国家工作人员甲行贿1万元，符合行贿罪的构成要件，成立行贿罪。

（5）根据刑法的规定，侵占罪，是指以非法占有为目的，将代为保管的他人财物或者他人的遗忘物、埋藏物非法占为已有，数额较大，拒不退还或者拒不交出的行为。本案中，乙携带已经占有的防汛款潜逃，其非法占有的目的明显，符合侵占罪的构成要件，成立侵占罪。

（6）由于乙犯数罪，所以对于乙应当按照行贿罪与侵占罪实行数罪并罚。

单元九

1. 被告人，蔡某，男，32岁，原系国有企业的采购员；杜某，女，28岁，某国有企业的工作人员。

蔡某于2018年因受贿罪被判处有期徒刑3年，缓刑4年。2020年10月，蔡某又起意强奸厂里的同龄女青年平某，并同其姘妇杜某商量，由杜某以请平某帮助修理缝纫机为名，将平某诱至杜某家中。晚饭时，蔡、杜二人设法用酒将平某灌醉，杜某故意离家去别处睡觉。蔡某正欲行奸时，平某惊醒，大喊救命。蔡某唯恐被邻居发觉，用手扣住平某的嘴，被平某狠咬一口。蔡某又生恶念，用手猛扼平某的颈部，致平某窒息死亡。杜某次日回家，发现平某已死，当晚，蔡、杜二人将平某的尸体装入麻袋运送到郊外，投进了江里。

问：本案应当如何处理？

2. 被告人，孙某，男，31岁，农民。

2012年6月，孙某写信给当地一专业户："借3万元钱给我买房子，10日下午5时40分你一人到某公园假山后找我，如果不带钱或带来他人，我们就要绑架你的女儿。"10日，孙某按自己定的时间来到某公园，远远看到假山旁有一人提包在等人，在他试图接近该人时，发现公园内游人较多，且假山旁经常有人出现，于是，他在公园内转了3小时左右，终未接近该人，只好放弃，走到公园门口处，被公安机关抓获。

问：（1）孙某构成什么罪？

（2）该罪的犯罪停止形态是什么？

（3）如果孙某是在将被害人的女儿劫持后写信的，孙某又构成什么罪？

3. 被告人，许某，男，15周岁，中学生；韩某，男，15周岁；杨某，男，13周岁。

许某、韩某、杨某是同班同学。一日，三人在一起商议弄些钱，便采取顺手牵羊的办法，盗窃同学家的金项链一条、金戒指三个、摄像机一台，价值13 000元。但因引起同学家长的怀疑，三人没有机会再利用这种办法盗窃。许某认为这样来钱太慢，便说："我们大院的高某是外企的老板，是个有钱的主。我们绑架他的儿子作为人质，要高某用巨额现金赎领。"韩某、杨某听后表示同意。他们商定了绑架高某独生子的具体办法，并到高某儿子就读的小学附近窥查地形。在此期间，三人发现该小学一个 11 岁的小女孩很漂亮，且无人接送，便起歹意，将小女孩骗到一地下室，由杨某放风，许某、韩某将其强奸。2018 年 3 月 15 日早晨 7 时，许某、韩某、杨某潜伏在高某家附近观察动静，见高某驾车将其儿子送到学校后即去上班，遂到学校探明了放学时间。尔后，许某、韩某、杨某一起守候在学校附近。下午 4 时 30 分，高某的儿子放学回家途中，被许某等人掳走。与此同时，许某指使韩某用匿名电话通知高某带 50 万元现金到指定地点赎领，并威胁说："如果报案，自己考虑后果。"高某接到电话后，立即向公安局报了案。后高某的儿子被许某等掳至野外一僻静处，高某的儿子吵着要回家，许某等烦躁不安，便将高某的儿子放了。但三人连续数日仍采取打匿名电话的手段，加紧对高某进行威胁，要高某送现款，直至被公安局捕获。

问：(1) 本案应当如何定罪量刑？

(2) 如果三人在劫持高某儿子的过程中商议杀死人质并由杨某亲自将人质杀死，对许某、韩某应如何定罪？杨某对故意杀人行为承担刑事责任的条件有哪些？

单元九答案要点

1. (1) 根据刑法的规定，强奸罪，是指违背妇女意志，以暴力、胁迫或者其他手段，强行与其发生性交的行为。本案中，被告人蔡某与杜某合谋后，通过灌酒的方法来实现奸淫的目的，符合强奸罪的构成要件，是强奸罪的共同犯罪。

(2) 根据刑法的规定，犯罪未遂，是指行为人已经着手实行具体犯罪构成的实行行为，由于其意志以外的原因而未能完成犯罪的一种犯罪停止形态。本案中，被告人蔡某已经着手实施奸淫行为，但是由于被害人反抗而没有得逞，是强奸罪的犯罪未遂。根据刑法的规定，对于犯罪未遂的，可以比照既遂犯从轻或者减轻处罚。

(3) 在强奸罪的共同犯罪中，蔡某是主犯，杜某是从犯，根据刑法的规定，对于从犯，应当从轻、减轻处罚或者免除处罚。

(4) 根据刑法的规定，故意剥夺他人生命的构成故意杀人罪。本案中，被告人蔡某临时起意故意杀人，将被害人平某掐死，符合故意杀人罪的构成要件，成立故意杀人罪。但是其杀人的故意超出与杜某形成的强奸的共同故意，所以杜某不承担故意杀人的责任。

(5) 根据我国刑法的规定，在缓刑考验期内又犯新罪的，应当撤销缓刑，与新罪实行数罪并罚。本案中，被告人蔡某在缓刑考验期内又犯强奸罪与故意杀人罪，所以，对于蔡某应当撤销缓刑，按照受贿罪、强奸罪、故意杀人罪实行数罪并罚。

2. (1) 根据刑法的规定，敲诈勒索罪，是指以非法占有为目的，对公私财物的所有人、管理人实施威胁或者要挟的方法，强行索取数额较大的公私财物或多次敲诈勒索的行为。本案中，被告人孙某通过危害被害人女儿的安全来要挟被害人，索要数额较大的财物，符合敲诈勒索罪的构成要件，成立敲诈勒索罪。

(2) 根据刑法的规定，犯罪未遂，是指行为人已经着手实行具体犯罪构成的实行行为，由于其意志以外的原因而未能完成犯罪的一种犯罪停止形态。本案中，被告人孙某因作案现场的不利情形放弃了犯罪行为，是基于客观上的不利因素不得已被迫放弃的，而不是出于被告自己的内在意志停止可能进行下去的活动。被告人发现公园内游人较多，且经常有人在假山附近出现，因此受阻或感到恐惧认为自己不可能完成犯罪而停止了犯罪行为，这不属于犯罪中止，而是犯罪未遂。根据刑法的规定，对于犯罪未遂的，可以比照既遂犯从轻或者减轻处罚。

(3) 根据刑法的规定，绑架罪，是指以勒索财物为目的绑架他人，或者绑架他人作为人质，或者以勒索财物为目的偷盗婴幼儿的行为。如果被告人孙某将被害人女儿劫持后向被害人索要财物，符合绑架罪的构成要件，成立绑架罪。

3.（1）根据刑法的规定，已满12周岁不满14周岁的人，犯故意杀人、故意伤害罪，致人死亡或者以特别残忍手段致人重伤造成严重残疾，情节恶劣，经最高人民检察院核准追诉的，应当负刑事责任。本案中，杨某未满13周岁，其与许某、韩某实施的盗窃、强奸和绑架行为不负刑事责任。

根据刑法的规定，盗窃罪的刑事责任年龄是16周岁。本案中，被告人许某、韩某实施盗窃行为时，年龄都未满16周岁，所以不符合盗窃罪的构成要件，不成立盗窃罪。

根据刑法的规定，已满14周岁不满16周岁的人，只对犯故意杀人、故意伤害致人重伤或者死亡、强奸、抢劫、贩卖毒品、放火、爆炸、投放危险物质罪，承担刑事责任。所以强奸罪的刑事责任年龄是14周岁。本案中，许某、韩某都年满14周岁，所以许某与韩某构成强奸罪的共同犯罪。由于许某和韩某先后共同强奸了被害人，是轮奸，应当按照强奸罪的加重构成处罚。同时，由于被告人都是未成年人，根据刑法的规定，应当从轻或者减轻处罚。

根据刑法的规定，绑架罪的刑事责任年龄是16周岁，而许某与韩某实施绑架行为时，年龄不满16周岁，所以不符合绑架罪的构成要件，不成立犯罪。

（2）根据刑法规定，对故意杀人罪负刑事责任的年龄为年满14周岁，如果三人在实施绑架行为时将人质杀死，虽然三人对绑架罪不负刑事责任，但是许某、韩某的行为却符合故意杀人罪的构成要件，应当按照故意杀人罪定罪。对于杨某，由于未满14周岁，其对故意杀人罪承担刑事责任的条件有：①须年满12周岁；②须故意杀人致人死亡；③须情节恶劣；④须经最高人民检察院核准。

单元十

1. 甲为了骗取保险金，花1万元买来一辆二手名牌轿车，通过在某国有保险公司担任业务员的好友乙经办，向该保险公司谎报轿车价值为20万元，投保车辆盗抢、毁损险。之后，甲找到中学生丙（男，15岁），给丙5 000元报酬，请丙将停在甲自家平房前的轿车烧毁。丙问为什么，甲说那是邻居的车，要烧掉报复邻居。丙说没问题，10天以内解决。丙拿钱带上同学丁（男，15岁）一起吃喝、上网吧。丁问丙哪来这么多钱，丙告以实情，并请丁帮忙，丁答应，并搞来一大瓶汽油放在丙家，准备点火用。

此间，甲担心轿车离自己家太近，烧车会烧到自家和邻居的房屋，就打电话告诉丙放弃烧车，并让丙将5 000元钱退回。丙已将钱花去大半，无法偿还，听后十分着急，一边答应停止行动，过几天退钱，一边通知丁就在当晚行动。丁答应，约定当晚在烧车地点会合。晚上，丙带上汽油瓶到烧车地点，丁因害怕未去。丙久等丁未果，遂决定单独行动。丙将汽油泼到车上，点火烧车，然后躲在一边察看动静。丙见火越烧越大，十分害怕，急忙打电话报火警，并急叫附近四邻灭火。由于丙报警、喊人救火及时，仅烧毁轿车、烤煳了邻近该轿车的几间房屋的门窗和屋檐，未造成其他后果。

事后，甲向保险公司索赔，保险公司让乙核定险损事故。乙明知甲虚报保险标的价值，恶意制造了这起保险事故，但考虑是朋友关系，还是给其出具了保险事故评估证明，致使保险公司全额赔付甲20万元保险金。

案发后，乙在审讯期间主动交代：在三个月前曾利用职务上的便利虚构一起车险事故，从本公司骗领到5万元赔款，据为己有。

阅读分析上述案例后，请回答以下问题：

（1）甲、乙、丙各构成何罪或何罪的共犯（只需指明甲、乙、丙分别就哪一事实成立何罪或何罪之共犯，不必说明理由）？

（2）丁的行为是何种犯罪形态（既遂、未遂、预备、中止）？请简要说明理由。

（3）根据本案给出的事实，指出哪些被告人具有何种法定量刑情节。

2. 被告人，刘某，女，30 岁，个体工商户。

自从 2018 年 1 月起，刘某雇用 50 余名工人生产劣质食用油，至 6 月底被工商行政机关、公安机关查禁时，已生产劣质食用油10 000余桶。该批劣质食用油上均假冒注册商标“鲁花牌”，属于假冒商标“情节特别严重”。但由于事先与买主约好一次性提货，该批劣质油均在仓库保存，尚未销售。刘某供述其生产的食用油出售价格为18 元/桶，货值金额达 18 万元。

问：本案应当如何处理?

3. 王某因犯盗窃罪被人民法院依法判处有期徒刑 12 年，服刑 9 年后被假释。在假释考验期的第 2 年，王某盗窃一辆汽车而未被发现。假释考验期满后的第 4 年，王某因抢劫而被逮捕，交代了自己在假释考验期限内盗窃汽车的行为。

问：(1) 对王某是否需要撤销假释? 为什么?

(2) 本案应当如何处理?

单元十答案要点

1. (1) ①甲和乙就“保险公司全额赔付甲 20 万元保险金”这一事实构成保险诈骗罪的共同犯罪。②丁和丙就放火这一事实构成放火罪的共同犯罪。③乙就“利用职务上的便利虚构一起车险事故，从本公司骗领到 5 万元赔款”这一事实构成贪污罪。

(2) 丁的行为是犯罪既遂。①丙和丁的行为是放火行为。由于汽车是停放在甲的家门口，对该车实施放火行为会危及不特定多数人的人身和财产安全，应当按照放火罪定罪处罚，而不是按照故意毁坏他人财物罪定罪处罚。②丙和丁构成放火罪的共同犯罪。首先，丙和丁都已年满 14 周岁，达到放火罪的刑事责任年龄；其次，丙和丁形成了共同放火的故意；最后，丁实施了放火的帮助行为，丙实施了放火的实行行为，两者的行为构成了放火行为的有机整体。③根据共同犯罪行为的整体性，只要共同犯罪人中一人的行为既遂，就应当认定共同犯罪的整体既遂。④放火罪是危险犯，只要行为造成了特定的危险，就认定为犯罪既遂。在本案中，丙的放火行为造成了法定的危险，因此应当认定为犯罪既遂。

(3) ①甲教唆未成年人犯罪，应当从重处罚。②乙是保险诈骗共同犯罪的从犯，应当从轻、减轻处罚或者免除处罚。③乙有自首行为，对于贪污罪可以从轻或者减轻处罚。④丙是未成年人犯罪，应当从轻或者减轻处罚。⑤丁是未成年人犯罪，应当从轻或者减轻处罚。⑥丁是放火共同犯罪的从犯，应当从轻、减轻处罚或者免除处罚。

2. (1) 根据刑法的规定，生产、销售伪劣产品罪，是指生产者、销售者在产品中掺杂、掺假，以假充真，以次充好或者以不合格产品冒充合格产品，销售金额达 5 万元以上的行为。本案中，被告人刘某生产劣质食用油，价值达 18 万元，符合生产、销售伪劣产品罪的构成要件，成立生产、销售伪劣产品罪。但是由于没有销售，其犯罪没有得逞，所以是生产、销售伪劣产品罪的未遂，可以比照既遂犯从轻或者减轻处罚。

(2) 根据刑法的规定，假冒注册商标罪，是指违反国家商标管理法规，未经注册商标所有人许可，在同一种商品、服务上使用与其注册商标相同的商标，情节严重的行为。本案中，被告人刘某在食用油上假冒“鲁花牌”注册商标，符合假冒注册商标罪的构成要件，成立假冒注册商标罪。

(3) 根据刑法理论，想象竞合犯是指行为人基于一个犯罪意图所支配的数个不同的罪过，实施一个危害行为，而触犯两个以上异种罪名的犯罪形态。本案中，刘某的一个行为既触犯了生产、销售伪劣产品罪，又触犯了假冒注册商标罪，是想象竞合犯，应当从一重处断。

3. (1) 根据刑法的规定，在假释考验期内又犯新罪的，应当撤销假释。被告人王某在假释考验期内又犯盗窃罪，符合撤销假释的条件，所以应当撤销假释。

(2) 根据刑法的规定，特别自首，是指被采取强制措施的犯罪嫌疑人、被告人和正在服刑的罪犯，如实供述司法机关还未掌握的本人其他罪行的行为。本案中，被告人王某如实供述了司法机关尚未掌握的盗窃罪，对于盗窃罪而言成立自首，可以从轻或者减轻处罚。

根据刑法的规定，在假释考验期内又犯新罪的，应当撤销假释，与新罪实行数罪并罚。无论前罪与后罪是否同种数罪都要数罪并罚。所以，尽管被告人王某的前罪与在假释考验期内的犯罪都是盗窃罪，还是需要进行并罚。同时，考虑到王某还犯另外一个抢劫罪，所以应当将两个盗窃罪与抢劫罪一起进行并罚。

由于王某是又犯新罪，所以应当采用先减后并的方法进行并罚，即 12 年先减去 9 年，将剩下的 3 年与后来盗窃罪所判的刑罚以及抢劫罪所判的刑罚一起进行并罚。

民 法 学

第一章

单项选择题

单元一

1. 下列由业主共同决定的事项中，应当经参与表决专有部分面积 3/4 以上的业主且参与表决人数 3/4 以上的业主同意的是(　　)。

A. 住宅小区选举新一届业主委员会

B. 别墅区业主决定将物业服务企业解聘

C. 底商区业主欲使用建筑物及其附属设施的维修资金

D. 居住区业主欲筹集建筑物及其附属设施的维修资金

2. 下列担保方式中，不能提供反担保的是(　　)。

A. 定金　　B. 抵押

C. 质押　　D. 保证

3. 甲通过互联网发布出售一台冰箱的要约，乙欲购买该冰箱。如果甲、乙对合同成立的时间没有约定，则甲、乙订立的冰箱买卖合同的成立时间是(　　)。

A. 乙选择购买该冰箱并提交订单时　　B. 甲履行交付冰箱义务时

C. 甲、乙意思表示一致时　　D. 甲、乙签订确认书时

4. 下列选项中，属于捐助法人的是(　　)。

A. 基金会　　B. 道教协会

C. 宗教事务管理局　　D. 中国作家协会

5. 李某邀请张某前往家中做客，张某带着王某家的宠物狗前往并将宠物狗放在李某家的阳台上晒太阳。李某提醒张某说："把宠物狗放在阳台上容易掉下去。"张某让李某放心，不会有事。后宠物狗从阳台上掉落，将从楼下路过的赵某砸伤，花去医药费 2 000 元。关于本案，下列说法正确的是(　　)。

A. 李某所在小区的物业应对赵某的损害承担相应的赔偿责任

B. 李某应对赵某的损害承担赔偿责任

C. 张某应对赵某的损害承担赔偿责任

D. 王某应对赵某的损害承担赔偿责任

6. 下列选项中，不属于民法基本原则所具有的功能的是(　　)。

A. 指导功能　　B. 约束功能

C. 补充功能　　D. 解释功能

7. 甲，12 周岁。甲有如下亲属：父亲，精神病人；已成年的哥哥，常年在外打工；祖母，退休工人；外祖父，因病长期住院治疗。甲的监护人应为(　　)。

A. 甲的父亲　　B. 甲的哥哥

C. 甲的祖母　　D. 甲的外祖父

8. 2月1日，甲、乙两公司签订100台电脑买卖合同，甲于5月1日交货，乙于8月1日付款100万元。6月1日，因资金周转困难，甲与丙银行订立无追索权的保理合同，将100万元应收账款转让给丙，丙向甲公司提供保理预付款90万元。对此，下列表述正确的是(　　)。

A. 甲将应收账款转让给丙，应当取得乙的同意

B. 甲将应收账款转让给丙，应当向丙提供相应的担保

C. 甲将应收账款转让给丙后，可以减免乙的债务

D. 乙不履行债务，丙既可以向甲求偿，也可以向乙求偿

9. 甲欠乙2万元，二人约定该债权不得转让给第三人，后乙通知甲，将该笔借款中的1万元债权转让给不知情的丙，剩余1万元债权转让给知情的丁。则(　　)。

A. 甲、乙关于债权不得转让的约定无效

B. 乙将1万元债权转让给丙的行为无效

C. 乙将1万元债权转让给丁的行为有效

D. 丙、丁对甲享有连带债权

10. 甲租赁乙的商铺以经营化妆品，租赁期限届满后，甲以租赁费过高为由拒付租金。乙要求甲支付租金的诉讼时效期间是(　　)。

A. 1年　　B. 2年

C. 3年　　D. 4年

11. 下列要素中，不能作为商标申请注册的是(　　)。

A. 商务标语　　B. 声音

C. 字母　　D. 颜色组合

12. 甲超市长期从乙公司进货，丙公司以其办公用房在300万元的额度范围内为甲超市在未来5个月内连续发生的货款债权提供抵押担保，并办理了抵押登记。两个月后，乙公司将其中一笔30万元的货款债权转让给丁公司，并通知了甲公司。就以上事实，下列表述正确的是(　　)。

A. 若抵押权设定前，甲超市另欠乙公司50万元债权，当事人可以约定将之纳入抵押担保的范围

B. 30万元债权转让有效，丁公司有权主张抵押权

C. 若30万元债权转让未通知甲超市，丁公司将因此而无权主张抵押权

D. 在丙公司为连续发生的货款债权提供抵押担保的未来5个月内，丙公司不得转让其办公用房

13. 下列各类所有权的取得方式中，属于原始取得的是(　　)。

A. 甲接受其朋友馈赠的图书3册　　B. 乙在某天然池塘钓鱼获得鲤鱼若干条

C. 丙在市场上购得自行车1辆　　D. 丁用手表换取绵羊1只

14. 关于居住权，下列表述正确的是(　　)。

A. 居住权为担保物权　　B. 居住权自登记时设立

C. 设立居住权的住宅可以转让　　D. 居住权可以有偿设立，也可以无偿设立

15. 根据专利法的有关规定，下列选项中可以授予专利权的是(　　)。

A. 甲发明了用以躲避监控机动车超速行驶的雷达的预警电子狗

B. 乙发明了对糖尿病特有的治疗方法

C. 丙对两种平面印刷品的图案的结合作出的主要起标识作用的设计

D. 丁发明了某植物新品种的生产方法

16. 根据著作权法的规定，下列情形不构成侵犯他人著作权中的出租权的是（　　）。

A. 甲将某制片人享有版权的某部电影作品出租给某影星

B. 乙将金庸创作的《神雕侠侣》图书出租给在读研究生

C. 丙将从软件专家处借来的计算机软件租给同事使用

D. 丁将计算机软件的复制件出租给他人

17. 甲、乙系夫妻。下列婚后财产的增值或所得，属于夫妻共同财产的是(　　)。

A. 甲婚前承包果园，婚后果树上结的果实

B. 乙婚前所购房屋，婚后升值所得 80 万元

C. 甲用婚前的 20 万元婚后投资股市，得利 5 万元

D. 乙婚前收藏的古玩，婚后升值了 10 万元

18. 在多数人侵权形态中，无法确定具体侵权人的侵权形态的是(　　)。

A. 共同危险行为

B. 共同侵权行为

C. 承担连带责任的无意思联络数人侵权

D. 承担按份责任的无意思联络数人侵权

19. 张某和妻子李某居住在单位公租房内，李某因病去世后，张某与保姆何某相爱并结婚。婚后，张某用 10 万元基本养老金购买了该公租房并登记在自己名下。关于基本养老金和房屋归属，下列说法正确的是（　　）。

A. 10 万元基本养老金属于张某个人财产

B. 所购房屋为张某与前妻李某共有

C. 所购房屋为张某所有

D. 所购房屋为张某与何某共有

20. 甲于 2 月 1 日立有公证遗嘱，由其长子乙继承遗产。3 月 1 日因病危住院，立口头遗嘱，指定次子丙继承遗产，并有两位护士在场见证。6 月 1 日，甲病愈出院，又立自书遗嘱，指定三子丁继承遗产。8 月 1 日，甲又立打印遗嘱，指定其女儿戊继承遗产，有其一位朋友在场见证。甲病逝后，有权继承其遗产的是(　　)。

A. 乙　　　　B. 丙

C. 丁　　　　D. 戊

单元一答案与精解

1. D

【精解】《中华人民共和国民法典》（以下简称《民法典》）第 278 条规定，下列事项由业主共同决定：（1）制定和修改业主大会议事规则；（2）制定和修改管理规约；（3）选举业主委员会或者更换业主委员会成员；（4）选聘和解聘物业服务企业或者其他管理人；（5）使用建筑物及其附属设施的维修资金；（6）筹集建筑物及其附属设施的维修资金；（7）改建、重建建筑物及其附属设施；（8）改变共有部分的用途或者利用共有部分从事经营活动；（9）有关共有和共同管理权利的其他重大事项。业主共同决定事项，应当由专有部分面积占比 2/3 以上的业主且人数占比 2/3 以上的业主参与表决。决定前款第（6）项至第（8）项规定的事项，应当经参与表决专有部分面积 3/4 以上的业主且参与表决人数 3/4 以上的业主同意。决定前款其他事项，应当经参与表决专有部分面积过半数的业主且参与表决人数过半数的业主同意。据此，只有 D 项表述的“筹集建筑物及其附属设施的维修资金”，应当经参与表决专有部分面积 3/4 以上的业主且参与表决人数 3/4 以上的业主同意，选 D 项。

2. A

【精解】以担保的对象为标准，可以将担保分为本担保和反担保。反担保是指债务人或者第三人为担保人承担担保责任后实现对债务人的追偿权而设定的担保。其中担保人为债务人提供的担保为本担保。本担保的方式包括抵押、质押、留置、保证和定金，反担保的方式则不包括留置和定金。可见，选 A 项。

3. A

【精解】《民法典》第 491 条规定，当事人采用信件、数据电文等形式订立合同要求签订确认书的，签订确认书时合同成立。当事人一方通过互联网等信息网络发布的商品或者服务信息符合要约条件的，对方选择该商品或者服务并提交订单成功时合同成立，但是当事人另有约定的除外。根据本条第 2 款规定，在乙选择购买冰箱并提交购买冰箱的订单时，合同成立，选 A 项。

4. A

【精解】《民法典》第 92 条规定，具备法人条件，为公益目的以捐助财产设立的基金会、社会服务机构等，经依法登记成立，取得捐助法人资格。依法设立的宗教活动场所，具备法人条件的，可以申请法人登记，取得捐助法人资格。法律、行政法规对宗教活动场所有规定的，依照其规定。据此，基金会为非营利法人中的捐助法人，选 A 项。道教协会、中国作家协会为非营利法人中的社会团体法人，宗教事务管理局为特别法人中的机关法人。

5. C

【精解】《民法典》第 1198 条规定，宾馆、商场、银行、车站、机场、体育场馆、娱乐场所等经营场所、公共场所的经营者、管理者或者群众性活动的组织者，未尽到安全保障义务，造成他人损害的，应当承担侵权责任。因第三人的行为造成他人损害的，由第三人承担侵权责任；经营者、管理者或者组织者未尽到安全保障义务的，承担相应的补充责任。经营者、管理者或者组织者承担补充责任后，可以向第三人追偿。据此，本题表述中，安保义务人的责任属于过错责任，在第三人侵权的情形下且安保义务人无过错的，无须承担责任。小区物业没有过错，无须承担侵权责任。故 A 项说法错误。《民法典》第 1245 条规定，饲养的动物造成他人损害的，动物饲养人或者管理人应当承担侵权责任；但是，能够证明损害是因被侵权人故意或者重大过失造成的，可以不承担或者减轻责任。据此，饲养动物损害责任的责任主体系饲养人或管理人。本题表述中，张某系宠物狗的管理人，不听李某提醒，将宠物狗放在阳台上掉落砸伤路人赵某，依法应承担赔偿责任。故 C 项说法正确，选 C 项；B、D 项说法错误。

6. D

【精解】民法基本原则具有指导功能、约束功能和补充功能三项功能，只有 D 项表述不是民法的功能。

7. C

【精解】《民法典》第 27 条规定，父母是未成年子女的监护人。未成年人的父母已经死亡或者没有监护能力的，由下列有监护能力的人按顺序担任监护人：（1）祖父母、外祖父母；（2）兄、姐；（3）其他愿意担任监护人的个人或者组织，但是须经未成年人住所地的居民委员会、村民委员会或者民政部门同意。据此，甲的父亲是精神病人，不具有监护能力，不选 A 项。甲的外祖父因病长期住院治疗，不具有监护能力，不选 D 项。甲的哥哥和甲的祖母都具有监护能力，根据《民法典》第 27 条确定的监护顺序，选 C 项。

8. C

【精解】本题考查的是保理合同。《民法典》第 761 条规定，保理合同是应收账款债权人将现有的或者将有的应收账款转让给保理人，保理人提供资金融通、应收账款管理或者催收、应收账款债务人付款担保等服务的合同。《民法典》第 769 条规定，本章（保理合同）没有规定的，适用本编第六章债权转让的有关规定。《民法典》第 546 条第 1 款规定，债权人转让债权的，未通知债务人的，该转让对债务人不发生效力。结合上述规定，本题涉及的应收账款的债权转让，应当通知债务人乙，但不必取得债务人乙的同意，A 项表述错误。债权人甲与保理人达成保理合同后，甲不必向保理人提供担保，B 项表述错误。《民法典》第 765 条规定，应收账款债务人接到应收账款转让通知后，应收账款债权人和债务人无正当理由协商变更或者终止基础交易合同，对保理人产生不利影响的，对保理人不发生效力。据此，债权人可以减免乙的债务，C 项表述正确，当然，若无正当理由减免乙的债务对保理人丙产生不利影响的，对丙不发生法律效力。保理可以分为有追索权的保理（《民法典》第 766 条）和无追索权的保理（《民法典》第 767 条）。本题题干表述有“甲与丙银行订立无追索权的保理合同”，因此，本题涉及的是无追索权的保理。《民法典》第 767 条规定，当事人约定无追索权保理的，保理人应当向应收账款债务人主张应收账款债权，保理人取得超过保理融资款本息和相关费用的部分，无需向应收账款债权人返还。可见，无追索权的保理，保理人只能向应收账款的债务人求偿，不能向应收账款的债权人求偿，即保理人对应收账款债权人无追索权。据此，D 项表述错误。

9. C

【精解】债权人可以将债权的全部或者部分转让给第三人，甲、乙之间关于债权不得转让的约定有效，故 A 项表述错误。《民法典》第 545 条第 2 款规定，当事人约定非金钱债权不得转让的，不得对抗善意第三人。当事人约定金钱债权不得转让的，不得对抗第三人。据此，本题表述的债权为金钱债权，因此，甲、乙约定的金钱债权不得转让的，受让金钱债权的第三人不论是善意还是恶意，该债权转让都不得对抗该第三人。丙是善意第三人，丁是知情第三人，但乙将债权转让给丙和丁的行为都是有效的。可见，B 项表述错误，C 项表述是正确的，选 C 项。丙、丁各自对甲享有债权，两个债权不存在连带关系，故 D 项表述错误，不选 D 项。

10. C

【精解】《民法典》第 188 条规定，向人民法院请求保护民事权利的诉讼时效期间为 3 年。法律另有规定的，依照其规定。诉讼时效期间自权利人知道或者应当知道权利受到损害以及义务人之日起计算。法律另有规定的，依照其规定。但是自权利受到损害之日起超过 20 年的，人民法院不予保护，有特殊情况的，人民法院可以根据权利人的申请决定延长。据此，选 C 项。

11. A

【精解】《商标法》第 8 条规定，任何能够将自然人、法人或者其他组织的商品与他人的商品区别开的标志，包括文字、图形、字母、数字、三维标志、颜色组合和声音等，以及上述要素的组合，均可以作为商标申请注册。据此，商务标语是经营者为了推销自己的商品或服务而使用的广告宣传短语，它往往与商标同时出现，但它无法像商标一样通过注册取得商标专用权，故选 A 项。

12. A

【精解】《民法典》第 420 条规定，为担保债务的履行，债务人或者第三人对一定期间内将要连续发生的债权提供担保财产的，债务人不履行到期债务或者发生当事人约定的实现抵押权的情形，抵押权人有权在最高债权额限度内就该担保财产优先受偿。最高额抵押权设立前已经存在的债权，经当事人同意，可以转入最高额抵押担保的债权范围。据此，抵押权设立前，甲超市另欠乙公司 50 万元债权，当事人可以约定将之纳入抵押担保的范围。可见，A 项表述正确，选 A 项。《民法典》第 421 条规定，最高额抵押担保的债权确定前，部分债权转让的，最高额抵押权不得转让，但是当事人另有约定的除外。据此，抵押权具有从属性，不随部分主债权的转让而转让。B 项表述中，虽然 30 万元债权转让有效，但是由于最高额抵押权并未随 30 万元主债权的转让而转让，因此丁公司无权主张抵押权。可见，B 项表述错误。无论是否通知甲超市，丁公司都无权主张抵押权。可见，C 项表述错误。《民法典》第 406 条第 1 款规定，抵押期间，抵押人可以转让抵押财产。当事人另有约定的，按照其约定。抵押财产转让的，抵押权不受影响。据此，丙公司在其办公用房抵押期间可以转让抵押财产即办公用房。可见，D 项表述错误。

13. B

【精解】B 项为先占，而先占属于所有权的原始取得方式之一（但民法典物权编没有规定先占）。故选 B 项。A 项为赠与，C 项为买卖，D 项为互易，而通过赠与、买卖、互易获得所有权的属于所有权的继受取得方式。

14. B

【精解】居住权为用益物权，《民法典》用益物权编第十四章规定了居住权。可见，A 项表述错误。《民法典》第 368 条规定，居住权无偿设立，但是当事人另有约定的除外。设立居住权的，应当向登记机构申请居住权登记。居住权自登记时设立。据此，B项表述正确，选B项，而D项表述是错误的。《民法典》第369条规定，居住权不得转让、继承。设立居住权的住宅不得出租，但是当事人另有约定的除外。据此，C项表述错误。

15. D

【精解】根据《专利法》第5条的规定，对违反法律、社会公德或者妨害公共利益的发明创造，不授予专利权。对违反法律、行政法规的规定获取或者利用遗传资源，并依赖该遗传资源完成的发明创造，不授予专利权。据此，A项表述的情形为违法的发明创造，不能授予专利权。根据《专利法》第25条的规定，对下列各项，不授予专利权：（1）科学发现；（2）智力活动的规则和方法；（3）疾病的诊断和治疗方法；（4）动物和植物品种；（5）原子核变换方法以及用原子核变换方法获得的物质；（6）对平面印刷品的图案、色彩或者二者的结合作出的主要起标识作用的设计。据此，B项表述的情形属于疾病的诊断和治疗方法；C项表述的情形属于对平面印刷品的图案、色彩或者二者的结合作出的主要起标识作用的设计。B、C项表述的情形都不能授予专利权。根据《专利法》第25条第2款的规定，对前款第4项所列产品的生产方法，可以依照本法规定授予专利权。据此，选D项。

16. B

【精解】《著作权法》第10条第1款第7项规定，出租权，即有偿许可他人临时使用视听作品、计算机软件的原件或者复制件的权利，计算机软件不是出租的主要标的的除外。据此，著作权中的出租权的标的，仅限于视听作品、计算机软件的原件或者复制件。备选项中，只有B项表述的图书，并非出租权的标的，因而出租图书不构成对出租权的侵犯，故选B项。

17. C

【精解】《民法典》第1062条第1款规定，夫妻在婚姻关系存续期间所得的下列财产，为夫妻的共同财产，归夫妻共同所有：（1）工资、奖金和劳务报酬；（2）生产、经营、投资的收益；（3）知识产权的收益；（4）继承或者受赠的财产，但是本法第1063条第（3）项规定的除外；（5）其他应当归共同所有的财产。据此，婚后所获得的收益属于夫妻共同财产，但是，婚后个人财产的孳息和自然增值应当认定为个人财产，因此，A项表述中，甲承包的果园的果树上结出的果实，属于天然孳息，应当认定为甲的个人财产，不选A项。B项表述的婚前房屋婚后升值得80万元，以及D项表述的古玩于婚后升值都属于自然增值，应当认定为个人财产，不选B、D项。虽然甲的20万元属于婚前财产，但其用于婚后投资股市获得的5万元，属于婚姻关系存续期间投资的收益，属于夫妻共同财产，选C项。

18. A

【精解】多数人侵权类型包括共同侵权行为（共同加害行为）、共同危险行为（准共同侵权行为）、承担连带责任的无意思联络数人侵权和承担按份责任的无意思联络数人侵权。在上述四类多数人侵权类型中，只有共同危险行为无法确定谁的行为造成了损害后果，而共同侵权行为、承担连带责任的无意思联络数人侵权和承担按份责任的无意思联络数人侵权都能够确定具体侵权人。可见，选A项。

19. D

【精解】《民法典》第1062条规定了属于夫妻共同财产的情形。最高人民法院《关于适用〈中华人民共和国民法典〉婚姻家庭编的解释（一）》第25条规定，婚姻关系存续期间，下列财产属于民法典第1062条规定的"其他应当归共同所有的财产"：（1）一方以个人财产投资取得的收益；（2）男女双方实际取得或者应当取得的住房补贴、住房公积金；（3）男女双方实际取得或者应当取得的基本养老金、破产安置补偿费。据此，本题表述中，张某的10万元基本养老金属于张某与何某的夫妻共同财产。可见，A项表述错误。最高人民法院《关于适用〈中华人民共和国民法典〉婚姻家庭编的解释（一）》第27条规定，由一方婚前承租、婚后用共同财产购买的房屋，登记在一方名下的，应当认定为夫妻共同财产。据此，本题表述中，所购房屋系张某婚前承租、婚后张某用共同财产购买，虽然登记在张某一方名下，但依法应认定为张某和何某的夫妻共同财产。可见，B、C项表述错误，而D项表述正确，故选D项。

20. C

【精解】《民法典》规定的遗嘱形式有公证遗嘱、自书遗嘱、代书遗嘱、口头遗嘱、录音录像遗嘱和打印遗嘱。《民法典》第1142条第3款规定，立有数份遗嘱，内容相抵触的，以最后的遗嘱为准。据此，最后所立的遗嘱是打印遗嘱。但根据《民法典》第1136条规定，打印遗嘱应当有两个以上见证人在场见证。遗嘱人和见证人应当在遗嘱每一页签名，注明年、月、日。据此，甲所立打印遗嘱仅有一位见证人，不符合法律规定的遗嘱要求，打印遗嘱无效。因此，甲最后所立的遗嘱应当认定为自书遗嘱，该自书遗嘱指定三子丁继承遗产，因此选C项。《民法典》废除了公证遗嘱效力最高的规定，不选A项。

单元二

1. 刘某因外出开会将8岁的儿子小辉交给好友张某照看。在此期间，张某外出赌博将小辉留在其居住的小区玩耍，淘气的小辉将在同一小区居住的小孩小玲打伤。小玲的损害(　　)。

A. 由刘某承担，张某承担相应的补充责任

B. 由刘某承担，张某承担连带责任

C. 刘某承担，张某也应承担相应的责任

D. 由张某承担，刘某承担相应的补偿责任

2. 甲将其拍摄的其结婚仪式的彩色胶卷底片交给某彩扩店冲印，并预交了冲印费。甲于约定日期去取相片，彩扩店告知：因彩扩店不慎，其相片连同底片均被焚毁。甲为此非常痛苦。下列表述不正确的是(　　)。

A. 彩扩店侵犯了甲的肖像权　　B. 甲可以提起精神损害赔偿诉讼

C. 彩扩店侵犯了甲的财产权　　D. 彩扩店的行为构成侵权和违约

3. 甲、乙二人约定，如果30天内下雨，甲就送给乙一把雨伞。该约定(　　)。

A. 属于附延缓条件的民事法律行为　　B. 属于附解除条件的民事法律行为

C. 属于附期限的民事法律行为　　D. 既不是附条件也不是附期限的约定

4. 根据合伙企业法规定，下列事项不必经全体合伙人一致同意的是(　　)。

A. 改变合伙企业的名称　　B. 改变合伙企业的经营范围

C. 转让合伙企业的知识产权　　D. 处分合伙企业的动产

5. 甲将其收藏的一幅齐白石的遗画卖给乙，价金为5万元。甲将价金债权转让给丙并通知了乙。履行期届至前，该画灭失。则(　　)。

A. 乙得解除合同并拒绝丙的给付请求

B. 乙得对甲主张解除合同，但不得拒绝丙的给付请求

C. 乙不得解除合同并不得拒绝丙的给付请求

D. 乙不得解除合同但得拒绝丙的给付请求

6. 下列选项中，可以适用不当得利主张请求权的情形是(　　)。

A. 甲为自己正在读大学的弟弟乙支付学费，后甲要求乙返还

B. 丙明知不欠丁的钱而执意向丁还钱，后丙要求丁返还该金钱

C. 张某偿还了欠李某的赌债，后张某要求李某返还赌资

D. 陈某和吴某同在河边放牛，后陈某的一头牛走入吴某的牛群中，而吴某对此并不知情

7. 甲公司根据乙公司的选择，向丙公司购买大型机床，并将该机床出租给乙公司使用。当事人之间就租金支付和租赁期间届满大型机床的归属没有约定。关于当事人之间的权利义务，下列说法不正确的是(　　)。

A. 若机床存在质量瑕疵，乙公司无权请求甲公司承担责任

B. 若机床使用过程中发生故障，乙公司无权请求甲公司负责维修

C. 若机床意外毁损、灭失，乙公司无权请求甲公司减免租金

D. 租赁期间内，机床所有权属于甲公司；租赁期间届满，租赁物归属于乙公司

8. 甲、乙为亲兄弟，甲是A集体经济组织成员，承包果园从事经营，乙是B集体经济组织成员，也承包果园从事经营。甲一直未婚，乙成家立业。丙为A集体经济组织成员。对此，下列表述正确的是(　　)。

A. 甲的土地承包经营权自土地承包经营权登记时设立

B. 甲、丙不能将各自承包经营的土地互换

C. 除非法律另有规定，承包期内B集体经济组织不得收回乙的承包地

D. 若甲死亡，乙可以继承甲的土地承包经营权及其果园收益

9. 甲在下班回家的路上遇到乙追打丙，甲便上前制止。由于乙没有注意到甲的到来，在挥拳打丙时不慎将甲的牙打掉一颗。如果乙、丙都有能力承担责任，关于甲的损害，下列表述正确的是(　　)。

A. 应当由乙承担

B. 应当由丙承担

C. 应当由乙、丙承担连带侵权责任

D. 甲有权要求丙对其损害给予适当补偿

10. 下列选项中，属于代理情形的是(　　)。

A. 甲委托乙把自己的孩子从幼儿园接回来

B. 丙接受丁的委托，以丁的名义与戊签订买卖合同

C. 赵某接受钱某的委托，将钱某不接受缔约要求的意思表示向孙某作了回复

D. 远大公司由法定代表人李某与宏远公司法定代表人周某签订加工承揽合同

11. 甲拟向乙借款10万元，乙表示须等10日后才有资金，甲乃与乙达成一份备忘录，备忘录约定：“10日后，乙于签订合同当日借给甲10万元，借期为1年，按照银行同期存款利率计算利息。”但10天后，乙没有履行备忘录。对此，下列表述正确的是(　　)。

A. 甲、乙之间的约定对双方不具有法律约束力

B. 甲、乙之间的借款合同成立

C. 甲、乙之间的约定属于附期限的合同

D. 乙应当承担违约责任

12. 高中生甲觉得自己长得矮，十分不满意，得知同学乙家有能使人长高的祖传秘方后，甲向乙询问。乙向父亲要了秘方给甲，并告诉甲此秘方灵验无比，均为食材，没有副作用，一般三个月见效，但程度因人而异。甲为了表示感谢，给了乙500元的酬劳。甲吃了三个月，未长高，反而胖了十公斤。对此，下列说法正确的是（　　）。

A. 甲、乙均系限制民事行为能力人，双方间的合同无效

B. 甲、乙间系情谊行为，不产生法律意义上的关系

C. 双方间的合同因违背公序良俗而无效

D. 甲、乙之间的合同符合意思自治原则

13. 甲将一幅古画质押给乙，乙未经甲许可以市值将古画卖给丙，后来该画被丁盗走。则(　　)。

A. 甲对古画的占有为直接占有

B. 乙对古画的占有为无权占有

C. 丙对古画的占有为无权占有

D. 丁对古画的占有为自主占有

14. 根据民法典的有关规定，下列商业广告中，可以视为要约的是(　　)。

A. 某房东的广告称：向女生出租床位，联系电话：××××××××

B. 某电视台的广告称：现新款创维彩电已上市，本市各大商场均有销售，欲购从速

C. 某大型商场的广告称：曾到本商场购买西门子电冰箱的用户请注意，现西门子电冰箱已有现货，共70台，每台售价2 600元，欲购从速

D. 某出版社的广告称：本社出版的《国家司法考试辅导用书》已经出版，数量有限，可代办托运，欲购从速

15. 根据民法典的有关规定，无过错方不得主张离婚损害赔偿请求的是（　　）。

A. 甲的丈夫趁经常出差与某女子同居

B. 乙的妻子经常在家打骂、凌辱弱不禁风的乙

C. 丙因赌博导致家庭负债

D. 已婚的丁在外地与某女子办理结婚登记

16. 下列遗嘱形式中，不需要遗嘱见证人的是（　　）。

A. 口头遗嘱　　B. 代书遗嘱

C. 录音遗嘱　　D. 自书遗嘱

17. 下列有关合同解除的表述正确的是（　　）。

A. 甲、乙签订合同后，甲在合同履行期限到来之前向乙表示不再履行合同义务，则乙有权要求甲承担违约责任，但无权解除合同

B. 丙、丁签订农用化肥买卖合同后，因农用化肥价格大涨，丙向丁表示，农用化肥价格大涨属于商业风险，因而不再履行交付化肥的义务并有权解除合同

C. 薛某与某房地产公司约定，薛某以按揭贷款的形式购置一套商品房，后因银行利率上调和按揭首付款增加而导致薛某无力购房，则薛某有权请求人民法院或者仲裁机构解除合同

D. 曾某和李某约定，李某加工服装 1 万套，曾某在服装加工完毕后即行付款，但服装加工完毕后曾某未按约付款，则李某有权即行解除合同并要求曾某承担违约责任

18. 根据商标法的规定，商标权人将商标转让给他人的，受让人享有商标专用权的起始日为（　　）。

A. 转让的注册商标自商标局核准注册之日

B. 转让的注册商标自公告之日

C. 转让的注册商标自商标局备案之日

D. 转让的注册商标自登记之日

19. 甲向银行借款 100 万元，甲将房屋抵押给乙银行。甲、乙在书面抵押合同中约定："若甲到期不能清偿债务，甲的房屋归乙银行所有"。甲、乙对该房屋办理了抵押登记，则（　　）。

A. 抵押合同无效

B. 甲到期不能还款，房屋归乙

C. 甲到期不能还款，乙可就该房屋优先受偿

D. 甲、乙设定的抵押权无效

20. 某日夜，在 A 市机场高速公路上遗撒大捆塑料布，遗撒行为人甲公司司机乙并不知道，几小时后，一辆轿车车主丙发现障碍物后刹车打方向盘，致使车辆侧翻，造成车毁人伤、公路护栏毁坏的后果。对于丙的损害，下列表述正确的是（　　）。

A. 甲公司和乙承担连带责任

B. 甲公司承担，高速公路管理人承担相应的责任

C. 甲公司、高速公路管理人承担连带责任

D. 乙和高速公路管理人承担连带责任

单元二答案与精解

1. C

【精解】《民法典》第 1189 条规定，无民事行为能力人、限制民事行为能力人造成他人损害，监护人将监护职责委托给他人的，监护人应当承担侵权责任；受托人有过错的，承担相应的责任。据此，因受托人张某外出赌博，表明张某有过错，因此，刘某作为监护人，应当承担侵权责任，张某

有过错，应当承担相应的责任。可见，选C项。要区分“相应的责任”和“相应的补充责任”，二者的不同点在于：根据《民法典》规定，立法措辞为“相应的补充责任”的，存在追偿权的问题（在《民法典》生效之前的民事立法中，凡是规定“相应的补充责任”的，并不存在追偿权的问题，但《民法典》规定“相应的补充责任”的，则承担相应的补充责任的一方可以向侵权人追偿）；而立法措辞表述为“相应的责任”的，则不存在追偿权的问题。

2. A

【精解】《民法典》第1019条规定，任何组织或者个人不得以丑化、污损或者利用信息技术手段伪造等方式侵害他人的肖像权。未经肖像权人同意，不得制作、使用、公开肖像权人的肖像，但是法律另有规定的除外。未经肖像权人同意，肖像作品权利人不得以发表、复制、发行、出租、展览等方式使用或者公开肖像权人的肖像。据此，本题表述中，甲并没有实施丑化、污损或者利用技术手段等方式侵害甲的肖像权，也未实施发表、复制、发行、出租、展览等侵害肖像权的侵权行为，因而彩扩店并未侵犯甲的肖像权，A项表述错误，选A项。《民法典》第1183条第2款规定，因故意或者重大过失侵害自然人具有人身意义的特定物造成严重精神损害的，被侵权人有权请求精神损害赔偿。据此，记载结婚仪式的彩色胶卷底片是具有人身意义的特定纪念物品，彩扩店对于该物品灭失存在重大过失，应当承担责任，甲可以提起精神损害赔偿诉讼，B项表述正确。彩色胶卷底片属于甲的私人财产，彩扩店焚毁甲的财产的行为侵犯了甲对该财产的所有权，C项表述正确。《民法典》第996条规定，因当事人一方的违约行为，损害对方人格权并造成严重精神损害，受损害方选择请求其承担违约责任的，不影响受损害方请求精神损害赔偿。据此，彩扩店将彩色胶卷底片焚毁，导致甲精神受到损害，这并不影响甲主张违约。因为甲将彩色胶卷底片交给某彩扩店冲印，意味着双方缔结了一个承揽合同，彩扩店应当冲印相片并将底片交给甲，但由于相片和底片均被焚毁，彩扩店无法履行自己的义务，构成违约。另据《民法典》第186条规定，因当事人一方的违约行为，损害对方人身权益、财产权益的，受损害方有权选择请求其承担违约责任或者侵权责任。据此，彩扩店毁损甲的财产的行为侵犯了甲对该财产的所有权，构成侵权，同时构成违约，甲可以向彩扩店选择主张侵权责任或者违约责任，D项表述正确。

3. A

【精解】附条件民事法律行为与附期限民事法律行为的根本区别在于，附条件民事法律行为中所附条件具有或然性，即条件的发生具有不确定性，而附期限民事法律行为中所附期限的发生是必然的，故本题属于附条件民事法律行为。延缓条件的特征在于，该民事法律行为已经成立，但尚未生效，条件不成就则该民事法律行为永远处于成立状态，条件一经成就，该民事法律行为才能生效。故选A项。附解除条件的民事法律行为的特征在于，该民事法律行为已经成立并生效，条件不成就则永远处于生效状态，条件一经成就，则效力解除。

4. D

【精解】《合伙企业法》第31条规定，除合伙协议另有约定外，合伙企业的下列事项应当经全体合伙人一致同意：（1）改变合伙企业的名称；（2）改变合伙企业的经营范围、主要经营场所的地点；（3）处分合伙企业的不动产；（4）转让或者处分合伙企业的知识产权和其他财产权利；（5）以合伙企业名义为他人提供担保；（6）聘任合伙人以外的人担任合伙企业的经营管理人员。据此，只有D项表述的情形不必经全体合伙人一致同意，故选D项。

5. A

【精解】本题中，甲与乙之间存在买卖合同，甲负有将齐白石的遗画交付给乙的义务，但在交付前该画灭失，已经形成履行不能，乙的合同目的不能实现，故乙可以向甲主张合同解除权。由于乙与甲之间的合同已经解除，则债务人乙可以向债权让与中的受让人丙主张合同已消灭的抗辩权，即拒绝丙的5万元的给付请求。故选A项。

6. D

【精解】《民法典》第985条规定，得利人没有法律根据取得不当利益的，受损失的人可以请求得利人返还取得的利益，但是有下列情形之一的除外：(1) 为履行道德义务进行的给付；(2) 债务到期之前的清偿；(3) 明知无给付义务而进行的债务清偿。据此，对于基于抚养、扶养、赡养等道德义务性质的给付，如对无扶养义务的亲属误以为有扶养义务而予以扶养、养子女对生父母给付赡养费、他人结婚生子而给予贺礼、给他人祝寿给予的贺礼等，不得依据不当得利要求返还。此外，赠与反悔、超过诉讼时效的债务、慰问金、对无因管理人给予报酬、债务人提前偿还未到期的债务、明知不欠债而清偿以及基于不法原因的给付等也不得依据不当得利要求返还，如：行贿受贿；夫妻一方与他人通奸，向发现者支付金钱；用金钱收买杀手，因未获成功而要求杀手返还金钱。另外，对于赌博之债也不能适用不当得利要求返还。不当得利可因自然事件而发生，典型的因自然事件而发生的不当得利如甲的鱼塘里的鱼跃入乙的鱼塘，因自然事件而发生的不当得利在性质上属于非因给付而发生的不当得利。可见，选 D 项。

7. D

【精解】《民法典》第 735 条规定，融资租赁合同是出租人根据承租人对出卖人、租赁物的选择，向出卖人购买租赁物，提供给承租人使用，承租人支付租金的合同。《民法典》第 747 条规定，租赁物不符合约定或者不符合使用目的的，出租人不承担责任。但是，承租人依赖出租人的技能确定租赁物或者出租人干预选择租赁物的除外。据此，若机床存在质量瑕疵，承租人乙公司无权请求出租人甲公司承担责任。可见，A 项表述正确，不选 A 项。《民法典》第 750 条规定，承租人应当妥善保管、使用租赁物。承租人应当履行占有租赁物期间的维修义务。据此，若机床使用过程中发生故障，应由承租人乙公司负责维修。可见，B 项表述正确，不选 B 项。《民法典》第 751 条规定，承租人占有租赁物期间，租赁物毁损、灭失的，出租人有权请求承租人继续支付租金，但是法律另有规定或者当事人另有约定的除外。据此，若机床意外毁损、灭失，甲公司和乙公司对租金支付没有约定，出租人甲公司有权请求乙公司继续支付租金。可见，C 项表述正确，不选 C 项。根据《民法典》第 757 条规定，出租人和承租人可以约定租赁期限届满租赁物的归属；对租赁物的归属没有约定或者约定不明确，依据民法典第 510 条的规定仍不能确定的，租赁物的所有权归出租人。据此，租赁期间届满，租赁物应归属于出租人甲公司。可见，D 项表述错误，选 D 项。

8. C

【精解】《民法典》第 333 条规定，土地承包经营权自土地承包经营权合同生效时设立。登记机构应当向土地承包经营权人发放土地承包经营权证、林权证等证书，并登记造册，确认土地承包经营权。据此，A 项表述错误。《民法典》第 334 条规定，土地承包经营权人依照法律规定，有权将土地承包经营权互换、转让。未经依法批准，不得将承包地用于非农建设。据此，甲、丙可以将各自承包经营的土地互换，B 项表述错误。《民法典》第 337 条规定，承包期内发包人不得收回承包地。法律另有规定的，依照其规定。据此，C 项表述正确。若甲死亡，甲作为承包人获得的承包收益即果园收益，可以继承；但是，土地承包经营权不能继承，故 D 项表述错误。

9. A

【精解】《民法典》第 183 条规定，因保护他人民事权益使自己受到损害的，由侵权人承担民事责任，受益人可以给予适当补偿。没有侵权人、侵权人逃逸或者无力承担民事责任，受害人请求补偿的，受益人应当给予适当补偿。据此，本题中，由于乙有能力承担侵权责任，属于直接侵权责任人，故甲的损害应由乙承担。选 A 项，不选 B、C 项。D 项错在：只有在侵权人乙逃逸或者无力承担侵权责任时，甲才有权要求丙给予适当补偿，而本题题干中交代的情形是，乙是有能力承担侵权责任的，因而无须要求丙对甲的损害给予补偿。

10. B

【精解】代理的特征之一就是代理人以被代理人名义或者以自己的名义与第三人为民事法律行为，但 A 项属于一般的事务性委托，且不涉及第三人，故不属于代理。代理的另外一个特征就是代理人以自己的名义独立为意思表示，但 C 项类似于传达、捎口信，没有独立意思，故也不属于代理。法定代表人不同于代理人，法定代表人的行为就是法人的行为，二者属于合而为一的关系，D 项也不是代理。故选 B 项。

11. D

【精解】《民法典》第 495 条规定，当事人约定在将来一定期限内订立合同的认购书、订购书、预订书等，构成预约合同。当事人一方不履行预约合同约定的订立合同义务的，对方可以请求其承担预约合同的违约责任。据此，甲、乙之间达成的备忘录在性质上属于预约合同，预约合同也是合同，对甲、乙双方具有法律约束力，乙在达成备忘录 10 天后并没有履行预约合同，构成违约，应当承担违约责任。可见，D 项表述正确，选 D 项，而 A 项表述是错误的。预约合同的目的在于成立本合同，本案中的本合同即借款合同并未成立，B 项表述错误。预约合同不同于附条件或者附期限的合同，因为附条件合同或者附期限合同是本合同，C 项表述错误。

12. D

【精解】《民法典》第 145 条第 1 款规定，限制民事行为能力人实施的纯获利益的民事法律行为或者与其年龄、智力、精神健康状况相适应的民事法律行为有效；实施的其他民事法律行为经法定代理人同意或者追认后有效。据此，本题表述中，甲、乙均为高中生，属限制民事行为能力人。乙将具有财产价值的“秘方”提供给甲，甲为此向乙支付 500 元酬劳，该交换属于合同。因标的额很小，应认定为与甲、乙的行为能力相适应，即使未经甲、乙的法定代理人事先同意和事后追认，甲、乙间的该合同也成立并生效。故 A 项说法错误。所谓“情谊关系”，又称“好意施惠关系”，指一方对另一方承诺或者双方达成约定时，双方均认为一方的承诺或者双方的约定不产生民法上的效果，从而该承诺或约定不属于双方成立合同关系的情形。据此，本题表述中，甲、乙间的约定本身具有财产价值，并且甲、乙达成合意时均意识到双方的约定将按照各自希望的内容产生民法上的效果（甲因此享有使用该秘方的权利，乙因此享有获得 500 元的权利），因此，甲、乙间的约定成立合同，而非情谊关系。故 B 项表述错误。《民法典》第 153 条第 2 款规定，违背公序良俗的民事法律行为无效。据此，本题表述中，乙向甲提供秘方，并被动收取 500 元酬劳，完全符合社会伦理规范。故 C 项表述错误。《民法典》第 5 条规定，民事主体从事民事活动，应当遵循自愿原则，按照自己的意思设立、变更、终止民事法律关系。《民法典》第 143 条规定，具备下列条件的民事法律行为有效：（1）行为人具有相应的民事行为能力；（2）意思表示真实；（3）不违反法律、行政法规的强制性规定，不违背公序良俗。据此，根据意思自治的理念，在法定限制的范围之内，民事主体自主安排自己的私法关系，并按照自主安排产生希望的民法效果。意思自治的工具为民事法律行为。对此，本题表述中，甲、乙间的合同符合这三个条件，该合同自成立时依照双方的意愿生效，发生其希望的法律效果。故 D 项表述正确，选 D 项。

13. D

【精解】甲已经将古画质押给乙，因此甲并不直接占有古画，甲对古画的占有为间接占有而非直接占有。可见，不选 A 项。乙对古画的占有有法律依据（他物权），因而乙对古画的占有是有权占有而非无权占有。可见，不选 B 项。丙善意取得古画的所有权，因而丙是基于所有权而占有古画，因而是有权占有而非无权占有。可见，不选 C 项。丁窃得古画后，基于自己所有的意思占有古画，因而是自主占有。可见，选 D 项。

14. C

【精解】《民法典》第 472 条规定，要约是希望和他人订立合同的意思表示，该意思表示应当符合下列条件：（1）内容具体确定；（2）表明经受要约人承诺，要约人即受该意思表示约束。《民法典》第 473 条规定，要约邀请是希望他人向自己发出要约的表示。拍卖公告、招标公告、招股说明书、债券募集办法、基金招募说明书、商业广告和宣传、寄送的价目表等为要约邀请。商业广告和宣传的内容符合要约条件的，构成要约。根据上述规定，本题中，A 项不具备合同主要条款，房东发出欲订立租赁合同的广告，其目的在于希望他人向自己发出订立租赁合同的要约。故 A 项为要约邀请，而不是要约。B 项和 D 项也不具有合同主要条款，应当认定为要约邀请。只有 C 项符合要约条件，即不仅具有合同主要条款，而且从交易习惯上看，接受要约的顾客也特定化，故为要约。

15. C

【精解】《民法典》第 1091 条规定，有下列情形之一，导致离婚的，无过错方有权请求损害赔偿：(1) 重婚；(2) 与他人同居；(3) 实施家庭暴力；(4) 虐待、遗弃家庭成员；(5) 有其他重大过错。据此，只有 C 项表述的情形不包括在内，选 C 项。如果将 C 项表述修改为“丙有赌博恶习且屡教不改，致使家庭债务负担沉重”，则应认定丙有重大过错，根据《民法典》第 1091 条第 (4) 项规定，属于“有其他重大过错”的情形，此时无过错方有权请求损害赔偿。

16. D

【精解】我国民法典规定了六种遗嘱形式：自书遗嘱、代书遗嘱、打印遗嘱、录音录像遗嘱、口头遗嘱和公证遗嘱。上述六种遗嘱形式中，代书遗嘱、打印遗嘱、录音录像遗嘱和口头遗嘱都需要有与立遗嘱人无利害关系的两个见证人在场见证，只有自书遗嘱和公证遗嘱不需要遗嘱见证人。可见，选 D 项。

17. C

【精解】《民法典》第 566 条第 2 款规定，合同因违约解除的，解除权人可以请求违约方承担违约责任，但是当事人另有约定的除外。据此，合同解除和违约责任可以同时主张。《民法典》第 563 条第 1 款规定，有下列情形之一的，当事人可以解除合同：(1) 因不可抗力致使不能实现合同目的；(2) 在履行期限届满前，当事人一方明确表示或者以自己的行为表明不履行主要债务；(3) 当事人一方迟延履行主要债务，经催告后在合理期限内仍未履行；(4) 当事人一方迟延履行债务或者有其他违约行为致使不能实现合同目的；(5) 法律规定的其他情形。据此规定第 (2) 项，对于甲预期违约的，对方有权解除合同并可以在履行期限届满之前要求其承担违约责任。可见，A 项表述错误。《民法典》第 533 条（情事变更原则）规定，合同成立后，合同的基础条件发生了当事人在订立合同时无法预见的、不属于商业风险的重大变化，继续履行合同对于当事人一方明显不公平的，受不利影响的当事人可以与对方重新协商；在合理期限内协商不成的，当事人可以请求人民法院或者仲裁机构变更或者解除合同。人民法院或者仲裁机构应当结合案件的实际情况，根据公平原则变更或者解除合同。据此，情事变更不同于固有的商业风险，而 B 项表述农用化肥涨价，这为商业风险，对于商业风险，当事人不能依据情事变更原则解除合同。可见，B 项表述错误。而银行利率的调整和按揭首付款的增加都属于国家政策的变化，因此 C 项表述正确，选 C 项。根据《民法典》第 563 条第 1 款第 3 项规定，当事人一方迟延履行主要债务，经催告后在合理期限内仍未履行的，另一方当事人可以解除合同。据此，D 项表述中，李某不能直接解除合同，应当催告债务人履行债务，经催告后在合理期限内仍未履行合同的，才能解除合同。可见，D 项表述错误。

18. B

【精解】《商标法》第 42 条规定，转让注册商标的，转让人和受让人应当签订转让协议，并共同向商标局提出申请。受让人应当保证使用该注册商标的商品质量。转让注册商标的，商标注册人对其在同一种商品上注册的近似的商标，或者在类似商品上注册的相同或者近似的商标，应当一并转让。对容易导致混淆或者有其他不良影响的转让，商标局不予核准，书面通知申请人并说明理由。转让注册商标经核准后，予以公告。受让人自公告之日起享有商标专用权。据此，选 B 项。注意《商标法》第 42 条和第 43 条规定的差异：《商标法》第 43 条规定，商标注册人可以通过签订商标使用许可合同，许可他人使用其注册商标。许可人应当监督被许可人使用其注册商标的商品质量。被许可人应当保证使用该注册商标的商品质量。经许可使用他人注册商标的，必须在使用该注册商标的商品上标明被许可人的名称和商品产地。许可他人使用其注册商标的，许可人应当将其商标使用许可报商标局备案，由商标局公告。商标使用许可未经备案不得对抗善意第三人。

19. C

【精解】《民法典》第 401 条（流押契约）规定，抵押权人在债务履行期限届满前，与抵押人约定债务人不履行到期债务时抵押财产归债权人所有的，只能依法就抵押财产优先受偿。据此，含有流押契约条款的抵押合同，流押条款关于“抵押财产归债权人所有的”的约定无效，但并不影响抵押合同的效力，A、B项表述错误。即便流押条款关于“抵押财产归债权人所有的”的约定无效，但也不影响抵押权人对抵押财产的优先受偿权，C项表述正确，选C项。由此可以推断，甲、乙设定的房屋抵押权也是有效的，D项表述错误。

20. B

【精解】《民法典》第1191条第1款规定，用人单位的工作人员因执行工作任务造成他人损害的，由用人单位承担侵权责任。用人单位承担侵权责任后，可以向有故意或者重大过失的工作人员追偿。据此，对于司机乙遗撒物品的行为，应由甲公司承担责任。《民法典》第1256条规定，在公共道路上堆放、倾倒、遗撒妨碍通行的物品造成他人损害的，由行为人承担侵权责任。公共道路管理人不能证明已经尽到清理、防护、警示等义务的，应当承担相应的责任。据此，对于丙的损害，应由甲公司承担责任，同时，高速公路管理人存在及时清理、防护、警示等义务，可是，高速公路管理人在几个小时内没有进行清理，存在过失，应当承担相应的赔偿责任，B项表述正确。

单元三

1. 下列选项中，属于民事法律事实的是(　　)。

A. 甲宴请宾朋　　B. 乙参加夏令营活动

C. 丙发表一部小说　　D. 丁完成导师布置的作业

2. 甲因办理出国手续向乙借款10万元，并立字据约定甲在出国前将钱还清。此后甲在国外生活了3年，甲、乙虽有电话联系，但对借钱一事只字未提。甲回国后，乙因用钱要求甲还钱，甲在原字据上表示先归还3万元，1年后再归还剩余7万元。债务到期后，甲称债务超过诉讼时效，拒不归还剩余的7万元钱，并要求乙归还3万元钱。下列选项中，表述正确的是(　　)。

A. 甲应归还剩余的7万元钱

B. 乙所得3万元钱系不当得利

C. 甲在原字据上表示归还借款的，诉讼时效延长

D. 甲有权索回3万元钱

3. 下列职务作品中，著作权应由自然人作为作者的是(　　)。

A. 为完成法人工作任务所创作的视听作品

B. 电视台的工作人员创作的职务作品

C. 主要是利用法人的物质技术条件创作的由法人承担责任的计算机软件

D. 主要是利用非法人组织的物质技术条件创作，并由非法人组织承担责任的产品设计图

4. 下列选项中，相对人可以善意取得相关物权的是(　　)。

A. 甲冒名将乙所有的A楼登记在自己名下，然后将其抵押给丙，并办理了抵押登记

B. 甲盗窃一块玉佩后将其送给乙

C. 甲窃得一辆自行车后将其卖给乙

D. 甲将其房屋卖给乙后，又将房屋卖给丙并办理了过户登记

5. 甲、乙二人在丙开设的服装店内签订甲购买乙服装的买卖合同，双方约定，乙将货物运至丙的服装店内交货。乙将3 000件服装运至丙的服装店后，甲3个月后告知乙不再购买该批服装。此时，丙向乙主张保管费。根据上述情形，下列选项表述正确的是(　　)。

A. 乙与丙之间存在保管合同法律关系　　B. 丙的行为属于无因管理行为

C. 乙与丙之间存在委托合同法律关系　　D. 乙与丙之间存在行纪合同法律关系

6. 关于人格权，下列表述正确的是(　　)。

A. 姓名权和名称权可以依法转让

B. 姓名、名称、肖像可以许可他人使用

C. 行为人实施舆论监督，对他人提供的失实内容未尽到合理审查义务，影响他人名誉的，不承

担民事责任

D. 任何组织或者个人都不得以短信方式侵扰他人的私人生活安宁

7. 甲因遇台风下落不明满 3 年，不知生死。则根据我国《民法典》的有关规定，下列表述正确的是(　　)。

A. 利害关系人既可以向法院申请宣告甲失踪，也可以申请宣告甲死亡

B. 利害关系人应当先向法院申请宣告甲失踪，然后再申请宣告甲死亡

C. 利害关系人只能向法院申请宣告甲失踪，不能申请宣告甲死亡

D. 利害关系人只能向法院申请宣告甲死亡，不能申请宣告甲失踪

8. 某施工企业向某建筑材料供应商发出购买建筑材料的书面要约，该供应商在有效期内对该要约作出了完全同意的书面答复，该买卖合同成立的时间为（　　）。

A. 建筑材料供应商的答复文件到达施工企业时

B. 施工企业发出订购建筑材料的要约时

C. 建筑材料供应商发出答复文件时

D. 施工企业订购建筑材料的要约到达建筑材料供应商时

9. 甲、乙双方约定，甲订购由乙制作的蛋糕，由乙送给甲的朋友丙。乙的履行行为在性质上属于(　　)。

A. 代为履行　　B. 第三人向债权人履行

C. 债务人向第三人履行　　D. 债务人为第三人利益履行

10. 甲欠乙 2 万元，二人约定该债权不得转让给第三人，后乙通知甲后，将该笔借款中的 1 万元债权转让给不知情的丙，剩余 1 万元债权转让给知情的丁。则（　　）。

A. 甲、乙关于债权不得转让的约定无效　　B. 乙将 1 万元债权转让给丙的行为无效

C. 乙将 1 万元债权转让给丁的行为有效　　D. 丙、丁对甲享有连带债权

11. 甲、乙签订耕牛租赁合同，甲将耕牛租给乙。在租赁期限内，甲、乙又达成耕牛买卖合同，约定甲将耕牛卖给乙，则耕牛的交付方式为(　　)。

A. 现实交付　　B. 简易交付

C. 占有改定　　D. 指示交付

12. 下列行为中，应当认定为无效的是(　　)。

A. 采购员甲超越代理权购买某公司生产的产品，该公司善意无过失地相信甲有代理权而与其签订买卖合同

B. 不满 8 岁的乙将自己价值为 500 元的相机赠给同学

C. 丙擅自将其朋友交给其保管的古玩出售给第三人，第三人支付合理价款后将古玩取走

D. 不满 10 岁的丁搞出一项小型发明创造

13. 下列选项中，应当认定为承诺的是(　　)。

A. 甲向乙发出要约，要求乙 1 个月内给予答复，过期视为承诺，乙未能如期作出答复

B. 丙向丁发出订立合同的意思表示，丁回复为：同意你方条件，但价格应减半。丁的回复视为承诺

C. 蒋某向沈某发出订立合同的意思表示，韩某得知后立即向蒋某回复：完全同意你方条件，请立即发货。韩某的回复视为承诺

D. 大商场橱窗展示某模特穿的高档服装，杨某看到后立即进入商场向售货员表示购买橱窗内展示的高档服装，大商场表示同意。大商场同意的意思表示属于承诺

14. 下列关于民法上物的分类的表述，错误的是(　　)。

A. 原物和孳息都必须是独立的物

B. 主物和从物在所有权的归属上必须属于同一所有权人

C. 特定物是世界上独一无二的物，而种类物是可以用同种类的物进行替代的物

D. 动产一般以占有为公示方式，而不动产则以登记为公示方式

15. 男子甲以一女子的口吻给乙的丈夫丙写了一封匿名信，诉说乙与“其”丈夫有不正当男女关系，乙因此与丈夫丙之间的夫妻感情不和。乙后来得知此信系男子甲所写。据此，下列表述正确的是(　　)。

A. 甲侵犯了乙的配偶权　　B. 甲侵犯了乙的名誉权

C. 甲侵犯了乙的隐私权　　D. 乙有权向甲主张精神损害赔偿

16. 下列选项中，属于合同履行中的附随义务的是(　　)。

A. 货栈负责人甲接受委托出卖一批商品，甲将货物售卖情况告知委托人

B. 乙按照约定向卖方支付货款

C. 丙去购车，车行交付汽车的同时交给丙购车发票

D. 丁将电脑借给同学使用，并告知电脑偶尔有死机的事实

17. 甲与乙公司签订买卖合同，甲向乙购买羊绒衫 1 000 件，总款 200 万元，甲先交付了定金 50 万元，待羊绒衫到货后的三个月内支付价款。后乙并未按照约定交付羊绒衫。对此，甲可主张返还定金的最高金额为(　　)。

A. 40 万元　　B. 50 万元

C. 80 万元　　D. 100 万元

18. 17 周岁的甲（高中生）在假期期间通过“打工”获得相应报酬 2 万元。甲用该笔现金购置了一部电脑，还向灾区的灾民捐献了 1 万元。甲(　　)。

A. 是完全民事行为能力人　　B. 视为完全民事行为能力人

C. 是限制民事行为能力人　　D. 视为限制民事行为能力人

19. 装修公司指派员工甲为乙的房屋进行装修，甲按照乙的指示为乙装修房屋天花板吊灯，由于乙为甲提供的支架松动，致使甲从支架上掉下摔伤。甲的损害(　　)。

A. 由装修公司承担

B. 由乙承担

C. 由装修公司承担，乙承担相应的补充责任

D. 由装修公司和乙承担连带责任

20. 甲（男）在和乙（女）结婚前并未将其患有艾滋病的事实告诉乙。结婚 1 年后，乙才得知甲患病的事实，此时甲、乙的婚姻关系为(　　)。

A. 可撤销婚姻　　B. 无效婚姻

C. 有效婚姻　　D. 事实婚姻

单元三答案与精解

1. C

【精解】民事法律事实即依法能够引起民事法律关系产生、变更和消灭的客观现象。备选项中，C 项表述的是事实行为，能够引起民事法律关系的变动，是民事法律事实，故选 C 项。A、B、D 项表述的是社会生活事实或活动（包括社会生活中的仪式），它们都不能引起民事法律关系的变动，都不是民事法律事实。

2. A

【精解】《民法典》第 192 条规定，诉讼时效期间届满的，义务人可以提出不履行义务的抗辩。诉讼时效期间届满后，义务人同意履行的，不得以诉讼时效期间届满为由抗辩；义务人已经自愿履行的，不得请求返还。据此，甲无权索回已归还的 3 万元钱；甲此后以诉讼时效期间届满为由拒绝还款，人民法院不予支持，因此，甲应归还剩余的 7 万元钱。可见，选 A 项，不选 D 项。对于超过

诉讼时效的债务，不属于不当得利，不选B项。《民法典》第197条规定，诉讼时效的期间、计算方法以及中止、中断的事由由法律规定，当事人约定无效。当事人对诉讼时效利益的预先放弃无效。据此，C项表述错误。

3. A

【精解】职务作品是指由法人或者非法人组织主持，代表法人或者非法人组织意志创作，并由法人或者非法人组织承担责任的作品。《著作权法》第18条第1款规定，自然人为完成法人或者非法人组织工作任务所创作的作品是职务作品，除本条第2款的规定以外，著作权由作者享有，但法人或者非法人组织有权在其业务范围内优先使用。作品完成两年内，未经单位同意，作者不得许可第三人以与单位使用的相同方式使用该作品。第2款规定，有下列情形之一的职务作品，作者享有署名权，著作权的其他权利由法人或者非法人组织享有，法人或者非法人组织可以给予作者奖励：(1) 主要是利用法人或者非法人组织的物质技术条件创作，并由法人或者非法人组织承担责任的工程设计图、产品设计图、地图、示意图、计算机软件等职务作品；(2) 报社、期刊社、通讯社、广播电台、电视台的工作人员创作的职务作品；(3) 法律、行政法规规定或者合同约定著作权由法人或者非法人组织享有的职务作品。据此，只有A项表述的职务作品，应以自然人为作者。可见，选A项。

4. A

【精解】《民法典》第311条规定，无处分权人将不动产或者动产转让给受让人的，所有权人有权追回；除法律另有规定外，符合下列情形的，受让人取得该不动产或者动产的所有权：(1) 受让人受让该不动产或者动产时是善意的；(2) 以合理的价格转让；(3) 转让的不动产或者动产依照法律规定应当登记的已经登记，不需要登记的已经交付给受让人。受让人依照前款规定取得不动产或者动产的所有权的，原所有权人有权向无处分权人请求损害赔偿。当事人善意取得其他物权的，参照适用前两款规定。据此规定第3款，丙善意取得A楼抵押权，能够对抗乙。可见，选A项。根据《民法典》第311条第1款的规定，无处分权人须以合理的价格转让动产或者不动产的，受让人才能善意取得动产或者不动产的所有权。甲将盗窃的玉佩送给乙，这并非通过有偿交换转让玉佩，乙不能取得玉佩的所有权。依据《民法典》第311条规定，动产适用善意取得，该动产须为"占有委托物"。所谓占有委托物，是指基于租赁、保管、借用等合同关系，由承租人、保管人、借用人等实际占有的属于出租人、委托人、出借人等人所有的动产。而盗窃所得赃物并非"占有委托物"，而是"占有脱离物"。所谓占有脱离物，是指并非基于真正权利人的意思而被他人占有的，包括赃物、遗失物、遗忘物、误取物等，对于占有脱离物，不适用善意取得。可见，C项表述中，甲取得的自行车属于占有脱离物，不适用善意取得，乙不能取得自行车的所有权，不选C项。D项表述中，甲先后将房屋卖给乙、丙，两个买卖合同都有效，谁办理了登记，谁取得房屋所有权，丙办理了过户登记，丙取得房屋所有权。但是，丙并非依据善意取得制度取得所有权，因为适用善意取得制度的前提是"无处分权人"处分他人动产或者不动产，而D项表述中，甲对房屋享有处分权，是有处分权人，当然不能适用善意取得，丙只是通过正常的交换和过户登记取得房屋所有权，而并非通过善意取得制度取得房屋所有权，因此不选D项。

5. A

【精解】本题应当认定为保管合同法律关系，因为乙将货物存放于丙处，而保管合同属于实践合同，至于丙的默认不影响保管合同的成立。故选A项。丙的行为不构成无因管理，因为在无因管理成立之初，受益人并不知晓管理行为，而在保管行为成立之初，保管人和委托人都知道管理行为，这是无因管理区别于保管行为的关键。委托合同和保管合同区别的关键在于，委托合同强调事务的处理过程，而保管合同则强调事务的处理状态，故乙、丙之间不存在委托合同关系。保管合同和行纪合同的区别之一就是，行纪合同的行纪人要与第三人为民事法律行为，其法律后果应当由行纪人承受，而不是由委托人承受。本题中，丙并没有与第三人为民事法律行为，故乙、丙之间不存在行纪合同关系。

6. B

【精解】《民法典》第 992 条规定，人格权不得放弃、转让或者继承。《民法典》第 1013 条规定，法人、非法人组织享有名称权，有权依法使用、变更、转让或者许可他人使用自己的名称。据此，法人、非法人组织的名称权可以转让，但自然人的姓名权不能转让。可见，A 项表述错误。《民法典》第 993 条规定，民事主体可以将自己的姓名、名称、肖像等许可他人使用，但是依照法律规定或者根据其性质不得许可的除外。据此，B 项表述正确，选 B 项。《民法典》第 1025 条规定，行为人实施新闻报道、舆论监督等行为，影响他人名誉的，不承担民事责任，但是有下列情形之一的除外：(1) 捏造事实、歪曲事实；(2) 对他人提供的严重失实内容未尽到合理审查义务；(3) 使用侮辱性言辞等贬损他人名誉。据此，行为人实施新闻报道、舆论监督等行为，影响他人名誉的，不承担民事责任，但若对他人提供的失实内容未尽合理审查义务的，仍应承担民事责任。可见，C 项表述错误。《民法典》第 1033 条规定，除法律另有规定或者权利人明确同意外，任何组织或者个人不得实施下列行为：(1) 以电话、短信、即时通信工具、电子邮件、传单等方式侵扰他人的私人生活安宁；(2) 进入、拍摄、窥视他人的住宅、宾馆房间等私密空间；(3) 拍摄、窥视、窃听、公开他人的私密活动；(4) 拍摄、窥视他人身体的私密部位；(5) 处理他人的私密信息；(6) 以其他方式侵害他人的隐私权。据此规定第 (1) 项，任何组织或者个人不得以短信方式侵扰他人的私人生活安宁，但这并不是绝对的，如果权利人明确同意的，某组织或者个人也可以以短信方式打扰他人的私人生活安宁。可见，D 项表述错误。

7. A

【精解】《民法典》第 40 条规定，自然人下落不明满 2 年的，利害关系人可以向人民法院申请宣告该自然人为失踪人。《民法典》第 46 条规定，自然人有下列情形之一的，利害关系人可以向人民法院申请宣告该自然人死亡：(1) 下落不明满 4 年；(2) 因意外事件，下落不明满 2 年。因意外事件下落不明，经有关机关证明该自然人不可能生存的，申请宣告死亡不受 2 年时间的限制。据此，甲既符合被申请宣告失踪的条件，也符合被申请宣告死亡的条件，而且宣告失踪不是宣告死亡的必经程序。至于利害关系人是向法院申请宣告失踪，还是申请宣告死亡，完全取决于利害关系人的意思。故选 A 项。

8. A

【精解】《民法典》第 483 条规定，承诺生效时合同成立，但是法律另有规定或者当事人另有约定的除外。《民法典》第 137 条规定，以对话方式作出的意思表示，相对人知道其内容时生效。以非对话方式作出的意思表示，到达相对人时生效。以非对话方式作出的采用数据电文形式的意思表示，相对人指定特定系统接收数据电文的，该数据电文进入该特定系统时生效；未指定特定系统的，相对人知道或者应当知道该数据电文进入其系统时生效。当事人对采用数据电文形式的意思表示的生效时间另有约定的，按照其约定。据此，施工企业与材料供应商采取书面形式的意思表示，则承诺到达相对人时生效。可见，选 A 项。

9. D

【精解】《民法典》第 522 条第 2 款（债务人为第三人利益履行）规定，法律规定或者当事人约定第三人可以直接请求债务人向其履行债务，第三人未在合理期限内明确拒绝，债务人未向第三人履行债务或者履行债务不符合约定的，第三人可以请求债务人承担违约责任；债务人对债权人的抗辩，可以向第三人主张。据此，债务人乙向第三人丙履行送蛋糕的义务，其利益归属于第三人丙，因此属于债务人为第三人利益履行（该合同类型为“为第三人利益订立的合同”），选 D 项。《民法典》第 524 条（代为清偿）规定，债务人不履行债务，第三人对履行该债务具有合法利益的，第三人有权向债权人代为履行；但是，根据债务性质、按照当事人约定或者依照法律规定只能由债务人履行的除外。债权人接受第三人履行后，其对债务人的债权转让给第三人，但是债务人和第三人另有约定的除外。据此，代为清偿（履行）又称为第三人代债务人履行。由于题干表述的是债务人代第三人履行的情形，而不是第三人代债务人履行的情形，故不选 A 项。《民法典》第 523 条（第三人向债权人履行）规定，当事人约定由第三人向债权人履行债务，第三人不履行债务或者履行债务不符合约定的，债务人应当向债权人承担违约责任。据此，第三人向债权人履行，是合同当事人约定由第三人向债权人履行的行为。由于题干表述的是债务人代第三人履行的情形，而不是第三人向债权人履行的情形，因此不选B项。《民法典》第522条第1款（债务人向第三人履行）规定，当事人约定由债务人向第三人履行债务，债务人未向第三人履行债务或者履行债务不符合约定的，应当向债权人承担违约责任。据此，债务人向第三人履行是指第三人受债权人指令接受债务人的履行的行为。该履行并非为第三人利益，因而与债务人为第三人利益履行相区别。由于题干表述的是“甲订购由乙制作的蛋糕，由乙送给甲的朋友丙”，丙为获利的第三人，因此属于债务人为第三人利益履行，而不是债务人向第三人履行。可见，不选C项。

10. C

【精解】债权人可以将债权的全部或者部分转让给第三人，甲、乙之间关于债权不得转让的约定有效，故A项表述错误。根据《民法典》第545条第2款的规定，本题表述的债权为金钱债权，因此，甲、乙约定金钱债权不得转让的，受让金钱债权的第三人不论是善意还是恶意，该债权转让都不得对抗该第三人。丙是善意第三人，丁是知情第三人，但乙将债权转让给丙和丁的行为都是有效的。可见，B项表述错误，但是C项表述是正确的，选C项。丙、丁各自对甲享有债权，两个债权不存在连带关系，故D项表述错误，不选D项。

11. B

【精解】《民法典》规定的动产物权的交付方式包括现实交付和拟制交付两种，拟制交付包括简易交付、指示交付（返还请求权让与）和占有改定三种。现实交付即出卖人将标的物现实交付给买受人直接占有，使标的物处于买受人的直接控制之下。简易交付即在买卖合同订立时买受人已经实际占有标的物，自合同生效时标的物即视为交付。本题表述的情形即为简易交付，故选B项。占有改定即当事人在买卖合同中约定，出卖人继续占有标的物，买受人仅取得标的物的间接占有，以代替标的物的现实交付。指示交付是指标的物由第三人占有时，出卖人将对于第三人的返还请求权让给买受人，由买受人直接向第三人要求返还标的物的交付。

12. B

【精解】《民法典》第20条规定，不满8周岁的未成年人为无民事行为能力人，由其法定代理人代理实施民事法律行为。《民法典》第144条规定，无民事行为能力人实施的民事法律行为无效。据此，B项表述的情形为无效民事法律行为，选B项。A项表述构成表见代理，为有效的民事法律行为。C项表述的情形为无权处分行为。《民法典》第597条第1款规定，因出卖人未取得处分权致使标的物所有权不能转移的，买受人可以解除合同并请求出卖人承担违约责任。据此，无权处分的买卖合同是有效合同。可见，C项表述的情形属于有效民事法律行为，不选C项。D项表述的实施发明创造的行为属于事实行为，由于事实行为不受行为人有无民事行为能力的限制，因此属于有效的事实行为，不选D项。

13. D

【精解】受要约人的承诺权属于受要约人的法定权利，要约人不得任意限制和剥夺，故A项不能认定为承诺。受要约人对要约的内容进行实质性变更的，属于新要约，而不是承诺，故B项不能认定为承诺。受要约人只能是要约人选定的人，第三人的“承诺”不是民法合同上所规定的承诺，故C项不能认定为承诺。商场橱窗展示商品属于要约邀请，杨某进入商场要求购买展示的商品属于要约，商场答应杨某的请求为承诺。故选D项。

14. C

【精解】原物和孳息都应当是独立的物，因此，尚未与原物分离的物，如树上的苹果，不能成为孳息。主物和从物的所有权必须属于同一所有权人，如果两类物分属于不同所有权人，则这两类物就不能认定为主物和从物的关系。特定物不仅指世界上独一无二的物，如达·芬奇的名画《蒙娜丽莎的微笑》，而且还包括被特定化的种类物。故选C项。动产一般以交付（占有）为公示方式，而不动产则以登记为公示方式。

15. D

【精解】本题中，甲向乙的丈夫丙虚假陈述乙未尽忠实义务，客观上造成了乙的丈夫对乙的不信任，影响了夫妻感情，但侵权人甲并未造成乙真正未履行忠实义务的后果，没有侵犯乙的配偶权。故排除A项。侵犯名誉权的认定关键是侵权行为造成被害人的社会评价降低。本题中，乙虽然产生了内心的痛苦，但并没有其他人知道这件事，因而乙的社会评价没有降低，故没有侵犯乙的名誉权。故排除B项。本题中，更谈不上对隐私权的侵犯，因为乙的私人秘密并没有被非法公布。故排除C项。本题中表述的情形属于对一般人格权中的人格尊严的侵犯，一般人格权包括人格尊严和人身自由。对于侵犯一般人格权的行为，当事人也可以主张精神损害赔偿。故选D项。

16. D

【精解】合同义务包括主合同义务和从合同义务，此外，还有附随于合同义务的附随义务。本题考查的是附随义务。附随义务包括通知、协助、保密等义务。通知义务如使用方法的告知义务、重要情事的告知义务，协助业务如指示义务、提供履行条件义务、履行债务的必要准备义务、按时接受交付的义务等。D项表述的情形是重要情事的告知义务，属于附随义务，故选D项。A、C项表述的是从合同义务，B项表述的是主合同义务。从合同义务不同于附随义务，从合同义务属于合同义务的一部分，而附随义务是依据诚实信用原则而产生的义务，即便合同没有约定该义务，当事人也应依据诚实信用原则履行附随义务。

17. C

【精解】《民法典》第586条第2款规定，定金的数额由当事人约定；但是，不得超过主合同标的额的20%，超过部分不产生定金的效力。因此，甲交付的50万元定金中，只有200×20%＝40（万元），为法律认可的具有定金效力的金额。《民法典》第587条规定，债务人履行债务的，定金应当抵作价款或者收回。给付定金的一方不履行债务或者履行债务不符合约定，致使不能实现合同目的的，无权请求返还定金；收受定金的一方不履行债务或者履行债务不符合约定，致使不能实现合同目的的，应当双倍返还定金。据此，由于乙违约，应当双倍返还定金40×2＝80（万元）。可见，选C项。本题题干表述的是返还“定金”的最高金额，而不是返还“现金”的最高金额。

18. C

【精解】甲未满18周岁，是限制民事行为能力人，选C项。《民法典》第18条第2款规定，16周岁以上的未成年人，以自己的劳动收入为主要生活来源的，视为完全民事行为能力人。据此，有的考生认为选B项，理由在于：甲已满16周岁，其在假期期间通过“打工”获得收入，该收入属于“以自己的劳动收入为主要生活来源”。上述理由是错误的。所谓“以自己的劳动收入为主要生活来源”是指：（1）具有一定的劳动收入，即依靠自己的劳动获得一定的收入，这种收入是固定的，而不是临时性的、不确定的，或者是射幸的。（2）此劳动收入构成其主要生活来源，即其劳动收入能够维持其生活，不需要借助于其他人经济上的资助，也可以维持当地群众的一般生活水平。本题表述中，甲仅是在假期期间依靠“打工”挣得一些收入，该收入是临时性的，且该收入也不能构成其主要生活来源。因此，甲仍是限制民事行为能力人。

19. B

【精解】本题考查的是定作人指示过失责任。《民法典》第1193条规定，承揽人在完成工作过程中造成第三人损害或者自己损害的，定作人不承担侵权责任。但是，定作人对定作、指示或者选任有过错的，应当承担相应的责任。据此，定作人乙存在指示过失，应当承担责任，而装修公司没有过错，不承担责任。可见，选B项。

20. A

【精解】《民法典》第1053条规定，一方患有重大疾病的，应当在结婚登记前如实告知另一方；不如实告知的，另一方可以向人民法院请求撤销婚姻。请求撤销婚姻的，应当自知道或者应当知道撤销事由之日起1年内提出。据此，甲、乙之间的婚姻为可撤销婚姻，选A项。

单元四

1. 甲拾得一个背包，包里有支票一张、电脑一部和现金2万元。甲将该包交给丙保管。失主乙发出悬赏2 000元的声明。丙按照声明找到乙，要求乙支付报酬。下列选项中，表述正确的是(　　)。

A. 若乙拒绝支付报酬，甲享有对背包的留置权

B. 若乙拒绝支付报酬，丙享有对背包的留置权

C. 仅丙有权要求乙支付报酬

D. 仅甲有权要求乙支付报酬

2. 下列选项中，形成相对法律关系的是(　　)。

A. 甲将房屋抵押给乙而在甲、乙之间形成的民事法律关系

B. 债权人与担保人签订动产质押合同取得质权而形成的民事法律关系

C. 因人身伤害向侵权行为人要求支付赔偿金而形成的民事法律关系

D. 因创作作品而取得著作权而在作者与他人之间形成的民事法律关系

3. 甲、乙、丙三人分别出资30万元、30万元、40万元购买重型货车一辆，从事长途运输。三人约定：甲负责驾驶，乙负责对车管理维护，而丙负责招揽业务，且3年内不得分割共有物。三人对其他事项未作约定。甲、丙二人未经乙的同意，擅自签订抵押合同将该车抵押给不知情的丁，并办理了抵押登记。后来，甲因疲劳驾驶发生事故，造成行人戊受伤。对此，下列说法正确的是(　　)。

A. 甲、乙、丙对于货车享有的权利份额，应当按照出资额确定

B. 戊只能要求甲赔偿损失

C. 丁善意取得货车的抵押权

D. 甲、乙、丙可以随时请求分割共有物

4. 甲以名贵古玩出质向乙借款，并按约将古玩交付给乙。后甲未按期归还借款，且未与乙就如何实现质权达成协议。关于质权的实现，符合我国民法规定的是(　　)。

A. 乙可以直接取得古玩的所有权

B. 乙只能委托拍卖公司拍卖古玩以实现质权

C. 乙有权永久留置古玩

D. 乙可以变卖古玩以实现质权

5. 下列物权在设定上并不以登记作为生效要件的是(　　)。

A. 居住权的设立

B. 建设用地使用权的转让

C. 不动产抵押权的设立

D. 土地承包经营权的互换

6. 根据民法典规定，下列选项可以成为知识产权客体的是(　　)。

A. 名优标志

B. 科学发现

C. 动物品种

D. 集成电路布图设计

7. 甲公司开发的系列楼盘由乙公司负责安装电梯设备。乙公司完工并验收合格投入使用后，甲公司一直未支付工程款，乙公司也未催要。诉讼时效期间届满后，乙公司组织工人到甲公司讨要。因高级管理人员均不在，甲公司新录用的法务小王，擅自以公司名义签署了同意履行付款义务的承诺函，工人们才散去。其后，乙公司提起诉讼。关于本案的诉讼时效，下列说法正确的是（　　）。

A. 甲公司仍可主张诉讼时效抗辩

B. 因乙公司提起诉讼，诉讼时效中断

C. 法院可主动适用诉讼时效的规定

D. 因甲公司同意履行债务，其不能再主张诉讼时效抗辩

8. 下列民事法律行为中，属于整体无效的是（　　）。

A. 张某将其与女儿的财产一并写入自己所立的遗嘱中

B. 李某与范某签订一份房屋租赁合同，约定的租赁期限为 30 年

C. 陆某将其宅基地抵押给同村的刘某用于借款

D. 某医院与患者陈某签订医疗服务合同，约定“若出现医疗事故，医院概不负责”

9. 甲、乙签订一份矿砂买卖合同。下列行为中，属于履行合同主义务的是(　　)。

A. 甲按时将矿砂交付给乙

B. 甲告知乙使用矿砂时的注意事项

C. 乙按时接受矿砂的交付

D. 甲在运输途中采取防止矿砂遗漏的防护措施

10. 甲（6 周岁）系小童星，演出收入颇丰。其父母为保值，在 A 城以甲的名义购买了一套商品房，价款 850 万元。后其他地区的房价均上涨，唯独 A 城房价下跌，损失惨重。关于本案，下列说法正确的是(　　)。

A. 甲向其父母追偿损失不受 3 年诉讼时效的限制

B. 甲的父母没有为甲财产保值的义务

C. 购房合同有效，但父母应负赔偿责任

D. 甲父母的行为构成无因管理

11. 某住宅小区业主从事的下列行为中，不必将相关情况告知物业服务人的情形是(　　)。

A. 业主甲将其房屋出租给赵某

B. 业主乙在其住宅上设立居住权供其弟居住

C. 业主丙依法将建筑区划内的绿地改造成花园

D. 业主丁在其住宅上设立地役权

12. 甲购买乙的住房一套，甲可以善意取得乙出售的房屋的所有权的是(　　)。

A. 甲发现房屋登记簿上存在有效的异议登记

B. 甲知道房屋已经出售给丙并办理了过户登记

C. 甲发现房屋登记簿上记载了房屋已被法院查封

D. 在办理房屋过户登记后知道乙对房屋没有处分权

13. 甲、乙因房屋权属发生争议，法院判决房屋归乙。两个月后，乙向丙借款 100 万元并将房屋抵押给丙且签订了书面抵押合同，但并未办理抵押登记。则（　　）。

A. 房屋归甲所有

B. 抵押合同有效

C. 丙取得抵押权

D. 乙自办理房产登记过户之日起享有房屋所有权

14. 下列情形应当认定为夫或妻个人财产的是(　　)。

A. 夫妻在婚姻关系存续期间所获得的稿酬

B. 夫妻在婚姻关系存续期间所获得的经营收益

C. 婚后由一方父母出资为子女购买的不动产，产权登记在出资人子女名下的

D. 在婚姻关系存续期间夫妻一方以个人财产通过炒股所得的股息

15. 甲将其汽车以 20 万元的价款出卖给乙，约定乙应当在合同成立时支付首付款 8 万元，余款每个月支付 1 万元且 1 年内付清。同时，双方约定：在乙支付完 90%价款之前，甲保留汽车的所有权；若乙未付金额达到全部价款的 30%时，甲有权解除合同。双方合同成立后，甲将汽车交付给乙，并办理了过户登记手续。乙分期付款 7 次后，无力清偿余款。对此，下列说法正确的是(　　)。

A. 汽车办理了过户登记手续，汽车所有权已经转移给乙

B. 因乙未按约定支付余款，甲有权解除合同

C. 甲无权取回汽车

D. 若甲取回标的物，乙可以在甲指定的合理回赎期限内回赎汽车

16. 下列尚未申请注册的商品商标中，可以取得商标专用权的是（　　）。

A. 甲公司在其生产的人用药品上使用“病必治”商标

B. 乙公司在其生产的土豆片、锅巴等小食品上使用“嘎嘣脆”商标

C. 丙公司在其生产的白酒类产品上使用“红高粱”文字商标

D. 丁公司在其生产的创可贴上使用“耐适康”商标

17. 甲用其拾得的乙的身份证在丙银行办理了信用卡，并恶意透支，致使乙被列入银行不良信用记录名单。对此，甲的行为侵犯了乙的（　　）。

A. 姓名权　　B. 名誉权　　C. 隐私权　　D. 荣誉权

18. 甲生前没有立遗嘱，甲死亡后，继承人包括其子乙（已先于甲死亡）、丙、丁，女儿戊，此外，乙的妻子己对甲尽了主要赡养义务，但已经改嫁。乙死亡后留有一子庚，一女辛。则下列表述正确的是(　　)。

A. 甲的现实继承人包括丙、丁、戊、庚、辛，但己不享有继承权

B. 己、庚、辛都享有对甲留有遗产的继承权，但丙、丁没有继承权

C. 庚、辛是通过转继承的方式获得甲的遗产

D. 丙可以获得甲遗产的 1/5，辛可以获得甲遗产的 1/10

19. 甲和乙在大街散步时遇到丙对面走来，甲对乙说，你敢过去打丙一耳光，我马上请你吃饭。乙说，一言既出，驷马难追。乙叫住丙一耳光将其打倒，导致丙住院花去医疗费 500 元。丙请求赔偿。对于上述情形，表述正确的是(　　)。

A. 甲、乙构成共同侵权，应当对丙的损害承担侵权责任

B. 乙构成单独侵权，甲不承担侵权责任

C. 甲、乙应当按照各自的过错对丙承担侵权责任

D. 甲构成单独侵权，乙不承担侵权责任

20. 甲、乙签订买卖合同约定，甲向乙支付定金 6 万元，任何一方违约，另一方都必须向对方支付违约金 8 万元。后乙违约，则甲获得(　　)才能最大限度地保护自己的利益。

A. 8 万元　　B. 12 万元　　C. 14 万元　　D. 16 万元

单元四答案与精解

1. D

【精解】《民法典》第 499 条规定，悬赏人以公开方式声明对完成特定行为的人支付报酬的，完成该行为的人可以请求其支付。据此，甲是背包拾得人，亦即完成特定行为的人（即拾得行为的人），只有甲有权请求悬赏人支付报酬。可见，选 D 项，不选 C 项。如果悬赏人拒绝支付报酬，拾得人不享有对遗失物的留置权，因为遗失物返还义务和报酬请求权并非基于同一法律关系，故 A、B 项表述都是错误的，不选 A、B 项。

2. C

【精解】因物权、人身权、知识产权、继承权而与他人之间形成的法律关系属于绝对法律关系。因债权而与他人形成的法律关系属于相对法律关系。本题中，抵押关系、动产质押关系和著作权关系都是绝对法律关系，而人身伤害损害赔偿请求权属于债权法律关系。故 C 项正确。

3. A

【精解】《民法典》第 308 条规定，共有人对共有的不动产或者动产没有约定为按份共有或者共同共有，或者约定不明确的，除共有人具有家庭关系等外，视为按份共有。《民法典》第 309 条规定，按份共有人对共有的不动产或者动产享有的份额，没有约定或者约定不明确的，按照出资额确定；不能确定出资额的，视为等额享有。据此，A 项表述中，甲、乙、丙三人未约定共有方式和份

额，视为按份共有，并按照出资额确定共有份额。可见，A项表述正确，选A项。《民法典》第307条规定，因共有的不动产或者动产产生的债权债务，在对外关系上，共有人享有连带债权、承担连带债务，但是法律另有规定或者第三人知道共有人不具有连带债权债务关系的除外。据此，本题表述中，因共有汽车产生的债务，应当由甲、乙、丙承担连带责任。可见，戊可以要求甲、乙、丙对其损害承担连带责任，B项表述错误。《民法典》第301条规定，处分共有的不动产或者动产以及对共有的不动产或者动产作重大修缮、变更性质或者用途的，应当经占份额2/3以上的按份共有人或者全体共同共有人同意，但是共有人之间另有约定的除外。据此，本题表述中，甲、丙二人所占份额为70%，有权决定处分共有物。因此，甲、丙二人未经乙的同意将该车抵押，属于有权处分，而不是无权处分，不适用善意取得的规定。可见，C项表述错误。《民法典》第303条规定，共有人约定不得分割共有的不动产或者动产，以维持共有关系的，应当按照约定，但是共有人有重大理由需要分割的，可以请求分割；没有约定或者约定不明确的，按份共有人可以随时请求分割，共同共有人在共有的基础丧失或者有重大理由需要分割时可以请求分割。因分割造成其他共有人损害的，应当给予赔偿。由此可见，按份共有人只有在没有约定不得分割共有物时，才可以随时请求分割。本题表述中，共有人明确约定3年内不得分割共有物，应当依照其约定，故D项表述错误。

4. D

【精解】《民法典》第428条规定，质权人在债务履行期限届满前，与出质人约定债务人不履行到期债务时质押财产归债权人所有的，只能依法就质押财产优先受偿。据此，乙不能直接取得古玩的所有权，但可就古玩优先受偿。可见，A项关于古玩所有权的实现方式不符合民法规定，不选A项。《民法典》第436条第2款规定，债务人不履行到期债务或者发生当事人约定的实现质权的情形，质权人可以与出质人协议以质押财产折价，也可以就拍卖、变卖质押财产所得的价款优先受偿。据此，在当事人就质权的实现没有约定时，质权的实现方式包括质权人拍卖质物或者变卖质物。注意：质权与抵押权的实现方式虽然都包括拍卖和变卖，但抵押权人实现抵押权须委托拍卖公司或者请求人民法院拍卖、变卖抵押财产，而质权人实现质权则可以委托拍卖公司拍卖质物，也可以直接变卖质物。可见，选D项，不选B项。《民法典》第437条第1款规定，出质人可以请求质权人在债务履行期届满后及时行使质权；质权人不行使的，出质人可以请求人民法院拍卖、变卖质押财产。据此，质权人乙应当“及时”行使质权，而不得永久性留置古玩。可见，不选C项。

5. D

【精解】根据我国民法典的规定，物权的变动有登记要件主义和登记对抗主义两种立法模式。所谓登记要件主义，是指物权的变动须以登记作为生效要件，未登记的，不发生物权的变动。所谓登记对抗主义，是指物权的变动不以登记作为生效要件，但物权变动没有登记的，不得对抗善意第三人。根据《民法典》的规定，我国在不动产物权变动上，以登记要件主义为原则，以登记对抗主义为补充。登记作为物权变动生效要件的情形主要有：因买卖、赠与、互易等行为发生不动产所有权变动，建设用地使用权的出让与转让，居住权的设立，不动产抵押权的设立等。登记为对抗要件的情形主要有：土地承包经营权的互换与转让，未经登记，不得对抗善意第三人；地役权设立时，未经登记，不得对抗善意第三人。备选项中，只有D项表述的“土地承包经营权的互换”，采取登记对抗主义。可见，选D项。

6. D

【精解】《民法典》第123条规定，民事主体依法享有知识产权。知识产权是权利人依法就下列客体享有的专有的权利：（1）作品；（2）发明、实用新型、外观设计；（3）商标；（4）地理标志；（5）商业秘密；（6）集成电路布图设计；（7）植物新品种；（8）法律规定的其他客体。据此，选D项。

7. A

【精解】《民法典》第192条规定，诉讼时效期间届满的，义务人可以提出不履行义务的抗辩。诉讼时效期间届满后，义务人同意履行的，不得以诉讼时效期间届满为由抗辩；义务人已经自愿履行的，不得请求返还。《民法典》第 170 条规定，执行法人或者非法人组织工作任务的人员，就其职权范围内的事项，以法人或者非法人组织的名义实施的民事法律行为，对法人或者非法人组织发生效力。法人或者非法人组织对执行其工作任务的人员职权范围的限制，不得对抗善意相对人。据此，法务小王对于是否同意履行本公司已过诉讼时效的债务，并无决定权，也不在其职权范围内，此一点，乙公司应当明知，故法务小王的行为不能构成有效的职务行为，也就不能视为甲公司同意履行付款义务。同时，本题表述中，法务小王不具备公章、印鉴和空白授权书等客观表象形式要素，乙公司也不属于善意且无过失，故不能构成表见代理，从而不构成《民法典》第 192 条第 2 款诉讼时效届满后义务人同意履行的行为，甲公司仍可主张诉讼时效抗辩。可见，A 项表述正确，选 A 项，而 D 项表述是错误的。《民法典》第 195 条规定，有下列情形之一的，诉讼时效中断，从中断、有关程序终结时起，诉讼时效期间重新计算：（1）权利人向义务人提出履行请求；（2）义务人同意履行义务；（3）权利人提起诉讼或者申请仲裁；（4）与提起诉讼或者申请仲裁具有同等效力的其他情形。据此，权利人乙提起诉讼导致诉讼时效中断的情形，原则上只能发生在诉讼时效期间未届满之时，而本题表述中，乙公司在诉讼时效期间届满后才提起诉讼，甲公司也未在诉讼时效期间届满后有相应的履行行为，故 B 项表述错误。《民法典》第 193 条规定，人民法院不得主动适用诉讼时效的规定。据此，C 项表述错误。

8. C

【精解】《民法典》第 1122 条第 1 款规定，遗产是自然人死亡时遗留的个人合法财产。据此，A 项表述中，遗嘱中处分他人财产的部分无效，但处分自己的财产应当认定为有效。《民法典》第 705 条第 1 款规定，租赁期限不得超过 20 年。超过 20 年的，超过部分无效。据此，B 项表述中，超过 20 年期限的部分无效，因此，B 项表述的情形为部分有效、部分无效，而不是整体无效。根据《民法典》第 399 条的规定，宅基地使用权不得抵押，因此，甲、乙之间的抵押合同因违反法律的效力性强制性规定而整体无效，故选 C 项。D 项表述中，对于约定“若出现医疗事故，医院概不负责”，医疗事故免责属于人身伤害的免责条款，该条款无效；但倘若并未出现医疗事故，提供医疗服务及支付相关治疗费用等，都是有效条款。因而医院与陈某的约定属于部分无效、部分有效，不能认定为医疗合同整体无效。

9. A

【精解】合同义务包括主合同义务、从合同义务和附随义务。主合同义务是合同当事人按照合同的约定应当履行的主给付义务。附随义务是基于诚实信用原则和交易习惯所产生的各种附随于主合同义务的义务，包括合同履行中的附随义务（《民法典》第 509 条第 2 款）和合同权利义务终止后的附随义务（《民法典》第 558 条）。本题考查的是合同履行中的主合同义务。在买卖合同中，交付是典型的主给付义务，故选 A 项。附随义务包括通知、协助、保密等义务。通知义务如使用方法的告知义务、重要情事的告知义务，协助义务如指示义务、提供履行条件义务、履行债务的必要准备义务、按时接受交付的义务等。B 项表述的是使用方法的告知义务，C 项表述的是按时接受交付的义务，D 项表述的是提供履行条件的义务，上述义务都是附随义务，而不是主合同义务，故不选 B、C、D 项。

10. C

【精解】本题综合考查诉讼时效的基本原理、监护人的职责、民事法律行为的效力和无因管理。根据《民法典》第 190 条的规定，无民事行为能力人或限制民事行为能力人对其法定代理人的请求权的诉讼时效期间，自该法定代理终止之日起计算。同时，根据《民法典》第 188 条第 1 款的规定，向人民法院请求保护民事权利的诉讼时效期间为 3 年。法律另有规定的，依照其规定。据此，甲向其父母追偿损失受 3 年诉讼时效的限制，且自法定代理终止之日起计算。故 A 项说法错误。根据《民法典》第 34 条第 1 款的规定，监护人的职责是代理被监护人实施民事法律行为，保护被监护人的人身权利、财产权利以及其他合法权益等。同时，根据《民法典》第 35 条第 1 款的规定，监护人应当按照最有利于被监护人的原则履行监护职责。监护人除为维护被监护人利益外，不得处分被监护人的财产。据此，甲的父母履行监护人职责应使甲的利益最大化，使甲的财产保值增值。故B项说法错误。根据《民法典》第20条的规定，不满8周岁的未成年人为无民事行为能力人，由其法定代理人代理实施民事法律行为。同时，根据《民法典》第34条第3款的规定，监护人不履行监护职责或者侵害被监护人合法权益的，应当承担法律责任。据此，本题表述中，甲的父母系甲的法定监护人，其以甲的名义签订购房合同的行为属于有权代理，合同合法有效，但应对甲承担赔偿责任。故C项说法正确，选C项。根据《民法典》第121条的规定，没有法定的或约定的义务，为避免他人利益受损失而进行管理的人，有权请求受益人偿还由此支出的必要费用。据此，本题表述中，甲的父母系甲的第一顺位的法定监护人，有法定义务保护甲的民事权益。因此，甲父母的行为不构成无因管理。故D项说法错误。

11. D

【精解】《民法典》第274条规定，建筑区划内的道路，属于业主共有，但是属于城镇公共道路的除外。建筑区划内的绿地，属于业主共有，但是属于城镇公共绿地或者明示属于个人的除外。建筑区划内的其他公共场所、公用设施和物业服务用房，属于业主共有。据此，建筑区划内的绿地属于共有部分。《民法典》第945条第2款规定，业主转让、出租物业专有部分、设立居住权或者依法改变共有部分用途的，应当及时将相关情况告知物业服务人。A项表述属于业主将专有部分出租，B项表述属于业主在其专有部分设立居住权，C项表述属于业主依法改变共有部分的用途。A、B、C项表述的情形都应当及时将相关情况告知物业服务人。但是，丁在其住宅上设立地役权，不必通知物业服务人，选D项。

12. D

【精解】《民法典》第311条规定了善意取得制度。不动产善意取得的构成要件之一是受让人取得不动产时是善意的，这里的"善意"，指的是受让人受让不动产时，不知道转让人无处分权。根据最高人民法院《关于适用〈中华人民共和国民法典〉物权编的解释（一）》第15条第1款的规定，具有下列情形之一的，应当认定不动产受让人知道转让人无处分权，受让人不能善意取得不动产的所有权：（1）登记簿上存在有效的异议登记；（2）预告登记有效期内，未经预告登记的权利人同意；（3）登记簿上已经记载司法机关或者行政机关依法裁定、决定查封或者以其他形式限制不动产权利的有关事项；（4）受让人知道登记簿上记载的权利主体错误；（5）受让人知道他人已经依法享有不动产物权。据此，A项表述属于"登记簿上存在有效的异议登记"，甲不能善意取得房屋所有权，不选A项。B项表述属于"受让人知道他人已经依法享有不动产物权"，甲不能善意取得房屋所有权，不选B项。C项表述属于"登记簿上已经记载司法机关或者行政机关依法裁定、决定查封或者以其他形式限制不动产权利的有关事项"，甲不能善意取得房屋所有权，不选C项。这道题选D项，根据最高人民法院《关于适用〈中华人民共和国民法典〉物权编的解释（一）》第17条第1款的规定，民法典第311条第1款第1项所称的"受让人受让该不动产或者动产时"，是指依法完成不动产物权转移登记或者动产交付之时。据此，判断甲是否善意以甲受让房屋所有权即依法办理房屋转移登记手续时是否为善意，至于事后得知乙没有处分权，不影响甲善意取得房屋所有权，故D项表述符合善意取得的条件，选D项。

13. B

【精解】《民法典》第229条规定，因人民法院、仲裁机构的法律文书或者人民政府的征收决定等，导致物权设立、变更、转让或者消灭的，自法律文书或者征收决定等生效时发生效力。据此，法院判决房屋归乙所有，乙自判决生效之日起取得房屋所有权。可见，A、D表述错误。《民法典》第215条规定，当事人之间订立有关设立、变更、转让和消灭不动产物权的合同，除法律另有规定或者当事人另有约定外，自合同成立时生效；未办理物权登记的，不影响合同效力。据此，抵押合同符合民事法律行为的生效条件，抵押合同有效，但由于没有办理抵押登记，抵押权没有设立，丙不能取得抵押权。可见，B项表述正确，选B项，C项表述错误。

14. C

【精解】《民法典》第1062条第1款规定，夫妻在婚姻关系存续期间所得的下列财产，为夫妻的共同财产，归夫妻共同所有：(1) 工资、奖金和劳务报酬；(2) 生产、经营、投资的收益；(3) 知识产权的收益；　(4) 继承或者受赠的财产，但是《民法典》第 1063 条第 (3) 项规定的除外；(5) 其他应当归共同所有的财产。“其他应当归共同所有的财产”主要是指：①男女双方实际取得或者应当取得的住房补贴、住房公积金；②男女双方实际取得或者应当取得的养老保险金、破产安置补偿费；③夫妻一方个人财产在婚后产生的收益，除孳息和自然增值外，应认定为夫妻共同财产；④由一方婚前承租、婚后用共同财产购买的房屋，房屋权属证书登记在一方名下的，应当认定为夫妻共同财产；当事人结婚后，父母为双方购置房屋出资的，该出资应当认定为对夫妻双方的赠与，但父母明确表示赠与一方的除外。据此，A 项表述为夫妻在婚姻关系存续期间的知识产权的收益。B 项表述为夫妻在婚姻关系存续期间所获得的经营收益。D 项表述的“以个人财产通过炒股所得的股息”，也属于夫妻婚姻关系存续期间所获得的收益，应当认定为共同财产。需要注意的是，对于属于婚后个人财产的孳息和自然增值应当认定为个人财产，例如婚前购置的房屋于婚后的升值，婚前收藏的古玩在婚后的价值增长，都应当认定为个人财产，但由于股息并非孳息，因此对于本题提及的股息，应当认定为共同财产。A、B、D 都属于夫妻共同财产，不选 A、B、D 项。《民法典》第 1063 条规定，下列财产为夫妻一方的个人财产：(1) 一方的婚前财产；(2) 一方因受到人身损害获得的赔偿和补偿；(3) 遗嘱或者赠与合同中确定只归一方的财产；(4) 一方专用的生活用品；(5) 其他应当归一方的财产。“其他应当归一方的财产”主要是指：①当事人结婚前，父母为双方购置房屋出资的，该出资应当认定为对自己子女的个人赠与，但父母明确表示赠与双方的除外。②婚后由一方父母出资为子女购买的不动产，产权登记在出资人子女名下的，视为只对自己子女一方的赠与，该不动产应当认定为夫妻一方的个人财产。③军人的伤亡保险金、伤残补助金、医药生活补助费属于个人财产。据此，C 项表述为个人财产，选 C 项。

15. D

【精解】《民法典》第 641 条规定，当事人可以在买卖合同中约定买受人未履行支付价款或者其他义务的，标的物的所有权属于出卖人。出卖人对标的物保留的所有权，未经登记，不得对抗善意第三人。据此。甲保留了汽车所有权，虽然办理了汽车过户登记手续，但该登记仅为对抗性要件，汽车所有权仍然属于甲。可见，A 项表述错误。《民法典》第 634 条第 1 款规定，分期付款的买受人未支付到期价款的数额达到全部价款的 1/5，经催告后在合理期限内仍未支付到期价款的，出卖人可以请求买受人支付全部价款或者解除合同。另据相关司法解释规定，分期付款买卖合同的约定违反《民法典》第 634 条第 1 款的规定，损害买受人利益，买受人主张该约定无效的，人民法院应予支持。基于该规定，当事人约定未付金额少于 1/5 时出卖人享有解除权的，应当认定无效；如果当事人约定未付金额超过 1/5 时出卖人才享有解除权的，因其有利于保护买受人的利益，应当认定有效。据此，本题表述中，双方约定：“乙未付金额达到全部价款的 30%时，甲有权解除合同”，该约定完全有效。因乙支付价款为 15 万元，达到了全部价款的 75%。甲无权解除合同。可见，B 项表述错误。《民法典》第 642 条第 2 款规定，出卖人可以与买受人协商取回标的物；协商不成的，可以参照适用担保物权的实现程序。取回的标的物价值明显减少的，出卖人有权请求买受人赔偿损失。据此，由于乙无力支付剩余价款，甲与乙协商可以取回汽车，C 项表述错误。《民法典》第 642 条第 1 款规定，当事人约定出卖人保留合同标的物的所有权，在标的物所有权转移前，买受人有下列情形之一，造成出卖人损害的，除当事人另有约定外，出卖人有权取回标的物：(1) 未按照约定支付价款，经催告后在合理期限内仍未支付；(2) 未按照约定完成特定条件；(3) 将标的物出卖、出质或者作出其他不当处分。《民法典》第 643 条第 1 款规定，出卖人依据前条第 1 款的规定取回标的物后，买受人在双方约定或者出卖人指定的合理回赎期限内，消除出卖人取回标的物的事由的，可以请求回赎标的物。据此，D 项表述正确，选 D 项。

16. D

【精解】根据《商标法》第 10 条的规定，带有欺骗性，容易使公众对商品的质量等特点或者产地产生误认的标志，不得作为商标使用。据此，由于“病必治”的字面含义夸大宣传并带有欺骗性，因而不得注册为商标并禁止使用，不选A项。《商标法》第11条规定，下列标志不得作为商标注册：(1) 仅有本商品的通用名称、图形、型号的；(2) 仅直接表示商品的质量、主要原料、功能、用途、重量、数量及其他特点的；(3) 其他缺乏显著特征的。前款所列标志经过使用取得显著特征，并便于识别的，可以作为商标注册。据此，B项中“嘎嘣脆”三字直接表明了土豆片、锅巴的特点，不能作为商标申请注册；C项中“红高粱”仅直接说明了商品的主要原料，不得作为商标申请注册，不选B、C项。只有D项符合商标注册条件，可以申请注册，选C项。

17. A

【精解】《民法典》第1014条规定，任何组织或者个人不得以干涉、盗用、假冒等方式侵害他人的姓名权或者名称权。据此，甲用拾得的乙的身份证在丙银行办理了信用卡并恶意透支，属于典型的假冒他人姓名的行为，侵犯了乙的姓名权。可见，选A项。《民法典》第1024条第1款规定，民事主体享有名誉权。任何组织或者个人不得以侮辱、诽谤等方式侵害他人的名誉权。据此，侵害他人名誉权的行为方式为侮辱、诽谤，而甲假冒乙的姓名办理信用卡后恶意透支，并不属于以侮辱、诽谤等方式损害公民、法人或者非法人组织的名誉，不构成对名誉权的侵犯。可见，不选B项。甲的行为并未侵犯隐私权，因为身份证并非个人隐私，故不选C项。《民法典》第1031条第1款规定，民事主体享有荣誉权。任何组织或者个人不得非法剥夺他人的荣誉称号，不得诋毁、贬损他人的荣誉。据此，本题表述中并不存在侵犯他人荣誉权的情形，故不选D项。

18. D

【精解】甲的现实继承人包括丙、丁、戊、己、庚、辛六人。其中，丙、丁、戊、己为甲的法定继承人。己为丧偶儿媳，是对公、婆尽了主要赡养义务的人，应列入第一顺序法定继承人，无论己是否再婚，都不影响她作为第一顺序法定继承人的地位。庚、辛是通过代位继承取得继承人资格的，不过，庚、辛继承的遗产份额只能以他们的父亲乙应当继承的遗产份额为限。故只有D项是正确答案。

19. A

【精解】根据《民法典》第1168条、第1169条第1款的规定，二人以上共同实施侵权行为，造成他人损害的，应当承担连带责任。教唆、帮助他人实施侵权行为的，应当与行为人承担连带责任。据此，选A项，排除B、D项。C项错在：根据《民法典》第1171条的规定，二人以上分别实施侵权行为造成同一损害，每个人的侵权行为都足以造成全部损害的，行为人承担连带责任。据此，适用数人分别侵权并承担连带责任的条件是：每个人的侵权行为都足以造成全部损害，而且各个侵权行为人之间没有意思联络。本题表述的情形不符合适用分别侵权的条件。

20. C

【精解】定金和违约金不能并行适用，只能择一适用。但本题中，甲为了获取最大利益，可以要求乙支付违约金8万元，然后依据不当得利要求乙返还6万元，这样一共14万元，这是甲能获取的最大利益。故选C项。

单元五

1. 小张从小天赋异禀，聪明伶俐。爷爷老张对孙子甚是喜爱。在小张6岁时，爷爷将家中祖传的一幅价值200万元的名画赠与小张。小张母亲刘某得知此事后，坚决表示反对。在小张8岁那年，爷爷又将自己价值27 500元的欧米茄手表赠与小张。母亲刘某亦明确表示反对。对此，下列说法正确的是（　　）。

A. 爷爷将名画赠与小张的行为因纯获利益而有效

B. 爷爷将名画赠与小张的行为因母亲刘某反对而无效

C. 爷爷将手表赠与小张的行为因纯获利益而有效

D. 爷爷将手表赠与小张的行为因母亲刘某反对而无效

2. 甲、乙、丙、丁组成的合伙组织欠戊 30 万元债务，则下列表述正确的是(　　)。

A. 戊应当按照合伙组织内部按比例偿还债务的约定行使债权

B. 丁仅对自己应当承担的债务份额清偿债务

C. 乙有义务清偿欠戊的 30 万元债务

D. 甲、丙可以不必取得戊的同意而仅清偿 20 万元债务

3. 集中收贮核技术的应用单位甲将产生的放射性废物交给不具有贮存核废物资格的乙储运公司保管，某日，乙公司因保管不慎使放射性废物外泄，造成多人受伤和公私财产较大损失，则(　　)。

A. 甲、乙签订的仓储合同属于可撤销合同

B. 甲、乙应当对放射性废物外泄造成的他人损害承担连带责任

C. 加害人承担的责任从性质上看应当属于环境污染责任

D. 受害人不能直接要求仓储者乙承担责任，只能要求生产者甲承担责任

4. 甲、乙租用丙的房屋一间，后经丙同意将该房屋转租给丁，丁利用该房屋存放化学原料，后丁在堆放原料的过程中造成该房屋墙体受到腐蚀。对房屋因腐蚀受到的损失(　　)。

A. 甲、乙共同承担责任　　B. 丙承担责任

C. 丁承担责任　　D. 甲、乙和丁承担连带责任

5. 苏某为了庆祝自己和其他作者合著的新书大卖，邀请其他作者一起前往海河大饭店聚餐。前往饭店前，苏某在海鲜市场张某处购买了一只大海螺，后交给海河大饭店加工，厨师何某剥开海螺后发现里面有一颗橙色的椭圆形大珍珠。对此，珍珠的所有权属于（　　）。

A. 苏某　　B. 张某

C. 海河大饭店　　D. 何某

6. 甲、乙签订买卖合同，甲向乙支付全部价款，约定乙应于 12 月 30 日前交付货物。12 月 25 日，甲得知乙近期将出国，并已将全部库存货物及其他财产卖给他人。于是，甲要求乙承担违约责任，乙拒绝。根据上述情形，下列表述正确的是(　　)。

A. 未到交付期限，甲无权要求乙承担违约责任

B. 甲有权要求乙承担违约责任

C. 甲有权撤销买卖合同

D. 甲只能在 12 月 30 日后要求乙承担违约责任

7. 张某在甲期刊社发表了一篇颇具价值的学术论文，但未作版权说明。乙期刊社将该学术论文作为资料刊登。则乙期刊社的行为(　　)。

A. 属于合理使用，不必向著作权人支付报酬

B. 属于侵犯著作权的行为

C. 不必经甲期刊社同意，但应向其支付报酬

D. 不必经张某同意，但应向其支付报酬

8. 甲对乙享有 50 万元债权，甲将该债权向丙出质并办理了出质登记，借款 25 万元。甲将债权出质的事实通知了乙。对此，下列表述不正确的是(　　)。

A. 质权自办理出质登记时设立

B. 甲将债权出质的事实通知乙后，对乙发生法律效力

C. 乙应当向甲履行债务

D. 丙可以向乙主张权利

9. 下列选项中，能够引起诉讼时效中断的是(　　)。

A. 不可抗力　　B. 无民事行为能力人没有法定代理人

C. 权利人被义务人控制　　D. 权利人申请仲裁

10. 甲、乙是某高校住同一寝室的研究生，二人合用一台电脑。甲向美国某大学申请留美奖学

金，并将此事告知乙。美方发出电子邮件，邀请甲赴美留学。恰巧甲不在，乙出于嫉妒，擅自发邮件拒绝美方邀请。数日后甲发电子邮件向美方询问，美方告知甲因其拒绝邀请而不再考虑。乙侵犯了甲的(　　)。

A. 姓名权　　B. 名誉权
C. 名称权　　D. 隐私权

11. 甲公司委托乙公司以自己的名义代其从市场上购买100台笔记本电脑，约定每台电脑的价格为8 000元，甲、乙公司没有其他约定。根据上述情况，下列有关乙公司行为的说法，正确的是(　　)。

A. 乙公司以每台7 000元从市场上购得电脑，所得利益归自己所有
B. 由于市场价格升高，乙公司以每台9 000元从市场上购得电脑，要求甲公司支付差额
C. 乙公司自己手中正好有此类产品，将这些产品卖给甲公司，并要求甲公司支付报酬
D. 乙公司以每台7 000元价格从市场上购得电脑，由于合同没有约定增加报酬，乙公司无权要求甲公司支付报酬

12. 甲将房屋出租给乙，租期为10年，并签订了合同，乙先支付了5年的租金。但由于乙出国留学，甲一直没有将房屋交给乙居住。后甲因融资需要向丙银行借款150万元，借期为1年，甲将其出租给乙的房屋抵押给丙银行并办理了抵押登记。后因甲到期无力还款，丙银行诉至法院，欲拍卖房产以实现抵押权。则(　　)。

A. 丙银行可以实现抵押权，因为抵押权优先于租赁权
B. 丙银行不能实现抵押权，因为租赁权设定在先
C. 丙银行可以实现抵押权，因为房屋并没有移交给乙
D. 丙银行不能实现抵押权，因为抵押权设定行为无效

13. 某小区甲业主委员会与物业服务人乙公司签订物业服务合同，合同期限为5年。甲、乙公司、小区业主丙和丁的下列做法中，符合民法典规定的是(　　)。

A. 甲决定解聘物业服务合同，应当提前30日通知乙公司
B. 物业服务期限届满前，乙公司不同意续聘，应当在合同期限届满前60日书面通知甲
C. 丙以没有在前期物业服务合同上签名为由拒绝缴纳物业费
D. 丁将装饰装修房屋的事实事先告知乙公司

14. 下列有关继承的表述，正确的是(　　)。

A. 代位继承只能适用于法定继承，而不能适用于遗嘱继承
B. 转继承只能适用于法定继承，而不能适用于遗嘱继承
C. 继承人放弃继承的方式可以采取明示和默示两种
D. 受遗赠人放弃受遗赠只能采取明示方式，而不能采取默示方式

15. 甲、乙系夫妻。甲、乙在婚姻关系存续期间所欠的下列债务，应当认定为夫或妻个人债务的是(　　)。

A. 甲以个人名义向赵某借款10万元，用于挥霍
B. 甲向钱某借款20万元用于购买汽车，用于家庭成员出行便利
C. 乙向孙某借款2万元购买法国高档香水，甲、乙在借款合同上共同签字
D. 乙从朋友李某借款5万元用于炒股，甲事后表示共同偿还该笔债务

16. 下列选项中，属于侵犯荣誉权的行为的是（　　）。

A. 甲将孙某的姓名、身份证号码和家庭住址等信息出售给某公司
B. 某工商局非法剥夺了乙企业“百年老字号”的称号
C. 丙将授予李某的奖旗损坏
D. 丁快递公司将张某交其运送的贴身生活用品、私密照片翻开查看

17. 周某无子女，有一弟甲、一妹乙，甲有一子丙，乙有一女丁。周某立遗嘱，指定甲继承其价值100万元遗产。不久，甲因病死亡，在料理完甲丧事后，周某因悲恸死亡。在遗产分割前，乙因车祸去世。对周某所留100万元遗产，下列表述正确的是(　　)。

A. 丙可转继承周某的遗产　　B. 丁可代位继承周某的遗产

C. 丙可代位继承周某的遗产　　D. 丙、丁都无权继承遗产

18. 某水族馆举办“美人鱼”表演会，许多游客前来观看。游客们正在观看时，游客甲出于搞恶作剧的目的，突然喊道：“着火了!”吓得表演会的组织者和游客们四散奔逃，因游客众多，发生踩踏，游客乙被人群踩伤。乙的损害由(　　)。

A. 甲和水族馆承担连带责任

B. 甲单独承担责任

C. 水族馆承担责任，甲承担相应的补充责任

D. 甲承担责任，水族馆承担相应的补充责任

19. 甲与乙系夫妻，在婚姻关系存续期间，乙曾多次毁损夫妻共同财产。2019年4月5日，甲、乙因感情破裂被判决离婚。同年6月5日，甲发现乙伪造夫妻债务20万元，致使甲承担了不应当承担的“债务”。对此，下列表述正确的是(　　)。

A. 甲、乙离婚时，应当均分夫妻共同财产

B. 甲、乙离婚时，甲可以提起离婚损害赔偿

C. 甲、乙离婚后，甲可以起诉请求再次分割夫妻共同财产

D. 甲请求再次分割夫妻共同财产的诉讼时效自2019年4月5日起计算

20. 下列关于合同履行标准的判定，正确的是(　　)。

A. 对于履行地点不明确的，在履行义务一方所在地履行

B. 对于履行期限不明确的，债权人有权要求债务人立即履行

C. 对于履行方式不明确的，由债权人事后决定履行方式

D. 对于履行费用不明确的，由履行义务一方负担，但因债权人原因增加的履行费用，由债权人负担

单元五答案与精解

1. C

【精解】根据《民法典》第20条的规定，不满8周岁的未成年人为无民事行为能力人，由其法定代理人代理实施民事法律行为。同时，根据《民法典》第144条的规定，无民事行为能力人所实施的民事法律行为无效。据此可知，6岁的小张作为无民事行为能力人，其受赠名画的民事法律行为无效，母亲刘某反对与否并不影响民事法律行为的无效。故A、B项表述错误。根据《民法典》第19条的规定，8周岁以上的未成年人为限制民事行为能力人，实施民事法律行为由其法定代理人代理或经其法定代理人同意、追认，但是可以独立实施纯获利益的民事法律行为或与其年龄、智力相适应的民事法律行为。同时，根据《民法典》第145条第1款的规定，限制民事行为能力人实施的纯获利益的民事法律行为或与其年龄、智力、精神健康状况相适应的民事法律行为有效；实施的其他民事法律行为经法定代理人同意或追认后有效。据此，本题表述中，小张8岁时属于限制民事行为能力人，其受赠手表的民事法律行为因纯获利益而有效。故C项表述正确，选C项；D项表述错误，不选D项。

2. C

【精解】合伙组织是对外负无限连带责任的组织体，合伙人内部对债务承担比例的约定不能对抗债权人。合伙组织的债权人有权要求合伙人的一人或数人承担债务，至于债权人要求其中的一人或

数人承担债务的数额或者比例是多少，完全取决于债权人的意思。故选C项。

3. B

【精解】《民法典》第906条第3款规定，保管人储存易燃、易爆、有毒、有腐蚀性、有放射性等危险物品的，应当具备相应的保管条件。《放射性污染防治法》第46条规定，设立专门从事放射性固体废物贮存、处置的单位，必须经国务院环境保护行政主管部门审查批准，取得许可证。根据上述规定，本题中，甲、乙签订的仓储合同的行为人主体不合格，且合同内容违反了法律的强行性规定，因而该合同属于无效合同，而不是可撤销合同。故不选A项。本题表述的情形属于高度危险责任中的遗失、抛弃、委托管理高度危险物损害责任。《民法典》第1241条规定，遗失、抛弃高度危险物造成他人损害的，由所有人承担侵权责任。所有人将高度危险物交由他人管理的，由管理人承担侵权责任；所有人有过错的，与管理人承担连带责任。据此规定，本题中，甲为所有人，乙为管理人，且甲将核废物管理权交给没有管理资格的乙储存，系有过错，因此，甲、乙应当对他人的人身和财产损失承担连带责任。故选B项。本题表述的情形不应当认定为环境污染责任，因为污染环境的行为是一个渐进的过程，具有累积性和隐蔽性，损害后果往往是慢性的，其危害后果一般具有潜伏性，而本题表述的情形是在他人无权管理核废物的情形下导致核废物外泄造成的，如果认定为环境污染责任，加害人的举证也将变得困难，因此不应当认定为环境污染责任。当然，假如核废物是通过慢性放射污染环境的，则属于环境污染责任。总之，不选C项。本题表述的情形并非产品致害责任，因此不存在生产者与仓储者的责任分配问题。故不选D项。

4. A

【精解】《民法典》第716条第1款规定，承租人经出租人同意，可以将租赁物转租给第三人。承租人转租的，承租人与出租人之间的租赁合同继续有效，第三人对租赁物造成损失的，承租人应当赔偿损失。据此，承租人是甲、乙，因此，应由甲、乙二人共同承担责任，选A项。

5. A

【精解】《民法典》第630条规定，标的物在交付之前产生的孳息，归出卖人所有；交付之后产生的孳息，归买受人所有。但是，当事人另有约定的除外。据此，本题表述中，张某将大海螺出卖给苏某后，大海螺产生的孳息即珍珠应归买方苏某所有。故选A项，不选B项。当苏某将大海螺交给河海大饭店加工时，其依然是大海螺的所有权人。因此，孳息应归苏某而非承揽人海河大饭店，更非厨师何某。故不选C、D项。

6. B

【精解】根据《民法典》第578条规定，当事人一方明确表示或者以自己的行为表明不履行合同义务的，对方可以在履行期限届满之前请求其承担违约责任。据此，乙的行为属于预期违约，甲有权提前要求乙承担违约责任。故选B项。合同不存在欺诈、胁迫、重大误解、显失公平等可撤销合同的情形，即合同属于有效合同，自然不存在行使撤销权的问题。

7. D

【精解】《著作权法》第35条第2款规定，作品刊登后，除著作权人声明不得转载、摘编的外，其他报刊可以转载或者作为文摘、资料刊登，但应当按照规定向著作权人支付报酬。据此，张某并未对学术论文作出版权声明，因此，乙期刊社可以将学术论文作为资料刊登，不构成侵权，但乙期刊社应向著作权人张某支付报酬，故选D项，不选B项。乙期刊社的行为并非合理使用，故不选A项。甲期刊社并非著作权人，乙期刊社将学术论文作为资料刊登与甲期刊社无关，不选C项。

8. C

【精解】根据《民法典》第440条第6项规定，现有的以及将有的应收账款可以出质。据此，甲将债权出质，设立的就是应收账款质权，因为债权作为应收账款的一种类型，当然可以作为权利质权的标的。根据《民法典》第445条规定，以应收账款出质的，质权自办理出质登记时设立。据此，A项表述正确。对债权设定质权，同属于债权的处分，应适用债权转让的规定。《民法典》第546条规定，债权人转让债权，未通知债务人的，该转让对债务人不发生效力。债权转让的通知不得撤销，但是经受让人同意的除外。据此，如果甲将债权出质的事实通知乙，则该质权对乙发生法律效力。可见，B项表述正确。由于甲将债权出质的事实通知了债务人乙，则乙不能向甲履行债务。可见，C项表述错误，选C项。因债权人将出质事实通知了乙，乙应当向丙履行债务，丙可以向乙主张权利。可见，D项表述正确。

9. D

【精解】《民法典》第195条规定，有下列情形之一的，诉讼时效中断，从中断、有关程序终结时起，诉讼时效期间重新计算：（1）权利人向义务人提出履行请求；（2）义务人同意履行义务；（3）权利人提起诉讼或者申请仲裁；（4）与提起诉讼或者申请仲裁具有同等效力的其他情形。据此规定第3项，选D项。《民法典》第194条规定，在诉讼时效期间的最后6个月内，因下列障碍，不能行使请求权的，诉讼时效中止：（1）不可抗力；（2）无民事行为能力人或者限制民事行为能力人没有法定代理人，或者法定代理人死亡、丧失民事行为能力、丧失代理权；（3）继承开始后未确定继承人或者遗产管理人；（4）权利人被义务人或者其他人控制；（5）其他导致权利人不能行使请求权的障碍。自中止时效的原因消除之日起满6个月，诉讼时效期间届满。据此，A、B、C项表述引起诉讼时效中止。

10. A

【精解】《民法典》第1012条规定，自然人享有姓名权，有权依法决定、使用、变更或者许可他人使用自己的姓名，但是不得违背公序良俗。《民法典》第1014条规定，任何组织或者个人不得以干涉、盗用、假冒等方式侵害他人的姓名权或者名称权。据此，乙冒充甲向美方发邮件拒绝美方邀请，构成对甲姓名的盗用或假冒，侵犯了甲的姓名权。可见，选A项。

11. C

【精解】《民法典》第951条规定，行纪合同是行纪人以自己的名义为委托人从事贸易活动，委托人支付报酬的合同。据此，甲委托乙公司购买电脑，乙公司以自己的名义为甲购买电脑，甲、乙之间的合同符合行纪合同的特征，甲、乙之间订立的合同为行纪合同。《民法典》第955条第2款规定，行纪人高于委托人指定的价格卖出或者低于委托人指定的价格买入的，可以按照约定增加报酬；没有约定或者约定不明确，依据《民法典》第510条的规定仍不能确定的，该利益属于委托人。据此，委托人甲公司指示行纪人乙公司购买电脑的价格每台为8 000元，而乙公司以7 000元的价格购买电脑，低于甲公司指定的价格买入，这对甲公司是有利的，乙公司可以按照约定增加报酬，但由于甲、乙公司没有其他约定，该利益应归属于甲公司，而不能归乙公司自己所有。可见，A、D项表述错误。《民法典》第955条第1款规定，行纪人低于委托人指定的价格卖出或者高于委托人指定的价格买入的，应当经委托人同意；未经委托人同意，行纪人补偿其差额的，该买卖对委托人发生效力。据此，乙公司以高于甲公司指定的价格买入，这对甲公司是不利的，因此应当经甲公司同意，否则对甲公司不发生效力；但是，如果甲公司自行补偿1 000元差额，该买卖对甲公司发生效力。可见，B项表述错误。《民法典》第956条规定，行纪人卖出或者买入具有市场定价的商品，除委托人有相反的意思表示外，行纪人自己可以作为买受人或者出卖人。行纪人有前款规定情形的，仍然可以请求委托人支付报酬。据此，由于甲、乙公司没有相反的约定，行纪人乙公司自己可以作为出卖人。可见，C项表述正确，选C项。

12. C

【精解】《民法典》第405条规定，抵押权设立前，抵押财产已经出租并转移占有的，原租赁关系不受该抵押权的影响。这里的“原租赁关系不受该抵押权的影响”，是指抵押权人因实现抵押权而将被出租的抵押财产拍卖或变卖时，无论何人取得该财产，租赁权仍然存在于该抵押财产之上，承租人与抵押财产的取得人之间存在租赁合同关系。此外，租赁权设定在先，抵押权在实现时，租赁权可以对抗抵押权，但是需要一个条件，即只有抵押权设立前抵押财产已出租“并转移占有的”，租赁权才能对抗抵押权，如果仅仅租赁权设定在先，但是没有移转抵押财产的占有给承租人，那么租赁物仍然不能对抗抵押权。本题表述中，甲将房屋出租给乙，租期为10年，并签订了合同，乙先支付了5年的租金。但由于乙出国留学，甲一直没有将房屋交给乙居住。租赁合同虽然成立，但是甲一直没有将房屋移转给乙，乙并没有取得房屋的占有，在这种情况下，即便租赁权设定在先，也不能对抗抵押权。所以后来银行拍卖抵押房产，由于没有移转租赁物的占有，银行实现抵押权时，就不受买卖不破租赁的影响。可见，C项是正确答案，选C项。

13. D

【精解】《民法典》第946条第1款规定，业主依照法定程序共同决定解聘物业服务人的，可以解除物业服务合同。决定解聘的，应当提前60日书面通知物业服务人，但是合同对通知期限另有约定的除外。据此，A项表述错误，不选A项。《民法典》第947条第2款规定，物业服务期限届满前，物业服务人不同意续聘，应当在合同期限届满前90日书面通知业主或者业主委员会，但是合同对通知期限另有约定的除外。据此，B项表述错误，不选B项。《民法典》第939条规定，建设单位依法与物业服务人订立的前期物业服务合同，以及业主委员会与业主大会依法选聘的物业服务人订立的物业服务合同，对业主具有法律约束力。据此，只要前期物业服务合同以及后期的物业服务合同订立的程序合法，则对全体业主均具有拘束力，包括没有在合同上签名的业主。可见，C项表述错误，不选C项。《民法典》第945条第1款规定，业主装饰装修房屋的，应当事先告知物业服务人，遵守物业服务人提示的合理注意事项，并配合其进行必要的现场检查。据此，D项表述正确，选D项。

14. A

【精解】代位继承只能适用于法定继承，而不能适用于遗嘱继承。故选A项。转继承既可适用于法定继承，也可适用于遗嘱继承。故B项错误。继承人放弃继承只能明示，不能默示。故C项错误。受遗赠人放弃受遗赠采取明示、默示的方式均无不可。故D项错误。

15. A

【精解】认定是否属于夫妻共同债务，主要考虑两个因素：一是该笔债务发生于婚姻关系存续期间；二是该笔债务用于家庭共同生活。《民法典》第1064条规定，夫妻双方共同签名或者夫妻一方事后追认等共同意思表示所负的债务，以及夫妻一方在婚姻关系存续期间以个人名义为家庭日常生活需要所负的债务，属于夫妻共同债务。夫妻一方在婚姻关系存续期间以个人名义超出家庭日常生活需要所负的债务，不属于夫妻共同债务；但是，债权人能够证明该债务用于夫妻共同生活、共同生产经营或者基于夫妻双方共同意思表示的除外。据此，甲以个人名义借款20万元用于挥霍，这属于甲在婚姻关系存续期间以个人名义超出家庭日常生活需要所负的债务，应当认定为个人债务。可见，选A项。甲向钱某借款20万元所购汽车用于家庭共同生活，虽然甲是以个人名义借款，但因用于家庭共同生活而应认定为夫妻共同债务，不选B项。乙向孙某借款购买香水，甲、乙在借款合同上共同签字，应认定为夫妻共同债务，不选C项。乙从朋友处借钱炒股，乙虽以个人名义借款，但甲事后对此笔借款予以追认，应认定为夫妻共同债务，不选D项。

16. B

【精解】根据《民法典》第111条的规定，自然人的个人信息受法律保护。任何组织和个人需要获取他人个人信息的，应当依法取得并确保信息安全，不得非法收集、使用、加工、传输他人个人信息，不得非法买卖、提供或者公开他人个人信息。据此，甲将公民个人信息出卖给他人，侵害了孙某对个人信息享有的民事权益，构成侵犯公民个人信息权，而非侵犯荣誉权。可见，不选A项。《民法典》第1031条第1款规定，民事主体享有荣誉权。任何组织或者个人不得非法剥夺他人的荣誉称号，不得诋毁、贬损他人的荣誉。据此，工商局非法剥夺乙企业“百年老字号”的荣誉称号，构成对荣誉权的侵犯。可见，选B项。奖旗属于奖品，奖旗本身并非荣誉称号，对于损害奖旗的，属于侵犯物权的侵权行为，但不构成侵犯荣誉权，故不选C项。丁快递公司侵犯的是张某的隐私权，而非荣誉权，故不选D项。

17. C

【精解】《民法典》第1154条规定，有下列情形之一的，遗产中的有关部分按照法定继承办理：(1) 遗嘱继承人放弃继承或者受遗赠人放弃受遗赠；(2) 遗嘱继承人丧失继承权或者受遗赠人丧失受遗赠权；(3) 遗嘱继承人、受遗赠人先于遗嘱人死亡或者终止；(4) 遗嘱无效部分所涉及的遗产；(5) 遗嘱未处分的遗产。据此规定第 (3) 项，由于遗嘱继承人甲先于周某死亡，则 100 万元遗产应当按照法定继承办理。因遗嘱指定的继承人甲死亡，甲的继承人丙无法通过转继承方式继承周某的遗产。可见，A 项表述错误。周某无子女，其继承人为其弟甲、其妹乙。《民法典》第 1128 条（代位继承）规定，被继承人的子女先于被继承人死亡的，由被继承人的子女的直系晚辈血亲代位继承。被继承人的兄弟姐妹先于被继承人死亡的，由被继承人的兄弟姐妹的子女代位继承。代位继承人一般只能继承被代位继承人有权继承的遗产份额。据此规定第 2 款，由于甲先于被继承人周某死亡，甲的儿子丙可代位继承周某的遗产。可见，C 项表述正确。《民法典》第 1152 条（转继承）规定，继承开始后，继承人于遗产分割前死亡，并没有放弃继承的，该继承人应当继承的遗产转给其继承人；但是遗嘱另有安排的除外。据此，周某死亡后，其法定继承人乙在遗产分割前也死亡，因乙后于继承人死亡，丁不可能通过代位继承方式继承周某的遗产，乙应继承的遗传份额转由其继承人丁继承。可见，丁应转继承周某的遗产，而不是通过代位继承方式继承周某的遗产，B 项表述错误。综上分析，D 项表述也是错误的。

18. D

【精解】《民法典》第 1198 条（违反安全保障义务的侵权责任）规定，宾馆、商场、银行、车站、机场、体育场馆、娱乐场所等经营场所、公共场所的经营者、管理者或者群众性活动的组织者，未尽到安全保障义务，造成他人损害的，应当承担侵权责任。因第三人的行为造成他人损害的，由第三人承担侵权责任；经营者、管理者或者组织者未尽到安全保障义务的，承担相应的补充责任。经营者、管理者或者组织者承担补充责任后，可以向第三人追偿。据此，甲是侵权人，应当承担侵权责任，水族馆的组织人员在甲谎称发生火灾的情况下，也跟着游客们逃散，说明水族馆未尽到安全保障义务，应当承担相应的补充责任。可见，选 D 项。

19. C

【精解】根据《民法典》第 1092 条的规定，乙在婚姻关系存续期间多次毁损夫妻共同财产，在离婚分割夫妻共同财产时，应当少分。可见，A 项表述错误。根据《民法典》第 1091 条的规定，提起离婚损害赔偿的法定事由有：(1) 重婚；(2) 与他人同居；(3) 实施家庭暴力；(4) 虐待、遗弃家庭成员；(5) 有其他重大过错。乙没有上述行为，甲不能提起离婚损害赔偿请求。可见，B 项表述错误。根据《民法典》第 1092 条的规定，甲在离婚后发现乙有伪造夫妻共同债务的行为，可以提起诉讼，请求再次分割夫妻共同财产，其提出分割夫妻共同财产的请求，自发现的次日起，即从 2019 年 6 月 5 日起计算诉讼时效期间。可见，C 项表述正确，D 项表述错误。

20. D

【精解】《民法典》第 511 条规定，当事人就有关合同内容约定不明确，依据前条规定仍不能确定的，适用下列规定：(1) 质量要求不明确的，按照强制性国家标准履行；没有强制性国家标准的，按照推荐性国家标准履行；没有推荐性国家标准的，按照行业标准履行；没有国家标准、行业标准的，按照通常标准或者符合合同目的的特定标准履行。(2) 价款或者报酬不明确的，按照订立合同时履行地的市场价格履行；依法应当执行政府定价或者政府指导价的，依照规定履行。(3) 履行地点不明确，给付货币的，在接受货币一方所在地履行；交付不动产的，在不动产所在地履行；其他标的，在履行义务一方所在地履行。(4) 履行期限不明确的，债务人可以随时履行，债权人也可以随时请求履行，但是应当给对方必要的准备时间。(5) 履行方式不明确的，按照有利于实现合同目的的方式履行。(6) 履行费用的负担不明确的，由履行义务一方负担；因债权人原因增加的履行费用，由债权人负担。据此规定第 (3) 项，对于履行地点不明确的，并非都在履行义务一方所在地履行，应当区分不同情况。可见，A 项表述错误。根据上述规定第 (4) 项，履行期限不明确的，债权人不能要求债务人立即履行，而应给对方履行合同义务必要的准备时间。可见，B 项表述错误。根据上述规定第 (5) 项，履行方式不明确的，按照有利于实现合同目的的方式履行，而不是由债权人决定履行方式。可见，C 项表述错误。根据上述规定第 (6) 项，D 项表述正确，选 D 项。

单元六

1. 甲男和乙女外出旅游时偶然认识，后来常常网络聊天，双方交往一段时间后约定于某日在某餐厅见面。乙女为此专门向公司请假，并坐长途汽车抵达，但是等了一天始终未见甲男前来约会。乙女为此将甲男诉至法院。甲、乙形成的社会关系或者行为属于(　　)。

A. 情谊行为　　B. 侵权行为
C. 合同行为　　D. 事实行为

2. 金某祖上为清朝八旗贵胄，家中有一块祖传清代玉佩。孟某甚是喜爱这块玉佩，多次上门求购，均被金某拒绝。2020年2月1日，孟某手下曹某带着20名小弟再次来到金某家中，扬言："三日内不将玉佩卖给孟某，小心金某在某高中上学的女儿。"金某心生恐惧，次日主动以5万元把玉佩出售给不知情的孟某。2022年3月2日，女儿留学德国，金某再无后顾之忧，于3月10日向法院起诉要求撤销玉佩买卖合同。经查，玉佩实为赝品，市值仅300元，金某对此不知情。孟某此时方知自己购买的玉佩乃赝品。关于本案，下列说法正确的是（　　）。

A. 因孟某不知曹某胁迫金某一事，金某无权请求撤销与孟某的玉佩买卖合同
B. 孟某以金某欺诈为由撤销玉佩买卖合同的，法院应予支持
C. 金某基于受胁迫撤销玉佩买卖合同的权利因超过1年除斥期间而不予支持
D. 孟某基于重大误解撤销玉佩买卖合同的权利至2022年6月10日届满

3. 下列民事法律关系中，不受民法调整的是(　　)。

A. 甲违反约定将其掌握的商业秘密披露给他人使用
B. 经营者乙以排挤竞争对手为目的，以低于成本的价格销售商品
C. 某股份有限公司股东丙将其股权依法转让给洪某
D. 网游玩家丁因游戏装备丢失要求运营商承担损害赔偿责任

4. 甲到商场购买自行车时，向商场明示购买自己已经选好的"永久"牌自行车一辆，并约定于第二日付足其余价款，从而要求商场将自行车存放于仓库保管，则商场和甲之间形成的债权债务关系属于(　　)。

A. 特定物之债　　B. 种类物之债
C. 选择之债　　D. 按份之债

5. 张某与李某系夫妻，生有一子甲。某日，一家三口赴东南亚旅游，在海上不幸遇到海啸全部遇难。三人死亡时间无法确定。张某夫妇生前均未订立遗嘱。张某无其他法定继承人，李某有一妹妹乙。张某夫妇的遗产总价值为100万元。对此，下列说法正确的是(　　)。

A. 本案应当推定张某、李某较甲先死亡　　B. 由乙继承张某、李某的全部财产
C. 本案应当推定张某较李某、甲先死亡　　D. 张某、李某的遗产应收归国有

6. 甲、乙之间系同事，后因工作纠纷而反目成仇。甲为了报复乙，遂将乙与丙长期同居的真实事实公布于众，导致乙服毒自杀未遂，虽然乙被及时抢救，但成残疾。根据我国有关的法律规定，甲侵犯了乙的(　　)。

A. 健康权　　B. 身体权
C. 隐私权　　D. 名誉权

7. 下列选项中，表述错误的是(　　)。

A. 遗产债务的清偿原则实行限定继承原则
B. 对于需要清偿的遗产债务，既有遗嘱继承，又有遗赠的，应当首先由遗嘱继承人清偿债务，不足部分由受遗赠人清偿
C. 既有遗嘱继承和遗赠，又有遗赠扶养协议的，应当按照遗赠扶养协议执行
D. 受遗赠人先于立遗嘱人死亡的，则受遗赠人的受遗赠权消灭

8. 甲在一刚竣工不久的水塔下面休息，水塔突然倒塌，将甲砸成重伤。甲的损害应由(　　)。

A. 建设单位与施工单位承担连带责任　　B. 建设单位与监理单位承担连带责任

C. 施工单位与设计单位承担连带责任　　D. 施工单位与监理单位承担连带责任

9. 甲与乙签订买卖合同，但买卖合同签订后，出现了双方当事人无法预见的情事变更，但甲方并没有将该情事变更事实通知乙方，致使乙方无法将货物按时发运给甲方。则甲方违反了(　　)。

A. 诚实信用原则　　B. 公序良俗原则

C. 禁止权利滥用原则　　D. 公平原则

10. 根据专利法规定，下列情形不应当认定为职务发明创造的是(　　)。

A. 甲在本职工作中作出的发明创造

B. 乙在调动工作后 1 年内作出的，与其在原单位承担的本职工作有关的发明创造

C. 丙执行本单位的任务所完成的发明创造

D. 丁接受单位委托完成的发明创造

11. 甲旅游途中，前往某玉石市场参观，在乙经营的摊位上拿起一只翡翠手镯，经乙同意后试戴，并问价。乙报价 20 万元（实际进货价 8 万元，市价 10 万元），甲感觉价格太高，急忙取下，不慎将手镯摔断。对此，甲应（　　)。

A. 承担违约责任　　B. 赔偿乙 8 万元损失

C. 赔偿乙 10 万元损失　　D. 赔偿乙 20 万元损失

12. 甲向银行分批贷款 20 万元，乙为甲提供保证担保。两个月后，甲提前偿还 8 万元钱，并将履行期限延长 4 个月。则(　　)。

A. 乙仍应对 20 万元贷款承担保证责任

B. 乙只对 12 万元贷款承担保证责任

C. 乙不再承担保证责任

D. 乙的保证期间延长 4 个月

13. 15 周岁的甲将其姑妈赠给的古玩拍卖，得款 5 万元并用此款清偿其母所欠的债务。甲(　　)。

A. 是完全民事行为能力人　　B. 视为完全民事行为能力人

C. 视为限制民事行为能力人　　D. 是限制民事行为能力人

14. 下列有关物权及其变动实例的表述，正确的是(　　)。

A. 动产质权合同自移转质物占有时生效

B. 抵押合同自合同成立时生效

C. 土地承包经营权自登记时设定

D. 建设用地使用权自建设用地使用权出让合同生效时设定

15. 下列权利受到侵害的，行为人不承担侵权责任的是(　　)。

A. 甲将其窃得的商业秘密卖给乙公司使用

B. 甲未经商标注册人乙的许可，在同一种商品上使用与乙注册商标相同的商标

C. 丙进入仓库故意将电脑砸毁，致使债务人甲无法向债权人乙交付电脑

D. 记者甲在进行新闻报道时使用侮辱性言辞贬损乙的名誉

16. 甲、乙、丙、丁分别是某高档小区同一单元的 1、2、3、4 层的业主，现甲欲将其住宅出售，则对甲出售的住宅(　　)。

A. 乙享有优先购买权　　B. 丙享有优先购买权

C. 丁享有优先购买权　　D. 乙、丙、丁都不享有优先购买权

17. 2018 年 7 月 1 日，甲向乙借款 80 万元，约定 2019 年 7 月 1 日前偿还。甲名下有市场价值 90 万元的商品房一套。2019 年 6 月 1 日，甲遂找到好友丙商议："我欠了别人 80 万元，下个月就来讨债了，房子十有八九得拿去抵债，不如 50 万元卖给你好了!" 丙欣然同意。双方签订了房屋买卖

合同，并将房屋交付给丙。2019 年 6 月 15 日前往办理过户登记时，被乙发现。对此，下列说法正确的是(　　)。

A. 乙无权撤销合同以保全 80 万元债权

B. 乙有权请求人民法院宣告甲、丙签订的房屋买卖合同无效

C. 房屋买卖合同被撤销后，乙有权请求丙将房屋交付给乙

D. 乙有权请求甲以该房屋抵债

18. 下列合同类型中，只有一方当事人有权行使法定解除合同权利的是(　　)。

A. 委托合同　　B. 加工承揽合同

C. 租赁合同　　D. 买卖合同

19. 甲、乙签订一份房屋借用合同，但对外声称为租赁合同。甲、乙所为民事法律行为属于(　　)。

A. 因显失公平而为的民事法律行为　　B. 基于重大误解实施的民事法律行为

C. 以虚假意思表示实施的民事法律行为　　D. 以虚假意思表示隐藏的民事法律行为

20. 根据商标法规定，下列商品、服务或标志能够申请商标注册的是(　　)。

A. “大豆”牌豆油　　B. QQ 手机消息铃声

C. “江南牦牛”牌牛骨酒　　D. “黑鬼”牌牙膏

单元六答案与精解

1. A

【精解】《民法典》第 2 条规定，民法调整平等主体的自然人、法人和非法人组织之间的人身关系和财产关系。据此，民法调整平等主体间的财产关系和人身关系，但民法不调整平等主体的社会关系，通常称为“情谊行为”，对于哪些行为属于“情谊行为”，应当结合通常合理人的判断来进行认定。诸如情侣恋爱、朋友相处、师生交往、请客吃饭、相约旅行、剃度出家、求神拜佛、志愿服务等产生的社会关系，原则上属于情谊行为或者道德宗教行为，不属于民法的调整范围。本题表述中，甲男和乙女约会属于私人情谊交往关系，甲男与乙女虽然属于平等主体但不具有财产关系或人身关系的内容，不属于民法的调整范围，二人的约会属于情谊行为，选 A 项。

2. D

【精解】《民法典》第 150 条规定，一方或第三人以胁迫手段，使对方在违背真实意思的情况下实施的民事法律行为，受胁迫方有权请求法院或仲裁机构予以撤销。据此，无论孟某是否知道曹某对金某实施胁迫一事，均不影响金某请求撤销与孟某的买卖合同。故 A 项表述错误。对于一方当事人故意告知对方虚假情况，或故意隐瞒真实情况，诱使对方当事人作出错误意思表示的，可以认定为欺诈行为。行为人因对行为的性质、对方当事人、标的物的品种、质量、规格和数量等的错误认识，使行为的后果与自己的意思相悖，并造成较大损失的，可以认定为重大误解。据此，欺诈与重大误解的区别可以概括为：知假卖假构成欺诈，不知假卖假构成重大误解。本题表述中，金某不知祖传玉佩为赝品，属于重大误解，而非欺诈。故 B 项表述错误。《民法典》第 152 条规定，有下列情形之一的，撤销权消灭：(1) 当事人自知道或者应当知道撤销事由之日起 1 年内、重大误解的当事人自知道或者应当知道撤销事由之日起 90 日内没有行使撤销权；(2) 当事人受胁迫，自胁迫行为终止之日起 1 年内没有行使撤销权；(3) 当事人知道撤销事由后明确表示或者以自己的行为表明放弃撤销权。当事人自民事法律行为发生之日起 5 年内没有行使撤销权的，撤销权消灭。据此，本题表述中，胁迫行为终止之日为 2022 年 3 月 2 日，从此时开始起算 1 年除斥期间，撤销权的期间至 2023 年 3 月 2 日。因此，法院应支持金某的撤销权。故 C 项表述错误。而孟某 2022 年 3 月 10 日方知玉佩为赝品，除斥期间为 3 个月，即至 2022 年 6 月 10 日届满。故 D 项表述正确，选 D 项。

3. B

【精解】《民法典》第 123 条已将商业秘密纳入知识产权客体的保护范围，因此 A 项表述受民法调整。《民法典》第 2 条规定，民法调整平等主体的自然人、法人和非法人组织之间的人身关系和财产关系。据此，B 项表述的对竞争对手的排挤，属于不正当竞争行为，不正当竞争行为受经济法调整，而不受民法调整，选 B 项。《民法典》第 125 条规定，民事主体依法享有股权和其他投资性权利。据此，C 项表述受民法调整，不选 C 项。《民法典》第 127 条规定，法律对数据、网络虚拟财产的保护有规定的，依照其规定。据此，网络虚拟财产作为一种民事权利，通过指引性条款的形式加以确认，即 D 项表述受民法调整，不选 D 项。

4. A

【精解】种类物一旦被特定化，债权债务关系就成为特定物之债。故选 A 项。选择之债是指当事人可以选择一种债履行，如约定某人可以选择付款或者交付实物履行债务。按份之债是指当事人按照份额享有债权或者承担债务。

5. B

【精解】《民法典》第 1121 条规定，继承从被继承人死亡时开始。相互有继承关系的数人在同一事件中死亡，难以确定死亡时间的，推定没有其他继承人的人先死亡。都有其他继承人，辈分不同的，推定长辈先死亡；辈分相同的，推定同时死亡，相互不发生继承。据此，张某、李某、甲相互之间存在继承关系，张某、甲除了李某外，没有其他法定继承人，因此推定没有“其他”继承人的人先死亡，即推定张某、甲较李某先死亡。可见，A、C 项表述都是错误的。张某、甲的遗产由李某继承。李某死亡后，其遗产由法定继承人乙继承。因此，张某夫妇的全部遗产均由乙继承，选 B 项，不选 D 项。

6. C

【精解】隐私权的内容包括隐私保密权、隐私保护权和隐私支配权。《民法典》第 1032 条规定，自然人享有隐私权。任何组织或者个人不得以刺探、侵扰、泄露、公开等方式侵害他人的隐私权。隐私是自然人的私人生活安宁和不愿为他人知晓的私密空间、私密活动、私密信息。据此，本题中，甲将乙与他人长期同居的事实予以揭发，实际上侵犯了个人生活信息秘密权，构成了对乙隐私权的侵犯。故选 C 项。虽然乙造成残疾是由于他人揭发隐私所致，但毕竟其健康权和身体权的侵害与他人揭发隐私之间没有直接的因果关系。故排除 A 项和 B 项。名誉权和隐私权最根本的区别在于，侵犯名誉权所涉及的内容都是虚构的，而侵犯隐私权的内容则是真实的。故排除 D 项。

7. B

【精解】遗产债务的清偿原则实行限定继承原则，即被继承人清偿债务应当以所继承遗产的实际价值为限，超过遗产实际价值的部分，被继承人不负清偿义务。故 A 项表述正确。既有遗嘱继承，又有遗赠的，应当按照比例清偿债务。故 B 项表述错误，为应选项。遗赠扶养协议具有优先于遗嘱继承和遗赠执行的效力。故 C 项表述正确。由于受遗赠人具有不可替代性，因此，受遗赠人先于立遗嘱人死亡的，受遗赠权归于消灭。故 D 项表述正确。

8. A

【精解】《民法典》第 1252 条规定，建筑物、构筑物或者其他设施倒塌、塌陷造成他人损害的，由建设单位与施工单位承担连带责任，但是建设单位与施工单位能够证明不存在质量缺陷的除外。建设单位、施工单位赔偿后，有其他责任人的，有权向其他责任人追偿。据此，选 A 项。

9. A

【精解】诚实信用原则的法律要求体现在，民事主体在从事民事活动时，应当将有关事项和真实情况如实告知对方，禁止隐瞒真相和欺骗对方当事人；民事主体在从事民事活动时如果发生损害，应当及时采取补救措施，避免和减少损失。可见，本题表述中，在发生情事变更事实后，当事人应当依据诚实信用原则将发生情事变更的事实通知对方当事人，这正是诚实信用原则的体现，故选 A 项。不选 B 项，因为判断是否违反公序良俗的标准是行为人的行为是否违反了公共秩序或善良风俗，而甲方没有将发生情事变更的事实通知乙方并未违反公共秩序和善良风俗。不选C项，因为判断是否违反禁止权利滥用规则的标准是行为人是否滥用权利导致社会秩序或公共秩序的平衡受到破坏。不选D项，因为判断是否违反公平原则的标准是当事人是否依据公平理念从事民事活动，或者法院在处理民事纠纷时是否公平合理。

10. D

【精解】《专利法》第6条第1款规定，执行本单位的任务或者主要是利用本单位的物质技术条件所完成的发明创造为职务发明创造。职务发明创造申请专利的权利属于该单位，申请被批准后，该单位为专利权人。该单位可以依法处置其职务发明创造申请专利的权利和专利权，促进相关发明创造的实施和运用。“执行本单位的任务所完成的发明创造”，是指：(1) 在本职工作中作出的发明创造；(2) 履行本单位交付的本职工作之外的任务所作出的发明创造；(3) 退休、调离原单位后或者劳动、人事关系终止后1年内作出的，与其在原单位承担的本职工作或者原单位分配的任务有关的发明创造。《专利法》第6条所称本单位，包括临时工作单位；《专利法》第6条所称本单位的物质技术条件，是指本单位的资金、设备、零部件、原材料或者不对外公开的技术资料等。根据上述规定，A、B、C项表述都是职务发明创造。D项表述的是委托发明创造，对于委托发明创造，《民法典》第859条第1款规定，委托开发完成的发明创造，除法律另有规定或者当事人另有约定外，申请专利的权利属于研究开发人。研究开发人取得专利权的，委托人可以依法实施该专利。据此，委托发明创造的权利归属，采取合同优先原则，如果合同约定不明或合同未对权利归属予以约定时，权利归完成发明创造的一方。可见，委托发明创造不同于职务发明创造，因为权利未必归属于单位。可见，选D项。

11. C

【精解】《民法典》第1165条第1款规定，行为人因过错侵害他人民事权益造成损害的，应当承担侵权责任。据此，甲不慎将手镯摔断，侵犯了乙的财产权，主观上存在过错，应依法承担侵权责任。因双方不存在合同关系，没有适用违约责任的余地。可见，不选A项。《民法典》第1184条规定，侵害他人财产的，财产损失按照损失发生时的市场价格或者其他合理方式计算。据此，乙的财产损失应当按照损失发生时的市场价格来确定，即10万元。可见，选C项，不选B、D项。

12. B

【精解】《民法典》第695条第1款规定，债权人和债务人未经保证人书面同意，协商变更主债权债务合同内容，减轻债务的，保证人仍对变更后的债务承担保证责任；加重债务的，保证人对加重的部分不承担保证责任。据此，甲提前偿还了8万元，这实际上减轻了乙作为保证人所担保的债务数额，即乙还应对变更后的债务（由20万元变成12万元）承担保证责任。可见，选B项。《民法典》第695条第2款规定，债权人与债务人变更主债权债务合同的履行期限，未经保证人书面同意的，保证期间不受影响。据此，乙承担保证责任的期间仍然为原保证期间，保证期间不因履行期限的延长而延长，不选D项。

13. D

【精解】甲未满18周岁，是限制民事行为能力人，故选D项。

14. B

【精解】《民法典》第215条规定，当事人之间订立有关设立、变更、转让和消灭不动产物权的合同，除法律另有规定或者当事人另有约定外，自合同成立时生效；未办理物权登记的，不影响合同效力。据此，A项表述错误，B项表述正确。土地承包经营权自承包合同生效时设定，建设用地使用权自登记时设定。故C、D项表述都不正确。

15. C

【精解】侵权人侵害下列民事权利或者权益的，应当承担侵权责任：生命权、身体权、健康权、姓名权、名誉权、荣誉权、肖像权、隐私权、婚姻自主权、个人信息权益、人身自由权、人格尊严权，监护权、配偶权等各类亲属权，所有权、用益物权、担保物权、著作权、专利权、商标专用权、发现权、集成电路布图设计权、地理标志权、植物新品种权、商业秘密权、股权、继承权、受遗赠权等人身、财产权益，以及死者和胎儿的人格利益。但民法债权、宪法上的受教育权、选举权等不受民法典侵权责任编保护。《反不正当竞争法》第 9 条规定，经营者不得实施下列侵犯商业秘密的行为：（1）以盗窃、贿赂、欺诈、胁迫、电子侵入或者其他不正当手段获取权利人的商业秘密；（2）披露、使用或者允许他人使用以前项手段获取的权利人的商业秘密；（3）违反保密义务或者违反权利人有关保守商业秘密的要求，披露、使用或者允许他人使用其所掌握的商业秘密；（4）教唆、引诱、帮助他人违反保密义务或者违反权利人有关保守商业秘密的要求，获取、披露、使用或者允许他人使用权利人的商业秘密。经营者以外的其他自然人、法人和非法人组织实施前款所列违法行为的，视为侵犯商业秘密。第三人明知或者应知商业秘密权利人的员工、前员工或者其他单位、个人实施本条第 1 款所列违法行为，仍获取、披露、使用或者允许他人使用该商业秘密的，视为侵犯商业秘密。根据上述规定第 1 款第（1）项规定，对于盗窃他人商业秘密并卖给他人使用的，构成侵犯商业秘密的侵权行为，甲应当承担侵权责任。可见，不选 A 项。《商标法》第 57 条规定，有下列行为之一的，均属侵犯注册商标专用权：（1）未经商标注册人的许可，在同一种商品上使用与其注册商标相同的商标的；（2）未经商标注册人的许可，在同一种商品上使用与其注册商标近似的商标，或者在类似商品上使用与其注册商标相同或者近似的商标，容易导致混淆的；（3）销售侵犯注册商标专用权的商品的；（4）伪造、擅自制造他人注册商标标识或者销售伪造、擅自制造的注册商标标识的；（5）未经商标注册人同意，更换其注册商标并将该更换商标的商品又投入市场的；（6）故意为侵犯他人商标专用权行为提供便利条件，帮助他人实施侵犯商标专用权行为的；（7）给他人的注册商标专用权造成其他损害的。据此规定第（1）项，甲的行为构成侵犯商标专用权的侵权行为，应当承担侵权责任。可见，不选 B 项。C 项表述的是第三人侵害债权的行为，第三人侵害债权的，第三人不承担侵权责任，也就是说，民法典债权受民法典合同编调整，而不受民法典侵权责任编保护，选 C 项。《民法典》第 1025 条规定，行为人实施新闻报道、舆论监督等行为，影响他人名誉的，不承担民事责任，但是有下列情形之一的除外：（1）捏造事实、歪曲事实；（2）对他人提供的严重失实内容未尽到合理审查义务；（3）使用侮辱性言辞等贬损他人名誉。据此规定第（3）项，甲的行为侵犯了乙的名誉权，应当承担侵权责任。可见，不选 D 项。

16. D

【精解】我国《民法典》合同编仅规定承租人在同等条件下享有优先购买权，而相邻人、区分所有人等民事主体不享有优先购买权，本题表述的乙、丙、丁是区分所有人，不享有优先购买权。可见，选 D 项。此外，我国《民法典》物权编还规定按份共有人享有优先购买权。

17. B

【精解】《民法典》第 539 条规定，债务人以明显不合理的低价转让财产、以明显不合理的高价受让他人财产或者为他人的债务提供担保，影响债权人的债权实现，债务人的相对人知道或者应当知道该情形的，债权人可以请求人民法院撤销债务人的行为。转让价格达不到交易时交易地的指导价或者市场交易价 70%的，一般可以视为明显不合理的低价；对转让价格高于当地指导价或者市场交易价 30%的，一般可以视为明显不合理的高价。据此，本题表述中，甲将市值 90 万元的商品房以 50 万元价格出售给丙，丙也知情。甲转让的价格为市场交易价的 50/90＝55.6%，并未达到市场交易价的 70%，为明显不合理的低价，债权人乙可以撤销债务人甲的行为。可见，A 项表述错误。《民法典》第 154 条规定，行为人与相对人恶意串通，损害他人合法权益的民事法律行为无效。据此，甲与丙签订的房屋买卖合同显然属于恶意串通损害第三人利益的行为，应当认定合同无效。可见，B 项表述正确。当然，假如丙为善意，即丙不知道或者不应当知道债务人以明显不合理的低价转让财产等情形的，就不存在恶意串通，则不能认定房屋买卖合同无效。《民法典》第 157 条规定，民事法律行为无效、被撤销或者确定不发生效力后，行为人因该行为取得的财产，应当予以返还；不能返还或者没有必要返还的，应当折价补偿。有过错的一方应当赔偿对方由此所受到的损失；各方都有过错的，应当各自承担相应的责任。法律另有规定的，依照其规定。据此，房屋买卖合同被宣告无效或者被撤销的，丙应当将房屋返还给甲，乙无权请求将房屋交付给自己，C 项表述错误。乙只能就债务人甲的财产与全体债权人公平受偿，无权要求甲以房屋抵债，D 项表述错误。

18. B

【精解】合同一经达成，当事人就应当按照合同的约定行使权利、履行义务，除了法律规定和当事人约定外，任何一方不得擅自解除合同。为了鼓励交易的达成，民法限制合同解除权的适用，即除非当事人另有约定，只有在符合《民法典》第 563 条规定时，当事人才可以解除合同。《民法典》第 563 条规定，有下列情形之一的，当事人可以解除合同：（1）因不可抗力致使不能实现合同目的；（2）在履行期限届满前，当事人一方明确表示或者以自己的行为表明不履行主要债务；（3）当事人一方迟延履行主要债务，经催告后在合理期限内仍未履行；（4）当事人一方迟延履行债务或者有其他违约行为致使不能实现合同目的；（5）法律规定的其他情形。以持续履行的债务为内容的不定期合同，当事人可以随时解除合同，但是应当在合理期限之前通知对方。这里的“法律规定的其他情形”，《民法典》合同编典型合同中规定的情形较多。与本题有关且比较典型的有两个：一是承揽合同。《民法典》第 787 条规定，定作人在承揽人完成工作前可以随时解除合同，造成承揽人损失的，应当赔偿损失。根据本条规定，只有定作人有随时解除合同的法定解除权。二是委托合同。《民法典》第 933 条规定，委托人或者受托人可以随时解除委托合同。因解除合同造成对方损失的，除不可归责于该当事人的事由外，无偿委托合同的解除方应当赔偿因解除时间不当造成的直接损失，有偿委托合同的解除方应当赔偿对方的直接损失和可以获得的利益。根据本条规定，委托人和受托人都有随时解除合同的法定解除权。结合本题，只有 B 项表述的承揽合同，当事人一方即定作人有权解除承揽合同，选 B 项。

19. D

【精解】甲、乙签订一份房屋借用合同，但对外声称为租赁合同，这实际上是以虚假意思表示隐藏的民事法律行为。《民法典》第 146 条第 2 款规定，以虚假的意思表示隐藏的民事法律行为的效力，依照有关法律规定处理。一般而言，隐藏行为中的虚假意思表示无效，真实意思表示有效。可见，选 D 项。

20. B

【精解】《商标法》第 8 条规定，任何能够将自然人、法人或者其他组织的商品与他人的商品区别开的标志，包括文字、图形、字母、数字、三维标志、颜色组合和声音等，以及上述要素的组合，均可以作为商标申请注册。据此，B 项表述的声音可以作为商标注册，选 B 项。《商标法》第 11 条第 1 款规定，下列标志不得作为商标注册：（1）仅有本商品的通用名称、图形、型号的；（2）仅直接表示商品的质量、主要原料、功能、用途、重量、数量及其他特点的；（3）其他缺乏显著特征的。据此规定第 2 项，不选 A 项。《商标法》第 10 条第 1 款第 7 项规定，下列标志不得作为商标使用……带有欺骗性，容易使公众对商品的质量等特点或者产地产生误认的。据此规定，C 项表述中，牦牛产于西藏，而非江南，以“江南牦牛”申请注册，不仅具有欺骗性，而且容易使公众认为牦牛产于江南，从而造成产地的误认，因此不能申请商标注册，故不选 C 项。《商标法》第 10 条第 1 款第 6 项规定，下列标志不得作为商标使用……带有民族歧视性的。据此规定，凡带有民族歧视（含种族歧视）的标志或名称都不能申请商标注册，故不选 D 项。

单元七

1. 下列关于监护的表述，正确的是(　　)。

A. 意定监护是具有监护资格的人协议确定监护人的监护

B. 有权指定监护人的限于人民法院

C. 以遗嘱的方式指定监护人在遗嘱生效时生效

D. 被监护人处于危困状态的，应当撤销监护人资格

2. 下列选项中，能够引起不当得利之债发生的是(　　)。

A. 为回赎绑票向绑匪交付赎金　　B. 为邻居垫支话费

C. 冒名将他人稿酬取走　　D. 履行期限到来之前向债权人发货

3. 甲、乙系夫妻。下列情形中，人民法院不应当判决甲、乙离婚的是(　　)。

A. 乙提出离婚，军人甲不同意离婚

B. 甲提起离婚诉讼，法院判决不得离婚后，甲、乙又分居满 1 年，甲又提起离婚诉讼

C. 甲被依法宣告失踪，乙提起离婚诉讼

D. 甲经常与自己的情人秘密约会并同居

4. 甲将其朋友丙委托保管的一幅古字画以合理的价格卖给了古画收藏家乙并且双方签订了买卖合同，则关于本案的处理正确的是(　　)。

A. 甲、乙之间签订的古字画买卖合同无效

B. 甲、乙之间签订的古字画买卖合同须经丙事后追认才能生效

C. 如果甲在卖完字画后又以其并非古字画的所有权人为由主张买卖合同无效，法院应予支持

D. 乙可以取得古字画的所有权

5. 根据专利法规定，下列选项中，属于申请外观设计专利应当提交的文件是(　　)。

A. 申请书　　B. 请求书

C. 说明书　　D. 权利要求书

6. 下列选项中，属于特别法人的是(　　)。

A. 基金会　　B. 社会服务机构

C. 农村集体经济组织　　D. 股份有限公司

7. 下列选项中，不能适用返还原物请求权的是(　　)。

A. 赵某偷了孙某的手表送给朋友杨某作生日礼物，杨某不知情，孙某要求杨某返还

B. 吴某捡到陈某的手提电脑，并卖给不知情的洪某，陈某得知此事后立即要求洪某返还电脑

C. 王某借用了张某的手机并将其卖给刘某，刘某不知情，张某要求返还

D. 宋某借给钱某电视机一台，钱某谎称丢失，宋某仍执意要求钱某返还

8. 甲住在某单元小区四楼，邻居乙在他家的阳台侧面安装了一个空调散热器。入夏以来，乙家一开空调，散热器就向甲家卧室的窗户方向吹来热风，使得甲家大热天不敢开窗。对此，甲(　　)。

A. 可以侵害建筑物区分所有权为由请求排除妨碍

B. 负有容忍义务

C. 可以侵害相邻不可量物侵害防免关系为由请求排除妨碍

D. 可以侵害相邻通风权为由请求排除妨碍

9. 甲于 2014 年 4 月 1 日病逝，4 月 6 日甲的子女将其安葬。4 月 9 日遗产清点完毕，4 月 13 日遗产依法被分割完毕。则遗产继承开始的时间是(　　)。

A. 4 月 1 日　　B. 4 月 6 日

C. 4 月 9 日　　D. 4 月 13 日

10. 下列选项中，能够在当事人之间形成民事法律关系的是(　　)。

A. 甲合伙企业一致选举合伙人乙作为负责人而在乙与合伙企业的债权人之间形成的法律关系

B. 甲因乙违约向法院起诉而在甲与法院之间形成的法律关系

C. 国家因建设需要征用某集体组织的土地而形成的土地征用关系

D. 甲公司雇用乙作为人事部员工而在甲和乙之间形成的法律关系

11. 甲公司的员工王某被劳务派遣至乙公司工作，在乙公司工作期间，王某在执行乙公司工作任务时造成丙损害，对此，甲公司并不知情。根据《民法典》的有关规定，对丙的损害承担责任的主体是(　　)。

A. 王某　　B. 甲公司

C. 乙公司　　　　　　　　　　　　　　D. 甲公司和乙公司连带

12. 甲研究所与刘某签订了一份技术开发合同，约定由刘某为甲研究所开发一套软件。3 个月后，刘某按约定交付了技术成果，甲研究所未按约定支付报酬。由于没有约定技术成果的归属，双方发生争执。对此，下列表述不正确的是(　　)。

A. 申请专利的权利属于刘某，但刘某无权获得报酬

B. 申请专利的权利属于刘某，且刘某有权获得报酬

C. 如果刘某转让专利申请权，甲研究所享有以同等条件优先受让的权利

D. 如果刘某取得专利权，甲研究所可以依法实施该专利

13. 甲、乙签订私房买卖合同，甲将自己的房屋转让给乙，并在 1 个月后交房。但在交房日期到来之前，甲将该房出卖给丙且办理了过户登记，则(　　)。

A. 甲的行为构成预期违约

B. 乙只能在合同规定的交房日期到来后要求甲承担违约责任

C. 甲有权解除与乙达成的房屋买卖合同

D. 乙可以要求甲承担缔约过失责任

14. 甲、乙订立房屋租赁合同，约定租期为 4 年。半年后，出租人甲将房屋出售给丙并办理了过户登记手续，但未通知乙。不久，乙以其房屋优先购买权受到侵害为由，请求法院判决甲、丙之间的房屋买卖合同无效。对此，下列表述正确的是(　　)。

A. 甲出售房屋无须通知乙

B. 丙有权依据善意取得制度取得房屋所有权

C. 甲侵害了乙的优先购买权，但甲、丙之间的合同有效

D. 甲出售房屋应征得乙的同意

15. 刘某生前与村委会签订了遗赠扶养协议，规定："村委会负责刘某的生养死葬，刘某死后其所有房屋四间、生活用品归村委会所有。"但刘某在 2004 年 9 月又自书遗嘱："房屋两间给自己的长子继承，存款 1 万元给孙女。"根据上述情形，下列表述正确的是(　　)。

A. 刘某的自书遗嘱有效

B. 遗赠扶养协议和遗嘱均未涉及的遗产归村委会

C. 应当按照遗赠扶养协议处理遗产，因为遗赠扶养协议优先适用，刘某的自书遗嘱无效

D. 遗赠扶养协议和遗嘱均未涉及的遗产归法定继承人

16. 甲冒充乙的笔名并模仿乙的笔迹给众多影迷签名。甲的行为侵犯了乙的(　　)。

A. 署名权　　　　　　　　　　　　　　B. 信用权

C. 姓名权　　　　　　　　　　　　　　D. 隐私权

17. 甲公司欲改造一个会议室，配备电脑和投影设备，遂委托该公司员工刘某代为购买相关设备。因妻子对自己刚买的家用电脑甚为不满，刘某遂决定将该电脑以原价卖给甲公司。另刘某的好友陈某开设的电器店正好经营投影设备，并委托刘某代卖，每卖出一套设备可获得总价 10%的提成，刘某遂决定以甲公司和电器店名义签订买卖合同。之后，甲公司发现购得的设备并非正品。对此，下列说法正确的是(　　)。

A. 刘某将自有电脑以原价出卖给甲公司，该电脑买卖合同对甲公司当然有效

B. 刘某将电器店的投影设备卖给甲公司，甲公司可以追认投影设备买卖合同对其有效

C. 如果刘某妻子不同意出售电脑，甲公司可以主张表见代理

D. 因购得的设备并非正品，甲公司有权通知电器店撤销该买卖合同

18. 甲公司开发一幢写字楼，于 2018 年 6 月 1 日将第一层卖给乙公司，双方约定同年 12 月 1 日交房，并于 6 月 10 日办理了预告登记。7 月 1 日，写字楼造完封顶；8 月 1 日，甲公司办理了登记；11 月 1 日，写字楼完成室内装修。12 月 1 日，甲如期交房，并通知乙公司办理过户事宜。2019 年 1 月 5 日，甲向丙银行借款 1 000 万元，以整个建筑物设立抵押权并办理抵押登记。乙公司忙于装修而

未申请办理过户登记。3月6日，甲公司又将第二层出卖给丁公司。对此，下列说法正确的是（ ）。

A. 甲公司于2018年8月1日取得写字楼所有权

B. 乙于2018年12月1日取得写字楼第一层所有权

C. 2019年1月5日设定抵押权时，丙银行对写字楼第一层无优先受偿权

D. 因未取得丙银行同意，甲公司将写字楼第二层出卖给丁公司的买卖合同无效

19. 甲、乙成立一普通合伙企业，2019年该企业欠丙货款50万元，2020年3月1日到期，丁为该货款清偿提供保证，但未约定保证方式。2020年4月1日，乙对丙单独表示企业经营困难，希望延期6个月还款，丙同意。对此，下列说法正确的是（ ）。

A. 乙与丙达成的延期还款协议对甲没有拘束力

B. 丁对欠丙货款应当承担一般保证责任

C. 2020年4月1日，保证债务的诉讼时效中断

D. 该企业延期还款导致丁的保证期间顺延6个月

20. 甲将小客车挂靠在乙运输公司从事短途运输业务。某日，甲雇用的丙在从事短途运输过程中，因违章将行人丁撞伤。丁的损失（ ）。

A. 由甲承担

B. 由丙承担

C. 由甲和乙承担连带责任

D. 由甲承担责任，乙公司承担相应的责任

单元七答案与精解

1. C

【精解】A项表述错误：《民法典》确立的监护类型包括法定监护、指定监护、遗嘱监护、协议监护、意定监护等，意定监护是指具有完全民事行为能力的成年人，可以与其近亲属、其他愿意担任监护人的个人或者组织事先协商，以书面形式确定自己的监护人，协商确定的监护人在该成年人丧失或者部分丧失民事行为能力时履行监护职责的监护。协议监护是指具有监护资格的人协议确定由其中一人或数人担任监护人而形成的监护。A项表述混淆了协议监护和意定监护，因此是错误的。B项表述错误：根据《民法典》第31条规定，可以指定监护人的不限于人民法院，还包括居民委员会、村民委员会、民政部门。C项表述正确：《民法典》第29条确立了遗嘱监护，但并未规定遗嘱监护的生效时间，依据法理推断，以遗嘱的方式指定监护人的应当在遗嘱生效时生效，选C项。D项表述错误：《民法典》第36条第1款规定，监护人有下列情形之一的，人民法院根据有关个人或者组织的申请，撤销其监护人资格，安排必要的临时监护措施，并按照最有利于被监护人的原则依法指定监护人：（1）实施严重损害被监护人身心健康行为的；（2）怠于履行监护职责，或者无法履行监护职责且拒绝将监护职责部分或者全部委托给他人，导致被监护人处于危困状态的；（3）实施严重侵害被监护人合法权益的其他行为的。根据上述规定第（2）项，仅在被监护人处于危困状态的，还不能撤销监护人资格，应当“怠于履行监护职责，或者无法履行监护职责并且拒绝将监护职责部分或者全部委托给他人”，并“导致被监护人处于危困状态的”，才能撤销监护人资格。

2. A

【精解】基于不法原因的给付，如行贿受贿、买凶杀人等，不发生不当得利问题，但不法原因仅存在于受让人一方时，则适用不当得利，如为了赎回被绑架人而向绑匪交付赎金；向黑社会性质组织如“黑帮”“黑道”等交纳的“保护费”等。可见，选A项。B项表述构成无因管理，C项表述构成侵权，D项表述属于提前清偿债务，都不能引起不当得利的发生。

3. A

【精解】《民法典》第1081条规定，现役军人的配偶要求离婚，应当征得军人同意，但是军人一

方有重大过错的除外。据此，军人甲不同意离婚，法院不得判决离婚，以保护军婚，选A项。《民法典》第1079条第5款规定，经人民法院判决不准离婚后，双方又分居满1年，一方再次提起离婚诉讼的，应当准予离婚。据此，B项表述的情形中，法院应当判决离婚，不选B项。《民法典》第1079条第4款规定，一方被宣告失踪，另一方提起离婚诉讼的，应当准予离婚。据此，C项表述的情形中，法院应当判决离婚，不选C项。《民法典》第1079条第3款规定，有下列情形之一，调解无效的，应当准予离婚：（1）重婚或者与他人同居；（2）实施家庭暴力或者虐待、遗弃家庭成员；（3）有赌博、吸毒等恶习屡教不改；（4）因感情不和分居满2年；（5）其他导致夫妻感情破裂的情形。据此规定第（1）项，甲经常与自己的情人秘密约会，这还不能构成离婚的法定理由，但是，甲与情人同居，则构成离婚的法定事由，法院应当判决离婚。可见，不选D项。

4. D

【精解】题干表述的情形中，甲对古字画不享有所有权，因而无权对古字画进行处分，但甲擅自和乙签订字画的买卖合同，属于无权处分他人财产而订立的合同，由于乙支付了合理的对价，因此该无权处分合同是有效的。可见，A、B、C项表述都是错误的。《民法典》第311条第1、2款规定，无处分权人将不动产或者动产转让给受让人的，所有权人有权追回；除法律另有规定外，符合下列情形的，受让人取得该不动产或者动产的所有权：（1）受让人受让该不动产或者动产时是善意的；（2）以合理的价格转让；（3）转让的不动产或者动产依照法律规定应当登记的已经登记，不需要登记的已经交付给受让人。受让人依照前款规定取得不动产或者动产的所有权的，原所有权人有权向无处分权人请求损害赔偿。据此，乙可以依据善意取得制度取得古字画的所有权，而对于丙的损失，丙只能请求甲赔偿。可见，D项表述正确，选D项。

5. A

【精解】根据专利法规定，申请发明和实用新型专利应当提交的文件包括请求书、说明书及其摘要、权利要求书等；申请外观设计专利应当提交的文件包括申请书、该外观设计的图片和照片等。可见，选A项。

6. C

【精解】《民法典》第96条规定，本节（第三章第四节）规定的机关法人、农村集体经济组织法人、城镇农村的合作经济组织法人、基层群众性自治组织法人，为特别法人。据此，选C项。《民法典》第87条规定，为公益目的或者其他非营利目的成立，不向出资人、设立人或者会员分配所取得利润的法人，为非营利法人。非营利法人包括事业单位、社会团体、基金会、社会服务机构等。据此，A、B项表述为非营利法人。《民法典》第76条规定，以取得利润并分配给股东等出资人为目的成立的法人，为营利法人。营利法人包括有限责任公司、股份有限公司和其他企业法人等。据此，D项表述为营利法人。

7. C

【精解】本题是选非题。《民法典》第235条规定了返还原物请求权，即无权占有不动产或者动产的，权利人可以请求返还原物。A项表述中，由于物权具有追及力，孙某有权要求杨某返还手表，不选A项。《民法典》第312条规定，所有权人或者其他权利人有权追回遗失物。该遗失物通过转让被他人占有的，权利人有权向无处分权人请求损害赔偿，或者自知道或者应当知道受让人之日起2年内向受让人请求返还原物；但是，受让人通过拍卖或者向具有经营资格的经营者购得该遗失物的，权利人请求返还原物时应当支付受让人所付的费用。权利人向受让人支付所付费用后，有权向无处分权人追偿。据此，B项表述中，陈某得知此事“立即”要求洪某返还，这表明权利人对于遗失物也有返还原物的请求权，不选B项。返还原物请求权受到善意取得的阻却，因而C项表述中，刘某依据善意取得制度取得手机的所有权，张某不得要求刘某返还，选C项。D项表述适用返还原物请求权，因为电视机并未丢失，对于返还原物请求权，应以现实为依据，而不能以谎言为依据，故不选D项。

8. D

【精解】本题表述的情形属于相邻关系纠纷，而不是建筑物区分所有权纠纷，这是显而易见的，不选A项。甲、乙由于空调散热产生的纠纷，在性质上属于相邻通风关系。乙家因排放热风给甲家带来不便，这种生活不便并非一时之事，超出了甲能够容忍的范围。可见，选D项，不选B项。本题表述的情形并非相邻不可量物侵害防免关系。根据《民法典》第294条规定，不动产权利人不得违反国家规定弃置固体废物，排放大气污染物、水污染物、土壤污染物、噪声、光、电磁波辐射等有害物质。可见，不可量物是指固体废物、大气污染物、水污染物、土壤污染物、噪声、光、电磁波辐射等，本题表述的"热风"不是不可量物，故不选C项。

9. A

【精解】《民法典》第1121条第1款规定，继承从被继承人死亡时开始。据此，本题表述中，被继承人甲于2014年4月1日病逝，则继承由此开始。可见，选A项。

10. A

【精解】合伙企业的合伙人，无论是普通合伙人，还是有限合伙人，或对外债务承担无限连带责任，或以出资额为限承担责任，从而与债权人之间形成的法律关系是典型的民事法律关系。故选A项。B项形成诉讼法律关系，属于公法关系。C项形成行政征用法律关系。D项形成劳动法律关系。

11. C

【精解】《民法典》第1191条规定，用人单位的工作人员因执行工作任务造成他人损害的，由用人单位承担侵权责任。用人单位承担侵权责任后，可以向有故意或者重大过失的工作人员追偿。劳务派遣期间，被派遣的工作人员因执行工作任务造成他人损害的，由接受劳务派遣的用工单位承担侵权责任；劳务派遣单位有过错的，承担相应的责任。据此，选C项，不选A项。不选B、D项，因为甲公司承担责任的前提必须是有过错，可是题干中交代的情形是"甲公司对王某执行乙公司工作任务造成他人损害并不知情"，即甲公司并无过错，甲公司就不承担侵权责任，即便甲公司有过错，甲公司承担的责任也不是连带责任，而是相应的责任。

12. A

【精解】《民法典》第852条规定，委托开发合同的委托人应当按照约定支付研究开发经费和报酬，提供技术资料；提出研究开发要求，完成协作事项，接受研究开发成果。据此，受托人刘某按照约定交付了技术成果，委托人甲研究所应当支付报酬。可见，A项表述错误，选A项。《民法典》第859条第1款规定，委托开发完成的发明创造，除法律另有规定或者当事人另有约定外，申请专利的权利属于研究开发人。研究开发人取得专利权的，委托人可以依法实施该专利。据此，甲研究所与刘某未约定申请专利的权利的归属，因此，申请专利的权利属于研究开发人刘某，甲研究所可以依法实施该专利。可见，B、D项表述正确。《民法典》第859条第2款规定，研究开发人转让专利申请权的，委托人享有以同等条件优先受让的权利。据此，甲研究所享有优先受让的权利，C项表述正确。

13. A

【精解】根据《民法典》第578条规定，预期违约是指一方当事人明确肯定地向另一方当事人表示不履行合同，或者在履行期限届满之前以其行为表明将不履行合同的情形，包括明示毁约和默示毁约。甲将房屋进行"一物二卖"，前后两个合同都是有效的。由于甲将房屋卖给丙且办理了过户，丙依登记过户取得了房屋的所有权，这就造成了甲不能按照约定向乙交付房屋，这构成实质违约，而且属于在合同履行期限到来之前以自己的行为表示不履行约定义务，属于默示毁约，甲的行为符合预期违约的条件。故选A项。由于甲的行为构成预期违约，乙可以在交房日期到来前要求甲承担违约责任。故排除B项。预期违约属于违约形式的一种，既然甲违约在先，当然无权解除合同。故排除C项。"一物二卖"按照违约责任处理，而不能按照缔约过失责任处理。故排除D项。

14. C

【精解】《民法典》第726条规定，出租人出卖租赁房屋的，应当在出卖之前的合理期限内通知承租人，承租人享有以同等条件优先购买的权利；但是，房屋按份共有人行使优先购买权或者出租人将房屋出卖给近亲属的除外。出租人履行通知义务后，承租人在15日内未明确表示购买的，视为承租人放弃优先购买权。据此，甲、乙订立房屋租赁合同，承租人乙在同等条件下有优先购买承租房屋的权利。出租人出卖租赁房屋的，应当在出卖之前以合理期限（15日）通知承租人乙。可见，A项表述错误。《民法典》第728条规定，出租人未通知承租人或者有其他妨害承租人行使优先购买权情形的，承租人可以请求出租人承担赔偿责任。但是，出租人与第三人订立的房屋买卖合同的效力不受影响。据此，因甲未通知乙即将房屋出售给丙，侵害了乙的优先购买权，乙可以请求甲承担赔偿责任，但无权请求宣告甲、丙之间的买卖合同无效。可见，C项表述正确，选C项。甲出卖房屋无须征得乙的同意，虽然侵害了乙的优先购买权，但甲对房屋有处分权，而根据《民法典》第311条规定，适用善意取得的前提是无处分权人处分动产或者不动产，而甲是有处分权的，因此，丙并非依据善意取得制度取得房屋所有权，而只是通过有效交换并办理过户登记而取得所有权。可见，B、D项表述错误。

15. D

【精解】《民法典》第1123条规定，继承开始后，按照法定继承办理；有遗嘱的，按照遗嘱继承或者遗赠办理；有遗赠扶养协议的，按照协议办理。据此，遗赠扶养协议具有效力优先性。但本题表述中，遗赠扶养协议涉及的并非刘某的全部遗产，故对于遗赠扶养协议未涉及的遗产即存款1万元，应当由刘某的孙女继承，而关于房屋部分的遗嘱是无效的。可见，A、C项表述错误。《民法典》第1154条规定，有下列情形之一的，遗产中的有关部分按照法定继承办理：（1）遗嘱继承人放弃继承或者受遗赠人放弃受遗赠；（2）遗嘱继承人丧失继承权或者受遗赠人丧失受遗赠权；（3）遗嘱继承人、受遗赠人先于遗嘱人死亡或者终止；（4）遗嘱无效部分所涉及的遗产；（5）遗嘱未处分的遗产。据此，对于遗赠扶养协议和遗嘱均未涉及的遗产，应当按照法定继承办理，而不能归村委会。可见，D项表述正确，B项表述错误。

16. C

【精解】姓名权是公民依法享有的决定、使用、改变自己姓名并排除他人侵害（如干涉、盗用、假冒）的权利。姓名权的客体是姓名，包括本名、别名、笔名、艺名、字或号等形式。本题表述中，甲假冒乙的笔名和笔迹签名，侵犯了乙的姓名使用权。可见，选C项。署名权属于著作人身权，甲并未侵犯乙的著作权，因而也无所谓侵犯署名权，故不选A项。信用是指社会对特定民事主体的经济能力和履约能力等方面的客观评价，甲并未侵犯乙的信用，不构成对乙的信用权的侵害，故不选B项。隐私是私人生活中不欲为他人知悉的私人信息，具有秘密性。笔名和笔迹不具有秘密性，甲的行为没有侵犯乙的隐私权，故不选D项。

17. B

【精解】《民法典》第168条第1款规定，代理人不得以被代理人的名义与自己实施民事法律行为，但是被代理人同意或者追认的除外。据此，刘某是甲公司的代理人，刘某又将自己的电脑卖给甲公司，刘某的行为构成自己代理，应当认定为无效，除非被代理人同意或者追认。可见，A项表述错误。《民法典》第168条第2款规定，代理人不得以被代理人的名义与自己同时代理的其他人实施民事法律行为，但是被代理的双方同意或者追认的除外。据此，刘某的行为构成双方代理，应当认定为无效，但被代理的双方同意或者追认的除外。可见，B项表述正确，选B项。《民法典》第172条规定，行为人没有代理权、超越代理权或者代理权终止后，仍然实施代理行为，相对人有理由相信行为人有代理权的，代理行为有效。据此，适用表见代理的前提是刘某的行为属于无权代理，即刘某“以他人的名义”实施代理，但因超越代理权限或者根本没有代理权或者代理权终止后仍然从事代理行为。而刘某是以自己的名义出售家用电脑的，不符合表见代理的适用前提。可见，C项表述错误。《民法典》第148条规定，一方以欺诈手段，使对方在违背真实意思的情况下实施的民事法律行为，受欺诈方有权请求人民法院或者仲裁机构予以撤销。据此，刘某购得的设备为非正品，受欺诈方甲公司有权通过诉讼或者仲裁方式撤销该合同，也就是说，撤销合同须通过诉讼方式行使。

可见，D项表述错误。

18. C

【精解】《民法典》第231条规定，因合法建造、拆除房屋等事实行为设立或者消灭物权的，自事实行为成就时发生效力。据此，只要合法建造完成，也就是写字楼造完封顶时，即可取得物权，而不是登记时起取得写字楼所有权。可见，A项表述错误。《民法典》第214条规定，不动产物权的设立、变更、转让和消灭，依照法律规定应当登记的，自记载于不动产登记簿时发生效力。据此，乙公司欲取得写字楼第一层所有权，须办理登记，自登记时取得写字楼第一层的所有权，但在2018年12月1日，乙并未办理登记，还不能取得写字楼第一层的所有权。可见，B项表述错误。《民法典》第221条规定，当事人签订买卖房屋的协议或者签订其他不动产物权的协议，为保障将来实现物权，按照约定可以向登记机构申请预告登记。预告登记后，未经预告登记的权利人同意，处分该不动产的，不发生物权效力。预告登记后，债权消灭或者自能够进行不动产登记之日起90日内未申请登记的，预告登记失效。据此，第一层已由买受人乙办理预告登记，乙办理预告登记的日期为2018年6月10日，其能够进行不动产登记之日为2018年12月1日，从该日起90日内，乙不起诉的，预告登记失效，而甲公司将写字楼抵押给丙银行，正好在预告登记有效期的90日内，此时预告登记具有对抗效力，因此，在此期间设定的抵押权，不发生物权效力。故丙银行对第一层无优先受偿权。可见，C项表述正确。当然，丙银行对其他楼层享有优先受偿权。《民法典》第406条第1款规定，抵押期间，抵押人可以转让抵押财产。当事人另有约定的，按照其约定。抵押财产转让的，抵押权不受影响。据此，题干中并未交代甲公司、丁公司之间关于转让抵押财产的额外约定，则视为没有约定。甲公司将写字楼卖给丁公司，不必取得抵押权人丙银行同意，甲、丁签订的买卖合同有效。实际上，不论丙银行是否同意转让抵押财产，对甲、丁之间签订买卖合同的效力并不发生影响（《民法典》第215条规定，当事人之间订立有关设立、变更、转让和消灭不动产物权的合同，除法律另有规定或者当事人另有约定外，自合同成立时生效；未办理物权登记的，不影响合同效力）。当然，转让抵押财产的，丙银行的抵押权不受影响。可见，D项表述错误。

19. B

【精解】《合伙企业法》第26条第1款规定，合伙人对执行合伙事务享有同等的权利。据此，甲、乙是合伙关系，乙执行合伙事务的效力及于全体合伙人，该协议对甲有拘束力。可见，A项说法错误。《民法典》第686条规定，保证的方式包括一般保证和连带责任保证。当事人在保证合同中对保证方式没有约定或者约定不明确的，按照一般保证承担保证责任。据此，丁承担保证的方式为一般保证，B项表述正确，选B项。《民法典》第195条规定，有下列情形之一的，诉讼时效中断，从中断、有关程序终结时起，诉讼时效期间重新计算：(1) 权利人向义务人提出履行请求；(2) 义务人同意履行义务；(3) 权利人提起诉讼或者申请仲裁；(4) 与提起诉讼或者申请仲裁具有同等效力的其他情形。据此规定第(2)项，乙请求延期履行债务6个月，属于"义务人同意履行义务"，主债务的诉讼时效中断，但保证债务是否中断，取决于是一般保证，还是连带责任保证，如果是连带责任保证，因债务具有连带性，主债务诉讼时效中断，则保证债务诉讼时效也中断。由于保证人丁承担的是一般保证，主债务诉讼时效中断，但保证债务诉讼时效不中断。对此，《民法典》第694条规定，一般保证的债权人在保证期间届满前对债务人提起诉讼或者申请仲裁的，从保证人拒绝承担保证责任的权利消灭之日起，开始计算保证债务的诉讼时效。连带责任保证的债权人在保证期间届满前请求保证人承担保证责任的，从债权人请求保证人承担保证责任之日起，开始计算保证债务的诉讼时效。可见，C项表述错误。《民法典》第695条第2款规定，债权人与债务人变更主债权债务合同的履行期限，未经保证人书面同意的，保证期间不受影响。据此，丁承担保证责任的期间仍为原保证期间，而不能顺延6个月。可见，D项表述错误。

20. C

【精解】《民法典》第1211条规定，以挂靠形式从事道路运输经营活动的机动车，发生交通事故造成损害，属于该机动车一方责任的，由挂靠人和被挂靠人承担连带责任。据此，对于丁的损害，应由挂靠人甲和被挂靠人乙运输公司承担连带责任，选C项。

单元八

1. 甲市政公司委托施工单位乙在街道上施工建设窨井，在施工现场前方50米处高悬一警示牌："前方施工，危险，请绕行"。丙一天饮酒过量骑自行车闯入施工现场，跌落一深坑中，致重伤，自行车报废。则（　　）。

A. 丙的损失应由甲市政公司承担

B. 丙的损失应由施工单位乙承担

C. 丙应当对自己的损失自负其责

D. 丙的损失应由施工单位乙承担，乙事后有权向甲市政公司追偿

2. 下列情形中，行为人应当承担侵权责任的是（　　）。

A. 甲未按照约定向乙支付工程款，导致乙无法向员工发放工资

B. 丙享有选举权，但在选举期间，选举委员会并未将其列入选民名单

C. 丁的具有纪念意义的结婚戒指被承揽人打磨时丢失

D. 戊在缔约之际假借订立合同恶意进行磋商，给对方当事人造成较大损失

3. 甲将电脑租给乙使用，乙未经甲同意将电脑以极低的价格卖给知情的丙，丙将电脑租给不知情的丁使用。对此，下列表述正确的是（　　）。

A. 丙、丁之间的租赁合同无效　　B. 甲有权请求丁返还电脑

C. 丙善意取得电脑的所有权　　D. 乙、丙、丁对电脑的占有为无权占有

4. 下列关于租赁合同的表述，正确的是（　　）。

A. 租赁合同的期限最长不得超过30年，对于超过30年期限的，超过的期限无效

B. 租赁合同有效期间，租赁物的所有权发生变动的，租赁合同终止

C. 租赁合同的有效期间内，出租人负有维修租赁物的义务，除非当事人之间另有约定

D. 在租赁合同有效期限内，出租人将房屋出卖的，承租人有优先购买权

5. 下列情形中，权利人符合留置权行使条件的是（　　）。

A. 张某为王某送货，约定货物送到后一周内支付运费，张某在货物运到后立刻要求王某付费，遭到拒绝后，张某将部分货物留置

B. 刘某将房屋租给方某，方某退租搬离时尚有一个月租金未付，刘某将方某家具留置

C. 常某将行李遗忘在出租车内，立即发布寻物启事，以2 000元现金酬谢返还行李者。出租车司机李某获悉寻物启事后与常某联系上。常某拒绝支付酬金，李某将行李留置

D. 甲公司加工乙公司的机器零件，约定先付费后加工。付费和加工均已完成，但乙公司尚欠甲公司借款，甲公司将机器零件留置

6. 李某于2018年1月向张某借款1万元，约定2019年1月偿还，嗣后张某于2019年1月又向李某借款1万元，约定2年后偿还。2021年1月，李某向张某表示，各自都不用偿还债务了，张某表示同意，为此产生的法律后果是（　　）。

A. 合同的变更　　B. 合同的转让

C. 合同的终止　　D. 合同的履行

7. 下列选项中，属于民事权利私力救济方式的是（　　）。

A. 依法向侵权行为人提出损害赔偿请求　　B. 依法向人民法院起诉

C. 依法向仲裁机构申请仲裁　　D. 依法向公安机关提出保障权利的请求

8. 下列选项中，体现合同相对性的情形是（　　）。

A. 甲和乙订立合同，乙让欠其钱款的丙代其向甲交付款项，丙没有履行，甲可以追究乙的违约

责任

B. 甲将自己的房屋租借给乙，后甲又以高价将该房屋卖给丙，丙要求乙立刻搬出该房屋，乙拒绝搬出

C. 甲与乙签订供货合同，甲、乙约定由丙代替甲向乙交付货物，丙不同意二人的约定

D. 甲欠乙钱款到期无力清偿，甲怠于行使其对丙的债权给乙造成损害，乙代位行使甲对丙的债权

9. 下列表述正确的是(　　)。

A. 帮助朋友报私仇的行为属于无因管理行为

B. 监护人处分被监护人财产的条件是征得被监护人的同意

C. 对于含有“工伤概不负责”条款的雇用合同无效

D. 代人办理企业登记的行为属于代理行为

10. 下列选项中，具有保证人资格的是(　　)。

A. 工商银行总行A省支行

B. 解放军总医院B医院

C. C省妇女儿童福利基金会

D. D市消费者协会

11. 下列收养关系中，符合收养关系成立的实质条件的是(　　)。

A. 甲丧偶，有一女儿，已成家，甲收养孤儿乙作为养子

B. 甲年满30周岁，单身，收养一名女婴

C. 甲离异，女儿由其抚养，甲收养两名生父母有特殊困难无力抚养的婴儿

D. 甲年满45周岁，有猥亵儿童的犯罪记录，收养刚满月的一名弃婴

12. 甲、乙、丙设立一有限合伙企业，丙为有限合伙人。1年后，乙依据合伙协议的约定转变为有限合伙人。下列说法正确的是(　　)。

A. 乙对合伙企业的债务仍应承担无限连带责任

B. 丙对合伙企业的债务承担无限连带责任

C. 甲对合伙企业的债务承担有限责任

D. 乙对其作为普通合伙人期间合伙企业的债务承担无限连带责任

13. 甲公司向乙银行借款20万元，约定2014年7月1日还款。因甲公司到期未还，乙银行依据借款合同的约定于2014年7月15日从甲公司账户中预先将利息扣收，并于7月18日以信件方式将此事通知甲公司。2014年7月25日，甲公司法定代表人才得知利息扣收之事。该债权诉讼时效中断的日期为(　　)。

A. 2014年7月1日

B. 2014年7月15日

C. 2014年7月18日

D. 2014年7月25日

14. 甲将汽车交给乙修理，因甲到期未能支付修理费，乙将该汽车留置。在留置期间，乙将汽车借给丙使用，丙用该车运送货物的过程中，因车祸致使该车报废。甲的损失应由(　　)。

A. 甲自己承担

B. 乙承担全部赔偿责任

C. 丙承担全部赔偿责任

D. 乙、丙承担连带赔偿责任

15. 甲公司从国外引进具有很强攻击性的食人鱼进行饲养，但因该鱼在当地没有天敌而形成优势物种，导致乙和丙承包经营的河流鱼塘里的鱼减产，损失惨重。对此，下列表述正确的是(　　)。

A. 乙和丙提起损害赔偿的诉讼时效为4年

B. 甲应当举证证明自己无过错才能免除损害赔偿责任

C. 甲和乙、丙应当公平分担损失

D. 乙和丙有权请求甲承担相应的惩罚性赔偿

16. 甲与乙房屋中介公司签订合同，委托乙公司帮助出售房屋一套。对此，下列表述正确的是(　　)。

A. 甲、乙公司签订的合同为委托合同

B. 乙公司可代甲与买受人签订房屋买卖合同

C. 乙公司促成房屋买卖合同成立，可向甲收取报酬

D. 乙公司促成房屋买卖合同成立，可向甲收取促成合同成立的活动费用

17. 甲向乙借款 500 万元，丁提供连带责任保证。该笔借款于 2017 年 10 月 31 日到期，丁与乙约定，丁仅对乙提供保证。后乙从甲处购买价值 100 万元的设备，双方约定于 2018 年 4 月 30 日付款。2017 年 8 月 1 日，乙将债权转让给丙，并于同月 15 日通知甲，但未告知丁。对此，下列表述正确的是（　　）。

A. 2017 年 8 月 15 日乙、丙之间的债权转让协议生效

B. 因未取得甲的同意，债权转让对甲不发生效力

C. 2017 年 8 月 15 日甲可以向丙主张抵销 100 万元

D. 债权转让后，丁不再承担保证责任

18. 根据著作权法的规定，下列情形属于著作权合理使用范围的是（　　）。

A. 为介绍、评论某一作品或者说明某一问题，在作品中引用他人的作品

B. 将少数民族语言文字作品翻译成汉语言文字作品

C. 为学校课堂教学的需要，少量复制已经发表的作品，供教学或者科研人员使用，并出版发行

D. 以阅读障碍者能够感知的无障碍方式向其提供已经发表的作品

19. 甲死亡，其遗产被分割殆尽。乙根据甲的遗嘱继承现金 8 万元，丙获得甲遗赠的价值 12 万元的汽车，丁根据法定继承分得房产一处，价值 20 万元。现甲生前的债权人戊持 6 万元借据请求偿还。戊的债权（　　）。

A. 由乙、丙各偿还 3 万元　　B. 由丁偿还

C. 由乙、丙、丁各偿还 2 万元　　D. 由丙偿还

20. 甲将其 1 辆汽车出卖给乙，约定价款 30 万元。乙先付了 20 万元，余款在 6 个月内分期支付。在分期付款期间，甲先将汽车交付给乙，但明确约定付清全款后甲才将汽车的所有权转移给乙。嗣后，甲又将该汽车以 20 万元的价格卖给不知情的丙，并以指示交付的方式完成交付。对此，下列表述正确的是（　　）。

A. 在乙分期付款期间，汽车已经交付给乙，乙即取得汽车的所有权

B. 在乙分期付款期间，汽车虽然已经交付给乙，但甲保留了汽车的所有权，故乙不能取得汽车的所有权

C. 丙对甲、乙之间的交易不知情，可以依据善意取得制度取得汽车的所有权

D. 丙不能依甲的指示交付取得汽车的所有权

单元八答案与精解

1. B

【精解】《民法典》第 1258 条规定，在公共场所或者道路上挖掘、修缮安装地下设施等造成他人损害，施工人不能证明已经设置明显标志和采取安全措施的，应当承担侵权责任。窨井等地下设施造成他人损害，管理人不能证明尽到管理职责的，应当承担侵权责任。据此，在公共场所或者道路上施工，应当设置明显标志和采取安全措施。首先，设置的警示标志必须具有明显性，要足以引起他人对施工现场的注意；其次，施工人要保证警示标志的稳固并负责对其进行维护，使警示标志持续地存在于施工期间。按照这条规定，本题中，虽然施工单位在施工现场前方 50 米处高悬警示牌，但这仍不能证明施工单位所采取的措施是适当的，因为仅存在警示标志而未采取安全防护措施，这足以证明施工单位仍然存在主观过错。尽管丙饮酒过量，这表明丙也有过错，但是《民法典》第

1258 条规定并没有将受害人过错规定为免责事由，而且受害人过错作为免责事由必须是加害人无任何过错，倘若加害人存在过错，加害人不得以受害人存在过错免责。总之，施工单位乙应当承担侵权责任，选 B 项，不选 C 项。根据《民法典》第 1258 条规定，地下施工致人损害责任的责任主体是施工人，而不是市政公司或者其他主体（如发包人或者工程所有人），故不选 A、D 项。

2. C

【精解】《民法典》第 1183 条规定，侵害自然人人身权益造成严重精神损害的，被侵权人有权请求精神损害赔偿。因故意或者重大过失侵害自然人具有人身意义的特定物造成严重精神损害的，被侵权人有权请求精神损害赔偿。据此，C 项表述中，丁可以主张精神损害赔偿，选 C 项。不选 A 项：因为合同债权不适用侵权责任。不选 B 项：因为选举权、被选举权、休息权等宪法权利不适用侵权责任。不选 D 项：因为 D 项表述的情形属于适用缔约过失责任的情形，故不适用侵权责任。

3. B

【精解】《民法典》第 311 条第 1 款规定，无处分权人将不动产或者动产转让给受让人的，所有权人有权追回；除法律另有规定外，符合下列情形的，受让人取得该不动产或者动产的所有权：(1) 受让人受让该不动产或者动产时是善意；(2) 以合理的价格转让；(3) 转让的不动产或者动产依照法律规定应当登记的已经登记，不需要登记的已经交付给受让人。据此，乙作为无处分权人将租来的电脑出售给知情的丙（恶意），且出售价格并非合理价格，不符合善意取得制度的构成要件，丙不能取得电脑的所有权。可见，C 项表述错误。《民法典》第 703 条规定，租赁合同是出租人将租赁物交付承租人使用、收益，承租人支付租金的合同。据此，法律并不要求租赁物一定为出租人所有，故丙将本属于甲所有的电脑，出租给不知情的丁使用，不影响租赁合同的效力，租赁合同自成立时生效。可见，A 项表述错误。乙在租赁期间有权占有电脑，但丙、丁对电脑的占有为无权占有，D 项表述错误。《民法典》第 235 条规定，无权占有不动产或者动产的，权利人可以请求返还原物。据此，丁的占有本权不得对抗所有权人甲的租赁权，故甲有权要求丁返还电脑。可见，B 项表述正确。

4. C

【精解】租赁合同的租赁期限不得超过 20 年，对于超过 20 年期限的，超过的期限无效。故 A 项错误。租赁合同有效期间，租赁物的所有权发生变动的，不影响租赁合同的效力，这在理论上称为"买卖不破租赁"。故 B 项错误。租赁合同有效期限内，出租人负有对租赁物的维修义务，除非当事人之间另有约定。故选 C 项。在租赁合同有效期限内，出租人将房屋出卖的，承租人"在同等条件下"有优先于其他人的购买权。故 D 项错误。

5. D

【精解】《民法典》第 447 条第 1 款规定，债务人不履行到期债务，债权人可以留置已经合法占有的债务人的动产，并有权就该动产优先受偿。据此，留置权的行使条件之一是债务人不履行到期债务。A 项表述中，王某在货物送到后一周内支付运费，在王某债务履行尚未到期的情况下，张某还不能行使留置权，因此，张某无权将部分货物留置。可见，不选 A 项。《民法典》第 448 条规定，债权人留置的动产，应当与债权属于同一法律关系，但是企业之间留置的除外。据此，B 项表述中，方某支付租金义务是基于租赁合同，而刘某留置家具属于物权请求权，二者并非出自同一法律关系，故刘某留置方某家具不符合留置权的行使条件，不选 B 项。常某请求返还行李是基于物权请求权，而悬赏报酬则是基于悬赏广告之债，二者并非基于同一法律关系，李某不能将行李留置，不选 C 项。根据《民法典》第 448 条规定，企业之间留置的，无须满足债权与占有属于同一法律关系的要件。D 项表述中，虽占有（承揽）和债权（借款）并非基于同一法律关系，但因双方均为企业，可不受该要件限制，故 D 项表述符合留置权行使条件，选 D 项。

6. C

【精解】《民法典》第 557 条规定，有下列情形之一的，债权债务终止：(1) 债务已经履行；(2) 债务相互抵销；(3) 债务人依法将标的物提存；(4) 债权人免除债务；(5) 债权债务同归于一人；（6）法律规定或者当事人约定终止的其他情形。合同解除的，该合同的权利义务关系终止。据此，李某和张某分别订立两份借款合同，彼此互为债权人、债务人，且合同标的属于同一种类，均为金钱。2021年1月，两个人的债务均到期，李某向张某所为的表示属于行使抵销权的行为，使双方债权债务数额在对等额内消灭，从而进一步判断本题表述的情形是合同终止。可见，选C项。

7. A

【精解】民事权利的私力救济是指权利人自己采取各种合法手段来保护自己的权利不受侵犯，如依法向侵权行为人或债务人提出请求，实施自卫行为等。民事权利的公力救济是指民事权利受到侵害时，由国家机关给予保护，如依法申请仲裁，依法起诉，依法向有关国家机关提出权利保护的请求等。A项表述为私力救济方式，B、C、D项表述为公力救济方式。可见，选A项。

8. A

【精解】本题考查的是合同相对性原则。《民法典》第465条规定，依法成立的合同，受法律保护。依法成立的合同，仅对当事人具有法律约束力，但是法律另有规定的除外。据此，合同具有相对性，合同的相对性包括主体、内容和责任的相对性。A项表述中，丙不是合同当事人，如果丙没有代乙履行合同，甲可以追究乙的违约责任，这体现了合同的相对性，选A项。根据《民法典》第725条的规定，租赁物在承租人按照租赁合同占有期限发生所有权变动的，不影响租赁合同的效力。此为“买卖不破租赁”规则，该规则赋予租赁合同的承租人具有对抗租赁合同之外的第三人（新的房屋所有权人），这是合同相对性原则的例外，不选B项。根据合同相对性原则，合同债权债务关系仅发生于当事人之间，债权人只能要求债务人向其履行，而不能要求合同之外的第三人向债权人履行债务，因此，C项表述不符合合同相对性原则，不选C项。根据《民法典》第535条第1款的规定，因债务人怠于行使其债权或者与该债权有关的从权利，影响债权人的到期债权实现的，债权人可以向人民法院请求以自己的名义代位行使债务人对相对人的权利，但是该权利专属于债务人自身的除外。据上，代位权作为合同保全制度，突破了合同相对性，因此不选D项。

9. D

【精解】如果管理的事务属于违法事务，不能成立无因管理，如帮助窃贼隐藏赃物、帮助朋友转移赌资或帮助朋友报私仇的行为等。故A项表述错误。监护人处分被监护人财产的条件是为了被监护人的利益。故B项表述错误。对于含有“工伤概不负责”条款的合同，该条款无效，但并不意味着整个合同无效，根据《民法典》第156条的规定，民事法律行为部分无效，不影响其他部分效力的，其他部分仍然有效。据此，C项表述错误。代理广泛适用于各类民事法律行为，代人办理企业登记属于典型的代理行为。故D项表述正确。

10. A

【精解】保证人是须具有代偿能力的自然人、法人和非法人组织。《民法典》第683条规定，机关法人不得为保证人，但是经国务院批准为使用外国政府或者国际经济组织贷款进行转贷的除外。以公益为目的的非营利法人、非法人组织不得为保证人。据此规定第2款可推知，不具有公益目的的非营利法人、非法人组织可以作为保证人。工商银行总行为营利法人，A省支行为营利法人的分支机构，属于非法人组织，具有代偿能力，可以作为保证人，选A项。医院是以公益为目的的事业单位法人，不能作为保证人，不选B项。儿童基金会是以公益为目的的捐助法人，不能作为保证人，不选C项。D市消费者协会为具有公益目的的社会团体法人，不能成为保证人，不选D项。

11. A

【精解】《民法典》第1098条规定，收养人应当同时具备下列条件：（1）无子女或者只有一名子女；（2）有抚养、教育和保护被收养人的能力；（3）未患有在医学上认为不应当收养子女的疾病；（4）无不利于被收养人健康成长的违法犯罪记录；（5）年满30周岁。据此，甲只有1名子女，可以收养孤儿乙作为养子，A项表述符合收养关系成立的实质条件，选A项。《民法典》第1102条规定，无配偶者收养异性子女的，收养人与被收养人的年龄应当相差40周岁以上。据此，B项表述中，甲与女婴年龄相差不足40周岁以上，不符合收养实质条件，不选B项。《民法典》第1100条规定，无子女的收养人可以收养两名子女；有一名子女的收养人只能收养1名子女。据此，甲已有1个女儿，只能再收养1名子女，不能收养2名子女，因而不符合收养的实质条件，不选C项。根据《民法典》第1098条第4项规定，收养人不能有不利于被收养人健康成长的违法犯罪记录，而甲有猥亵儿童的犯罪记录，不能收养未成年人，因此不选D项。

12. D

【精解】《合伙企业法》第84条规定，普通合伙人转变为有限合伙人的，对其作为普通合伙人期间合伙企业发生的债务承担无限连带责任。据此，D项表述正确，A项表述错误。《合伙企业法》第2条第3款规定，有限合伙企业由普通合伙人和有限合伙人组成，普通合伙人对合伙企业债务承担无限连带责任，有限合伙人以其认缴的出资额为限对合伙企业债务承担责任。据此，甲是普通合伙人，应对合伙企业债务承担无限连带责任；丙是有限合伙人，应对合伙企业债务承担有限责任。可见，B、C项表述错误。

13. B

【精解】《民法典》第195条规定，有下列情形之一的，诉讼时效中断，从中断、有关程序终结时起，诉讼时效期间重新计算：(1) 权利人向义务人提出履行请求；(2) 义务人同意履行义务；(3) 权利人提起诉讼或者申请仲裁；(4) 与提起诉讼或者申请仲裁具有同等效力的其他情形。具有下列情形之一的，应当认定为本条第 (1) 项规定的"权利人向义务人提出履行请求"，产生诉讼时效中断的效力：(1) 当事人一方直接向对方当事人送交主张权利文书，对方当事人在文书上签字、盖章或者虽未签字、盖章但能够以其他方式证明该文书到达对方当事人的；(2) 当事人一方以发送信件或者数据电文方式主张权利，信件或者数据电文到达或者应当到达对方当事人的；(3) 当事人一方为金融机构，依照法律规定或者当事人约定从对方当事人账户中扣收欠款本息的；(4) 当事人一方下落不明，对方当事人在国家级或者下落不明的当事人一方住所地的省级有影响的媒体上刊登具有主张权利内容的公告的，但法律和司法解释另有特别规定的，适用其规定。根据上述规定第 (3) 项，选B项。

14. B

【精解】《民法典》第451条规定，留置权人负有妥善保管留置财产的义务；因保管不善致使留置财产毁损、灭失的，应当承担赔偿责任。据此，选B项。

15. D

【精解】《民法典》第1229条规定，因污染环境、破坏生态造成他人损害的，侵权人应当承担侵权责任。据此，本案涉及的是破坏生态责任。《民法典》第188条第1款规定，向人民法院请求保护民事权利的诉讼时效期间为3年。法律另有规定的，依照其规定。据此，破坏生态责任损害赔偿的诉讼时效为3年。可见，A项表述错误。《民法典》第1230条规定，因污染环境、破坏生态发生纠纷，行为人应当就法律规定的不承担责任或者减轻责任的情形及其行为与损害之间不存在因果关系承担举证责任。据此，环境污染、破坏生态责任适用无过错责任的归责原则，并实行因果关系举证责任倒置。可见，B项表述错误。根据《民法典》第1229条的规定，甲应当赔偿乙、丙的损失，而不能公平分担损失，C项表述错误。《民法典》第1232条规定，侵权人违反法律规定故意污染环境、破坏生态造成严重后果的，被侵权人有权请求相应的惩罚性赔偿。据此，D项表述正确，选D项。

16. C

【精解】《民法典》第961条规定，中介合同是中介人向委托人报告订立合同的机会或者提供订立合同的媒介服务，委托人支付报酬的合同。据此，甲、乙公司签订的合同为中介合同，而不是委托合同。可见，A项表述错误。乙公司作为中介人，原则上不能作为代理人，否则成为双方代理，中介人也没有代理权。可见，B项表述错误。《民法典》第963条规定，中介人促成合同成立的，委托人应当按照约定支付报酬。对中介人的报酬没有约定或者约定不明确，依据《民法典》第510条的规定仍不能确定的，根据中介人的劳务合理确定。因中介人提供订立合同的媒介服务而促成合同成立的，由该合同的当事人平均负担中介人的报酬。中介人促成合同成立的，中介活动的费用，由中介人负担。据此，C项表述正确，选C项。《民法典》第964条规定，中介人未促成合同成立的，不得请求支付报酬；但是，可以按照约定请求委托人支付从事中介活动支出的必要费用。据此，D项表述错误。

17. D

【精解】《民法典》第546条规定，债权人转让债权的，未通知债务人的，该转让对债务人不发生效力。债权转让的通知不得撤销，但是经受让人同意的除外。据此，2017年8月1日，乙将债权转让给丙后，债权转让协议在乙、丙之间生效。同月15日，乙将转让债权的协议通知甲，因此，债权转让协议对甲而言的生效日期为2017年8月15日。可见，A、B项表述错误。《民法典》第549条规定，有下列情形之一的，债务人可以向受让人主张抵销：（1）债务人接到债权转让通知时，债务人对让与人享有债权，并且债务人的债权先于转让的债权到期或者同时到期；（2）债务人的债权与转让的债权是基于同一合同产生。据此规定第（1）项，本题中，债权转让的通知到达债务人甲时，甲的债权尚未到期，不符合行使抵销权的条件，故此时甲不能主张抵销。可见，C项表述错误。《民法典》第696条规定，债权人转让全部或者部分债权，未通知保证人的，该转让对保证人不发生效力。保证人与债权人约定禁止债权转让，债权人未经保证人书面同意转让债权的，保证人对受让人不再承担保证责任。据此，当事人之间约定丁仅对乙承担保证责任，排除了保证责任的从属性，故乙将债权转让给丙后，保证人丁不再承担保证责任。可见，D项表述正确，选D项。

18. D

【精解】根据《著作权法》第24条第1款第2项的规定，为介绍、评论某一作品或者说明某一问题，在作品中适当引用他人已经发表的作品构成著作权的合理使用，但该作品必须是已经发表的作品，而且必须是"适当"引用，不能比例失衡。故A项不构成著作权的合理使用。根据《著作权法》第24条第1款第11项的规定，将中国公民、法人或者其他组织已经发表的以汉语言文字创作的作品翻译成少数民族语言文字作品在国内出版发行构成著作权的合理使用，但仅限于"以汉语言文字创作的作品翻译成少数民族语言文字作品"，而不是"将少数民族语言文字作品翻译成汉语言文字作品"，不能记忆颠倒。故B项表述不构成著作权的合理使用。根据《著作权法》第24条第1款第6项的规定，为学校课堂教学或者科学研究，翻译、改编、汇编、播放或者少量复制已经发表的作品，供教学或者科研人员使用，但不得出版发行，这构成著作权的合理使用。据此，C项表述中将已经发表的作品出版发行，不构成著作权的合理使用，而是著作权侵权行为。可见，不选C项。根据《著作权法》第24条第1款第12项的规定，以阅读障碍者能够感知的无障碍方式向其提供已经发表的作品构成著作权的合理使用。可见，选D项。

19. B

【精解】《民法典》第1123条规定，继承开始后，按照法定继承办理；有遗嘱的，按照遗嘱继承或者遗赠办理；有遗赠扶养协议的，按照协议办理。据此，在多种继承方式并存时，被继承人债务的清偿顺序也有先后之别。《民法典》第1163条规定，既有法定继承又有遗嘱继承、遗赠的，由法定继承人清偿被继承人依法应当缴纳的税款和债务；超过法定继承遗产实际价值部分，由遗嘱继承人和受遗赠人按比例以所得遗产清偿。据此，丁作为法定继承人应当首先在其继承遗产的实际价值限度内清偿被继承人的债务，因此选B项。

20. B

【精解】《民法典》第224条规定，动产物权的设立和转让，自交付时发生效力，但是法律另有规定的除外。《民法典》第641条规定，当事人可以在买卖合同中约定买受人未履行支付价款或者其他义务的，标的物的所有权属于出卖人。出卖人对标的物保留的所有权，未经登记，不得对抗善意第三人。据此，甲虽依汽车买卖合同先将汽车交付给乙，但明确约定付清全款后甲才将汽车所有权转移给乙，甲仍然是汽车的所有权人。可见，A项表述错误，B项表述正确。《民法典》第311条第1款规定，无处分权人将不动产或者动产转让给受让人的，所有权人有权追回；除法律另有规定外，符合下列情形的，受让人取得该不动产或者动产的所有权：（1）受让人受让该不动产或者动产时是善意的；（2）以合理的价格转让；（3）转让的不动产或者动产依照法律规定应当登记的已经登记，不需要登记的已经交付给受让人。据此，善意取得以无权处分为前提，因甲保留了汽车的所有权，仍为所有权人，再次将汽车出卖给丙不属于无权处分，不符合善意取得制度的适用条件，故C项表述错误。《民法典》第227条规定，动产物权设立和转让前，第三人占有该动产的，负有交付义务的人可以通过转让请求第三人返还原物的权利代替交付。据此，丙可以依甲的指示交付取得汽车的所有权，D项表述错误。

单元九

1. 下列选项中，属于侵权性的违约行为的是(　　)。

A. 导游未按约定带游客去够8个景点

B. 顾客吃了超市卖的过期食品造成腹泻

C. 超市的存包保管员偷拿顾客所存的包中的财物

D. 药店卖给患者假药，致使患者耽误了治疗时机

2. 甲生子乙、丙，女丁，其妻早逝，丙成年后娶妻戊，生子庚。三子女中，甲立遗嘱指定丙继承其全部遗产。丙成年后因公殉职，噩耗传来，甲痛不欲生，当天即因突发脑出血去世，留下遗产若干。甲的遗产（　　）。

A. 全部由庚代位继承

B. 由戊、庚继承

C. 由乙、丁继承

D. 由乙、丁、庚继承

3. 甲公司委托丁科研所为其设计一套新的工艺流程，未约定权利归属。丁科研所将研发工作交给本单位职工乙和丙，乙和丙经反复研究，设计出一套工艺流程方案。该技术方案申请专利的权利属于（　　）。

A. 甲公司

B. 丁科研所

C. 乙

D. 丙

4. 下列表述的事实中，能够引起诉讼时效中断的是(　　)。

A. 甲向乙的保证人表示，乙已经到了还款期限

B. 丙向人民法院起诉要求丁偿还欠款，但被人民法院依法驳回起诉

C. 戊向与借款合同无利害关系的第三人表示，他将按期归还己的欠款

D. 因遭受百年不遇的洪水，庚无法向辛履行债务

5. 甲表示将赠与乙一台佳能相机，乙欣然表示接受。几日后，甲告诉乙，他不想将相机赠给乙，因为该相机已经赠给丙。则(　　)。

A. 乙有权要求丙返还相机

B. 甲有权撤销和乙达成的赠与合同

C. 甲没有按照允诺将相机赠给乙，构成违约

D. 甲、乙之间签订的赠与合同不生效；甲、丙之间签订的赠与合同有效

6. 甲公司与乙公司就购买电脑事宜进行洽谈，其间乙采取了保密措施的市场开发计划和客户名单被甲获取。甲遂推迟与乙签约，开始有针对性地吸引乙的客户，导致乙的市场份额锐减。对此，下列表述正确的是(　　)。

A. 甲的行为属于正常的商业竞争行为

B. 甲应当承担违约责任

C. 甲的行为不构成侵权

D. 甲应当承担缔约过失责任

7. 下列选项中，属于有效条款的是(　　)。

A. 某商场在销售电视机时声称：由于电视机打折销售，故不包修、包退和包换

B. 商场门口公告：商场有权对顾客带入商场的皮包进行查看

C. 出租车司机向乘客表示：乘坐本车，乘客受伤自负其责

D. 修车店的注意事项：汽车丢失，折价赔偿

8. 甲欠乙、丙、丁各100万元，甲将自己的价值500万元的住宅抵押给乙和丙，其中，乙的抵押权登记在先，债务均已到期后，甲无力偿还债务。甲、乙于是达成协议将住宅折价100万元向乙清偿。据此，下列表述正确的是(　　)。

A. 乙、丙按照债权比例享有对房屋的抵押权

B. 对该住宅，乙享有对丙和丁的优先受偿权，但丙不享有对丁的优先受偿权

C. 丙可以依据诉讼程序主张撤销甲、乙之间达成的将住宅折价的协议

D. 丁作为债权人不能依据诉讼程序主张撤销甲、乙之间达成的将住宅折价的协议

9. 甲公司委托乙向丙公司购买20台电脑。乙前往丙公司，购买了20台电脑。乙与丙公司在签订合同时，乙在合同上签署了自己的名字。事后，丙公司才知道甲公司委托乙购买电脑。对此，下列表述正确的是(　　)。

A. 乙为甲公司的代理人，构成隐名代理

B. 合同约束乙和丙公司

C. 合同约束甲公司与丙公司

D. 甲公司应当履行乙在与丙公司的合同中的义务

10. 甲、乙同在草原上放马，由于突起大风，甲的马跑入乙的马群中，乙并不知晓，当晚，乙将马赶入圈中，则乙的行为应当认定为(　　)。

A. 拾得遗失物　　B. 获取漂流物

C. 不当得利　　D. 无因管理

11. 甲驾驶摩托车上班，行驶途中，意外撞上一根竖在路中间的电线杆，甲重伤。该电线杆属于市电信局所有，安装该电线杆时，电线杆并不在路中间，后经市政管理局决定拓宽马路，使原本在路边的电线杆变成竖在路中央。对甲的损害(　　)。

A. 仅由电信局承担侵权责任

B. 仅由市政管理局承担侵权责任

C. 由电信局承担侵权责任，市政管理局承担相应的补充责任

D. 由电信局和市政管理局承担连带责任

12. 甲开发公司与乙咨询公司签订一份合同，约定：甲公司负责项目的预测，并提出分析评估报告，期限为1个月；乙公司负责提供背景资料、数据，支付报酬2万元。从性质上看，该合同属于(　　)。

A. 承揽合同　　B. 技术合同

C. 委托合同　　D. 居间合同

13. 甲以自己的房屋一套为债权人乙设定抵押并办理抵押登记。之后，甲又以该房屋为债权人丙设定抵押，但一直拒绝办理抵押登记。三个月后，甲擅自将房屋转让给丁并办理了过户登记。则下列表述正确的是(　　)。

A. 乙、丙都对该房屋享有抵押权　　B. 甲、丙之间签订的抵押合同无效

C. 甲、丁之间签订的房屋转让合同无效　　D. 丙有权要求甲承担违约责任

14. 甲、乙、丙、丁四人外出打猎，四人不约而同地朝同一方向射击奔跑的野兔，碰巧戊经过此地，结果被一颗子弹打伤，但无法查明是哪一颗子弹打中的。则下列选项表述错误的是(　　)。

A. 甲、乙、丙、丁的行为属于共同危险行为

B. 甲、乙、丙、丁四人应当对戊的人身伤害承担连带责任

C. 如果四人射击的行为属于意外事件，则不承担侵权责任

D. 如果戊能够指认丁是具体侵权人，则甲、乙、丙可以免责

15. 下列关于物权客体特定原则的表述，正确的是(　　)。

A. 物权客体仅限于物　　B. 同一物之上不能存在两个以上物权

C. 物的组成部分可以成为物权的客体　　D. 同一物之上不能存在两个以上所有权

16. 甲公司章程规定："董事长不得从事标的额为 200 万元以上的交易。"甲公司董事长张某隐瞒该规定，与乙公司签订了 500 万元的购买成套设备的合同。该合同的效力为（　　）。

A. 有效　　B. 无效

C. 可撤销　　D. 效力待定

17. 下列关于农村土地承包经营权流转方式的表述，正确的是（　　）。

A. 承包人可以与其他集体经济组织成员互换土地承包经营权

B. 承包人将土地承包经营权转让的，应当办理登记，未经登记，不发生物权效力

C. 承包人将土地经营权出租的，应当办理登记，未经登记，不得对抗善意第三人

D. 承包人可以将土地经营权作价入股

18. 甲公司向乙公司催讨一笔已过诉讼时效期限的 10 万元货款。乙公司书面答复称："该笔债务已过时效期限，本公司本无义务偿还，但鉴于双方的长期合作关系，可偿还 3 万元。"甲公司遂向法院起诉，要求偿还 10 万元。乙公司接到应诉通知后书面回函甲公司称："既然你公司起诉，则不再偿还任何货款。"对此，下列表述正确的是（　　）。

A. 乙公司的书面答复意味着乙公司需偿还甲公司 3 万元

B. 乙公司的书面答复构成要约

C. 乙公司的书面回函对甲公司有效

D. 乙公司的书面答复表明其丧失了 10 万元的时效利益

19. 甲、乙婚姻关系存续期间，甲或者乙不得提出分割夫妻共同财产请求的情形是（　　）。

A. 甲将一辆轿车出卖并将钱偷偷存入自己的存折，并向妻子乙谎称因车祸轿车毁损

B. 乙将女儿用的电脑质押给债权人丙

C. 甲的父亲患有重大疾病，乙不同意支付医疗费用

D. 乙伪造夫妻共同债务 50 万元

20. 甲、乙在同一家医院均产下一名男婴。因护士王某的重大过失导致甲、乙相互抱错婴儿。甲的丈夫抚养小孩十年后发现越来越不像自己，邻居闲言碎语，甲、乙备受折磨。后经追查，发现十年前抱错之事。甲、乙均向法院起诉，并提出赔偿请求。对此，下列说法正确的是（　　）。

A. 甲、乙均有权请求医院和王某承担连带责任

B. 甲、乙均有权向医院主张精神损害赔偿

C. 甲的丈夫有权请求医院承担名誉侵权责任

D. 甲、乙的请求已过诉讼时效，医院有权提出抗辩

单元九答案与精解

1. C

【精解】违约责任与侵权责任竞合的原因主要有：(1) 当事人实施了侵权性的违约行为，即侵权行为直接构成违约的原因。(2) 当事人实施了违约性的侵权行为，即违约行为造成了侵权的后果。C 项表述中，超市本应保管好顾客寄存的财物，但是存包保管员的侵权行为造成了对顾客合同权益的侵害，属于侵权性的违约行为，故选 C 项。A 项表述是单纯的违约行为，不存在侵权责任与违约责任的竞合，故不选 A 项。B 项表述中，因为超市的违约侵害了顾客合同利益之外的权利，造成侵权，是违约性的侵权行为。D 项表述中，由于药店违反约定没有提供合格的药品，侵害了患者的权利，也属于违约性的侵权行为，故不选 D 项。

2. D

【精解】《民法典》第 1154 条规定，有下列情形之一的，遗产中的有关部分按照法定继承办理：(1) 遗嘱继承人放弃继承或者受遗赠人放弃受遗赠；(2) 遗嘱继承人丧失继承权或者受遗赠人丧失

受遗赠权；（3）遗嘱继承人、受遗赠人先于遗嘱人死亡或者终止；（4）遗嘱无效部分所涉及的遗产；（5）遗嘱未处分的遗产。据此，虽然甲曾立下遗嘱指定丙继承其全部遗产，然而丙先于甲而死，遗嘱继承无发生余地。对甲的遗产应当按照法定继承办理，全部由甲的法定继承人继承。丙先于甲而死，符合代位继承的适用条件，因此应由丙之子庚代位丙继承甲的遗产。可见，选D项。

3. B

【精解】本题表述的发明创造属于委托发明创造。《专利法》第8条规定，两个以上单位或者个人合作完成的发明创造、一个单位或者个人接受其他单位或者个人委托所完成的发明创造，除另有协议的以外，申请专利的权利属于完成或者共同完成的单位或者个人；申请被批准后，申请的单位或者个人为专利权人。据此，在没有约定权利归属的情况下，委托发明创造申请专利的权利属于受托方，即应由受托方丁科研所享有专利权，选B项。职务发明创造的权利归属遵循“合同优先于法律”的原则解决，合同约定不明或者合同未对权利归属予以约定的，申请专利的权利属于完成或者共同完成的单位或者个人，申请被批准后，完成或者共同完成的单位或者个人为专利权人。可见，不选C、D项。

4. A

【精解】《民法典》第195条规定，有下列情形之一的，诉讼时效中断，从中断、有关程序终结时起，诉讼时效期间重新计算：（1）权利人向义务人提出履行请求；（2）义务人同意履行义务；（3）权利人提起诉讼或者申请仲裁；（4）与提起诉讼或者申请仲裁具有同等效力的其他情形。A项表述中，权利人向义务人提出履行请求，诉讼时效中断，权利人向义务人的保证人、财产代管人、代理人等提出履行请求的，应当认定为“权利人向义务人提出履行请求”，诉讼时效中断，选A项。B项表述中，权利人提起诉讼引起诉讼时效中断，但被人民法院依法驳回起诉，或者当事人起诉后又撤诉的，都不能引起诉讼时效中断，不选B项。C项表述中，义务人同意履行义务，引起诉讼时效中断，但义务人向与债权债务无利害关系的第三人表述同意履行义务的，不能引起诉讼时效中断，不选C项。D项表述中，洪水属于不可抗力，引起诉讼时效中止，而不能引起诉讼时效中断，不选D项。

5. B

【精解】赠与合同是诺成合同，因此，两个赠与合同都是有效的，故D项表述错误。《民法典》第658条规定，赠与人在赠与财产的权利转移之前可以撤销赠与。经过公证的赠与合同或者依法不得撤销的具有救灾、扶贫、助残等公益、道德义务性质的赠与合同，不适用前款规定。据此，甲可以撤销与乙达成的赠与合同。可见，B项表述正确。赠与人在赠与财产没有交付前可以撤销赠与，这是赠与人的法定权利，这意味着赠与人撤销赠与不构成违约，故C项表述错误。甲已将佳能相机交付给丙，赠与财产所有权转移完毕，丙取得相机的所有权，乙无权要求丙返还相机，故不选A项。

6. D

【精解】《民法典》第501条规定，当事人在订立合同过程中知悉的商业秘密或者其他应当保密的信息，无论合同是否成立，不得泄露或者不正当地使用；泄露、不正当地使用该商业秘密或者信息，造成对方损失的，应当承担赔偿责任。据此，甲的行为属于不正当使用他人的商业秘密的行为，是典型的不正当商业竞争行为，A项表述错误。甲是在与乙缔约之际获取的商业秘密，此时并未达成有效合同，不存在承担违约责任的可能性，甲的行为不构成违约，不选B项。商业秘密权受民法典侵权责任编的保护，对于侵犯他人商业秘密的，构成侵权，行为人甲应当承担侵权责任。可见，C项表述错误。甲应当依照诚实信用原则，对于在缔约之际获取的商业秘密，不得泄露和不正当地使用，而甲在获取乙的商业秘密之后予以不正当地使用，给乙造成信赖利益的损失（客户流失，市场份额锐减），甲应当承担缔约过失责任。可见，D项表述正确，选D项。

7. D

【精解】本题考查的是格式条款。A项违反了《消费者权益保护法》有关“三包”的规定。B项违反了人权和人格尊严保护的规定。C项属于人身伤害的免责条款，对于人身伤害的免责条款，应当认定为无效。D项符合损害赔偿的基本原则，故选D项。

8. C

【精解】《民法典》第 414 条第 1 款规定，同一财产向两个以上债权人抵押的，拍卖、变卖抵押财产所得的价款依照下列规定清偿：（1）抵押权已经登记的，按照登记的时间先后确定清偿顺序；（2）抵押权已经登记的先于未登记的受偿；（3）抵押权未登记的，按照债权比例清偿。据此，甲将自己的住房抵押给乙、丙，乙的抵押权登记在先，丙的抵押权登记在后，而丁是普通债权人。因此，乙的抵押权优先于丙的抵押权受偿。可见，A 项表述错误。乙享有对丙和丁的优先受偿权，而丁是普通债权人，因此丙享有对丁的优先受偿权。可见，B 项表述错误。《民法典》第 410 条第 1 款规定，债务人不履行到期债务或者发生当事人约定的实现抵押权的情形，抵押权人可以与抵押人协议以抵押财产折价或者以拍卖、变卖该抵押财产所得的价款优先受偿。协议损害其他债权人利益的，其他债权人可以请求人民法院撤销该协议。据此，丙、丁作为债权人，在甲、乙达成损害丙、丁二人利益的协议时，有权请求人民法院撤销甲、乙达成的将住房折价的协议。可见，C 项表述正确，D 项表述错误。

9. B

【精解】本题考查的是委托合同中的间接代理。间接代理，是指代理人以自己的名义从事代理活动，该代理活动的法律效果间接归属于本人的代理。本题表述中，基于委托合同，乙成为甲公司的代理人，但是本案并非隐名代理，而是间接代理。隐名代理不同于间接代理，间接代理的第三人不知道被代理人，隐名代理的第三人能够推知被代理人。可见，A 项表述错误。《民法典》第 925 条规定，受托人以自己的名义，在委托人的授权范围内与第三人订立的合同，第三人在订立合同时知道受托人与委托人之间的代理关系的，该合同直接约束委托人和第三人；但是，有证据证明该合同只约束受托人和第三人的除外。据此，丙公司是在订立合同之后才知道甲公司与乙之间的代理关系，因此，该合同不能直接约束甲公司与丙公司，也就是说，甲公司不受该合同约束，而乙应受该合同约束。可见，B 项表述正确，C、D 项表述错误。

10. C

【精解】拾得遗失物和获取漂流物都要求当事人实施该行为时是明知的、有意识的，本题中，行为人获得财产时是无意识的、不知的。故 A 项和 B 项错误。认定无因管理要求管理人主观上具有管理行为的意思，本题中，"管理人"主观上没有管理的意思。故 D 项错误。

11. D

【精解】本题表述的侵权责任属于物件损害责任，电线杆属于构筑物。《民法典》第 1253 条规定，建筑物、构筑物或者其他设施及其搁置物、悬挂物发生脱落、坠落造成他人损害，所有人、管理人或者使用人不能证明自己没有过错的，应当承担侵权责任。所有人、管理人或者使用人赔偿后，有其他责任人的，有权向其他责任人追偿。据此，本题表述的市电信局是所有人，市政管理局作为市政管理者应属于电线杆的管理人。由于马路扩宽，电信局和市政管理局都有义务将电线杆移走，但电信局和管理局都没有这么做，留下了极大的安全隐患。电信局和市政管理局都存在共同的疏忽，属于共同侵权行为，应当承担连带侵权责任。可见，选 D 项。

12. B

【精解】本题中的合同属于技术咨询合同。所谓技术咨询合同，是指就特定技术项目提供可行性论证、技术预测、技术专题调查、分析评估报告等。故选 B 项。承揽合同一般不具有技术性，而且完成的工作成果仅仅是劳动的重复，这不同于技术合同。委托合同强调事务的处理过程，而技术合同强调技术成果的完成。居间合同是为双方当事人提供订立合同的媒介，居间人本人不是合同当事人。

13. D

【精解】《民法典》第 402 条规定，以本法第 395 条第 1 款第 1 项至第 3 项规定的财产或者第 5 项规定的正在建造的建筑物抵押的，应当办理抵押登记。抵押权自登记时设立。《民法典》第 395 条第 1 项至第 3 项规定，债务人或者第三人有权处分的下列财产可以抵押：（1）建筑物和其他土地附着物；（2）建设用地使用权；（3）海域使用权。据此，甲、乙办理了房屋抵押登记，而甲、丙并没有办理房屋抵押登记，因此，乙享有房屋抵押权，而丙则不享有房屋抵押权。可见，A 项表述错误。《民法典》第 215 条规定，当事人之间订立有关设立、变更、转让和消灭不动产物权的合同，除法律另有规定或者当事人另有约定外，自合同成立时生效；未办理物权登记的，不影响合同效力。据此，虽然甲、丙之间抵押权并未设立，但抵押合同与是否办理抵押登记无关，抵押合同有效。可见，B 项表述错误。《民法典》第 143 条规定，具备下列条件的民事法律行为有效：(1) 行为人具有相应的民事行为能力；(2) 意思表示真实；(3) 不违反法律、行政法规的强制性规定，不违背公序良俗。《民法典》第 406 条规定，抵押期间，抵押人可以转让抵押财产。当事人另有约定的，按照其约定。抵押财产转让的，抵押权不受影响。综合上述规定，甲与丁之间的房屋买卖合同是甲、丁之间真实的意思表示，其他方面也符合民事法律行为的成立条件，因而甲、丁之间的买卖合同有效。可见，C 项表述错误。甲将房屋抵押给丙，甲协助办理抵押登记是甲应当履行的合同义务，但甲一直拒绝办理抵押登记，构成违约，丙有权请求甲承担违约责任。可见，D 项表述正确，选 D 项。

14. C

【精解】A、B 项表述正确：《民法典》第 1170 条规定了共同危险行为：二人以上实施危及他人人身、财产安全的行为，其中一人或者数人的行为造成他人损害，能够确定具体侵权人的，由侵权人承担责任；不能确定具体侵权人的，行为人承担连带责任。C 项表述错误：如果四人射击的行为属于刑法中的意外事件，不承担刑事责任并不意味着不承担民事责任。可见，选 C 项。D 项表述正确：对于共同危险行为，如果受害人能够指认或者法院能够查明具体侵权人的，由具体侵权人承担侵权责任，其他人可以免责。

15. D

【精解】物权客体特定原则并不意味着物权的客体仅限于物，权利也可以成为物权的客体，即便权利成为物权的客体，也须特定化。可见，A 项表述错误。物权客体特定原则意味着同一物之上不能存在两个以上的所有权，即所谓“一物不能容二主”，但这并不否认一物之上存在其他物权形式，如同一物之上既可以存在抵押权，也可以存在质权。可见，B 项表述错误，D 项表述正确。物权客体特定原则要求物权的客体必须是独立的、完整的物，而物的组成部分不能成为物权的客体，否则物权客体就无法特定化。可见，C 项表述错误。

16. A

【精解】《民法典》第 61 条第 3 款规定，法人章程或者法人权力机构对法定代表人代表权的限制，不得对抗善意相对人。《民法典》第 504 条也规定，法人的法定代表人或者非法人组织的负责人超越权限订立的合同，除相对人知道或者应当知道其超越权限外，该代表行为有效，订立的合同对法人或者非法人组织发生效力。据此，甲公司章程中规定的董事长不得从事标的额为 200 万元以上的交易，该对董事长代表权限的限制，不能对抗善意第三人乙公司。从题干表述分析，张某隐瞒公司章程有关对外代表权限制的规定与乙公司签订合同，这表明乙公司善意，既然乙公司为善意，则该买卖合同有效。可见，选 A 项。

17. D

【精解】《民法典》第 335 条规定，土地承包经营权互换、转让的，当事人可以向登记机构申请登记；未经登记，不得对抗善意第三人。据此，土地承包经营权的流转方式包括互换和转让。《农村土地承包法》第 33 条规定，承包方之间为方便耕种或者各自需要，可以对属于同一集体经济组织的土地的土地承包经营权进行互换，并向发包方备案。据此，承包人只能在同一集体经济组织成员内部互换土地承包经营权，A 项表述错误。根据《民法典》第 335 条规定，承包人将土地承包经营权转让的，可以办理登记，也可以不办理登记，但是未经登记，不得对抗善意第三人。可见，B 项表述错误。《民法典》第 339 条规定，土地承包经营权人可以自主决定依法采取出租、入股或者其他方式向他人流转土地经营权。据此可知，从土地承包经营权中分置出来的土地经营权的流转方式包括出租、入股和其他方式。这里的“其他方式”，主要是指《农村土地承包法》第 47 条第 1 款规定，即承包方可以用承包地的土地经营权向金融机构融资担保，并向发包方备案。受让方通过流转取得的土地经营权，经承包方书面同意并向发包方备案，可以向金融机构融资担保。根据上述规定，承包人将土地经营权出租的，不必办理登记，但应当向发包方备案。可见，C项表述错误。承包方将土地经营权作价入股的，应当向发包方备案。据此，承包人可以将土地经营权作价入股。可见，D项表述正确，选D项。

18. A

【精解】《民法典》第192条规定，诉讼时效期间届满的，义务人可以提出不履行义务的抗辩。诉讼时效期间届满后，义务人同意履行的，不得以诉讼时效期间届满为由抗辩；义务人已经自愿履行的，不得请求返还。据此，在诉讼时效期间届满后，乙公司向甲公司以书面形式作出“愿意偿还3万元”的意思表示，则意味着这“3万元”不再受上述时效的限制，乙公司需要向甲公司偿还3万元。A项表述正确，选A项，而D项表述错误。《民法典》第472条规定，要约是希望与他人订立合同的意思表示，该意思表示应当符合下列条件：（1）内容具体确定；（2）表明经受要约人承诺，要约人即受该意思表示约束。据此，乙的书面答复并没有订立合同的意图，不构成要约。B项表述错误。乙公司已经通过书面答复同意清偿3万元的债务，这3万元的时效利益已经放弃，因此，书面回函称不再偿还任何货款对甲公司不发生效力。可见，C项表述错误。

19. B

【精解】为了维持夫妻共有关系，我国《民法典》婚姻家庭编反对在婚姻关系存续期间分割夫妻共同财产，即严禁“婚内析产”。但符合《民法典》第1066条规定的，可以进行“婚内析产”。《民法典》第1066条第1项规定，婚姻关系存续期间，有下列情形之一的，夫妻一方可以向人民法院请求分割共同财产：（1）一方有隐藏、转移、变卖、毁损、挥霍夫妻共同财产或者伪造夫妻共同债务等严重损害夫妻共同财产利益的行为；（2）一方负有法定扶养义务的人患重大疾病需要医治，另一方不同意支付相关医疗费用。据此规定第（1）项，A项表述属于变卖夫妻共同财产，对此，乙可以请求分割夫妻共同财产，不选A项。D项表述中，乙伪造夫妻共同债务，甲可以请求分割夫妻共同财产，不选D项。根据上述规定第（2）项，甲的父亲患有重大疾病，而乙不同意支付治疗费用，甲可以请求分割夫妻共同财产，不选C项。只有B项表述的情形，不属于《民法典》第1066条规定的可以进行“婚内析产”的情形，因此选B项。

20. B

【精解】《民法典》第1183条第1款规定，侵害自然人人身权益造成严重精神损害的，被侵权人有权请求精神损害赔偿。据此，只有“人身权益”造成损害，才能请求精神损害赔偿。据此，本题表述中，护士将孩子抱错，导致被监护人脱离监护，使亲子关系或者近亲属间的亲属关系遭受严重损害，这属于“人身权益”造成严重精神损害，甲、乙均有权向医院主张精神损害赔偿责任。可见，B项表述正确，选B项。《民法典》第1191条第1款规定，用人单位的工作人员因执行工作任务造成他人损害的，由用人单位承担侵权责任。用人单位承担侵权责任后，可以向有故意或者重大过失的工作人员追偿。据此，本题表述中，护士王某的行为属于执行工作任务，造成他人损害的，应当由用人单位承担责任，工作人员即使有重大过失或者故意也无须与用人单位承担连带责任，A项表述错误。《民法典》第1024条第1款规定，民事主体享有名誉权。任何组织或者个人不得以侮辱、诽谤等方式侵害他人的名誉权。据此，本题表述中，医院并无侮辱、诽谤行为，无须承担名誉侵权责任，C项表述错误。《民法典》第188条第2款规定，诉讼时效期间自权利人知道或者应当知道权利受到损害以及义务人之日起计算。据此，本题表述中，诉讼时效从甲、乙知道小孩抱错之日起计算，故甲、乙起诉时诉讼时效尚未届满，医院无权提出抗辩，D项表述错误。

单元十

1. 关于监护关系的判断，下列表述正确的是（　　）。

A. 甲、乙结婚后生有一子丙。因甲与婚外异性同居，双方书面协议离婚，约定丙由乙抚养，甲

自愿放弃监护权，甲丧失监护人资格

B. 精神病人甲父母双亡，只有亲叔叔乙一个亲人。在此情形下，乙应担任甲的监护人

C. 某童星甲父母双亡，收入颇丰，由其舅舅乙担任监护人。此时，乙有权管理甲的财产，代理甲进行民事活动，并有权处分甲的财产

D. 甲在8岁时父母意外身亡，其祖父母和外祖父母对担任监护人发生争议，此时，双方有权直接请求人民法院指定监护人

2. 甲向乙公司订购两枚黄钻镶嵌钻戒，每枚3万元，约定2019年6月1日交货。此后，甲又向乙公司订购相同的一枚钻戒，并约定2019年7月1日交货，如乙公司未能于2019年7月10日之前交付最后一枚钻戒，应支付违约金5 000万元。2019年7月5日，乙公司仅向甲交付钻戒一枚，未作任何其他表示。对此，下列表述中正确的是(　　)。

A. 甲、乙买卖前两枚钻戒的合同消灭　　B. 甲、乙买卖最后一枚钻戒的合同消灭

C. 乙可以交付的钻戒指定抵充任何一枚钻戒　　D. 甲有权请求乙支付违约金5 000万元

3. 申请专利的发明创造在申请日以前6个月内发生下列情形，其中导致新颖性丧失的是(　　)。

A. 在中国政府承认的国际展览会上首次展出的

B. 在规定的技术会议上首次发表的

C. 他人未经申请人同意而泄露其内容的

D. 在指定的展销会上首次试销的

4. 甲系初中二年级学生，某一天校外人员乙闯入学校将甲打伤，如果学校未尽到管理职责的，则学校应当承担的责任属于(　　)。

A. 连带责任　　B. 按份责任

C. 相应的责任　　D. 补充责任

5. 下列法人属于非营利法人的是(　　)。

A. 某居民委员会　　B. 某孤儿院

C. 某股份有限公司　　D. 某城镇农村的合作经济组织

6. 黄某经营一店铺，由于经营不善，欠他人债务6 000元。黄某在临死之前立自书遗嘱，将自己的全部财产4 000元均等地分给了独子和一个老朋友，二人均表示接受。那么，关于黄某6 000元债务的清偿，表述正确的是(　　)。

A. 黄某的儿子和老朋友各偿还2 000元

B. 黄某的儿子和老朋友各偿还3 000元

C. 黄某的儿子偿还6 000元，而黄某的朋友不负清偿义务

D. 黄某的朋友偿还6 000元，而黄某的儿子不负清偿义务

7. 甲将自己的一辆轿车借给乙使用，在借给乙使用期间，乙以10万元的价格购买该轿车。次日，乙又以11万元的价格将该轿车转卖给了丙，但约定乙继续使用一个月。关于该轿车，下列表述正确的是(　　)。

A. 甲并未交付汽车，甲仍享有汽车所有权　　B. 乙无权处分汽车，丙不能取得汽车所有权

C. 丙善意取得汽车所有权　　D. 乙、丙通过占有改定方式完成汽车交付

8. 甲公司通知乙公司将其对乙公司的50万元债权出质给了丙银行，担保其45万元贷款。出质前，乙公司对甲公司享有10万元到期债权。如乙公司提出抗辩，丙银行可向乙公司行使质权的最大数额为（　　）。

A. 50万元　　B. 45万元

C. 40万元　　D. 35万元

9. 甲公司与乙公司签订了汽车发动机买卖合同，约定乙公司供应甲公司发动机5 000台，每台价格2万元。由于乙公司提供的发动机有20台存在严重质量问题，导致与这些机器配套的零部件严重受损，甲公司经济损失达20万元。则(　　)。

A. 甲公司只能要求乙公司承担违约责任

B. 甲公司无权要求乙公司承担侵权责任

C. 甲公司既可以要求乙公司承担违约责任，也可以要求乙公司承担侵权责任

D. 甲公司可以选择要求乙公司承担违约责任或侵权责任

10. 甲借用乙的山地自行车，刚出门就因莽撞骑行造成自行车链条断裂，甲将自行车交给丙修理，约定修理费为200元。乙得知后立刻通知甲解除借用关系并告知丙，同时要求丙不得将自行车交给甲。丙向甲核实，甲承认。自行车修好后，甲、乙均请求丙返还。对此，下列表述正确的是(　　)。

A. 甲有权请求丙返还自行车

B. 丙如将自行车返还给乙，必须经甲同意

C. 乙有权要求丙返还自行车，但在修理费未支付前，丙享有自行车留置权

D. 如乙要求丙返还自行车，即使修理费未付，丙也不得对乙主张留置权

11. 甲到乙家聊天，乙出去应酬时甲帮其接听了丙打来的电话。丙欲向乙订购一批货物，请甲转告，甲应允。随后甲感到有利可图，没有向乙转告订购货物之事，而是自己低价购进了丙所需货物，以乙的名义交货并收取了丙的货款。关于甲将货物出卖给丙的行为的效力，应当认定为(　　)。

A. 有效　　B. 无效

C. 效力待定　　D. 可撤销

12. 某女甲到乙酒店吃饭，酒店工作人员以"甲相貌丑陋"，怕影响生意为由拒绝其入内，则(　　)。

A. 甲有权要求精神损害赔偿　　B. 酒店乙侵犯了甲的名誉权

C. 酒店乙侵犯了甲的隐私权　　D. 酒店乙侵犯了甲的肖像权

13. 甲委托商行乙将自己的宝马牌汽车按期以60万元的价格售出，甲为此向乙支付2万元报酬。从性质上看，该合同属于(　　)。

A. 委托合同　　B. 行纪合同

C. 技术服务合同　　D. 买卖合同

14. 下列不属于侵犯相邻权的行为是(　　)。

A. 某住宅小区每两周某个下午进行一次割草活动，割草机的轰鸣声导致居民烦躁不安

B. 某夜总会的霓虹灯夜夜闪烁不停，致使对面小区的居民无法入睡

C. 居民甲向其邻居乙家的房屋后面倾倒垃圾

D. 某建筑施工企业在施工现场挖坑，导致临近的民房地下渗水

15. 下列情形构成无因管理的是(　　)。

A. 甲将流浪猫予以收留喂养

B. 甲因害怕邻居乙的房屋失火而殃及池鱼便实施灭火

C. 甲将室友乙的剩饭吃掉

D. 甲帮助朋友乙清偿了其超过诉讼时效的债务

16. 甲投资期货，向乙借款10万元，约定1年后还本付息。1年后，甲投资失败，根本无法偿还乙的借款，乙多次索要，甲、乙经常恶语相向。甲的父亲为息事宁人，找到乙还了10万元。甲的父亲的行为属于(　　)。

A. 清偿抵充　　B. 代为清偿

C. 债务承担　　D. 代理清偿

17. 在一份保险合同履行过程中，当事人就合同所规定的"意外伤害"条款的含义产生了不同理解，被保险人甲认为其所受伤害应属于赔付范围，保险公司乙则认为被保险人所受伤害不属于赔付范围，两种理解都有道理。在此情形下应(　　)。

A. 按照通常含义进行解释　　B. 按照公平原则进行解释

C. 按照有利于甲的原则进行解释　　　　　　D. 按照有利于乙的原则进行解释

18. 下列选项中，权利人不能主张精神损害赔偿的是(　　)。

A. 实施家庭暴力导致夫妻离婚的

B. 甲将朋友交其保管的物品丢失的

C. 某医院未按照诊疗规范给某女实施整形手术造成脸部变形的

D. 侵犯他人隐私权的

19. 2016 年 3 月，甲从乙房地产开发公司购买一套预售商品房，并依法办理了预告登记。4 月，商品房通过竣工验收。5 月，乙公司以更高的价格将该商品房卖给丙，并办理了登记过户手续。同月，甲得知乙公司出卖商品房后向法院起诉，不同意乙公司出售商品房。则(　　)。

A. 丙善意取得房屋所有权　　　　　　　　B. 甲只能要求乙公司承担违约责任

C. 预告登记失效　　　　　　　　　　　　D. 甲取得房屋所有权

20. 育才小学因疏于管理，致使校外人员甲开车驶入校园，不慎将小学一年级学生乙撞伤。乙的损害应由(　　)。

A. 甲承担，育才小学承担相应的补充责任

B. 育才小学承担，甲承担相应的补充责任

C. 甲、育才小学承担连带赔偿责任

D. 甲承担，若甲无力承担，育才小学承担全部赔偿责任

单元十答案与精解

1. D

【精解】《民法典》第 27 条第 1 款规定，父母是未成年子女的监护人。据此，夫妻离婚后，与子女共同生活的一方无权取消对方对该子女的监护权。可见，父母对子女的监护权不因夫妻离婚而终止，也不因当事人自愿抛弃而消灭，A 项表述错误。《民法典》第 28 条规定，无民事行为能力或者限制民事行为能力的成年人，由下列有监护能力的人按顺序担任监护人：(1) 配偶；(2) 父母、子女；(3) 其他近亲属；(4) 其他愿意担任监护人的个人或者组织，但是须经被监护人住所地的居民委员会、村民委员会或者民政部门同意。《民法典》第 1045 条第 2 款规定，配偶、父母、子女、兄弟姐妹、祖父母、外祖父母、孙子女、外孙子女为近亲属。据此，叔叔并非近亲属范围，因此只有其愿意并由相关基层单位同意的，才可以成为监护人，B 项表述错误。《民法典》第 35 条第 1 款规定，监护人应当按照最有利于被监护人的原则履行监护职责。监护人除为维护被监护人利益外，不得处分被监护人的财产。据此，如果不是为了被监护人的利益，不得处分被监护人的财产，故 C 项表述错误。《民法典》第 31 条第 1 款规定，对监护人的确定有争议的，由被监护人住所地的居民委员会、村民委员会或者民政部门指定监护人，有关当事人对指定不服的，可以向人民法院申请指定监护人；有关当事人也可以直接向人民法院申请指定监护人。据此，D 项表述正确，选 D 项。

2. B

【精解】本题考查的是清偿抵充。清偿抵充是指在债务人对于同一债权人负担数宗同种类的债务而清偿人提供的给付不足以清偿全部债务时，决定以该给付抵充何宗债务的规则。《民法典》第 560 条规定，债务人对同一债权人负担的数个债务种类相同，债务人的给付不足以清偿全部债务的，除当事人另有约定外，由债务人在清偿时指定其履行的债务。债务人未作指定的，应当优先履行已到期的债务；数项债务均到期的，优先履行对债权人缺乏担保或者担保最少的债务；均无担保或者担保相等的，优先履行债务人负担较重的债务；负担相同的，按照债务到期的先后顺序履行；到期时间相同的，按照债务比例履行。据此，对于清偿抵充，有约定的按照约定抵充；没有约定的，由债务人在履行债务时指定抵充；没有指定抵充的，适用法定抵充。本题表述中，甲、乙已经约定，由

乙在 7 月 10 日前交付最后一枚钻戒，这表明，甲、乙对于乙交付的一枚钻戒，应当按照约定抵充，而不能适用指定抵充或者法定抵充，即乙交付的一枚钻戒，应当按照约定抵充最后交付的那枚钻戒，既然最后一枚钻戒已经交付，则甲、乙买卖最后一枚钻戒的合同消灭。可见，B 项表述正确，选 B 项，而 A、C 项表述都是错误的，不选 A、C 项。既然甲、乙买卖最后一枚钻戒的合同消灭，这意味着乙并没有违反第二份买卖合同的约定，甲无权请求乙支付违约金 5 000 万元。可见，D 项表述错误。

3. D

【精解】《专利法》第 24 条规定，申请专利的发明创造在申请日以前 6 个月内，有下列情形之一的，不丧失新颖性：（1）在国家出现紧急状态或者非常情况时，为公共利益目的首次公开的；（2）在中国政府主办或者承认的国际展览会上首次展出的；（3）在规定的学术会议或者技术会议上首次发表的；（4）他人未经申请人同意而泄露其内容的。据此，只有 D 项表述的情形会导致新颖性的丧失，故选 D 项。

4. D

【精解】《民法典》第 1201 条规定，无民事行为能力人或者限制民事行为能力人在幼儿园、学校或者其他教育机构学习、生活期间，受到幼儿园、学校或者其他教育机构以外的第三人人身损害的，由第三人承担侵权责任；幼儿园、学校或者其他教育机构未尽到管理职责的，承担相应的补充责任。幼儿园、学校或者其他教育机构承担补充责任后，可以向第三人追偿。据此，学校应当承担的责任是“相应的补充责任”，选 D 项。“相应的补充责任”不同于“相应的责任”，“相应的补充责任”存在追偿权的问题，而“相应的责任”不存在追偿权的问题。

5. B

【精解】我国民法典将法人分为营利法人、非营利法人和特别法人。居民委员会属于特别法人，孤儿院属于非营利法人，股份有限公司为营利法人，城镇农村的合作经济组织为特别法人。

6. A

【精解】遗产债务的清偿原则采取限定继承原则，即遗产债务的清偿以继承人或者受遗赠人所继承遗产或者接受遗赠的遗产的实际价值为限，对于超出遗产实际价值的债务，继承人或者受遗赠人不负清偿义务。在既有遗嘱又有遗赠的情况下，遗产债务的清偿原则是按照继承人或者受遗赠人所接受遗产的实际价值按比例清偿。故选 A 项。

7. D

【精解】《民法典》第 224 条规定，动产物权的设立和转让，自交付时发生效力，但是法律另有规定的除外。《民法典》第 225 条规定，船舶、航空器和机动车等的物权的设立、变更、转让和消灭，未经登记，不得对抗善意第三人。据此，轿车仍以交付作为所有权转移的标志，此处的“交付”，可以是现实交付，也可以是观念交付。《民法典》第 226 条规定了简易交付方式：动产物权设立和转让前，权利人已经占有该动产的，物权自民事法律行为生效时发生效力。据此，本题表述中，买受人乙基于借用合同已经合法占有该轿车，自买卖合同生效时即通过简易交付的方式发生物权变动，乙取得轿车的所有权。可见，A 项表述错误。《民法典》第 228 条规定，动产物权转让时，当事人又约定由出让人继续占有该动产的，物权自该约定生效时发生效力。据此，本题表述中，乙已经取得轿车的所有权，乙处分轿车，属于有权处分，而不是无权处分，受让人丙基于占有改定的方式完成交付，自借用一个月的合同生效时可以取得轿车的所有权。可见，D 项表述正确。由于乙有权处分轿车，无适用善意取得的余地，丙通过有效交换合法取得轿车的所有权。可见，C 项表述错误。

8. C

【精解】（1）根据《民法典》第 440 条第 6 项的规定，应收账款可以设定质权，而债权作为应收账款的一种类型，当然可以作为权利质权的标的。（2）甲公司欠丙银行 45 万元，并以其对乙公司的 50 万元债权设定质押，因该债权质权的设立已经通知债务人乙公司，对其发生效力。（3）债权质权人可直接向债务人主张权利。基于担保物权的不可分性，主债权未受全部清偿的，担保物权人可以就担保标的之全部行使其权利。(4)《民法典》第549条规定，有下列情形之一的，债务人可以向受让人主张抵销：①债务人接到债权转让通知时，债务人对让与人享有债权，且债务人的债权先于转让的债权到期或者同时到期；②债务人的债权与转让的债权是基于同一合同产生。因债权质权同属债权的处分，可适用债权转让的上述规定。本题表述中，乙公司对甲公司享有10万元到期债权，甲公司与乙公司的债权各在抵销范围内消灭，乙公司对甲公司的10万元到期债权消灭，而甲公司对乙公司的债权数额缩减为40万元。丙银行只得就40万元债权实现质权。可见，选C项。

9. D

【精解】《民法典》第186条规定了侵权责任和违约责任竞合的处理：因当事人一方的违约行为，损害对方人身权益、财产权益的，受损害方有权选择请求其承担违约责任或者侵权责任。据此，本题表述中，乙公司交付的汽车发动机质量不合格，致使甲公司其他财产权益受损，符合侵权责任和违约责任竞合的条件，在此情形下，甲公司有权选择要求乙公司承担违约责任或侵权责任，但不能同时主张侵权责任和违约责任。故只有D项表述正确。

10. C

【精解】根据《民法典》第563条的规定，当事人一方迟延履行债务或者有其他违约行为致使不能实现合同目的，可以解除合同。据此，本题表述中，借用乙的自行车后，甲莽撞骑行使车受损，导致订立合同的目的无法实现，乙有权解除合同。乙解除合同后，甲不再具有有权占有资格，另外，甲并非自行车的所有权人，且丙并未侵夺甲的占有，故甲无权请求返还原物。可见，A项表述错误。由于乙是自行车的所有权人，且已将解除合同的事实告知丙，故丙返还自行车给乙无须经甲同意，B项表述错误。《民法典》第235条规定，无权占有不动产或者动产的，权利人可以请求返还原物。据此，丙虽基于维修的承揽合同而占有自行车，但其占有本权为债权，不能对抗所有权人乙，乙有权要求丙返还自行车。同时根据《民法典》第447条第1款的规定，债务人不履行到期债务，债权人可以留置已经合法占有的债务人的动产，并有权就该动产优先受偿。这里的“债务人的动产”，包括债务人占有的无权处分的动产，对于债权人合法占有债务人交付的动产的，不知债务人无处分该动产的权利，债权人可以依法行使留置权。因此，债权人丙占有自行车与债权属于同一法律关系，故在乙支付修理费用之前，丙享有自行车留置权，以对抗返还原物的请求。可见，C项表述正确，D项表述错误。

11. C

【精解】因无权代理而从事的民事法律行为属于效力待定的民事法律行为。本题中，甲并无代理权，但却以乙的名义与丙订立合同，构成无权代理，甲、丙之间的合同属于效力待定合同，故选C项。

12. A

【精解】乙酒店禁止丑女甲进酒店进餐，侵害了甲的尊严权，对于侵害尊严权的侵权行为，当事人可以主张精神损害赔偿。故选A项。甲的名誉权并未受损，其公众的社会评价也未降低，酒店乙并未侵害甲的名誉权。故不选B项。甲相貌丑陋并非隐私，因此酒店的行为不构成侵犯隐私权。故不选C项。《民法典》第1018条规定，自然人享有肖像权，有权依法制作、使用、公开或者许可他人使用自己的肖像。肖像是通过影像、雕塑、绘画等方式在一定载体上所反映的特定自然人可以被识别的外部形象。《民法典》第1019条第1款规定，任何组织或者个人不得以丑化、污损，或者利用信息技术手段伪造等方式侵害他人的肖像权。未经肖像权人同意，不得制作、使用、公开肖像权人的肖像，但是法律另有规定的除外。根据上述规定，侵犯他人肖像权，首先应当在载体上有所体现，而本题表述中，“甲相貌丑陋”，这仅是一种评价，而不是通过肖像载体侵犯肖像权。侵犯肖像权的方式包括丑化、污损他人肖像，或者利用信息技术手段伪造等方式侵害他人的肖像权，或者未经肖像权人同意，不得制作、使用、公开肖像权人的肖像。本题表述中，酒店没有利用上述方式侵犯肖像权，因此不构成对甲肖像权的侵犯，故不选D项。

13. B

【精解】从性质上看，该合同属于行纪合同，而不是委托合同。就本题而言，行纪合同和委托合同区别的关键是，行纪合同的行纪人必须是具有经营行纪业务资格的人，如牙行、信托行、商行等。故选 B 项。

14. A

【精解】A 项中，割草机虽然会产生噪音，但这种噪音并非不能容忍，因为割草是为小区居民的利益而为的行为，况且割草不是发生于黑夜。故选 A 项。根据《民法典》第 294 条的规定，不动产权利人不得违反国家规定弃置固体废物，排放大气污染物、水污染物、土壤污染物、噪声、光、电磁波辐射等有害物质。据此，B 项属于光污染，C 项属于垃圾排放。根据《民法典》第 295 条的规定，不动产权利人挖掘土地、建造建筑物、铺设管线以及安装设备等，不得危及相邻不动产的安全。D 项中，施工企业在施工现场挖坑，导致相邻不动产渗水，侵害了相邻不动产的安全。

15. B

【精解】就本题 B 项而言，只要管理行为在客观上避免了他人利益受损且管理人不纯粹是出于为自己谋利的目的，就可以成立无因管理，即使管理人有为自己的动机且在客观上使自己同时受益，仍不影响无因管理的成立，例如修缮共用的承重墙、扑灭邻居房屋大火以避免殃及自家等也属于无因管理。故 B 项表述构成无因管理。无因管理所管理的事务为他人事务，而他人是特定的、现实的，而 A 项表述中，流浪猫并非他人饲养的动物，不能成立无因管理，但可构成先占。当然，如果将“流浪猫”改为“他人之宠物猫”，则构成无因管理。C 项表述为一般性生活事务，而一般性生活事务不构成无因管理。故 C 项表述不构成无因管理。假如将 C 项表述改为“将室友打好的饭菜吃掉”，则构成不当得利，也不是无因管理。一般而言，帮助他人清偿债务构成无因管理，但该清偿必须客观上有利于本人才构成无因管理，而 D 项表述的情形不利于本人，因而不构成无因管理。

16. B

【精解】代为清偿，即由第三人代替债务人清偿债务以消灭债权债务关系的行为。甲父代替甲清偿了乙的欠款，构成代为清偿，故选 B 项。不选 A 项：清偿抵充是指在债务人对于同一债权人负担数宗同种类的债务而清偿人提供的给付不足以清偿全部债务时，决定以该给付抵充何宗债务的规则。甲父的行为不是清偿抵充，因为清偿抵充的主体仍是原债务人。不选 C 项：债务承担即债务转移，是债务人将债务转移给第三人，由第三人成为新的债务人。债务承担须债务人与第三人达成债务承担的协议，由于甲未将债务转移给第三人，不属于债务承担。不选 D 项：甲父并非甲的代理人，不构成代理关系，无所谓代理清偿。

17. C

【精解】根据《民法典》第 498 条的规定，对格式条款的理解发生争议的，应当按照通常理解予以解释。对格式条款有两种以上解释的，应当作出不利于提供格式条款一方的解释。格式条款和非格式条款不一致的，应当采用非格式条款。据此，本题中，当事人就保险合同中“意外伤害”条款的理解发生争议，这属于双方对格式条款有两种以上解释的情形，对此争议应当按照不利于提供格式条款一方进行解释，即按照有利于甲的原则进行解释，故选 C 项。

18. B

【精解】《民法典》第 1091 条规定，有下列情形之一，导致离婚的，无过错方有权请求损害赔偿：(1) 重婚；(2) 与他人同居；(3) 实施家庭暴力；(4) 虐待、遗弃家庭成员；(5) 有其他重大过错。《民法典》第 1183 条规定，侵害自然人人身权益造成严重精神损害的，被侵权人有权请求精神损害赔偿。因故意或者重大过失侵害自然人具有人身意义的特定物造成严重精神损害的，被侵权人有权请求精神损害赔偿。根据上述规定，对于侵犯婚姻自主权、配偶权等身份利益的，权利人有权主张精神损害赔偿。故 A 项表述正确。对于 B 项表述的情形，权利人不能主张精神损害赔偿：提起精神损害赔偿诉讼的对象限于对他人人身权益造成损害，侵害物权、债权、知识产权、继承权等财产权益不在精神损害赔偿的范围之内。故选 B 项。对于 C、D 项表述的情形，权利人可以主张精神损害赔偿：对于侵犯自然人生命权、身体权、健康权、姓名权、肖像权、名誉权、荣誉权、隐私权、个人信息权益、婚姻自主权、人格尊严权等权利，致使被监护人非法脱离监护，以及死者和胎儿人格利益受到侵犯的，权利人有权请求精神损害赔偿。

19. D

【精解】《民法典》第 221 条规定，当事人签订买卖房屋的协议或者签订其他不动产物权的协议，为保障将来实现物权，按照约定可以向登记机构申请预告登记。预告登记后，未经预告登记的权利人同意，处分该不动产的，不发生物权效力。预告登记后，债权消灭或者自能够进行不动产登记之日起 90 日内未申请登记的，预告登记失效。这里的“不发生物权效力”，即未经预告登记的权利人同意，转移不动产所有权，或者设定建设用地使用权、地役权、抵押权等其他物权的，应当认定为其不发生物权效力。根据上述规定，对于一房二卖的，只要办理了预告登记，《民法典》确认第一个买卖合同有效，出卖人有义务为第一个买受人办理登记过户手续；第二个买卖合同无效，第二个买卖合同的买受人不能依据善意取得制度取得房屋所有权。总之，D 项正确。本题表述中，甲并未放弃债权，且只要求法院确认物权，故不选 B 项。

20. A

【精解】《民法典》第 1201 条规定，无民事行为能力人或者限制民事行为能力人在幼儿园、学校或者其他教育机构学习、生活期间，受到幼儿园、学校或者其他教育机构以外的第三人人身损害的，由第三人承担侵权责任；幼儿园、学校或者其他教育机构未尽到管理职责的，承担相应的补充责任。幼儿园、学校或者其他教育机构承担补充责任后，可以向第三人追偿。据此，校外人员即第三人甲将学生乙撞伤，甲应当承担侵权责任，育才小学疏于管理，这表明学校有过错，应当承担相应的补充责任。可见，选 A 项。当然，育才小学承担相应的补充责任后，可以向甲追偿。

第二章

多项选择题

单元一

1. 根据民法典规定，下列请求权不适用诉讼时效的是(　　)。

A. 请求支付扶养费的　　B. 登记的动产物权的权利人请求返还财产的

C. 债权人要求债务人按期支付第一笔货款的　　D. 请求停止侵害、排除妨碍、消除危险的

2. 对于违反非金钱债务的违约行为，不适用继续履行的情形是(　　)。

A. 法律上或者事实上不能履约的

B. 债务的标的不适于强制履行或者履行费用过高的

C. 债权人在合理期限内未要求履行的

D. 债权人约定适用违约金承担违约责任的

3. 甲向乙银行贷款，以其独栋高档住宅设定抵押。之后，甲依法在其高档住宅上面附建了一个小花园，在住宅院内建造了独立的保健房。贷款到期，甲无力偿还。乙银行享有优先受偿权的财产有(　　)。

A. 高档住宅　　B. 建设用地使用权

C. 保健房　　D. 小花园

4. 下列合同的效力，属于部分有效、部分无效的是(　　)。

A. 含有流押契约条款的抵押权合同

B. 以国家禁止买卖的物品作为履行标的条款的买卖合同

C. 含有保险人排除被保险人和受益人主要权利的人寿保险合同

D. 含有“因手术导致患者伤亡，医院概不负责”条款的医疗合同

5. 甲、乙订立一份买卖合同，约定甲于3月1日前交货，乙收到货后3个月内付款。到了3月1日，甲发现乙的财产状况严重恶化，甲于是停止交货。乙得知后向甲声称愿意以自己的一幢大楼抵押给甲，该大楼的价值远在货款之上。则下列表述错误的是(　　)。

A. 甲有权解除合同，因为乙的财产状况严重恶化

B. 甲可以继续中止合同的履行，直到乙的财产状况好转

C. 甲有权拒绝乙提供的抵押，并解除合同

D. 甲应当恢复自己的履行并发货

6. 下列选项中，有关当事人到婚姻登记部门办理结婚手续，婚姻登记部门不予办理的是(　　)。

A. 甲代乙与乙的未婚妻到婚姻登记部门办理结婚登记手续

B. 女方丙是在男方丁的胁迫下到婚姻登记部门办理结婚登记手续的

C. 戊、己二人有亲属关系，且辈分不同，但二人属于四代旁系血亲

D. 庚与辛系表兄妹关系

7. 甲死后留有房屋1套、存款3万元和古画1幅。甲生前立有遗嘱，将房屋分给儿子乙，存款分给女儿丙，古画赠给好友丁，并要求丁帮丙找份工作。则下列表述正确的是(　　)。

A. 甲的遗嘱部分有效

B. 如果丁在知道受遗赠后60日内没有作出接受遗赠的意思表示，视为放弃受遗赠

C. 如果古画在交付给丁之前由乙代为保管，若保管期间意外灭失，丁无权要求乙赔偿

D. 如果丁在作出接受遗赠的意思表示后死亡，则其接受遗赠的权利归于消灭

8. 下列关于著作权和邻接权及二者关系的表述，正确的是(　　)。

A. 著作权以邻接权为基础

B. 著作权的主体多为法人或其他组织，邻接权的主体多为自然人

C. 邻接权的客体是传播作品过程中产生的成果

D. 著作权包括人身权和财产权双重内容

9. 下列表述中存在侵权责任和违约责任竞合情形的是(　　)。

A. 赵某购置的热水器因质量问题导致赵某触电受伤

B. 钱某在商店购物时不慎跌伤

C. 孙某被某一高楼上扔下的烟缸砸伤

D. 李某作为保管人非法使用保管物而导致保管物毁损、灭失

10. 甲因病在乙医院住院治疗，因输入血液不合格而致慢性丙型肝炎。经查，该血液是由丙血站提供的。下列表述正确的是(　　)。

A. 甲可要求乙医院承担责任

B. 甲可要求丙血站承担责任

C. 乙医院和丙血站对甲的损害承担连带责任

D. 丙血站承担责任，乙医院不承担责任

单元一答案与精解

1. ABD

【精解】《民法典》第196条规定，下列请求权不适用诉讼时效的规定：（1）请求停止侵害、排除妨碍、消除危险；（2）不动产物权和登记的动产物权的权利人请求返还财产；（3）请求支付抚养费、赡养费或者扶养费；（4）依法不适用诉讼时效的其他请求权。据此，选A、B、D项。C项表述为债权请求权，适用诉讼时效。

2. ABC

【精解】《民法典》第580条第1款规定，当事人不履行非金钱债务或者履行非金钱债务不符合约定的，对方可以要求履行，但有下列情形之一的除外：（1）法律上或者事实上不能履行；（2）债务的标的不适于强制履行或者履行费用过高；（3）债权人在合理期限内未请求履行。据此，选A、B、C项。

3. ABD

【精解】我国民法典强调“房屋所有权主体与房屋占有范围内土地使用权的主体一致”原则，亦即“房随地走，地随房走”的原则。《民法典》第397条规定，以建筑物抵押的，该建筑物占用范围内的建设用地使用权一并抵押。以建设用地使用权抵押的，该土地上的建筑物一并抵押。抵押人未依据前款规定一并抵押的，未抵押的财产视为一并抵押。据此，选A、B项。《民法典》第417条规定，建设用地使用权抵押后，该土地上新增的建筑物不属于抵押财产。该建设用地使用权实现抵押权时，应当将该土地上新增的建筑物与建设用地使用权一并处分，但是，新增建筑物所得的价款，抵押权人无权优先受偿。据此，保健房属于新增建筑物，抵押权人对此无优先受偿权，故不选C项。《民法典》第322条第1款规定，因加工、附合、混合而产生的物的归属，有约定的，按照约定；没有约定或者约定不明确的，依照法律规定；法律没有规定的，按照充分发挥物的效用以及保护无过

错当事人的原则确定。据此，甲依法附建的小花园属于附合物，应当归甲所有。抵押物的所有人为附合物所有人的，抵押权的效力及于附合物，因此，对于甲附建的小花园，也应当纳入抵押财产，乙银行对此有优先受偿权。可见，选 D 项。

4. ACD

【精解】《民法典》第 155 条规定，无效的或者被撤销的民事法律行为自始没有法律约束力。《民法典》第 156 条规定，民事法律行为部分无效，不影响其他部分效力的，其他部分仍然有效。《民法典》第 401 条规定，抵押权人在债务履行期限届满前，与抵押人约定债务人不履行到期债务时抵押财产归债权人所有的，只能依法就抵押财产优先受偿。据此，当事人在抵押合同中约定，债务履行期届满抵押权人未受清偿时，抵押物的所有权转移为债权人所有的内容无效，但该内容的无效不影响抵押合同其他部分的内容的效力，且抵押权人的优先受偿权不受影响。可见，含有流押契约条款的抵押合同，属于部分有效、部分无效的合同，选 A 项。《民法典》第 153 条第 1 款规定，违反法律、行政法规的强制性规定的民事法律行为无效。但是，该强制性规定不导致该民事法律行为无效的除外。据此，以国家禁止买卖的物品作为履行标的的条款会导致整个合同无效，故不选 B 项。《民法典》第 497 条规定，有下列情形之一的，该格式条款无效：（1）具有本法第一编第六章第三节（民事法律行为的无效）和《民法典》第 506 条规定的无效情形（无效的免责条款）；（2）提供格式条款一方不合理地免除或者减轻其责任、加重对方责任、限制对方主要权利；（3）提供格式条款一方排除对方主要权利。据此规定第（3）项，保险人排除被保险人和受益人主要权利的，该条款无效，但该条款无效并不影响保险合同其他条款的效力。可见，选 C 项。《民法典》第 506 条规定，合同中的下列免责条款无效：（1）造成对方人身损害的；（2）因故意或者重大过失造成对方财产损失的。据此，对于含有人身伤害免责条款的医疗合同，该人身伤害免责条款属于无效条款，但是该无效条款并不影响其他合同条款的效力。例如，在医院采取符合诊疗措施的治疗后，患者痊愈的，患者应当支付医疗费。可见，D 项表述的医疗合同也属于部分有效、部分无效，选 D 项。

5. ABC

【精解】本题为选非题，考查的是不安抗辩权。根据《民法典》第 527 条的规定，当事人行使不安抗辩权的情形包括经营状况严重恶化，转移财产、抽逃资金以逃避债务，丧失商业信誉等情形。另据《民法典》第 528 条规定，当事人依据前条规定中止履行的，应当及时通知对方。对方提供适当担保的，应当恢复履行。中止履行后，对方在合理期限内未恢复履行能力且未提供适当担保的，视为以自己的行为表明不履行合同主要债务，中止履行的一方可以解除合同并可以请求对方承担违约责任。据此，本题中，乙的财产状况严重恶化，甲有权行使不安抗辩权，并中止自己的履行，但如果乙提供了抵押，即提供了担保，则甲应当恢复自己的履行，而不能解除合同，更不能拒绝抵押。故 A、B、C 项的表述都是错误的。

6. AD

【精解】婚姻登记属于本人亲自为之的事项，不能适用代理。故选 A 项。受胁迫结婚属于可撤销婚姻，对此，婚姻登记部门应当办理结婚登记手续。故不选 B 项。直系血亲和三代以内旁系血亲是禁止通婚的，而表兄妹恰恰属于三代以内的旁系血亲。故选 D 项，但如果属于三代以外的旁系血亲，不管辈分是否相同，都属于有效婚姻，婚姻登记部门应当办理结婚登记手续。

7. BC

【精解】《民法典》第 1144 条规定，遗嘱继承或者遗赠附有义务的，继承人或者受遗赠人应当履行义务。没有正当理由不履行义务的，经利害关系人或者有关组织请求，人民法院可以取消其接受附义务部分遗产的权利。据此，本题表述中，甲在遗嘱的安排中包括附义务的遗赠，不论是遗嘱继承的安排，还是附义务的遗赠的安排，都是合法有效的，而不是部分有效，故 A 项表述错误。《民法典》第 1124 条规定，继承开始后，继承人放弃继承的，应当在遗产处理前，以书面形式作出放弃继承的表示。没有表示的，视为接受继承。受遗赠人应当在知道受遗赠后 60 日内，作出接受或者放弃受遗赠的表示。到期没有表示的，视为放弃受遗赠。据此，丁作为受遗赠人，应当在知道受遗赠的60日内作出是否接受或者放弃受遗赠的表示，而丁没有作出表示，则视为放弃受遗赠，故B项表述正确。《民法典》第1151条规定，存有遗产的人，应当妥善保管遗产，任何组织或者个人不得侵吞或者争抢。据此，本题表述中，乙代为保管的古画并非被侵吞或者争抢所致，而是因为意外原因灭失的，因此乙不负赔偿责任，丁也无权请求乙赔偿。可见，C项表述正确。继承开始后，受遗赠人表示接受遗赠，并于遗产分割前死亡的，由于受遗赠人已经接受遗产，该遗产属于受遗赠人的财产，其接受遗赠的权利应当转归受遗赠人的继承人。因此，丁接受遗赠的权利并未因丁的死亡而消灭。可见，D项表述错误。

8. CD

【精解】著作权和邻接权既有联系又有区别。二者的联系表现在：邻接权属于广义的著作权范畴；邻接权以著作权为基础；对于著作权合理使用的限制也适用于邻接权。二者的区别表现在：邻接权的主体多为法人或其他组织，著作权的主体多为自然人；邻接权的客体是传播作品过程中产生的成果，著作权的客体是作品本身；邻接权中除了表演者权外一般不涉及人身权，而著作权包括人身权和财产权双重内容。可见，C、D项表述正确。

9. AD

【精解】赵某购置的热水器因质量问题导致赵某触电受伤，商家应当承担买卖合同标的物存在产品质量瑕疵的违约责任，同时，商家还存在因产品质量不合格的产品责任侵权行为，因而构成侵权和违约的竞合。故选A项。钱某在商店购物时不慎跌伤，因买卖合同没有成交，有可能存在缔约过失责任和侵权责任的竞合，但不能构成侵权责任和违约责任的竞合。故不选B项。《民法典》第1254条规定，禁止从建筑物中抛掷物品。从建筑物中抛掷物品或者从建筑物上坠落的物品造成他人损害的，由侵权人依法承担侵权责任；经调查难以确定具体侵权人的，除能够证明自己不是侵权人的外，由可能加害的建筑物使用人给予补偿。可能加害的建筑物使用人补偿后，有权向侵权人追偿。物业服务企业等建筑物管理人应当采取必要的安全保障措施防止前款规定情形的发生；未采取必要的安全保障措施的，应当依法承担未履行安全保障义务的侵权责任。发生本条第1款规定的情形的，公安等机关应当依法及时调查，查清责任人。据此，C项表述中，孙某被某一高楼扔下的烟缸砸伤，属于高空抛物引起的补偿责任，不构成违约责任。故不选C项。李某作为保管人非法使用保管物而导致保管物毁损、灭失，存在违反保管合同约定的妥善保管保管物的义务，构成违约，致使保管物毁损、灭失的，构成侵权，存在侵权和违约的竞合，故选D项。

10. AB

【精解】《民法典》第1223条规定，因药品、消毒产品、医疗器械的缺陷，或者输入不合格的血液造成患者损害的，患者可以向药品上市许可持有人、生产者、血液提供机构请求赔偿，也可以向医疗机构请求赔偿。患者向医疗机构请求赔偿的，医疗机构赔偿后，有权向负有责任的药品上市许可持有人、生产者、血液提供机构追偿。据此，本题表述中，乙医院是医疗机构，丙血站是血液提供机构，患者甲既可以向乙医院请求赔偿，也可以向丙血站请求赔偿。可见，选A、B项，不选D项。乙医院和丙血站承担的是不真正连带责任（就是适用追偿而不适用连带承担责任的情形），不真正连带责任不同于连带责任，不选C项。

单元二

1. 甲将自有的A房产抵押给债权人乙，应乙请求，该房产抵押办理了预告登记。该预告登记不发生法律效力或者失效的情形有（　　）。

A. A房产尚未办理所有权首次登记

B. 甲在A房产所占建设用地范围内新建一栋洋房

C. A房产与办理所有权首次登记的房产不一致

D. 预告登记后，甲、乙之间的主债权消灭

2. 某年 11 月 16 日，顾某接到某商城销售经理詹某电话，请他帮忙发送商城的销售广告，约定一条短信 0.1 元。后顾某在朋友的介绍下花 1 万元购买了伪基站设备，并驾驶面包车携带该设备在市区范围内群发广告。11 月 20 日，顾某还没有拿到工钱就被公安机关抓获。经查，顾某已群发短信 10 万条，并获取了 10 万个手机用户信息且将该信息出卖给了一家房地产开发公司，获益 1 万元。对此，下列说法是正确的是（　　）。

A. 顾某和詹某之间的约定无效　　B. 顾某和詹某之间的约定效力待定

C. 顾某可以请求詹某给付自己 1 万元报酬　　D. 顾某侵害了他人享有的个人信息权益

3. 甲、乙二人签订一份房屋买卖合同，合同约定：如果甲之子在一年内出国，则甲将房屋卖给乙，这一民事法律行为(　　)。

A. 既未成立，也未生效　　B. 已经成立但未生效

C. 是附条件的民事法律行为　　D. 是附期限的民事法律行为

4. 甲、乙、丙共同购置一套房屋，三人约定对房屋按照出资比例分享房屋产权，但对因管理房屋产生的修缮费用没有约定承担份额。该房屋由丁完成修缮，丁对房屋共有产权的性质并不知情。则(　　)。

A. 甲、乙、丙对房屋的共有属于共同共有　　B. 甲、乙、丙按份负担修缮费用

C. 甲、乙、丙按份负担对丁的债务　　D. 甲、乙、丙连带负担对丁的债务

5. 下列行为中，应当认定为要约的是(　　)。

A. 甲发布的广告声称：如果有人拾得他丢失的皮包后能物归原主，将获酬金 5 000 元

B. 乘客乙刷卡后乘坐公交车

C. 商场丙发布广告称：本商场有冰箱出售，欲购从速

D. 商店丁将商品明码标价后陈列于柜台中

6. 未成年人甲因攀爬电力公司所属的高压变电房遭电击致残，终生丧失劳动能力。电力公司有义务赔偿甲的(　　)。

A. 残疾赔偿金　　B. 精神抚慰金

C. 营养费　　D. 后续治疗费

7. 甲公司欠乙公司 30 万元货款，一直无力偿付，现丙公司欠甲公司的 20 万元欠款已到期，但甲公司明确表示放弃对丙公司的到期债权，乙公司为了维护自己的利益，则(　　)。

A. 请求法院撤销甲公司放弃债权的行为

B. 行使代位权，要求丙公司偿还 20 万元

C. 乙公司行使权利所支出的必要费用可以向甲公司主张

D. 乙公司可以行使不安抗辩权，否则解除合同

8. 甲、乙系夫妻。甲在起诉离婚同时可请求损害赔偿的情形是(　　)。

A. 乙与婚外异姓同事同居　　B. 乙伪造夫妻债务企图侵占甲的财产

C. 乙经常虐待甲　　D. 乙经常对他人实施性骚扰

9. 甲公司通过暗管直接向长江非法排放有毒物质，给生态环境造成极大损害。甲公司应当依法赔偿的损失和费用有(　　)。

A. 生态环境修复期间服务功能丧失导致的损失

B. 生态环境功能永久性损害造成的损失

C. 生态环境损害调查、鉴定评估等费用

D. 清除污染、修复形态环境费用、防止损害发生和扩大所支出的合理费用

10. 甲电力公司管理的一台变压器位于路旁 10 米处，为了防止他人接近，电力公司建造围墙将变压器围起，仅留一道小门供检修人员出入，但并不锁门，平常有守门员乙看守。某日，乙不在，顽童丙（8 岁）出于好奇走入围墙内玩耍，结果被电流击伤，经抢救后双臂截肢。对于丙的损害，下列表述错误的是(　　)。

A. 由丙的监护人承担责任　　　　B. 由电力公司承担责任
C. 由乙承担责任　　　　D. 由电力公司和丙承担连带责任

单元二答案与精解

1. ACD

【精解】根据最高人民法院《关于适用〈中华人民共和国民法典〉有关担保制度的解释》第 52 条第 1 款的规定，当事人办理抵押预告登记后，预告登记权利人请求就抵押财产优先受偿，经审查存在尚未办理建筑物所有权首次登记、预告登记的财产与办理建筑物所有权首次登记时的财产不一致、抵押预告登记已经失效等情形，导致不具备办理抵押登记条件的，人民法院不予支持；经审查已经办理建筑物所有权首次登记，且不存在预告登记失效等情形的，人民法院应予支持，并应当认定抵押权自预告登记之日起设立。据此，选 A、C 项。《民法典》第 221 条第 2 款规定，预告登记后，债权消灭或者自能够进行不动产登记之日起 90 日内未申请登记的，预告登记失效。据此，债权消灭，抵押权也随之消灭，预告登记当然失效。可见，选 D 项。《民法典》第 417 条规定，建设用地使用权抵押后，该土地上新增的建筑物不属于抵押财产。该建设用地使用权实现抵押权时，应当将该土地上新增的建筑物与建设用地使用权一并处分。但是，新增建筑物所得的价款，抵押权人无权优先受偿。据此，新建洋房不属于抵押财产，因而也不属于预告登记的范围，新建洋房与预告登记是否有效没有关联，也不会影响预告登记的效力。可见，不选 B 项。

2. AD

【精解】《民法典》第 153 条第 1 款规定，违反法律、行政法规的强制性规定的民事法律行为无效。但是，该强制性规定不导致该民事法律行为无效的除外。据此，本题表述中，双方在对所发送的电子信息的性质（垃圾短信）充分知情的情况下，无视手机用户群体是否同意接收商业广告信息的主观意愿，强行向不特定公众发送商业广告，违反网络信息保护规定，侵害不特定公众的利益，约定应属无效。因双方的约定无效，顾某当然不可以请求詹某给付违法所得的 1 万元，该 1 万元法院应依法予以收缴。可见，A 项说法正确，选 A 项，B、C 项说法错误。根据《民法典》第 111 条的规定，自然人的个人信息受法律保护。任何组织和个人需要获取他人个人信息的，应当依法取得并确保信息安全，不得非法收集、使用、加工、传输他人个人信息，不得非法买卖、提供或公开他人个人信息。据此，本题表述中，顾某出卖 10 万个手机用户的个人信息，侵犯了这些手机用户享有的个人信息权益，应当依法应承担民事责任。故 D 项表述正确，选 D 项。

3. BC

【精解】附条件民事法律行为和附期限民事法律行为的根本区别在于，附条件民事法律行为中的条件具有或然性，既可能发生，也可能不发生，而附期限民事法律行为中的期限是必然发生的，具有确定性。故选 C 项，排除 D 项。该题属于附延缓条件的民事法律行为，对于附延缓条件的民事法律行为，在条件成就之前，法律行为已经成立，但法律行为的效力处于停止状态。因条件未成就，法律行为虽然已经成立但不生效。故选 B 项，排除 A 项。

4. BD

【精解】甲、乙、丙按照份额享有对购置房屋的产权，因此是按份共有，而不是共同共有，故不选 A 项。《民法典》第 302 条规定，对共有物的管理费用以及其他负担，有约定的，按照约定；没有约定或者约定不明确的，按份共有人按照其份额负担，共同共有人共同负担。据此，甲、乙、丙没有约定修缮费用的负担，故甲、乙、丙应按份负担修缮费用。可见，选 B 项。《民法典》第 307 条规定，因共有的不动产或者动产产生的债权债务，在对外关系上，共有人享有连带债权、承担连带债务，但是法律另有规定或者第三人知道共有人不具有连带债权债务关系的除外；在共有人内部关系上，除共有人另有约定外，按份共有人按照份额享有债权、承担债务，共同共有人共同享有债权、承担债务。偿还债务超过自己应当承担份额的按份共有人，有权向其他共有人追偿。据此，甲、乙、丙按份负担修缮费用，且丁对房屋产权共有究竟是按份共有还是共同共有并不知情，因此，甲、乙、丙对丁的债务应当承担连带责任。可见，选D项，不选C项。

5. AD

【精解】《民法典》第499条规定，悬赏人以公开方式声明对完成特定行为的人支付报酬的，完成该行为的人可以请求其支付。据此，悬赏广告的悬赏人以公开方式对完成特定行为的人支付报酬的，视为要约，完成该行为的人请求支付报酬的，视为承诺。A项表述的是悬赏广告，应当视为要约，选A项。在乘坐公交车的运输合同中，公交车驶入站台载客，就意味着公交车与不特定的乘客达成运输合同的要约，乘客上车刷卡、投币等，视为承诺，运输合同成立并生效，因此，B项表述的情形应当认定为承诺，而不是要约，不选B项。《民法典》第473条规定，要约邀请是希望他人向自己发出要约的表示。拍卖公告、招标公告、招股说明书、债券募集办法、基金招募说明书、商业广告和宣传、寄送的价目表等为要约邀请。商业广告和宣传的内容符合要约条件的，构成要约。据此，C项表述中，商场发布的商业广告，内容不具体明确，不能视为要约，而D项表述的“商店将商品明码标价陈列于柜台内”，从事交易习惯者都认为是内容具体明确的要约，因此选D项。

6. ABCD

【精解】《民法典》第1179条规定，侵害他人造成人身损害的，应当赔偿医疗费、护理费、交通费、营养费、住院伙食补助费等为治疗和康复支出的合理费用，以及因误工减少的收入。造成残疾的，还应当赔偿辅助器具费和残疾赔偿金；造成死亡的，还应当赔偿丧葬费和死亡赔偿金。据此，人身损害赔偿的范围应当包括：（1）常规赔偿。①医疗费、护理费、交通费等为治疗和康复支出的合理费用；②误工费；③住院伙食补助费和营养费。（2）丧失劳动能力的赔偿。①残疾赔偿金；②残疾生活辅助具费；③因康复护理、继续治疗实际发生的必要的康复费、护理费、后续治疗费等。（3）造成死亡的赔偿。①丧葬费；②死亡赔偿金。根据上述归纳，选A、C、D项。本题表述的情形属于侵犯健康权的侵权行为，对于侵犯健康权的，被害人可以主张精神损害赔偿，精神损害赔偿的物质赔偿的主要形式就是抚慰金赔偿。可见，选B项。

7. AC

【精解】代位权和撤销权都属于债的保全制度的范畴，但二者有别，债权人行使代位权是因为债务人消极不行使到期债权，而债权人行使撤销权是因为债务人以积极的行为无偿转让财产，或者以明显不合理的低价转让财产等。故选A项，排除B项。乙公司行使撤销权的费用由债务人甲公司承担。故选C项。不安抗辩权属于双务合同中先履行方享有的抗辩权，而乙公司未必属于先履行方。故排除D项。

8. AC

【精解】提出离婚损害赔偿请求权的事由具有法定性。根据民法典的规定，有下列情形之一，导致离婚的，无过错方有权请求损害赔偿：重婚；与他人同居；实施家庭暴力；虐待、遗弃家庭成员；有其他重大过错。据此，乙与婚外异性同事同居并虐待甲，在离婚时甲可以提出离婚损害赔偿，选A、C项。乙伪造夫妻债务企图侵占甲的财产，甲在离婚时可以此为由提出多分或者全部取得夫妻共同财产的请求权，但B项表述并非甲可提出离婚损害赔偿请求的理由，故不选B项。乙对他人实施性骚扰也并非甲提出离婚损害赔偿请求权的法定事由，故不选D项。

9. ABCD

【精解】《民法典》第1235条规定，违反国家规定造成生态环境损害的，国家规定的机关或者法律规定的组织有权请求侵权人赔偿下列损失和费用：（1）生态环境受到损害至修复完成期间服务功能丧失导致的损失；（2）生态环境功能永久性损害造成的损失；（3）生态环境损害调查、鉴定评估等费用；（4）清除污染、修复生态环境费用；（5）防止损害的发生和扩大所支出的合理费用。据此，备选项应全选。

10. ACD

【精解】《民法典》第1243条规定，未经许可进入高度危险活动区域或者高度危险物存放区域受到损害，管理人能够证明已经采取足够安全措施并尽到充分警示义务的，可以减轻或者不承担责任。据此，本题中，作为甲电力公司的管理人员乙擅离职守，这说明甲电力公司疏于管理，应当承担侵权责任，丙的监护人则不承担责任。因此，只有B项的表述是正确的，A、C、D项的表述错误。

单元三

1. 某施工企业与甲订立了材料买卖合同，却误将货款支付给乙，随后该施工企业向乙索回货款并支付给甲。关于该案例中施工企业、甲和乙之间债发生根据的说法，正确的有(　　)。

A. 施工企业与甲之间形成合同之债关系

B. 甲、乙之间不存在债的关系

C. 乙与施工企业之间形成不当得利之债关系

D. 乙与施工企业之间形成无因管理之债关系

2. 甲为在离婚时隐匿在婚姻关系存续期间购置的房产，与好友签订买卖合同约定："甲将其名下房屋以200万元出卖给乙，双方办理了过户登记。同时二人私下达成一致："乙无须支付房款，也非房屋所有权人，待甲离婚后乙再将房屋过户于甲，甲一次性支付报酬5万元。"甲的妻子丙在离婚后得知此事。对此，下列表述正确的是(　　)。

A. 甲、乙签订的房屋买卖合同无效

B. 丙可以提起诉讼，请求再次分割夫妻共同财产

C. 乙获得的甲的5万元为不当得利

D. 乙取得甲出卖的房屋的所有权

3. 下列选项中，属于遗产管理人应当履行的职责有(　　)。

A. 清理遗产并制作遗产清单

B. 向继承人报告遗产情况

C. 采取必要措施防止遗产毁损

D. 处理被继承人的债权债务

4. 下列属于因法律行为引发物权变动的有(　　)。

A. 抛弃废弃的电脑而丧失电脑的所有权

B. 通过互易取得三部电脑的所有权

C. 通过建造房屋取得该房屋的所有权

D. 因地震导致房屋所有权消灭

5. 下列选项中，被侵权人有权请求相应的惩罚性赔偿的有(　　)。

A. 甲窃得乙的汽车后发生交通事故，造成行人丙受伤

B. 经销商甲明知销售的汽车刹车装置不合格仍不警示、召回，造成三名消费者受重伤

C. 甲盗版出售乙出版社享有专有出版权的图书，获利巨大

D. 甲公司故意违反国家规定，超量排放污染物致使生态环境难以修复，后果严重

6. 下列选项中，在甲、乙双方当事人没有约定先后履行顺序，甲可以行使同时履行抗辩权的是(　　)。

A. 甲出1万元购买了乙的一件名贵珠宝。乙于次日交付珠宝，但未交付该珠宝鉴定证书。乙请求甲支付1万元

B. 乙公司向甲请求偿还购置电脑的欠款，但乙公司尚未还清欠甲的海鲜产品货款

C. 甲委托乙制作了一批工艺品，工艺品有质量瑕疵，乙要求甲付款

D. 甲赠给乙两台电脑，但要求乙须给甲补交一个月的燃气费，但乙并没有补交燃气费

7. 下列关于物件损害责任认定的表述，正确的是(　　)。

A. 甲装运公司将集装箱堆放在仓库附近，行人李某经过时，集装箱突然倒塌将李某砸伤。甲装运公司不能证明没有过错的，就应当承担侵权责任

B. 建设单位乙公司委托施工单位丙公司施工建造大楼，施工过程中，该施工大楼突然倒塌，将

一名建筑工人砸死。则乙公司和丙公司对该死亡的建筑工人承担连带侵权责任

C. 丁运输公司在运输货物时，因没有将货物束紧，货物在运输途中散落在公路上，致使行驶在该公路的某公司汽车撞到货物上而翻车，造成车内人员受伤。丁运输公司应当承担遗失高度危险物的侵权责任

D. 某一小区高楼内抛出一烟灰缸将行人孙某砸伤，因难以确定加害人，则该高楼的业主应当对孙某的损害承担连带侵权责任

8. 某房屋登记簿上记载的所有权人为甲，但乙认为该房屋应当归自己所有，遂申请仲裁。仲裁裁决争议的房屋归乙所有，但裁决书生效后甲、乙未办理变更登记手续。一个月后，乙将该房屋抵押给丙银行，签订了抵押合同，但没有办理抵押登记。则仲裁裁决生效后，下列说法正确的是（　　）。

A. 房屋归甲所有，因未办理房屋权属变更登记

B. 房屋归乙所有，因仲裁裁决争议的房屋归乙

C. 抵押合同有效

D. 抵押权成立并有效

9. A公司与B小区业主委员会签订了物业服务合同，A公司是B小区业主选聘的物业服务企业。对此，下列说法错误的有（　　）。

A. B小区选聘A公司作为物业服务企业，应当经全体业主一致同意

B. A公司公开作出的有利于B小区业主的服务承诺，不是物业服务合同的组成部分

C. 业主甲拖欠半年物业费，A公司要求业主委员会支付欠款，业主委员会无权拒绝

D. 业主乙出国进修两年返家，A公司要求其补交两年的物业费，乙有权以两年未接受物业服务为由予以拒绝

10. 王某与赵某于2000年5月结婚。2001年7月，王某出版了一本小说，获得20万元的收入。2002年1月，王某继承了其母亲的一处房产。2002年2月，赵某在一次车祸中，造成重伤，获得6万元赔偿金。在赵某受伤后，有许多亲朋好友来探望，共收礼1万多元。对此，下列表述正确的是（　　）。

A. 王某出版小说所得的收入归夫妻共有

B. 王某继承的房产归夫妻共有

C. 赵某获得的6万元赔偿金归赵某个人所有

D. 赵某接受的礼品归赵某个人所有

单元三答案与精解

1. ABC

【精解】某施工企业与甲订立了材料买卖合同，施工企业与甲之间形成合同之债关系。施工企业误将货款支付给乙，乙收取货款没有法律根据，系不当得利，施工企业与乙之间存在不当得利之债关系。甲、乙之间不存在合同关系。可见，本题正确答案是A、B、C项。但是乙并没有为施工企业管理事务，因此不存在无因管理之债的关系，故不选D项。

2. ABC

【精解】《民法典》第146条规定，行为人与相对人以虚假的意思表示实施的民事法律行为无效。以虚假的意思表示隐藏的民事法律行为的效力，依照有关法律规定处理。据此，甲、乙签订的买卖合同是因双方通谋作出的虚假表示，买卖合同应当认定为无效。可见，A项表述正确，选A项。《民法典》第1092条规定，夫妻一方隐藏、转移、变卖、毁损、挥霍夫妻共同财产，或者伪造夫妻共同债务企图侵占另一方财产的，在离婚分割夫妻共同财产时，对该方可以少分或者不分。离婚后，另一方发现有上述行为的，可以向人民法院提起诉讼，请求再次分割夫妻共同财产。据此，甲、乙实

施通谋的虚假行为，甲以此达到隐匿夫妻共同财产的目的，甲的妻子丙可以向人民法院提起诉讼，请求再次分割夫妻共同财产。可见，B项表述正确，选B项。《民法典》第157条规定，民事法律行为无效、被撤销或者确定不发生效力后，行为人因该行为取得的财产，应当予以返还；不能返还或者没有必要返还的，应当折价补偿。有过错的一方应当赔偿对方由此所受到的损失；各方都有过错的，应当各自承担相应的责任。法律另有规定的，依照其规定。据此，乙收取的5万元应返还，返还的依据是不当得利，因为乙获取的利益没有法律依据。可见，C项表述正确，选C项。因甲、乙实施通谋虚伪表示，买卖合同无效，尽管办理了过户登记手续，但乙不能取得房屋所有权。可见，D项表述错误。

3. ABCD

【精解】《民法典》第1147条规定，遗产管理人应当履行下列职责：(1) 清理遗产并制作遗产清单；(2) 向继承人报告遗产情况；(3) 采取必要措施防止遗产毁损、灭失；(4) 处理被继承人的债权债务；(5) 按照遗嘱或者依照法律规定分割遗产；(6) 实施与管理遗产有关的其他必要行为。据此，备选项应全选。

4. AB

【精解】A项属于单方法律行为，B项属于合同行为，故选A、B项。C项属于因事实行为引发的物权变动，D项属于因事件引发的物权变动。

5. BCD

【精解】《民法典》第179条第2款规定，法律规定惩罚性赔偿的，依照其规定。据此，惩罚性赔偿以法律明确规定为限，法律没有明确规定惩罚性赔偿的，不得适用惩罚性赔偿。《民法典》第1215条第1款规定，盗窃、抢劫或者抢夺的机动车发生交通事故造成损害的，由盗窃人、抢劫人或者抢夺人承担赔偿责任。盗窃人、抢劫人或者抢夺人与机动车使用人不是同一人，发生交通事故造成损害，属于该机动车一方责任的，由盗窃人、抢劫人或者抢夺人与机动车使用人承担连带责任。据此，本条款并未规定惩罚性赔偿，因此行人丙不能请求甲承担惩罚性赔偿，不选A项。《民法典》第1207条规定，明知产品存在缺陷仍然生产、销售，或者没有依据前条规定采取有效补救措施，造成他人死亡或者健康严重损害的，被侵权人有权请求相应的惩罚性赔偿。这里的“补救措施”，指的是《民法典》第1206条规定的停止销售、警示、召回等补救措施。据此，由于经销商甲没有采取补救措施，造成三名买受人重伤，被侵权人有权请求相应的惩罚性赔偿，选B项。《民法典》第1185条规定，故意侵害他人知识产权，情节严重的，被侵权人有权请求相应的惩罚性赔偿。据此，甲侵犯乙的著作权，获利巨大，这表明情节严重，乙出版社有权请求甲承担相应的惩罚性赔偿，选C项。《民法典》第1232条规定，侵权人违反法律规定故意污染环境、破坏生态造成严重后果的，被侵权人有权请求相应的惩罚性赔偿。据此，甲违法排污造成生态难以修复，应当承担破坏生态责任，由于后果严重，甲公司应当承担惩罚性赔偿，选D项。

6. AC

【精解】《民法典》第525条规定，当事人互负债务，没有先后履行顺序的，应当同时履行。一方在对方履行之前有权拒绝其履行请求。一方在对方履行债务不符合约定时，有权拒绝其相应的履行请求。据此，同时履行抗辩权的构成要件之一是须因同一双务合同互负债务。可主张同时履行抗辩权的，系基于同一双务合同而生的对待给付，这里的债务，首先应当是主给付义务，而从给付义务的履行当与合同目的的实现具有密切关系时，应当认定该从给付义务与主给付义务之间具有牵连关系，才能产生同时履行抗辩权。据此，A项表述中，尽管交付珠宝鉴定证书的行为属于从给付义务，但是珠宝鉴定证书直接决定了珠宝的价值，对珠宝本身具有重要的意义，因此，可以认为给付珠宝鉴定证书的行为与给付珠宝的主给付义务能够产生牵连关系，可以行使同时履行抗辩权，选A项。由于同时履行抗辩权的行使条件之一是双方当事人基于同一双务合同互负债务，而B项表述的债务，一个是购买电脑的欠款，而另一个债务是海鲜产品货款，这并非基于同一双务合同而产生的债务，因此甲不能行使同时履行抗辩权。C项表述的情形为承揽合同，承揽人负有完成无瑕疵工作成果的义务，承揽人违反该义务及未承担该责任时，定作人有权主张同时履行抗辩权，选C项。《民法典》第661条规定，赠与可以附义务。赠与附义务的，受赠人应当按照约定履行义务。据此，D项表述中，乙所附义务为给甲补交一个月的燃气费，但是补交燃气费并非赠与电脑的对价，而同时履行抗辩权的成立条件之一是基于双务合同互负债务，赠与合同是单务合同，不产生同时履行抗辩权的问题，故不选D项。

7. AB

【精解】《民法典》第1255条规定，堆放物倒塌、滚落或者滑落造成他人损害，堆放人不能证明自己没有过错的，应当承担侵权责任。据此，A项表述正确，选A项。《民法典》第1252条第1款规定，建筑物、构筑物或者其他设施倒塌、塌陷造成他人损害的，由建设单位与施工单位承担连带责任，但是建设单位与施工单位能够证明不存在质量缺陷的除外。建设单位、施工单位赔偿后，有其他责任人的，有权向其他责任人追偿。据此，B项表述正确，选B项。《民法典》第1256条规定，在公共道路上堆放、倾倒、遗撒妨碍通行的物品造成他人损害的，由行为人承担侵权责任。公共道路管理人不能证明已经尽到清理、防护、警示等义务的，应当承担相应的责任。该条规定的是妨害通行物的损害责任，而不是遗失高度危险物损害责任。《民法典》第1241条规定的是遗失高度危险物损害责任，即遗失、抛弃高度危险物造成他人损害的，由所有人承担侵权责任。所有人将高度危险物交由他人管理的，由管理人承担侵权责任；所有人有过错的，与管理人承担连带责任。可见，C项表述错误。《民法典》第1254条规定，禁止从建筑物中抛掷物品。从建筑物中抛掷物品或者从建筑物上坠落的物品造成他人损害的，由侵权人依法承担侵权责任；经调查难以确定具体侵权人的，除能够证明自己不是侵权人的外，由可能加害的建筑物使用人给予补偿。可能加害的建筑物使用人补偿后，有权向侵权人追偿。物业服务企业等建筑物管理人应当采取必要的安全保障措施防止前款规定情形的发生；未采取必要的安全保障措施的，应当依法承担未履行安全保障义务的侵权责任。发生本条第1款规定的情形的，公安等机关应当依法及时调查，查清责任人。据此，D项表述中，由高楼的所有业主对孙某的损害承担连带责任是不对的，不选D项。

8. BC

【精解】《民法典》第229条规定，因人民法院、仲裁机构的法律文书或者人民政府的征收决定等，导致物权设立、变更、转让或者消灭的，自法律文书或者征收决定等生效时发生效力。据此，生效的仲裁裁决将争议的房屋判给乙，则乙取得房屋所有权，是否办理权属变更登记不影响乙享有所有权，但若乙事后处分该房屋，未经登记不发生物权效力。可见，A项表述错误，而B项表述则是正确的，选B项。结合《民法典》第402条的规定（以不动产抵押的，应当办理登记，抵押权自登记时设立），乙依据仲裁裁决取得房屋所有权，但未经权属变更登记即进行了处分（设定抵押），该不动产抵押也没有办理登记，因此抵押权不成立，但是依据区分原则，抵押合同应当认定为有效。可见，C项表述正确，选C项，而D项表述则是错误的。

9. ABCD

【精解】根据《民法典》第278条的规定，选聘和解聘物业服务企业，应当由专有部分面积占比2/3以上的业主且人数占比2/3以上的业主参与表决，并经参与表决专有部分面积过半数的业主且参与表决人数过半数的业主同意。据此，A项表述错误。根据《民法典》第944条的规定，A公司应当要求业主甲支付物业服务费，而不能请求业主委员会支付物业费。可见，C项表述错误。根据《民法典》第944条的规定，业主不得以未接受或者无需接受相关物业服务为由拒绝支付物业费。据此，D项表述错误。根据《民法典》第938条第2款的规定，物业服务人公开作出的有利于业主的服务承诺，为物业服务合同的组成部分。据此，B项表述错误。

10. ABCD

【精解】《民法典》第1062条第1款规定，夫妻在婚姻关系存续期间所得的下列财产，为夫妻的共同财产，归夫妻共同所有：（1）工资、奖金和劳务报酬；（2）生产、经营、投资的收益；（3）知识产权的收益；（4）继承或者受赠的财产，但是本法第1063条第3项规定的除外；（5）其他应当归共同所有的财产。《民法典》第1063条规定，下列财产为夫妻一方的个人财产：(1) 一方的婚前财产；(2) 一方因受到人身损害获得的赔偿和补偿；(3) 遗嘱或者赠与合同中确定只归一方的财产；(4) 一方专用的生活用品；(5) 其他应当归一方的财产。可见，出版小说所得的收入属于知识产权收益，应当属于夫妻共有财产。故选A项。对于王某继承的房产，由于题目中没有指明属于遗嘱继承或者法定继承，也应当认定为夫妻共有财产。故选B项。一方因身体受到伤害获得的医疗费、残疾人生活补助费等费用应当认定为个人财产。故选C项。对于赵某接受的礼品，属于其他应当归一方的财产，因为礼品是专门送给赵某的。故选D项。

单元四

1. 当事人提起离婚损害赔偿请求的，人民法院应予受理的情形是(　　)。

A. 无过错方起诉离婚同时又提起损害赔偿请求的

B. 夫妻一方与他人非法同居，另一方向人民法院起诉离婚并提起损害赔偿请求的

C. 离婚案件的被告不同意离婚又不提起损害赔偿请求的，在离婚2年后又单独就离婚损害赔偿请求起诉的

D. 如果当事人未明确表示放弃损害赔偿请求的，在婚姻登记机关办理离婚登记手续后，当事人又在离婚后1年内向人民法院提出损害赔偿请求的

2. 患者在诊疗活动中受到损害，医疗机构不承担损害赔偿责任的是(　　)。

A. 患者或者其他近亲属不配合医疗机构进行符合诊疗规范的诊疗

B. 医务人员在抢救生命垂危的患者等紧急情况下已经尽到合理诊疗义务

C. 限于当时的医疗水平难以诊疗

D. 医务人员在诊疗活动中未尽到与当时的医疗水平相应的诊疗义务的

3. 甲服装厂向乙公司借款40万元，并将其现有及将有的原材料、半成品、成品等设定抵押，办理了抵押登记，担保其中的30万元。同时，丙担当保证人，未约定保证范围和保证期间。丁以其汽车设定抵押，未办理抵押登记，也未约定担保范围。戊公司以市场价格从甲服装厂订购成品服装，支付价款8万元后受领了服装。对此，下列说法正确的有（　　）。

A. 当甲服装厂未依约归还借款时，乙公司应当先实现甲服装厂提供的动产浮动抵押权

B. 若乙公司放弃了原材料等设定的动产浮动抵押权，丙有权主张免除保证责任

C. 若乙公司放弃了丁的汽车抵押权，丙有权主张免除保证责任

D. 乙公司无权就戊公司购得的服装实现优先受偿权

4. 下列选项中，可以适用无因管理情形的有(　　)。

A. 为朋友定制一套适体的西装作为其结婚礼物

B. 管理失主丢失的鸡

C. 将路上突然晕倒的行人送往医院

D. 为出差的邻居加固房屋以增强房屋的抗风能力

5. 范某的下列有关骨科病预防与治疗方面的研究成果中，可在我国申请专利的有（　　）。

A. 发现了导致骨癌的特殊遗传基因

B. 发明了一套帮助骨折病人尽快康复的理疗器械

C. 发明了如何精确诊断股骨头坏死的方法

D. 发明了一种高效治疗软骨病的中药制品

6. 法人依法解散的情形有(　　)。

A. 法人章程规定的存续期间届满或者法人章程规定的其他解散事由出现

B. 法人的权力机构决议解散

C. 因法人合并或者分立需要解散

D. 法人依法被吊销营业执照、登记证书，被责令关闭或者被撤销

7. 下列情形中，构成侵权的是（ ）。

A. 甲利用信息技术手段在网络上对他人“恶搞换脸”

B. 乙模仿他人声音并通过拼接手段恶搞传播

C. “狗仔队”在首都机场对女影星丙进行偷拍

D. 记者丁报道了一起交通肇事案件并对酒后驾驶者拍照直播

8. 甲公司欲购买乙公司生产的塔吊，但因缺乏资金，遂请求丙公司提供融资租赁，由于塔吊存在质量问题，吊装的物品坠落并砸伤行人丁，甲公司被迫停产修理。对此，下列表述正确的有（ ）。

A. 甲公司无权请求丙公司赔偿修理塔吊的费用

B. 甲公司不得以塔吊存在质量问题并发生事故为由，延付或拒付租金

C. 丙公司应当对甲公司承担违约责任

D. 丁可以请求丙公司赔偿损失

9. 下列选项所列的情形中，应当依法享有继承权的是（ ）。

A. 甲的妻子乙死亡后，甲再婚，但甲仍然承担了乙的父亲丙生活费的大部分。如果丙死亡，甲享有继承权

B. 张某病危时立口头遗嘱，将 5 万元存款给其长子，在场有两位医生见证。几个月后，张某病愈。张某长子依此享有继承权

C. 甲在其父乙死亡后遗产分割前也死亡，甲的妻子丙享有转继承权

D. 曲某先于其母申某而死亡，曲某的妻子林某享有代位继承权

10. 下列关于定金和违约金的表述，正确的有（ ）。

A. 当事人既可以在合同中约定定金条款，也可以在合同中约定违约金条款

B. 当事人在合同中约定了定金条款和违约金条款的，可以选择适用

C. 当事人在合同中约定了定金条款的，约定的定金数额不得超过主合同标的额的 20%，超过部分不产生定金效力

D. 当事人就迟延履行约定违约金的，违约方支付违约金后，还应当履行债务

单元四答案与精解

1. ABD

【精解】《民法典》第 1091 条规定，有下列情形之一，导致离婚的，无过错方有权请求损害赔偿：（1）重婚；（2）与他人同居；（3）实施家庭暴力；（4）虐待、遗弃家庭成员；（5）有其他重大过错。据此规定第（2）项，对于夫妻一方与他人同居，另一方向人民法院起诉离婚并提起损害赔偿请求的，人民法院应予受理，选 B 项。无过错方作为原告，向人民法院提起损害赔偿请求的，必须在离婚诉讼的同时提出。据此，A 项表述的情形，人民法院应予受理，选 A 项。符合《民法典》第 1091 条规定的无过错方作为被告的离婚诉讼案件，如果被告不同意离婚也不基于该条规定提起损害赔偿请求的，可以在离婚后 1 年内就此单独提起诉讼。登记离婚后，当事人向人民法院提起损害赔偿请求的，人民法院应当受理。但当事人在协议离婚时已经明确表示放弃该项请求，或者在办理离婚登记手续 1 年后提出的，不予支持。据此，C 项表述中，当事人是在离婚“2 年”后单独提起损害赔偿诉讼请求的，已经超过“1 年”内的要求，因此 C 项表述是错误的，而 D 项表述是正确的，选 D 项。

2. ABC

【精解】根据《民法典》第 1224 条的规定，患者在诊疗活动中受到损害，有下列情形之一的，

医疗机构不承担赔偿责任：（1）患者或者其他近亲属不配合医疗机构进行符合诊疗规范的诊疗；（2）医务人员在抢救生命垂危的患者等紧急情况下已经尽到合理诊疗义务；（3）限于当时的医疗水平难以诊疗。上述第（1）项情形中，医疗机构及其医务人员也有过错的，应当承担相应的赔偿责任。据此，选A、B、C项。根据《民法典》第1221条的规定，医务人员在诊疗活动中未尽到与当时的医疗水平相应的诊疗义务，造成患者损害的，医疗机构应当承担赔偿责任。据此，不选D项。

3. AD

【精解】《民法典》第392条规定，被担保的债权既有物的担保又有人的担保的，债务人不履行到期债务或者发生当事人约定的实现担保物权的情形，债权人应当按照约定实现债权；没有约定或者约定不明确，债务人自己提供物的担保的，债权人应当先就该物的担保实现债权；第三人提供物的担保的，债权人可以就物的担保实现债权，也可以请求保证人承担保证责任。提供担保的第三人承担担保责任后，有权向债务人追偿。据此，本题表述中，乙公司的债权既有物保（甲自己提供的动产浮动抵押、丁提供的汽车抵押），又有人保（丙的保证），因此应当先实现该抵押权。可见，A项表述正确。《民法典》第409条第2款规定，债务人以自己的财产设定抵押，抵押权人放弃该抵押权、抵押权顺位或者变更抵押权的，其他担保人在抵押权人丧失优先受偿权益的范围内免除担保责任，但是其他担保人承诺仍然提供担保的除外。据此，本题表述中，乙公司放弃了债务人甲提供的动产浮动抵押权，丧失了30万元的优先受偿权，其他担保人丙只能在30万元的范围内主张免除保证责任，对剩余的10万元仍应当承担责任。可见，B项表述错误。根据《民法典》第409条第2款的规定，只有债权人放弃债务人提供的物保时，其他担保人才有权主张免责。本题表述中，若乙公司放弃了丁的汽车抵押权，丙无权主张免除保证责任。可见，C项表述错误。《民法典》第404条规定，以动产抵押的，不得对抗正常经营活动中已经支付合理价款并取得抵押财产的买受人。据此，乙公司因不享有对戊公司的抵押权，因而无权就戊公司购得的服装实现优先受偿权。可见，D项表述正确，选D项。

4. BCD

【精解】A项不构成无因管理，因为为朋友定制服装属于道德义务，纯粹道德义务的管理不能认定为无因管理。故排除A项。

5. BD

【精解】《专利法》第25条规定，对下列各项，不授予专利权：（1）科学发现；（2）智力活动的规则和方法；（3）疾病的诊断和治疗方法；（4）动物和植物品种；（5）原子核变换方法以及用原子核变换方法获得的物质；（6）对平面印刷品的图案、色彩或者二者的结合作出的主要起标识作用的设计。对前款第（4）项所列产品的生产方法，可以依照本法规定授予专利权。据此，疾病的诊断和治疗方法由于不能用工业方法制造和使用，因此不适用于专利保护。而药品及用于诊断、治疗疾病的仪器、设备或者器械等，只要具备专利条件，就可以被授予专利。可见，本题选B、D项。

6. ABCD

【精解】《民法典》第69条规定，有下列情形之一的，法人解散：（1）法人章程规定的存续期间届满或者法人章程规定的其他解散事由出现；（2）法人的权力机构决议解散；（3）因法人合并或者分立需要解散；（4）法人依法被吊销营业执照、登记证书，被责令关闭或者被撤销；（5）法律规定的其他情形。据此，备选项应全选。

7. AB

【精解】《民法典》第1019条规定，任何组织或者个人不得以丑化、污损，或者利用信息技术手段伪造等方式侵害他人的肖像权。未经肖像权人同意，不得制作、使用、公开肖像权人的肖像，但是法律另有规定的除外。未经肖像权人同意，肖像作品权利人不得以发表、复制、发行、出租、展览等方式使用或者公开肖像权人的肖像。据此，甲的行为侵犯了他人肖像权，选A项。《民法典》第1023条规定，对姓名等的许可使用，参照适用肖像许可使用的有关规定。对自然人声音的保护，参照适用肖像权保护的有关规定。据此，乙的行为侵犯了他人声音权，选B项。C项表述中，女影星属于公众人物，对于公众人物人格权的保护不同于普通人。公众人物由于被大家所关注，涉及公众的知情权。公众要了解你的隐私，原则上不构成侵权。因此，“狗仔队”去偷拍明星，满足了公众的知情权，因而不构成侵权，不选C项。《民法典》第999条规定，为公共利益实施新闻报道、舆论监督等行为的，可以合理使用民事主体的姓名、名称、肖像、个人信息等；使用不合理侵害民事主体人格权的，应当依法承担民事责任。据此，丁的行为符合人格权的合理使用，不构成侵权，不选D项。

8. AB

【精解】本题考查的是融资租赁合同。本题表述中，甲公司是承租人，乙公司是出卖人，丙公司是出租人。《民法典》第750条第2款规定，承租人应当履行占有租赁物期间的维修义务。据此，承租人甲应当承担塔吊的维修费用，甲公司无权请求丙公司赔偿修理塔吊的费用，A项表述正确，选A项。《民法典》第742条规定，承租人对出卖人行使索赔权利，不影响其履行支付租金的义务。但是，承租人依赖出租人的技能确定租赁物或者出租人干预选择租赁物的，承租人可以请求减免相应租金。据此，租赁物存在质量瑕疵的，承租人可以向出卖人索赔，但是，承租人不得以此为由不支付租金，除非承租人依赖出租人的技能确定租赁物或者出租人干预选择租赁物的，承租人可以请求减免相应租金。可见，B项表述正确，选B项。融资租赁合同虽具有租赁的性质，但其目的是融资，因此，如合同解除、标的物维修、标的物质量瑕疵及风险承担等问题原则上均与出租人无关。因此，出租人丙公司对甲公司不承担违约责任，C项表述错误。《民法典》第749条规定，承租人占有租赁物期间，租赁物造成第三人的人身损害或者财产损失的，出租人不承担责任。据此，出租人丙公司不承担丁的损失，D项表述错误。

9. AC

【精解】《民法典》第1129条规定，丧偶儿媳对公婆，丧偶女婿对岳父母，尽了主要赡养义务的，作为第一顺序继承人。据此，丧偶女婿甲对岳父丙尽了主要赡养义务，应当作为第一顺序法定继承人，甲享有继承权。可见，A项表述正确。《民法典》第1138条规定，遗嘱人在危急情况下，可以立口头遗嘱。口头遗嘱应当有两个以上见证人在场见证。危急情况消除后，遗嘱人能够以书面或者录音录像形式立遗嘱的，所立的口头遗嘱无效。据此，张某在患重病时立口头遗嘱，该口头遗嘱有效，但张某病愈，这意味着危急情况解除，其能够以书面形式或者录音录像形式再立遗嘱，则先前所立的口头遗嘱无效，其长子也因口头遗嘱无效而不能依据无效的口头遗嘱享有继承权。可见，B项表述错误。《民法典》第1152条规定，继承开始后，继承人于遗产分割前死亡，并没有放弃继承的，该继承人应当继承的遗产转给其继承人；但是遗嘱另有安排的除外。据此，甲在其父乙死亡后，在遗产分割前也死亡，其应继承乙的遗产转归其继承人，包括其妻子丙，因此甲的妻子丙可以通过转继承方式继承甲的遗产。可见，C项表述正确，选C项。《民法典》第1128条规定，被继承人的子女先于被继承人死亡的，由被继承人的子女的直系晚辈血亲代位继承。被继承人的兄弟姐妹先于被继承人死亡的，由被继承人的兄弟姐妹的子女代位继承。代位继承人一般只能继承被代位继承人有权继承的遗产份额。据此，曲某先于其母申某死亡，曲某应当继承的申某的遗产份额，应当转归曲某的直系晚辈血亲代位继承，但是，曲某的妻子并非曲某的直系晚辈血亲，不享有代位继承权。可见，D项表述错误。

10. ABCD

【精解】《民法典》第588条规定，当事人既约定违约金，又约定定金的，一方违约时，对方可以选择适用违约金或者定金条款。定金不足以弥补一方违约造成的损失的，对方可以请求赔偿超过定金数额的损失。据此，当事人可以在合同中既约定定金条款，又约定违约金条款，但在主张时，应当选择适用。可见，A、B项表述正确。《民法典》第586条规定，当事人可以约定一方向对方给付定金作为债权的担保。定金合同自实际交付定金时成立。定金的数额由当事人约定；但是，不得超过主合同标的额的20%，超过部分不产生定金的效力。实际交付的定金数额多于或者少于约定数额的，视为变更约定的定金数额。据此，C项表述正确。《民法典》第585条第3款规定，当事人就迟延履行约定违约金的，违约方支付违约金后，还应当履行债务。据此，D项表述正确。

单元五

1. 甲被法院宣告死亡，甲父乙、甲妻丙、甲子丁分割了其遗产。后乙病故，丁代位继承了乙的部分遗产。丙与戊再婚后因车祸遇难，丁、戊又分割了丙的遗产。现甲重新出现，法院撤销死亡宣告。则下列说法错误的有（　　）。

A. 丁应将其从甲、乙、丙处继承的全部财产返还给甲

B. 丁只应将其从甲、乙处继承的全部财产返还给甲

C. 戊从丙处继承的全部财产都应返还给甲

D. 丁、戊应将从丙处继承的而丙从甲处继承的财产返还给甲

2. 下列选项中，赠与人不得撤销赠与的有（　　）。

A. 捐赠的赈灾款　　B. 捐赠的抢险物资

C. 经过公证的赠与　　D. 捐赠养老设备

3. 某市电话局为推销其销售的劣质电话机，将电话机的价格计入其收取的电话安装费中，用户申请安装电话时必须一并购买其电话机，否则不予安装。则电话局的行为违反了（　　）。

A. 平等原则　　B. 自愿原则

C. 诚实信用原则　　D. 公序良俗原则

4. 下列表述正确的有（　　）。

A. 物权的基本原则包括物权法定原则、一物一权原则和公示、公信原则

B. 权利可以成为抵押权和质权的客体，但不能成为留置权的客体

C. 地役权不得单独设定抵押权

D. 专有权在业主建筑物区分所有权中具有主导地位

5. 甲将自己所有的一只会说话的鹦鹉质押给乙，作为甲债务的担保，在质押期间，乙的朋友丙来到乙家，尽管乙多次叮嘱丙不要碰鹦鹉，但由于丙看到鹦鹉后甚为喜爱，便擅自将鹦鹉从鸟笼中取出亲吻鹦鹉，被鹦鹉啄伤了鼻子。则下列表述错误的是（　　）。

A. 甲应当承担丙被鹦鹉啄伤的侵权责任　　B. 乙应当承担丙被鹦鹉啄伤的侵权责任

C. 甲、乙应当承担对丙损害的连带责任　　D. 丙对于自己的人身伤害自行承担责任

6. 一般保证的保证人在就债务人的财产依法强制执行仍不能履行债务前，有权拒绝承担保证责任，但是有下列情形之一的除外（　　）。

A. 债务人下落不明，且无财产可供执行

B. 人民法院受理债务人破产案件

C. 债权人有证据证明债务人的财产不足以履行全部债务或者丧失履行债务能力

D. 保证人书面放弃先诉抗辩权

7. 董楠（男）和申蓓（女）是美术学院同学，共同创作一幅油画作品《爱你一千年》。毕业后二人结婚育有一女。董楠染上吸毒恶习，未经申蓓同意变卖了《爱你一千年》，所得款项用于吸毒。因董楠恶习不改，申蓓在女儿不满1周岁时提起离婚诉讼。对此，下列说法正确的是（　　）。

A. 申蓓虽然在分娩后1年内提出离婚，法院应予受理

B. 如调解无效，应准以离婚

C. 董楠出售《爱你一千年》侵犯了申蓓的物权和著作权

D. 董楠染上吸毒恶习且屡教不改，申蓓有权请求离婚损害赔偿

8. 甲生子乙、丙，女丁，其妻早逝。丙成年后娶妻戊，生子庚。甲设立遗嘱指定丙继承其全部遗产。丙因车祸丧生后，甲痛不欲生，当天即因脑出血去世，留下遗产。有权继承甲遗产的人员有（　　）。

A. 乙　　　　　　　　　　　　　　　　B. 丁

C. 戊　　　　　　　　　　　　　　　　D. 庚

9. 甲向乙借款100万元，借期2年，欲以自己的房屋1套作担保，双方于2021年6月1日签订了不动产抵押合同，乙一直催促甲办理抵押登记，均无果。一个月后，乙要求甲以自己的汽车作抵押，双方于2021年7月1日签订了动产抵押合同，但甲一直未将汽车交付于乙。现因甲不能清偿到期欠款，乙要求实现抵押权。对此，下列表述正确的是（　　）。

A. 甲、乙之间的不动产抵押合同由于一直没有办理抵押登记而无效

B. 甲、乙之间的不动产抵押合同于2021年6月1日成立并生效，但不动产抵押权未设立

C. 甲既能就汽车设立抵押权，又能就汽车设立质押权

D. 乙有权请求将甲的汽车拍卖，并就所得价款行使优先受偿权

10. 齐某扮成建筑工人模样，在工地旁摆放一尊廉价购得的旧蟾蜍石雕，冒充新挖出文物等待买主。甲曾以5 000元从齐某处买过一尊同款石雕，发现被骗后正在同齐某交涉时，乙过来询问。甲有意让乙也上当，以便要回被骗款项，未等齐某开口便对乙说：“我之前从他这买了一个貔貅，转手就赚了，这个你不要我就要了。”乙信以为真，以5 000元买下石雕。对于所涉民事法律行为的效力，下列说法正确的是（　　）。

A. 乙可以向甲主张撤销其购买行为

B. 乙可以向齐某主张撤销其购买行为

C. 甲不得向齐某主张撤销其购买行为

D. 乙的撤销权自购买行为发生之日起5年内不行使而消灭

单元五答案与精解

1. ABC

【精解】《民法典》第53条规定，被撤销死亡宣告的人有权请求依照民法第六编取得其财产的民事主体返还财产；无法返还的，应当给予适当补偿。利害关系人隐瞒真实情况，致使他人被宣告死亡取得其财产的，除应当返还财产外，还应当对由此造成的损失承担赔偿责任。据此，甲重新出现，法院撤销了甲的死亡宣告，应当返还给甲的财产范围仅限于甲的财产，且以能够返还为前提。因此，丁应当返还从甲处和乙处继承的原来属于甲的财产，不是全部返还，对于从丙处继承的财产，也不能全部返还，因为丙的财产中仅含有部分甲的财产。故A项和B项错误。戊仅返还从丙处取得的甲的财产。故C项错误。

2. ABCD

【精解】《民法典》第660条规定，经过公证的赠与合同或者依法不得撤销的具有救灾、扶贫、助残等公益、道德义务性质的赠与合同，赠与人不交付赠与财产的，受赠人可以请求交付。依照前款规定应当交付的赠与财产因赠与人故意或者重大过失致使毁损、灭失的，赠与人应当承担赔偿责任。据此，A、B项表述的赈灾款、抢险物资都是具有救灾性质的款项，C项表述的是经过公证的赠与合同，D项表述的养老设备也具有公益性质，赠与人都不得撤销上述财产的赠与。可见，备选项应全选。

3. ABCD

【精解】电话局利用其垄断地位，违背用户的意志，将自己的意志凌驾于用户之上，违反了平等原则。故选A项。电话局违背用户的意愿强行要求其购买电话机，违反了自愿原则。故选B项。电话局为了自己的利益而搭售劣质电话，损害了用户的利益，显然违反了诚实信用原则。故选C项。违反公序良俗原则的类型主要有十类：危害国家公序的行为，危害家庭关系的行为，违反性道德的行为，射幸行为，违反人权或者人格尊严的行为，限制经济自由的行为，违反公共竞争的行为，违

反消费者保护的行为，违反劳动者保护的行为和暴利行为。其中，搭售行为属于暴利行为。故选D项。

4. ABCD

【精解】物权的基本原则包括平等保护原则、物权法定原则、物权客体特定原则（一物一权原则）和公示、公信原则。故A项表述正确。权利可以成为抵押权和质权的客体，如以建设用地使用权设定抵押权，以著作权中的财产权利设定质权，但留置权的客体仅限于动产，权利和不动产不能成为留置权的客体。故B项表述正确。地役权可以设定抵押权，但因地役权具有从属性特征，因而地役权不能单独抵押，必须与主权利一并设定抵押权。故C项表述正确。业主建筑物区分所有权具有复合性、整体性、专有权的主导性和客体的多元性等特征，但这些特征中，专有权的主导性居于核心地位。故D项表述正确。

5. ABC

【精解】《民法典》第1245条规定，饲养的动物造成他人损害的，动物饲养人或者管理人应当承担侵权责任，但是，能够证明损害是因被侵权人故意或者重大过失造成的，可以不承担或者减轻责任。据此，本题中，丙将鹦鹉从鸟笼中取出并予以亲吻，丙应当能够认识到这样做有被啄伤的危险，但还是将鸟取出进行亲吻，而且丙还不顾乙的多次叮嘱，因此，乙可以受害人故意作为免责事由，丙只能对于鼻子被啄伤自行承担责任。故D项表述正确，不选。注意：退一步讲，无论如何，甲不承担丙被啄伤的侵权责任，因为动物的实际管理人是乙（质权人），而不是甲。当然，乙可以根据《民法典》第1245条规定免责，故A、B、C项表述都是错误的。

6. ABCD

【精解】《民法典》第687条规定，当事人在保证合同中约定，债务人不能履行债务时，由保证人承担保证责任的，为一般保证。一般保证的保证人在主合同纠纷未经审判或者仲裁，并就债务人的财产依法强制执行仍不能履行债务前，有权拒绝向债权人承担保证责任，但是有下列情形之一的除外：（1）债务人下落不明，且无财产可供执行；（2）人民法院受理债务人破产案件；（3）债权人有证据证明债务人的财产不足以履行全部债务或者丧失履行债务能力；（4）保证人书面放弃本款规定的权利（先诉抗辩权）。据此，备选项应全选。

7. ABCD

【精解】《民法典》第1082条规定，女方在怀孕期间、分娩后一年内或者终止妊娠后六个月内，男方不得提出离婚；但是，女方提出离婚或者人民法院认为确有必要受理男方离婚请求的除外。据此，男方即董楠不得在女方分娩后1年内提出离婚，但女方申蓓提出离婚的，不受限制，法院应予受理，A项表述正确。《民法典》第1079条第1款和第2款第3项规定，男女一方要求离婚的，可以由有关组织进行调解或者直接向人民法院提起离婚诉讼。男女一方有赌博、吸毒等恶习屡教不改的，应当准予离婚。据此，因董楠染上吸毒恶习且屡教不改，属于法定离婚情形，如调解无效，应准予离婚，B项表述正确。《民法典》第308条规定，共有人对共有的不动产或者动产没有约定为按份共有或者共同共有，或者约定不明确的，除共有人具有家庭关系等外，视为按份共有。据此，因董楠与申蓓存在夫妻关系，因此油画《爱你一万年》应当属于董楠和申蓓共同共有，董楠未经共有人申蓓同意处分油画《爱你一万年》，属于无权处分，构成对申蓓物权的侵害。《著作权法》第18条规定，美术作品等原件所有权的转移，不视为作品著作权的转移，但美术作品原件的展览权由原件所有人享有。据此，本题表述中，因董楠处分了共有油画，油画著作权虽未发生转移，但原件的展览权由受让人取得，而申蓓对原件的展览权归于消灭，故董楠构成对申蓓著作权的侵犯，C项表述正确。《民法典》第1091条第5项规定，有其他重大过错导致离婚的，无过错方有权请求损害赔偿。据此，董楠染上吸毒且屡教不改，属于重大过错，申蓓有权提出离婚损害赔偿，D项表述正确。

8. ABD

【精解】继承人丙先于被继承人甲死亡，甲所立由丙继承其遗产的遗嘱无发生余地，对甲的遗产应当按照法定继承办理。乙、丁为其法定继承人，选A、B项。丙先于甲死亡，其应继承的份额由其晚辈直系血亲代位继承，庚为代位继承人，选D项。戊不是法定继承人，不能继承甲的遗产，故不选C项。

9. BCD

【精解】根据《民法典》第402条规定，以不动产抵押的，应当办理抵押登记。抵押权自登记时设立。同时，《民法典》第215条规定，当事人之间订立有关设立、变更、转让和消灭不动产物权的合同，除法律另有规定或者当事人另有约定外，自合同成立时生效；未办理物权登记的，不影响合同效力。据此，本题表述中，甲、乙虽未办理抵押登记手续，不动产抵押权未设立，但二者间的抵押合同合法有效。可见，A项表述错误；B项表述正确，选B项。根据物权法定的基本原理，对于动产而言，既可以设立抵押权，又可以设立质权。故C项表述正确，选C项。根据《民法典》第403条规定，以动产抵押的，抵押权自抵押合同生效时设立；未经登记，不得对抗善意第三人。同时根据《民法典》第394条第1款规定，为担保债务的履行，债务人或者第三人不转移财产的占有，将该财产抵押给债权人的，债务人不履行到期债务或者发生当事人约定的实现抵押权的情形，债权人有权就该财产优先受偿。据此，D项表述正确，选D项。

10. BD

【精解】《民法典》第149条规定，第三人实施欺诈行为，使一方在违背真实意思的情况下实施的民事法律行为，对方知道或者应当知道该欺诈行为的，受欺诈方有权请求人民法院或者仲裁机构予以撤销。据此，齐某明知第三人甲实施欺诈行为，符合第三人实施欺诈行为可撤销的情形，在乙和齐某的交易行为中，合同的相对人是齐某，因此乙应当向齐某而不是向甲主张撤销购买行为。可见，A项表述错误，B项表述正确，选B项。《民法典》第148条规定，一方以欺诈手段，使对方在违背真实意思的情况下实施的民事法律行为，受欺诈方有权请求人民法院或者仲裁机构予以撤销。据此，齐某扮成建筑工人模样，将廉价购得的旧蟾蜍石雕冒充新挖出文物销售给甲，构成欺诈，甲得向齐某主张撤销其购买行为。可见，C项表述错误，不选C项。《民法典》第152条第2款规定，有下列情形之一的，撤销权消灭：当事人自民事法律行为发生之日起5年内没有行使撤销权的，撤销权消灭。据此，D项表述正确，选D项。

单元六

1. 下列所有权的取得方式中，应当认定为原始取得的是(　　)。

A. 捡破烂的老汉在垃圾堆里捡到一件衣服

B. 某村村民养了十只羊，其中母羊生了三只小羊羔，该村民取得三只小羊羔的所有权

C. 富商临终前遗言将自己的一套住房赠与希望小学，该小学依此取得住房的所有权

D. 张某看见瓷器工艺品十分喜爱，遂和主人商量用自己的数码相机交换，张某依此取得工艺品所有权

2. 张某驾车在路上正常行驶时，与违章闯红灯的刘某驾驶的大型货车相撞，导致张某重伤，送医院后经抢救无效死亡。张某的妻子、父母等近亲属决定捐献张某的角膜、肝脏等器官。甲医院未经严格检验即通过手术将张某的肝脏移植给陈某。后查明，张某生前有长期的同性恋经历，携带HIV病毒。陈某发现自己携带HIV病毒后提起诉讼，请求医院及张某近亲属承担赔偿责任。对此，下列表述正确的是(　　)。

A. 张某死亡后，其近亲属有权捐献其人体组织器官

B. 张某妻子得知张某为同性恋的，可以请求法院宣告双方婚姻无效

C. 医院因过错侵犯陈某的健康权，应当赔偿其人身损害与精神损害

D. 张某的近亲属对陈某不承担赔偿责任

3. 甲公司将其房屋、现有的和将来的产成品、半成品抵押给乙银行，但都未办理抵押登记。抵押期间，甲公司将房屋出售给丙，将产成品、半成品出售给丁。乙银行得知上述事实后不同意甲公

司的出售行为。后甲公司到期不能履行债务。甲公司的行为有效的有(　　)。

A. 设立房屋抵押权　　B. 设立产成品、半成品抵押权

C. 将房屋出售给丙　　D. 将产成品、半成品出售给丁

4. 甲家旁边有一建筑工地正在施工。某日，一货车经过甲家门前，由于颠簸掉落货物一件，被甲拾得据为已有。其后，甲发现有利可图，遂在门前撒落许多砖石。次日，果然又拾得两袋车上颠落的货包。甲的行为在性质上属于（　　）。

A. 侵权行为　　B. 无因管理

C. 合同行为　　D. 不当得利

5. 下列选项中，乙的行为应当认定为承诺的有(　　)。

A. 甲向乙发出要约，要求乙在接到要约后一个月内答复，逾期未答复则视为承诺。乙未按期答复

B. 甲向乙发出出售电脑的要约，乙在甲规定的期限内回复："价格每台减少 500 元，其他条件不变"

C. 甲商店标价出售钢笔，乙未与店员协商就出钱购买

D. 乙向自动售货机投币购买冰激凌一份

6. 甲和乙结婚后因无房居住，于 2013 年 8 月 1 日以个人名义向丙借款 10 万元购房，约定 4 年后归还，未约定是否计算利息。后甲外出打工与人同居。2016 年 4 月 9 日，法院判决甲、乙离婚，家庭财产全部归乙。则下列表述错误的有(　　)。

A. 借款期满后，丙有权要求乙偿还 10 万元及其利息

B. 借款期满后，丙只能向甲要求偿还 10 万元

C. 借款期满后，丙只能要求甲和乙分别偿还 5 万元

D. 借款期满后，丙有权要求甲和乙连带清偿 10 万元及其利息

7. 刘某生有一子一女，子女均已成家，子甲生女乙，女丙生子丁、戊。刘某一直对两外孙格外偏爱，曾多次私下表示死后把遗产赠与丁、戊。某年，丙不幸遇难，刘某在料理完丙的丧事后也死亡。经查，刘某有两处房产，股票、债券若干，总价值 60 万元。甲、乙、丁、戊就遗产分割发生纠纷，则（　　）。

A. 丁、戊可代位继承刘某的遗产　　B. 刘某的遗产由甲全部继承

C. 甲可以继承刘某的遗产　　D. 甲可以继承丙的遗产

8. 甲，15 岁，某中学高一学生，酷爱电脑设计。甲的全部生活费用、学费均由自己设计电脑程序出售获利后支付而不需要其父母负担。在 2005 年全国青少年科技展览会上，甲设计的一个电脑程序被一公司以 10 万元购买。甲得款后当即将其中的 5 万元捐给患怪病的大学生乙。乙表示接受。下列关于该赠与合同效力的表述，正确的有(　　)。

A. 甲的行为是效力待定的民事行为　　B. 甲的行为是有效民事行为

C. 甲的行为是可撤销的民事行为　　D. 甲的行为经其父母追认后是有效行为

9. 2017 年 5 月 5 日，甲公司向乙公司借款 100 万元用于生产经营，约定 2 年内归还，年息 20%。甲公司的股东张某出具《担保函》，载明："若甲公司不能清偿债务，本金部分由我负责偿还，保证期间至 2019 年 5 月 5 日届满。" 2017 年 5 月 15 日，扣除第一年利息后，乙公司给甲公司转账 80 万元。2019 年 5 月 20 日，法院受理甲公司破产案件，中止执行程序。对此，下列说法正确的是(　　)。

A. 甲公司与乙公司之间的借款合同无效

B. 甲公司与乙公司之间的借款合同自 2017 年 5 月 5 日生效

C. 若 2019 年 5 月 20 日甲公司仍未偿还债务，乙公司起诉张某承担保证责任，张某不得行使先诉抗辩权

D. 张某保证担保的范围为 100 万元，保证期间应当按照当事人的约定确定

10. 根据民法典的规定，在被代理人死亡后，委托代理人实施的代理行为仍然有效的是（ ）。
A. 代理人不知道并且不应当知道被代理人死亡
B. 被代理人的继承人予以承认
C. 授权中明确代理权在代理事务完成时终止
D. 被代理人死亡前已经实施，为了被代理人的继承人的利益继续代理

单元六答案与精解

1. AB

【精解】A 项表述属于先占，B 项表述属于收益，都属于所有权的原始取得方式，故选 A、B 项。C 项表述属于遗赠，D 项表述属于互易，都属于所有权的继受取得方式。

2. ACD

【精解】《民法典》第 1006 条规定，完全民事行为能力人有权依法自主决定无偿捐献其人体细胞、人体组织、人体器官、遗体。任何组织或者个人不得强迫、欺骗、利诱其捐献。完全民事行为能力人依据前款规定同意捐献的，应当采用书面形式，也可以订立遗嘱。自然人生前未表示不同意捐献的，该自然人死亡后，其配偶、成年子女、父母可以共同决定捐献，决定捐献应当采用书面形式。据此，本题表述中，张某生前未作相反表示，其配偶等近亲属有权决定其人体器官。可见，A 项表述正确。《民法典》第 1051 条规定，有下列情形之一的，婚姻无效：（1）重婚；（2）有禁止结婚的亲属关系；（3）未到法定婚龄。据此，张某虽然生前是同性恋，但这并不属于《民法典》第 1051 条规定的无效婚姻的情形，即便属于法定无效婚姻情形，也因张某已经死亡，法定无效婚姻情形消失而不得再向法院申请宣告婚姻无效。可见，B 项表述错误，不选 B 项。《民法典》第 1218 条规定，患者在诊疗活动中受到损害，医疗机构或者其医务人员有过错的，由医疗机构承担赔偿责任。据此，因医院的过错导致陈某携带 HIV 病毒，使其健康权受到严重损害，陈某有权请求医院承担人身损害和精神损害赔偿。可见，C 项表述正确，选 C 项。《民法典》第 1165 条规定，行为人因过错侵害他人民事权益造成损害的，应当承担侵权责任。据此，本题表述中，张某的近亲属捐献器官时不知道张某携带 HIV 病毒，对陈某的损害欠缺主观上的过错，无须承担侵权责任。可见，D 项表述正确，选 D 项。

3. BCD

【精解】《民法典》第 395 条第 1 款规定，债务人或者第三人有权处分的下列财产可以抵押：（1）建筑物和其他土地附着物；（2）建设用地使用权；（3）海域使用权；（4）生产设备、原材料、半成品、产品；（5）正在建造的建筑物、船舶、航空器；（6）交通运输工具；（7）法律、行政法规未禁止抵押的其他财产。《民法典》第 402 条规定，以本法第 395 条第 1 款第 1 项至第 3 项规定的财产或者第 5 项规定的正在建造的建筑物抵押的，应当办理抵押登记。抵押权自登记时设立。据此，房屋作为不动产，应当办理抵押登记，未经登记，不产生物权效力。可见，甲公司、乙银行对房屋没有办理抵押登记，抵押权不成立，不选 A 项。《民法典》第 396 条规定，企业、个体工商户、农业生产经营者可以将现有的以及将有的生产设备、原材料、半成品、产品抵押，债务人不履行到期债务或者发生当事人约定的实现抵押权的情形，债权人有权就抵押财产确定时的动产优先受偿。此为动产浮动抵押之规定。《民法典》第 403 条规定，以动产抵押的，抵押权自抵押合同生效时设立；未经登记，不得对抗善意第三人。据此，甲公司可以在产成品、半成品上设定抵押权，选 B 项。《民法典》第 406 条第 1 款规定，抵押期间，抵押人可以转让抵押财产。当事人另有约定的，按照其约定。抵押财产转让的，抵押权不受影响。据此，甲有权将房屋出售给丙，选 C 项。《民法典》第 404 条规定，以动产抵押的，不得对抗正常经营活动中已经支付合理价款并取得抵押财产的买受人。据此，甲公司可以将产成品、半成品出售

给丁，选 D 项。

4. AD

【精解】甲将他人遗失的货物据为己有，侵犯了他人的物权，构成侵权，选 A 项。甲没有使他人获益的意思，其行为不成立无因管理，故不选 B 项。甲没有与失主达成合同，故不选 C 项。甲获取他人货物没有法律根据，其行为属于不当得利，故选 D 项。

5. CD

【精解】承诺是受要约人的法定权利，是否对要约予以承诺，取决于受要约人的意思；受要约人对要约价款变更的，为实质性变更，为新要约，而不是承诺；商店标价出售商品为要约，乙出钱购买则为承诺；自动售货机售卖商品为要约，投币行为为承诺。

6. ABCD

【精解】《民法典》第 680 条第 3 款规定，借款合同对支付利息约定不明确，当事人不能达成补充协议的，按照当地或者当事人的交易方式、交易习惯、市场利率等因素确定利息；自然人之间借款的，视为没有利息。据此，甲、丙之间的借款合同为无息借款合同，借款期满后，丙只能要求甲、乙归还 10 万元本金，A、D 项表述错误。《民法典》第 1064 条规定，夫妻双方共同签名或者夫妻一方事后追认等共同意思表示所负的债务，以及夫妻一方在婚姻关系存续期间以个人名义为家庭日常生活需要所负的债务，属于夫妻共同债务。夫妻一方在婚姻关系存续期间以个人名义超出家庭日常生活需要所负的债务，不属于夫妻共同债务；但是，债权人能够证明该债务用于夫妻共同生活、共同生产经营或者基于夫妻双方共同意思表示的除外。据此第（1）款规定，甲虽然以个人名义向丙借款 10 万元，但该借款用于购房，此为家庭日常生活所负的债务，应当认定为夫妻共同债务，因此，借款期满后，甲、乙都负有偿还该笔债务的义务，丙有权请求甲、乙偿还 10 万元。可见，B、C 项表述错误。

7. AC

【精解】《民法典》第 1128 条规定，被继承人的子女先于被继承人死亡的，由被继承人的子女的直系晚辈血亲代位继承。被继承人的兄弟姐妹先于被继承人死亡的，由被继承人的兄弟姐妹的子女代位继承。代位继承人一般只能继承被代位继承人有权继承的遗产份额。据此，丙死亡，丙之子丁、戊可代位继承刘某的遗产，A 项表述正确。虽然刘某生前表示将遗产赠与丁、戊，但遗嘱须采取法定形式，刘某的口头表述没有法律效力，因此，刘某的遗产应当按照法定继承办理，甲、丙都是刘某的第一顺序的法定继承人，刘某的遗产应由甲、丙继承，B 项表述错误，C 项表述正确。丁、戊是丙的第一顺序法定继承人，甲是丙的第二顺序法定继承人。有第一顺序法定继承人的，第二顺序的继承人不能继承，因此，甲不能继承丙的遗产。可见，D 项表述错误。

8. AD

【精解】《民法典》第 145 条规定，限制民事行为能力人实施的纯获利益的民事法律行为或者与其年龄、智力、精神健康状况相适应的民事法律行为有效；实施的其他民事法律行为经法定代理人同意或者追认后有效。相对人可以催告法定代理人自收到通知之日起 30 日内予以追认。法定代理人未作表示的，视为拒绝追认。民事法律行为被追认前，善意相对人有撤销的权利。撤销应当以通知的方式作出。据此，甲 15 岁，为限制民事行为能力人，甲、乙签订的赠与合同为效力待定民事法律行为，甲的行为须经其法定代理人即其父母追认才能生效，如果其法定代理人拒绝追认，则该赠与合同归于无效。可见，只有 A、D 项符合题意，选 A、D 项。

9. BC

【精解】本题考查的是民间借款（借贷）合同。民间借款合同有多种，民间借款，是指自然人、法人、其他组织之间及其相互之间进行资金融通的行为。例如，企业之间的借贷合同，就属于民间借款合同。自然人之间的借款合同只是民间借贷的一种。因此，我国民法承认企业之间的借贷关系，也就是说，只要不存在《民法典》第六章第三节规定的民事法律行为无效的情形，甲公司与乙公司之间的借款合同就应当认定为有效，而本题表述中，并不存在甲、乙签订合同无效的情形，因此应当认定为有效，A项表述错误。《民法典》第679条规定，自然人之间的借款合同，自贷款人提供借款时生效。需要注意的是，并非所有民间借贷都是实践合同，只有自然人之间的借款合同为实践合同，其他类型的民间借款合同仍然为诺成合同。由于本题签订借款合同的双方当事人都不是自然人，因而甲公司、乙公司签订的借款合同为诺成合同，自双方之间的借贷合同成立时即2017年5月5日生效。可见，B项表述正确。《民法典》第685条规定，保证合同可以是单独订立的书面合同，也可以是主债权债务合同中的保证条款。第三人单方以书面形式向债权人作出保证，债权人接收且未提出异议的，保证合同成立。据此，保证合同可以由债权人和保证人单独订立，也可以由第三人单方以书面形式向债权人作出保证。本题表述中，甲公司的股东张某出具《担保函》，这实际上是保证人张某单方以书面形式向债权人乙公司提供保证，该保证合法有效。《民法典》第686条规定，保证的方式包括一般保证和连带责任保证。当事人在保证合同中对保证方式没有约定或者约定不明确的，按照一般保证承担保证责任。《民法典》第687条第1款规定，当事人在保证合同中约定，债务人不能履行债务时，由保证人承担保证责任的，为一般保证。据此，根据当事人约定，在甲公司“不能清偿”债务时，保证人张某承担责任，张某的保证方式显然是一般保证。张某因此享有先诉抗辩权。但是，根据《民法典》第687条第2款规定，一般保证的保证人在主合同纠纷未经审判或者仲裁，并就债务人的财产依法强制执行仍不能履行债务前，有权拒绝向债权人承担保证责任，但是有下列情形之一的除外：（1）债务人下落不明，且无财产可供执行；（2）人民法院受理债务人破产案件；（3）债权人有证据证明债务人的财产不足以履行全部债务或者丧失履行债务能力；（4）保证人书面放弃本款规定的权利。据此规定第（2）项，C项表述中，因法院已经受理债务人甲公司的破产案件，张某虽为一般保证人，但不能行使先诉抗辩权。可见，C项表述正确，选C项。《民法典》第670条规定，借款的利息不得预先在本金中扣除。利息预先在本金中扣除的，应当按照实际借款数额返还借款并计算利息。据此，本题表述中，甲、乙借款合同的本金为80万元，张某承担的保证担保的范围以此为限。再者，《民法典》第692条第2款规定，债权人与保证人可以约定保证期间，但是约定的保证期间早于主债务履行期限或者与主债务履行期限同时届满的，视为没有约定；没有约定或者约定不明确的，保证期间为主债务履行期限届满之日起6个月。据此，张某在《担保函》中约定的保证期间至2019年5月5日，而主债务的履行期间届至2019年5月5日，约定的保证期间等于主债务履行期限，视为没有约定保证期间，张某的保证期间应当为主债务履行期限届满之日起6个月。可见，D项表述错误。

10. ABCD

【精解】《民法典》第174条规定，被代理人死亡后，有下列情形之一的，委托代理人实施的代理行为有效：（1）代理人不知道且不应当知道被代理人死亡；（2）被代理人的继承人予以承认；（3）授权中明确代理权在代理事务完成时终止；（4）被代理人死亡前已经实施，为了被代理人的继承人的利益继续代理。作为被代理人的法人、非法人组织终止的，参照适用前款规定。据此，备选项应全选。

单元七

1. 甲医院对乙做胃切除手术时，未按照献血操作规程对采集的血液进行血液检查和对献血者实施健康检查，便对乙进行全血输入。乙病愈出院不久出现呕吐症状，经诊断为丙型肝炎。乙声称丙肝系在甲医院治疗期间因输血感染所致，诉至法院。则（　　）。

A. 法院应当推定医院在治疗过程中存在过错

B. 乙应对医院未按献血操作规程采集血液和对献血者实施健康检查的行为负举证责任

C. 如果医院能够证明所输血液是含有丙肝病毒的献血者所献血液，则医院可以免责

D. 医院应当对乙的损害承担医疗损害责任

2. 甲1岁时被乙收养并一直共同生活。甲成年后，将年老多病的生父母接到自己家中悉心照顾。

2004年，甲的生父母和乙相继去世。则(　　)。

A. 甲有权作为第一顺序继承人继承乙的财产

B. 甲有权作为第一顺序继承人继承生父母的财产

C. 甲无权继承乙的财产

D. 甲可适当分得生父母的财产

3. 甲在乙诊所二楼平台手持一根长6米的铝合金长杆玩耍时，铝合金长杆与该诊所门诊楼东侧距该门诊楼2.5米远处设置的变压器引线接触，甲当场被高压线击伤，经诊断为重度电击伤并失血性休克。经查，该变压器的所有权人是乙诊所，经营者是丙电力局。则下列表述错误的是(　　)。

A. 甲的人身伤害只能由丙电力局承担侵权责任

B. 甲的人身伤害只能由乙诊所承担侵权责任

C. 乙诊所应当对甲的人身伤害承担安全保障义务的侵权责任

D. 丙电力局可以甲具有过失而免责

4. 甲欠乙20万元，时效期间届满未还。乙索要时，甲承诺3个月内偿还，但仅偿还5万元。乙索要15万余款时，甲拒绝。对此，下列表述正确的是（　　）。

A. 甲承诺偿还债务引起诉讼时效中断

B. 甲承诺偿还债务，诉讼时效重新计算

C. 甲应偿还剩余的15万元债务

D. 甲可以依据不当得利要求乙返还5万元债务

5. 甲购买乙公司经销的5台全自动数控机床，总价款为40万元，约定分10次付清，每次4万元，每月的第一天支付。甲按期支付6次共计24万元后，该机床价格大幅度下降，甲遂停止付款。经乙催告后，甲在合理期限内仍未付款。对此，下列表述正确的是（　　）。

A. 乙公司有权请求甲一次性支付剩余货款

B. 乙公司有权通知甲解除合同

C. 乙公司有权收回机床，并且收取甲对机床的使用费

D. 乙公司有权收回机床，但不退还甲已经支付的24万元价款

6. 下列情形中，承租人可以解除租赁合同的是(　　)。

A. 甲承租的一台大型机床被法院查封

B. 乙承租的房屋未办理登记备案手续

C. 丙承租的房屋被出租人甲损坏，无法正常居住

D. 丁租用一台电脑并订立不定期租赁合同

7. 甲公司向包括乙公司在内的十余家厂商发出关于某项目的招标书。乙公司在接到招标书后向甲公司发出了投标书。甲公司经过决标，确定乙公司中标，并向其发出中标通知书。则下列表述正确的有(　　)。

A. 甲公司发出招标书的行为在性质上属于要约邀请

B. 甲公司发出招标书的行为为要约

C. 乙公司发出投标书的行为为要约

D. 甲公司发出中标通知书的行为为承诺

8. 甲发现一树根，但并不知道该树根为乙所有。甲将该树根加工成精美的雕塑品。下列表述正确的是(　　)。

A. 乙可依据不当得利要求甲给予补偿　　B. 甲的行为属于附合

C. 甲取得加工后雕塑品的所有权　　D. 甲的行为构成侵权

9. 甲在妻子病故后性情日益暴躁，经常体罚独生儿子乙（8周岁）。某日，因语文考试不及格，甲酒后暴打乙致其轻伤。后甲因犯虐待罪被判处有期徒刑1年，其监护资格被撤销。对此，下列表述正确的是(　　)。

A. 乙的外祖父有权申请法院撤销甲的监护资格

B. 甲可通过遗嘱指定乙的监护人

C. 乙有权请求甲支付抚养费

D. 甲的监护资格被撤销后不得恢复

10. 公民甲娶妻乙，育有一子一女，女儿丙已经出嫁，儿子娶妻丁，生有一子戊，儿子于5年前不幸遇车祸死亡。甲、乙均年老，无固定生活来源，女儿出嫁后，拒不赡养老人，并曾数度虐待甲、乙，甲、乙主要依靠儿媳丁来供养。甲于2000年3月死亡，留下房屋4间。按照民法典规定，享有第一顺序继承权的人是（　　）。

A. 乙　　B. 丙　　C. 丁　　D. 戊

单元七答案与精解

1. AD

【精解】《民法典》第1222条规定，患者在诊疗活动中受到损害，有下列情形之一的，推定医疗机构有过错：(1) 违反法律、行政法规、规章以及其他有关诊疗规范的规定；(2) 隐匿或者拒绝提供与纠纷有关的病历资料；(3) 遗失、伪造、篡改或者违法销毁病历资料。据此规定，本题中，甲医院未按照献血操作规程对采集的血液进行血液检查和对献血者实施健康检查，违反了行政规章，因此应当推定甲医院有过错，即对甲医院适用推定过错责任原则。可见，A项表述正确。由于对甲医院适用推定过错责任原则，则在诉讼中采取举证责任倒置，应当由甲医院举证证明自己没有过错，而乙不负举证责任。故B项表述错误。即便甲医院能够举证证明所输血液系含有丙肝病毒的献血者所献，也不能免责，因为这恰好证明甲医院存在过错。故不选C项。D项表述明显是正确的。

2. AD

【精解】养子女只能继承养父母的遗产，而不能继承生父母的遗产。故A项正确。此外，根据《民法典》第1131条规定，对继承人以外的依靠被继承人扶养的人，或者继承人以外的对被继承人扶养较多的人，可以分给适当的遗产。据此，甲虽然不能继承生父母的遗产，但因甲对生父母尽较多扶养义务，因此可以适当分得生父母的遗产。可见，D项表述正确，选D项。

3. ABD

【精解】本题表述的情形属于从事高空、高压、地下挖掘活动或者使用高速轨道运输工具致人损害的侵权责任。《民法典》第1240条规定，从事高空、高压、地下挖掘活动或者使用高速轨道运输工具造成他人损害的，经营者应当承担侵权责任；但是，能够证明损害是因受害人故意或者不可抗力造成的，不承担责任。被侵权人对损害的发生有重大过失的，可以减轻经营者的责任。据此，本题中，首先，单纯就从事高空、高压、地下挖掘致人损害责任而言，变压器的经营者是丙电力局，甲的人身伤害应当由经营者丙电力局承担，而不是由所有人乙诊所承担。其次，乙诊所毕竟属于变压器的所有权人，这决定了乙诊所对变压器的维护、管理负有安全保障义务，有义务提醒病人潜在的危险，但是乙诊所违反了该安全保障义务，应当在违反安全保障义务的范围内承担相应的责任。可见，不能仅仅认为甲的人身伤害只能由丙电力局或只能由乙诊所承担侵权责任，只能认为丙电力局承担主要责任，乙诊所在违反安全保障义务的范围内承担相应的责任。故A、B项表述错误，C项表述正确。本题中，甲在乙诊所二楼平台手持一根长6米的铝合金长杆玩耍，尽管该行为导致了损害后果的发生，但并不能据此认为甲具有过失，因为乙诊所的安全保障义务完全排除甲存在过失的心理，因而丙电力局不能以此作为免责事由，从《民法典》第1240条的规定可知，经营者丙电力局的免责事由是受害人故意和不可抗力，但不包括过失作为免责的情形，因此，D项表述错误。

4. BC

【精解】对于超过诉讼时效的债务，义务人同意履行的，诉讼时效重新计算，而非诉讼时效中断。因此，B项表述正确，选B项，而A项表述是错误的。由于诉讼时效重新计算，因此甲应偿还15万元债务。可见，C项表述正确，选C项。对于超过诉讼时效的债务，不得依据不当得利主张返还，故D项表述错误。

5. ABC

【精解】《民法典》第634条规定，分期付款的买受人未支付到期价款的数额达到全部价款的1/5，经催告后在合理期限内仍未支付到期价款的，出卖人可以请求买受人支付全部价款或者解除合同。出卖人解除合同的，可以向买受人请求支付该标的物的使用费。据此，甲与乙公司之间签订的分期付款的买卖合同，甲在支付24万元后拒绝支付剩余的16万元货款，未支付货款超过了全部价款的1/5。出卖人即乙公司有权要求甲一次性支付剩余的16万元货款或解除合同。可见，A、B项表述正确，选A、B项。此外，如果出卖人乙公司选择解除合同的话，乙公司有权收回5台机床，返还甲已经支付的24万元价款，同时要求甲支付机床使用费。可见，C项表述正确，选C项，而D项表述是错误的。

6. ACD

【精解】《民法典》第724条规定，有下列情形之一，非因承租人原因致使租赁物无法使用的，承租人可以解除合同：（1）租赁物被司法机关或者行政机关依法查封、扣押；（2）租赁物权属有争议；（3）租赁物具有违反法律、行政法规关于使用的条件强制性规定情形。据此规定第（1）项，选A项。《民法典》第706条规定，当事人未依照法律、行政法规规定办理租赁合同登记备案手续的，不影响合同的效力。据此，是否登记备案不影响租赁合同的效力，也并非解除租赁合同的法定事由，不选B项。《民法典》第729条规定，因不可归责于承租人的事由，致使租赁物部分或者全部毁损、灭失的，承租人可以请求减少租金或者不支付租金；因租赁物部分或者全部毁损、灭失，致使不能实现合同目的的，承租人可以解除合同。据此，选C项。《民法典》第730条规定，当事人对租赁期限没有约定或者约定不明确，依据《民法典》第510条的规定仍不能确定的，视为不定期租赁；当事人可以随时解除合同，但是应当在合理期限之前通知对方。据此，选D项。

7. ACD

【精解】在招标投标中，招标公告属于要约邀请。故A项正确，B项错误。投标行为属于要约。故C项正确。中标通知为承诺。故D项正确。

8. AC

【精解】添附的情形包括混合、附合和加工。甲的行为属于加工，而非附合，B项表述错误。甲并不知道树根为乙所有，系善意。《民法典》第322条规定，因加工、附合、混合而产生的物的归属，有约定的，按照约定；没有约定或者约定不明确的，依照法律规定；法律没有规定的，按照充分发挥物的效用以及保护无过错当事人的原则确定。因一方当事人的过错或者确定物的归属造成另一方当事人损害的，应当给予赔偿或者补偿。据此，本题表述中，甲、乙之间就加工的物品归属没有约定，则应依照法律规定确定，但《民法典》并没有明确规定加工物的归属，则应按照两点确定：一是按照充分发挥物的效用确定加工物的归属；二是按照保护无过错当事人的原则确定。按照物尽其用的原则确定，这意味着将加工物归甲符合物尽其用原则，选A、C项。由于甲是善意无过错，因此甲的行为不构成侵权，不选D项。

9. ACD

【精解】《民法典》第36条第1款规定，监护人有下列情形之一的，人民法院根据有关个人或者组织的申请，撤销其监护人资格，安排必要的临时监护措施，并按照最有利于被监护人的原则依法指定监护人：（1）实施严重损害被监护人身心健康的行为；（2）怠于履行监护职责，或者无法履行监护职责且拒绝将监护职责部分或者全部委托给他人，导致被监护人处于危困状态；（3）实施严重侵害被监护人合法权益的其他行为。据此规定第（1）项，因甲严重损害被监护人乙的身心健康，人民法院根据有关个人或者组织申请，可以撤销甲的监护人资格。《民法典》第36条第2款规定，本条规定的有关个人和组织包括：其他依法具有监护资格的人，居民委员会、村民委员会、学校、医疗机构、妇女联合会、残疾人联合会、未成年人保护组织、依法设立的老年人组织、民政部门等。据此，乙的外祖父本来就是具有监护资格的人，当然有权申请撤销甲的监护资格。可见，A项表述正确，选A项。《民法典》第29条规定，被监护人的父母担任监护人的，可以通过遗嘱指定监护人。据此，题干中交代，甲的监护资格被撤销，既然被撤销，就说明甲已经没有监护资格。而父母通过遗嘱指定监护人，须以本身具有监护资格为前提，因此，甲不能再通过遗嘱指定监护人。可见，B项表述错误。《民法典》第37条规定，依法负担被监护人抚养费、赡养费、扶养费的父母、子女、配偶等，被人民法院撤销监护人资格后，应当继续履行负担的义务。据此，甲的监护资格被撤销，依然有义务支付乙的抚养费。可见，C项表述正确，选C项。《民法典》第38条规定，被监护人的父母或者子女被人民法院撤销监护人资格后，除对被监护人实施故意犯罪的外，确有悔改表现的，经其申请，人民法院可以在尊重被监护人真实意愿的前提下，视情况恢复其监护人资格，人民法院指定的监护人与被监护人的监护关系同时终止。据此，甲的监护资格有恢复的可能性，但须具备一定的条件，如不得实施故意犯罪，确有悔改表现，还得经其申请并尊重被监护人意愿等。由于甲犯虐待罪，是故意犯罪，因此，甲的监护资格再也没有恢复的可能。可见，D项表述正确，选D项。

10. ACD

【精解】乙为甲的配偶，自然属于第一顺序的法定继承人；丙数度虐待老人，情节恶劣，丧失继承权；丁承担了老人生活的大部分费用，尽了主要赡养义务，属于第一顺序法定继承人；戊代其父的地位享有代位继承权。

单元八

1. 2019年2月，家住陕西省W县的孙某（男，51周岁，有配偶）依法收养了孤儿小丽（女，11周岁）为养女，后孙某多次对小丽实施性侵害，造成小丽先后产下两名女婴。2021年5月，当地群众向公安机关匿名举报，媒体也纷纷曝光此事。2021年8月，当地法院判决孙某构成强奸罪，判处有期徒刑3年。关于本案，下列说法错误的有（　　）。

A. W县民政部门可以直接取消孙某的监护人资格

B. 孙某被人民法院取消监护资格后可以不再给付抚养费

C. 孙某出狱后，如确有悔改表现的，经其申请，人民法院可以恢复其监护人资格

D. 小丽对孙某的损害赔偿请求权的诉讼时效期间自法定代理终止之日起计算

2. 吴某是甲公司员工，持有甲公司授权委托书。吴某与温某签订了借款合同，该合同由温某签字、吴某用甲公司合同专用章盖章。后温某要求甲公司还款。下列情形中，有助于甲公司否定吴某的行为构成表见代理的理由是（　　）。

A. 温某明知借款合同上的盖章是甲公司合同专用章而非甲公司公章，未表示反对

B. 温某未与甲公司核实，即将借款交与吴某

C. 吴某出示的甲公司授权委托书载明甲公司仅授权吴某参加投标活动

D. 吴某出示的甲公司空白授权委托书已届期

3. 父母离婚后，对于不满2周岁的子女，母亲有下列情形的，父亲可以请求直接抚养的是（　　）。

A. 母亲患有久治不愈的传染性疾病或者其他严重疾病，子女不宜与其共同生活

B. 母亲有抚养条件不尽抚养义务，而父亲要求子女随其生活

C. 母亲已做绝育手术或者因其他原因丧失生育能力

D. 母亲有其他子女

4. 甲毕业要去外地工作，将自己贴身生活用品、私密照片及平板电脑等装箱交给乙快递公司运送。甲在箱外贴了“私人物品，严禁打开”的字条。甲到外地收到快递后察觉有异，经查实，乙公司工作人员丙曾翻看箱内物品，并损坏了平板电脑。则（　　）。

A. 乙公司侵犯了甲的隐私权　　B. 甲可请求乙公司承担精神损害赔偿责任
C. 甲可请求乙公司赔偿平板电脑的损失　　D. 甲可请求乙公司和丙承担连带赔偿责任

5. 年轻夫妻刘某（男）和何某（女）生育一女，倍加疼爱。但双方对爱女的姓名选取发生争议。关于子女登记姓名的选取，下列说法正确的是(　　)。

A. 该女既可以姓刘，也可以姓何
B. 该女可以随外祖母的姓氏
C. 刘某和何某是影星张某的粉丝，二人可一致决定爱女姓“张”
D. 该女享有姓名权，其姓氏选取不受限制

6. 当事人在缔约之际，一方造成他方损失的，另一方有权请求对方承担缔约过失责任的情形有(　　)。

A. 假借订立合同，恶意进行磋商　　B. 故意隐瞒与订立合同有关的重要事实
C. 故意提供与合同有关的虚假情况　　D. 泄露或不正当使用商业秘密

7. 甲被依法宣告死亡，后甲因重新出现而被撤销死亡宣告。下列情形中，甲与其妻子乙不能恢复夫妻关系的是(　　)。

A. 乙向婚姻登记机关书面声明不愿意复婚　　B. 乙再婚
C. 乙再婚后其配偶丙又死亡的　　D. 乙没有再婚但不愿意与甲同居的

8. 周某创作一首歌曲《百年西飞》，陈某经周某许可后演唱该歌曲并由大地公司合法制成录音制品后发行。对此，下列行为中，未经权利人许可而构成侵权的是（　　）。

A. 甲咖啡厅购买该正版录音制品后在咖啡厅内播放供顾客欣赏
B. 乙公司购买该正版录音制品后进行出租
C. 丙学生购买正版的录音制品后用于个人欣赏
D. 丁学生购买正版录音制品试听后将其上传到网络上传播

9. 丙找甲借自行车，甲的自行车与乙的很相像，均放于楼下车棚。丙错认乙车为甲车，遂把乙车骑走，由于乙车手闸不灵活，丙到修车店进行修理并支付了修车费。后来，甲告知丙骑错车，丙未理睬。某日，丙骑车购物，将车放在商店楼下，因墙体倒塌将车砸坏。对此，下列表述正确的是(　　)。

A. 丙对乙车的占有属于无权占有
B. 乙应当偿还丙支付的修车费用
C. 无论丙是否知道骑错车，乙均无权对其行使占有返还请求权
D. 对于乙车的毁损，丙应当承担赔偿责任

10. 收集、处理自然人个人信息的，应当遵循合法、正当、必要原则，不得过度收集、处理，并符合下列条件(　　)。

A. 征得该自然人或者其监护人同意，但是法律、行政法规另有规定的除外
B. 公开收集、处理信息的规则
C. 明示收集、处理信息的目的、方式和范围
D. 不违反法律、行政法规的规定和双方的约定

单元八答案与精解

1. ABCD

【精解】根据《民法典》第 36 条第 3 款的规定，个人和民政部门以外的组织未及时向人民法院申请撤销监护人资格的，民政部门应当向人民法院申请。据此，本题表述中，孙某作为养父对养女小丽实施性侵害，属于严重损害被监护人身心健康的行为，依法可以取消监护人资格。但有权取消

孙某监护人资格的机关是法院而非民政部门，民政部门只能作为申请人。故A项表述错误，选A项。根据《民法典》第37条的规定，依法负担被监护人抚养费、赡养费、扶养费的父母、子女、配偶等，被人民法院撤销监护人资格后，应当继续履行负担的义务。据此，本题表述中，孙某虽然被取消监护人资格，但是抚养费应当继续履行。可见，B项表述错误，选B项。根据《民法典》第38条的规定，被监护人的父母或子女被人民法院撤销监护人资格后，除对被监护人实施故意犯罪的外，确有悔改表现的，经其申请，人民法院可以在尊重被监护人真实意愿的前提下，视情况恢复其监护人资格，人民法院指定的监护人与被监护人的监护关系同时终止。据此，本题表述中，孙某对小丽实施性侵害，构成强奸罪，属于故意犯罪，不能恢复监护人资格。故C项表述错误，选C项。根据《民法典》第191条的规定，未成年人遭受性侵害的损害赔偿请求权的诉讼时效期间，自受害人年满18周岁之日起计算。据此，本题表述中，孙某对小丽实施性侵害，小丽对孙某的损害赔偿请求权依法自年满18周岁之日起计算而非法定代理终止之日。故D项表述错误，选D项。

2. CD

【精解】若甲公司否定吴某的行为构成表见代理，需要证明相对人温某欠缺足够的理由相信行为人吴某有代理权。A项表述中，借款合同上的盖章是甲公司合同专用章而非甲公司公章，符合通常惯例，相对人温某没有理由怀疑吴某欠缺代理权，因而不选A项。B项表述中，按照通常交易观念，因吴某持有甲公司的授权委托书，对方有理由相信行为人有代理权，无须进一步核实，故不影响表见代理的成立，故不选B项。C、D项表述中，若甲公司的授权委托书载明甲公司仅授权吴某参加投标活动或空白授权委托书已经期限届至，合理相对人稍加查看授权委托书，即可发现行为人欠缺代理权，排除表见代理的适用。

3. AB

【精解】根据最高人民法院《关于适用〈中华人民共和国民法典〉婚姻家庭编的解释（一）》第44条的规定，……母亲有下列情形之一，父亲请求直接抚养的，人民法院应予支持：（1）患有久治不愈的传染病或者其他严重疾病，子女不宜与其共同生活；（2）有抚养条件不尽抚养义务，而父亲要求子女随其生活；（3）因其他原因，子女确不宜随母亲生活。据此，选A、B项。

4. AC

【精解】甲将放有私人物品的箱子密封邮寄，并在箱外贴了“私人物品，严禁打开”的字条，乙公司工作人员擅自打开翻看，侵犯了甲的通信秘密，构成了对隐私权的侵犯，选A项。《民法典》第832条规定，承运人对运输过程中货物的毁损、灭失承担赔偿责任，但是承运人证明货物的毁损、灭失是因不可抗力、货物本身的自然性质或者合理损耗以及托运人、收货人的过错造成的，不承担赔偿责任。据此，甲交付运输的平板电脑受到损害，且乙公司不存在法定免责事由，应当承担损害赔偿责任，选C项。《民法典》第1191条第1款规定，用人单位的工作人员因执行工作任务造成他人损害的，由用人单位承担侵权责任。用人单位承担侵权责任后，可以向有故意或者重大过失的工作人员追偿。据此，丙为执行工作任务造成他人损害，应当由乙公司承担赔偿责任，丙无须承担连带责任，不选D项。《民法典》第1183条规定，侵害自然人人身权益造成严重精神损害的，被侵权人有权请求精神损害赔偿。因故意或者重大过失侵害自然人具有人身意义的特定物造成严重精神损害的，被侵权人有权请求精神损害赔偿。据此，甲的隐私权虽受到侵害，但是依据社会一般观念尚未达到“严重精神损害”的程度，故无权主张精神损害赔偿，不选B项。

5. AB

【精解】《民法典》第1015条第1款规定，自然人应当随父姓或者母姓，但是有下列情形之一的，可以在父姓和母姓之外选取姓氏：（1）选取其他直系长辈血亲的姓氏；（2）因由法定扶养人以外的人扶养而选取扶养人姓氏；（3）有不违背公序良俗的其他正当理由。据此，该女既可以随父姓刘，也可以随母姓何，A项表述正确。根据上述规定第（1）项，该女的外祖母是其直系长辈血亲，也可以选外祖母的姓氏作为该女的姓氏。根据上述规定，该女不能选取父母、其他直系长辈血亲、扶养人姓氏之外的姓氏，因此不选C项。从上述规定可推知，该女虽然享有姓名权，但姓氏选取是有法律限制的。可见，D项表述错误。

6. ABCD

【精解】《民法典》第500条规定，当事人在订立合同过程中有下列情形之一，造成对方损失的，应当承担赔偿责任：(1) 假借订立合同，恶意进行磋商；(2) 故意隐瞒与订立合同有关的重要事实或者提供虚假情况；(3) 有其他违背诚信原则的行为。据此，选A、B、C项。《民法典》第501条规定，当事人在订立合同过程中知悉的商业秘密或者其他应当保密的信息，无论合同是否成立，不得泄露或者不正当地使用；泄露、不正当地使用该商业秘密或者信息，造成对方损失的，应当承担赔偿责任。据此，当事人在缔约之际获取对方商业秘密，泄露或者不正当使用商业秘密，给对方造成损失的，应当承担缔约过失责任，选D项。

7. ABC

【精解】《民法典》第51条规定，被宣告死亡的人的婚姻关系，自死亡宣告之日起消灭。死亡宣告被撤销的，婚姻关系自撤销死亡宣告之日起自行恢复。但是，其配偶再婚或者向婚姻登记机关书面声明不愿意恢复的除外。据此，配偶再婚的，包括配偶再婚后又离婚和配偶再婚后其配偶又死亡的，以及配偶向婚姻登记机关书面声明不愿意恢复原婚姻关系的，原婚姻关系都不能恢复。可见，选A、B、C项。

8. ABD

【精解】根据《著作权法》第10条第1款第9项的规定，表演权，即公开表演作品，以及用各种手段公开播送作品的表演的权利。据此，甲咖啡厅未经著作权人周某许可，公开播送其作品，侵犯了周某的表演权（本案涉及的表演权为机械表演权）。可见，A项表述构成侵权。《著作权法》第44条规定，录音录像制作者对其制作的录音录像制品，享有许可他人复制、发行、出租、通过信息网络向公众传播并获得报酬的权利；权利的保护期为50年，截止于该制品首次制作完成后第50年的12月31日。被许可人复制、发行、通过信息网络向公众传播录音录像制品，应当同时取得著作权人、表演者许可，并支付报酬；被许可人出租录音录像制品，还应当取得表演者许可，并支付报酬。据此，乙公司购买正版录音制品后未经许可进行出租，侵犯了录音录像制作者的出租权。可见，B项表述构成侵权。需要注意的是，根据新修订的《著作权法》的规定，乙公司的出租行为侵犯了表演者陈某的出租权，但并未侵犯词曲作者周某的权利。针对C项，根据《著作权法》第24条第1款第1项的规定，为个人学习、研究或者欣赏，使用他人已经发表的作品，属于合理使用，不构成侵权。因此，C项表述的情形不构成侵权，不选C项。根据《著作权法》第10条第1款第12项的规定，信息网络传播权，即以有线或者无线方式向公众提供，使公众可以在其选定的时间和地点获得作品的权利。根据《著作权法》第39条第1款第6项的规定，表演者对其表演享有下列权利：……(6) 许可他人通过信息网络向公众传播其表演，并获得报酬。根据《著作权法》第44条的规定，录音录像制作者对其制作的录音录像制品，享有许可他人复制、发行、出租、通过信息网络向公众传播并获得报酬的权利。根据上述规定，丁学生购买正版录音制品试听后将其上传到网络上传播，侵犯了著作权人周某、表演者陈某以及录音录像制作者大地公司的信息网络传播权，构成侵权。可见，选D项。

9. ABD

【精解】丙错认乙车为甲车，并将其骑走，构成无权占有，故A项表述正确，选A项。《民法典》第460条规定，不动产或者动产被占有人占有的，权利人可以请求返还原物及其孳息；但是，应当支付善意占有人因维护该不动产或者动产支出的必要费用。据此，因丙不知道误骑乙车，丙属于善意占有人，因此有权请求乙支付修车费用。可见，B项表述正确，选B项。《民法典》第462条规定，占有的不动产或者动产被侵占的，占有人有权请求返还原物。据此，丙错认乙车为甲车而骑走，侵夺对乙车的占有，无论是否知道骑错车，均为无权占有人，所有权人乙有权行使占有返还请求权。可见，C项表述错误。《民法典》第461条规定，占有的不动产或者动产毁损、灭失，该不动产或者动产的权利人请求赔偿的，占有人应当将因毁损、灭失取得的保险金、赔偿金或者补偿金等返还给权利人；权利人的损害未得到足够弥补的，恶意占有人还应当赔偿损失。据此，当甲告知丙误认其车后，丙即应知其为无权占有，丙对乙车的占有转化为恶意占有，应当对占有的车辆的毁损承担无过错责任，即使墙体倒塌致乙车毁损不可归责于丙，丙也应当承担赔偿责任。可见，D项表述正确，选D项。

10. ABCD

【精解】《民法典》第1035条第1款规定，处理个人信息的，应当遵循合法、正当、必要原则，不得过度处理，并符合下列条件：(1) 征得该自然人或者其监护人同意，但是法律、行政法规另有规定的除外；(2) 公开处理信息的规则；(3) 明示处理信息的目的、方式和范围；(4) 不违反法律、行政法规的规定和双方的约定。据此，备选项应全选。

单元九

1. 甲公司欠丁公司100万元。甲公司分为乙、丙两公司，并达成如下书面协议：由乙公司承担甲公司全部债务的清偿责任，丙公司继受甲公司全部债权。如果甲、乙、丙、丁公司对100万元债务的承担没有约定，则下列表述正确的是(　　)。

A. 该协议对乙、丙两公司具有约束力

B. 乙公司和丙公司对丁公司的债务承担连带清偿责任

C. 该协议有效，丁公司只能要求乙公司清偿100万元债务

D. 该协议无效，丁公司可以选择要求乙公司或者丙公司清偿100万元债务

2. 融资租赁合同的出租人应当保证承租人对租赁物的占有和使用。承租人有权请求出租人赔偿损失的情形有(　　)。

A. 出租人无正当理由收回租赁物

B. 出租人无正当理由妨碍承租人对租赁物的占有和使用

C. 承租人因出租人的原因致使第三人对租赁物主张权利

D. 出租人无正当理由干扰承租人对租赁物的占有和使用

3. 2019年6月1日，甲、乙签订房屋买卖合同，约定乙在合同签订3日内支付全部价款200万元。6月3日，乙如期支付了全部价款，甲交付了房屋，但一直未办理登记。乙于6月8日起诉要求甲办理过户手续，法院于7月1日作出生效判决，判决甲应当将房屋过户给乙。判决生效后，甲与知情的丙签订了房屋买卖合同，总价款为230万元，并于7月5日办理了过户手续。对此，下列说法正确的是(　　)。

A. 7月1日，房屋所有权人为甲

B. 因丙并非善意第三人，无法取得房屋所有权

C. 丙请求乙交付房屋时，乙得以有权占有对抗丙

D. 甲、丙的房屋买卖合同有效

4. 赵某借郭某电脑3个月，并提出给郭某500元报酬，郭某表示同意。2个月后，郭某欲将电脑以3 000元的价格卖给孙某，并告知孙某电脑出借给赵某的事实，要求孙某1个月后再去赵某处取电脑，孙某同意并支付了价款。则(　　)。

A. 电脑出卖前，赵某属于有权占有

B. 电脑出卖前，郭某属于间接占有

C. 电脑出卖的交付方式为占有改定

D. 电脑一经出卖，孙某取得间接占有

5. 甲向乙借款20万元，由丙作保证人。在保证期间，甲将其中的15万元债务转让给丁，当事人对丙是否继续承担保证责任未作约定。对此，下列表述正确的是(　　)。

A. 丙应对20万元借款继续承担保证责任

B. 丙应对甲剩余的5万元债务继续承担保证责任

C. 丙不再承担保证责任

D. 如果15万元移转债务得到了丙的书面同意，则丙应当继续承担保证责任

6. 唐某有甲、乙、丙成年子女三人，于2012年收养了孤儿丁，但未办理收养登记。甲生活条件较好但未对唐某尽赡养义务，乙丧失劳动能力又无其他生活来源，丙长期和唐某共同生活。2014年5月唐某死亡，因分配遗产发生纠纷。则下列表述正确的有(　　)。

A. 甲应当不分或者少分遗产

B. 乙应当多分遗产

C. 丙可以多分遗产

D. 丁可以分得适当的遗产

7. 甲公司经营空调买卖业务，并负责售后免费安装。乙为专门从事空调安装的个体户。甲公司因安装人员不足，临时叫乙自备工具为客户丙安装空调，并约定了报酬。乙在安装空调中因操作不慎坠楼身亡。对此，下列说法正确的是(　　)。

A. 甲公司和乙之间是临时雇佣合同关系

B. 甲公司和乙之间是承揽合同关系

C. 丙对乙的死亡应承担赔偿责任

D. 甲公司对乙的死亡不承担赔偿责任

8. 甲公司获得一项外观设计专利，乙公司未经甲公司许可，以生产经营为目的制造该专利产品。丙公司未经甲公司许可，以生产经营为目的所为的下列行为，属于侵犯专利权的是(　　)。

A. 使用乙公司制造的该专利产品

B. 销售乙公司制造的该专利产品

C. 许诺销售乙公司制造的该专利产品

D. 使用甲公司制造的该专利产品

9. A股份有限公司股东大会作出决议，允许法定代表人甲对外签订标的为300万元～1 000万元的合同，但该决议违反了公司章程的规定。甲根据该决议，与乙公司签订500万元的房产买卖合同，并办理了过户登记。对此，下列表述正确的是(　　)。

A. 股东大会决议无效

B. A公司的出资人可以请求人民法院撤销该决议

C. 甲与乙公司签订的房产买卖合同有效

D. 乙公司取得房产所有权

10. 甲向乙热水器厂购买热水器一台，乙热水器厂指示丙运输公司交给甲。因该热水器在出厂前存在质量缺陷，甲在使用热水器过程中，热水器突然爆裂，炸伤了甲的左臂。下列选项中，表述正确的是(　　)。

A. 甲可以要求乙热水器厂承担违约责任

B. 甲可以要求乙热水器厂承担侵权责任

C. 甲可以要求丙运输公司承担违约责任

D. 甲可以要求丙运输公司承担侵权责任

单元九答案与精解

1. AB

【精解】《民法典》第67条规定，法人合并的，其权利和义务由合并后的法人享有和承担。据此，由于甲、乙、丙、丁公司对债务承担没有约定，乙公司和丙公司应当对100万元债务承担连带清偿责任，故B项表述正确，选B项，而C、D项表述则是错误的。甲公司分为乙、丙两公司，其

达成的书面协议不能对抗债权人丁公司，但该书面协议对乙、丙公司是有效的，故A项表述正确，选A项。

2. ABCD

【精解】《民法典》第748条规定，出租人应当保证承租人对租赁物的占有和使用。出租人有下列情形之一的，承租人有权请求其赔偿损失：（1）无正当理由收回租赁物；（2）无正当理由妨碍、干扰承租人对租赁物的占有和使用；（3）因出租人的原因致使第三人对租赁物主张权利；（4）不当影响承租人对租赁物占有和使用的其他情形。据此，A、B、C、D项都选。

3. AD

【精解】《民法典》第229条规定，因人民法院、仲裁机构的法律文书或者人民政府的征收决定等，导致物权设立、变更、转让或者消灭的，自法律文书或者征收决定等生效时发生效力。据此，法院只是判决甲应当办理过户登记手续，并非导致物权变动的形成判决，故房屋的所有权人仍属于甲，A项表述正确，选A项。适用善意取得的前提是行为人实施了无权处分行为。本题表述中，甲与丙订立房屋买卖合同时，甲仍为所有权人，属于有权处分。即使丙知情，只要不构成恶意串通仍可基于过户登记取得房屋所有权。可见，B项表述错误。乙基于其与甲的买卖合同构成有权占有，但占有本权为债权，无法对抗所有权人丙，故C项表述错误。甲、丙之间的房屋买卖合同有效，因为不存在恶意串通，也不存在其他无效情形，应当认定为有效。可见，D项表述正确，选D项。

4. AD

【精解】赵某对电脑享有所有权，赵某对电脑的占有属于有权占有，故A项表述正确。赵某将电脑出借给郭某后，赵某取得电脑的间接占有，郭某取得电脑的直接占有，故B项表述错误。电脑出卖的交付方式为指示交付，而非占有改定，故C项表述错误。电脑出卖后，赵某将电脑的返还请求权让与孙某，孙某取得电脑的间接占有，故D项表述正确。

5. BD

【精解】《民法典》第697条规定，债权人未经保证人书面同意，允许债务人转移全部或者部分债务，保证人对未经其同意转移的债务不再承担保证责任，但是债权人和保证人另有约定的除外。第三人加入债务的，保证人的保证责任不受影响。据此，保证人丙应当对债务人甲的20万元债务承担保证责任，甲未经保证人丙同意，将其中的15万元债务转移给丁，如果得到保证人的书面同意，丙应当继续承担保证责任；若果丙不同意转移债务，则丙仅对剩余的5万元债务承担保证责任。可见，B、D项表述正确。

6. ABCD

【精解】《民法典》第1130条第4款规定，有扶养能力和有扶养条件的继承人，不尽扶养义务的，分配遗产时，应当不分或者少分。据此，甲生活条件较好，但不尽赡养义务，应当不分或者少分遗产，A项表述正确。《民法典》第1130条第2款规定，对生活有特殊困难又缺乏劳动能力的继承人，分配遗产时，应当予以照顾。据此，乙丧失劳动能力又无生活来源，分配遗产时应当予以照顾，即应当多分遗产，B项表述正确。《民法典》第1130条第3款规定，对被继承人尽了主要扶养义务或者与被继承人共同生活的继承人，分配遗产时，可以多分。据此，丙属于长期和被继承人共同生活，可以多分遗产，C项表述正确。《民法典》第1131条规定，对继承人以外的依靠被继承人扶养的人，或者继承人以外的对被继承人扶养较多的人，可以分给适当的遗产。据此，唐某“收养”丁，但没有办理收养登记，因此丁不享有继承权，但丁是依靠被继承人唐某扶养的人，因此对丁，可以分给适当的遗产。可见，D项表述正确，选D项。

7. BD

【精解】雇佣合同是指当事人约定，一方于一定或不定期限内为他方提供劳务，他方给付报酬的合同。承揽合同是承揽人按照定作人的要求完成工作，交付工作成果，定作人支付报酬的合同。因此，雇佣的根本目的在于给付劳务，以劳务本身为其标的，不对劳务产生的结果负责任，即使受雇人的劳务未产生预期的结果，该受雇人仍可以受领报酬。而承揽的根本目的在于劳务的结果，即它以完成一定工作为目的，承揽人提供劳务仅是实现目的的手段，其只有在完成一定工作时，才能请求报酬。本题中，甲、乙之间的合同的目的是完成安装空调这一工作，而非在于提供劳务，只有安装好了空调，乙才可以取得相应的报酬。因此，甲、乙之间为承揽合同关系，而不是雇佣合同关系，B项表述正确，选B项；A项表述错误，不选A项。《民法典》第1165条规定，行为人因过错侵害他人民事权益造成损害的，应当承担侵权责任。据此，本题中，丙对于乙的死亡不存在过错，无过错即无责任，因此，丙对乙的死亡不承担侵权赔偿责任，不选C项。《民法典》第1193条规定，承揽人在完成工作过程中造成第三人损害或者自己损害的，定作人不承担侵权责任。但是，定作人对定作、指示或者选任有过错的，应当承担相应的责任。据此，本题中，乙是专门从事空调安装服务的个体户，是由于自己在安装过程中操作不慎坠楼身亡，而甲对定作、指示和选任并无过失，故甲公司不应承担赔偿责任。可见，选D项。

8. BC

【精解】根据《专利法》第11条的规定，外观设计专利权被授予后，任何单位或者个人未经专利权人许可，都不得实施其专利，即不得为生产经营目的制造、许诺销售、销售、进口其外观设计专利产品。可见，本题答案为B、C项。

9. BCD

【精解】《民法典》第85条规定，营利法人的权力机构、执行机构作出决议的会议召集程序、表决方式违反法律、行政法规、法人章程，或者决议内容违反法人章程的，营利法人的出资人可以请求人民法院撤销该决议，但是营利法人依据该决议与善意相对人形成的民事法律关系不受影响。据此，B、C、D项表述正确，选B、C、D项。A项表述错误，因为股东大会决议的效力取决于出资人是否行使撤销权（应当自决议作出之日起60日内请求人民法院撤销），如果人民法院依法撤销该决议，则该决议自始无效，否则应为有效。

10. AB

【精解】本题表述的情形存在侵权责任和违约责任竞合。《民法典》第186条规定，因当事人一方的违约行为，损害对方人身权益、财产权益的，受损害方有权选择请求其承担违约责任或者侵权责任。《民法典》第1202条规定，因产品存在缺陷造成他人损害的，生产者应当承担侵权责任。根据上述规定，甲既可以请求生产者乙热水器厂承担侵权责任，也可以依据买卖合同请求热水器厂承担违约责任，但甲只能选择一种责任请求。可见，A、B项表述都是正确的。《民法典》第1204条规定，因运输者、仓储者等第三人的过错使产品存在缺陷，造成他人损害的，产品的生产者、销售者赔偿后，有权向第三人追偿。据此，如果因运输者的过错使产品存在缺陷致人损害的，才存在承担侵权责任的可能，但本题表述中，丙运输公司无过错，因为热水器在出厂前就存在质量缺陷，所以丙运输公司不承担侵权责任。可见，不选D项。甲与丙运输公司之间不存在合同关系，没有违约责任适用的余地，故不选C项。

单元十

1. 下列情形不受诉讼时效限制的有(　　)。

A. 债权人请求支付存款本金及利息的　　B. 债权人请求基于投资关系产生的缴付出资的

C. 债权人请求将所有物归还的　　D. 债权人请求支付租金的

2. 甲、乙、丙成立一合伙企业，丙为有限合伙人。合伙协议约定，合伙人对外签订合同不得超过8万元。丙与丁公司签订了总金额为10万元的买卖合同，签约时，丙表明自己是该企业的普通合伙人，并出示了企业印章和合同专用章。则(　　)。

A. 买卖合同有效　　B. 丙对10万元债务承担无限连带责任

C. 合伙企业仅对8万元债务承担责任　　D. 丙应对合伙企业承担赔偿责任

3. 遗嘱的有效条件包括(　　)。

A. 立遗嘱人必须有遗嘱能力　　B. 遗嘱人在立遗嘱时必须意思表示真实

C. 遗嘱内容必须合法　　D. 遗嘱形式必须符合民法的规定

4. 甲对乙享有 10 万元到期债权，乙对丙也享有 10 万元到期债权，三方书面约定，由丙直接向甲清偿。则下列说法正确的有(　　)。

A. 丙可以向甲主张其对乙享有的抗辩权　　B. 丙可以向甲主张乙对甲享有的抗辩权

C. 若丙不对甲清偿，甲可以要求乙清偿　　D. 若乙对甲清偿，则构成代为清偿

5. 下列关于担保物权的表述，正确的有(　　)。

A. 担保物权具有独立性、不可分性和物上代位性

B. 最高额抵押权不具有从属性特征

C. 以本票设定质权的，质权自本票交付之日起成立

D. 留置权人对留置的动产所生孳息享有所有权

6. 根据我国民法典的规定，处理个人信息，行为人不承担民事责任的情形有(　　)。

A. 在该自然人或者其监护人同意的范围内合理实施的行为

B. 合理处理该自然人自行公开的或者其他已经合法公开的信息，但是该自然人明确拒绝或者处理该信息侵害其重大利益的除外

C. 为维护公共利益或者该自然人合法权益，合理实施的其他行为

D. 信息处理者泄露或者篡改其收集、存储的个人信息

7. 若当事人无额外约定，在试用买卖合同中，应当视为买受人购买试用标的的情形有(　　)。

A. 试用买卖的买受人在试用期内已经支付一部分价款的

B. 买受人在试用期内对试用标的物予以出卖

C. 买受人在试用期内对试用标的物予以出租

D. 买受人在试用期内对试用标的物设定质押

8. 合同约定甲公司应当在 8 月 30 日向乙公司交付一批货物。8 月中旬，甲公司把货物运送到乙公司。对此，乙公司可以(　　)。

A. 拒绝接收货物　　B. 不接受货物并要求对方承担违约责任

C. 接受货物并要求对方承担违约责任　　D. 接受货物并要求对方支付增加的费用

9. 甲经营冷库保鲜业务，其与当地供电部门签订了供电合同，并按时缴纳电费。2004 年 8 月 3 日，甲开启冷库为其客户乙提领货物时，发现冷库温度提高，乙的许多货物已变质。后经查证，3 天前供电部门进行供电设备的例行停电检修，供电部门工作人员因疏忽而未通知甲。则下列表述正确的是(　　)。

A. 供电部门应向甲承担违约责任，但无须向乙承担违约责任

B. 供电部门进行供电设施检修，是为了保证供电安全，因而可以减轻其违约责任

C. 甲有权在供电部门赔偿后，再向乙赔偿

D. 乙既可以要求甲承担违约责任，也可以要求供电部门承担侵权责任

10. 小强现年 9 周岁，生父谭某已故，生母徐某虽有抚养能力，但因准备再婚，决定将其送养。徐某的姐姐要求收养，其系华侨富商，除已育有一子外符合收养人的其他条件；谭某父母为退休教师，也要求抚养。对此，下列表述正确的是(　　)。

A. 徐某因有抚养能力不能将小强送其姐姐收养

B. 徐某的姐姐因有子女不能收养小强

C. 谭某父母有优先抚养的权利

D. 收养应征得小强同意

单元十答案与精解

1. ABC

【精解】下列债权请求权不适用诉讼时效：(1) 支付存款本金及利息请求权；(2) 兑付国债、金融债券以及向不特定对象发行的企业债券本息请求权；(3) 基于投资关系产生的缴付出资请求权；(4) 其他依法不适用诉讼时效规定的债权请求权。据此，选 A、B、C 项。D 项表述的情形受诉讼时效的限制。根据《民法典》第 188 条规定，对于延付和拒付租金的，诉讼时效期间为 3 年。

2. ABD

【精解】丙的行为构成表见代理，因而买卖合同有效，合伙企业对 10 万元债务负有清偿义务。可见，选 A 项，不选 C 项。《合伙企业法》第 76 条第 1 款规定，第三人有理由相信有限合伙人为普通合伙人并与其交易的，该有限合伙人对该笔交易承担与普通合伙人同样的责任。据此，丙虽为有限合伙人，但因构成表见代理而与普通合伙人承担相同的责任，即承担无限连带责任。可见，选 B 项。《合伙企业法》第 98 条规定，不具有事务执行权的合伙人擅自执行合伙事务，给合伙企业或者其他合伙人造成损失的，依法承担赔偿责任。据此，丙没有对外签约的权利而擅自签约，且签约标的额超过合伙企业约定的标的额，显然会给合伙企业造成损失，因而应当对合伙企业承担赔偿责任，故选 D 项。

3. ABCD

【精解】遗嘱的有效条件包括：(1) 立遗嘱人必须有遗嘱能力，即立遗嘱人必须具有完全民事行为能力。(2) 遗嘱人在立遗嘱时必须意思表示真实。(3) 遗嘱内容必须合法，即遗嘱的内容不得违反法律、社会公德。(4) 遗嘱形式必须符合民法典的规定。可见，备选项应全选。

4. ABD

【精解】本题考查的是债的变更中的债务转移。债务人将债务转移给第三人的，第三人享有对债务人的抗辩权，可以向债权人主张。故 A 项正确。债务人将债务转移给第三人的，债务人对债权人享有的抗辩权，新债务人也可以向债权人主张。故 B 项正确。债务转移后，由新债务人向债权人履行债务，原债务人脱离了债权债务关系，故债权人同意债务转移后，不得再向原债务人主张债权，原债务人也没有义务向债权人履行债务。故 C 项错误。如果原债务人非得向债权人履行债务，法律并不禁止，据此，可以按照代为清偿处理。故 D 项正确。注意：抗辩权具有可转移性，即债权债务转移的，抗辩权也随之转移。

5. BC

【精解】担保物权具有从属性、不可分性、物上代位性和优先受偿性等特征，但担保物权不具有独立性。故 A 项表述错误。最高额抵押权不具有从属性特征，如果最高额抵押权被赋予从属性特征，那么最高额抵押权就无法对连续担保的债权作为担保。故 B 项表述正确。《民法典》第 441 条规定，以汇票、本票、支票、债券、存款单、仓单、提单出质的，质权自权利凭证交付质权人时设立；没有权利凭证的，质权自办理出质登记时设立。法律另有规定的，依照其规定。可见，C 项表述正确。根据《民法典》第 452 条第 1 款的规定，留置权人有权收取留置财产的孳息。可见，留置权人对收取的孳息只享有留置权，并不享有所有权。故 D 项表述错误。

6. ABC

【精解】《民法典》第 1036 条规定，处理个人信息，有下列情形之一的，行为人不承担民事责任：(1) 在该自然人或者其监护人同意的范围内合理实施的行为；(2) 合理处理该自然人自行公开的或者其他已经合法公开的信息，但是该自然人明确拒绝或者处理该信息侵害其重大利益的除外；(3) 为维护公共利益或者该自然人合法权益，合理实施的其他行为。据此，选 A、B、C 项。《民法典》第 1038 条规定，信息处理者不得泄露或者篡改其收集、存储的个人信息；未经自然人同意，不得向他人非法提供其个人信息，但是经过加工无法识别特定个人且不能复原的除外。据此，不选

D项。

7. ABCD

【精解】《民法典》第638条规定，试用买卖的买受人在试用期内可以购买标的物，也可以拒绝购买。试用期限届满，买受人对是否购买标的物未作表示的，视为购买。试用买卖的买受人在试用期内已经支付部分价款或者对标的物实施出卖、出租、设立担保物权等行为的，视为同意购买。据此，备选项应全选。

8. AD

【精解】《民法典》第530条规定，债权人可以拒绝债务人提前履行债务，但是提前履行不损害债权人利益的除外。债务人提前履行债务给债权人增加的费用，由债务人负担。据此，债务人甲公司提前履行债务，债权人乙公司可以拒绝甲的履行，如果乙公司接受履行，则甲公司提前履行债务给乙公司增加的费用，由甲公司负担。可见，选A、D项。

9. AD

【精解】《民法典》第652条规定，供电人因供电设施计划检修、临时检修、依法限电或者用电人违法用电等原因，需要中断供电时，应当按照国家有关规定事先通知用电人；未事先通知用电人中断供电，造成用电人损失的，应当承担赔偿责任。据此，供电部门在进行供电设施停电检修前，应当通知甲，以便甲做好准备。供电部门未履行该通知义务，致使保鲜的货物损失，甲有权要求供电部门承担违约责任；供电部门未通知甲而停电，使乙的货物损失，已经构成对乙的侵权，故乙有权追究供电部门的侵权责任，同时依据甲、乙之间保鲜的仓储合同，乙可以要求甲承担违约责任。

10. CD

【精解】《民法典》第1108条规定，配偶一方死亡，另一方送养未成年子女的，死亡一方的父母有优先抚养的权利。据此，A、B项表述错误。《民法典》第1104条规定，收养人收养与送养人送养，应当双方自愿。收养八周岁以上未成年人的，应当征得被收养人的同意。据此，D项表述正确，选D项。

第三章 简答题

单元一

1. 简述诚实信用原则的含义和主要内容。
2. 简述土地承包经营权的特征。
3. 简述债权的概念和特征。

单元一答案要点

1. 诚实信用原则是指民事主体从事民事活动时，应当诚实守信，正当行使权利并履行民事义务，不实施欺诈和规避法律的行为，在不损害他人利益和社会利益的前提下追求自己的利益。诚实信用原则的法律要求具体体现在以下三个方面：

(1) 民事主体在从事民事活动时，必须将有关事项和真实情况如实告知对方，禁止隐瞒事实真相和欺骗对方当事人。

(2) 民事主体之间一旦作出意思表示并且达成合意，就必须重合同、守信用，正当行使权利和履行义务。法律禁止当事人背信弃义、擅自毁约的行为。

(3) 民事活动过程中发生损害，民事主体均应及时采取合理的补救措施，避免和减少损失。

2. (1) 土地承包经营权是由土地所有权派生的一种以使用、收益为内容的物权，属于他物权中用益物权的范畴。

(2) 土地承包经营权的主体是承包人，包括自然人和社会组织。

(3) 土地承包经营权的客体是农民集体所有和国家所有由农民集体使用的耕地、林地、草地以及其他用于农业的土地。

(4) 土地承包经营权是由发包人与承包人通过签订承包合同的方式设立的。

(5) 土地承包经营权是一种有期限的物权。

3. 债权是指债权人享有的以请求债务人为一定给付为内容的权利。

债权的特征有：

(1) 债权为请求权。债权是债权人得请求债务人为特定行为的权利。

(2) 债权为相对权。债权人只能向债务人主张权利，请求债务人履行债务。

(3) 债权具有任意性。当事人在不违反强行法规定的情况下可以任意设定债的关系，法律并不加以限制；即使是法定之债，当事人也可以通过协商确定债的内容。

(4) 债权具有非排他性。债权人仅能够向债务人提出给付的请求，不能对债务人应交付的标的物或者债务人的行为予以直接支配，债权人也可以债务不履行为由向债务人主张违约责任。

(5) 债权具有平等性。对于同一债务人先后成立的数个债权，效力一律平等。

单元二

1. 简述建设用地使用权的特征。
2. 简述债权的功能。
3. 简述代位继承的概念和条件。

单元二答案要点

1. (1) 建设用地使用权属于用益物权。

(2) 建设用地使用权的主体为符合法定条件的自然人和社会组织。

(3) 建设用地使用权的内容为在土地上建造和保有建筑物、构筑物及其附属设施，以及对建设用地使用权的处分，如出资、转让、抵押等，但不包括对土地本身的处分。

(4) 建设用地使用权的客体包括国有土地和集体所有的土地，其范围包括土地表面及其上下的一定空间。

(5) 建设用地使用权具有排他性，在同一块土地上不允许有两个以上内容相同的建设用地使用权存在。

2. (1) 请求权能。作为一种请求权，债权人可以直接请求债务人履行债务，也可以通过诉讼方式以国家强制力来实现其请求。

(2) 保持受领权能。债权的存在是债权人受领债务人给付的合法原因。债务人履行债务或受强制执行提出给付时，债权人有接受给付的权利并有权保持因此获得的利益。

(3) 保全权能。当债务人的某些行为对债权人造成损害时，债权人可以向人民法院请求以自己的名义代位行使债务人的债权，或者请求人民法院撤销债务人的行为。债权人享有的债权保全权能是对债的相对性原理的突破。

(4) 处分权能。债权人可通过抵销、免除、让与债权和设定债权质权等方式对享有的债权予以处分。

上述权能齐备的债权为完全债权，否则为不完全债权，但欠缺保持受领权能的债权不再是债权。

3. 代位继承是指被继承人的子女或兄弟姐妹先于被继承人死亡，应由被继承人的子女或兄弟姐妹继承的遗产份额，由被继承人子女的直系晚辈血亲或兄弟姐妹的子女继承的法律制度。

代位继承须具备下列条件：

(1) 须被代位继承人先于被继承人死亡。

(2) 须被代位继承人是被继承人的子女或兄弟姐妹。在我国，被代位继承人既包括被继承人的子女，也包括被继承人的兄弟姐妹，所以代位继承既适用于直系血亲，也适用于旁系血亲。

(3) 须被代位继承人未丧失继承权。若被代位继承人丧失继承权，不仅本人不能参加继承，他人也不能代位继承。

(4) 须代位继承人是被代位继承人的直系晚辈血亲。直系晚辈血亲包括自然血亲和拟制血亲。

单元三

1. 简述可撤销的民事法律行为和无效的民事法律行为的区别。
2. 简述留置权的概念和特征。
3. 简述《民法典》人格权编关于为保护隐私权而不得实施的行为的规定。

单元三答案要点

1. (1) 无效的条件不同。无效的民事法律行为是不附带任何条件的，不论当事人是否主张，也不论当事人之间是否有争议，该行为都是无效的，是绝对无效；可撤销的民事法律行为是相对无效，是有条件的无效，当事人提出申请并经法院或仲裁机关认可是该行为无效的前提条件。

(2) 无效的时间不同。无效的民事法律行为从行为开始时起，就不发生法律效力，对当事人就没有约束力；可撤销的民事法律行为在被撤销之前，已经发生了法律效力，对当事人就有了约束力，只有在被撤销后，才丧失法律上的效力。当然，可撤销的民事法律行为在撤销后具有追溯力，追溯到行为开始。此外，可撤销的民事法律行为自行为成立时起1年内当事人才有权请求撤销，而无效的民事法律行为没有这种限制。

(3) 主张无效的人不同。无效的民事法律行为，双方当事人或与该民事法律行为有利害关系的人都可以主张无效，人民法院或仲裁机构在受理的案件中发现属于无效范围的，也可以主张确认其无效；可撤销的民事法律行为，只有享有撤销权的当事人才可以主张无效，其他人不享有撤销权。

2. 留置权是指合法占有债务人动产的债权人，于债务人不履行到期债务时，得留置该动产并以其价值优先受偿的权利。

留置权具有如下特征：

(1) 留置权是法定担保物权。

(2) 留置权的客体限于动产。

(3) 留置权不具有追及力，留置权人丧失对留置财产的占有即丧失留置权。

3. 除法律另有规定或者权利人明确同意外，任何组织或者个人不得实施下列行为：

(1) 以电话、短信、即时通信工具、电子邮件、传单等方式侵扰他人的私人生活安宁；

(2) 进入、拍摄、窥视他人的住宅、宾馆房间等私密空间；

(3) 拍摄、窥视、窃听、公开他人的私密活动；

(4) 拍摄、窥视他人身体的私密部位；

(5) 处理他人的私密信息；

(6) 以其他方式侵害他人的隐私权。

单元四

1. 简述违反物权法定原则的后果。

2. 简述可撤销婚姻的情形。

3. 简述一般侵权责任的构成要件。

单元四答案要点

1. (1) 法律没有规定的物权，当事人不得自由设立，即使当事人有约定也不发生物权设立的法律效果。

(2) 当事人的约定部分违反内容强制的规定，但不影响其他部分效力的，物权仍得以设立，但违反规定的内容无效。

(3) 违反该原则的行为无效不影响当事人之间其他法律行为的效力。

2. 根据民法典规定，婚姻可撤销的情形如下：

(1) 受胁迫。这里的胁迫，是指行为人以给另一方当事人或者其近亲属的生命、身体健康、名誉、财产等方面造成损害为要挟，迫使另一方当事人违背真实意愿结婚的情况。

(2) 隐瞒重大疾病。一方患有重大疾病，在结婚登记前未如实告知另一方的，另一方可以请求撤销婚姻。

3. (1) 加害行为。加害行为是指行为人实施的加害于被侵权人民事权益的不法行为，包括作为和不作为。如果没有行为人的加害行为，则不会产生任何侵权责任。

(2) 损害事实。损害事实是指他人财产或者人身利益所遭受的不利影响或后果。损害包括财产损害和非财产损害，非财产损害又包括人身损害和精神损害。不利后果包括现实已经存在的不利后果和存在现实威胁的不利后果。

(3) 因果关系。因果关系是指各种现象之间引起与被引起的关系，包括责任成立的因果关系和责任范围的因果关系。

(4) 主观过错。过错是指行为人应受责难的主观状态，包括故意和过失两种形式。

单元五

1. 简述效力未定的民事法律行为的概念和特征。

2. 简述专利权的内容。

3. 简述侵害隐私权的行为方式。

单元五答案要点

1. 效力未定的民事法律行为是指民事法律行为成立之后，是否发生效力尚不能确定，有待享有形成权的第三人作出追认或拒绝的意思表示来使之有效或无效的民事法律行为。

效力未定的民事法律行为具有如下特征：

(1) 效力未定的民事法律行为已经成立，但因缺乏处分权或行为能力而使效力不齐备。

(2) 效力未定的民事法律行为的效力既非完全无效，也非完全有效，而是处于一种效力不确定的中间状态。

(3) 效力未定的民事法律行为是否发生效力尚不能确定，有待于其他行为或事实使之确定。

2. (1) 自己实施专利的权利。

(2) 许可他人实施专利的权利。

(3) 转让权。专利权人有权转让专利权和专利申请权。

(4) 报酬权和受奖权。职务发明创造的发明人或设计人有权得到报酬或奖励。

(5) 署名权和标记权。发明人或者设计人有权在专利文件中写明自己是发明人或者设计人，专利权人有权在其专利产品或包装上标明专利标识。

3. 除权利人明确同意外，任何组织或者个人不得实施下列行为。

(1) 以短信、电话、即时通信工具、电子邮件、传单等方式侵扰他人的私人生活安宁。

(2) 进入、窥视、拍摄他人的住宅、宾馆房间等私密空间。

(3) 拍摄、录制、公开、窥视、窃听他人的私密活动。

(4) 拍摄、窥视他人身体的私密部位。

(5) 收集、处理他人的私密信息。

(6) 以其他方式侵害他人的隐私权。

单元六

1. 简述表见代理的概念和主要适用情形。

2. 简述居住权的概念和特征。

3. 简述数人侵权行为的种类及其责任。

单元六答案要点

1. 表见代理是指行为人虽没有代理权，但第三人在客观上有理由相信其有代理权而与其实施法律行为，该法律行为的后果由本人承担的代理。

表见代理的主要适用情形有：

(1) 因表见授权表示而产生的表见代理。被代理人以直接或间接的意思表示，表明授予他人代理权，但事实上并未授权。在此情况下，相对人有理由相信该无权代理人为有权代理人，而与之为民事行为。

(2) 因代理授权不明而产生的表见代理。被代理人在代理授权时，未明确代理权限，或未将指明的代理权限有效告知相对人，致使相对人善意无过失地相信代理人的越权代理为有权代理，而与之为民事行为。

(3) 因代理关系终止后未采取必要措施而产生的表见代理。被代理人在代理关系终止后，应将此事实以适当的方式，有效地通知相对人，如果因为被代理人的原因，使相对人不知代理关系终止，而与原代理人为民事行为，则构成表见代理。

2. 居住权是指自然人为满足生活居住的需要，按照合同约定，对他人的住宅享有的占有、使用的用益物权。

居住权具有如下特征：

(1) 居住权的主体限于自然人。

(2) 居住权的内容是占有、使用他人的住宅。

(3) 居住权的客体是他人的住宅。

(4) 居住权的设立目的是满足权利人生活居住的需要。

(5) 居住权原则上是无偿的，当事人另有约定的除外。

(6) 居住权具有专属性，依附于特定人的身份而存在，故不得转让、继承，并因居住权人死亡而消灭。

(7) 居住权是有期限的物权。

3. 数人侵权行为包括共同侵权行为、教唆和帮助行为、共同危险行为、无意思联络的数人侵权行为。

(1) 共同侵权行为是指二人以上共同故意或者共同过失侵害他人民事权益的行为。二人以上共同实施侵权行为，造成他人损害的，应当承担连带责任。

(2) 教唆行为是指通过开导、怂恿、利诱、刺激等方法使被教唆者接受教唆意图的行为。帮助行为是指通过提供工具或激励等方式在物质上或者精神上帮助他人实施侵权行为的行为。教唆、帮助他人实施侵权行为的，应当与行为人承担连带责任。教唆、帮助无民事行为能力人、限制民事行为能力人实施侵权行为的，应当承担侵权责任；该无民事行为能力人、限制民事行为能力人的监护人未尽到监护职责的，应当承担相应的责任。

(3) 共同危险行为是指二人以上共同实施危及他人人身或财产安全的行为并造成损害后果，但不能确定谁是实际侵权人的情形。二人以上实施危及他人人身、财产安全的行为，其中一人或者数人的行为造成他人损害，能够确定具体侵权人的，由侵权人承担责任；不能确定具体侵权人的，行为人承担连带责任。

(4) 无意思联络的数人侵权行为是指二人以上虽无共同故意或者共同过失，但其侵权行为直接结合发生同一损害后果的侵权行为。二人以上分别实施侵权行为造成同一损害，每个人的侵权行为都足以造成全部损害的，行为人承担连带责任。二人以上分别实施侵权行为造成同一损害，能够确定责任大小的，各自承担相应的责任；难以确定责任大小的，平均承担责任。

单元七

1. 简述占有的效力。
2. 简述《民法典》合同编中关于格式条款无效的规定。
3. 简述遗嘱无效的情形。

单元七答案要点

1.（1）权利推定效力。如果占有人在占有物上行使权利，则推定其享有此项权利。根据此推定效力，在没有相反证据的情况下即推定占有人享有相应的物权或者债权。

（2）权利取得效力。占有人在符合法定要件的情况下可以取得本权，具体包括善意取得所有权或者他物权，以及因占有时效的完成而取得所有权或者他物权。

（3）保护效力。占有人的占有无论是否为有权占有，均可以对抗他人的侵犯。

2. 有下列情形之一的，该格式条款无效：一是具有民事法律行为的无效事由；二是格式条款中造成对方人身损害、因故意或者重大过失造成对方财产损失的免责条款；三是提供格式条款的一方不合理地免除或者限制其责任、加重对方责任、限制对方主要权利；四是提供格式条款的一方排除对方主要权利。

3.（1）无民事行为能力人或者限制民事行为能力人所立的遗嘱无效。

（2）遗嘱必须表示遗嘱人的真实意思，受欺诈、胁迫所立的遗嘱无效。

（3）伪造的遗嘱无效。

（4）遗嘱被篡改的，篡改的内容无效。

（5）遗嘱人以遗嘱处分了国家、集体或者他人财产的，应当认定该部分遗嘱无效。

单元八

1. 简述《民法典》总则编中可撤销民事法律行为的情形。
2. 简述所有权行使的限制。
3. 简述《民法典》合同编中关于解除合同的法定事由。

单元八答案要点

1.《民法典》总则编中规定的可撤销民事法律行为的情形有：

（1）重大误解的民事法律行为。

（2）因受欺诈实施的民事法律行为。

（3）一方或者第三人以胁迫手段，使对方在违背真实意思的情况下实施的民事法律行为。

（4）显失公平的民事法律行为。

2. 对所有权行使进行限制主要表现为：

（1）行使所有权不得违反法律规定。

（2）行使所有权不得妨害他人的合法权益。

(3) 行使所有权时必须注意保护环境、自然资源和生态平衡。

(4) 根据公共利益的需要，国家可以依法进行征收和征用。

3. 有下列情形之一的，当事人可以解除合同：

(1) 因不可抗力致使不能实现合同目的；

(2) 在履行期限届满前，当事人一方明确表示或者以自己的行为表明不履行主要债务；

(3) 当事人一方迟延履行主要债务，经催告后在合理期限内仍未履行；

(4) 当事人一方迟延履行债务或者有其他违约行为致使不能实现合同目的；

(5) 法律规定的其他情形。

单元九

1. 简述《民法典》总则编中关于导致民事法律行为无效的情形。

2. 简述担保物权的概念和特征。

3. 简述医疗损害责任的构成要件。

单元九答案要点

1. 根据民法典的规定，导致民事法律行为无效的情形包括：

(1) 无民事行为能力人实施的民事法律行为无效。

(2) 行为人与相对人以虚假的意思表示实施的民事法律行为无效。

(3) 违反法律、行政法规的强制性规定的民事法律行为无效，但是该强制性规定不导致该民事法律行为无效的除外。违背公序良俗的民事法律行为无效。

(4) 恶意串通，损害他人合法权益的民事法律行为无效。

2. 担保物权是指以担保债务清偿为目的，而在债务人或者第三人的特定物或者权利上设立的定限物权。

担保物权的特征有：

(1) 优先受偿性。就特定物或权利享有担保物权的权利人可以就担保物的价值优先于债务人的普通债权人而受偿。

(2) 从属性。担保物权是为担保主债权受偿而设定的，从属于所担保的债权。体现在：①担保物权的成立以债权的存在为前提；②担保物权不得与所担保的债权分离而单独存在，既不得与债权分离而单独让与，也不得与债权分离而为其他债权的担保；③被担保的债权消灭，担保物权亦消灭。

(3) 不可分性。担保物权的不可分性是指债权人在全部债权受清偿前，可就担保物的全部行使其权利。具体表现为两个方面：①债权人在全部债权受清偿之前，得对于担保物整体主张权利；②担保物的部分变化或债权的部分变化均不影响担保物权的整体性，即使担保物被分割或转让，或者被担保的债权得到部分清偿或被转让，担保物权人仍可以担保物的全部行使权利以担保全部债权的受偿。

(4) 物上代位性。这是指担保物因毁损、灭失或者被征收而得赔偿金、补偿金或者保险金时，该赔偿金、补偿金或者保险金即是担保物的代替物，担保物权人可就其行使权利。

3. (1) 医疗机构及其医务人员实施了医疗行为。医疗侵权行为发生在医务人员以医疗机构名义从事的医疗活动中。

(2) 患者遭受非正常损失。医疗行为的侵袭性须是正常医疗行为导致的正常损失，如果超出了合理范围，则构成非正常损失。

(3) 医疗机构存在过错。医疗机构在诊疗活动中负担一定的义务。未尽诊疗活动中所负义务，则存在过错。

（4）医疗过失行为与患者遭受的非正常损失之间具有因果关系。

单元十

1. 简述法人的概念和类型。
2. 简述同时履行抗辩权的概念和成立条件。
3. 简述精神损害赔偿的适用情形。

单元十答案要点

1. 法人是指具有民事权利能力和民事行为能力，依法独立享有民事权利和承担民事义务的组织。

法人的类型有：

（1）营利法人。营利法人是指以营利为目的且将利益分配于其成员的法人，包括有限责任公司、股份有限公司等。

（2）非营利法人。非营利法人是指为公益目的或者其他非营利目的成立，不向出资人、设立人或者会员分配所取得利润的法人，包括事业单位、社会团体、基金会、社会服务机构等。

（3）特别法人。特别法人是除营利法人和非营利法人之外的，具有特殊性质的法人组织，包括机关法人、农村集体经济组织法人、城镇农村的合作经济组织法人、基层群众性自治组织法人。

2. 同时履行抗辩权是指双务合同的当事人在没有约定履行顺序或约定应同时履行的情况下，一方当事人在对方未为对待给付之前，得拒绝履行自己债务的权利。

同时履行抗辩权的成立条件有：

（1）须当事人就同一双务合同互负债务。

（2）须双方互负的债务均届清偿期。

（3）须对方未履行债务或履行债务不符合约定。

（4）须对方的对待给付是可能履行的。

3. 精神损害赔偿适用于下列几种情形：

（1）侵害自然人人身权益造成严重精神损害的，被侵权人有权请求精神损害赔偿。

（2）因故意或者重大过失侵害自然人具有人身意义的特定物造成严重精神损害的，被侵权人有权请求精神损害赔偿。

（3）因当事人一方的违约行为，损害对方人格权并造成严重精神损害，受损害方选择请求其承担违约责任的，不影响受损害方请求精神损害赔偿。

第四章

法条分析题（非法学方向专用）

单元一

1.《民法典》第158条规定："民事法律行为可以附条件，但是按照其性质不得附条件的除外。附生效条件的民事法律行为，自条件成就时生效。附解除条件的民事法律行为，自条件成就时失效。"

请分析：

(1) 本条规定的制度及含义。

(2) 本条规定的"条件"的特点。

(3) 本条规定中"生效条件""解除条件"的含义及效力。

2.《民法典》第515条规定："标的有多项而债务人只需履行其中一项的，债务人享有选择权；但是，法律另有规定、当事人另有约定或者另有交易习惯的除外。

享有选择权的当事人在约定期限内或者履行期限届满未作选择，经催告后在合理期限内仍未选择的，选择权转移至对方。"

请分析：

(1) 选择权属于何种性质的权利？

(2) 如何确定选择权的行使顺序？

(3) 当事人行使选择权的方式和效力如何？

3.《民法典》第1133条规定："自然人可以依照本法规定立遗嘱处分个人财产，并可以指定遗嘱执行人。

自然人可以立遗嘱将个人财产指定由法定继承人中的一人或者数人继承。

自然人可以立遗嘱将个人财产赠与国家、集体或者法定继承人以外的组织、个人。"

自然人可以依法设立遗嘱信托。

请根据本条规定回答下列问题：

(1) 本条第1、2款规定的是何种继承制度？其含义和适用条件是什么？

(2) 本条第3款规定的是何种继承制度？该制度的含义和主体特征是什么？

(3) 试分析本条第1、2款和本条第3款规定制度的区别。

单元一答案要点

1. (1) 本条规定的是附条件民事法律行为。附条件民事法律行为是指双方当事人在民事法律行为中设立了一定的事由作为条件，以该条件的成就与否（是否发生）作为决定该民事法律行为产生或解除根据的民事法律行为。

(2) 条件具有如下特点：①未来性：条件应当是将来发生的事实。②或然性：条件应当是将来可能发生也可能不发生的事实。③非法定性：条件应当是当事人选定（商定）的事实。④合法性：条件应当是合法的事实。

(3) 生效条件是指民事法律行为中所确定的民事权利和民事义务，要在所附条件成就时发生法律效力的条件。生效条件的效力表现在，该民事法律行为已经成立，但未生效，条件成就，该民事法律行为生效；条件不成就，则一直不生效。解除条件是指民事法律行为中所确定的民事权利和民事义务，在所附条件成就时，就失去法律效力的条件。解除条件的效力表现在，在所附条件成就以前，民事法律行为已经发生法律效力，行为人已经开始行使权利和承担义务，当条件成就时，权利和义务则失去法律效力。当条件不成就时，民事法律行为则仍然有效。

2. (1) 选择权在性质上属于形成权。

(2) 选择权的行使顺序为：①根据法律规定、当事人的约定或者交易习惯确定；②标的有多项而债务人只需履行其中一项的，债务人享有选择权；③享有选择权的当事人在约定期限内或者履行期限届满未作选择，经催告后在合理期限内仍未选择的，选择权转移至对方。

(3) 当事人行使选择权应当及时通知对方，通知到达对方时，标的确定。标的确定后不得变更，但是经对方同意的除外。

3. (1) 本条第 1、2 款规定的是遗嘱继承。遗嘱继承是指按照被继承人生前所立的合法有效遗嘱继承被继承人遗产的法律制度。遗嘱继承的适用条件包括：①没有遗赠扶养协议。②被继承人生前所立的遗嘱合法有效。③须遗嘱指定的继承人享有继承权，即遗嘱指定的继承人未丧失、也未放弃继承权。

(2) 本条第 3 款规定的是遗赠。遗赠是指自然人以遗嘱的方式将其个人财产赠与国家、集体或者法定继承人以外的人，并于其死后生效的民事法律行为。遗赠的主体特征是：作为受遗赠人，既可以是自然人，也可以是国家和集体，如果是自然人，该自然人为法定继承人以外的人。

(3) 遗赠与遗嘱继承的区别表现在以下几个方面：①受遗赠人与遗嘱继承人的法律地位不同。受遗赠人不是继承人，没有继承权；而遗嘱继承人是继承人，享有继承权。②受遗赠人与遗嘱继承人的范围不同。受遗赠人必须是法定继承人以外的人，既可以是自然人，也可以是国家或集体；而遗嘱继承人只能是法定继承人以内的人，并且只能是自然人。③对遗赠和遗嘱继承的接受、放弃的方式不同。继承开始后，受遗赠人应当在知道受遗赠后 60 日内，作出接受或者放弃受遗赠的表示；到期没有表示的，视为放弃受遗赠。遗嘱继承人在继承开始后、遗产处理前，没有以书面形式表示放弃遗嘱继承的，视为接受继承。

单元二

1.《民法典》第 143 条："具备下列条件的民事法律行为有效：（一）行为人具有相应的民事行为能力；（二）意思表示真实；（三）不违反法律、行政法规的强制性规定，不违背公序良俗。"

请分析：

(1) 何为"行为人具有相应的民事行为能力"？

(2) 何为"意思表示真实"？意思表示不真实的主要情形有哪些？

(3)"公序良俗"的含义。

2.《民法典》第 224 条规定："动产物权的设立和转让，自交付时发生效力，但是，法律另有规定的除外。"

请根据本条规定回答下列问题：

(1)"交付"的含义。

(2)"法律另有规定的除外"的含义。

(3) 动产物权的变动和公示原则的关系。

3.《民法典》第1186条规定："受害人和行为人对损害的发生都没有过错的，依照法律的规定由双方分担损失。"

请分析：

(1) 本条规定的是何种法律制度？该制度的含义是什么？

(2) 使用该条规定的条件有哪些？

(3) 适用该条规定需要考虑的因素有哪些？

单元二答案要点

1. (1)"行为人具有相应的民事行为能力"即行为人合格，是指行为人的行为能力与其所进行的民事法律行为相适应。

(2)"意思表示真实"是指行为人的外部表示与其内心的真实意思相一致。意思表示不真实的主要情形主要有：①由于相对人或者第三人的胁迫、欺诈，使行为人在违背真实意思的情况下而成立民事行为；②由于行为人自己对该行为的重大误解，使其行为与其内在意思不一致。

(3)"公序良俗"是公共秩序和善良风俗的简称。公共秩序是指社会公共利益。善良风俗是指占主导地位的一般道德或基本伦理要求。

2. (1) 交付是移转标的物占有的行为。

(2)"法律另有规定的除外"是指法律规定的动产物权的变动无须以交付作为公示方式的情形：①非基于法律行为的物权变动。②动产抵押权的设立。③动产留置权的设立。

(3) 动产物权变动和公示原则的关系是：①动产物权变动采取交付的公示方式，否则不发生物权变动的效力。②动产物权变动的方式就是动产物权的公示方式。

3. (1) 本条规定的是法定分担损失。法定分担损失是指受害人和行为人对损害的发生都没有过错的，依照法律规定由双方分担损失。

(2) 适用法定分担损失规则应当同时满足下列条件：①当事人对损害对发生均无过错；②损害不属于适用无过错责任原则的情形；③分担损失不是必须平均分担。

(3) 适用法定分担损失规则，需要综合考虑受害人的损害，双方当事人的财产状况及其他相关情况等因素，才能得出双方分担的结果。

单元三

1.《民法典》第111条规定："自然人的个人信息受法律保护。任何组织或者个人需要获取他人个人信息的，应当依法取得并确保信息安全，不得非法收集、使用、加工、传输他人个人信息，不得非法买卖、提供或者公开他人个人信息。"

请分析：

(1) 本条规定中"个人信息"的含义是什么？

(2) 处理个人信息应遵循的原则和符合的条件是什么？

(3) 处理个人信息的免责事由有哪些？

2.《民法典》第535条第1款规定："因债务人怠于行使其债权或者与该债权有关的从权利，影响债权人的到期债权实现的，债权人可以向人民法院请求以自己的名义代位行使债务人对相对人的权利，但是该权利专属于债务人自身的除外。"

请根据本条规定回答下列问题：

(1) 代位权的行使条件有哪些？

（2）哪些权利是专属于债务人自身的权利？

（3）如何理解代位权的行使范围和行使代位权必要费用的承担？

（4）相对人对债务人的抗辩，是否可以向债权人主张？

3.《民法典》第533条第1款规定："合同成立后，合同的基础条件发生了当事人在订立合同时无法预见的、不属于商业风险的重大变化，继续履行合同对于当事人一方明显不公平的，受不利影响的当事人可以与对方重新协商；在合理期限内协商不成的，当事人可以请求人民法院或者仲裁机构变更或者解除合同。"

请根据本条规定回答下列问题：

（1）情事变更原则的适用条件有哪些？

（2）如何区分情事变更和固有的商业风险？

（3）在发生重大情事变化使合同继续履行显失公平时，人民法院应如何处理？

单元三答案要点

1.（1）个人信息是以电子或者其他方式记录的能够单独或者与其他信息结合识别特定自然人的各种信息，包括自然人的姓名、出生日期、身份证件号码、生物识别信息、住址、电话号码、电子邮箱、健康信息、行踪信息等。

（2）处理个人信息，应当遵循合法、正当、必要原则，不得过度处理，并符合下列条件：征得该自然人或者其监护人同意，但是法律、行政法规另有规定的除外；公开处理信息的规则；明示处理信息的目的、方式和范围；不违反法律、行政法规的规定和双方的约定。

（3）处理个人信息，有下列情形之一的，行为人不承担民事责任：在该自然人或者其监护人同意的范围内合理实施的行为；合理处理该自然人自行公开的或者其他已经合法公开的信息，但是该自然人明确拒绝或者处理该信息侵害其重大利益的除外；为维护公共利益或者该自然人合法权益，合理实施的其他行为。

2.（1）债权人的代位权的成立条件包括：①债权人对债务人的债权合法。②债务人对第三人（相对人）享有债权。③债务人怠于行使其债权或者与该债权有关的从权利，影响债权人到期债权的实现。④债务人对第三人的债权为非专属性权利和可以强制执行的权利。

（2）"专属于债务人自身的债权"，是指基于扶养关系、抚养关系、赡养关系、继承关系产生的给付请求权和劳动报酬、退休金、养老金、抚恤金、安置费、人寿保险、人身伤害赔偿请求权等权利。

（3）代位权的行使范围以债权人的到期债权为限。债权人行使代位权的必要费用，由债务人负担。

（4）可以。

3.（1）情事变更原则的适用条件有：①须有情事变更的事实。②情事变更发生在合同成立生效以后，履行终止以前。③情事变更非当事人所能预见。④情事变更不可归责于双方当事人。⑤因情事变更而使原合同的履行显失公平。

（2）商业风险是商业活动固有的风险，一般的市场供求变化、价格涨落均属于商业风险，当事人不得依据情事变更原则变更或者解除合同；对商业风险，法律一般推定当事人有预见，而情事变更是当事人未预见到也不能预见的；商业风险带给当事人的损失，从法律的观点看可归责于当事人，而情事变更则不可归责于当事人。

（3）人民法院或者仲裁机构应当结合案件的实际情况，根据公平原则变更或者解除合同。

单元四

1.《民法典》第577条规定："当事人一方不履行合同义务或者履行合同义务不符合约定的，应当承担继续履行、采取补救措施或者赔偿损失等违约责任。"

请根据民法原理分析：

(1) 违约责任的构成要件。

(2) 本条规定中的"不履行合同义务"有哪些情形?"赔偿损失"的适用条件是什么?

(3) 如何确定因违约所致的损害赔偿的数额?

(4) 如何理解本条规定的各类违约责任的承担方式?

2.《民法典》第172条："行为人没有代理权、超越代理权或者代理权终止后，仍然实施代理行为，相对人有理由相信行为人有代理权的，代理行为有效。"

请分析：

(1) 本条规定的是何种法律制度？其含义是什么?

(2) 本条规定的制度的构成要件有哪些?

(3) 可以认定本条规定的相对人有理由相信行为人有代理权的条件有哪些?

3.《民法典》第1166条规定："行为人造成他人民事权益损害，不论行为人有无过错，法律规定应当承担侵权责任的，依照其规定。"

请分析：

(1) 无过错责任原则有哪些特征?

(2) 无过错责任原则的适用情形有哪些?

(3) 如何适用无过错责任原则?

单元四答案要点

1.(1) 违约责任的构成要件包括：①当事人之间存在有效合同。②客观上有违约行为。③不存在免责事由。

(2) 不履行合同义务的行为包括实际不履行和预期违约行为。赔偿损失的适用条件有：①具备违约责任的必要条件。②有违约行为造成对方财产损失的事实。

(3) 损失赔偿额应当相当于因违约所造成的损失，包括合同履行后可以获得的利益，但不得超过违反合同一方订立合同时预见到或者应当预见到的因违反合同可能造成的损失。

(4) 违约责任的承担方式主要包括：①继续履行。继续履行是指在债务人不履行合同义务或者履行合同义务不符合约定条件时，债权人要求违约方继续按照合同的约定履行义务。②采取补救措施。补救措施是指继续履行、赔偿损失、支付违约金等之外的其他补救方法。③赔偿损失。赔偿损失是指违约方以支付金钱的方式弥补受害方因违约行为而遭受损失的责任形式。

2.(1) 本条规定的是表见代理。表见代理是指行为人虽没有代理权，但第三人在客观上有理由相信其有代理权而与其实施法律行为，该法律行为的后果由本人承担的代理。

(2) 表见代理的构成要件有：代理人无代理权；该无权代理人有被授予代理权的外观；相对人不知道行为人行为时没有代理权，且无过失；相对人基于信任而与该无权代理人成立法律行为。

(3) 同时符合下列条件的，可以认定为相对人有理由相信行为人有代理权：存在代理权的外观；相对人不知道行为人行为时没有代理权，且无过失。

3.(1) 无过错责任原则具有以下特征：无过错责任原则不以行为人有过错作为责任的构成要件；无过错责任原则的适用必须有法律的明确规定；无过错责任原则仍然存在免责事由。

（2）无过错责任原则主要适用于以下侵权行为：产品质量不合格致人损害；机动车交通事故中机动车一方致非机动车或行人的损害；环境污染、破坏生态致人损害；高度危险作业致人损害；饲养的动物致人损害；用人者的雇员在工作中致人损害；被监护人致人损害。

（3）适用无过错责任原则免除了被侵权人对侵权人过错的举证责任，侵权人也不得以证明自己没有过错而主张免责。但作为侵权责任的构成要件，除主观要件不需要举证外，对侵权行为、损害后果以及二者之间的因果关系仍须举证证明（因果关系推定的除外）。

单元五

1.《民法典》第 726 条第 1 款规定："出租人出卖租赁房屋的，应当在出卖之前的合理期限内通知承租人，承租人享有以同等条件优先购买的权利；但是，房屋按份共有人行使优先购买权或者出租人将房屋出卖给近亲属的除外。"

请根据本条规定回答下列问题：

（1）该条规定的是何种法律制度？其适用条件有哪些？

（2）如何认定"同等条件"？

（3）承租人主张优先购买权，人民法院不予支持的主要情形有哪些？

（4）出租人履行通知义务后，承租人视为放弃优先购买权的情形是什么？

（5）出租人未通知承租人行使优先购买权的，如何认定出租人与第三人订立的房屋买卖合同的效力？

2.《民法典》第 394 条规定："为担保债务的履行，债务人或者第三人不转移财产的占有，将该财产抵押给债权人的，债务人不履行到期债务或者发生当事人约定的实现抵押权的情形，债权人有权就该财产优先受偿。

前款规定的债务人或者第三人为抵押人，债权人为抵押权人，提供担保的财产为抵押财产。"

请根据民法原理分析：

（1）抵押权的特征。

（2）如何理解本条第 1 款规定中"当事人约定的实现抵押权的情形"和"优先受偿"？

（3）在未经登记的情况下如何认定抵押权合同的效力？如何认定抵押权的公示方式？

3.《民法典》第 1051 条规定："有下列情形之一的，婚姻无效：

（一）重婚；

（二）有禁止结婚的亲属关系；

（三）未到法定婚龄。"

请分析：

（1）如何认定近亲属的禁婚范围？

（2）如何确定法定婚龄？

（3）有权向人民法院请求确认婚姻无效的主体有哪些？

单元五答案要点

1.（1）承租人的优先购买权。承租人优先购买权的适用条件有：①承租人只有在租赁房屋时才享有优先购买权；②承租人只有在同等条件下才享有优先购买权。

（2）"同等条件"是指承租人就购买该房屋所给出的价格等条件与欲购买该房屋的其他人相同。"同等条件"应当综合共有份额的转让价格、价款履行方式及期限等因素确定。

（3）具有下列情形之一，承租人主张优先购买房屋的，人民法院不予支持：①房屋共有人行使优先购买权的；②出租人将房屋出卖给近亲属，包括配偶、父母、子女、兄弟姐妹、祖父母、外祖父母、孙子女、外孙子女的；③出租人履行通知义务后，承租人在15日内未明确表示购买的；④第三人善意购买租赁房屋并已经办理登记手续的。

(4) 出租人履行通知义务后，承租人在15日内未明确表示购买的，视为承租人放弃优先购买权。

(5) 出租人未通知承租人行使优先购买权的，出租人与第三人订立的房屋买卖合同的效力不受影响。

2. (1) 抵押权具有如下特征：①抵押权是一种约定担保物权，其内容为就抵押物的价值优先受偿。②抵押权的标的物是债务人或第三人提供为担保的特定财产，该财产包括动产、不动产和权利。③抵押权是不移转占有的担保物权，在抵押期间，抵押物仍由抵押人占有。④抵押权具有追及性。

(2) “当事人约定的实现抵押权的情形”是指在债务人不履行到期债务，当事人之间约定抵押权的实现方式，包括协议以抵押物折价、抵押权实现条件的成就情形等。“优先受偿”是指基于物权的优先效力，当债务人有多个债权人，其财产不足以清偿全部债权时，有抵押权的债权人可以优先于其他债权人受到清偿。

(3) 抵押合同在未经登记时的效力应作如下认定：①不论是动产抵押合同还是不动产抵押合同，应自双方当事人在合同书上签字或盖章时成立并生效。抵押合同本身并不需要登记，是否办理登记不影响抵押合同的效力。②对于以不动产或不动产用益物权设定抵押权的，抵押权自登记时设立；对于以动产设定抵押权的，抵押权自合同成立时设立，但该动产抵押权未登记的，不能对抗善意第三人。

3. (1) 直系血亲或者三代以内的旁系血亲禁止结婚。

(2) 结婚年龄，男不得早于22周岁，女不得早于20周岁。

(3) 有权向人民法院就已办理结婚登记的婚姻请求确认婚姻无效的主体，包括婚姻当事人及利害关系人。

单元六

1.《民法典》第686条规定：“保证的方式包括一般保证和连带责任保证。

当事人在保证合同中对保证方式没有约定或者约定不明确的，按照一般保证承担保证责任。”

请分析：

(1) 何为“一般保证”？何为“连带责任保证”？

(2) 如何认定一般保证和连带责任保证的保证责任的免除？

(3) 如何开始计算一般保证债务和连带责任保证债务的诉讼时效？

2.《民法典》第1198条规定：“宾馆、商场、银行、车站、机场、体育场馆、娱乐场所等经营场所、公共场所的经营者、管理者或者群众性活动的组织者，未尽到安全保障义务，造成他人损害的，应当承担侵权责任。

因第三人的行为造成他人损害的，由第三人承担侵权责任；经营者、管理者或者组织者未尽到安全保障义务的，承担相应的补充责任。经营者、管理者或者组织者承担补充责任后，可以向第三人追偿。”

请回答下列问题：

(1) “安全保障义务”的含义。

(2) 违反安全保障义务的侵权责任适用的归责原则。

(3) 违反安全保障义务的侵权责任的分配。

3.《民法典》第1091条规定：“有下列情形之一，导致离婚的，无过错方有权请求损害赔偿：

(一) 重婚；

（二）与他人同居；

（三）实施家庭暴力；

（四）虐待、遗弃家庭成员；

（五）有其他重大过错。”

请回答下列问题：

（1）离婚损害赔偿请求权的主体和赔偿义务主体是谁？

（2）如何认定“与他人同居”？

（3）如何认定“家庭暴力”？

（4）当事人不起诉离婚而单独依据本条规定提起损害赔偿的，法院应如何处理？

单元六答案要点

1.（1）当事人在保证合同中约定，债务人不能履行债务时，由保证人承担保证责任的，为一般保证。当事人在保证合同中约定保证人和债务人对债务承担连带责任的，为连带责任保证。

（2）一般保证的债权人未在保证期间对债务人提起诉讼或者申请仲裁的，保证人不再承担保证责任。连带责任保证的债权人未在保证期间请求保证人承担保证责任的，保证人不再承担保证责任。

（3）一般保证的债权人在保证期间届满前对债务人提起诉讼或者申请仲裁的，从保证人拒绝承担保证责任的权利消灭之日起，开始计算保证债务的诉讼时效。连带责任保证的债权人在保证期间届满前请求保证人承担保证责任的，从债权人请求保证人承担保证责任之日起，开始计算保证债务的诉讼时效。

2.（1）安全保障义务是指宾馆、商场、银行、车站、机场、体育场馆、娱乐场所等经营场所、公共场所的经营者、管理者或者群众性活动的组织者，在应尽的合理限度范围内使他人免受损害的义务。

（2）安全保障义务适用过错责任原则。安全保障义务就其性质而言属于注意义务。未尽到适当的注意义务，即应认定为过错的存在。

（3）违反安全保障义务的侵权责任包括两种情况：（1）直接责任。在没有第三人的行为介入的情况下，宾馆、商场、银行、车站、机场、体育场馆、娱乐场所等经营场所、公共场所的经营者、管理者或者群众性活动的组织者，未尽到安全保障义务，造成他人损害的，应当承担直接的侵权责任。（2）补充责任。在损害是由第三人的行为所致的情况下，由第三人承担侵权责任；经营者、管理者或者组织者未尽到安全保障义务的，承担相应的补充责任。经营者、管理者或者组织者承担补充责任后，可以向第三人追偿。

3.（1）离婚损害赔偿请求权的主体是离婚诉讼当事人中的无过错方；赔偿义务主体是与无过错方形成有效婚姻关系的配偶。

（2）“与他人同居”是指有配偶者与婚外异性，不以夫妻名义，持续、稳定地共同居住。

（3）“家庭暴力”是指行为人以殴打、捆绑、残害、强行限制人身自由或者其他手段，给其家庭成员的身体、精神等方面造成一定伤害后果的行为。

（4）当事人不起诉离婚而单独依据本条规定提起损害赔偿的，人民法院不予受理。

单元七

1.《民法典》第150条规定：“一方或者第三人以胁迫手段，使对方在违背真实意思的情况下实施的民事法律行为，受胁迫方有权请求人民法院或者仲裁机构予以撤销。”

请分析：

(1) 本条规定中“民事法律行为”的含义。

(2) 本条规定的“胁迫”的含义是什么？人民法院可如何认定“胁迫”？

(3) 导致受胁迫方撤销权消灭的法定事由是什么？

2.《民法典》第509条规定：“当事人应当按照约定全面履行自己的义务。

当事人应当遵循诚信原则，根据合同的性质、目的和交易习惯履行通知、协助、保密等义务。

当事人在履行合同过程中，应当避免浪费资源、污染环境和破坏生态。”

请运用民法原理分析：

(1) 根据本条规定概括说明合同履行原则。

(2) 如何理解本条第1款和第2款规定中“义务”的内容？

(3) 如何理解本条第2款规定中的“交易习惯”？

3.《民法典》第638条规定：“试用买卖的买受人在试用期内可以购买标的物，也可以拒绝购买。试用期限届满，买受人对是否购买标的物未作表示的，视为购买。”

请回答下列问题：

(1) 何为试用买卖？

(2) 买受人视为（同意）购买标的物的主要情形有哪些？

(3) 当事人对标的物使用费没有约定或者约定不明确的，买受人是否应支付使用费？

(4) 试用期间，标的物在试用期内毁损、灭失的风险由谁承担？

单元七答案要点

1. (1) 民事法律行为是指民事主体通过意思表示设立、变更、终止民事法律关系的行为。

(2) 胁迫是指一方当事人或第三人向对方或其亲属预告危害，使其发生恐惧心理，并基于这种恐惧心理而作出的违背其真实意思的行为。以给自然人及其近亲属等的人身权利、财产权利以及其他合法权益造成损害或者以给法人、非法人组织的名誉、荣誉、财产权益等造成损害为要挟，迫使其基于恐惧心理作出意思表示的，人民法院可以认定为胁迫。

(3) 当事人受胁迫，自胁迫行为终止之日起1年内没有行使撤销权，或者当事人自民事法律行为发生之日起5年内没有行使撤销权的，撤销权消灭。

2. (1) 合同履行原则包括全面履行原则和诚实信用原则。全面履行原则要求当事人按照合同的约定全面履行义务。诚实信用原则要求当事人应本着诚实、守信、善意的态度履行合同义务，不得滥用权利或故意规避义务。

(2) 本条第1款规定的义务包括主合同义务、从合同义务和附随义务（或者回答：主给付义务、从给付义务和附随义务——编者注）。本条第2款规定的通知、协助、保密等义务属于合同履行过程中的附随义务。

(3) 交易习惯是指：①在交易行为当地或者某一领域、某一行业通常采用并为交易对方订立合同时所知道或者应当知道的做法。②当事人双方经常使用的习惯做法。

3. (1) 试用买卖是指根据双方当事人的约定，出卖人在合同成立时将标的物交付给买受人试验或检验，并以买受人认可标的物为生效要件的买卖。

(2) 试用期间届满，买受人对是否购买标的物未作表示的，视为购买；试用买卖的买受人在试用期内已经支付部分价款或者对标的物实施出卖、出租、设立担保物权等行为的，视为同意购买。

(3) 当事人对标的物使用费没有约定或者约定不明确的，买受人不支付使用费。

(4) 试用期间，标的物在试用期内毁损、灭失的风险由出卖人承担。

单元八

1.《民法典》第 1171 条规定：“二人以上分别实施侵权行为造成同一损害，每个人的侵权行为都足以造成全部损害的，行为人承担连带责任。”

《民法典》第 1172 条规定：“二人以上分别实施侵权行为造成同一损害，能够确定责任大小的，各自承担相应的责任；难以确定责任大小的，平均承担赔偿责任。”

请运用民法原理分析：

(1)《民法典》第 1171 条规定的制度的构成要件。

(2)《民法典》第 1172 条规定的制度的构成要件。

(3) 对比分析《民法典》第 1171 条和第 1172 条规定的制度的差异。

2.《民法典》第 312 条规定：“所有权人或者其他权利人有权追回遗失物。该遗失物通过转让被他人占有的，权利人有权向无处分权人请求损害赔偿，或者自知道或者应当知道受让人之日起二年内向受让人请求返还原物，但是，受让人通过拍卖或者向具有经营资格的经营者购得该遗失物的，权利人请求返还原物时应当支付受让人所付的费用。权利人向受让人支付所付费用后，有权向无处分权人追偿。”

请根据本条规定回答下列问题：

(1) 本条规定中的“遗失物”和“拾得遗失物”的含义。

(2) 本条规定中的“拾得遗失物”属于何种法律事实？其构成条件是什么？

(3) 本条规定中的“二年”是何种性质的期间？

(4) 受让人取得遗失物所有权的条件是什么？

3.《民法典》第 641 条规定：“当事人可以在买卖合同中约定买受人未履行支付价款或者其他义务的，标的物的所有权属于出卖人。

出卖人对标的物保留的所有权，未经登记，不得对抗善意第三人。”

请分析：

(1) 本条规定的是何种法律制度？

(2) 当事人约定不动产保留所有权的，该约定是否有效？为什么？

(3) 出卖人行使取回权的条件有哪些？

(4) 出卖人不得行使取回权的情形有哪些？

单元八答案要点

1. (1)《民法典》第 1171 条规定的是承担连带责任的无意思联络数人侵权。其构成要件包括：①行为人为二人以上。②数个行为人分别实施了侵权行为，彼此之间没有任何的意思联络。③损害后果同一。④每个人的行为都足以造成全部损害结果。

(2)《民法典》第 1172 条规定的是承担按份责任的无意思联络数人侵权。其构成要件为：①行为人为二人以上。②数个行为人分别实施了侵权行为，彼此之间没有任何的意思联络。③损害后果同一。

(3) 两种数人侵权的区别。两种数人侵权的区别在于，虽然数人侵权行为都给受害人造成了同一损害，但承担连带责任的无意思联络数人侵权的每一个行为人的行为都足以造成同一损害，而承担按份责任的无意思联络数人侵权的任何一个行为人的行为都不足以造成此种损害，只有这些行为共同作用之后才能产生该损害。

2.（1）遗失物是他人不慎丧失占有的动产。拾得遗失物是发现他人遗失物而予以占有的法律事实。

（2）拾得遗失物是事实行为，其构成条件是：①存在遗失物。②遗失物被拾得（或者：有拾得行为）。

（3）除斥期间。

（4）受让人取得遗失物所有权的条件：①权利人在2年期间没有行使回复请求权。②权利人没有向受让人支付足额相应的费用。③受让人通过拍卖、公共市场或向具有经营资格的经营者购得的。

3.（1）本条规定的是所有权保留。

（2）约定无效，因为所有权保留适用于动产，当事人约定不动产保留所有权的，因违反物权法定原则而无效。

（3）当事人约定出卖人保留合同标的物的所有权，在标的物所有权转移前，买受人有下列情形之一，造成出卖人损害的，除当事人另有约定外，出卖人有权取回标的物：未按照约定支付价款，经催告后在合理期限内仍未支付；未按照约定完成特定条件；将标的物出卖、出质或者作出其他不当处分。

（4）存在下列情形之一的，出买人不得行使取回权：买受人已经支付总价款的75%以上；买受人将标的物出卖、出质或者作出其他不当处分时，第三人善意取得所有权或其他物权。

单元九

1.《民法典》第225条规定："船舶、航空器和机动车等的物权的设立、变更、转让和消灭，未经登记，不得对抗善意第三人。"

请分析：

（1）船舶、航空器和机动车等特殊动产物权变动的公示方式是什么？

（2）如何认定本条规定中"登记"的效力？

（3）如何认定本条规定中的"善意第三人"？是否包括转让人的普通债权人？

2.《民法典》第847条第1款规定："职务技术成果的使用权、转让权属于法人或者非法人组织的，法人或者非法人组织可以就该项职务技术成果订立技术合同。法人或者非法人组织订立技术合同转让职务技术成果时，职务技术成果的完成人享有以同等条件优先受让的权利。"

请回答下列问题：

（1）何为"职务技术成果"？

（2）如何认定"执行法人或者其他组织的工作任务"？

3.《民法典》第1236条规定："从事高度危险作业造成他人损害的，应当承担侵权责任。"

请根据本条规定回答下列问题：

（1）何为"高度危险作业"？

（2）该条适用的归责原则是什么？

（3）如何理解本条规定中的"损害"及其范围？

单元九答案要点

1.（1）船舶、航空器和机动车等特殊动产自交付时发生物权变动，因此其公示方式为交付。

（2）本条规定中的"登记"并非物权变动的对抗要件，而是物权变动的对抗要件，即未经登记不得对抗善意第三人。

（3）本条规定中的"善意第三人"主要是指对该动产享有物权之人，如动产抵押权人，不包括转让人的普通债权人。

2. (1) 职务技术成果是执行法人或者非法人组织的工作任务，或者主要是利用法人或者非法人组织的物质技术条件所完成的技术成果。

(2) “执行法人或者其他组织的工作任务”包括：①履行法人或者其他组织的岗位职责或者承担其交付的其他技术开发任务；②离职后1年内继续从事与其原所在法人或者其他组织的岗位职责或者交付的任务有关的技术开发工作，但法律、行政法规另有规定的除外。

3. (1) 高度危险作业是指从事高空、高速、高压、易燃、易爆、剧毒及放射性等对周围的人身或者财产安全具有高度危险性的活动。

(2) 无过错责任原则。

(3) 损害是指因高度危险作业造成他人财产或者人身权益所遭受的不利影响，包括财产损害、非财产损害，非财产损害又包括人身损害、精神损害。

单元十

1.《民法典》第311条第1款规定：“无处分权人将不动产或者动产转让给受让人的，所有权人有权追回；除法律另有规定外，符合下列情形的，受让人取得该不动产或者动产的所有权：

(一) 受让人受让该不动产或者动产时是善意的；

(二) 以合理的价格转让；

(三) 转让的不动产或者动产依照法律规定应当登记的已经登记，不需要登记的已经交付给受让人。”

请运用民法原理分析：

(1) 如何理解“受让人受让该不动产或者动产时”?

(2) 如何判断“善意”?

(3) 如何认定“合理的价格”?

2.《民法典》第122条规定：“因他人没有法律根据，取得不当利益，受损失的人有权请求其返还不当利益。”

请根据本条规定回答下列问题：

(1) “没有法律根据”的含义。

(2) “不当利益”的含义。

(3) 如何确定返还利益的具体范围?

3.《民法典》第1018条第1款规定：“自然人享有肖像权，有权依法制作、使用、公开或者许可他人使用自己的肖像。”

请分析：

(1) 何为“肖像”?

(2) 侵犯肖像权的法定侵权行为方式有哪些?

(3) 如何行使肖像权许可使用合同解除权?

单元十答案要点

1. (1) “受让人受让该不动产或者动产时”，是指依法完成不动产物权转移登记或者动产交付之时。

(2) 受让人受让不动产或者动产时，不知道转让人无处分权，且无重大过失的，应当认定受让人为善意。

（3）“合理的价格”，应当根据转让标的物的性质、数量以及付款方式等具体情况，参考转让时交易地市场价格以及交易习惯等因素综合认定。

2.（1）没有法律根据是指一方获益既无法律上的原因（根据），亦无合同上的根据。

（2）不当利益是指一方获得的利益即财产的增加是不正当的，没有合法根据。

（3）返还利益的具体范围依获益方的主观心态而定：①受益方为善意时，若损失大于利益，只返还现存利益；若损失小于利益，返还利益的范围以损失为准。②受益方为恶意时，应返还其取得的全部利益；若利益少于损失，还须就损失与利益之间的差额进行赔偿。

3.（1）肖像是通过影像、雕塑、绘画等方式在一定载体上所反映的特定自然人可以被识别的外部形象。

（2）侵犯肖像权的法定行为方式有：丑化、污损，或者利用信息技术手段伪造等方式侵害他人的肖像权；未经肖像权人同意，制作、使用、公开肖像权人的肖像，但是法律另有规定的除外；未经肖像权人同意，肖像作品权利人以发表、复制、发行、出租、展览等方式使用或者公开肖像权人的肖像。

（3）当事人对肖像许可使用期限没有约定或者约定不明确的，任何一方当事人可以随时解除肖像许可使用合同，但是应当在合理期限之前通知对方。当事人对肖像许可使用期限有明确约定，肖像权人有正当理由的，可以解除肖像许可使用合同，但是应当在合理期限之前通知对方。因解除合同造成对方损失的，除不可归责于肖像权人的事由外，应当赔偿损失。

第五章

论述题（法学方向专用）

单元一

1. 试论民法上的平等原则。
2. 试论物上请求权。

单元一答案要点

1.（1）平等原则是指民事主体在法律地位上是平等的，其合法权益应当受到法律平等保护。我国民法典第一编总则规定，民事主体在民事活动中的法律地位一律平等。平等原则是民法调整的社会关系的性质决定的，没有平等就没有民法，市场经济最本质的特征就体现在主体之间的平等性上。

（2）现代法治社会以贯彻平等原则为特征，而公民在法律面前的平等，具体体现为民法典所确认的主体的平等地位和责任自负原则、造成损害应根据损益相当准则进行赔偿原则、对公民和法人的合法权益平等保护的原则等。民法典的这些原则都是平等原则的具体体现。切实遵行民法典规定也可防止行政专横，有效地捍卫公民、法人的合法权利。

（3）平等原则的基本内容有：①公民的民事权利能力一律平等。任何公民在法律上不分尊卑贵贱、财富多寡、种族差异、性别差异，其抽象人格都是平等的。民事权利能力与生俱来，为公民终身享有，并且公民的民事权利能力在范围上是平等的。除法律特别规定的以外，任何单位和个人不得限制和剥夺公民的民事权利能力。②不同民事主体参与民事法律关系适用同一法律，处于平等的地位。尤其在合同关系中，无论参与合同关系的当事人在事实上是否具有隶属关系或不平等的地位，在合同关系中认为当事人之间完全平等。③民事主体在民事法律关系中必须平等协商。平等原则还表现在民事主体在民事法律关系的产生、变更和消灭上，必须平等协商，任何一方当事人不得将自己的意志强加给另一方当事人。④对权利予以平等地保护。在法律上，无论具体的人具有何种事实上的差异，当其权利受到侵害时，法律都给予平等保护。任何主体都不能比其他主体享有更多的保护，即使公有财产从政治层面上神圣不可侵犯，但是在民法中它应与私人财产受到同等的保护。从损害的角度看，都应当按照实际损害给予救济，不能因人而异。

2. 物上请求权是指物权人在其物权受到侵害或有被侵害的危险时，基于物权而请求侵害人为一定行为或不为一定行为，使物权恢复到原有状态或侵害危险产生之前的状态的请求权。物权请求权的内容包括：

（1）原物返还请求权。对于无权占有不动产或者动产的，权利人可以请求返还原物。此种请求权适用于他人无权占有物权人的标的物而致物权于妨害的情形。返还原物请求权不仅适用于动产，也适用于不动产，但无论如何，该请求权只能针对特定的物，即被他人无权占有或侵夺的动产或不动产，而不能针对已经替代了原物的某个物提出。返还原物请求权是物上权利人与占有人之间发生的法律关系中的主导性请求权，其他请求权为从属性的请求权。

(2) 妨害排除请求权。对于妨害物权或者可能妨害物权的，权利人可以请求排除妨害。此种请求权适用于他人以占有标的物之外的方法妨害物权圆满状态的情形。该请求权主要适用于不动产。权利人通过行使排除妨害请求权而使受到影响的权利恢复到从前的圆满状态。

(3) 妨害防止请求权（消除危险请求权）。对于妨害物权或者可能妨害物权的，权利人可以请求消除危险。此种请求权适用于物权于将来有受到妨害危险的情形，这里的“危险”是指尚未实际发生的，但有可能出现的妨害。危险必须是可以合理预见而不是主观臆测的；危险必须是确实存在的且有对他人财产、人身造成妨害的可能。妨害尚未发生但又确有可能发生，对此种危险，所有人也有权排除妨害。所有人在行使消除危险请求权时不考虑行为人主观上是否具有故意或过失。

单元二

1. 试论民法上的意思自治原则。

2. 试论民法上的善意取得制度。

单元二答案要点

1. (1) 意思自治原则是指民事主体在从事民事活动时，在法律允许的范围内自由表达自己的意愿，并按其意愿设立、变更、终止民事法律关系的原则。意思自治原则在民法基本原则中处于核心地位，是私法自治和民法理念的体现，是民法最重要、最具有代表性的原则。民法最重要的使命就是确认并保证民事主体自由的实现。

(2) 意思自治原则的内容主要体现在如下方面：①民事主体有权自主决定是否参加民事活动以及如何参加民事活动。也就是说，当事人可以对所参与的民事法律关系的内容、相对人、行为方式、形式、补救方式等依据其意志自由选择，他人不得干涉或者作任何形式的强迫。②民事主体应当以平等协商方式从事民事活动，就民事法律关系的设立、变更、终止达成合意。③在法律的允许范围内民事主体有权依其意愿自主作出决定，并认可当事人之间通过自主协商达成的合意具有优先于任意性规范适用的效力，以达到当事人通过法律行为所希望发生的法律效果。④在法律允许的范围内民事主体对其自由表达的真实意愿负责，任何机关、组织和个人不得非法干预。根据私法自治原则，当事人只要不违反法律、行政法规的强制性规定和公序良俗，国家及其机关以及其他组织和个人就不能进行干预，这对于确认行政机关干预私法自治的合理范围，保护当事人的意思自由十分必要。

(3) 意思自治并不意味着绝对自由，意思自治原则应当受到合法、合理的限制，这主要体现为对合同自由的限制。同时应当强调的是，对于私法自治的限制必须具有充分正当的理由，没有充分正当的理由，不得主张限制民事主体的自由。

2. (1) 善意取得是指无权处分人在不法将其占有的他人动产或者错误登记在其名下的他人不动产让与第三人或者为第三人设定他物权时，如果受让人在取得该动产或者不动产的物权时系出于善意且符合其他条件，即取得该动产或者不动产的所有权或者他物权的制度。

(2) 善意取得具有强化占有公信力、保护交易安全的功能。法律规定善意取得制度的意义：善意取得是适应商品交换的需要而产生的一项法律制度。民法典确认善意取得制度，有助于稳定社会经济秩序，维护正常的商品交换，从而有利于市场经济的健康发展，并充分发挥物的经济效用，其最终目的旨在维护交易安全。

(3) 动产善意取得的适用条件有：①标的物须为占有委托物且为非禁止流通物。②让与人系无权处分人。③受让人取得动产时出于善意。受让人受让动产时，不知道转让人无处分权，且无重大过失的，应当认定为受让人为善意。受让人受让动产时，交易的对象、场所或者时机等不符合交易习惯的，应当认定受让人具有重大过失。④受让人以合理的价格受让。是否为“合理的价格”应当根据转让标的物的性质、数量以及付款方式等具体情况，参考转让时交易地市场价格以及交易习惯等因素综合认定。⑤已交付完成。此处的交付不包括占有改定。

（4）不动产善意取得的适用条件有：①让与人系无处分权人但具有权利外观。②受让人受让该不动产是善意的。受让人受让不动产时，不知道转让人无处分权，且无重大过失的，应当认定受让人为善意。真实权利人有证据证明不动产受让人应当知道转让人无处分权的，应当认定受让人具有重大过失。③受让人以合理的价格受让。是否为“合理的价格”应当根据转让标的物的性质、数量以及付款方式等具体情况，参考转让时交易地市场价格以及交易习惯等因素综合认定。④已经办理了登记。但具有下列情形之一，受让人无权根据善意取得的规定取得所有权：转让合同属于无效合同的；转让合同因受让人存在欺诈、胁迫或者乘人之危等法定事由被撤销。

（5）善意取得的法律后果有：①受让人取得转让不动产或者动产的物权，原所有权人丧失所有权。②受让人依照规定取得不动产或者动产的物权的，原所有权人有权向无处分权人请求赔偿损失或者返还不当得利。③善意受让人取得动产后，该动产上的原有权利消灭，但善意受让人在受让时知道或者应当知道该权利的除外。

单元三

1. 试论民法中的诚实信用原则。

2. 试论无效的民事法律行为。

单元三答案要点

1. （1）诚实信用原则是指民事主体在从事民事活动时，应当诚实守信，正当行使民事权利并履行民事义务，不实施欺诈和规避法律的行为，在不损害他人利益和社会利益的前提下追求自己的利益。

（2）诚实信用原则是市场经济活动中的一项基本道德准则。民法典将这一道德准则上升为法律规则，要求民事主体在民事活动过程中维持民事主体之间的利益平衡以及当事人利益和社会利益之间的平衡。诚实信用原则在民法典中被称为“帝王原则”。

（3）诚实信用原则具体体现在以下 3 个方面：①民事主体在从事民事活动时，必须将有关事项和真实情况如实告知对方，禁止隐瞒事实真相和欺骗对方当事人。②民事主体之间一旦作出意思表示并且达成合意，就必须重合同、守信用，正当行使权利和履行义务。法律禁止当事人背信弃义、擅自毁约的行为。③民事活动过程中发生损害，民事主体双方均应及时采取合理的补救措施，避免和减少损失。

2. （1）无效的民事法律行为是指因欠缺民事法律行为的有效条件而不产生法律效力的民事法律行为。无效的民事法律行为在法律上当然无效，不需要任何人主张。无效的民事法律行为是一种民事法律行为，并非没有任何法律效力，它也能产生一定的法律后果，只是无效的民事法律行为不能产生行为人进行民事行为时所预期的后果。无效的民事法律行为具有如下特征：①无效的民事法律行为具备了民事法律行为的成立条件，但不具备有效条件，因此不能发生当事人所预期的法律后果。②无效的民事法律行为绝对确定无效，没有任何事实可以使其有效，且包括当事人在内的任何人均有权主张该行为无效。③无效的民事法律行为自始当然无效，无须任何人主张。

(2) 无效的民事法律行为的情形有：①无民事行为能力人实施的民事法律行为无效。②行为人与相对人以虚假的意思表示实施的民事法律行为无效。虚假的民事法律行为是指行为人与相对人互相通谋，以虚假的意思表示所实施的民事法律行为。③违反法律、行政法规的强制性规定和违背公序良俗的民事法律行为无效。④行为人与相对人恶意串通，损害他人合法权益的民事法律行为无效。恶意串通的民事法律行为是指双方当事人非法串通，进行某种民事法律行为，对国家、集体或第三人利益造成损害的行为。

(3) 民事法律行为被确认无效以后依法产生如下法律后果：①返还财产。民事法律行为被确认为无效，当事人因民事行为取得的财产应当返还给对方。如果一方取得，取得的一方应当将财产返还给对方；如果双方取得，则双方返还。②赔偿损失。民事法律行为被确认为无效后，有过错的当事人应当赔偿对方的损失；双方有过错的，则应各自承担相应的责任。③追缴财产。双方恶意串通，实施民事法律行为损害国家、集体或者第三人利益的，应当追缴双方取得的财产，收归国家、集体所有或者返还第三人。

单元四

1. 试论民事权利的行使。
2. 试论占有的效力及对占有的保护。

单元四答案要点

1. (1) 民事权利的行使也就是民事权利内容的实现。民事权利的行使是实现民事权利内容的过程，民事权利的实现是民事权利行使的结果。任何民事权利的实现，不仅关系到权利人的利益，而且也关系到义务人的利益以及国家和社会的利益。因此，民事主体在行使其民事权利时，应尊重他人的利益，不得滥用民事权利。行使民事权利的方法多种多样，主要包括事实行为和民事法律行为两种方法。

(2) 民事权利的行使应当遵循以下原则：①民事权利的行使必须符合国家法律和社会公共利益的要求。权利意味着主体的意志自由，但这种自由是有一定限度的。人们必须在法律规定的限度内行使自己的权利，只有在这个限度内，人们才可能依自己的意志从事一定的行为。这个界限就是不得损害国家利益、社会公共利益和他人合法权益。我国法律、法规不仅通过许多强制性的规范确立了民事权利行使的目的和界限，而且民法典也确立了诚实信用、公序良俗等原则，以维护社会公共利益和公共道德，这是个人利益和社会利益统一的表现。②不得滥用民事权利造成他人损害。权利人在行使自由和权利的时候，不得损害国家的、社会的、集体的和其他民事主体的合法的自由和权利。人民法院可以根据权利行使的对象、目的、时间、方式、造成当事人之间利益失衡的程度等因素作出认定。行为人以损害国家利益、社会公共利益、他人合法权益为主要目的行使民事权利的，人民法院应当认定构成滥用民事权利。构成滥用民事权利的，人民法院应当认定该滥用行为不发生相应的法律效力。滥用民事权利造成损害的，依照民法典有关规定处理。③民事权利的行使必须符合诚实信用原则。诚实信用原则作为我国民法典的基本原则，适用于民事权利的设立、变更和行使等各种法律关系，尤其是在民事权利的行使方面，只有严格遵循诚实信用原则，民事权利人才能正当地行使民事权利，建立和谐的经济生活秩序，保障财产流转的正常进行。

2. (1) 占有是指对于物具有事实上的管领力的一种状态。

(2) 占有的性质虽为一种事实状态而非权利，但为了维护社会秩序，合理解决当事人之间的权利义务关系，法律仍赋予占有一定的法律效力。占有的法律效力主要有：①权利推定效力。如果占有人在占有物上行使权利，则推定其享有此项权利。这就是占有的权利推定效力。根据占有的权利推定效力，在没有相反证据的情况下即推定占有人享有相应的物权或者债权。②权利取得效力。占有人在符合法定要件的情况下可以取得本权，此即占有的权利取得效力。具体包括两种情形：一是善意取得所有权或者他物权；二是因占有时效的完成而取得所有权或者他物权。我国法律至今尚无关于占有时效的一般规定。③保护效力。占有人的占有无论是否为有权占有，均可以对抗他人的侵犯。

(3) 占有人享有以下请求权：①占有物返还请求权。占有物被侵占的，占有人有权请求返还原物。占有人返还原物的请求权，自侵占发生之日起 1 年内未行使的，该请求权消灭。②妨害排除和防止请求权。在妨害已经发生或者有妨害之虞时，占有人有权请求排除妨害或者消除危险。③损害赔偿请求权。因侵占或者妨害造成损害的，占有人有权请求损害赔偿。根据民法典规定，占有人因使用占有的不动产或者动产，致使该不动产或动产受到损害的，恶意占有人应当承担赔偿责任，但善意占有人不负赔偿责任。

单元五

1. 试论民事法律行为的生效条件。
2. 试论效力待定的民事法律行为。

单元五答案要点

1. (1) 民事法律行为的生效是指已经成立的民事行为因符合法定有效条件而取得认可的效力。民事法律行为的成立是民事法律行为生效的前提。民事法律行为的生效要件包括实质要件和形式要件。在绝大多数情况下，民事法律行为只要具备实质要件就发生法律效力，但在某些特殊情况下，民事法律行为还须具备形式要件才发生效力。对于要式法律行为，如果没有采取相应的形式，该行为无效；对于不要式法律行为，当事人应在法律允许的法律范围内选择适用口头形式或书面形式，也可采取其他形式。

(2) 民事法律行为生效的实质要件包括：①行为人合格。行为人合格即行为人具有相应的民事行为能力。民事法律行为是设立、变更或消灭民事法律关系的行为，没有民事行为能力的主体，不能正确判断自己行为的性质和正确预见自己的行为后果，就不能独立实施民事法律行为，所以，当事人的民事行为能力是民事法律行为的首要条件。“相应的民事行为能力”指行为能力与其所进行的民事法律行为要相适应。②行为人意思表示真实。所谓意思表示真实，是指行为人的外部表示与其内心的真实意思相一致。实际生活中，造成行为人意思表示不真实的主要有两种情况：一是由于相对人或者第三人的欺诈、胁迫、威胁或者显失公平，使行为人在违背真实意思的情况下而成立的民事行为；二是由于行为人自己对该行为的重大误解，使其行为与其内在意思不一致。对意思表示不真实的行为，根据不同的情况，应当认定为无效和可撤销。③行为内容合法。民事法律行为是合法行为，所以不违反法律和公序良俗是民事法律行为的有效条件。不违法是指行为内容和形式都不违法。公序良俗是社会公共秩序和善良风俗的合称。公序良俗是民法典的基本原则之一，民事主体进行民事活动必须与之相符，违背公序良俗的行为是无效的。

2. (1) 效力待定的民事法律行为是指民事法律行为成立之后，是否能够发生效力尚不能确定，有待享有形成权的第三人作出追认或拒绝的意思表示来使之有效或无效的法律行为。

(2) 效力待定的民事法律行为具有如下特征：①效力待定的民事法律行为已经成立，但因缺乏处分权或行为能力而使效力并不齐备。对效力待定的民事法律行为而言，在法律行为成立之后，法律行为并不当然发生拘束力。一方面，此类法律行为因当事人意思表示一致已经宣告成立，如果在此类法律行为中存在意思表示不真实的情况，如欺诈、胁迫等，那么就可能成为可撤销的民事法律行为；另一方面，此类法律行为虽然已经成立，但因为主体缺乏缔约能力和处分能力，所以不完全符合法律行为的有效条件，其效力是不齐备的。不过，尽管其效力不齐备，也不是当然无效的。②效力待定的民事法律行为的效力既非完全无效，也非完全有效，而是处于一种效力不确定的中间状态。其原因在于，一方面，效力待定的民事法律行为即使在追认之前，对当事人也并非当然无效，只是处于一种不确定的状态，否则就难以与无效的民事法律行为相区别；另一方面，在追认之前它并非完全有效，也不同于可撤销的民事法律行为，因为可撤销的民事法律行为在未被撤销之前是有效的。③效力待定的民事法律行为是否发生效力尚不能确定，有待于其他行为或事实使之确定。效力待定的民事法律行为本身是一种效力不齐备的法律行为，但它并没有违反强行法的规定和公序良俗，因而法律对这种法律行为并不实行国家干预，强行使其无效，而是把选择法律行为是否有效的权利赋予当事人和真正权利人，在这一点上，也充分体现了法律行为自由和私法自治精神，并贯彻了鼓励交易原则。

（3）效力待定的民事法律行为包括两类：①限制民事行为能力人从事依法不能从事的法律行为。根据民法典规定，限制民事行为能力人实施的纯获利益的民事法律行为或者与其年龄、智力、精神健康状况相适应的民事法律行为有效；实施的其他民事法律行为经法定代理人同意或者追认后有效。相对人可以催告法定代理人自收到通知之日起30日内予以追认。法定代理人未作表示的，视为拒绝追认。民事法律行为被追认前，善意相对人有撤销的权利。撤销应当以通知的方式作出。②无权代理行为。根据民法典规定，行为人没有代理权、超越代理权或者代理权终止后，仍然实施代理行为，未经被代理人追认的，对被代理人不发生效力。相对人可以催告被代理人自收到通知之日起30日内予以追认。被代理人未作表示的，视为拒绝追认。行为人实施的行为被追认前，善意相对人有撤销的权利。撤销应当以通知的方式作出。

（4）效力待定的民事法律行为的效力确定基于以下不同法律事实：①真正的权利人行使追认权，对效力待定的民事法律行为进行事后追认。根据民法典规定，效力待定的民事法律行为必须经过追认才能生效。所谓追认，是指权利人对无缔约能力人、无权代理人与他人从事的有关法律行为的事后承认。在权利人尚未追认以前，效力待定的民事法律行为虽然已经实施，但并没有实际生效。所以，当事人都不应做出实际履行。追认是一种单方的意思表示，无须相对人的同意即可发生法律效力。②善意相对人行使撤销权，从而使效力待定的民事法律行为归于无效。对效力待定的民事法律行为而言，如果善意相对人行使撤销权，则可以使该民事法律行为归于无效。在效力待定的民事法律行为中，与限制民事行为能力人、无权代理人从事法律行为的另一方当事人，如果在从事法律行为时出于善意，即对对方无相应民事行为能力、无代理权的事实处于不知或不应知的状态，那么其在法律行为成立以后，依法享有撤销该法律行为的权利。一旦其行使撤销权，该法律行为归于无效。③效力待定的民事行为会因特定事实的出现而补正其效力。

单元六

1. 试论我国民法典的地位、意义和特色。
2. 试论民法典侵权责任编对我国侵权责任制度的创新与发展。

单元六答案要点

1.（1）2020年5月28日，十三届全国人大三次会议表决通过了《中华人民共和国民法典》。该部民法典是新中国第一部以法典命名的法律，在法律体系中居于基础性地位，民法作为调整平等主体的自然人、法人和非法人组织之间的人身关系和财产关系的基本法，也是市场经济的基本法。

（2）民法典在中国特色社会主义法律体系中具有重要地位，是一部固根本、稳预期、利长远的基础性法律，对推进全面依法治国、加快建设社会主义法治国家，对发展社会主义市场经济、巩固社会主义基本经济制度，对坚持以人民为中心的发展思想、依法维护人民权益、推动我国人权事业发展，对推进国家治理体系和治理能力现代化，都具有重大意义。民法典的颁布，是中国特色社会主义法律体系日臻完善的重要标志，是坚持和完善社会主义基本经济制度、推动经济高质量发展的客观要求，也是增进人民福祉、维护最广大人民民事权利的一个必然要求，具有重大的现实意义和深远的历史意义。

(3) 民法典整合了新中国成立70多年来长期实践形成的民事法律规范，汲取了中华民族5 000多年优秀法律文化，借鉴了人类法制文明建设有益成果，是一部体现我国社会主义性质、符合人民利益和愿望、顺应时代发展要求的民法典，是一部体现对生命健康、财产安全、交易便利、生活幸福、人格尊严等各方面权利平等保护的民法典，是一部具有鲜明中国特色、实践特色、时代特色的民法典。

2. 侵权责任是行为人对其侵权行为或准侵权行为造成的损害依法应当承担的民事法律后果，属于民事基本法律制度。民法典侵权责任编总结实践经验，针对侵权领域出现的新情况，对侵权责任制度作了必要的补充和完善。

(1) 民法典侵权责任编区分了侵害与损害、绝对权请求权与侵权损害赔偿请求权，进而明确了无论是过错责任还是无过错责任，都只是损害赔偿责任的归责原则。为防止公平规则的滥用，侵权责任编限缩了公平责任的适用，确立法定分担损失规则；为明确行为规范和裁判规范，促进公平正义，确立"自甘风险"规则；明确规定"自助行为"制度，赋予自然人在一定条件下的自我保护权利，同时也对这种行为进行规范。侵权责任编还完善了个人劳务使用人责任，强化了对提供劳务者权益的保护。

(2) 民法典侵权责任编完善损害赔偿规则，扩大和强化对民事权利和合法利益的保护：一是拓展了精神赔偿的适用范围；二是扩大了惩罚性赔偿的适用范围。侵权责任编在产品质量责任一章专门规定了产品质量缺陷的惩罚性赔偿规则。为了进一步加大对恶性侵权人的惩罚力度，遏制严重侵权行为，侵权责任编增加规定侵害知识产权的惩罚性赔偿和环境污染、生态破坏侵权的惩罚性赔偿。此外，侵权责任编在产品责任中对缺陷产品确立了召回过程中必要费用的负担规则，强化了生产者和销售者的责任，有助于加强对消费者的保护。

(3) 民法典侵权责任编顺应时代发展要求，积极作出回应。侵权责任编细化了网络侵权责任的具体规定，完善了权利人通知、网络服务提供者转通知的具体规则，明确因错误通知给网络用户或者网络服务提供者造成损害的，应当承担侵权责任。侵权责任编确立了生态责任制度，修改完善了生态环境损害责任制度：一是增加规定生态环境损害的惩罚性赔偿制度；二是明确生态环境损害的修复和赔偿制度。

(4) 民法典侵权责任编对侵权责任领域的一些重点难点问题作出了有针对性的规定。为了既保护受害者的权益，又鼓励大家助人为乐，民法典侵权责任编完善了机动车交通事故责任的主体确定等，并明确将"好意同乘"作为机动车交通事故责任的减责事由。侵权责任编还对高空抛物坠物规则作了进一步完善。

单元七

1. 试论物权的效力。
2. 试论不安抗辩权制度。

单元七答案要点

1. 物权的效力是指物权产生之后，为实现其内容，法律所赋予的效果与权能。物权的效力体现在：

(1) 物权的优先效力。物权的优先效力包括两个方面：①物权对于债权的优先效力，②物权相互之间的优先效力。物权对于债权的优先效力体现在当物权与债权可能发生权利冲突时，物权原则上具有优先于债权的效力。如同一物上既有物权，又有以其为给付标的物的债权时，物权优先于债权。物权优先于债权也有例外，个别情形下法律赋予某些债权以优先于物权的效力，如“买卖不破租赁”规则，租赁物的买受人不得以其所有权对抗承租人的债权。物权相互之间的优先效力要解决的是能够并存且可能发生权利冲突的若干个物权之间何者有效的问题。该问题的解决规则是原则上成立在先则效力优先，但法律另有规定的除外。

（2）物权的追及效力。物权的追及效力是指作为物权客体的物无论辗转流向何处，权利人均得追及于物的所在，行使其权利。但物权的追及效力要受到第三人依据善意取得制度取得物的所有权的阻却。

（3）物权的排他效力。物权的排他效力意味着同一物上不能同时存在两个或两个以上内容互不相容的物权，如一物之上只能存在一个所有权。在第三人因善意取得某物的所有权时，该物上原先存在的所有权消灭，物的原所有人不能再基于所有权请求返还原物。③在同一物上，不能同时存在两个或两个以上性质互不相容的他物权。

2.（1）不安抗辩权是指先履行一方在有证据证明后履行一方有丧失或者可能丧失履行债务能力的情况下，可暂时中止履行的权利。不安抗辩权制度的直接目的（功能）在于平衡合同当事人的利益，并扩张了债的效力。

（2）不安抗辩权的构成要件有：①当事人基于同一双务合同互负债务。在双务合同中，一方的对待给付是另一方权利得以实现的基础，反之亦然。不安抗辩权适用于各类双务合同。②主张不安抗辩权的一方应当先履行债务且其债务已届清偿期。不安抗辩权是法律赋予先履行方在符合法律规定条件下享有的法定权利。③先履行一方有确切证据证明对方履行能力明显降低，有不能为对待给付的现实危险。合同法赋予先履行方行使不安抗辩权的 4 种适用情形：对方经营状况严重恶化；转移财产、抽逃资金，以逃避债务；丧失商业信誉；有丧失或者可能丧失履行债务的其他情形。为了防止先履行方滥用不安抗辩权，民法典规定了先履行方行使不安抗辩权时应负的如下两项义务：第一，举证义务。先履行方必须有确切证据证明对方有不能对待给付的现实危险，当事人没有确切证据中止履行的，应当承担违约责任。第二，通知义务。当事人中止履行的，应当及时通知对方。

（3）不安抗辩权的效力体现在，在具备不安抗辩权的行使条件时，先履行一方有权中止履行，并可要求后履行一方提供适当的担保。中止履行后，如果后履行一方在合理期限内未恢复履行能力并且未提供适当担保的，视为以自己的行为表明不履行合同主要义务，中止履行的一方可以解除合同并可以请求对方承担违约责任。

单元八

1. 试论债权人的代位权制度。
2. 试论遗嘱的效力。

单元八答案要点

1.（1）债权人的代位权，是指当债务人怠于行使其债权或者与该债权有关的从权利而影响债权人的到期债权实现时，债权人享有的以自己名义代位行使债务人对相对人的权利的权利。代位权作为合同保全措施，其内容在于行使债务人的权利，借以保持债务人的责任财产。

（2）债权人的代位权的成立条件包括：①债权人对债务人的债权合法。一般情形下，债权人应当在其债权到期时才能行使代位权，但我国民法典对债权人在债权到期前行使代位权作出了特别规定，即债权人的债权到期前，债务人的债权或者与该债权有关的从权利存在诉讼时效期间即将届满或者未及时申报破产债权等情形，影响债权人的债权实现的，债权人可以代位向债务人的相对人请求其向债务人履行、向破产管理人申报或者作出其他必要的行为。②债务人对第三人（相对人）享有债权。债务人必须对第三人（相对人）享有合法的债权，这里的相对人，不仅包括次债务人，还包括抵押人、质押人和保证人等。如果债务人对第三人不享有合法的债权，则债权人不能行使代位权。③债务人怠于行使其债权或者与该债权有关的从权利，影响债权人到期债权的实现。这是指债务人不履行其对债权人的到期债务，又不以诉讼方式或者仲裁方式向其债务人主张其享有的具有金钱给付内容的债权，以致影响债权人的到期债权的实现。④债务人对第三人的债权为非专属性权利和可以强制执行的权利。通常而言，基于扶养关系、抚养关系、赡养关系、继承关系产生的给付请求权和劳动报酬、退休金、养老金、抚恤金、安置费、人寿保险、人身伤害赔偿请求权等权利属于专属于债务人自身的债权。

（3）债权人的代位权必须通过诉讼方式行使，代位权的行使范围以债权人的到期债权为限。行使代位权的必要费用，由债务人负担。相对人对债务人的抗辩，可以向债权人主张。人民法院认定代位权成立的，由债务人的相对人向债权人履行义务，债权人接受履行后，债权人与债务人、债务人与相对人之间相应的权利义务终止。债务人对相对人的债权或者与该债权有关的从权利被采取保全、执行措施，或者债务人破产的，依照相关法律的规定处理。

2.（1）遗嘱的效力是指遗嘱人设立遗嘱所产生的法律后果。遗嘱作为一种单方民事法律行为，只要有遗嘱人单独的意思表示就可以成立。但成立的遗嘱并不一定就能发生遗嘱人预期的法律后果，即未必有法律效力。因为遗嘱作为一种民事法律行为，只有具备法律规定的一定条件，才能发生法律效力；不具备法律规定条件的遗嘱，则不能发生法律效力。

（2）具备法定条件，能够发生法律效力的遗嘱，为有效遗嘱。遗嘱有效须具备以下条件：①立遗嘱人必须有遗嘱能力，即立遗嘱时必须具有完全民事行为能力。只有有完全民事行为能力的人才有遗嘱能力。如果立遗嘱时无行为能力，以后恢复行为能力，所立遗嘱仍然无效。立遗嘱时有行为能力，以后丧失行为能力的，不影响遗嘱的效力。②遗嘱人在立遗嘱时必须意思表示真实。如果不是遗嘱人的真实意思，则遗嘱无效。③遗嘱内容必须合法，即遗嘱的内容不得违反法律和公序良俗。根据我国民法典规定，遗嘱应当为缺乏劳动能力又没有生活来源的继承人保留必要的遗产份额。如果遗嘱没有为这种继承人保留必要的遗产份额，就是违反法律的表现。当然，继承人是否属于缺乏劳动能力又没有生活来源的人，应以遗嘱生效时为准。④遗嘱的形式必须符合法律的规定。遗嘱为要式民事法律行为，必须符合法律所要求的形式。

（3）违反法律规定，不能发生法律效力的遗嘱，为无效遗嘱。遗嘱无效的情形包括：①无行为能力人或者限制行为能力人所立的遗嘱无效。无民事行为能力人、限制民事行为能力人属于无遗嘱能力的人，不具有以遗嘱处分其财产的资格。因此，无民事行为能力人、限制民事行为能力人所立的遗嘱无效。②遗嘱必须表示遗嘱人的真实意思，受欺诈、胁迫所立的遗嘱无效。受欺诈、胁迫所立遗嘱并非遗嘱人真实的意思表示，因而是无效的。③伪造的遗嘱无效。伪造的遗嘱是假遗嘱，由于其根本不是被继承人意思表示的遗嘱，所以不论遗嘱的内容如何，也不论遗嘱是否损害了继承人的利益，都当然无效。④遗嘱被篡改的，篡改的内容无效。被篡改的遗嘱，篡改的内容已经不是遗嘱人的意思表示，因而也就不能发生遗嘱的效力，是无效的。

单元九

1. 试论合同保全制度中的撤销权。
2. 试论一般侵权责任的构成要件。

单元九答案要点

1.（1）债权人的撤销权，是指在债务人实施的处分行为影响债权人的债权实现时，债权人享有的依诉讼程序申请法院撤销债务人实施的行为的权利。债权人的撤销权是合同保全措施，债权人通过行使撤销权，使债务人的责任财产得以保全。

（2）债权人撤销权的成立要件因债务人所为的行为系无偿或有偿的不同而有所区别。若为无偿行为，如以放弃其债权、放弃债权担保、无偿转让财产等方式无偿处分财产权益，或者恶意延长其到期债权的履行期限，则只需具备客观要件；若为有偿行为，则需同时具备客观要件与主观要件。其中，客观要件包括：①债务人实施了一定的处分财产的行为，具体包括以明显不合理的低价转让财产、以明显不合理的高价受让他人财产或者为他人的债务提供担保，转让价格达不到交易时交易地的指导价或者市场交易价70%的，一般可以视为明显不合理的低价；对转让价格高于当地指导价或者市场交易价30%的，一般可以视为明显不合理的高价。②债务人的处分行为已经发生法律效力。债权人之所以要行使撤销权，是因为债务人处分财产的行为已经生效，如果债务人的行为并没有成立或生效，或者法律上属于当然无效的行为，或者该行为已经被宣告无效等，都不必由债权人行使撤销权。③债务人的行为影响债权人的债权实现。主观要件要求在债务人实施影响债权人的债权实现的行为时，债务人的相对人具有恶意，即债务人的相对人知道或者应当知道债务人是以明显不合理的低价转让财产、以明显不合理的高价受让他人财产或者为他人的债务提供担保等情形。

（3）债权人的撤销权由债权人以自己的名义在诉讼中行使，其行使范围以债权人的债权为限。债权人行使撤销权的必要费用，由债务人负担。撤销权自债权人知道或者应当知道撤销事由之日起一年内行使。自债务人的行为发生之日起5年内没有行使撤销权的，该撤销权消灭。债务人影响债权人的债权实现的行为被撤销的，自始没有法律约束力。

2. 一般侵权责任的构成要件是一般侵权行为应当具备的条件。一般侵权行为须具备如下构成要件。

（1）加害行为。加害行为是指行为人实施的加害于被侵权人民事权益的不法行为。加害行为包括行为和违法两个要素。加害行为首先必须有行为，该行为必须违反了法律，具有违法性的特征。加害行为可以分为直接加害行为和间接加害行为、积极加害行为和消极加害行为。直接加害行为是指侵权人的加害行为直接作用于被侵权人受法律保护的人身或者财产权益。间接加害行为是指侵权人通过他人或者其他介质作用于被侵权人受法律保护的人身或者财产权益。积极加害行为是指违反法律规定的不作为义务的行为。消极加害行为是指违反法律规定的作为义务的行为。

（2）损害事实。损害事实是指被侵权人的人身权利、财产权利以及其他利益遭受的不利后果。我国民法典将损害后果分为财产损失、人身损害和精神损害三类。财产损失是指被侵权人的财产或人身所遭受的经济损失。财产损失不以侵害财产权益为限。诚然，侵害财产权益会造成财产损失，但侵害人身权益也可能造成财产损失。财产损失可以分为直接损失和间接损失两类。直接损失是指现有财产或既得利益的丧失或减少。间接损失是指可得利益的丧失或减少，此种损失不是现实利益的丧失或减少，而是将来可得财产的丧失或减少。人身损害是指被侵权人的人格权、身份利益所遭受的不利后果。精神损害是指被侵权人在精神方面出现痛苦或严重精神反常等现象。根据精神损害的程度，精神损害可以分为轻微精神损害、一般精神损害和严重精神损害。我国民法典只对严重精神损害给予损害赔偿救济。对于严重精神损害，需要被侵权人举证证明。

（3）因果关系。因果关系是指加害行为与损害事实之间引起与被引起的关系。加害行为是损害发生的原因，被侵权人遭受的损害则是加害行为的后果。由于因果关系的复杂化和多样化，关于因果关系的确定，国际上有多种判定规则。在我国，主要有直接原因规则、相当因果关系规则、近因规则和推定因果关系规则。

（4）主观过错。过错是指侵权人的一种可归责的心理状态，表现为故意和过失两种形式。故意是指行为人预见到损害后果的发生，并希望或者放任该结果发生的心理状态。故意这种心理状态之所以具有可责难性，就在于这种心理状态的不正当性，并且行为人对于损害的发生具有完全的控制力和主动性。如果不让具有这种心理状态的侵权人承担民事责任，民事主体的合法权益就得不到保障。过失是指行为人应当预见到损害后果的发生，却因为疏忽大意而没有预见到或已经预见而轻信能够避免损害后果发生的心理状态。过失这种心理状态之所以具有可责难性，在于这种心理状态的不正当性，行为人的行为是处于其控制之下的，损害后果是可以因行为人的适当注意而避免的，所以行为人应当对自己的过失承担民事责任。

单元十

1. 试论违约责任和侵权责任的竞合。

2. 试论所有权保留。

单元十答案要点

1. (1) 违约责任与侵权责任的竞合是指行为人实施某一违法行为，同时违反了合同规范和侵权规范，并符合违约责任与侵权责任的构成要件，导致违约责任与侵权责任同时产生，又相互排斥、彼此不能包容的法律现象。

(2) 违约责任与侵权责任竞合的原因有：①当事人实施了侵权性的违约行为，即侵权行为直接构成违约的原因。②当事人实施了违约性的侵权行为，即违约行为造成侵权的后果。

(3) 违约责任和侵权责任竞合属于责任竞合的主要形态，此种责任竞合具有如下特点：①行为人违反了合同约定，同时也侵害了他人的合法权益，这是产生违约责任和侵权责任竞合的前提。②行为人的行为同时符合违约责任和侵权责任的构成要件。行为人虽然仅实施了一种行为，但该行为同时违反了数个法律规定，并符合关于数个责任构成要件的规定。③数个责任之间相互冲突。一方面，行为人承担不同的法律责任，在后果上是不同的；另一方面，相互冲突意味着数个责任不应同时并存。④受害人依法只能选择一项请求权行使。我国民法典规定，因当事人一方的违约行为，损害对方人身权益、财产权益的，受损害方有权选择请求其承担违约责任或者侵权责任。

(4) 在侵权责任和违约责任竞合的情况下，就违约责任和侵权责任中的一种作出选择，这充分体现了私法自治和合同自由的本质精神，有利于充分保护受害人利益。

2. (1) 所有权保留是指在买卖合同中，买受人虽先占有、使用标的物，但是在双方当事人约定的特定条件（通常是价款的一部分或全部清偿）成就之前，出卖人仍保留标的物的所有权，待条件成就后，再将所有权转移给买受人。

(2) 在保留所有权的买卖合同中，买受人在条件成就之前，享有所有权的期待权，该项权利为物权化的债权或效力扩张的债权；出卖人基于其所保留的所有权享有标的物的取回权。我国民法典明确规定了所有权保留制度。依据我国民法典规定，所有权保留仅适用于动产，不动产不适用所有权保留，当事人约定不动产所有权保留的，会因违反物权法定原则而无效。

(3) 为避免出卖人无法收回价款的风险，当事人可以在买卖合同中约定，买受人未履行支付价款或者其他义务的，标的物的所有权属于出卖人。出卖人对标的物保留的所有权，未经登记，不得对抗善意第三人。

(4) 出卖人保留所有权的主要目的就是担保价款债权的实现，在买受人的行为会对出卖人的债权造成损害时，应当允许出卖人取回标的物。根据我国民法典规定，当事人约定出卖人保留合同标的物的所有权，在标的物所有权转移前，买受人有下列情形之一，造成出卖人损害的，除当事人另有约定外，出卖人有权取回标的物：①未按照约定支付价款，经催告后在合理期限内仍未支付；②

未按照约定完成特定条件；③将标的物出卖、出质或者作出其他不当处分。出卖人可以与买受人协商取回标的物；协商不成的，可以参照适用担保物权的实现程序。

（5）在所有权保留的买卖合同中，买受人有回赎权。回赎权是指出卖人对标的物行使取回权后，在一定期限内买受人履行支付价款义务或完成其他条件后享有的重新占有标的物的权利。在所有权保留情形下，出卖人依据相关规定取回标的物后，买受人在双方约定或者出卖人指定的合理回赎期限内，消除出卖人取回标的物的事由的，可以请求回赎标的物。买受人行使回赎权的目的是阻止出卖人为实现债权而对标的物再行出卖，从而使得原买卖交易重新回到正常的轨道上来。买受人在回赎期限内没有回赎标的物，出卖人可以以合理价格将标的物出卖给第三人，出卖所得价款扣除买受人未支付的价款以及必要费用后仍有剩余的，应当返还买受人；不足部分由买受人清偿。

第六章

案例分析题

单元一

1. 甲因有事要长时间外出，临行前几天与乙约定，将甲的未婚妻赠与其的一块价值 2 万元的名贵手表交由乙保管，回来后请乙吃饭。3 日后甲外出，同时将表交至乙处。2 个月后，因乙急需用钱，便以 2.5 万元的价格将手表卖给丙，丙并不知道手表非乙所有。在丙付款后，乙将手表交付给丙。手表当时的市价为 2.3 万元。

请回答下列问题：

(1) 甲、乙之间的保管合同何时成立？为什么？

(2) 乙的行为应如何定性？其与丙之间签订的合同效力如何？为什么？

(3) 丙是否取得手表的所有权？为什么？

(4) 若甲对乙提起诉讼，甲可以行使何种请求权？可以请求的金额是多少？为什么？

2. 甲与乙、丙签订合同，按照合同约定，乙、丙于 2018 年 4 月 6 日之前向甲交付 100 只孔雀，甲在 4 月 8 日之前支付 10 万元。同时合同还约定，乙、丙对甲的债权为按份债权，每人可受领 5 万元。不料甲在受领了 100 只孔雀之后，禽流感暴发，孔雀都染病，甲为治疗孔雀耗资巨大，最后 100 只孔雀全部死亡。后乙、丙不断催促甲支付款项，甲心灰意冷，失去了生活的希望。因甲、乙关系较好，甲便从自己所余不多的钱中拿出 5 万元偿付给乙，并叮嘱乙不要告诉丙。然后将自己所剩的 2 万元钱赠给了自己的弟弟。丙在知道情况之后，于 6 月 4 日找到乙，要求将乙所得 5 万元平分，被拒绝之后，丙提起诉讼，请求法院撤销甲对乙的清偿行为。随后，丙又提起诉讼，请求法院撤销甲对其弟 2 万元的赠与。丙又得知，在此之前，甲被他的朋友丁打伤，经过诉讼，法院判令丁于 5 月 1 日之前向甲赔偿 1 万元。但在诉讼后，甲想恢复与丁原有的朋友关系，不再要求丁支付赔偿金。丙再次提起诉讼，要求代位行使甲对丁的权利，请求丁向自己支付 1 万元。

请回答下列问题：

(1) 乙拒绝丙的要求是否合法？为什么？

(2) 丙请求撤销甲对乙的清偿是否应当得到支持？为什么？

(3) 丙请求法院撤销甲对其弟的赠与，要求甲弟直接向自己支付，是否应当得到法院的支持？

(4) 丙能否代位行使甲对丁的权利？为什么？

3. 甲授权给乙，向丙租赁房屋且租金不得超过每月 1 000 元。后甲又单独去信给乙，命令乙在租赁房屋时不得超过每月 800 元的租金。乙向丙出示了甲的原始授权委托书，丙于是同意以 900 元的价格将房屋出租给甲，双方签订了租赁合同。甲认为价格过高不同意乙代签的与丙之间的租赁合同，2 天之后，丁向甲表示愿意租赁该房屋，甲于是将该房屋出租给丁，丙表示只要维持每月 900 元租金，便同意由丁租赁该房屋，丁表示同意。在丁租赁该房屋期间，将租赁的一件家具毁坏，丙于是主张赔偿损失。问：

(1) 如何认定甲授权乙签订的租赁合同的效力？为什么？

（2）如何认定甲与丁之间签订的租赁合同的效力？为什么？

（3）对于家具的毁坏，丙应当如何主张损害赔偿？为什么？

单元一答案要点

1.（1）保管合同于合同订立之日的3日后成立，即手表交付之日成立。因为保管合同为实践合同，保管合同的成立除了要求双方当事人意思表示一致、民事主体合格、合同形式合法和内容合法等条件外，还要求交付保管物才能成立。

（2）乙的行为构成无权处分，因为乙只是手表的保管者，没有权利转让手表。乙、丙之间签订的无权处分手表的买卖合同为有效合同。

（3）丙能够取得手表的所有权。因为丙是不知情的善意第三人，且丙交付了合理的价款，该手表也交付给丙占有，丙的行为构成善意取得，可以取得手表的所有权。

（4）甲可以行使的请求权包括违约责任请求权、侵权责任请求权和不当得利返还请求权。理由：①甲可以行使违约责任请求权和侵权责任请求权，但甲只能择一行使，不能同时主张。如果甲行使违约责任请求权，可以主张的金额为2.3万元，因为乙应当赔偿甲因乙的违约行为而受到的全部损失，该损失依据当时的市场价格确定。如果甲行使侵权责任请求权，可以主张的金额为2.3万元，因为乙应当赔偿甲因乙的侵权行为而受到的全部损失，该损失也依据当时的市场价格确定。②乙因其行为而获得不当利益并使甲因此而受有损失，构成不当得利。如果甲行使不当得利返还请求权，可以主张的金额为2.5万元。由于乙为恶意，在返还不当得利时应以返还所获得的全部利益为准。

2.（1）乙拒绝丙的要求合法。因为乙、丙都是甲的债权人，各自享有5万元债权。乙的债权已经到期，有权受领甲支付的5万元。

（2）丙的请求不应得到支持。清偿债务是债务人应当履行的义务，乙也完全有权受领甲的给付。甲对乙的清偿虽然使自身财产减少，但该财产的减少是因正常的债务履行行为所致，甲、乙之间的行为并无不当。

（3）①丙请求法院撤销赠与应得到支持。甲向其弟无偿转让财产，具有损害债权的恶意，给丙的债权造成损害，丙可以要求法院撤销甲的赠与。②赠与被撤销后，甲弟不应向丙作出支付，而应将其取得的2万元返还给甲，再由甲向丙支付。

（4）丙不能代位行使甲对丁的权利。甲对丁的权利属于人身伤害损害赔偿请求权，该权利专属于债务人甲自身，丙不能代位行使。

3.（1）乙、丙签订的租赁合同有效。虽然乙的行为属于无权代理，但乙向丙出示原始授权委托书足以使丙相信乙有代理权，丙善意且无过失，符合表见代理的构成条件，故租赁合同有效。

（2）甲、丁签订的租赁合同有效。因为甲将房屋转租给丁已经取得出租人丙的同意。

（3）丙应当向甲主张损害赔偿。因为丙并非合同当事人，不能直接要求丁赔偿损失。第三人造成租赁物损失的，承租人应当赔偿损失，因此，丙应当向甲主张损害赔偿。

单元二

1. 甲公司的经营范围为建材销售，一次，其业务员赵某持该公司的介绍信（内容是：兹有我厂业务员赵某到贵公司采购高级实木材料，请予以接洽）外出到乙公司采购一批装饰用的高级实木时，发现乙公司恰好有一批铝材要出售，赵某见价格合适，就与乙公司协商：由于甲公司需要这批铝材，故甲公司愿意与乙公司签订购买铝材20吨的买卖合同。乙公司表示同意。双方签订了铝材买卖合同，赵某预交了定金1万元。双方还约定：待赵某回到甲公司后将货款补齐，乙公司应当在补齐货款后3日内发货。但是，赵某回公司后未及时将此事报告公司，就又被派出签订另外的合同。15日过后，乙公司向甲公司催要货款，甲公司并未正面答复乙公司，而是找到赵某询问此事，赵某如实作了汇报。由于甲公司不及时答复，加之市场上铝材价格上涨，乙公司被迫于催要货款的1个月后将铝材出售给了丙公司。而此时甲公司恰好开始需要这批铝材，于是甲公司电告乙公司，表示愿意购买该批铝材。乙公司表示，该批铝材已经卖给了丙公司。甲公司要求乙公司承担违约责任。问：

（1）在乙公司没有催要货款之前，甲公司和乙公司签订的买卖合同效力如何确定？为什么？

（2）乙公司是否应当承担违约责任？为什么？

（3）赵某预交的1万元定金应当如何处理？为什么？

2. 杨某自幼丧父，和母亲吉某相依为命生活，感情甚深。吉某一个人靠着顽强的毅力，不但将女儿杨某拉扯大，而且靠经商过上了富裕的日子，自己买了一套住房，并有个人存款12万元。女儿杨某成家后，也非常孝敬母亲，和丈夫张某及女儿张乙随母亲一起居住，经常帮助母亲。可是天有不测风云，2019年2月，吉某外出进货时，不幸遇害。杨某悲痛欲绝，竟也在几天后因过度伤心死亡。此后，已经多年不来往的吉某的弟弟吉甲突然向张某提出，吉某的女儿杨某已经死亡，现在只有自己才是吉某唯一的亲人，应该继承其全部遗产。张某不同意，二人争执不下，吉甲遂向法院起诉，要求排除张某的妨害，实现自己的继承权。问：

（1）如何认定本案的性质？为什么？

（2）法院应当如何处理本案？为什么？

3. 甲公司向乙公司购买一批货物，价值100万元，合同中约定甲公司先预付货款35万元，其余的65万元货款在提货后一年之内付清。甲公司要求丙公司为其提供连带担保，但没有约定保证范围。提货1个月后，甲公司在征得乙公司同意后，将65万元的债务转移给欠自己70万元货款的丁公司。丙公司对此完全不知情。债务清偿期届满之后，乙公司要求丁公司偿还65万元的货款及利息，而这时丁公司因违法经营被依法查处，公司的账户被银行冻结。于是，乙公司找到了丙公司，要求其承担保证责任。丙公司以自己刚刚知道甲公司将债务转让给丁公司为由，拒绝承担责任。乙公司诉至法院。

请回答下列问题：

（1）丙公司承担保证责任的范围如何确定？为什么？

（2）甲公司转让债务的行为是否有效？为什么？

（3）丙公司是否继续承担保证责任？为什么？

（4）若乙公司将其债权转让给戊公司，而未经保证人同意，则丙公司是否继续承担保证责任？为什么？

单元二答案要点

1.（1）甲公司、乙公司签订的合同为效力待定合同。因为赵某的行为属于无权代理，因无权代理所订立的合同为效力待定合同，该合同只有经过甲公司的追认方可有效。

（2）乙公司不承担违约责任。因为：①在乙公司催要货款之后，甲公司并未及时表态，且没有作出否认的意思表示，应当视为甲公司承认了赵某和乙公司签订的合同为有效合同。②甲公司负有先履行支付货款的义务，乙公司也给甲公司提供了履行的必要准备，但甲公司仍未履行合同，构成违约。

（3）1万元定金应当归乙公司。因为甲公司违约，无权要求返还1万元定金，乙公司也不必将定金返还给甲公司。

2.（1）本案在性质上属于转继承，即继承开始后，继承人没有表示放弃继承，并于遗产分割前死亡的，其继承的遗产份额转移给他的合法继承人。本案中，杨某属于吉某的合法继承人，且杨某属于吉某第一顺序的法定继承人，因此，本案的性质属于转继承。

（2）本案中，杨某在吉某死亡后遗产分割前也死亡，因此，杨某已经取得了吉某的遗产继承权。杨某死亡后，应由张某和杨某的女儿张乙作为杨某的继承人继承遗产。因此，法院应当驳回吉甲的诉讼请求。

3.（1）丙公司对全部债务承担责任。因为丙公司与乙公司对保证范围没有明确约定，因此应对全部债务承担责任，即丙公司应当对甲公司欠乙公司的 65 万元债务及其利息承担保证责任。

（2）甲公司转让债务的行为有效。因为合同一方将债务转让给第三人的，应当取得债权人的同意。甲公司经乙公司同意，将其欠乙公司的债务转让给丁公司，该转让有效。

（3）丙公司不再承担保证责任。因为在保证期间，债权人乙公司许可债务人甲公司转让债务的，应当取得保证人丙公司的书面同意，丙公司对未经其同意转让的债务不再承担保证责任。

（4）丙公司在原保证范围内对戊公司承担保证责任。因为在当事人没有特殊约定的情况下，保证人丙公司应当在原保证担保的范围内对戊公司承担保证责任。

单元三

1. 张某为文物收藏家，李某为一附庸风雅之富商。张某谎称已得到晋朝大书法家王羲之《兰亭序》正本，李某欲据为己有，便与张某达成买卖王羲之《兰亭序》正本的合同。合同约定，该《兰亭序》正本以 100 万元成交，在交付并经专家鉴定之前，李某预付 20 万元，余下 80 万元待经专家鉴定之后补付。李某如约预付 20 万元，张某向李某交付《兰亭序》正本，后经专家鉴定，该《兰亭序》正本为明朝某一无名氏的伪作。为此，双方发生纠纷。问：

（1）张某和李某签订合同的效力如何？为什么？

（2）李某能否请求张某赔偿损失？为什么？

2. 赵某、钱某都是某公司的职员，两人同住一宿舍。2017 年春，公司派赵某到珠海办事处工作 1 年。临行前，赵某将已使用了 1 年的一台电脑委托给钱某保管并允许其使用。1 个月后，赵某给钱某写信说自己买了一台笔记本电脑，委托其保管的电脑可以适当价格出售，但 modem 因还有用，不要出售。同单位的司机孙某知道此事后，对钱某表示想以低价购买，并嘱咐钱某给赵某写信说该电脑显示器有毛病，屏幕晃动，以便使赵某降价出售。钱某考虑到孙某经常给自己免费送东西，便按照孙某的意思给赵某写信。赵某回信说显示器有毛病可以低价出售。于是，孙某以 1 500 元的价格买下该电脑。过了几天，钱某因急需用钱，遂将电脑的 modem 以赵某的名义出售给周某，价格为 500 元（略低于当地的市场价格），周某已经付款，尚未交货。此时，赵某回公司办事后知道了钱某的行为，十分愤怒，坚决反对出售电脑和 modem。问：

（1）赵某能否向孙某请求返还电脑？为什么？

（2）钱某向周某出售 modem 的行为性质如何认定？为什么？

（3）在 modem 的买卖关系中，周某享有哪些权利？为什么？

（4）周某能否依据善意取得制度取得 modem 的所有权？为什么？

3. 乙房地产开发公司在某市黄金地段开发了一幢商品楼，售价 2 万元/m^2。甲选中了其中一套两居室，双方签订了购房合同并于 2018 年 4 月 1 日办理了付款交房的手续，并且约定 6 个月内办理所有权证书。3 个月后，该市房价大涨，于是，乙公司以 3 万元/m^2 的价格将该房卖给了丙，双方当即办理了交房付款手续，并且于 2018 年 8 月 1 日办理了房屋产权过户手续。1 个月后，甲在催促乙公司办理房产过户手续时才得知该房已被出卖给了丙，甲向法院起诉，要求丙腾出房屋，并要求乙公司承担违约责任，乙公司则认为房价大涨是其无法预料的，系重大情事变更，要求解除与甲签订的合同并拒绝承担违约责任。

根据上述案情回答下列问题：

（1）甲与乙公司和乙公司与丙签订的房屋买卖合同是否有效？为什么？

（2）该房屋的所有权应当归谁？为什么？

（3）乙公司在法院要求解除与甲签订合同的主张能否成立？为什么？

（4）乙公司应对甲承担什么法律责任？为什么？

单元三答案要点

1.（1）该买卖合同为可撤销合同。本案中，张某与李某之间签订的《兰亭序》正本买卖合同，由于《兰亭序》正本在我国早已失传（据史料记载，只有唐朝李世民皇帝的陵寝中可能藏有，也有学者认为在武则天的陵寝中——编者注），张某为文物收藏家，明知《兰亭序》正本在我国已经失传，而谎称有《兰亭序》正本，故该行为为欺诈行为。依据民法典规定，因欺诈而订立的合同为可撤销合同，故张某、李某签订合同的效力是可撤销合同。

（2）由于该买卖合同为可撤销合同，因此，李某是否可以向张某主张损害赔偿，关键要看李某是否在法定的 1 年除斥期间内主张撤销权，如果李某在法定期间内主张撤销权，则该买卖合同转化为无效，李某可以依据缔约过失责任要求张某赔偿李某基于达成买卖合同所造成的信赖利益的损失；如果李某没有在法定期间内行使撤销权，则该买卖合同一直有效，此时李某无权要求张某赔偿损失。

2.（1）赵某能向孙某请求返还电脑。赵某委托钱某代为出售电脑，双方形成代理关系，但钱某滥用代理权，与孙某恶意串通，损害被代理人赵某的利益，该行为是无效民事行为。孙某不能依据无效民事行为而取得电脑的所有权，赵某有权基于对其电脑的所有权请求返还电脑。

（2）钱某向周某出售 modem 的行为是无权代理行为，该行为为效力待定民事行为。赵某没有委托钱某出售 modem，钱某的行为为自始没有代理权的无权代理行为，其行为效力处于不确定状态。赵某可以追认该行为而使其行为有效；第三人周某在知道钱某为无权代理之后也可以催告赵某追认或者撤销该行为。

（3）周某享有催告赵某追认此买卖行为或者撤销该买卖行为的权利。本案中，周某为善意第三人，在狭义无权代理中，善意第三人享有催告权和撤销权。

（4）周某不能依据善意取得制度取得 modem 的所有权。因为善意取得所有权的条件之一就是，动产已经交付或不动产已经登记，而本案中的 modem 并未交付。

3.（1）乙公司和甲、丙签订的两份买卖合同都是有效的，因为两份合同在订立时主体合格、意思表示真实、内容合法，其他方面也符合法律规定，因此都是合法有效的合同。

（2）该房屋的所有权应当归丙。因为房屋作为不动产，其所有权变动须经登记，未经登记的，不发生房屋所有权变动的效力。甲虽然与乙公司签订了房屋买卖合同，但所有权并未登记，因而还不能取得该房屋的所有权，而丙与乙公司签订的房屋买卖合同，办理了所有权变动的登记手续，所以丙是该房屋的所有权人。

（3）乙公司依据情事变更原则要求解除合同的主张不能成立，因为房屋价格的大涨并非无法预见的“重大情事”，乙公司不能依据情事变更原则解除合同。

（4）乙公司应当向甲承担违约责任。因为“一房二卖”和逾期未办理所有权证书的行为构成违约。

单元四

1. 张某系甲商贸公司员工，曾长期代表甲商贸公司充当采购员与乙家电生产厂家进行购销家电活动。2019 年 3 月，张某因严重违反公司的规章制度被甲商贸公司开除。但是，甲商贸公司并未收回给张某开出的仍然有效的授权委托书和介绍信。张某凭借介绍信以甲商贸公司的名义与乙家电生产厂家签订了 10 万元的家电购买合同，并约定在交货 1 个月内付款。乙家电厂在与张某签订合同时，并未得知张某已被甲商贸公司开除之事。乙家电厂在向张某交货 1 个月后，张某仍未付款，并不知其下落。乙家电厂于是向甲商贸公司要求支付10万元货款，甲商贸公司以张某已被开除与其无关为由拒绝支付，双方为此发生争执，乙家电厂诉至法院。问：

（1）张某以甲商贸公司名义与乙家电厂签订的合同效力如何？为什么？

（2）本案应如何处理？为什么？

2. 王某与李某系单位同事，王某为一般职工，李某为部门经理。某日，王某与李某所在单位被盗，李某个人被盗债券价值1万元。李某向公安机关报案后，又在单位内召集职工说明政策，要求作案者投案自首。王某怀疑是其同学张某所为，因为张某曾到单位来找过王某。王某感到李某对其产生怀疑，害怕李某将其开除，产生了一种花钱买平安的心理，便私下约见李某，声明债券并非其所偷，但可以由其支付李某1万元了结此事，并签订了还款协议，并要求李某不要让他人知道，也不要再追究。李某同意后，王某支付给李某1万元，李某也并未将此事报告公安机关。后盗窃犯张某因另案被捕，供认李某的债券也是其盗取。公安机关知道王某与李某之间私下了结此事后，即对王某进行审问，排除了王某参与犯罪的嫌疑。王某遂要求李某返还所得款项。李某认为所得款项合法，不同意返还，王某诉至法院。问：

（1）王某与李某之间签订的还款协议是否有效？为什么？

（2）王某可否依据不当得利要求李某返还所得款项？为什么？

3. 甲公司有300立方米的木材要加工成家具，乙公司与丙公司一起找到甲公司，三方签订了合同，合同约定，乙公司与丙公司将300立方米的木材加工成家具，合同履行期为50天，价款为60万元。乙公司与丙公司也签订了一份合同，约定乙公司负责加工200立方米，丙公司负责加工100立方米，所取得的价款以及所承担的责任也照此比例处理。在加工过程中，因为乙公司工作人员抽烟，导致60立方米的木材被烧毁。合同履行期满后，乙公司与丙公司将全部木材加工成了家具，但乙公司交付的数量不足。甲公司要求乙公司与丙公司连带赔偿损失，丙公司拒绝承担责任。三方无法协商一致，甲公司要求丙公司交付家具，丙公司提出，甲公司不交付价款，自己便拒绝交付家具。甲公司索性通知丙公司解除合同。

请回答下列问题：

（1）乙公司工作人员抽烟，致使60立方米木材被烧毁，如何定性？甲公司对此应如何主张权利？

（2）木材被烧毁，能否适用风险负担规则加以处理？为什么？

（3）乙公司与丙公司是否应当对甲公司承担连带责任？为什么？

（4）丙公司如果赔偿了甲公司的损失，是否有权向乙公司追偿？为什么？

（5）丙公司能否在甲公司交付价款之前拒绝交付家具？为什么？

（6）甲公司能否解除合同？为什么？

单元四答案要点

1.（1）张某以甲商贸公司名义与乙家电厂签订的合同属于有效合同，因为张某的行为属于表见代理。本案中，张某长期代理甲商贸公司对外签订合同，其与乙家电厂签订合同时持有甲商贸公司的授权委托书和介绍信，乙家电厂有理由相信其具有代理权，乙家电厂主观上是善意的且无过失，因此构成表见代理，故双方所签订的合同为有效合同。

（2）第一，甲商贸公司与乙家电厂之间存在表见代理关系，由于相对人乙家电厂向甲商贸公司主张了表见代理，故乙家电厂有权要求甲商贸公司按照合同的约定履行合同义务，而甲商贸公司应当向乙家电厂履行合同，不得拒绝和抗辩。第二，甲商贸公司与行为人张某之间构成侵权关系，张某侵害了甲商贸公司的信用权和财产权，甲商贸公司因此所受的损失，可以向无权代理人张某追偿。

2.（1）王某与李某之间签订的还款协议无效，因为该协议内容违反法律，依据我国《民法典》

的有关规定，当事人之间根本不存在借款合同关系，故谈不上有债权债务关系，此外，该协议内容明显规避刑法有关惩治犯罪的规定，故为无效协议。

(2) 王某要求李某返还款项的主张不成立，因为对于明知不欠债而清偿的，当事人不得依据不当得利主张返还。本题中，王某虽然并没有实施盗窃行为，但是为了拿钱消灾而向李某支付1万元“封口费”，这属于明知不欠债而为他人给付的行为，对此行为，王某不能依据不当得利主张返还。

3. (1) 乙公司工作人员抽烟致使木材被烧毁，乙公司应为此承担侵权责任和违约责任。乙公司的工作人员抽烟致使木材被烧毁，侵犯了甲公司的财产所有权，构成侵权；乙公司负有保管木材的义务，因保管不善致使木材毁损，构成违约。甲公司有权就侵权损害赔偿请求权和违约责任请求权择一行使。

(2) 木材被烧毁不能适用风险负担规则。因为风险负担规则适用的前提是该风险的发生不可归责于双方当事人，而木材的烧毁归责于乙公司。

(3) 乙公司与丙公司应当承担连带赔偿责任。因为乙公司和丙公司是共同承揽人，且乙公司、丙公司和甲公司并未就排除连带责任作出约定，因此应当承担连带责任。

(4) 丙公司有权向乙公司追偿。因为乙公司和丙公司承担的债务属于连带债务，对于连带债务，丙公司有权就超出自己赔偿范围的部分向乙公司追偿。

(5) 丙公司有权拒绝交付家具。因为丙公司交付家具与甲公司支付价款构成对待给付，丙公司在甲公司支付价款前可以行使同时履行抗辩权，要求双方同时履行。如果甲公司拒绝支付价款，丙公司可以对家具行使留置权，从而拒绝交付家具。

(6) 甲公司不能解除合同。尽管甲公司有法定解除承揽合同解除权，但解除权的行使应当是在承揽人完成工作成果之前。乙公司与丙公司已完成工作成果，甲公司不能行使解除权将合同解除。

单元五

1. 2017年5月，赵某从甲公司购买了一辆吉普车，但一直未办理过户手续。2019年7月某日，因发动机故障，赵某将该车停放在其家门口对面的公路边，未拔下钥匙，让不具有修车资格的昔日修车徒弟钱某对车进行检修。嗣后，孙某向钱某借车去火车站接人。在未得到赵某允许的情况下，钱某将车借给无驾驶资格的孙某开走，钱某也随车同去。当驾驶至108国道时与一辆轿车相撞，致使轿车车主李某头部、腹部及左下肢受伤，轿车也被撞坏。后经交通警察大队认定：孙某无证驾驶，且在会车时驶至公路左侧边沿，导致与轿车相撞，应负事故的全部责任；李某会车时紧靠道路右边行驶，无违章行为，因而无责任。因各方相互推诿责任，李某于2019年11月向法院起诉，要求赵某、钱某、孙某赔偿医疗费等各种费用。

问：应当如何认定本案的责任主体？如何进行责任分配？为什么？

2. 甲、乙夫妻将自己的一处房产租给丙做生意，双方签订了租赁合同，并办理了相应的登记手续。其后，甲由于做生意亏损，于是向丁借款，把该房产抵押给丁，并办理了抵押登记手续，同时约定：“如果甲到期不还款，则应以折价方式使丁拥有该房产。”甲到期未能清偿欠款，丁欲通过房产折价方式拥有该房产，丙以对房屋享有优先购买权为由反对房产折价。问：

(1) 抵押权的设立是否有效？为什么？

(2) 租赁合同是否有效？为什么？

(3) 丙的优先购买权的主张能否成立？为什么？

3. 甲房地产开发公司从他人手中购得位于市中心城市花园广场附近的一块土地，考虑到这块土地优越的地理位置，位处滨海城市的市中心繁华地带，公司建筑设计师构想以“观景”为理念设计并建造高层观景商品住宅楼，预计这批商品房建成后房价可高达1.2万元/平方米。在这块地前方是该市的乙中学，甲公司为了保证商品房的观景效果，就与乙中学协商达成书面协议，内容如下：乙中学在20年内不得在该处兴建高层建筑，甲公司每年向乙中学支付10万元作为补偿。1年后乙中学迁址，将学校所有的房屋全部转让给丙房地产开发公司，但乙中学未向丙公司提及自己与甲公司之间的协议约定。丙公司购得该房屋后也开始着手建高层住宅。甲公司得知这一情况后要求丙公司立即停止兴建，但遭到丙公司的拒绝。于是，甲公司向法院起诉，请求法院确认乙中学与丙公司之间的房屋转让合同无效，并要求赔偿自己因此遭受的损失。问：

（1）如何认定甲公司和乙中学之间签订的合同的性质及其效力？为什么？

（2）法院能否支持甲公司的主张？为什么？

（3）甲公司最终能否要求乙中学承担违约责任？为什么？

单元五答案要点

1.（1）李某不负任何责任。对于机动车交通事故责任，应由有过错的一方承担责任。李某无任何违章行为，主观上无过错，因而不承担任何责任。

（2）甲公司不承担侵权责任。甲公司是吉普车的名义所有人，赵某是实质所有人，吉普车虽然没有登记过户，但该车由赵某控制并享受利益，甲公司对该车不享受利益，因而也不承担侵权责任。

（3）钱某、孙某承担机动车交通事故侵权责任，赵某承担相应的赔偿责任。理由：①钱某、孙某是吉普车的实际借用人，孙某无证违章驾驶，造成交通事故，钱某、孙某应当承担侵权责任。②赵某让钱某修车时没有拔下钥匙，存在疏于管理的过失，且对钱某没有修车资格的事实置若罔闻，存在主观过错，因此应当承担相应的赔偿责任。

2.（1）抵押权的设立有效。因为抵押合同当事人具有完全民事行为能力、意思表示真实、内容合法、形式合法，且办理了抵押登记，抵押权的设立合法有效。

（2）租赁合同有效。因为租赁合同当事人具有完全民事行为能力、意思表示真实、内容合法、形式合法；在房屋办理抵押登记后，因订立抵押合同前抵押财产已出租的，原租赁关系不受该抵押权的影响。

（3）丙的优先购买权的主张能够成立。理由：丁作为抵押权人，对房屋享有优先受偿权，但优先受偿权是以折价方式实现的，房产折价后，仍不能对抗承租人的优先购买权。

3.（1）甲公司与乙中学签订的合同为地役权合同，该合同有效。因为该合同行为主体合格，意思表示真实，不违反法律和社会公共利益，其他方面也符合法律要求，故该地役权合同有效。

（2）法院对甲公司的主张不予支持。甲公司和乙中学签订的地役权合同已经生效，地役权自合同生效时即设立，但双方并未到登记机关办理地役权登记，因而不能产生对抗善意第三人的效力，甲公司享有的地役权不能对抗不知情的丙公司，因而对于甲公司有关要求房屋转让合同无效及丙公司予以赔偿的要求，法院不应支持。

（3）甲公司有权要求乙中学承担违约责任。因为甲公司与乙中学签订的地役权合同为有效合同，对于违反地役权合同约定的行为，甲公司当然有权要求乙中学承担违约责任。

单元六

1. 甲与供电公司签订了供用电合同。由于供电公司线路检修而经常出现电压不稳的现象，但供电公司在检修线路前未通知甲。某日，甲在看电视的时候，电视机突然被电流击损。甲在知道供电公司检修线路导致电压不稳的情况之后，便找到供电公司，要求其赔偿损失，但供电公司并不理会甲的要求。于是，甲便不再交纳电费。供电公司几经催促，甲书面通知供电公司，称供电公司不赔偿电视机的损失，甲便行使同时履行抗辩权，拒绝交纳电费。之后，供电公司开始给甲家断电。甲从供电公司设在甲家楼旁边的供电设备上私接了一条线，给家中通电。

请回答下列问题：

(1) 甲的电视机损失是否应当由供电公司赔偿？为什么？

(2) 甲是否可以行使同时履行抗辩权？为什么？

(3) 供电公司给甲家断电是否合法？为什么？

(4) 甲私接电线的行为如何定性？为什么？

2. 赵某驾驶一辆大卡车在经过一个十字路口时，与刘某驾驶的一辆夏利牌出租汽车相撞，刘某驾驶的汽车被撞翻到路边，正巧高某路过，来不及躲闪，被压在车下，结果高某的右臂被压断。经交通局认定，此次交通事故的原因如下：赵某、刘某都违反了交通规则，车速超过了正常标准，高某行走在人行道内，并无违章现象。高某经住院治疗，共花去医药费等计 2 万元，而且右臂残废已不可避免，将对以后自己和家人的生活造成重大困难。为此，高某起诉到人民法院，要求赵某、刘某赔偿损失并支付全部医疗费以及今后的生活补助费。问：

(1) 如何认定赵某和刘某行为的性质？为什么？

(2) 本案应如何处理？

3. 2018 年 9 月，甲公司与乙公司签订《国内保理融资服务协议》等合同，约定：乙公司将其应收账款及相关权利转让给甲公司，甲公司为其提供额度为 2 000 万元、附期限的公开型有追索权保理融资服务；若应收账款对应的买方未按时足额向甲公司还款，则乙公司须在回购期内回购仍未足额清偿的全部应收账款，并支付对应的保理费、手续费及罚息等。

之后，甲公司多次受让乙公司转让的应收账款，并按约发放保理融资款。甲公司同时向应收账款对应的买方公证送达了应收账款转让通知。各方在中国人民银行征信中心办理了转让登记手续。

然而，甲公司并未收到对应买方归还的款项，于是起诉至法院，请求判令乙公司支付保理融资款、保理费、罚息等，保理费、账户管理费及手续费的总和按照年利率 30%计算并支付。

请回答下列问题：

(1) 如何理解甲公司和乙公司签订的合同性质？该合同是否有效？

(2) 乙公司将应收账款转让给甲公司，该转让对相对应的买方是否有效？为什么？

(3) 乙公司是否有权向甲公司和相对应的买方行使追索权？为什么？

(4) 甲公司提出按照年利率 30%计算各项费用的请求能否得到支持？

单元六答案要点

1. (1) 甲的电视机损失应当由供电公司赔偿。供电公司检修线路应当事先通知甲，以便甲作出必要准备。供电公司未经通知便检修线路，给甲造成损失，供电公司应当赔偿甲的电视机损失。

(2) 甲不能行使同时履行抗辩权。因为赔偿电视机损失的损害赔偿请求权与支付电费请求权并不构成同一对待给付，甲不能行使同时履行抗辩权而拒绝支付电费。

(3) 供电公司的断电行为合法。因为经供电公司催告，用电人在合理期限内仍不交付电费的，供电人可以按照国家规定的程序中止供电。

(4) 甲私接电线的行为是侵权行为。因为供电公司享有甲家楼边的供电设备的所有权，电力所有权也归供电公司所有，甲未经许可私接线路，侵犯了供电公司对供电设备的所有权，以及供电公司对电力的所有权，构成侵权。

2. (1) 赵某、刘某的行为属于无意思联络的数人侵权行为。赵某和刘某互不相识，没有意思联络，两个人的行为各自独立。但赵某、刘某分别实施的侵权行为造成了高某的同一损害，且赵某、刘某的各自侵权行为都足以造成同一损害的发生，因而构成无意思联络的数人侵权。

(2) 赵某、刘某应当对高某的损害承担连带赔偿责任。因为赵某、刘某的行为造成高某的人身伤害具有同一的不可分割性，任何一个人的行为都足以造成高某的伤害，因而应当承担连带侵权责任。

3. (1) 甲公司和乙公司签订的合同为保理合同。合同有效。

(2) 乙公司将应收账款转让给甲公司，该转让对相对应的买方有效，因为甲公司向应收账款对应的买方公证送达了应收账款转让通知。

(3) 乙公司有权向甲公司和相对应的买方行使追索权。因为甲公司和乙公司签订的保理合同是有追索权的明保理。

(4) 甲公司提出的按照年利率30%计算各项费用的请求中，不超过合同成立时一年期贷款市场报价利率四倍的部分（大约15%～16%——编者注）受法律保护，超过的部分不受法律保护。

单元七

1. 甲公司和乙公司签订了一份买卖合同，双方约定：乙公司供给甲公司20辆汽车，货款总价值1 000万元，甲公司先预付车款的20%，即200万元，剩余的车款800万元在交货后半年内付清。合同签订后，乙公司考虑到甲公司有可能将汽车私自转卖，便要求甲公司找个有实力的公司担保。甲公司找到了丙公司，由丙公司为甲公司的余欠货款提供担保，保证合同约定："若甲公司不能履行债务时，由丙公司承担保证责任。"乙公司交货后，甲公司因经营不善，连续亏损，还款无望，但甲公司对丁公司有债权800万元，乙公司见丁公司的经营状况比甲公司好一些，于是经三方协商，甲公司将800万元债务转移给丁公司。丙公司对上述事实毫不知情。半年期至，乙公司要求丁公司偿还800万元，但此时丁公司由于拖欠银行贷款无力清偿，已被人民法院宣告破产。于是，乙公司找到丙公司，要求丙公司承担保证责任，丙公司拒绝承担保证责任。

请回答以下问题：

(1) 如何认定丙公司承担保证责任的性质？为什么？

(2) 甲公司将800万元债务转移给丁公司的行为是否有效？为什么？

(3) 丙公司是否有权拒绝乙公司要求其承担保证责任的请求？为什么？

2. 甲和乙公司签订一份汽车买卖合同，约定由乙公司在6月底将一辆行驶3万公里的卡车交付给甲，价款为3万元，甲交付定金5 000元，交车后15日内余款付清。合同还约定，乙公司晚交车1天，扣除车款50元，甲晚交款1天，应多交车款50元；一方有其他违约情况，应向对方支付违约金6 000元。合同订立后，该卡车因外出运货耽误，未能在6月底前返回。7月1日，卡车在途经山路时，因遇雨，被一块落下的石头砸中，车头受损，乙公司对卡车进行了修理，于7月10日交付给甲，10天后，甲在运货中发现卡车发动机有毛病，经检查，该发动机经过大修理，遂请求退还卡车，并要求乙公司双倍返还定金，支付6 000元违约金，赔偿因其不能履行对第三人的运输合同而造成的经营收入损失3 000元。问：

(1) 汽车买卖合同是否有效？为什么？

(2) 卡车受损？损失应由谁承担？为什么？

(3) 甲能否要求退车？

(4) 甲能否请求乙公司支付违约金并双倍返还定金？为什么？

(5) 甲能否请求乙公司赔偿经营损失？

(6) 甲能否同时请求乙公司支付6 000元违约金和支付每天50元的迟延履行违约金？为什么？

3. 李某和吴某签订购买宠物狗的合同，该买卖合同约定，吴某将宠物狗交付给李某后30日内，李某向吴某付款2 000元。问：

(1) 假如在交付日期到来之前，吴某向李某表示，由于狗已经卖给他人，要求解除合同，则吴某的主张能否成立？为什么？此时李某应如何维护自己的权益？

(2) 假如在交付日期到来之前，吴某的朋友王某向吴某反映，称李某是一个骗子，劝告他不要卖狗，经吴某查证，李某确实信誉极差，则吴某如何做才能维护自己的利益？为什么？

(3) 假如吴某委托陈某（15岁）将狗交给李某，则该委托合同的效力应当如何认定？

（4）假如吴某委托曾某将狗交给李某，狗交给曾某后，曾某将狗交付给李某之前，狗将行人咬伤，则应当由谁承担狗咬伤他人的侵权责任？为什么？

单元七答案要点

1.（1）丙公司承担一般保证责任。因为担保合同中约定，丙公司仅在甲公司不能履行债务时才承担保证责任，该保证责任为一般保证责任。

（2）甲公司将800万元债务转移给丁公司的行为有效。因为甲、乙、丁三公司协商由丁公司承担债务，债权人乙公司即是合同一方当事人，协议本身体现了对债务的移转已经取得了债权人的同意，因此，甲公司的债务移转行为合法有效。

（3）丙公司有权拒绝乙公司要求其承担保证责任的请求。因为甲、乙、丁三公司协商转移债务，并未取得保证人丙公司的书面同意，丙公司依法可以免除保证责任。

2.（1）汽车买卖合同有效。该买卖合同订立的主体合格，意思表示真实，合同的内容也不违反法律和社会公共利益。

（2）卡车受损，损失应由乙公司承担。因为卡车受损时尚未交付，汽车毁损、灭失的风险未转移。

（3）甲能要求退车。因为双方对汽车质量没有明确约定，事后也没有达成补充协议，故该汽车的质量应当符合通常标准。

（4）甲不能请求乙公司支付违约金并双倍返还定金。因为当事人在合同中既约定了违约金，又约定了订金的，只能选择执行其中之一。

（5）甲能请求乙公司赔偿经营损失。因为乙公司违约应对所造成的损失，包括对间接损失负赔偿责任。

（6）可以并行适用。两种违约金的性质不同，可以同时适用。

3.（1）吴某的主张不能成立；李某有权要求吴某承担违约责任，并有权解除合同。吴某的行为属于预期违约，吴某作为违约方，无权解除合同。因吴某预期违约，李某可在合同履行期限到来之前要求吴某承担违约责任。

（2）吴某可以行使不安抗辩权。因为李某信誉极差，且吴某是先履行方，吴某可以李某丧失商业信誉为由主张不安抗辩权，中止自己的履行。

（3）该委托合同属于效力待定合同，因为陈某是限制民事行为能力人，其签订的合同属于效力待定合同。

（4）曾某应当承担狗咬伤他人的侵权责任。由于狗尚未交付给李某，吴某仍然享有狗的所有权，但狗的实际管理人是曾某，因此，对于狗咬伤他人的侵权责任，应由实际管理人曾某承担。

单元八

1. 甲向乙借款5万元，并约定以自己的一颗价值10万元的钻石设定抵押担保，双方于4月9日签订了抵押合同。8月9日，甲又向丙借款5万元，同样以该钻石设定抵押担保，经丙要求，双方于8月10日签订了抵押合同，并于8月11日到当地的公证部门办理了抵押登记。后因甲无力还款，经拍卖该钻石，得款7万元。就该7万元如何偿还乙、丙的债权，发生争议。问：

（1）甲、乙之间的抵押合同是否有效？

（2）本案应如何处理？为什么？

2. 甲向乙借款10万元，约定以自有的10台笔记本电脑设定质押担保，双方签订了质押合同。在合同中，双方还特别约定：（1）如果甲到期不能还款，则该10台笔记本电脑即转移给乙所有，甲不得对此提出异议；(2) 在乙占有期间，乙可以出租、使用该10台笔记本电脑，所得收益用于冲抵债权。合同签订后，甲转移了10台笔记本电脑的占有。在乙占有电脑期间，乙将10台电脑出租给丙网吧用于丙网吧的经营。丙网吧在经营期间将10台电脑全部损坏，并为此支付了一笔损害赔偿金。后甲无力还款，双方就行使质权问题发生争议。

根据上述案情回答下列问题：

(1) 甲、乙约定如果不能还款，电脑所有权即转归乙所有是否有效？该约定是否影响质权的效力？

(2) 甲、乙约定乙可以使用、出租电脑，该约定是否有效？为什么？

(3) 乙是否有权就丙网吧支付的损害赔偿金主张权利？为什么？

3. 2015年3月1日，甲、乙签订租赁合同，甲将其房屋租给乙，租期为3年，租金每年5万元。3年之后，乙仍然居住在该房屋中，甲并未表示反对。2018年8月1日，经甲同意，乙、丙达成口头协议，将房屋转租给丙，租期为2年，租金每年6万元。丙与妻子搬进该房屋居住。2019年2月1日，房屋漏雨严重。就如何修理房屋，甲、乙、丙争吵不休。丙主要自己雇人维修，花去维修费1万元。2019年10月1日，甲、丁签订房屋买卖合同，将房屋卖给丁，同日办理了过户登记手续。

请回答下列问题：

(1) 对于2018年8月1日签订的租赁合同，如何确定乙、丙的租赁期限？为什么？

(2) 甲、乙、丙、丁是否有权解除租赁合同？

(3) 丙应当向谁支付租金？为什么？

(4) 房屋修理费最终应由谁承担？

(5) 如果丙与妻子搬进房屋不久后，丙去世，丙妻是否可以继续居住？为什么？

(6) 甲将房屋卖给丁，甲与乙、乙与丙之间租赁合同的效力如何？为什么？

(7) 如果甲将房屋卖给丁，并未在合理期限内通知乙，乙是否有权请求法院认定甲、丁之间的房屋买卖合同无效？如果造成乙损害，乙是否有权请求赔偿损失？

(8) 如果丁成为新的房屋所有人后，丁与乙、丙达成解除租赁合同的协议后，乙拒绝返还的，甲应当如何维护自己的权益？

单元八答案要点

1. (1) 甲、乙签订的抵押合同有效。因为甲、乙订立合同时行为主体合格，意思表示真实，且不违反法律和社会公共利益，合同形式也符合法律要求，故该合同有效。

(2) 对本案的处理：①甲、乙之间和甲、丙之间设定的抵押权都已经生效。因为对于一物二抵，两个抵押合同都是有效的，但财产抵押后再次设定抵押权的，不得超出财产的余额部分。本案中，钻石的价值为10万元，第一次担保的债权为5万元，再次担保5万元财产并未超出余额部分，因此，再次设定抵押权的行为有效。②丙对抵押物有优先于乙受偿的权利，因为丙设定的抵押权已经办理了抵押登记。

2. (1) 甲、乙就如果甲不能还款，电脑的所有权归乙所有的约定无效。因为甲、乙的该约定属于流质条款，该条款是无效的，但约定的流质条款不影响质权的效力，乙享有对10台笔记本电脑的质权。

(2) 甲、乙就乙可以使用、出租电脑的约定有效。因为甲、乙是合格的民事主体，且该约定是甲、乙真实的意思表示，不违反法律，也没有损害他人利益，该约定在形式上也是合法的，因此应当认定为有效。

(3) 乙有权就丙网吧支付的损害赔偿金主张权利。因为质权具有物上代位性，质权人乙有权据此就损害赔偿金主张权利。

3.（1）乙、丙的租赁期限为不定期。因为乙、丙签订的租赁合同采取口头形式，约定租期为2年，只能认定为不定期租赁。

（2）甲、乙、丙、丁都享有解除租赁合同的权利。因为甲、乙的租赁合同的期限为不定期，而乙、丙的租赁期限也是不定期，对于不定期租赁合同，当事人都有随时解除租赁合同的法定解除权。

（3）丙应当向乙支付租金。因为合同具有相对性，丙只能向转租合同相对人乙支付租金。

（4）房屋修理费最终应由甲承担。

（5）丙妻可以继续居住。因为承租人丙死亡后，与其生前共同生活的人可以按照原租赁合同继续租赁该房屋。

（6）甲与乙、乙与丙之间的租赁合同继续有效。因为根据买卖不破租赁原则，在租赁期间，原租赁合同对房屋的新的所有权人继续有效。

（7）乙无权请求法院认定甲、丁之间的房屋买卖合同无效，但如果造成乙损失的，可以请求赔偿损失。

（8）租赁合同协议解除后，乙应当返还房屋。乙拒绝返还房屋的，甲可以基于所有物返还请求权请求乙返还房屋，并请求乙交付逾期返还租赁物的租金、支付违约金或者赔偿损失，乙还应当承担租赁物于逾期返还期间意外灭失的风险。

单元九

1. 某日，杭州6岁小男孩甲随母亲、舅舅等一行在植物园内的孔雀园喝茶，甲在一旁观赏园内散养的孔雀时，突然被一只孔雀啄伤，当时上唇被啄破，伤口约2厘米长，血流满面，其母亲等将其送往医院治疗。尽管甲的上唇缝合，但需要整形治疗方能恢复外形。后甲的父母向法院起诉要求植物园赔偿，甲的父母称：植物园散养孔雀不加防护，造成孔雀致伤原告，植物园应负有完全责任。植物园称：植物园是根据孔雀的特点在园内散养的，另根据《中国动物志》鸟纲第四卷记载：孔雀的特点是“性机敏畏人，不易接近”，一般不会主动攻击人。且原告不注意看管自己的孩子，未尽到监护职责，故应责任自负。问：

（1）植物园是否应当承担侵权责任？为什么？

（2）如果植物园承担侵权责任，则适用的归责原则应当是无过错责任还是推定过错责任？为什么？

（3）甲的母亲是否应当就甲的人身伤害承担监护人责任？为什么？

2. 2006年10月，刘某（女）与宋某（男）结婚时签订书面协议，约定婚后所得财产归各自所有，各自对外所欠的债务都由各自清偿。婚后，由于宋某经常赌博、酗酒而欠下债务7万余元。刘某为此经常规劝宋某改邪归正，但宋某非但不听，还经常打骂刘某。一日，因宋某酗酒晚归，刘某与宋某再起争执，宋某一记耳光导致刘某右耳失聪。刘某忍无可忍，最终于2008年2月向法院起诉离婚。经查，刘某和宋某拥有下列财产：住房一套，此房产于2005年登记于宋某名义下；汽车一部，该汽车系刘某和宋某共同在2007年从经销商处购得；存款4万元，存折上的储户名称是刘某。二人共同生活期间欠张某3万元钱，对于刘某与宋某结婚期间的约定，张某并不知情。二人婚后还生有一子宋嘉，刚满2周岁，二人都想当宋嘉的监护人。问：

（1）如何认定夫妻拥有财产的归属？

（2）法院在调解不成时是否应当判决刘某和宋某离婚？为什么？

（3）对于宋某因赌博、酗酒欠下的7万元债务应当如何认定和处理？为什么？

（4）对于欠张某的3万元债务，应当如何认定？为什么？

（5）如果法院判决离婚，则如何确定宋嘉的监护人？为什么？

（6）如果刘某在离婚诉讼中提起精神损害赔偿？法院能否支持？为什么？

3. 甲、乙两公司签订了一份原材料买卖合同，双方约定由甲公司向乙公司提供用于生产高精密仪器的原材料500箱，货款25万元，乙公司分两次付款给甲公司。为了保证合同的有效履行，丙公司为甲公司提供保证。在履行期间，乙公司先付第一笔货款10万元，甲公司收到货款后即将第一批250箱原材料运送到乙公司处。在甲公司交付第二批货物时，由于供货市场出现问题，该批原材料紧俏，甲公司于是与乙公司协商，以不能提供全部货物为由，希望将合同标的换为品质稍差一些的另外一种原材料。乙公司考虑到自己的生产计划，于是同意了甲公司的请求。甲公司、乙公司之间的协商一直没有通知丙公司。后来，甲公司仍然不能履行自己的供货义务，于是甲公司背着乙公司与丁公司达成协议，由丁公司提供货物不足的部分。但乙公司拒绝接受丁公司的履行和付款义务，并要求甲公司承担违约责任。问：

（1）甲公司、乙公司达成变更合同的协议是否有效？为什么？

（2）丙公司是否应当承担保证责任？为什么？

（3）甲公司、丁公司达成的改变货物标的物的协议对乙公司是否有效？为什么？

单元九答案要点

1.（1）植物园应当对甲的人身伤害承担侵权责任。因为植物园是动物的饲养人，也是实际管理人，对于孔雀的散养没有采取安全措施，且存在明显的管理疏忽，只要动物致人损害，就应当承担侵权责任。

（2）植物园承担无过错责任。因为对于动物致人损害的，所有人或者管理人就应当承担侵权责任。

（3）甲的母亲不承担监护人责任。因为植物园的孔雀处于散养状态，受害人并不存在故意或者重大过失，植物园也不能以监护人未尽到监护职责为由拒绝承担侵权责任。

2.（1）①房产属于宋某所有，因为房产是登记在宋某名下的婚前财产。②汽车属于刘某和宋某共有，因为二人在婚姻关系成立时定有财产协议，但并未指明共同购买的物品是否属于各自所有，因而应当认定为夫妻共同财产。③4万元存款属于刘某所有，因为存款单的账户名称就是刘某。

（2）法院应当判决宋某和刘某离婚。因为宋某经常酗酒、赌博且屡教不改，并实施家庭暴力，视为“感情确已破裂”，法院应当判决离婚。

（3）宋某因酗酒、赌博欠下的7万元债务应当认定为宋某个人债务。因为因酗酒、赌博所欠下的债务属于个人不合理开支所负的债务，这种债务不能以夫妻共同财产清偿，只能以宋某的个人财产清偿。

（4）宋某和刘某对欠张某的3万元债务都负清偿义务。因为张某对于宋某、刘某对外清偿债务的约定并不知情，宋某、刘某对外清偿债务的约定不能对抗张某。对于欠下的3万元债务，应由宋某、刘某的夫妻共同财产清偿，不足清偿的，由双方协议清偿，协议不成的，由法院判决。

（5）法院应当按照最有利于未成年子女的原则判决。因为宋嘉已满2周岁，对于已满2周岁的子女，父母双方对抚养问题协议不成的，由人民法院根据双方的具体情况，按照最有利于未成年子女的原则判决。

（6）法院对于刘某在离婚诉讼中提起的精神损害赔偿应予支持。因为对于实施家庭暴力导致离婚的，无过错方刘某有权请求精神损害赔偿。

3.（1）甲公司、乙公司达成的变更合同的协议有效。因为根据合同自由原则，甲公司、乙公司通过协商变更合同，意思表示一致，且该变更不违反法律和社会公共利益，因此变更后的合同有效。

（2）丙公司应当继续承担保证责任。因为甲公司和乙公司协商变更主债权债务合同，该内容变更并未加重债务，保证人丙公司仍应对变更后的债务承担保证责任。

（3）甲公司、丁公司达成的改变货物标的物的协议对乙公司无效。因为债务人甲公司将债务转移给丁公司履行，须经债权人乙公司同意，否则转让协议对乙公司无效。

单元十

1. 甲公司向乙商业银行借款100万元，借款期限为1年。借款期满后，由于甲公司经营不善，无力偿还借款本息。但是，丙公司欠甲公司到期货款120万元，甲公司以种种理由不向丙公司主张支付货款。为此，乙商业银行以自己的名义要求丙公司向自己清偿120万元货款，以冲抵甲公司所欠自己的借款。丙公司认为自己与乙银行之间并无债权债务关系，拒绝偿还。乙银行诉至法院。

请根据上述案情回答下列问题：

（1）乙银行是否有权向丙公司提起诉讼？为什么？

（2）本案应如何处理？为什么？

2. 某女婴，出生7个月，2015年10月7日因发烧去甲市医院门诊部治疗。医生周某问明病情后即开处方，并为婴儿臀部肌肉注射一针，药品名不详。婴儿回家后持续发烧多日，此间曾经他人注射治疗，并在婴儿臀部留下四个针眼，但婴儿高烧仍不退。2015年10月8日下午入住乙省医院治疗，住院四日后婴儿死亡，省医院死亡报告的结论是：由右臀部感染引起绿脓杆菌败血症，合并多脏器功能衰竭导致死亡。婴儿的父母吴某、郑某遂向法院起诉。经查：医生周某系合同制工作；婴儿入住省医院后，省医院的病历被人改过，且省医院拒绝提供有关病历资料导致尸检鉴定无法进行。

在不考虑法律溯及力问题基础上，请回答下列问题：

（1）医生周某是否应当承担医疗损害责任？为什么？

（2）市医院是否应当承担医疗损害责任？为什么？

（3）省医院是否应当承担医疗损害责任？为什么？

3. 赵某与钱某在6月1日签订一份买卖一头牛的合同，合同约定，赵某须在签订合同后一个月内将牛交给钱某。钱某在合同签订时当即支付了价款2 000元。但在合同签订时，钱某询问赵某牛的秉性时，赵某谎称该牛秉性温和，其实该牛性格暴烈，经常顶人、伤人。由于赵某与钱某居住地相隔较远，故赵某委托孙某（16岁）将牛交给钱某。6月4日，孙某在送牛的路上，因牛突发脾气，将行人李某顶伤，李某为了治伤，花去医疗费700元。牛交给钱某刚刚3天，牛又将到钱某家的客人周某顶伤，周某为此花去医疗费800元。钱某为此于6月11日向赵某主张撤销该合同。问：

（1）赵某和孙某之间的委托合同的效力如何确定？为什么？

（2）钱某向赵某主张撤销买卖合同能否成立？为什么？

（3）李某受伤的损失应由谁承担？为什么？

（4）周某受伤的损失应由谁承担？为什么？

单元十答案要点

1.（1）乙银行有权向丙公司提起诉讼。因为甲公司对丙公司的债权为金钱债权，乙银行对甲公司所享有的债权合法有效，上述两个债权均已到期。甲公司怠于行使对丙公司的债权，且因怠于行使该债权，致使乙银行的债权实现有现实危险，损害了债权人乙银行的利益。因此，乙银行有权行使代位权，以自己的名义请求丙公司偿还甲公司的借款。

（2）债权人行使代位权的范围以保全债权人的债权为必要，对债权人行使代位权的请求数额超过债务人所负债务的数额或者超过次债务人所负债务额的，不予支持。甲公司欠乙银行100万元本息，而丙公司欠甲公司的货款为120万元，对于超出银行本息部分的请求不予支持。

2.（1）医生周某不承担医疗损害责任。因为周某是医务人员，因医务人员的过错导致医疗事故的，应由周某所在的医疗机构承担医疗损害责任。

（2）市医院不承担医疗损害责任。医疗损害责任适用过错责任原则，如果让市医院承担侵权责任，当事人吴某、郑某就应当举证证明市医院有过错，如果不能举证证明市医院有过错，就不能让市医院承担侵权责任。从本案交代的案情看，尽管医生周某在婴儿臀部注射一针，但是在该注射之前，婴儿也是在发烧，即便周某注射完毕后，婴儿送往省医院治疗之前，婴儿仍继续注射了四次。在这期间，到底哪一次注射导致婴儿病情恶化，是无法推断的。除非婴儿的父母吴某、郑某举证证明确实是市医院注射所致，才能由市医院承担责任，但本案中，吴某、郑某并未提供任何有关市医院存在过错的情况，因此，市医院不承担责任。

（3）省医院应当承担医疗损害责任。因为省医院在诉讼中拒绝提供病历资料，在此情形下应当推定省医院有过错，并承担医疗损害责任。

3.（1）赵某与孙某签订的委托合同效力待定。因为孙某是限制民事行为能力人，其所签订的委托合同处于效力待定状态。

（2）钱某撤销买卖合同的主张能够成立。因为赵某将牛出卖给钱某时，故意隐瞒牛性情暴烈的真实情况，构成欺诈，而因欺诈所签订的合同为可撤销合同。且钱某在法定期间内行使撤销权，因而其撤销权主张成立。

（3）李某的损失由孙某承担。①尽管赵某是牛的所有权人，但孙某是牛的实际管理人，因此，李某的损失应由实际管理人承担。②孙某是限制民事行为能力人，孙某造成他人的损害应由其监护人承担。

（4）周某受伤的费用由钱某承担。因为买卖合同已经生效，钱某是牛的实际管理人，周某受伤的费用自应由钱某承担。

法 理 学

第一章

单项选择题

单元一

1. 对于坚持用马克思主义的立场观点方法研究法学，下面表述不正确的有（　　）。

A. 坚持以马克思主义为指导，是当代中国法学区别于其他法学的根本标志

B. 马克思主义认为，实现人的解放是法律的价值追求

C. 马克思主义提出的历史唯物主义和辩证唯物主义是法学研究最根本的方法论

D. 马克思主义的立场观点方法是研究法学理论性问题的重要认识论

2. 2001 年全国人大常委会作出解释：《刑法》第 410 条规定的“非法批准征用、占用土地”，是指非法批准征用、占用耕地、林地等农用地以及其他土地。对该法律解释，下列哪一种理解是错误的？（　　）

A. 该解释属于立法解释

B. 该解释的效力与所解释的刑法条文的效力相同

C. 该解释与司法解释的效力相同

D. 该解释的效力具有普遍性

3. 下列关于法律规则的论述，正确的是（　　）。

A. 法律规则可分为公理性规则和政策性规则。公理性规则由法律原理构成，而政策性规则则是基于一定的政策考量制定

B. 我国宪法规定：禁止非法拘禁和以其他方法非法剥夺或者限制公民的人身自由，禁止非法搜查公民的身体。该规则属于命令性规则

C. 我国律师法规定：法律援助的具体办法，由国务院司法行政部门制定，报国务院批准。该规则属于委任性规则

D. 我国立法法规定：全国人民代表大会通过的法律由国家主席签署主席令予以公布。该规则属于准用性规则

4.《公司法》第 153 条第 2 款规定：公司发行公司债券应当符合《中华人民共和国证券法》规定的发行条件。这一条文属于法律规则中的（　　）。

A. 授权性规则　　　　B. 确定性规则

C. 禁止性规则　　　　D. 准用性规则

5. 法的特征之一：法是具有普遍性的社会规范。这里关于“法的普遍性”的理解，最恰当的一项是（　　）。

A. 法律面前人人平等，任何人都不得有超越法律的特权

B. 法律的内容与人类的普遍要求相一致

C. 法律在国家权力管辖范围内具有普遍效力

D. 法律面临着全球化、一体化的趋势，我国的法律要与国际接轨

6. 根据马克思主义法学的基本观点，下列表述哪一项是正确的？(　　)

A. 法在本质上是社会成员公共意志的体现

B. 法既执行政治职能，也执行社会公共职能

C. 法最终决定于历史传统、风俗习惯、国家结构、国际环境等条件

D. 法不受客观规律的影响

7. 关于法的本质的社会控制论观点的主要代表人物是(　　)。

A. 梅因　　B. 韩非　　C. 康德　　D. 庞德

8. 有关规范性法律文件与非规范性法律文件的区别，下列表述错误的是(　　)。

A. 规范性法律文件具有普遍的效力，非规范性法律文件不具有效力

B. 规范性法律文件适用的对象是不特定的人，非规范性法律文件则适用于特定的人

C. 规范性法律文件可以反复适用，非规范性法律文件仅能适用一次

D. 规范性法律文件规定的内容是一般的行为模式和标准，非规范性法律文件规定的内容是特定的事项

9. 下列关于法的效力的表述哪项是正确的？(　　)

A. 法律不经公布，就不具有效力

B. 一切法律的效力级别高低和范围大小是由刑法、民法、行政法等基本法律所规定的

C. “法律仅仅适用于将来，没有溯及力”，这项规定在法学上被称为“从新原则”

D. 法律生效后，应该使一国之内的所有公民知晓，所谓“不知法者得免其罪”

10. 按照法律的调整范围，法律可分为(　　)。

A. 根本法和普通法　　B. 一般法和特别法

C. 实体法和程序法　　D. 成文法和不成文法

11. 我国《刑法》第12条规定：中华人民共和国成立以后本法施行以前的行为，如果当时的法律不认为是犯罪的，适用当时的法律；如果当时的法律认为是犯罪的，依照本法总则第四章第八节的规定应当追诉的，按照当时的法律追究刑事责任，但是如果本法不认为是犯罪或者处刑较轻的，适用本法。这一规定表明我国刑法在有无溯及力问题上采用(　　)。

A. 从旧原则　　B. 从轻原则

C. 从旧兼从轻原则　　D. 从新兼从轻原则

12. 最高人民法院《关于审理盗窃案件具体应用法律若干问题的解释》规定，各地高级人民法院可根据本地区经济发展状况，并考虑社会治安状况，在本解释规定的数额幅度内，分别确定本地区执行“数额较大”“数额巨大”“数额特别巨大”的标准。依据法理学的有关原理，下列表述正确的是(　　)。

A. 该规定没有体现法的普遍性特征

B. 该规定违反了“法律面前人人平等”的原则

C. 该规定说明：法律内容的决定因素是社会经济状况

D. 该规定说明：政治对法律没有影响

13. 下列关于法律部门的表述，正确的有(　　)。

A. 凡是调整同一种类社会关系的法律规范就应该归入同一法律部门

B. 法律的制定和实施是一种客观的事实，因此，法律部门的划分是客观的

C. 同一法律制度只能规定在同一法律部门

D. 法律部门是由规范性法律文件构成的，因此，一个规范性法律文件只能归入同一法律部门

14. 下列关于法律和政治的说法，表述正确的有(　　)。

A. 政治和法律的控制和调整功能都是通过对主体权利义务的确认和保障实现对社会的控制和调整

B. 总体上，法律的产生和实现往往与一定的政治活动相关，反映和服务于一定的政治，政治活

动和政治关系的发展变化必然在一定程度或意义上影响法律内容或价值追求的发展变化

C. 政策与法律的基本指导思想和价值取向是不同的

D. 政策与法律的意志属性是一致的

15. 法的实施方式按(　　)可以分为法的遵守、法的执行、法的适用。

A. 法的内容　　B. 实施法律的主体

C. 履行义务的主体　　D. 实施法律的主体和法的内容

单元一答案与精解

1. D

【精解】马克思主义揭示了自然界、人类社会发展的普遍规律，为人类社会发展指明了方向。坚持以马克思主义为指导，是当代中国法学区别于其他法学的根本标志。A 选项表述正确。马克思主义以实现人的自由而全面的发展和全人类解放为己任，实现人的解放是法律的价值追求，法律致力于实现人的自由、平等、独立和尊严。B 选项表述正确。马克思主义揭示了事物的本质、内在联系及发展规律，是人们观察世界、分析问题的有力思想武器。马克思主义提出的历史唯物主义和辩证唯物主义是法学研究最根本的方法论。C 选项表述正确。马克思主义具有鲜明的实践品格，马克思主义的实践观是研究法学实践性问题的重要认识论。D 选项表述错误。

2. C

【精解】法律解释是指一定的人或组织对法律规定含义的说明。按照解释的国家机关的不同，正式法律解释可以分为立法解释、司法解释和行政解释三种。立法解释有两种情况，一种是全国人大常委会针对宪法和法律条文本身就进一步明确界限或补充规定的问题所进行的解释。该种解释具有全国的普遍适用性。本题中，全国人大常委会所作的解释就属于这类立法解释。故 A 项正确。根据我国《立法法》第 50 条的规定，全国人大常委会的法律解释同法律具有同等效力。据此可知 B 项正确。根据同样的道理可知 D 项正确。另一种立法解释是指省、自治区、直辖市人大常委会针对地方性法规进一步明确界限或做补充规定，其权限只限于省、自治区、直辖市政权或相应的地方政权。司法解释指由最高人民法院和最高人民检察院针对审判和检察工作中具体应用法律的问题所进行的解释。其解释的情形和效力与立法解释存在明显的差别。因此 C 项认为立法解释与司法解释的效力相同是错误的。

3. C

【精解】法律规则没有公理性规则和政策性规则之分，此种分类方法适用于对原则的划分。故 A 项错误。命令性规则是指规定人们的积极义务，即人们必须或应当作出某种行为的规则。B 项中的规则不是命令性规则而是禁止性规则，即规定人们消极义务的规则。委任性规则是指内容尚未确定，而只规定某种概括性指示，由相应国家机关通过相应途径或程序加以确定的法律规则。可见，C 项中的规则属于委任性规则。准用性规则是指内容本身没有规定人们的行为模式，而是可以援引或参照其他相应内容规定的规则。D 项中规则不符合准用性规则的定义。故本题正确答案为 C。

4. B

【精解】该条文属于命令性规则。命令性规则是确定性规则的一种。

5. C

【精解】对法的普遍性的理解有多种。在谈到法的普遍性特征时，要注意指的是法在一国权力管辖范围内具有普遍效力。因此，C 选项最符合题意。

6. B

【精解】法在本质上是统治阶级意志的表现，不是社会成员公共意志的体现。法既可以执行政治职能，也可以执行社会公共职能。故 B 项正确。法最终决定于一定的社会物质生活条件，而不是最终决定于历史传统、风俗习惯、国家结构、国际环境等条件。法受客观规律的支配。

7. D

【精解】庞德是关于法的本质的社会控制论观点的主要代表人物。

8. A

【精解】规范性法律文件是有权制定法律规范的国家机关发布的具有普遍约束力的法律文件；非规范性法律文件主要是指国家机关在适用法律的过程中发布的个别性文件，这类文件的效力仅及于特定案件或相关的主体、客体、行为，没有普遍约束力，并非不具有效力。故A项错误。

9. A

【精解】法律公布是法律生效的前提，未经正式公布的法律，不为人们所知晓，就不具有法律约束力，也不可能得到人们的普遍遵守。故A项正确。法律的效力级别高低和范围大小是由宪法赋予各级立法机关的立法权限所决定的。“从新原则”是指新法有溯及力，即新法有溯及既往的效力。生效的法律应当使所有公民知晓。但是，法盲不构成免除其刑事责任的理由。

10. B

【精解】一般法和特别法是根据法的调整范围的不同所作的划分。一般法是指在一国范围内对一般的人和事在不特别限定的地区和期间内有效的法律；特别法是指对特定的人和事在特定的地区和期间内有效的法律。

11. C

【精解】“从旧兼从轻”的原则，即新法原则上不溯及既往，但新法不认为是犯罪或者处刑较轻的，适用新法。这同时也是罪刑法定原则的体现。故C项正确。

12. C

【精解】最高人民法院《关于审理盗窃案件具体应用法律若干问题的解释》规定，各地高级人民法院可根据本地区经济发展状况，并考虑社会治安状况，在本解释规定的数额幅度内，分别确定本地区执行“数额较大”“数额巨大”“数额特别巨大”的标准。该规定与法的普遍性特征以及“法律面前人人平等”的原则并不冲突，因为普遍性并不意味着在任何地方完全一样，而“法律面前人人平等”原则也并非完全反对合理的差异，事实上，法律必须考虑到不同地方的具体情况，这样才能真正体现法的普遍性特征和平等原则。该规定同时也说明，法律内容的决定因素是社会经济状况。选项D的内容和题目无关。因此，正确选项为C。

13. A

【精解】凡是调整同一种类社会关系的法律规范的总和就构成一个相对独立的法律部门，就应该归入同一法律部门。A项表述正确。法律部门既有客观基础，也有主观因素，是主客观相结合的产物，是人类社会客观生存和发展的结果，而不是个别人或少数人主观愿望的建构。对于法律部门的划分，虽然有着客观的基础，但是最终还是人们主观活动的产物。B项错误。法律制度的概念同部门法是一种交叉关系。一种法律制度，可以附属于某一个法律部门，也可以分属于几个法律部门，如财产所有权制度，它涉及宪法、民法、经济法、刑法和诉讼程序法等法律部门。同时，一个法律部门可以包含不同的法律制度。C项错误。许多规范性法律文件并非仅包含一个法律部门的规范，如经济法、行政法都含有规定刑事责任的规范。此外，在许多情况下，部门法没有相同名称的规范性法律文件与之对应，如经济法、行政法这两个法律部门就没有相同名称的规范性法律文件与之对应。D项表述错误。

14. B

【精解】政治的控制和调整功能通过政治行为和过程实现，法律通过对主体权利义务的确认和保障实现对社会的控制和调整。因此A项错误。总体上，法律的产生和实现往往与一定的政治活动相关，反映和服务于一定的政治，政治活动和政治关系的发展变化必然在一定程度或意义上影响法律内容或价值追求的发展变化。B项表述正确。尽管政策与法律在阶级本质上是一致的，基本指导思想和价值取向是一致的，但从形式上看，二者所代表的意志仍有不同属性。法代表着一种国家意志，它对全体居民具有普遍效力。党的政策是工人阶级的先锋队组织的主张，代表着全党的意志，它本身并不是国家意志，其效力也只及于党的组织和成员，对党外的人员和组织没有法律上的约束力。因此，C、D项错误。

15. D

【精解】法的实施，也叫法律的实施，是指法在社会生活中被人们实际施行。法的实施，就是使法律从书本上的法律变成行动中的法律，使它从抽象的行为模式变成人们的具体行为，从应然状态进到实然状态。以实施法律的主体和法的内容为标准，法的实施方式可以分为法的遵守、法的执行、法的适用。故D项正确。

单元二

1. 下列有关法学的表述，正确的有（　　）。

A. 法学的研究对象是法的产生、发展及其规律

B. 法学就其属性来说，既具有社会科学的性质，又具有人文科学的性质

C. 从认识论的角度，法学可以分为立法学、法律解释学、法律社会学等

D. 由于各国的法律具有较大的差异，而且法律处在不断变动之中，因此，法学不可能形成较为完整的知识体系，因而缺乏科学性

2. 关于大陆法系，以下说法不正确的是（　　）。

A. 大陆法系渊源于古罗马法，最后于19世纪发展成为一个世界性的法系

B. 大陆法系分为法国法系和德国法系两个支系

C. 大陆法系法律基本结构是在公法和私法的分类基础上建立的，传统上公法指宪法、行政法、刑法及诉讼法，私法主要指民法和商法

D. 大陆法系法官通常采用归纳法，即将法典中的高度概括的法律原理具体化，然后适用于案件

3. 甲的父亲死后，其母乙将其家住宅独自占用。甲对此深为不满，拒绝向乙提供生活费。乙将甲告上法庭。法官审理后判决甲每月向乙提供生活费300元。对此事件，下列哪一种理解是正确的？（　　）

A. 该事件表明，子女对父母只承担法律义务，不享有法律权利

B. 法官作出判决本身是一个法律事实

C. 法官的判决在原、被告之间不形成法律权利与法律义务关系

D. 子女赡养父母主要是道德问题，法官的判决缺乏依据

4. 关于法律制定的原则，下列说法正确的有（　　）。

A. 法制统一原则的要求是法律之间没有矛盾

B. 只要一切法律制定都以宪法为根据，则一定会实现法制的统一

C. 马克思深刻地指出，立法者应该把自己看作一个自然科学家。他不是在制造法律，不是在发明法律，而仅仅是在表述法律。他把精神关系的内在规律表现在有意识的现行法律之中。这说明，法律的制定应当坚持民主性原则

D. 在我国，立法内容的民主性是指法律制定必须从最大多数人的最根本利益出发

5. 我国《民法典》第1133条第2款规定：自然人可以立遗嘱将个人财产指定由法定继承人的一人或者数人继承。从法的规范作用看，该项规定属于下列哪种情况？（　　）

A. 个别指引　　B. 确定指引

C. 有选择指引　　D. 非规范性指引

6. 关于法律论证，下列表述正确的是（　　）。

A. 法律论证不仅是在寻求一种法律意义上的合法性，而且是在追求一种广泛的正当性

B. 法律论证的程序规则都应当坚持公开性、严格性和对抗性

C. 法律论证的程序规则均应当以法律适用为主要目的，通过合法程序达到正义的结果

D. 论证的结论应当是没有争议的

7. 下列有关法的普遍性的说法，不正确的是(　　)。

A. 法的普遍性是指法在国家权力管辖范围内普遍有效

B. 法的普遍约束力是以外在强制力为特征的约束，而其他社会规范以内在强制为主要特征

C. 法的普遍性在空间上是以国家主权管辖范围为界，因此，它不是绝对的和无限的

D. 法具有普遍性，因此，一切具体的法律的效力都是完全相同的

8. 按照法律规定的内容不同，法律可分为(　　)。

A. 成文法和不成文法　　B. 一般法和特别法

C. 实体法和程序法　　D. 国内法和国际法

9.《中华人民共和国劳动合同法》第 96 条规定：事业单位与实行聘用制的工作人员订立、履行、变更、解除或者终止劳动合同，法律、行政法规或者国务院另有规定的，依照其规定；未作规定的，依照本法有关规定执行。这一规则属于(　　)。

A. 强制性规则　　B. 义务性规则

C. 委任性规则　　D. 准用性规则

10. 关于法律解释的必要性，下列表述正确的有(　　)。

A. 如果法律规定非常具体明确，在适用时就不需要进行法律解释

B. 要保证法的实施的统一性，就必须进行统一的法律解释

C. 法律解释可以解决法律规定矛盾的问题，但不能解决法律漏洞的问题

D. 通过法律解释解决法律的稳定性与社会发展之间的矛盾，实际上相当于制定了新的法律

11. 下列关于法律关系的意志性的表述，不正确的有(　　)。

A. 法律规范具有国家意志性，法律关系根据法律规范而建立，因此也就是根据国家意志而建立

B. 任何法律关系的建立都既要体现国家意志，也要体现法律关系参加者的意志

C. 国家意志对于法律关系的产生和实现起着主导作用；法律关系参加者的意志对于法律规范中所体现的国家意志的实现又是必不可少的

D. 法律关系虽然具有意志性，但任何法律关系都根源于一定的经济关系，反映一定的经济关系的要求

12. 从(　　)的角度，可以将法律意识分为法律心理和法律思想体系。

A. 成熟程度　　B. 经济政治属性

C. 对法律现象认识的不同阶段　　D. 主体

13. 下列关于法律责任的表述，正确的有(　　)。

A. 没有从事违法行为（广义）就不可能承担法律责任

B. 承担法律责任的最终依据是法律，法律责任具有国家强制性

C. 如果权利没有受到侵犯，就不会产生法律责任

D. 法律责任的目的是通过其惩罚的方式来实现的

14. 关于法律溯及力，下列表述不正确的是(　　)。

A. 刑事法律若具有溯及力可能导致国家权力的滥用和扩张，也违反正义的原则

B. 法治社会要求法律具有可预测性和确定性，而法不溯及既往原则符合这一要求

C. 在某些现代民事法律中，为了保障公民权利，一定程度上承认法律有溯及力

D. 法不溯及既往原则属于法律责任的归责原则

15. 侧重于状态，即法律被人们实际施行的状态、程度的是(　　)。

A. 法律实施　　B. 法律生效

C. 法律实现　　D. 法律实效

单元二答案与精解

1. B

【精解】法学是一门以法（或法律）这一社会现象及其规律为研究对象的人文社会科学，法学以法律现象为研究对象，它考察法的产生、发展及其规律，各种法律规范、法律制度的性质、特点与相互关系，研究法的内部联系和调整机制，研究法与其他社会现象的联系、区别及相互作用。因此，法学的研究对象并非法的产生、发展及其规律。A 项表述错误。由于法律是人们生活意义的规则体现，法学要解决不同民族、不同国度人们生活所面临的问题，要为人们在规则下生活提供精神导向，因此，法律又具有人文科学的性质。B 项正确。法学可以分为立法学、法律解释学、法律社会学是从法律的制定到实施（即法律的运行）这一角度对法学所作的分类。C 项错误。从科学一词较为宽泛的定义来衡量，法学在其发展过程中，已形成了较为完整的知识体系和以不同方法为主导的各种流派，其方法具有科学性，理论具有规范性。D 项表述错误。

2. D

【精解】大陆法系法官适用法律通常采用演绎法。

3. B

【精解】本案中，法官作出的判决能引起当事人间权利义务关系的变更，属于法律事实中的法律行为。故 B 项正确。法官的判决作为一种法律行为属于法律事实的一种，它是法律关系产生、变更和消灭的条件之一。它可以在原、被告之间引起法律权利和法律义务关系。因而 C 项错误。从结构上看，权利和义务是密切联系、不可分割的。没有无义务的权利，也没有无权利的义务。因此，权利和义务都不可能孤立地存在和发展。甲既负有赡养母亲的义务，也享有在家居住的权利，而并非一味地承担义务，不享有权利。故 A 项错误。子女赡养父母是个道德问题，但是，经国家认可的部分就成为国家的法律，就变成了一个法律问题。赡养问题在我国不仅是一个道德问题，而且是一个法律问题。故 D 项错误。

4. D

【精解】法制统一原则是现代社会法治国家所共同提倡和遵守的一个重要原则，它要求立法机关所创设的法律应做到内部和谐统一，做到整个法律体系内各项法律、法规之间相互衔接、相互一致、相互协调。法制统一的前提和基础是宪法，只有在严格遵守和维护宪法的前提下，才能保证法制的统一。因此，要实现法制统一，就必须要求一切法律制定都以宪法为根据，但一切法律制定都以宪法为根据，未必一定会实现法制的统一。故 A、B 项错误。立法活动坚持从实际出发，尊重客观规律，才能维护和保障立法的科学性。立法不能脱离客观实际存在，不能凭主观臆想进行。从实际出发首先要求立法要从现实的国情出发，符合国情；其次还要求立法要尊重和反映客观规律。因此，马克思的话说明，法律的制定应当坚持科学性原则。故 C 项错误。立法内容的民主性是指法律制定必须从最大多数人的最根本利益出发，它是由我国社会主义的性质决定的。故 D 项正确。

5. C

【精解】个别指引指通过一个具体的指示形成对具体的人、具体的情况的指引。法的指引是一种规范性指引，它又可分为确定指引和不确定指引，不确定指引又称为有选择指引。确定指引明确要求人们为或不得为一定行为，而有选择指引则赋予人们选择的权利。故本题选 C 项。

6. A

【精解】法律论证不仅是在寻求一种法律意义上的合法性，而且是在追求一种广泛的正当性，即社会认同，包括道德评价和利益平衡以及消弭事实与价值之间的差异等。A 选项表述正确。谈判、调解、仲裁、听证会、论证会、法庭辩论和审判等各种机制和程序，各有特定的程序规则。司法程序以公开作为公正的基本标准，而非司法程序则往往以不公开为原则；司法程序注重严格性和对抗性，而非司法程序则强调灵活性和非对抗性；司法和行政执法程序以法律适用为主要目的，而民间机制则追求结果的合理性，并通过多元化和合理的程序，达致不同的正义结果。B、C选项表述错误。法律论证的结论标准应当是具有可接受性，即能被决策者和公众认同和接受，但可能具有一定的争议。D选项表述错误。

7. D

【精解】法的普遍性是指法作为一般的行为规范在国家权力管辖范围内具有普遍适用的效力和特性。但法的效力是有局限性的，一国内具体的法律，其效力也是不同的。故D项不正确。

8. C

【精解】根据法律规定的内容不同，法律可以分为实体法和程序法。实体法指规定法律关系主体的实体权利和义务（或者职责、职权）的法律；程序法是指规定保证法律关系主体的权利和义务得以实施的程序或方式的法律。

9. D

【精解】判断一个法律规则的类型，首先应当根据该规则是否能独立适用确定其是确定性规则还是非确定性规则，由于《中华人民共和国劳动合同法》第96条不能单独适用，因此是非确定性规则。再进一步根据该规则所规定的确定方式判断是委任性还是准用性规则。由于该条的适用要参照相关的法律、法规，因此属于准用性规则。故D项正确。

10. B

【精解】法律规范是抽象的、概括的行为规则，只能规定一般的适用条件、行为模式和法律后果，它不可能也不应该对一切问题都作出详尽无遗的规定。在法律实施过程中，要把一般的法律规定适用于千差万别的具体情况，对各种具体的行为、事件和社会关系作出处理，就必须对法律作出必要的解释。A选项错误。由于人们的认识能力、认识水平以及利益与动机的差别，因此会对同一法律规定有不同的理解。这就需要有权威性的法律解释，来统一人们的理解，保证法的实施的统一性。因此，B选项正确。由于立法缺憾，需要通过法律解释改正、弥补法律规定的不完善。在任何法律体系中不可避免地存在着应规定的未作规定、规定不够准确清晰或界限不明等等诸如此类的法律漏洞，为了弥补法律漏洞，使法律规范得以实施，有效地进行法律调整，法律解释就是必不可少的手段。因此，法律解释既可以解决法律规定矛盾的问题，也可以解决法律漏洞的问题。C选项错误。法律规范是相对稳定、定型的规则，而社会生活却是不断发展变化的，要把相对确定的法律规定适用于不断变化的法律实际，就需要对法律规范作出必要的解释。以期在保证法律体系和基本原则的稳定性的同时，能够适时根据法律规范的基本原则、精神和规定，对新情况、新问题作出符合实际的处理，但是，法律解释只是对原有的法律赋予新的含义，而不是制定新的法律。D选项错误。

11. B

【精解】法律关系是根据法律规范有目的、有意识地建立的，所以，法律关系像法律规范一样必然体现国家的意志。A选项表述正确。特定法律主体的意志对于法律关系的建立与实现也有一定的作用。有的法律关系的建立只需要法律关系参加者一方的意志即可成立，如绝大部分行政法律关系；有的法律关系的产生可以不通过人的意志，而是由于某种不以当事人的意志为转移的事件而产生，如出生、死亡、自然灾害等。B选项表述错误。在法律关系产生或实现的过程中，国家意志和法律关系参加者的意志是相互作用的。一方面，法律关系参加者的意志必须符合国家意志，否则该法律关系得不到国家的确认和保护，法律关系不可能建立起来。在这种意义上，国家意志对于法律关系的产生和实现起着主导作用。另一方面，体现在法律规范中的国家意志，只有通过法律关系参加者的意志才能得到实现，否则法律规范所体现的权利和义务就只能是一种抽象的可能性和必然性，不能变成现实，在这种意义上，法律关系参加者的意志对于法律规范中所体现的国家意志的实现又是必不可少的。C选项正确。承认法律关系的意志性，并不能否认它的客观性，任何法律关系都根源于一定的经济关系，反映一定的经济关系的要求。D选项表述正确。

12. C

【精解】法律意识是指人们关于法律现象的思想、观念、知识、心理的总称，是社会意识的一种特殊形式。从对法律现象认识的不同阶段的角度，可以将法律意识分为法律心理和法律思想体系。

13. B

【精解】法律责任是指行为人由于违法行为、违约行为或由于法律规定而应承担的某种不利的法律后果。法律责任与其他社会责任的区别是，承担法律责任的最终依据是法律，法律责任具有国家强制性。法律责任保障法律上的权利、义务、权力得以生效，在它们受到阻碍，从而使法律所保护的利益受到侵害时，通过适当的救济，使对侵害发生有责任的人承担责任，消除侵害并尽量减少未来发生侵害的可能性。法律责任的目的是通过其惩罚、救济和预防三个功能的发挥来实现的。

14. D

【精解】法不溯及既往原则是现代法治的基本原则之一，它属于法律适用的原则，而非归责原则。之所以说法不应溯及既往，原因有二：法治社会要求法律具有可预测性和确定性，而法不溯及既往原则符合这一要求；刑事法律若具有溯及力可能导致国家权力的滥用和扩张，这不仅侵犯人权，也违反正义的原则。但是，法不溯及既往是一般性要求，它也存在例外，在某些现代民事法律中，为了保障公民权利，一定程度上承认法律有溯及力。因此，本题答案为D。

15. D

【精解】法的实施，也叫法律实施，是指法在社会生活中被人们实际施行。法的实施，就是使法律从书本上的法律变成行动中的法律，使它从抽象的行为模式变成人们的具体行为，从应然状态进到实然状态，侧重于实施的过程。法律实效，指人们实际上按照法律规定的行为模式去行为，法律被人们实际遵守、执行或适用。故D项正确。

单元三

1. 划分法的历史类型所依据的基础是（　　）。

A. 不同时期的法学流派

B. 法律传统的不同

C. 法所据以产生和赖以存在的经济基础的性质和体现的阶级意志的不同

D. 法律的渊源不同

2. 下列关于法律原则的表述，哪一项是错误的？（　　）

A. 法律原则不仅着眼于行为及条件的共性，而且关注它们的个别性

B. 法律原则在适用上容许法官有较大的自由裁量余地

C. 法律原则是以“全有或全无的方式”应用于个案当中的

D. 相互冲突的法律原则可以共存于一部法律之中

3. 法律规则是法律的基本构成因素。下列关于法律规则分类的表述，哪一项可以成立？（　　）

A.《律师法》第13条规定，没有取得律师执业证书的人员，不得以律师名义从事法律服务业务；除法律另有规定外，不得从事诉讼代理或者辩护业务。此规定为义务性规则

B.《中华人民共和国民法典》第225条规定：船舶、航空器和机动车等的物权的设立、变更、转让和消灭，未经登记，不得对抗善意第三人。

C.《宪法》第40条规定，中华人民共和国公民的通信自由和通信秘密受法律的保护。除因国家安全或者追查刑事犯罪的需要，由公安机关或者检察机关依照法律规定的程序对通信进行检查外，任何组织或者个人不得以任何理由侵犯公民的通信自由和通信秘密。此规定为命令性规则

D.《医疗事故处理条例》第62条规定，军队医疗机构的医疗事故处理办法，由中国人民解放军卫生主管部门会同国务院卫生行政部门依据本条例制定。此规定为准用性规则

4. 法律终止生效是法律时间效力的一个重要问题。在以默示废止方式终止法律生效时，一般应当选择下列哪一原则？（　　）

A. 特别法优于一般法　　　　B. 国际法优于国内法

C. 后法优于前法　　D. 法律优于行政法规

5. 下列关于法与政治相互作用的关系中，哪一个选项是错误的？(　　)

A. 由于在上层建筑中政治居于主导地位，因此法依附于政治，并完全服务于政治

B. 法律离不开政治，政治也离不开法律

C. 法可以对政治组织、利益集团等政治角色的行为和活动进行程序性和规范性控制

D. 政治运行的规范化、政治发展中政治生活的民主化离不开法律的运作

6. 下列说法正确的是(　　)。

A. 法律的产生经历了一个从与道德、宗教规范混为一体到相对独立的过程

B. 法律与道德都是由国家强制力保证实施的社会规范

C. 法律的内容最终是由统治阶级的意志决定的

D. 法律对政策具有指导作用

7. 法所具有的规定人们行为的模式、指导人们行为的性质的特征是指(　　)。

A. 法的普遍性　　B. 法的一般性　　C. 法的规范性　　D. 法的程序性

8. 关于法起源的一般规律，下列表述正确的有(　　)。

A. 法总是先有一个又一个的个别裁决，即先有司法，再有后来的具有一般意义和普遍约束力的法律，即后有立法

B. 法总是先表现为不成文形式，然后才出现成文（制定）形式。显然，在这一过程中，文化的因素（尤其是语言文字的成熟状态）起着决定性的作用

C. 法律的形成过程，实际上就是日益脱离习惯、道德和宗教规范而成为独立的社会规范体系的过程。因此，法与习惯、道德和宗教规范的本质、根本任务是不同的

D. 法律在其独立的过程中还受到来自习惯、道德、宗教规范、精神和观念的影响，早期国家的法律甚至还多带有原始氏族习惯、道德、宗教的痕迹

9. 当代中国法的渊源中最重要的部分是(　　)。

A. 习惯法　　B. 宪法　　C. 法规　　D. 成文法

10. 对法律进行分类，可以从不同的标准、角度出发。一般来讲，根据不同的法律形式，可以把法划分为(　　)。

A. 国际法与国内法　　B. 根本法与普通法

C. 一般法和特别法　　D. 成文法和不成文法

11.《民法典》第 409 条规定：抵押权人可以放弃抵押权或者抵押权的顺位。抵押权人与抵押人可以协议变更抵押权顺位以及被担保的债权数额等内容，但是抵押权的变更，未经其他抵押权人书面同意，不得对其他抵押权人产生不利影响。对于该规则的逻辑结构，下列表述正确的有(　　)。

A. 该规则在表现形式上省略了行为模式部分

B. 该规则中“不得对其他抵押权人产生不利影响”属于法律后果部分

C. 该规则的行为模式是允许做说明

D. 该规则在表现形式上省略了假定部分和法律后果部分

12. 在法律规则的构成要素中，处于核心地位的是(　　)。

A. 假定条件　　B. 行为模式

C. 肯定性法律后果　　D. 否定性法律后果

13. 胡某夫妇因有事外出，便雇一保姆临时在家照看孩子，事后付给保姆 500 元钱。关于胡某夫妇与保姆之间法律关系的客体，下列表述正确的是(　　)。

A. 孩子　　B. 保姆

C. 孩子的安全、健康　　D. 照看孩子的劳务和 500 元报酬

14. 关于法律关系的主体，下列表述正确的有(　　)。

A. 法律关系主体是由法律规范所规定的，因此，法律规范是确定法律关系主体资格的最终根源

B. 具有权利能力就具有参加法律关系的资格

C. 自然人具有权利能力不一定具有行为能力；法人具有权利能力必须有行为能力

D. 根据年龄和精神状况的不同，将权利能力和行为能力划分为三种

15. 在法律中对于有关问题没有直接的明文规定，即出现了法律漏洞时，应采用(　　)。

A. 归纳推理　　B. 演绎推理　　C. 类比推理　　D. 实质推理

单元三答案与精解

1. C

【精解】法的历史类型是按照法所据以产生和赖以存在的经济基础的性质和体现的阶级意志的不同，对人类社会的法所作的分类。因此，本题应选项为 C。

2. C

【精解】本题考查法律原则与法律规则的区别，C 项明显错误。

3. A

【精解】本题考点为法律规则的分类。按照规则的内容规定不同，法律规则可以分为授权性规则和义务性规则。按照规则内容的确定性程度不同，可以把法律规则分为确定性规则、委任性规则和准用性规则。按照规则对人们行为规定和限定的范围或程度不同，可以把法律规则分为强行性规则和任意性规则。A 选项中的法律规则属于“禁止性法律规则”，因为禁止性法律规则和命令性法律规则可以合称为“义务性法律规则”，所以 A 项正确。B 选项中的规则属于任意性规则，C 选项中的规则属于禁止性规则，D 选项中的规则属于委任性规则。

4. C

【精解】法的默示废止，即在适用法律中出现新法与旧法冲突时，适用新法而使旧法事实上被废止。从理论上讲，立法机关有意废止某项法律时，应当是清楚而明确的。如果出现立法机关所立新法与旧法发生矛盾的情况，应当按照“新法优于旧法”“后法优于前法”的办法解决矛盾，旧法因此被新法“默示废止”。

5. A

【精解】政治确实在上层建筑中居于主导地位，因而总体上法的产生和实现往往与一定的政治活动相关，并反映和服务于政治，但法有自己的相对独立性，法并不是完全依附于政治。故 A 项错误。其他几项都正确。

6. A

【精解】法的产生规律表明 A 项是正确的，B、C、D 三项均与法的特征不合。

7. C

【精解】所谓法的规范性，指的是法所具有的规定人们行为的模式、指导人们行为的性质的特征。法的普遍性是指法在国家权力管辖范围内普遍有效。法的程序性是指法的运行是通过时间、空间上的步骤和方式而得以进行的。

8. D

【精解】总是先有一个又一个的个别裁决，才有后来的具有一般意义和普遍约束力的法律，但前者和后者都并非现代意义上的司法和立法，因此不能说先有司法后有立法。A 项表述错误。法总是先表现为不成文形式，然后才出现成文（制定）形式。显然，在这一过程中，文化的因素（尤其是语言文字的成熟状态）起着很大的作用，但不是决定性作用。B 项表述错误。法律的形成过程，实际上就是日益脱离习惯、道德和宗教规范而成为独立的社会规范体系的过程，但是并没有改变法与习惯、道德和宗教规范的本质和根本任务，即阶级性和维护阶级统治。C 项表述错误。

9. B

【精解】在当代中国的全部法律中，宪法的法律地位和效力是最高的，它规定了国家的根本制度

和根本任务，其他各种法律、法规都是依据宪法制定出来的，当代中国法的渊源就是以宪法为核心的各种制定法为主的形式。

10. B

【精解】本题的考查要点是法律的分类。法律的分类多种多样，可以从大的方向分为法的一般分类和法的特殊分类。法的一般分类主要包括这样几种：按照法的创制方式和表达形式，法律可以分为成文法和不成文法；按照法律规定的内容的不同，法律可以分为实体法和程序法；按照法律的地位、效力、内容和制定主体、程序的不同，法律可以分为根本法和普通法；按照法的适用范围的不同，法律可以分为一般法和特别法；按照法的创制主体和适用主体的不同，法律可以分为国内法和国际法。因此，本题的正确答案是B项。

11. D

【精解】《民法典》第409条所规定的法律规则仅表现出了行为模式部分，省略了假定部分和法律后果部分。因此，A、C项错误，D项正确。同时，该规则中“不得对其他抵押权人产生不利影响”也属于行为模式部分，不属于法律后果部分。故B选项也错误。

12. B

【精解】行为模式是法律规则中规定人们如何具体行为的方式或范式，是法律规则的核心部分。

13. D

【精解】胡某夫妇和保姆之间存在双向法律关系，即胡某夫妇有权要求保姆照看孩子，同时也有义务向保姆支付500元报酬；保姆有义务照看孩子，同时也有权要求胡某夫妇支付报酬。因此，在这个法律关系中有两个法律关系客体，即照看孩子的劳务和500元报酬。故选D项。

14. C

【精解】法律关系的主体既具有法律性又具有社会性，法律性是指法律关系主体是由法律规范所规定的，不在法律规定的范围内，不得任意参加法律关系，成为法律关系的主体；社会性是指法律规范规定什么人和社会组织能够成为法律关系的主体不是任意的，而是由一定的物质生活条件决定的。法律关系主体是由法律规范所规定的，但法律规范是确定法律关系主体资格的最终根源，即立法者不能任意规定法律关系主体的范围。A选项错误。法律关系主体参加法律关系还有资格的限制，即所谓法律关系主体的能力，参加任何法律关系都必须具有权利能力，某些特定类型的法律关系，行为人除了要具有权利能力之外，还必须具有行为能力。B项表述错误。自然人具有权利能力不一定具有行为能力；法人的权利能力和行为能力是一致的。C选项正确。根据年龄和精神状况的不同，将行为能力划分为三种，权利能力一般来说人人都享有，不存在区分的问题；特殊的行为能力只存在有无的问题。D选项错误。

15. D

【精解】当法律规定本身可能有抵触时或法律对有关问题没有直接的明文规定时，应采用实质推理，因为作为推理的两个前提条件（法律和事实）中若有一个不确定，则不能直接进行形式推理。此时首先要确定这两个前提，而确定这两个前提的过程，就是实质推理。

单元四

1. 法学分为理论法学和应用法学，其分类角度是(　　)。

A. 各种类别的法律　　B. 认识论

C. 法学和其他学科的关系　　D. 法律的制定到实施

2. 现代社会中，不仅需要有法律这种社会规范，而且还需要有道德、伦理、宗教等其他社会规范。这说明(　　)。

A. 法律是可有可无的　　B. 法的作用范围是有限的

C. 法自身具有缺陷　　D. 法只是社会调整方法的一种

3. 关于法律制定，下列说法不正确的有(　　)。

A. 法律制定是一个反映统治阶级意志的过程，因此，统治阶级的意志是法律制定的决定性因素

B. 经授权的国家机关进行的法律制定活动也属于法律制定

C. 法的制定包括创制新的法律规范，修改、补充现存的法律规范，也包括认可本来存在的某些社会规范，终止某些法律规范的效力

D. 不产生国家意志或者不改变法律内容的活动，不属于法律制定活动

4. 下列关于法律体系的表述，正确的有(　　)。

A. 法律体系是指一国法律规范构成的体系，因此一国的所有法律渊源就构成了该国的法律体系

B. 法律体系就是一国的部门法体系

C. 法律体系实际上就是一国的立法体系

D. 一国所有规范性法律文件就是该国的法律体系

5.《民法典》第 210 条规定：国家对不动产实行统一登记制度。统一登记的范围、登记机构和登记办法，由法律、行政法规规定。这一规则属于(　　)。

A. 强制性规则　　B. 任意性规则

C. 委任性规则　　D. 准用性规则

6. 下列说法错误的是(　　)。

A. 法是国家意志的体现，所有的国家意志都表现为法

B. 所有的“国法”意义上的法都是国家意志的体现

C. 法是国家意志的体现，因此，具有统一性和权威性

D. 法是一种特殊的社会规范，其特殊性就在于它具有国家意志性和国家强制性

7. 下列表述正确的是(　　)。

A. 法是由国家强制力保证实施的，具有国家强制性

B. 法是由国家强制力保证实施的，具有国家强制力

C. 国家强制力是保证法实施的唯一力量

D. 任何情况下法的实施都必须借助于国家强制力

8. 下列关于法律原则的表述，正确的有(　　)。

A. 法律原则是指可以作为法律规则的基础或本源的综合性、稳定性原理和原则，因此，法律原则都是抽象的

B. 法律原则既没有规定确定的事实状态，也没有规定具体的法律后果，因此在法律适用中，不能作为判案的依据

C. 同一案件可以同时适用的法律原则有可能是两个以上；对于具体个案来说，某一法律规则要么适用，要么不适用

D. 法律规则是任何法律必不可缺少的，有些法律中可能不存在法律原则

9. 下列关于当代中国法律渊源的表述，能够成立的是(　　)。

A. 就实行社会主义制度的大陆地区的法律渊源而言，可以概括为以宪法为核心、以行政法规为主的法律渊源

B. 在我国，作为法律渊源之一的“法律”一词是在广义上使用的，除了指由国家最高权力机关及其常设机关制定的规范性文件外，还包括其他有立法权的机关制定的规范性文件

C. 民族自治区人民代表大会制定的自治条例和单行条例，必须报全国人民代表大会常务委员会备案后才能生效

D. 国际法不构成我国现行法律体系的法律部门，但是我国签订或加入的国际条约是我国的法律渊源之一

10. 下列关于法律体系、法学体系和法系的表述，正确的是(　　)。

A. 法学体系是法系赖以建立和存在的前提

B. 在一个国家中，法学体系一般只有一个，而法律体系会有数个
C. 法学体系的范围比法律体系的范围广泛
D. 法学体系是法律体系的基础

11. 关于法律关系的演变，下列表述不正确的有（　　）。
A. 如果没有相应法律规范的存在，法律关系就不可能发生演变
B. 没有法律事实就不会形成法律关系，法律也就无法作用于人们的行为和社会关系
C. 客观事实不以人的意志为转移，由于法律事实是对客观事实的法律化，因此法律事实也是法律的明确规定，与人的意志无关
D. 客观事实和法律事实的后果都是确定的

12. 关于法治与民主的联系，下列说法不正确的有（　　）。
A. 法治必须建立在民主的基础上，民主化是实现法治的先决条件
B. 法治用程序保障了民主的正常运行，法治为民主的健康发展保驾护航
C. 在法治社会中，民主是法治不可分割的一部分，法治支持民主，民主也兼容法治
D. 民主化是实现法治的前提条件，因此，要实现社会主义法治就必须先实现社会主义民主

13. 关于法律与道德的关系，下列说法正确的有（　　）。
A. 因为法治要求法律至上，其他任何社会规范都不能否定法的效力或与法相冲突，因此，人类社会和文明要求法律与道德不可能并举并重
B. 法律具有普遍性和稳定性，不因道德理论、理念、观点、学说的变化而改变
C. 道德是衡量良法与恶法的标准，是引导人们进行法律制度、法律秩序建设和改革的指针
D. 法律对道德的作用表现在：通过立法，将社会中的道德理念、信念、基本原则和基本要求法律化、制度化、规范化，赋予社会的道德价值观念以法律的强制力。因此，如果道德规范不上升为法律规范，将不可能得到遵守

14. 某市政府建新办公大楼，工程由某建筑公司承包。工程按期竣工并验收合格后，市政府由于财政困难，部分工程款一直未按期付给建筑公司，致该公司陷入严重经济困难。建筑公司认为自己的合法权益被侵犯，遂诉至法院。本案中，市政府应负（　　）。
A. 侵权责任　　B. 违约责任
C. 行政责任　　D. 经济责任

15. 法律实施的最主要的保证是（　　）。
A. 社会舆论　　B. 传统力量
C. 人们的自觉维护　　D. 国家强制力

单元四答案与精解

1. B

【精解】以法律的部门进行划分，法学可分为宪法学、民法学、刑法学等。理论法学和应用法学是从认识论的角度划分的。法学本科和法学交叉学科是从法学与其他学科的关系划分的。国内法学、国际法学等是从各种类别的法律这一角度划分的。

2. D

【精解】法不是唯一的调整人们行为的社会规范，道德、伦理、宗教等同样发挥了社会规范的作用。

3. A

【精解】尽管法律制定是一个反映统治阶级意志的过程，但是统治阶级的意志不是随意的，要以客观的社会物质生活条件为基础。故 A 项表述错误。法律制定的主体是特定的国家机关，法律制定

既包括有立法权的国家机关进行的法律制定活动，也包括经授权的国家机关进行的法律制定活动。B选项表述正确。法律制定是一项系统性、多层次性的综合性法律创制活动，法律制定的形式和方式是多样的，包括创制新的法律规范，认可本来存在的某些社会规范，修改、补充现存的法律规范以及终止某些法律规范的效力等。C选项正确。法律制定的目标在于产生具有普遍性、规范性、强制性的法律规范，将统治阶级的意志上升为国家意志。法律制定是导致国家意志形成或变更的活动，不产生国家意志或者不改变法律内容的活动，就不属于法律制定活动。D选项正确。

4. B

【精解】狭义的法律体系实指部门法体系，从范围上看，它只反映一国由本国制定实施的调整本国社会关系的法律状况，而不包括具有完整意义的国际法范畴。法律渊源还包括国际法范畴。在划分标准上，法律体系以部门法为单位，而法律渊源以创制主体、创制方式和表现形式确定效力层次。故A选项错误，B选项正确。法律体系不同于立法体系，立法体系是指一国划分立法权限所构成的一个系统，其组成部分是各有权的立法机关。C选项错误。尽管法律部门由规范性法律文件构成，法律体系由法律部门构成，但并不是所有的法律规范都以规范性法律文件的形式出现，因此不能说一国所有规范性法律文件就是该国的法律体系。D项表述错误。

5. B

【精解】判断一个法律规则的类型，首先应当根据该规则是否能独立适用确定其是确定性规则还是非确定性规则，由于该规则的内容是确定的，可以独立适用，因此是确定性规则，从而排除委任性规则与准用性规则。又由于该规则是授权性规则，因此，属于任意性规则。B项正确。

6. A

【精解】国家意志的表现形式是多方面的，可以表现为法，也可以在政治、伦理等领域得以体现。法是国家意志的体现，但并非所有的国家意志都体现为法。故A项错误。

7. A

【精解】法本身只具有国家强制性，不具有国家强制力。故B项错误。国家强制力是法的最后保证手段，并非任何情况下都必须借助国家强制力。在一定程度上，法的实施还要依靠社会舆论、道德观念、法制观念等多种手段来保证。故C、D项错误。

8. C

【精解】法律原则可以是非常抽象的，如法律面前人人平等；也可以是具体的，如任何人不能做自己案件的审判者。A选项错误。法律原则本身不是法律规则，它既没有规定确定的事实状态，也没有规定具体的法律后果，但是在创制法律、理解或适用法律的过程中，法律原则是必不可少的。法律原则不仅可以指导人们如何正确地适用法律规则，而且在没有相应法律规则时，可以代替规则来作出裁决。B选项表述错误。在适用方式上，法律规则是以“全有或者全无的方式”应用于个案当中，如果一条规则所规定的事实是既定的，或者这条规则是有效的，在这种情况下，必须接受该规则所提供的解决办法。而法律原则不是以“全有或者全无的方式”应用于个案当中，不同强度的原则甚至冲突的原则都可能存在于一部法律之中。C选项表述正确。法律原则是法律制度、规范中必不可少的部分，它们是法律规则的本源和基础，它们可以协调法律体系中规则之间的矛盾，弥补法律规则的不足与局限。D选项表述错误。

9. D

【精解】我国大陆地区的法律渊源以宪法为核心是正确的，但并非以行政法规为主，而是以法律为主，行政法规从属于法律。因此，选项A不成立。在我国，作为法律渊源之一的“法律”一词是在狭义上使用的，仅指全国人大及其常委会制定的规范性法律文件。因此，选项B不成立。民族自治区人民代表大会制定的自治条例和单行条例，必须经全国人大常委会批准后才能生效，并非“备案”后生效。因此，选项C不成立。国际法与国内法相对，是根据创制主体和适用主体的不同进行区分的；而法律部门是根据调整对象和调整方法进行区分的。因此，国际法不构成我国的部门法。因此，选项D正确。

10. C

【精解】法系是根据法的历史传统对法所作的分类，其存在不以法学体系为前提。法律体系反映的是一国现行的国内法，即各部门法的内容，而法学体系不仅要研究本国现行的部门法，还要研究古今中外的各国法学理论以及国际法等，其研究范围比法律体系要宽泛得多。法律体系的建立不以法学体系为基础。由于各阶级和派别的意识形态、研究角度以及认识程度的不同，在一国同一时期，可能会出现若干不同的法学体系，但法律体系却是单一的。故选 C 项。

11. D

【精解】法律关系变动的条件包括：抽象的条件，即法律规范的存在，这是法律关系形成、变更与消灭的前提和依据；具体的条件，即法律事实的存在，它是法律规范中假定部分所规定的各种情况，一旦这种情况出现，法律规范中有关权利和义务的规定以及有关行为法律后果的规定就发挥作用，从而使一定的法律关系产生、变更或消灭。故 A、B 选项表述正确。所谓规范性事实，其实是说法律事实不过是众多客观事实上升为法律规定的那一部分，即用权利和义务的形式表达出来的事实，它与未上升为法律的事实相比，最显著的特征是具有权利义务性、明确性、确定性和价值选择性。实质上是统治阶级按照客观物质生活条件和自己的利益对现实事实所作的法律拟制，从而使其具有统一性、确定性，更重要的是使其具有了明确的法律意义、法律后果，也就是说，这种拟制是把客观事实将会产生怎样的结果，事先作了规定，从而为人们的行为提供了指南，也为人们的预期提供了依据。因此，C 选项表述正确，D 选项表述错误。

12. D

【精解】A、B、C 三项是有关法治与民主的联系的三个重要方面，其表述都是正确的。尽管民主是实现法治的前提条件，但不能说要实现社会主义法治就必须先实现社会主义民主。因为对于中国来说，社会主义民主与社会主义法治的建设要受到很多条件的制约，必须正确地认识和处理民主和法治的关系，把民主建设和法治建设统一起来，逐步通过民主法制化和法治民主化的途径，促进民主和法治的同步发展。在增强民主参与意识的同时增强法治观念，逐步扩大自由、完善民主，让社会在稳定的环境中逐步实现民主、法治。这样，民主与法治相互结合、相互促进，我国才能实现依法治国，建设社会主义法治国家，人民当家作主才能得到最终保障。因此，D 选项是不正确的。

13. C

【精解】虽然法治要求法律至上，其他任何社会规范都不能否定法的效力或与法相冲突，但并不意味着法律与道德不可能并举并重，法律与道德是人类生存的两大支柱，人类社会和文明要求法律与道德并举并重，相互配合，相互协调，只有法律与道德的互助共生，才能真正形成和保持和谐稳定的社会秩序。A 选项表述错误。道德是法律的理论基础，道德理论、理念、观点、学说是法律理论、理念、观点、学说产生、形成和发展的前提，法律具有普遍性和稳定性，但整体上要随道德理论、理念、观点、学说的变化而改变。道德是法律的价值基础，是判断、评价法律的价值尺度。道德是衡量良法与恶法的标准，是引导人们进行法律制度、法律秩序建设和改革的指针。C 选项表述正确。通过立法，将社会中的道德理念、信念、基本原则和基本要求法律化、制度化、规范化，赋予社会的道德价值观念以法律的强制力，进一步强化、维护、实现了道德规范。但是，不能得出不通过法律的强制手段，道德就不可能得到遵守，实际上，虽然法律的强制性和强制力远比道德的强制性和强制力更为有力，它能够有效地促使人们自觉地遵守道德的信念、原则和要求，但是，由于法律调整范围的有限性及其他局限性，通过法律的手段遵守道德只是其中的方式之一。D 选项表述错误。

14. B

【精解】违约责任是指当事人不履行合同义务或者履行义务不符合约定所应承担的民事责任。本题中，市政府依合同约定负有向建筑公司支付承包工程款的义务，却没有履行，应当承担违约责任。这里应注意的是，市政府在此关系中是以民事主体身份参加的，而不是以行政主体身份出现，因为这里不是行使行政权的过程。

15. D

【精解】法律实施的最主要保证是国家强制力，同时也依靠道德、社会舆论等的力量。

单元五

1. 从法律的部门进行分类，法学可分为（　　）。

A. 理论法学和应用法学

B. 宪法学、民法学、刑法学等

C. 法学本科和法学交叉学科

D. 国内法学、国际法学、法律史学、比较法学和外国法学

2. 对于把劳动和社会保障法作为一个独立的法律部门的原因，下列表述不正确的有（　　）。

A. 其有区别于其他法律部门的特定调整对象

B. 其有区别于其他法律部门的特定调整方法

C. 这种划分符合法律部门划分原则中的相对稳定原则

D. 这种划分符合法律部门划分原则中的合目的性原则

3. 根据马克思主义法学的观点，下列哪一种说法是错误的？（　　）

A. 法体现了一种意志

B. 法体现了统治阶级意志

C. 法体现了统治阶级整体意志

D. 所有的法律都不可能反映被统治阶级的某些利益和愿望

4. 有的公园规定：禁止攀枝摘花。此规定从法学的角度看，也可以解释为：不允许无故毁损整株花木。这一解释属于下列哪一项？（　　）

A. 扩充解释　　B. 文法解释

C. 目的解释　　D. 历史解释

5. 我国《刑法》第 7 条规定：中华人民共和国国家工作人员和军人在中华人民共和国领域外犯本法规定之罪的，适用本法。这一规定表明，中国刑法具有（　　）。

A. 时间效力　　B. 域外效力

C. 对人的效力　　D. 域内效力

6. 下列选项中，（　　）不属于我国社会主义法的正式意义上的渊源。

A. 国际条约　　B. 特别行政区法律

C. 行政法规　　D. 党的政策

7. 根据法律效力的强弱程度不同，法律规则可以分为（　　）。

A. 授权性规则、义务性规则和权义复合性规则

B. 强行性规则和任意性规则

C. 确定性规则和准用性规则

D. 调整性规则和构成性规则

8.《中华人民共和国民法典》第 336 条第 2 款规定，因自然灾害严重毁损承包地等特殊情形，需要适当调整承包的耕地和草地的，应当依照农村土地承包的法律规定办理。该规则属于（　　）。

A. 义务性规则　　B. 准用性规则

C. 确定性规则　　D. 委任性规则

9. 关于法的实施，下列说法不正确的有（　　）。

A. 法律从应然状态进入实然状态，法律就得到了实施

B. 法律实施的方式包括执法、司法、守法和法律监督

C. 法律实施就是实现法的作用与目的

D. 刑事案件的破案率及对犯罪分子的制裁情况是评价法律实施状况的重要指标

10. 关于公民的权利能力和行为能力，下列表述正确的是(　　)。

A. 公民具有权利能力必须首先具有行为能力

B. 公民的权利能力和行为能力不能分离

C. 公民具有权利能力，并不必然具有行为能力

D. 公民丧失行为能力，也就意味着权利能力的丧失

11. 下列属于法律制裁的是(　　)。

A. 甲、乙两公司签订有合作协议，后甲公司违约，经乙公司聘请的律师与之进行交涉，并以提起诉讼相威胁，甲公司被迫付给乙公司一笔违约金

B. 党员张某因违反党纪受到党内严重警告处分

C. 学生李某因严重违反校规被学校通报批评

D. 某省人大常委会制定的地方性法规因与宪法相抵触，被全国人大常委会撤销

12. 在我国，法和共产党的政策都以马克思主义为指导，这说明二者(　　)。

A. 体现的意志相同　　B. 经济基础相同

C. 适用的范围相同　　D. 思想理论基础相同

13. 当代中国法律监督体系中，不属于司法监督范畴的是(　　)。

A. 刑事诉讼监督　　B. 民事诉讼监督

C. 行政诉讼监督　　D. 审计监督

14. 我国《宪法》第33条规定：中华人民共和国公民在法律面前一律平等。这里“法律”一词应作(　　)。

A. 扩充解释　　B. 限制解释

C. 字面解释　　D. 逻辑解释

15. 下列关于法系的表述，不正确的是(　　)。

A. 法系实际上是按照世界上各个国家和地区法律的源流关系和历史传统以及形式上某些特点对法律所作的分类

B. 普通法特指公元11世纪诺曼人入侵英国后逐步形成的以判例形式出现的一种法律

C. 大陆法系最先产生于欧洲大陆，以罗马法为历史渊源，以民法为典型，以法典化的成文法为主要形式

D. 普通法系和大陆法系在赖以存在的经济基础、阶级本质、总的指导思想、基本原则等方面都存在重大差别

单元五答案与精解

1. B

【精解】从法律的部门进行分类，法学可分为宪法学、民法学、刑法学等。理论法学和应用法学是从认识论的角度分的。法学本科和法学交叉学科是从法学与其他学科的关系分的。国内法学、国际法学等是从各种类别的法律这一角度划分的。

2. B

【精解】劳动和社会保障法作为一个独立的法律部门，是因为其有区别于其他法律部门的特定调整对象，而不是其有独特的调整方法。故A项正确，B项错误。这种划分符合法律部门划分原则中的相对稳定原则，因为就目前我国的实际情况看，有关劳动和社会保障虽然没有多少法律和法规，

但就其未来发展和外国的立法实践而言，应该把它们列为单独的两个法律部门，这样才能避免法律体系结构的频繁变动。C项正确。合目的性原则要求划分法律部门要有助于人们了解和掌握本国现行法律，劳动和社会保障法有区别于其他法律部门的特定调整对象，因此，这种划分也有助于人们了解和掌握本国现行法律，符合法律部门划分原则中的合目的性原则。D项正确。

3. D

【精解】法是统治阶级整体意志的体现，但有些情况下，统治阶级也会允许法体现被统治阶级的某些利益和愿望，当然，这也是统治阶级出于维护自身利益的考虑。故D项错误。

4. C

【精解】扩充解释是指法律条文的字面含义显然比立法原意为窄时，作出比字面含义为广的解释。文法解释是指从法律条文的字面意义来说明法律规定的含义。目的解释是指从制定某一法律的目的来解释法律。"不允许无故毁损整株花木"正是"禁止攀枝摘花"的目的所在。故选C项。历史解释是指通过研究有关立法的历史资料或从新旧法律的对比中了解法律的含义。

5. B

【精解】域外效力，即法律的效力及于制定的机关所管理的领域之外。故B项正确。

6. D

【精解】我国社会主义法的渊源有：(1) 宪法；(2) 法律；(3) 最高国家行政机关的行政法规和其他规范性法律文件；(4) 监察法规；(5) 地方国家机关的地方性法规和其他规范性法律文件；(6) 民族自治地方的自治条例、单行条例；(7) 特别行政区的规范性法律文件；(8) 行政规章；(9) 国际条约和国际惯例。

7. B

【精解】强行性规则，是指内容具有强制性质，不允许人们随便加以更改的法律规则；任意性规则，是指在一定范围内允许人们自行选择或协商确定的法律规则。强行性规则的法律效力要强于任意性规则。故B项正确。

8. B

【精解】义务性规则是规定人们必须作出某种行为或者不得作出某种行为的规则；准用性规则是指没有具体规定某一行为规则的内容，而是规定可以参照或者援引其他法律规则来加以明确的法律规则；确定性规则是指明确规定了行为规则的内容，无须参照或者援引其他规则来确定本规则的内容；委任性规则是指没有明确规定行为规则内容，而委托某一机关或某一机构通过相应途径或程序加以具体规定的法律规则。本题中"应当依照农村土地承包的法律规定办理"表明特殊情形下需要适当调整承包的耕地和草地的，需要参照或者援引其他法律规则来加以明确，故该规则属于准用性规则。

9. C

【精解】法的实施，是指法在社会生活中被人们实际施行，包括执法、司法、守法和法律监督。法律的实施，就是使法律从书本上的法律变成行动中的法律，使它从抽象的行为模式变成人们的具体行为，从应然状态进入实然状态。A、B项正确。法律实施是实现法的作用与目的的条件。法律实施与法的制定（立法）相对。法律本身反映了统治者或立法者通过法律调整社会关系的愿望与方法，反映了立法者的价值追求。法律实施是实现立法者的立法目的、实现法律的作用的前提，是实现法的价值的必由之路。C项错误。刑事案件的发案率、案件种类、破案率及对犯罪分子的制裁情况是评价法律实施状况的重要指标。D项表述正确。

10. C

【精解】公民的行为能力不同于其权利能力。具有行为能力必须首先具有权利能力，但具有权利能力并不必然具有行为能力。在公民的法律关系主体资格构成中，这两种能力可能是统一的，也可能是分离的。故C项正确。

11. D

【精解】法律制裁是指由特定国家机关对违法者依其法律责任而实施的强制性惩罚措施。A、B、C

项中的各种处罚都不是由特定国家机关实施的，因此不属于法律制裁。故选D项。D项属于违宪制裁。

12. D

【精解】二者都是以马克思主义作为思想理论基础的。

13. D

【精解】司法监督即检察机关的监督。这是一种专门监督，即对有关国家机关执法、司法活动的合法性以及国家工作人员利用职务的犯罪和其他犯罪行为所进行的监督。司法监督分为三类：（1）刑事诉讼监督；（2）民事诉讼监督；（3）行政诉讼监督。而审计监督属于行政监督。

14. A

【精解】这里“法律”一词应当指所有的规范性法律文件。

15. D

【精解】普通法系和大陆法系在赖以存在的经济基础、阶级本质、总的指导思想、基本原则等方面都是一致的。故D项错误。

单元六

1. 法学的各个分支学科构成的一个有机联系的整体，在法学上称为（　　）。

A. 法学体系　　B. 法理学体系

C. 法系　　D. 法律体系

2. 下列关于法的运行的表述，正确的有（　　）。

A. 立法权是一定的国家机关依法享有的制定、修改、废止法律等规范性文件的权力，是国家权力体系中最重要的、核心的权力

B. 法的实施方式可分为两种：法的执行与法的适用

C. 通常所说“有法可依、有法必依、执法必严、违法必究”，指的是狭义的执法

D. 司法权专指审判权，即适用法律处理案件，作出判决和裁定

3. 阶级对立社会的法的第一层次本质是（　　）。

A. 统治阶级赖以生存的物质基础

B. 物质生活条件以外的其他因素

C. 统治阶级对被统治阶级的专政

D. 统治阶级意志的体现

4. 在法律生效期间内，法律规范是反复适用的，而不是仅适用一次的。这表明法具有（　　）。

A. 概括性的属性　　B. 效率性的属性

C. 普遍性的属性　　D. 连续性的属性

5. 制定法渊源与非制定法渊源的划分依据是（　　）。

A. 法的渊源的载体形式　　B. 法的渊源与法规范的关系

C. 是否经过国家制定程序　　D. 法的渊源的相对地位

6. 关于法的演进，下列表述正确的是（　　）。

A. 奴隶制法是人类历史最早出现的法，公元前449年的《十二铜表法》是古罗马以原习惯法为基础制定的第一部成文法

B. 资本主义法形成的标志是带有资本主义因素的法的出现，即商法的兴起、罗马法的复兴、资本原始积累的法律出现

C. 两大法系都是在资产阶级建立政权以后才形成的

D. 社会主义法是以工人阶级为领导的广大人民共同意志和根本利益的体现，因此社会主义法没有阶级性

7. 我国刑法规定，法律明文规定为犯罪行为的，依照法律定罪处刑；法律没有明文规定为犯罪

行为的，不得定罪处刑。这一规定属于(　　)。

A. 法律规则　　B. 法律原则

C. 法律术语　　D. 技术性规范

8. 下列有关法律原则的表述，错误的是(　　)。

A. 法律原则具有稳定性

B. 法律原则是法律价值的基本承担者

C. 法律原则不具有强制的作用

D. 法律原则虽然较少，但具有广泛的适用性

9. 关于法的作用，下列说法不正确的是(　　)。

A. 一切社会法律的作用都有规范作用和社会作用之分，法律的规范作用和社会作用之分的观点是由英国新分析实证主义法学家拉兹首先提出来的

B. 法律的规范作用是指法律作为行为规范，对人们的意志、行为发生的直接影响，是从法律是一种调整人们行为的规范，即从法的特征角度出发来解释法律的作用。而法律的社会作用是从法律是经济基础的上层建筑，是为维护经济基础和发展生产力服务的，即从法律的本质和目的这一角度出发来解释法律的作用

C. 法律的规范作用和社会作用在考察基点、作用对象、存在方式以及发挥作用的前提等方面存在着一定的差别

D. 法律的规范作用和社会作用是相辅相成的，它们作为法律的作用的两种手段，共同完成法律调整人们行为、维护社会经济基础和发展生产力的社会作用

10. 关于法律的效力，下列说法正确的有(　　)。

A. 我国刑法规定，外国公民在中国境外对中华人民共和国国家或公民的犯罪，按刑法规定的最低刑为 3 年以上有期徒刑的，可以适用中国刑法，但是按照犯罪地的刑法不构成犯罪的除外。这体现的是法的属人主义原则

B. 我国刑法规定，外国公民在中国境外对中华人民共和国国家或公民的犯罪，按刑法规定的最低刑为 3 年以上有期徒刑的，可以适用中国刑法，但是按照犯罪地的刑法不构成犯罪的除外。这体现的是法的域外效力

C. 新法对其生效以后的行为具有效力，则说明法具有溯及力

D. 现行刑法采用“从旧兼从轻”的原则，如果“从旧”则说明法具有溯及力

11. 将法律责任划分为民事责任、刑事责任、行政责任与违宪责任的标准是(　　)。

A. 责任的内容　　B. 责任的人数

C. 责任的程度　　D. 引起责任的行为性质

12. 国家在刑法中通过罪刑法定原则的体现，惩罚了犯罪人，同时对社会上的其他人也产生一定的威慑和教育作用，这里体现了法的两方面的作用，这两种作用的关系是(　　)。

A. 法的规范作用是目的

B. 法的特别预防作用是目的

C. 法的规范作用和法的社会作用是手段和目的的关系

D. 法的规范作用和法的社会作用是目标和目的的关系

13. 甲、乙同居多年后决定结婚并在民政局进行了登记，则下列说法正确的有(　　)。

A. 甲、乙由同居关系到夫妻关系后法律关系发生了变更

B. 引起同居关系和夫妻关系的都是法律事实

C. 引起夫妻关系的法律事实是法律行为和事件

D. 若甲、乙一方婚后死亡，死亡这一法律事实只会引起婚姻关系终结一种法律关系

14. 下列哪个选项不属于我国的国家监督体系？(　　)

A. 中国人民政治协商会议对法律实施的合法性的监督
B. 国家审计机关对国家的财政金融机构和企业事业组织财务收支的监督
C. 全国人民代表大会对不符合宪法、法律的行政法规和地方性法规的撤销
D. 各级人民法院对行政机关的监督
15. 在法律解释方法上，文义解释是指(　　)。
A. 强调法律条文字面上的含义，但其实质在于对整个法律的精神而不在于对个别文字和用语的理解
B. 从法律条文文字、语法来理解其含义
C. 在法律文字的字面含义显然比立法原意为广时，作出比字面含义为窄的解释
D. 严格依照法律条文的含义进行解释

单元六答案与精解

1. A
【精解】法学体系是由法学的各个分支学科所构成的一个有机联系的整体。法理学体系指法理学的各分支学科，主要指狭义法理学、法哲学、法社会学等构成的整体。法系是按历史渊源之不同，对某些国家或地区的法律所作的分类。法律体系是由一国现行的部门法所构成的体系。
2. A
【精解】法的实施方式可分为三种：（1）法的遵守；（2）法的执行；（3）法的适用。故 B 项错误。“有法可依、有法必依、执法必严、违法必究”讲的是广义的执法。狭义的执法，专指国家行政机关及其公职人员依法行使管理职权、履行职责、实施法律的活动。故 C 项错误。在中国，司法权包括审判权和检察权。故 D 项错误。
3. D
【精解】法是国家意志的体现，这是法的本质的第一个层次。国家意志也就是指掌握国家政权阶级的意志；法并非全体社会成员的“共同意志”；阶级意志和阶级利益是不可分的。社会物质生活条件是国家意志内容的最终决定因素，它是法的第二层次的本质。经济以外的因素，如政治、思想、道德、文化、历史传统等，对法所体现的国家意志也有影响。它们是法的本质的第三层次。法和这些因素在经济因素起最终决定作用的条件下相互作用。
4. A
【精解】法的概括性是指法律规范是一种抽象、概括的规定。首先，它的对象是一般的人或事而不是特定的人或事；其次，在这一法律生效期间内，是反复适用的，而不是仅适用一次的；再次，同样情况同样适用，即“法律面前人人平等”。
5. C
【精解】依据是否经过国家制定程序，可将法的渊源分为制定法渊源和非制定法渊源。
6. A
【精解】带有资本主义因素的法在本质上还不是资本主义法，因此不能作为资本主义法形成的标志。故 B 项错误。普通法法系是以英国中世纪的法律，特别是以普通法为基础而发展起来的法律的总称。普通法是一个多义词，这里特指公元 11 世纪诺曼人入侵英国后逐步形成的以判例形式出现的一种法律。故 C 项错误。社会主义法是以工人阶级为领导的广大人民共同意志和根本利益的体现，但社会主义法也具有阶级性。故 D 项错误。
7. B
【精解】法律规则是对一定的事实状态赋予明确的法律意义，并确定具体法律后果的准则；法律原则是指能够作为法律规则本源或基础的综合性、稳定性的原理或准则；法律术语是指具有法律性

质或专门法律意义的用语或概念；技术性规范是调整人与自然之间关系的社会规范。本题中，该规定确立了刑法上的罪刑法定原则，不具有具体确定的法律后果，因而属于法律原则而非法律规则。

8. C

【精解】法律原则是为法律规则提供某种基础或本源的综合性、指导性的价值准则或规范，是法律诉讼、法律程序和法律裁决的确认性规范。它和法律规范一样，在适用时具有强制性。法律原则的数量虽然不多，但其适用范围往往涉及整个法律部门，乃至整个法律体系，因而范围较广。D 项表述正确。

9. D

【精解】法律的规范作用和社会作用是相辅相成的，它们之间是手段和目的的关系。法律是通过调整人们行为这种规范作用来实现维护社会经济基础和发展生产力的社会作用的。法律的规范作用是手段，法律的社会作用是目的。D 项表述不正确。

10. B

【精解】我国刑法规定，外国公民在中国境外对中华人民共和国国家或公民的犯罪，按刑法规定的最低刑为 3 年以上有期徒刑的，可以适用中国刑法，但是按照犯罪地的刑法不构成犯罪的除外。这体现的是法的域外效力，故 A 项错误，B 项正确。溯及力专指新法对其生效前事件和行为是否适用的问题，与新法通过以后的行为没有关系。因为新法对其生效以后的行为当然具有效力，不存在溯及力的问题。故 C 项错误。现行刑法采用“从旧兼从轻”的原则，如果“从旧”，即适用旧法，说明新法对其生效以前的行为没有效力，即没有溯及力。故 D 项错误。

11. D

【精解】根据违法行为所违反法律的性质，可以把法律责任划分为民事责任、刑事责任、行政责任与违宪责任。

12. C

【精解】本题考查的是法的两方面的作用，即法的规范作用和法的社会作用。法的规范作用和法的社会作用是手段和目的的关系。

13. C

【精解】甲、乙（非法）同居关系由于不符合法律关系的法定性，因此不是法律关系，甲、乙由同居关系到夫妻关系后只是形成了法律关系，而非法律关系发生了变更。A 选项错误。引起同居关系的事实多种多样，也没有统一的法律后果，因此只是一种客观事实；引起夫妻关系形成的事实有二：双方自愿协议（法律行为）和登记（相对事件），由于这两个事实都具有法定性且具有明确的法律后果，因此是法律事实。故 B 选项错误而 C 选项正确。同一法律事实可以引起多种法律关系的变动，同一法律关系的变动往往需要多个法律事实。若甲、乙一方婚后死亡，死亡这一法律事实会引起婚姻关系终结、继承法律关系开始，还有可能导致保险合同关系、劳动关系终结等。因此 D 选项表述错误。

14. A

【精解】国家监督是以国家机关为主体进行的监督。中国人民政治协商会议不属于国家机关，其监督为社会监督，不属于国家监督体系。

15. B

【精解】文义解释是指从法律条文的字面意义来说明法律规定的含义。

单元七

1. 不能构成法学体系中独立分科的是（　　）。

A. 国内法学　　B. 法律史学

C. 法律经济法学　　D. 理论法学

2. 国家赔偿法属于下列哪一个法律部门？（　　）

A. 行政法　　B. 经济法

C. 宪法　　D. 民法

3. 直接对法的性质、作用和特点发生决定或重大作用的，首先是（　　）。

A. 特定的社会物质生活条件　　B. 社会基本矛盾的状况

C. 生产力发展水平　　D. 国家的性质和状况

4. 1992 年 9 月 4 日全国人大常委会《关于修改〈中华人民共和国专利法〉的决定》规定：本决定自 1993 年 1 月 1 日起施行。本决定施行前提出的专利申请和根据该申请授予的专利权，适用修改以前的专利法的规定。该条规定说明该决定在法律溯及力上（　　）。

A. 有溯及既往的效力　　B. 实行从旧原则

C. 实行从旧兼从轻的原则　　D. 实行从新原则

5. 我国《宪法》第 26 条第 1 款规定：国家保护和改善生活环境和生态环境，防治污染和其他公害。下列哪一选项是正确的？（　　）

A. 该条文体现了国家政策，是典型的法律规则

B. 该条文是法律原则，体现了国家政策的要求

C. 该条文是授权性规则，规定了国家机关的职权

D. 该条文没有直接规定法律后果，但仍符合法律规则的逻辑结构

6.《宪法》第 35 条规定：中华人民共和国公民有言论、出版、集会、结社、游行、示威的自由。这条规定属于（　　）。

A. 命令性法律规范　　B. 禁止性法律规范

C. 授权性法律规范　　D. 义务性法律规范

7. 马克思曾说：社会不是以法律为基础，那是法学家的幻想。相反，法律应该以社会为基础。法律应该是社会共同的，由一定的物质生产方式所产生的利益需要的表现，而不是单个人的恣意横行。根据这段话所表达的马克思主义法学原理，下列哪一选项是正确的？（　　）

A. 强调法律以社会为基础，这是马克思主义法学与其他派别法学的根本区别

B. 法律在本质上是社会共同体意志的体现

C. 在任何社会，利益需要实际上都是法律内容的决定性因素

D. 特定时空下的特定国家的法律都是由一定的社会物质生活条件所决定的

8. 张三将一批货物交给某铁路公司，让其运到北京西站，张三与某铁路公司之间形成的法律关系的客体是（　　）。

A. 货物　　B. 铁路

C. 运输行为　　D. 火车

9. 法和统治阶级道德的一致性，最本质的体现是两者（　　）。

A. 相互渗透　　B. 相辅相成

C. 都是统治阶级意志的体现　　D. 都是上层建筑的组成部分

10. 在阶级对立的社会中，法的社会作用的核心是（　　）。

A. 维护人类社会基本生活条件

B. 促进生产力和科学技术的发展

C. 促进人类文化事业的发展

D. 确认和维护社会的基本经济制度和阶级关系

11. 我国《民法典》第 1081 条规定：现役军人的配偶要求离婚，应当征得军人的同意，但军人一方有重大过错的除外。依据法理学的有关原理，下列表述正确的是（　　）。

A. 该条中所规定的军人的配偶在离婚方面所承担的义务没有相应的权利存在

B. 现役军人与其配偶之间的权利义务是不一致的

C. 该条所规定的法律义务是一种对人义务或相对义务

D. 该法律条文完整地表达了一个法律规则的构成要素

12. 关于法律解释的方法和种类，下列表述正确的有（　　）。

A. 在我国，法官在审判过程中对法律所作的解释是正式解释

B. 逻辑解释并非任何解释都必须使用的方法

C. 通过将这一法律与历史上同类法律规范进行比较研究来阐明法律规范的内容和含义是体系解释方法

D. 通过对法律文件制定的时间、地点、条件等背景材料的研究来阐明法律规范的内容和含义的解释属于历史解释

13. 关于法治与德治的联系与区别，下列说法不正确的有（　　）。

A. 法治强调将社会关系纳入法律的轨道，用带有权威性、强制性的法律规范或严刑峻法治理社会；德治的中心含义是指应当通过提高统治者的道德水平来治理国家

B. 法治与人治相对立，德治不必然和人治相冲突

C. 现代社会的法律与道德仍然有着不可分割的联系，治理国家既要依靠法律，也要依靠道德

D. 在当代中国，法治与德治有着目标的一致性

14. 刑法规定：共同犯罪是指二人以上共同故意犯罪；教唆不满 18 周岁的人犯罪的，应当从重处罚。潘某教唆 17 岁的陈某盗窃他人财物 1 万余元，法院认定潘某与陈某共同构成盗窃罪，并对潘某从重处罚。这一推理属于（　　）。

A. 演绎推理　　B. 归纳推理

C. 类比推理　　D. 价值推理

15. 下列有关法系的表述，正确的有（　　）。

A. 法系是具有共性或共同历史传统的法律的总称，因此，影响法系形成的因素是历史传统

B. 普通法法系是以英国和美国的普通法为基础而发展起来的法律的总称，因此又称英美法系

C. 两大法系在赖以存在的经济基础、阶级本质、总的指导思想和基本原则等方面都是一致的

D. 英美法系在法律发展中，法官具有突出作用，因此，英美法系的诉讼程序以法官为重心

单元七答案与精解

1. C

【精解】根据各种类别的法律，法学可以分为国内法学、国际法学、法律史学、比较法学和外国法学；根据法律的制定到实施，法学可以分为立法学、法律解释学、法律社会学；从认识论的角度，法学可以分为理论法学、应用法学；根据法学与其他学科的关系，法学可以分为法学本科、法学交叉学科。但是，以上 12 个分科中，法律经济法学不是法学体系中独立的分科。

2. A

【精解】国家赔偿法是有关国家承担侵权赔偿责任的法律规范，属于行政法的法律部门。

3. A

【精解】社会基本矛盾的状况、生产力发展水平和国家的性质和状况都决定着法的性质与作用，但是，它们都是间接地决定法的性质。只有特定的社会物质生活条件才直接决定法的性质、作用和特点。

4. B

【精解】从旧原则，即对于新法生效以前发生的事件和行为适用原来的法律。

5. B

【精解】法律原则，是为法律规则提供某种基础或本源的综合性的、指导性的价值准则或规范，

是法律诉讼、法律程序和法律裁决的确认规范。政策性原则是一个国家或民族出于一定的政策考量而制定的一些原则，如我国宪法中规定的“依法治国，建设社会主义法治国家”的原则，“国家实行社会主义市场经济”的原则，等等。政策性原则具有针对性、民族性和时代性。法律规则的逻辑结构：假定条件、行为模式和法律后果。题干中“国家保护和改善生活环境和生态环境，防治污染和其他公害”的宪法条文缺乏法律规则的必备结构，没有明确的法律后果，所以属于原则而非规则，由于保护环境属于我国的政策，因此该原则属于政策性原则而非公理性原则。法律规则根据规则内容规定的不同，分为授权性规则与义务性规则。授权性规则是指规定人们可为或不可为一定行为以及要求其他人为或不为一定行为的规则。授权性规则可以分为职权性规则和权利性规则。义务性规则是指规定人们应为或勿为一定行为的规则。义务性规则可分为命令性规则和禁止性规则。题干表述的是国家对环境保护方面的政策性原则。因此B项正确。

6. C

【精解】授权性法律规范，是指规定人们有权为一定行为或者不为一定行为，以及要求其他人为或不为一定行为的规范，即规定人们的“可为模式”的规范。故C项正确。

7. D

【精解】强调法律以社会为基础，这并非马克思主义法学与其他派别法学的根本区别，因为有些学派如社会法学派也特别重视社会对法律的制约作用，马克思主义法学比较强调法律的阶级性，这是它的突出特点。A项前半句是正确的，但马克思主义法学与其他派别法学的根本区别在于法学的阶级性不同。因此A项错误。依据马克思主义法学的基本观点，法律是统治阶级意志的体现，而非社会共同体意志的体现。马克思主义法学理论认为，法的本质反映为法的阶级性，即在阶级对立的社会，法所体现的国家意志实际上只能是统治阶级的意志。虽然有时法在一定程度上也反映出被统治阶级和统治阶级同盟者的某些要求和利益，但它们只具有局部意义，只有在保证统治阶级意志和利益得到实现的前提下才有可能被规定在法律中，因此并不能改变法是统治阶级意志的体现这一根本属性。所谓国家意志其实就是法律化的统治阶级意志，而不是社会成员的共同意志。因此B项错误。决定法律内容的因素是客观的社会物质生活条件（经济基础决定上层建筑）。利益不是法律内容的决定因素，社会物质基础才是法律内容的决定因素。利益对法的决定作用表现在：利益的分化导致法的产生；利益的发展决定法的发展；统治阶级的根本利益决定着法的本质。法对利益的反作用体现在：法可以确认并界定利益关系；法可以协调各种利益关系；法可以保障利益的实现；法可以为新的利益的形成和发展提供法律环境。因此C项不正确。所有国家的法律都是由物质条件决定的，法的本质最终体现为法的物质制约性。法的物质制约性是指法的内容受社会存在这个因素的制约，其最终也是由一定社会物质生活条件决定的。因此D项正确。

8. C

【精解】法律关系客体的种类有物、人身利益、精神产品、行为和数据信息。作为法律关系客体的行为是特定的，即与当事人的意志有关的能够引起法律后果的作为和不作为。

9. C

【精解】在阶级社会中，统治阶级的思想道德与法律是同一上层建筑的组成部分，有同样的阶级性，是统治阶级意志的体现。但最本质的一致性在于二者都是统治阶级意志的体现，因而有着共同的任务和使命。

10. D

【精解】维护统治阶级的阶级统治，这是法的社会作用的核心，体现在：（1）阶级统治的含义极为广泛，包括经济、政治、思想等各个领域；（2）法在维护阶级统治方面，最重要的作用是确认和维护社会的基本经济制度以及统治阶级对被统治阶级的专政；（3）法在调整统治阶级内部和统治阶级及其同盟者之间的关系方面也具有重要作用。

11. C

【精解】《民法典》第1081条规定：现役军人的配偶要求离婚，应当征得军人的同意，但军人一方有重大过错的除外。这条规定涉及军人夫妻离婚时的权利义务，这里的权利与义务是相互对应的，也是一致的，另外，义务是有明确对象的，属于一种对人义务或相对义务。该法律条文并未完整地表达一个法律规则的构成要素，因为它缺乏假定条件和法律后果的规定。因此，正确答案为C。

12. D

【精解】法律解释由于解释主体和解释的效力不同可以分为正式解释与非正式解释两种，是否具有法律上的约束力是区别正式解释与非正式解释的关键。正式解释又可以分为立法解释、司法解释和行政解释三种，在我国不承认判例法的情况下，法官在审判过程中对法律所作的解释不属于司法解释，不是正式解释。A选项错误。逻辑解释是指采用形式逻辑的方法分析法律结构，以求得对法律的确切理解。因此，无论何种解释，都要对法律规范的逻辑要素进行分析对比，阐明规范的内容、含义和适用范围，然后用理解方法进行正反两方面的推论，来说明法律规范的要求和目的。B选项表述错误。系统解释是指分析某一法律规范在整个法律体系和所属法律部门中的地位和作用，来揭示其内容和含义。通过将这一法律与历史上同类法律规范进行比较研究来阐明法律规范的内容和含义是历史解释的一种。C选项表述错误。历史解释是指通过对法律文件制定的时间、地点、条件等历史背景材料的研究，或者通过将这一法律与历史上同类法律规范进行比较研究来阐明法律规范的内容和含义。D选项正确。

13. A

【精解】法治强调将社会关系纳入法律的轨道，用带有权威性、强制性的法律规范或严刑峻法治理社会；德治的中心含义是指应当通过对社会成员的道德教化来治理国家。A选项表述错误。B选项的表述是法治与人治的区别，是正确的，特别要注意法治和德治与人治关系的根本不同。C、D两项是法治与德治的联系，都是正确的。

14. A

【精解】演绎推理是从一般性命题推出特殊性命题的推理，法院将关于共同犯罪和教唆犯罪的命题具体到潘某的案件中，是运用了演绎推理的方法。

15. C

【精解】虽然法系的划分主要是依法律的历史传统进行的，但是法系的分类标准是相对的，又是综合的，影响法系形成的因素很多，也十分复杂。A项错误。普通法法系是以英国中世纪的法律，特别是以普通法为基础而发展起来的法律的总称。英国法和美国法是普通法法系中的两个重要的分支，因此，普通法法系也可以称为英美法系。B项错误。两大法系虽有较大的差异，但在赖以存在的经济基础、阶级本质、总的指导思想和基本原则等方面都是一致的。C项正确。英美法系在法律发展中，法官具有突出作用，但是，由于普通法法系的诉讼程序奉行当事人主义，法官一般充当消极的、中立的裁定者的角色。D项错误。

单元八

1. 根据马克思主义法学的基本观点，下列表述哪项是不正确的？（　　）

A. 法在本质上是社会成员公共意志的体现

B. 法既执行政治职能，也执行社会公共职能

C. 法的内容受社会存在这个因素的制约，立法者不是在创造法律，而只是在表述法律

D. 近代以来的法律虽然与一定的国家紧密联系，具有民族性、地域性，但是，法律的内容始终具有与人类的普遍要求相一致的趋向

2. 当代中国法的本质属性是(　　)。

A. 法的国家强制性　　B. 法的规范性

C. 法的公平性　　D. 法的人民性

3. 根据法的创制与适用主体的不同，法可以分为(　　)。

A. 根本法与普通法　　B. 一般法与特别法

C. 成文法与不成文法　　D. 国内法与国际法

4. 授权性规则、义务性规则和权义复合性规则的划分依据是(　　)。

A. 法律规则的功能　　B. 法律规则对人们行为限定的范围

C. 法律规则内容的确定性程度　　D. 法律规则所确定的不同的行为模式

5. 执业医师法规定，医师的医学专业技术职称和医学专业技术职务的评定、聘任，按照国家的有关规定处理。这一规定属于下列哪一个选项？(　　)

A. 权义复合性规则　　B. 确定性规则

C. 委任性规则　　D. 准用性规则

6. 孙某早年与妻子吕某离婚，儿子小强随吕某生活。小强15岁时，其祖父去世，孙某让小强参加葬礼。小强与祖父没有感情，加上吕某阻挡，未参加葬礼。从此，孙某就不再支付小强的抚养费用。吕某和小强向当地法院提起诉讼，请求责令孙某承担抚养费。在法庭上，孙某提出不承担抚养费的理由是，小强不参加祖父的葬礼属不孝之举，天理难容。法院没有采纳孙某的理由，而根据我国相关法律判决吕某和小强胜诉。根据这个事例，下面哪个说法是不正确的？(　　)

A. 一个国家的法与其道德之间并不是完全重合的

B. 法院判决的结果表明：一个国家的立法可以不考虑某些道德观念

C. 法的适用过程完全排除道德判断

D. 法对人们的行为的评价作用应表现为评价人的行为是否合法或违法及其程度

7. 下列不属于执法活动的有(　　)。

A. 工商局给某企业颁发营业执照

B. 人民法院对王某盗窃一案进行审理

C. 县物价局进行物价大检查

D. 市公安局将犯罪嫌疑人李某收押

8. 刑事制裁与民事制裁的相同处表现在哪一方面？(　　)

A. 制裁目的　　B. 制裁程序

C. 制裁方式　　D. 制裁机构

9. 关于法的作用，下列说法不正确的有(　　)。

A. 法律规范通过配置人们在法律上的权利义务以及规定违反法律规定所应承担的法律责任，设定人们的行为模式，引导人们在法律所许可的范围内开展活动

B. 法律的评价作用的特点在于，它是用法律的规范性、统一性、普遍性、强制性和综合性的标准来评判人们的行为，是评价人们行为的法律意义，其标准和核心是合法或不合法，违法还是不违法

C. 法律之所以有预测作用，是因为法律具有规范性、确定性的特点

D. 执行社会公共事务的法律主要体现着法律的社会性，因此，在本质上与法律在维护阶级统治方面的作用是矛盾的

10. 国务院根据全国人民代表大会常务委员会关于废止有关收容教育法律规定和制度的决定之规定，废止了卖淫嫖娼人员收容教育办法，这一规定属于(　　)。

A. 立法行为　　B. 执法行为

C. 司法行为　　D. 适用法律的行为

11. 在我国，专门的法律监督机关为(　　)。

A. 全国人大宪法和法律委员会　　B. 人民检察院

C. 人民法院　　D. 监察机关

12. 就国家对法的作用来说，能影响以至决定法的形式的最主要的因素是(　　)。

A. 国家所赖以存在的经济基础　　B. 国家管理形式和结构形式

C. 国家的中心任务　　D. 国家职能

13. 2005年8月全国人大常委会对《妇女权益保障法》进行了修正，增加了“禁止对妇女实施性骚扰”的规定，但没有对“性骚扰”予以具体界定。2007年4月，某省人大常委会通过《实施〈中华人民共和国妇女权益保障法〉办法》，规定“禁止以语言、文字、电子信息、肢体等形式对妇女实行骚扰”。关于该《办法》，下列哪一选项能成立？（　　）

A.《办法》对构成“性骚扰”具体行为所作的界定，属于对《妇女权益保障法》的立法解释

B.《办法》属于《妇女权益保障法》的下位法，按照法律高于法规的原则，其效力较低

C.《办法》属于对《妇女权益保障法》的变通或补充规定

D.《办法》对“性骚扰”进行了体系解释

14. 社会主义法律同社会主义道德具有共同点，表现在（　　）。

A. 调整范围相同　　B. 要求相同

C. 规范内容相同　　D. 历史使命相同

单元八答案与精解

1. A

【精解】马克思主义法学认为法有两重本质，即法的国家意志性（阶级性）和物质制约性。其中，法的阶级性是指在阶级对立的社会中，法所体现的国家意志实际上是统治阶级的意志。故A项错。

2. D

【精解】我国社会主义法的本质首先在于它的阶级本质，即它是工人阶级领导下的全国人民共同意志的体现，既体现了它的鲜明的阶级性，又体现了它的广泛的人民性，两者是统一的。

3. D

【精解】国内法是指由特定国家创制并适用于国家主权所及范围内的法律，其法律关系主体一般是个人或组织；国际法是指由参与国际关系的国家通过协议制定或公认的，并适用于国家之间的法律，其法律关系主体主要是国家。故选D项。

4. D

【精解】按照规则的内容规定不同（规定的行为模式的不同），法律规则可以分为授权性规则、义务性规则和权义复合性规则。授权性规则是指规定人们有权做一定行为或不做一定行为的规则，即规定人们的“可为模式”的规则。义务性规则是指在内容上规定人们的法律义务，即有关人们应当做或不应当做某种行为的规则。权义复合性规则是指兼具授予权利、设定义务两种性质的法律规则。可见，选D项。按照规则对人们行为规定和限定的范围或程度不同，可以把法律规则分为强行性规则和任意性规则。按照法律规则内容的确定性程度不同，可以将法律规则分为确定性规则、委任性规则和准用性规则。依据法律规则功能的不同，可以将法律规则分为调整性规则和构成性规则。

5. D

【精解】准用性规则是没有具体规定某一行为规则的内容，而是规定可以参照或援引其他法律规则的规定来加以明确的法律规则。

6. C

【精解】法律与道德的调整范围既有交叉，又有分工，比如在二者共同调整的领域，二者的侧重点和调整方式有所不同。本案涉及亲属关系，法律和道德都加以调整，但法律在认定受抚养权时，并不考虑受抚养人尽孝义务的履行，而道德则似乎考虑受抚养权与尽孝义务的关联性。本案中，小强不参加祖父的葬礼，有违道德，但是这并不影响其依法对父亲享有的抚养请求权。从此角度看，

法院的判决体现了法与道德的非完全重合性。故选项A正确。虽然道德对立法具有指导作用，是评价法律善与恶的标准，但二者仍有不一致的地方，法律仅仅是最低限度的道德。故一个国家的立法可以不考虑某些道德观念。本案中，法院的判决也正体现了这一点，故选项B正确。选项C的说法本身错误，法的适用过程并不能完全排除道德判断，本题中的事例只是表明，法的适用过程可以排除与案件无关的道德判断。法对人的行为的评价是一种合法或非法及其程度的评价，一般不涉及善或恶的评价。故选项D正确。

7. B

【精解】执法，即行政执法，是指国家行政机关及其公职人员依照法定的权限和程序，贯彻和执行法律的活动。B项属于司法活动。

8. D

【精解】刑事制裁的目的在于预防犯罪，民事制裁的目的在于补救受害人损失；在程序上，刑事制裁一般由检察机关提起公诉，民事制裁一般由被侵害人提起诉讼；刑事制裁的方式有限制、剥夺自由或者剥夺生命，民事制裁主要是对受害人进行财产补偿。二者的相同之处在于制裁机关都是人民法院。故选D项。

9. D

【精解】法的作用有维护阶级统治的作用和执行社会公共事务的作用之分，执行社会公共事务的法律主要体现着法律的社会性，但在本质上与法律在维护阶级统治方面的作用并不矛盾。D项表述错误。

10. A

【精解】国务院是享有立法权的国家机关，立法行为包括制定、修改、废止行政法规，废止《卖淫嫖娼人员收容教育办法》即属于立法行为，A选项正确。

11. B

【精解】在我国，专门的法律监督机关为国家检察机关。

12. B

【精解】法的形式和法律制度直接受国家形式的影响。国家管理形式即政体对法有直接的影响。不同政体往往有不同的法的表现形式。在法的形式方面，单一制国家一般不存在多种法的体系，因而法的形式也不复杂。但联邦制国家有联邦法的体系和联邦各组成部分法的体系。

13. B

【精解】立法解释又称法律解释，凡属法律规定需要进一步明确具体含义的或者法律制定后出现新的情况，需要明确适用法律依据的，由全国人大常委会解释，是为立法解释。立法解释包括对宪法的解释和对法律的解释两部分，而《办法》是省人大常委会通过的，不属于立法解释，主体不符合。因此A项错误。根据《中华人民共和国立法法》第75条的规定，自治条例和单行条例可以依照当地民族的特点，对法律和行政法规的规定作出变通规定，但不得违背法律或者行政法规的基本原则，不得对宪法和民族区域自治法的规定以及其他有关法律、行政法规专门就民族自治地方所作的规定作出变通规定。题中制定《办法》的主体是地方国家权力机关，因此《办法》属于地方性法规，其效力要低于全国人大和全国人大常委会制定的法律，但不属于变通和补充规定，因为变通和补充规定一般是指民族自治条例和单行条例的制定。体系解释，也称逻辑解释、系统解释，是指将被解释的法律条文放在整部法律中乃至整个法律体系中，联系此法条与其他法条的相互关系来解释法律。《办法》对“性骚扰”进行的解释应当属于目的解释而非体系解释。

14. D

【精解】就调整范围来说，社会主义道德调整的范围比社会主义法律要广泛。从对社会成员的要求来说，社会主义道德对人们的要求比法律高，法律体现了道德的最低要求，同时，法律中也有一些规定不直接涉及是否合乎道德。法律规范一般体现为国家机关制定的成文法，是条文化的，比较具体；道德一般体现在人们意识或社会舆论中，比较原则、抽象。

单元九

1. 根据法的渊源的载体形式不同，可将法的渊源分为(　　)。

A. 主要渊源与次要渊源

B. 直接渊源与间接渊源

C. 制定法渊源与非制定法渊源

D. 成文法渊源与不成文法渊源

2. 关于法起源的原因，不正确的说法有(　　)。

A. 马克思主义法学认为，法律是以社会为基础的，法的产生和发展是多种社会因素相互作用的产物，这些因素都对法的产生最终起决定作用

B. 在原始社会后期，出现了金属工具，劳动生产力有了很大的提高，出现了剩余产品，产生了私有财产，后来社会分工的发展使经常性的交换成为必要和可能。因此法是商品生产和交换的产物

C. 随着社会生产力的发展，社会分工及生产与交换发展的同时，社会也出现了私有制和阶级分化，形成了两个对抗性的社会利益集团——奴隶主阶级和奴隶阶级。作为统治阶级的奴隶主，开始利用国家和法律来维护自己的统治，这是法律产生的政治根源

D. 随着社会经济的发展，社会公共事务也比以往原始社会更加复杂和增多。为了处理这些事务，原始社会中的极为简单的习惯已不再适应，因而就需要一种新的行为规则，即法律

3. 对法律概念、法律原则、法律规则的理解和表述，下列哪一选项不能成立?(　　)

A. 法律规则并不都由法律条文来表述，并非所有的法律条文都规定法律规则

B. 法律原则最大程度地实现法律的确定性和可预测性

C. 法律概念是解决法律问题的重要工具，但是法律概念不能单独适用

D. 法律原则可以克服法律规则的僵硬性缺陷，弥补法律漏洞

4. 我国古代司法中，当法无明文规定时，有“举重以明轻”的做法，这种做法(　　)。

A. 属于类比推理　　　　B. 是演绎推理

C. 是归纳推理　　　　D. 是辩证推理

5.《刑法》第232条规定：故意杀人的，处死刑、无期徒刑或者10年以上有期徒刑；情节较轻的，处3年以上10年以下有期徒刑。这一规定属于(　　)。

A. 义务性规范　　B. 委托性规范　　C. 准用性规范　　D. 确定性规范

6. 道德与法律都属于社会规范的范畴，都具有规范性、强制性和有效性，道德与法律既有区别又有联系。下列有关道德与法律的几种表述中，哪种是错误的?(　　)

A. 法律具有既重权利又重义务的“两面性”，道德具有只重义务的“一面性”

B. 道德的强制是一种精神上的强制

C. 马克思主义法学认为，在法和道德的关系上，片面强调法的优先性是错误的

D. 法律所反映的道德是抽象的

7. 根据我国法律，下列各项行为中，不具备合法的法律关系客体的是(　　)。

A. 冯某立下遗嘱，死后将遗体捐献给医学院

B. 某公司从制假者手中购进一批假酒

C. 刘某与王某商定如果他一个月后出国，就将房屋出租给王某

D. 某市政府将在建的过街天桥冠名权进行公开拍卖

8. 行政（政务）处分适用的对象是(　　)。

A. 公民　　B. 法人　　C. 公务员　　D. 社会组织

9. 下述观点中，属于法治论的是(　　)。
A. “道之以德，齐之以刑，有耻且格”
B. “政者，正也。子帅以正，孰敢不正?”
C. “不务德而务法”
D. “贤人政治”
10. 下列哪个选项不符合我国法律规定的“司法机关依法独立行使职权”原则的含义?(　　)
A. 司法权不得由一般的行政机关来行使
B. 司法机关既要独立行使职权，又不得无限度地使用自由裁量权
C. 任何机关、团体和个人不得以任何形式干预司法活动
D. 司法机关及其工作人员在独立行使职权时不得违反程序规定
11. 关于法的权利和义务性，下列表述不正确的有(　　)。
A. 法律对人们行为的调整主要是通过对权利和义务的设定和运行来实现的，因而法律的内容主要表现为权利和义务
B. 法律上的权利和义务的规定具有确定性和可预测性的特点，它明确地告诉人们该怎样行为、不该怎样行为以及必须怎样行为。人们根据法律来预先估计自己与他人之间该怎样行为，并预见到行为的后果以及法律的态度
C. 法律只要规定了权利就必须规定或意味着相应的义务，法律具有权利和义务的一致性
D. 法的权利和义务性这一特征也是法律与其他社会规范的一个重要区别，其他社会规范不具有权利和义务性
12. 依据法律解释的方法不同，法律解释可分为(　　)。
A. 有权解释、无权解释
B. 立法解释、司法解释、行政解释
C. 语法解释、逻辑解释、历史解释、系统解释
D. 字面解释、扩大解释、限制解释
13. 从意识主体的角度，法律意识可以分为(　　)。
A. 法律心理与法律思想体系
B. 传统法律意识与现代法律意识
C. 固有法律意识与传来法律意识
D. 个人法律意识、群体法律意识和社会法律意识
14. 恩格斯认为，在社会发展某个很早的阶段，产生了这样一种需要：把每天重复着的产品生产、分配和交换用一个共同的规则约束起来，借以使个人服从生产和交换的共同条件。这个规则首先表现为习惯，不久便成了法律。对此理解，不正确的有(　　)。
A. 法是商品生产和交换的产物
B. 经济因素在法的产生过程中起了决定性作用
C. 法产生之初是为生产、分配和交换提供一个共同的规则，是为了满足全社会的需要，因而没有阶级性
D. 法的产生是阶级斗争和管理社会公共事务的需要

单元九答案与精解

1. D
【精解】根据载体形式的不同，可将法的渊源分为成文法渊源和不成文法渊源。前者是指表现为文字形式的制定法等，后者是指不表现为文字形式的习惯法等。故选 D 项。

2. A

【精解】马克思主义法学认为，法律是以社会为基础的，法的产生和发展是多种社会因素相互作用的产物，但这些因素又是在经济因素最终起决定作用的条件下相互作用而产生的。因此，既要认识到法是在经济因素最终起决定作用的条件下产生的，又要认识到经济因素以外的因素在法的产生和发展过程中的影响。A项表述错误。

3. B

【精解】一般来说，法律条文是法律规则的表现形式，并非所有的法律条文都规定法律规则，有的法律条文规定法律技术性规定、法律概念。故A项正确。规则与原则不同，规则明确、具体，能够最大程度地实现法律的确定性和可预测性，原则抽象、宏观，可以克服法律规则的僵硬性缺陷，弥补法律漏洞。故D项正确，B项错误。法律概念不属于法律规范，它只是解决法律问题的重要工具，但是法律概念不能单独适用，必须和规则、原则配合起来才能发挥作用。故C项正确。

4. D

【精解】辩证推理，是指当作为推理的前提处于多元化时，借助于辩证思维从中选择出最佳的命题以解决法律问题。只有在作为推理的两个前提条件不确定时，才需要运用辩证推理（实质推理）。法无明文规定属于作为推理的两个前提条件之一：法律不确定的情况，因而需要辩证推理，因而以“举重以明轻”的方式进行确定法律适用的推理过程属于辩证推理。

5. D

【精解】根据规范内容的确定性程度不同，法律规范可以分为确定性规范、准用性规范和委任性规范。确定性规范，是指明确规定一定行为规则，不必再参照或者援引其他规则的规范。《刑法》第232条的规定属于禁止性规定，是确定性规则的一种。故D选项正确。

6. D

【精解】法律所反映的道德是具体的，而不是抽象的。故选D项。

7. B

【精解】B项中双方行为人的权利义务的客体是危害人类的物品，不被法律认可，因此不能成为法律关系的客体。

8. C

【精解】《中华人民共和国公职人员政务处分法》已于2020年7月1日实施，该法将过去的“行政处分”称为“政务处分”。政务处分是由国家行政机关或其他组织依照行政隶属关系，对违法失职的国家公务员或所属人员所实施的惩戒措施，包括警告、记过、记大过、降级、撤职、开除等。

9. C

【精解】本题考查的是对于古代的法治论的理解。考生要注意的是虽然这些论述包含了法治的内容，但是和现代法治的内容是不同的。

10. C

【精解】司法机关依法独立行使职权，不受国家机关、社会团体和个人的非法干涉。国家权力机关有权对司法活动进行监督，C选项表述错误。

11. D

【精解】法的权利和义务性这一特征是法律与其他社会规范的一个重要区别，但不能说其他社会规范不具有权利和义务性，有的社会规范，如政党或其他社会团体的规章，也规定各自成员的某种权利和义务，但是在内容、范围和保证实施的方式上与法律意义上的权利和义务有很大的区别。故D项表述错误。

12. C

【精解】依据法律解释的方法不同，法律解释可以分为语法解释、逻辑解释、历史解释、系统解释。

13. D

【精解】从意识主体的角度，法律意识可以分为个人法律意识、群体法律意识和社会法律意识。

14. C

【精解】社会分工的发展使经常性的交换成为必要和可能，法是商品生产和交换的产物，经济因素在法的产生过程中起了决定性作用。故A、B项正确。除了经济因素在法的产生过程中起了决定性作用外，法的产生也是当时阶级划分和阶级斗争的结果。随着社会生产力的发展，社会分工及生产与交换发展的同时，社会也出现了私有制和阶级的分化，形成了两个对抗性的社会利益集团——奴隶主阶级和奴隶阶级。作为统治阶级的奴隶主，开始利用国家和法律来维护自己的统治，这是法律产生的政治根源。随着社会经济的发展，社会公共事务也比以往原始社会更加复杂并日益增多。为了处理这些事务，原始社会中的极为简单的习惯已不再适应，因而就需要一种新的行为规则，即法律。因此C项错误，D项正确。

单元十

1. 对于法学的产生和发展，下列表述正确的有(　　)。

A. 出现了专门从事研究法律现象的法学家阶层，就产生了法学

B. 在西方，法学最早导源于古罗马，12～16世纪是罗马法的复兴时期

C. 在马克思主义法学产生以前，西方各个历史时期占主导地位的法学和新中国建立前历史上的法学，都没有揭示出法的本质和法的发展规律

D. 马克思主义法学产生以前的法学都否认经济对法的决定作用，都认为法是超阶级的、超历史的

2. 按照法的创制与表达形式的不同，法可以分为(　　)。

A. 根本法与普通法　　B. 实体法与程序法

C. 成文法与不成文法　　D. 一般法与特别法

3. 下列属于法律制裁的是(　　)。

A. 甲、乙两公司签订有合作协议，后甲公司违约，经乙公司聘请的律师与之进行交涉，并以提起诉讼相威胁，甲公司被迫付给乙公司一笔违约金

B. 党员张某因违反党纪受到党内严重警告处分

C. 学生李某因严重违反校规被学校通报批评

D. 某省人大常委会制定的地方性法规因与宪法相抵触，被全国人大常委会撤销

4. 《刑法》第13条规定：一切危害国家主权、领土完整和安全，分裂国家、颠覆人民民主专政的政权和推翻社会主义制度，破坏社会秩序和经济秩序，侵犯国有财产或者劳动群众集体所有的财产，侵犯公民私人所有的财产，侵犯公民的人身权利、民主权利和其他权利，以及其他危害社会的行为，依照法律应当受刑罚处罚的，都是犯罪，但是情节显著轻微危害不大的，不认为是犯罪。这一规定属于法的构成要素中的(　　)。

A. 法律规范　　B. 法律概念

C. 法律原则　　D. 法律技术性规定

5. 在下列我国现行法律条款中，哪项不属于法律原则？(　　)

A. 经批准的上市公司的股份，依照有关法律、行政法规上市交易

B. 公司必须保护职工的合法权益，加强劳动保护，实行安全生产

C. 票据活动应当遵守法律、行政法规，不得损害社会公共利益

D. 党必须在宪法和法律的范围内活动

6. 构成法律部门的最基本细胞是(　　)。

A. 法律制度　　B. 法律体系

C. 规范性法律文件　　　　　　　　　　　　D. 法律规范

7. 下列有关法系与法律体系含义的表述，哪项是不正确的？（　　）

A. 法系是根据英国普通法（判例法）和欧洲大陆法典法的历史传统而对法所作的分类

B. 法律体系是由一个国家的宪法、行政法、民法、经济法、刑法、诉讼法等构成的内部和谐一致、有机联系的整体

C. 法系是具有同一历史传统的国家和地区的法的总称

D. 法律体系是一国之内的法构成的体系，不包括其他国家的法或完整意义的国际法

8. 下列属于法律关系的是哪一项？（　　）

A. 已订婚的某对恋人之间的关系

B. 某市区人民法院党组书记杨某与该院其他党员的关系

C. 被告人聘请某律师进行辩护

D. 某甲赌博输给某乙 1 000 元钱，立下字据表示在 3 天内付清

9. 法律关系的内容是法律关系主体之间的法律权利和法律义务，法律权利和法律义务两者之间具有紧密的联系。下列有关法律权利和法律义务相互关系的表述中，哪一种没有正确揭示这一关系？（　　）

A. 权利和义务在法律关系中的地位有主次之分

B. 享有权利是为了更好地履行义务

C. 权利和义务的存在、发展都必须以另一方的存在和发展为条件

D. 义务的设定目的是保障权利的实现

10. 关于法律与道德的关系，下列说法正确的有（　　）。

A. 法律与道德是两类重要的调整人们行为的规范，都是随着阶级的分化和国家的建立而出现的

B. 法律以道德为基础，但在调整范围上小于道德的调整范围，法律通常只对其中严重的、需要动用国家强制力的行为作出反应。因此，属于法律调整范围的必然属于道德调整范围

C. 由于法律和道德都具有多元性，因此，法律和道德总是存在一定的冲突

D. 有时一个行为可能合乎情理，但却不合法（法律不允许或者不受法律保护）。反之，也可能出现一个受法律保护的行为，却不符合道德规范的要求

11. 下列不是执行社会公共事务作用的是（　　）。

A. 有关技术规范的法律

B. 有关犯罪和刑罚的法律

C. 有关生产力和科学技术的法律

D. 有关一般文化事务的法律

12. 我国的立法体制是指（　　）。

A. 规范性法律文件体系

B. 依照宪法规定的立法权限的划分

C. 法制体系

D. 立法规划

13. 公民在法律面前一律平等，是我国（　　）。

A. 社会主义法的基础

B. 社会主义立法的基本原则

C. 社会主义法实施的基本原则

D. 社会主义司法的基本原则

14. 在我国法律实施的监督体系中，属于国家权力机关的监督的是（　　）。

A. 人民代表大会及其常委会对检察院和法院的工作进行监督

B. 纪检监察部门对某法官的违纪行为进行审查

C. 法院对某检察员的犯罪行为进行审理

D. 检察院对某公司经理的贪污犯罪行为起诉后，向该公司提出司法建议

15. 法律规范与法律条文的关系是(　　)。

A. 法律条文由法律规范体现出来

B. 一个法律规范就等于一个法律条文

C. 一个法律规范不能包括在几个法律条文中

D. 一个法律条文可以包括几个法律规范

单元十答案与精解

1. C

【精解】法学是在法发展到一定阶段才产生的。法学的产生至少应当具备两个方面的条件：首先，要有法律现象的材料的一定积累；其次，要有专门从事研究法律现象的法学家阶层的出现。因此，A 项表述错误。在西方，法学最早导源于古希腊，12～16 世纪是罗马法的复兴时期。B 项表述错误。西方各个历史时期占主导地位的法学和新中国建立前历史上的法学，都是剥削阶级法学。尽管其中都或多或少包含了对法律现象的某些方面、某些过程的真理性认识，但由于受唯心史观和形而上学方法论的多重局限，都没有揭示出法的本质和法的发展规律。因此，C 项表述正确。马克思主义法学产生以前的法学有的认为法与经济无关，有的否认经济对法的决定作用，大多数认为法是超阶级的、超历史的。因此，D 项表述错误。

2. C

【精解】成文法是指由特定国家机关制定和公布，并以文字形式出现的法律，又称为制定法；不成文法是指国家认可其法律效力，但又不具有文字等表现形式的法，包括习惯法和判例法。

3. D

【精解】法律制裁是指由特定国家机关对违法者依其法律责任而实施的强制性惩罚措施。A、B、C 中的各种处罚都不是由特定国家机关实施的，因此不属于法律制裁。只有 D 选项是违宪制裁，故选 D。

4. B

【精解】法律概念，是对各种法律现象或法律事实加以描述概括的概念。《刑法》第 13 条的规定是犯罪的概念。

5. A

【精解】法律原则是综合性、稳定性的原理和准则，是法律规则的来源和基础。法律原则与法律规则的基本区分是：规则必须有明确、具体的行为模式，而原则只是概括的、宏观的要求。题目中只有 A 选项是法律规则。

6. D

【精解】部门法，又称法律部门，是指一个国家根据一定的原则和标准划分的本国同类法律规范的总称。它是法律体系的有机构成部分，也是法律分类的一种形式。部门法是由调整相同种类的社会关系的法律规范组成的，因此法律规范是法律部门的最基本细胞。

7. A

【精解】法系是根据法的历史传统和表现形式对某些国家和地区的法所作的分类。法律体系是一国现行的所有法律规范构成的一个有机联系整体。法律体系就是部门法体系，具有国内性、现行性、部门性、联系性等特征。故只有 A 项表述不正确。

8. C

【精解】法律关系是法律调整社会关系的过程中形成的人们之间的权利义务关系。A 项中不存在

权利义务关系；B 项中的关系不是由法律调整所形成的；D 项中的关系不合法，不属于法律关系。

9. B

【精解】一般而言，权利应该是本位的，享有权利不是为了更好地履行义务，而履行义务是为了更好地享有权利。

10. D

【精解】法律与道德起源和存在的时间不同。法律是由国家制定和认可的，法律的产生必须以阶级的分化和国家的建立为前提；道德是人们在交往中自然演进形成的，只要人们结成社会关系进行生产和生活，道德就必然会出现并发挥作用。A 选项表述错误。有些法律调整的社会关系与道德无关，如程序性的法律关系、组织性的法律关系等。有些道德问题是法律不宜涉及的，如感情问题、友谊问题等。即使在二者共同调整的领域，二者的侧重点和调整方式亦有所不同。B 选项表述错误。一定社会中的道德是多元的，不同阶级都有自己的道德理念，即使是在统治阶级内部，不同阶层、集团和群体的具体道德观念也有不同的特点和要求，而国家法律则是统一的，这样，在多元的道德观念和统一严格的法律规范之间就可能产生矛盾和冲突。C 选项表述错误。由于法律和道德在调整对象范围、规范性特点和程度方面的不同，导致二者在一定场合下也可能发生冲突。在中国文化传统中，这可以概括为"情"与"法"或"情理"与"法理"的冲突。有时一个行为可能合乎情理，但却不合法（法律不允许或者不受法律保护）。反之，也可能出现一个受法律保护的行为，却不符合道德规范的要求。D 选项表述正确。

11. B

【精解】执行社会公共事务作用的法主要有：维护人类社会基本生活条件的法律；有关生产力和科学技术方面的法律；有关技术规范的法律；有关一般文化事务的法律等。选项中只有 B 项不是执行社会公共事务作用的法律。

12. B

【精解】立法体制，是指依照宪法和法律的规定，关于国家机关立法权限划分的制度。一个国家立法体制的形成，主要是由这个国家的国体、政体和文化传统所决定的。一般政体对于立法体制的形式的影响是非常直接的。

13. D

【精解】公民在法律面前一律平等的法律原则是指司法上的平等，而并非立法上的平等。

14. A

【精解】B 项中纪检监察部门不是国家权力机关；C、D 项不属于法律监督行为。

15. D

【精解】法律规范在成文法中当然由法律条文体现出来，但一个法律规范并不一定等于一个法律条文。一个法律规范可以包括在几个法律条文中；一个法律条文也可能包括几个法律规范。

第二章

多项选择题

单元一

1. 关于2015年立法法的主要修改，下列表述正确的有(　　)。

A. 此次立法法修改依法赋予所有设区的市地方立法权

B. 此次立法法修改明确地方立法可以就地方范围内的任何事项制定地方性法规

C. 政府收什么税、向谁收、收多少、怎么收等问题，都要通过人大立法决定

D. 部门规章不得设定减损公民、法人和其他组织权利或者增加其义务的规范，不得增加本部门的权力或者减少本部门的法定职责

2. 立法者应该把自己看作一个自然科学家，他不是在创造法律，不是在发明法律，而仅仅是在表述法律，他用有意识的实在法把精神关系的内在规律表现出来。如果一个立法者用自己的臆想来代替事情的本质，那么我们就应该责备他极端任性。下列对此的理解，可以成立的是(　　)。

A. 立法者和自然科学家对社会的贡献是一样的

B. 法律是纯客观的，不具有任何主观性

C. 法律是人们对客观现象的认识和总结，具有主观性

D. 法律体现了人的意志，是人的主观能动性的结果，但这种主观能动性并不表示任意或者任性

3. 法是统治阶级意志的体现，但统治阶级的意志（包括法本身）都由统治阶级所处的社会物质生活条件所决定，这说明(　　)。

A. 法的最终决定因素是社会物质生活条件

B. 法的唯一决定因素是社会物质生活条件

C. 法不是统治阶级任性和专横的表现，而应遵循客观规律

D. 法是客观见之于主观的东西，即人的主观对客观的反映

4. 法在与相近的社会规范，如道德、宗教、政策等相比较的过程中，显示出来的特殊象征和标志有哪些？(　　)

A. 法是调整人们的行为或者社会关系的规范，具有规范性

B. 法是由国家制定或者认可的，具有国家意志性

C. 法是由国家强制力保证实施的，具有国家强制性

D. 法在国家权力管辖范围内普遍有效，具有普遍性

5. 法律规则是法律的基本构成因素。下列关于法律规则分类的表述，可以成立的有(　　)。

A. 我国民法典规定：现役军人的配偶要求离婚，应当征得军人同意。此规定为授权性规则

B. 我国中小企业促进法规定：国家鼓励中小企业与研究机构、大专院校开展技术合作、开发与交流，促进科技成果产业化，积极发展科技型中小企业。此规定为命令性规则

C. 我国宪法规定：中华人民共和国公民的通信自由和通信秘密受法律的保护。除因国家安全或者追查刑事犯罪的需要，由公安机关或者检察机关依照法律规定的程序对通信进行检查外，

任何组织或者个人不得以任何理由侵犯公民的通信自由和通信秘密。此规定为禁止性规则

D. 我国公证法规定：当事人应当按照规定支付公证费。对符合法律援助条件的当事人，公证机构应当按照规定减免公证费。此规定为命令性规则

6. 关于法律关系主体的权利义务与作为法律规则内容的权利义务，下列表述正确的是(　　)。

A. 两者所属领域不同，法律关系主体的权利义务属于现实性领域，而作为法律规则内容的权利义务属于可能性领域

B. 针对的主体不同，法律关系主体的权利义务所针对的主体是特定的，而法律上规定的权利义务所针对的是一国之内所有不特定的主体

C. 法律效力不同，法律关系主体的权利义务属于个别化的法律权利和法律义务，而法律上的权利义务属于一般化的法律权利和法律义务

D. 属性不同，法律关系主体的权利义务未必都由法律所规定，并不必然具有法律属性，而法律上的权利义务必然具有法律属性

7. 法律推理的方法包括演绎推理、归纳推理和辩证推理。下列情况中，需要使用辩证推理的有(　　)。

A. 法律规定本身意义模糊

B. 出现法律空隙或漏洞

C. 同一位阶的法律规定之间存在抵触

D. 某些法律规定明显落后于社会发展

8. 关于法律意识，下列说法不正确的是(　　)。

A. 法律意识即指人们的法律心理

B. 法律意识是公民守法的心理基础

C. 从当代中国的语言实践看，法律意识通常指对法律的肯定的态度、心理、观点和思想

D. 根据意识主体的不同，法律意识可分为群体法律意识和社会法律意识

单元一答案与精解

1. AC

【精解】此次立法法修改依法赋予所有设区的市地方立法权，这意味着具有地方立法权的市实现扩围。A 选项表述正确。此次立法法修改同时明确了地方立法权的边界，明确设区的市可以对“城乡建设与管理、环境保护、历史文化保护等方面的事项”制定地方性法规。B 选项表述错误。修改后的立法法明确“税种的设立、税率的确定和税收征收管理等税收基本制度”只能由法律规定。这意味着，今后政府收什么税、向谁收、收多少、怎么收等问题，都要通过人大立法决定。C 选项表述正确。修改后的立法法规定：部门规章规定的事项应当属于执行法律或者国务院的行政法规、决定、命令的事项。没有法律或者国务院的行政法规、决定、命令的依据，部门规章不得设定减损公民、法人和其他组织权利或者增加其义务的规范，不得增加本部门的权力或者减少本部门的法定职责。D 选项表述错误。

2. CD

【精解】法律是主观性与客观性的统一，法律根源于物质的生活关系，不是立法者纯主观的创造，但是，法律又具有阶级性，是统治阶级意志的表现，是立法者主观认识的产物。因此，C、D 项是正确的，B 项是错误的。A 项不能从题干中反映出来，也与本题的考点无关，不应选。

3. ACD

【精解】物质制约性是法的本质属性，法根源于社会经济基础，要受到社会物质生活条件的制约。但物质生活条件决定法是从最终意义上来讲的，因此它不是法的唯一决定因素。故 A 项正确，

B项错误。同时，法虽然是主观对客观的反映，具有一定的主观性，但必须遵循客观规律。故C、D项正确。

4. BCD

【精解】法的特征是规范性、国家意志性、国家强制性、普遍性。但道德、宗教、政策等也具有一定的规范性。因此，规范性不是法独有的特征，A选项不正确。

5. CD

【精解】按照内容规定不同，法律规则可分为：(1) 授权性规则，是指规定人们有权作一定行为或不作一定行为的规则，即规定人们的“可为模式”的规则。(2) 义务性规则，是指在内容上规定人们的法律义务，即有关人们应当作出或不作出某种行为的规则。其又分为：①命令性规则，是指规定人们的积极义务，即人们必须或应当作出某种行为的规则。②禁止性规则，是指规定人们的消极义务（不作为义务），即禁止人们作出一定行为的规则。A、B项错误，C、D项正确。

6. ABCD

【精解】法律关系主体的权利义务与作为法律规则内容的权利义务，两者领域不同，法律关系主体的权利义务属于现实性领域，而作为法律规则内容的权利义务属于可能性领域；针对的主体不同，法律关系主体的权利义务所针对的主体是特定的，而法律上规定的权利义务所针对的是一国之内所有不特定的主体；法律效力不同，法律关系主体的权利义务属于个别化的法律权利和法律义务，而法律上的权利义务属于一般化的法律权利和法律义务；属性不同，法律关系主体的权利义务未必都由法律所规定，并不必然具有法律属性，而法律上的权利义务必然具有法律属性。

7. ABCD

【精解】当发生法律规定本身意义模糊，出现法律空隙或漏洞，同一位阶的法律规定之间存在抵触，某些法律规定明显落后于社会发展等情况时，就需要使用辩证推理来解决有关法律问题。掌握辩证推理的关键是要明确，只有在作为形式推理的两个前提——法律和事实至少有一个不确定时，确定它们的过程就是辩证推理（实质推理）。题中A、B、C、D项都是法律不确定的情况，因此要运用辩证推理。

8. AD

【精解】法律意识是人们关于法律现象的思想、观念、知识、心理的总称，是公民守法的心理基础。根据意识主体的不同，法律意识可分为个人法律意识、群体法律意识和社会法律意识。

单元二

1. 法理学在法学体系中的特殊地位可概括为（　　）。

A. 它是法学的一般理论　　B. 它是法学的基础理论

C. 它是法学的方法论　　D. 它是法学的分支学科

2. 下列选项正确地表达了法律与政治的关系的是（　　）。

A. 近现代法治的实质和精义在于控权，即对权力在形式和实质上的合法性的强调

B. 不被法完全控制的权力活动领域是可能存在的

C. 法表述和确认国家权力，以赋予国家权力合法性的形式强化和维护国家权力，因此，这与法控制、约束国家权力形成了悖论

D. 社会主义法治是社会主义民主政治的基础和前提

3. 关于法的国家强制性，下列表述正确的是（　　）。

A. 法在实施过程中，始终离不开国家强制力的介入

B. 在法自觉得到遵守的情况下，就没有必要运用国家强制力

C. 国家强制力是保证法的实施的唯一力量

D. 法的实施也需要社会舆论、法制观念、伦理道德等多种手段来保证

4. 能够影响法的遵守主体遵守法律的因素有（　　）。

A. 法律的本质　　　　B. 政体的性质

C. 历史及文化传统　　　　D. 社会力量对比关系

5. 下列哪些领域的法律体现了执行社会公共事务的作用？（　　）

A. 维护人类社会的基本生活条件的法律

B. 促进教育、科学和文化发展的法律

C. 确定使用设备、执行工艺的技术规程，规定产品、服务质量的标准的法律

D. 维护生产和交换条件的法律

6. 下面关于司法的说法，正确的有（　　）。

A. 司法的主体是国家专门机关及其工作人员，而不是任何其他社会组织或个人

B. 司法是以法律规范为根据，使法律的一般规定具体化

C. 司法需要遵守一定的程序

D. 司法的对象极为广泛，一切国家机关、社会组织和个人都可以成为司法的对象

7. 2002 年 4 月 28 日，九届全国人民代表大会常务委员会第 27 次会议对《刑法》第 294 条第 1 款规定的“黑社会性质的组织”的含义作了解释，该解释为（　　）。

A. 法定解释　　　　B. 文义解释

C. 司法解释　　　　D. 目的解释

8. 下列命题正确的有哪些？（　　）

A. 法律意识不是消极地被社会存在所决定

B. 法律意识的发展具有历史继承性

C. 法律意识必定走在经济发展的后面

D. 统治阶级为了实现统治，必然具有较强的法律意识

单元二答案与精解

1. ABC

【精解】由于法理学是研究法的一般理论、原则、制度等的法学分支，因此就为其他法学提供一般理论、基础理论和方法论。

2. AB

【精解】法既以赋予国家权力合法性的形式确认和维护国家权力，又将国家权力控制和约束在合法性的范围内，二者是辩证统一的。社会主义民主政治是社会主义法治的基础和前提。因此，C、D 项的表述是错误的。

3. BD

【精解】国家强制力并不是保证法的实施的唯一力量，只是最终保障手段。法的实施也需要社会舆论、法制观念、伦理道德等多种手段来保证。

4. ABCD

【精解】法律的本质、政体的性质、历史及文化传统、社会力量对比关系等因素都会影响法的遵守主体遵守法律。

5. ABCD

【精解】法在社会事务方面发挥的作用体现在：维护人类社会的基本生活条件的法律；促进教育、科学和文化发展的法律；确定使用设备、执行工艺的技术规程，规定产品、服务质量的标准的法律；维护生产和交换条件的法律等诸多方面。

6. ABCD

【精解】司法的主体是国家专门机关及其工作人员，而不是任何其他社会组织或个人，它是以法

律规范为根据，使法律的一般规定具体化。司法需要遵守法定的权限和程序，其对象极为广泛，一切国家机关、社会组织和个人都可以成为司法的对象。

7. AB

【精解】由全国人民代表大会常务委员会所作的法律解释属于法定解释，对“黑社会性质的组织”所作的解释是针对其含义作出的，因此属于文义解释。

8. AB

【精解】作为社会意识的一种特殊形式的法律意识是由社会存在所决定的，同时也反作用于社会存在，其发展具有历史继承性。虽然法律意识往往落后于经济和社会的发展，但不必然走在经济发展的后面。C项表述错误。统治阶级为了实现统治必然要借助法律手段，但是由于统治阶级的意志还可以通过政治、政策等法律之外的方式来实现，出于各种原因，统治阶级即便是为了强化统治，也不必然具有较强的法律意识。故D项错误。

单元三

1. 法学产生的前提是（　　）。

A. 私有制发展到一定阶段　　B. 立法发展到相当复杂的程度

C. 立法发展到相当广泛的程度　　D. 社会上已出现一个职业法学家集团

2. 规范性法律文件的效力与非规范性法律文件的效力，其相同之处在于（　　）。

A. 二者同属于法的效力

B. 二者都具有普遍约束力

C. 二者的效力都来自合法程序和国家强制力

D. 规范性法律文件的效力具有普遍约束力，非规范性法律文件的效力不具有普遍约束力

3. 下列说法中正确的是（　　）。

A. 从体现国家意志的角度讲，法总是一元的

B. 法由国家制定或认可意味着体现国家意志的法具有统一性和权威性

C. 国家意志并不必然表现为法

D. 国家的存在是法存在的前提条件

4. 关于法人的权利能力和行为能力，下列表述中正确的是哪些？（　　）

A. 法人的行为能力有完全和不完全之分

B. 法人的行为能力是有限的，由其成立宗旨和业务范围决定

C. 法人一经依法成立，即同时具有权利能力和行为能力

D. 法人有权利能力，并不必然有行为能力

5. 责任法定原则要求（　　）。

A. 法无明文规定不处罚　　B. 法有条件地溯及既往

C. 罪刑法定主义　　D. 无罪推定

6. 某机关工勤人员赵某在一次公务活动中玩忽职守给国家财产造成重大损失，检察机关以玩忽职守罪对之进行立案。赵某认为自己不是国家机关工作人员，根据刑法规定不应构成玩忽职守罪。检察机关则认为赵某从事的是公务活动，应构成玩忽职守罪。案件侦查期间，全国人大常委会作出解释：“虽未列入国家机关人员编制但在国家机关中从事公务的人员，在代表国家机关行使职权时，有渎职行为，构成犯罪的，依照刑法关于渎职罪的规定追究刑事责任。”赵某聘请的律师刘某认为该解释不应溯及以前行为。上述案件中，属于法律解释的有（　　）。

A. 赵某的解释　　B. 检察机关的解释

C. 全国人大常委会的解释　　D. 律师刘某的解释

7. 下列可以成为辩证推理依据的是哪些？（　　）

A. 法律原则　　B. 立法精神与目的
C. 法理　　D. 公正、正义观念

8. 法律意识的作用主要表现为(　　)。
A. 法律意识是公民遵守法律的重要保证
B. 法律意识是正确适用法律的思想保证
C. 法律意识是法律形成的思想和心理基础
D. 法律意识是统治阶级维护统治的主要工具

单元三答案与精解

1. BCD
【精解】根据马克思在《论住宅问题》中所述：随着立法进一步发展为复杂和广泛的整体，出现了新的社会分工的必要性，一个职业法学家阶层形成起来了，同时也就产生了法学。

2. AC
【精解】法的效力，即法的约束力，指人们应当按照法律规定的行为模式来行为，必须予以服从的一种法律之力。法的效力来自制定它的合法程序和国家强制力；法的效力可以分为规范性法律文件的效力和非规范性法律文件的效力。因此，A、C项应入选。B项本身表述错误，D项表述正确，规范性法律文件的效力具有普遍约束力，非规范性法律文件的效力不具有普遍约束力，而这是二者的区别，不是二者的相同之处。要注意所选项要符合题干的提问，不要被选项所迷惑。

3. ABCD
【精解】法是上升为国家意志的统治阶级整体意志的体现，在这个意义上法是一元的，具有统一性和权威性；国家意志不仅体现为法，还体现为道德、伦理等多方面；法作为阶级统治的工具，是以国家的产生和存在为前提条件的。

4. BC
【精解】法人的行为能力总是有限的，并且法人的权利能力和行为能力是同时产生、同时消灭的，法人一经依法成立，就同时具有权利能力和行为能力。因此，不存在法人有权利能力而没有行为能力的情形，法人的行为能力也不存在完全与不完全之分，A、D项错误。

5. AC
【精解】责任法定原则要求在认定和追究行为人法律责任时，要依照法律的预先规定，排除无法律依据的责任。法有条件地溯及既往虽不违背罪刑法定主义和责任法定原则，但不是该原则的本身要求。无罪推定更是违背责任法定原则的要求，故B、D项不能入选。

6. ABCD
【精解】赵某和律师刘某及检察机关的解释属于任意解释，全国人大常委会的解释属于法定解释。这里需要特别注意的是，虽然司法解释的主体也包括检察院，但要成立司法解释，则必须一是最高检察机关作出，二是要形成规范性法律文件。故在具体适用法律中，一般检察机关的解释仍属于非正式解释。

7. ABCD
【精解】运用辩证的思维方法进行法律推理，可以以法律原则、立法精神与目的、法理以及公正、正义观念为依据。

8. ABC
【精解】法律意识的作用主要表现在，法律意识是公民遵守法律的重要保证，是正确适用法律的思想保证，是法律形成的思想和心理基础。虽然统治阶级可以利用法律意识的社会作用来维护其阶级统治，但法律意识不是维护阶级统治的主要工具。D项表述错误。

单元四

1. 下列有关法律关系的客体的描述，正确的是(　　)。

A. 法律关系的客体是一定利益的法律形式，客体所承载的利益本身是法律权利和法律义务联系的中介

B. 法律关系客体的范围和种类有不断扩大和增多的趋势

C. 物是传统意义上法律关系的客体，对何物可以成为法律关系的客体，法律并没有作出规定，而是将其交由当事人自治

D. 人身在任何时候都不得成为法律关系的客体

2. 法产生的共同规律是(　　)。

A. 从习惯到习惯法再到成文法

B. 从对人们行为的个别调整逐步发展为规范性调整

C. 从对特定人、特定事的调整发展到对一般人、一般事的调整

D. 从法律、道德等规范混为一体到逐渐分化为不同的社会规范

3. 关于法的权利义务性，下列表述正确的有(　　)。

A. 在法律上，人与人的关系只能是权利义务关系

B. 法律上的权利和义务的规定具有确定性和可预测性的特点，任何社会关系要成为法律关系必须要能以权利和义务的方式来确定

C. 法律上只要规定了权利就必须规定或意味着相应的义务

D. 法的权利义务性表明法律具有利导性

4. 下列有关法律关系的说法，不正确的是(　　)。

A. 所有的法律关系都是合法的社会关系

B. 所有的法律关系都体现了国家意志

C. 所有的法律关系都体现了双方当事人的意志

D. 法律关系具有意志性，因此，不受客观因素的影响

5. 法律解释既是人们日常法律实践的重要组成部分，又是法律实施的重要前提，与一般解释相比，法律解释具有特殊性。以下论述正确的是(　　)。

A. 法律解释的任务是通过研究法律规定及其附随情况，探求它们所表现出来的法律意旨

B. 法律解释的主要任务，就是要确定某一法律规定对某一特定的法律事实是否有意义，也就是对待裁判或处理的事实的法律规定加以解释

C. 法律解释的过程要避免价值判断和价值选择的影响，通过逻辑的三段论推理而达成一致结论

D. 法律解释者要理解法律的每个用语、条文和规定，需要以理解该用语、条文和规定所在的制度、法律整体乃至整个法律体系为条件

6. 甲与乙签订了一份买卖合同，在履行合同过程中发生纠纷。甲向律师丙咨询，丙认为根据民法典规定，乙的行为构成违约，如提起诉讼，有较大胜诉把握。丙的分析体现了法的(　　)。

A. 评价作用　　　　B. 教育作用

C. 强制作用　　　　D. 预测作用

7. 我国宪法、人民法院组织法、人民检察院组织法、刑事诉讼法、民事诉讼法、行政诉讼法等法律都对司法机关依法独立行使职权作出了明确的规定。根据宪法和法律有关规定并结合法学理论，以下关于司法机关依法独立行使职权论述正确的是(　　)。

A. 司法权的专属性，即国家的司法权只能由国家各级审判机关和检察机关统一行使，其他任何机关、团体和个人都无权行使此项权利

B. 司法机关行使职权也必须合法，即司法机关审理案件必须严格依照法律规定，正确适用法

律，不得滥用职权，枉法裁判

C. 法律适用是一项专业性很强的工作，只能由受过专业训练的法律职业人员从事，所以实行这项原则是正确适用法律的前提

D. 根据这项原则，对于司法机关及其工作人员在刑事诉讼中违法行使职权，造成公民、法人和其他组织人身权或财产权损害的，由司法机关独立承担赔偿责任

8. 在立法时，法律意识能够(　　)。

A. 产生社会关系需要法律调整的要求

B. 形成完善法律制度的愿望

C. 提出进行法律调整的具体设想或方案

D. 帮助立法者正确认识客观实际

单元四答案与精解

1. AB

【精解】C项中前半句是正确的，物是法律关系的传统意义的客体，但是，物理意义上的物要变为法律关系的客体，须具备四个条件：第一，应得到法律的认可；第二，应为人类所认识和控制；第三，能够给人们带来某种物质利益，具有经济价值；第四，具有独立性。因此，C项中后半句是错误的。D项过于绝对，人身是法律关系主体的承载者，一般来说不能成为客体，但是，随着现代科学技术的发展，在一定条件下，人身体的部分可以成为法律关系的客体。A、B项是正确的。

2. ABCD

【精解】四项都是对法产生规律的正确表述。

3. ABCD

【精解】法律对人们行为的调整主要是通过对权利和义务的设定和运行来实现的，因而法律的内容主要表现为权利和义务。法律上的权利和义务的规定具有确定性和可预测性的特点，它明确地告诉人们该怎样行为、不该怎样行为以及必须怎样行为。人们根据法律来预先估计自己与他人之间该怎样行为，并预见到行为的后果以及法律的态度。故A、B项正确。法律上只要规定了权利就必须规定或意味着相应的义务，法律具有权利和义务的一致性。这一特征也是法律与其他社会规范的一个重要区别。C项正确。法律通过规定人们的权利和义务来分配利益，影响人们的动机和行为，进而影响社会关系。这表明法律具有利导性。D项正确。

4. CD

【精解】法律关系是根据法律规范建立起来的一种社会关系，体现国家的意志。有些法律关系要通过当事人的意志一致才能产生，但有很多法律关系的产生并不需要体现双方当事人的意志，如行政法律关系。法律关系根源于社会经济关系并反映经济关系的要求，同时也受到其他社会关系的制约，并且其本身也会对一定社会关系产生影响，具有客观性。

5. ABD

【精解】本题考查的是法律解释的特点。法律解释具有以下四个特点：(1) 法律解释的对象是法律规定及其附随情况。法律解释的任务是通过研究法律规定及其附随情况，探求它们所表现出来的法律意旨。(2) 法律解释与具体案件密切相关。(3) 法律解释具有一定的价值取向性。法律解释的过程是一个价值判断、价值选择的过程。因此C项是错误的。(4) 法律解释受解释学循环的制约。解释学循环是解释学中的一个中心问题，它是指整体只有通过理解它的部分才能得到理解，而对部分的理解又只能通过对整体的理解。因此，法律解释者要理解法律的每个用语、条文和规定，需要以理解该用语、条文和规定所在的制度、法律整体乃至整个法律体系为条件。

6. AD

【精解】评价作用是指法作为一种行为标准，具有判断、衡量他人行为合法与否的作用；预测作用是指凭借法律的存在，可以预先估计到人们相互之间会如何行为。

7. ABC

【精解】本题考查的是审判独立的基本原则。对于D项，结合国家赔偿法需要注意的是，国家赔偿的主体是国家，对于由司法机关工作人员造成的冤假错案，承担赔偿责任的是国家，而不是司法机关。所以D项错误。

8. ABCD

【精解】法律意识在立法工作中的作用表现在：法律意识能够产生社会关系需要法律调整的要求，形成完善法律制度的愿望，提出进行法律调整的具体设想或方案，帮助立法者正确认识客观实际。

单元五

1. 在法的产生的条件和原因的说法中，正确的包括(　　)。

A. 法是商品生产和交换的产物

B. 法是阶级斗争不可调和的产物

C. 随着社会经济的发展，人的独立意识的成长促进了法的产生

D. 为了处理日益增多和复杂的事务，需要一种新的行为规则

2. 下列有关法律文化的表述，正确的是(　　)。

A. 在物化的层面，法律文化通常表现为关于法律的某种物质形式，如正义女神、法槌、法袍等

B. 在制度层面，法律文化表现为各种具体的与传统相关的法律制度

C. 在观念层面，法律文化表现为人们思想意识中关于法律的种种看法、感觉和知识

D. 观念层面的法律文化指的就是法律意识，这是法律文化最内在的深层次因素

3. 下列不是引起法律关系产生、变更和消灭的条件有(　　)。

A. 法律实施　　B. 法律规范

C. 法律事实　　D. 法律关系客体

4. 下列有关法的溯及力的表述，正确的有(　　)。

A. 法的溯及力，也称法溯及既往的效力，是指法对其通过以前的事件和行为是否适用。如果适用，就具有溯及力；如果不适用，就没有溯及力

B. 有关侵权、违约的法律和刑事法律，一般以法不溯及既往为原则

C. 法不溯及既往并非绝对。目前，各国通例是“从新兼从轻”原则，即新法原则上不溯及既往，但是新法不认为犯罪或者处刑较轻的，适用新法，也称为“有利原则”

D. 在某些有关民事权利的法律中，法律有溯及力

5. 法的指引作用可以分为确定的指引和有选择的指引，下列哪些表述属于有选择的指引？(　　)

A. 宪法规定，公民的通信自由和通信秘密受法律保护

B. 民法典规定，当事人协商一致，可以变更合同

C. 刑法规定，故意杀人的，处死刑、无期徒刑或者10年以上有期徒刑

D. 民法典规定，人格权受到侵害的，受害人有权依照本法和其他法律的规定请求行为人承担民事责任

6. 甲因涉嫌杀人罪被公安机关立案侦查，检察院批准逮捕并向法院提起公诉，甲聘请律师为其

辩护，法院经审理判处甲无期徒刑。上述活动中属于司法活动的有（ ）。

A. 公安机关立案侦查

B. 法院的审判

C. 律师的辩护

D. 检察院批准逮捕，提起公诉

7. 关于法治与民主的关系，下列说法正确的有（ ）。

A. 民主与法治是现代文明政治制度的主要支柱，具有天然的统一性

B. 法治的前提是国家里没有一个最高的权威和力量，如果有只能是法律；民主的前提是国家中有一个最高权威：公意或多数

C. 在民主政治下，法律有可能沦为工具，法治就不可能真正实现

D. 法治与民主息息相关，没有民主就没有法治，没有法治就没有民主

8. 下列属于法律意识的表现的有（ ）。

A. 某大学讲师对依法治国理论进行的系统论述

B. 某保护妇女权益组织认为“第三者”问题应由法律进行调整

C. 某省参加高考的考生认为国家在高考录取工作中存在不公正的做法，侵犯了自己的合法权益，欲起诉有关部门

D. 被判处无期徒刑的被告人管某从律师处得知刑事诉讼中“上诉不加刑”的原则后，决定上诉

单元五答案与精解

1. ABCD

【精解】A、B、D 项明显可以成立，C 项也正确的理由在于人的独立意识的成长促进了私有制的发展，这是促进法产生的重要原因。

2. ABCD

【精解】法律文化的表现实际上是多层面的，即在物化方面、制度层面、观念层面都有不同形式的表现，但反映着共同的特征，即法律文化的内涵。A、B、C、D 四项都反映了这一内涵。

3. AD

【精解】能引起法律关系产生、变更和消灭的条件有两个：法律规范和法律事实。因此，法律实施和法律关系客体不是引起法律关系变动的条件。

4. BD

【精解】法的溯及力，也称法溯及既往的效力，是指法对其生效以前的事件和行为是否适用。如果适用，就具有溯及力；如果不适用，就没有溯及力。法律的公布是法律生效的前提。法律通过后，凡是未经公布的，都不能发生法的效力。A 项错误。法不溯及既往并非绝对。目前，各国通例是“从旧兼从轻”原则，即新法原则上不溯及既往，但是新法不认为犯罪或者处刑较轻的，适用新法，也称为“有利原则”。C 项错误。B、D 项表述正确。

5. BD

【精解】根据法律规范中行为模式的不同，可以将法律规范的指引作用分为确定的指引和不确定的指引（有选择的指引）。前者对人们行为的指引是确定的，不允许存在选择余地；后者对人们行为的指引随行为人的主观意愿而定，允许自行选择。本题中，A 项规定的是法律原则，不存在这种分类。B、D 项是有选择的指引，而 C 项是确定的指引。

6. ABD

【精解】司法又称法的适用，是指国家司法机关依据法定的职权和程序，运用法律处理案件的专

门活动，其中公安机关履行侦查职能，属于司法活动。

7. BC

【精解】民主与法治是现代文明政治制度的主要支柱，但民主与法治并不是天然统一的，在某种意义上，民主与法治之间也存在着矛盾。法治的前提是国家里没有一个最高的权威和力量，如果有，只有作为各种力量妥协产物的法律是最高的权威。民主的前提是国家中有一个最高权威：公意或多数，而公意是可以随时变化的，如果法律沦为工具，法治就不可能真正实现。这是民主与法治的根本区别。因此，A 选项表述错误，而 B、C 选项表述正确。法治是一种以民主宪政为核心的政治法律制度，法治与民主息息相关，没有民主就没有法治，但是，民主的最大特点在于以公民的意志作为其政治合法性的基础，并不以法治为前提。D 选项表述错误。

8. ABCD

【精解】法律意识是指人们关于法律现象的思想、观念、知识、心理的总称，是社会意识的一种特殊形式。A、B、C、D 项都是法律意识的表现。

单元六

1. 我国法律在建设市场经济内部法律环境方面的功能，主要体现在(　　)。

A. 确认和维护各种市场主体的法律地位，规范市场主体的微观经济行为

B. 运用法律解决社会保障问题

C. 运用法律对市场经济进行宏观调控，矫正市场经济的弊端

D. 加强社会公共事务的管理

2. 一般来说，实质推理是对法律规定和案件事实的实质内容进行价值评价的推理。当出现法律规定本身的含义模糊，在法律中对于有关问题没有直接的明文规定，法律规定之间有抵触或者法律中出现两种以上需要选择适用的条款，通常所述的“合法”和“合理”矛盾的时候，需要运用实质推理。而对于实质推理，各国的法制实践一般通过以下哪些形式来进行？(　　)

A. 通过司法机关对法律的目的和精神进行解释

B. 根据习惯、法理或者根据正义、公平等法律意识及伦理观念作出判断

C. 根据国家的政策或法律的一般原则作出决定

D. 根据权威法官或法学家的论证以及社会舆论导向等作出决定

3. 下列有关法的强制性与国家强制力的关系的说法，正确的是(　　)。

A. 法的强制性是国家强制力的一种表现

B. 国家强制力是法的强制性的外在力量渊源，对法来说不可或缺

C. 国家强制力是法的强制性的外在力量渊源，对法来说可有可无

D. 法本身只有国家强制性而不具有国家强制力

4. 下列有关“法的渊源”的表述，哪些是不正确的？(　　)

A. 法的非正式渊源，是指不能被国内法院适用的法的渊源，如正义标准、理性原则、习惯

B. 在我国，宪法、法律、行政法规、地方性法规等主要是根据其所调整的社会关系而作出的分类

C. 根据“条约必须遵守”的原则，一切国际条约和国际惯例均构成当代我国法的渊源之一

D. 法的形式意义上的渊源就是法的效力渊源

5. 下列规则中属于确定性规则的是(　　)。

A.《中小企业促进法》第 10 条第 3 款规定：中小企业发展基金的设立和使用管理办法由国务院规定。

B.《科学技术普及法》第 13 条规定：科普是全社会的共同任务。社会各界都应当组织参加各类科普活动

C.《政府采购法》第 4 条规定：政府采购工程进行招标投标的，适用招标投标法

D.《清洁生产促进法》第 7 条第 1 款规定：国务院应当制定有利于实施清洁生产的财政税收政策

6. 在划分部门法时要考虑到法律所调整的社会关系的种类，并同时注意社会关系法律调整的机制。下列对划分部门法的标准的论述，错误的是(　　)。

A. 法律所调整的社会关系的种类应该是划分部门法的首要的、第一位的标准

B. 因为我国是社会主义公有制经济，所以传统的关于公、私法的划分标准在我国不应适用

C. 根据法律调整的机制，可以合理地区分经济法和民法的调整范畴，例如，经济关系中是平等的主体之间的财产关系的，就划归为民法部门；是非平等关系的具有某种国民经济系统中管理和被管理关系的，就划归为经济法

D. 划分法律部门的法律所调整的社会关系也就是法律所直接保护的对象

7. 下列各项中包含法律事件的有(　　)。

A. 某国发生战争，致使我国外贸公司从该国的进口受阻

B. 某律师事务所与刘某约定，只要刘某通过律师资格考试，就聘他到该所工作，结果刘某由于被汽车撞伤住院治疗未能参加考试

C. 陈某已有配偶，某天出差时突发急病，抢救无效而死亡，导致婚姻关系消灭

D. 甲公司与乙公司签订一份买卖合同后，由于突发泥石流损坏公路，致乙公司无法按照合同约定时间交货

8. 关于归纳推理，下列说法正确的是(　　)。

A. 类比推理是归纳推理的一种方法

B. 归纳推理的优点是同样案件同样处理

C. 运用归纳推理的典型是制定法传统中所运用的法律推理

D. 归纳推理可在相当程度上填补制定法的空隙、弥补制定法的不足

单元六答案与精解

1. ABC

【精解】A、B、C 三项都是法律在建设市场经济内部法律环境方面的功能。D 项是法律在建设市场经济外部法律环境方面的功能之一，因此，不应入选。

2. ABC

【精解】此题考查的是法律推理的内容。法律推理有形式推理和实质推理之分。实质推理（辩证推理）是当作为推理前提的法律或事实不确定时，运用特定的方法确定推理前提的过程。在法律不确定的情况下，法律适用者往往要根据法律目的和精神进行解释或者根据国家政策、公平、正义等法律意识和法律原则来明确法律。而学理解释和社会舆论导向等只具有参考价值，不能直接依此确定法律，故 A、B、C 项正确，D 项错误。

3. ABD

【精解】法有强制性是因为法是由国家制定或认可的，体现了国家意志，反映了国家强制力的存在，但法本身只有国家强制性而不具有国家强制力，国家强制力是法的强制性的外在力量渊源，是法的最终保障。

4. ABC

【精解】选项 A，法的非正式渊源，有可能被国内法院适用，如最高法院选择并发表的判例；选项 B，根据其所调整的社会关系而作出分类的是刑法、民法、行政法等；选项 C，有些国际条约和国际惯例构成当代我国法的渊源之一；法的形式意义上的渊源是指法的创制方式和表现形式，即法的效力渊源，D 选项表述正确。

5. BD

【精解】A选项为委任性规则，C选项为准用性规则，二者均属于非确定性规则。特别应当注意D选项“国务院应当制定有利于实施清洁生产的财政税收政策”是授权性规则，因而属于确定性规则。授权性规则与委任性规则表面看具有较大相似性，但授权性规则属于确定性规则，委任性规则属于非确定性规则。

6. BD

【精解】本题考查的是关于部门法的划分标准。在法的部门划分方面的主要原则有：客观原则、合目的性原则、适当平衡原则、辩证发展原则、相对稳定原则和主次原则等。在划分标准方面，法律所调整的社会关系的种类是首要的、第一位的标准，但是法律所调整的社会关系同法律所直接保护的对象要区别开。所以D项是错误的。同时，在第一位标准不能完成部门法的划分时，要运用社会关系的法律调整方法来划分部门法。但是我们要注意到，并不能因为我国是实行社会主义公有制的国家就否定公、私法的划分。所以B项是错误的。

7. ABCD

【精解】法律事件，是法律规范规定的，不以当事人的意志为转移而能够引起法律关系产生、变更、消灭的客观事实。A、B、C、D四项所述都是与当事人的意志无关的原因——法律事件而引起了法律关系的变化。

8. BD

【精解】类比推理是根据两个或两类对象某些属性相同，从而推出它们在另一些属性方面也可能存在相同点的推理。归纳推理是从两个或更多的同类特殊命题中获取一般性命题的推理。类比推理和归纳推理是两个并列的推理方式，A项错误。运用归纳推理的典型是判例法制度，其可以做到同样条件同样处理，也可以相当程度上弥补法律的不足。故B、D项正确，C项错误。

单元七

1. 某日，陈某因生活琐事将肖某打伤。当地公安局询问了双方和现场目击者并做了笔录，但未作处理。两年后，该公安局对陈某作出了拘留10日的处罚。陈某申诉，上一级公安局维持了原处罚决定。陈某提起诉讼。法官甲认为该公安局违反了《人民警察法》关于对公民报警案件应当及时查处的规定，因此应当撤销其处罚决定。法官乙认为，如果因公安局的迟延处理而撤销其处罚，就丧失了对陈某的违法行为进行再处理的可能，因此不应当撤销。依据法理学的有关原理，下列哪些选项是正确的？(　　)

A. 陈某与该公安局之间不存在法律关系

B. 法官甲的观点说明法律具有程序性的特征

C. 法官甲的推理属于形式推理

D. 法官乙的观点属于司法解释

2. 下面的法律规定中，属于法的要素中法律规则的是(　　)。

A.《著作权法》第29条规定，许可使用合同和转让合同中著作权人未明确许可、转让的权利，未经著作权人同意，另一方当事人不得行使

B.《票据法》第3条规定，票据活动应当遵守法律、行政法规，不得损害社会公共利益

C.《公司法》第191条规定，本法所称外国公司是指依照外国法律在中国境外设立的公司

D.《审计法》第53条规定，中国人民解放军审计工作的规定，由中央军事委员会根据本法制定

3. 在阶级对立社会中，法律对统治阶级内部成员的违法犯罪行为也要追究法律责任，给予法律制裁，这说明(　　)。

A. 阶级对立社会中的法律不是统治阶级全体成员意志总和的反映

B. 阶级对立社会中的法律不是统治阶级整体意志的反映

C. 阶级对立社会中，统治阶级内部的个别意志与其整体意志相抵触

D. 阶级对立社会中，统治阶级为维护其整体意志会舍弃个别成员的意志

4. 法自身特点所带来的有限性是由于(　　)。

A. 法具有主观意志性，法律总会存在某种不合理、不科学的地方

B. 法的概括性、抽象性与纷繁复杂的现实生活总会有不一致的地方

C. 法的稳定性与不断发展变化的社会生活总存在着差距

D. 法的程序性有时可能会使人们不能及时地解决问题

5. 某法院在审理一行政案件中认为某地方性法规与国家法律相抵触。根据我国宪法和法律的规定，下列表述正确的是(　　)。

A. 法官审理行政案件，如发现地方性法规与国家法律相抵触，可以对地方性法规的合宪性和合法性进行审查

B. 法官审理行政案件，如发现地方性法规与国家法律相抵触，应当适用国家法律进行审判

C. 法官审理行政案件，如发现地方性法规与国家法律相抵触，可以通过所在法院报请最高人民法院，由最高人民法院依法向全国人民代表大会常务委员会书面提出进行审查的要求

D. 法官审理行政案件，如发现地方性法规与国家法律相抵触，可以公民的名义向全国人民代表大会常务委员会书面提出进行审查的建议

6. 下列关于法律规则的表述，正确的有(　　)。

A. 从内容上分，法律是由法律规则、法律原则、法律概念构成的

B. 法律条文是表现法律规则的载体，即条文是形式，规则是内容。因此，法律规则都要通过法律条文来表达，法律条文都要规定法律规则

C. 法律主要是由法律规则构成的，因此，法律规则的基本特点反映了法律的基本特征

D. 法律规则与其他社会规范相比，具有微观指导性、可操作性较强、确定性程度较高、可预测性等特征

7. 制定《监察法》是深化国家监察体制改革决策部署的重大举措。《监察法》立法工作遵循的思路和原则有(　　)。

A. 坚持正确的政治方向

B. 坚持与宪法修改保持一致

C. 坚持问题导向

D. 坚持科学立法、民主立法、依法立法

8. 下列有关法律体系与立法体系的说法，不恰当的是(　　)。

A. 两者的内在组成要素的划分标准和依据不同

B. 法律体系属于制度范畴，立法体系属于学科范畴，两者没有联系

C. 两者包含的内容不同

D. 两者都是以规范性文件为表现形式

单元七答案与精解

1. BC

【精解】陈某因打人受到公安局的处罚，所以他和该公安局之间存在行政法上的行政管理法律关系。法官甲认为该公安局违反了《人民警察法》关于对公民报警案件应当及时查处的规定，因此应当撤销其处罚决定，他的推理属于形式推理、演绎推理的适用，同时，他的观点也说明法律具有程序性的特征。司法解释必须由最高人民法院和最高人民检察院作出，所以法官乙的观点不属于司法解释而是非正式解释。因此，正确答案为B、C项。

2. AD

【精解】A项属于法律规则，属于确定性规则。D项属于法律规则中的委任性规则。因此，A、

D 项应入选。B 项属于法律原则，C 项属于法律概念。

3. ACD

【精解】阶级对立社会中的法律是统治阶级整体意志的反映，但不是统治阶级全体成员意志总和的反映。当个别意志与其整体意志相抵触时，为了维护其整体意志，统治阶级会舍弃个别成员的意志。

4. ABCD

【精解】法具有主观意志性、概括性、抽象性、稳定性、程序性等特点，法的自身特点会产生相应的局限性，A、B、C、D 四项表述均正确。

5. BCD

【精解】本题涉及地方性法规与国家法律规定相抵触时如何处理的问题。按照一般法理，不同的法律规范之间具有一定的效力层次，上位法优于下位法是一条基本原则。具体来说，宪法具有最高法律效力，法律次之，法规和规章等都不得违反法律的规定。《立法法》第 88 条规定：法律的效力高于行政法规、地方性法规、规章。因此，当某一地方性法规的规定违反法律规定时，应当审查该法规的效力，以保证国家法律体系的完整性和统一性。

6. AC

【精解】从内容上分，法律是由法律规则、法律原则、法律概念三者共同构成的。A 项表述正确。法律条文并非都规定法律规则，即有些法律条文规定法律原则，有些法律条文规定法律概念或法律技术；法律规则并非都要通过法律条文来表达，因为法条只是在制定法中才有意义，判例法规则就不是通过法条来表现的。B 项表述错误。法律主要是由法律规则构成的，法律规则是法律中最具硬度的部分。法律规则的一些基本特性（如确定性、微观指导性、可诉性、可预测性、合逻辑性、合体系性等）同时也是法的基本特性。离开法律规则，法也就失去了其内容的根基。C 项表述正确。法律规则与其他要素相比，具有微观指导性、可操作性较强、确定性程度较高、可预测性等特征。这些特征是同法律原则、法律概念相比较而言的，并不是同其他社会规范相比所体现出的特征。故 D 项表述错误。

7. ABCD

【精解】监察立法工作应当遵循的思路和原则有：一是坚持正确的政治方向。严格遵循党中央确定的指导思想、基本原则和改革要求，把坚持和加强党对反腐败工作的集中统一领导作为根本政治原则贯穿立法全过程和各方面。二是坚持与宪法修改保持一致。宪法是国家各种制度和法律规则的总依据。监察法相关内容及表述均与现行宪法修正案（五）修改关于监察委员会的各项规定相衔接、相统一。三是坚持问题导向。着力解决我国监察体制中存在的突出问题。四是坚持科学立法、民主立法、依法立法。贯彻落实党中央决策部署，吸收各方面意见，回应社会关切，严格依法按程序办事。可见，备选项应全选。

8. BD

【精解】立法体系属于制度范畴。立法体系不是以规范性文件为表现形式。掌握二者的关键是明确法律体系实际上是一种法的分类，因此以法律本身为对象的狭义法律体系就是部门法体系，即由若干法律部门构成的一个系统。而立法体系实为立法主体体系，即划分不同立法主体的权限所构成的一个系统。

单元八

1. 下列选项中，不符合马克思主义法学关于法理学研究方法的是(　　)。

A. 法律应尽量实现公平，平等保护社会各阶级的利益

B. 法律应尽量实现公正，发生利益冲突时平均分配利益

C. 法学研究应该保持中立，以对现实法律、法规的正确解释为主

D. 法学研究应该坚持实用性，以对立法、司法、执法的指导为主

2. 下列关于法律原则和法律规则的说法，哪些是正确的？（　　）

A. 由于法律原则的效力高于法律规则，在裁判具体案件时，法律原则比法律规则具有更加直接的适用性

B. 在裁判一个具体案件时，某一法律规则要么完全适用，要么完全不适用，不存在第三种选择

C. 应当承认，当遇到具体案件需要权衡不同原则时，有些原则是具有较高的强度的。譬如，诚实信用原则被称为民法典中的“帝王条款”。当其他民法典中的原则与之冲突时，必须服从于它

D. 法律原则要比法律规则的适用范围宽。某一法律规则只能适用于某一类型的行为，而法律原则则可以适用于某一法律部门，甚至整个法律体系

3. 某国议员提出的法案在议会中由于反对党的反对而未获通过，这说明（　　）。

A. 在民主政体下，法并不一定体现统治阶级的意志

B. 在统治阶级利益分化的情况下，法与统治阶级的意志无关

C. 法所体现的统治阶级意志不一定都能变成国家意志即法律

D. 法律体现的是统治阶级的整体意志或根本意志

4. 下列关于我国法的效力层次的表述，正确的是（　　）。

A. 法的效力层次指法律文件之间的效力等级关系

B. 上位法的效力高于下位法

C. 特别法总是优先于普通法

D. 在同一位阶的法律之间，新法优于旧法

5.《民法典》第 758 条规定：当事人约定租赁期间届满租赁物归承租人所有，承租人已经支付大部分租金，但是无力支付剩余租金，出租人因此解除合同收回租赁物的，收回的租赁物的价值超过承租人欠付的租金以及其他费用的，承租人可以要求部分返还。在该法律规则中，假定条件是（　　）。

A. 当事人约定租赁期间届满租赁物归承租人所有的

B. 承租人已经支付大部分租金，但无力支付剩余租金的

C. 出租人因承租人无力支付剩余租金，解除合同收回租赁物的

D. 出租人收回的租赁物的价值超过承租人欠付的租金以及其他费用的

6. 下面的法律规定中，哪些不属于法的要素中的法律规则？（　　）

A.《刑法》第 216 条规定：假冒他人专利，情节严重的，处 3 年以下有期徒刑或者拘役，并处或者单处罚金

B.《宪法》第 26 条规定：国家保护和改善生活环境和生态环境，防治污染和其他公害

C.《刑法》第 94 条规定：本法所称司法工作人员，是指有侦查、检察、审判、监管职责的工作人员

D.《民法典》第 8 条规定：民事主体从事民事活动，不得违反法律，不得违背公序良俗

7. 法律是原创者企图创设完全或部分的法律规制之意志的具体化，此中既有“主观的”想法及意志目标，同时也包含立法者当时不能全部认识之“客观的”目标及事物必然的要求。如果想充分了解法律，就不能不兼顾两者。关于以上观点，以下论述正确的是（　　）。

A. 通过法律解释可以解决法律的稳定性和社会发展之间的矛盾

B. 法是随着社会物质生活条件的变化而变化的，其包含的立法者的意志，也随着社会物质生活条件的变化而变化

C. 对于法律解释采取客观的解释方法可以使法律解释适应变化的现实，实现法律解释、补充和创造法律的功能

D. 法律解释在历史发展中存在的主观解释和客观解释都有其合理之处

8. 我国1999年《宪法修正案》明确规定：依法治国，建设社会主义法治国家。根据宪法的这一规定，下列关于“依法治国”的表述，哪些是正确的或适当的？（　　）

A. 依法治国是发展社会主义市场经济的客观需要，是社会文明进步的重要标志，是国家长治久安的重要保障

B. 依法治国的最终目标在于实现形式意义的法治

C. 依法治国要求逐步实现社会主义民主的制度化、法制化

D. 依法治国把坚持中国共产党的领导、发扬人民民主和严格依法办事统一起来

单元八答案与精解

1. ABCD

【精解】马克思主义法学关于法理学的研究方法包括阶级分析法、价值分析法、实证分析法。阶级分析法就是运用阶级和阶级斗争的观点观察和分析阶级社会中各种法律现象的方法，A项“平等保护社会各阶级的利益”的说法与此方法相违背。价值分析法就是通过认知和评价社会现象的价值属性，从而揭示、批判或确认一定社会价值或理想的方法，B项“发生利益冲突时平均分配利益”的说法与此相违背，因而错误。实证分析法就是通过对经验事实的观察和分析来建立和检验各种理论命题，但不是说法学研究要以解释法律、法规为主，而是要揭示法的一般原理。因此C项错误。同时，法学研究也不是以实用为重。因此D项错误。

2. BD

【精解】关于法律原则与法律规则的关系应主要掌握它们之间的区别。根据法律原则与法律规则的区别，B、D项正确。在裁判案件时，优先适用法律规则。故A项错误。C项前半部分正确，但举的例子是错误的。诚实信用原则确实被称为民法典中的“帝王条款”，但这并不意味着当其他民法原则与之冲突时，必须服从于它，而是指在权衡不同原则时，它具有较高的强度，应当赋予其较重的分量。

3. CD

【精解】在阶级社会中，法总是体现统治阶级意志的，但法体现的是统治阶级的整体意志，而不是统治阶级内部某党派、集团或其成员的个人意志。即便是统治阶级的整体意志也未必都能上升为国家意志，因为国家意志是各种因素平衡的结果。

4. ABD

【精解】法的效力层次是指在一个国家法律体系中的各种法的渊源，由于制定主体、程序、时间、适用范围等不同，效力也不同，由此形成的法的效力等级体系。在这个体系中，全国性法的效力高于地方性法，上位法的效力高于下位法，在同一位阶的法律之间，新法优于旧法，特别法优先于普通法，但法律另有规定的依照法律规定。

5. ABCD

【精解】假定条件是指法律规则适用的条件，它所要解决的问题是行为的时间和场合、行为的主体确定、范围和对象问题。题中A、B、C、D项都是适用该法律规则的条件。

6. BCD

【精解】作为法的要素的法律规则是指采取一定的结构形式具体规定人们的法律权利、法律义务以及相应的法律后果的行为规范。法的要素除了法律规则，还有法律原则和法律概念。本题中B、D选项是法律原则，C选项是法律概念。依此，本题正确答案为B、C、D三项。

7. ABCD

【精解】本题考查对法律的发展和法律解释的理解。法律具有稳定性，但是法律又要随着社会物质生活条件的变化而变化，所以法律自制定开始就要适应社会物质生活条件的发展。法律解释的目

标基于法律的原立法者的意志和法律自身的意旨而有主观解释和客观解释的分野。所以本题 A、B、C、D 四项全部正确。

8. ACD

【精解】依法治国的最终目标在于实现实质意义的法治而不是形式意义的法治。因此 B 项错误。A、C、D 三项都是对“依法治国”的正确表述。

单元九

1. 法律原则在法律实施中的作用有哪些？（　　）

A. 法律原则在司法实践中可以减少司法腐败

B. 法律原则可以指导法律解释和法律推理

C. 法律原则可以克服法律的缺陷，强化法律的调控功能

D. 法律原则可以合理地约束执法人员的自由裁量权

2. 关于我国立法解释问题，下列表述正确的有（　　）。

A. 我国立法解释的权限属于全国人民代表大会常务委员会

B. 国务院、中央军事委员会、最高人民法院、最高人民检察院和全国人民代表大会各专门委员会以及省、自治区、直辖市的人民代表大会常务委员会可以向全国人民代表大会常务委员会提出法律解释要求

C. 法律解释草案表决稿由全国人民代表大会常务委员会委员长会议全体组成人员的过半数通过，由常务委员会发布公告予以公布

D. 全国人民代表大会常务委员会的法律解释比法律的效力低，但比行政法规的效力高

3. 下列有关法与国家的表述，正确的有（　　）。

A. 法是国家意志的体现

B. 在君主制国家，君主的命令就是法

C. 国家政权活动不受法律制约

D. 法的性质直接决定于国家的性质

4. 下列规则中，属于任意性规则的有（　　）。

A.《海域使用管理法》第 6 条规定：国家建立海域使用权登记制度，依法登记的海域使用权受法律保护

B.《民办教育促进法》第 7 条第 2 款规定：国务院人力资源和社会保障行政部门及其他有关部门在国务院规定的职责范围内分别负责有关的民办教育工作

C.《工会法》第 21 条第 1 款规定：企业、事业单位处分职工，工会认为不适当的，有权提出意见

D. 民法典规定，民事主体可以依法查询自己的信用评价

5. 下列有关具体法律制度的表述，正确的是（　　）。

A. 具体法律制度是同类法律规范的总称

B. 具体法律制度往往是法律部门的组成部分

C. 一个具体法律制度可以从属于不同法律部门

D. 所有权法律制度可以从属于宪法、民法等法律部门

6. 追究法律责任时，坚持责任与处罚相当原则就要求（　　）。

A. 法律责任的性质与违法行为或违约行为的性质相适应

B. 法律责任的种类和轻重与违法行为或违约行为的具体情节相适应

C. 法律责任的轻重与行为人的主观恶性相适应

D. 法律责任的有无与行为人的主观态度相适应

7. 某林区村民甲为盖房欲去山上伐几棵国有林木。甲父对甲说，未经许可去伐国有林木属乱砍滥伐，是违反森林法的。甲依从了父亲的劝导。该事例说明法有哪些功能？（　　）

A. 引导功能　　B. 评价功能

C. 教育功能　　D. 强制功能

8. 下列有关法与社会关系的表述，哪些是正确的？（　　）

A. 中国固有的法律文化深受伦理道德的影响；而宗教信仰对于西方社会法律的形成具有重要的影响，为确立“法律至上”观念奠定了基础

B. “法的社会化”是西方现代市场经济发展中出现的现象，表明法律是市场经济的宏观调控手段

C. 凡属道德所调整的社会关系，必为法律调整；凡属法律所调整的社会关系，则不一定为道德所调整

D. 生命科学的发展、器官移植技术的成熟对法律具有积极影响

单元九答案与精解

1. BCD

【精解】在将抽象的、一般的法律原则运用于具体的社会生活的过程中，法律原则起着指导作用。法律是对社会生活的总结和概括，由于立法者的局限性，法律不可能全面地反映社会生活，此外，立法主要是以过去的经验为基础的，当新的社会关系产生时，法律往往没有作出规定，这种情况下，法律原则能够弥补法律的缺陷。法律原则是确定行使自由裁量权合理范围的依据。但是，法律原则与减少司法腐败之间没有必然联系。A 选项错误。

2. AB

【精解】我国《立法法》第 45 条规定：法律解释权属于全国人民代表大会常务委员会。法律有以下情况之一的，由全国人民代表大会常务委员会解释：（1）法律的规定需要进一步明确具体含义的；（2）法律制定后出现新的情况，需要明确适用法律依据的。第 46 条规定：国务院、中央军事委员会、最高人民法院、最高人民检察院和全国人民代表大会各专门委员会以及省、自治区、直辖市的人民代表大会常务委员会可以向全国人民代表大会常务委员会提出法律解释要求。第 49 条规定：法律解释草案表决稿由常务委员会全体组成人员的过半数通过，由常务委员会发布公告予以公布。第 50 条规定：全国人民代表大会常务委员会的法律解释同法律具有同等效力。因此，本题正确答案为 A、B 项。

3. ABD

【精解】法是上升为国家意志的统治阶级意志，因此法是国家意志的体现，A 选项正确。在君主制国家，由于君主的意志代表了统治阶级的意志，君主的命令就是法律，B 选项正确。法律的效力具有普遍性，即使是国家政权活动，也必须受到法律的制约和调整，C 选项错误。国家是法律存在的基础，法律的产生、制定和实施，法律的性质、内容和表现形式以及法律的发展变化都依赖国家。D 选项正确。

4. CD

【精解】按照规则对人们行为规定和确定的范围和程序不同可以把法律规则分为强行性规则和任意性规则。在任意性规则规定的范围内，行为主体可以进行选择。

5. ABCD

【精解】具体法律制度是同类法律规范的总称，往往是法律部门的组成部分。一个具体法律制度可以从属于不同法律部门，例如，所有权法律制度可以从属于宪法、民法等法律部门。

6. ABC

【精解】法律责任的轻重与种类应当与行为人的主观恶性相适应，而不是与其主观态度相适应。

因此，D选项表述错误。

7. ABC

【精解】评价功能是指根据法律对他人的行为的合法性进行评价的作用；强制功能是依照法律对违法犯罪者追究法律责任的功能；引导功能是法对本人的行为具有引导作用的功能；教育功能是指通过法律的实施使法律对一般人的行为产生影响。

8. ABD

【精解】法是社会发展到一定阶段的产物，法的本质最终体现为法的社会性，即由一定社会物质生活条件决定。中国固有的法律文化深受伦理道德的影响，中国古代的礼法合一、明德重法等思想都对法律的发展具有重要影响。而在西方，由于宗教的发达和宗教影响的广泛性，其法律制度更多地受到宗教信仰的影响。选项A正确。法律是调整社会关系的一种手段，它随着社会经济的发展而不断变化，法的社会化正表明了法律对社会经济的作用。选项B正确。法和道德是一对具有密切关系的概念，但是，二者的调整范围具有差异性，一般来说，道德的调整范围比法律的调整范围更广，法律调整的是那些要求并可能由国家评价和保证的社会关系，而属道德调整的领域几乎囊括一切社会关系。因此，凡属法律调整的社会关系，必为道德所调整，而属道德调整的社会关系则有可能超出法律的调整范围。选项C颠倒了二者的关系，是错误的。科学技术对法律上层建筑的作用是全方位的，包括对法的内容的影响，主要表现在大量的新的立法领域的出现等。因此，选项D正确。

单元十

1. 关于法治国家，下列论述正确的有(　　)。

A. 法治国家赋予公民广泛的权利，并通过法律保障人权，限制公共权力的滥用

B. 法治国家不仅要求有良法的治理，更要求在一个国家的制度中，法律具有最高的权威

C. 在法治国家里，应当通过宪法确立分权与权力制约的国家关系

D. 确立审判独立等普遍的司法原则是法治国家的一个重要标志

2. 法有本质属性与非本质属性之分，下列哪些属于法的非本质属性？(　　)

A. 法的规范性　　B. 法的强制性

C. 法的普遍性　　D. 法的物质制约性

3. 下列哪些属于我国法的效力终止的情况？(　　)

A. 在法中明文规定该法的有效期限，期限届满时，该法即自行终止效力

B. 新法公布实施后，原有的相同内容的法自行失去效力

C. 新法中明文宣布原有的相同内容的法自新法生效之日起终止效力

D. 有权的国家机关颁布决定、命令等专门的法律文件，宣布某法失效

4. 下列说法中正确的是(　　)。

A. 法律规则在逻辑结构上由假定条件、行为模式和法律后果三部分构成

B. 并非每个法律规则在逻辑结构上都是由假定条件、行为模式和法律后果三部分构成

C. 行为模式是法律规则的核心部分

D. 假定条件、行为模式是法律后果的前提

5.《刑法》第20条第1款规定：为了使国家、公共利益、本人或者他人的人身、财产和其他权利免受正在进行的不法侵害，而采取的制止不法侵害的行为，对不法侵害人造成损害的，属于正当防卫，不负刑事责任。该法律条文包含了法律规则逻辑结构中的(　　)。

A. 假定条件　　B. 行为模式

C. 合法后果　　D. 违法后果

6. 某公司于2010年1月8日在工商部门注册登记成立，具有法人资格，2月18日正式营业，2015年3月1日被撤销，关于该公司的权利能力和行为能力，下列表述中正确的是(　　)。

A. 该公司的行为能力始于2010年2月18日
B. 该公司的权利能力始于2010年1月8日
C. 该公司被撤销后，行为能力消灭，但权利能力仍在一段时间内存在
D. 该公司的权利能力和行为能力同时产生，同时消灭
7. 法律责任构成要素中所指的损害结果，包含的含义有（　　）。
A. 损害结果表明法律所保护的合法权益遭受了侵害
B. 损害结果必须具有确定性，是违法行为或违约行为已经实际造成的侵害事实
C. 认定损害结果时一般根据法律、社会普遍认识、公众观念并结合社会影响、环境等因素进行
D. 损害结果只能是对人身、财产的损害
8. 下列有关法律意识的表述，正确的有（　　）。
A. 从当代中国的语言环境来看，法律意识通常是指对法律的肯定的态度、心理、观点和思想
B. 法律意识是社会意识的一种特殊形式，法的传统之所以可以延续，很大程度上是因为法律意识强有力的传承作用
C. 法律意识相对独立于法律制度，它是法律文化最内在的深层次因素
D. 法律意识包括法律心理和法律思想体系，它在法的演进、创制和实施过程中具有重要作用

单元十答案与精解

1. ABCD

【精解】法治国家又称为法治政府，它强调法律在一个国家中的最高权威，其基本含义是国家权力，特别是行政权力必须依法行使。题中四个选项是法治国家的标准和条件，都是正确的。

2. ABC

【精解】法的规范性、强制性、普遍性等特征是法在与相近的社会现象（如道德、宗教）进行比较的过程中所表现出来的特殊象征和标志，是法的外在特征。只有法的物质制约性是法的本质特征。

3. ABCD

【精解】我国法律效力终止的形式主要有：新的法律公布后，原有的法律即丧失效力；新法取代原有法律，同时宣布旧法作废；法律本身规定的有效期届满；由有关机关颁发专门法律文件，宣布废止某个法律；法律已完成其历史任务而自行失效。

4. ACD

【精解】法律规则在逻辑结构上由假定条件、行为模式和法律后果三部分构成，在立法实践中，表述法律规则内容时，假定条件可以省略。行为模式是法律规则的核心部分，假定条件、行为模式是法律后果的前提，前两者任何一个发生改变都会有不同的法律后果。但是不能因此说并非每个法律规则在逻辑结构上都是由三部分构成，即法律规则本身一定是由三部分构成的，缺一不可。

5. ABC

【精解】“为了使国家、公共利益、本人或者他人的人身、财产和其他权利免受正在进行的不法侵害”，这一部分是假定条件；“采取的制止不法侵害的行为，对不法侵害人造成损害的”，这一部分为行为模式；“不负刑事责任”是法律后果。由于法律认为这种行为不构成犯罪，因此这种法律后果是合法的法律后果。

6. BD

【精解】法人的权利能力自成立时产生，至撤销时消灭。法人的行为能力和权利能力同时产生，同时消灭。

7. ABC

【精解】损害结果包括对人身的、对财产的、对精神的或者三方面都有的损失和伤害。

8. ABCD

【精解】因为我国传统社会是不大重视法律的作用的，法律往往只是作为统治阶级的工具，因此，现在我们主张提高人们的法律意识，从当代中国的语言环境来看，法律意识通常指的是对法律的肯定的态度、心理等。故A项正确。人们的法律意识相对比较稳定，具有一定的延续性，因此法律意识可以使一个国家的法律传统得以延续。故B项正确。法律意识可能先于法律制度而存在，也可能滞后于法律制度的发展，就法律文化的三个层面（物化的、制度的、观念的）而言，观念层面的东西是最为深刻和持久的。故C项正确。法律意识在结构上可分为两个层次：法律心理和法律思想体系，法律意识在法的演进过程中起着传承作用，在法的创制过程中起着指导作用，在法的实施过程中，同样有着重要作用。故D项正确。

第三章 简答题

单元一

1. 简述实行公民在适用法律上一律平等原则的意义。
2. 简述立法的科学性原则。

单元一答案要点

1. 实行这项原则的重要意义在于：首先，实行这项原则是发展社会主义市场经济的必然要求。市场交易的前提是经济主体地位平等，意志自由。只有主体之间平等、自由地竞争才有市场经济的存在与发展。平等地适用法律是维护市场秩序、实现公平竞争的基础和保障。其次，实行这项原则是建设社会主义民主政治的重要保证。在民主政治中，公民是社会的主体和国家的主人，所有公民平等地享有宪法及法律规定的各项权利并承担相同的义务。在法律适用中贯彻平等原则，才能使各项公民权利得到司法保障，保证人民当家作主，建设、发展和完善我国的社会主义民主政治。再次，实行这项原则是建设社会主义精神文明的必要条件。贯彻实施公民在法律面前人人平等的原则，有利于在全体公民中培养、树立社会主义精神文明中不可缺少的主体意识、权利意识以及平等和公正精神。最后，实行这项原则也是建设社会主义法治国家的应有之义。按照法治原则的要求，法律应当具有普遍性，普遍性的一个重要内容是同样的情况受同样的对待，亦即法律面前人人平等。只有真正做到这一点，才有可能真正树立社会主义法律的尊严。

2. 立法的科学性原则属于立法的基本原则之一，其要求有以下几个方面：

（1）立法活动应坚持从实际出发，尊重客观规律，维护和保障立法的科学性。从实际出发首先要求立法要从现实国情出发，适应经济社会发展和全面深化改革的要求；其次要求立法要尊重和反映客观规律。

（2）立法活动应该科学、合理地规定公民、法人和其他组织的权利和义务以及国家机关的权力与责任，这就要求在立法工作中首先要坚持权利本位，把保障权利作为权利义务设定的出发点；其次要考虑权利义务的平衡；此外，还应该考虑弱势群体的实际承受能力。

（3）立法的科学性原则还要求法律制定过程中要注意法律规范的明确、具体，具有针对性与可执行性。这就要求立法不仅要在语言上具有明确性和严谨性，而且要在内容上具有针对性和可执行性。

单元二

1. 简述立法的特点。
2. 简述法律责任的特点。

单元二答案要点

1.（1）立法是国家的一项专门活动，立法是通过立法机构将统治阶级或人民的意志上升为国家意志的活动。

（2）立法的主体是特定的国家机关，立法活动只能由特定的享有立法权的国家机关来进行。

（3）立法是国家专门机关依照法定的程序进行的活动，现代国家都注重立法程序的规范化、格式化。

（4）立法是特定国家机关运用专门技术的活动，立法技术的高低，不仅影响法律的形式表达，而且直接关系立法效果的好坏。

（5）立法是一项系统性、多层次性的综合性法律创制活动。

（6）立法的目标在于产生具有普遍性、规范性、强制性的法律规范，将统治阶级或人民的意志上升为国家意志。

2.（1）法律责任首先是一种因违反法律上的义务（包括违约等）关系而形成的责任关系，它是以法律义务的存在为前提的。

（2）法律责任是一种责任方式，即承担不利后果。法律责任的方式是由法律规定的，它通常有两种，即补偿与制裁。

（3）法律责任具有内在逻辑性，即存在前因与后果的逻辑关系。其中，破坏责任关系是前因，追究责任或承受制裁是后果。

（4）法律责任的追究是由国家强制力实施或者潜在保证的。

单元三

1. 简述法律事实的特征。

2. 简述法律部门的概念和特点。

单元三答案要点

1.（1）法律事实是一种规范性事实。它是法律规范社会的产物，没有法律就不会有法律事实，所以法律事实这一概念在一定程度上体现了法律规范所设计的事实模型。

（2）法律事实是一种能用证据证明的事实。

（3）法律事实是一种具有法律意义的事实。某一被称为法律事实的事实，肯定是对法律关系产生了某种程度的影响，有的可能引起法律关系的产生，有的可能引起法律关系的变更或消灭。

2. 法律部门是指根据一定的标准和原则对一国现行全部法律规范所作的分类。第一，构成一国法律体系的所有部门法是统一的，各个部门法之间是协调的。比如我国法律部门，都是统一于宪法基础之上的。它们之间相互协调、相互配合，共同构成一个国家和谐有序的法律体系。第二，各个法律部门是相对独立的，它们之间的内容是有区别的。如果内容相同，那就不能称为不同的法律部门了。第三，各个法律部门的结构和内容基本上是确定的，但又是相对的和变动的。由于人们掌握的划分部门法的原则和标准不完全相同，法律调整的社会关系又是不断发展变化的，因此，法律部门及其结构和内容的变动就是不可避免的。第四，法律部门既有客观基础，也有主观因素，是主客观因素相结合的产物，是人类社会客观生存和发展的结果，而不是个别人或少数人主观愿望的建构。一方面，作为人类的法律调整活动，法律的制定和实施是一种客观的事实，法律部门的划分也确实离不开客观的社会关系，它有客观的基础；另一方面，法律毕竟是人们尤其是立法者主观活动的产物，法律部门的划分又带有主观的因素。所以，对于法律部门的划分，虽然有着客观的基础，但是最终还是人们主观活动的产物。

单元四

1. 简述法律关系的特征。
2. 简述法律推理的特征。

单元四答案要点

1. （1）法律关系是根据法律规范建立的一种社会关系，具有合法性。其含义包括：第一，法律规范是法律关系产生的前提。第二，法律关系不同于法律规范调整或保护的社会关系本身。第三，法律关系是法律规范的实现形式，是法律规范的内容（行为模式及其后果）在现实社会生活中得到的具体贯彻。第四，法律关系是人与人之间合法的社会关系，这是它与其他社会关系的根本区别。

（2）法律关系是体现意志性的特殊社会关系。从实质上看，法律关系作为一定社会关系的特殊形式，体现国家的意志。这是因为，法律关系是根据法律规范有目的、有意识地建立的。所以，法律关系像法律规范一样必然体现国家的意志。

（3）法律关系是以法律上的权利义务为内容的社会关系。法律关系是法律规范（规则）中“行为模式”（即法律权利和义务）的规定在现实社会关系中的体现。没有特定法律关系主体的实际法律权利和法律义务，就不可能有法律关系的存在。

2. （1）它是法律适用中的一种思维活动。

（2）法律推理以法律与事实为两个已知的判断作为推理的前提。法律推理必定与法律规定和证据事实相联系，并以此为前提推理论证出适用结果。

（3）法律推理运用多种科学的方法和规则进行。法律推理中不单纯使用逻辑推理方法（特别是不单纯使用形式逻辑的方法），还使用非逻辑的分析与论证，如价值分析判断。因此，进行法律推理的规则也是多样化的。

（4）法律推理的目的是为法律适用的结论提供正当理由。

（5）法律推理的结果往往涉及当事人的利害关系。

单元五

1. 简述法律解释的特点。
2. 简述法律解释的必要性。

单元五答案要点

1. （1）法律解释的对象是法律规定和它的附随情况。法律规定或法律条文是解释所要面对的文本，法律解释的任务是要通过研究法律文本及其附随情况，即制定时的经济、政治、文化、技术等方面的背景情况，探求它们所表现出来的法律意旨，即法律规定的意思和宗旨。

（2）法律解释与具体案件密切相关。首先，法律解释往往由待处理的案件所引起。其次，法律解释需要将条文与案件事实结合起来进行。法律解释的主要任务，就是要确定某一法律规定对某一特定的法律事实是否有意义，也就是对一项对应于一个待裁判或处理的事实的法律规定加以解释。

（3）法律解释具有一定的价值取向性。这是指法律解释的过程是一个价值判断、价值选择的过程。

2.（1）法律解释是将抽象的法律规范适用于具体的法律事实的必要途径。法律规范是抽象的、概括的行为规则，只能规定一般的适用条件、行为模式和法律后果，它不可能也不应该对一切问题都作出详尽无遗的规定。在法律实施过程中，要把一般的法律规定适用于千差万别的具体情况，对各种具体的行为、事件和社会关系作出处理，就必须对法律作出必要的解释。

（2）由于认识能力、认识水平以及利益与动机的差别，人们会对同一法律规定有不同的理解。

（3）法律解释是弥补法律漏洞的重要手段。

（4）法律解释是调节法律的稳定性与社会的发展变化之关系的媒介。

（5）通过法律解释可以普及法律知识，开展法制教育。

单元六

1. 简述法的价值的特征。
2. 简述法律体系的特点。

单元六答案要点

1.（1）法的价值是阶级性和社会性的统一。从主体角度看，法的价值是以人为主体的价值关系，具有阶级性与社会性。人是社会发展的产物，又是特定阶级的一员，人的这种双重身份决定了人在实践中所认识和需要的法的价值的双重属性。从客体角度看，法的价值的客体，即法律本身也具有双重属性。法既是统治阶级意志的反映，也必须承担社会公共职能。法的价值的阶级性与社会性是统一的、不可分割的。

（2）法的价值是主观性与客观性的统一。法的价值的主观性是指法的价值是以主体的需要为基准或参照的，法律的价值是以主体的需要为转移的，因而具有主观的性质。但是人的需要不是凭空出现的，因而法的价值的客观性是指法的价值是不以人的意志为转移的，而是由主体在社会关系中的地位以及主体的社会实践所决定的，是在一定社会实践中形成和发展起来并最终受一定物质生活条件所制约的，这是法的价值的客观性基础。法的价值的主观性与客观性的统一源于法律主体的社会实践。

（3）法的价值是统一性与多样性的统一。法的价值的多样性是指法的价值因时代、社会、阶级、群体而呈现出来的差别性、多样性和多元化。法的价值基于主体的需求而产生，但主体的需要却是多种多样而且不断发展的，这就必然导致法律在满足主体需要方面也会相应地多样化，从而使法的价值呈现出复杂多样的状态。法的价值的统一性是指法所蕴含的某种共同的价值标准，具有统一性。由于生活在同一时代、同一社会，甚至生活在不同时代、不同社会的人们总有某种共同的价值追求，从而使法的价值呈现出统一性。

2.（1）法律体系是指一国法律规范构成的体系。它只反映由本国制定实施的调整本国社会关系的法律状况，而不包括具有完整意义的国际法范畴。

（2）法律体系是指一国现行国内法所构成的体系。它只反映一国目前正在生效的法律的状况，而不包括本国历史上已经宣布废止的法律，也不包括尚未制定或者虽然已制定颁布，但尚未生效的法律。

（3）法律体系是由一国现行的全部法律规范组成的不同类别的部门法（或称法律部门）所构成的体系。

（4）法律体系是由既相对独立而又具有内在联系的法律部门所构成的体系。

单元七

1. 简述法律规则的特点。
2. 简述司法的特点。

单元七答案要点

1. 与其他社会规范相比较，法律规则的基本特点主要有：

（1）法律规则是一种一般的行为规则，它使用同一标准，对处于其效力范围内的主体行为进行指导和评价，这一特点使它有别于任何个别性调整措施。

（2）法律规则规定了一定的行为模式，是一种命令式的必须遵守的行为规则，这使它有别于不包含确定行为方案或仅具有倡导性的口号或建议。

（3）法律规则是由国家制定或认可的行为规范，具有强烈的国家意志性，这是它区别于其他社会规范的最基本特点。

（4）法律规则规定了社会关系参加者在法律上的权利和义务以及违反规则要求时的法律责任和制裁措施。

（5）法律规则有明确的、肯定的行为模式，有特殊的构成要素和结构，是一种高度发达的社会行为规则。所有这些特点使法律规则具有其他调整措施所不具备的品质，成为对社会关系进行法律调整的权威性根据。

2.（1）司法的被动性。司法权以“不告不理”为原则，非因诉方、控方请求不作主动干预。在没有人要求司法机关作出判断的时候，显然是没有判断权的。否则，其判断结论在法律上属于无效行为。

（2）司法的中立性。司法中立是指法院以及法官的态度不受其他因素，包括政府、政党、媒体等影响，至少在个案的判断过程中不应当受这些非法律因素所左右。

（3）司法的形式性。司法权并不直接以实质目标为自己的目的，它是以制定法既定规则为标准，以现有诉讼中的证据（法学家所谓的“事实”）为条件，以相对间隔于社会具体生活的程序为方式，作出相对合理的判断，以接近目标。

（4）司法的专属性。对于司法而言，承担判断职能的主体只能是特定的少数人，而不应当是其他任何人，其职权是专属的，司法权原则上不可转授，除非诉方或控方将需要判断的事项交给其他组织，如仲裁机构。

（5）司法的终极性。司法的终极性意味着它是最终的、最权威的判断权。

单元八

1. 简述法律移植有其必然性和必要性。
2. 简述当代中国法律体系的特点。

单元八答案要点

1. 法律移植是指在鉴别、认同、调适、整合的基础上，引进、吸收、采纳、摄取、同化外国法，使之成为本国法律体系中的有机组成部分，为本国所用。法律移植反映了一国对其他国家法律制度的吸收与借鉴，有其必然性和必要性。

(1) 社会发展和法律发展的不平衡性决定了法律移植的必然性；

(2) 市场经济的客观规律和根本特征决定了法律移植的必要性；

(3) 法治现代化既是社会现代化的基本内容，也是社会现代化的动力，法律移植则是法治现代化的一个过程和途径；

(4) 法律移植是对外开放的应有内容。

2. 当代中国法律体系产生于我国社会主义经济基础之上，为我国社会主义经济基础服务，它最大的特色就是体现了我国社会主义初级阶段的国情与实际需要。

(1) 从性质和内容上看，当代中国社会主义法律体系体现了“以人为本”“和谐社会”和“科学发展观”的要求，反映了广大人民的根本利益和共同意志，与我国现阶段经济、政治、文化和社会发展的要求相适应，为我国社会主义建设提供了法律保障。

(2) 从形式上看，中国当代法律体系是以宪法为核心和统帅的法律体系。宪法规定了国家和社会的基本制度以及公民的基本权利义务，是国家的根本大法，具有最高的法律效力。以宪法为核心，我国已经逐步健全了有关民事、刑事、行政和诉讼程序的基本法律制度。

(3) 中国当代法律体系仍在不断健全和完善的过程之中。一方面，我国正处在社会转型时期，法律体系必须随社会关系的发展而发展，体现出一定的阶段性和前瞻性；另一方面，随着依法治国方略的逐步实施，我们也在不断总结经验、调整法律的基础上，进一步发展立法的内容和技术，使法律体系更加科学和完善。

单元九

1. 简述法律监督的意义。

2. 简述司法解释的基本作用。

单元九答案要点

1. 法律监督是指由所有国家机关、社会组织和公民对各种法律活动的合法性所进行的监察和督促。一般而言，现代国家的法制是由立法、执法、司法、守法和法律监督等环节和活动构成的完整概念，法律监督是法制不可缺少的特殊组成部分，是法制的重要保障。具体而言，法律监督的意义表现在下列三方面：

(1) 保障国家法律体系的完整统一，树立法的权威。

(2) 保障法在全国范围内统一实施，维护法的权威。

(3) 法律监督是对公权力进行有效制约，确保国家机关、公职人员依法办事的重要手段。

2. 司法解释的基本作用具体表现为：第一，对法律规定不够具体而使理解和执行有困难的问题进行解释，赋予比较概括和原则性的规定以具体内容。第二，法律解释适应变化的新的社会情况。法律调整应当与社会现实相协调，应当随社会的发展而赋予某类行为以相应的法律意义，作出适合社会发展的评价。第三，对适用法律中的疑问进行统一的解释。其中包括两种情况：一是在适用法律过程中对具体法律条文理解不一致，通过解释，统一认识，正确司法。二是为统一审理标准，针对某一类案件、某一问题或某一具体个案，就如何理解和执行法律规定而作出统一解释。第四，对各级法院之间应如何依据法律规定相互配合审理案件，确定管辖以及有关操作规范问题进行解释。第五，通过解释活动，弥补立法的不足。由于种种原因，在法律实践中，曾经存在过法律没有规定、立法前后不一致、立法不配套、实体法与程序法不一致以及立法滞后的问题。最高司法机关对这些情况所作的司法解释，对弥补立法之不足、保证司法工作顺利进行发挥着重要作用。

单元十

1. 简述法律解释的意义。
2. 简述执法的基本特征。

单元十答案要点

1. 法律解释有非常重要的意义。

(1) 法律解释是法律适用的前提。为使立法机关所创立的法律能够在现实中得到贯彻，就需要法律解释对其详细化、具体化。

(2) 法律解释是克服成文法僵化的工具。成文法经立法机关创立后，其意义便凝固在其中，面对生机勃勃的社会现象，其僵硬性便显示出来，为克服这种现象就需要引入法律解释，以增大其灵活实用性。

(3) 法律解释是弥补法律漏洞，发展、完善成文法律的有效工具。为弥合成文法的稳定性与社会发展的矛盾，就需要适用法律解释弥补成文法的漏洞，根据社会的发展完善成文法。

2. (1) 主体的特定性。执法的主体是国家行政机关和所属的公职人员，以及法律授权和委托的组织及人员。

(2) 执法内容具有广泛性。执法是以国家名义对社会实行全方位的组织和管理，它涉及国家社会、经济生活的各个方面。

(3) 执法活动具有单方面性。在行政法律关系中，行政机关既是一方当事人，又是执法者。行政机关代表国家，在行政法律关系中居支配地位，其意思表示和处分行为对于该法律关系具有决定的意义。执法行为仅以行政机关单方面的决定而成立，不需要行政相对人的请求和同意。

(4) 执法活动具有主动性。国家行政机关在执法中，一般都采取积极主动的行动去履行职责，而不需要行政相对人的意思表示。

(5) 灵活性。由于执法涉及的社会生活范围很广，加之社会生活的复杂性和社会发展的不平衡性，法律一般只作概括性的规定，由行政机关根据具体情况决定，国家行政机关在执法活动中享有较大的自由裁量权。

第四章

分析题

单元一

1. 许某利用银行的ATM取款机发生故障之机，多次进行取款操作，恶意取款17.5万元人民币。法院以盗窃罪判处其无期徒刑，经上诉后改判为有期徒刑5年。但依据我国刑法的规定，盗窃金融机构且数额特别巨大，应当判处无期徒刑或死刑。许某盗窃金融机构，数额特别巨大，并且在盗窃后携款逃匿，案发后又没有退赃，没有法定减轻处罚的情节，法院却对许某在法定刑以下量刑，引发较大争议。

法院在法定刑以下量刑主要基于两点考虑：一是许某的盗窃犯意和取款行为与有预谋、有准备的盗窃犯罪相比，主观恶性相对较小；二是许某利用自动柜员机出现异常窃取款项，与采取破坏性手段盗取钱财相比，犯罪情节相对较轻。同时法院考虑到许某案的特殊情况，依照我国《刑法》第63条第2款关于"犯罪分子虽然不具有刑法规定的减轻处罚情节，但是根据案件的特殊情况，经最高人民法院核准，也可以在法定刑以下判处刑罚"的规定，经最高人民法院核准，决定对被告人许某在法定刑以下量刑，判处有期徒刑5年。

根据上述材料，运用法理学相关知识，回答以下问题：

(1) 法院判决主要涉及哪些法律论证标准?

(2) 二审法院是如何运用这些论证标准作出判决的?

2. 当前，少数法治工作人员违纪违法问题依然突出，存在滥用职权、贪赃枉法、以案谋私、违法违规减刑假释暂予监外执行、充当"司法掮客"等行为；个别执法司法人员丧失职业底线，与违法犯罪分子沆瀣一气，甚至充当黄赌毒、黑恶势力"保护伞"，严重损害人民群众利益，损害法治队伍形象。

根据上述材料，运用法理学相关知识，回答以下问题：

(1) 在当下中国，建设德才兼备的高素质法治工作队伍的重大意义。

(2) 结合中国法治建设的实际，阐述建设德才兼备的高素质法治工作队伍的主要方式。

单元一答案要点

1. (1) 本题考查的是法律论证的正当性标准。法律论证依据的客观性和逻辑有效性标准要求法律论证必须依据基本的法律和社会规范以及合理的逻辑规则达成。在法律论证中，尽管评价性判断的依据可能是多元的，但原则上仍必须是客观的，在论证中需要遵循基本的形式逻辑规则，如概念的一致性、逻辑的严谨性、因果关系的客观性，等等。同时，法律论证的可接受性标准要求法律论证的结果具有正当性、合理性，能被公众认同和接受。特别是超越既有法律的论证结论，必须具有非常正当的合理性，符合社会绝大多数公众的利益、价值观或具有人权、公共利益等正当性，否则就可能造成对法治本身的破坏。

（2）本题中，终审法院对“许某案”的最终处理，尽管与现行法律规定不尽相同，但经过公众参与讨论、法律界的认真论证，考虑了我国公众的行为和心理、道德水准、金融服务的特点以及公共利益等多方面因素，在依据、程序和结果方面都能够为公众所接受。更重要的是，终审法院法律论证的依据有明确的法律规定，具有客观性、正当性，达到了法律论证依据的客观性和逻辑有效性标准。

2.（1）坚持建设德才兼备的高素质法治工作队伍，是全面推进依法治国的组织保障。因为，无论是法律的制定，还是法律的实施，抑或法律的监督，在全面推进依法治国的每一个层面，都需要高素质的法治人员。同时，法治的高度政治性、专业性和专门性以及技术性，要求必须重视法治专门人才的建设，发挥法治人才的作用。

（2）全面推进依法治国，必须着力建设一支忠于党、忠于国家、忠于人民、忠于法律的社会主义法治工作队伍，推进法治专门队伍正规化、专业化、职业化，提高职业素养和专业水平。坚持立德树人，德法兼修，努力培养造就一大批高素质法治人才及后备力量。坚持抓住领导干部这个“关键少数”，是全面推进依法治国的关键问题。领导干部具体行使党的执政权和国家立法权、行政权、监察权、司法权，是全面依法治国的关键。要坚持依法治权，用宪法和法律法规设定权力、规范权力、制约权力、监督权力，把权力关进法律和制度的笼子里。

单元二

1. 案例：甲因急用钱将乙委托其保管的一幅名画以自己的名义卖给丙，丙在支付对价的同时拿走了字画。一日乙在丙处见到自己的画欲拿回，遂与丙发生纠纷，诉到法院。

法官拿到案件后，查遍当时所有法律，没有适用该案件的法条。于是丁、戊两法官分别写出自己的判决如下。

判决书：

丁：根据物权的追及性，所有物无论辗转落入何处，所有人都可以追回，乙是该画的所有人，因此有权从丙处拿回自己的画。故判决丙归还乙的画，其损失由甲赔偿。

戊：根据债的相对性，甲、乙之间的保管合同之效力不能及于第三人丙，同样，甲、丙之间的买卖合同关系不及于乙，故乙只能要求甲返还其画，甲与丙的买卖合同由于出卖方无权处分而效力待定，又因真正权利人乙不予承认，因此变为无效的合同，甲、丙双方应返还原物，甲向丙承担缔约过失责任。

法条（该案判决后立法中有了该法条）：无权处分人处分他人财产，第三人为善意且有偿的情况下，第三人应取得所有权。

问题：

（1）法官在作出判决的过程中运用了哪些法律推理？

（2）从法律渊源的角度分析法官在没有法律依据的情况下作出判决的依据。

（3）分析法官的判决和法条在内容上的异同、各自的性质及相互关系。

（4）结合上述材料，分析从判决到法条的过程所反映的法理。

2. 某市副市长张某喝酒后与其妻子王某吵架，张某一挥拳正好打在王某的太阳穴上致其死亡，法院初审认为应判张某过失致人死亡罪，后因王某的亲戚及邻居怀疑张某有情妇，有谋害王某之意，就在法院门口设立灵堂，后经媒体多方报道，各地群众反应强烈，纷纷要求法院改判，法院迫于各种压力，于是最终判张某故意杀人罪，处以死刑。

根据上述材料，运用法理学相关知识，回答以下问题：

（1）分析该事件所涉及的司法原则。

（2）在法律实施过程中，如何坚持这一（些）原则。

单元二答案要点

1.（1）法官在作出判决的过程首先遇到了作为推理的前提之一即法律不确定，因此确定法律的过程就是实质推理。法官在作出判决的过程还运用了形式推理中的演绎推理。

（2）法官在没有法律依据的情况下作出判决的依据是法律原则和法理等间接法律渊源。

（3）法官的判决属于非规范性法律文件，法条代表的是规范性法律文件。二者的相同点是都具有法律效力，不同点是规范性法律文件具有普遍的法律效力。

（4）从判决到法条的过程实际上是从非规范性法律文件到规范性法律文件的过程，说明了法律是社会物质生活条件的反映，往往是先有创造性判决，后有在立法上得到承认的法条。本题判例与法条的不同说明了法律的最终决定者是社会生活而非逻辑。

2.（1）该事件所涉及的司法原则是司法机关依法独立行使职权原则。根据宪法和有关法律的规定，这项原则的基本含义是：首先，司法权的专属性，即国家的司法权只能由国家各级审判机关和检察机关统一行使，其他任何机关、团体和个人都无权行使此项权力；其次，司法权行使的独立性，即人民法院、人民检察院依照法律独立行使自己的职权，不受行政机关、社会团体和个人的非法干涉；最后，司法权行使的合法性，即司法机关审理案件必须严格依照法律规定，正确适用法律，不得滥用职权，枉法裁判。

（2）该原则要求国家的司法权只能由国家的司法机关统一行使，其他任何组织和个人都无权行使此项权力；要求司法机关行使司法权只服从法律，不受行政机关、社会团体和个人的干涉；要求司法机关行使司法权时，必须严格依照法律规定和法律程序办事，正确适用法律。由此可见，法院受媒体和群众的影响而作出“改判”是违背司法的独立性特点的。同时也反映出，虽然司法机关独立行使职权，并不意味着不受任何监督和约束，但这种监督必须是依法定程序进行的，法院不能视各种舆论为对司法权的监督。法院初审有误，舆论要求其改判，是一种监督。

单元三

1. 2021年6月1日起施行的《中华人民共和国未成年人保护法》第59条第2款规定，任何人不得在学校、幼儿园和其他未成年人集中活动的公共场所吸烟、饮酒。该法第124条规定，违反本法第59条第2款规定，在学校、幼儿园和其他未成年人集中活动的公共场所吸烟、饮酒的，由卫生健康、教育、市场监督管理等部门按照职责分工责令改正，给予警告，可以并处500元以下罚款。

问题：

（1）《中华人民共和国未成年人保护法》属于我国哪一类法律渊源？

（2）运用法律规则的逻辑结构理论和知识，分析材料给定的法律规则的逻辑结构。

（3）从行为模式角度分析材料给定的法律规则的种类。

（4）材料给定的法律规则所确定的法律责任属于哪一种类？

2. 某日，警察甲正在追捕夺路而逃的抢劫者乙，见路旁停着一辆未锁的摩托车，甲未向旁边站立的车主丙打招呼就骑上摩托车去追乙，丙认为甲抢劫了自己的摩托车，于是向公安机关报了案，公安机关查明后认为甲是为执行公务，因此可以不经丙允许而使用其车，丙听后认为极不公平。

根据上述材料，运用法理学相关知识，回答以下问题：

（1）该事件涉及哪些法律推理？

（2）这些推理之间存在何种关系？

单元三答案要点

1.（1）在我国，狭义法律特指由国家最高权力机关及其常设机关，即全国人民代表大会及其常委会制定和颁布的规范性文件，《中华人民共和国未成年人保护法》是由全国人大常委会通过并修改的规范性法律文件，因而属于法律渊源中的法律。

（2）一个完整的法律规则主要由假定、行为模式和法律后果三个要素组成：假定是法律规则中有关适用该规则的条件和范围部分；行为模式是指法律规则中规定人们如何具体行为的方式或范型的部分，即作为或不作为的具体行为模式；法律后果是指法律规则中对遵守规则或违反规则的行为予以肯定或否定评价的部分。《中华人民共和国未成年人保护法》第 59 条第 2 款和第 124 之规定共同构成一个完整的法律规则，其中“在学校、幼儿园和其他未成年人集中活动的公共场所吸烟、饮酒的”为假定；“不得在学校、幼儿园和其他未成年人集中活动的公共场所吸烟、饮酒”为行为模式；“由卫生健康、教育、市场监督管理等部门按照职责分工责令改正，给予警告，可以并处 500 元以下罚款”为法律后果。（考生运用假定、处理和制裁三要素论进行正确分析，也应给分）

（3）从“不得在学校、幼儿园和其他未成年人集中活动的公共场所吸烟、饮酒”这一行为模式角度而言，材料给定的法律规则属于“禁止性法律规则”，因为禁止性法律规则和命令性法律规则可以合称为“义务性法律规则”，因此材料给定的法律规则总体上属于“义务性法律规则”。

（4）行政责任是指因违反行政法规或因行政法规定而应承担的法律责任。《中华人民共和国未成年人保护法》是行政法，因此，材料给定的法律规则所确定的法律责任属于行政责任。

2.（1）甲和丙所运用的推理都是形式推理，具体来说是形式推理中的演绎推理。形式推理又称分析推理，它是运用演绎推理、归纳推理和类比推理解决法律问题的方法。演绎推理又可以称为三段论推理，它是从一般到特殊的推理形式，即从一般的知识推出特殊知识的推理活动。它是一种必然性推理。单从形式推理的角度看，甲和丙的主张都是成立的，最终谁的主张能够成立还取决于实质推理的运用。

（2）实质推理是指作为推理的两个前提（事实和法律）存在矛盾或不确定时而采用辩证的方法所作的推理，即实质推理的前提是两个前提不确定而无法进行形式推理，故先确定这两个前提的过程。本题材料中，警察甲未经丙允许骑丙的摩托车是侵权行为还是正当行为，即对甲骑车行为的定性是公安机关作出处罚决定这一形式推理的前提，而要为甲的该行为定性，只能运用辩证的方法，即在价值判断上是优先保护公共利益还是私人利益，如果优先保护公共利益，则甲的行为就是正当的。甲追赶逃犯是为公共利益，而骑走丙的摩托车侵犯的是私人利益，故从公安机关的处理结果看，公安机关在实质推理过程中运用了辩证方法，以公共利益优先原则确定了甲的行为属正当，然后进行形式推理，即甲不该受到处罚。

单元四

1. 马克思在《哲学的贫困》中指出，其实，只有毫无历史知识的人才不知道：君主们在任何时候都不得不服从经济条件，并且从来不能向经济条件发号施令。无论是政治的立法或市民的立法，都只是表明和记载经济关系的要求而已。

正如马克思所指出的，随着经济基础的变更，全部庞大的上层建筑也或慢或快地发生变革。这种变化可以划分为量变和质变两种类型。如果经济基础的内容只是发生了局部的变化，那么法律将在原来的性质范围内发生量变；如果经济基础发生了质的改变，例如，从封建主义发展为资本主义，那么法律也随之发生质的飞跃，成为一种新的历史类型的法。

恩格斯晚年在写给施米特的信中说：总的来说，经济运动会替自己开辟道路，但是它也必定要经受它自己所造成的并具有相对独立性的政治运动的反作用……法也是如此：产生了职业法律家的新分工一旦成为必要，立刻就又开辟了一个新的独立部门，这个部门虽然一般地完全依赖于生产和贸易，但是它仍然具有反过来影响这两个部门的特殊能力。

恩格斯曾指出，国家权力对于经济发展的作用可能有三种：它可以沿着同一方向起作用，在这种情况下就会发展得比较快；它可以沿着相反方向起作用，在这种情况下它在每个大民族中经过一定的时期就都要遭到崩溃；或者是它可以阻碍经济在某一种方向上的发展，而推动经济沿着另一种方向发展。恩格斯同时也指出，这种情形也适用于法律。

请运用法理学的有关知识对此作出分析。

2. 恩格斯曾将古希腊的雅典城邦国家称为“高度发达的国家形态”，其原因主要在于，与同一历史时期的其他典型专制国家相比，雅典的民主政治和法律制度都得到比较充分的发展，具有现代民主政治和法治的某些特点。尽管当时的民主仅仅局限在狭小的城邦和男性公民，而且是一种“群众大会式的直接民主”，当时的法治也并不包含现代法治的许多重要价值，如自由、人权、权利保障等，但有关国家制度的根本问题毕竟是以法律形式确认的，执政官的权力受到法律的制约，而且雅典公民在法律上是平等的，政治生活的制度化、程序化也有一定程度的体现。

进入中世纪以后，欧洲占统治地位的国家政体形式是君主专制。在这种制度下，法律成为统治者的附庸和贯彻独裁者个人意志的工具，“古代文明、古代哲学、政治、法律一扫而光”，曾经在雅典存在过的某些“法治”因素荡然无存。

请运用法理学的有关知识对此作出分析。

单元四答案要点

1. 法律是上层建筑的组成部分，它与经济基础之间的关系是一种形式与内容的关系。一方面，经济基础对法律具有决定作用，法律只能在它的经济基础所蕴含的可能性范围内选择，而不能任意地选择；它的性质、内容和发展趋势等，都主要是由其赖以建立的经济基础的状况和要求所决定的。另一方面，法律虽然根源于经济基础，但作为一种超经济的力量，它又超越于经济基础，对经济基础既具有依赖性，又具有一定的反作用和相对独立性。在法律与经济基础的关系中，法律并不是消极地被决定的，而是在归根结底决定于一定的经济基础的同时，又服务于该经济基础，对该经济基础具有能动的反作用。恩格斯的最后一句话表明，对于符合统治阶级根本利益要求的生产关系，法律一般起着保障和发展作用；反之，对于不符合统治阶级根本利益要求的生产关系，法律一般就沿着这种生产关系发展的相反方向起否定和排除作用。但是对于整个经济条件的发展来说，这种作用的最终效果还要取决于生产关系与生产力的关系的性质以及法律自身的形式合理性水平。

2. 民主政治与法治的联系密切，二者相互依存，相互支持，具有内在的共生关系。可以说，较高水平的法律制度和依法治理的原则是雅典民主制度的依据、体现和保障。现代意义上的民主和法治理念同时发端自启蒙运动，并在资产阶级革命后逐步转化为现实的政治结构和制度现实，这绝非偶然，而是由二者的内在联系所决定的。历史发展的轨迹说明了民主与法治的共生性，一方面，民主政治的构建和运行必然要实行法治，离开法治就没有民主政治；另一方面，民主又是法治的政治基础，没有民主也不可能有现代意义上的法治。

总之，民主政治与法治的一般关系是：民主是法治的前提和基础，法治是民主的体现和保障。

单元五

1. 列宁说，意志如果是国家的，就应该表现为政权机关所制定的法律，否则“意志”这两个字只是毫无意义的空气振动而已。

孟德斯鸠说：“当立法权和行政权集中在同一个人或同一个机关之手时，自由便不存在了。因为人们将要害怕这个国王或议会制定暴虐的法律，并暴虐地执行这些法律。”“如果司法权同立法权合而为一，则将对公民的生命和自由施行专断的权力，因为法官就是立法者。如果司法权同行政权合而为一，法官便握有压迫者的力量。”“如果同一个人或是由重要人物、贵族或平民组成的同一机关行使这三种权力，即制定法律权、执行公共决议权和裁判私人犯罪或争讼权，则一切都完了。”

问题：

（1）分析列宁的话所包含的法理。

（2）分析孟德斯鸠的话所包含的法理。

（3）分析列宁和孟德斯鸠的话所共同包含的法理。

2. 马克思说，社会不是以法律为基础的，那是法学家的幻想。相反，法律应该以社会为基础。法律应该是由一定的物质生产方式所产生的社会共同的利益需要的表现，而不是单个人的恣意横行。

中国历史上曾出现“秦法繁于秋荼，而密于凝脂”，结果招致天下仇怨。

“徒善不足以为政，徒法不能以自行。”（摘自《孟子·离娄上》）

请结合上述材料，运用法理学有关知识分析三组材料所反映的共同问题。

单元五答案要点

1.（1）列宁的话所包含的法理是：①统治阶级的意志必须要变成国家意志，才能借助国家机器来保证法律的实行。统治阶级的意志并不直接等同于法律，而是要变成国家意志，其原因主要有二：一是变成国家意志才能为法的效力来源和普遍遵守提供正当理由；二是变成国家意志才能借助国家机器来实施法律，实质上是通过法律来推行统治阶级自己的意志。②法律促进国家职能的实现。国家的社会管理职能和阶级统治职能、对内职能和对外职能，都必须借助法律来实现。因为直接运用国家权力来实现国家职能，具有很大的任意性，也没有效率。在现代法治国家中，国家为了实现公共管理和阶级统治的需要，经常把相应的要求，即国家意志，用法律的形式表现出来并向社会公布，通过法的实施形成社会秩序以实现国家的各项职能。

（2）孟德斯鸠的话所包含的法理是：权力制约原则。法治要求对国家权力进行分工，通常是根据职能的不同，把国家机关划分为立法机关、司法机关和行政机关三种类型。之所以必须强调这种分工，是因为法治的目的在于利用法律的刚性特点实现“规则之治”，防止国家权力的专横、恣意和腐败，维护社会的稳定性、透明度和可预期性，保障公民的权利和自由。但是假如国家权力不实行一定的分工，由一个机关甚至一个人既制定法律，又解释法律和适用法律，那么法律就完全失去了其刚性的特征，该机关或个人就无须遵守法律，它或他完全可以根据自己的方便和利益恣意地制定法律、解释法律和适用法律。于是，法律就不能实现对国家权力的规制，专横、恣意和腐败就不能避免，社会的稳定性、透明度和可预期性就得不到维护，公民的基本权利与自由就失去了基本的保障。

（3）列宁和孟德斯鸠的话所共同包含的法理是法律与国家的关系。法律与国家之间是相互作用、相互制约、互为条件、相互依存的关系。法律与国家的这种关系，可以概括为两点：一方面，法律离不开国家，国家是法律存在和发展的政治基础；另一方面，国家离不开法律，法律是实现国家职能、保障国家机器正常运转的重要工具。

2. 三组材料所反映的共同问题是法与社会的关系。首先社会是法律的基础，法是社会的产物，社会性质决定法律性质，社会物质生活条件最终决定着法律的本质。不同的社会产生不同的法律。即使是同一性质或历史形态的社会，在其不同的发展阶段上，法律的内容、特点和表现形式也往往不尽相同。上述材料中马克思表达的正是法以社会为基础，不仅指法律的性质与功能决定于社会，而且还指法律变迁与社会发展的进程基本一致。

其次法律是社会关系的调整器。近代以来，法律已成为对社会进行调整的首要工具，但法律不是万能的，在某些社会关系领域，法律的控制不是唯一的手段，或者说不是最佳的手段。如果强行以法律进行控制，就可能导致社会成本过大，得不偿失，甚至造成法律的暴政。“秦法繁于秋荼，而密于凝脂”，结果招致天下仇怨，正说明了这一点。同时还应当看到：“徒善不足以为政，徒法不能以自行。”要普及法律知识，提高全民法律意识，只有人人都善于使用法律，法律的作用才能得以充分发挥。

单元六

1. 在谈到我国的法律时，有下列不同的观点：(1) 认为法律应当具有稳定性，这是其固有的特点，否则朝改夕变就会让人难以适从；(2) 认为当前我国正处在社会大变革时期，各种社会关系变化极快，无论怎样加紧立法，也永远无法适应生活对法律的需求，因此还是要及时修改法律，有效的办法是先制定一些法规、规章，待将来时机成熟时再将其变成法律；(3) 认为要使法律适应急剧变化的社会生活，有效的办法是充分发挥其他社会规范的效用，如道德、党的政策等，也可以加快法律解释的步伐。

请运用法理学的有关知识对上述观点加以分析。

2. 据报纸报道，某省体育学校的一群武术专业学生自愿组织起来在公交汽车、地下通道等公共场所抓小偷、抢劫者等作案分子，该行为曾一度使该地区的犯罪率有所下降，收到了良好的效果，为市民所称赞。公安、公交部门也多次鼓励这种行为。该地区公安机关在侦破有些案件遇到困难时，往往重金悬赏这些学生提供线索的行为，从而大大提高了办事效率。对此，一时间人们议论纷纷。

请运用法理学的有关知识对此加以分析。

单元六答案要点

1. (1) 上述观点反映出法律具有稳定性与适应性，这始终是一对矛盾，是法律局限性的反映。同时也反映出法律与政策等其他社会规范、法律的诸形式之间的关系问题。

(2) ①既要看到法律的稳定性与社会生活的复杂多变性之间的矛盾，也要看到正是这种矛盾运动推动着法律的发展，因此法律在保持基本稳定性的同时也要增强其适应性，尽量跟上社会发展的步伐。这就要求要不断立、改、废法律，而不能为保持其稳定性而牺牲其适应性，故本题中第一种观点具有片面性。②要解决法律的稳定性和适应性之间的矛盾，有很多办法，可以通过加快法律立、改、废的步伐进行。有效的办法并非是先制定一些法规、规章，待将来时机成熟时再将其变为法律，因为大量地制定法规、规章不仅由于其效力层次和效力范围的有限而限制其作用的发挥，而且由于它们之间往往难以协调从而造成法制的不统一。可以在一定程度、一定范围内发挥道德、政策等规范的效用，但不可将法治的任务寄予这些规范之上，否则会从根本上破坏依法治国的法治原则。司法解释只是一种法律解释，它的作用和效力决定了其功能非常有限，并不能从根本上解决法律空白问题。

2. (1) 材料所反映的是执法的主体、特点、原则等法理学问题。

(2) 执法的主体、内容、程序均要求具有合法性，其中主体必须是依法授权而享有相应行政权的组织和个人，其他人不能成为执法主体。材料中体育学校的学生虽经过体育训练，有一定的执法能力，但由于很难保证内容和程序的合法性，因此即使其“代执法”行为产生了一定的效果，也不宜鼓励这种主体“不合格”的行为。这是执法主体特定性、执法行为主动性、单方性、广泛性等特点的必然要求。由于行政执法涉及面广且直接与公民的权利密切相关，若不加以严格法定，必会导致公权力侵犯私权利。

(3) 执法一方面确实需要讲求效率，这也是执法的原则之一，但是一定要看到依法行政是其首要原则，讲求效率必须在法律的框架之内进行。否则必会导致行政权的滥用。

单元七

1. 在谈到法律规则与法律原则的关系时：甲同学认为，法律原则既是立法者立法时所遵循的界限，又是法的实施者所应遵守的范围。乙同学认为，如果按甲的逻辑，既然立法者心中已有了原则，他就应该按此制定规则，即所有的规则都是这些原则的体现，都已经贯彻了这些原则，法律实施者只要按这些规则办，就实际上等于贯彻了原则，因此立法没有必要写出法律原则。丙同学同意乙的观点，认为在立法中明确写出原则，不但没有必要而且还会给法律实施带来困难，比如说追究法律责任，到底是按归责原则还是按归责条件。

运用法理学的有关知识分析上述三位同学的观点。

2. 材料一：《瑞士民法典》第 1 条规定，本法有规定的法律问题，适用本法；无规定者，以习惯法裁判；无习惯法，依法官提出的规则；同时遵循既定学说和传统。

材料二：《民法典》第 10 条规定，处理民事纠纷，应当依照法律；法律没有规定的，可以适用习惯，但是不得违背公序良俗。

材料三：在我国的司法实践中，地方各级人民法院往往以最高人民法院在《公报》中列举的典型案件作为审判的参考，在事实上已经作为一种“样本”来使用，因此有人认为在现代中国，判例的作用已与英美法系国家无本质上的区分。

根据上述材料，运用法理学相关知识，回答以下问题：

（1）对比上述材料一和材料二，说明两国民法典规定的不同所反映的法理问题。

（2）结合材料三：对比英美法系的判例法，分析判例在我国的法源地位。

单元七答案要点

1. （1）乙、丙两位同学的观点没有从实质上来理解法律原则与法律规则的关系，从而得出的结论认为在立法和实施法律中两者是矛盾的。

（2）其实从法律原则与法律规则的区别与联系上看，法律原则是法律规则的来源和基础，但二者又在内容的确定性程度、适用范围、适用方式、作用上都存在着很大差别。尽管法律原则是立法者和法律实施者都要坚持的基本界限，但在立法上写出它的必要性在于：①弥补法律规则漏洞。②正确解释法律的需要。当法律出现矛盾或不清楚时，按照法律原则进行解释就是一种有效而可靠的方法。③是正确实施法律的需要。在实施法律（包括守法）时，尽管规则的规定比较明确具体，但若遇到具体案件且难以适用法律规则时，法律原则就成为理想的补充物，同时即便有合适的法律规则可供适用，法律原则也是评价适用程度的标准。

2. （1）上述材料反映了法的渊源问题。①法的渊源即法的效力渊源，也是法的存在形式，考查法的渊源之目的在于明确不同的渊源具有不同的法律效力，进而来指导法律适用。②法的渊源分为正式的法律渊源和非正式的法律渊源，前者一般包括制定法、判例法、习惯法、国际条约；非正式的法律渊源主要指政策、学说等；当代中国法的非正式渊源，主要包括习惯、政策，作为办案参考的指导性案例等。③不同法律渊源之效力是不同的，在瑞士法上，法律效力由高到低依次是：制定法、习惯法、判例、法理；在我国，处理民事纠纷的依据主要是法律，因其创制主体、创制方式和表现形式的差异而具有不同的效力等级，只有在法律没有规定的情况下，才可以适用习惯，而且不得违背公序良俗。

（2）从法律渊源上看，我国法律与英美法的最大不同点是判例的地位和作用。在英美法系中，判例的意义主要有两个：（1）对于法院在此后的案件审理中能够从先例中得到指导和帮助；（2）法院把先前的判例确定的原则视为审判过程中必须遵循的一种规范，对于本法院和下级法院具有约束力。因此，在英美法系中判例是一种重要的、正式的法律渊源。该制度赋予法官某种造法的职能，法官不仅可以通过作出新判例创造法律，而且可以通过识别和选择适用原先的判例而发展法律。我国也承认判例在司法过程中的指导意义，即判例也具有英美法系第一方面的作用，但不具有第二方面的作用，故在我国，理论上否认判例是一种正式的法律渊源，判例也就不具有像法律一样普遍的约束力。因此，在我国，不论司法实践中地方法院如何借鉴利用最高人民法院的判例和公布的判例，都只是体现判例的指导和帮助意义，不可能达到对本院和下级法院具有约束力的程度，故在这一点上与英美法系有着本质的区分。

单元八

1. 材料一：马克思说过：立法者应该把自己看作一个自然科学家。他不是在制造法律，不是在发明法律，而仅仅是在表述法律，他把精神关系的内在规律表现在有意识的现行法律之中。

材料二：马克思在批判蒲鲁东时指出，无论是政治的立法或市民的立法，都只是表明和记载经济关系的要求而已。恩格斯认为经济关系是法律的决定性因素，法律等上层建筑归根结底都由经济关系形成的现实基础来说明。列宁指出，生产关系的体系是社会的基础，政治法律形式和某些社会思潮则是这个基础的外表。

根据上述材料，运用法理学的有关知识，回答以下问题；

(1) 说明材料二中马克思、恩格斯、列宁的论断所共同反映的法理问题。

(2) 说明材料一中马克思的论断所反映的法理问题。

2. 编纂民法典是党的十八届四中全会确定的一项重大政治任务和立法任务，党中央高度重视民法典编纂工作，根据党中央的工作部署，编纂民法典的起草工作由全国人大常委会法制工作委员会牵头，最高人民法院、最高人民检察院、司法部、中国社会科学院、中国法学会为参加单位。为做好民法典编纂工作，全国人大常委会法制工作委员会与五家参加单位成立了民法典编纂工作协调小组，并成立了民法典编纂工作专班。为做好民法典编纂工作，全国人大常委会党组先后多次向党中央请示和报告，就民法典编纂工作的总体考虑、工作步骤、体例结构等重大问题进行汇报。根据上述材料，运用法理学相关知识，回答以下问题：

(1) 谈谈我国立法体制中，人大主导立法的表现形式。

(2) 结合我国立法的实际，说明立法过程中如何处理党的领导与人大立法的关系。

单元八答案要点

1. (1) 材料二集中体现了马克思主义法学关于法的本质的学说，即法律是统治阶级意志的体现，法律所体现的意志由一定的物质生活条件所决定。马克思认为，法律表面上是国家意志或统治阶级意志的体现，但意志的内容是由一定的物质生活条件所决定的，法律源于生产关系。

(2) 材料一中马克思的论断反映了立法必须坚持科学性原则，正确反映客观规律，不能主观臆断。法律都应当反映客观现实。如果法律没有反映客观现实，其原因既有立法者的自身能力——对规律的把握的限制，也有统治阶级根据自己利益的需要所作出的选择，还有其他因素的影响等。

若法律没有反映客观现实，则不能达到法律应有的效果，不能实现法律。

2. (1) 我国立法体制中，全国人大及其常委会在国家立法体制中处于核心地位。我国《宪法》第 58 条规定，全国人民代表大会和全国人民代表大会常务委员会行使国家立法权。立法法则规定了地方人大及其常委会行使制定地方性法规的权限。这些正是人大主导立法的具体体现。

(2) 上述材料反映出在立法过程中，我国实行的是党领导立法与人大主导立法的格局。加强党对立法工作的领导与人大主导立法，既是我国立法工作的根本原则，也是我国立法实践经验的科学总结，是党的领导与人民当家作主有机统一在立法领域的具体表现，两者相辅相成，并不矛盾。党领导立法强调坚持党的政治领导原则，党通过确定立法工作方针、批准立法规划、提出立法工作建议、明确立法工作的重大问题、加强立法队伍建设等，把握正确的政治方向。人大主导立法是我国宪法确定的准则，我国是单一制国家，实行人民代表大会制度。有权的各级人民代表大会或人大常委会依法具体履行立法职责，落实立法工作任务，将人民的意志准确地体现在立法之中。

单元九

1. 2002 年 7 月，某港资企业投资 2.7 亿元人民币与内地某市自来水公司签订合作合同，经营该市污水处理。享有规章制定权的该市政府为此还专门制定了《污水处理专营管理办法》，对港方作出一系列承诺，并规定政府承担污水处理费优先支付和差额补足的义务，该办法至合作期结束时废止。

2005 年 2 月，该市政府以合作项目系国家明令禁止的变相对外融资举债的“固定回报”项目，违反了《国务院办公厅关于妥善处理现有保证外方投资固定回报项目有关问题的通知》的精神，属于应清理、废止、撤销的范围为由，作出“关于废止《污水处理专营管理办法》的决定”，但并未将该决定告知合作公司和港资企业。港资企业认为市政府的做法不当，理由是：其一，国务院文件明确要求，各级政府对涉及固定回报的外商投资项目应“充分协商”“妥善处理”，市政府事前不做充分论证，事后也不通知对方，违反了文件精神；其二，1998 年 9 月国务院通知中已明令禁止审批新的“固定回报”项目，而污水处理合作项目是 2002 年经过市政府同意、省外经贸厅审批、原国家外经贸部备案后成立的手续齐全、程序合法的项目。

问题：

(1) 分析材料中涉及的法律关系及其类型。

(2) 分析后来引起这些法律关系变动的法律事实及其类型。

(3) 该市政府根据《国务院办公厅关于妥善处理现有保证外方投资固定回报项目有关问题的通知》的精神，作出“关于废止《污水处理专营管理办法》的决定”，说明的法理问题是什么？

(4) 若港资企业认为市政府的做法不当之理由能够成立，则所反映的依法治国的法治理念是什么？

2. 在谈到法律责任时有学者指出，尽管法律责任是不遵守法律的后果，但真正承担责任者和真正承担的责任比不遵守法律应有的后果要少得多。

(1) 请运用法理学的有关知识对这位学者的观点加以分析。

(2) 说明不遵守法律的后果与法律责任承担的关系。

单元九答案要点

1. (1) 某港资企业投资 2.7 亿元人民币与内地某市自来水公司签订合作合同引起的法律关系是平行型法律关系，市政府对该港资企业的承诺行为所引起的法律关系是隶属型法律关系。

(2) 后来引起这些法律关系变动的法律事实是国务院公布《国务院办公厅关于妥善处理现有保证外方投资固定回报项目有关问题的通知》，属于法律事实中的事件。

(3) 说明的法理问题是立法的统一性原则和法律渊源问题。不同的法律渊源有不同的法律效力，下位法律不得与上位法律相抵触，如果抵触则无效。

(4) 所反映的依法治国的法治理念是：依法治国的基本原则是限制公权力，保障私权利。该材料中市政府后来的行政行为违反了《国务院办公厅关于妥善处理现有保证外方投资固定回报项目有关问题的通知》的精神，给该港资企业的私权利造成侵犯，因此应承担相应责任。

2.（1）这位学者的观点正确地指出了法律责任的实际承担与不遵守法律应有的后果之间的关系：二者不总是一致也不总是相等，二者之间总存在一定差距。

（2）首先，违法者不一定承担法律责任，这就是法律责任的转移问题。例如，国家机关对其工作人员的职务侵权行为，雇用人对受雇人因业务行为而造成他人损害的行为，监护人对被监护人造成他人损害的行为等要承担责任。其次，责任的认定和追究过程是个复杂的过程，不仅要考虑归责原则，也要考虑归责条件等，同时还要看其是否符合减、免责条件，因此最后所承担的责任往往与违法应有的后果不相一致，这也是法的局限性的一种体现。

单元十

1. 我国行政立法概况是：1989 年通过《中华人民共和国行政诉讼法》，1994 年通过《中华人民共和国赔偿法》，1996 年通过《中华人民共和国行政处罚法》，1997 年通过《中华人民共和国行政监察法》，1999 年通过《中华人民共和国行政复议法》，2004 年通过《中华人民共和国行政许可法》。

问题：

（1）我国行政立法概况所反映的执法与法治原则是什么？

（2）从实现法治国家的角度分析上述行政立法概况。

2. 对于宪法的归属，甲、乙、丙三个同学有不同看法。甲认为：宪法是一个法律部门，它属于部门法。乙认为：宪法是法的渊源，它属于法的渊源之一。丙认为：宪法是一个规范性法律文件，它属于规范性法律文件的范围。

请运用法理学的知识对这些观点加以分析。

单元十答案要点

1.（1）我国行政立法概况所反映的执法原则是依法行政，即国家行政机关在全部行政管理中要严格依法办事，使国家的行政管理活动完全建立在法治的基础上。具体来说要做到以下几点：①执法的主体合法。②执法的内容合法。③执法的程序合法。

我国行政立法概况所反映的法治原则是权力制约原则。法治原则特别强调对国家行政权力的制约，要求严格依法行政。因为行政机关执掌着大量日常公共生活的组织指挥权力，代表公权力，通过各种抽象和具体行政行为直接干预公民和社会组织的活动，行政权力行使的广泛性、主动性、强制性和单方面性等都使得对行政权力的约束成为法治的重点。

（2）从法治的实质要求看，建设中国特色社会主义法治国家，应当加强以下两个方面的制度建设：

第一，法律与政治相互关系的制度。这方面的制度建设具体主要包括：①大部分政治行为应纳入法律调整的范围，非理性的权力习惯应通过立法修正为理性的政治经验，政治活动逐步走向程序化。②加强法律对国家权力的控制，通过权力的具体分工及相应职责的制度化、法律化、程序化制约国家权力；以社会成员的权利制约国家权力，抵制国家对公民和社会组织的不适当的干预，提高公民和社会组织监督国家权力、参与社会生活的意识和能力。

第二，政府权力与责任制度。这方面的制度建设具体主要包括：①建立政府权力与责任相统一制度，如国家赔偿制度、行政诉讼制度等，不能行使权力而回避责任。②凡需要行使权力者，就必须预设责任。无论哪种权力主体，不管是具体权力行为还是抽象权力行为，也不管是自己执行或是受托代行，只要启动了权力就应预设相应的责任。③立法机关应当经常检查，及时发现和补充被遗漏的政府责任，避免权力侵害发生后却找不到归责依据的现象。

2.（1）宪法依不同的标准可分属不同的地方，上述三个同学的归类都是正确的。

（2）有时宪法是在法律部门的意义上使用的。法律部门是指根据一定的标准和原则，对一国全部法律规范所作的分类，凡是调整同一类社会关系的法律规范的总和即构成一个独立的法律部门。宪法是规定国家根本制度、原则、方针政策、公民基本权利和义务的法律规范的总和。

有时宪法是在法律的渊源的意义上使用的。法律的渊源是指根据法的形式效力对法所作的分类，主要有制定法、判例法、习惯法、国际条约等，其中制定法在各国都是正式的法律渊源。在我国，正式的法律渊源包括宪法、法律、行政法规、地方性法规、规章等，其中宪法是主要的法律渊源之一。

有时宪法一词是指规范性法律文件即《中华人民共和国宪法》。规范性法律文件是指有权的国家机关依照一定程序制定和公布的，具有普遍约束力的文件。《中华人民共和国宪法》是主要的规范性法律文件之一。

第五章 论述题

单元一

1. 宽严相济是我国的基本刑事政策，要求法院对于危害国家安全、恐怖组织犯罪、“黑恶”势力犯罪等严重危害社会秩序和人民生命财产安全的犯罪分子，尤其对于极端仇视国家和社会，以不特定人为侵害对象，所犯罪行特别严重的犯罪分子，该依法重判的坚决重判，该依法判处死刑立即执行的绝不手软。

结合上述材料，谈谈你对法的价值冲突的表现及其解决原则的认识。

2. 中共中央总书记习近平就全面推进依法治国进行第四次集体学习时指出，要努力让人民群众在每一个司法案件中都感受到公平正义，所有司法机关都要紧紧围绕这个目标来改进工作，重点解决影响司法公正和制约司法能力的深层次问题。

结合材料谈谈你对司法公正与提高司法公信力的认识。

单元一答案要点

1. 法的各种价值包括基本价值之间有时会发生社会矛盾，从而导致价值之间的相互冲突，法的价值冲突的表现形式有：

(1) 正义与效率的冲突。自古以来，正义是社会制度的首要价值，每个人都拥有一种基于正义的不可侵犯性；效率是市场经济的必然规律，是降低交易成本、实现资源有效配置的基本标准，促进效率的增长是法的重要任务。二者均不可偏废，但现实中，要保证社会正义的实现，在很大程度上就必须以牺牲效率为代价；要提高效率，往往难以保证正义。

(2) 自由与秩序的冲突。自由与秩序之间也存在矛盾，因为自由更偏向个人权利，秩序则更强调国家权力。自由难免有打破既定秩序的倾向，秩序也会在一定程度上压抑自由以维持平衡，因此二者之间冲突在所难免。为此存在着自由优先论和秩序优先论两种不同的观点。

(3) 自由与平等的冲突。自由与平等是极其重要的法的价值，总的来说，二者并不矛盾。但在一些特别的情况下，自由与平等却可能出现冲突，或可能因自由而损失平等，或因平等而损失自由，自由和平等不可兼得。法律自由价值和平等价值的冲突首先表现在立法、执法和守法等法律运行的各个环节。

(4) 秩序与正义的冲突。秩序与正义，作为法律的价值来说一般是可以协调地并存的，然而，二者之间也难免会相互冲突。在特定的情况下，秩序也会与正义相背离，为了正义而不得不牺牲一定的秩序，或为了秩序而不得不牺牲一定的正义。

法的价值冲突解决原则：由于立法不可能穷尽社会生活的一切形态，在个案中更可能因为特殊情形存在而使价值冲突难以解决，因而必须形成相关的平衡或解决冲突的规则或原则。一般而言，解决法的价值冲突应当遵循如下原则：

（1）价值位阶原则。该原则又称为优先性原则。由于法的价值主体的价值观的不同，在不同的价值形态上往往有所偏重，或者更加注重自由的价值，或者更加注重秩序的价值，或者更加注重效率的价值，等等，就使得在法的不同价值形态发生冲突时有可能借助于优先性的安排对冲突加以解决。当法的基本价值之间发生冲突时，在先的价值优先于在后的价值；当法的基本价值与非基本价值发生冲突时，基本价值优先于非基本价值。

（2）个案平衡原则。即指在处于同一位阶上的法律价值之间发生冲突时，要基于个案的基本情况作出适当的平衡，同时，要综合考虑主体之间的特定情形、需求和利益，便利个案的解决能够适当兼顾双方的利益。

（3）比例原则。即指为保护某种较为优越的法律价值不可避免侵犯某一法益时，不得逾越达到此目的所必要的程度。

（4）人民利益原则。这是当代中国社会主义法律价值体系中的根本价值原则，即以是否满足最广大人民的根本利益为标准，来解决一些存在重大疑难的法律价值冲突问题。它也可以作为价值位阶原则的补充和保障。

从法的价值冲突解决的实践中，上述各种原则往往需要加以综合运用，才能更好地解决法的各种价值之间的冲突。

2. 深化司法体制改革，建设公正高效权威的社会主义司法制度，是推进国家治理体系和治理能力现代化的重要举措。其中，公正是法治的生命线。司法公正对社会公正具有重要引领作用，司法不公对社会公正具有致命的破坏作用。必须完善司法管理体制和司法权力运行机制，规范司法行为，加强对司法活动的监督，努力让人民群众在每一个司法案件中感受到公平正义。公正司法事关人民切身利益，事关社会公平正义，事关全面推进依法治国。要坚持司法体制改革的正确方向，坚持以提高司法公信力为根本尺度，坚持符合国情和遵循司法规律相结合。

保证公正司法、提高司法公信力在当前有六个方面的改革要求。一是完善确保依法独立公正行使审判权和检察权的制度。主要有：建立领导干部干预司法活动、插手具体案件处理的记录、通报和责任追究制度，健全尊重法院裁判制度，建立健全司法人员履行法定职责保护机制等举措。二是优化司法职权配置。主要有：推动实行审判权和执行权相分离的体制改革试点，统一刑罚执行体制，探索实行法院、检察院司法行政事务管理权和审判权、检察权相分离，最高人民法院设立巡回法庭，探索设立跨行政区划的人民法院和人民检察院，探索建立检察机关提起公益诉讼制度等举措。三是推进严格公正司法。主要有：推进以审判为中心的诉讼制度改革，实行办案质量个人负责制和错案责任倒查问责制等举措。四是保障人民群众参与司法。主要有：完善人民陪审员制度，构建开放、动态、透明、便民的阳光司法机制等举措。五是加强人权司法保障。主要有：健全落实罪刑法定、疑罪从无、非法证据排除等法律原则的法律制度，完善对限制人身自由司法措施和侦查手段的司法监督等举措。六是加强对司法活动的监督。主要有：完善检察机关行使监督权的法律制度，完善人民监督员制度，建立终身禁止从事法律职业制度等举措。

单元二

1. 党的十八大报告指出，要“更加注重发挥法治在国家治理和社会管理中的重要作用，维护国家法制的统一、尊严、权威，保证人民依法享有广泛权利和自由”。结合我国实际，论述当代中国法在社会治理中的作用。

2. 从法与执政党政策一般关系的角度论述中国社会主义法与中国共产党政策的关系。

单元二答案要点

1. 中国社会主义法在社会治理中有着不可替代的地位。在进行经济建设的同时，必须同时加强社会主义法治建设。随着科技创新涌现、自我意识加强、社会物质财富增长，社会治理必须要有一个体现人民群众共同利益，且可保证社会平等公正，维护个体利益及社会秩序的规则。社会主义法治作为一种“规则之治”，其使命就是处理好社会中各种错综复杂的利益关系，解决好各种可能出现的社会冲突和矛盾。

第一，从经济和社会发展的角度看，社会主义法是解决社会复杂矛盾、维护社会稳定的利器。经济不断发展，会导致贫富差距加大等一系列社会问题，导致各种利益关系矛盾凸显，要化解这些矛盾，最好的解决方式就是将这些问题纳入法治轨道。唯有用法治的方式来实现公正、维护正义，使社会矛盾化解，才能从根本上防止严重的社会问题出现，实现长治久安。

第二，从政治运行角度看，社会主义法是政治权力认可并制定的行为规则。没有法律制度，庞大而复杂的国家机器就无法准确高效地运转。社会主义法治是党通过领导国家的立法、司法、行政机关，制定、贯彻、落实良法，将人民的意志集合为国家意志，并运用国家的强制力加以实施。

第三，从社会治理和法治本质看，执法为民是社会主义法治的本质要求。执法是行使公权力的行为；为民是维护广大人民群众根本利益的目标。法治作为一种社会治理形式，其最根本的目的就是使公民的权利得到实现。执法为民是法治精神的具体实施，为了人民，依靠人民，这也是社会治理永远不变的宗旨和实质。

第四，从价值追求看，社会主义法坚定不移地追求社会公平正义。法律面前人人平等，是法治国家的一条基本准则，公平正义是社会主义法治的价值追求。实现公平正义，首先要从程序正义来实现，也就是司法过程的公正，它是从立法公正通往现实公正的路径。

第五，从公众参与看，社会主义法广泛引导社会参与。要适应全面深化改革的新形势、新任务、新要求，厘清社会权力边界，科学界定政府、社会组织、社区居民在社会治理中的权利和义务；规范政府的社会管理权力，提升社会组织、社区居民参与社会治理的地位、权利，完善其法定程序，实现政府社会治理权责体系的明晰化、科学化和法治化；加快培育社会组织，完善政社分开、权责明确、依法自治的现代社会组织制度，充分发挥社会组织在公共事务管理和公共服务领域的主体作用；提升社会组织的治理效能，激发社会活力，形成政府与社会合作共治的新格局。

第六，从法治德治角度看，社会主义法与道德相互支撑。一方面，在立法中明确政府的社会治理责任，实现社会治理权责关系明晰化，提升治理效能，激发社会活力；另一方面，建设法治的同时不能忽视中国的道德传统，要从中国的道德文化中发掘与法治相适应的文化因素，进一步完善现有的法治模式。

总之，依法治国作为治国理政的基本方式，在推进国家治理体系和治理能力现代化中具有基础性地位和作用。在社会治理过程中，通过推进国家与社会治理法治化，保障宪法和法律认真贯彻落实，让一切劳动、知识、技术、资本管理的活力竞相迸发，让一切创造社会财富的源泉充分涌流，让发展成果更多更公平地惠及全体人民，使法治现代化成为全面实现建设富强民主文明和谐美丽的社会主义现代化强国的根本保障。

2. 政策对法的实施具有指导作用，法对政策实施具有保障作用。执政党政策与法作为社会调整的两种基本形式，它们之间不仅有着内在的一致性，也有着明显的区别，又都有各自不可替代的作用。法与执政党政策的一致性主要表现在：它们都产生并服务于社会的经济基础，都体现着一定阶级的意志和要求，它们的基本指导思想和价值取向是一致的，它们所追求的社会目的从根本上说也是一致的。社会主义法与执政党政策的区别主要表现在：意志属性不同、表现形式不同、实施的途径和保障方式不同、稳定性程度和程序化程度不同。

中国共产党的政策与社会主义法在本质上的一致性以及在外部形式和调整方式上的不同特点决定了二者的相互关系。首先，党的政策是社会主义法的核心内容；其次，社会主义法是贯彻党的政策，完善和加强党的领导不可或缺的基本手段；最后，党的政策充分发挥作用，能够保障、促进社会主义法的实现。要正确认识社会主义法与党的政策的关系，既不能把二者割裂、对立起来，也不能把二者简单等同。

单元三

1. 结合我国法治建设的实际，论述司法平等原则。
2. 结合我国社会主义法治建设的实际，论述司法体制改革及其对提高司法公信力的意义。

单元三答案要点

1. 司法平等原则即公民在法律面前一律平等原则。(1) 其基本含义是：首先，在我国，法律对于全体公民，不分民族、种族、性别、职业、社会出身、宗教信仰、财产状况等，都是统一适用的，所有公民依法享有同等的权利并承担同等的义务。其次，任何权利受到侵犯的公民一律平等地受到法律的保护，不能歧视任何公民。再次，在民事诉讼和行政诉讼中，要保证诉讼当事人享有平等的诉讼权利，不能偏袒任何一方当事人；在刑事诉讼中，要切实保障诉讼参与人依法享有的诉讼权利。最后，对任何公民的违法犯罪行为，都必须追究法律责任，依法给予相应的法律制裁，不允许有不受法律约束或凌驾于法律之上的特殊公民，任何超出法律之外的特殊待遇都是违法的。(2) 实行这项原则的意义在于：这是发展社会主义市场经济的必然要求；是建设社会主义民主政治的重要保证；是社会主义精神文明建设的必要条件；也是建设社会主义法治国家的题中应有之义。(3) 在法的适用中贯彻这一原则，要求在法治实践中坚决反对封建特权思想，要求司法工作者在司法活动中必须忠于事实、忠于法律、忠于人民。

2. (1) 司法体制改革是指在宪法规定的司法体制基本框架内，国家司法机关和国家司法制度实现自我创新、自我完善和自我发展，建设中国特色社会主义现代司法体系和司法制度。司法体制改革的概念与内涵，涵盖了国家司法机关、国家司法制度、宪法规定的司法体制基本框架、司法体制的自我创新、自我完善、自我发展，建设中国特色社会主义现代司法体系和司法制度等各项要素。

(2) 司法体制改革事关党和国家事业大局，必须树立科学的司法改革观，在司法改革中坚持正确的方向和原则：一是坚持正确的政治方向。坚持党的领导是我国社会主义司法制度的根本特征和政治优势。深化司法体制改革，必须在党的统一领导下进行，坚持走中国特色社会主义司法改革之路，努力创造更高水平的社会主义司法文明。二是坚持以宪法为根本遵循。我国宪法以国家根本法的形式确立了司法制度的基本框架和司法活动的基本规矩，是组织实施司法体制改革的根本遵循。深化司法体制改革，不仅不能违反宪法的规定，更重要的是把宪法的规定落实到位。三是坚持以提高司法公信力为根本尺度。推进司法体制改革，必须坚持以提高司法公信力为根本尺度，以矛盾纠纷得到公正的解决、合法权益得到有效的维护为目标，确保取得人民满意的改革实效。四是坚持符合国情和遵循规律相结合。深化司法体制改革，必须从社会主义初级阶段的基本国情出发，既认真借鉴人类法治文明的有益成果，又不照抄照搬外国的司法制度；既勇于改革创新，又不超越经济社会发展阶段盲目冒进。深化司法体制改革，必须坚持从司法规律出发设计改革方案，善于运用司法规律破解改革难题，确保改革成果经得起历史和实践的检验。五是坚持统筹兼顾。司法体制改革的系统性、整体性、协同性强，必须在中央统一领导下自上而下有序推进。既要加强中央顶层设计，又要鼓励各地因地制宜地开展试点；既要坚持整体推进，又要善于抓住重点事项进行攻坚，以重点事项突破带动改革的全面开展。六是坚持依法有序推进。凡是同现行法律规定不一致的改革举措，必须先提请立法机关修改现行法律规定，然后再开展改革。修改现行法律规定的条件尚不成熟的，应及时提请立法机关进行授权，在授权范围内进行改革试点。

（3）司法改革的主要任务有以下几个方面：一是保证公正司法，提高司法公信力。重点包括推进以审判为中心的诉讼制度改革，改革法院案件受理制度，探索建立检察机关提起公益诉讼制度，实行办案质量终身负责制和错案责任倒查问责制，完善人民陪审员和人民监督员制度等。探索设立跨行政区划的人民法院和人民检察院，办理跨地区案件。完善行政诉讼体制机制，合理调整行政诉讼案件管辖制度，切实解决行政诉讼立案难、审理难、执行难等突出问题。二是增强全民法治观念，推进法治社会建设。重点包括发展中国特色社会主义法治理论，把法治教育纳入国民教育体系和精神文明创建内容，完善守法诚信褒奖机制和违法失信行为惩戒机制，推进公共法律服务体系建设，构建对维护群众利益具有重大作用的制度体系，完善多元化纠纷解决机制等。三是加强法治工作队伍建设。重点包括完善法律职业准入制度，加快建立符合职业特点的法治工作人员管理制度，建立法官、检察官逐级遴选制度，健全法制工作部门和法学教育研究机构人员双向交流与互聘机制，深化律师管理制度改革。

单元四

1. 结合实际，论述法律意识的作用及其对实现法治国家的意义。

2. 与“法无禁止即可为”相对应的是“法无授权不可为”，这种表述其实是在解放市场主体的同时，对行政权进行更明确的限定。

结合上述材料，从执法特征的角度论述依法行政原则。

单元四答案要点

1. 法律意识的作用：

（1）法律意识渗透到法律制度、法律调整过程中，成为法律制度的有机组成部分，在一定条件下可以起到法的作用。

在一定的条件下，特别是在一个国家法律制度不完备、缺乏明确法律规定时，统治阶级的法律意识往往直接起到法律的作用。但是法律意识本身并不等于法，法反映的是占统治地位的法律意识（而不可能是不占统治地位的法律意识），而占统治地位的法律意识，也不同于法律规范。法是国家制定或认可并得到国家强制力保证的行为规则，而法律意识本身并不具有法的这一属性，显然不能要求社会成员像服从法律规范那样服从法律意识。在一定条件下，法律意识可以起到法的作用，但这并不是法律意识本身固有的属性，而是国家在特定条件下赋予某些法律意识的属性，不能因此就认为法律意识在任何条件下都可以起到法的作用，甚至认为法律意识就是法。

（2）法律意识制约和影响着法律实践活动。

1）法律意识既渗透到法的制定和实施中，成为法律调整全过程时刻不可或缺的因素，又可独立于法律调整，发挥社会意识形态所固有的思想教育作用，灌输统治阶级的法律意识形态、价值观，普及法律知识、文化，为实现法律调整、实行法治创造良好的思想、心理条件。

2）在法律的创制过程中，立法者的法律意识直接影响着法律创制活动的效果。如果立法者能正确认识和反映一定社会关系的客观要求，进而有效地进行创制法律的活动，那么这样的法律就会促进经济的发展和社会的进步。

3）在法律适用的过程中，司法人员法律意识的水平对于适用法律的活动以及案件的审判影响很大。它直接关系到司法人员能否准确理解法律规范的精神实质，能否合法、公正地审理案件，能否有效地维护国家利益和公民权利。

4）新的法律意识往往会成为社会变革的推动力量。法律实践还是一个生动现实的过程，在一个急剧变化的社会里，随着从传统社会向现代社会的转型，法律也必然要发生变化。

从上述法律意识的作用可以看出，法律意识在法治建设中具有重大作用，其对实现法治国家的意义还表现在法律意识创造实现法治国家的文化条件——全民较高的文化素养。这是因为法律意识是法律文化的重要组成部分，法与法律意识关系实际上基本代表了法与文化的紧密关系，法律文化作为一个整体，其与社会的关系是：一方面，法律文化受到经济基础的制约，反映社会发展的客观需要和统治阶级的意志，具有阶级性；法律现实是法律文化的载体，法律文化蕴含其中，法律文化并不体现在脱离现实的法律规则中，而是体现在在实际生活中起着作用、指导人们的法律活动的实际规则中。另一方面，法律文化又具有相对独立性，法治建设离不开法律文化的影响和指导，表现在：

（1）法治需要科学精神的支持，与人治需要愚昧、无知、迷信和愚忠等非理性文化支持相反，法治国家需要理性文化作为其观念基础。（2）法治国家要求权利观念深入人心，并在社会中得到普及和弘扬。（3）法治国家的实现还需要发达的制度意识和规则意识。有了正确的制度意识，有助于把社会关系的重大领域制度化、法制化，维护社会的稳定性和可预期性；有助于正确处理制度与人，尤其是领导人的关系，防止因为领导人的变更或因为领导人注意力的转变而随意破坏制度或成例，保证任何人的活动都在法律和制度的范围内进行。法治本身就是一种规则之治，它与一般的规则之治的区别只在于，法律是通过民主程序上升为国家意志，并由国家的权威和强制力保证实施的特殊规则。显然，规则意识的深入人心，是法治国家存在和运行不可缺少的条件。

2.（1）依法行政原则，亦称合法性原则、行政法治原则，是社会主义法治原则在执法领域的具体体现，是国家行政机关执法的最高准则。其含义是：国家行政机关在全部行政管理中要严格依法办事，使国家的行政管理活动完全建立在法治的基础上。具体来说，第一，执法的主体合法。国家行政机关的设立及其职权必须有法律依据，必须在法律规定的职权范围内活动，越权违法，越权无效。第二，执法的内容合法。执法活动是根据法律的规定进行的。采用的具体方式要符合法律的规定。第三，执法的程序必须合法。要严格按照法定的步骤、顺序以及时限进行执法，不得任意改变、省略和超越。

坚持这一原则的意义是：合法性原则是现代法治国家行政活动的一条最基本的原则。国家行政机关依法办事是国家机关进化的结果，也是近现代各国制度文明的一个突出标志。表现在：首先，指导国家行政机关正确实施管理。国家行政机关的执法活动涉及面广，内容庞杂，关系到国计民生和社会发展的一切方面，具有普遍性和社会性。不按法律规则和程序办事，整个国家机器将处于混乱无序的状态，其后果不堪设想。只有依法行政，行政执法活动才能始终保持正确的方向。其次，有利于防止行政权力的滥用。由于执法具有主体特殊、范围广泛、活动带有强制性和主动性的特点，权力易被滥用，有可能滋生腐败，走向执法宗旨的反面。坚持执法合法性原则，既能使行政机关充分行使行政权力，对社会进行有效的管理，又能对权力进行有效的制约和监督。

（2）从执法特征来看：

1）由于执法主体具有特定性，因此必须依法行政才能从主体上保证执法活动符合法律的规定，才不会造成滥用权力执法现象、越权执法现象。

2）由于执法活动具有广泛性，是对社会实行全方位的组织和管理，对社会生活的影响日渐深刻，这就要求执法活动必须依法进行，才能有效控制执法活动的界限，防止公权力对私权利的侵犯。

3）从执法的单方性、主动性来看，由于行政机关代表国家，在行政法律关系中居于支配地位，其意思表示和处分行为对该法律关系具有决定性意义，因此很容易造成单方意志的无限行使，从而造成对相对人的不公平待遇，因此必须依法行政，才能规范单方意志。

4）由于执法具有灵活性，行政行为有一定自由裁量的余地，因此很容易出现滥用自由裁量权的情况，因而必须要严格依法进行。

单元五

1. 结合我国社会主义法治建设的实际，论述全面推进依法治国的重大意义及基本原则。

2. 完善人权司法保障制度是我国司法体制改革的重要组成部分，也是建设公正高效权威的社会主义司法制度的重要内容。结合我国实际，论述如何完善人权司法保障制度。

单元五答案要点

1. 依法治国，就是广大人民群众在党的领导下，依照宪法和法律规定，通过各种途径和形式管理国家事务，管理经济文化事业，管理社会事务，保证国家各项工作都依法进行，逐步实现社会主义民主的制度化、法律化，使这种制度和法律不因领导人的改变而改变，不因领导人看法和注意力的改变而改变。

依法治国，建设社会主义法治国家，是党领导人民治理国家的基本方略，其根本目的是保证人民充分行使当家作主的权利，维护人民当家作主的地位。依法治国具有如下重大意义。

第一，依法治国是坚持和发展中国特色社会主义的本质要求和重要保障。第二，依法治国是实现国家治理体系和治理能力现代化的必然要求。第三，依法治国事关我们党执政兴国，事关人民幸福安康，事关党和国家长治久安。第四，依法治国是全面建成小康社会、实现中华民族伟大复兴的中国梦的必然要求。第五，全面深化改革、完善和发展中国特色社会主义制度，提高党的执政能力和执政水平，必须全面推进依法治国。

实现依法治国的总目标，必须坚持以下基本原则：第一，坚持中国共产党的领导。党的领导是中国特色社会主义最本质的特征，是社会主义法治最根本的保证。第二，坚持人民主体地位。人民是依法治国的主体和力量源泉，人民代表大会制度是保证人民当家作主的根本政治制度。必须坚持法治建设为了人民、依靠人民、造福人民、保护人民，以保障人民根本权益为出发点和落脚点，保证人民依法享有广泛的权利和自由、承担应尽的义务，维护社会公平正义，促进共同富裕。第三，坚持法律面前人人平等。平等是社会主义法律的基本属性。任何组织和个人都必须尊重宪法法律权威，都必须在宪法法律范围内活动，都必须依照宪法法律行使权力或权利、履行职责或义务，都不得有超越宪法法律的特权。第四，坚持依法治国和以德治国相结合。必须坚持一手抓法治、一手抓德治，既重视发挥法律的规范作用，又重视发挥道德的教化作用，以法治体现道德理念、强化法律对道德建设的促进作用，以道德滋养法治精神、强化道德对法治文化的支撑作用，实现法律和道德相辅相成、法治和德治相得益彰。第五，坚持从中国实际出发。必须从我国基本国情出发，同改革开放不断深化相适应，总结和运用党领导人民实行法治的成功经验，围绕社会主义法治建设重大理论和实践问题，推进法治理论创新。

总之，只有坚持依法治国、依法执政、依法行政共同推进，坚持法治国家、法治政府、法治社会一体建设，在“科学立法、严格执法、公正司法、全民守法”这一新时期法治方针指引下，才能将我国建成社会主义法治国家，促进国家治理体系和治理能力现代化。

2. 完善人权司法保障制度要正确处理打击犯罪与保护人权、程序公平与实体公正、追求公正与注重效率的关系，确保人民群众有尊严地参加诉讼，及时得到公正的裁判结果。

一是完善人权司法保障要注重对法治原则的遵循。加强对人权的司法保障要以宪法和法律为依据，逐步健全人权司法保障的法律法规，完善制度设计，细化保障措施。在司法活动中，要切实遵守人权保障的相关法律规定，着力提升司法理念、加强保障力度、完善监督制约，做到尊重人权与防止侵权有机结合，充分发挥社会主义司法制度的优越性。

二是完善人权司法保障要体现对基本人权的尊重。国家尊重和保障人权是宪法的明确要求，要始终贯彻尊重和保障人权的理念，切实保护公民的人身权利、财产权利、民主权利等合法权益。司法活动直接涉及公民的人身、自由、人格尊严、财产权益等基本权利，要以完善人权司法保障改革为契机，不断提升人权司法保障的制度化、法治化水平。

三是完善人权司法保障要突出对司法权力的制约。完善人权司法保障就要强化对司法权力的限制和制约，防止滥用权力侵犯人权。要完善外部监督制约，认真贯彻宪法和刑事诉讼法关于司法机关“分工负责、互相配合、互相制约”的基本原则，完善内部监督制约，改革人民陪审员制度，健全人民监督员制度，推进审判公开、检务公开，为公民维护自身权利提供坚实的制度保障。

四是完善人权司法保障要强化对诉讼权利的保障。树立理性、平和、文明、规范的执法理念，严禁刑讯逼供、体罚虐待。充分保障犯罪嫌疑人、被告人的辩护权、辩解权等诉讼权利，要重视其辩护辩解的内容，对涉及无罪、罪轻的辩护意见要认真核实。完善律师执业权利保障机制，发挥律师在依法维护公民和法人合法权益方面的重要作用。

五是完善人权司法保障要加强对公民权利的救济。完善人权司法保障，既要有效防止侵权行为的发生，又要切实保障公民权利在受到侵犯后，能及时得到有效救济。不论是民事诉讼、行政诉讼还是刑事诉讼，司法活动本身就是对公民权利最有效的救济手段。

单元六

1. 结合中国法治建设的实际，论述社会主义法治理念的基本内涵、基本特征和基本内容。

2. 以前由于对犯罪嫌疑人出庭受审是否穿囚服、剃光头等没有明确规定，大部分犯罪嫌疑人出庭受审被要求穿囚服、剃光头，但一些名人却往往可以选择穿自己衣服出庭。最高人民法院发布的最高人民法院《关于全面深化人民法院改革的意见——人民法院第四个五年改革纲要（2014—2018)》，明确禁止让刑事在押被告人或者上诉人穿着识别服、马甲、囚服等具有监管机构标识的服装出庭受审。联系我国实际，论述权利保障的法治原则及其在社会主义法治建设中的意义。

单元六答案要点

1. 社会主义法治理念是指关于社会主义法治的理想、信念和观念，是对社会主义法治的内在要求、精神实质和基本原则的概括和反映。当代中国社会主义法治理念是党的领导、人民当家作主、依法治国思想的统一体。其核心是广泛的人民性，社会主义法治理念只有以人民的根本利益为宗旨，才能真正深得民心，为人民所拥护。

社会主义法治理念的基本特征可以概括为：一是系统的科学性和合理性；二是鲜明的政治性和时代性；三是真正的开放性和可实证性。

社会主义法治理念有以下五个方面的基本内容：

(1) 依法治国是社会主义法治的核心内容。依法治国是党领导人民治理国家的基本方略。只有坚持依法治国，才能使广大人民群众在党的领导下依照宪法和法律规定，通过各种途径和形式管理国家事务，管理经济文化事业，管理社会事务；只有坚持依法治国，才能保证国家各项工作都依法进行；只有坚持依法治国，才能逐步实现社会主义民主政治的制度化、规范化、程序化。

(2) 执法为民是社会主义法治的本质要求，这是党全心全意为人民服务的根本宗旨和立党为公、执政为民的执政理念在政法工作上的体现。人民是国家的主人，一切权力来源于人民，这不仅是我国宪法确立的基本原则，也是我们党一贯倡导的立党为公、执政为民的思想源头。为人民服务、对人民负责是执法的根本目的和要求。做好执法工作，必须把人民利益放在第一位，把人民满意不满意、拥护不拥护、赞成不赞成作为检验工作的根本标准。

(3) 公平正义是社会主义法治的价值追求。法治有两项最基本的要求：一是要有制定得良好的法律；二是这种法律得到普遍的服从。所谓"良好的法律"，就是体现社会公平和正义的法律。所谓"普遍的服从"，就是法律的实体正义和程序正义都得到全面的实现。公平正义是人类社会文明进步的重要标志，是社会主义和谐社会的关键环节。只有坚持公平正义，做到合法合理、平等对待、及时有效，才能实现公正执法，才能真正维护人民群众的合法权益，促进社会和谐。

(4) 服务大局是社会主义法治的重要使命。法治作为国家治理方式，必须服务于国家的根本任务。社会主义法治的重要使命就是保障和服务建设富强民主文明和谐美丽的社会主义现代化强国这一根本目标。要树立大局观念，坚持自觉服从服务于党和国家的工作大局和社会主义经济建设。只有这样，才能掌握工作的主动权，与时俱进，最大限度地发挥职能作用。

(5) 党的领导是社会主义法治的根本保证。在我国，中国共产党是执政党，党的方针、政策集中反映了党的基本政治主张，蕴涵着先进的社会主义法治理念和深刻的政治内涵，是制定法律的根据，是执行法律的灵魂。要全面理解和准确把握党的路线方针政策的精神实质，自觉地把执行党和国家的政策与执行法律统一起来，既要防止用政策代替法律，又要坚持以党和国家的一系列重要政策、策略为指导，坚定不移地依靠和接受党的领导和监督。要坚持把党的领导与严格依法办事、执行法律与执行党的政策有机结合起来。

2. (1) 权利保障原则的主要内容包括：

1) 尊重和保障人权。法治的所有价值目标都可以归结为充分尊重和保障人权，促进公民自由意识和能力的提高。通过法治而保障人权，其实是人的自由发展历程中的重要环节。对国家权力的法律限制本身就是对人权的有力保障。法律至上性的最终目标也是为人的权利和自由发展服务的。因此可以说，充分尊重和扩展人权是法治的终极性的目标价值。

2) 法律面前人人平等。①现代法治原则首先要求法律适用上的平等，即在执法和司法过程中，对一切公民权利和自由的平等保护，对一切主体义务的平等要求，对违法行为平等地追究法律责任，不承认任何法外特权。②法律面前人人平等还要求在立法上平等分配各种社会资源。与自由竞争时代的法治相比，现代法治的发展趋势表现为既讲求形式上的平等，也通过形式平等内容的发展逐步推进实质上的平等。③平等还意味着尊重社会主体的多元价值观和生活方式，消除歧视与偏见。

3) 在法的制定和实施过程中贯彻主体的权利与义务相一致原则。一方面，确认和保障主体的权利和自由是法治的根本目的；另一方面，权利和义务又具有一致性，没有无权利的义务，也没有无义务的权利，这是平等原则的必然要求。对国家权力而言，在资源分配上不能将权利分配给一部分人，义务分配给另一部分人；对社会主体而言，在行使权利时，也必须尊重他人和社会的相应权利，不能只享受权利而不承担义务。

(2) 法治建设的目标之一就是保障公民的权利，没有权利保障就没有法治，在法治社会中，权利保障原则具有重要意义。

第一，在立法活动中，贯彻权利保障原则是立法善良的表现，也是法治的前提。只有贯彻权利保障原则才能确保坚持立法的合宪性原则，即法律制定必须符合宪法的精神和规定，包括立法主体（或权限）的合宪性、内容（或依据）的合宪性和程序的合宪性等，这样才能确保坚持立法的科学性原则。法律作为一种社会规范和行为规则，它要为国家、社会及普通公民确立一种合理的组织结构、规范的行为模式、正确的价值选择，这就必须建立在科学原则的基础之上，才能确保坚持立法的民主性原则。立法内容的民主性是指法律制定必须从最大多数人的最根本利益出发，它是由我国社会主义的性质决定的。社会主义法律是人民意志的反映，人民民主是社会主义法律的要义。但由于中国封建社会的历史较长，封建专制的影响很深，民主传统比较少，公民权利意识也较差，因而在法律中就要特别强调反映民主，反对专制特权，不允许任何个人、组织和国家机关侵犯人民的合法利益，保障人民当家作主的权利。我国宪法规定的公民基本权利体现了民主立法的原则，但要使立法的内容更充分地体现民主原则，还要通过其他法律将宪法规定的公民权利具体化。

第二，在执法活动中，尊重和保障人权，贯彻执行权利保障原则是法治的基本要求。只有贯彻权利保障原则才能确保坚持依法行政。其意义在于：首先，指导国家行政机关正确实施管理。国家行政机关的执法活动涉及面广，内容庞杂，关系到国计民生和社会发展的一切方面，具有普遍性和社会性。不按法律规则和程序办事，整个国家机器将处于混乱无序的状态，其后果不堪设想。只有依法行政，行政执法活动才能始终保持正确的方向。其次，有利于防止行政权力的滥用。由于执法具有主体特殊、范围广泛、活动带有强制性和主动性的特点，权力易被滥用，有可能滋生腐败，走向执法宗旨的反面。坚持执法合法性原则，既能使行政机关充分行使行政权力，对社会进行有效的管理，又能对权力进行有效的制约和监督。

第三，在司法活动中，贯彻权利保障原则，切实保障人权是法治的重要保证。只有贯彻权利保障原则才能确保坚持公民在适用法律上一律平等原则。公民在适用法律上一律平等原则是社会主义司法的一项重要原则。实行这一原则，对于切实保障公民在适用法律上的平等权利，反对特权思想和行为，惩治司法腐败行为，维护社会主义法制的权威、尊严和统一，保护国家和人民的利益，调动广大人民的积极性，加快法治社会建设，都有重要意义。

单元七

1. 论述习近平法治思想的基本要义及其对依法治国的重大意义。
2. 论述法律至上的法治观点及其在社会主义法治建设中的意义。

单元七答案要点

1. 习近平法治思想的主要内容集中体现为“十一个坚持”，从理论逻辑上可以划分为以下几个方面。

一是全面依法治国的政治方向。“坚持中国特色社会主义法治道路，最根本的是坚持中国共产党的领导”，自觉地把党的领导贯彻到依法治国全过程和各方面，更好落实全面依法治国基本方略。“以人民为中心”是社会主义法治的核心价值，全面依法治国最广泛、最深厚的基础是人民，必须坚持为了人民、依靠人民。“中国特色社会主义法治道路，是社会主义法治建设成就和经验的集中体现，是建设社会主义法治国家的唯一正确道路”。要从中国国情和实际出发，走适合自己的法治道路。

二是全面依法治国的重要地位。第一，全面依法治国是新时代坚持和发展中国特色社会主义的基本方略，在“五位一体”总体布局和“四个全面”战略布局中具有基础性、引领性、支撑性作用；第二，全面依法治国是国家治理的一场深刻革命，要大刀阔斧地推进法治领域的改革，坚决破除一切妨碍依法执政、依法治国、依法行政、依法治军、依法办事的体制机制弊端和思想观念；第三，全面依法治国既是中国特色社会主义的本质要求，也是中国特色社会主义的重要保障。

三是全面依法治国的工作布局。“坚持在法治轨道上推进国家治理体系和治理能力现代化”“坚持建设中国特色社会主义法治体系”“坚持依法治国、依法执政、依法行政共同推进，法治国家、法治政府、法治社会一体建设”。

四是全面依法治国的重点任务。全面贯彻实施宪法是全面依法治国的首要任务，要坚持依宪治国、依宪执政，更好展现国家根本法的力量，更好发挥国家根本法的作用。要坚持全面推进科学立法、严格执法、公正司法、全民守法，继续推进法治领域改革，解决好立法、执法、司法、守法等领域的突出矛盾和问题。同时，还要坚持统筹推进国内法治和涉外法治，坚决维护国家主权、尊严和核心利益。

五是全面依法治国的重大关系。政治和法治、民主和专政、改革和法治、发展和安全、依法治国和以德治国、依法治国和依规治党等关系是全面依法治国所涉及的一系列重大辩证关系。

六是全面依法治国的重要保障。全面依法治国需要坚强有力的保障体系，包括政治保障、制度保障、思想保障、组织保障、人才保障、运行保障、科技保障等。

这一法治思想是内涵丰富、系统完备的科学理论体系，深刻回答了新时代为什么实行全面依法治国、怎样实行全面依法治国等一系列重大问题，指明了全面依法治国的政治方向、重要地位、工作布局、重点任务、重大关系、重要保障。

2.（1）法律至上就是指法律的极大权威，没有任何人或组织可以凌驾于法律之上。法律至上是检验真假法治的一个基本标准。法律至上具体表现在：无论何种形态的社会，总有一个至高无上的权威存在。如果公众心目中认同的最高权威不是法律，那么这个社会就肯定不是法治社会。法律至上意味着：①在国家生活中法律应当有至上的效力和最高的尊严，国家机关的一切职权根源于法律，而且依法行使。②国家行政机关、司法机关应受立法机关的监督和制约，其决定不得与立法机关的一般性决策相冲突，否则无效。③政党必须在法律的范围内活动，政党的政策不得违反宪法和法律。④当国家领导人个人的意志与法律出现矛盾时，法律必须高于领导人个人的意志，否则，就会出现法律和国家政策因为领导人个人意志或情绪的转变而改变，出现人治政体下经常发生的领导人更替过程中的政局波动和政局危机。

（2）从立法的角度看，法律至上就是：①必须坚持立法的合宪性与法律统一原则。要从立法上保证法律自身具有正确的方向，内部和谐统一，相互一致，相互协调，为实现法制奠定基础。这就要求立法必须在主体、内容和程序上都要合宪，从而统一立法尺度。同时注意各个部门法之间的互补和互融以及注意不同类别法律之间的矛盾。②坚持科学性原则。法律作为一种社会规范和行为规则，它要为国家、社会及普通公民确立一种合理的组织结构、规范的行为模式、正确的价值选择。③坚持民主性原则。立法过程的民主性直接影响立法的质量，因此，法律只有从大多数人的最根本利益出发，才能获得普遍的服从。

（3）从执法的角度看，法律至上就是要严格依法行政，从而保证国家行政权得以合法运行，即要坚持执法主体、内容、程序均合法，这样才能防止专断和腐败，从而为法律至上观念的确立提供最基本的保证，因为国家行政机关的执法活动涉及面广、内容庞杂，关系到国计民生和社会发展的各个方面，影响巨大。

（4）从司法的角度看，法律至上就是要：①坚持公民在法律适用上一律平等的原则，这是法律至上的基本要求。因为人人平等意味着公民都必须平等地遵守法律，同时依法平等地享有法定的权利和承担法定义务，不允许任何人有超越法律的特权。任何公民的合法权益都平等地受到法律保护，任何公民的违法犯罪行为都应平等地依法受到法律制裁和追究，绝不允许任何人有超越法律之上的特权。坚持这一原则，能切实保障公民在适用法律上的平等权利，反对特权思想和行为，惩治司法腐败行为，维护法制的权威、尊严和统一，从而树立法律至上的观念。②司法机关依法独立行使职权原则，即司法机关在办案过程中，依照法律规定独立行使司法权，其他任何组织和个人都无权行使；司法机关行使司法权只服从法律，不受行政机关干涉。③坚持以事实为根据、以法律为准绳原则。以事实为根据，就是司法机关对案件作出处理决定，只能以被合法证据证明了的事实和依法推定的事实作为适用法律的依据。以法律为准绳，就是指司法机关在司法过程中，要严格按照法律规定办事，把法律作为处理案件的唯一标准和尺度。

单元八

1. 党的十八届四中全会通过的《中共中央关于全面推进依法治国若干重大问题的决定》指出，“法律的权威源自人民的内心拥护和真诚信仰”，同时强调，“必须弘扬社会主义法治精神，建设社会主义法治文化，增强全社会厉行法治的积极性和主动性，形成守法光荣、违法可耻的社会氛围，使全体人民都成为社会主义法治的忠实崇尚者、自觉遵守者、坚定捍卫者”。

结合我国社会主义法治建设的实际，论述弘扬社会主义法治精神对建设社会主义法治文化的重大意义及其实现途径。

2. 论述建设中国特色社会主义法治体系的基本要求和良法善治的基本内容。

单元八答案要点

1.（1）弘扬社会主义法治精神对建设社会主义法治文化的重大意义。全面推进依法治国，科学立法是前提、严格执法是保障、公正司法是生命线，法治建设的成效如何则要看全民守法的情况如何。历史发展表明，只有法律成为人们自觉遵守的规则，内化于心，外化于行，法的意义、法的精神才能真正展现出来，法治的理想才能最终实现。因此，在全面推进依法治国的过程中，法治精神和法治文化具有特殊重要的意义。

（2）要达到“全民守法”的目标，必须以法治政府的建立促进法治社会的发育，以司法的严谨、执法的严格来培育公民守法的自觉性。这就要求我们：一方面，要加快建设职能科学、权责法定、执法严明、公开公正、廉洁高效、守法诚信的法治政府；另一方面，要充分发挥司法公正对于社会公正的引领作用，并在此基础上推进覆盖城乡居民的公共法律服务体系建设，健全依法维权和化解纠纷机制、利益表达机制、协商沟通机制、救济救助机制，畅通群众利益协调、权益保障法律渠道。只有让人民群众在每一件具体的司法案件中建立对法治的信心、在日常工作生活中感觉到法律的权威，他们对法律的态度才能由认识到遵守、由信任到信仰。推动社会主义法治文化和法治精神建设，离不开类型多样的宣传与教育。从 20 世纪 80 年代至今，普法规划一直在进行中，普法内涵不断丰富、领域不断拓宽，已经成为推进依法治国、建设社会主义法治国家的一项重要的基础性工作。

2. 中国特色社会主义法治体系是全面推进依法治国总目标的内容之一，其基本要求有以下几个方面：第一，形成完备、良善的法律规范体系。为此必须做到：健全宪法实施和监督制度；完善我国的立法体制；深入推进科学立法、民主立法；加强重点领域立法，进一步形成完善的、科学规范的中国特色社会主义法律规范体系。第二，形成公正高效的法治实施体系。在行政执法领域必须做到：依法全面履行政府职能；健全依法决策机制；深化行政执法体制改革；坚持严格规范公正文明执法；全面推进政务公开。公正是法治的生命线，实现公正司法必须做到：完善确保依法独立公正行使审判权和检察权的制度；优化司法职权配置；推进严格司法；保障人民群众参与司法；加强人权司法保障；加强对司法活动的监督。第三，形成科学严密的法治监督体系。特别是要强化对行政权力的制约和监督，通过加强党内监督、人大监督、民主监督、监察监督、司法监督、审计监督、社会监督、舆论监督制度的建设，努力形成科学有效的权力运行制约和监督体系，增强监督合力和实效。同时，加强对政府内部权力的制约，是强化对行政权力制约的重点。逐步完善监察体制机制，完善监督主体、范围、程序与责任，有效发挥监察机关对权力运行的监督作用。第四，形成充分有力的法治保障体系。一是加强法治工作队伍建设，主要包括：建设高素质法治专门队伍；加强法律服务队伍建设，特别是加强律师队伍思想、政治与组织建设；创新法治人才培养机制。二是加强和改进党对全面推进依法治国的领导，主要应强调，党的领导是全面推进依法治国、加快建设社会主义法治国家最根本的保证。必须加强和改进党对法治工作的领导，把党的领导贯彻到全面推进依法治国全过程。第五，形成完善的党内法规体系。这是党中央针对全面从严治党的新战略提出的全新主张，也是依法治国与依规治党相结合的具体体现。党在新时期既要坚持全面依法治国与依法执政，又要坚持全面从严治党，在从严治党问题上必须从源头上抓起，不断完善党内法规。

单元九

1. 党的十九大报告指出，要深化司法体制综合配套改革，全面落实司法责任制，努力让人民群众在每一个司法案件中感受到公平正义。结合我国实际，论述如何全面落实司法责任制。

2. 从立法、执法、司法的角度，论述权力制约的法治原则。

单元九答案要点

1. 司法责任制改革被视为司法体制改革的关键，是必须紧紧牵住的“牛鼻子”。全面落实司法责任制包含以下几个方面：(1) 司法公正的实现，离不开德才兼备的高素质司法队伍；全面落实司法责任制改革的各项要求，也需要加强司法队伍建设。(2) 针对“审者不判、判者不审”问题对症下药，明确要求法官、检察官对案件质量负责。通过改革，形成以法官、检察官依法独立办案为前提，以法官、检察官员额制为配套，以完善法官、检察官职业保障为条件，以主客观相统一为追责原则的司法权力运行机制。(3) 全面落实司法责任制，还应当完善一系列配套性措施，如完善法官、检察官入额遴选办法，加强编制和员额的省级统筹、动态调整，有条件的地方探索跨院入额；配套建立员额退出实施办法，让办案绩效不符合要求的法官、检察官退出员额；科学配置办案团队，专业化与扁平化相结合；推广科学分案办法，以随机分案为主、指定分案为辅；加强领导干部办案情况分级考核和定期通报；多措并举增补辅助人员，努力做到省级层面达到 1∶1 比例配置；对司法辅助事务进行内部集约化管理和外部社会化购买；利用信息化、大数据等辅助法官办案，建立类案与关联案件检索机制；对边疆民族地区，有序确定放权事项和步骤，研究制定边疆民族地区人员招录、待遇保障等特殊政策，加大民族地区双语法官、检察官培训力度，加强边疆民族地区人才培养。

2. (1) 权力制约的法治原则内在地要求对国家权力进行合理的分工和有效的制约。权力如何分配和制约是法治国家权力结构的基本问题。能否实现法治，也取决于国家权力结构中是否实行分工和制约。之所以强调权力的分工和制约，是因为法治的目的就在于运用法律防止国家权力的专横、恣意和腐败，保障公民的权利和自由。法治所强调的对国家权力进行制约，是权力之间的相互制约。让权力之间互相监督，是维护法的权威、保证国家权力的执行者不违背法律的有力措施。法治原则特别强调对国家行政权力的制约，要求严格依法行政。因为行政机关执掌着大量日常公共生活的组织指挥权能，代表公权力，通过各种抽象和具体的行政行为直接干预公民和社会组织的活动；行政权力行使的广泛性、主动性和强制性、单方面性等都使得对行政权的约束成为法治的重点。

(2) 权力制约的法治原则在立法上的表现就是要求：①坚持立法的合宪性、法制统一原则，即在行使立法权时要以宪法为根据，同时保证各立法主体和立法对象统一协调，实际上是对立法权的制约。②要坚持民主性原则，即立法过程要反映最大多数人的利益，内容、程序都要有民主性、科学性，民主性的过程就是对立法权的制约和限制。

(3) 从执法的角度看，就是要坚持依法行政。依法行政亦称合法性原则、行政法治原则，是社会主义法治原则在执法领域的具体体现，是国家行政机关执法的最高准则。其含义是：国家行政机关在全部行政管理中要严格依法办事，使国家的行政管理活动完全建立在法治的基础上。具体来说就是：第一，执法的主体合法。国家行政机关的设立及其职权必须有法律依据，必须在法律规定的职权范围内活动，越权违法，越权无效。第二，执法的内容合法。执法活动是根据法律的规定进行的，采用的具体方式也要符合法律的规定。第三，执法的程序必须合法。

(4) 从司法的角度看：①坚持法律面前人人平等原则，防止司法权的滥用和法律适用的偏差。②坚持司法机关依法独立行使职权的同时，要认识到司法权如同其他任何权力一样，都要接受监督和制约。不受监督和制约的权力（包括司法权力）会导致腐败。对司法权的监督表现在以下几个方面：其一，司法权要接受党的领导和监督，这是司法权正确行使的政治保证。其二，司法权要接受国家权力机关的监督。司法权由国家权力机关产生，并对国家权力机关负责，因此，国家权力机关有权监督司法权的行使，司法机关也有义务接受国家权力机关的监督。其三，司法机关的上、下级之间以及同级之间也存在监督和约束，这种监督和约束是通过司法制度中的一系列制度来体现和实现的。其四，司法权要接受行政机关、企事业单位、社会团体、民主党派和人民群众的监督，要接受舆论的监督。这些广泛的监督形式和监督机制，有利于更好地行使司法权，并防止司法权的滥用等司法腐败现象和行为。③坚持以事实为根据、以法律为准绳的原则。以事实为根据，就是司法机关对案件作出处理决定，只能以被合法证据证明了的事实和依法推定的事实作为适用法律的依据。以法律为准绳，就是指司法机关在司法过程中，要严格按照法律规定办事，把法律作为处理案件的唯一标准和尺度。

单元十

1. 论述如何通过法律实现“共建共治共享”的社会治理新理念。

2. 近年来，随着对暴力恐怖事件和腐败行为的依法审判、对重大冤假错案的纠正等措施的实行，从严治党、从严治吏、实现公平正义齐头并进，彰显了依法治国是一个系统工程。

结合材料谈谈你对全面依法治国之全面的认识。

单元十答案要点

1. 通过法律实现“共建共治共享”的社会治理新理念，核心是推进社会治理法治化，全面提升社会治理法治化水平，依法维护社会秩序、解决社会问题、协调利益关系、推动社会事业发展，培育全社会办事依法、遇事找法、解决问题用法、化解矛盾靠法的法治环境，确保社会既充满活力又和谐有序。依据中共中央发布的《法治社会建设实施纲要（2020—2025 年）》，它至少包括以下几个方面：第一，完善社会治理体制机制。完善党委领导、政府负责、民主协商、社会协同、公众参与、法治保障、科技支撑的社会治理体系，打造共建共治共享的社会治理格局。加强社会治理制度建设，推进社会治理制度化、规范化、程序化。第二，推进多层次多领域依法治理。推进市域治理创新，使法治成为市域经济社会发展的核心竞争力。深化城乡社区依法治理，在党组织领导下实现政府治理和社会调节、居民自治良性互动。区县职能部门、乡镇政府（街道办事处）按照减负赋能原则，制定和落实在社区治理方面的权责清单。加强基层群众性自治组织规范化建设，全面推进基层单位依法治理。广泛开展行业依法治理，推进业务标准程序完善、合法合规审查到位、防范化解风险及时和法律监督有效的法治化治理方式。依法妥善处置涉及民族、宗教等因素的社会问题，促进民族关系、宗教关系和谐。第三，发挥人民团体和社会组织在法治社会建设中的作用。人民团体要在党的领导下，教育和组织团体成员和所联系群众依照宪法和法律的规定，通过各种途径和形式参与管理国家事务，管理经济文化事业，管理社会事务。促进社会组织健康有序发展，推进社会组织明确权责、依法自治、发挥作用。第四，增强社会安全感。加快对社会安全体系的整体设计和战略规划，贯彻落实《加快推进社会治理现代化开创平安中国建设新局面的意见》。完善平安中国建设协调机制、责任分担机制，健全平安建设指标体系和考核标准。第五，依法有效化解社会矛盾纠纷。坚持和发展新时代“枫桥经验”，畅通和规范群众诉求表达、利益协调、权益保障通道，加强矛盾排查和风险研判，完善社会矛盾纠纷多元预防调处化解综合机制，努力将矛盾纠纷化解在基层。

2. 依法治国是一个系统工程，必须全面推进。

（1）坚持依法治国、依法执政、依法行政共同推进。

依法治国是党和人民治国理政的根本方略，是以法律权威至上为核心、以权力制约为机制、以人权保障为目标的治理模式。中国特色社会主义法治国家所要推进的依法治国，其主体是广大人民群众，其内涵则与社会主义法治的含义相同。

依法执政是中国共产党的执政方式在新时期的重要转变，是指党依据宪法和法律以及党内法规体系治国理政和管党治党，实现党和国家政治生活的法律化、制度化、规范化。全面推进依法治国、建设社会主义法治国家，关键在于执政党依法民主科学执政。

依法行政是指各级政府在党的领导下依法行使行政管理权和依法执行法律。无论是哪一层级的政府及其部门，其权力的设定、取得、运行和监督都必须依法进行，确保始终不偏离法治的轨道。其基本要求是，以合法性原则为基本指导，坚持法定职责必须为、法无授权不可为、违法行为必追究。为此，应当改革行政执法体制，推进综合执法、严格执法责任，构建权责统一、权威高效、程序严谨的依法行政体制，切实防止选择性执法、多头执法、违法执法，牢固树立权力来源于人民、权力依据法律授予、权力为了人民并受人民监督的法治观念。

依法治国、依法执政和依法行政是相互联系、相辅相成的关系，具有价值取向的一致性、基本要求的统一性、运行机制的关联性。依法治国是全局、依法执政是核心、依法行政是关键，三者缺一不可、不可偏废，应当通盘谋划、共同推进。

（2）坚持法治国家、法治政府、法治社会一体建设。

法治国家是全面推进依法治国的根本目标。法治国家是指依法赋予、运行和制约国家权力，通过公正司法和严格执法来维护法律权威并实现人民权利的国家存在形式。一个成熟的法治国家首先是依法治理的国家。主要包括：其一，法律之治是法治国家的第一要件；其二，权力制约，依法制约公共权力；其三，注重程序；其四，法律权威；其五，人权保障；其六，良法善治。

法治政府是政府依据宪法法律设立、政府权力法定、政府决策和行为严格依据法律程序进行并对其后果承担相应责任的政府。政府依法行政和严格执法，是法治的重心。法治政府是有限政府，其权力受到法律的界分和限定，不能超越法律的界限运行；法治政府是责任政府，有权必有责，有责必承担；法治政府是人民政府，以人的基本自由和权利为依归；法治政府是程序政府，一切重大决策和行为活动都必须通过公众参与、专家论证、风险评估、合法性审查和集体讨论决定；法治政府是阳光政府，实行信息公开，赋予社会大众广泛的知情权和参与权，以民主决策和民主监督来实现公开公正、保障政府的法治本色；法治政府是诚信政府，应当自觉维护法律权威、自觉履行职责，为政令畅通、政民和谐奠定基础。

法治社会是社会依法治理、社会成员人人崇尚法治和信仰法治、社会组织依法自治、社会秩序在法治下和谐稳定的社会。社会是人与人之间相互关系的总和，法治社会是与法治国家相互关联、相辅相成的，没有法治社会，便没有法治国家。因此，全面推进依法治国，必须推进法治社会建设。具体包括：第一，全社会树立法治意识；第二，社会组织多层次多领域依法治理；第三，党和国家依据宪法法律治理社会。

总之，法治国家、法治政府和法治社会三者内在统一、相互融合、相互促进，共同成长为社会主义法治国家。

中国宪法学

第一章

单项选择题

单元一

1. 根据我国宪法的规定，有权任免军事检察院检察长的是(　　)。

A. 全国人大常委会　　B. 全国人民代表大会

C. 最高人民检察院　　D. 中央军事委员会

2. 根据我国宪法的规定，下列必须向全国人民代表大会报告工作的领导或机关是(　　)。

A. 中华人民共和国国家主席　　B. 中央军委主席

C. 全国人大常务委员会　　D. 中共中央委员会

3. S省甲市（设区的市）政府欲将政府驻地由该市A区迁往B区。对甲市政府驻地迁移有审批权限的是(　　)。

A. 甲市人民代表大会　　B. 甲市人大常委会

C. 国务院　　D. S省政府

4. 下列关于破坏选举的行为的表述，正确的是(　　)。

A. 破坏选举的行为是破坏选民和代表自由行使选举权的行为

B. 破坏选举的行为是选举委员会不履行职责的行为

C. 破坏选举的行为是通过贿选方式当选代表的行为

D. 选举程序中出现的违法行为都是破坏选举的行为

5. 根据立法法的规定，下列表述正确的是(　　)。

A. 设区的市、自治州人大有权改变或者撤销其常委会制定的地方性法规

B. 全国人大常委会可授权国务院设定限制人身自由的强制措施和处罚

C. 最高人民法院的司法解释应当自公布之日起30日内报全国人大宪法和法律委员会备案

D. 没有法律或者国务院的行政法规、决定、命令的依据，部门规章不得设定减损公民、法人和其他组织权利或者增加其义务的规范

6. 根据选举法和相关法律的规定，关于选举的主持机构，下列选项正确的是(　　)。

A. 乡镇选举委员会的组成人员由不设区的市、市辖区、县、自治县的人大常委会任命

B. 县级人大常委会主持本级人大代表的选举

C. 省人大在选举全国人大代表时，由省人大常委会主持

D. 选举委员会的组成人员为代表候选人的，应当向选民说明情况

7. 在某市辖区的人大代表的换届选举中，依照我国《选举法》的规定，下列人员中不具有选举资格的是(　　)。

A. 精神病患者王某

B. 户籍已经迁往外地求学的大学生李某

C. 因危害国家安全罪被判处管制的刘某

D. 因涉嫌犯罪被公安机关立案侦查，公安机关决定停止其行使选举权的孙某

8. 有权决定省、自治区、直辖市内部分地区进入紧急状态的国家机关是(　　)。

A. 国务院　　B. 全国人民代表大会常务委员会

C. 中央军事委员会　　D. 国家主席

9. 根据我国村民委员会组织法的规定，下列表述正确的是(　　)。

A. 村民委员会对村民负责并报告工作

B. 乡政府领导村民委员会的工作

C. 村民委员会对村支部负责

D. 村民委员会对村民会议负责并报告工作

10. 下列关于我国宪法修改的表述，不正确的是(　　)。

A. 全国人大常委会或1/5以上的人大代表有权提议修改宪法

B. 宪法的修改须由全国人大的全体代表的2/3以上多数通过

C. 目前我国已对现行宪法进行了4次修改

D. 宪法修正案一共52条

11. 下列选项中，不属于2018年宪法修正案修改的内容是(　　)。

A. 中华人民共和国国家监察委员会是最高监察机关

B. 中国共产党领导是中国特色社会主义最本质的特征

C. 国家建立健全同经济和社会发展水平相适应的社会保障制度

D. 坚持和平发展道路，坚持互利共赢开放战略

12. 我国宪法规定的公民的住宅不受侵犯的权利属于(　　)。

A. 经济权利　　B. 社会权利

C. 社会保障权　　D. 人身自由权

13. 按照宪法的理论，制宪主体不同于制宪机关。下列关于我国宪法的制宪主体或制宪机关正确的是(　　)。

A. 全国人民代表大会和地方各级人民代表大会是我国的制宪主体

B. 全国人民代表大会是我国的制宪主体，全国人民代表大会常务委员会是我国的制宪机关

C. 全国人民代表大会是我国的制宪机关，宪法起草委员会是它的具体工作机关

D. 第一届全国人民代表大会第一次全体会议是我国的制宪机关

14. 下列职务中，必须由实行民族区域自治的民族的公民担任的是(　　)。

A. 自治区人大常委会主任　　B. 自治区人大常委会副主任

C. 自治县县长　　D. 自治区检察院检察长

15. 在法律规定的范围内的个体经济、私营经济等非公有制经济是(　　)。

A. 社会主义市场经济的重要组成部分

B. 社会主义市场经济的重要补充

C. 国有经济的必要补充

D. 社会主义计划经济的重要补充

单元一答案与精解

1. A

【精解】《宪法》第67条第13项规定，全国人大常委会根据最高人民检察院检察长的提请，任免最高人民检察院副检察长、检察员、检察委员会委员和军事检察院检察长，并且批准省、自治区、直辖市的人民检察院检察长的任免。据此，选A项。

2. C

【精解】国家主席是国家机构，并不负实际的责任，因此宪法没有规定国家主席的负责制和报告工作制。故排除A项。根据《宪法》第94条的规定，中央军委主席对全国人大和全国人大常委会负责。言外之意，只是“负责”，但不报告工作。故排除B项。根据《宪法》第69条的规定，全国人大常委会对全国人大负责并报告工作。故选C项。中共中央委员会是党的中央领导机构，我国实行党政分开制度，因此中共中央委员会不对全国人大负责，也不报告工作。故排除D项。

3. C

【精解】根据国务院行政区划管理条例的规定，行政区划变更的法律程序为：(1) 省、自治区、直辖市的设立、撤销、更名，报全国人民代表大会批准。(2) 下列行政区划的变更由国务院审批：①省、自治区、直辖市的行政区域界线的变更，人民政府驻地的迁移，简称、排列顺序的变更；②自治州、县、自治县、市、市辖区的设立、撤销、更名和隶属关系的变更以及自治州、自治县、设区的市人民政府驻地的迁移；③自治州、自治县的行政区域界线的变更，县、市、市辖区的行政区域界线的重大变更；④凡涉及海岸线、海岛、边疆要地、湖泊、重要资源地区及特殊情况地区的隶属关系或者行政区域界线的变更。(3) 县、市、市辖区的部分行政区域界线的变更，县、不设区的市、市辖区人民政府驻地的迁移，国务院授权省、自治区、直辖市人民政府审批；批准变更时，同时报送国务院备案。(4) 乡、民族乡、镇的设立、撤销、更名，行政区域界线的变更，人民政府驻地的迁移，由省、自治区、直辖市人民政府审批。(5) 依照法律、国家有关规定设立的地方人民政府的派出机关的撤销、更名、驻地迁移、管辖范围的确定和变更，由批准设立该派出机关的人民政府审批。根据上述规定第 (2) 项中第②种情形，选C项。

4. A

【精解】《选举法》第58条第1款规定，为保障选民和代表自由行使选举权和被选举权，对有下列行为之一，破坏选举，违反治安管理规定的，依法给予治安管理处罚；构成犯罪的，依法追究刑事责任：(1) 以金钱或者其他财物贿赂选民或者代表，妨害选民和代表自由行使选举权和被选举权的；(2) 以暴力、威胁、欺骗或者其他非法手段妨害选民和代表自由行使选举权和被选举权的；(3) 伪造选举文件、虚报选举票数或者有其他违法行为的；(4) 对于控告、检举选举中违法行为的人，或者对于提出要求罢免代表的人进行压制、报复的。据此，只有A项表述是正确的。

5. D

【精解】设区的市、自治州的人大及其常委会制定的地方性法规，不能由同级的人大改变或者撤销，只能由省级人大改变或者撤销。这是因为，设区的市、自治州人大常委会制定的地方性法规，须报省级人大常委会批准。对于上级人大常委会批准的法规，下级人大当然无权改变或者撤销。可见，A项表述错误。根据立法法的规定，限制人身自由的强制措施和处罚属于法律保留事项，且属于不得授权事项。据此，B项表述错误。根据立法法的规定，最高人民法院、最高人民检察院作出的属于审判、检察工作中具体应用法律的解释，应当自公布之日起30日内报全国人民代表大会常务委员会备案。据此，C项表述错误。根据立法法的规定，部门规章规定的事项应当属于执行法律或者国务院的行政法规、决定、命令的事项。没有法律或者国务院的行政法规、决定、命令的依据，部门规章不得设定减损公民、法人和其他组织权利或者增加其义务的规范，不得增加本部门的权力或者减少本部门的法定职责。据此，D项表述正确，选D项。

6. A

【精解】《选举法》第10条第1款规定，不设区的市、市辖区、县、自治县的选举委员会的组成人员由本级人民代表大会常务委员会任命。乡、民族乡、镇的选举委员会的组成人员由不设区的市、市辖区、县、自治县的人民代表大会常务委员会任命。据此，A项表述正确，选A项。《选举法》第9条第2款规定，不设区的市、市辖区、县、自治县、乡、民族乡、镇设立选举委员会，主持本级人民代表大会代表的选举。不设区的市、市辖区、县、自治县的选举委员会受本级人民代表大会常务委员会的领导。乡、民族乡、镇的选举委员会受不设区的市、市辖区、县、自治县的人民代表大会常务委员会的领导。据此，B项表述错误。《选举法》第38条规定，县级以上的地方各级人民代表大会在选举上一级人民代表大会代表时，由各该级人民代表大会主席团主持。据此，C项表述错误。《选举法》第9条第2款规定，选举委员会的组成人员为代表候选人的，应当辞去选举委员会的职务。据此，D项表述错误。

7. C

【精解】根据《选举法》第27条的规定，精神病患者不能行使选举权利的，经选举委员会确认，不列入选民名单。言外之意，就是精神病患者享有选举权，具有选举资格。故排除A项。根据《选举法》第27条的规定，对于选民经登记后迁出原选区的，列入新迁入的选区的选民名单。言外之意，就是住所的变动并不影响选举资格，只不过到新迁入的选区行使选举权。故排除B项。根据《刑法》的规定，对于危害国家安全的犯罪分子，应当附加剥夺政治权利，而依法被剥夺政治权利的人是不能享有选举权的。故选C项。根据《全国人民代表大会常务委员会关于县级以下人民代表大会代表直接选举的若干规定》，对于被羁押，正在侦查、起诉、审判，人民检察院或者人民法院没有决定停止行使选举权利的，准予行使选举权利。依此规定，有权停止行使选举权利的是人民检察院或者人民法院，而不是公安机关，言外之意，就是孙某享有选举权。故排除D项。

8. A

【精解】《宪法》涉及“紧急状态”的条文有三处：《宪法》第67条第21项：全国人大常委会决定全国或者个别省、自治区、直辖市进入紧急状态；第80条：国家主席宣布进入紧急状态；第89条第16项：国务院依照法律规定决定省、自治区、直辖市的范围内部分地区进入紧急状态。对比这三项规定可知，A项是正确答案。

9. D

【精解】根据《村民委员会组织法》第18条的规定，村民委员会向村民会议负责并报告工作。可见，村民委员会不是对村民负责，而是对村民会议负责。故A、C项表述错误，D项表述正确。根据《村民委员会组织法》第4条的规定，乡、民族乡、镇的人民政府对村民委员会的工作给予指导、支持和帮助，但是不得干预依法属于村民自治范围内的事项。注意：本条规定的是“指导”，而不是“领导”。故B项表述错误。

10. C

【精解】现行《宪法》第64条规定，宪法的修改，由全国人民代表大会常务委员会或者1/5以上的全国人民代表大会代表提议，并由全国人民代表大会以全体代表的2/3以上的多数通过。据此，A、B项表述正确。现行《宪法》自1982年12月4日公布实施，经过5次修改（1988年、1993年、1999年、2004年和2018年），一共通过52条宪法修正案。可见，C项表述错误，D项表述正确。

11. C

【精解】现行《宪法》第123条（《宪法修正案》第52条）规定，中华人民共和国国家监察委员会是最高监察机关。据此，A项表述属于2018年宪法修正案的内容。现行《宪法》第1条第2款（《宪法修正案》第36条）规定，社会主义制度是中华人民共和国的根本制度。中国共产党领导是中国特色社会主义最本质的特征。禁止任何组织或者个人破坏社会主义制度。据此，B项表述属于2018年宪法修正案的内容。现行《宪法》序言第十二自然段（《宪法修正案》第35条）指出，……坚持和平发展道路，坚持互利共赢开放战略，发展同各国的外交关系和经济、文化交流，推动构建人类命运共同体……。据此，D项表述属于2018年宪法修正案的内容。C项表述并非2018年宪法修正案的内容，而是2004年宪法修正案的内容，选C项。

12. D

【精解】我国宪法规定的人身自由权包括公民的人身自由、人格尊严、住宅不受侵犯和公民的通信自由和通信秘密受法律保护的权利。可见，选D项。

13. D

【精解】制宪主体是制宪权的享有者，现代社会制宪主体一般都是一国的国民。制宪机关则是为了使制宪主体的制宪权得以实现而成立的特定的机关，如制宪会议、国民会议等机关。我国的制宪主体是人民。至于制宪机关，我国宪法没有明确规定。根据通说，第一届全国人大第一次会议是制宪机关。可见，A、B项表述错误，不选A、B项。C项表述的后半句“宪法起草委员会是全国人大的具体工作机关”是错误的，宪法起草委员会是个独立的临时工作机关。如我国1954年《宪法》的宪法起草委员会是由中央人民政府委员会成立的以毛泽东为首的宪法起草委员会，它与全国人大没有直接关系。可见，C项表述错误。综上所述，D项表述是正确的，选D项。

14. C

【精解】根据《宪法》第114条的规定，自治区主席、自治州州长、自治县县长由实行区域自治的民族的公民担任。言外之意，民族区域自治地区由自治地区自治公民担任的职务仅为行政首长，而其他职务则不限于自治地区实行自治的民族的公民。故选C项。

15. A

【精解】根据《宪法》第11条的规定，在法律规定范围内的个体经济、私营经济等非公有制经济，是社会主义市场经济的重要组成部分。国家保护个体经济、私营经济等非公有制经济的合法的权利和利益。国家鼓励、支持和引导非公有制经济的发展，并对非公有制经济依法实行监督和管理。故选A项。

单元二

1. 关于改变或者撤销法律、法规、自治条例和单行条例、规章的权限，下列表述正确的是(　　)。

A. 全国人民代表大会有权改变或者撤销全国人大常委会批准的违背宪法和立法法相关规定的自治条例和单行条例

B. 省、自治区、直辖市的人民代表大会有权改变或者撤销其常委会制定的和批准的不适当的地方性法规

C. 地方人民代表大会常务委员会有权改变或者撤销本级人民政府制定的不适当的规章

D. 授权机关有权改变被授权机关制定的超越授权范围或者违背授权目的的法规

2. 根据选举法的规定，下列表述正确的是(　　)。

A. 各级人大代表的选举，由选举委员会主持

B. 县级以上地方各级人大举行会议的时候，主席团或者1/10以上代表联名，可以提出对由该级人大选出的上一级人大代表的罢免案

C. 直接选举方式限于县级人大代表的选举

D. 选民或者代表20人以上，可以推荐代表候选人

3. 澳门特别行政区享有高度自治权。关于中央和澳门特别行政区的关系，下列表述正确的是(　　)。

A. 全国性法律不是澳门特别行政区的法律渊源

B. 澳门特别行政区终审法院法官的任命和免职须报全国人大常委会备案

C. 澳门特别行政区立法机关制定的法律须报全国人大常委会批准后生效

D. 澳门特别行政区基本法属于非基本法律

4. 根据我国选举法的规定，由选民直接选举的代表候选人名额，应多于应选代表名额的(　　)。

A. 1/5至1/2　　B. 1/4至1/2

C. 1/3至1倍　　D. 1/2至1倍

5. 依据立法法的规定，属于法律保留事项的是(　　)。

A. 行政区划制度　　B. 教育制度

C. 税收征管制度　　D. 社区管理制度

6. 下列关于审计署的表述，正确的是(　　)。

A. 审计署属于国务院直属机构

B. 审计署审计长属于国务院的组成人员

C. 审计署在国务院办公厅领导下独立行使审计监督权

D. 审计署审计长连续任职不得超过两届

7. 下列选项中，不是由全国人民代表大会选举产生，而是由国家主席提名、全国人大决定的是(　　)。

A. 国家副主席　　B. 最高人民法院副院长

C. 国务院总理　　D. 中央军事委员会主席

8. 根据我国民族区域自治法的规定，不享有自治条例、单行条例制定权的机关是(　　)。

A. 自治区人民代表大会

B. 自治州人民代表大会

C. 自治县人民代表大会

D. 辖区内有自治州、自治县的省人民代表大会

9. 在一起行政诉讼案件中，对被告进行处罚的依据是国务院某部制定的一个行政规章，原告认为该规章违反了有关法律。根据我国宪法规定，下列有权改变或者撤销不适当规章的机关是(　　)。

A. 国务院　　B. 全国人民代表大会常务委员会

C. 最高人民法院　　D. 全国人民代表大会宪法和法律委员会

10. 根据选举法的规定，关于罢免县、乡级人大代表的表述，正确的是(　　)。

A. 对于县级人大代表的罢免，须经原选区选民 30 人以上联名

B. 对于乡级人大代表的罢免，须经原选区选民 10 人以上联名

C. 对于县、乡级人大代表的罢免，可以向县级的人大常委会书面提出罢免要求

D. 对于县、乡级人大代表的罢免，罢免采取举手表决方式

11. 1803 年美国的马伯里诉麦迪逊案的意义在于(　　)。

A. 开创了州法院审查州法律是否符合州宪法的先例

B. 开创了州法院审查州法律是否符合联邦宪法的先例

C. 开创了联邦法院审查州法律是否符合联邦宪法的先例

D. 开创了联邦法院审查联邦法律是否符合联邦宪法的先例

12. 某选区选举地方人大代表，代表名额 2 人，第一次投票结果，候选人按得票多少排序为甲、乙、丙、丁，其中仅甲获得过半数选票。对此情况，下列处理意见符合法律规定的是(　　)。

A. 宣布甲、乙当选

B. 宣布甲当选，同时以乙为候选人另行选举

C. 宣布甲当选，同时以乙、丙为候选人另行选举

D. 宣布无人当选，以甲、乙、丙为候选人另行选举

13. 对基本权利限制的限制所采用的手段必须符合目的的达成，这表明(　　)。

A. 对基本权利限制的限制的手段要合适

B. 对基本权利限制的限制要遵循法律保留原则

C. 对基本权利限制的限制要符合狭义比例原则

D. 立法所采取的是对基本权利影响、限制最小的手段

14. 根据村民委员会组织法的规定，下列表述正确的是(　　)。

A. 村民委员会每届任期 3 年，村委会成员连续任职不得超过两届

B. 罢免村民委员会成员，须经投票的村民过半数通过

C. 村民委员会选举由乡镇政府主持

D. 村民委员会成员丧失行为能力的，其职务自行终止

15. 我国《宪法》第 37 条明确规定，中华人民共和国公民的人身自由不受侵犯。任何公民，非经人民检察院批准或者决定或者人民法院决定，并由公安机关执行，不受逮捕。禁止非法拘禁和以其他方法非法剥夺或者限制公民的人身自由，禁止非法搜查公民的身体。关于该条文所体现的宪法规范，下列表述正确的是（　　）。

A. 该条文在性质上属于组织权限规范

B. 该规范内容通过民法典中有关人格尊严的规定得到间接实施

C. 法院在审理涉及公民人格尊严的案件中可以直接适用该条文作出判决

D. 该条文规定对司法机关没有约束力

单元二答案与精解

1. B

【精解】《立法法》第 97 条第 1 项规定，全国人民代表大会有权改变或者撤销它的常务委员会制定的不适当的法律，有权撤销全国人民代表大会常务委员会批准的违背宪法和本法第 75 条第 2 款规定的自治条例和单行条例。据此，全国人大只能“撤销”全国人大常委会批准的自治条例和单行条例。可见，A 项表述错误，不选 A 项。《立法法》第 97 条第 4 项规定，省、自治区、直辖市的人民代表大会有权改变或者撤销它的常务委员会制定的和批准的不适当的地方性法规。据此，B 项表述正确，选 B 项。《立法法》第 97 条第 5 项规定，地方人民代表大会常务委员会有权撤销本级人民政府制定的不适当的规章。据此，地方人大常委会只能“撤销”而无权“改变”本级人民政府规章。可见，C 项表述错误，不选 C 项。《立法法》第 97 条第 7 项规定，授权机关有权撤销被授权机关制定的超越授权范围或者违背授权目的的法规，必要时可以撤销授权。据此，授权机关有权“撤销”但无权“改变”被授权机关制定的法规，必要时可以撤销授权。可见，D 项表述错误，不选 D 项。

2. B

【精解】根据选举法的规定，全国人民代表大会常务委员会主持全国人民代表大会代表的选举。省、自治区、直辖市、设区的市、自治州的人民代表大会常务委员会主持本级人民代表大会代表的选举。不设区的市、市辖区、县、自治县、乡、民族乡、镇设立选举委员会，主持本级人民代表大会代表的选举。据此，A 项表述错误。根据选举法的规定，县级以上的地方各级人民代表大会举行会议的时候，主席团或者 1/10 以上代表联名，可以提出对由该级人民代表大会选出的上一级人民代表大会代表的罢免案。在人民代表大会闭会期间，县级以上的地方各级人民代表大会常务委员会主任会议或者常务委员会 1/5 以上组成人员联名，可以向常务委员会提出对由该级人民代表大会选出的上一级人民代表大会代表的罢免案。据此，B 项表述正确。根据选举法的规定，全国人民代表大会的代表，省、自治区、直辖市、设区的市、自治州的人民代表大会的代表，由下一级人民代表大会选举。不设区的市、市辖区、县、自治县、乡、民族乡、镇的人民代表大会的代表，由选民直接选举。据此，我国实行直接选举和间接选举并用的原则。对于直接选举，不仅限于县级，还包括乡级人大代表的选举，C 项表述错误。根据选举法的规定，选民或者代表，10 人以上联名，可以推荐代表候选人。据此，D 项表述错误。

3. B

【精解】全国性法律是否能够成为澳门特别行政区的法律渊源，关键要看该全国性法律是否在特别行政区实施，只有列入特别行政区基本法附件的全国性法律，才是特别行政区的法律渊源。可见，A 项表述错误。《澳门特别行政区基本法》第 87 条第 4 款规定，终审法院法官的任命和免职须报全国人民代表大会常务委员会备案。据此，B 项表述正确。关于 B 项，注意对比：《香港特别行政区基本法》第 90 条第 2 款规定，香港特别行政区终审法院的法官和高等法院首席法官的任命或免职，还

须由行政长官征得立法会同意，并报全国人民代表大会常务委员会备案。《澳门特别行政区基本法》第 17 条第 2 款规定，澳门特别行政区的立法机关制定的法律须报全国人民代表大会常务委员会备案。备案不影响该法律的生效。据此，C 项表述错误。澳门特别行政区基本法是根据我国宪法，由全国人大制定的基本法律，不是非基本法律，D 项表述错误。

4. C

【精解】《选举法》第 31 条规定，全国和地方各级人民代表大会代表实行差额选举，代表候选人的人数应多于应选代表的名额。由选民直接选举人民代表大会代表的，代表候选人的人数应多于应选代表名额 1/3 至 1 倍；由县级以上的地方各级人民代表大会选举上一级人民代表大会代表的，代表候选人的人数应多于应选代表名额 1/5 至 1/2。据此，选 C 项。

5. C

【精解】《立法法》第 8 条规定，下列事项只能制定法律：(1) 国家主权的事项；(2) 各级人民代表大会、人民政府、人民法院和人民检察院的产生、组织和职权；(3) 民族区域自治制度、特别行政区制度、基层群众自治制度；(4) 犯罪和刑罚；(5) 对公民政治权利的剥夺、限制人身自由的强制措施和处罚；(6) 税种的设立、税率的确定和税收征收管理等税收基本制度；(7) 对非国有财产的征收、征用；(8) 民事基本制度；(9) 基本经济制度以及财政、海关、金融和外贸的基本制度；(10) 诉讼和仲裁制度；(11) 必须由全国人民代表大会及其常务委员会制定法律的其他事项。根据上述规定第 6 项，选 C 项。

6. B

【精解】审计署属于国务院组成部门，而不是国务院直属机构，故 A 项表述错误。《宪法》第 86 条第 1 款规定，国务院由下列人员组成：总理，副总理若干人，国务委员若干人，各部部长，各委员会主任，审计长，秘书长。据此，B 项表述正确。《宪法》第 91 条第 2 款规定，审计机关在国务院总理领导下，依照法律规定独立行使审计监督权，不受其他行政机关、社会团体和个人的干涉。据此，C 项表述错误。《宪法》第 87 条规定，国务院每届任期同全国人民代表大会每届任期相同。总理、副总理、国务委员连续任职不得超过两届。据此，连续任职不得超过两届的国务院组成人员中，不包括审计长，故不选 D 项。

7. C

【精解】根据《宪法》第 62 条的规定，国家主席、副主席、中央军委主席、国家监察委员会主任、最高人民法院院长、最高人民检察院检察长由全国人大选举产生。国务院总理由国家主席提名，全国人大决定。故选 C 项。

8. D

【精解】根据《民族区域自治法》第 19 条的规定，民族自治地方的人大有权制定自治条例和单行条例。民族自治地方的人大包括自治区、自治州、自治县的人大。故选 D 项。

9. A

【精解】首先应当明确三点：第一，规章分为部门规章和地方政府规章；第二，制定规章的地方政府仅限于省、直辖市政府和设区的市、自治州的政府，其余地方政府无权制定规章；第三，全国人大及其常委会与规章的改变和撤销无任何关系。明确上述三点，再分析该题思路会更加清晰。根据《立法法》第 97 条的规定，改变或撤销规章的权限可以归纳为三个知识点：(1) 国务院有权改变或者撤销不适当的部门规章和地方政府规章；(2) 地方人大常委会有权撤销本级人民政府制定的不适当的规章；(3) 省、自治区的人民政府有权改变或者撤销下一级人民政府制定的不适当的规章。故选 A 项。

10. C

【精解】《选举法》第 50 条规定，对于县级的人民代表大会代表，原选区选民 50 人以上联名，对于乡级的人民代表大会代表，原选区选民 30 人以上联名，可以向县级的人民代表大会常务委员会书面提出罢免要求。据此，A、B 项表述错误，C 项表述正确，选 C 项。《选举法》第 52 条规定，罢免代表采用无记名的表决方式。据此，D项表述错误，不选D项。

11. D

【精解】合宪性审查制度有不同模式。1803年美国的马伯里诉麦迪逊案最早创立了由普通法院实施合宪性审查的制度。具体说，美国开创了联邦法院审查联邦法律是否符合联邦宪法的先例。故选D项。

12. C

【精解】《选举法》第45条规定，在选民直接选举人民代表大会代表时，选区全体选民的过半数参加投票，选举有效。代表候选人获得参加投票的选民过半数的选票时，始得当选。县级以上的地方各级人民代表大会在选举上一级人民代表大会代表时，代表候选人获得全体代表过半数的选票时，始得当选。获得过半数选票的代表候选人的人数超过应选代表名额时，以得票多的当选。如遇票数相等不能确定当选人时，应当就票数相等的候选人再次投票，以得票多的当选。获得过半数选票的当选代表的人数少于应选代表的名额时，不足的名额另行选举。另行选举时，根据在第一次投票时得票多少的顺序，按照本法第31条规定的差额比例，确定候选人名单。如果只选一人，候选人应为二人。依照前款规定另行选举县级和乡级的人民代表大会代表时，代表候选人以得票多的当选，但是得票数不得少于选票的1/3；县级以上的地方各级人民代表大会在另行选举上一级人民代表大会代表时，代表候选人获得全体代表过半数的选票，始得当选。据此，选C项。

13. A

【精解】对基本权利的限制要遵循法律保留原则、明确性原则和比例原则。关于法律保留原则，即对基本权利的限制只能通过基本权利的宪法限制和基本权利的法律限制来实现的，这可视为唯立法机关和法律才能规定限制基本权利条款。明确性原则即法律对公民权利所作的限制，必须内容明确，可以成为公民行动的合理预期。如果法律条文过于宽泛、笼统和模糊，在接受宪法审查的时候，此类法律往往会被宣告为违宪而无效。比例原则要求为公共利益而限制公民基本权利的时候，必须要在手段和目的之间进行利益衡量。限制基本权利的目的必须具有宪法正当性。它包括3个方面的内容：(1) 手段合适性，所采用手段必须适合目的之达成；(2) 限制最小化，立法所采取的是对基本权利影响、限制最小的手段；(3) 狭义比例原则，要求手段达成的公共目的与造成损害之间具有适当的比例关系，即均衡法。根据上述比例原则内容第1点，选A项。

14. D

【精解】《村民委员会组织法》第11条规定，村民委员会主任、副主任和委员，由村民直接选举产生。任何组织或者个人不得指定、委派或者撤换村民委员会成员。村民委员会每届任期5年，届满应当及时举行换届选举。村民委员会成员可以连选连任。据此，村民委员会每届任期为5年，村委会成员可连选连任，A项表述错误。《村民委员会组织法》第16条规定，本村1/5以上有选举权的村民或者1/3以上的村民代表联名，可以提出罢免村民委员会成员的要求，并说明要求罢免的理由。被提出罢免的村民委员会成员有权提出申辩意见。罢免村民委员会成员，须有登记参加选举的村民过半数投票，并须经投票的村民过半数通过。据此，罢免村委会成员，须满足"两个过半数"的条件，B项表述错误。《村民委员会组织法》第12条第1、2款规定，村民委员会的选举，由村民选举委员会主持。村民选举委员会由主任和委员组成，由村民会议、村民代表会议或者各村民小组会议推选产生。据此，乡镇政府无权主持（但可以指导、监督）村民委员会的选举，C项表述错误。《村民委员会组织法》第18条规定，村民委员会成员丧失行为能力或者被判处刑罚的，其职务自行终止。据此，D项表述正确。另据村民委员会组织法的规定，村民委员会成员的职务终止主要有如下四种情况：(1) 丧失行为能力；(2) 被判处刑罚；(3) 辞职或被罢免；(4) 连续两次被评议不称职。

15. B

【精解】我国《宪法》第37条规定在性质上属于权利义务规范（宪法在调整公民基本权利和基本义务的过程中形成的规范），而非组织权限规范（处理国家机关的组织、权限和职权行使的程序，或者至少规定其原则的规范)，A项表述错误。《民法典》第109条规定了人格尊严，就实施宪法中的人格尊严条款而言，在性质上属于间接实施，B项表述正确。但是，按照我国目前的宪法实施状况和司法实践，我国法院不能直接适用宪法规范作出判决，C项表述错误。法院不能直接适用宪法条款，但这并不意味着宪法对司法机关没有约束力。法院虽然不能直接适用宪法判案，但仍然要遵守宪法规定，如法院的判决不能违宪。可见，D项表述错误。

单元三

1. 下列选项中，全国人大常委会可授权国务院对立法专属事项中的部分事项制定行政法规的是(　　)。

A. 限制人身自由的处罚　　B. 对公民政治权利的剥夺

C. 财政基本制度　　D. 司法制度

2. 有权决定战争与和平的问题的国家机关是(　　)。

A. 全国人民代表大会　　B. 全国人民代表大会常务委员会

C. 国家主席　　D. 国务院

3. 关于我国宪法规定的财产权和社会文化权利，下列说法正确的是(　　)。

A. 宪法规定了文化权利，但没有规定受教育的权利

B. 宪法规定的社会权利和文化权利属于基本权利

C. 财产权、社会权利和文化权利属于积极的受益权

D. 2018年宪法修正案增加了社会保障权的条款

4. 下列有关全国人大及其常委会制度及权限的表述，正确的是(　　)。

A. 全国人民代表大会会议由全国人大常委会主持

B. 全国人民代表大会会议由全国人大主席团召集

C. 全国人大代表的选举由全国人大常委会主持

D. 全国人民代表大会批准省、自治区和直辖市的建置和区域划分

5. 根据村民委员会组织法的规定，村民自治组织的最高权力机构是(　　)。

A. 村民委员会　　B. 村民会议

C. 村民代表会议　　D. 村务监督委员会

6. 甲为某高校毕业的研究生，27岁，尚未就业。根据我国宪法和法律规定，关于甲享有的权利和义务，下列表述正确的是(　　)。

A. 甲不承担纳税义务　　B. 甲应当被征集服现役

C. 甲有选举权和被选举权　　D. 甲有宪法规定的休息的权利

7. 某县人大闭会期间，赵某和钱某因工作变动，分别辞去县法院院长和检察院检察长职务。法院副院长孙某代理院长，检察院副检察长李某任代理检察长。对此，根据宪法和有关法律，下列说法正确的是(　　)。

A. 赵某的辞职请求向县人大常委会提出，由县人大常委会决定接受辞职

B. 钱某的辞职请求由上一级检察院检察长向该级人大常委会提出

C. 孙某出任代理院长由县人大常委会决定，报县人大批准

D. 李某出任代理检察长由县人大常委会决定，报上一级检察院和人大常委会批准

8. 根据宪法和港澳基本法的规定，关于港澳基本法的修改，下列表述正确的是(　　)。

A. 全国人大常委会有权修改特别行政区基本法

B. 港澳基本法修改提案权属于国务院、最高人民法院、最高人民检察院和港澳特别行政区

C. 港澳特别行政区对基本法的修改议案，由港澳特别行政区出席全国人大会议的代表团向全国人大会议提出

D. 港澳特别行政区立法会和行政长官可以联合提出修改基本法的动议

9. 关于村民委员会，下列说法正确的是（　　）。

A. 村民委员会实行村务公开制度，涉及财务的事项至少每年公布一次

B. 村民委员会决定问题，采取村民委员会主任负责制

C. 村民委员会根据需要设人民调解、治安保卫、公共卫生委员会

D. 村民委员会由主任、副主任和村民小组长若干人组成

10. 关于各级人大常委会组织的特定问题调查委员会，下列说法正确的是（　　）。

A. 经 1/5 以上常委会组成人员书面联名提议或有关专门委员会提议，可以组织关于特定问题的调查委员会

B. 经调查委员会聘请，有关专家可以作为调查委员会的委员参加调查工作

C. 委员长会议或者主任会议可以提议组织关于特定问题的调查委员会

D. 特定问题调查委员会应当向有关专门委员会提出调查报告

11. 2018 年宪法修正案扩大了我国新时期爱国统一战线的构成，新增的爱国统一战线团体是（　　）。

A. 社会主义事业的建设者　　B. 致力于中华民族伟大复兴的爱国者

C. 拥护社会主义的爱国者　　D. 拥护祖国统一的爱国者

12. 法的效力层次是指规范性法律文件之间的效力等级关系。根据立法法，关于我国安全生产法律、法规、规章效力层次的说法正确的是（　　）。

A. 安全生产法的效力高于突发事件应对法

B. 国务院安全生产行政法规的效力高于某省安全生产地方性法规

C. 应急管理部安全生产规章的效力高于某省政府安全生产规章

D. 民族自治区安全生产地方性法规的效力低于民族自治区政府安全生产规章

13. 根据我国宪法的规定，省、自治区、直辖市的区域划分，由（　　）批准。

A. 全国人民代表大会　　B. 全国人民代表大会常务委员会

C. 国务院　　D. 省级人民政府

14. 有权决定民族乡的建置和区域划分的机关是（　　）。

A. 县级人民政府　　B. 省人大常务委员会

C. 国务院　　D. 直辖市的人民政府

15. 下列选项中，有权制定地方性法规的是（　　）。

A. 国务院　　B. 自治州的人民代表大会常务委员会

C. 直辖市人民政府　　D. 市的人民代表大会

单元三答案与精解

1. C

【精解】《立法法》第 8 条规定，下列事项只能制定法律：（1）国家主权的事项；（2）各级人民代表大会、人民政府、人民法院和人民检察院的产生、组织和职权；（3）民族区域自治制度、特别行政区制度、基层群众自治制度；（4）犯罪和刑罚；（5）对公民政治权利的剥夺、限制人身自由的强制措施和处罚；（6）税种的设立、税率的确定和税收征收管理等税收基本制度；（7）对非国有财产的征收、征用；（8）民事基本制度；（9）基本经济制度以及财政、海关、金融和外贸的基本制度；（10）诉讼和仲裁制度；（11）必须由全国人民代表大会及其常务委员会制定法律的其他事项。《立法法》第 9 条规定，本法第 8 条规定的事项尚未制定法律的，全国人民代表大会及其常务委员会有权作出决定，授权国务院可以根据实际需要，对其中的部分事项先制定行政法规，但是有关犯罪和刑罚、对公民政

治权利的剥夺和限制人身自由的强制措施和处罚、司法制度等事项除外。根据上述规定，选C项。

2. A

【精解】关于战争与和平问题，《宪法》条文涉及的有三处：(1)《宪法》第62条（全国人大职权）第15项规定，全国人大有权决定战争与和平的问题；(2)《宪法》第67条（全国人大常委会职权）第19项规定，在全国人大闭会期间，如果遇到国家遭受武装侵犯或者必须履行国际间共同防止侵略的条约的情况，全国人大常委会有权决定战争状态的宣布；(3)《宪法》第80条规定，中华人民共和国主席根据全国人大的决定和全国人大常委会的决定，宣布战争状态，发布动员令。对比上述三项规定可知，A项是正确答案。

3. B

【精解】我国宪法既规定了文化权利，也规定了受教育的权利。《宪法》第47条规定了文化权利，中华人民共和国公民有进行科学研究、文学艺术创作和其他文化活动的自由。国家对于从事教育、科学、技术、文学、艺术和其他文化事业的公民的有益于人民的创造性工作，给以鼓励和帮助。《宪法》第46条规定了受教育的权利，中华人民共和国公民有受教育的权利和义务。国家培养青年、少年、儿童在品德、智力、体质等方面全面发展。可见，A项表述错误。我国宪法规定的社会权利和文化权利都属于公民的基本权利，B项表述正确。社会权利（劳动权、休息权、社会保障权）和文化教育权利都属于积极的受益权，但财产权（包括私有财产的继承权）不是积极的受益权，而是消极的防御权，C项表述错误。2004年宪法修正案新增了“国家建立健全同经济发展水平相适应的社会保障制度”的条款，2018年宪法修正案不涉及社会保障权的规定，D项表述错误。

4. C

【精解】根据《宪法》第59条第2款的规定，全国人大代表的选举由全国人大常委会主持。故选C项。根据《宪法》第61条的规定，全国人民代表大会会议由全国人大常委会召集。全国人大在举行会议的时候，选举主席团主持会议。故A、B项错误。根据《宪法》第62条第13项、第89条第15项的规定，全国人大批准省、自治区和直辖市的建置；国务院批准省、自治区、直辖市的区域划分，批准自治州、县、自治县、市的建置和区域划分。故D项错误。

5. B

【精解】《村民委员会组织法》第2条第3款规定，村民委员会向村民会议、村民代表会议负责并报告工作。第23条规定，村民会议审议村民委员会的年度工作报告，评议村民委员会成员的工作；有权撤销或者变更村民委员会不适当的决定；有权撤销或者变更村民代表会议不适当的决定。村民会议可以授权村民代表会议审议村民委员会的年度工作报告，评议村民委员会成员的工作，撤销或者变更村民委员会不适当的决定。第32条规定，村应当建立村务监督委员会或者其他形式的村务监督机构，负责村民民主理财，监督村务公开等制度的落实，其成员由村民会议或者村民代表会议在村民中推选产生，其中应有具备财会、管理知识的人员。村民委员会成员及其近亲属不得担任村务监督机构成员。村务监督机构成员向村民会议和村民代表会议负责，可以列席村民委员会会议。综合上述规定，村民会议是村民自治组织的最高权力机关，故选B项。

6. C

【精解】《宪法》第56条规定，中华人民共和国公民有依照法律纳税的义务。据此，纳税义务的主体是“中国公民”（以及特定条件下的外国人），题干中的甲系中国公民，有纳税义务，A项表述错误。《宪法》第55条第2款规定，依照法律服兵役和参加民兵组织是中华人民共和国公民的光荣义务。据此，依法服兵役的主体是中国公民。同时，根据《兵役法》第20条的规定，年满18周岁的男性公民，应当被征集服现役；当年未被征集的，在22周岁以前仍可以被征集服现役。普通高等学校毕业生的征集年龄可以放宽至24周岁，研究生的征集年龄可以放宽至26周岁。题干中甲是研究生，但年龄为27岁，超出放宽条件的界限，不应当被征集服现役，B项表述错误。《选举法》第3条规定，年满18周岁的中国公民，都有选举权和被选举权，但依法被剥夺政治权利的除外。题干中甲系年满18周岁的中国公民，并且享有政治权利，因此有选举权和被选举权，C项表述正确。《宪法》第43条第1款规定，中华人民共和国劳动者有休息的权利。国家发展劳动者休息和休养的设施，规定职工的工作时间和休假制度。据此，休息权的主体是“劳动者”。题干中甲尚未就业，不属于劳动者，因此没有休息权，D项表述错误。

7. A

【精解】根据地方各级人民代表大会和地方各级人民政府组织法的规定，赵某是县法院院长，应当向县人大辞职，县人大闭会期间，向县人大常委会提出辞职，由县人大常委会决定是否接受辞职。可见，A项表述正确。钱某是县检察院检察长，应当向县人大辞职，县人大闭会期间，向县人大常委会提出辞职，由县人大常委会决定是否接受辞职，接受辞职的，还需要由上一级检察院检察长报请该上一级常委会批准。可见，B项表述错误。孙某担任的是县法院代理院长，由县人大常委会决定即可，C项表述错误。李某出任的是县检察院代理检察长，由县人大常委会决定，并报上一级检察院和上一级人大常委会备案。可见，D项表述错误。

8. C

【精解】根据《香港特别行政区基本法》第159条、《澳门特别行政区基本法》第144条的规定，港澳基本法的修改程序是：(1) 修改权属于全国人大。(2) 修改提案权属于全国人大常委会、国务院和港澳特别行政区。(3) 港澳特别行政区的修改议案，须经港澳特别行政区的全国人大代表2/3多数、港澳特别行政区立法会全体议员2/3多数、港澳特别行政区行政长官同意后，交由港澳特别行政区出席全国人大的代表团向全国人大提出。因此，A、B、D项表述错误，C项表述正确。

9. C

【精解】根据《村民委员会组织法》第30条的规定，村民委员会实行村务公开制度。村民委员会应当及时公布下列事项，接受村民的监督：(1) 本法第23条、第24条规定的由村民会议、村民代表会议讨论决定的事项及其实施情况；(2) 国家计划生育政策的落实方案；(3) 政府拨付和接受社会捐赠的救灾救助、补贴补助等资金、物资的管理使用情况；(4) 村民委员会协助人民政府开展工作的情况；(5) 涉及本村村民利益，村民普遍关心的其他事项。前款规定事项中，一般事项至少每季度公布一次；集体财务往来较多的，财务收支情况应当每月公布一次；涉及村民利益的重大事项应当随时公布。村民委员会应当保证所公布事项的真实性，并接受村民的查询。据此，财务事项不是“每年公布一次”，而是“一般财务事项，每季度公布一次；集体财务往来较多的，财务收支情况每月公布一次；涉及村民利益的重大财务事项，应当随时公布”。可见，A项表述错误。《村民委员会组织法》第29条规定，村民委员会应当实行少数服从多数的民主决策机制和公开透明的工作原则，建立健全各种工作制度。据此，B项表述错误。《村民委员会组织法》第7条规定，村民委员会根据需要设人民调解、治安保卫、公共卫生与计划生育等委员会。村民委员会成员可以兼任下属委员会的成员。人口少的村的村民委员会可以不设下属委员会，由村民委员会成员分工负责人民调解、治安保卫、公共卫生与计划生育等工作。据此，C项表述正确。《村民委员会组织法》第6条第1款规定，村民委员会由主任、副主任和委员共3至7人组成。据此，村民委员会组成人员不包括村民小组长，D项表述错误。

10. C

【精解】《各级人民代表大会常务委员会监督法》第40条规定，委员长会议或者主任会议可以向本级人民代表大会常务委员会提议组织关于特定问题的调查委员会，提请常务委员会审议。1/5以上常务委员会组成人员书面联名，可以向本级人民代表大会常务委员会提议组织关于特定问题的调查委员会，由委员长会议或者主任会议决定提请常务委员会审议，或者先交有关的专门委员会审议、提出报告，再决定提请常务委员会审议。据此，可以向本级人大常委会提议组织关于特定问题调查委员会的主体有2个：(1) 1/5以上的常委会组成人员；(2) 委员长会议或者主任会议。可见，A项表述错误，C项表述正确。《各级人民代表大会常务委员会监督法》第41条规定，调查委员会由主任委员、副主任委员和委员组成，由委员长会议或者主任会议在本级人民代表大会常务委员会组成人员和本级人民代表大会代表中提名，提请常务委员会审议通过。调查委员会可以聘请有关专家参加调查工作。与调查的问题有利害关系的常务委员会组成人员和其他人员不得参加调查委员会。据此，B项表述错误。《各级人民代表大会常务委员会监督法》第43条规定，调查委员会应当向产生它的常务委员会提出调查报告。常务委员会根据报告，可以作出相应的决议、决定。据此，D项表述错误。

11. B

【精解】我国新时期的爱国统一战线是由中国共产党领导的，有各民主党派和各人民团体参加的，包括全体社会主义劳动者、社会主义事业的建设者、拥护社会主义的爱国者、拥护祖国统一和致力于中华民族伟大复兴的爱国者组成的，其中，“致力于中华民族伟大复兴的爱国者”是2018年宪法修正案（《宪法修正案》第33条）在爱国统一战线中新增团体，选B项。

12. B

【精解】安全生产和突发事件都属于国家和社会生活某一方面的具体社会关系，因此安全生产法和突发事件应对法都属于非基本法律，都由全国人大常委会制定和修改，在效力上，二者相同。可见，A项表述错误。根据立法法的规定，行政法规的效力高于地方性法规、规章，因此B项表述正确，选B项。根据立法法的规定，部门规章之间、部门规章与地方政府规章之间具有同等效力，在各自的权限范围内施行。据此，C项表述错误。根据立法法的规定，地方性法规的效力高于本级和下级地方政府规章。据此，D项表述错误。

13. C

【精解】根据《宪法》第89条第15项的规定，国务院批准省、自治区、直辖市的区域划分，批准自治州、县、自治县、市的建置和区域划分。故选C项。

14. D

【精解】关于建置和区域划分问题，《宪法》和有关法律作了三项规定：(1)《宪法》第62条（全国人大职权）第13项规定，全国人大批准省、自治区和直辖市的建置；(2)《宪法》第89条（国务院的职权）第15项规定，国务院批准省、自治区、直辖市的区域划分，批准自治州、县、自治县、市的建置和区域划分；(3)《宪法》第107条第3款规定，省、直辖市人民政府决定乡、民族乡、镇的建置和区域划分。对比上述三项规定，选D项。

15. B

【精解】根据《立法法》第72条的规定，有权制定地方性法规的机关包括：(1)省、自治区、直辖市的人民代表大会及其常务委员会；(2)设区的市的人民代表大会及其常务委员会；(3)自治州的人民代表大会及其常务委员会。设区的市和自治州的人民代表大会及其常务委员会可以对城乡建设与管理、环境保护、历史文化保护等方面的事项制定地方性法规，法律对设区的市制定地方性法规的事项另有规定的，从其规定。据此，选B项。

单元四

1. 根据我国宪法和法律的规定，下列表述正确的是(　　)。

A. 被剥夺政治权利的公民不再享有科学研究的自由

B. 被剥夺政治权利的公民不再享有艺术创作的自由

C. 被剥夺政治权利的公民不再享有出版作品的自由

D. 被剥夺政治权利的公民不再享有宗教信仰的自由

2. 2021年8月1日，《中华人民共和国军人地位和权益保障法》正式实施。下列关于这部法律的表述正确的是(　　)。

A. 军人地位和权益保障法规定的是社会制度的基本原则和主要问题

B. 宪法不能同军人地位和权益保障法相抵触

C. 军人地位和权益保障法具有最高法律效力

D. 全国人大常委会有权修改军人地位和权益保障法

3. 下列关于我国宪法规定的基本权利主体的表述，正确的是(　　)。
A. 我国宪法规定的享有基本权利的主体包括公民和法人
B. 公法人享有我国宪法规定的基本权利
C. 我国宪法不保护中国境内的外国公民的合法权利
D. 我国宪法规定“公民的基本权利和义务”意味着法人不能成为基本权利的主体

4. 下列关于我国的合宪性审查的说法，正确的有(　　)。
A. 法律文件是合宪性审查的对象
B. 合宪性审查是宪法实施的一种方式
C. 合宪性审查采取司法审查模式
D. 地方性法规采取事后审查方式

5. 根据我国宪法的规定，全国人大常委会有权进行部分修改的规范性文件是(　　)。
A. 宪法
B. 特别行政区基本法
C. 香港特别行政区的法律
D. 国际条约

6. 根据我国宪法的规定，下列由全国人民代表大会选举产生的国家领导人是(　　)。
A. 国家副主席
B. 中央军委副主席
C. 国务院副总理
D. 最高人民检察院副检察长

7. 我国宪法规定了国家主席的替补制度，下列对替补制度表述正确的是(　　)。
A. 主席缺位时由副主席代理
B. 主席缺位时由副主席继任
C. 主席缺位时由全国人大补选
D. 主席缺位时由全国人大常委会代理

8. 关于宪法的表现形式，下列说法正确的是(　　)。
A. 宪法典是所有国家宪法结构体系的核心，均具有内容完整、逻辑严谨的特征
B. 我国制定的宪法性法律属于基本法律
C. 在成文宪法国家中，不存在宪法惯例
D. 宪法判例是我国宪法的表现形式之一

9. 某村村委会未经村民会议讨论，制定了土地承包经营方案，侵害了村民的合法权益，引发了村民的强烈不满。对此，根据村民委员会组织法的规定，下列做法正确的是(　　)。
A. 村民会议有权撤销该方案
B. 对于该方案，由该村所在地的乡人民代表大会责令改正
C. 受侵害的村民可以申请法院宣告该方案无效
D. 本村 1/3 以上有选举权的村民或者 2/3 以上的村民代表可以就此联名提出罢免村委会成员的要求

10. 根据宪法和特别行政区基本法的规定，关于特别行政区，下列表述正确的是(　　)。
A. 澳门特别行政区财政收入全部由其自行支配，不上缴中央人民政府
B. 澳门特别行政区立法会举行会议的法定人数为不少于全体议员的 2/3
C. 不具有中国国籍的香港特别行政区永久性居民不得当选为香港特别行政区立法会议员
D. 香港特别行政区廉政公署独立工作，对香港特别行政区立法会负责

11. 下列关于社会权利的表述，正确的是(　　)。
A. 社会权利的目标是为了更好地实现社会正义
B. 国家在社会权利的行使过程中应当保持中立
C. 法国宪法首次对社会权利作出了详细的规定
D. 我国公民的社会权利主要包括劳动权、休息权、国家赔偿请求权和社会保障权

12. 根据我国宪法的规定，县级以上各级地方人民政府设立审计机关，地方各级审计机关依照法律规定独立行使审计监督权，对(　　)负责。
A. 国务院审计署和本级人民政府
B. 本级人民代表大会常务委员会和上级审计机关
C. 本级党委和本级行政首长负责

D. 本级人民政府和上一级审计机关

13. 根据我国宪法和有关组织法的规定，下列表述正确的是（　　）。

A. 县级以上地方各级人民代表大会选举本级人民法院院长，须报上一级人民法院院长提请该级人民代表大会常务委员会批准

B. 县级以上地方各级人民代表大会罢免本级人民检察院检察长，须报上一级人民检察院检察长提请该级人民代表大会常务委员会批准

C. 县级以上地方各级人民代表大会选举本级人民政府行政首长，须由地方各级人民代表大会主席团提名后由大会选举产生

D. 在直辖市内设立的中级人民法院院长，由高级人民法院院长提请直辖市人民代表大会常务委员会任免

14. 根据我国宪法的规定，下列属于国务院依法行使的职权是（　　）。

A. 决定省、自治区、直辖市范围内的紧急状态

B. 规定国务院各部委的设置

C. 批准行政机关的预算和决算

D. 领导和管理国防建设事业

15. 下列职位中，我国宪法规定连续任职不得超过两届的是（　　）。

A. 国家主席　　B. 国家副主席

C. 国家监察委员会主任　　D. 最高人民检察院副检察长

单元四答案与精解

1. C

【精解】根据宪法的规定，公民享有言论、出版、集会、结社、游行、示威的自由，有宗教信仰自由，有进行科学研究、文学艺术创作和其他文化活动的自由。此外，《刑法》第 54 条规定的剥夺政治权利包括：选举权与被选举权；言论、出版、集会、结社、游行、示威自由的权利；担任国家机关职务的权利；担任国有公司、企业、事业单位和人民团体领导职务的权利。结合这两项规定，只有 C 项表述正确。

2. D

【精解】宪法规定的是有关国家制度和社会制度的基本原则和主要问题，因此，A 项表述错误。宪法是根本法，具有最高法律效力，军人地位和权益保障法不能同宪法相抵触，因此，B、C 项表述错误。军人地位和权益保障法属于非基本法律，由全国人大常委会制定，全国人大常委会当然有权修改军人地位和权益保障法。可见，D 项表述正确，选 D 项。

3. A

【精解】我国宪法规定的享有基本权利的主体包括公民和法人。可见，A 项表述正确。通常情况下，只有私法人可以享有宪法规定的基本权利，而公法人因行使国家权力，成为基本权利约束和限制的对象，不能享有宪法规定的基本权利。可见，B 项表述错误。我国《宪法》第 32 条规定了保护中国境内的外国人的合法的权利，这成为外国人基本权利保护的宪法规范基础。可见，C 项表述错误。我国《宪法》第二章的标题为“公民的基本权利和义务”，这表明我国宪法规定的基本权利的主体是公民，但这并不意味着我国宪法规定的基本权利仅由公民享有，法人也可以成为基本权利的主体，只不过法人依其性质享有不同性质的基本权利，这不同于公民，因为公民享有宪法规定的基本权利具有普遍性。可见，D 项表述错误。

4. B

【精解】合宪性审查的对象是行政法规、地方性法规、自治条例和单行条例、经济特区法规、司

法解释等，法律文件有规范性法律文件和非规范性法律文件之分，对于非规范性法律文件如判决书、裁决书、调解书等，不是合宪性审查的对象。可见，A项表述错误。合宪性审查属于宪法实施的一种方式，B项表述正确，选B项。我国采取立法机关合宪性审查模式，即由全国人大常委会实施合宪性审查的职权。可见，C项表述错误。我国合宪性审查方式包括事先审查和事后审查。根据立法法的规定，省、自治区、直辖市的人民代表大会及其常务委员会根据本行政区域的具体情况和实际需要，在不同宪法、法律、行政法规相抵触的前提下，可以制定地方性法规。设区的市的人民代表大会及其常务委员会根据本市的具体情况和实际需要，在不同宪法、法律、行政法规和本省、自治区的地方性法规相抵触的前提下，可以对城乡建设与管理、环境保护、历史文化保护等方面的事项制定地方性法规，法律对设区的市制定地方性法规的事项另有规定的，从其规定。设区的市的地方性法规须报省、自治区的人民代表大会常务委员会批准后施行。省、自治区的人民代表大会常务委员会对报请批准的地方性法规，应当对其合法性进行审查，同宪法、法律、行政法规和本省、自治区的地方性法规不抵触的，应当在4个月内予以批准。据此，对于省、自治区、直辖市的人民代表大会及其常委会制定的地方性法规，采取事后审查方式（备案）；对于设区的市制定的地方性法规，采取事先审查方式（批准后实施）。可见，D项表述错误。

5. B

【精解】根据《宪法》第62条第1、3项和第67条第2、3项的规定，只有全国人大有修改宪法和基本法的权力，而全国人大常委会只能修改除基本法以外的其他法律，在全国人大闭会期间，全国人大常委会有权对全国人大制定的法律进行部分补充和修改，但不得同该法律的基本原则相抵触。故排除A项，选B项。对于香港特别行政区的法律的修改，分为两种情况：第一，根据《香港特别行政区基本法》第159条的规定，香港特别行政区基本法的修改权属于全国人民代表大会；第二，根据《香港特别行政区基本法》第73条第1项的规定，香港特别行政区的其他法律的修改权，属于香港立法会。故排除C项。《宪法》第67条第15项规定，全国人大常委会决定同外国缔结的条约和重要协定的批准和废除，而不是修改或者部分修改。故排除D项。

6. A

【精解】根据现行《宪法》和《全国人民代表大会组织法》的规定，全国人民代表大会常务委员会委员长、副委员长、秘书长、委员，国家主席、副主席，中央军委主席，国家监察委员会主任，最高人民法院院长和最高人民检察院检察长由全国人民代表大会选举产生。可见，选A项。中央军委副主席由全国人大根据中央军委主席提名决定。国务院副总理由全国人民代表大会根据国务院总理的提名决定。最高人民检察院副检察长由全国人大常委会根据最高人民检察院检察长的提请任免。

7. B

【精解】根据《宪法》第84条的规定，中华人民共和国主席缺位的时候，由副主席继任主席的职位。中华人民共和国副主席缺位的时候，由全国人大补选。中华人民共和国主席、副主席都缺位的时候，由全国人大补选；在补选以前，由全国人大常委会委员长暂时代理主席职位。故选B项。

8. B

【精解】A项表述宪法典是"所有"国家宪法结构体系的核心，"均"具有内容完整、逻辑严谨的特征，这种说法有些绝对，宪法典只是"大多数"国家宪法结构体系的核心，只是"大多数"宪法典有内容完整、逻辑严谨的特征。可见，A项表述错误。宪法性法律是指一国宪法的基本内容不是统一规定在一部法律文书之中，而是由多部法律文书表现出来的法律。我国是成文宪法国家，既存在宪法典，也存在为实施宪法而由全国人大制定的宪法性法律，如《立法法》《选举法》《代表法》《全国人民代表大会组织法》《地方各级人民代表大会和地方各级人民政府组织法》《民族区域自治法》等，宪法性法律都应由全国人民代表大会制定，都是基本法律。可见，B项表述正确，选B项。宪法惯例是指宪法条文无明确规定，但在实际政治生活中已经存在，并为国家机关、政党及公众所普遍遵循，且与宪法具有同等效力的习惯或传统。在成文宪法制国家，存在宪法惯例，如美国，关于总统选举，宪法规定为间接选举，而在政治实践中逐渐演变为直接选举。我国作为成文宪法制国家，也存在多个宪法惯例，例如“两会同时召开”“宪法修正案由全国人大主席团签字并以公告的形式公布”“中国共产党中央委员会提出修宪建议案”等。可见，C项表述错误。从世界范围看，宪法的表现形式（渊源）一般包括宪法典、宪法性法律、宪法惯例、宪法判例、国际条约等。在我国，宪法的表现形式包括宪法典、宪法性法律和宪法惯例。我国没有宪法判例。我国宪法没有规定“国际条约”是宪法的渊源，但根据国际惯例，国际条约是我国宪法的渊源。可见，D项表述错误。

9. A

【精解】《村民委员会组织法》第24条规定，涉及村民利益的下列事项，经村民会议讨论决定方可办理：(1) 本村享受误工补贴的人员及补贴标准；(2) 从村集体经济所得收益的使用；(3) 本村公益事业的兴办和筹资筹劳方案及建设承包方案；(4) 土地承包经营方案；(5) 村集体经济项目的立项、承包方案；(6) 宅基地的使用方案；(7) 征地补偿费的使用、分配方案；(8) 以借贷、租赁或者其他方式处分村集体财产；(9) 村民会议认为应当由村民会议讨论决定的涉及村民利益的其他事项。据此，土地承包经营方案是须经村民会议讨论决定方可办理的事项。因此，村委会作出的该方案，违反了法定程序。根据《村民委员会组织法》第23条第1款的规定，村民会议审议村民委员会的年度工作报告，评议村民委员会成员的工作；“有权撤销或者变更村民委员会不适当的决定”；有权撤销或者变更村民代表会议不适当的决定。据此，A项表述正确，选A项。《村民委员会组织法》第27条第2、3款规定，村民自治章程、村规民约以及村民会议或者村民代表会议的决定不得与宪法、法律、法规和国家的政策相抵触，不得有侵犯村民的人身权利、民主权利和合法财产权利的内容。村民自治章程、村规民约以及村民会议或者村民代表会议的决定违反前款规定的，由乡、民族乡、镇的人民政府责令改正。据此，B项表述错误。《村民委员会组织法》第36条第1款规定，村民委员会或者村民委员会成员作出的决定侵害村民合法权益的，受侵害的村民可以申请人民法院予以撤销，责任人依法承担法律责任。据此，村委会未经法定程序制定土地承包经营方案，方案本身违法，法院经受害村民申请，可以“撤销”该方案，但并非宣告“无效”，C项表述错误。《村民委员会组织法》第16条第1款规定，本村1/5以上有选举权的村民或者1/3以上的村民代表联名，可以提出罢免村民委员会成员的要求，并说明要求罢免的理由。被提出罢免的村民委员会成员有权提出申辩意见。罢免村民委员会成员，须有登记参加选举的村民过半数投票，并须经投票的村民过半数通过。据此，D项表述错误。

10. A

【精解】根据港澳基本法规定，无论是香港还是澳门，财政收入均自行支配，不上缴中央政府，A项表述正确。无论是香港还是澳门，立法会举行会议的法定人数为不少于全体议员的1/2，通过决议的法定人数为不少于全体议员的2/3，B项表述错误。香港特别行政区立法会由在外国无居留权的香港特别行政区永久性居民中的中国公民组成。但非中国籍的香港特别行政区永久性居民和在外国有居留权的香港特别行政区永久性居民也可以当选为香港特别行政区立法会议员，其所占比例不得超过立法会全体议员的20%。可见，C项表述错误。香港特别行政区设立廉政公署和审计署，二者均独立工作，对行政长官负责。可见，D项表述错误。

11. A

【精解】社会权利是保障公民过有尊严生活的手段，体现的是社会正义原则。可见，A项表述正确，选A项。社会权利是公民的积极性权利，国家不能保持中立，而是负有积极保障社会权利实现的义务。可见，B项表述错误，不选B项。德国《魏玛宪法》首次对公民权利作了详细规定，目前各国宪法都将社会权利规定于本国宪法之中。可见，C项表述错误，不选C项。我国宪法规定的公民的社会权利的内容包括劳动权、休息权和社会保障权，而国家赔偿请求权则属于监督权的内容，而不是社会权利的内容。可见，D项表述错误，不选D项。

12. D

【精解】根据《宪法》第109条的规定，县级以上的地方各级人民政府设立审计机关。地方各级审计机关依照法律规定独立行使审计监督权，对本级人民政府和上一级审计机关负责。故选D项。

13. B

【精解】《地方各级人民代表大会和地方各级人民政府组织法》第 11 条第 6 项规定，县级以上的地方各级人民代表大会行使下列职权：……（6）选举本级人民法院院长和人民检察院检察长；选出的人民检察院检察长，须报经上一级人民检察院检察长提请该级人民代表大会常务委员会批准……据此，县级以上地方各级人大选举本级人民法院院长，无须报上一级人民法院院长提请该级人民代表大会常务委员会批准，A 项表述错误。《地方各级人民代表大会和地方各级人民政府组织法》第 13 条规定，地方各级人民代表大会有权罢免本级人民政府的组成人员。县级以上的地方各级人民代表大会有权罢免本级人民代表大会常务委员会的组成人员和由它选出的人民法院院长、人民检察院检察长。罢免人民检察院检察长，须报经上一级人民检察院检察长提请该级人民代表大会常务委员会批准。据此，B 项表述正确，选 B 项。《地方各级人民代表大会和地方各级人民政府组织法》第 11 条第 5 项规定，县级以上的地方各级人民代表大会行使下列职权：……（5）选举省长、副省长，自治区主席、副主席，市长、副市长，州长、副州长，县长、副县长，区长、副区长。据此，县级以上地方各级行政首长由县级以上地方各级人民代表大会选举产生，而不是由主席团提名决定，C 项表述错误。《人民法院组织法》第 43 条规定，地方各级人民法院院长由本级人民代表大会选举，副院长、审判委员会委员、庭长、副庭长和审判员由院长提请本级人民代表大会常务委员会任免。在省、自治区内按地区设立的和在直辖市内设立的中级人民法院院长，由省、自治区、直辖市人民代表大会常务委员会根据主任会议的提名决定任免，副院长、审判委员会委员、庭长、副庭长和审判员由高级人民法院院长提请省、自治区、直辖市人民代表大会常务委员会任免。据此，在直辖市内设立的中级人民法院院长，由直辖市人民代表大会常务委员会根据“主任会议的提名”决定任免，而不是由“高级人民法院院长”提请直辖市人民代表大会常务委员会任免。

14. D

【精解】根据《宪法》第 89 条（国务院的职权）第 16 项并对比《宪法》第 67 条（全国人大常委会的职权）第 21 项的规定可知，A 项属于全国人大常委会的职权而不是国务院的职权。根据《国务院组织法》第 8 条的规定，国务院各部委的设立、撤销或者合并，由全国人大决定，在全国人大闭会期间，由全国人大常委会决定，故 B 项不属于国务院的职权。根据《宪法》第 62 条（全国人大的职权）第 11 项和第 67 条的规定，预算和决算的批准权由全国人大及其常委会行使。故 C 项表述错误。根据《宪法》第 89 条第 10 项的规定，D 项表述正确。

15. C

【精解】根据现行《宪法》第 124 条第 3 款（《宪法修正案》第 52 条）规定，监察委员会主任每届任期同本级人民代表大会每届任期相同。国家监察委员会主任连续任职不得超过两届。据此，选 C 项。根据现行《宪法》第 79 条规定，中华人民共和国主席、副主席每届任期同全国人民代表大会每届任期相同，但没有届数的限制，不选 A、B 项。现行《宪法》第 135 条第 2 款规定，最高人民检察院检察长每届任期同全国人民代表大会每届任期相同，连续任职不得超过两届。但并没有规定最高人民检察院副检察长连续任职受到届数限制，不选 D 项。

单元五

1. 我国《宪法》第 3 条规定，中华人民共和国的国家机构实行民主集中制的原则。该宪法规范在类型上属于(　　)。

A. 权利义务规范　　B. 组织权限规范

C. 宪法委托规范　　D. 宪法指示规范

2. 成文宪法和不成文宪法是英国宪法学者提出的一种宪法分类。关于成文宪法和不成文宪法的理解，下列表述正确的是(　　)。

A. 不成文宪法的特点是其内容不见于制定法

B. 宪法典的名称中必然含有“宪法”字样

C. 美国作为典型的成文宪法国家，不存在宪法惯例

D. 在程序上，英国不成文宪法的内容可像普通法律一样被修改或者废止

3. 我国对集会、游行、示威自由采取的限制方式是(　　)。

A. 许可制　　B. 追惩制

C. 登记制　　D. 申请制

4. 下列关于全国人民代表大会代表法律地位的表述，错误的是(　　)。

A. 全国人民代表大会代表是最高国家权力机关的重要组成部分

B. 全国人民代表大会代表是全国人大常委会的组成人员

C. 全国人民代表大会代表是最高国家权力机关的组成人员

D. 全国人民代表大会代表是通过选举产生出来的，代表全国人民的利益和意志的使者

5. 在国务院总理领导下，依照法律规定独立行使职权，不受其他行政机关、社会团体和个人干涉的部门是(　　)。

A. 国家统计局　　B. 审计机关

C. 国务院办公厅　　D. 国防部

6. 有权接受书面合宪性审查要求或建议的主体是(　　)。

A. 最高人民法院　　B. 国务院

C. 全国人大常委会法制工作委员会　　D. 全国人大常委会

7. 根据我国宪法的规定，下列有关公民基本权利的宪法保护的表述，正确的是(　　)。

A. 一切公民都有选举权和被选举权

B. 宪法规定了对华侨、归侨权益的保护，但没有规定对侨眷权益的保护

C. 宪法对建立劳动者休息和休养的设施未加以规定

D. 公民合法财产的所有权和私有财产的继承权规定在宪法“总纲”部分

8. 下列不属于全国人民代表大会罢免范围的是(　　)。

A. 国务院副总理　　B. 国务院各部部长

C. 中央军事委员会的组成人员　　D. 最高人民法院副院长

9. 下列关于我国宪法监督制度的表述，不正确的是(　　)。

A. 全国人大及其常委会是我国宪法监督机关

B. 地方各级人民代表大会享有宪法监督权限

C. 我国宪法监督制度在具体运作中还需要进一步完善

D. 约束政府权力、保障公民自由是宪法监督制度完善的标志

10. 某镇政府为有效指导、支持、帮助村民委员会的工作，结合本乡实际作出下列规定，其中符合法律规定的是(　　)。

A. 村委会的年度工作报告由乡政府审议

B. 村民会议制定和修改的村民自治章程和村规民约，报乡政府备案

C. 对登记参加选举的村民名单有异议并提出申诉的，由乡政府作出处理并公布处理结果

D. 本村 1/3 以上有选举权的村民或者半数以上的村民代表联名，可以提出罢免村民委员会成员的要求

11. 关于特别行政区制度，下列说法正确的是(　　)。

A. 香港特别行政区行政长官任职须年满 45 周岁

B. 香港特别行政区司法机关由法院和检察院组成

C. 港澳特别行政区的各级法院有权解释特别行政区基本法有关自治范围内的条款

D. 国务院有权对港澳特别行政区的部分地区宣布进入紧急状态

12. 根据现行宪法和法律，下列关于人民代表大会制度的表述，正确的是(　　)。

A. 人民代表大会制度是我国的根本制度

B. 人民代表大会制度是中国特色社会主义最本质的特征

C. 人民代表大会制度的目标是规范国家权力和保障公民权利

D. 人民代表大会制度是我国多党合作合作和政治协商的重要形式

13. 下列人选中，在全国人大会议期间，由全国人大主席团提名并由全国人大选举产生的是（　　）。

A. 国务院总理　　B. 全国人大专门委员会副主任委员

C. 中央军委副主席　　D. 全国人大常委会法制工作委员会委员

14. 根据监察法的规定，下列关于监察范围、职责和权限的表述，错误的是（　　）。

A. 监察机关有权对基层群众性自治组织中从事管理的人员进行监察

B. 监察机关办理职务违法和职务犯罪案件，应当与审判机关、检察机关、执法部门互相配合，互相制约

C. 地方各级监察委员会主任每届任期同本级人民代表大会每届任期相同，连续任职不得超过两届

D. 对涉嫌行贿犯罪或者共同职务犯罪的涉案人员，监察机关可以依法采取留置措施

15. 根据我国宪法的规定，民族自治地方的自治机关是自治区、自治州、自治县的（　　）。

A. 人民法院　　B. 人民检察院

C. 人民代表大会及其常委会　　D. 人民代表大会和人民政府

单元五答案与精解

1. B

【精解】我国《宪法》第 3 条规定的是组织权限规范。宪法中用大部分条文去处理国家机关的组织、权限和职权行使的程序，或者至少规定其原则，这种规范就是组织权限规范。选 B 项。权利义务规范是宪法在调整公民基本权利和基本义务的过程中形成的，是公民行使权利、履行义务的宪法基础。宪法委托规范是规定了国家的义务，而没有赋予人民任何主观权利的规范。广义的宪法委托规范包含宪法中所有的要求特定机关具体行为的规定，一般仅限于狭义的对立法机关为立法委托。宪法指示规范是宪法通过规范形式强制国家为一定行为，原则上所有公权力机关直接或间接的都是其规范对象，行为也不以立法机关为限，公权力机关可以根据国家发展的实际情况决定履行宪法指示的具体方式和先后顺序。

2. D

【精解】成文宪法专指宪法典（含宪法修正案），不成文宪法是指除了宪法典之外的其他宪法文件，主要包括宪法性法律、宪法惯例和宪法判例等，其中，宪法性法律就属于制定法。可见，A 项表述错误。成文宪法“往往”在名称上使用“宪法”字样，但不可绝对化。有的国家的宪法并不一定在名称上含有“宪法”字样，比如《德意志联邦基本法》，但其实质是德国宪法。可见，B 项表述错误。美国是成文宪法国家，但仍然存在其他的渊源，包括宪法性法律、宪法判例、宪法惯例等，C 项表述错误。一般情况下，成文宪法往往也是刚性宪法，不成文宪法往往也是柔性宪法（但也存在例外，如意大利宪法是成文宪法，但是柔性宪法）。英国的不成文宪法就是柔性宪法，因此，其制定、修改、废止等程序和普通法律相同。可见，D 项表述正确，选 D 项。

3. A

【精解】世界各国对集会、游行、示威自由限制的方式包括登记制、许可制和追惩制。我国《集会游行示威法》对公民集会、游行、示威的举行、时间、地点等方面都作了一些规定，根据以上规定可知，我国对集会、游行、示威实行许可制。故选 A 项。

4. B

【精解】全国人民代表大会代表是最高国家权力机关的组成人员，但全国人民代表大会代表不一定就是全国人大常委会的组成人员，其中一部分代表可能是全国人大常委会的组成人员。故 B 项表述错误。其余选项表述都正确。

5. B

【精解】根据《宪法》第 91 条第 2 款的规定，审计机关在国务院总理领导下，依照法律规定独立行使审计监督权，不受其他行政机关、社会团体和个人的干涉。故选 B 项。

6. D

【精解】《立法法》第 99 条第 1 款规定，国务院、中央军事委员会、最高人民法院、最高人民检察院和各省、自治区、直辖市的人民代表大会常务委员会认为行政法规、地方性法规、自治条例和单行条例同宪法或者法律相抵触的，可以向全国人民代表大会常务委员会书面提出进行审查的要求，由常务委员会工作机构分送有关的专门委员会进行审查、提出意见。第 2 款规定，前款规定以外的其他国家机关和社会团体、企业事业组织以及公民认为行政法规、地方性法规、自治条例和单行条例同宪法或者法律相抵触的，可以向全国人民代表大会常务委员会书面提出进行审查的建议，由常务委员会工作机构进行研究，必要时，送有关的专门委员会进行审查、提出意见。据此，有权接受合宪性审查要求或建议的主体是全国人大常委会，故选 D 项。

7. D

【精解】A 项表述错误，因为被剥夺政治权利的人就没有选举权和被选举权。根据《宪法》第 50 条的规定，宪法不仅保护华侨的正当的权利和利益，同时也保护归侨和侨眷的合法的权利和利益。故 B 项表述错误。根据《宪法》第 43 条的规定，宪法不仅规定了劳动者休息权，还规定了国家发展劳动者休息和休养的设施。故 C 项表述错误。根据《宪法》条文的结构顺序，D 项表述正确。

8. D

【精解】根据《宪法》第 63 条的规定，全国人大有权罢免的人员范围包括国家主席、副主席、国务院总理、副总理、国务委员、各部部长、各委员会主任、审计长、秘书长、中央军委主席及中央军委其他组成人员、国家监察委员会主任、最高人民法院院长、最高人民检察院检察长。故选 D 项。注意：全国人大罢免副职负责人的范围仅限于国家副主席、国务院副总理和中央军委副主席。

9. B

【精解】我国的宪法监督机关是全国人大及其常委会。可见，A 项表述正确，B 项表述不正确。我国宪法监督制度在具体运作中还需要进一步完善，例如合宪性审查权的行使过于分散，合宪性审查对象缺乏明确规定，合宪性审查程序规定较为抽象等。可见，C 项表述正确。维护国家法制统一、约束政府权力、保障公民自由的宪法监督机制是宪法监督制度完善的标志。可见，D 项表述正确。

10. B

【精解】《村民委员会组织法》第 23 条规定，村民会议审议村民委员会的年度工作报告，评议村民委员会成员的工作；有权撤销或者变更村民委员会不适当的决定；有权撤销或者变更村民代表会议不适当的决定。村民会议可以授权村民代表会议审议村民委员会的年度工作报告，评议村民委员会成员的工作，撤销或者变更村民委员会不适当的决定。据此，对于村委会的年度工作报告的审议，由村民会议或村民会议授权的村民代表会议行使，A 项表述错误。《村民委员会组织法》第 27 条第 1 款规定，村民会议可以制定和修改村民自治章程、村规民约，并报乡、民族乡、镇的人民政府备案。据此，B 项表述正确。《村民委员会组织法》第 14 条第 2 款规定，对登记参加选举的村民名单有异议的，应当自名单公布之日起 5 日内向村民选举委员会申诉，村民选举委员会应当自收到申诉之日起 3 日内作出处理决定，并公布处理结果。据此，C 项表述错在“由乡政府作出处理并公布处理结果”，C 项表述错误。针对 D 项，《村民委员会组织法》第 16 条第 1 款规定，本村 1/5 以上有选举权的村民或者 1/3 以上的村民代表联名，可以提出罢免村民委员会成员的要求，并说明要求罢免的理由。被提出罢免的村民委员会成员有权提出申辩意见。据此，D项表述错误。

11. C

【精解】《香港特别行政区基本法》第44条规定，香港特别行政区行政长官由年满40周岁，在香港通常居住连续满20年并在外国无居留权的香港特别行政区永久性居民中的中国公民担任。据此，A项表述错误。《香港特别行政区基本法》第80条规定，香港特别行政区各级法院是香港特别行政区的司法机关，行使香港特别行政区的审判权。该法第63条规定，香港特别行政区律政司主管刑事检察工作，不受任何干涉。据此，香港特别行政区的司法机关是各级法院，香港不存在检察院，行使刑事检察权的是律政司，而律政司属于行政机关。可见，B项表述错误。根据《香港特别行政区基本法》第158条和《澳门特别行政区基本法》第143条的规定，特别行政区基本法的解释权属于全国人大常委会，但对于特别行政区自治范围内的条款，各级法院均可行使解释权。可见，C项表述正确。根据《香港特别行政区基本法》第18条和《澳门特别行政区基本法》第18条的规定，宣布香港和澳门特别行政区部分地区进入紧急状态的权力属于全国人大常委会，国务院无权宣布特别行政区的部分地区进入紧急状态。可见，D项表述错误。

12. C

【精解】人民代表大会制度是我国的根本政治制度，而社会主义制度是我国的根本制度。可见，A项表述错误，不选A项。中国共产党的领导是中国特色社会主义最本质的特征。可见，B项表述错误，不选B项。人民代表大会制度的目标是规范国家权力和保障公民权利，这是人民代表大会制度的五个特点之一。可见，C项表述正确，选C项。中国人民政治协商会议是我国多党合作合作和政治协商的重要形式。可见，D项表述错误，不选D项。

13. B

【精解】根据全国人民代表大会组织法的规定，全国人民代表大会常务委员会委员长、副委员长、秘书长、委员的人选，中华人民共和国主席、副主席的人选，中央军事委员会主席的人选，国家监察委员会主任的人选，最高人民法院院长和最高人民检察院检察长的人选，由主席团提名。各专门委员会的主任委员、副主任委员和委员的人选，由主席团在代表中提名，大会通过。可见，选B项。

14. C

【精解】《监察法》第15条规定，监察机关对下列公职人员和有关人员进行监察：(1) 中国共产党机关、人民代表大会及其常务委员会机关、人民政府、监察委员会、人民法院、人民检察院、中国人民政治协商会议各级委员会机关、民主党派机关和工商业联合会机关的公务员，以及参照《中华人民共和国公务员法》管理的人员；(2) 法律、法规授权或者受国家机关依法委托管理公共事务的组织中从事公务的人员；(3) 国有企业管理人员；(4) 公办的教育、科研、文化、医疗卫生、体育等单位中从事管理的人员；(5) 基层群众性自治组织中从事管理的人员；(6) 其他依法履行公职的人员。据此，A项表述正确。《监察法》第4条第2款规定，监察机关办理职务违法和职务犯罪案件，应当与审判机关、检察机关、执法部门互相配合，互相制约。据此，B项表述正确。《监察法》第9条第3款规定，地方各级监察委员会主任每届任期同本级人民代表大会每届任期相同。据此，地方各级监察委员会主任的任期届数没有限制，故C项表述错误，选C项。《监察法》第22条规定，被调查人涉嫌贪污贿赂、失职渎职等严重职务违法或者职务犯罪，监察机关已经掌握其部分违法犯罪事实及证据，仍有重要问题需要进一步调查，并有下列情形之一的，经监察机关依法审批，可以将其留置在特定场所：(1) 涉及案情重大、复杂的；(2) 可能逃跑、自杀的；(3) 可能串供或者伪造、隐匿、毁灭证据的；(4) 可能有其他妨碍调查行为的。对涉嫌行贿犯罪或者共同职务犯罪的涉案人员，监察机关可以依照前款规定采取留置措施。据此，D项表述正确。

15. D

【精解】根据《宪法》第112条的规定，民族自治地方的自治机关是自治区、自治州、自治县的人民代表大会和人民政府。故选D项。

单元六

1. 关于宪法规范，下列说法正确的是(　　)。
A. 宪法是调整公民之间关系的法律规范
B. 宪法规范立法上具有原则性，表明宪法规范不需要法律制裁
C. 宪法中的权利义务规范是公民行使权利、履行义务的宪法基础
D. 宪法规范在实施方式上是通过直接的一次性调整来实现宪法秩序
2. 下列规范性法律文件中，属于地方性法规的是(　　)。
A. 某省人大常委会制定的《防洪条例》
B. 某直辖市人民政府制定的《人才引进办法》
C. 某自治州人大常委会制定的《民族城乡管理条例》
D. 某自治区政府制定的《城乡建设管理办法》
3. “五个文明”建设中，属于2018年宪法修正案增加的文明建设的内容是(　　)。
A. 物质文明和精神文明建设　　B. 生态文明和社会文明建设
C. 政治文明和精神文明建设　　D. 政治文明和社会文明建设
4. 下列选项中，不接受质询的国家机关是(　　)。
A. 国务院各部、各委员会　　B. 最高人民法院
C. 最高人民检察院　　D. 中央军事委员会
5. 根据我国宪法的规定，派遣和召回驻外全权代表的权力属于(　　)。
A. 国务院　　B. 外交部
C. 中华人民共和国主席　　D. 全国人民代表大会常委会
6. 根据宪法的规定，国家发展劳动者休息和休养的设施，规定(　　)。
A. 职工的劳动时间和休假制度　　B. 职工的工作时间和退休制度
C. 职工的工作时间和休假制度　　D. 职工的劳动时间和退休制度
7. 下列关于我国司法机关的表述，正确的是(　　)。
A. 最高人民法院是我国的最高司法行政机关
B. 地方各级人民法院院长连续任职不得超过两届
C. 地方各级人民检察院可以发布指导性案例，并由检察委员会讨论决定
D. 地方各级人民检察院对本级人民代表大会及其常务委员会负责并报告工作
8. 关于我国宪法修改，下列表述正确的是(　　)。
A. 我国宪法专章规定了宪法修改制度
B. 我国修宪实践中既有对宪法的部分修改，也有对宪法的全面修改
C. 全国人大常委会是法定的修宪主体
D. 宪法修正案是我国法定的宪法修改方式
9. 下列表述正确的是(　　)。
A. 美国《独立宣言》明确宣布：凡权利无保障和分权未确立的社会就没有宪法
B. 孟德斯鸠认为：凡属国家，必有一种最高权力，其不受任何人为的法律的限制，而只受上帝的法律或自然的法律限制
C. 法国《人权宣言》明确宣布：人人生而平等，他们都从“造物主”那里被赋予了某些不可转让的权利，其中包括生命权、自由权和追求幸福的权利
D. 洛克认为：国家权力应该分为立法权、行政权和对外联盟权
10. 根据立法法的规定，关于规范性文件之间的冲突，下列表述正确的是(　　)。
A. 自治条例、单行条例与地方性法规不一致的，适用地方性法规

B. 地方性法规和部门规章之间对同一事项规定不一致的，应当适用地方性法规

C. 省政府制定的规章和设区的市的地方性法规不一致的，适用省政府规章

D. 公安部的部门规章和民政部的部门规章不一致的，由国务院裁决

11. 若我国欲加入《公民权利和政治权利国际公约》，根据我国宪法的规定，(　　)有权批准加入该公约。

A. 全国人民代表大会　　B. 全国人大常委会

C. 国务院　　D. 中国外交部

12. 根据我国宪法的规定，在特别行政区内实行的制度按照具体情况由(　　)。

A. 全国人民代表大会以法律规定

B. 全国人大常委会以法律规定

C. 特别行政区筹备委员会决定

D. 全国人大和港澳立法机关协商决定

13. 根据立法法规定，行政法规的报备机关是(　　)。

A. 全国人大常委会　　B. 全国人民代表大会

C. 全国人大常委会法制委员会　　D. 全国人大常委会委员长会议

14. 根据我国宪法的规定，下列选项中，不属于全国人大常委会职权的是(　　)。

A. 决定战争与和平问题　　B. 决定战争状态的宣布

C. 决定全国总动员　　D. 决定全国进入紧急状态

15. 根据我国宪法和有关法律的规定，下列选项表述正确的是(　　)。

A. 全国人大有权撤销但无权改变全国人大常委会作出的不适当决定

B. 全国人大既有权改变也有权撤销国务院制定的违法的行政法规

C. 全国人大常委会有权改变和撤销直辖市人大制定的与宪法相抵触的地方性法规

D. 地方各级人大常委会有权撤销本级人民政府不适当的决定，但无权改变

单元六答案与精解

1. C

【精解】宪法规范调整的社会关系的一方通常总是国家或者国家机关。可见，A 项表述错误。宪法规范在立法上具有原则性，但这不表明宪法规范不需要法律制裁，宪法规范的实现也需要法律制裁，如违宪制裁。可见，B 项表述错误。宪法规范中的权利义务规范是宪法在调整公民基本权利和基本义务的过程中形成的，是公民行使权利、履行义务的宪法基础。可见，C 项表述正确。宪法规范在实施上具有多层次性，宪法规范不可能通过一次性调整来达到实现宪法秩序的目的。可见，D 项表述错误。

2. A

【精解】根据《立法法》第 72 条的规定，有权制定地方性法规的机关包括：(1) 省、自治区、直辖市的人民代表大会及其常务委员会；(2) 设区的市的人民代表大会及其常务委员会；(3) 自治州的人民代表大会及其常务委员会。设区的市和自治州的人民代表大会及其常务委员会可以对城乡建设与管理、环境保护、历史文化保护等方面的事项制定地方性法规，法律对设区的市制定地方性法规的事项另有规定的，从其规定。据此，选 A 项。B、D 项表述的是地方政府规章。C 项表述的是单行条例，从《立法法》第 72 条规定分析，C 项表述的城镇管理事项也可以制定地方性法规，但该地方性法规不能表述为“条例”，否则就成为某一事项的单行条例，故不选 C 项。

3. B

【精解】2018年宪法修正案在宪法序言中有关“三个文明建设”协调发展规定的基础上，增加了“生态文明建设”和“社会文明建设”的内容，具体表述是：“……推动物质文明、政治文明、精神文明、社会文明、生态文明协调发展，把我国建设成为富强民主文明和谐美丽的社会主义现代化强国，实现中华民族伟大复兴。”据此，选B项。

4. D

【精解】根据宪法和有关法律的规定，接受质询的中央国家机关包括国务院以及国务院各部门、国家监察委员会、最高人民法院、最高人民检察院，而国家主席、中央军委等机构不接受质询。故选D项。

5. C

【精解】涉及驻外全权代表的问题的法条在《宪法》中有两处：其一，根据《宪法》第67条第14项的规定，全国人大常委会决定驻外全权代表的任免。其二，根据《宪法》第81条的规定，国家主席根据全国人大常委会的决定，派遣和召回驻外全权代表。对比上述规定，选C项。考生应当注意这两项规定的差别。

6. C

【精解】根据《宪法》第43条第2款的规定，国家发展劳动者休息和休养的设施，规定职工的工作时间和休假制度。故选C项。

7. D

【精解】《宪法》第128条规定，中华人民共和国人民法院是国家的审判机关。《宪法》第132条第1款规定，最高人民法院是最高审判机关。《人民法院组织法》第2条第1款规定，人民法院是国家的审判机关。《人民法院组织法》第10条第1款规定，最高人民法院是最高审判机关。我国的最高司法行政机关是司法部。可见，A项表述错误。《宪法》第129条第2款规定，最高人民法院院长每届任期同全国人民代表大会每届任期相同，连续任职不得超过两届。《人民法院组织法》第44条第1款规定，人民法院院长任期与产生它的人民代表大会每届任期相同。可见，只有最高人民法院院长连续任职有不超过两届的限制，B项表述错误。《人民检察院组织法》第31条第2款规定，最高人民检察院对属于检察工作中具体应用法律的问题进行解释、发布指导性案例，应当由检察委员会讨论通过。据此，只有最高人民检察院才有权发布指导性案例，而地方各级人民检察院都无此项职权，C项表述错误。《人民检察院组织法》第9条第1款规定，最高人民检察院对全国人民代表大会及其常务委员会负责并报告工作。地方各级人民检察院对本级人民代表大会及其常务委员会负责并报告工作。据此，D项表述正确，选D项。

8. B

【精解】我国宪法并没有专章规定宪法修改制度，我国宪法对宪法修改仅有几个条文性的规定：规定了修改的提案主体为“全国人大常委会或1/5以上的全国人大代表”；规定了修宪机关为“全国人大”；规定了宪法修改的通过人数为“2/3以上的全国人大代表”。可见，A、C项表述都是错误的，因为法定的修宪主体是全国人大，而法定的释宪主体是全国人大常委会。我国修宪实践中，既有对宪法的全面修改（如“八二宪法”就是对“七八宪法”的全面修改），也有部分修改（如对“八二宪法”进行了5次修改，通过了52条宪法修正案）。可见，B项表述正确。我国宪法并没有规定宪法修正案是我国法定的宪法修改方式，通过宪法修正案的方式对我国宪法进行修改，这是我国的宪法惯例，D项表述错误。

9. D

【精解】法国《人权宣言》明确宣布：凡权利无保障和分权未确立的社会就没有宪法。可见，A项表述错误。法国的博丹认为：凡属国家，必有一种最高权力，其不受任何人为的法律的限制，而只受上帝的法律或自然的法律限制。可见，B项表述错误。美国《独立宣言》明确宣布：我们认为这些真理是不言自明的：人人生而平等，他们都从"造物主"那里被赋予了某些不可转让的权利，其中包括生命权、自由权和追求幸福的权利。可见，C项表述错误。近代分权学说首先是由英国的洛克提出的，他将国家权力分为立法权、行政权和对外联盟权。可见，D项表述正确。宪法学中一些有关宪政的名言或宣言经常成为考试的内容，除了本题备选项表述的内容外，还有如下名言或宣言：列宁说，宪法就是一张写着人民权利的纸。1789年法国《人权宣言》第1条和第2条分别规定："人们生来而且始终是自由平等的"，"任何政治结合的目的都在于保存人的自然的和不可动摇的权利，这些权利就是自由、财产、安全和反抗压迫"。孟德斯鸠指出："当立法权和行政权集中在同一个人或同一个机关手中，自由便不复存在了；因为人们将要担心这个国王或者议会制定暴虐的法律，并暴虐地执行这些法律。""如果司法权不同立法权和行政权分离，自由也不存在了。如果司法权同立法权合而为一，那将对公民的生命和自由施行专断的权力，因为法官就是立法者。如果司法权同行政权合而为一，法官将握有压迫者的力量。"

10. D

【精解】《立法法》第90条规定，自治条例和单行条例依法对法律、行政法规、地方性法规作变通规定的，在本自治地方适用自治条例和单行条例的规定。经济特区法规根据授权对法律、行政法规、地方性法规作变通规定的，在本经济特区适用经济特区法规的规定。这表明，立法法确立了"变通规定优先适用"原则：民族自治立法和经济特区法规具有优先适用效力。A项表述错误。《立法法》第95条第1款第2项规定，地方性法规与部门规章之间对同一事项的规定不一致，不能确定如何适用时，由国务院提出意见，国务院认为应当适用地方性法规的，应当决定在该地方适用地方性法规的规定；认为应当适用部门规章的，应当提请全国人民代表大会常务委员会裁决。据此，B项表述错误。《立法法》第72条第3款规定，省、自治区的人民代表大会常务委员会在对报请批准的设区的市的地方性法规进行审查时，发现其同本省、自治区的人民政府的规章相抵触的，应当作出处理决定。据此，出现C项表述的情形，只能由省人大常委会处理，C项表述错误。《立法法》第95条第1款第3项规定，部门规章之间、部门规章与地方政府规章之间对同一事项的规定不一致时，由国务院裁决。据此，D项表述正确。

11. B

【精解】根据《宪法》第67条第15项的规定，全国人大常委会有权决定同外国缔结的条约和重要协定的批准和废除。故选B项。

12. A

【精解】根据《宪法》第31条的规定，在特别行政区内实行的制度按照具体情况由全国人大以法律规定。故选A项。

13. A

【精解】《立法法》第98条第1项规定，行政法规报全国人民代表大会常务委员会备案。据此，选A项。

14. A

【精解】A项属于全国人大的职权，故选A项。根据《宪法》第67条第19、20、21项的规定，可排除B、C、D项。

15. D

【精解】根据《宪法》第62条第12项的规定，全国人大有权改变或者撤销全国人大常委会不适当的决定。故A项表述错误。全国人大与国务院非领导关系。故B项表述错误。根据《宪法》第67条第8项的规定，全国人大常委会有权撤销省、自治区、直辖市国家权力机关制定的同宪法、法律和行政法规相抵触的地方性法规和决议，但不能改变。故C项表述错误。根据《宪法》第104条的规定，县级以上的地方各级人大常务委员会有权撤销本级人民政府的不适当的决议和命令，撤销下一级人大的不适当的决议，但无权改变。故选D项。

单元七

1. 以宪法的效力和修改程序与普通法律是否相同为标准对宪法进行分类，可将其分为(　　)。

A. 成文宪法与不成文宪法
B. 刚性宪法与柔性宪法
C. 钦定宪法、民定宪法和协定宪法
D. 原生宪法与派生宪法

2. 中国人民政治协商会议在性质上属于(　　)。

A. 爱国统一战线组织
B. 民主党派组织
C. 爱国团体组织
D. 国家权力机关

3. 下列关于我国教育政策的表述，不符合宪法规定的是(　　)。

A. 国家普及学前教育
B. 国家发展各种教育设施
C. 国家普及初等义务教育
D. 国家和社会帮助安排盲、聋、哑和其他有残疾的公民的教育

4. 下列关于我国现行宪法修改制度的表述，正确的是(　　)。

A. 宪法修改机关是全国人大及其常委会
B. 中国共产党中央委员会的宪法修改建议对我国宪法修改制度和实践具有指导意义
C. 我国自 1982 年宪法生效以后，对宪法采取全面修改方式
D. 全国人大常委会委员长会议有权提议修改宪法

5. 根据宪法和有关法律规定，有权向全国人大常委会提出法律解释要求的是(　　)。

A. 国家主席
B. 国务院各部委
C. 社会团体
D. 直辖市的人大常委会

6. 下列关于 2018 年宪法修正案的表述，不正确的是(　　)。

A. 增加“国家监察委员会对全国人大、全国人大常委会和国务院负责”的内容
B. 增加“社会文明、生态文明协调发展”的相关内容
C. 在统一战线中增加“致力于中华民族伟大复兴的爱国者”的相关内容
D. 在序言中增加“科学发展观、习近平新时代中国特色社会主义思想”的相关内容

7. 下列各项权利和自由中，我国宪法没有规定的是(　　)。

A. 言论自由
B. 迁徙自由
C. 公民的人格尊严
D. 宗教信仰自由

8. 上级人民检察院与下级人民检察院的关系是(　　)。

A. 监督与被监督的关系
B. 领导与被领导的关系
C. 指导与被指导的关系
D. 指导与协调的关系

9. 根据我国现行宪法的规定，农村集体经济组织实行的经营体制是(　　)。

A. 家庭承包经营为基础、统分结合的双层经营体制
B. 家庭联产承包为主的责任制和合作经济
C. 家庭联产承包责任制
D. 家庭承包责任制

10. 下列关于矿产资源和水流的说法中，正确的是(　　)。

A. 任何矿产资源一律属于国家所有
B. 关系国计民生的矿产资源归国家所有，一般矿产资源可以由集体所有
C. 除了依法由集体所有的矿产资源以外，矿产资源一律属于国家所有
D. 水流属于国有或者农村集体所有

11. 香港特别行政区长官在当地通过选举或协商产生，由(　　)任命。

A. 全国人民代表大会常务委员会　　B. 国家主席

C. 中央人民政府　　D. 香港特别行政区立法委员会

12. 下列选项中，不属于特别行政区自治权内容的是(　　)。

A. 行政管理权　　B. 外交权

C. 独立的司法权和终审权　　D. 财政独立权

13. 下列关于合宪性审查体制的表述，正确的是(　　)。

A. 普通司法机关合宪性审查体制起源于法国 1799 年设立的护法元老院

B. 宪法法院和宪法委员会是专门机关负责保障宪法实施体制的主要形式

C. 我国负责保障宪法实施的专门机关是全国人民代表大会宪法和法律委员会

D. 宪法法院的权限限于对法律、法规抽象的审查权

14. 下列专属立法事项中，全国人大常委会可授权国务院制定行政法规的是(　　)。

A. 犯罪和刑罚　　B. 对公民政治权利的剥夺

C. 金融和外贸的基本制度　　D. 司法制度

15. 某设区的市级人民政府制定了《关于加强环境保护的决定》。关于该决定，下列理解正确的是(　　)。

A. 市人大常委会认为该决定不适当，可以提请上级人大常委会撤销

B. 法院在审理案件时发现该决定与上位法不一致，可以作出司法解释

C. 该决定与生态环境部制定的有关环境保护的规定具有同等法律效力

D. 该决定与生态环境部制定的有关环境保护的规定之间对同一事项的规定不一致时，由国务院送请全国人大常委会裁决

单元七答案与精解

1. B

【精解】成文宪法与不成文宪法所依据的分类标准，是宪法是否具有统一的法典形式。故排除 A 项。刚性宪法与柔性宪法是以宪法有无严格的制定修改机关和程序为标准所作的分类。故选 B 项。钦定宪法、民定宪法和协定宪法，是以制定宪法的机关为标准对宪法所作的分类。故排除 C 项。此外，在宪法学中，没有原生宪法和派生宪法这种分类。故排除 D 项。

2. A

【精解】中国人民政治协商会议是我国的爱国统一战线组织，其职能是政治协商、民主监督、参政议政。故选 A 项。

3. A

【精解】《宪法》第 19 条具体规定了我国的教育政策：国家发展社会主义的教育事业，提高全国人民的科学文化水平。国家举办各种学校，普及初等义务教育，发展中等教育、职业教育和高等教育，并且发展学前教育。国家发展各种教育设施，扫除文盲，对工人、农民、国家工作人员和其他劳动者进行政治、文化、科学、技术、业务的教育，鼓励自学成才。国家鼓励集体经济组织、国家企业事业组织和其他社会力量依照法律规定举办各种教育事业。国家推广全国通用的普通话。根据上述规定，A 项表述错误，B、C 项表述正确。《宪法》第 45 条第 3 款规定，国家和社会帮助安排盲、聋、哑和其他有残疾的公民的劳动、生活和教育。据此，D 项表述正确。

4. B

【精解】《宪法》第 62 条第 1 项规定，全国人民代表大会享有修宪权。据此，A 项表述错误。从现行宪法的修改来看，中国共产党中央委员会的宪法修改建议对我国的宪法修改制度和宪法修改实

践具有重要的意义。可见，B项表述正确。我国自1982年宪法生效以后，对宪法采取部分修改的方式。可见，C项表述错误。《宪法》第64条第1款规定，宪法的修改，由全国人民代表大会常务委员会或者1/5以上的全国人民代表大会代表提议，并由全国人民代表大会以全体代表的2/3以上的多数通过。据此，D项表述错误。

5. D

【精解】根据《立法法》第46条规定，国务院、中央军事委员会、最高人民法院、最高人民检察院和全国人民代表大会各专门委员会以及省、自治区、直辖市的人民代表大会常务委员会可以向全国人民代表大会常务委员会提出法律解释要求。据此，选D项。

6. A

【精解】现行《宪法》第126条（《宪法修正案》第52条）规定，国家监察委员会对全国人民代表大会和全国人民代表大会常务委员会负责。地方各级监察委员会对产生它的国家权力机关和上一级监察委员会负责。据此，国家监察委员会不向国务院负责，A项表述错误，选A项。现行《宪法》序言在第七自然段（《宪法修正案》第32条）增加"科学发展观、习近平新时代中国特色社会主义思想""社会文明、生态文明协调发展"的相关内容，具体表述是：中国各族人民将继续在中国共产党领导下，在马克思列宁主义、毛泽东思想、邓小平理论、"三个代表"重要思想、科学发展观、习近平新时代中国特色社会主义思想指引下，坚持人民民主专政，坚持社会主义道路，坚持改革开放，不断完善社会主义的各项制度，发展社会主义市场经济，发展社会主义民主，健全社会主义法治，贯彻新发展理念，自力更生，艰苦奋斗，逐步实现工业、农业、国防和科学技术的现代化，推动物质文明、政治文明、精神文明、社会文明、生态文明协调发展，把我国建设成为富强民主文明和谐美丽的社会主义现代化强国，实现中华民族伟大复兴。可见，B、D项表述正确。现行《宪法》序言第十自然段在爱国统一战线的表述中增加"致力于中华民族伟大复兴的爱国者"的相关内容，具体表述是：社会主义的建设事业必须依靠工人、农民和知识分子，团结一切可以团结的力量。在长期的革命、建设、改革过程中，已经结成由中国共产党领导的，有各民主党派和各人民团体参加的，包括全体社会主义劳动者、社会主义事业的建设者、拥护社会主义的爱国者、拥护祖国统一和致力于中华民族伟大复兴的爱国者的广泛的爱国统一战线，这个统一战线将继续巩固和发展。可见，C项表述正确。

7. B

【精解】我国宪法在确认公民基本权利时，遵循实事求是的原则。从实际条件看，在相当长时间内不能做到的，宪法就不予确认。由于我国经济发展水平的制约，我国城市建设水平较低，为使人口不过分集中于城市而造成生产与生活质量下降的后果，我国现行宪法中没有1954年宪法中规定的"公民有居住和迁徙的自由"的条款。故选B项。

8. B

【精解】根据《宪法》第137条的规定，最高人民检察院领导地方各级人民检察院和专门人民检察院的工作，上级人民检察院领导下级人民检察院的工作。故选B项。注意：人民法院与人民检察院不同，上下级人民法院之间不存在领导与被领导的关系。

9. A

【精解】根据现行《宪法》第8条的规定，农村集体经济组织实行家庭承包经营为基础、统分结合的双层经营机制。故选A项。

10. A

【精解】根据《宪法》第9条第1款的规定，矿藏、水流都属于国家所有。故选A项。

11. C

【精解】根据《香港特别行政区基本法》第45条第1款的规定，香港特别行政区行政长官在当地通过选举或协商产生，由中央人民政府任命。故选C项。

12. B

【精解】根据香港特别行政区基本法规定，香港特别行政区享有高度自治权，自治权的内容包括立法权、行政管理权、独立的司法权和终审权、财政独立权（含货币发行权），而国防和外交不属于自治权范围。澳门特别行政区基本法也有相同规定。可见，选B项。

13. B

【精解】普通司法机关合宪性审查体制起源于美国，美国于1803年通过马伯里诉麦迪逊一案确立了由普通法院审查法律是否违反联邦宪法的合宪性审查体制，A项表述错误。专门机关的合宪性审查体制包括宪法法院和宪法委员会两种模式，B项表述正确。我国负责保障宪法实施的机关是全国人大及其常委会，C项表述错误。宪法法院的权限不限于对法律、法规抽象的审查权，比如，德国宪法法院的权限还包括诸如裁判有关宪法问题的案件；审理和裁决因联邦总统故意违反联邦基本法或其他法律的行为而提起的弹劾案以及联邦议员的申诉案等。可见，D项表述错误。

14. C

【精解】根据《立法法》第9条的规定，对于法律保留中的部分事项，全国人民代表大会及其常务委员会有权作出决定，授权国务院可以根据实际需要，对其中的部分事项先制定行政法规，但是有关犯罪和刑罚、对公民政治权利的剥夺和限制人身自由的强制措施和处罚、司法制度等事项除外。据此，只有C项表述的金融和外贸基本制度可授权国务院制定行政法规，选C项。

15. C

【精解】《立法法》第97条第5项规定，地方人民代表大会常务委员会有权撤销本级人民政府制定的不适当的规章。据此，市人大常委会有权直接将该市政府规章撤销，而无须提请上级人大常委会撤销，A项表述错误。司法解释是指最高司法机关针对法律的具体应用问题作出的有普遍法律约束力的解释。可见，司法解释须由“最高人民法院”或者“最高人民检察院”作出，且司法解释的对象是“法律”，不包括“政府规章”。可见，B项表述错误。对于B项，需要补充说明的是，法院发现地方性法规与上位法的规定不一致，可以直接根据“上位法优先于下位法”的原则来确定适用“上位法”，也可以向有关机关提出审查建议。针对C项，根据《立法法》第91条的规定，部门规章之间、部门规章与地方政府规章之间具有同等效力，在各自的权限范围内施行。据此，C项表述正确。《立法法》第95条第1款第3项规定，部门规章之间、部门规章与地方政府规章之间对同一事项的规定不一致时，由国务院裁决。据此，D项表述错误。

单元八

1. 关于改变或者撤销的权限，下列表述正确的是(　　)。

A. 全国人大有权改变和撤销全国人大常委会批准的违背宪法和法律相关规定的自治条例和单行条例

B. 省、自治区、直辖市人大有权改变或者撤销其常委会制定和批准的不适当的地方性法规

C. 地方人大常委会有权改变或者撤销本级人民政府制定的不适当的规章

D. 省、自治区的人民政府有权改变或者撤销设区的市的人大制定的地方性法规

2. 下列关于我国审判机关的表述，正确的是(　　)。

A. 最高人民法院是最高法律监督机关

B. 上级人民法院领导下级人民法院的工作

C. 最高人民法院对全国人大及其常委会负责并报告工作

D. 各级人民法院有权对法律适用问题进行司法解释

3. 下列关于城市居民委员会的说法，不正确的是(　　)。

A. 居民委员会由主任、副主任和委员共3～9人组成

B. 居民委员会每届任期5年，其成员可以连选连任

C. 居民委员会向居民会议负责并报告工作

D. 居民委员会可以分设若干居民小组，小组长由居民小组推选

4. 根据我国宪法和有关法律的规定，在全国人民代表大会开会期间，达到法定数量的代表或代表团可以提出质询案。提出该质询案的法定最低代表人数或代表团数目是(　　)。

A. 1个代表团或30名以上的代表

B. 3个代表团或1/10以上的代表

C. 1个代表团或1/10的常委会组成人员

D. 3个代表团或1/5以上的代表

5. 根据我国宪法和选举法的规定，下列表述正确的是(　　)。

A. 全国人民代表大会主席团主持全国人民代表大会代表的选举工作

B. 县级人民代表大会常务委员会主持本级人民代表大会代表的选举工作

C. 乡、民族乡、镇设立选举委员会，主持本级人民代表大会代表的选举工作

D. 省人民代表大会在选举全国人大代表时，由省人民代表大会常务委员会主持

6. 关于我国宪法规定的教育制度，下列表述正确的是(　　)。

A. 国家普及并发展中等教育　　B. 国家鼓励国家机关举办各种教育事业

C. 国家普及初等义务教育　　D. 国家鼓励举办各种学校

7. 在我国，居民委员会(　　)。

A. 由主任、副主任若干人组成

B. 由主任、副主任3至7人组成

C. 由主任、副主任和委员共3至7人组成

D. 由主任、副主任和委员共5至9人组成

8. 2015年10月，某自治州人大常委会出台了一部《关于加强本州湿地保护与利用的决定》。关于该法律文件的表述，下列表述正确的是(　　)。

A. 该《决定》由该自治州州长签署命令予以公布

B. 该《决定》可依照当地民族的特点对行政法规的规定作出变通规定

C. 该自治州所属的省的省级人大常委会应对该《决定》的合法性进行审查

D. 该《决定》与部门规章之间对同一事项的规定不一致不能确定如何适用时，由国务院裁决

9. 有下列情形之一者，得申请解释宪法：(1) 中央或地方机关，于其行使职权，适用法律与命令发生有抵触宪法之疑义者；(2) 人民、法人或政党于其宪法上所保障之权利，遭受不法侵害，经依法定程序提起诉讼，对于确定终局裁判所适用之法律或命令发生有抵触宪法之疑义者。

这个条文确定的合宪性审查方式是(　　)。

A. 第1项为抽象审查，第2项为具体审查

B. 第1项为具体审查，第2项为抽象审查

C. 第1、2项均为抽象审查

D. 第1、2项均为具体审查

10. 下列属于省、自治区人民政府的派出机关的是(　　)。

A. 区公所　　B. 街道办事处

C. 行政公署　　D. 派出所

11. 根据人民检察院组织法的规定，检察官对其职权范围内就案件作出的决定负责。检察长、检察委员会对案件作出决定的，承担相应责任。这体现的人民检察院的工作原则是(　　)。

A. 司法责任原则　　B. 司法公正原则

C. 司法公开原则　　D. 依法独立行使检察权原则

12. 人民代表大会制度的核心内容和实质是(　　)。

A. 少数服从多数　　B. 集体行使职权

C. 国家的一切权力属于人民　　D. 平等原则

13. 根据宪法和有关法律规定，下列表述正确的是(　　)。

A. 在全国人大常委会会议期间，常务委员会组成人员 30 人以上联名，可以向常务委员会书面提出对有关国家机关或部门的质询案

B. 全国人大各专门委员会可以向全国人大常委会书面提出对行政法规进行审查的要求

C. 全国人大 3 个以上代表团或 1/5 以上代表可以提出对最高人民法院院长的罢免案

D. 全国人大常委会组成人员 10 人以上可以向常委会提出属于常委会职权范围内的议案

14. 根据我国宪法的规定，下列表述错误的是(　　)。

A. 中央军委主席由全国人大选举产生

B. 全国人大有权罢免中央军委主席

C. 中央军委主席对全国人大常委会负责并报告工作

D. 中央军委主席对全国人大及其常委会负责

15. 根据选举法规定，下列关于人大代表辞职的表述，正确的是(　　)。

A. 省人大代表提出辞职的，应当采取书面形式

B. 设区的市的人大代表辞职的，应当向设区的市的人大提出

C. 乡人大代表辞职的，应当向县人大提出

D. 自治州人大代表辞职的，须经常务委员会组成人员的 2/3 通过

单元八答案与精解

1. B

【精解】《立法法》97 条第 1 项规定，全国人民代表大会有权改变或者撤销它的常务委员会制定的不适当的法律，有权撤销全国人民代表大会常务委员会批准的违背宪法和本法第 75 条第 2 款规定的自治条例和单行条例。《立法法》第 75 条第 2 款规定，自治条例和单行条例可以依照当地民族的特点，对法律和行政法规的规定作出变通规定，但不得违背法律或者行政法规的基本原则，不得对宪法和民族区域自治法的规定以及其他有关法律、行政法规专门就民族自治地方所作的规定作出变通规定。据此，全国人大有权改变或者撤销它的常务委员会制定的不适当的法律，但全国人大只能“撤销”全国人大常委会批准的自治条例和单行条例，A 项表述错误。《立法法》第 97 条第 4 项规定，省、自治区、直辖市的人民代表大会有权改变或者撤销它的常务委员会制定的和批准的不适当的地方性法规。据此，B 项表述正确。《立法法》第 97 条第 5 项规定，地方人民代表大会常务委员会有权撤销本级人民政府制定的不适当的规章。据此，地方人大常委会只能“撤销”本级人民政府制定的不适当的规章，C 项表述错误。关于设区的市及其常委会制定的地方性法规和省、自治区政府制定的规章的效力，立法法没有明确规定，但《立法法》第 72 条第 3 款规定，省、自治区的人民代表大会常务委员会在对报请批准的设区的市的地方性法规进行审查时，发现其同本省、自治区的人民政府的规章相抵触的，应当作出处理决定。据此，报请批准的设区的市的地方性法规与省、自治区人民政府的规章发生抵触，应由省、自治区人大常委会处理，而不是改变和撤销。可见，D 项表述错误。

2. C

【精解】《宪法》第 132 条第 1 款规定，最高人民法院是最高审判机关。据此，最高人民法院是最高审判机关，而非最高法律监督机关，最高法律监督机关是最高人民检察院。可见，A 项表述错误。《宪法》第 132 条第 2 款规定，最高人民法院监督地方各级人民法院和专门人民法院的审判工作，上级人民法院监督下级人民法院的审判工作。据此，上下级人民法院之间的关系是监督关系，而非领导关系。可见，B 项表述错误。《宪法》第 133 条规定，最高人民法院对全国人民代表大会和全国人民代表大会常务委员会负责。地方各级人民法院对产生它的国家权力机关负责。据此，C 项表述正确。有权进行司法解释的机关包括最高人民法院和最高人民检察院，而其他司法机关无权进行司法解释。可见，D 项表述错误。

3. A

【精解】《城市居民委员会组织法》第 7 条规定，居民委员会由主任、副主任和委员共 5 至 9 人组成。据此，A 项表述错误。《城市居民委员会组织法》第 8 条规定，居民委员会每届任期 5 年，其成员可以连选连任。据此，B 项表述正确。《城市居民委员会组织法》第 10 条规定，居民委员会向居民会议负责并报告工作。据此，C 项表述正确。《城市居民委员会组织法》第 14 条规定，居民委员会可以分设若干居民小组，小组长由居民小组推选。据此，D 项表述正确。

4. A

【精解】《全国人民代表大会组织法》第 21 条规定，全国人民代表大会会议期间，一个代表团或者 30 名以上的代表联名，可以书面提出对国务院以及国务院各部门、国家监察委员会、最高人民法院、最高人民检察院的质询案。据此，选 A 项。

5. C

【精解】关于选举的主持机构，《选举法》第 9 条规定，全国人民代表大会常务委员会主持全国人民代表大会代表的选举。省、自治区、直辖市、设区的市、自治州的人民代表大会常务委员会主持本级人民代表大会代表的选举。不设区的市、市辖区、县、自治县、乡、民族乡、镇设立选举委员会，主持本级人民代表大会代表的选举。不设区的市、市辖区、县、自治县的选举委员会受本级人民代表大会常务委员会的领导。乡、民族乡、镇的选举委员会受不设区的市、市辖区、县、自治县的人民代表大会常务委员会的领导。省、自治区、直辖市、设区的市、自治州的人民代表大会常务委员会指导本行政区域内县级以下人民代表大会代表的选举工作。据此，全国人大常委会主持全国人大代表的选举工作，A 项表述错误。选举委员会主持县、乡两级人大代表的选举工作，B 项表述错误，C 项表述正确，选 C 项。《选举法》第 39 条规定，县级以上的地方各级人民代表大会在选举上一级人民代表大会代表时，由各该级人民代表大会主席团主持。据此，D 项表述错误。需要注意选举本级人大代表和选举上一级人大代表在主持机构上的差异。

6. C

【精解】《宪法》第 19 条第 2 款规定，国家举办各种学校，普及初等义务教育，发展中等教育、职业教育和高等教育，并且发展学前教育。据此，选 C 项，不选 A、D 项。《宪法》第 19 条第 4 款规定，国家鼓励集体经济组织、国家企业事业组织和其他社会力量依照法律规定举办各种教育事业。据此，不选 B 项。

7. D

【精解】根据《城市居民委员会组织法》第 7 条的规定，居民委员会由主任、副主任和委员共 5 至 9 人组成。多民族居住地区，居民委员会中应当有人数较少的民族的成员。故选 D 项。

8. C

【精解】该自治州人大常委会制定的规范性法律文件属于“市级地方性法规”，而不属于“自治条例、单行条例”的范畴。“自治条例、单行条例”只能由民族自治地方的人民代表大会制定。《立法法》第 78 条第 3 款规定，设区的市、自治州的人民代表大会及其常务委员会制定的地方性法规报经批准后，由设区的市、自治州的人民代表大会常务委员会发布公告予以公布。据此，A 项表述错误。《立法法》第 72 条第 5 款规定，自治州的人民代表大会及其常务委员会可以……行使设区的市制定地方性法规的职权。《立法法》第 75 条规定，民族自治地方的人民代表大会有权依照当地民族的政治、经济和文化的特点，制定自治条例和单行条例。自治区的自治条例和单行条例，报全国人民代表大会常务委员会批准后生效。自治州、自治县的自治条例和单行条例，报省、自治区、直辖市的人民代表大会常务委员会批准后生效。自治条例和单行条例可以依照当地民族的特点，对法律和行政法规的规定作出变通规定，但不得违背法律或者行政法规的基本原则，不得对宪法和民族区域自治法的规定以及其他有关法律、行政法规专门就民族自治地方所作的规定作出变通规定。由此可见，在民族自治地方，能作出变通规定的只能是自治区、自治州、自治县的人大，而且必须通过“自治条例、单行条例”作出。题中自治州人大常委会无权制定自治条例、单行条例，更无权作出变通规定，B项表述错误。根据《立法法》第72条第2款的规定，设区的市的人民代表大会及其常务委员会根据本市的具体情况和实际需要，在不同宪法、法律、行政法规和本省、自治区的地方性法规相抵触的前提下，可以对城乡建设与管理、环境保护、历史文化保护等方面的事项制定地方性法规，法律对设区的市制定地方性法规的事项另有规定的，从其规定。设区的市的地方性法规须报省、自治区的人民代表大会常务委员会批准后施行。省、自治区的人民代表大会常务委员会对报请批准的地方性法规，应当对其合法性进行审查，同宪法、法律、行政法规和本省、自治区的地方性法规不抵触的，应当在4个月内予以批准。据此，C项表述正确。根据《立法法》第95条第1款第2项的规定，地方性法规与部门规章之间对同一事项的规定不一致，不能确定如何适用时，由国务院提出意见，国务院认为应当适用地方性法规的，应当决定在该地方适用地方性法规的规定；认为应当适用部门规章的，应当提请全国人民代表大会常务委员会裁决。据此，D项表述错误。

9. A

【精解】宪法的审查方式分为具体审查和抽象审查。具体审查是就具体个案的审查，而抽象审查并不发生在具体个案中，而是在具体法律、法规条文和宪法发生抵触时进行的审查。故选A项。

10. C

【精解】行政公署简称“行署”，是省、自治区人民政府的派出机关；区公所是县、自治县人民政府的派出机关；街道办事处是市辖区和不设区的市人民政府的派出机关。可见，选C项。

11. A

【精解】人民检察院的工作原则包括依法独立行使检察权原则、行使检察权在适用法律上一律平等原则、司法公正原则、司法公开原则、司法责任制原则和公民使用本民族语言文字进行诉讼原则。根据人民检察院组织法的规定，检察官对其职权范围内就案件作出的决定负责。检察长、检察委员会对案件作出决定的，承担相应责任。这体现的是司法责任原则。《人民检察院组织法》第8条规定，人民检察院实行司法责任制，建立健全统一的司法权力运行机制。可见，选A项。

12. C

【精解】人民代表大会制度作为我国的政权组织形式，其目标就是规范国家权力和保障公民权利，国家的一切权力属于人民是人民代表大会制度的逻辑起点，且人民是国家权力的主体，因此，人民代表大会制度的核心内容和实质是国家的一切权力属于人民。故选C项。

13. D

【精解】《全国人民代表大会组织法》第30条规定，常务委员会会议期间，常务委员会组成人员10人以上联名，可以向常务委员会书面提出对国务院以及国务院各部门、国家监察委员会、最高人民法院、最高人民检察院的质询案。据此，A项表述错误，不选A项。《立法法》第99条规定，国务院、中央军事委员会、最高人民法院、最高人民检察院和各省、自治区、直辖市的人民代表大会常务委员会认为行政法规、地方性法规、自治条例和单行条例同宪法或者法律相抵触的，可以向全国人民代表大会常务委员会书面提出进行审查的要求，由常务委员会工作机构分送有关的专门委员会进行审查、提出意见。前款规定以外的其他国家机关和社会团体、企业事业组织以及公民认为行政法规、地方性法规、自治条例和单行条例同宪法或者法律相抵触的，可以向全国人民代表大会常务委员会书面提出进行审查的建议，由常务委员会工作机构进行研究，必要时，送有关的专门委员会进行审查、提出意见。有关的专门委员会和常务委员会工作机构可以对报送备案的规范性文件进行主动审查。据此，全国人大各专门委员会不能提出对行政法规的审查要求。可见，B项表述错误，不选B项。《全国人民代表大会组织法》第20条规定，全国人民代表大会主席团、3个以上的代表团或者1/10以上的代表，可以提出对于全国人民代表大会常务委员会的组成人员，中华人民共和国主席、副主席，国务院和中央军事委员会的组成人员，国家监察委员会主任、最高人民法院院长和最高人民检察院检察长的罢免案，由主席团提请大会审议。据此，C项表述错误，不选C项。《全国人民代表大会组织法》第29条规定，委员长会议，全国人民代表大会各专门委员会，国务院，中央军事委员会，国家监察委员会，最高人民法院，最高人民检察院，常务委员会组成人员10人以上联名，可以向常务委员会提出属于常务委员会职权范围内的议案。据此，D项表述正确，选D项。

14. C

【精解】根据《宪法》第62条第6项的规定，全国人大有选举中央军委主席的职权。故A项正确。根据《宪法》第63条第3项的规定，中央军委主席由全国人大罢免。故B项正确。根据《宪法》第94条的规定，中央军委主席对全国人大及其常委会负责，但不报告工作。故C项错误，D项正确。

15. A

【精解】根据选举法规定，全国人民代表大会代表，省、自治区、直辖市、设区的市、自治州的人民代表大会代表，可以向选举他的人民代表大会的常务委员会书面提出辞职。常务委员会接受辞职，须经常务委员会组成人员的过半数通过。接受辞职的决议，须报送上一级人民代表大会常务委员会备案、公告。县级的人民代表大会代表可以向本级人民代表大会常务委员会书面提出辞职，乡级的人民代表大会代表可以向本级人民代表大会书面提出辞职。县级的人民代表大会常务委员会接受辞职，须经常务委员会组成人员的过半数通过。乡级的人民代表大会接受辞职，须经人民代表大会过半数的代表通过。接受辞职的，应当予以公告。据此，A项表述正确。B项表述错在：设区的市的人大代表辞职的，应当向设区的市的人大常委会提出。C项表述错在：乡人大代表可以向乡人大，而不是向县人大书面提出辞职。D项表述错在：自治州人大代表辞职的，须经常务委员会组成人员的过半数通过。

单元九

1. 根据我国宪法的规定，全国人大常委会应在全国人大任期届满前的法定时效内完成下届全国人大的选举，这里的法定时效是(　　)。

A. 1个月　　B. 2个月　　C. 3个月　　D. 半个月

2. 国家主席无须根据全国人大和全国人大常委会的决定独立行使的职权是(　　)。

A. 进行国事活动，接受外国使节

B. 授予国家的勋章和荣誉称号

C. 派遣和召回驻外全权代表

D. 批准和废除同外国缔结的条约和重要协定

3. 根据我国宪法的规定，下列说法不正确的是(　　)。

A. 城市的土地属于国家所有，农村和城市郊区的土地，除法律规定属于国家所有的以外，属于集体所有

B. 宅基地、自留地、自留山属于国家所有

C. 国家为了公共利益的需要，可以依法对土地实行征收或征用

D. 土地的使用权可以依照法律的规定转让

4. 根据宪法和法律的规定，关于基层群众自治，下列表述正确的是(　　)。

A. 村民委员会的设立、撤销，由乡镇政府提出，经村民会议讨论同意，报县级政府批准

B. 有关征地补偿费用的使用和分配方案，经村民会议讨论通过后，报乡镇政府批准

C. 居民公约由居民会议讨论通过后，报不设区的市、市辖区或者它的派出机关批准

D. 居民委员会的设立、撤销，由不设区的市、市辖区政府提出，报市政府批准

5. 社会主义政治文明建设的根本途径是(　　)。

A. 坚持民主集中制原则　　B. 完善人民代表大会制度

C. 依宪治国　　D. 加强物质和精神文明建设

6. 根据我国宪法的规定，可以被选为国家主席的年龄条件是(　　)。

A. 45周岁　　B. 30周岁

C. 40周岁　　D. 35周岁

7. 下列关于我国宪法修改的表述，正确的是(　　)。

A. 我国对现行宪法进行了 4 次修改，形成了 32 条宪法修正案

B. 我国宪法的修改须经全国人大以出席代表的 2/3 以上的多数通过

C. 我国自宪法制定以来一直采取部分修改的方式

D. 我国宪法的修改机关是全国人大

8. 根据我国选举法的规定，选区的大小，按照每一选区选(　　)。

A. 1～2 名代表划分　　B. 1～3 名代表划分

C. 3 名代表划分　　D. 2 名代表划分

9. 根据我国宪法和法律的规定，关于民族自治地方自治权，下列表述正确的是(　　)。

A. 自治权由民族自治地方的权力机关、行政机关、审判机关和检察机关行使

B. 自治州人民政府可以制定政府规章对国务院部门规章的规定进行变通

C. 自治条例可以依照当地民族的特点对宪法、法律和行政法规的规定进行变通

D. 自治县制定的单行条例须报省级人大常委会批准后生效，并报全国人大常委会和国务院备案

10. 根据宪法和法律的规定，关于国家机构，下列表述错误的是(　　)。

A. 全国人民代表大会代表受原选举单位的监督

B. 中央军事委员会实行主席负责制

C. 地方各级审计机关依法独立行使审计监督权，对本级人民政府和上一级审计机关负责

D. 市辖区的政府经本级人大批准可设立若干街道办事处，作为派出机关

11. 关于宪法的基本原则，下列表述正确的是(　　)。

A. 资产阶级宪法的最一般的原则为基本人权原则

B. 美国 1789 年宪法首先以国家根本大法的形式确认了法治原则

C. 我国宪法规定的不同国家机关之间、国家机关内部的不同监督方式体现了权力制约与监督原则

D. 我国 2018 年宪法修正案正式确立基本人权原则

12. 根据我国宪法的规定，决定军人和外交人员衔级和其他专门衔级制度的权力属于(　　)。

A. 全国人民代表大会　　B. 全国人民代表大会常务委员会

C. 国家主席　　D. 中央军事委员会

13. 根据我国宪法的规定，有权决定在我国境内设立特别行政区及其制度的机关是(　　)。

A. 全国人民代表大会　　B. 全国人民代表大会常务委员会

C. 国务院　　D. 中国共产党中央委员会

14. 宪法可以分为民定宪法、钦定宪法和协定宪法。对此，下列说法错误的是(　　)。

A. 民定宪法、钦定宪法和协定宪法是按照制定机关的不同所作的分类

B. 民定宪法、钦定宪法和协定宪法的分类方法局限于宪法形式上的特征

C. 保留君主制的国家制定的宪法都是钦定宪法

D. 协定宪法是实行君主制的国家制定的

15. 根据我国宪法的规定，自治县人民代表大会有权制定的规范性法律文件是(　　)。

A. 地方性法规　　B. 自治条例

C. 行政法规　　D. 地方政府规章

单元九答案与精解

1. B

【精解】根据《宪法》第 60 条第 2 款的规定，全国人大任期届满的 2 个月以前，全国人大常委

会必须完成下届全国人大代表的选举。这里的法定时效是 2 个月，故选 B 项。

2. A

【精解】《宪法》第 80 条规定，中华人民共和国主席根据全国人民代表大会的决定和全国人民代表大会常务委员会的决定，公布法律，任免国务院总理、副总理、国务委员、各部部长、各委员会主任、审计长、秘书长，授予国家的勋章和荣誉称号，发布特赦令，宣布进入紧急状态，宣布战争状态，发布动员令。第 81 条规定，中华人民共和国主席代表中华人民共和国，进行国事活动，接受外国使节；根据全国人民代表大会常务委员会的决定，派遣和召回驻外全权代表，批准和废除同外国缔结的条约和重要协定。根据上述规定，选 A 项。

3. B

【精解】根据《宪法》第 10 条第 1、2 款的规定，城市的土地属于国有，农村和城市郊区的土地，除法律规定属于国有以外，属于集体所有。故 A 项表述正确。根据《宪法》第 10 条第 2 款的规定，宅基地和自留地、自留山，属于集体所有。故 B 项表述错误。根据《宪法》第 10 条第 3 款的规定，国家为了公共利益的需要，可以依照法律规定对土地实行征收或者征用并给予补偿。可见，C 项表述正确。根据《宪法》第 10 条第 4 款的规定，任何组织或者个人不得侵占、买卖或者以其他形式非法转让土地。土地使用权可以依照法律的规定转让。故 D 项表述正确。

4. A

【精解】《村民委员会组织法》第 3 条第 2 款规定，村民委员会的设立、撤销、范围调整，由乡、民族乡、镇的人民政府提出，经村民会议讨论同意，报县级人民政府批准。据此，A 项表述正确。根据《村民委员会组织法》第 24 条的规定，涉及村民利益的下列事项，经村民会议讨论决定方可办理：（1）本村享受误工补贴的人员及补贴标准；（2）从村集体经济所得收益的使用；（3）本村公益事业的兴办和筹资筹劳方案及建设承包方案；（4）土地承包经营方案；（5）村集体经济项目的立项、承包方案；（6）宅基地的使用方案；（7）征地补偿费的使用、分配方案；（8）以借贷、租赁或者其他方式处分村集体财产；（9）村民会议认为应当由村民会议讨论决定的涉及村民利益的其他事项。村民会议可以授权村民代表会议讨论决定前述规定的事项。据此，B 项表述的事项，无须乡政府批准，B 项表述错误。根据《城市居民委员会组织法》第 15 条的规定，居民公约由居民会议讨论制定，报不设区的市、市辖区的人民政府或者它的派出机关备案，由居民委员会监督执行。居民应当遵守居民会议的决议和居民公约。居民公约的内容不得与宪法、法律、法规和国家的政策相抵触。据此，C 项表述错在：应当是"备案"而不是"批准"。《城市居民委员会组织法》第 6 条规定，居民委员会根据居民居住状况，按照便于居民自治的原则，一般在一百户至七百户的范围内设立。居民委员会的设立、撤销、规模调整，由不设区的市、市辖区的人民政府决定。据此，D 项错误。需要注意：在基层自治组织中，仅有"设立、撤销、范围或规模调整"事项需要"批准"，再无其他事项需要批准。

5. C

【精解】坚持依宪治国是社会主义政治文明建设的根本途径。政治文明在法律的层面上就是宪政文明，国家实行依法治国在一定的程度上就是依宪治国。只要严格地依据宪法办事，就能够实现政治文明的各项任务。故选 C 项。

6. A

【精解】根据《宪法》第 79 条第 2 款的规定，有选举权和被选举权的年满 45 周岁的中国公民可以被选为国家主席、副主席。故选 A 项。

7. D

【精解】我国对现行宪法进行了 5 次修改，形成了 52 条宪法修正案。可见，A 项表述错误。我国宪法的修改须经全国人大以"全体"代表的 2/3 以上的多数通过，而不是以"出席"代表的 2/3 以上的多数通过。可见，B 项表述错误。宪法修改的形式包括全部修改和部分修改，我国的 1975 年宪法、1978 年宪法和 1982 年宪法都是对前一部宪法的全面修改，但我国对 1982 年宪法的修改采用的是部分修改的方式。可见，C项表述错误。我国宪法的修改机关是全国人大。故D项表述正确。

8. B

【精解】根据《选举法》第25条第2款的规定，选区的大小，按照每一选区选1～3名代表划分。故选B项。

9. D

【精解】《宪法》第112条规定，民族自治地方的自治机关是自治区、自治州、自治县的人民代表大会和人民政府。据此，民族自治机关只包括自治地方的人大和政府，法院和检察院不是自治机关，不行使自治权。可见，A项表述错误。《立法法》第75条第2款规定，自治条例和单行条例可以依照当地民族的特点，对法律和行政法规的规定作出变通规定，但不得违背法律或者行政法规的基本原则，不得对宪法和民族区域自治法的规定以及其他有关法律、行政法规专门就民族自治地方所作的规定作出变通规定。据此，变通规定的对象是法律和行政法规，并不包括宪法，也不包括规章。可见，C项表述错误。《立法法》第75条第1款规定，民族自治地方的人民代表大会有权依照当地民族的政治、经济和文化的特点，制定自治条例和单行条例。自治区的自治条例和单行条例，报全国人民代表大会常务委员会批准后生效。自治州、自治县的自治条例和单行条例，报省、自治区、直辖市的人民代表大会常务委员会批准后生效。据此，只有民族自治地方的人大有权制定自治条例和单行条例，自治地方的政府只能制定“地方政府规章”，而且对此类规章不能作“变通规定”。可见，B项表述错误。《宪法》第116条规定，民族自治地方的人民代表大会有权依照当地民族的政治、经济和文化的特点，制定自治条例和单行条例。自治区的自治条例和单行条例，报全国人民代表大会常务委员会批准后生效。自治州、自治县的自治条例和单行条例，报省或者自治区的人民代表大会常务委员会批准后生效，并报全国人民代表大会常务委员会备案。根据《立法法》第98条第3项的规定，自治条例和单行条例，还应报国务院备案。可见，D项表述正确，选D项。

10. D

【精解】《选举法》第48条规定，全国和地方各级人民代表大会的代表，受选民和原选举单位的监督。选民或者选举单位都有权罢免自己选出的代表。据此，A项表述正确。根据我国宪法规定，中央军委实行主席负责制，B项表述正确。《宪法》第109条规定，县级以上的地方各级人民政府设立审计机关。地方各级审计机关依照法律规定独立行使审计监督权，对本级人民政府和上一级审计机关负责。据此，C项表述正确。《地方各级人民代表大会和地方各级人民政府组织法》第85条规定，省、自治区的人民政府在必要的时候，经国务院批准，可以设立若干派出机关。县、自治县的人民政府在必要的时候，经省、自治区、直辖市的人民政府批准，可以设立若干区公所，作为它的派出机关。市辖区、不设区的市的人民政府，经上一级人民政府批准，可以设立若干街道办事处，作为它的派出机关。据此，市辖区政府设立街道办须经上一级政府批准。可见，D项表述错误，选D项。

11. C

【精解】宪法的基本原则，又称为宪法原则，包括人民主权原则、基本人权原则、法治原则和权力制约与监督原则。人民主权原则是宪法最一般的原则，A项表述错误。法国1791年宪法首先以国家根本大法的形式确认了法治原则，故B项表述错误。我国宪法规定的不同国家机关之间、国家机关内部的不同监督方式，此为国家机关内部的制约监督，这体现了权力制约与监督原则。可见，C项表述正确，选C项。我国2004年宪法修正案增加“国家尊重和保障人权”条款，这是我国宪法第一次引入“人权”概念，确立了基本人权原则。可见，D项表述错误。

12. B

【精解】根据《宪法》第67条第16项的规定，全国人大常委会规定军人和外交人员的衔级制度和其他专门衔级制度。故选B项。

13. A

【精解】根据《宪法》第62条第14项的规定，全国人大有权决定特别行政区的设立及其制度。

故选A项。

14. C

【精解】民定宪法、钦定宪法和协定宪法是按照制定机关的不同所作的分类。可见，A项表述正确。民定宪法、钦定宪法和协定宪法的分类方法局限于宪法形式上的特征，不涉及对宪法的本质认识。可见，B项表述正确。保留君主制的国家制定的宪法未必是钦定宪法，例如，英国在1216年制定的《自由大宪章》是协定宪法，而不是钦定宪法。可见，C项表述错误，选C项。协定宪法是由君主与国民或者国民的代表机关协商制定的宪法，因此，协定宪法一定是实行君主制的国家制定的。可见，D项表述正确。

15. B

【精解】《宪法》第116条规定，民族自治地方的人民代表大会有权依照当地民族的政治、经济和文化的特点，制定自治条例和单行条例。自治区的自治条例和单行条例，报全国人民代表大会常务委员会批准后生效。自治州、自治县的自治条例和单行条例，报省或者自治区的人民代表大会常务委员会批准后生效，并报全国人民代表大会常务委员会备案。据此，选B项。根据《立法法》第72条规定，有权制定地方性法规的机构包括省、自治区、直辖市的人民代表大会及其常务委员会；设区的市和自治州的人民代表大会及其常务委员会。可见，不选A项。有权制定行政法规的机关是国务院，故不选C项。《立法法》第82条第1款规定，省、自治区、直辖市和设区的市、自治州的人民政府，可以根据法律、行政法规和本省、自治区、直辖市的地方性法规，制定规章。据此，不选D项。

单元十

1. 下列选项中，属于我国总理负责制具体内容的是(　　)。

A. 国务院副总理、国务委员、各部部长协助总理工作

B. 国务院总理任免国务院组成人员

C. 国务院总理制定行政命令

D. 国务院总理主持国务院全体会议

2. 我国代表机关的组成方式是(　　)。

A. 地域代表制

B. 以地域代表制为主，地域代表制和职业代表制相结合

C. 职业代表制

D. 以职业代表制为主，职业代表制和地域代表制相结合

3. 下列关于国务院审计机关的表述，正确的是(　　)。

A. 审计署有权对企业事业组织的财务收支进行审计监督

B. 审计署进行审计监督，不受任何机关、社会团体和个人的干涉

C. 审计署属于国务院的直属机构

D. 审计署有权对地方各级政府的财政收支进行审计监督

4. 下列选项中，2018年宪法修正案涉及民族政策修改的内容是(　　)。

A. 中华人民共和国各民族一律平等

B. 国家保障各少数民族的合法的权利和利益

C. 维护和发展各民族的平等团结互助和谐关系

D. 各少数民族聚居的地方实行区域自治

5. 关于宪法，下列说法错误的是(　　)。

A. 公民的基本权利和义务是宪法的核心内容

B. 宪法是每个公民享有基本权利、履行基本义务的根本保证

C. 宪法的根基在于宪法监督

D. 宪法宣誓制度的建立是宪法实施制度的完善和最新发展

6. 根据我国宪法的规定，实行个人负责制的中央国家机关是（　　）。

A. 全国人大　　B. 全国人大常委会

C. 中央军事委员会　　D. 最高人民法院

7. 下列有关中央和香港特别行政区关系的表述，正确的是（　　）。

A. 香港特别行政区的立法机关制定的法律须报全国人大常委会备案，否则不能生效

B. 香港特别行政区的国防事务由特别行政区和中央政府共同管理

C. 香港特别行政区的外交事务属于中央人民政府，但中央人民政府可以授权香港特别行政区处理部分外交事务

D. 香港特别行政区的行政长官和其他主要官员由国家主席任命

8. 根据我国宪法的规定，下列职务只能由实行民族自治的民族的公民担任的是（　　）。

A. 自治县县长　　B. 自治州副州长

C. 自治区高级人民法院院长　　D. 自治区党委书记

9. 某选区共有选民 14 000 人，王某是数位候选人之一。根据宪法和选举法的规定，王某可以当选的情形是（　　）。

A. 参加投票的人数为 6 995 人，获得选票 6 990 张

B. 参加投票的人数为 8 200 人，获得选票 4 500 张

C. 参加投票的人数为 13 600 人，获得选票 6 500 张

D. 参加投票的人数为 14 500 人，获得选票 13 000 张

10. 下列法律中，不属于基本法律的是（　　）。

A. 中华人民共和国民法　　B. 中华人民共和国国务院组织法

C. 中华人民共和国民事诉讼法　　D. 中华人民共和国行政复议法

11. 有权改变直辖市人民政府制定的规章的机关是（　　）。

A. 全国人大常委会　　B. 国务院

C. 直辖市人大　　D. 直辖市人大常委会

12. 下列关于英国宪法和宪政的表述，错误的是（　　）。

A. 英国是世界近代宪法的发源地

B. 英国的宪法是由宪法性文件、宪法判例和宪法惯例等组成

C. 英国最著名的宪法文件包括改革法、国会法、国民参政法和共同体法等

D. 英国宪政制度最终是通过 1688 年“光荣革命”实现的

13. 可以向全国人民代表大会提出属于全国人民代表大会职权范围内的议案的是（　　）。

A. 1 个代表团或者 30 名以上的代表　　B. 3 个代表团或者 1/10 以上的代表

C. 1 个代表团或者 1/30 以上的代表　　D. 1 个代表团或者 10 名以上的代表

14. 下列关于制宪权的表述，正确的是（　　）。

A. 在我国，享有制宪权的主体就是拥有立法权的主体

B. 制宪权的概念是从资产阶级革命胜利后所确立的法治思想中概括出来的

C. 宪法起草机关就是拥有制宪权的机关

D. 制宪权是高于立法权的权力形态

15. 根据宪法和选举法规定，下列表述正确的是（　　）。

A. 选民登记按选区进行，每次选举前选民资格都要进行重新登记

B. 选民名单应在选举日的 15 日以前公布

C. 对于公布的选民名单有不同意见的，可以向选举委员会申诉或者直接向法院起诉

D. 法院对于选民名单意见的起诉应在选举日以前作出判决

单元十答案与精解

1. D

【精解】根据《国务院组织法》第4条的规定，国务院总理召集和主持国务院全体会议和国务院常务会议。故选D项。根据《国务院组织法》第2条第2款的规定，国务院实行总理负责制。总理领导国务院的工作。副总理、国务委员协助总理工作。故A项错误。根据《宪法》第62条第5项的规定，全国人民代表大会根据国务院总理的提名，决定国务院组成人员的人选。故B项错误。根据《宪法》第89条第1项的规定，国务院根据宪法和法律，规定行政措施，制定行政法规，发布决定和命令。可见，国务院总理无权制定行政命令，故C项错误。

2. B

【精解】全国人大由省、自治区、直辖市、特别行政区和军队选出的代表组成。这表明，我国实行地域代表制与职业代表制相结合、以地域代表制为主的代表机关组成方式。故选B项。

3. D

【精解】根据《宪法》第91条的规定，国务院设立审计机关，对国务院各部门和地方各级政府的财政收支，对国家的财政金融机构和企业事业组织的财务收支，进行审计监督。审计机关在国务院总理领导下，依照法律规定独立行使审计监督权，不受行政机关、社会团体和个人的干涉。据此，选D项。A项错在：审计署审计的对象是"国家"企业事业组织，而不是"企业事业组织"。B项错在：不受"行政机关"干涉，而不是"任何机关"干涉。C项错在：审计署属于国务院"组成部门"，而不是国务院"直属机构"。国务院组成部门如国务院各部、各委员会、中国人民银行和审计署；国务院直属机构如海关总署、国家市场监督管理总局、国家广播电视总局、国家医疗保障局等。

4. C

【精解】2018年宪法修正案对我国实行的民族政策的修改体现在，将《宪法》第4条第1款中"国家保障各少数民族的合法的权利和利益，维护和发展各民族的平等、团结、互助关系。"修改为："国家保障各少数民族的合法的权利和利益，维护和发展各民族的平等团结互助和谐关系。"可见，选C项。

5. C

【精解】宪法是公民权利的保障书，同时，公民享有宪法规定的基本权利的同时，也要履行宪法规定的基本义务。因此，公民的基本权利和义务是宪法的核心内容。可见，A项表述正确。我国宪法规定了公民的基本权利，也规定了公民的基本义务，因此，宪法是每个公民享有基本权利、履行基本义务的根本保证。可见，B项表述正确。宪法的根基在于人民发自内心的拥护，故C项表述错误，选C项。宪法宣誓制度的建立有利于维护宪法的最高地位、法律权威和法律效力，有利于激励和教育国家工作人员忠于宪法、遵守宪法、维护宪法，是我国宪法实施制度的完善和最新发展。可见，D项表述正确。

6. C

【精解】根据《宪法》第93条的规定，中央军事委员会实行主席负责制，即个人负责制。故选C项。

7. C

【精解】根据《香港特别行政区基本法》第17条第2款的规定，香港特别行政区的立法机关制定的法律须报全国人大常委会备案，备案不影响该法律的生效。故A项表述错误。根据《香港特别行政区基本法》第14条第1款的规定，中央人民政府负责管理香港特别行政区的防务。故B项表述错误。根据《香港特别行政区基本法》第13条的规定，中央人民政府负责管理与香港特别行政区有关的外交事务，中央人民政府授权香港特别行政区依照本法自行处理有关的对外事务。故C项表述正确。根据《香港特别行政区基本法》第45条第1款和第48条第5项的规定，香港特别行政区的行政长官在当地通过选举或协商产生，由中央人民政府任命，其他主要官员由行政长官提请中央人民政府任命。故D项表述错误。

8. A

【精解】根据《宪法》第112条的规定，民族自治地方的自治机关是自治区、自治州、自治县的人民代表大会和人民政府；根据《宪法》第114条的规定，自治区主席、自治州州长、自治县县长由实行区域自治的民族的公民担任。故选A项。

9. B

【精解】《选举法》第45条第1款规定，在选民直接选举人大代表时，选区全体选民的过半数参加投票，选举有效。代表候选人获得参加投票的选民过半数的选票时，始得当选。本题中选民共14 000人，参加投票选民过半数即为7 001人，A项中参加投票的选民没有过半数，故应排除。C项中参加投票的人数虽超过半数，但代表候选人获得的选票没有过半数（6 801人），故应排除。只有B项符合当选要求，故选B项。根据《选举法》第44条的规定，每次选举所投的票数，多于投票人数的选举无效。故排除D项。

10. D

【精解】中华人民共和国民法属于民事基本法；中华人民共和国国务院组织法属于基本组织法；中华人民共和国民事诉讼法属于诉讼基本法律；中华人民共和国行政复议法不属于基本法律，而是部门法——行政法中的一部法律。故选D项。

11. B

【精解】根据《立法法》第97条第3项的规定，国务院有权改变或者撤销不适当的部门规章和地方政府规章。故选B项。

12. D

【精解】在资本主义国家中，英国是最早实现宪政的国家。故A项表述正确。英国的宪法是由宪法性文件、宪法惯例和宪法判例等组成。故B项表述正确。英国著名的宪法性文件包括1832年的改革法、1911年的国会法、1918年的国民参政法、1972年的共同体法等。故C项表述正确。英国宪政制度是逐步确立的，而不像法国那样，通过1789年法国大革命予以实现，1688年英国“光荣革命”的结果是制定了《权利法案》，但在这之前或者之后仍有宪法性文件。故D项表述错误。

13. A

【精解】《全国人民代表大会组织法》第17条规定，一个代表团或者30名以上的代表联名，可以向全国人民代表大会提出属于全国人民代表大会职权范围内的议案。据此，选A项。

14. D

【精解】在我国，制宪权高于立法权。故A项表述错误。制宪权的概念源于古希腊、古罗马的法治思想以及中世纪的根本法思想。故B项表述错误。宪法起草机关不是制宪机关，不能拥有制宪权。故C项表述错误。制宪权是高于修宪权、立法权的权力形态。故选D项。

15. D

【精解】《选举法》第27条第1款规定，选民登记按选区进行，经登记确认的选民资格长期有效。每次选举前对上次选民登记以后新满18周岁的、被剥夺政治权利期满后恢复政治权利的选民，予以登记。对选民经登记后迁出原选区的，列入新迁入的选区的选民名单；对死亡的和依照法律被剥夺政治权利的人，从选民名单上除名。据此，A项表述的“每次选举前选民资格都要进行重新登记”是错误的，选民资格长期有效，无须重新登记，A项表述错误。《选举法》第28条规定，选民名单应在选举日的20日以前公布，实行凭选民证参加投票选举的，并应当发给选民证。据此，B项表述错误。《选举法》第29条规定，对于公布的选民名单有不同意见的，可以在选民名单公布之日起5日内向选举委员会提出申诉。选举委员会对申诉意见，应在3日内作出处理决定。申诉人如果对处理决定不服，可以在选举日的5日以前向人民法院起诉，人民法院应在选举日以前作出判决。人民法院的判决为最后决定。据此，C项表述的“向选举委员会申诉或者直接向法院起诉”是错误的，应当先向选举委员会申诉，对选举委员会处理决定不服的，再向人民法院起诉（被告是选举委员会）。可见，C项表述错误。而D项表述正确，选D项。

第二章

多项选择题

单元一

1. 根据我国宪法的规定，享有修改宪法提议权的主体是(　　)。

A. 全国人民代表大会

B. 全国人民代表大会常务委员会

C. 中共中央

D. 1/5 以上的全国人民代表大会代表

2. 下列关于中央军事委员会负责制的表述，正确的有(　　)。

A. 中央军事委员会主席对全国人民代表大会及其常务委员会负责

B. 中央军事委员会主席向全国人民代表大会常务委员会报告工作

C. 中央军事委员会主席向全国人民代表大会报告工作

D. 中央军事委员会实行主席负责制

3. 下列有关我国公民权利的表述，符合《宪法》规定的是(　　)。

A. 公民对于任何国家机关和国家工作人员，有提出批评和建议的权利

B. 公民对任何国家机关和国家工作人员的违法失职行为，有提出申诉、控告或者检举的权利，但不得捏造或者歪曲事实进行诬告陷害

C. 任何国家机关在接到公民提出的申诉、控告或者检举后，都必须查清事实，负责处理

D. 国家机关和国家工作人员侵犯公民权利造成损失的，受害人有依法请求赔偿的权利

4. 根据立法法的规定，下列关于规范性文件的备案审查制度，表述正确的是(　　)。

A. 全国人大有关的专门委员会可对报送备案的规范性文件进行主动审查

B. 自治县人大制定的自治条例与单行条例应按程序报全国人大常委会和国务院备案

C. 设区的市的市政府制定的规章应报本级人大常委会、市所在的省级人大常委会和政府、国务院备案

D. 全国人大宪法和法律委员会经审查认为地方性法规同宪法相抵触而制定机关不予修改的，应当对地方性法规予以撤销

5. 选民王某，35 岁，外出打工期间本村进行乡人大代表的选举。王某因路途遥远和工作繁忙不能回村参加选举，于是打电话嘱咐 14 岁的儿子帮他投本村李叔 1 票。根据上述情形，下列表述正确的有(　　)。

A. 王某仅以电话通知受托人，尚不能发生有效的委托投票授权

B. 王某必须同时以电话通知受托人和村民委员会，才能发生有效的委托投票授权

C. 王某若以书面形式委托他人代为投票，必须征得选举委员会的同意

D. 王某不能电话委托儿子投票，因为其儿子还没有选举权

6. 根据我国国徽法的规定，下列证件、证照及其他场合可以使用国徽及其图案的有(　　)。

A. 商标　　　　　　　　　　　　　　　　B. 居民身份证
C. 中华人民共和国护照　　　　　　　　　D. 国家机关颁发的资格证书

7. 国务院审计机关对国务院各部门和地方各级政府的财政收支，对国家的(　　)的财务收支，进行审计监督。

A. 财政金融机构　　　　　　　　　　　　B. 企业事业组织
C. 公共服务机构　　　　　　　　　　　　D. 社会组织

8. 根据两个特别行政区基本法的规定，中央对特别行政区行使的权力包括(　　)。

A. 决定特别行政区进入紧急状态
B. 修改特别行政区的基本法
C. 制定适用于特别行政区的法律
D. 享有对特别行政区发生案件的司法终审权

单元一答案与精解

1. BD

【精解】根据《宪法》第 64 条第 1 款的规定，宪法的修改，由全国人大常委会或 1/5 以上的全国人大代表提议，并由全国人大以全体代表的 2/3 以上的多数通过。可见，全国人大有权修改宪法，但其无权提议修改。中共中央属于政党机关，无权直接向全国人大提出修改宪法议案，只能通过全国人大常委会或者 1/5 以上的全国人大代表向全国人大提出。故选 B、D 项。

2. AD

【精解】根据《宪法》第 94 条的规定，中央军事委员会主席对全国人大及其常委会负责，但不报告工作。故选 A 项，排除 B、C 项。根据《宪法》第 93 条的规定，中央军事委员会实行主席负责制。故选 D 项。

3. ABD

【精解】根据《宪法》第 41 条第 1 款的规定，我国公民对于任何国家机关和国家工作人员，有提出批评和建议的权利。故 A 项表述正确。根据该款的规定，我国公民对任何国家机关和国家工作人员的违法失职行为，有向有关国家机关提出申诉、控告或者检举的权利，但是不得捏造或者歪曲事实进行诬告陷害。故 B 项表述正确。根据《宪法》第 41 条第 2 款的规定，有关国家机关在接到公民提出的申诉、控告或者检举后，都必须查清事实，负责处理。可见，条文表述不是“任何”国家机关，而是“有关”国家机关。故 C 项表述不符合宪法规定。根据《宪法》第 41 条第 3 款的规定，由于国家机关和国家工作人员侵犯公民权利而受到损失的人，有依照法律规定取得赔偿的权利。故 D 项表述符合宪法规定。

4. ABC

【精解】《立法法》第 99 条第 3 款规定，有关的专门委员会和常务委员会工作机构可以对报送备案的规范性文件进行主动审查。据此，A 项表述正确，选 A 项。《立法法》第 98 条第 3 项规定，自治州、自治县的人民代表大会制定的自治条例和单行条例，由省、自治区、直辖市的人民代表大会常务委员会报全国人民代表大会常务委员会和国务院备案；自治条例、单行条例报送备案时，应当说明对法律、行政法规、地方性法规作出变通的情况。据此，B 项表述正确，选 B 项。《立法法》第 98 条第 4 项规定，部门规章和地方政府规章报国务院备案；地方政府规章应当同时报本级人民代表大会常务委员会备案；设区的市、自治州的人民政府制定的规章应当同时报省、自治区的人民代表大会常务委员会和人民政府备案。据此，C 项表述正确，选 C 项。《立法法》第 100 条第 3 款规定，全国人民代表大会宪法和法律委员会、有关的专门委员会、常务委员会工作机构经审查、研究认为行政法规、地方性法规、自治条例和单行条例同宪法或者法律相抵触而制定机关不予修改的，应当向委员长会议提出予以撤销的议案、建议，由委员长会议决定提请常务委员会会议审议决定。据此，D项表述的宪法和法律委员会无权撤销地方性法规。可见，D项表述错误，不选D项。

5. ACD

【精解】《选举法》第42条规定，选民如果在选举期间外出，经选举委员会同意，可以书面委托其他选民代为投票。每一选民接受的委托不得超过三人，并应当按照委托人的意愿代为投票。本题中，选民王某没有采取书面委托方式。故A项正确。委托他人选举，必须经选举委员会同意。故B项表述错误，C项正确。受托人必须具有选民资格，王某的儿子未满18周岁，不具有选民资格。故D项正确。

6. BCD

【精解】《国徽法》第10条规定，下列证件、证照可以使用国徽图案：(1) 国家机关工作人员的工作证件、执法证件等；(2) 国家机关颁发的营业执照、许可证书、批准证书、资格证书、权利证书等；(3) 居民身份证，中华人民共和国护照等法定出入境证件。国家机关和武装力量的徽章可以将国徽图案作为核心图案。公民在庄重的场合可以佩戴国徽徽章，表达爱国情感。《国徽法》第13条规定，国徽及其图案不得用于：(1) 商标、授予专利权的外观设计、商业广告；(2) 日常用品、日常生活的陈设布置；(3) 私人庆吊活动；(4) 国务院办公厅规定不得使用国徽及其图案的其他场合。综上规定，选B、C、D项。

7. AB

【精解】根据《宪法》第91条第1款的规定，国务院设立审计机关，对国务院各部门和地方各级政府的财政收支，对国家的财政金融机构和企业事业组织的财务收支，进行审计监督。故选A、B项。

8. AB

【精解】根据《香港特别行政区基本法》和《澳门特别行政区基本法》的规定，中央对特别行政区行使的权力包括：负责管理与特别行政区有关的外交事务；负责管理特别行政区的防务；任命特别行政区的行政长官和行政机关的主要官员；决定特别行政区进入紧急状态；解释特别行政区基本法；修改特别行政区基本法等。可见。A、B项表述正确。特别行政区的立法机关有权制定适用于特别行政区的法律。故C项错误，特别行政区终审法院对发生在特别行政区的案件享有司法终审权。故D项错误。

单元二

1. 根据我国宪法和法律的规定，下列表述正确的是（　　）。

A. 我国实行普遍的义务兵役制

B. 我国社会主义政治文明建设的根本保障是坚持中国共产党的领导

C. 我国人民民主专政的最高原则是统一战线

D. 香港特别行政区境内的土地和自然资源属于国家所有

2. 选民王某，外出打工期间本村进行乡人大代表的选举。王某因路途遥远和工作繁忙不能回村参加选举，于是打电话嘱咐14岁的儿子帮他投本村李某1票。据此，下列表述正确的是（　　）。

A. 王某仅以电话通知受托人的方式，不能发生有效的委托投票授权

B. 王某必须同时以电话通知受托人和村民委员会，才能发生有效的委托投票授权

C. 王某以电话委托他人投票，必须征得选举委员会的同意

D. 王某不能电话委托14岁的儿子投票

3. 根据我国宪法和有关法律的规定，全国人大代表在全国人大会议期间，可以进行的工作有（　　）。

A. 可以书面提出对最高人民法院的质询案

B. 可以参加决定国务院组成人员的人选
C. 可以提议组织关于特定问题的调查委员会
D. 可以对主席团提名的国家领导机构的负责人的名单提出意见

4. 下列国家领导人人选中，由主席团确定正式候选人名单并经全国人民代表大会选举产生的有（　　）。

A. 国务院总理　　B. 国家监察委员会主任
C. 最高人民法院院长　　D. 国家副主席

5. 下列关于监察委员会的表述，正确的是（　　）。

A. 国家监察委员会是我国最高国家监察机关
B. 国家监察委员会主任、副主任连续任职不得超过两届
C. 地方各级监察委员会只对本级人民代表大会及其常务委员会负责
D. 监察委员会依照法律规定独立行使监察权，不受行政机关、社会团体和个人的干涉

6. 根据宪法和有关法律的规定，关于国务院的说法，下列表述正确的有（　　）。

A. 国务院对全国人大负责并报告工作；在全国人大闭会期间，对全国人大常委会负责并报告工作
B. 国务委员受总理委托，负责某些方面的工作或者专项任务，可以代表国务院进行外事活动
C. 国务院常务会议由总理、副总理、国务委员、秘书长组成
D. 国务院有权决定个别省、自治区、直辖市进入紧急状态

7. 根据我国宪法规定，下列关于非公有制经济的表述，不正确的是（　　）。

A. 国家保护非公有制经济的合法的权利和利益
B. 非公有制经济是我国国民经济的主导力量
C. 城镇中的手工业、工业、建筑业、运输业、商业、服务业等行业的各种形式的合作经济是非公有制经济的重要形式
D. 国家鼓励、支持和引导非公有制经济的发展，并对非公有制经济依法实行监督和管理

8. 下列有关全国人大代表的表述，正确的有（　　）。

A. 全国人大代表是最高国家权力机关的重要组成部分
B. 对全国人大代表提出的建议、批评和意见，有关机关、组织应当认真研究办理
C. 全国人大代表不受逮捕或刑事审判
D. 全国人大代表在全国人大各种会议上的发言和表决不受法律追究

单元二答案与精解

1. BD

【精解】根据《兵役法》第2条的规定，中华人民共和国实行义务兵与志愿兵相结合、民兵与预备役相结合的兵役制度。可见，志愿兵主要从义务兵中产生，故我国以义务兵役制为主。故A项表述错误。工人阶级掌握国家政权、成为领导力量，是人民民主专政的根本标志，即实行人民民主专政必须坚持工人阶级的领导，在我国，工人阶级的领导则是通过其先锋队——中国共产党实现的。坚持依宪治国、依法治国，党的领导是根本保证。故B项表述正确。工农联盟是无产阶级专政的最高原则。故C项表述错误。根据《香港特别行政区基本法》第7条的规定，香港特别行政区境内的土地和自然资源属于国家所有，由香港特别行政区政府负责管理、使用、开发、出租或批给个人、法人或团体使用或开发，其收入全归香港特别行政区政府支配。据此，D项表述正确。

2. AD

【精解】《选举法》第42条规定，选民如果在选举期间外出，经选举委员会同意，可以书面委托

其他选民代为投票。每一选民接受的委托不得超过 3 人，并应当按照委托人的意愿代为投票。据此，委托行为成立须具备三个条件：（1）经选举委员会同意；（2）以书面形式委托；（3）被委托人具有选民资格。因此，选 A、D 项。

3. ABCD

【精解】全国人大代表在全国人大会议期间，可以进行的工作包括：（1）出席会议，审议各项议案和报告；（2）可依照法定程序提出议案（包括修改宪法的议案）；（3）参加各项选举，可对主席团提名的国家领导机构的负责人名单提出意见；（4）参加决定国务院组成人员和军委副主席、委员的人选；（5）可提出询问，可依照法定程序书面提出对国务院以及国务院各部门、国家监察委员会、最高人民法院、最高人民检察院的质询案；（6）可依照法律规定提出罢免案；（7）可依法提议组织关于特定问题的调查委员会；（8）可向全国人民代表大会提出对各方面工作的建议、批评和意见。可见，备选项应全选。

4. BCD

【精解】《全国人民代表大会组织法》第 18 条规定，全国人民代表大会常务委员会委员长、副委员长、秘书长、委员的人选，中华人民共和国主席、副主席的人选，中央军事委员会主席的人选，国家监察委员会主任的人选，最高人民法院院长和最高人民检察院检察长的人选，由主席团提名，经各代表团酝酿协商后，再由主席团根据多数代表的意见确定正式候选人名单。据此，选 B、C、D 项。《宪法》第 62 条第 5 项规定，根据中华人民共和国主席的提名，决定国务院总理的人选；根据国务院总理的提名，决定国务院副总理、国务委员、各部部长、各委员会主任、审计长、秘书长的人选。据此，国务院副总理并非由全国人大主席团确定其人选，而是由国务院总理提名“决定”其人选。可见，不选 A 项。

5. AD

【精解】现行《宪法》第 125 条规定，中华人民共和国国家监察委员会是最高监察机关。国家监察委员会领导地方各级监察委员会的工作，上级监察委员会领导下级监察委员会的工作。据此，A 项表述正确。现行《宪法》第 124 条第 2 款规定，监察委员会主任每届任期同本级人民代表大会每届任期相同。国家监察委员会主任连续任职不得超过两届。据此，B 项表述错误。现行《宪法》第 126 条规定，国家监察委员会对全国人民代表大会和全国人民代表大会常务委员会负责。地方各级监察委员会对产生它的国家权力机关和上一级监察委员会负责。据此，C 项表述错误。现行《宪法》第 127 条第 1 款规定，监察委员会依照法律规定独立行使监察权，不受行政机关、社会团体和个人的干涉。据此，D 项表述正确。

6. ABC

【精解】《宪法》第 92 条规定，国务院对全国人民代表大会负责并报告工作；在全国人民代表大会闭会期间，对全国人民代表大会常务委员会负责并报告工作。据此，A 项表述正确。《国务院组织法》第 6 条规定，国务委员受总理委托，负责某些方面的工作或者专项任务，并且可以代表国务院进行外事活动。据此，B 项表述正确。国务院会议包括全体会议和常务会议。《宪法》第 88 条第 2 款规定，总理、副总理、国务委员、秘书长组成国务院常务会议。据此，C 项表述正确。D 项表述中的“决定个别省、自治区、直辖市进入紧急状态”是全国人大常委会的职权。根据《宪法》第 89 条第 16 项的规定，国务院有权“依照法律规定决定省、自治区、直辖市的范围内部分地区进入紧急状态”。可见，D 项表述错误。

7. AD

【精解】《宪法》第 11 条规定，在法律规定范围内的个体经济、私营经济等非公有制经济，是社会主义市场经济的重要组成部分。国家保护个体经济、私营经济等非公有制经济的合法的权利和利益。国家鼓励、支持和引导非公有制经济的发展，并对非公有制经济依法实行监督和管理。据此，A、D 项表述正确，选 A、D 项；而 B 项表述是错误的，因为非公有制经济是社会主义市场经济的“重要组成部分”，而不是“主导力量”，国有经济才是社会主义市场经济的主导力量。《宪法》第 8

条第2款规定，城镇中的手工业、工业、建筑业、运输业、商业、服务业等行业的各种形式的合作经济，都是社会主义劳动群众集体所有制经济。据此，C项表述错误。

8. ABD

【精解】全国人大代表的法律地位就是他们是最高国家权力机关的使者，接受人民的委托，代表全国人民的意志和利益，并且依照宪法和法律的规定集体行使国家权力，是最高国家机关的重要组成部分。可见，A项表述正确。《全国人民代表大会组织法》第46条第2款规定，对全国人民代表大会代表提出的建议、批评和意见，有关机关、组织应当与代表联系沟通，充分听取意见，介绍有关情况，认真研究办理，及时予以答复。据此，B项表述正确，选B项。根据《宪法》第74条的规定，全国人大代表，非经全国人大会议主席团许可，在全国人大会议闭会期间，非经全国人大常委会许可，不受逮捕或刑事审判。可见，C项表述错误。根据《宪法》第75条的规定，全国人大代表在全国人大各种会议上的发言和表决，不受法律追究。故D项表述正确。

单元三

1. 下列有关人民代表大会制度的表述，正确的有（　　）。

A. 人民代表大会制度是我国的国体

B. 人民代表大会制度是我国基本的政治制度

C. 坚持中国共产党的领导是人民代表大会制度的核心内容

D. 人民代表大会制度是我国的政权组织形式

2. 根据选举法的规定，选举委员会应当履行的职责包括（　　）。

A. 确定选举结果是否有效，公布当选代表名单

B. 确定选举日期

C. 主持投票选举

D. 划分选举本级人民代表大会代表的选区，分配各选区应选代表的名额

3. 设区的市的政府制定的地方政府规章的报备机关有（　　）。

A. 国务院　　B. 本级人大常务委员会

C. 省级人大常务委员会　　D. 省级人民政府

4. 下列表述中，属于法治原则基本内容的是（　　）。

A. 行政机关的一切行政行为都不得与法律相抵触

B. 限制人身自由的行政处罚只能由法律规定

C. 公民在适用法律上一律平等

D. 法官在审理案件时只服从于宪法和法律

5. 下列选项中，应当报全国人大常委会备案的有（　　）。

A. 国务院制定的行政法规

B. 省、自治区、直辖市人大及其常委会制定的地方性法规

C. 自治州、自治县人大制定的自治条例和单行条例

D. 最高人民法院、最高人民检察院作出的司法解释

6. 关于公民基本权利的限制的限制，下列表述正确的是（　　）。

A. 法律对公民权利所作的限制，必须内容明确，可以成为公民行动的合理预期

B. 限制的限制手段合适性，所采用手段必须适合目的之达成

C. 限制最小化，立法所采取的是对基本权利影响、限制最小的手段

D. 限制的限制要求手段达成的公共目的与造成损害之间具有适当的比例关系，即均衡法

7. 下列选项中，属于全国人民代表大会常务委员会职权的是（　　）。

A. 在全国人大闭会期间，根据国务院总理的提名，决定国务院副总理的人选

B. 审批国民经济和社会发展计划以及国家预算部分调整方案

C. 废除同外国缔结的条约和重要协定

D. 批准省、自治区、直辖市的边界划分

8. 根据选举法规定，罢免乡级人大代表的法定条件是(　　)。

A. 罢免要求采取书面形式　　B. 罢免要求向县级人大常委会提出

C. 原选区选民 30 人以上联名　　D. 罢免要求理由充分

单元三答案与精解

1. BD

【精解】人民代表大会制度是我国的政权组织形式，而不是国体。故排除 A 项。人民代表大会制度是我国基本的政治制度，是我国的政权组织形式。故选 B、D 项。人民代表大会制度的核心内容是国家的一切权力属于人民，而不是坚持中国共产党的领导。故 C 项表述错误。

2. ABCD

【精解】《选举法》第 11 条第 1 款规定，选举委员会履行下列职责：(1) 划分选举本级人民代表大会代表的选区，分配各选区应选代表的名额；(2) 进行选民登记，审查选民资格，公布选民名单；受理对于选民名单不同意见的申诉，并作出决定；(3) 确定选举日期；(4) 了解核实并组织介绍代表候选人的情况；根据较多数选民的意见，确定和公布正式代表候选人名单；(5) 主持投票选举；(6) 确定选举结果是否有效，公布当选代表名单；(7) 法律规定的其他职责。根据上述规定第 1、3、5、6 项，备选项应全选。

3. ABCD

【精解】《立法法》第 98 条第 4 项规定，部门规章和地方政府规章报国务院备案；地方政府规章应当同时报本级人民代表大会常务委员会备案；设区的市、自治州的人民政府制定的规章应当同时报省、自治区的人民代表大会常务委员会和人民政府备案。

4. ABD

【精解】法治原则的内容包括宪法优位、法律保留和审判独立。A 项表述的是法治原则中宪法优位的应有之义；B 项表述的是法治原则中法律保留的应有之义；D 项表述的是法治原则中审判独立的应有之义。可见，选 A、B、D 项。C 项表述属于法律适用原则，而不是宪法基本原则中法治原则的基本内容，不选 C 项。

5. ABCD

【精解】根据《立法法》第 98 条的规定，行政法规报全国人民代表大会常务委员会备案；省、自治区、直辖市的人民代表大会及其常务委员会制定的地方性法规，报全国人民代表大会常务委员会和国务院备案；自治州、自治县的人民代表大会制定的自治条例和单行条例，由省、自治区、直辖市的人民代表大会常务委员会报全国人民代表大会常务委员会和国务院备案。据此，选 A、B、C 项。根据《立法法》第 104 条第 2 款的规定，最高人民法院、最高人民检察院作出的属于审判、检察工作中具体应用法律的解释，应当自公布之日起 30 日内报全国人民代表大会常务委员会备案。据此，D 项表述正确。

6. ABCD

【精解】关于对基本权利限制的限制，要遵循如下原则：(1) 法律保留原则。(2) 明确性原则。法律对公民权利所作的限制，必须内容明确，可以成为公民行动的合理预期。如果法律条文过于宽泛、笼统和模糊，在接受宪法审查的时候，此类法律往往会被宣告为违宪而无效。(3) 比例原则。比例原则要求为公共利益而限制公民基本权利的时候，必须要在手段和目的之间进行利益衡量。限制基本权利的目的必须具有宪法正当性。它包括 3 个方面的内容：①手段合适性，所采用手段必须适合目的之达成；②限制最小化，立法所采取的是对基本权利影响、限制最小的手段；③狭义比例原则，要求手段达成的公共目的与造成损害之间具有适当的比例关系，即均衡法。可见，备选项应全选。

7. BC

【精解】根据《宪法》第 62 条（全国人大的职权）、第 67 条（全国人大常委会的职权）和第 89 条（国务院的职权）的规定，A 项属于全国人大职权，且也不能表述为“闭会期间”；B、C 项属于全国人大常委会的职权；D 项属于国务院的职权。故选 B、C 项。

8. ABC

【精解】《选举法》第 50 条第 1 款规定，对于县级的人民代表大会代表，原选区选民 50 人以上联名，对于乡级的人民代表大会代表，原选区选民 30 人以上联名，可以向县级的人民代表大会常务委员会书面提出罢免要求。据此，选 A、B、C 项。

单元四

1. 下列有关我国经济制度的说法，错误的有(　　)。

A. 国家对非公有制经济的政策是引导、监督和管理

B. 我国的矿藏、水流、草原等自然资源既可属于国家所有，也可属于集体所有

C. 我国经济制度的基础是生产资料的全民所有制

D. 非公有制经济是我国社会主义市场经济的重要组成部分

2. 关于规范性法律文件的备案审查制度，下列表述正确的是(　　)。

A. 全国人大各专门委员会可以对报送备案的规范性文件进行主动审查

B. 某公民认为某自治区人大制定的自治条例违反宪法规定，可以向全国人大常委会书面提出合宪性审查要求

C. 某省高级人民法院在审理案件中认为该省制定的地方性法规违反宪法规定，可以裁定该省地方性法规无效

D. 自治县人大制定的自治条例和单行条例应当按程序报全国人大常委会和国务院备案

3. 下列关于村民委员会的表述，正确的是(　　)。

A. 村民委员会是村民自我管理、自我教育、自我服务的基层群众性自治组织

B. 村民委员会由主任、副主任和委员共 3～9 人组成

C. 村民委员会向村民会议、村民代表会议负责并报告工作

D. 村民委员会每届任期 3 年，村民委员会成员可以连选连任

4. 全国人民代表大会的职权包括(　　)。

A. 修改和解释宪法　　B. 制定国家的基本法律

C. 罢免最高人民法院院长　　D. 宣布进入紧急状态

5. 根据我国宪法和有关法律的规定，下列表述正确的有(　　)。

A. 全国人大可以改变或者撤销全国人大常委会作出的不适当的决定

B. 全国人大有权改变或者撤销国务院制定的同宪法、法律相抵触的行政法规

C. 全国人大常委会有权撤销直辖市国家权力机关制定的同宪法、法律、行政法规相抵触的地方性法规，但不能改变

D. 全国人大常委会有权对最高人民法院的错误判决进行宪法监督，但不能改变或者撤销判决

6. 我国宪法规定的平等权具体包括(　　)。

A. 民族平等权　　B. 选举平等权

C. 宗教信仰平等权　　D. 性别平等权

7. 关于我国宪法宣誓制度，下列表述正确的是(　　)。

A. 我国以根本法的形式确立了宪法宣誓制度

B. 宪法宣誓制度有助于维护宪法的权威

C. 宪法宣誓主体限于各级政府、法院和检察院

D. 最高人民法院副院长、审判委员会委员进行宪法宣誓由最高人民法院组织

8. 根据我国宪法的规定，全国人大常委会根据最高人民法院院长的提请，可以任免的人员有（　　）。

A. 最高人民法院副院长

B. 最高人民法院民事审判庭庭长

C. 军事法院院长

D. 最高人民法院审判员和审判委员会委员

单元四答案与精解

1. ABCD

【精解】根据《宪法》第 11 条的规定，国家对个体经济、私营经济等非公有制经济的政策是，国家鼓励、支持和引导非公有制经济的发展。故 A 项表述错误。根据《宪法》第 9 条的规定，矿藏、水流、森林、山岭、草原、荒地、滩涂等自然资源属于国有，由法律规定属于集体所有的森林和山岭、草原、荒地、滩涂除外。可见，B 项表述错误。根据《宪法》第 6 条的规定，我国经济制度的基础不单纯是生产资料的全民所有制，还包括劳动群众集体所有制。故 C 项表述错误。根据《宪法》第 11 条的规定，在法律规定范围内的非公有制经济是社会主义市场经济的重要组成部分。故 D 项表述错误。

2. AD

【精解】《立法法》第 99 条第 3 款规定，有关的专门委员会和常务委员会工作机构可以对报送备案的规范性文件进行主动审查。据此，A 项表述正确。《立法法》第 99 条第 1 款规定，国务院、中央军事委员会、最高人民法院、最高人民检察院和各省、自治区、直辖市的人民代表大会常务委员会认为行政法规、地方性法规、自治条例和单行条例同宪法或者法律相抵触的，可以向全国人民代表大会常务委员会书面提出进行审查的要求，由常务委员会工作机构分送有关的专门委员会进行审查、提出意见。前款规定以外的其他国家机关和社会团体、企业事业组织以及公民认为行政法规、地方性法规、自治条例和单行条例同宪法或者法律相抵触的，可以向全国人民代表大会常务委员会书面提出进行审查的建议，由常务委员会工作机构进行研究，必要时，送有关的专门委员会进行审查、提出意见。据此，某公民认为某自治区人大制定的自治条例违反宪法规定，可以向全国人大常委会书面提出合宪性审查“建议”，而非“要求”。可见，B 项表述错误。我国各级法院没有对抽象文件的合宪性审查权，C 项表述错误。《宪法》第 116 条规定，民族自治地方的人民代表大会有权依照当地民族的政治、经济和文化的特点，制定自治条例和单行条例。自治区的自治条例和单行条例，报全国人民代表大会常务委员会批准后生效。自治州、自治县的自治条例和单行条例，报省或者自治区的人民代表大会常务委员会批准后生效，并报全国人民代表大会常务委员会备案。据此，自治县人大的自治条例与单行条例需要省级人大常委会批准（因此不用再到省级人大常委会备案），省级人大常委会的上位法制定机关是全国人大常委会和国务院，因此须报全国人大常委会和国务院备案，D 项表述正确。

3. AC

【精解】《村民委员会组织法》第 2 条第 1 款规定，村民委员会是村民自我管理、自我教育、自我服务的基层群众性自治组织，实行民主选举、民主决策、民主管理、民主监督。据此，A 项表述正确。《村民委员会组织法》第 6 条第 1 款规定，村民委员会由主任、副主任和委员共 3 至 7 人组成。据此，B 项表述错误。《村民委员会组织法》第 2 条第 3 款规定，村民委员会向村民会议、村民代表会议负责并报告工作。据此，C 项表述正确。《村民委员会组织法》第 11 条第 2 款规定，村民委员会每届任期 5 年，届满应当及时举行换届选举。村民委员会成员可以连选连任。据此，D 项表述错误。

4. BC

【精解】《宪法》第 62 条和第 63 条规定了全国人大的职权和罢免权，其中包括制定国家的基本法律和罢免最高人民法院院长。故选 B、C 项。A 项是全国人大常委会的职权；D 项是国家主席的职权。故排除 A、D 项。

5. ACD

【精解】根据《宪法》第 62 条第 12 项的规定，全国人大有权改变或者撤销全国人大常委会不适当的决定。故 A 项正确。根据《宪法》第 67 条第 7 项的规定，全国人大常委会有权撤销国务院制定的同宪法、法律相抵触的行政法规、决定和命令。可见，撤销国务院制定的同宪法、法律相抵触的行政法规、决定和命令的权力属于全国人大常委会，而不是全国人大的职权，且也只限于"撤销"，不能"改变"。故 B 项错误。根据《宪法》第 67 条第 8 项的规定，全国人大常委会有权撤销省、自治区、直辖市国家权力机关制定的同宪法、法律和行政法规相抵触的地方性法规和决议。故 C 项正确。全国人民代表大会常务委员会有权对最高人民法院的错误判决进行宪法监督，但不能改变或者撤销判决。故D 项正确。

6. ABCD

【精解】我国宪法规定的平等权条款可以分为一般平等权条款和具体平等权条款。一般平等权条款如《宪法》第 33 条第 2 款规定，中华人民共和国公民在法律面前一律平等。第 5 条第 4 款规定，任何组织和个人都不得有超越宪法和法律的特权。具体平等权条款包括：（1）民族平等权。如《宪法》第 4 条第 1 款规定，各民族一律平等，禁止对任何民族的歧视和压迫。（2）选举平等权。如《宪法》第 34 条规定，年满 18 周岁的公民，不分民族、种族、性别、职业、家庭出身、宗教信仰、财产状况、居住期限，都有选举权和被选举权；但是依照法律被剥夺政治权利的人除外。（3）宗教信仰平等权。如《宪法》第 36 条规定，任何国家机关、社会团体和个人不得歧视信仰宗教的公民和不信仰宗教的公民。（4）性别平等权。如《宪法》48 条第 1 款规定，妇女在政治的、经济的、文化的、社会的和家庭的各个方面享有同男子平等的权利。第 3 款规定，国家保障妇女的权利和利益，实行男女同工同酬，培养和选拔妇女干部。可见，备选项应全选。

7. ABD

【精解】《宪法》第 27 条第 3 款规定，国家工作人员就职时应当依照法律规定公开进行宪法宣誓。据此，A 项表述正确。宪法宣誓制度的建立有利于维护宪法的最高法律地位、法律权威和法律效力，有利于激励和教育国家工作人员忠于宪法、维护宪法，是我国宪法实施制度完善的最新发展。可见，B 项表述正确。全国人大常委会《关于实行宪法宣誓制度的决定》第 1 条规定，各级人大及县级以上各级人大常委会选举或者决定任命的国家工作人员，以及各级人民政府、监察委员会、人民法院、人民检察院任命的国家工作人员，在就职时应当公开进行宪法宣誓。可见，C 项表述错误。上述《决定》第 6 条规定，全国人民代表大会常务委员会任命或者决定任命的国家监察委员会副主任、委员，最高人民法院副院长、审判委员会委员、庭长、副庭长、审判员和军事法院院长，最高人民检察院副检察长、检察委员会委员、检察员和军事检察院检察长，中华人民共和国驻外全权代表，在依照法定程序产生后，进行宪法宣誓。宣誓仪式由最高人民法院、最高人民检察院、外交部分别组织。据此，D 项表述正确。

8. ACD

【精解】根据《宪法》第 67 条第 12 项的规定，全国人大常委会根据最高人民法院院长的提请，任免最高人民法院副院长、审判员、审判委员会委员和军事法院院长。故选 A、C、D 项。可见，最高人民法院民事审判庭庭长不在全国人大常委会任免范围之列。故排除 B 项。

单元五

1. 下列表述中，属于我国 2004 年《宪法修正案》内容的有（　　）。

A. 将"三个代表"重要思想写进宪法

B. 规定国家尊重和保障人权

C. 国家工作人员就职时应当依照法律规定公开进行宪法宣誓

D. 规定国家建立和健全同经济发展水平相适应的社会保障制度

2. 某地法院在审理案件过程中发现，该省人民代表大会所制定的地方性法规规定与国家某部委制定的规章规定不一致，不能确定如何适用。在此情形下，根据我国宪法和立法法，下列处理办法错误的有（　　）。

A. 由国务院决定在该地方适用部门规章

B. 由全国人民代表大会决定在该地方是适用地方性法规还是适用部门规章

C. 由最高人民法院通过司法解释加以决定

D. 由国务院决定在该地方适用地方性法规，或者由国务院提请全国人民代表大会常务委员会裁决在该地方适用部门规章

3. 我国宪法规定了“一切权力属于人民”的原则。对此，下列理解正确的是（　　）。

A. 国家的一切权力来自人民，并且属于人民

B. “一切权力属于人民”仅体现在直接选举制度之中

C. 我国的人民代表大会制度以“一切权力属于人民”为前提

D. “一切权力属于人民”贯穿于我们国家和社会生活的各个领域

4. 根据香港和澳门基本法的规定，下列表述正确的是（　　）。

A. 香港特别行政区设立终审法院、高等法院、行政法院、裁判署法庭和其他专门法庭

B. 澳门检察长由澳门永久性居民中的中国公民担任，由行政长官提名，报立法会批准

C. 香港特别行政区立法会议员因行为不检或违反誓言而经出席会议的议员 2/3 通过谴责，由立法会主席宣告其丧失立法会议员资格

D. 基本法的解释权属于全国人大常委会

5. 根据立法法规定，设区的市制定的地方性法规规定的事项，仅限于（　　）。

A. 城乡建设与管理　　B. 资产管理

C. 环境保护　　D. 历史文化保护

6. 根据现行宪法规定，全国人大常委会的组成人员不得担任的职务是（　　）。

A. 国家监察委员会副主任　　B. 知识产权法院院长

C. 军事检察院副检察长　　D. 国务委员

7. 关于专门机关负责保障宪法实施的体制，下列表述正确的有（　　）。

A. 专门机关负责宪法实施的体制起源于 1799 年法国宪法设立的护法元老院

B. 宪法法院和宪法委员会是专门机关负责保障宪法实施体制的两种形式

C. 我国负责保障宪法实施的专门机关是全国人大及其常委会

D. 最早提出设立宪法法院作为保障宪法实施机关的国家是德国

8. 在全国人大闭会期间，全国人大常委会根据提名决定人选的有（　　）。

A. 国务委员　　B. 中央军委副主席

C. 审计长　　D. 最高人民检察院检察员

单元五答案与精解

1. ABD

【精解】A、B、D 项表述属于 2004 年《宪法修正案》的内容。C 项表述属于 2018 年《宪法修正案》的内容。根据 2018 年《宪法修正案》，在宪法第 27 条增加 1 款，作为第 3 款，国家工作人员就职时应当依照法律规定公开进行宪法宣誓。

2. ABC

【精解】《立法法》第 95 条第 1 款第 2 项规定，地方性法规与部门规章之间对同一事项的规定不一致，不能确定如何适用时，由国务院提出意见，国务院认为应当适用地方性法规的，应当决定在该地方适用地方性法规的规定；认为应当适用部门规章的，应当提请全国人民代表大会常务委员会裁决。据此，A、B、C 项表述错误，D 项表述正确。

3. ACD

【精解】国家的一切权力来自人民，并且属于人民，A 项表述正确。人民通过选举人大代表来行使国家权力，我国选举包括直接选举和间接选举，B 项表述错误。人民主权原则是人民代表大会制度的前提，贯穿于国家和社会生活的各个领域，C、D 项表述正确。

4. CD

【精解】香港特别行政区设立终审法院、高等法院、区域法院、裁判署法庭和其他专门法庭，香港特别行政区没有行政法院，A 项表述错误。《澳门特别行政区基本法》第 90 条规定，澳门检察院独立行使法律赋予的检察职能，不受任何干涉。澳门检察长由澳门永久性居民中的中国公民担任，由行政长官提名，报中央人民政府任命。检察官经检察长提名，由行政长官任命。据此，B 项表述错误。《香港特别行政区基本法》第 79 条规定，香港特别行政区立法会议员如有下列情况之一，由立法会主席宣告其丧失立法会议员的资格：（1）因严重疾病或其他情况无力履行职务；（2）未得到立法会主席的同意，连续 3 个月不出席会议而无合理解释者；（3）丧失或放弃香港特别行政区永久性居民的身份；（4）接受政府的委任而出任公务人员；（5）破产或经法庭裁定偿还债务而不履行；（6）在香港特别行政区区内或区外被判犯有刑事罪行，判处监禁 1 个月以上，并经立法会出席会议的议员 2/3 通过解除其职务；（7）行为不检或违反誓言而经立法会出席会议的议员 2/3 通过谴责。根据第（7）项可知，C 项表述正确。根据港澳基本法的规定，香港和澳门基本法的解释权属于全国人大常委会，D 项表述正确。

5. ACD

【精解】《立法法》第 72 条第 2 款规定，设区的市的人民代表大会及其常务委员会根据本市的具体情况和实际需要，在不同宪法、法律、行政法规和本省、自治区的地方性法规相抵触的前提下，可以对城乡建设与管理、环境保护、历史文化保护等方面的事项制定地方性法规，法律对设区的市制定地方性法规的事项另有规定的，从其规定。设区的市的地方性法规须报省、自治区的人民代表大会常务委员会批准后施行。省、自治区的人民代表大会常务委员会对报请批准的地方性法规，应当对其合法性进行审查，同宪法、法律、行政法规和本省、自治区的地方性法规不抵触的，应当在 4 个月内予以批准。据此，选 A、C、D 项。

6. ABCD

【精解】现行《宪法》第 65 条第 4 款（《宪法修正案》第 43 条）规定，全国人民代表大会常务委员会的组成人员不得担任国家行政机关、监察机关、审判机关和检察机关的职务。据此，备选项表述的职务，全国人大常委会的组成人员都不能担任，备选项应全选。

7. AB

【精解】专门机关负责宪法实施的体制起源于 1799 年法国宪法设立的护法元老院。故 A 项正确。宪法法院和宪法委员会是专门机关负责保障宪法实施体制的两种主要形式，但一般以宪法法院命名，法国称之为宪法委员会。故 B 项正确。我国《宪法》第 62 条确立了全国人大作为保障宪法实施的专门机关。故 C 项错误。最早提出设立宪法法院作为保障宪法实施机关的国家是奥地利。故 D 项错误。

8. BC

【精解】根据《宪法》第 67 条第 9、10 项的规定，在全国人大闭会期间，全国人大常委会根据国务院总理的提名，决定部长、委员会主任、审计长、秘书长的人选；根据中央军委主席的提名，决定中央军委其他组成人员的人选。故选 B、C 项。根据《宪法》第 62 条第 5 项的规定，国务委员由全国人大决定。排除 A 项。根据《宪法》第 67 条第 13 项的规定，最高人民检察院检察员须根据最高人民检察院检察长的“提请”，而不是“提名”，且根据提请“任免”人选，而不是“决定”人选。故排除D项。

单元六

1. 中国选举制度所具有的功能有（　　）。

A. 选举是政府合法性的来源　　B. 选举是公民参与政治生活的基本形式

C. 选举是公民自我治理的保障　　D. 选举是依宪治国的标志

2. 根据我国宪法的规定，属于需要作出改变或者撤销决定的情形有（　　）。

A. 全国人大对全国人大常委会不适当的决定

B. 国务院对市、县、乡政府不适当的决定和命令

C. 省人大常委会对省政府的不适当的决定和命令

D. 全国人大常委会对省人大制定的同宪法、法律和行政法规相抵触的地方性法规和决议

3. 我国宪法规范中体现了合理差别的规定是（　　）。

A. 年满18周岁的公民享有选举权和被选举权

B. 民族自治地方的人大有权制定自治条例和单行条例

C. 我国公民有宗教信仰自由

D. 实行男女同工同酬

4. 根据我国宪法的规定，下列有关私有财产权的表述，正确的有（　　）。

A. 公民合法的私有财产不受侵犯

B. 国家依照法律规定保护公民的私有财产权和继承权

C. 任何人不得剥夺公民的私有财产

D. 国家为了公共利益的需要，可以依照法律规定对公民的私有财产实行征收或者征用并给予补偿

5. 根据我国人民法院组织法的规定，人民法院审判委员会的任务有（　　）。

A. 总结审判工作经验

B. 讨论决定重大、疑难、复杂案件的法律适用

C. 讨论决定本院已经发生法律效力的判决、裁定、调解书是否应当再审

D. 讨论决定其他有关审判工作的重大问题

6. 根据我国宪法的规定，下列关于审计机关的表述，正确的有（　　）。

A. 县级以上的地方各级人民政府设立审计机关

B. 国务院审计机关对国务院各部门和地方各级政府的财政收支，对国家的财政金融机构和企业事业组织的财务收支进行审计监督

C. 国务院审计机关在国务院总理的领导下，依照法律规定独立行使审计监督权，不受其他行政机关、社会团体和个人的干涉

D. 地方各级审计机关依照法律规定独立行使审计监督权，不对同级人民政府负责

7. 下列说法中正确的有（　　）。

A. 矿藏、水流属于国家所有

B. 全国人大常委会属于我国专门的宪法监督机关

C. 资本主义国家均实行共和政体

D. 人民代表大会制度是我国实行社会主义民主的基本形式

8. 下列选项中，属于法律保留事项的是（　　）。

A. 税收　　B. 限制人身自由的强制措施

C. 民事基本制度　　D. 对公民政治权利的剥夺

单元六答案与精解

1. ABC

【精解】中国选举制度的功能包括 3 项：(1) 选举是政府合法性的来源。政府的合法性来自人民的同意，人民经由选举的方式进行合法性的授权，经由选举产生的国家机构因此获得治理国家和人民的正当性基础。(2) 选举是公民参与政治生活的基本形式。公民一词的内涵就包括对于公共事务的参与，选举是公民参与政治最直接的形式。用投票的方式来表达自己对于相关政见、立场和见解所持有的态度。(3) 选举是公民自我治理的保障。当政权面临选举压力的时候，它必然更容易回应民众的要求，而不是领导的偏好，另外，它更容易成为责任政府。如果它不向人民负责，那么，执政者就不可能获得下一轮选举的胜利。可见，选 A、B、C 项。

2. AB

【精解】根据《宪法》第 62 条第 12 项的规定，A 项正确。根据《宪法》第 89 条第 14 项的规定，B 项正确。根据《宪法》第 104 条的有关规定，C 项错误。根据《宪法》第 67 条第 8 项的规定，D 项错误。

3. AB

【精解】我国宪法规定的平等权中体现了合理差别的一面，具体而言，合理差别有以下几种类型：(1) 由于年龄上的差异所采取的责任、权利等方面的合理差别。(2) 依据人的生理差异所采取的合理差别。(3) 依据民族差异所采取的合理差别。A 项表述属于因年龄差异导致的合理差别；B 项表述为依据民族差异采取的合理差别措施。选 A、B 项。C 项表述没有体现合理差别，不选 C 项。D 项表述似乎体现合理差别，因为为了照顾妇女的权益，我国有关法律规定了合理差别，如妇女孕期保护的规定等，但同工同酬只是为了确认男女平等而作出的规定，并非合理差别。故不选 D 项。

4. ABD

【精解】根据《宪法》第 13 条的规定，A、B、D 项正确。私有财产受到必要限制是近代法向现代法转变的标志，C 项的表述过于绝对，既不符合理论，也不符合实践。

5. ABCD

【精解】《人民法院组织法》第 37 条规定，审判委员会履行下列职能：(1) 总结审判工作经验；(2) 讨论决定重大、疑难、复杂案件的法律适用；(3) 讨论决定本院已经发生法律效力的判决、裁定、调解书是否应当再审；(4) 讨论决定其他有关审判工作的重大问题。最高人民法院对属于审判工作中具体应用法律的问题进行解释，应当由审判委员会全体会议讨论通过；发布指导性案例，可以由审判委员会专业委员会会议讨论通过。

6. ABC

【精解】根据《宪法》第 109 条的规定，县级以上的地方各级人民政府设立审计机关。地方各级审计机关依照法律规定独立行使审计监督权，对本级人民政府和上一级审计机关负责。可见，A 项正确，D 项错误。根据《宪法》第 91 条的规定，国务院设立审计机关，对国务院各部门和地方各级政府的财政收支，对国家的财政金融机构和企业事业组织的财政收支，进行审计监督。审计机关在国务院总理领导下，依照法律规定独立行使审计监督权，不受其他行政机关、社会团体和个人的干涉。故 B、C 项正确。

7. AD

【精解】根据《宪法》第 9 条的规定，矿藏、水流属于国家所有。故 A 项表述正确。根据《宪法》62 条第 2 项和第 67 条的规定，全国人大及其常委会为我国专门的宪法监督机关。故 B 项表述错误。资本主义国家有的实行君主制政体，有的实行共和政体。故 C 项表述错误。人民代表大会制度是我国实行社会主义民主的基本形式。故 D 项表述正确。

8. ABCD

【精解】《立法法》第 8 条规定，下列事项只能制定法律：(1) 国家主权的事项；(2) 各级人民代表大会、人民政府、人民法院和人民检察院的产生、组织和职权；(3) 民族区域自治制度、特别行政区制度、基层群众自治制度；(4) 犯罪和刑罚；(5) 对公民政治权利的剥夺、限制人身自由的强制措施和处罚；(6) 税种的设立、税率的确定和税收征收管理等税收基本制度；(7) 对非国有财产的征收、征用；(8) 民事基本制度；(9) 基本经济制度以及财政、海关、金融和外贸的基本制度；(10) 诉讼和仲裁制度；(11) 必须由全国人民代表大会及其常务委员会制定法律的其他事项。《立法法》第 9 条规定，本法第 8 条规定的事项尚未制定法律的，全国人民代表大会及其常务委员会有权作出决定，授权国务院可以根据实际需要，对其中的部分事项先制定行政法规，但是有关犯罪和刑罚、对公民政治权利的剥夺和限制人身自由的强制措施和处罚、司法制度等事项除外。根据上述规定，备选项应全选。

单元七

1. 可以由全国人大罢免的国家领导人员有(　　)。

A. 全国人大常委会秘书长　　B. 国务院秘书长

C. 中央军事委员会副主席　　D. 最高人民法院副院长

2. 关于我国宪法规定的基本权利，下列说法正确的是(　　)。

A. 人权是基本权利的来源，基本权利是人权宪法化的具体表现

B. 基本权利的主体主要是我国公民，我国法人也可以成为基本权利的主体

C. 对基本权利限制的手段要合适，所采用手段必须适合目的之达成

D. 对基本权利的限制要求手段达成的公共目的与造成的损害之间具有适当的比例关系

3. 下列关于我国国家结构形式的表述，正确的有(　　)。

A. 我国是单一制国家

B. 我国的国家结构形式是由我国的历史传统和民族状况决定的

C. 民族区域自治以少数民族聚居区为基础，实行民族自治

D. 民族自治地方设立自治机关，行使自治权

4. 张某对当地政府干部王某的工作提出强烈批评，引起群众热议，被公安机关以诽谤他人为由拘留 5 日。张某的精神因此受到严重打击，事后相继申请行政复议和提起行政诉讼，法院依法撤销了公安机关《行政处罚决定书》。随后，张某申请国家赔偿。对此，根据宪法和法律规定，下列表述正确的是(　　)。

A. 王某因工作受到批评，人格尊严受到侵犯

B. 张某的人身自由受到侵犯

C. 张某的公民监督权受到侵犯

D. 张某有权获得赔偿

5. 下列权利中，属于社会保障权的权利类型是(　　)。

A. 劳动权　　B. 退休人员生活保障权

C. 物质帮助权　　D. 休息权

6. 下列有关全国人民代表大会常务委员会的表述，正确的有(　　)。

A. 全国人民代表大会常务委员会有权解释宪法，监督宪法的实施

B. 全国人大常委会的组成人员不得担任国家行政机关、监察机关、审判机关和检察机关的职务

C. 全国人民代表大会常委会对全国人大负责并报告工作

D. 全国人大常委会批准省、自治区和直辖市的设置

7. 根据各级人大常委会监督法的规定，下列表述正确的是(　　)。

A. 各级人大常委会按照民主集中制的原则，集体行使监督职权

B. 各级人大常委会认为本级人民政府发布的决定同法律、法规规定相抵触的，有权予以撤销

C. 各级人大常委会听取和审议人民政府的专项工作报告

D. 各级人大常委会可以组织关于特定问题的调查委员会

8. 某省人大选举实施办法规定，本行政区域各选区每一代表所代表的人口数应当大体相等。各选区每一代表所代表的人口数与本行政区域内每一代表所代表的平均人口数之间相差的幅度一般不超过 30%。关于这一规定，下列说法正确的是(　　)。

A. 该规定是选举权的平等原则在选区划分中的具体体现

B. “大体相等”允许每一代表所代表的人口数之间存在差别

C. “30%”的规定是对前述“大体相等”的进一步限定

D. 该规定不保证各地区、各民族、各方面都有适当数量的代表

单元七答案与精解

1. ABC

【精解】根据《宪法》第 63 条的规定，全国人大有权罢免的人员有：国家主席、副主席、国务院总理、副总理、国务委员、各部部长、各委员会主任、审计长、秘书长、中央军委主席及军委其他组成人员、国家监察委员会主任、最高人民法院院长、最高人民检察院检察长。故选 A、B、C 项。

2. ABCD

【精解】人权是基本权利的来源，基本权利是人权宪法化的具体表现，A 项表述正确。基本权利的主体主要是我国公民，我国法人也可以成为基本权利的主体，B 项表述正确。对基本权利的限制要遵循比例原则，比例原则包括 3 个方面的内容：(1) 手段合适性，所采用的手段必须适合目的之达成；(2) 限制最小化，立法所采取的是对基本权利影响、限制最小的手段；(3) 狭义比例原则，要求手段达成的公共目的与造成的损害之间具有适当的比例关系，即均衡法。可见，C、D 项表述正确。

3. ABD

【精解】《宪法》序言规定，中华人民共和国是全国各族人民共同缔造的统一的多民族国家。这一规定表明，单一制是我国的国家结构形式。故选 A 项。我国采取单一制的国家结构形式有其历史原因和民族原因，如多民族统一国家的传统和具体的民族状况。故选 B 项。民族区域自治是民族自治和区域自治的结合，而不是单纯的民族自治。故排除 C 项。民族自治地方设立自治机关，行使自治权，这是民族区域自治的核心内涵。故选 D 项。

4. BCD

【精解】《宪法》第 41 条第 1 款规定，中华人民共和国公民对于任何国家机关和国家工作人员，有提出批评和建议的权利；对于任何国家机关和国家工作人员的违法失职行为，有向有关国家机关提出申诉、控告或者检举的权利，但是不得捏造或者歪曲事实进行诬告陷害。据此，王某是国家工作人员，任何公民有权利对其提出批评和建议（正常限度内，不得侮辱、诽谤、诬告陷害）。可见，A 项表述错误。同理，张某因行使批评权而招致报复，而批评权属于监督权的一种（其他包括建议、申诉、控告、检举），因此其监督权受到侵犯，C 项表述正确。针对 B 项，《宪法》第 37 条规定，中华人民共和国公民的人身自由不受侵犯。任何公民，非经人民检察院批准或者决定或者人民法院决

定，并由公安机关执行，不受逮捕。禁止非法拘禁和以其他方法非法剥夺或者限制公民的人身自由，禁止非法搜查公民的身体。据此，张某的人身自由遭受了非法限制，B项表述正确。《宪法》第41条第3款规定，由于国家机关和国家工作人员侵犯公民权利而受到损失的人，有依照法律规定取得赔偿的权利。据此，张某有权请求赔偿，D项表述正确。

5. BC

【精解】社会保障权包括退休人员的生活保障权和物质帮助权等内容，而劳动权和休息权属于和社会保障权并列的社会文化权利。故选B、C项。

6. ABC

【精解】根据《宪法》第67条第1项的规定，全国人大常委会有解释宪法、监督宪法实施的权力。故A项表述正确。根据《宪法》第65条第4款的规定，B项正确。根据《宪法》第69条的规定，C项正确。批准省、自治区和直辖市建置的职权属全国人大。故D项错误。

7. ABCD

【精解】《各级人民代表大会常务委员会监督法》第4条规定，各级人民代表大会常务委员会按照民主集中制的原则，集体行使监督职权。据此，选A项。《各级人民代表大会常务委员会监督法》第30条规定，县级以上地方各级人民代表大会常务委员会对下一级人民代表大会及其常务委员会作出的决议、决定和本级人民政府发布的决定、命令，经审查，认为有下列不适当的情形之一的，有权予以撤销：(1) 超越法定权限，限制或者剥夺公民、法人和其他组织的合法权利，或者增加公民、法人和其他组织的义务的；(2) 同法律、法规规定相抵触的；(3) 有其他不适当的情形，应当予以撤销的。据此，选B项。《各级人民代表大会常务委员会监督法》第三章专门规定了县级以上人大常委会审查和批准决算，听取和审议国民经济和社会发展计划、预算的执行情况报告，听取和审议审计工作报告。可见，选C项。《各级人民代表大会常务委员会监督法》第39条规定，各级人民代表大会常务委员会对属于其职权范围内的事项，需要作出决议、决定，但有关重大事实不清的，可以组织关于特定问题的调查委员会。据此，选D项。

8. ABC

【精解】选举权平等性原则的要求有：(1) 除法律有特别的规定外，选民平等地享有选举权和被选举权。(2) 在一次选举中，选民平等地拥有投票权。(3) 每一代表所代表的选民的人数相同。本行政区域内各选区每一代表所代表的人口数应当大体相等。根据我国国体、政体的实际情况，实行城乡按相同人口比例选举人大代表，应当体现以下原则要求：①保障公民都享有平等的选举权，实行城乡按相同人口比例选举代表，体现人人平等；②保障各地方在国家权力机关有平等的参与权，各行政区域不论人口多少，都应有相同的基本名额数，都能选举一定数量的代表，体现地区平等；③允许合理差别：保障各民族都有适当数量的代表，人口再少的民族，也要有一名代表，体现民族平等。题干规定的是选举平等的具体实施办法，A项表述正确。“大体相等”并非绝对相等，允许存在合理差别，B项表述正确。该实施办法中规定了“30%”，即差别幅度不能超过30%，是对“大体相等”的进一步限制，C项表述正确。为了提升人大代表的广泛性，还要保证各地区、各民族和各方面都有一定数量的代表，D项表述错误。

单元八

1. 根据我国法律规定，下列选项中，属于全国人大主席团处理的事项有(　　)。

A. 决定议案是否列入会议议程

B. 听取和审议关于各项议案和报告审议情况的汇报

C. 确定由会议选举的国家机构组成人员的正式候选人名单

D. 组织宪法宣誓仪式

2. 平等权是我国宪法所保护的公民的一项基本权利。关于平等权，下列说法正确的是(　　)。

A. 公民之间权利方面的某些特殊规定是一种合理的差别，不能认为是一种特权
B. 平等权要求对于所有的公民应当采取无差别的待遇
C. 现行宪法规定国家保护华侨的正当的权利和利益，保护归侨和侨眷的合法权利和利益，这是平等权在特定主体领域中的体现
D. 平等权既是我国公民的一项基本权利，也是我国宪法的基本原则

3. 关于公民财产权，下列表述正确的是（　　）。
A. 对公民私有财产的征收或征用构成对公民财产权的外部限制
B. 对公民私有财产的征收或征用必须具有明确的法律依据
C. 对公民财产权的限制要符合比例原则
D. 对公民财产权的限制应具有宪法上的正当性

4. 下列说法中，体现了特别行政区行政和立法相互配合的是（　　）。
A. 行政长官在作出重要决策和向立法会提交法案之前，须征询行政会或行政会议的意见
B. 行政长官在解散立法会之前应当先行和立法会进行协商
C. 在立法会举行会议之前，政府应委派官员列席并代表政府在会议上发言，就有关问题作出说明
D. 立法会的部分议员由选举委员会选举产生

5. 根据立法法规定，设区的市的人民政府制定的规章的报备机关有（　　）。
A. 国务院
B. 本级人民代表大会常务委员会
C. 省级人民代表大会常务委员会
D. 省级人民政府

6. 民族自治地方的自治权主要包括（　　）。
A. 制定地方性法规
B. 制定自治条例和单行条例
C. 可以组织维护社会治安的公安部队
D. 可以变通或者停止执行国家的法律和政策

7. 下列选项中，属于第七次选举法修改的主要内容的是（　　）。
A. 当选代表名单由选举委员会或者人民代表大会主席团予以公布
B. 重新确定代表名额的，省、自治区、直辖市的人民代表大会常务委员会应当在30日内将重新确定代表名额的情况报全国人民代表大会常务委员会备案
C. 国家工作人员有前款所列行为的，还应当由监察机关给予政务处分或者由所在机关、单位给予处分
D. 公民参加各级人民代表大会代表的选举，不得直接或者间接接受境外机构、组织、个人提供的与选举有关的任何形式的资助

8. 根据我国宪法的规定，下列表述正确的是（　　）。
A. 各级人民法院对产生它的国家权力机关和上级人民法院负责
B. 上级人民法院领导下级人民法院的审判工作
C. 最高人民检察院领导地方各级人民检察院和专门人民检察院的工作
D. 地方各级人民检察院对本级国家权力机关和上级人民检察院负责

单元八答案与精解

1. ABCD

【精解】《全国人民代表大会组织法》第14条规定，主席团处理下列事项：（1）根据会议议程决定会议日程；（2）决定会议期间代表提出议案的截止时间；（3）听取和审议关于议案处理意见的报

告，决定会议期间提出的议案是否列入会议议程；（4）听取和审议秘书处和有关专门委员会关于各项议案和报告审议、审查情况的报告，决定是否将议案和决定草案、决议草案提请会议表决；（5）听取主席团常务主席关于国家机构组成人员人选名单的说明，提名由会议选举的国家机构组成人员的人选，依照法定程序确定正式候选人名单；（6）提出会议选举和决定任命的办法草案；（7）组织由会议选举或者决定任命的国家机构组成人员的宪法宣誓；（8）其他应当由主席团处理的事项。据此，备选项应全选。

2. ACD

【精解】平等权是我国宪法所保护的公民的一项基本权利，是公民行使其他权利的基础，也是我国社会主义法制的一项基本原则。所谓平等权，是指公民依法平等地享有权利，不受任何差别对待，要求国家给予同等保护的权利。公民之间权利方面的某些特殊规定是一种合理的差别，由于这些特殊规定体现了差别的合理性，因此不能认为是一种特权。可见，A 项表述正确，选 A 项。从原则上来讲，对于所有公民都应当采取无差别的待遇，但是如果存在差别对待的合理理由，就应当承认这种差别待遇。可见，B 项表述错误。平等权主体中包括社会生活中的特定主体，如妇女、残疾人、儿童、老人、华侨、归侨和侨眷等。《宪法》第 50 条规定，中华人民共和国保护华侨的正当的权利和利益，保护归侨和侨眷的合法的权利和利益。据此，我国宪法保护的平等权主体包括华侨、归侨和侨眷。可见，C 项表述正确，选 C 项。平等权既是我国公民的一项基本权利，也是我国宪法的基本原则，保护平等权是我国宪法的要求。可见，D 项表述正确，选 D 项。

3. ABCD

【精解】公民享有宪法规定的财产权，但财产权要受到限制，其中外在的限制主要来自征收或征用，A 项表述正确。对公民任何权利的限制（包括财产权），都应当具有宪法上的正当性：（1）有法律依据（合法性原则）；（2）有正当目的（合目的性原则）；（3）限制的方式具有正当性（正当性原则）；（4）符合比例原则。可见，B、C、D 项表述正确。

4. ABCD

【精解】A 项表述体现了行政和立法的相互配合：行政长官在作出重要决策、向立法会提交法案、制定附属法规（或行政法规）和解散立法会之前，须征询行政会议（行政会）的意见。B 项表述体现了行政和立法的相互配合：按照法律规定的程序，行政长官在解散立法会之前除了须征询行政会议（行政会）的意见外，还应先进行协商，经与立法会协商仍不能取得一致意见，才可以行使解散权。C 项表述体现了行政和立法的相互配合：在立法会举行会议的时候，政府应委派官员列席并代表政府在会议上发言，就有关问题作出说明。D 项表述体现了行政和立法的相互配合：在香港特别行政区，立法会的部分议员由选举委员会选举产生。而该选举委员会也是选举产生行政长官的同一个选举委员会，因此，这部分议员在立法会中能够较多地支持行政长官的工作和政策。

5. ABCD

【精解】《立法法》第 98 条第 4 项规定，部门规章和地方政府规章报国务院备案；地方政府规章应当同时报本级人民代表大会常务委员会备案；设区的市、自治州的人民政府制定的规章应当同时报省、自治区的人民代表大会常务委员会和人民政府备案。据此，备选项应全选。

6. BC

【精解】民族自治地方有权制定自治条例和单行条例，其中民族自治区可以制定地方性法规，但不属于自治权。故选 B 项，排除 A 项。根据《宪法》第 120 条的规定，C 项正确。根据《宪法》第 115 条的规定，D 项错误。

7. BC

【精解】全国人大常委会于 2020 年 10 月 18 日对《选举法》进行了第七次修改。第七次选举法修改的主要内容有：（1）增加一条，明确“三位一体”的选举原则，即第 2 条：“全国人民代表大会和地方各级人民代表大会代表的选举工作，坚持中国共产党的领导，坚持充分发扬民主，坚持严格依法办事。”（2）修改一款两项，上调基层人大代表基数，即将第 11 条改为第 12 条，第 1 款第 3 项修改为："（三）不设区的市、市辖区、县、自治县的代表名额基数为140名，每5 000人可以增加一名代表；人口超过155万的，代表总名额不得超过450名；人口不足5万的，代表总名额可以少于140名"。将乡镇一级人大代表基数由40名调增至45名，即将第1款第4项修改为："（四）乡、民族乡、镇的代表名额基数为45名，每1 500人可以增加一名代表；但是，代表总名额不得超过160名；人口不足2 000的，代表总名额可以少于45名。"（3）增加一款，特别规定重新确定代表名额的报备时限。将第13条改为第14条，增加一款，作为第2款："依照前款规定重新确定代表名额的，省、自治区、直辖市的人民代表大会常务委员会应当在30日内将重新确定代表名额的情况报全国人民代表大会常务委员会备案。"（4）修改一款，衔接新出台的相关法律。将第57条第2款所规定的"国家工作人员有前款所列行为的，还应当依法给予行政处分。"改为第58条第2款，修改为："国家工作人员有前款所列行为的，还应当由监察机关给予政务处分或者由所在机关、单位给予处分。"进一步明确了公职人员破坏选举的处分主体。可见，本题选B、C项。A、D项表述为第六次选举法修改的主要内容。

8. CD

【精解】根据《宪法》第133条的规定，各级人民法院对产生它的国家权力机关负责，但根据《宪法》第132条第2款的规定，上下级法院之间是监督与被监督的关系，不存在谁向谁负责的问题。故A、B项表述错误。根据《宪法》第137条、第138条的规定，最高人民检察院领导地方各级人民检察院和专门人民检察院的工作，地方各级人民检察院对本级国家权力机关和上级人民检察院负责。故C、D项表述正确。

单元九

1. 下列表述正确的有(　　)。

A. 民族自治机关的人员在组成上最突出的特点是必须具有民族性

B. 在我国社会主义建设时期，爱国统一战线的性质是民主联盟

C. 决定我国现阶段分配方式的根本因素是所有制的结构形式

D. 民族区域自治制度最能够体现我国地方制度的特色

2. 下面关于调查委员会的说法，正确的有(　　)。

A. 调查委员会是全国人大及其常委会根据需要组成的

B. 调查委员会的成立针对的是特定问题

C. 调查委员会是临时性委员会

D. 调查委员会是全国人大的专门委员会

3. 关于现行宪法对人身自由的规定，下列表述正确的是(　　)。

A. 禁止用任何方法对公民进行侮辱、诽谤和诬告陷害

B. 生命权是现行宪法明确规定的公民基本权利

C. 禁止非法搜查公民身体

D. 禁止非法搜查或非法侵入公民住宅

4. 言论自由是我国公民的基本政治权利之一，下列选项中，超越了言论自由权利的是(　　)。

A. 甲对国家机关工作人员的工作提出批评和建议

B. 乙在网站上发表淫秽言论

C. 丙在学术研讨会上发表不同的见解

D. 丁发表有辱他人人格的言论

5. 根据我国宪法关于公民基本权利的规定，下列说法正确的是(　　)。

A. 我国公民有受教育的权利

B. 我国公民在年老、疾病或者遭受自然灾害时有获得物质帮助的权利

C. 我国公民的出版自由可以被剥夺

D. 我国公民有休息的权利

6. 下列有关宪法关系的说法，正确的有（ ）。

A. 宪法关系的调整对象主要是公共权力组织与公民之间的关系

B. 宪法关系既是宪法主体之间的事实关系，也是价值关系

C. 宪法关系是特定社会民主政治关系的法律形式

D. 宪法关系是现代社会法律关系中最为基本的法律关系

7. 根据我国宪法的规定，国家举办各种学校，普及初等义务教育，发展（ ）。

A. 中等教育　　B. 职业教育

C. 高等教育　　D. 初等教育

8. 下列关于宪法的制定权、修改权的论述，正确的是（ ）。

A. 制宪权是原创性的权力，修宪权是派生性的权力

B. 修宪权也是制宪权，二者性质相同

C. 修宪权的地位低于制宪权

D. 制宪权不受任何法律的约束，而修宪权受宪法的约束

单元九答案与精解

1. AC

【精解】根据《宪法》第 113 条、第 114 条、第 115 条和《民族区域自治法》的有关规定，民族自治地方的人大都是由实行区域自治的民族以及居住在本区域内的其他民族的公民按人口比例产生代表组成，人口特别少的其他民族，至少应有 1 名代表；民族自治地方人大常委会中应当由实行区域自治的民族的公民担任主任或副主任；自治区主席、自治州州长、自治县县长由实行区域自治的民族的公民担任；民族自治地方政府的其他组成人员和自治机关所属工作部门的干部中，应当合理配备实行区域自治的民族和其他少数民族的人员。这充分显示了民族自治机关人员组成的突出特点是其民族性。故选 A 项。在我国社会主义建设时期，爱国统一战线的性质是政治联盟，而不是民主联盟。故 B 项错误。根据《宪法》第 6 条的规定，社会主义公有制消灭人剥削人的制度，实行各尽所能、按劳分配的原则。中华人民共和国的社会主义经济制度的基础是生产资料的社会主义公有制，即全民所有制和劳动群众集体所有制。可见，决定我国现阶段分配方式的根本因素是所有制的结构形式。故 C 项表述正确。我国的地方制度包括省、自治区、直辖市、特别行政区、市、县等，民族区域自治制度体现了我国地方自治制度的特色，但不能说最能体现我国地方制度的特色，因为特别行政区制度也非常具有地方特色。故 D 项错误。

2. ABC

【精解】根据《宪法》第 71 条的规定，全国人大及其常委会可以根据需要组织特定问题的调查委员会。故选 A、B 项。调查委员会具有临时性。故选 C 项。调查委员会不是专门委员会。故排除 D 项。

3. ACD

【精解】公民的人身自由包括公民的人身自由不受侵犯，公民的人格尊严不受侵犯，公民的住宅不受侵犯和公民的通信自由与秘密受法律保护。《宪法》第 38 条规定，中华人民共和国公民的人格尊严不受侵犯。禁止用任何方法对公民进行侮辱、诽谤和诬告陷害。据此，A 项表述正确，选 A 项。现行宪法并没有在公民的基本权利中具体规定生命权，故 B 项表述错误，不选 B 项。《宪法》第 37 条第 3 款规定，禁止非法拘禁和以其他方法非法剥夺或者限制公民的人身自由，禁止非法搜查公民的身体。据此，C 项表述正确，选 C 项。《宪法》第 39 条规定，中华人民共和国公民的住宅不受侵

犯。禁止非法搜查或者非法侵入公民的住宅。据此，D项表述正确，选D项。

4. BD

【精解】言论自由为世界各国宪法和国际人权公约所普遍承认，但言论自由在行使时也会受到一定程度的限制。对于侵害他人隐私权和名誉权的言论、发表的淫秽言论、煽动仇恨的言论和挑衅的言论等，都会因超越言论自由的限制而应予以约束或者限制。可见，选B、D项。《宪法》第41条第1款规定，中华人民共和国公民对于任何国家机关和国家工作人员，有提出批评和建议的权利；对于任何国家机关和国家工作人员的违法失职行为，有向有关国家机关提出申诉、控告或者检举的权利，但是不得捏造或者歪曲事实进行诬告陷害。据此，甲对国家机关工作人员的工作提出批评和建议，这是行使监督权的表现，甲的行为没有超越言论自由权利的行使界限，故不选A项。丙在学术研讨会上发表的不同见解，没有超越言论自由的行使界限，故不选C项。

5. ACD

【精解】《宪法》第46条第1款规定，中华人民共和国公民有受教育的权利和义务。据此，A项表述正确，选A项。《宪法》第45条第1款规定，中华人民共和国公民在年老、疾病或者丧失劳动能力的情况下，有从国家和社会获得物质帮助的权利。国家发展为公民享受这些权利所需要的社会保险、社会救济和医疗卫生事业。据此，B项表述错误。言论自由属于政治权利和自由，政治权利和自由可以被剥夺，例如，对于被判处无期徒刑和死刑的犯罪分子，可以剥夺政治权利终身。可见，C项表述正确，选C项。《宪法》第43条第1款规定，中华人民共和国劳动者有休息的权利。据此，D项表述正确，选D项。

6. ABCD

【精解】宪法关系，是指根据一定的宪法规范，在宪法主体之间产生的、以宪法中的权利和义务为基本内容的社会政治关系。宪法关系的调整对象主要是公共权力组织与公民之间的关系，这是社会中最为基本的关系。故A、D项正确。宪法不是单纯地对社会中某一特定的关系予以调整，宪法自身有其特定的价值取向，即宪法对国家与公民关系的调整主要是从限制国家权力以防止其滥用从而实现公民权利保障这一着眼点入手的。所以宪法关系既是宪法主体之间的事实关系，也是价值关系，而且是一种民主的关系。故B、C项正确。

7. ABC

【精解】根据《宪法》第19条第2款的规定，国家举办各种学校，普及初等义务教育，发展中等教育、职业教育和高等教育，并且发展学前教育。故选A、B、C项。

8. AC

【精解】制宪权是原创性权力，而修宪权、合宪审查权等都是从制宪权派生出来的。故选A项。制宪权高于修宪权。故选C项，排除B项。制宪权虽然处于高位阶层次，但并不是说制宪权不受任何法律的约束。故D项错误。

单元十

1. 全国人大代表享有人身保障权和言论豁免权，这些保障措施有（　　）。

A. 在各种公开场合的发言不受法律追究

B. 在全国人大会议上的发言不受法律追究

C. 非经全国人大主席团或全国人大常委会许可，不受逮捕或刑事审判

D. 即使因为现行犯被拘留，也要经过全国人大主席团或全国人大常委会的许可

2. 根据我国法律的规定，关于地方各级政府和检察院的派出机关，下列说法正确的是（　　）。

A. 甲市乙区政府报甲市政府批准，可设立若干街道办事处，作为其派出机关

B. 撤销行政公署建制，设立某地级市，须报其所属的省级政府批准

C. 某县撤销下辖的区公所，须报该县所属的省级政府批准

D. 各级人民检察院经最高人民检察院批准，可以在辖区内特定区域设立人民检察院，作为派出机构

3. 关于我国宪法制定和宪法修改，下列表述错误的有（　　）。

A. 我国行使修宪权的机关是全国人大及其常委会，其他任何机关都无权修改宪法

B. 宪法的制定由全国人大以全体代表的 2/3 以上的多数通过

C. 2018 年宪法修正案规定，人民法院和人民检察院实行司法责任制原则

D. 我国对“八二宪法”的五次修订都涉及对宪法序言的修改

4. 下列关于监察委员会的组织和职权的表述，正确的有（　　）。

A. 国家监察委员会领导地方各级监察委员会的工作

B. 地方各级监察委员会只对上一级监察委员会负责

C. 各级监察委员会有权对所有公职人员进行监察

D. 被调查人既涉嫌严重职务违法或者职务犯罪，又涉嫌其他违法犯罪，由检察机关为主调查，监察机关予以配合

5. 下列选项中，应当由全国人大以基本法律的形式规定的有（　　）。

A. 特别行政区制度　　B. 基层群众自治制度

C. 仲裁制度　　D. 对非国有财产的征收制度

6. 根据我国代表法的规定，人大代表享有的权利包括（　　）。

A. 依法联名提出议案、质询案、罢免案

B. 提出对各方面工作的建议、批评和意见

C. 参加本级人民代表大会的各项选举

D. 参加本级人民代表大会的各项表决

7. 根据我国宪法和法律的规定，下列说法不正确的有（　　）。

A. 为了收集“第三者插足”的证据，公民可以委托私人调查机构以各种形式对“第三者”进行跟踪

B. 为了收集犯罪证据，公民可以委托法官对犯罪嫌疑人的通信进行监听

C. 商场保安人员有权根据商场的规定，对“盗窃嫌疑人”当场进行搜身检查

D. 商场保安人员有权对拒绝搜身检查的顾客采取限制人身自由的措施

8. 根据我国宪法的规定，下列人员应由全国人大常委会任免的有（　　）。

A. 最高人民法院院长　　B. 最高人民检察院副检察长

C. 军事法院院长　　D. 军事检察院检察长

单元十答案与精解

1. BC

【精解】根据《宪法》第 75 条的规定，全国人大代表在全国人民代表大会各种会议上的发言和表决，不受法律追究。故 A 项错误，B 项正确。根据《宪法》第 74 条的规定，全国人大代表非经全国人大主席团许可，在全国人大闭会期间，非经全国人大常委会许可，不受逮捕或刑事审判。故 C 项正确。根据《全国人民代表大会组织法》第 49 条的规定，全国人大代表因现行犯被拘留，执行拘留的公安机关应当立即向全国人大主席团或全国人大常委会报告，而不是经全国人大主席团或全国人大常委会“许可”。故 D 项错误。

2. AC

【精解】地方各级人民政府派出机关的设立，是由地方各级人大和地方各级人民政府组织法规定的，而人民检察院的派出机关则是由《人民检察院组织法》规定的。《地方各级人民代表大会和地方

各级人民政府组织法》第 85 条第 3 款规定，市辖区、不设区的市的人民政府，经上一级人民政府批准，可以设立若干街道办事处，作为它的派出机关。据此，甲市乙区人民政府设立街道办事处，需要报请甲市人民政府批准，A 项表述正确，选 A 项。《地方各级人民代表大会和地方各级人民政府组织法》第 85 条第 1 款规定，省、自治区的人民政府在必要的时候，经国务院批准，可以设立若干派出机关。据此，《地方各级人民代表大会和地方各级人民政府组织法》规定了派出机关的设立，但没有直接规定派出机关的撤销，该问题是由《国务院行政区划管理条例》加以规范的。《国务院行政区划管理条例》第 10 条规定，依照法律、国家有关规定设立的地方人民政府的派出机关的撤销、更名、驻地迁移、管辖范围的确定和变更，由批准设立该派出机关的人民政府审批。据此，行政公署作为省级人民政府的派出机关，在设立时依据《地方各级人民代表大会和地方各级人民政府组织法》第 85 条第 1 款的规定由国务院批准，其撤销就应依据《国务院行政区划管理条例》第 10 条的规定，撤销也应由国务院审批，而不是由省级人民政府审批。可见，B 项表述错误。根据《地方各级人民代表大会和地方各级人民政府组织法》第 85 条第 2 款的规定，县、自治县的人民政府在必要的时候，经省、自治区、直辖市的人民政府批准，可以设立若干区公所，作为它的派出机关。据此，县下辖的区公所，在设立时由该县所属的省级人民政府批准，其撤销也应由批准其设立的省级人民政府审批。可见，C 项表述正确，选 C 项。《人民检察院组织法》第 16 条规定，省级人民检察院和设区的市级人民检察院根据检察工作需要，经最高人民检察院和省级有关部门同意，并提请本级人民代表大会常务委员会批准，可以在辖区内特定区域设立人民检察院，作为派出机构。据此，并非各级人民检察院都可以设立派出机关，也并非设立派出机关须经最高人民检察院批准，而是经最高人民检察院和省级有关部门“同意”，并提请本级人民代表大会常务委员会“批准”。可见，D 项表述错误。

3. ABCD

【精解】《宪法》第 64 条第 1 款规定，宪法的修改，由全国人民代表大会常务委员会或者 1/5 以上的全国人民代表大会代表提议，并由全国人民代表大会以全体代表的 2/3 以上的多数通过。据此，我国行使修宪权的主体是全国人民代表大会，全国人大常委会无权修改宪法，全国人大常委会只有修改宪法的提案权，A 项表述错误。在我国，没有任何法律对宪法的制定问题作出规定，包括 1954 年宪法。宪法的制定问题是一个先于宪法而存在的受到制宪权理论影响的特殊问题，因此 B 项表述错误。《人民法院组织法》第 8 条和《人民检察院组织法》第 8 条都规定了“实行司法责任制”，但 2018 年宪法修正案并没有规定司法责任制问题，C 项表述错误。我国对“八二宪法”进行了 5 次修改，通过了 52 条宪法修正案，但在五次宪法修正案中，1988 年宪法修正案没有涉及对宪法序言的修改，而 1993 年宪法修正案、1999 年宪法修正案、2004 年宪法修正案和 2018 年宪法修正案都涉及对宪法序言的修改。可见，D 项表述错误。

4. AC

【精解】根据我国宪法和监察法的规定，关于监察委员会系统内部的组织关系，国家监察委员会领导地方各级监察委员会，上级监察委员会领导下级监察委员会。可见，A 项表述正确，选 A 项。地方各级监察委员会对产生它的国家权力机关和上一级监察委员会负责。可见，B 项表述错误，不选 B 项。各级监察委员会是行使国家监察职能的专责机关，对所有行使公权力的公职人员进行监察，调查职务违法和职务犯罪，开展廉政建设和反腐败工作，维护宪法和法律的尊严。根据《监察法》第 15 条的规定，这些公职人员和有关人员包括：(1) 中国共产党机关、人民代表大会及其常务委员会机关、人民政府、监察委员会、人民法院、人民检察院、中国人民政治协商会议各级委员会机关、民主党派机关和工商业联合会机关的公务员，以及参照《中华人民共和国公务员法》管理的人员；(2) 法律、法规授权或者受国家机关依法委托管理公共事务的组织中从事公务的人员；(3) 国有企业管理人员；(4) 公办的教育、科研、文化、医疗卫生、体育等单位中从事管理的人员；(5) 基层群众性自治组织中从事管理的人员；(6) 其他依法履行公职的人员。据此，C 项表述正确，选 C 项。《监察法》第 34 条规定，人民法院、人民检察院、公安机关、审计机关等国家机关在工作中发现公职人员涉嫌贪污贿赂、失职渎职等职务违法或者职务犯罪的问题线索，应当移送监察机关，由监察机关依法调查处置。被调查人既涉嫌严重职务违法或者职务犯罪，又涉嫌其他违法犯罪的，一般应当由监察机关为主调查，其他机关予以协助。据此，D项表述错误，不选D项。

5. ABCD

【精解】根据《立法法》第8条的规定，对于国家主权事项，各级人民代表大会、人民政府、人民法院和人民检察院的产生、组织和职权，民族区域自治制度、特别行政区制度、基层群众自治制度，犯罪和刑罚，对公民政治权利的剥夺、限制人身自由的强制措施和处罚，对非国有财产的征收，民事基本制度，基本经济制度以及财政、税收、海关、金融和外贸的基本制度，诉讼和仲裁制度等，都应以法律的形式规定。故备选项应全选。

6. ABCD

【精解】《全国人民代表大会和地方各级人民代表大会代表法》第3条规定，代表享有下列权利：(1) 出席本级人民代表大会会议，参加审议各项议案、报告和其他议题，发表意见；(2) 依法联名提出议案、质询案、罢免案等；(3) 提出对各方面工作的建议、批评和意见；(4) 参加本级人民代表大会的各项选举；(5) 参加本级人民代表大会的各项表决；(6) 获得依法执行代表职务所需的信息和各项保障；(7) 法律规定的其他权利。据此，备选项应全选。

7. ABCD

【精解】根据《宪法》第37条、第40条的规定，公民的人身自由、通信自由等不受侵犯。A项表述的情形是对人身自由的侵犯，B项表述的情形侵犯了通信秘密，C、D项的表述侵犯了公民的人身自由。故备选项应全选。

8. BCD

【精解】根据《宪法》第67条第12、13项的规定，全国人大常委会根据最高人民法院院长的提请，任免最高人民法院副院长、审判员、审判委员会委员和军事法院院长；根据最高人民检察院检察长的提请，任免最高人民检察院副检察长、检察员、检察委员会委员和军事检察院检察长，并且批准省、自治区、直辖市的人民检察院检察长的任免。故选B、C、D项。

第三章 简答题

单元一

1. 简述人权和公民权的区别。
2. 简述立法机关限制基本权利遵循的原则。

单元一答案要点

1. (1) 二者性质不同。人权是一个政治概念，在实践中不断发展，不同的人们可以对人权有各自的理解和解释。而公民权是一个法律概念，其含义和保护方式有着法律的界定，人权的内容一旦入宪而成为公民权，就具有了固定含义，只能依法解释和保护。

(2) 二者不具有一一对等关系。笼统地讲，公民权就是人权，因为公民权体现了人权的要求，但由于二者性质的不同，人权一个方面的要求可能具体化为公民的若干项权利，而公民权的一项权利也可能同时体现着人权的多方面要求，因而，二者不能一一对等。

(3) 二者的特点不同。人权具有阶级性、民族性、地域性、时代性和国际性特点，而公民权则是一国宪法规定的公民基本权利和义务的总称，它不因公民的民族、地域等而有所差异。

2. 对基本权利进行限制，除要符合法律保留原则外，还要遵循如下原则。

(1) 明确性原则。法律对公民权利所作的限制，必须内容明确，可以成为公民行动的合理预期。如果法律条文过于宽泛、笼统和模糊，在接受宪法审查的时候，此类法律往往会被宣告为违宪而无效。

(2) 比例原则。比例原则要求为公共利益而限制公民基本权利的时候，必须要在手段和目的之间进行利益衡量。限制基本权利的目的必须具有宪法正当性。它包括 3 个方面的内容：①手段合适性，所采用手段必须适合目的之达成；②限制最小化，立法所采取的是对基本权利影响、限制最小的手段；③狭义比例原则，要求手段达成的公共目的与造成的损害之间具有适当的比例关系，即均衡法。

单元二

1. 简述我国宪法关于行政区域建置和划分权限的规定。
2. 简述我国宪法关于法律的制定和修改权限的规定。

单元二答案要点

1. (1) 全国人民代表大会批准省、自治区和直辖市的建置。

（2）国务院批准省、自治区、直辖市的区域划分，批准自治州、县、自治县、市的建置和区域划分。

（3）省、直辖市的人民政府决定乡、民族乡、镇的建置和区域划分。

2. 全国人大及其常委会享有立法权，有权制定和修改法律。具体而言：

（1）根据现行宪法规定，全国人民代表大会制定和修改刑事、民事、国家机构的和其他的基本法律。

（2）根据现行宪法规定，全国人民代表大会常务委员会制定和修改除应当由全国人民代表大会制定的法律以外的其他法律。

（3）根据现行宪法规定，在全国人民代表大会闭会期间，全国人民代表大会常务委员会对全国人民代表大会制定的法律进行部分补充和修改，但是不得同该法律的基本原则相抵触。

单元三

1. 简述我国宪法规定的公民人身自由权的主要内容。
2. 简述我国宪法监督制度存在的问题和完善途径。

单元三答案要点

1.（1）公民的人身自由不受侵犯。任何公民，非经人民检察院批准或者人民法院决定并由公安机关执行，不受逮捕，禁止非法拘禁和以其他方法剥夺或者限制公民的人身自由，禁止非法搜查公民的身体。

（2）公民的人格尊严不受侵犯。禁止采用任何方法对公民进行侮辱、诽谤和诬告陷害。

（3）公民的住宅不受侵犯。禁止非法搜查或者非法侵入公民住宅。

（4）公民的通信自由和通信秘密受法律保护。保障公民通信自由和通信秘密不受非法侵犯，是公民一项不可缺少的基本自由。公民的通信自由与通信秘密是一项重要的人身权利。

2. 我国的宪法监督制度在具体运作中还存在着一些问题，完善该项制度是社会主义法治建设的需要。首先，全国人民代表大会组织法、立法法规定了全国人大各专门委员会具体审查相关立法的合宪性职责。但全国人大设有 10 个专门委员会，这导致合宪性审查权的行使过于分散。其次，就合宪性审查的对象来看，主要是对行政法规、地方性法规、自治条例和单行条例等进行合宪性审查，而对法律、规章等法律形式如何进行合宪性审查缺乏明确的规定。最后，关于合宪性审查的启动程序、审理程序和审理结果方面的规定相对比较抽象。

单元四

1. 简述我国特别行政区的特点。
2. 简述我国宪法关于社会保障权的基本内容。

单元四答案要点

1.（1）特别行政区享有高度的自治权。按照《香港特别行政区基本法》和《澳门特别行政区基本法》的规定，特别行政区享有高度的自治权，有立法权、行政管理权、独立的司法权和终审权。除此之外，特别行政区财政独立，使用自己的货币，其收入全部用于自己的需要，中央人民政府不在特别行政区征税。

(2) 特别行政区保留原有的资本主义制度和生活方式50年不变。《香港特别行政区基本法》和《澳门特别行政区基本法》都规定，在本行政区域内“不实行社会主义的制度和政策，保持原有的资本主义制度和生活方式，50年不变”。

(3) 特别行政区由当地人管理。特别行政区的行政机关和立法机关由该区永久性居民依照基本法的规定组成，实现“港人治港”“澳人治澳”。

(4) 特别行政区原有的法律基本不变。在特别行政区，除了基本法附件上所列举的法律外，全国性的法律一般不得在特别行政区内适用，特别行政区继续适用原有的、不与基本法相抵触的法律。

2. (1) 社会保障制度。国家建立健全同经济发展水平相适应的社会保障制度。社会保障制度包括社会保险、社会救济、社会福利、优抚安置等各项制度。

(2) 退休人员的生活保障权。国家依照法律规定实行企业事业组织的职工和国家机关工作人员的退休制度。退休人员的生活受到国家和社会的保障。

(3) 物质帮助权。我国公民在年老、疾病或者丧失劳动能力的情况下，有从国家和社会获得物质帮助的权利。

单元五

1. 简述国家机构的特点。
2. 简述我国宪法关于集体经济组织及其所有制经济的规定。

单元五答案要点

1. (1) 阶级性。国家机构是统治阶级为了实现自己的使命而设立的政治组织，国家机构的权力运作和职责都反映了统治阶级的意志和利益，具有鲜明的阶级性。

(2) 历史性。国家机构是一定历史范畴的产物，是社会发展到一定阶段的产物，随着国家的产生而出现，也会随着国家的消亡而消亡。

(3) 特殊的强制性。国家机构是一种国家组织，拥有特殊的强制力，即以军队、警察、监狱、法庭等为主要内容的国家暴力。因此，国家机构不同于一般的社会组织。

(4) 组织性。国家机构的组织体系的设置、职权划分及其相互之间的关系非常复杂，不同国家机关按照法律规定组成完整严密的整体，保证国家基本职能的实现。

(5) 协调性。国家机构根据宪法划分职权，国家权力由国家机构按照行使职权的性质和范围的不同而分工行使；同时各个国家机关之间又相互协作、互相配合，共同为实现宪法规定的目标而运行。

2. (1) 农村集体经济组织实行家庭承包经营为基础、统分结合的双层经营体制。农村中的生产、供销、信用、消费等各种形式的合作经济，是社会主义劳动群众集体所有制经济。参加农村集体经济组织的劳动者，有权在法律规定的范围内经营自留地、自留山、家庭副业和饲养自留畜。

(2) 城镇中的手工业、工业、建筑业、运输业、商业、服务业等行业的各种形式的合作经济，都是社会主义劳动群众集体所有制经济。

(3) 国家保护城乡集体经济组织的合法的权利和利益，鼓励、指导和帮助集体经济的发展。

单元六

1. 简述中华人民共和国主席的职权。
2. 简述我国公民平等权的含义和判断政府采取合理差别的标准。

单元六答案要点

1.（1）公布法律、发布命令权。法律在全国人大或全国人大常委会正式通过后，由国家主席予以颁布实施。国家主席根据全国人大或者全国人大常委会的决定，发布特赦令、紧急状态令、动员令、宣布战争状态等。

（2）任免权。全国人大或全国人大常委会确定国务院总理、副总理、国务委员、各部部长、各委员会主任、审计长、秘书长的正式人选后，由国家主席宣布其任职。根据全国人大常委会的决定，国家主席派出或召回代表国家的驻外使节。

（3）外交权。国家主席对外代表国家，进行国事活动。国家主席接受外国使节，根据全国人民代表大会的决定，宣布批准或废除条约和重要协定。

（4）荣典权。根据全国人大常委会的决定，国家主席代表国家向那些对国家有重大功勋的人或单位授予荣誉勋章或光荣称号。

2.（1）我国宪法规定，中华人民共和国公民在法律面前一律平等。

（2）我国公民平等权具有下列含义：①平等权的主体是全体公民，它意味着全体公民法律地位的平等。②平等权是公民的基本权利，是国家的基本义务。公民有权利要求国家给予平等保护，国家有义务无差别地保护每一个公民的平等地位。国家不得剥夺公民的平等权，也不允许其他组织和个人侵害公民的平等权。③平等权意味着公民平等地享有权利履行义务。平等不能和特权并存，平等也不允许歧视现象存在。④平等权是贯穿于公民其他权利的一项权利，它通过其他权利，如男女平等、民族平等、受教育权平等而具体化。

（3）判断政府的措施是合理差别还是违反平等保护的歧视性做法的标准如下：①政府进行区别对待的目的必须是为了实现正当的而且是重大的利益。②这种区别对待必须是实现其所宣称的正当目的的合理的乃至必不可少的手段。③政府负有举证责任。

单元七

1. 简述我国宪法规定的责任制原则的表现形式及其意义。

2. 简述人民检察院的工作原则。

单元七答案要点

1.（1）我国宪法规定了国家机关实行责任制原则，其表现形式包括集体负责制和个人负责制（首长负责制）两种形式。

（2）意义：①集体负责制能更好地集思广益，从而发挥集体的智慧和作用，客服主观性、片面性，从而防止独断专行。②个人负责制分工明确、权责相称，在执行决定时可以避免出现无人负责或推卸责任的现象，能够充分发挥首长的个人智慧和才能，有利于提高工作质量和工作效率。

2.（1）依法独立行使检察权原则。人民检察院依照法律规定独立行使检察权，不受其他行政机关、团体和个人的干涉。

（2）行使检察权在适用法律上一律平等原则。人民检察院行使检察权在适用法律上一律平等，不允许有任何组织和个人有超越法律的特权，禁止任何形式的歧视。

（3）司法公正原则。人民检察院坚持司法公正，以事实为根据，以法律为准绳，遵守法定程序，尊重和保障人权。

(4) 司法公开原则。人民检察院实行司法公开，法律另有规定的除外。

(5) 司法责任制原则。人民检察院实行司法责任制，建立健全权责统一的司法权力运行机制。

(6) 公民使用本民族语言文字进行诉讼原则。人民检察院在办理案件过程中，对于不通晓当地通用的语言文字的诉讼参与人，应当为他们翻译。在少数民族聚居或者多民族杂居的地区，应当用当地通用的语言进行讯问；用当地通用的文字制作起诉书或其他法律文书。

单元八

1. 简述民主集中制原则在我国国家机构组织和活动中的体现。

2. 简述我国实行民族区域自治制度的优越性。

单元八答案要点

1. 我国国家机关贯彻民主集中制原则主要体现为：

(1) 在意志代表方面，人大由民主选举产生，对人民负责，受人民监督；由人大代表人民的最高意志，制定法律，决定国家的重大问题。

(2) 在权限划分方面，国家行政机关、国家审判机关、国家检察机关、国家军事机关等由人大选举或决定产生，对它负责，受它监督；各机关在其宪法权限内处理属于各自职权范围内的国家事务。

(3) 在中央和地方的权力关系方面，遵循在中央的统一领导下，充分发挥地方积极性、主动性的原则，但必须坚持中央的集中统一领导。

(4) 在国家机关内部关系方面，人大及其常委会实行集体领导体制，而行政机关和军事机关则都实行首长个人负责制。

(5) 在具体工作方面，不管哪一个国家机关，具体决策过程都必须遵循民主集中制的原则，既不能出现“一言堂”的情况，更不能出现相互推诿的情况。

2. 民族区域自治制度是适合我国国情的、正确解决我国民族问题的好制度，具有巨大的优越性，其优越性体现在：

(1) 民族区域自治制度体现了人民民主专政制度和民族平等原则、国家整体利益和各民族具体利益的高度结合，有利于国家的统一领导。

(2) 民族区域自治制度保证了聚居的少数民族能够充分享有自治权，同时散居在全国各地的少数民族的权益也能够得以保障。

(3) 民族区域自治制度把行政区域和经济文化发展区域有机结合起来，能够更好地因民族制宜、因地区制宜地发展经济文化事业。

(4) 有利于民族团结和各民族间的互相合作。

单元九

1. 简述人民检察院的领导体制和国家权力机关对人民检察院领导的主要表现。

2. 简述国务院的提案职权及其主要内容。

单元九答案要点

1.（1）人民检察院的领导体制实行双重从属制，即最高人民检察院领导地方各级人民检察院和专门人民检察院的工作，上级人民检察院领导下级人民检察院的工作。最高人民检察院对全国人大及其常委会负责并报告工作，地方各级人民检察院对本级人大及其常委会负责并报告工作。地方各级人民检察院检察长的任免，须报上一级人民检察院检察长提请本级人民代表大会常务委员会批准。

（2）国家权力机关对人民检察院的领导主要表现在：最高人民检察院检察长由全国人民代表大会选举和罢免，副检察长、检察委员会委员和检察员由检察长提请全国人民代表大会常务委员会任免；全国人大及其常委会审议最高人民检察院的工作报告，对最高人民检察院进行各种形式的监督等；地方各级人民检察院检察长由本级人民代表大会选举和罢免，副检察长、检察委员会委员和检察员由检察长提请本级人民代表大会常务委员会任免，地方各级人大及其常委会审议同级人民检察院的工作报告，对检察院的工作进行各种形式的监督等。

2. 国务院是具体管理和组织经济建设和社会生活的最高行政机构，因此，国务院有责任向最高国家权力机关提出有关的法律草案、计划和报告的执行情况等，在最高国家权力机关审议批准后，使之成为指导社会生活和经济建设的法律文件。国务院的计划、报告都必须在全国人大及其常委会会议上以议案的形式提出，议案主要包括五个方面的内容：（1）国民经济和社会发展计划和计划执行情况。（2）国家预算和预算的执行情况。（3）必须由全国人大常委会批准和废除的同外国缔结的条约和重要协定。（4）国务院组成人员中必须由全国人大或者全国人大常委会决定任免的人选。（5）在国务院职权范围内的其他必须由全国人大或者全国人大常委会审议或决定的事项。

单元十

1. 简述我国宪法关于立法权和法律、法规制定、修改权的规定。

2. 简述国务院领导体制的主要内容及意义。

单元十答案要点

1.（1）全国人民代表大会有权制定民事法律、刑事法律、诉讼法、组织法、选举法、民族区域自治法、有关特别行政区法律等基本法律。

（2）全国人民代表大会常务委员会在宪法规定的范围内行使立法权，有权制定和修改除由全国人大制定的基本法律以外的其他法律。在全国人民代表大会闭会期间，全国人民代表大会常务委员会还可以修改、补充由全国人民代表大会制定的基本法律，但不得与该法的基本原则相抵触。

（3）国务院享有法规的制定权，具体包括规定行政措施、制定行政法规、发布决定和命令的权力。

（4）在不同宪法、法律和行政法规相抵触的前提下，省、自治区、直辖市的人民代表大会可以制定地方性法规，报全国人民代表大会常务委员会和国务院备案；省、自治区人民政府所在地的市和经国务院批准的较大的市的人民代表大会可以制定地方性法规，报省、自治区的人大常委会批准后施行，并经省、自治区人大常委会报全国人大常委会和国务院备案。

2.（1）国务院实行总理负责制，其内容有：①由总理提名组成国务院，总理有向全国人大及其常委会提出任免国务院其他组成人员的议案的权利；②总理领导国务院的工作，副总理、国务委员协助总理工作，其他组成人员都在总理领导下工作，向总理负责；③总理主持召开国务院常务会议和全体会议，对于所议事项总理有最后决定权，并对决定的后果承担全部责任；④国务院发布的行政法规、决定和命令，向全国人大及其常委会提出的议案、任免国务院有关人员的决定，都由总理签署。

（2）意义：①实行总理负责制可以避免职责不清、权限不明，有利于发挥总理才干，保证责任明确，行动迅速果断，及时解决各种重要问题，有利于提高国务院工作效率。②总理负责制并非独断专行，而是在民主基础上高度集中，从而更好地发挥集体的智慧和作用。

第四章 分析题

单元一

1. 某省高级人民法院在审理一起刑事案件时，发现省人大常委会通过的一个地方性法规与宪法相抵触，于是报请最高人民法院，由最高人民法院决定是否采用该地方性法规。最高人民法院根据该省高级人民法院的报请，下文作出决定，宣布该地方性法规无效并指令该省高级人民法院不予采用。高级人民法院依据最高人民法院的指令作出不采用该地方性法规的决定。

请根据宪法和法律的有关规定分析：

(1) 上述两级法院的做法有哪些不妥之处？为什么？

(2) 省高级人民法院应当如何做才符合宪法或者有关法律的规定？

(3) 具体结合上述案例说明我国对合宪性审查制度的完善。

2. 某县选举县人民代表大会代表，依照《选举法》的规定，采取了直接选举的方式。在划分选区时，城镇选区完全按照选民的居住状况划分；农村选区由几个村联合划为一个选区，对于人口特别多的村或者人口少的乡，则单独为一个选区。城镇选区完全是差额选举，农村选区由于代表候选人较少，既有差额选举，也有等额选举。在提出代表候选人时，有些是各政党、各人民团体单独或者联合推荐提出的，有些是选民 10 人以上联名推荐提出的，有些是乡镇人大单独或者联合推荐提出的。在投票时，由县人大常委会主持投票选举。凡各选区选举时所投的票数等于投票人数的，选举有效；所投的票数多于或者少于投票人数的，选举无效。

根据宪法和选举法的规定，该县人民代表大会代表的选举存在哪些问题？为什么？

单元一答案要点

1. (1) 上述两级法院的做法不妥之处有：第一，省高级人民法院不应报请最高人民法院决定是否采用该与宪法相抵触的地方性法规。因为最高人民法院与高级人民法院之间是指导和监督关系，而不是领导关系。第二，省高级人民法院不应依据最高人民法院的指令作出不采用该地方性法规的决定。第三，最高人民法院无权决定在审理案件时是否采用地方性法规。因为，在我国，法院并不是合宪性或者合法性审查的主体，没有合宪性审查权。

(2) 省人民法院的正确做法是：在审理案件时，如果发现省人大常委会通过的地方性法规与宪法相抵触，应中止案件的审理；并向全国人大常委会提出书面合宪性审查的建议，由常务委员会工作机构进行研究，必要时，送有关的专门委员会进行审查、提出意见（详见《立法法》第 99 条第 2 款规定——编者注）；然后，再根据合宪性审查结论作出判决。

(3) 从上述案例可以看出，我国合宪性审查制度在司法中存在一定的问题：①宪法和法律关于合宪性审查的规定过于原则，因此需要在制度建设上进一步具体化和程序化。②司法审判中有关宪法的适用没有得到切实加强，这不利于维护宪法的权威和制止违宪行为的出现，因此，有必要加强宪法在司法审判实践中的运用。

2.（1）选区可以按居住状况划分，也可以按生产单位、事业单位、工作单位划分。因此，在划分选区时，不应只按照居住状况划分，应当既可以按照居住状况划分，也可以按照生产单位、事业单位、工作单位划分。

（2）直辖市、市、市辖区的农村每一代表所代表的人口数，应多于市区每一代表所代表的人口数。全国和地方各级人民代表大会候选人的名额，应多于应选代表的名额。这是关于差额选举规定的依据。因此，无论是城镇选区还是农村选区，都应当是差额选举。

（3）在提出代表候选人时，可以是各政党、各人民团体单独或者联合推荐提出，也可以是选民10人以上联名推荐提出，但乡镇人大不能提出。

（4）选举委员会主持县人大的选举工作。因此，在投票时，应由县选举委员会主持投票选举，而不是由人大常委会主持投票选举。

（5）凡各选区选举时所投的票数等于或者少于投票人数的，选举有效；所投的票数多于投票人数的，选举无效。

单元二

1. A省人民代表大会常务委员会制定了一项地方性法规，该地方性法规中有一项规定是，A省公安机关可对无理缠讼者实施限制人身自由的强制措施。周某认为，该地方性法规同宪法和法律规定相抵触，便向全国人大常委会提出撤销该地方性法规的书面建议。

请根据上述情况回答下列问题：

（1）有关对无理缠讼者实施限制人身自由的强制措施的规定是否违宪？为什么？

（2）周某是否有权向全国人大常委会提出合宪性审查建议？为什么？

（3）若全国人大常委会接受周某的建议，应如何对该法规进行合宪性审查？

2. 某市下辖A、B、C三个县，其中，A县为了大力发展科技，请市政府选派1名博士来挂职担任科技副县长。有人提出，副县长应通过人大选举。市长答复：县长需要通过选举产生，而副县长可以由上级委派。B县刚被确定为民族自治县，为了体现民族特色，市长指示：根据《民族区域自治法》的规定，县法院和县检察院的院长和检察长应当更换为自治民族的公民。C自治县地域宽广，为了便于经济建设和行政管理，县政府请示市政府：拟设立5个区公所，分别管辖所属的30余个乡镇。市长答复：此事经县人大通过即可。此外，为了提高村民委员会整体素质，市长指示：市里抽调一批应届高校毕业生担任村民委员会主任或副主任。

请根据宪法和法律的有关规定分析：

（1）市长对A县的处理意见是否正确？为什么？

（2）市长对B县的处理意见是否正确？为什么？

（3）市长对C县的答复是否正确？为什么？

（4）市长抽调应届高校毕业生担任村民委员会主任或副主任的做法是否正确？为什么？

单元二答案要点

1.（1）有关对无理缠讼者实施限制人身自由的强制措施的规定违宪。因为对公民限制人身自由的强制措施属于专属立法事项（或者回答“法律保留事项”），只能以法律的形式作出规定，地方性法规无权规定限制人身自由的强制措施。

（2）周某有权向全国人大常委会提出合宪性审查建议。因为公民认为地方性法规同宪法相抵触的，可以向全国人民代表大会常务委员会书面提出进行审查的建议。

（3）全国人大常委会应进行如下审查：①由全国人大常务委员会工作机构进行研究，必要时，送有关的专门委员会进行审查、提出意见。②全国人大专门委员会、常务委员会工作机构在审查、研究中认为地方性法规同宪法或者法律相抵触的，可以向A省人大常委会提出书面审查意见、研究意见，也可以由法律委员会与有关的专门委员会、常务委员会工作机构召开联合审查会议，要求A省人大常委会到会说明情况，再向A省人大常委会提出书面审查意见。A省人大常委会应当在2个月内研究提出是否修改的意见，并向全国人大宪法和法律委员会和有关的专门委员会或者常务委员会工作机构反馈。③全国人大宪法和法律委员会、有关的专门委员会、常务委员会工作机构向制定机关提出审查意见、研究意见，A省人大常委会按照所提意见对地方性法规进行修改或者废止的，审查终止。④全国人大宪法和法律委员会、有关的专门委员会、常务委员会工作机构经审查、研究认为地方性法规同宪法或者法律相抵触而制定机关不予修改的，应当向委员长会议提出予以撤销的议案、建议，由委员长会议决定提请常务委员会会议审议决定（详见《立法法》第100条规定——编者注）。

2.（1）市长对A县的处理意见是错误的。县人民代表大会拥有选举县长和副县长的职权。因此，市长委派副县长的做法是错误的。

（2）市长对B县的处理意见是错误的。自治县的县长由实行民族区域自治的民族的公民担任，但并没有要求县法院和县检察院的院长和检察长应当由自治的民族的公民担任。

（3）市长对C县请示的答复是错误的。民族自治地方内其他少数民族聚居的地方，建立相应的自治地方或者民族乡，而不设立区公所这样的派出机构。

（4）市长抽调应届高校毕业生担任村民委员会主任或副主任的做法是错误的。村民委员会主任、副主任和委员，由村民直接选举产生。任何组织或者个人不得指定、委派或者撤换村民委员会成员。因此，市长无权抽调应届高校毕业生担任村民委员会主任或副主任。

单元三

1. 某地进行乡人大代表选举，一选区应选举代表3名。在各政党、各人民团体和本选区选民提名基础上，乡选举委员会分别征询有关方面意见，最后确定正式候选人3人。经过投票选举，获得参加投票选民过半数选票的候选人中，只有1人系原确定的正式候选人，另2人系选民自发投票选出的独立候选人。乡选举委员会认为，独立候选人非正式确定的候选人，因而不予确认其当选结果，决定进行第二轮投票另行选举。

请根据宪法和法律的有关规定分析：

（1）乡选举委员会有关候选人与应选代表名额的做法是否符合法律规定？为什么？

（2）乡选举委员会有关确定正式候选人的程序是否合法？为什么？

（3）乡选举委员会有关不予确认独立候选人的当选结果的做法是否合法？为什么？

（4）本题中的选举是否有效？为什么？

2. 陈某是某公司的一名职员，近一段时间来很多公司同事向公司董事长于某反映，说陈某行为不检点，于某于是对此事产生了深深的怀疑，并认为陈某的行为给公司抹黑，便千方百计寻找证据。有一天，一封由陈某收的信寄到公司，董事长于某立即将信扣留，并撕开信进行检查。陈某知道后，找董事长于某理论。于某说："组织上对你的生活十分关心，为了帮助你解决生活上的困难，看了你的信了解情况。"

请根据宪法和法律的有关规定分析：

（1）于某的行为侵犯了陈某的何种宪法权利？

（2）陈某维护其宪法或者法律上的权利的依据是什么？

（3）陈某应如何维护自己的权利？

单元三答案要点

1. (1) 乡选举委员会有关候选人与应选代表名额的做法不符合法律规定。因为我国实行差额选举，即各级人民代表大会代表候选人的名额应多于应选代表的名额，而该案中正式候选人与应选代表人数相等，违反了我国选举法关于差额选举的规定。

(2) 乡选举委员会有关确定正式代表候选人的程序不合法。因为乡选举委员会没有经过公布就确定了正式候选人。

(3) 乡选举委员会有关不予确认独立候选人的当选结果的做法不合法。因为选民可以另选其他任何选民，只要选举过程合法有效，选民自发投票选出的独立候选人也是合法有效的。

(4) 选举是否有效无法判定。虽然候选人获得参加投票选民的过半数选票，但参加选举的人数是否达到全体选民的过半数是不确定的，因而选举是否有效无法判定。

2. (1) 董事长于某扣留并拆看陈某信件的行为是违法的，侵犯了公民的通信自由和通信秘密的权利。

(2) 宪法规定，中华人民共和国公民的通信自由和通信秘密受法律保护。除因国家安全或者追查刑事犯罪的需要，由公安机关或者检察机关依照法律规定对通信进行检查外，任何组织或个人不得以任何理由侵犯公民的通信自由和通信秘密。于某对公司职员陈某的个人问题的关心是可以理解的，但不能以此为理由，拆看陈某的信件。于某扣留并拆看陈某信件的行为违反了宪法的有关规定。

(3) 陈某可以提起诉讼，通过司法程序追究于某的责任，以保护自身权利。

单元四

1. 某县税务局派出机构税务所向个体户郑某征税 3 000 元，其中 750 元依据县人民代表大会制定的地方性法规予以征收。郑某以该税务所乱收费为由，向县税务局提出复议申请。县税务局经调查认为税务所征税适当，原决定无误，便维持了原决定。郑某于是向当地人民法院起诉。经调查后认为，某税务所向郑某所征3 000元税中，有 750 元属于违法征收，不予支持，判决某税务所将征税数额由3 000元改为2 250元。

请根据宪法和法律的有关规定分析：

(1) 郑某是否应当纳税？为什么？

(2) 县人大是否有权制定地方性法规？为什么？

(3) 郑某应当如何保护自己的合法权益？

(4) 人民法院的判决是否适当？为什么？

2. 某省一县城有一处著名的旅游胜地。为了创收，该县人大作出了一项地方性法规规定：凡是通过该县著名旅游胜地的车辆，一律征收过路费。有一天，北京市的一位商人杨某开自己的私车去该省某一大城市，恰好路过该县城，在通行过程中遭到该县有关人员的拦截，声称：此路是我修，此树是我栽，要想从此过，留下买路钱。同时声称有本县人大的规定为凭。为此，杨某拒绝交付“过路费”，遭到该人员的扣押。

请根据宪法和法律的有关规定分析：

(1) 该县侵犯了杨某的何种宪法权利？其宪法依据是什么？

(2) 县人大是否有权制定征收过路费的地方性法规？为什么？

(3) 杨某应当如何维护自己的权利？

单元四答案要点

1.（1）宪法规定，中华人民共和国公民有依照法律纳税的义务。郑某作为中华人民共和国公民有依法纳税的义务，税务所有权向其征税。税收是政府财政的主要来源，是国家进行宏观调控的重要经济杠杆。所以，为了国家的繁荣昌盛，郑某应当依法纳税。

（2）该县人民代表大会无权制定地方性法规。因为有权制定地方性法规的机关仅限于省、自治区、直辖市的人大及其常委会，设区的市和自治州的人大及其常委会。县人大所作规定也不应以地方性法规相应名称命名。

（3）本案中，郑某对征税决定不服，可以依据行政复议法要求县税务局复议。

（4）人民法院判决正确。县人大无权制定地方性法规，所收750元税款不合法，法院判决对750元的收费不予支持是正确的。对于法院的判决，税务机关应当执行。

2.（1）该县的做法是错误的。因为公民私有的合法财产不受侵犯，该县以人大的规定为依据，其处罚不符合宪法规定。

（2）该县人民代表大会无权制定地方性法规。因为有权制定地方性法规的机关仅限于省、自治区、直辖市的人大及其常委会，设区的市和自治州的人大及其常委会。县人大所作规定也不应以地方性法规相应名称命名。

（3）杨某如果对处罚决定有意见，可以向县政府提出批评或建议，也可以直接向该县人民代表大会常务委员会提交书面建议书，行使宪法赋予公民的监督权。

单元五

1. 某日，一位回族青年杨某到超市购买牛肉，当他问商场工作人员应当到哪一层楼购买牛肉时，超市工作人员称：本超市没有牛肉，只有猪肉。杨某称自己是穆斯林，只能购买牛肉。超市工作人员称：回族就更不应当忌讳了，反正都是动物的肉。杨某为此十分不满，遂与工作人员理论起来。但该工作人员认为杨某态度恶劣，就一气之下将杨某打倒，导致杨某腿骨摔伤，耳膜穿孔。

请根据宪法和法律的有关规定分析：

（1）该超市侵犯了杨某的何种宪法权利？为什么？

（2）杨某维护其权利的宪法依据是什么？

（3）杨某应如何维护自己的权利？

2. 某省会市人民政府为了保护当地酒类生产，决定限制外地酒类进入本市，制定了《关于外地酒类运输车辆管理规定》。该规定要求，一切运输外地酒类的车辆在进城前，必须向市酒类专卖局设在各路口的检查站交纳运输管理费500元，不交者将不准进城。许多外地货车司机认为这项规定属于乱摊派，不少市民也认为限制外地酒类影响了他们的日常生活。根据群众的反映，市人大常委会通过决议，认为让外地货车司机交纳运输管理费500元有些偏高，决定将运输管理费改为300元。市人大常委会的决议公布后，许多外地货车司机仍然感到不满，经常到市委进行上访。市委书记在接到上访后，决定将此事交由市委常务会议讨论，市委常务会议认为市政府的做法是错误的。于是，市委发布通知，决定暂时停止执行市政府的规定和市人大的决议。

请根据宪法和法律的有关规定分析：

（1）根据《立法法》规定，若规定得以通过，应当报哪些国家机关备案？

（2）市人大常委会、市委的做法是否正确？为什么？

（3）如何纠正市政府的错误规定？

单元五答案要点

1. (1) 超市的做法侵犯了杨某享有的宪法权利——宗教信仰自由权和人格尊严权。理由：第一，杨某是回族人，为穆斯林，忌吃猪肉，因此，任何公民都应当尊重回族的宗教信仰和信教自由，否则就违反了信教公民的宪法权利。第二，公民的人身自由不受侵犯，超市工作人员打伤杨某，是对杨某的人身自由的侵犯。第三，超市的违法行为已经侵犯了杨某的人格尊严，给杨某带来了痛苦。第四，超市的违法行为侵犯了杨某的人权。

(2) 杨某维护其权利的宪法依据是宪法的若干规定。宪法规定，中华人民共和国公民有宗教信仰自由。任何国家机关、社会团体和个人不得强制公民信仰宗教或者不信仰宗教，不得歧视信仰宗教的公民和不信仰宗教的公民。中华人民共和国公民的人格尊严不受侵犯。禁止用任何方法对公民进行侮辱、诽谤和诬告陷害。国家尊重和保障人权。

(3) 杨某可以提起诉讼，通过司法途径来维护自己的权利。

2. (1)《规定》在性质上属于地方政府规章。若《规定》得以通过，应报国务院和本级人民代表大会常务委员会备案（详见《立法法》第98条第4项——编者注）。

(2) 市人大常委会的做法是错误的。因为市人大常委会和市政府是监督与被监督关系，而非领导与被领导关系；市人大常委会只能撤销规章，而不能改变规章的内容。

市委的做法是错误的。因为以市委的名义通知停止执行市政府的规定和市人大决议，是以党代政。

(3) 由市人大常委会通过决议撤销市政府的错误规定，或者由上一级人民政府（省级人民政府）撤销或者改变市政府规章的内容。

单元六

1. 某县公安局的四名民警，以群众举报有人看“黄碟”为由，到居民张某家检查，他们没有戴警帽，没有佩戴警号、警徽，并在检查中与张某发生冲突。之后，两名自称是县公安局治安大队的警察以“调查案子”为名将张某带走。

请根据宪法和法律的有关规定分析：

(1) 公安局治安警察大队侵犯了张某的何种宪法权利？为什么？

(2) 张某如果维护其宪法权利，其宪法依据是什么？

(3) 张某应如何维护自己的权利？

2. 刘某系某乡女村民，已经生育两个女儿，现在又怀上了第三胎。乡、村两级干部决定把她作为典型处理。于是，乡、村干部在某日一大早来到刘某的家，直接破门而入，将还在睡梦中尚未穿戴整齐的刘某强行带到村委会，由乡、村两级干部整整教育了一天。同时决定，取消刘某正在上中学大女儿的“三好学生”称号，勒令刘某刚上小学一年级的小女儿退学，并搬走刘某家中的电视机和大衣柜作为抵押，让刘某尽快做人工流产。

请根据宪法和法律的有关规定分析：

(1) 乡、村干部的行为侵犯了当事人的哪些宪法权利？

(2) 结合本案分析乡、村干部的行为。

(3) 当事人维护其权利的宪法依据是什么？

单元六答案要点

1. (1) 公安局治安警察大队侵犯了张某享有的宪法基本权利——住宅不受侵犯权和人身自由

权。公安局警察大队未依照法定程序也未经户主许可便闯入居民张某家检查，侵犯了张某住宅不受侵犯的权利。而两名自称是县公安局治安大队的警察以“调查案子”为名将张某带走，也侵犯了张某的人身自由。

（2）张某维护权利的宪法依据包括：中华人民共和国公民的人身自由不受侵犯；中华人民共和国公民的住宅不受侵犯。

（3）张某可以向法院提起行政诉讼，通过司法途径来维护自己的宪法权利。

2.（1）乡、村干部的行为侵犯了刘某住宅不受侵犯的权利；侵犯了刘某的人格尊严；侵犯了刘某的人身自由；侵犯了刘某合法的私有财产权；同时，乡、村干部还侵犯了刘某大女儿的荣誉权和小女儿受教育的权利。

（2）乡、村干部未经许可擅自非法侵入刘某的住宅，是对刘某住宅的侵犯；在乡、村干部擅自闯入刘某的住宅时，刘某尚未穿戴整齐，这是对刘某人格尊严的侵犯；乡、村干部强行将刘某带走，并实施一天的“教育”，这是对刘某人身自由的侵犯；乡、村干部还将刘某家中的电视机和大衣柜强行抵押，这是对刘某私有财产权的侵犯；乡、村干部决定取消刘某正在上中学大女儿的“三好学生”称号，勒令刘某刚上小学一年级的小女儿退学，这是对刘某女儿荣誉权、受教育权利的侵犯。乡、村干部还间接侵犯了刘某的人权。

（3）刘某及其女儿维护权利的宪法依据包括：中华人民共和国公民的住宅不受侵犯；中华人民共和国公民的人身自由不受侵犯；中华人民共和国公民的人格尊严不受侵犯；公民的合法的私有财产不受侵犯；国家尊重和保障人权；中华人民共和国公民有受教育的权利和义务。

单元七

1. 乙村村民赵某与户籍在甲村的村民钱某登记结婚后，与甲村村委会签订了“不享受本村村民待遇”的“入户协议”。此后，赵某将户籍迁入甲村，但与钱某长期在外务工。甲村村委会任期届满进行换届选举，赵某与钱某要求参加选举，遭到拒绝。甲村村委会还制定了土地承包经营方案，侵害了甲村村民的合法权益，引发了村民的强烈不满。

请结合上述材料，根据我国宪法和法律，回答下列问题：

（1）赵某和钱某是否有权参加甲村村委会的选举？为什么？

（2）甲村村委会制定土地承包经营方案是否违反法律规定？为什么？

（3）就土地承包经营方案，甲村村民如何维护自己的合法权益？

（4）就土地承包经营方案，村民如何依法罢免村委会成员？

2. 某市人民政府为筹措公路建设资金，加快市区街道改造步伐，发布了《关于营运性出租车收费问题的规定》。该规定要求，一切营运性出租车必须向交通管理部门交纳道路建设费、增容费200元，逾期不交者将追究法律责任。该市出租车司机赵某认为，该规定属于乱摊派的范围，因而请求人民法院依据宪法和法律撤销这一规定。人民法院认为，该规定属于市政府的行政规定，法院不能受理此案，并告知赵某向省政府和省人大反映情况。赵某认为法院不履行职责，不公正，因而一定要法院受理此案。

请根据宪法和法律的有关规定分析：

（1）如何认定某市人民政府发布的《关于营运性出租车收费问题的规定》的性质？为什么？

（2）如果赵某认为市政府的行政命令违法，则他享有何种权利？为什么？

（3）法院告诉赵某向省政府和人大反映情况是否符合法律规定？为什么？

单元七答案要点

1.（1）赵某和钱某有权参加村委会的选举。根据村民委员会组织法的规定，户籍在本村，不在本村居住，本人表示参加选举的村民，应当列入参加选举的村民名单。赵某、钱某是甲村村民，不在甲村居住，但赵某、钱某表示参加选举的，应当列入选民名单。

（2）甲村村委会制定土地承包经营方案违反了法律规定。根据村民委员会组织法的规定，土地承包经营方案属于须经村民会议讨论决定方可办理的事项，而村委会制定该方案，违反了法律规定。村民会议有权撤销或者变更村民委员会制定的该土地承包经营方案。

（3）受到侵害的村民可以申请人民法院撤销该土地承包经营方案，责任人应当依法承担法律责任。

（4）本村 1/5 以上有选举权的村民或者 1/3 以上的村民代表联名，可以提出罢免村委会成员的要求。

2.（1）某市人民政府发布的《关于营运性出租车收费问题的规定》属于在其职权范围内的行政命令。根据我国宪法的规定，地方各级人民政府在本行政区域内，有权发布行政决定和命令，管理本行政区域内的行政工作，但不得与宪法、法律、行政法规和地方性法规相抵触。

（2）根据我国宪法的规定，公民对于任何国家机关及其工作人员有提出批评和建议的权利；对于任何国家机关及其工作人员的违法失职行为有向有关机关提出申诉、控告或者检举的权利。因此，赵某认为市政府的行政命令违法，有法律所规定的诉愿权。

（3）根据我国宪法和行政诉讼法的规定，人民法院只能对具体行政行为进行司法审查，而无权审查并撤销人民政府的行政命令。我国宪法规定，上级人民政府对下级人民政府所作的不适当的行政决定有权变更或撤销，人民代表大会及其常务委员会对本级人民政府所作的不适当的行政决定和命令有权撤销。因此，法院告诉赵某向省政府和人大反映情况是符合宪法和法律规定的。因为省政府是市政府的上级行政机关，领导和监督下级行政机关的工作，而人大及其常委会作为权力机关，有权监督行政机关的工作，赵某应当听从法院的司法建议，采用正确、合法的途径反映情况，解决问题。

单元八

1. 公民甲某 2009 年 12 月应聘到乙公司工作，并签订了劳动合同。根据乙公司规章制度的规定，员工应当在每周一至周五每天加班 5 小时，以加紧完成公司所委派的任务；在受雇期间，员工不得擅自外出，另行住宿。2010 年 2 月某周五，甲某加班后到亲戚家居住。乙公司以甲某严重违反用人单位规章制度为由将其开除，并扣发工资。

请根据宪法和法律的有关规定分析：甲公司侵犯了甲某的哪些宪法权利？简要说明理由。

2. 某市公安局接到群众举报，反映该市税务局局长有重大贪污受贿的行为，公安局局长立即派刑侦人员将税务局局长逮捕并予以羁押。没过几天，市委书记亲自到公安局局长家“说情”，遭到公安局局长的拒绝。市委书记一气之下示意市委组织部将公安局局长免职。

请根据宪法和法律的有关规定分析：

（1）公安局局长派人将税务局局长逮捕的行为是否符合法律规定？为什么？

（2）市委书记和市委组织部的做法是否正确？为什么？

单元八答案要点

1.（1）乙公司侵犯了甲某的休息权。我国宪法规定，劳动者有休息的权利。乙公司违反宪法规定，延长劳动者工作时间，侵犯了甲某的休息权。

（2）乙公司侵犯了甲某的人身自由权。我国宪法规定，我国公民的人身自由不受侵犯。乙公司不允许甲某在外住宿，侵犯了甲某的人身自由权和居住权。

（3）乙公司侵犯了甲某的劳动权。我国宪法规定，我国公民有劳动的权利。乙公司将甲某开除并扣发工资的做法侵犯了甲某的劳动权和从劳动中获得报酬的权利。

2.（1）公安局局长的做法是错误的。宪法规定，任何公民，非经人民检察院批准或者决定或者人民法院决定，并由公安机关执行，不受逮捕。可见，公安机关在未经人民检察院批准、决定或未经法院决定的情况下，不得随意逮捕公民。

(2) 市委书记和市委组织部的做法值得商榷。因为：第一，公安机关在性质上既属于行政机关，又属于司法侦查机关，在公安机关实施司法侦查活动时，不受行政机关、社会团体和个人的干涉。第二，虽然公安局局长的做法违反了法律规定，但应当通过合法途径解决，而不能通过“说情”来解决，更何况“说情”的内容未必合法。第三，对公安机关负责人的罢免，应当依据《地方各级人民代表大会和地方各级人民政府组织法》规定的法定程序进行，而不能凭市委书记的一句话予以罢免。

单元九

1. 某省人大在开会期间，省人大代表赵某因索贿行为被检察机关批准即行逮捕。另一省人大代表钱某知道此事后，为了为赵某鸣不平，竟然在人大开会期间跑到检察院，将拘捕的人员打成重伤，检察院立即通知公安机关将钱某即行拘留。另一省人大代表孙某在人大开会发言时对检察院和公安机关的做法提出了强烈的批评。省人大闭会后，公安机关以孙某在人大开会期间恶意侮蔑为由对孙某实施行政拘留。

请根据宪法和法律的有关规定分析：

(1) 检察机关将赵某逮捕的做法是否正确？为什么？

(2) 公安机关将钱某拘留的做法是否正确？为什么？

(3) 公安机关将孙某拘留的做法是否正确？为什么？

2. 某市商业银行在人才交流会上招聘，某高校财会专业毕业生冯某投递了简历。翌日，冯某接到该银行人事部门的通知，去参加会计部门某一职位的笔试，其笔试、面试的结果均优异，也符合招聘的其他要求。但是，冯某最终却未被该银行录取，原因是该商业银行有规定，所有男性员工都必须身高在 168 厘米以上。冯某因身高仅 165 厘米，因而被拒之门外。

请根据宪法和法律的有关规定分析：

(1) 该市商业银行侵犯了冯某的何种宪法权利？其宪法依据是什么？

(2) 请回答侵犯宪法权利的理由。

单元九答案要点

1. (1) 检察机关将赵某逮捕的做法是错误的。因为检察机关逮捕赵某未经人大主席团许可。

(2) 公安机关将钱某拘留的做法是错误的。钱某属于现行犯，如果被拘留，公安机关应当向主席团报告，但公安机关未向主席团报告即将钱某拘留，违反了法律规定。

(3) 公安机关将孙某拘留的做法是错误的。因为孙某作为人大代表，在人大和常委会会议上的发言和表决，不受法律追究。

2. (1) 商业银行侵犯了冯某的就业平等权和人格尊严权。宪法依据是：中华人民共和国公民在法律面前一律平等；中华人民共和国公民的人格尊严不受侵犯。

(2) 理由：①冯某的就业平等权受到侵犯。商业银行公开招聘，所有应聘者应机会均等。冯某作为财会专业毕业生，应聘会计部门职位，与其他应聘者处于平等竞争的地位，商业银行对应聘者也应同等对待。但冯某在成绩优异情况下，商业银行却以冯某身高不符合条件为由拒绝录用冯某，侵犯了冯某的就业平等权。②冯某的人格尊严权受到侵犯。身高并非从事会计工作的必要条件，商业银行不得以身高不符合条件为由拒绝录用冯某，否则构成歧视。商业银行以身高不符合条件为由拒绝录用冯某间接侵犯了冯某的人格尊严权。

单元十

1. 魏某系个体经营者。从2004年3月开始，魏某租用某市轻纺市场的房屋一栋，为袜子生产者进行袜子包装兼作生活用房。2004年5月的一天，该市工商局所属市场工商所工作人员来魏某处检查，认为魏某无营业执照违法经营，责令到工商所申办营业执照。魏某认为自己只负责包装袜子，按双取酬，袜子生产者已经领取了营业执照，自己无须申办营业执照。双方发生争吵。工商所工作人员要将房内6箱袜子搬到工商所，但没有出具扣留凭证，双方为争夺袜子发生争执。工商所工作人员随即将魏某扭送到市场管理办公室，并用手铐把魏某铐在办公室窗户的铁栅栏上，扣留时间长达6个多小时。事后，魏某向市工商局提出赔偿申请，市工商局在法定期限内未予赔偿。

请根据宪法和法律的有关规定分析：

(1) 本案中魏某的何种宪法权利受到侵犯？其宪法依据是什么？为什么？

(2) 魏某应当如何维护自己的合法权益？为什么？

(3) 结合法理和法律有关规定分析工商所的做法违反了何种原则？

2. 甲市A区人大换届选举后，A区爱民社区居民委员会选区36名选民向A区人大常委会提出了罢免要求，要求罢免该选区新当选的A区人大代表陈某。罢免理由是，陈某作为居委会主任，在爱民社区出现水患时，陈某没有及时赶到，在辖区人民群众生命财产受到极大威胁时候，陈某漠不关心人民群众的疾苦，已经不能代表人民群众的根本利益，没有资格继续担任人大代表，所以坚决要求罢免之。

此案经区人大常委会审议，最后人大常委会主任魏某将罢免案否决，罢免没有得以成立。事后，陈某在选民的压力下向甲市人大常委会提出口头辞去代表职务的请求，经甲市人大常委会主任批准，陈某辞去了A区人大代表职务。

请分析本案中有哪些做法违背了《选举法》的规定并指出理由。

单元十答案要点

1. (1) 魏某的人身自由权、人格尊严权和财产权受到侵犯。宪法依据是：中华人民共和国公民的人身自由不受侵犯；中华人民共和国公民的人格尊严不受侵犯；公民的合法的私有财产不受侵犯。理由：魏某被工商所扣留长达6小时，而工商所并非公安机关或国家安全机关，无权限制或剥夺魏某的人身自由。工商所还用手铐将魏某锁住，间接地侵犯了魏某的人格尊严权。工商所将6箱袜子扣留侵犯了魏某的私人财产所有权。

(2) 魏某维护自己合法权益的途径有：①由于工商所无行政处罚权，因而魏某可以依据行政处罚法的规定向人民法院提起行政诉讼。②魏某受到工商所及其工作人员的侵犯，魏某据此可以依据国家赔偿法的规定提出行政赔偿的请求。

(3) 工商所的做法违反了依法行政原则和正当程序原则。工商所对魏某实施的行政处罚属于越权行为，违反了依法行政要求，应属无效。工商所将魏某的6箱袜子扣留，但不出具扣留凭证，违反了执法程序的正当性要求。

2. (1) A区爱民社区居民委员会选区36名选民向A区人大常委会提出的罢免要求不符合选举法规定。因为对于县级人大代表的罢免，须原选区选民50名以上联名，而爱民社区居委会选区36名选民联名提出代表的罢免，低于选举法规定的提出罢免案的法定人数。

(2) A区爱民社区居民委员会选区36名选民向A区人大常委会提出的罢免理由不符合选举法规定。因为罢免理由必须与代表行使职权有关，而选民提出的罢免理由都与陈某没有履行好其作为居委会主任的职责相关，这些职责与代表职权并不相关。

(3) A区人大常委会罢免程序不符合选举法规定。因为罢免县级人大代表须经原选区过半数的选民通过，而魏某并无否决罢免案的权力。

(4) 陈某提出口头辞职的做法不符合选举法规定。因为辞职应当采取书面形式，口头辞职无效。

(5) 陈某应向A区人大常委会提出辞职。因为县级人大代表可向本级人大常委会书面提出辞职，而不能向甲市人大提出辞职。

(6) 通过陈某辞职的程序不符合选举法规定。因为县级人大常委会接受代表的辞职，须经常委会组成人员的过半数通过，而甲市人大常委会主任无权批准陈某的辞职。

第五章

论述题

单元一

1. 试论宪法的法律特征。
2. 试论对基本权利的限制。

单元一答案要点

1. 宪法在我国社会主义法律体系中居于核心地位，是其他部门法律规范的最高依据。宪法具有如下法律特征。

（1）内容的根本性。宪法规定国家的根本制度，是对国家和社会生活的宏观规范和调整，宪法规定的内容是有关国家制度和社会制度的基本原则和主要问题，包括国家主权的归属、国家机关的设置及界限、中央和地方的权限划分、公民的权利及范围、基本国策等范畴。宪法内容的根本性表现在宪法规范国家和社会生活的总体运行规则，以及各种政治参与主体诸如国家机关、各种政治力量和公民的政治地位和权利义务界限。

（2）效力的最高性。在一国的法律体系中，宪法具有最高法律效力。一方面，宪法具有最高的法律效力。首先，宪法是其他一般法律的立法基础，是其他一般法律制定的依据和基础，为其提供立法原则。宪法是国家的根本法，规定其他法律的立法原则，为整个国家法律体系的构建提供准则、依据和基础。所以在这个意义上宪法又被称为“母法”，而普通法律则被称为“子法”，表明宪法和普通法律之间的内在联系。其次，宪法具有最高的法律效力表明，任何其他法律不得同宪法相抵触，否则无效。宪法是规范国家和社会运行的基本原则和章程，普通法律则是将宪法的原则性规范具体化为具有可操作性的规则，目的是为了促成宪法的原则性规定在现实生活中的落实和实现。在国家整个法制体系的构建和运行中，宪法是核心和根本，具有最高的法律效力，一切普通法律规范的有效与否及其存废，都应以宪法规范为确定和取舍的依据。另一方面，宪法具有对人的最高效力。宪法是一切国家机关、社会团体和全体公民的最高行为准则，任何组织和个人不得享有超越于宪法之上的特权。

（3）宪法制定、修改程序的特殊性。宪法的制定和修改程序比其他一般法律更为复杂和严格，是由宪法内容的重要性和宪法所具有的最高效力决定的，其基本精神在于维护宪法的尊严和最高地位。当然，不成文宪法不具备这个特点。宪法的制定和修改程序更为严格，这表现在以下 3 个方面：①宪法的制定程序与其他一般法律不同。宪法是由专门的制宪机构制定的，而普通法律由国家立法机关制定；宪法草案的通过要求 2/3 或者 3/4 以上的多数，有的国家甚至还要经全体公民投票才能最终议决，而普通法律由全国人民代表大会以全体代表的过半数通过。②宪法的修改程序不同于普通法律。各国一般对修宪提案权的主体有特别的限制，如我国宪法规定，宪法的修改，由全国人民代表大会常务委员会或者 1/5 以上的全国人民代表大会代表提议，并由全国人民代表大会以全体代表的 2/3 以上的多数通过。③对于宪法内容的修正往往附加特别的限制，有的国家虽然没有明文规定，但却存在着事实上的对修宪内容的限制。

2. (1) 基本权利的限制，或者源于不同权利之间的冲突，或者因为公共利益的保护。宪法作为一国法律秩序的基石，必然要求对权利冲突或者公共利益保护进行相应的安排，对基本权利的行使进行相应的规制。基本权利限制的形式有基本权利的宪法限制和基本权利的法律限制。宪法的基本权利条款中，有时不仅具有权利保障的内容，也有权利行使的限定规定。这被称为基本权利的宪法限制。更常见的情形是宪法授权立法机关对基本权利予以限制，此为基本权利的法律限制，即法律保留。基本权利的法律限制一方面是对公民基本权利的限缩，公民基本权利被法律所限定。另一方面又具有对公民基本权利保护的意涵，唯有立法机关的法律才可以限缩基本权利，防止公民基本权利受到来自行政机关的非法限制。

(2) 对基本权利进行一般性的限制必须要遵守一定的规则。而立法除要符合法律保留原则外，还要受到下列原则的进一步约束，此即基本权利限制的限制。对基本权利的限制进行限制应遵循如下原则：①明确性原则。法律对公民权利所作的限制，必须内容明确，可以成为公民行动的合理预期。如果法律条文过于宽泛、笼统和模糊，在接受宪法审查的时候，此类法律往往会被宣告为违宪而无效。②比例原则。比例原则要求为公共利益而限制公民基本权利的时候，必须要在手段和目的之间进行利益衡量。限制基本权利的目的必须具有宪法正当性。它包括 3 个方面的内容：第一，手段合适性，所采用手段必须适合目的之达成；第二，限制最小化，立法所采取的是对基本权利影响、限制最小的手段；第三，狭义比例原则，要求手段达成的公共目的与造成的损害之间具有适当的比例关系，即均衡法。

单元二

1. 试论宪法的实质特征。
2. 试论平等权的含义和在我国宪法中的体现。

单元二答案要点

1. (1) 宪法是公民权利的保障书。从历史发展的角度看，宪法确立的目的就是确认公民的基本权利。宪法与公民权利之间存在着极为密切的联系，宪法最主要、最核心的价值是保障公民的基本权利。从宪法的内容上看，国家权力的正确行使和公民权利的有效保障是宪法文本中最为主要的部分，而且从二者之间的关系上看，对国家权力的规制也是为了更好地实现和保障公民的基本权利。从国家的法律体系看，宪法是全面规定公民基本权利的法律部门，并且对于其他一般法律中对公民的法律权利的设计和规定具有重要的指引作用。

(2) 宪法是民主制度法律化的基本形式。宪法作为民主制度法律化的基本形式表现在宪法确立了国家的民主施政规则：①宪法规定了代议制和普选制，为人民主权的实现构建了政治运行机制。②宪法以根本法的形式赋予人民广泛的政治权利和其他社会、经济、文化权利，这些权利既是人民当家作主的政治地位在其他社会生活领域的具体体现，同时也是人民政治权利实现的保障。宪法确认和保障广泛的人民权利，实际上为民主施政构建了坚实的社会基础。③宪法具体规范了国家机构的职权和行使程序，为国家权力的运行提供了法定界限。只有依法对国家权力的分工和运行程序予以规范，才能确保其在民主施政中各司其职，发挥作用。宪法规范国家机构及其权力界限，就是对民主施政的保障，反映了民主政治的内在要求。

(3) 宪法是各种政治力量对比关系的集中体现。宪法确认社会各阶级的政治地位：①宪法是在社会政治斗争中取得胜利并掌握了国家政权的那个阶级的意志和利益的集中表现，是统治阶级以根本法形式确认本阶级的斗争成果、巩固本阶级已经取得的在政治上和经济上的统治地位的法律武器。②宪法确认各阶级的政治地位，宪法在内容和形式上要受到阶级力量对比关系的决定和影响，这是各阶级社会政治地位的动态反映。

2.（1）平等权既是我国公民的一项基本权利，也是我国宪法的基本原则。保护公民的平等权是宪法的要求。平等权作为我国公民的基本权利，具有如下含义：①平等权的主体是全体公民，它意味着全体公民法律地位的平等。②平等权是公民的基本权利，是国家的基本义务。公民有权利要求国家给予平等保护，国家有义务无差别地保护每一个公民的平等地位。国家不得剥夺公民的平等权，也不能允许其他组织和个人侵害公民的平等权。③平等权意味着公民平等地享有权利履行义务。平等不能和特权并存，平等也不允许歧视现象存在。④平等权是贯穿于公民其他权利的一项权利，它通过其他权利，如男女平等、民族平等、受教育权平等而具体化。

（2）我国宪法规定的平等权条款分为一般平等权条款和具体平等权条款。①一般平等权条款。现行宪法规定，任何组织或者个人都不得有超越宪法和法律的特权。现行宪法规定，中华人民共和国公民在法律面前一律平等。任何公民享有宪法和法律规定的权利，同时必须履行宪法和法律规定的义务。②具体平等权条款。具体平等权条款包括民族平等权、选举平等权、宗教信仰平等权、男女平等权。现行宪法规定，各民族一律平等。国家保障各少数民族的合法的权利和利益，维护和发展各民族的平等、团结、互助关系。禁止对任何民族的歧视和压迫，禁止破坏民族团结和制造民族分裂的行为。现行宪法规定，年满 18 周岁的中国公民，不分民族、种族、性别、职业、家庭出身、宗教信仰、教育程度、财产状况、居住期限，都有选举权和被选举权；但是依照法律被剥夺政治权利的人除外。现行宪法规定，任何国家机关、社会团体和个人不得强制公民信仰宗教或者不信仰宗教，不得歧视信仰宗教的公民和不信仰宗教的公民。现行宪法规定，妇女在政治的、经济的、文化的、社会的和家庭的生活等各方面享有同男子平等的权利。国家保护妇女的权利和利益，实行男女同工同酬，培养和选拔妇女干部。

单元三

1. 结合法理学和宪法学知识，论述 2018 年宪法修正案关于加强党的领导对立法工作和全面依法治国的意义。

2. 有人认为，宪法规定了公民在法律面前一律平等原则就意味着反对歧视、排斥特权，绝不容许有差别对待。请结合宪法学原理对上述看法展开论述。

单元三答案要点

1.（1）2018 年宪法修正案充实和加强了中国共产党全面领导的内容，在宪法中增加规定，“中国共产党的领导是中国特色社会主义最本质的特征”。宪法从社会主义制度的本质属性角度对坚持和加强党的全面领导进行规定，有利于在全国人民中强化党的领导意识，有效地把党的领导落实到国家工作全过程和各方面，确保党和国家事业始终沿着正确方向前进。

（2）2018 年宪法修正案对于加强党对立法工作的领导具有重要意义。加强党对立法工作的领导与人大主导立法是我国立法工作的根本原则，也是对我国立法实践经验的科学总结。党领导立法强调坚持党的政治领导原则，党通过确定立法工作方针、批准立法规划、提出立法工作建议、明确立法工作的重大问题、加强立法队伍建设等，把握正确的政治方向。

（3）2018 年宪法修正案为全面依法治国确立了政治方向，那就是“坚持中国特色社会主义法治道路，最根本的是坚持中国共产党的领导”，自觉地把党的领导贯彻到依法治国全过程和各方面，更好地落实全面依法治国基本方略。全面依法治国的总目标是建设中国特色社会主义法治体系，建设中国特色社会主义法治国家。要坚持这个总目标，必须坚持中国共产党的领导。2018年宪法修正案确立了“党的领导是中国特色社会主义最本质的特征”，也是社会主义法治最根本的保证。把党的领导贯彻到依法治国的全过程和各方面，是我国社会主义法治建设的一条基本经验。必须坚持党领导立法、保证执法、支持司法、带头守法，把依法治国基本方略同依法履行职责统一起来，把党总揽全局、协调各方同人大、政府、监察机关、审判机关、检察机关依法履行职责统一起来，把党领导人民制定和实施宪法法律同党坚持在宪法法律范围内活动统一起来。

2. (1) 现行宪法规定，公民在法律面前一律平等。任何组织或者个人都不得有超越宪法和法律的特权。上述宪法规定表明我国宪法的一般平等权中包含了反对歧视和特权的内容。我国宪法规范所确定的公民享有的平等权不仅包括一般平等权条款，还包括民族平等权、选举平等权、宗教信仰平等权、性别平等权等具体平等权条款。

(2) 根据我国宪法规定，我国公民平等权具有下列含义：①平等权的主体是全体公民，它意味着全体公民法律地位的平等。②平等权是公民的基本权利，是国家的基本义务。公民有权利要求国家给予平等保护，国家有义务无差别地保护每一个公民的平等地位。国家不得剥夺公民的平等权，也不能允许其他组织和个人侵害公民的平等权。③平等权意味着公民平等地享有权利、履行义务。平等不能和特权并存，平等也不允许歧视现象存在。④平等权是贯穿于公民其他权利的一项权利，它通过其他权利，如男女平等、民族平等、受教育权平等而具体化。

(3) 在宪法中，从原则上讲，对于所有的公民应当采取无差别的待遇，除非存在进行差别对待的合理理由。尤其是不得把种族、性别、家庭出身、宗教信仰作为法律上的不同对待的理由。但是这些都不意味着绝不容许有差别对待，只不过差别对待必须是合理的和合宪的。我国宪法依据年龄、人的生理条件和民族的具体情况等因素采取了对权利和利益的差别对待或特别保护，体现了合理差别的原则。具体体现合理差别原则的情形包括：①由于年龄上的差异所采取的责任、权利等方面上的合理差别。我国宪法规定的年满18周岁的公民才拥有选举权和被选举权就属于这种类型。②依据人的生理差异所采取的合理差别。例如对女性的孕期保护。③依据民族的差异所采取的合理差别。例如我国法律对于少数民族在政治、经济、文化等领域实行的优待措施。

单元四

1. 试论宪法法治原则的内容和在我国宪法中的体现。
2. 试论我国宪法规定的公民人身自由权的主要内容。

单元四答案要点

1. (1) 法治原则是指在宪政之下，立法、行政、司法各部门的行为都必须以宪法和法律作为行使权力的根据和界限，国家必须根据宪法和法律予以治理的宪法原则。

(2) 法治原则的内容有：①宪法优位。宪法优位即宪法是国家的最高法律，法律必须受宪法的拘束。我国宪法在以下两方面确立了宪法优位：第一，制定的法律必须受到宪法的约束，不能与宪法相抵触，否则无效。第二，行政和立法机关之间的关系上要遵循法律优位原则，也就是说行政机关的一切行政行为或其他活动都不得与法律相抵触。作为抽象行政行为的行政法规和行政规章必须在法律规定的范围之内。②法律保留（专属立法权限）。法律保留原则的基本含义是，关于公民基本权利的限制等专属立法事项，应当由立法机关通过法律来规定，行政机关不得代为规定，行政机关实施的行政行为必须要有法律的授权，不得与法律相抵触。我国法律也确立了法律保留原则。对于法律保留事项，全国人大及其常委会可授权国务院制定行政法规，此为授权立法。③审判独立。审判独立即法官在审判案件时不受任何干涉或压迫，只服从于宪法和法律。我国宪法也确立了审判独立原则。

（3）我国宪法中也有法治原则的宣告。现行宪法序言明确规定，本宪法以法律的形式确认了中国各族人民奋斗的成果，规定了国家的根本制度和根本任务，是国家的根本法，具有最高的法律效力。现行宪法规定，中华人民共和国实行依法治国，建设社会主义法治国家。国家维护社会主义法制的统一和尊严。一切法律、行政法规和地方性法规都不得同宪法相抵触。一切国家机关和武装力量、各政党和各社会团体、各企业事业组织都必须遵守宪法和法律。一切违反宪法和法律的行为，必须予以追究。任何组织或者个人都不得有超越宪法和法律的特权。我国宪法还确立了审判独立原则。现行宪法规定，人民法院依照法律规定独立行使审判权，不受行政机关、社会团体和个人的干涉。

2. 公民的人身自由是公民参加各种社会活动、参加国家政治生活和享受其他权利自由的先决条件，也是公民一切权利和自由的基础。人身自由包括：公民的人身自由不受侵犯，公民的人格尊严不受侵犯，公民的住宅不受侵犯和公民通信自由与通信秘密受法律保护。

（1）公民的人身自由不受侵犯。公民的人身自由不受侵犯是指公民的人身和行动不受非法搜查、拘禁、逮捕、剥夺、限制和侵害。新中国成立以来的历部宪法都确认了公民的人身自由不受侵犯的基本权利。现行宪法规定，中华人民共和国公民的人身自由不受侵犯。任何公民，非经人民检察院批准或者决定或者人民法院决定，并由公安机关执行，不受逮捕。禁止非法拘禁和以其他方法非法剥夺或者限制公民的人身自由，禁止非法搜查公民的身体。

（2）公民的人格尊严不受侵犯。现行宪法规定，公民的人格尊严不受侵犯。禁止用任何方法对公民进行侮辱、诽谤和诬告陷害。也就是说，公民享有人格权。我国的民事立法和刑事立法又进一步将人格权的保护具体化。我国刑法规定了对犯有侮辱、诽谤和诬告陷害罪的处罚，我国民法总则规定了侵犯公民健康、姓名权等侵权的民事责任。以法律手段对人格权加以保护，反映了我国保护公民人格尊严已达到了一个新的高度。

（3）公民的住宅不受侵犯。公民的住宅不受侵犯是指公民居住、生活及保存私人财产的场所不受非法侵辱和搜查。现行宪法规定，中华人民共和国公民的住宅不受侵犯。禁止非法搜查或者非法侵入公民的住宅。我国刑法则规定对于非法侵入或搜查公民住宅的刑事犯罪予以严惩。

（4）公民的通信自由和通信秘密受法律保护。通信自由是指公民有根据自己的意愿自由进行通信不受他人干涉的自由。通信秘密是指公民通信的内容受国家法律保护，任何人不得非法私拆、毁弃、偷阅他人的信件。我国宪法规定，中华人民共和国公民的通信自由和通信秘密受法律的保护。除因国家安全或者追查刑事犯罪的需要，由公安机关或者检察机关依照法律规定的程序对通信进行检查外，任何组织或者个人不得以任何理由侵犯公民的通信自由和通信秘密。

单元五

1. 试论权力制约与监督原则在我国宪法中的体现及对贯彻权力制约法治原则的作用。

2. 有人认为，只有那些试图宣泄不满的民众才需要监督权，对于生活安逸的人来说，监督权可有可无。请结合宪法学原理对此看法进行评析。

单元五答案要点

1. （1）权力制约与监督原则是指国家权力机关的各部分之间相互监督、相互制约，以保障公民权利的原则，既包括公民权利对于国家权力的制约，也包括国家权力对于国家权力的制约。

（2）我国实行人民代表大会制度，在国家权力统一行使的基础上，国家机关分工负责，相互制约。我国宪法在以下 3 个方面体现了权力制约与监督原则：①人民对国家权力的制约监督。我国宪法规定，国家的一切权力属于人民。全国人民代表大会和地方各级人民代表大会都由民主选举产生，对人民负责，受人民监督。一切国家机关和国家工作人员必须依靠人民的支持，经常保持同人民的密切联系，倾听人民的意见和建议，接受人民的监督，努力为人民服务。②公民权利对国家权力的制约监督。我国宪法规定了公民的基本权利，这些基本权利意味着国家对这些基本权利的行使不得干预和予以保护的义务。此外，我国宪法还明确了公民对于任何国家机关和国家工作人员，有提出批评和建议的权利。③国家机关内部的制约监督。我国宪法规定了不同国家机关之间、国家机关内部不同的监督方式。我国宪法规定，国家行政机关、监察机关、审判机关、检察机关都由人民代表大会产生，对它负责，受它监督。监察委员会依照法律规定独立行使监察权，不受行政机关、社会团体和个人的干涉。监察机关办理职务违法和职务犯罪案件，应当与审判机关、检察机关、执法部门互相配合，互相制约。我国宪法还规定，人民法院、人民检察院和公安机关办理刑事案件，应当分工负责、互相配合、互相制约，以保证准确有效地执行法律。

(3) 法治内在地要求对国家权力进行合理分工和有效制约。权力如何分配和制约是法治国家权力结构的基本问题。能否实现法治，也取决于国家权力结构中是否实行分工和制约。之所以强调权力的分工和制约，是因为法治的目的就在于运用法律防止国家权力的专横、恣意和腐败，保障公民的权利和自由。法治所强调的对国家权力进行制约，是权力之间的相互制约。让权力之间互相监督，是维护法的权威、保证国家权力的执行者不违背法律的有力措施。法治原则特别强调对国家行政权力的制约，要求严格依法行政。因为行政机关执掌着大量日常公共生活的组织指挥权能，代表公权力，能够通过各种抽象和具体行政行为直接干预公民和社会组织的活动，行政权力行使的广泛性、主动性和强制性、单方面性等都使得对行政权的约束成为法治的重点。

2. (1) 监督权是指公民享有的参与国家管理、表达政见的一种政治性权利。根据我国宪法规定，公民享有的监督权包括批评权、建议权、申诉权、控告权、检举权以及国家赔偿请求权这六项权利。监督权构成了公民基本权利的一部分，我国宪法对此予以充分保障。

(2) 监督权对于宪政建设和政治生活都具有十分重要的意义：①传递民意、吸纳民智，增进公共决策的理性化程度；②通过直接沟通与对话，缩短公共权力与民意的距离，防止权力的专横与腐败；③培养公民的公共意识、参与意识、民主习惯和民主技能，为实现宪政奠定坚实的基础；④及时宣泄民众的不满，避免社会矛盾的激化，进而维护社会的稳定。

(3) 监督权作为宪法规定的一项公民基本权利，对于任何人，无论他是心存不满的人，还是生活安逸的人，都是必不可少的宪法权利，对于任何公民而言，监督权都是必不可少的。通过行使宪法赋予的监督权，对国家机关或其工作人员提出批评、建议、申诉，对因国家机关和国家工作人员侵犯公民权利而受到损失的人，有权依照法律规定取得赔偿。这不仅可以消除不满，增进社会稳定；还可以保障公民权利免受侵害。

(4) 公民行使监督权受到宪法和法律的保护，对于公民的申诉、控告或者检举，有关国家机关必须查清事实，负责处理，任何人不得压制和打击报复。公民在行使监督权时也不得捏造或者歪曲事实进行诬告陷害。

单元六

1. 试论宪法规范的特点。
2. 试论我国宪法规定的政治诉愿权。

单元六答案要点

1. (1) 内容的政治性。宪法规范内容的政治性，是宪法规范与其他法律规范相比最主要的特点。内容的政治性是由宪法所调整的社会关系决定的。从产生之初，宪法就是为了保障人权而对国家权力的行使进行严格限制的一个崭新的法律部门，因此，宪法从设计一开始就具有强烈的政治色彩。从宪法规范的具体内容来看，主要是有关国家权力、政治过程、平衡各种政治利益的规则、规范国家与公民及各种政治力量之间的关系。宪法规范内容的实现和变化都要受到各种政治力量对比关系的决定性影响，也体现了宪法规范的政治性。与普通法律只是调整公民和法人的个人生活或社会生活的规则内容相比，宪法内容的政治性是显而易见的。除此之外，宪法规范的内容的实现和变化都要受到各种政治力量对比关系的决定性影响，也体现了宪法规范的政治性。

（2）效力的最高性。宪法规范具有最高法律效力，这是由宪法规范的性质和内容决定的，也是由宪法的最高法律地位决定的。由于宪法规范是有关国家和社会生活的最根本的规则和问题，是国家的根本法和总章程，因此，它在整个法律体系中居于最高的法律地位，具有最高的权威性，构成宪法的每一个规范自然就具有最高性的特点。内容的最高性是宪法规范与其他法律规范在效力上的区别。

（3）立法的原则性。宪法规范表现为原则性和概括性，宪法规范的这一特点是与宪法规范调整内容的广泛性相联系的。宪法是国家的根本法和总章程，要为社会政治调整和国家权力行使提供规范依据，这就决定了宪法规范在内容设计上要囊括国家生活和社会生活的各个方面，任何的立法空白都会使社会活动的总体调整陷入无法可循的境地。如果宪法在立法上过于具体庞杂，必然会导致规范主次不分明和经常性修改，也不利于保护宪法的稳定性和权威性。所以，宪法的原则性是宪法的概括性、适应性和相对稳定性的基础和综合体现。宪法规范具有原则性和概括性，这是宪法规范与其他法律规范在调整内容上的区别。

（4）实施的多层次性。大部分宪法规范只提供了调整社会关系的宏观性原则。宪法规范的实现只提供了调整社会关系的宏观性原则，宪法规范的实现不可能是直接的一次性调整具体社会政治事项和个人间的权利义务关系，从而形成宪法秩序。宪法规范的调整和规范职能，要根据实际需要进行多层次性的具体化，包括立法的具体化和宪法解释，使其成为一种具有直接的可操作性的行为规范，这样才能通过社会主体的自觉守宪行为和有权机关的合宪性审查行为而最终实现。但是，有的宪法规范由于立法形式比较具体，其实现就可能是一次性的或较少具体化层次即可完成，特定的宪法主体和合宪性审查机关直接执行这些规范即可形成宪法相关秩序，实现宪法规范的职能，如宪法立法中有关国家机关具体职权的规定依据有关宪法修改及具体的程序性规范就属此类。实施的多层次性是宪法规范与其他法律规范在实施方式上的区别。

2.（1）政治诉愿权是公民依照宪法规定而享有的提出政治诉求和进行政治监督的权利。它既是国家一切权力属于人民的体现，也是公民作为国家管理活动的相对方对抗国家机关及其工作人员违法失职行为的有效手段。我国宪法规定，中华人民共和国公民对于任何国家机关和国家工作人员，有提出批评和建议的权利；对于任何国家机关和国家工作人员的违法失职行为，有向有关国家机关提出申诉、控告或者检举的权利，但是不得捏造或者歪曲事实进行诬告陷害。公民通过这项权利的行使，既可对国家机关和国家工作人员实行监督，同时又可维护自己的合法权益，使其免遭国家机关和国家工作人员的不法侵害。公民的政治诉愿权包括批评、建议、申诉、控告、检举和取得赔偿的权利。

（2）批评和建议权。批评权是公民对于国家机关及其工作人员的缺点和错误，有权提出要求其克服改正的意见。建议权是公民对国家机关的工作，有权提出自己的主张和建议。公民行使批评、建议权，对国家机关和国家工作人员的职务活动进行监督、评议，防止国家机关和国家工作人员的官僚主义，提高工作效率，促使国家机关和国家工作人员更好地履行自己的职责。

（3）申诉、检举和控告权。申诉权是公民对国家机关作出的决定不服，可向有关国家机关提出请求，要求重新处理的权利，分为诉讼上的申诉和非诉讼上的申诉。凡针对法院作出的已经生效的裁判提出的申诉属于诉讼上的申诉，其余的则为非诉讼上的申诉。检举权是公民对国家机关工作人员的违法失职行为向有关机关进行检举的权利。控告权是公民对违法失职的国家机关及其工作人员的侵权行为提出指控，请求有关机关对违法失职者给予制裁的权利。控告和检举是公民同国家机关工作人员的违法失职行为作斗争的两种不同手段，控告权是因涉及公民自身的合法权益而行使，是一种救济权利；检举权不一定是自身权益受到侵害，是对国家机关及其工作人员行使的监督权利。为了保障公民监督权的有效实现，我国宪法规定，对于公民的申诉、控告或者检举，有关国家机关必须查清事实，负责处理。任何人不得压制和打击报复。

（4）国家赔偿请求权。国家赔偿请求权是国家机关和国家机关工作人员违法行使职权侵犯公民的合法权益造成损害时，受害人有权取得国家赔偿的权利，包括行政赔偿和刑事赔偿。取得赔偿权是一种救济权利，权利救济是权利保障的最后手段。我国还建立了国家赔偿制度，国家赔偿制度的建立和完善，将进一步增强国家机关工作人员执法、司法的严肃性，增强国家机关及其工作人员为人民、为社会负责的责任感，它是保障公民合法权益的重要法律制度。

单元七

1. 试论2018年宪法修改的意义。
2. 试论我国宪法规定的民主集中制原则的主要内容及表现。

单元七答案要点

1.（1）宪法是国家的根本法，2018年全国人大对现行宪法进行了第五次修改，通过了21条修正案。此次修改主要涉及宪法序言、贯彻党的领导、国家机构等方面。

（2）宪法确立了“科学发展观，习近平新时代中国特色社会主义思想”在国家政治和社会生活中的指导地位，反映了全国各族人民的愿望，体现了党的主张和人民意志的统一，具有重大的现实意义和深远的历史意义；宪法所确立的贯彻新发展理念，是党中央推动我国经济发展实践的理论结晶。宪法充实和加强中国共产党的全面领导的内容，规定中国共产党是中国特色社会主义最本质的特征。这是从社会主义制度的本质属性角度对坚持和加强党的全面领导进行规定，有利于在全国人民中强化党的领导意识，有效地把党的领导落实到国家工作全过程和各方面，确保党和国家事业始终沿着正确方向前进。充实“五个文明”协调发展的内容，实现社会全面发展的宪法总体布局。为推动国家治理体系和治理能力现代化，在国家机构方面进行了修改，推动了合宪性审查工作，完善了任期任制，确认了设区的市制定地方性法规的立法权限，设立监察委员会，实现了反腐败对公职人员的全覆盖。

（3）此次宪法修改，为在国家政治和社会生活中贯彻习近平新时代中国特色社会主义思想提供了宪法保障；为全面贯彻实施宪法确立的国家根本任务、发展道路、奋斗目标提供了宪法保障；为确保党的长期执政和国家长治久安提供了宪法保障；为进一步全面推进依法治国提供了宪法保障；为支持和健全人民当家作主提供了宪法保障。

2.（1）民主集中制是社会主义国家政权组织和活动的基本原则。现行宪法规定，中华人民共和国的国家机构实行民主集中制原则。民主集中制是一种民主与集中相结合的制度，是在民主基础上的集中和在法治规范下的民主的结合。根据这一原则的要求，我国的国家权力必须集中由代表人民意志的、由民主选举产生的人大统一行使；各个国家机关之间不是分权关系，而是为实现国家管理任务进行的工作分工关系；各个国家机关依据宪法的具体规定，在人大及其常委会的统一领导和监督下，行使各自职责范围内的权力。

（2）根据现行宪法规定，我国国家机关贯彻民主集中制原则主要表现为：①在意志代表方面，人大由民主选举产生，对人民负责，受人民监督；由人大代表人民的最高意志，制定法律，决定国家的重大问题。②在权限划分方面，行政、监察、审判、检察、军事等机关由人大选举或决定产生，对它负责，受它监督；各机关在其宪法权限内处理属于各自职权范围内的国家事务。③在中央和地方的权力关系方面，遵循在中央统一领导下，充分发挥地方积极性、主动性的原则，但必须坚持中央的集中统一领导。④在国家机关内部关系方面，人大及其常委会实行集体领导体制，而行政机关和军事机关则都实行首长个人负责制。⑤在具体工作方面，不管在哪一个国家机关，具体决策过程都必须遵循民主集中制的原则，既不能出现“一言堂”的情况，更不能出现互相推诿的情况。民治集中制是与我国国情相适应的国家机构的基本原则。实行民治集中制，既能防止权力过分集中，又避免了不必要的牵制，保证了国家机关工作的有效进行。

单元八

1. 试论人民代表大会制度是我国的根本政治制度。
2. 试论全国人民代表大会代表的地位和权利。

单元八答案要点

1. (1) 我国政权组织形式是人民代表大会制度。人民代表大会制度是马克思主义关于政权组织形式的基本理论同中国具体实际相结合的产物，是人民通过选举的方式，选举代表组成各级国家权力机关，由各级国家权力机关产生其他的国家机关，其他国家机关对权力机关负责，权力机关对人民负责的一种制度。根据我国宪法规定，人民行使国家权力的机关是全国人民代表大会和地方各级人民代表大会。

(2) 人民代表大会制度是我国的代议制度，是建立在我国国情的基础上，是我国根本的政治制度，理由如下：①人民代表大会制度直接全面地反映了我国的阶级本质。现行宪法规定，我国是工人阶级领导的，以工农联盟为基础的人民民主专政的社会主义国家。国家的一切权力属于人民。这些规定表明，我国人民民主专政的政权是人民当家作主的政权，而人民代表大会制度的基本任务和首要功能是从组织上确保人民当家作主的实现。人民代表大会制度的组成、人民代表大会同其他国家机关的关系以及人民代表大会在行使和实现国家权力等方面都直接地反映了我国的阶级本质。②人民代表大会制度产生于我国的革命斗争中，是其他制度赖以建立的基础。我国的人民代表大会制度是马克思主义国家学说同我国革命实践相结合的产物。在革命斗争和发展的过程中，人民代表大会制度不以其他的任何制度作为产生的依据，不依赖其他制度而产生。人民代表大会制度产生后，就成为其他制度的基础。③人民代表大会制度反映了我国政治生活的全貌，是人民实现民主管理的最好方式。我国国家管理范围内的一切制度，都是以人民代表大会制度为基础建立起来的，在我国的政治生活中，只有人民代表大会制度才能代表我国政治生活的全貌，是我国国家力量的源泉。在我国，人民行使民主权利、当家作主的途径和方式是多种多样的，但最基本的途径是人民代表大会制度。从实现民主权利的范围和限定来说，只有人民代表大会制度才具有广泛性、权威性和有效性，才是实现民主管理的最佳途径。上述三个方面结合，足以说明人民代表大会制度是我国根本的政治制度。

2. 全国人大代表是最高国家权力机关的组成人员，他们是人民选派到最高国家权力机关的使者，是受人民委托、按照人民的意志和利益、代表人民行使国家最高权力的，是最高国家权力机关的重要组成部分。根据现行宪法和有关法律的规定，全国人大代表享有以下权利。

(1) 全国人大代表有出席全国人大会议，发表意见，参与表决，共同决定中央国家机关领导人员的人选和国家生活中的重大问题。全国人大代表参加全国人大会议、代表团全体会议、小组会议，审议列入人大会议议程的各项议案和报告，也可以被推选或者受邀请列席主席团会议、专门委员会会议并发表意见。

（2）根据法律规定的程序提出议案、建议和意见的权利。一个代表团或者 30 名以上代表联名，可以向全国人大提出属于全国人大职权范围内的议案。全国人大代表可以对提交会议审议的议案进行讨论，参与表决。

（3）依照法律规定的程序提出质询案的权利。在全国人大会议期间，一个代表团或者 30 名以上代表联名，书面提出对国务院、国务院领导的各部委、最高人民法院、最高人民检察院的质询案，由主席团决定交受质询机关，受质询机关须在会议期间答复。此外，在全国人大审议议案时，代表可以向有关国家机关提出询问，由有关机关派人在人大代表小组和代表团会议上进行说明。

（4）依法提出罢免案的权利。全国人大代表有权依照法律规定的程序，提出对全国人大常委会组成人员，国家主席、副主席，国务院组成人员，中央军委组成人员，最高人民法院院长，最高人民检察院检察长的罢免案。

（5）人身特别保护权。在全国人大开会期间，非经过全国人大会议主席团的许可，在全国人大闭会期间，非经全国人大常委会的许可，全国人大代表不受逮捕或者刑事审判。如果因为全国人大代表是现行犯而被拘留的，执行拘留的公安机关必须立即向全国人大主席团或者立即向全国人大常委会报告。

（6）言论免责权。全国人大代表在全国人大各种会议上的发言和表决不受法律追究。这样就能够排除他们的后顾之忧，使他们能够代表人民的意志畅所欲言地发表意见。

（7）物质保障权。全国人大代表在履职时，所在单位根据实际需要予以时间保障和工资福利保障，国家应当予以适当补贴和物质上的补助。

单元九

1. 请结合宪法实施理论和知识，论述如何全面深入推进宪法实施和监督。

2. 试论我国人民法院的领导体制。

单元九答案要点

1. 宪法实施是指宪法规范在实际生活中的贯彻落实，是宪法制定颁布后的运行状态，也是宪法作用于社会关系的基本形式。宪法的生命在于实施，宪法的权威也在于实施。要坚持和完善中国特色社会主义制度，推进国家治理体系和治理能力现代化，必须更加注重发挥宪法的重要作用。

（1）始终坚持正确的政治方向。宪法的实施和监督，事关党和国家的前途命运，事关人民群众的幸福安康，具有高度政治性和法律性，必须牢牢把握正确的政治方向。我国实行依宪治国、依宪执政，应贯彻以宪法为核心的依宪治国、依宪执政。坚持依宪治国、依宪执政，最核心的一条就是坚持中国共产党领导，坚持人民民主专政的国体和人民代表大会制度的政体。

（2）将宪法精神贯彻到立法工作全过程和各方面。宪法规定的是国家的重大制度和重大事项，在国家和社会生活中具有总括性、原则性、纲领性、方向性。宪法是所有立法活动的根本依据，立法活动的首要要求是依宪立法。要牢固树立宪法意识，不断加强和改进立法工作，提高立法质量和效率，以完备的法律推动宪法实施，保证宪法确定的制度、原则和精神得到贯彻实施。在具体工作中，无论是审议修改法律案、开展立法调研，还是进行制度设计、研究重大问题，都要始终坚持以宪法为依据，坚决把宪法精神贯彻到立法工作的各方面和全过程，努力使每一项立法都符合宪法精神和人民意愿。

（3）不断健全保证宪法全面实施的体制机制。全面贯彻实施宪法是建设社会主义法治国家的首要任务和基础性工作。全国人大及其常委会负有保证宪法实施、加强宪法监督的法定职责，落实宪法解释程序机制，积极回应涉及宪法有关问题的关切，实现宪法稳定性和适应性相统一。继续推进合宪性审查工作，严格按照宪法规定、遵循宪法原意，认真研究、及时回应各方面对宪法问题的关切。定期听取备案审查工作报告，督促制定机关纠正与宪法精神和法律规定相抵触，或者不符合、不适应的规范性文件，维护国家法制的统一、尊严和权威。积极稳妥处理法治建设中的涉宪性、合宪性问题，保证各项法律法规和制度政策符合宪法规定、遵循宪法原则、体现宪法精神。加强备案审查制度，进一步加强主动审查和专项审查，实行有件必备、有备必审、有错必纠，坚决维护宪法法律的权威和尊严。推动弘扬宪法精神、树立宪法权威。进一步加强宪法宣传教育，着力提高领导干部运用法治思维和法治方式深化改革、推动发展、化解矛盾、维护稳定的能力，在全社会形成尊崇宪法、敬畏宪法、遵守宪法、维护宪法的良好氛围。

2.（1）最高人民法院对全国人大及其常委会负责并报告工作。地方各级人民法院对本级人大及其常委会负责并报告工作。最高人民法院监督地方各级人民法院和专门法院的审判工作。这种监督主要表现在：①对高级人民法院和专门法院的判决和裁定的上诉案件和最高人民检察院按审判监督程序提出的抗诉案件进行审判。②对下级人民法院已经生效的判决、裁定发现确有错误的，按审判监督程序提审或指令下级法院再审。③核准死刑案件。④通过检查案件、考核工作对下级人民法院进行监督。

（2）上级人民法院监督下级人民法院的审判工作主要表现在：①上级人民法院有权审判下级人民法院移送的第一审案件。②审判对下级人民法院的判决和裁定不服的上诉和抗诉案件。③对下级人民法院已经发生法律效力的判决和裁定，如果发现确有错误，有权提审或指令下级人民法院再审。④对管辖权有争议的下级人民法院受理的案件，指定受理法院。⑤通过检查案件、考核工作，对下级人民法院进行监督。

单元十

1. 试论我国中央人民政府和特别行政区的关系。
2. 试论人民检察院的工作原则。

单元十答案要点

1.（1）特别行政区是我国享有高度自治权的地方行政区域，直辖于中央人民政府。中央人民政府和特别行政区的关系是单一制国家结构形式下中央和地方的关系。特别行政区享有高度的自治权，但不享有主权，也不是一个独立的政治实体，其法律地位相当于省、自治区、直辖市。

（2）根据现行宪法和两个基本法规定，中央对特别行政区行使的权力有：中央人民政府负责管理与特别行政区有关的外交事务，负责管理特别行政区的防务，任命特别行政区的行政长官和行政机关的主要官员，决定特别行政区进入紧急状态，全国人大有权修改特别行政区基本法，全国人大常委会有权解释特别行政区基本法等。

（3）根据现行宪法和两个基本法规定，特别行政区享有高度自治权，包括：①行政管理权。特别行政区依基本法的规定自行处理特别行政区的行政事务，包括经济、财政、金融、贸易、工商业、土地、航运、民航、教育、科学、文化、体育、宗教、劳工和社会服务等事项。②立法权。特别行政区的立法机关依据基本法的规定，有权制定适用于特别行政区的法律。特别行政区的立法机关制定的法律须报全国人大常委会备案，备案不影响该法律的生效。③独立的司法权和终审权。特别行政区法院独立进行审判，不受任何干涉，在特别行政区发生的案件由特别行政区法院进行审理，特别行政区终审法院享有终审权。④全国人大及其常委会、中央人民政府授予的其他权力。这些权力包括：特别行政区不实行社会主义的制度和政策，保持原来的资本主义制度和生活方式 50 年不变；特别行政区的土地和自然资源在所有权属于国家的前提下，由特别行政区负责管理、使用、开发、出租或者批给个人、法人或者团体使用或者开发，其收入全归特别行政区政府支配；特别行政区保持财政独立，财政收入不上缴中央人民政府，中央人民政府不在特别行政区征税；特别行政区参加外交谈判、国际会议、国际组织的权力；签订国际协议的权力，与外国互设官方、半官方机构的权力，签发特别行政区护照和旅行证件的权力，等等。

2.（1）依法独立行使检察权原则。我国宪法和人民检察院组织法规定，人民检察院依照法律规定独立行使检察权，不受其他行政机关、团体和个人的干涉。这是检察机关的一项重要原则，也是检察机关进行法律监督，实现检察职能的重要保证。人民检察院独立行使检察权，有利于维护社会主义法制的统一实施，保证案件得到公正处理。

（2）行使检察权在适用法律上一律平等原则。人民检察院组织法规定，人民检察院行使检察权在适用法律上一律平等，不允许有任何组织和个人有超越法律的特权，禁止任何形式的歧视。

（3）司法公正原则。人民检察院组织法规定，人民检察院坚持司法公正，以事实为根据，以法律为准绳，遵守法定程序，尊重和保障人权。

（4）司法公开原则。人民检察院组织法规定，人民检察院实行司法公开，法律另有规定的除外。

（5）司法责任制原则。人民检察院组织法规定，人民检察院实行司法责任制，建立健全权责统一的司法权力运行机制。

（6）公民使用本民族语言文字进行诉讼原则。宪法和人民检察院组织法都确立了这一原则，这一原则是宪法中规定的重要司法工作原则。人民检察院在办理案件过程中，对于不通晓当地通用的语言文字的诉讼参与人，应当为他们翻译。在少数民族聚居或者多民族杂居的地区，应当用当地通用的语言进行讯问；用当地通用的文字制作起诉书或其他法律文书。

中国法制史

第一章

单项选择题

单元一

1.《尚书·康诰》记载：“人有小罪，非眚，乃惟终，自作不典，式尔，有厥罪小，乃不可不杀。乃有大罪，非终，乃惟眚灾，适尔，既道极厥辜，时乃不可杀。”对此，下列说法正确的是(　　)。

A. “非眚”就是过失犯罪　　B. “惟终”就是惯犯

C. 该段文字体现的是罪疑从赦原则　　D. 该段文字体现的是宽严适中原则

2. 我国历史上首创封建成文法典总则篇的法典是(　　)。

A.《刑书》　　B.《秦律》

C.《法经》　　D.《汉律》

3. 唐朝对处斩刑的罪犯减一等处刑，则该罪犯应判处的刑罚是(　　)。

A. 流三千里　　B. 绞刑

C. 流二千里　　D. 徒三年

4. 清末官制改革后，专任最高司法行政的机构是(　　)。

A. 刑部　　B. 提法使司

C. 法部　　D. 大理院

5. 依照唐律规定，对于事先虽无预谋，但情急杀人时已有杀人的意念而杀人的是(　　)。

A. 过失杀　　B. 误杀

C. 斗杀　　D. 故杀

6. “式”作为法典形式最早出现于(　　)。

A. 东魏　　B. 西魏

C. 曹魏　　D. 北魏

7. 据《汉书·高惠高后文功臣表》记载，对于诸侯王役使封国吏民超过法律规定限度的，犯者免为庶人。此规定反映的罪名是(　　)。

A. 逾制　　B. 事国人过员

C. 矫制　　D. 蔽匿盗贼

8. 唐朝对三次犯徒刑之罪的强盗采取的基本处罚原则是(　　)。

A. 累犯加重原则　　B. 诬告反坐原则

C. 刑不累加原则　　D. 从旧兼从轻原则

9. 清朝受理内外蒙古、回疆、青海地区的中央上诉审机关是(　　)。

A. 刑部　　B. 理藩院

C. 宣政院　　D. 大理寺

10. 下列有关宋朝法律制度的表述，正确的是(　　)。

A. 宋朝首次出现了世界上第一部法医学专著——《折狱龟鉴》
B. 宋朝首次将“六赃图”编入法典中
C. 宋朝首次创立了凌迟刑
D. 宋朝在科举考试上实行糊名考校法

11. 清朝最高监察机关是(　　)。
A. 都察院　　B. 御史台
C. 审刑院　　D. 大理寺

12. 中国近代史上为修律工作做准备而制定的刑法典是(　　)。
A.《大清新刑律》　　B.《大清现行刑律》
C.《大清律例》　　D.《暂行新刑律》

13. 南京国民政府解释法律的机关是(　　)。
A. 立法院　　B. 国民大会常务委员会
C. 司法院大法官会议　　D. 国民党最高法院

14. 唐朝开元年间，旅居长安的新罗人甲将波斯人乙殴打致死。对于甲的处理应适用(　　)。
A. 新罗法律　　B. 波斯法律
C. 新罗法律或者波斯法律　　D. 唐律

15. 下列有关革命根据地法制的表述，正确的是(　　)。
A. 工农民主政权时期确立了参议会的政权组织形式
B. 抗日民主政权时期实行过二五减租的土地政策
C.《陕甘宁边区宪法原则》在政权建设方面规定了健全人民代表大会制度的方针政策
D.《华北人民政府施政方针》提出了组成民族统一战线，成立联合政府的主张

单元一答案与精解

1. B

【精解】西周时期已经对故意犯罪、过失犯罪、惯犯和偶犯在观念上有所区分。《尚书・康诰》记载：“人有小罪，非眚（不是过失），乃（如果）惟终（一贯犯罪），自作不典（自行不法），式尔，有厥（jué）罪小（即使其罪很小），乃不可不杀。乃有大罪（如果犯有大罪），非终（不是一贯犯罪），乃惟眚灾（如果是出于过失），适尔，既道极厥辜（虽须按断狱之道处罚其罪），时乃不可杀（仍罪不至死）。”据该记载可知，西周时期将故意犯罪称为“非眚”，将过失犯罪称为“眚”，将惯犯称为“惟终”，将偶犯称为“非终”。可见，A 项说法错误，B 项说法正确。该段文字体现的是区分故意和过失、惯犯和偶犯原则，C、D 项说法错误。

2. C

【精解】《法经》作为中国历史上第一部比较系统的封建成文法典，首创了总则篇，篇名为具法。故选 C 项。刑书指的是春秋时期郑国子产的铸刑书于鼎活动，它是中国历史上第一次公布成文法的活动，但该活动没有创立总则篇目，秦律、汉律都继承了《法经》总则篇目具法的名称。

3. A

【精解】关于刑之加减，《唐律疏议・名例律》规定：凡称“加”者，就是加至较重的等次。如杖一百加一等，是徒一年；徒一年加一等，是徒一年半；等等。凡称“减”者，就是减至较轻的等次。减刑对笞、杖、徒三刑而言是依等次递减。如徒一年减一等，是杖一百；杖一百减一等，是杖九十；等等。但是，减刑对流、死二刑而言，则不是按等次递减，而是按刑种递减。如流三千里减一等，是徒三年；斩刑减一等，是流三千里；等等。唐朝的加、减刑制度，体现了轻刑原则，使刑罚制度更加完善。可见，本题表述的斩刑减一等，就是流三千里，选 A 项。

4. C

【精解】清末为配合仿行宪政活动，清政府对官制进行了改革，就司法官制改革而言，清政府确立了新的司法体制：改刑部为法部，专任司法，是最高司法行政机关；改提刑按察司为提法使司，负责地方司法行政工作及司法监督；改大理寺为大理院，专掌审判，为最高审判机关；设置检察厅，实行审检合署等。可见，选C项。

5. D

【精解】唐律规定了“六杀”，即谋杀、故杀、斗杀、误杀、过失杀、戏杀。谋杀指预谋杀人；故杀指事先虽无预谋，但情急杀人时已有杀人的意念；斗杀指在斗殴中出于激愤失手将人杀死；误杀指由于种种原因杀错了对象；过失杀指“耳目所不及，思虑所不至”而杀人；戏杀指“以力共戏”而导致杀人。综上所述，选D项。

6. B

【精解】“式”作为法典形式最早出现于南北朝西魏时期，当时编纂了一部封建成文法典，被称为《大统式》，该部“式”也是中国历史上最早的一部式，它成为隋唐时期四种主要法律形式（律、令、格、式）之一。故选B项。

7. B

【精解】《汉书·高惠高后文功臣表》记载：嗣信武肃候靳亭“孝文后三年，坐事国人过律，免。”即信武肃候靳亭因在王国内滥用人力，扩张势力而被免爵，此为“事国人过员”。可见，选B项。A项表述的逾制（僭越），是指诸侯百官在器用、服饰、乘舆、仪仗、用语等方面逾越规制。C项表述的矫制，是指官吏诈称皇帝诏命者，轻者免官、重者腰斩，视后果轻重分为“大害”“害”“不害”三种。D项表述的蔽匿盗贼，是指地方官吏隐瞒盗窃消息不上报朝廷的行为。武帝时制定《沈名法》，规定：“群盗起不发觉，发觉而弗捕满品者，二千石以下至小吏主者皆死”“敢蔽匿盗贼者，没其命也”。

8. A

【精解】唐朝对三次犯处徒刑以上的盗窃犯、强盗犯、抢劫犯等，采取累犯加重原则。即三次犯盗窃罪以上的徒刑犯罪，升格处流刑（二千里），对于三次犯盗窃罪以上的流刑犯罪，升格为死刑（绞刑）。故选A项。诬告反坐是指对于诬告犯，以所诬告的罪名惩罚诬告人，该原则在秦朝就已经存在，唐朝沿用。刑不累加原则适用于重罪吸收轻罪，与累犯加重原则正好相反。从旧兼从轻原则是唐朝刑法适用总原则，不能具体适用于盗罪。

9. B

【精解】清朝受理内外蒙古、回疆、青海地区的中央上诉审机关是理藩院。故选B项。刑部是清朝的中央主审机关，但不受理内外蒙古、回疆、青海地区的诉讼；宣政院为元朝掌理全国佛教及吐蕃地区军民政教事务的机关，也是管理西藏及佛教事务的机关，清朝没有此机关；清朝的大理寺是中央刑事案件的复核机关，不是审判机关。

10. D

【精解】宋朝出现了世界上第一部法医学专著——《洗冤集录》，而不是《折狱龟鉴》。故A项错误。明朝首次将“六赃图”编入法典中，而不是宋朝，“六赃”犯罪首次出现于唐朝，是指非法攫取公私财物的六种犯罪行为。故B项错误。凌迟刑首创于五代，而不是宋朝。故C项错误。D项正确，糊名考校法的意思是，在科举考试中，举子姓名全部封粘，考试卷另由他人统一抄写上报，以防止科举舞弊。

11. A

【精解】明、清时期的中央最高监察机关称为都察院。故选A项。御史台是隋、唐、宋、元时期的中央最高监察机关的名称，后被明太祖朱元璋改为都察院。审刑院是宋朝独有的监督三法司的皇帝御用机关。大理寺是明、清时期中央刑事案件的复核机关，但北齐至宋朝时期是审判机关。

12. B

【精解】清末沈家本奉诏修律，重点是对适用许久的《大清律例》进行改革。在对《大清律例》进行改革之前，清朝颁布了一部过渡性的专门刑法典——《大清现行刑律》，该部刑法典虽然与以往的《大清律例》相比没有太大的变化，且不具有近代意义，但是该部刑法典的制定为清末对刑律进行修订做了准备。故选B项。《大清律例》制定于清代。《大清新刑律》是在《大清现行刑律》基础上修订而成的。《暂行新刑律》制定于北洋政府时期。

13. C

【精解】南京国民政府司法院大法官会议是一个司法实权机关，它不仅可以解释法律，甚至有权解释宪法，并有权核定最高法院作出的判例和解释例。故选C项。

14. D

【精解】化外人即外国人。对于化外人有犯，《唐律疏议·名例律》规定，诸化外人，同类自相犯者，各依本俗法；异类相犯者，以法律论。据此，对于化外人相犯的处断原则是：凡同一国籍的外国人互相侵犯，各按照其本国的习俗和法律论处；凡不同国籍的外国人互相侵犯，则按照唐朝的法律论处。从题干表述可知，甲为新罗人，乙为波斯人，属于不同国家的外国人相犯，应适用唐律，选D项。

15. B

【精解】人民代表大会制度有一个长期的历史发展过程，在抗日民主政权时期，确立了参议会的政权组织形式，并规定了“三三制”原则；在解放区人民民主政权时期，《陕甘宁边区宪法原则》确立了人民代表会议制度的政权组织形式，并在《华北人民政府施政方针》中规定了要健全人民代表大会制度，这为新中国全国人民代表大会制度的确立奠定了基础。可见，A、C项表述错误。在抗日民主政权时期，《抗日救国十大纲领》确立了减租减息的政策，并在《陕甘宁边区土地租佃条例》中具体确定为二五减租。故B项表述正确。提出了组成民族统一战线，成立联合政府主张的是《中国人民解放军宣言》，而不是《华北人民政府施政方针》。故D项表述错误。

单元二

1. 我国第一部成文法是由(　　)公布的。

A. 子产　　B. 邓析

C. 赵鞅　　D. 商鞅

2.《法经》六篇中，有关侵犯人身安全的犯罪规定在(　　)。

A. 盗法　　B. 杂法

C. 具法　　D. 贼法

3. 下列有关我国古代法律形式的表述，正确的是(　　)。

A. 科最早出现于汉代，北魏以格代科，科失去了独立的法律地位

B. 格最早出现于东魏时期，名称为《麟趾格》

C. 清朝的则例相当于民事法规

D. 宋朝编纂的条法事类是宋朝最重要、最经常的立法活动

4. 下列关于古代刑等的表述，正确的是(　　)。

A. 唐朝的封建制五刑一共二十五等

B. 宋朝的臀杖和脊杖各十等

C. 元朝的笞杖刑分为笞刑五等和杖刑六等

D. 明朝的法定死刑包括绞、斩和凌迟三等

5. 下列关于秦朝法制的表述，正确的是(　　)。

A. 秦朝是我国封建法律儒家化的重要历史时期

B. 秦朝是我国历史上唯一以身高为标准确定刑事责任的朝代

C. 御史台是秦朝最高的中央监察机关

D. 秦律在编纂体例上开创了我国封建成文法典的总则篇

6. 清朝顺治年间，礼部尚书刘某遭都察院官员弹劾而锒铛入狱，工部尚书张某曾为刘某写的书籍作序，也遭到诬陷入狱，并以“包藏祸心，交接党类”而流放至宁古塔，但未株连亲属。对于张某可能判处的刑罚是(　　)。

A. 充军　　B. 发遣

C. 流刑　　D. 刺配

7.《唐律疏议·名例律》规定：“诸断罪而无正条，其应出罪者，则举重以明轻。其应入罪者，则举轻以明重。”对此规定的理解，下列表述正确的是(　　)。

A. 若断罪无正条，可“比附援引”

B. 若断罪无正条，应“举重以明轻”

C. 若断罪无正条而被定罪的行为，处罚应从轻

D. 凡应“出罪”的，应“举轻以明重”

8. 我国最早从西方引进罪刑法定原则的法典是(　　)。

A.《大清新刑律》　　B.《大清律例》

C.《暂行新刑律》　　D.《中华民国刑法》

9. 清末司法改革，在诉讼程序上实行(　　)。

A. 三级两审制　　B. 三级三审制

C. 四级两审制　　D. 四级三审制

10. 据《旧唐书·职官制》记载：凡主审官员与被鞫人系亲属、师生、仇嫌关系者，皆应换推。此处的换推指的是（　　）。

A. 起诉制度　　B. 审讯制度

C. 判决制度　　D. 回避制度

11.《中华民国约法》指的是(　　)。

A.“天坛宪草”　　B.“袁记约法”

C.“贿选宪法”　　D.“五五宪草”

12.《大清民律草案》主要是以(　　)民法典为蓝本参酌制定的。

A. 日本　　B. 德国

C. 法国　　D. 瑞士

13. 下列选项中，属于元朝法律形式的是(　　)。

A. 条法事类　　B. 则例

C. 式　　D. 条格

14. 有权对南京国民政府最高法院作出的判例实施核定的机关是(　　)。

A. 立法院　　B. 司法院

C. 国民党中央政治会议　　D. 国民大会

15. 革命根据地时期，规定以参议会作为管理政权机关的宪法性文件是(　　)。

A.《中华苏维埃共和国宪法大纲》　　B.《陕甘宁边区宪法原则》

C.《陕甘宁边区施政纲领》　　D.《华北人民政府施政方针》

单元二答案与精解

1. A

【精解】我国第一部成文法是春秋时期郑国执政子产公布的。故选 A 项。邓析是竹刑的制定者，

赵鞅是我国第二部成文法的公布者，商鞅是战国时期秦国法律的制定者。

2. D

【精解】《法经》一共六篇，即为《盗法》《贼法》《囚法》（又称为《网法》）《捕法》《杂法》《具法》。其中，《贼法》是关于人身伤害、破坏社会秩序的法律规定。故选D项。《盗法》是关于侵犯官私财产所有权犯罪的法律规定。《囚法》也称为《网法》，是关于囚禁和审判罪犯的法律规定。《捕法》是关于追捕盗、贼及其他犯罪者的法律规定。《杂法》是关于“盗贼”以外的其他犯罪与刑罚的规定，主要规定了“六禁”。《具法》是关于定罪量刑中从轻从重等法律原则的规定，起着“具其加减”的作用，相当于近代法典的总则部分。

3. A

【精解】科最早起源于汉代，北魏以格代科，科才失去独立的法律地位，格的出现为隋、唐、宋时期的律、令、格、式的确立打下了基础。可见，A项表述正确，B项表述错误。清朝的则例相当于行政法规。故C项表述错误。宋朝的法律形式包括律、令、格、式、编敕、编例和条法事类，其中，编敕和编例是宋朝最重要、最经常的立法活动，而不是条法事类。故D项表述错误。

4. D

【精解】唐朝的封建制五刑一共20等，即笞刑5等，包括笞10、笞20、笞30、笞40、笞50；杖刑5等，包括杖60、杖70、杖80、杖90、杖100；徒刑5等，包括徒1年、徒1年半、徒2年、徒2年半、徒3年；流刑3等，包括流2 000里、流2 500里、流3 000里，而加役流、会赦犹流、反逆缘坐流等，并非法定3等流刑，对于3等流刑，都要服劳役1年，而对于加役流，则需服劳役3年；死刑分为绞、斩二等。可见，A项表述错误。宋朝实行折杖法，即将五刑中的笞刑和杖刑折为臀杖，徒刑和流刑折为脊杖，各5等。可见，B项表述错误。元朝实行以七为尾数的11等笞杖刑，其中，笞刑6等，杖刑5等。故C项表述错误。明朝的死刑刑种很多，但《大明律》确定的死刑只有绞、斩和凌迟三等。故D项表述正确。

5. B

【精解】我国封建法律的儒家化开始于汉代。故A项表述错误。秦朝是我国历史上唯一以身高确定刑事责任能力的朝代，其他朝代都不以身高来确定刑事责任年龄。故B项表述正确。秦朝的中央最高监察机关和监察机关最高长官的名称是合一的，称为御史大夫。汉代设置了御史台，作为中央最高监察机关，最高长官称为御史大夫。可见，C项表述错误。《法经》在编纂体例上开创了我国封建成文法典的总则篇，而不是秦律。故D项表述错误。

6. B

【精解】工部尚书张某因文字狱而被流放至宁古塔，其罪名为谋大逆，最可能判处的刑罚是发遣。发遣刑即将罪犯发配到边疆地区给驻防的八旗官兵当差为奴的刑罚，清末修律废除该刑罚。清代发遣的对象主要是犯徒罪以上的文武官员，一般只限于本人。题干中交代“未株连亲属”，则限于张某本人，应当是发遣，选B项。

7. A

【精解】题干表述的是唐律规定的类推制度。犯断罪而无正条的，适用类推，即可“比附援引”，A项表述正确，选A项。唐朝类推的主要内容是：(1) 凡应“出罪”的，采用“举重以明轻”的办法，即法律没有明文规定的犯罪，凡是应当减轻处罚的，则按法律所列举的从重处罚的规定，比照从轻处断。(2) 凡应“入罪”的，采用“举轻以明重”的办法，即凡是应当加重处罚的，则按法律所列举的从轻处罚的规定，比照从重处断。据此，若断罪无正条，可“举重以明轻”，也可以“举轻以明重”，B、D项表述错误。若断罪无正条，处罚可能从重，也可能从轻，至于是从重还是从轻，取决于是“入罪”，还是“出罪”。可见，C项表述错误。

8. A

【精解】清末沈家本修律，颁布《大清新刑律》，该部刑法典从西方引进了许多制度和术语，如罪刑法定、刑法面前人人平等、无罪推定、缓刑、假释、正当防卫、紧急避险、保释、预审等，这些都属于我国首次引进的先进法律制度。故选 A 项。

9. D

【精解】清末司法改革，在审级上实行四级三审制，故选 D 项。在我国近代史上，清末和北洋政府实行四级三审制；南京国民政府在 1935 年《法院组织法》颁布前，也实行四级三审制，《法院组织法》颁布后，实行三级三审制；工农民主政权实行四级两审制；解放区人民法院体制完善后，实行三级三审制；目前我国实行四级两审终审制。

10. D

【精解】为了防止司法官吏因亲属或仇嫌关系而故意出入人罪，唐律规定了司法官审判回避制度，即“换推制”。凡主审官员与当事人系五服内的亲属或姻亲，或师生关系，或曾为本部官吏以及此前有仇嫌的，都应换推回避。故选 D 项。

11. B

【精解】《中华民国约法》又称为“袁记约法”，《中华民国宪法草案》(1913 年）又称为“天坛宪草”，《中华民国宪法》(1923 年）又称为“贿选宪法”，《中华民国宪法草案》(1936 年）又称为“五五宪草”。故选 B 项。

12. A

【精解】《大清民律草案》主要是以日本明治维新时期制定的民法典为蓝本，同时兼顾德国、瑞士民法典制定的。故选 A 项。

13. D

【精解】元朝主要的法律形式是断例和条格，故选 D 项。条法事类是宋朝独有的法律形式，故不选 A 项。则例是清朝的法律形式，故不选 B 项。式是隋唐宋时期主要的法律形式之一，故不选 C 项。

14. B

【精解】判例是南京国民政府的重要法律渊源之一。南京国民政府的“六法”体系的一个重要层次就是由最高法院依照法定程序作出的判例和司法院大法官会议作出的解释例和决议。最高法院作出的判例，须报司法院核定，才能具有法律效力。故选 B 项。立法院是有名无实的“牌位”机关。排除 A 项。国民党中央政治会议是实权领导机关和控制立法权的机关，但并不过问司法事宜。排除 C 项。国民大会是国民党形式上的立法机关，而不是司法机关。排除 D 项。

15. C

【精解】《陕甘宁边区施政纲领》确定了“三三制”的宪法组织原则，该原则就是在参议会中确定共产党、左派进步人士和中间分子各占 1/3，该原则由参议会通过，故参议会是管理政权的机关。

单元三

1. 西周时期婚姻制度的内容不包括(　　)。

A. 七出、三不去　　B. 同姓不婚

C. 父母之命、媒妁之言　　D. 嫁娶礼书

2. 下列关于古代民事、经济立法的表述，正确的是(　　)。

A. 汉朝为了推行重农抑商的政策，制定了《酎金律》

B. 我国第一次实行征收实物税的朝代是宋朝

C. 宋朝已经出现了有关“活卖”和“绝卖”的区分

D. 清朝明确了典和卖的区分，但没有规定有关出典物风险责任的负担原则

3. 古代编纂的律典中，首次规定“诉讼”篇目的朝代是(　　)。

A. 宋朝　　B. 元朝

C. 明朝　　D. 清朝

4. 下列有关《大明律》的表述，正确的是(　　)。
A.《大明律》采取以“名例律”为统率，以 11 篇作为分则的法典编纂体例
B.《大明律》首次使凌迟刑成为法定死刑
C.《大明律》加重了对伦理教化方面犯罪的处罚
D.《大明律》是明朝终世不改的根本大法

5. 秦统治者总结前代法律实施方面的经验，结合本朝特点，形成了一些刑罚适用原则。对于秦朝法律原则的表述，下列说法正确的是(　　)。
A. 关于刑事责任能力的确定，以身高作为标准。男、女身高六尺二寸以上为成年人，其犯罪应负刑事责任
B. 重视人的主观意识状态，对故意行为要追究刑事责任，对过失行为则认为无犯罪意识，不予追究
C. 对共犯、累犯等加重处罚，对自首减轻处罚
D. 无论教唆成年人还是未成年人犯罪，对教唆人均实行同罪，加重处罚

6. 下列关于我国古代刑事立法的表述，错误的是(　　)。
A. 首次使刑法原则儒家化的朝代是汉朝
B. 首次对亲属相隐不为罪作出规定的是唐朝
C. 首次出现充军刑是在宋朝
D. 首次正式从法律上废除宫刑是在西魏

7. 规定实行责任内阁制的宪法性文件是(　　)。
A.《中华民国临时政府组织大纲》　　B.《中华民国临时约法》
C.《中华民国宪法》(1947 年)　　D.《中华民国约法》

8. 明太祖为巩固和扩大里老司法审判权而制定的法规是(　　)。
A.《大诰》　　B.《昭示奸党录》
C.《问刑条例》　　D.《教民榜文》

9. 关于《永徽律疏》，下列表述正确的是(　　)。
A.《永徽律疏》在宋代以后又称为《唐律疏议》
B.《永徽律疏》首次规定了“十恶”制度
C.《永徽律疏》对条文的解释尽可能以儒家经典为根据
D.《永徽律疏》首次规定了封建制五刑

10. 下列有关元朝法制的表述，正确的是(　　)。
A. 元律规定了强奸幼女罪的罪名
B. 元朝规定了离婚妇女不得带走夫家的财产，但可以带走妆奁物
C. 元律禁止寡妇再婚改嫁
D. 元朝专门审理蒙古王公贵族的司法机关是宣政院

11. 法官、检察官考试任用制度最早确立于(　　)。
A. 北洋政府时期　　B. 南京临时政府时期
C. 南京国民政府时期　　D. 清末

12. 关于清末预备立宪，下列表述正确的是(　　)。
A.《钦定宪法大纲》在内容上分为“君上大权”和“臣民权利义务”
B.《十九信条》规定内阁对皇帝负责
C. 清末成立的资政院在形式上不具有近代国家议会的性质
D. 清末成立的各省谘议局对省督抚具有监督弹劾的权力

13. 1903 年 5 月 1 日，在上海英租界发行的《苏报》刊载邹容的《革命军》自序和章炳麟的《客帝》，公开倡导革命，排斥满人。5 月 14 日，《苏报》又指出：《革命军》宗旨专在驱除满族，光复中

国。清廷谕令两江总督照会租界当局严加查办，于6月底逮捕章炳麟，不久，邹容自动投案。由谳员孙建臣、上海知事汪瑶庭、英国副领事三人组成的审判庭对邹容等人进行审判，最后判处章炳麟徒刑三年，邹容徒刑两年。对此，下列说法正确的是(　　)。

A. 这表明清廷实行公开审判原则

B. 这表明外国人在租界内可直接干涉中国的司法裁判权

C. 这表明外国人在租界内的领事裁判权受到了限制

D. 这表明清廷变法修律取得了显著效果

14. 南京国民政府时期形式意义上的最高权力机关的常设机关是(　　)。

A. 国民党中央政治会议　　B. 国民党中央常务委员会

C. 国民党中央执行委员会　　D. 政治协商会议

15. 革命根据地时期制定了有关普遍、平等、无记名投票选举制度的宪法性文件是(　　)。

A.《陕甘宁边区宪法原则》　　B.《华北人民政府施政方针》

C.《中华苏维埃共和国宪法大纲》　　D.《陕甘宁边区施政纲领》

单元三答案与精解

1. D

【精解】西周时期婚姻制度的内容包括七出、三不去，同姓不婚，父母之命、媒妁之言，六礼，一夫一妻制等。嫁娶礼书为元朝婚姻制度。故选D项。

2. C

【精解】宋朝已经出现了有关“活卖”和“绝卖”的区分，对于“活卖”，宋朝称之为“典卖”，对于“绝卖”，宋朝视为买卖契约。故选C项。A项错在：汉朝为了推行重农抑商政策，颁布了《告缗令》，而不是《酎金律》，《酎金律》是加强中央集权的法律。B项错在：我国第一次实行征收实物税的朝代是唐朝，而不是宋朝。D项错在：清朝不仅明确了典和卖的区分，而且还规定了有关出典物风险责任的负担原则。

3. B

【精解】元朝的诉讼制度有所发展，突出表现为“诉讼”在法典中开始独立成篇。《元史·刑法志》《元典章》中，“诉讼”已经独立出现，对诉讼的程序、步骤、诉状的格式等，都作了详细规定，反映出实体法与程序法开始逐步分离。

4. D

【精解】《大明律》采取以“名例律”为统率，以6篇作为分则的法典编纂体例，即分则是以六部分篇的，而不是以11篇分篇的。故A项错误。宋朝颁布的《庆元条法事类》使凌迟刑成为与绞、斩并用的法定死刑，《大明律》使凌迟刑正式入律。故B项错误。《大明律》加重了对侵犯皇权、贪污、侵犯财产，即所谓“帑项钱粮”等犯罪的处罚，而对于婚姻、田土等犯罪，却减轻了处罚，这就是所谓“重其所重、轻其所轻”。故C项错误。

5. C

【精解】秦律关于刑事责任能力的确定，以身高为标准，男子身高六尺五寸、女子身高六尺二寸以上为成年人，需要负刑事责任。可见，A项表述错误。秦律区分了故意和过失，例如，故意诬告者，实行诬告反坐，但主观上没有故意的，按照“告不审”从轻处罚。可见，B项表述错误。秦律规定了共同犯罪，共同犯罪较个体犯罪处罚从重，5人以上犯罪较一般犯罪处罚从重。秦朝对于犯罪被处刑后再犯罪的累犯，一律加重处罚。按照秦律规定，对自首者一般予以减刑。可见，C项表述正确。秦朝对于教唆犯的处罚是根据对象成年与否而加以区别，教唆犯与受唆使犯罪者同罪，但教唆未成年人犯罪加重处罚。可见，D项表述错误。

6. B

【精解】有关亲属相隐不为罪的刑法原则首次确立于汉朝，而不是唐朝，唐朝只不过沿用该制度并有所发展。故选B项。至于充军刑出现于明代还是宋代，《考试指南》认定为明代，《考试分析》认定为宋代，通说认为首次出现于宋代。故C项表述正确。A项和D项表述也是正确的。

7. B

【精解】在我国近代宪政运动中，只有两部宪法性文件（草案）规定实行责任内阁制，即《中华民国临时约法》和《中华民国宪法草案》（“天坛宪草”）。故选B项。

8. D

【精解】明太祖朱元璋为巩固和扩大里老司法审判权，特制定《教民榜文》以教育百姓遵纪守法，《教民榜文》条款都体现了说教的内容。可见，选D项。《大诰》是明太祖为贯彻“刑乱国用重典”的方针，防止“法外遗奸”而制定的刑事特别法规。《昭示奸党录》是明太祖在“胡蓝之狱”（中书省左丞相胡惟庸谋反案和蓝玉案）后，为整顿吏治和强化对军权的控制而公布的告示，以戒臣民。《问刑条例》是明孝宗弘治年间形成的、根据典型案例拟订的、经皇帝批准后可以普遍适用的法律形式，《问刑条例》的颁行开创了律例合编的体例。

9. C

【精解】《永徽律疏》在“元代”以后又称为《唐律疏议》，而不是“宋代”，A项表述错误。《开皇律》首次规定了“十恶”制度，而不是《永徽律疏》，B项表述错误。《永徽律疏》总结了汉魏晋以来立法和注律经验，不仅对主要的法律原则和制度作了精确的解释和说明，而且尽可能引用儒家经典作为律文的理论依据，C项表述正确。《开皇律》首次规定了封建制五刑，而非《永徽律疏》，D项表述错误。

10. A

【精解】元朝增加了唐、宋律典所不载的“强奸幼女”罪名：“诸强奸幼女者处死，虽和同强，女不坐”。可见，A项表述正确。元朝允许寡妇改嫁，但离婚妇女或寡妇改嫁，丧失原先从父母处得来的妆奁物及其他继承得来的财产，至于夫家财产，更是不得带走。可见，B、C项表述错误。元朝专门审理蒙古王公贵族的司法机关是大宗正府，而宣政院是元朝的最高宗教审判机关。故D项表述错误。

11. D

【精解】清末为了配合修律工作的进行，对司法制度也进行了改革，包括对司法机关的改革和诉讼审判制度的改革。其中，诉讼审判制度改革的表现之一就是初步规定了法官和检察官的考试任用制度。故选D项。

12. A

【精解】《钦定宪法大纲》共23条，分为“君上大权”和“臣民权利义务”两部分，A项表述正确。《十九信条》规定采行君主立宪政体，规定皇帝权力限于宪法所规定；宪法由资政院起草议决，由皇帝颁布之；内阁对国会负责；总理大臣由国会公举，皇帝任命，其他国务大臣由总理大臣推荐、皇帝任命；皇族不得为总理大臣及其他国务大臣并各省行政长官；军队对内使用时应依国会议决之特别条件；不得以命令代替法律；预决算由国会审核批准等。可见，根据《十九信条》的规定，内阁应对“国会”负责，而不是对皇帝负责，B项表述错误。清末成立的资政院在形式上具有近代国家议会的性质，而不是“不”具有国家议会的性质，C项表述错误。各省督抚对于谘议局，不仅有监督、裁夺之权，而且有令其停会及奏请解散之权，而谘议局则没有监督弹劾各省督抚的权力，D项表述错误。

13. B

【精解】1864年，清政府与英、美、法三国驻上海领事协议在租界内设立专门审判机构，正式形成了会审公廨制度。按照1868年《上海洋泾浜设官会审章程》的规定，会审公廨名义上是中国官府派驻租界的基层法庭，对租界内中国人之间及中国人为被告的案件实施管辖，但凡诉讼牵扯到外国人的，如果被告是有约国人，由其本国领事裁判。如果被告是无约国人，仍须邀请一名外国官员

“陪审”。题干中描述的事件发生在英租界内，虽然属于“清廷”与“革命者”之间的事务，但由于发生在租界内，因此要由英国领事观审，并对判决进行操纵，直接干涉了司法审判权，B项表述正确。A项“公开审判”、C项“领事裁判权受到了限制”、D项“取得了显著效果”，这些描述与题意相去甚远。

14. C

【精解】国民政府的实权机关是国民党中央政治会议，形式意义上的最高权力机关是国民党全国人民代表大会（国民大会），其常设机关是国民党中央执行委员会（在国民大会闭会期间行使职权），政治协商会议属于国民党形式上的各党派参政议政组织。故选C项。

15. D

【精解】《陕甘宁边区施政纲领》规定了普遍、平等、无记名投票的选举制度。故选D项。

单元四

1. 下列有关古代借贷契约制度的表述，正确的是(　　)。

A. 西周时期的借贷契约称为“质剂”

B. 唐朝将有息借贷契约称为“负债”

C. 宋朝的典卖契约是一种不动产的买卖契约

D. 清朝明确规定了房屋出典后的风险责任

2. 秦朝将调查或勘验结果制成的详细笔录称为(　　)。

A. 爰书　　B. 封守

C. 封诊式　　D. 法律答问

3. 我国历史上第一部外贸征税法令颁布于(　　)。

A. 汉朝　　B. 唐朝

C. 宋朝　　D. 明朝

4. 清朝由官员私人聘请的专司地方司法行政和审判事务的人员是(　　)。

A. 胥吏　　B. 幕友

C. 幕僚　　D. 狱吏

5. 首次将封建成文法典总则篇置于律首的是(　　)。

A.《九章律》　　B.《曹魏律》

C.《晋律》　　D.《北齐律》

6. 关于唐朝刑罚适用原则的表述，正确的有(　　)。

A. 共犯不分首从　　B. 斩等减刑为绞

C. 自首者原其罪　　D. 公罪从重，私罪从轻

7. 据《宋史·职事官》记载：“掌军国机务、兵防、边备、戎马之政令，出纳密令，以佐邦治。凡侍卫诸班直，内外禁兵招募、阅试、迁补、屯戍、赏罚之事，皆掌之。”该段文字体现的宋朝中央设置的机构是(　　)。

A. 御史台　　B. 中书门下

C. 审刑院　　D. 枢密院

8. 汉朝为惩罚言论犯罪而规定的典型罪名是(　　)。

A. 妄言罪　　B. 非所宜言罪

C. 腹诽罪　　D. 谋大逆罪

9. 关于明朝刑法适用原则的表述，正确的是(　　)。

A. 举重以明轻，举轻以明重　　B. 重其轻罪，轻其重罪

C. 重其所重，轻其所轻　　D. 从重兼从旧

10. 唐朝将“六赃”犯罪中的监临主司以外的其他官员“因事受财”构成的犯罪称为(　　)。

A. 受财枉法　　B. 受财不枉法

C. 受所监临财物　　D. 坐赃

11. 关于清末对法院组织法和诉讼法律的修订，下列表述正确的是(　　)。

A.《法院编制法》是中国历史上第一部法院编制法

B.《大清刑事诉讼律草案》否定了刑讯逼供制度，采取据众证定罪的证据制度

C.《大清民事诉讼律草案》首次确立了司法独立的原则

D.《大清刑事民事诉讼法草案》保留了诸多中国传统的审判原则

12. 在中国近代史上，以美国国家制度为蓝本实行总统制而制定的宪法性文件是(　　)。

A.《中华民国临时政府组织大纲》　　B.《中华民国训政纲领》

C.《中华民国训政时期约法》　　D.《中华民国临时约法》

13. 1920 年安徽某县发生一起分家析产纠纷案，但因案情复杂，案件经县、地方审判厅、安徽高等审判厅审理，仍不能决断，需要权威机关出台解释以平息纠纷。对于该案，有权出台解释的机关是（　　）。

A. 平政院　　B. 大理院

C. 司法部　　D. 国会

14. 清末司法改革后确立的中央最高审判机关是(　　)。

A. 大理院　　B. 资政院

C. 法部　　D. 总检察厅

15. 在抗日民主政权后期制定的各种宪法性文件中，具有代表性的是(　　)。

A.《抗日救国十大纲领》　　B.《陕甘宁边区宪法原则》

C.《陕甘宁边区施政纲领》　　D.《陕甘宁边区抗战时期施政纲领》

单元四答案与精解

1. D

【精解】西周时期的买卖契约称为“质剂”，借贷契约称为“傅别”。可见，A 项表述错误。唐朝将有息的借贷契约称为“出举”，将无息的借贷契约称为“负债”。可见，B 项表述错误。从广义上讲，宋朝的典卖契约包括不动产买卖契约和附回赎条件的典卖契约，狭义上的典卖契约就是指附回赎条件的特殊的买卖契约，实质上是设置典权的契约。可见，C 项表述错误。清朝明确规定了房屋出典后的风险责任，这是宋、元、明的法律均无规定的内容。故 D 项表述正确。

2. A

【精解】秦朝的司法机关受理案件后，要派人前往案发地点，进行现场勘察与检验，收集证据，勘验结果要作出详细笔录，称为“爰书”。调查勘验过程中需要查封的，还要查封，称为“封守”，即查封财产。封诊式是关于治狱程式、调查勘验的法律规定，而不是笔录。法律答问相当于法律解释。

3. B

【精解】唐太宗时期规定，对外国商船贩至中国的龙香、沉香、丁香、白豆蔻四种货物，政府抽取 10%的实物税，这是中国历史上第一项外贸征税法令。故选 B 项。

4. B

【精解】在清末司法实践中，幕友和胥吏起着重要作用。幕友是由官员私人聘请的法律顾问，俗称“师爷”。明清时规定一切地方司法行政事务必须由州县长官亲自处理，而官员大多是科举出身的士子，平时所学、科举所考与任官事务毫不相干，尤其不熟悉复杂多变的律例，只能聘请一些有政治法律知识的读书人为顾问，幕友以专办司法审判事务的“刑名幕友”地位为最高。刑名幕友帮助

官员对民间诉状作出批词，确定审理的时间及审理方法，草拟判词。胥吏是清朝各级政府衙门中从事文书工作的人员，他们熟悉本地情况及当时审判惯例。幕友、胥吏往往勾结作弊，敲诈勒索，贪赃枉法，使法制受到很大破坏，使清朝司法实践状况更为黑暗。

5. B

【精解】《法经》中的法典总则称为“具法”，商鞅改法为律，将“具法”改为“具律”，秦汉时期的法典将总则都称为“具律”，且篇目不在法典之首，《曹魏律》将“具律”改为“刑名律”，置于律首。故选B项。

6. C

【精解】唐律规定，共同犯罪以造意为首，随从者减一等。即对于共同犯罪，采取区分首从的处断原则，只有在特殊规定的情况下才不分首从。故A项表述错误。按照唐律规定，凡是称“减”的，就是减至较轻的等级。减刑对笞、杖、徒三刑而言是依等次递减。如徒一年减一等，是杖一百；杖一百减一等，是杖九十；等等。但是，减刑对流、死二刑而言，则不是按等次递减，而是按照刑种递减。如流三千里减一等，是徒三年；斩刑减一等，是流三千里；等等。因此，斩刑减一等的，是流三千里，而不是绞刑。故B项表述错误。唐律规定，自首者原其罪，即对于自首的，不追究刑事责任。故C项正确。唐律规定，公罪从轻，私罪从重。故D项错误。

7. D

【精解】宋代以“两府三司”共治国事。两府为中书门下和枢密院，中书门下是宋朝最高行政中枢机构。枢密院是最高军事行政机关，其长官为枢密使，与宰相品级相同，故与中书门下合称“二府”。题干中，从表述情形分析，应当是执掌军事职权的枢密院，选D项。

8. C

【精解】汉朝涉及思想言论方面的犯罪的罪名有诽谤谣言、非所宜言、腹诽。腹诽是指思想上不敬皇帝、对统治者仍有不满情绪但并未诉诸言论者。如汉武帝时有人向大司农严异提及当时币制问题，他仅因“微反唇”而遭到御史大夫张汤的告发，汉武帝以“不如言而腹诽”之罪将其处死。所以，腹诽罪为汉朝规定的最为典型的思想言论犯罪，选C项。

9. C

【精解】A项属于唐朝刑法适用原则。B项没有此说法，不过秦朝有“重其轻罪”，但没有“轻其重罪”。D项错在：汉唐以来采取从旧兼从轻的刑法适用原则，但明代改为“从重从新”，表明专制主义的恶性发展。

10. D

【精解】唐律首次将六种非法攫取公私财物的行为归纳到一起，冠以“六赃”之名。据《唐律疏议·杂律》规定：“赃罪正名，其数有六，谓受财枉法、受财不枉法、受所监临财物、强盗、窃盗并坐赃。”可见，“六赃”罪包括受财枉法、受财不枉法、受所监临财物、强盗、窃盗和坐赃六种犯罪。其中，除了强盗、窃盗外，都是官吏所犯的赃罪。凡是犯“六赃”罪的，处刑较重。“受财枉法”，是指“受有事财而为曲法处断”的行为，即官吏收受当事人贿赂而利用职权曲法枉断，为其牟取不正当利益，或为其开脱罪责。“受财不枉法”，是指“虽受有事人财，判断不为曲法”的行为。“受所监临财物”，是指“监临之官不因公事而受监临内财物”的行为，一般是主管官员私下接受所监管的吏民的财物。“强盗”，是指“以威若力而取其财”的行为，即以暴力或暴力威胁而取他人财物。“窃盗”是指“潜形隐面而取”的行为，即秘密占有不属于自己的官私财物。“坐赃”，《唐律疏议》解释道：“然坐赃者，谓非监临主司，因事受财，而罪由此赃，故名曰坐赃致罪。”即非监临官利用不正当手段获取的本不当得的财物。可见，选D项。

11. B

【精解】《大理院审判编制法》是中国历史上第一部法院编制法，而非《法院编制法》，A项表述错误。《大清刑事诉讼律草案》否定了刑讯逼供制度，采取据众证定罪的证据制度。证据的种类包括口供、检验笔录、证人证言、鉴定结论、文件证据、物证等，其证明力由法官自由判断，即所谓

“自由心证”。可见，B项表述正确。《大理院审判编制法》首次确立了司法独立原则，而非《大清民事诉讼律草案》，C项表述错误。《大清刑事民事诉讼法草案》吸收了诸多西方近代的诉讼原则，因而与中国传统的诉讼审判原则和制度格格不入。可见，D项表述错误。

12. A

【精解】《中华民国临时政府组织大纲》第一次以法律的形式宣告废除封建帝制，以美国的国家制度为蓝本，确立了总统制的共和政体，规定实行三权分立原则。这个大纲为1912年制定的《中华民国临时约法》的蓝本。故选A项。《中华民国训政纲领》是南京国民政府颁布的宪法性文件，该部宪法性文件确立的是国民党一党专政的宪政体制，而不是三权分立制衡下的总统制。《中华民国训政时期约法》是南京国民政府颁布的宪法性文件，该部宪法性文件实质在于蒋介石个人独裁，无所谓三权分立。《中华民国临时约法》是南京临时政府公布的一部重要的宪法性文件。《中华民国临时约法》不同于《中华民国临时政府组织大纲》的特点在于，《中华民国临时约法》规定的是责任内阁制，而不是总统制。

13. B

【精解】大理院是北洋政府时期的最高审判机关。北洋政府时期，有权对法律进行解释的机关是大理院，这里的解释不仅包括对法律适用的解释，还包括通过出台解释例的方式指导司法实践活动。可见，选B项。平政院是北洋政府在中央设置的受理行政诉讼的最高司法机关，本案不涉及行政诉讼，而是民事纠纷，不选A项。司法部是北洋政府的司法行政机关，无权出台解释或解释例，不选C项。国会是北洋政府的立法机关，不选D项。

14. A

【精解】清末为了配合沈家本的修律活动，对司法机关也进行了改革，即将大理寺改为大理院，作为全国最高审判机关，将刑部改为法部，作为全国最高司法行政机关，此外，设总检察厅作为全国最高检察机关。故选A项。资政院为清末预备立宪的中央咨询机关，而不是司法机关。

15. C

【精解】抗日民主政权在抗战后期制定了许多具有宪法性质的《施政纲领》，但是最具有代表性的是《陕甘宁边区施政纲领》，因为该纲领增加了“三三制”政权组织形式和保障人权的崭新内容。故选C项。

单元五

1. 最早出现诉讼代理的朝代是(　　)。

A. 宋朝　　B. 元朝

C. 明朝　　D. 清朝

2.《法经》六篇中，有关侵犯财产的犯罪规定在(　　)。

A. 盗法　　B. 贼法

C. 囚法　　D. 具法

3. 据《周礼·秋官·司寇》记载：“以两造禁民讼，入束矢于朝，然后听之。以两剂禁民狱，入钧金三日，乃致于朝，然后听之。”这段文字体现的是(　　)。

A. 区分刑事诉讼和民事诉讼　　B. 区分束矢和钧金

C. 区分两造和两剂　　D. 区分礼与刑

4. 下列犯罪中，属于秦朝规定的罪名是(　　)。

A. 腹诽　　B. 恶逆

C. 投书　　D. 奸党

5. 唐律对于犯十恶大罪的罪犯(　　)。

A. 适用连坐　　B. 不适用八议

C. 不区分首从　　　　　　　　D. 不得为同居共财者隐罪

6. 下列关于清末对诉讼法编纂的说法，正确的是(　　)。

A.《大清刑事诉讼律草案》的编纂完成标志着中国刑事诉讼制度近代化

B.《大清民事诉讼律草案》是我国第一部民事诉讼法典草案

C. 清末制定的《法院编制法》规定清末实行三级三审制

D. 清末制定的《大理院审判编制法》是清末实际参照的主要诉讼法规范

7. 明朝设置的专门对内阁各部实施监察的机关是(　　)。

A. 都察院　　　　　　　　B. 御史台

C. 六科给事中　　　　　　D. 大理寺

8. 首次将大理寺作为中央最高审判机关的朝代是(　　)。

A. 汉朝　　　　　　　　B. 北魏

C. 北齐　　　　　　　　D. 唐朝

9. 唐高宗永徽年间，甲由祖父乙抚养成人。甲好赌欠债，多次向乙索要一祖传玉坠未果，欲故意杀乙。某日，甲趁乙熟睡，以木棒狠击乙头部，以为致死（后被救活），遂夺玉坠逃走。唐律规定，谋杀尊亲属处斩，但没有规定无故致伤如何处理。则(　　)。

A. 按“诸断罪而无正条，其应入罪者，则举轻以明重”，对甲应处斩刑

B. 按“诸断罪而无正条，其应出罪者，则举重以明轻”，对甲应处绞刑

C. 因致伤未死，对甲应处流三千里

D. 甲的行为构成“不孝”重罪

10. 金朝制定的最为完备的法典是(　　)。

A.《重熙条例》　　　　　　B.《天盛改旧新定律令》

C.《皇统制》　　　　　　　D.《泰和律义》

11. 关于中国古代法律历史地位的表述，正确的是(　　)。

A.《九章律》是中国历史上第一部比较系统的封建成文法典

B.《北魏律》首次规定“重罪十条”

C.《大明会典》基本仿照《元典章》和《经世大典》，以六部官职为纲制定而成

D.《大明令》是帝制中国最后一部以“令”为法律形式的令典

12. 下列有关我国婚姻制度的表述，正确的是(　　)。

A. 七出、三不去制度属于我国古代的基本婚姻制度

B. 按照唐律的规定，诸嫁娶违律，主婚、结婚者皆坐

C. 明朝首次明确将婚书作为建立婚姻关系的法定构成要件

D. 清朝在法律上明确了家长的主婚权

13. 关于南京国民政府民商事立法，下列表述正确的是(　　)。

A. 民商事立法继受北洋政府民商分立的模式

B. 民法典首次确立了过错赔偿责任原则

C. 民法典承认双方合意的买卖婚姻的有效性

D. 在民商事立法上同时制定民法典和商法典

14. 北洋政府时期，采用资产阶级三权分立宪法原则的宪法文件（草案）是(　　)。

A. “五五宪草”　　　　　　B.《中华民国临时约法》

C. “天坛宪草”　　　　　　D. “段记宪草”

15. 据《文献通考》记载，宋太宗端拱元年（公元988年），安崇绪诉他的继母冯氏，认为冯氏与他父亲安知逸已离异，他父亲去世后，冯氏却霸占其父资产，并准备留给自己的儿子。由于《宋刑统·斗讼律》规定：“诸告祖父母、父母者，绞”，因此大理寺将其定为死刑。该案奏报宋太宗裁决。宋太宗采纳右仆射李昉等人的主张，裁决将田业归安崇绪，让冯氏和安崇绪生母阿蒲同居，由

安崇绪来奉养终身。如此则儿子有父亲的产业可守，冯氏的终身也有人奉养。关于宋太宗裁决改判的理由，最可能的理由是（　　）。

A. 继母并非生母，因此依律应予改判

B. 继母与安崇绪生父已离异，没有扶养赡养关系，因此应予改判

C. 按律处安崇绪死刑就会使安知逸无辜而绝后嗣，阿蒲也会无以为生，因此应予改判

D. 冯氏仍霸占安知逸资产，违法在先，因此应予改判

单元五答案与精解

1. B

【精解】元朝开始出现了诉讼代理，《元史·刑法志·诉讼》记载："诸老废笃疾，事须争讼，止令同居亲属深知本末者代之。若谋反、大逆，子孙不孝，为同居所侵侮。必须自陈者听。诸致仕得代官，不得自己与齐民讼，许其亲属家人代诉，所司毋侵扰之。诸夫人辄代男子告辩争讼者，禁之。"据此规定，元朝代诉的适用情形有：除谋反、大逆刑事重案外，或必须由当事人自诉的子孙不孝、为同居之人侵害侮辱等家庭案件之外的普通案件，老人和残疾人只能让熟知案情的同居男性亲属代告；退休官员由家属代诉；妇女不得为男子代诉。

2. A

【精解】《法经》是战国时期李悝制定的中国历史上第一部比较系统的封建成文法典。《法经》由《盗法》《贼法》《囚法》《捕法》《杂法》《具法》六篇组成。其中，《盗法》是关于侵犯官私财产所有权犯罪的法律规定。故选A项。《贼法》是关于人身伤害、破坏社会秩序的法律规定，《囚法》是关于囚禁和审判罪犯的法律规定，《具法》类似于近现代刑法典的总则部分。

3. A

【精解】西周时期最早区分了刑事诉讼和民事诉讼。《周礼·秋官·大司寇》有"以两剂禁民狱""以两造禁民讼"的记载。"剂"即诉状；"造"即到庭。据郑玄注："讼，谓以财货相告者"，因此，"讼"是指民事诉讼，审理民事案件称为"听讼"；"狱，谓相告以罪名者"，因此，"狱"是指刑事诉讼，审理刑事案件称为"断狱"。可见，题干中的文字体现的是刑事诉讼和民事诉讼的区分。

4. C

【精解】秦朝规定的罪名除了盗贼犯罪和不敬皇帝罪外，还有诽谤与妖言、以古非今、妄言、非所宜言、投书、盗徙封等犯罪。投书是指投递有害于封建统治秩序，或发泄私愤陷害无辜的举报信的行为。秦律规定："有投书，勿发，见辄燔之，能捕者购臣妾二人"。可见，选C项。A项表述的腹诽为汉朝规定的思想言论方面的犯罪。B项表述的恶逆为"十恶"之一。D项表述的奸党为明太祖朱元璋为惩治官员结党营私和内外交接而设置的罪名。

5. B

【精解】唐律对犯十恶重罪的罪犯处刑极重。不选A项：并非十恶所犯均须连坐，而是对于"三谋"（谋反、谋叛、谋大逆）犯罪，一般要适用连坐。选B项：犯十恶者，不适用八议、上请、减刑、赎刑和官当法。不选C项：十恶大罪中，仅"三谋"犯罪不区分首犯和从犯。不选D项：十恶大罪中，仅"三谋"犯罪不适用同居相为隐。

6. B

【精解】A项表述错误：《大清刑事诉讼律草案》的编纂完成标志着中国刑事诉讼制度近代化的开始，但并没有完成中国刑事诉讼制度的近代化，中国刑事诉讼制度近代化的完成是在南京国民政府时期。B项表述正确：《大清民事诉讼律草案》是我国第一部民事诉讼法典草案，在我国民事诉讼法典编纂史上具有开创性意义。C项表述错误：清末制定的《法院编制法》规定清末实行四级三审制。D项表述错误：清末制定的《各级审判庭试办章程》才是清末实际参照的主要诉讼法规范，而

不是《大理院审判编制法》。

7. C

【精解】明太祖朱元璋为了加强对六部的控制，特设了专门监察六部的机关——六科给事中，即六部中每一部都设给事中，作为监察机构。六科给事中是明代特设的法律监察机关。明朝的六科直接隶属于皇帝。故选C项。都察院是明朝最高中央监察机关，它不是专门监督六部的机关，而是综合性监察机关，其权限要比六科广泛。大理寺在明朝是中央刑事案件的复核机关。御史台在隋、唐、宋、元时期是中央最高监察机关，明太祖朱元璋将其改为都察院。

8. C

【精解】北齐政权将廷尉改为大理寺，并扩大了编制，使得大理寺成为中央最高审判机关。故选C项。

9. A

【精解】《唐律疏议·名例律》规定："诸断罪而无正条，其应出罪者，则举重以明轻。其应入罪者，则举轻以明重。"题干中，"谋杀尊亲属处斩"，这里的"谋杀"，是指预谋杀人但未杀成，也处斩刑。而甲作为直系卑亲属，有谋杀故意且致伤祖父，应入罪，举轻以明重，应处斩刑，A项表述正确，B、C项表述错误。"十恶"中的"恶逆"，"谓殴及谋杀祖父母、父母，杀伯叔父母、姑、兄姐、外祖父母、夫、夫之祖父母、父母者"，即殴打和谋杀祖父母、父母；杀伯叔父母等尊长、姑、兄姊、外祖父母、夫、夫之祖父母、父母的犯罪。题干中，甲谋杀致伤祖父，构成十恶重罪中的"恶逆"，而不是"不孝"，故D项表述错误。

10. D

【精解】金章宗于泰和二年（公元1202年）制定了《泰和律义》（12篇），其篇目和基本内容与唐律相同，《泰和律义》标志着金朝法律臻于完备，至此，金朝形成了如宋朝一样的律、令、格、式、编敕体系，从形式到内容实现了全面汉化。《泰和律义》与《律令》（20卷）、《新定敕条》（3卷）及《六部格式》（30卷）合称为《泰和律令敕条格式》。《泰和律义》影响深远，至元世祖忽必烈至元八年（公元1271年）才禁行《泰和律义》。可见，选D项。A项表述的《重熙条例》是辽朝制定的基本法典。B项表述的《天盛改旧新定律令》是西夏制定的内容十分庞杂的法典。C项表述的《皇统制》是金朝制定的第一部成文法典，但从内容及对后世的影响上远不及《泰和律》。

11. D

【精解】《法经》是中国历史上第一部比较系统的封建成文法典，而不是《九章律》，A项表述错误。《北齐律》首次规定"重罪十条"，而不是《北魏律》，B项表述错误。《元典章》和《经世大典》是元朝制定的典章汇编，《大明会典》基本仿照《唐六典》编制而成，而非仿照《元典章》和《经世大典》，但以六部官制为纲的做法仿照的是《元典章》，C项表述错误。《大明令》颁行于明太祖朱元璋洪武元年（1368年），是帝制中国最后一部以"令"为法律形式的令典，D项表述正确。

12. A

【精解】七出、三不去制度一直属于我国古代婚姻制度的重要组成部分。故选A项。按照唐律的规定，诸嫁娶违律，独坐主婚，而不是主婚者和结婚者皆坐。故B项错误。元朝首次明确将婚书作为建立婚姻关系的法定构成要件，不是明朝。故C项错误。明朝在法律上明确了家长的主婚权，而不是清朝。故D项错误。

13. C

【精解】南京国民政府采取民商合一的民事立法体系，这不同于清末和北洋政府民商分立的立法体系，因此，制定统一的民法典，对于商事法律不编纂统一的商法典，而是采取单行法规，作为民法的特别法，A、D项表述错误。《大清民律草案》首次确立了过错责任原则，而非《中华民国民法》，B项表述错误。《中华民国民法》维护夫妻间的不平等，如承认双方合意的买卖婚姻的有效性，C项表述正确。

14. C

【精解】《中华民国宪法草案》（1913年）是北洋政府统治时期的第一部宪法草案，又称为"天坛宪草”。“天坛宪草”采用了资产阶级三权分立的宪法原则，确认了民主共和制度，体现了《临时约法》的宪法精神。故选C项。《中华民国宪法草案》(1936年）又称为“五五宪草”，它主要秉承了《训政纲领》的宗旨，不可能确立三权分立的宪法原则。故排除A项。《中华民国临时约法》也采取三权分立原则，但制定于南京临时政府时期，而不是北洋政府时期。故排除B项。《中华民国宪法草案》(1925年）又称为“段记宪草”，是段祺瑞一手炮制的，也不能体现三权分立的宪法原则。故排除D项。

15. C

【精解】从题干表述情形看，宋太宗采纳右仆射李昉等人的主张，裁决将田业归安崇绪，让冯氏和安崇绪生母阿蒲同居，由安崇绪来奉养终身。如此则儿子有父亲的产业可守，冯氏的终身也有人奉养。可见，宋太宗裁决改判的理由最可能的是C项，故选C项。不选A、B项：因为题干表述的情形是，仅安崇绪本人认为冯氏与他父亲离异，至于是否离异，应由大理寺通过掌握的证据决断。当然，即便果真离异，也不能选A项，因为与题意不符。不选D项：冯氏霸占安崇绪父亲资产，如果离异，就应当回娘家；如果尚未离异，其资产应由安崇绪继承。所以，冯氏霸占资产具有违法性，这没有错，但这并不是改判的理由，故不选D项。

单元六

1. 晋代所确定的五刑是(　　)。

A. 死刑、髡刑、完刑、作刑、杂抵

B. 杖刑、鞭刑、徒刑、流刑、死刑

C. 死刑、徒刑、笞刑、罚金刑、赎刑当古

D. 笞刑、杖刑、徒刑、流刑、死刑

2. 明确提出“明礼以导民，定律以绳顽”，将伦理道德的预防犯罪职能与法律的镇压犯罪职能相结合的朝代是(　　)。

A. 宋朝　　B. 元朝

C. 明朝　　D. 清朝

3. 最早规定治外法权内容的是(　　)。

A.《中英南京条约》　　B.《中英五口通商章程及税则》

C.《上海洋泾浜设官会审章程》　　D.《虎门条约》

4. 唐朝受理行政诉讼的中央司法机关是(　　)。

A. 大理寺　　B. 御史台

C. 刑部　　D. 吏部

5. 唐朝的“十恶”犯罪中，属于严重危害社会秩序犯罪的是(　　)。

A. 不孝　　B. 谋反

C. 内乱　　D. 不道

6. 下列关于汉朝刑法适用原则的表述，正确的是(　　)。

A. 汉朝对于一定范围的亲属之间相互容隐犯罪，可以不负刑事责任

B. 汉朝首次确立了“诬告反坐”原则，以严惩诬告犯

C. 汉朝确立了上请原则，对于需要上请的官员，须由廷尉作最后裁决

D. 汉朝是唯一以身高确立刑事责任年龄的朝代

7. 元朝由地方政府纂集的法规汇编是(　　)。

A.《大元通制》　　B.《大札撒》

C.《元典章》　　D.《至元新格》

8. 下列有关宋朝法制的表述，错误的是(　　)。

A.《宋刑统》是中国历史上第一部刊版印行的封建成文法典
B. 宋朝为了防止科举舞弊，创造了糊名考校法、誊录制和差遣制
C. 宋朝对于京朝官的考课由审官院掌考
D. 宋朝的谏院是负责对中枢机构、行政措施和官员任免提出意见的监察机构

9. 下列有关我国古代立法的表述，正确的是(　　)。
A.《秦律》是我国第一部以律命名的封建成文法典
B.《汉律》是我国第一部法律儒家化的封建成文法典
C.《唐律疏议》首次区分了公罪和私罪
D.《大明律》首次使凌迟刑成为法定死刑

10. 清末司法改革后负责统一解释法令的司法机关是(　　)。
A. 法部　　B. 刑部
C. 大理院　　D. 资政院

11. 关于明代法律制度，下列表述正确的是(　　)。
A. 明朝以德本刑用、明刑弼教作为立法指导思想
B. 明律体现了用刑持平的特点
C. 军官、军人诉讼一般不受普通司法机构管辖
D. 明朝的会审包括九卿圆审、朝审、大审、秋审

12. 关于《中华民国临时约法》，下列表述正确的是(　　)。
A.《临时约法》是辛亥革命后正式颁行的宪法
B.《临时约法》规定设立大总统，采用总统制
C.《临时约法》规定行使中央立法权的机关是参议院
D.《临时约法》规定实行五权分治的政治体制

13. 革命根据地时期增加"同中农巩固联合"条文的宪法性文件是(　　)。
A.《中华苏维埃共和国宪法大纲》
B.《陕甘宁边区施政纲领》
C.《抗日救国十大纲领》
D.《陕甘宁边区宪法原则》

14. 下列关于南京国民政府立法体制和法律制度的表述，正确的是(　　)。
A. 南京国民政府的"六法"体系专指由六部法典构成的法律体系
B. 国民党的法律制度属于大陆法系
C. 判例和解释例不属于"六法"体系的范畴
D. 具体的"六法全书"都属于基本法典

15. 下列关于近代各政权立法指导思想（原则）的表述，正确的是(　　)。
A. 清末预备立宪的指导思想是"务其中外通行，有俾治理"
B. 北洋政府的立法指导原则是"隆礼""重典（重刑）"
C. 南京国民政府总的立法指导原则是"权能分治"
D. 南京临时政府的立法指导原则是"民主""共和"

单元六答案与精解

1. C

【精解】《曹魏律》首次提出了新五刑制度的概念，包括死刑、髡刑、完刑、作刑、赎刑、罚金刑、杂抵罪七种刑名三十七等。《晋律》将其简化为死刑、徒刑、笞刑、罚金刑和赎刑五种刑名二十

余等。北魏确立了死、流、徒、鞭、杖的五刑制度。北周五刑体系的排列由轻及重，为杖、鞭、徒、流、死五刑制度。《开皇律》定五刑为死、流、徒、杖、笞五刑制度，封建五刑制度正式确立。《唐律》将五刑排列由轻及重，为笞、杖、徒、流、死五刑制度。可见，选C项。

2. C

【精解】明太祖朱元璋明确提出“明礼以导民，定律以绳顽”，将伦理道德的预防犯罪职能与法律的镇压犯罪职能相结合，以实现明王朝的长治久安。

3. B

【精解】治外法权就是指领事裁判权，领事裁判权最早确立于《中英五口通商章程及税则》中，并在随后签订的《虎门条约》以及其他一系列不平等条约中得以扩充。故选B项。

4. B

【精解】唐朝的御史台是专门受理行政诉讼的中央司法机关，御史台也是唐朝中央最高监察机关。故选B项。在唐代，大理寺是中央最高审判机关，刑部是中央最高司法行政机关，也是中央刑事案件的复核机关，而吏部则是主管官吏管理的六部之一。

5. D

【精解】唐朝的“十恶”大罪包括谋反、谋大逆、谋叛、大不敬、不道、恶逆、不孝、不睦、不义、内乱十罪，其中，只有“不道”属于严重危害社会秩序的犯罪。故选D项。不道，不要望文生义，其含义是：杀死没有犯死罪的一家三人以上或者将人残忍肢解的犯罪，不要自认为“不道德”。

6. A

【精解】汉宣帝时期确立了“亲亲得相首匿”原则，即对于一定范围的亲属犯罪，可以相互隐瞒而不负刑事责任。故A项表述正确。秦朝首次确立了“诬告反坐”原则，而不是汉朝。故B项错误。对于上请案件，须由廷尉最终上报皇帝裁决，廷尉没有最终决断权。故C项错误。秦朝是唯一以身高确定刑事责任能力的朝代，汉朝则采取用年龄划分刑事责任。故D项错误。

7. C

【精解】《元典章》是元朝地方政府对元世祖至元以来至元英宗至治时期约50年间有关政治、经济、军事、法律等方面圣旨条例的汇编。《元典章》虽然不是中央政府颁布的法规，但它系统地保存了元朝法律的内容，成为研究元朝社会及法律的珍贵材料。故C项正确。《大元通制》是元英宗至治时期模仿唐、宋旧律体系颁行的一部较为完备的法典，它较为全面地反映了元朝法制的基本状况。《大札撒》是元朝立国前制定的习惯法。《至元新格》是元朝立国后颁布的第一部成文法典。

8. B

【精解】《宋刑统》是中国历史上第一部刊版印行的封建成文法典，也是宋朝终世不改的根本大法。故A项表述正确。宋朝为了防止科举舞弊，创造了糊名考校法、誊录制和回避制，差遣制并非科举考试制度，而是官员选任制度。故选B项。宋朝对于京朝官的考课由审官院掌考，对于州县官的考课由考课院掌考。故C项表述正确。宋朝的谏院是负责对中枢机构、行政措施和官员任免提出意见的监察机构，宋朝设置谏院的目的在于牵制宰相的权力。故D项表述正确。

9. A

【精解】商鞅改法为律，使得《秦律》成为我国历史上第一部以律命名的封建成文法典。《晋律》是我国第一部法律儒家化的封建成文法典，而不是汉律。故B项错误。《开皇律》首次区分了公罪和私罪，而不是《唐律疏议》。故C项错误。宋朝颁布的《庆元条法事类》首次使凌迟刑成为与绞、斩并用的法定死刑，而不是《大明律》，但《大明律》首次使凌迟刑正式入律。故D项错误。

10. C

【精解】根据清末制定的《法院编制法》的规定，大理院卿有统一解释法令必应处置之权，但不得指挥审判官所掌理各案件之审判。可见，选C项。法部是清末司法改革后掌管全国司法行政事务的机关；刑部是清末司法改革前的全国最高司法主审机关。资政院是清末预备立宪过程中设立的中央咨询机关。

11. C

【精解】明朝以刑乱国用重典和明刑弼教作为立法指导思想，德本刑用是唐朝的立法指导思想，A项表述错误。明律体现了“轻其所轻，重其所重”的特点，唐律体现的是“用刑持平”的特点，B项表述错误。军官、军人诉讼一般不受普通司法机构管辖，C项表述正确。明朝的会审包括三司会审、九卿圆审、朝审、大审、热审，但没有秋审，秋审是清朝的会审制度，D项表述错误。

12. C

【精解】《临时约法》是宪法性文件，辛亥革命后首部正式颁行的宪法是1923年《中华民国宪法》（“贿选宪法”），而非《临时约法》，A项表述错误。《临时约法》为限制袁世凯，改总统制为责任内阁制，B项表述错误。《临时约法》规定行使中央立法权的机关是参议院，C项表述正确。《临时约法》确立了资产阶级民主共和国的政治体制和国家制度。《临时约法》规定实行三权分立的政府组织原则，采用责任内阁制，规定临时大总统、副总统和国务员行使行政权力，参议院是立法机关，法院是司法机关，并规定了其他相应的组织与制度。据此，D项表述的《临时约法》规定实行“五权分治”的政治体制，这种说法是错误的。

13. A

【精解】《中华苏维埃共和国宪法大纲》最主要的成果就是增加了“同中农巩固联合”的条文，从而克服了“左”倾思想，扩大了阶级基础。故选A项。

14. B

【精解】南京国民政府的“六法”体系不仅包括具体的“六法全书”，而且包括与“六法全书”相配套的关系法规、判例和解释例。故A项和C项错误。国民党政权的法律制度属于大陆法系，以成文法为基本的法律渊源。故B项正确。狭义的“六法全书”是指宪法、民法、民事诉讼法、刑法、刑事诉讼法和行政法等六法，该六法中，行政法不能编纂成法典形式，其余五法都是法典。故D项错误。

15. B

【精解】清末预备立宪的指导思想是“大权统于朝廷，庶政公诸舆论”，清末修律的指导思想是“务其中外通行，有俾治理”。可见，A项表述错误。北洋政府的立法指导原则是“隆礼”“重典（重刑）”，即通过倡导伦理纲常维护其政权，并以严刑峻法镇压人民的反抗。可见，B项表述正确。南京国民政府总的立法指导原则是坚持“党治”，具体的立法指导原则又包括“权能分治”“五权宪法”“建国三时期”等。可见，C项表述错误。尽管南京临时政府倡导共和，并以实现中国民主为目标，但在立法指导思想上并不统一，甚至是对立的，从而影响了三民主义在中国的真正实现。故D项表述错误。

单元七

1. 独子承祧制度为(　　)独创。

A. 宋朝　　　　B. 元朝

C. 明朝　　　　D. 清朝

2. 下列有关古代法律或法典制定者的表述，正确的是(　　)。

A. 邓析是中国历史上第一部成文法的制定者

B.《连坐法》的制定者是战国时期的魏相李悝

C. 汉代的叔孙通在《法经》和《秦律》的基础上，制定了《九章律》

D.《贞观律》是在房玄龄、长孙无忌修订律令的基础上完成的

3. 有权对北洋政府的判例和解释例进行具体适用的机关是(　　)。

A. 司法院大法官会议　　　　B. 司法部

C. 大理院　　　　D. 最高法院

4. 汉朝监察京师附近州县和百官的监察机构是(　　)。

A. 州刺史　　　　B. 司隶校尉

C. 部刺史　　D. 御史大夫

5. 某人在唐朝首都长安犯强盗罪，三次入狱，依律应分别处徒刑1年、1年半、2年，则依据唐律，第三次处刑时应判处的刑罚为(　　)。

A. 徒刑4年半　　B. 徒刑3年

C. 流刑2 000里　　D. 绞刑

6. 下列关于秦代立法指导思想的表述，正确的是(　　)。

A. 秦朝的立法强调“德本刑用”

B. 秦朝的立法实行严刑重法，推行“专任刑罚”

C. 秦朝的立法主张“德主刑辅”

D. 秦朝的立法体现“宽简、稳定、划一”

7. 永徽四年，唐高宗李治的妹夫房遗爱谋反案发。对房遗爱的下列处理符合《永徽律疏》规定的是(　　)。

A. 可适用“八议”　　B. 应被判处死刑

C. 可适用“上请”　　D. 适用自首

8. 南陈创立了测立之法。下列关于测立之法的表述，正确的是(　　)。

A. 对受审者先鞭笞，再令其负枷械刑具站立于顶部尖圆且仅容两足的一尺土垛上

B. 对拒不招供者断绝饮食，三日后才许进食少量粥

C. 既杖其脊，又配其人，而且刺面

D. 剥皮实草

9. 元朝效法《唐六典》而编成的典章汇编是(　　)。

A. 《元典章》　　B. 《大元通制》

C. 《经世大典》　　D. 《风宪宏纲》

10. 规定设立独立于行政机关的审计院的宪法性文件是(　　)。

A. “贿选宪法”　　B. “袁记约法”

C. “五五宪草”　　D. “天坛宪草”

11. 元朝中央最高军事机关是(　　)。

A. 中书省　　B. 枢密院

C. 审刑院　　D. 宣政院

12. 下列有关清末法制改革的表述，错误的是(　　)。

A. 清末修律改变了“诸法合体”的编纂形式，明确了实体法之间、实体法和程序法之间的差别

B. 清末修律过程中，无论是商事法律的修订，还是民事法律的修订，都有日本法学家参与

C. 清末司法改革使得刑部成为中央最高司法行政机关

D. 清末制定的《大清刑事诉讼律草案》是我国历史上第一部诉讼法

13. 清末修订的法律中，标志着实体法和程序法首次分离的诉讼法律是(　　)。

A. 《大清刑事诉讼律草案》　　B. 《大清民事诉讼律草案》

C. 《大理院审判编制法》　　D. 《大清刑事民事诉讼法草案》

14. 第一次以法律形式宣布废除封建帝制的宪法性文件是(　　)。

A. 《中华民国临时约法》　　B. 《中华民国约法》

C. 《中华民国临时政府组织大纲》　　D. “天坛宪草”

15. 下列关于南京国民政府各机关职权的表述，正确的是(　　)。

A. 国民党中央执行委员会为实行全国训政的最高指导机关

B. 南京国民政府的最高行政机关是司法院

C. 南京国民政府宪法、法律的解释机关是立法院

D. 南京国民政府司法院隶属的行政法院行使行政诉讼案件的审判权

单元七答案与精解

1. D

【精解】独子承祧制度为清朝独创，以前历代王朝均无此规定。注意：独子承祧制度原本为2003年前考试大纲的考查内容，后删除。2008年大纲又将该内容恢复。

2. D

【精解】中国历史上第一部成文法的制定者是春秋时期郑国的执政子产，而不是邓析，邓析是《竹刑》的制定者。可见，A项表述错误。《连坐法》的制定者是战国时期秦国的商鞅，而不是李悝，李悝是《法经》的制定者。可见，B项表述错误。汉代的萧何在《法经》和《秦律》的基础上，制定了《九章律》，叔孙通是汉代《傍章律》的制定者。可见，C项表述错误。唐太宗李世民命长孙无忌、房玄龄等人全面修订律令，经过11年的时间，完成并正式颁布《贞观律》，唐代法典自此基本定型。可见，D项表述正确。

3. C

【精解】北洋政府时期，判例和解释例是最重要的法律渊源之一，大理院是北洋政府时期的中央最高审判机关，因而有权对判例和解释例进行适用的机关是大理院。故选C项。司法院大法官会议是南京国民政府设置的机关，该机关有权对南京国民政府制定的判例和解释例进行核定。司法部是南京临时政府、北洋政府、南京国民政府以及现政权的最高司法行政机关，其并非审判机关。最高法院是南京国民政府普通法院系统中最高的审判机关。

4. B

【精解】汉朝的监察机关包括：御史台，掌中央监察，是最高中央监察机关；州刺史，是汉朝中央监察机关派往地方的监察机关，东汉末年演变为地方州一级的行政长官；部刺史，是汉朝皇帝派往地方的监察机构。故选B项。

5. C

【精解】《唐律疏议·贼盗律》规定："诸盗经断后，仍更行盗，前后三犯徒者，流二千里；三犯流者绞。"即前后三次犯应处徒刑的罪，不是以其中一个重罪处刑，而是处以徒刑之上一种刑罚即流刑2 000里。三次犯应处流刑的罪，则处以绞刑。故选C项是正确答案。

6. B

【精解】秦朝的立法指导思想包括："缘法而治""法令由一统""严刑重法"。秦朝推行"专任刑罚，躬操文墨"的政策是严刑重法的立法指导思想的体现。可见，选B项。"德本刑用"和立法"宽简、稳定、划一"是唐朝的立法指导思想，故不选A、D项。"德主刑辅"是汉朝汉武帝之后的立法指导思想，故不选C项。

7. B

【精解】房遗爱所犯之罪为谋反，属于"十恶"重罪，针对"十恶"，《永徽律疏》规定，不适用八议、自首等免责条件，且为"常赦所不原"。可见，A、D项表述错误，不选A、D项。《唐律疏议·贼盗律》规定："诸谋反及大逆者，皆斩；父子年十六以上皆绞，十五以下及母女、妻妾、祖孙、兄弟、姊妹若部曲、资财、田宅并没官。"据此，对于犯谋反重罪的本犯，处死刑，B项表述正确，选B项。既然房遗爱不适用"八议"，则更不能适用"上请"，不选C项。

8. A

【精解】A项表述的是测立之法，故选A项。B项表述的是南梁创立的测罚法。C项表述的是宋朝的刺配刑。D项表述的是明太祖对贪墨罪犯适用的刑罚，明太祖对于贪墨60两银以上的官员剥去人皮，灌上水银，充实草料，并悬于衙左，以警示后任诸官。

9. C

【精解】元明宗至顺二年（1331年）编成的《经世大典》是一部仿效《唐六典》而编成的典章汇

编，共880卷，选C项。A项表述的《元典章》是元朝江西地方行省对元世祖忽必烈以来约五十年间有关政治、经济、军事、法律等方面的圣旨条例的汇编。B项表述的《大元通制》是元朝编纂的最为完备的法典，标志着元朝法律的完备。D项表述的《风宪宏纲》是元朝制定的有关监察方面的法律，是监察法律的集大成者。

10. D

【精解】1913年制定的《中华民国宪法草案》即"天坛宪草"规定设立独立于行政机关的审计院，负责审核国家财政收入和支出的决算，核准国家岁出之支付命令。审计员由参议院选举产生，总统无权任免。可见，选D项。

11. B

【精解】元朝仿照宋制，以枢密院作为中央最高军事机关。与宋朝不同的是，宋朝的枢密院与中书省是平级的，而元朝枢密院的地位低于中书省。可见，选B项。中书省是元朝中央最高行政机关，而不是军事机关。审刑院是宋朝元丰变法前设置的牵制三法司的皇帝御用司法机关，元朝没有此机构。宣政院是元朝掌管全国佛教及西藏地区的军民政教事务的机构，也是元朝中央最高宗教审判机构。

12. D

【精解】清末修律改变了"诸法合体"的编纂形式，分别制定了刑事法律、民事法律、商事法律及程序法律，从而明确了实体法之间、实体法和程序法之间的差别。故A项表述正确。清末对民事和商事法律的修订过程中，邀请了日本法学家松岗义正、志田钾太郎、冈田朝太郎、小河滋次郎等人参与制定工作。故B项表述正确。清末改刑部为法部，作为全国最高司法行政机关。故C项表述正确。D项错在：清末制定的《大清刑事民事诉讼法》是我国历史上第一部诉讼法。

13. D

【精解】1906年编纂完成的《大清刑事民事诉讼法草案》首次区分了民事案件和刑事案件：凡叛逆、谋杀、故杀、伪造货币、印信、抢劫并他项应遵刑律裁判之案为刑事案件。凡因钱债、房屋、地亩、契约及索取赔偿等事涉讼为民事案件。故选D项。

14. C

【精解】《中华民国临时政府组织大纲》是辛亥革命胜利后各省都督府代表会议通过的关于筹建中华民国临时政府的纲领性文件，于1911年12月通过。它第一次以法律的形式宣告废除封建帝制，以美国的国家制度为蓝本，确立了总统制共和政体，规定实行三权分立原则。这个大纲是制定《中华民国临时约法》的蓝本。故选C项。

15. D

【精解】国民党中央执行委员会是南京国民政府国民大会（后改称国民党全国代表大会）的常设机构，国民党中央政治会议（后改称国防最高委员会）是中央执行委员会特设的指导机关，也是全国实行训政的最高指导机关。可见，A项表述错误。南京国民政府的最高行政机关是行政院，而不是司法院。故B项表述错误。南京国民政府司法院负责解释宪法、法律，并对最高法院的判例有变更权，对解释例有核定权。可见，C项表述错误。南京国民政府司法院下设司法行政部、最高法院、行政法院和官吏惩戒委员会4个直属机关。其中，司法行政部掌管司法行政事务（后曾改归行政院统辖），最高法院行使最高审判权，行政法院行使行政案件的审判权，官吏惩戒委员会掌管文官和法官的惩戒事宜。可见，D项表述正确。

单元八

1. 据《左传·昭公六年》记载："商有乱政，而作(　　)"。

A. 禹刑　　B. 汤刑

C. 九刑　　D. 吕刑

2. 在秦代，髡子和奴妾属于(　　)。

A. 州告　　B. 公室告

C. 诬告　　D. 非公室告

3. 下列选项中，属于西周时期规定的罪名是(　　)。

A. 贼、藏、盗、奸　　B. 盗徙封

C. 三风十愆　　D. 昏、墨、贼

4. 中国历史上首次创立了诸法合体、以刑为主的篇章体例结构的封建成文法典是(　　)。

A. 禹刑　　B. 铸刑书

C. 《秦律》　　D. 《法经》

5. 下列有关宋朝法律制度的表述，错误的是(　　)。

A. 宋朝对犯人推翻原有口供的，采取翻异别推实施重审

B. 宋朝在行政立法上将行政权分为枢密院、中枢门下和三司使以削弱相权

C. 编敕和编例是宋朝最重要、最经常的立法活动

D. 宋朝将徒刑折为脊杖，并于本地配役 1 年

6. 汉朝的法律形式不包括(　　)。

A. 律　　B. 令

C. 格　　D. 比

7. 宋朝掌管军事权的中央国家御用机关是(　　)。

A. 中枢门下　　B. 枢密院

C. 审刑院　　D. 宣政院

8. 下列关于明朝法制的表述，错误的是(　　)。

A. 《大明律》是明朝终世不改的根本大法

B. 充军刑在明代得到广泛的适用

C. 奸党罪是明朝专有的罪名

D. 厂卫干预司法活动是明朝司法制度的一大特色

9. 秦简《法律答问》记载："隶臣系城旦舂，去亡，已奔，未论而自出，当笞五十，备系日（押到期满）。"根据这段文字记载，对于隶臣者最终判处笞五十，其理由在于(　　)。

A. 存在自首情节　　B. 存在立功情节

C. 实行诬告反坐　　D. 亲属隐匿逃亡减轻处罚

10. 首创律例合编体例法典编纂方式的朝代是(　　)。

A. 唐朝　　B. 宋朝

C. 明朝　　D. 清朝

11. 清朝入关后制定的会典不包括(　　)。

A. 顺治会典　　B. 康熙会典

C. 嘉庆会典　　D. 光绪会典

12. 下列有关沈家本修律的表述，正确的是(　　)。

A. 沈家本的修律活动使中国法律走向近代化

B. 沈家本修律活动的最主要成果是制定了《大清现行刑律》

C. 沈家本的修律活动使中国收回了治外法权

D. 礼教派对沈家本修律活动的攻击集中在《大清新刑律》上

13. 北洋政府的最高审判机关是(　　)。

A. 大理寺　　B. 大理院

C. 最高法院　　D. 临时中央审判所

14. 南京国民政府解释宪法的机关是(　　)。

A. 国民党全国代表大会　　B. 立法院
C. 国民党中央执行委员会　　D. 司法院大法官会议

15. 下列关于革命根据地法制的表述，错误的是(　　)。

A.《中华苏维埃共和国土地法》规定了“地主不分田，富农分坏田”的土地政策
B.《陕甘宁边区宪法原则》规定了“三三制”的政权组织原则
C. 最早规定“减租减息”政策的文件是《抗日救国十大纲领》
D.《中国人民解放军宣言》规定了没收四大家族财产的政策

单元八答案与精解

1. B

【精解】“汤刑”是商朝法律的总称，因商朝的建立者汤而得名。据《左传・昭公六年》记载：“商有乱政，而作汤刑”。故B项是正确答案。

2. D

【精解】秦代有公室告和非公室告之分。秦代把“贼杀伤、盗他人”列为严惩对象，对于这些案件，官府必须受理，对“子盗父母、父母擅刑”的，则官府不予追究，对于强行告诉的，还要以所告的罪惩罚告发者。故选D项。“州告”也属于秦朝诉讼制度的范畴，但不属于考试范围，本题中“州告”属于干扰项。

3. A

【精解】西周规定了贼、藏、盗、奸之罪。《左传・文公十八年》引周公作誓命曰：“毁则为贼，掩贼为藏，窃贿为盗，盗器为奸。主藏之名，赖奸之用，为大凶德，有常无赦，在《九刑》不忘。”即：破坏礼法者为贼，窝藏隐匿罪人者为藏，窃人财物者为盗，偷盗国器宝物者为奸。可见，选A项。盗徙封是秦代规定的罪名，秦代对于偷偷移动田界标志企图侵占他人财产的犯罪，以盗徙封之罪惩处。可见，不选B项。“三风十愆”是商朝的罪名，属于职务犯罪，即官吏有巫风、淫风、乱风三类恶劣风气以及与之相关的十种行为者，当处墨刑。昏、墨、贼为夏朝的罪名，《左传・昭公十四年》中有“昏、墨、贼，杀，皋陶之刑也”的记载，据春秋后期晋国大夫叔向的解释：“已恶而掠美为昏，贪以败官为墨，杀人不忌为贼”，即对于行为恶劣而夺取善名的，贪婪败坏官纪的，以及肆无忌惮地杀人的，凡是犯有昏、墨、贼三项罪名者，均处死刑。

4. D

【精解】《法经》中已经有总则与分则、实体法与程序法、刑事法律规范与其他法律规范等各方面内容，首次创立了诸法合体、以刑为主的篇章体例结构，为后世各代成文法典的形成奠定了基础。故选D项。

5. D

【精解】D项错在：宋朝将徒刑折为脊杖后，杖后释放，而不是就地配役，但对于流刑折成脊杖后，要就地配役1年。其余选项表述都正确。

6. C

【精解】汉朝的法律形式包括律、令、科、比四种，而格属于唐朝的法律形式。故选C项。

7. B

【精解】宋朝为了削弱相权，一改唐朝的三省制，设中枢门下和枢密院共治国事，其中的枢密院就是宋朝掌管军事权的皇帝御用机构。故选B项。中枢门下是宋朝最高中央行政机关，审刑院是宋朝监督三法司的司法机关，宣政院是元朝专理宗教审判的机关。

8. C

【精解】C项错在：明朝首创奸党罪，但奸党罪并非明朝专有，清朝沿用了奸党罪。其余选项表

述都正确。

9. A

【精解】题干涉及的文字材料的大致含义是：隶臣妾（为官府服役的官奴婢）在服役期间逃亡后又自首的，仅笞五十并补足服役期限；如果犯罪以后消除犯罪后果的，可减免处罚。可见，选A项。

10. C

【精解】明朝除了《大明律》《明大诰》《明会典》之外，还有“律例”这一立法形式。明宪宗成化以后，用“例”之风开始蔓延。明孝宗弘治年间，刑部删定《问刑条例》，“例”成为正式的法律，而后开始出现“律”“例”并行的局面。明神宗万历年间，使将律、例合编为一书，律为正文，例为附注，称为《大明律集解附例》，从而开创了律例合编的法典编纂的先例，并影响了清朝。故选C项。

11. A

【精解】清朝制定的会典包括康熙会典、雍正会典、乾隆会典、嘉庆会典和光绪会典，没有顺治会典。故选A项。

12. D

【精解】A项错在：沈家本的修律活动没有使中国法律走向近代化，但修律活动拉开了中国法律走向近代化的序幕。B项错在：沈家本修律活动的最主要成果是制定了《大清新刑律》，而不是《大清现行刑律》。C项错在：沈家本试图通过修律活动收回治外法权，但这是不可能的。只有D项正确。

13. B

【精解】北洋政府沿用清末司法机关的设置，仍以大理院为中央最高审判机关。故选B项。大理寺在北齐至宋为中央最高审判机关，明清时期为中央刑事案件的复核机关。最高法院是南京临时政府制定《临时约法》后确立的最高审判机关，南京国民政府沿用。临时中央审判所（有的称为“临时中央裁判所”）是《中华民国临时政府组织大纲》确定的中央最高审判机关。

14. D

【精解】南京国民政府解释宪法和法律的机关是司法院大法官会议。故选D项。立法院无权解释宪法和法律，甚至在国民党中央政治会议的操纵下，无权对立法原则实施更改，总之，立法院有名无实，一般考试中不要选择立法院。国民党中央执行委员会是国民党全国人民代表大会的常设机关，但这两个机关都不能解释宪法和法律，考生务必不要套用现行立法体制对国民党的立法权进行分析。

15. B

【精解】《中华苏维埃共和国土地法》是土地革命后期影响最大、实施地区最广、适用时间最长的土地法。由于受“左”倾思想的影响，在土地分配制度上实行“地主不分田，富农分坏田”的政策。故A项表述正确。《陕甘宁边区施政纲领》规定了“三三制”的政权组织原则。故B项表述错误。1937年，陕甘宁边区制定了《抗日救国十大纲领》，最早提出了“减租减息”政策。故C项表述正确。《中国人民解放军宣言》规定了三项内容：第一，打倒蒋介石反动政府；第二，没收四大家族和其他首要战犯的资本；第三，组成民族统一战线，建立民主联合政府。故D项表述正确。

单元九

1. 下列关于古代地方行政机构的表述，正确的是(　　)。

A. 汉朝在地方实行郡、县两级制

B. 宋朝在地方上实行州、郡、县三级制

C. 元朝在地方上大体实行省、路、府、县四级制

D. 明朝在地方上实行省、路、府、县四级制

2. 西周时期将惯犯称为(　　)。

A. 眚　　B. 非终
C. 惟终　　D. 非眚

3. 南京国民政府具体指导国家立法的机关是(　　)。
A. 国民党中央政治会议　　B. 立法院
C. 司法院　　D. 国民党中央执行委员会

4. 据《汉书·刑法志》记载:"箠者,棰长五尺,其本大一寸,其竹也,末薄半寸,皆平其节。当笞者笞臀。毋得更人,毕一罪乃更人。"该记载所体现的法令称为(　　)。
A.《箠令》　　B.《挟书律》
C.《告缗令》　　D.《上计律》

5. 中国历史上第一部正式颁行的民法典是(　　)。
A.《大清民律草案》　　B.《现行律民事有效部分》
C.《中华民国民法》　　D.《钦定大清商律》

6. 曹魏政权教授法律、培养司法官吏的司法机构是(　　)。
A. 律博士　　B. 秋官大司寇
C. 大理寺　　D. 尚书台

7. 唐朝的六部中,掌管户籍和财政收入的是(　　)。
A. 礼部　　B. 工部
C. 户部　　D. 刑部

8. 据《宋史·刑法志三》记载:"良民偶有抵冒,致伤肌体,为终身之辱;愚顽之徒,虽一时创痛,而终无愧耻。若使情理轻者复古居作之法,遇赦第减月日,使良善者知改过自新,凶顽者有所拘系。"该段文字阐述的刑罚是(　　)。
A. 凌迟　　B. 刺配
C. 折杖　　D. 编管

9. 革命根据地时期土地立法的最大成就是颁布了(　　)。
A.《中国土地法大纲》　　B.《中华苏维埃共和国土地法》
C.《抗日救国十大纲领》　　D.《陕甘宁边区土地租佃条例》

10. 元朝的中央主审机关是(　　)。
A. 大宗正府　　B. 宣政院
C. 刑部　　D. 大理寺

11. 下列关于古代回避制度的表述,正确的是(　　)。
A. 汉朝的三互法是有关官吏考课的回避制度
B. 唐朝的司法官审判回避制度称为别推制
C. 宋朝科举考试中创造了回避的考试方法和规则,以防科举舞弊
D. 明朝对京官实行籍贯回避制度

12. 最早引进"自由心证制度"的诉讼法典(或草案)的是(　　)。
A.《大清刑事民事诉讼法草案》　　B.《大清刑事诉讼律草案》
C.《大清民事诉讼律草案》　　D.《中华民国刑法》

13. 在清朝制定的各种"例"中,地位最重要的例为(　　)。
A. 条例　　B. 则例
C. 判例　　D. 成例

14. 下列关于北洋政府法制的表述,正确的是(　　)。
A. 北洋政府实行民商分立的民事立法体制
B. 北洋政府专门受理行政诉讼案件的中央司法机关是大理院
C.《中华民国宪法》(1923年)设置了独立于行政机关的审计院

D. 北洋政府原则上实行三级三审制

15. “八议”是中国古代优待贵族官僚的法律制度。“八议”中“议能”的对象是指（　　）。

A. 为国家勤劳服务的人　　B. 有大才能的人

C. 有大德行与影响的人　　D. 有大功勋的人

单元九答案与精解

1. C

【精解】元朝以行省作为地方固定的行政区域，大体形成行省（省）、路、府、县四级制。故选C项。A项错在：在地方上，汉朝基本实行郡、县制，但东汉末年实行州、郡、县三级制。B项错在：在地方上，宋朝实行路、州（府）、县三级制。D项错在：在地方上，明朝实行省、府、县三级制。

2. C

【精解】西周时期将惯犯称为“惟终”，将偶犯称为“非终”，将过失称为“眚”，将故意称为“非眚”。故选C项。

3. A

【精解】国民党中央政治会议是国民政府直接领导机关，也是具体指导国家立法的重要机关，是国民党中央执行委员会特设的政治指导机关。故选A项。立法院是名义上的最高立法机关，但是立法院在行使立法权时，须遵循国民党中央政治会议所确定的立法原则。故不选B项。司法院是宪法、法律解释机关和变更及核定判例的机关。故不选C项。国民党中央执行委员会拥有最高立法权，但具体指导国家立法的是国民党中央执行委员会特设的国民党中央政治会议。故不选D项。

4. A

【精解】《汉书·刑法志》记载：笞者，棰长五尺，其本大一寸，其竹也，末薄半寸，皆平其节。当笞者笞臀。毋得更人，毕一罪乃更人。该段文字的基本含义是：执行笞刑的刑具箠长五尺，根头一寸，末梢半寸，材料用竹制成，都削平竹节；笞打的部位是臀部；行刑时中途不得换人。该记载所体现的法令是汉景帝时期制定的《箠令》，该法令是汉景帝刑制改革内容的一部分。可见，选A项。不选B项：《挟书律》是秦始皇在进行焚书时实行的一项法令，除了允许官府有关部门可以藏书外，民间和个人一律不得藏书。西汉王朝初期，制度基本上是继承秦朝，《挟书律》也不例外。汉惠帝四年（公元前191年），西汉政府宣布废除《挟书律》，使得长期受到压抑的各种思想和文化艺术得以正常发展。不选C项：《告缗令》是汉武帝时期制定的重农抑商法令。不选D项：《上计律》是秦朝制定的官员考课之法，汉朝沿用该法规定的“上计”方式对官员实施考课。

5. C

【精解】1929—1930年颁布的《中华民国民法》是中国历史上第一部正式颁行的民法典。故选C项。《大清民律草案》是中国历史上第一部民法典，但并未正式颁行。《现行律民事有效部分》是北洋政府的民事法规，但还不是法典。《钦定大清商律》不是民法典，而是商法典。

6. A

【精解】曹魏政权在中央司法机关中设律博士，以教授法律、培养司法官吏为职责。故选A项。三国两晋南北朝时期，司法机构基本沿用汉制，中央司法机关仍为廷尉，北齐将廷尉改为大理寺。北周政权垂涎于周朝天下八百载，故将大理寺改为秋官大司寇，后又被隋朝改回大理寺的名称。尚书台为西晋政权首设，该制度为隋唐时期尚书省的渊源。尚书台不是司法机构，而是行政机构。

7. C

【精解】古代六部指的是吏部、户部、礼部、兵部、刑部和工部，其中，户部主管户籍与财政收入管理。故选C项。唐朝的吏部主管官吏管理，礼部负责祭祀、礼仪，兵部主管军队培训、调动和管理，刑部主管司法行政和刑事案件复核，工部主管堂馆营建与修缮。

8. C

【精解】《宋史·刑法志三》记载的这段文字所阐述的刑罚是折杖。折杖法就是将封建制五刑中的笞刑、杖刑折成臀杖，杖后释放；将徒刑、流刑折成脊杖，杖后释放；将流刑折成脊杖后，于本地配役1年；加役流折成脊杖后，就地配役3年。这段文字揭示了实行折杖法的弊端，即实行折杖，因折杖数轻重悬殊，弊端很大，不利于犯人的改过自新，选C项。凌迟是以利刃割碎犯人身上的肌肉，残损其肢体，直到其缓慢气绝身亡的酷刑，该刑罚出现于五代。刺配是将杖刑、配役、刺面三种刑罚同时复合使用于一人身上的复合刑罚，该刑罚出现于宋代。编管是指将某些犯人发往指定地区，编录名籍，实行监管，限制其人身自由的刑罚，多适用于犯罪的官员和缘坐者，该刑罚为宋代所创。

9. A

【精解】解放战争时期颁布的《中国土地法大纲》体现了土地改革的总路线，规定了土地改革的基本政策，这在革命根据地时期以前的土地立法中是没有的，因此，《中国土地法大纲》是革命根据地时期制定得最完善的土地法。故选A项。

10. C

【精解】元朝撤销大理寺，以刑部取代，自此，刑部成为中央主审机关。故选C项。大宗正府和宣政院在职权上都高于刑部，大宗正府是专理蒙古王公贵族案件的司法机关，宣政院专理宗教审判，但是大宗正府和宣政院都不是主审机关。

11. C

【精解】汉朝的三互法是有关官吏任职的回避制度，而不是考课回避制度。故A项表述错误。唐朝的司法官审判回避制度称为换推制，而不称为别推制，别推制属于宋朝鞫谳分司制的内容。故B项表述错误。宋朝科举考试中创造了糊名考校法、誊录制和回避的考试方法和规则，以防科举舞弊。可见，选C项。明朝对地方官实行“北人南官、南人北官”的籍贯回避制度，对于京官并不适用此制度。故D项表述错误。

12. A

【精解】自由心证原则属于证据制度的范畴，所谓“自由心证”，是指在诉讼过程中，证据的证明力是否被采用，不是由法律预先作出规定，而是由法官的内心信念，即依照“心证”来自有取舍和判断。在民主法制不健全的国家，实行该证据制度弊端较大。最早引进自由心证制度的诉讼法典是《大清刑事民事诉讼法草案》。此后，《大清刑事诉讼律草案》《大清民事诉讼律草案》《中华民国刑事诉讼法》《中华民国民事诉讼法》都确立了该证据制度。故选A项。我国目前的诉讼法没有引进该证据制度。

13. B

【精解】清朝继承明朝对律典采取律例合编的编纂方式，《大清律例》就是采用这种编纂体例。一般而言，清朝将制定的例附在律文之后，成为正式律典。清朝制定的例很多，但却没有“判例”这种提法。清朝的例有条例（如《西宁番子治罪条例》）、事例（如《光绪会典事例》）、成例（如《西宁青海番夷成例》）、则例（如《理藩院则例》《都察院则例》《钦定户部则例》）等。在各种例中，则例最多，地位也最重要。故选B项。

14. A

【精解】清末政府和北洋政府实行民商分立的民事立法体例，而南京国民政府和当代实行民商合一的民事立法体例。故选A项。北洋政府专门受理行政诉讼案件的中央司法机关是平政院，而不是大理院。故B项表述错误。设置了独立于行政机关的审计院的宪法性文件是“天坛宪草”，而不是《中华民国宪法》。故C项表述错误。清末政府和北洋政府原则上都实行四级三审制，而南京国民政府实行三级三审制。故D项表述错误。

15. B

【精解】“八议”是指贵族官僚中位高权重的八种人犯罪后，普通司法机关无权审理，须在大臣“议其所犯”后，由皇帝对其所犯罪行决定减免刑罚的制度。“八议”及其适用对象是：议亲（皇亲国戚)、议故（皇帝故旧)、议贤（有大德行与影响的人)、议能（有大才能的人)、议功（有大功勋的人)、议贵（贵族官僚)、议勤（为国家勤劳服务的人)、议宾（前朝皇室宗亲)。可见，选B项。

单元十

1. 首次以刑部作为中央主审机关的朝代是(　　)。

A. 唐朝　　B. 宋朝

C. 元朝　　D. 明朝

2. 下列关于宋代御史台的表述，正确的是(　　)。

A. 御史台是中央最高监察机关

B. 御史台下设台院、谏院和察院

C. 御史台负责巡按州、县

D. 御史台掌管中央司法审判大权

3. 对《临时约法》全面反动的宪法性文件是(　　)。

A. “天坛宪草”　　B. “段记宪草”

C. “贿选宪法”　　D. “袁记约法”

4. 秦朝的中央司法审判机关是(　　)。

A. 司寇　　B. 大理寺

C. 廷尉　　D. 刑部

5. 下列属于汉朝为打击地方诸侯势力制定的法律是(　　)。

A. 通行饮食法　　B. 酎金律

C. 沈命法　　D. 见之故纵之法

6.《法院组织法》通过后，南京国民政府在司法审判制度上实行(　　)。

A. 三级二审制　　B. 三级三审制

C. 四级二审制　　D. 四级三审制

7. 明代申明亭不能受理决断的案件是(　　)。

A. 子孙别籍异财　　B. 斗殴相争

C. 民间户婚　　D. 田土

8. 南宋时，霍某病故，留下遗产白银9 000两。霍某妻子早亡，夫妻二人无子，只有一女霍甲，已嫁他乡。为了延续霍某姓氏，霍某之叔霍乙立本族霍丙为霍某继子。对此，分割霍某遗产（白银）符合宋律规定的是(　　)。

A. 霍甲9 000两

B. 霍甲6 000两，霍乙3 000两

C. 霍甲、霍乙、霍丙各3 000两

D. 霍甲、霍丙各3 000两，余3 000两收归官府

9. 最早确立“刑律统类”编纂方式的封建成文法典是(　　)。

A.《大中刑统》　　B.《大周刑统》

C.《宋刑统》　　D.《庆元条法事类》

10.《中华民国宪法》(1947年）赋予司法院较多的权力。对此，关于南京国民政府司法院，下列表述错误的是(　　)。

A. 司法院是南京国民政府最高司法机关

B. 司法院享有解释宪法和法律的权力

C. 司法院享有修改宪法的权力

D. 司法院享有惩戒公务员的权力

11. 中国古代史上最为空前普及的法规是(　　)。

A.《唐律疏议》　　B.《宋刑统》

C.《大明律》　　D.《明大诰》

12. 下列有关清末制定的刑事法典的表述，正确的是(　　)。

A. 清末刑法典修订的成果是《大清律例》和《大清现行刑律》
B.《大清新刑律》结构分总则和分则两篇，后附《暂行章程》
C.《大清新刑律》完成前的过渡性法典为《暂行新刑律》
D.《大清现行刑律》是中国历史上第一部近代意义上的专门刑法典
13. 为中华民国的成立做准备而公布的宪法性文件是(　　)。
A.《中华民国临时约法》　　B.《中华民国约法》
C.《中华民国临时政府组织大纲》　　D.《中华民国宪法草案》
14. 下列选项中，体现了汉代制定的监察法律内容的是(　　)。
A. 六条问事　　B. 五过之疵
C. 四善三最　　D. 九品中正
15. 唐朝“十恶”罪中，构成恶逆罪的是(　　)。
A. 咒骂父母的犯罪　　B. 奸父亲妾的犯罪
C. 殴打父母的犯罪　　D. 告发父母的犯罪

单元十答案与精解

1. C

【精解】元朝撤销了大理寺，以刑部取代大理寺，主持审判，使得元朝成为首个以刑部作为中央主审机关的朝代，明朝虽然恢复了大理寺的设置，但此时大理寺成为刑事案件的复核机关。故选C项。

2. A

【精解】御史台是宋朝中央最高监察机关，故A项表述正确。御史台下设台院、殿院和察院，而谏院是宋朝在御史台之外设立的，负责对中枢决策、行政措施和官员任免等事提出意见的监察机构，谏院不隶属于御史台。可见，B项表述错误。御史台是中央监察机构，负责中央的司法和行政监察，而州、县的巡按监察工作由各路的监、司等地方监察机构负责。可见，C项表述错误。宋朝掌管中央司法审判大权的是大理寺，而不是御史台。可见，D项表述错误。

3. D

【精解】“袁记约法”即《中华民国约法》，系袁世凯于1914年一手炮制的宪法性文件，该宪法性文件彻底抛弃了《中华民国临时约法》确立的民主原则，完全取消了责任内阁制，并为复辟做准备，故《中华民国约法》是对《临时约法》的全面反动。故选D项。

4. C

【精解】秦、汉、三国两晋和南北朝北齐以前的政权都以廷尉作为中央最高审判机关。故选C项。商、西周的中央司法机关是司寇。北齐、隋、唐、宋的中央最高审判机关是大理寺。明、清时期的中央最高审判机关是刑部，此时大理寺只不过是一个复核机关。

5. B

【精解】汉朝为打击地方诸侯势力制定的法律包括：左官律、阿党附益之法、酎金律和出界律。故选B项。通行饮食法是汉朝制定的有关镇压农民起义的法律，沈命法和见之故纵之法是汉朝制定的有关惩治官吏渎职的法律。

6. B

【精解】南京国民政府实行三级三审制。故选B项。清末和北洋政府在司法审判制度上实行四级三审制。我国目前实行四级二审制。

7. A

【精解】为“申明教化”“明刑弼教”，明太祖朱元璋特在各州县乡间设立申明亭，亭内竖立板榜，定期张贴榜文，公布本地有过错人的姓名和过错行为，以示惩戒；并受理决断有关户婚（婚姻）、田土、斗殴相争和轻微刑事案件。根据《大明律》规定，对父母在而子孙别籍异财者，以不孝罪论，杖八十。综上所述，选A项。

8. D

【精解】宋代继子和户绝之女均享有财产继承权。只有在室女的，在室女享有3/4的财产继承权，继子享有1/4的财产继承权；只有出嫁女的，出嫁女享有1/3的财产继承权，继子享有1/3的财产继承权，另外1/3收归官府。本题中，出嫁女霍乙和继子霍丙各享有1/3的财产继承权，另外1/3收归官府所有，选D项。

9. A

【精解】唐宣宗年间制颁的《大中刑律统类》（简称《大中刑统》）是中国历史上第一部采取“刑律统类”（简称“刑统”）编纂方式的封建成文法典。故选A项。

10. C

【精解】司法院是南京国民政府最高司法机关，其下设四个直属机关，其中司法行政部掌管司法行政事务（后曾改归行政院统辖），最高法院行使最高审判权，行政法院行使行政诉讼案件的审判权，官吏惩戒委员会掌管文官和法官的惩戒事宜。可见，A项表述正确。1947年《中华民国宪法》颁布后，国民政府即依照宪法规定，制定新的《司法院组织法》。该法第3条规定：“司法院设大法官会议，以大法官十七人组织之。行使解释宪法及统一解释法律命令之职权。大法官会议以司法院院长为主席。”可见，B项表述正确。司法院无权修改宪法，C项表述错误，选C项。司法院下设官吏惩戒委员会，具有惩戒公务员的权力，D项表述正确。

11. D

【精解】为了贯彻“刑乱国用重典”的方针，明太祖特颁布《明大诰》。《明大诰》是明太祖朱元璋为扭转世风、警戒臣民而亲自编定的一部特别刑事法规，内容主要由明朝建立以后施用严刑峻法惩治官民的案例、律法之外的峻令和明太祖的训诫组成。《明大诰》是中国法制史上空前普及的法规，因为《明大诰》的颁布，使得朱元璋时期讲读《明大诰》之风盛行，但朱元璋死后，《明大诰》逐渐被臣民忘却。故选D项。

12. B

【精解】A项错在：清末刑法典修订的成果是《大清现行刑律》和《大清新刑律》，其中最主要的成果是《大清新刑律》，但没有《大清律例》。C项错在：《大清新刑律》完成前的过渡性法典为《大清现行刑律》，而不是《暂行新刑律》，《暂行新刑律》是北洋政府时期制定的。D项错在：《大清新刑律》是中国历史上第一部近代意义上的专门刑法典，而《大清现行刑律》不具有近代意义。

13. C

【精解】《中华民国临时政府组织大纲》是辛亥革命胜利后各省都督府代表会议通过的关于筹建中华民国临时政府的纲领性文件。故选C项。

14. A

【精解】“六条问事”是汉代对部内所属郡、国进行监督的标准，体现了汉代监察法律的内容，故选A项。“五过之疵”是西周时期官吏渎职犯罪的五种表现情形。四善三最是宋朝对地方州、县官进行考核的标准。九品中正是魏晋南北朝时期针对门阀士族入仕而实行的选官制度。

15. C

【精解】A项和D项构成不孝，B项构成内乱。故选C项。

第二章 多项选择题

单元一

1. 下列有关西周法律制度的表述，正确的有（　　）。
A. 西周时期已经对故意犯罪和过失犯罪作出了明确的区分
B. 西周时期已经对贪污受贿行为作出了规定
C. 同姓不婚、七出、三不去、义绝、和离都属于西周时期婚姻制度的范畴
D. 中国历代的司法实践都基本沿用了西周时期的“五听”制度

2. 下列有关唐朝法律制度的表述，正确的有（　　）。
A. 唐太宗时期制定的《贞观律》，标志着唐朝法典的基本定型
B. 《唐律疏议》中的《名例律》集中体现了唐律的基本精神和基本原则
C. 《唐六典》是我国历史上第一部比较系统的封建行政法典
D. 唐朝最早确立了对六部实行专门行政监察的制度

3. 三国两晋南北朝时期首次出现的制度有（　　）。
A. 法律形式上首次出现了格和式
B. 罪名上首次出现了重罪十条
C. 特权制度上首次出现了八议、官当
D. 刑罚执行上首次出现了死刑复奏

4. 下列关于唐朝刑罚适用原则的表述，错误的有（　　）。
A. 公罪从重，私罪从轻
B. 类推制度就是指“轻其所轻，重其所重”
C. 犯十恶者，累犯加重处罚
D. 共同犯罪，以造意为首

5. 下列选项中，属于元朝设置的监察机构的有（　　）。
A. 中台　　B. 行台
C. 风宪衙门　　D. 外台

6. 以刑部作为中央审判机关的朝代有（　　）。
A. 宋朝　　B. 元朝
C. 明朝　　D. 清朝

7. 清末礼法之争的焦点有（　　）。
A. 无夫奸和亲属相奸是否处以重刑
B. 卑亲属对尊亲属是否适用正当防卫
C. 子孙违反教令是否承担刑事责任
D. 干名犯义条款是否予以废除

8. 下列关于南京国民政府制定的《中华民国民法》的表述，正确的有（　　）。
A.《中华民国民法》的结构顺序是总则、物权、债、亲属、继承
B.《中华民国民法》体现了“国家本位”的立法原则
C.《中华民国民法》采取“民商合一”的民事立法原则
D.《中华民国民法》采用德国民法典的法典编纂方式

单元一答案与精解

1. ABD

【精解】西周时期已经对故意犯罪和过失犯罪作出了规定，将故意称为“非眚”，将过失称为“眚”。故选 A 项。西周时期已经规定了贪污受贿的刑事责任，具体规定在“五过”之中，“五过”即惟官、惟反、惟内、惟货、惟来，其中，惟货就是贪赃受贿而枉法。故选 B 项。义绝与和离是唐朝的婚姻制度，西周时期还没有这两种离婚制度。故 C 项错误。“五听”是西周时期判断当事人陈述真伪的五种方式，中国历代的司法实践都基本沿用了“五听”制度。故选 D 项。

2. ABCD

【精解】《贞观律》修订用了 11 年，其修订时间之长和修订更改之频繁足以表明，《贞观律》的修订完成标志着唐朝法典的定型化，《永徽律》基本照搬《贞观律》，不同的是长孙无忌为《永徽律》注疏。故 A 项正确。《名例律》为《唐律疏议》的总则，集中体现了唐律的基本精神和基本原则。故 B 项正确。《唐六典》制颁于唐玄宗时期，是我国历史上第一部比较系统的封建行政法典（一说为“官制政书”）。故 C 项正确。唐玄宗时期曾以监察御史六人分别对尚书省六部实行监察，称为“大察官”，此为明朝“六科给事中”之起源。故 D 项正确。

3. ABCD

【精解】三国两晋南北朝时期出现了许多“首次”，包括曹魏政权的“八议”、死刑复奏，两晋政权的服制定罪、登闻鼓直诉制度，北魏政权的“官当”、格、杖刑，西魏的式、北齐的法典篇章体例定型化、大理寺、重罪十条等。故备选项都是正确答案。

4. ABC

【精解】公罪即官吏因公事而犯的罪，私罪即官吏因私事或者假公济私而犯的罪。公罪从轻惩处，私罪从重惩处。故 A 项错误。唐律规定：“诸断罪而无正条者，其应出罪者，则举重以明轻；其应入罪者，则举轻以明重”，这就是有关类推制度的规定，该规定称为“轻重相举”或者“举轻以明重，举重以明轻”。“轻其所轻，重其所重”是指在有违伦常教化犯罪处刑上明显偏轻；而对于直接危害封建统治、封建君主的犯罪，处刑都普遍加重。这是明朝的刑罚适用原则。注意：不要把“举轻以明重，举重以明轻”混淆记忆成“轻其所轻，重其所重”。故 B 项错误。唐朝对犯盗罪或重于盗罪的犯罪，且犯三次以上的盗罪或重于盗罪的犯罪采取累犯加重原则。故 C 项错误。唐朝对于共同犯罪，以造意犯为首犯。故 D 项正确。

5. AB

【精解】元朝设置的监察机构包括：中央设御史台（中台），地方设南台和西台两个行御史台（行台），在中台和行台之下设肃政廉访司。可见，选 A、B 项。风宪衙门即都察院，是明太祖朱元璋将御史台改称而来，元朝没有此机构。外台是明朝设置的地方监察机构，正式名称是提刑按察司，又称为“行在都察院”。

6. BCD

【精解】元朝撤销大理寺，使得刑部首次成为中央主审机关，明朝和清朝沿用了元朝的做法。故选 B 项、C 项和 D 项。宋朝的中央最高审判机关是大理寺。

7. ABCD

【精解】备选项都属于正确答案。清末礼法之争的焦点除了备选项列出的四个焦点外，还有一个

就是关于“存留养亲”制度。

8. BCD

【精解】A 项错在:《中华民国民法》的结构顺序为总则、债、物权、亲属和继承五编，而不是总则、物权、债、亲属和继承。

单元二

1. 秦朝的法律形式有(　　)。

A. 律　　B. 廷行事

C. 法律答问　　D. 决事比

2. 汉朝法律儒家化的表现有(　　)。

A. 春秋决狱　　B. 服制定罪

C. 亲亲相隐　　D. 秋冬行刑

3. 宋朝典卖契约制度中，钱主享有的权利包括(　　)。

A. 契约期限内标的物的使用收益权

B. 对于标的物的优先购买权

C. 待赎期中的转典权

D. 业主待赎期不回赎典物时取得典物的所有权

4. 以《名例律》作为总则篇目的封建成文法典有(　　)。

A.《北齐律》　　B.《开皇律》

C.《晋律》　　D.《大明律》

5. 下列关于宋朝法律制度的表述，正确的有(　　)。

A. 宋朝行政中枢的总汇是中书门下，而不是中书省

B. 宋朝在官吏管理上实行差遣制

C. 宋朝最重要的立法活动是编制《宋刑统》

D. 宋朝首次出现了凌迟刑

6. 以都察院作为中央最高监察机关的朝代有(　　)。

A. 宋朝　　B. 元朝

C. 明朝　　D. 清朝

7. 在中国近代宪政史上，规定采取责任内阁制的宪法性文件（草案）有(　　)。

A.《中华民国临时约法》

B.《中华民国训政时期约法》

C.《中华民国宪法草案》(“天坛宪草”)

D.《中华民国宪法草案》(“五五宪草”)

8. 在中国近代史上，采取“民商分立”民事立法体例的政权有(　　)。

A. 南京临时政府　　B. 清末政府

C. 南京国民政府　　D. 北洋政府

单元二答案与精解

1. ABC

【精解】秦朝的法律形式包括律、令、廷行事、法律答问和封诊式五种。故选 A 项、B 项和 C 项。决事比是汉朝的法律形式。

2. ACD

【精解】汉朝法律儒家化的表现有：德主刑辅、春秋决狱、秋冬行刑、上请、录囚、三纲法律化和亲亲相隐，而服制定罪是晋朝法律儒家化的表现。故选 A 项、C 项和 D 项。

3. ABCD

【精解】宋朝典卖契约是一种附有回赎条件的特殊类型的不动产买卖契约。典卖契约中的当事人包括业主（典物所有人或出典人）和钱主（典权人或承典人）。典卖契约的成立要件包括“先问亲邻”“输钱印契”“过割赋税”“原主离业”。除了上述要件中所包含的权利外，业主的权利还包括：得到钱主给付的典价；在约定的回赎期限内，或没有约定回赎期限及约定不清的，在 30 年内可以原价回赎标的物。钱主的权利则包括契约期限内标的物的使用收益权；对于标的物的优先购买权；待赎期中的转典权；业主待赎期不回赎典物时取得典物的所有权。钱主的以上权利统称“典权”。可见，备选项应全选。

4. ABD

【精解】自《北齐律》以后的各代封建成文法典，都以《名例律》作为封建成文法典总则的篇名。故选 A 项、B 项和 D 项。

5. AB

【精解】C 项错在：宋朝最重要的立法活动是编敕和编例，而不是编制《宋刑统》。D 项错在：凌迟刑首次出现于五代，而不是宋朝。

6. CD

【精解】明太祖朱元璋将前朝的御史台改为都察院，使得都察院成为中央最高监察机关，清朝沿用。故选 C 项和 D 项。宋朝和元朝都以御史台作为中央最高监察机关。

7. AC

【精解】在中国近代宪政史上，只有两部宪法性文件（草案）规定采取责任内阁制：《临时约法》和“天坛宪草”。故选 A 项和 C 项。

8. BD

【精解】在中国近代史上，采取“民商分立”民事立法体例的政权有两个，一个是清末政府，一个是北洋政府。南京国民政府和现政权采取“民商合一”的民事立法体例，而南京临时政府则不存在这个问题。

单元三

1. 明朝诉讼审判制度的特点有(　　)。

A. 严厉制裁诬告行为　　B. 严禁越诉

C. 明确地域管辖的原则　　D. 强调以民间半官方组织调解“息讼”

2. 在我国的封建成文法典中，类似于总则篇的篇名有(　　)。

A.《具法》　　B.《具律》

C.《刑名律》　　D.《名例律》

3. 下列选项中，属于秦汉时期耻辱刑的刑罚是(　　)。

A. 髡刑　　B. 宫刑

C. 完刑　　D. 耐刑

4. 下列选项中，构成唐朝“十恶”中“不睦”犯罪情形的有(　　)。

A. 殴打丈夫　　B. 告发丈夫

C. 殴打祖父母　　D. 谋杀缌麻以上亲

5. 下列选项中，属于南京国民政府制定的刑事特别法规的是(　　)。

A.《惩治盗匪暂行条例》　　B.《戡乱时期危害国家紧急治罪条例》

C.《惩治盗匪法》　　D.《暂行反革命治罪法》

6. 清末修律制定的《大清民律草案》，由修订法律馆单独起草的民法编有(　　)。

A. 总则编　　B. 继承编

C. 债权编　　D. 物权编

7. 在中国近代宪政史上，规定采取三权分立的宪法性文件（草案）有(　　)。

A.《中华民国宪法草案》(“天坛宪草”)

B.《中华民国训政时期约法》

C.《中华民国临时约法》

D.《中华民国临时政府组织大纲》

8. 下列选项中，属于《华北人民政府施政方针》规定的内容是(　　)。

A. 有计划、有步骤地进行建设，恢复和发展生产

B. 建设民主政治，培养干部人才

C. 健全人民代表大会制度

D. 促进城乡经济交流

单元三答案与精解

1. ABCD

【精解】明朝诉讼制度的特点有：(1) 严厉制裁诬告行为。(2) 严禁越诉。(3) 军官、军人诉讼一般不受普通司法机构管辖。(4) 明确地域管辖的原则。(5) 强调以民间半官方组织调解“息讼”。可见，备选项应全选。

2. ABCD

【精解】在我国封建成文法典中，类似于总则篇的篇名有：《法经》的具法，《秦律》《汉律》的《具律》，《曹魏律》的《刑名律》，《晋律》《北魏律》的《刑名律》《法例律》，《北齐律》及以后历代王朝封建成文法典的《名例律》。故备选项应全选。

3. ACD

【精解】秦汉时期的耻辱刑包括髡刑（剃去犯人头发）、耐刑（剃去犯人鬓须）、完刑（保留发肤免髡剃）。秦汉时期的耻辱刑多作为附加刑适用，如“髡钳城旦舂”“耐为鬼薪”“完城旦”等。可见，选A、C、D项。宫刑为奴隶制五刑之一，并非耻辱刑，故不选B项。

4. ABD

【精解】唐律“十恶”中，对于谋杀或者卖缌麻以上亲，殴打或者告发丈夫的犯罪，一律以“不睦”罪论处，其中，缌麻亲是指男性同一高曾祖父母之下的亲属。故选A项、B项和D项。一般而言，对于针对丈夫的犯罪，都属于“不睦”。C项构成恶逆。注意：“十恶”犯罪情形属于法律硕士入学考试常考多选题之处，希望考生多多练习，特别要注意区分考试中常考的不睦、不孝和恶逆三罪。

5. ABD

【精解】南京国民政府制定的刑事特别法主要包括《惩治盗匪暂行条例》《暂行反革命治罪法》《危害民国紧急治罪法》《共产党问题处置办法》《戡乱时期危害国家紧急治罪条例》等。可见，选A、B、D项。北洋政府制定的刑事特别法包括《戒严法》《治安警察条例》《惩治盗匪法》《陆军刑事条例》《海军刑事条例》《徒刑改遣条例》《易笞条例》《乱党自首条例》《边界禁匪章程》《私盐治

罪法》等十数种。可见，不选C项。

6. ACD

【精解】《大清民律草案》共分为五编：总则、债权、物权、亲属和继承。总则、债权、物权三编由修订法律馆单独起草。亲属和继承两编由修订法律馆会同礼学馆起草，但礼学馆是主要起草机构。

7. ACD

【精解】在中国近代宪政史上，规定采取三权分立的宪法性文件（草案）有：《中华民国临时政府组织大纲》《中华民国临时约法》和“天坛宪草”。故选A项、C项和D项。但如果将题干改成“在中国近代宪政史上，规定采取责任内阁制的宪法性文件（草案）有（　　）”，则答案是A项和C项。

8. ABCD

【精解】《华北人民政府施政方针》规定的主要内容有：(1) 确定华北人民政府的当前基本任务，即继续以人力、物力、财力支援前线，争取人民解放战争在全国的胜利；有计划、有步骤地进行建设，恢复和发展生产；建设民主政治，培养干部人才。(2) 规定了实现当前基本任务的方针政策。政治方面，要健全人民代表大会制度，保障人民民主权利及自由与安全，破除迷信，保护守法的外国人及合法的文化宗教活动。经济方面，要发展农业，颁发土地证确认地权，建立农民生产合作互助组织；促进城乡经济交流；发展工商业，贯彻公私兼顾、劳资两利的方针。文化教育方面，要建立正规教育制度，提高大众文化水平；建立广泛的文化统一战线，团结知识分子为建设事业服务。宣布对新解放区城市采取保护和建设的方针。可见，备选项应全选。

单元四

1. 下列属于清朝制定的适用于少数民族聚居区的行政法规是（　　）。

A.《蒙古律例》　　B.《台湾善后事宜》

C.《西宁青海番夷成例》　　D.《钦定八旗则例》

2. 下列有关元朝行政立法的表述，正确的有（　　）。

A. 提刑按察司是元朝在行省以下设立的地方司法监察机关

B. 大宗正府是元朝设置的掌管全国宗教事务和宗教审判的机构

C. 元朝的科举分为乡试、会试和殿试三种，该考试选官形式为明朝沿用

D. 元朝首创了经义取士的科举考试形式

3. 与《大清律例》相比，《大清现行刑律》在内容上的变化主要包括（　　）。

A. 规定刑罚分为主刑和从刑两种　　B. 取消了十恶、八议等刑律适用原则

C. 取消六部分篇体例　　D. 删除凌迟、枭首、戮尸等残酷刑罚

4. 唐朝的法律形式有（　　）。

A. 格　　B. 比

C. 条法事类　　D. 律

5. 下列选项中，属于汉朝规定的刑罚有（　　）。

A. 弃市　　B. 禁锢

C. 充军　　D. 女徒顾山

6. 以御史台作为中央最高监察机关的朝代有（　　）。

A. 隋朝　　B. 唐朝

C. 宋朝　　D. 元朝

7. 下列选项中，属于汉代危害国家政权的犯罪有（　　）。

A. 沈命罪　　B. 出界罪

C. 群饮酒罪　　D. 通行饮食罪

8. 在近代法制史上，以判例和解释例作为法律渊源的政权有(　　)。

A. 清末政府　　B. 南京临时政府

C. 北洋政府　　D. 南京国民政府

单元四答案与精解

1. ABC

【精解】清朝制定了一系列适用于少数民族聚居区的法规，这些法规主要包括：《蒙古律例》《理藩院则例》《回疆则例》《苗汉杂居章程》《湘苗事宜》《西宁青海番夷成例》（又称为《西宁番子治罪条例》或《番例条款》）《钦定西藏章程》《西藏禁约十二事》《台湾善后事宜》，等等。可见，选A、B、C项。不选D项，因为满洲八旗贵族是清朝的实际统治者，《钦定八旗则例》自然不能视为少数民族方面的法规。

2. CD

【精解】元朝在行省以下设立的地方司法监察机关（主要是在省和路之间的道设置）称为肃政廉访司，而不是提刑按察司，提刑按察司是明朝设置的地方司法监察机关。故A项表述错误。宣政院是元朝设置的掌理全国佛教及吐蕃地区军民政教事务的机构，而不是大宗正府，大宗正府是元朝掌管蒙古王公贵族案件的最高司法审判机关，其地位在刑部以上。故B项表述错误。元朝的科举分为乡试、会试和殿试三种，明朝的科举考试形式也是这三种，但内容有所变通。可见，C项表述是正确的。元朝的科举结束了以诗赋取士的历史，首创以程朱理学为程式的经义取士制度。此制度经明代直至清末，维持了将近600年。可见，选D项。

3. CD

【精解】与《大清律例》相比，《大清现行刑律》在内容上的变化主要体现在：取消六部分篇体例；对于继承、婚姻、田宅、钱债等纯属民事性质的条款不再科刑；设置新刑罚体系，删除凌迟、枭首、戮尸、刺字等残酷刑罚和缘坐制度，将主体刑罚确立为死、遣、流、徒、罚金五种；增加新罪名。可见，选C、D项。A、B项表述的是《大清新刑律》对《大清现行刑律》在内容上的主要变化。

4. AD

【精解】唐朝的法律形式包括律、令、格、式四种。故选A项和D项。比是汉朝的法律形式，条法事类是宋朝的法律形式。

5. ABD

【精解】汉朝经过文景帝刑制改革，刑罚种类大体上包括：死刑（执行方法主要是殊死，即斩首、枭首、腰斩和弃市）、肉刑（主要是宫刑和东汉初期恢复的斩右趾）、笞刑、徒刑、徙边、禁锢（终身不得为官）、赎刑、罚金等。此外，还增设“女徒顾山”，属于赎刑的范围，即允许被判处徒刑的女犯回家，但需每月缴纳官府三百钱，由官府雇人上山砍伐木材或从事其他劳作，以代替女犯的劳役刑。可见，选A、B、D项。充军为宋代创设的刑罚，明代成为定制并广泛适用，清代沿用。

6. ABCD

【精解】隋、唐、宋、元都以御史台作为中央最高监察机关，明太祖朱元璋以都察院作为中央最高监察机关，从而结束了以御史台作为监察机关的历史。故备选项应全选。

7. ACD

【精解】汉代危害国家政权的犯罪包括沈命、见知故纵、群饮酒和通行饮食四罪。可见，选A、C、D项。出界罪是汉代危害中央集权制的犯罪，故不选B项。

8. CD

【精解】在近代法制史上，以判例和解释例作为法律渊源的政权有两个，一个是北洋政府，一个是南京国民政府。故选C项和D项。

单元五

1. 依据周代礼制，已婚妇女可被夫家休弃的情形有（　　）。

A. 前贫贱后富贵　　B. 不顺公婆

C. 有恶疾　　D. 口多言

2. 下列有关魏晋南北朝时期法律制度的表述，正确的是（　　）。

A. 魏晋南北朝时期是引礼入律、礼律进一步融合的重要时期

B.《曹魏律》和《晋律》都对刑罚制度进行了改革，为封建制五刑的确立奠定了基础

C. 八议、官当、服制定罪和重罪十条都属于本时期法律儒家化的重要表现

D. 本时期首次确立了死刑复奏制度

3. 下列选项中，构成唐律"十恶"罪中不孝罪的有（　　）。

A. 咒骂父母　　B. 殴打父母

C. 殴打丈夫　　D. 告发父母

4. 下列关于《中华民国民法》内容特点的表述，正确的有（　　）。

A. 采用民商分立的民事立法体例

B. 采取社会本位的立法原则

C. 重在维护私有财产所有权和地主土地经营权

D. 在具体制度上体现了对固有法的全面继承

5. 下列选项中，体现清朝民事主体地位变化的有（　　）。

A. 废除匠籍制度　　B. 雇工人地位有所改善

C. 部分贱籍豁贱为良　　D. 奴婢可以开户为民

6. 以大理寺作为中央最高审判机关的朝代有（　　）。

A. 隋朝　　B. 唐朝

C. 宋朝　　D. 元朝

7. 下列选项中，属于唐朝限制告诉情形的有（　　）。

A. 投匿名信控告　　B. 上表控告

C. 同居之内受人侵害事　　D. 卑贱告尊贵

8. 属于抗日民主政权时期制定的宪法性文件有（　　）。

A.《陕甘宁边区保障人权财权条例》　　B.《抗日救国十大纲领》

C.《陕甘宁边区施政纲领》　　D.《陕甘宁边区宪法原则》

单元五答案与精解

1. BCD

【精解】依据周代礼制，已婚妇女有如下七种情形的，夫家可以休弃：无子；淫；不事姑舅（不顺公婆）；口舌（口多言）；盗窃；妒（妒忌）；恶疾（重大疾病）。可见，选B、C、D项。但有下列三种情形的，夫家不能休弃：前贫贱后富贵；与更三年丧；有所取无所归。

2. ABCD

【精解】魏晋南北朝时期是引礼入律、礼律进一步融合的重要时期。故选A项。《曹魏律》和《晋律》都对刑罚进行了改革。故B项正确。本时期法律儒家化的表现有八议、官当、服制定罪、死刑复奏和重罪十条。故C项正确。三国曹魏时期首次出现了死刑复奏制度，该制度被晋、南北朝、

隋、唐沿用。故D项正确。

3. AD

【精解】唐律对于控告、咒骂祖父母、父母；祖父母、父母在别籍异财、供养有缺；为父母服丧期间，谈婚论嫁、寻欢作乐、不穿孝服；知祖父母、父母死，谎称没死或隐瞒丧事；谎称祖父母、父母死的，都以“不孝”论处。故选A项和D项。B项构成恶逆，C项构成不睦。

4. BC

【精解】《中华民国民法》采用了民商合一的民事立法体例，故A项表述错误。《中华民国民法》采用社会本位的立法原则，故B项表述正确。《中华民国民法》重在维护私有财产所有权和地主土地经营权，尤其以物权编规定得最为详细。可见，C项表述正确。《中华民国民法》在具体制度上，将外国民法之最新学理、最新立法例加以吸纳、整合，萃成本国民法。民法典既有对固有法的继承，也有对外国法的吸收，表现出在新的历史条件下继受法与固有法结合的特点。可见，D项表述错误。

5. ABCD

【精解】清代民事主体地位的变化主要表现在：(1) 废除匠籍制度。清初废除匠籍，代之以雇募工匠。(2) 雇工人地位改善。乾隆年间颁布定例，改善雇工人地位，雇工人的人身隶属关系获得了解放。(3) 部分贱籍豁贱为良。雍正年间部分贱籍开豁为良民。(4) 奴婢可以开户为民。康熙和乾隆二朝都有女婢开户为民的规定。此外，清代还禁止将佃户“欺压为奴”“随田买卖”，并禁止债权人强迫债务人“役身折酬”。可见，备选项应全选。

6. ABC

【精解】北齐设置大理寺，使得大理寺成为中央最高审判机关，隋、唐、宋沿用。故选A项、B项和C项。元朝撤销大理寺，以刑部取代。故不选D项。

7. ACD

【精解】唐朝告诉限制的情形主要有：除谋反、谋大逆、谋叛等罪以外，卑幼不得控告尊长；卑贱不得控告尊贵；在押犯只准告狱官虐待事；80岁以上、10岁以下以及笃疾者只准告子孙不孝或同居之内受人侵害事；禁止投匿名信控告。可见，选A、C、D项。唐朝允许通过“邀车驾”、击“登闻鼓”、上表等形式向皇帝告诉，故不选B项。

8. ABC

【精解】抗日民主政权时期颁布了许多宪法性文件，其中较具有代表性的有：《陕甘宁边区保障人权财权条例》《抗日救国十大纲领》《陕甘宁边区施政纲领》以及各边区的施政纲领。而《陕甘宁边区宪法原则》是解放战争时期颁布的宪法性文件。故排除D项。

单元六

1. 以廷尉作为中央司法机关的朝代有(　　)。

A. 秦朝　　B. 汉朝

C. 曹魏　　D. 西晋

2. 《大清新刑律》附则《暂行章程》规定的主要内容有(　　)。

A. 无夫妇女通奸罪

B. 对尊亲属有犯不得适用正当防卫

C. 加重卑幼对尊长、妻对夫杀伤等罪的刑罚

D. 减轻尊长对卑幼、夫对妻杀伤等罪的刑罚

3. 下列关于北齐法制的表述，正确的有(　　)。

A. 北齐首次设置了大理寺作为中央最高审判机关

B. 北齐首次使封建成文法典篇章体例定型化

C. 北齐首次下诏废除宫刑

D. 北齐首次规定了重罪十条

4. 下列选项中，构成唐律“十恶”罪中恶逆罪的有(　　)。

A. 咒骂父母　　B. 谋杀祖父母

C. 殴打父母　　D. 谋杀亲夫

5. 汉宣帝地节四年，亲亲得相首匿原则正式成为中国封建法律原则和制度。下列关于亲亲得相首匿原则的说法，正确的是(　　)。

A. 近亲属之间相互首谋隐匿一般犯罪行为，不追究刑事责任

B. 卑亲属隐匿尊亲属犯罪，一律不追究刑事责任

C. “亲亲得相首匿”的本意在于尊崇伦理亲情

D. “亲亲得相首匿”的法律宗旨在于宽宥缘自亲情发生的隐匿犯罪亲属的行为

6. 下列选项属于明朝刑法适用原则的有(　　)。

A. 重其所重，轻其所轻　　B. 从重从新

C. 举轻以明重，举重以明轻　　D. 轻罪重刑

7. 根据唐律的规定，下列犯罪中可以适用赎刑的情形是(　　)。

A. 某人在长安城内三次犯有判处徒刑的窃盗罪的

B. 某人因坐赃犯罪被处以加役流而流放岭南的

C. 某将军因参与侯君集谋反而被判处斩刑的

D. 某人在东都洛阳三次犯有处流刑的强盗罪的

8. 下列有关我国近代法律制度的表述，正确的有(　　)。

A. 沈家本主持了清末修律工作

B. 南京临时政府制定的临时约法采取总统制的共和政体

C. 北洋政府以《大清新刑律》为蓝本制定了专门的刑法典——《暂行新刑律》

D. 南京国民政府刑法典从西方引进了保安处分制度

单元六答案与精解

1. ABCD

【精解】秦、汉、三国两晋直至北齐以前，中央司法机关一直以廷尉命名，故备选项都应选，但北齐将廷尉改为大理寺后，才结束廷尉作为中央司法机关的历史。

2. ABCD

【精解】清末“礼法之争”的结局是法理派的妥协、退让，即在《大清新刑律》附则《暂行章程》中作出了如下规定：无夫妇女通奸仍论罪；对尊亲属有犯不得适用正当防卫；加重卑幼对尊长、妻对夫杀伤等罪的刑罚；减轻尊长对卑幼、夫对妻杀伤等罪的刑罚；凡危害帝室罪、内乱、外患罪及杀伤尊亲属罪，处以死刑者，仍用斩；凡犯毁弃、盗窃尸体罪、发掘尊亲属坟墓等罪，应处二等徒刑以上者，得因其情节仍处死刑；凡犯强盗罪者，也可因其情节仍处死刑。可见，备选项应全选。

3. ABD

【精解】C 项错在：西魏首次下诏废除宫刑，而不是北齐。其余选项都是正确的。

4. BCD

【精解】唐律将殴打和谋杀祖父母、父母，杀伯叔父母等尊长、姑、兄姊、外祖父母、夫、夫之祖父母、父母的犯罪规定为“恶逆”重罪，选 B、C、D 项。唐律将下列行为规定为“不孝”重罪：告发、咒骂祖父母、父母，及祖父母、父母在而别籍异财（分家析财、另立门户），若供养有阙；居父母丧，身自嫁娶，若作乐，释服从吉（脱掉丧服、改着吉服）；闻祖父母、父母丧，匿不举哀；诈称祖父母、父母死。可见，A 项表述的情形构成不孝，不选 A 项。

5. ACD

【精解】亲亲得相首匿是指亲属之间可以相互首谋藏匿犯罪行为，不予告发或作证。汉宣帝地节四年，正式把“亲亲得相首匿”作为刑法原则确定下来。《汉书·宣帝纪》记载：“自今子首匿父母，妻匿夫，孙匿大父母，皆勿坐。其父母匿子，夫匿妻，大父母匿孙，罪殊死，皆上请廷尉以闻。”亲亲相隐原则的适用首先是限定在一家之内，即三代直系血亲的祖孙三代和夫妻之间。其次是卑幼首匿尊长一概不追究刑事责任；尊长首匿卑幼犯罪者，一般犯罪不负刑事责任，若因此而当处死刑的案件，则上请廷尉，由廷尉奏请皇帝裁决。但对于犯谋反、大逆（毁坏皇家宗庙、陵园、宫殿等）二罪不适用亲亲得相首匿原则。可见，A项表述正确，B项表述错误。“亲亲得相首匿”是法律儒家化的具体体现，其目的是支持礼的“亲亲”，尊崇伦理亲情。对于有亲属关系的隐匿犯罪的行为，可以宽宥。可见，C、D项表述正确。

6. AB

【精解】明朝的刑法适用原则有二：轻其所轻，重其所重；从重从新（法律溯及既往），故选A项和B项。“举轻以明重，举重以明轻”是唐朝的刑法适用原则，而轻罪重刑属于战国时期的刑法适用原则。

7. AD

【精解】《唐律疏议·贼盗律》规定：“诸盗经断后，仍更行盗，前后三犯徒者，流二千里；三犯流者，绞。”该规定称为累犯加重原则，依据该原则，A项表述的情形应判处流2 000里，D项表述的情形应判处绞刑。根据《唐律疏议·名例律》的规定，适用赎刑的范围限于流刑以下（包括流刑），而对于判处加役流、会赦犹流、反逆缘坐流、不孝流和子孙犯过失流等“五流”不适用。虽然死刑可以适用赎刑，但对于犯有谋反等十恶大罪的，不适用八议、上请、减刑、赎刑和官当制度。综上分析，选A、D项。

8. ACD

【精解】南京临时政府制定的临时约法采取责任内阁制的共和政体。故B项错误。其余选项表述都正确。

单元七

1. 下列有关《法经》的表述，正确的是(　　)。

A. 《法经》为李悝所制定

B. 《法经》是中国历史上第一部成文法

C. 《法经》开创了封建成文法典总则篇

D. 《法经》中最能体现立法宗旨的是《盗法》和《贼法》两篇

2. 《中华苏维埃共和国宪法大纲》存在的缺陷表现在(　　)。

A. 混淆民主革命与社会主义的界限

B. 阶级路线上搞“左”倾关门主义

C. 国家结构问题上照搬苏联经验

D. 政权性质上将资本家、富农参加政权和政治上自由的权利予以剥夺

3. 下列选项中，构成唐律“十恶”罪中内乱罪的有(　　)。

A. 强奸小功亲　　　　B. 与父亲妾通奸

C. 与祖父妾通奸　　　　D. 强奸缌麻亲

4. 下列选项中，表述正确的是(　　)。

A. 《秦律》是我国法制史上第一部以“律”命名的封建成文法典

B. 从隋朝到清末司法改革以前，中央司法机关一直以三法司为主体

C. 关于“违契不偿”的法律正式规定于《唐律》中

D. 唐律五刑二十等中，不包括“加役流”这种流刑

5. 根据唐律规定，下列有关刑罚适用原则适用情形的表述，正确的是（　　）。

A. 唐太宗时期，广州都督（五品以上官爵）党仁弘枉法而受财及受所监临赃百余万，则对党仁弘不适用上请

B. 唐朝都城长安发生一起高丽人和突厥人械斗的恶性刑事案件，数人被杀，则大理寺应依据唐律审案定罪

C. 唐朝东都洛阳发生一起官员和属下共谋盗窃官仓粮食案件，虽然由属下造意，但应以主管官员为首犯

D. 武则天时期，李某被怀疑参与徐敬业起兵反武活动，但无旁证，则对李某适用赎刑

6. 篇目由 7 篇组成的封建成文法典有（　　）。

A.《宋刑统》　　B.《唐律疏议》

C.《大明律》　　D.《大清律例》

7. 下列有关清末预备立宪活动的表述，正确的有（　　）。

A.《钦定宪法大纲》颁布于 1908 年

B.《十九信条》是中国历史上第二个宪法性文件

C. 谘议局是清政府设立的中央咨询机关

D. 宪政编查馆是清末预备立宪的指导机关

8. 下列关于唐朝罪名的表述，不正确的是（　　）。

A. 唐朝对于杀人罪实行保辜制度

B. 唐朝的“六赃”罪属于官吏所犯的赃罪

C. 唐朝对于杀人罪，明确区分为“六杀”

D. 唐朝对于犯“十恶”重罪者实行连坐

单元七答案与精解

1. ACD

【精解】春秋时期郑国子产铸刑书于鼎是中国历史上第一部成文法，而不是《法经》。故 B 项错误。

2. ABCD

【精解】《中华苏维埃共和国宪法大纲》存在的缺陷表现在：混淆民主革命与社会主义的界限；阶级路线上搞“左”倾关门主义；国家结构问题上照搬苏联经验（如承认“民族分离”）和在政权性质上将资本家、富农参加政权和政治上自由的权利予以剥夺等。可见，备选项应全选。

3. ABC

【精解】唐律对于奸小功以上亲、父祖妾以及与和者，均以内乱罪论处。“和”就是指通奸，故选 A 项、B 项和 C 项。因缌麻亲属于小功以下亲，故不构成内乱罪。

4. ACD

【精解】我国法制史上第一部以“律”命名的封建成文法典是《秦律》。故选 A 项。从隋朝到清末司法改革以前，中央司法机关一般以三法司为主体，隋、唐、宋时期的三法司是大理寺、刑部和御史台，明、清时期为大理寺、刑部和都察院。但有一个朝代是个例外，即元朝，因为元朝取消了大理寺的设置，故没有完整的“三法司”制度。故 B 项表述错误。“违契不偿”的法律正式规定于《唐律疏议》中，所谓“违契不偿”，是指对不计利息的“负债”，因违法契约而不予赔偿的情形，有关“违契不偿”的规定属于民事规范的范畴，规定在唐律中。故 C 项正确。唐律五刑分为二十等，其中，笞刑、杖刑和徒刑各为五等，流刑三等，不包括加役流，死刑二等。故 D 项正确。

5. ABC

【精解】党仁弘为唐朝开国功臣、广州都督，喜好敛财，因受财枉法及受所监临财物而被大理寺判处死刑，后经五复奏被唐太宗免官为民。根据《唐律疏议·名例律》规定，官员为五品以上官爵犯死罪的，适用上请，但所犯之罪为十恶、反逆缘坐流、杀人、监守内奸、盗、略人、受财枉法的，不适用上请。可见，A项表述正确。根据《唐律疏议·名例律》规定，凡同一国籍的外国人互相侵犯，各按照本国的习俗和法律论处；凡不同国籍的外国人互相侵犯，则按照唐朝的法律论处。可见，B项表述正确。根据《唐律疏议·名例律》规定，主管官员与属下或者外部人员共同犯罪的，不论主管官员是否造意，都以主管官员为首犯。故C项表述正确。公元683年，徐敬业、骆宾王等起兵反武，后徐敬业兵败被杀。根据《唐律疏议·断狱律》规定，疑罪各依所犯以赎论，即凡是疑罪，各按照所犯的罪适用赎刑，但由于犯有谋反重罪的不适用赎刑，因此无法适用“疑罪各依所犯以赎论”这一刑法原则。故不选D项。

6. CD

【精解】明、清时期的封建成文法典都是由7篇组成的。故选C项和D项。

7. AB

【精解】资政院是清末预备立宪的中央咨询机关，谘议局是清末预备立宪的地方咨询机关，而不是中央咨询机关。故C项错误。宪政编查馆是清末预备立宪的辅助机关，而不是指导机关。故D项错误。

8. ABD

【精解】唐朝对于伤害罪实行保辜制度。可见，A项表述错误。唐朝的“六赃”罪是指受财枉法、受财不枉法、受所监临财物、强盗、窃盗和坐赃，其中，受财枉法、受财不枉法、受所监临财物和坐赃是官吏所犯的赃罪，而强盗、窃盗则不属于官吏所犯赃罪。可见，B项表述错误。唐朝对于杀人罪，明确区分为“六杀”：“谋杀”“故杀”“斗杀”“误杀”“过失杀”“戏杀”。可见，C项表述正确。“十恶”包括谋反、谋大逆、谋叛、恶逆、不道、大不敬、不孝、不睦、不义和内乱。唐朝仅对谋反、谋大逆和谋叛三罪实行连坐。可见，D项表述错误。

单元八

1. 根据南京国民政府的民商事立法原则，下列选项中采取单行立法的是(　　)。

A. 商行为　　B. 商法总则

C. 保险法　　D. 票据法

2. 清末制定的《大理院审判编制法》确立的司法原则有(　　)。

A. 实行四级三审制　　B. 确认审判独立原则

C. 引进西方审判监督机制　　D. 建立陪审制

3. 下列选项中，属于唐律“十恶”罪中有关违反封建伦理性犯罪的有(　　)。

A. 不道　　B. 不孝

C. 不义　　D. 不睦

4. 下列选项中，属于我国古代曾经出现的司法监察机关有(　　)。

A. 御史台　　B. 都察院

C. 六科给事中　　D. 东厂

5. 下列关于《大明会典》的表述，正确的是(　　)。

A.《大明会典》是明朝官修行政法规汇编

B.《大明会典》分述各行政机关的职掌、建制、沿革等制度

C.《大明会典》采取“以典为纲，以则例为目”的编纂原则

D.《大明会典》在修订方法上采取“官领其属，事归于职”的修订方法

6. 下列关于明朝法律制度的表述，正确的有（　　）。
A.《明大诰》是中国古代法制史上最为空前普及的法规
B. 明朝首创了律例合编的法典编纂方式
C. 明朝首创奸党罪，并使凌迟刑正式入律
D. 明朝在刑法适用原则上采取法律溯及既往原则
7. 沈家本主持制定的《大清新刑律》废除的刑罚和制度有（　　）。
A. 凌迟刑　　B. 发遣刑
C. 服制定罪　　D. 八议
8.《陕甘宁边区施政纲领》有关民主制度的规定包括（　　）。
A. 实行无记名投票的选举制度　　B. 采取“三三制”的政权组织原则
C. 实行普遍选举　　D. 实行民族平等

单元八答案与精解

1. CD
【精解】南京国民政府采取民商合一的民事立法体例，根据该民商事立法原则，商行为与民事法律行为之间、商法总则与民法总则之间并无二致，因此，对于商行为和商法总则，不单行立法，统统纳入民法债编，而对《保险法》《海商法》《票据法》《公司法》等，则采取单行立法。故选C、D项。
2. ABC
【精解】《大理院审判编制法》是中国近代意义上的第一部法院编制法，该法明确了民刑分理体制，确认审判独立原则，规定了四级三审制，引进了西方的审判监督机制。可见，选A、B、C项。有关建立陪审制度最早规定于《刑事民事诉讼法草案》中，故不选D项。
3. BCD
【精解】唐律“十恶”中属于违反封建伦理的犯罪包括五类：恶逆、不孝、不睦、不义和内乱。故选B项、C项和D项，而不道属于严重危害封建秩序的犯罪。
4. ABC
【精解】我国中央司法监察机关一般以御史台和都察院作为监察机关主体，但在不同历史时期也出现了不同的监察机关，如汉朝的司隶校尉、州刺史、部刺史，宋朝的提典刑狱司，明朝的六科给事中、提刑按察司等。故选A项、B项和C项。东厂是明成祖朱棣设立的宦官特务机构，明朝锦衣卫、东厂、西厂、内行厂等特务机构专门从事侦缉、监视、逮捕等活动，甚至直接参与审判，加之明朝皇帝除了太祖朱元璋、成祖朱棣等几个皇帝外大多平庸，导致厂卫插足司法，但这并不意味着厂卫属于司法监察机关，它只不过是封建专制主义极端发展的产物，厂卫干预司法，加速了明朝的灭亡。
5. AB
【精解】《大明会典》是明朝官修的一部行政法规汇编，A项表述正确。《大明会典》分述各行政机关职掌、建制、沿革、管理制度以及礼仪、礼制等，B项表述正确。《大明会典》采取以六部官制为纲，在每一官职之下，先载律令，次载事例的编纂原则，而《大清会典》采取的是“以典为纲，以则例为目”的典、例分别编辑的编纂体例。可见，C项表述错误。《唐六典》在修订方法上采取“官领其属，事归于职”的编纂方法。可见，D项表述错误。
6. ABCD
【精解】明太祖朱元璋亲自制定了《明大诰》，并称：有大诰者依《大明律》减一等处刑，无大诰者依《大明律》加一等处刑，结果讲读大诰之风盛行，造成“人人讲大诰，户户读大诰”，这使得

《明大诰》成为中国法制史上最为空前普及的法规。故选A项。明神宗万历年间将律、例合编，称为《大明律集解附例》，从而首创律例合编体例。故B项正确。明太祖朱元璋首创奸党罪，并将残酷的凌迟刑写进《大明律》。故C项正确。明朝在刑法适用原则上采取从重从新原则，即法律溯及既往原则。故D项正确。

7. BCD

【精解】《大清新刑律》废除的刑罚有：斩刑、流刑、发遣刑；废除的制度有：八议、服制定罪、比附、官秩等。故选B项、C项和D项。凌迟刑和刺配刑等是在《大清现行刑律》中被废除的。

8. ABCD

【精解】《陕甘宁边区施政纲领》规定实行普遍、直接、平等、无记名投票的选举制度；规定"三三制"；保障自由权利；男女平等；反对民族歧视等内容。故备选项应全选。

单元九

1. 下列关于清代典卖契约的表述，正确的有(　　)。

A. 清代的典卖契约须经过割赋税方能成立

B. 清代明确区分了典当契约与典卖契约

C. 清代规定的典当契约的回赎期限为30年，超过此期限的，以买卖契约论

D. 清代的典当与买卖的根本区别在于出典人是否享有回赎权

2. 下列有关西周法律制度的表述，正确的有(　　)。

A. 西周时期的买卖契约称为"傅别"

B. 西周时期实行"德主刑辅"的立法指导思想

C. 西周时期的"六礼"属于婚姻成立的法定程序

D. 西周时期已经对民事案件和刑事案件进行了区分

3. 下列选项中，属于唐朝"六赃"犯罪情形的有(　　)。

A. 强盗　　B. 窃盗　　C. 坐赃　　D. 受财枉法

4. 下列有关宋朝法律制度的表述，正确的是(　　)。

A.《宋刑统》是中国历史上第一部采取"刑统"编纂方式的封建成文法典

B. 宋朝建立了红契制度以确认不动产所有权的转移

C.《名公书判清明集》中记载了有关宋朝遗嘱继承方面的真实案例

D. 宋朝制定的《盗贼重法》是重典惩治盗贼立法的顶峰

5. 下列关于唐朝"上请"制度的表述，正确的是(　　)。

A. 上请制度首立于隋朝　　B. 五品以上官员犯死罪者上请皇帝裁决

C. 八议者之亲属犯死罪者须上请　　D. 受财枉法者不适用上请

6. 下列有关清朝法律制度的表述，正确的有(　　)。

A. 清朝入关后制定的第一部封建成文法典是《大清律集解》

B. 清朝制定的"例"中，最重要的例是"条例"

C. 清朝对于以文字锻炼成狱的，一般以"谋大逆"论处

D. 清朝的死刑有斩立决和绞立决之分

7. 1911年底，山阳知县姚荣泽杀死两名革命党人。1912年3月，姚荣泽案在上海开庭，法庭上允许被告聘请律师出庭辩护，允许所涉外国人出庭指证，并启用陪审员制度。经过三次庭审，陪审团认定姚荣泽谋杀罪成立，但陪审员"表示同情"，认为罪不至死，后袁世凯由此将姚荣泽特赦，改为判处监禁10年，附加罚金而结案，并赔恤被害的两名革命党人。关于本案，下列说法正确的是(　　)。

A. 本案在审理上体现了司法独立原则

B. 本案试行了审判公开、陪审制和律师辩护

C. 本案的审理与南京临时政府司法改革的措施相吻合

D. 本案特赦程序不合法，有违司法改革精神

8. 抗日民主政权调解的种类包括(　　)。

A. 民间调解　　B. 群众团体调解

C. 政府调解　　D. 司法调解

单元九答案与精解

1. BD

【精解】宋代的典卖契约须经过过割赋税等四道程序，而清代对于典卖契约，无须过割赋税，但对于买卖契约，须过割赋税。故A项错误。清代规定的出典人对典物的回赎期限为10年，超过此期限的以买卖契约论。故C项错误。注意：宋代规定的回赎期限为30年，且宋代不区分典与卖。考生应将宋、清二朝的典卖契约对比复习，以强化记忆。

2. CD

【精解】西周时期的买卖契约称为“质剂”，而借贷契约称为“傅别”。故A项错误。西周时期实行“明德慎罚”的立法指导思想，而汉朝实行“德主刑辅”的立法指导思想。故B项错误。C项和D项表述都正确。

3. ABCD

【精解】唐朝首创“六赃”犯罪，所谓“六赃”，即六种非法攫取公私财物的行为，包括强盗、窃盗、受财枉法、受财不枉法、受所监临财物、坐赃。故备选项应全选。这里的“监临”，是主管的意思，监临官就是指主管官员，受所监临财物就是收受下属及百姓财物。

4. BCD

【精解】《大中刑律统类》是中国历史上第一部采取“刑统”编纂体例的封建成文法典，而不是《宋刑统》。故A项表述错误。宋朝建立了红契制度，即不动产所有权的转移必须经官府加盖红契，交纳契税，才能转移不动产的所有权。故B项表述正确。《名公书判清明集》记载了宋朝的继承、婚姻、判决书和上下往来的官府公文等内容。故C项表述正确。宋朝盗贼问题严重，为此，宋仁宗制定了《窝藏重法》，宋英宗制定了《重法》，宋神宗制定了《盗贼重法》，其中，《盗贼重法》使宋朝的重典惩治盗贼立法达到顶峰。故D项表述正确。

5. BD

【精解】上请制度首立于汉朝，而非隋朝，故A项表述错误。上请的适用范围包括：皇太子妃大功以上亲，八议者期亲以上亲属和五品以上官员，犯死罪者上请皇帝裁决；犯流罪以下例减一等。但犯十恶、反逆缘坐、杀人，监守内奸、盗、略人、受财枉法者，不适用上请。可见，选B、D项，不选C项。

6. CD

【精解】清朝入关后制定的第一部封建成文法典是《大清律集解附例》，而不是《大清律集解》。故A项错误。清朝的例中，以“则例”最为重要，而不是“条例”。故B项错误。

7. ABC

【精解】姚荣泽案被称为民国司法独立第一案，因司法总长伍廷芳的建议，本案严格按照西方国家诉讼模式进行审理。从本案审理来看，法庭开庭审理，允许被告聘请律师出庭辩护，允许所涉外国人出庭指证，并启用陪审员制度，这些都表明本案的审理坚持了司法独立原则，至于因陪审员对姚荣泽表示同情，乃至袁世凯将姚荣泽特赦，恰恰说明法庭审理对陪审员意见的尊重，并非违背司法独立，而且袁世凯也是在陪审员意见下将姚荣泽特赦的（姚荣泽固然受到革命党人憎恶，

但这不应该左右案件的公正审理，特别要遵循程序正义)。可见，A、B项表述正确，D项表述错误。南京临时政府的司法改革措施包括确立司法独立的原则，禁止刑讯，禁止体罚，试行公开审判及陪审制，试行律师制度。本案的审理与这些司法改革措施吻合，C项表述正确。

8. ABCD

【精解】抗日民主政权时期调解的种类包括民间调解、群众团体调解、政府调解和司法调解四种。

单元十

1. 下列关于南京国民政府诉讼审判制度的表述，错误的是(　　)。
A. 根据国民党《法院组织法》的规定，南京国民政府实行四级三审制
B. 南京国民政府最高法院审理的上诉案件，既是事实审，也是法律审
C. 南京国民政府最高法院有权监督检察署的检察工作
D. 南京国民政府实行审检合署，检察院设置于法院之内

2. 下列有关汉朝法律制度的表述，正确的有(　　)。
A. 汉朝的法律形式包括律、令、格、式四种
B. 汉文帝的刑事改革并没有涉及宫刑的改革
C. 汉武帝时期颁布的“告缗令”是有关重农抑商的法令
D. 汉朝为了限制告诉权，特区分了公室告和非公室告

3. 下列关于北齐政权对中国古代法律的发展所作出的贡献的表述，正确的有(　　)。
A. 北齐时期首次创立的“重罪十条”制度，是隋朝《开皇律》所规定的“十恶”的渊源
B. 北齐将《曹魏律》的“刑名”篇改为“名例”篇，完善了刑法总则
C. 北齐正式设置了大理寺，使得大理寺成为中央最高审判机关，大理寺直到明朝才变成复核机关
D. 《北齐律》首次规定了登闻鼓直诉制度

4. 下列有关宋朝考课制度的表述，正确的是(　　)。
A. 宋朝对于京官的考课由考课院掌考
B. 宋朝对地方州县官员的考课标准是“四善二十七最”
C. 宋朝的考课方法包括磨勘制和历纸制
D. 宋朝的职事官也要经过考课

5. 下列关于清末和南京国民政府民商事立法的表述，正确的是(　　)。
A. 《大清民律草案》是中国历史上第一部民法典草案
B. 清末和南京国民政府采取民商合一的民事立法体例
C. 《中华民国民法》采取国家本位的立法原则
D. 南京国民政府的商事立法采纳西方资本主义的商法原则

6. 清政府制定的适用于少数民族的法规包括(　　)。
A. 《湘苗事宜》　　B. 《西藏禁约十二事》
C. 《西宁番子治罪条例》　　D. 《回疆则例》

7. 下列有关西周法律制度的表述，正确的有(　　)。
A. 西周时期提出了“刑罚世轻世重”的刑事政策原则
B. 西周时期的买卖契约称为“傅别”
C. 西周时期的“奸宄罪”类似于后世的盗罪、贼罪

D. 西周时期将审理民事案件所收的费用称为“束矢”

8. 下列关于清末和中华民国司法制度的表述，错误的有(　　)。

A. 清末初步规定了法官、检察官考试任用制度

B. 南京临时政府首次承认律师制度的合法性

C. 实行刑事公诉制度始于南京国民政府时期

D. 清末政府和南京临时政府以司法部作为全国司法行政机关

单元十答案与精解

1. ABC

【精解】本题为选非题。南京国民政府实行审检合署，检察院设置于法院之内。故 D 项表述正确，不选。A 项错在：在没有通过《法院组织法》之前，南京国民政府仿照北洋政府实行四级三审制，但《法院组织法》通过之后，南京国民政府仿照德国、日本等国家实行三级三审制。故 A 项错误。南京国民政府最高法院审理的上诉案件，进行法律审，即仅仅审查法律适用是否正确，而不进行事实审理。故 B 项错误。南京国民政府监督检察院工作的机构是司法行政部，而不是法院。故 C 项错误。故选 A、B、C 项。

2. BC

【精解】汉朝的法律形式是律、令、科、比四种，而不是律、令、格、式四种，律、令、格、式是唐朝的法律形式。故 A 项错误。公室告和非公室告的诉讼类别出现于秦朝，而不是汉朝。故 D 项错误。

3. AC

【精解】《北齐律》是在《晋律》的基础上完善封建成文法典总则的，而不是以《曹魏律》为基础的。故 B 项错误。登闻鼓直诉制度始创于西晋，而不是北齐。故 D 项错误。

4. CD

【精解】宋朝对于京官的考课由审官院掌考，对于地方州县官员的考课由考课院掌考。故 A 项错误。宋朝对地方州县官员的考课标准是“四善三最”，而不是“四善二十七最”，“四善二十七最”为唐朝的考课之法。故 B 项错误。宋朝的考课方法有二，即磨勘制和历纸制。故 C 项正确。宋朝的职事官又称为差遣官，对于差遣官，宋朝也要考课。故选 D 项。

5. AD

【精解】《大清民律草案》是中国历史上第一部民法典草案，对以后的民事立法产生了重要影响。可见，A 项表述正确。清末和北洋政府采取民商分立的民事立法体例，南京国民政府采取民商合一的民事立法体例。可见，B 项表述错误。《中华民国民法》采取社会本位的立法原则。可见，C 项表述错误。南京国民政府成立的商法起草委员会，在清末和北洋政府进行商事立法的基础上，进一步采纳西方资本主义的商法原则。可见，D 项表述正确。

6. ABCD

【精解】清政府制定的适用于少数民族聚居区的法规包括《蒙古律例》《理藩院则例》《回疆则例》(《回律》)《苗汉杂居章程》《湘苗事宜》《西宁番子治罪条例》(《西藏青海番夷成例》《番例条款》)《钦定西藏章程》《西藏禁约十二事》《台湾善后事宜》等。可见，备选项应全选。

7. ACD

【精解】西周时期提出了“轻重诸罚有权，刑罚世轻世重”的刑事政策，即适用刑罚要宽严适中，不可偏轻偏重。故 A 项正确。西周时期的“奸宄罪”是有关破坏社会秩序、侵犯人身等方面的

犯罪，这类罪类似于《法经》中的《盗法》和《贼法》有关的内容。故C项正确。西周时期将审理民事案件所收的费用称为“束矢”，将审理刑事案件所收的费用称为“钧石”。故D项正确。西周时期的买卖契约称为“质剂”，而借贷契约称为“傅别”。故B项表述错误。

8. BCD

【精解】清末已经承认律师制度的合法性，而不是南京临时政府。故B项错误。刑事公诉制度始于清末，而不是南京国民政府时期。故C项错误。清末的全国司法行政机关是法部，南京临时政府的司法行政机关是司法部。故D项错误。

第三章

简答题

单元一

1. 简述中华法系的特点及重塑中华法系的意义。
2. 简述清朝的秋审制度。

单元一答案要点

1.（1）中华法系的特点有：皇权至上；维护宗法伦理；引礼入法，法律不断儒家化；以刑为主，诸法并存。

（2）重塑中华法系，使深厚的具有民主精华的法文化与新的国情态势和时代任务相结合，使世界性和民族性相统一，对于实现依法治国的方略，提高全民的法律意识，增强中华民族的自豪感与自信心具有重大历史意义。

2.（1）秋审是清朝最重要的死刑复审制度，被称为国家大典。秋审的对象是各省上报的斩绞监候案件，每年八月由重要官员会同审理。

（2）秋审案件经过复审程序后，分为五种情况处理：①情实：罪名恰当，执行死刑；②缓决：案情属实，但危害性不大，可以减刑；③可矜：案情属实，但有可衿或者可疑之处，可免死而减为徒刑或者流刑；④可疑：案情尚未完全搞清楚的，则驳回原省再审；⑤留养承祀：案情属实、罪名恰当，但有亲老丁单情形，而祖父母、父母年老无人奉养，或符合“孀妇独子”等条件的，须奏请皇帝裁决，经皇帝批准，可改判重杖，枷号示众三个月。

（3）秋审是清朝刑事审判制度趋于完善的重要标志，有助于统一法律适用，准确打击犯罪，保证皇帝对司法的控制，同时又宣扬了统治者的仁政和德治。

单元二

1. 简述《中华民国宪法》（1947 年）的主要内容。
2. 简述清末修律的特点。

单元二答案要点

1.（1）依三民主义、五权宪法确定国体与政体。

（2）规定国民大会为全国最高政权机关，但对其职权加以限制。

(3) 形式上采用总统制，但总统的权力受立法院、行政院、监察院的制约。

(4) 规定人民各项民主自由权利及必要的宪法义务。

(5) 采取中央与地方分权体制，形式上赋予省、县两级地方政府以自治权。

2. (1) 在立法指导思想上，清政府迫于激变的时局，不得不进行变法修律。在立法上借用西方近代法律制度的形式，坚持中国固有的封建制度内容，成为清政府修律的基本宗旨。

(2) 在内容上，一方面，在新修新订的法律中继续保持肯定和维护专制统治的传统；另一方面，又大量引入西方法律理论、原则、制度和法律术语，使得保守的封建内容与先进的近代法律形式同时显现于新定法律法规之中。

(3) 在法典编纂形式上，改变了中国传统的"诸法合体"形式，明确了实体法之间、实体法和程序法之间的差别，分别制定、颁行或起草了各方面的法典或法规，形成了近代法律体系的雏形。

(4) 在实质上，修律是在保留君主专制政体的前提下进行的，既不能反映人民群众的要求和愿望，也没有真正的民主形式。

单元三

1. 简述南京临时政府的革命法令。
2. 简述清朝则例的含义和内容。

单元三答案要点

1. 南京临时政府时期颁布了一系列革命法令，以保障人权，发展经济，促进文化教育和社会改革。重要的革命法令包括：

(1) 保障民权的法令。①颁布《保障人民财产令》，该法令以保护人民财产为当务之急，以确认财产权为基本的民权之一，是人民赖以生存的基础。②颁布《禁止买卖人口文》《禁止贩卖猪仔文》《公权私权文》《保护华侨办法》等法令。这些法令在禁止买卖人口、废除各种贱民身份、切实保护华侨利益方面意义重大。

(2) 发展经济的法令。颁布《慎重农事令》等法规，鼓励兴办实业，奖励农垦，鼓励华侨在国内投资。

(3) 文化教育方面的法令。颁布发展文化教育的法规，奖励女学，废止读经，废止前清有碍民国精神的书籍，宣传革新事实，注重公民道德教育。

(4) 社会改革方面的法令。颁布一系列社会改革法令，如禁烟、禁赌、剪辫、劝禁缠足、改革旧称呼等，以革除社会陋习，移风易俗，振奋民族精神，提倡近代文明，改革社会风尚。

2. (1) 则例是清朝针对中央各部门的职责、办事规程而制定的基本规则，是规范各部院政务活动、保障其正常运转的行政规则。

(2) 则例有两类：一般则例和特别则例。一般则例规定的是部院一般的行政事项；特别则例规定的是各部就所管辖的特定事项制定的行政规章。此外，有些机关内部还有关于办事、规程及官员违制如何处罚的专门则例。

单元四

1. 简述马锡五审判方式的特点及意义。
2. 简述《中华民国临时政府组织大纲》的主要内容、性质和历史意义。

单元四答案要点

1.（1）马锡五审判方式的特点有：第一，方便群众，不拘形式，手续简便。马锡五审判方式不被陈规束缚，方便了群众，既做到了公平合理，又节省了民力财力，使案件得到及时解决。第二，深入群众，调查研究，实事求是地了解案情。该审判方式对于重要案件都亲临案发地点，重调查研究，查清事实，分清是非，从而实事求是地处理案件。第三，依靠群众，尊重群众意见，依法合理判决案件。该审判方式不仅依靠群众查清案情，而且把政策、法律和案情告知群众，从而使案件得到正确的解决。第四，教育群众，既使当事人心悦诚服，又使当地群众受到教育。

（2）马锡五审判方式的出现和推广，培养了大批优秀司法干部，解决了积年疑难案件，有利于生产，保证了抗日，使新民主主义司法制度落到了实处。马锡五审判方式集中体现了边区审判制度的民主性和公正性，是边区革命审判制度的缩影。

2.（1）《中华民国临时政府组织大纲》是辛亥革命后各省都督府代表会议通过的关于筹建中华民国临时政府的纲领性文件。它第一次以法律形式宣告废除封建帝制，以美国的国家制度为蓝本，确立了中华民国的基本政治体制，实行三权分立原则，这个大纲成为以后制定《中华民国临时约法》的基础。

（2）该大纲的主要内容为：按照组织大纲的规定，临时政府为总统制共和政体，临时大总统为国家元首和政府首脑，统率军队并行使行政权力；立法权由参议院行使，参议院由各省都督府委派三名参议员组成。在参议院成立以前，暂时由各省都督府代表会议代行其职权；临时中央裁判所作为行使最高司法权的机关，由临时大总统取得参议院同意后设立。

（3）性质和历史意义。《中华民国临时政府组织大纲》用法律的形式肯定了辛亥革命的成果，为以孙中山为首的中华民国南京临时政府的成立提供了法律依据。《中华民国临时政府组织大纲》虽然在形式上并不十分完备，但是它第一次以法律的形式确认共和政体的诞生，宣告了封建专制制度的灭亡，因而具有进步意义，并成为以后制定《中华民国临时约法》的基础。

单元五

1. 简述中国传统法制的主要特征。
2. 简述《中华民国临时约法》的主要内容和特点。

单元五答案要点

1.（1）法自君出，重权隆法。君主享有最高的立法权，决定法律的创制和变迁。法律也以维护君权为要务。君主和统治集团重视制定和运用法律，使政权稳定，维护社会秩序。这种传统是由古代农耕文明的特性所决定的，具有深刻的社会、历史和文化根源。

（2）诸法并存，民刑有分。中国古代的法典编纂保持“诸法合体、民刑不分”的体例，但是法律体系上，则是诸法并存，民刑有分的，即法律体系是由刑法、民事法、行政管理法、诉讼法等法律部门构成的。“诸法并存，民刑有分”是从法律所调整的社会关系的特殊性和具体性以及由此而形成的法律体系而言的，至于“诸法”是否都发展成为独立的部门法，需要结合历史发展的进程予以具体分析。

（3）家族本位，伦理法制。中国古代是沿着由家而国的途径进入文明时代的，因此宗法血缘关系对于社会和国家的诸多方面都有着强烈的影响，尤其是宗法与政治的高度结合，造成了家国一体、亲贵合一的特有体制。儒家所倡导的伦理道德成为法律的重要内容和基本精神。法律维护家族本位的社会结构及其经济基础，历经数千年依然保持稳定。道德法律化和法律道德化的交融发展，成为传统法制的重要特征。

（4）调处息争，无讼是求。无讼是中国古代法制建设的价值取向，调处是实现息讼、无讼的重要手段。调处适用的对象是民事案件与轻微的刑事案件，调处的主持者包括地方州县官、基层小吏和宗族尊长。调处息争适应封闭的小农经济基础的深厚地缘关系，依赖的是宗族势力和基层国家权力，凭借的是礼与法相结合的多种法律渊源，维护的是三纲五常的伦理秩序，形成了一整套的完备制度。

2.（1）主要内容：①明确宣示中华民国为统一的民主共和国。②确立了资产阶级民主共和国的政治体制和国家制度。规定实行三权分立和责任内阁制。③规定人民享有广泛的权利及应尽的义务。这些反映了辛亥革命的积极成果，表明了资产阶级革命派标榜的民主精神。④确认保护私有财产的原则，客观上有利于资本主义的发展，表明了资产阶级革命派标榜的法治精神。

（2）主要特点就是从各方面设定条款，对袁世凯加以限制和防范，具体而言：①改总统制为责任内阁制，以限制袁世凯的政治权力。②扩大参议院的权力，以抗衡袁世凯。③规定特别的修改程序，以制约袁世凯。

单元六

1. 简述南京国民政府诉讼审判制度的特点。
2. 简述“天坛宪草”的内容特点。

单元六答案要点

1.（1）实行严密的侦查制度。

（2）实行“自由心证”的诉讼原则。法律不预先设定证据的取舍和证明力的判断，而是由法官依据其法律意识和内心确信，自由进行判断。

（3）实行秘密审判和公开陪审制度。对于政治案件实行秘密审判，经秘密审判的裁判不得上诉和抗告；对于反革命案件实行陪审评议制。

（4）扩大并强化军事和军法机关的审判。对于违反刑事特别法规定的犯罪，以及其他刑事和民事案件，军事机关有权审判，从而扩大和强化了军事和军法机关的审判职能。

（5）维护帝国主义侵华军队的特权。

2.（1）在政权体制上，“天坛宪草”继续肯定责任内阁制，国务总理的任命须经众议院的同意，国务员对众议院负责，而不是对总统负责。行政权力实际由总理和各部部长行使，总统处于虚权国家元首的地位。

（2）“天坛宪草”规定了国会对总统行使诸如解散国会、任命总理等重大权力的牵制权，国会不仅有立法权，而且有弹劾权和对被弹劾的总统、副总统和国务员的审判权。为防止总统利用紧急处分权实行独裁，增设国会的常设机关国会委员会。

（3）“天坛宪草”严格限制总统任期，规定总统任期5年，而且只能连选连任一次。

（4）设立独立于行政机关的审计院，负责审核国家财政收入和支出的决算，核准国家岁出之支付命令。审计员由参议院选举产生，总统无权任免。

单元七

1. 简述《训政纲领》的内容和特点。

2. 简述南京国民政府的普通司法体系及其职权。

单元七答案要点

1. (1) 在训政时期由国民党全国代表大会代表国民大会领导国民行使政权。在闭会期间由国民党中央执行委员会行使政权。国民政府从属于国民党中央机关。

(2) 在国民党与人民的关系上，体现“训政保姆论”的精神，即国民党是人民的政治保姆，训练幼稚的国民行使政权。

(3) 确认国民党是最高训政者，把国民党全国代表大会及中央执行委员会作为最高权力机关，把中央政治会议变为政府的直接领导机关，从而建立了国民党一党专政的政治制度。

2. (1) 南京国民政府在《法院组织法》公布后，实行三级三审制，第三审为法律审。

(2) 南京国民政府的普通法院分为地方法院、高等法院和最高法院三级。地方法院审理民事、刑事第一审案件及非诉事件；高等法院审理一审上诉和抗告案件，以及“内乱”“外患”“妨害国交”等罪的第一审案件；最高法院审理不服高等法院之判决、裁定的上诉、抗告案件。

(3) 南京国民政府法院之上设有司法院，作为国家最高司法机关，总揽各项司法事务。其下设四个直属机关，其中，司法行政部掌管司法行政事务，最高法院行使最高审判权，行政法院行使行政诉讼案件的审判权，官吏惩戒委员会掌管文官和法官的惩戒事宜。司法院还设有秘书处、参事处等办事机构，负责办理文秘、庶务及撰拟、审核关于司法的法律命令等事宜。

单元八

1. 简述清末商事立法的主要特点。

2. 简述北洋政府的司法体系。

单元八答案要点

1. (1) 在法律渊源上以“模范列强”“博稽中外”为立法的原则。商事法典从体例到内容，都模仿资本主义国家商法，并在内容上注意吸收和反映中国传统商事习惯。

(2) 在法典结构和立法技术上，充分体现了照顾商事活动简便性和敏捷性的要求，以宽为主。在吸收各国商法和商事习惯基础上，采取与商为便的规定。

(3) 带有封建残余和半殖民地法律的烙印。商事立法活动限制妇女经商，各主要商律对外国公司均无规定。

(4) 清末商事立法虽有种种不足，但客观上基本适应当时社会发展的要求，是中国近代商事立法的开端。

2. (1) 实行二元司法体制：普通法院负责民事、刑事案件的裁判，平政院执掌行政诉讼的审判。

(2) 普通法院系统实行四级三审制：中央设大理院，是最高审判机关；省设高等审判厅；城市设地方审判厅；县一级设初级审判厅或县知事兼理司法。

（3）实行审检分立制度，总检察厅、高等检察厅、地方检察厅、初级检察厅分别对应大理院、高等审判厅、地方审判厅、初级审判厅而设。

单元九

1. 简述《大清民律草案》的立法原则、结构、内容特点和地位。
2. 简述南京国民政府的立法指导思想。

单元九答案要点

1.（1）立法原则：①采纳各国通行的民法原则。②以最新、最合理的法律理论为指导。③充分考虑中国特定的国情民风，确定适合中国风俗习惯的法则，并适应社会演进的需要。

（2）结构：《大清民律草案》体例结构取自德国民法典，分为总则、债权、物权、亲属和继承五编，其中，前三编由修订法律馆起草，后两编由礼学馆起草。

（3）内容特点：①民律前三编以“模范列强”为主。这三编的内容主要以西方各国通行的民法理论和原则为依据，对中国旧有习惯未加参酌，因而体现出明显的资产阶级民法的特征。②民律后两编以“固守国粹”为主。根据民律草案的起草原则，涉及亲属关系和与之相关联的财产关系，以及继承方面的规定，均以中国传统为主，体现了浓厚的传统色彩。

（4）地位。从整体上说，法典在许多方面与中国实际严重脱节。但作为中国历史上第一部民法典草案，对以后的立法产生了深远的影响。

2.（1）三民主义。孙中山的三民主义是南京国民政府总的立法指导思想，并以此为基础构建了“权能分治”“五权宪法”“建国三时期”等政治体制和法律制度。

（2）权能分治和五权宪法。权就是政权，是人民管理政府的力量，包括选举、罢免、创制、复决四项权力；能就是政府管理国家事务的权能，包括行政、立法、司法、考试、监察五项权能。以此为依据，南京国民政府实行五权宪法的政府组织方案，人民选举的国民大会是全国最高政权机关，统一行使国家四项政权，组成并监督政府。政府则由行政、立法、司法、考试、监察五院组成，各院依照宪法行使不同的权能，互相制衡。

（3）建国三时期。建国三时期包括军政时期、训政时期和宪政时期，确立建国三时期的理论依据是，确立宪政体制，实现全民政治，要有一个渐进过程，并为此提出了“训政保姆论”。

单元十

1. 简述清末诉讼审判制度的改革。
2. 简述清末礼法之争的主要内容、结局和反映出的问题。

单元十答案要点

1. 清末诉讼审判制度的改革主要是引进了一系列西方近代诉讼审判原则和具体制度，包括：

（1）在诉讼程序上实行四级三审制。

（2）规定了刑事案件的公诉制度、附带民事诉讼制度、民事案件的自诉及代理制度、证据制度、保释制度等，并承认律师活动的合法性。

（3）在审判制度上，允许辩论、实行回避、审判公开等，并明确了预审、合议、公判、复审等程序。在审判规则方面，吸收了西方国家一系列新的司法原则，如审判独立、辩护制度等，但并未能真正实施。

（4）初步规定了法官及检察官考试任用制度。

（5）改良监狱及狱政管理制度。

2.（1）清末礼法之争的主要内容：①关于“干名犯义”条款的存废。对于“干名犯义”，法理派认为“不必另立专条”，主张予以废除；礼教派认为“中国素重纲常，立法特为严重”，主张予以保留。②关于“留存养亲”条款的存废。法理派认为“留存养亲”不宜编入新刑律草案；礼教派认为应在新刑律中体现。③关于“无夫奸”和“亲属相奸”是否定罪。法理派认为无夫奸“当以教育为方”、亲属相奸“未害及社会，处立决未免过严”，主张废除无夫奸定罪处刑，对亲属相奸从轻处断；礼教派认为无夫奸、亲属相奸“大犯礼教之事”，主张重刑治罪。④关于“子孙违反教令”是否废除。法理派主张废除，礼教派主张保留。⑤关于子孙卑幼能否对尊长行使正当防卫权。法理派主张子孙卑幼有权对尊长行使正当防卫，而礼教派则反对。

（2）结局：法理派予以妥协、退让，并将争论的五项焦点问题附加在《大清新刑律》的附则《暂行章程》之中。

（3）反映的问题：①礼法之争的结局说明了保守派势力的强大和清政府的顽固立场，也说明了法理派的软弱性和一再退让性。②礼法之争在客观上对传播近代法律思想和理论起到了一定的积极作用，对于此后的近代法制建设具有重要影响。

第四章

分析题

单元一

请运用中国法制史的理论和知识对下列材料进行分析，并回答问题：

1.《唐律疏议·名例律》规定："诸应议、请、减及九品以上之官，若官品得减者之祖父母、父母、妻、子孙，犯流罪以下，听赎；若应以官当者，自从官当法。其加役流、反逆缘坐流、子孙犯过失流、不孝流，及会赦犹流者，各不得减赎，除名、配流如法。"

（1）该段文字反映了什么制度？该制度的历史发展如何？

（2）根据本段文字的表述，该制度的适用范围如何？

（3）该段文字折射出的意义是什么？

2.《唐律疏议·名例律》（卷六）规定："诸称'加'者，就重次；称'减'者，就轻次。【疏】议曰：假有人犯杖一百，合加一等，处徒一年；或应徒一年，合加一等，处徒一年半之类，是名'就重次'。又有犯徒一年，应减一等，处杖一百；或犯杖一百，应减一等，决杖九十，是名'就轻次'。惟二死、三流，各同为一减。【疏】议曰：假有犯罪合斩，从者减一等，即至流三千里。或有犯流三千里，合例减一等，即处徒三年。故云'二死、三流，各同为一减'。其加役流应减者，亦同三流之法。加者，数满乃坐，又不得加至于死；本条加入死者，依本条。（加入绞者，不加至斩。）【疏】议曰：加者数满乃坐者，假令凡盗，少一寸不满十疋，依贼盗律'窃盗五疋徒一年，五疋加一等'。为少一寸，止徒一年。"

请运用中国法制史知识和理论，分析上述文字并回答下列问题：

（1）请分析本条"疏议"和"律文"的关系。

（2）请根据律文和疏议各举一例说明何谓"就重次""就轻次"和"加者，数满乃坐"？

（3）请根据本条及疏议说明对加役流加、减一等的处刑。

单元一答案要点

1.（1）这段文字反映了赎刑制度。赎刑在夏朝就已经存在，西周时期已经初具规模，后经汉、隋等朝的发展，到唐朝日趋完善。

（2）根据唐律的规定，适用赎刑的范围包括诸应议、请、减及九品以上官员，若官品得减者之祖父母、父母、妻、子孙，犯流罪以下，也适用赎刑。但对判处加役流等重刑者不适用，对于十恶重罪，也不得适用赎刑。

（3）①赎刑的适用范围在唐朝有所扩大，表明封建特权法向纵深方向发展。②对于赎刑范围无比详尽的规定，体现了唐朝定罪量刑原则方面的立法趋于完备。③对于官员得减者中一定范围的亲属适用赎刑，体现了儒家思想日益向刑事立法方面渗透。④赎刑的规定也是慎刑思想的体现。

2.（1）“疏议”是对律文的解释，与律文具有同等的法律效力。唐律的本条“疏议”既具体解释了“加、减”的量刑标准，明确了“加、减”的具体适用情形，其目的在于阐明律意，以便于准确地适用律文。

（2）“就重次”就是加至较重的等次，如杖一百加一等，是徒一年。“就轻次”就是减至较轻的等次，如徒一年减一等是杖一百。“数满乃坐”是指对于加等处刑的数额犯，满数才能加等处刑，如犯强盗罪，盗窃五匹处刑，再盗五匹加一等，但差一寸未满五匹的，也不能加等处刑，同时“数满乃坐”不得加至于死刑。

（3）对于判处加役流加、减量刑的，应适用三流之法，即加役流加一等处刑应判处绞刑；加役流减一等处刑应判处徒三年。

单元二

请运用中国法制史的理论和知识对下列材料进行分析，并回答问题：

1. 材料 1：《唐律疏议·名例律》（卷五）：诸共犯罪者，以造意为首，随从者减一等。若家人共犯，止坐尊长；侵损于人者，以凡人首从论。即共监临主守为犯，虽造意，仍以监主为首，凡人以常从论。

材料 2：《唐律疏议·名例律》（卷五）：诸共犯罪而本罪别者，虽相因为首从，其罪各依本律首从论。若本条言“皆”者，罪无首从；不言“皆”者，依首从法。即强盗及奸，略人为奴婢，犯阑入，若逃亡及私度、越度关栈垣篱者，亦无首从。

（1）共同犯罪原则的具体适用情形。

（2）不适用共同犯罪原则的具体情形。

（3）材料说明的问题。

2.《唐律疏议·职制律》规定：诸有事先不许财，事过之后而受财者，事若枉，准枉法论；事不枉者，以受所监临财物论。《疏议》曰：官司推劾之时，有事者先不许物，事了之后而受财者，事若曲法，准“枉法”科罪。既称“准枉法”，不在除、免、加役流之例。若当时处断不违正理，事过之后而与之财者，即以受所监临财物论。

（1）何为“准枉法”？何为“受所监临财物”？

（2）请根据该段文字说明以“准枉法”和“受所监临财物”论处的情形。

（3）如何评价唐律的该条规定？

单元二答案要点

1.（1）共同犯罪的具体适用情形是：①唐朝对于共同犯罪的，明确区分首犯、从犯。首犯即造意者，是倡首先言的主谋，一般要加重处罚，从犯则比照首犯减一等处刑。②家人共犯，不论何人造意，以尊长为首，卑幼不坐。③外人与主管官员共同犯罪，即使由外人造意，仍以主管官员为首犯，其余人为从犯。

（2）不适用共同犯罪原则的情形是：①凡是本条文表述“皆”者，罪无首从；凡是本条文没有表述“皆”者，应当区分首从。②但犯有强盗罪、奸罪、将劫掠之人卖为奴婢、阑入罪、罪发逃亡、私度或越度关卡、垣篱的，不区分首从。

（3）该段文字表明：①唐律共犯区分手从表明唐朝对犯罪人主观心态和量刑情节的深刻认识。②家人共犯以尊长为首，卑幼不坐，这体现了封建家长制原则。③外人与主管官员共犯以主管官员为首，以防止官员和外人内外勾结，上下一气，因缘为奸，以维护国家统治。④对于强盗、奸罪、劫掠贩卖人口等罪行不区分首从，表明唐朝统治者对社会秩序稳定的严重关切。

2.（1）“准枉法”即依照受财枉法论处，受财枉法是指收受当事人贿赂而利用职权曲法妄断，为其牟取不正当利益，或为其开脱罪责。“受所监临财物”是指主管官员私下接受所监管的吏民的财物。

（2）①该段文字规定的是依照受财枉法论处的情形，而不是受财枉法本条。以“准枉法”论处的情形是：官员为当事人牟取不正当利益或为其开脱罪责时并未受贿，但事后收受贿赂的，如果属于枉法曲断，依照受财枉法论处，但不同于受财枉法本条规定之处在于，对于“准枉法”论处的情形，不适用除名、免官和加役流之法。②该段文字规定的是依照受所监临财物论处的情形，而不是受所监临财物本条。以“受所监临财物”论处的情形是：官员为当事人牟取不正当利益或为其开脱罪责时并未受贿，且事后也未收受贿赂的；或者官员处理事务时并没有为当事人牟取不正当利益或开脱罪责，但事后收受贿赂的，也以受所监临财物论处。

（3）“受财枉法”和“受所监临财物”属于“六赃”中的两个罪名，“受财枉法”和“受所监临财物”的规定对于惩治贪赃枉法，净化官僚队伍具有重要意义。同时，以“准枉法”和“受所监临财物”论处的规定，还使贪污受贿的犯罪在法律上再无可逃之路。

单元三

请运用中国法制史的理论和知识对下列材料进行分析，并回答问题：

1.《唐律疏议·名例律》规定：“诸二罪以上俱发，以重者论；等者，从一。若一罪先发，已经论决，余罪后发，其轻，若等，勿论；重者更论之，通计前罪，以充后数。”

（1）该段文字反映了唐朝什么刑法原则？

（2）该段文字的基本含义是什么？

（3）唐律规定这一原则的立法宗旨是什么？

（4）唐律规定这一原则有何意义？

2.《大明律·吏律》：“凡诸衙门官吏及士庶人等若有上言宰执大臣美政才德者，即是奸党，务要鞫（音居——编者注）问穷究来历明白，犯人处斩，妻子为奴，财产入官。若宰执大臣知情与同罪，不知者不坐。”

（1）该段文字反映了什么问题？

（2）何谓“奸党罪”？明朝为什么要用法律明确规定“奸党罪”？

（3）“奸党罪”的创设有何益处和危害？

单元三答案要点

1.（1）该段文字反映了唐朝“合并论罪”的刑法适用原则，即唐朝对于犯数罪的，实行“二罪以上俱发，以重者论”的原则。唐朝法律关于合并论罪的规定，在处理上类似于现代刑法“数罪并罚”的处理原则。

（2）该段文字的基本含义是，凡是一个人所犯的两种以上的罪被告发，按照其中最重的一种罪处刑；如果所犯各罪轻重相等，则按照其中的一罪处刑；如果判决先发之罪后，又得知判决前还有其他的罪的，若后发的罪轻于或等于已经判决的罪，则维持原判；如果后发的罪重于已经判决的罪，则按照后发的罪论处，已经判决的罪折入后发的罪中。

（3）该刑法适用原则一般适用于犯罪已经被告发或者已经判决的更犯，对于这类犯罪的处断原则作出规定，说明唐朝统治者对于更犯的严重关切，这有利于统治秩序的有序、稳定。

（4）这种处理原则，不仅区分了犯罪的不同情形，而且明确了重罪的处理办法，这为犯数罪如何量刑提供了切实可行的判断标准。同时，“二罪以上俱发，以重者论”的刑罚适用原则，对于保证犯数罪的法律适用也具有积极的意义。

2.（1）该段文字是明朝对奸党罪的规定。上言大臣德政即为奸党罪的表现之一。

（2）所谓“奸党罪”，是指明太祖朱元璋为了防范臣下不轨而规定的罪名，基本内容是打击臣下结党营私，排斥异己，巩固皇权。鉴于历代臣下结党营私造成皇权削弱、统治集团内部矛盾，导致国亡民乱的教训，明太祖朱元璋首创奸党罪。

（3）奸党罪的设立在防止臣下结党营私，加强专制主义皇权方面发挥了关键作用，这也是重典治吏的体现。奸党罪的创立，实足反映了皇帝对臣下的防范猜忌之心，突出地反映了皇帝和臣下在封建社会晚期矛盾的加深，这也是明朝不遗余力地打击臣下，加强皇权的原因。然而，奸党罪本身不仅不能解决专制主义本身的痼疾，反而在一定程度上加剧了统治的黑暗，并酿成宦官专权之祸，从而危害了封建统治。

单元四

请运用中国法制史的理论和知识对下列材料进行分析，并回答问题：

1.《唐律疏议·户婚律》规定：诸妻无七出及义绝之状，而出之者，徒一年半；虽犯七出，有三不去，而出之者，杖一百。追还合。若犯恶疾及奸者，不用此律。《疏议》曰：“义绝”，谓殴妻之祖父母、父母及杀妻外祖父母、伯叔父母、兄弟、姑、姊妹，若夫妻祖父母、父母、外祖父母、伯叔父母、兄弟、姑、姊妹自相杀及妻殴詈夫之祖父母、父母，杀伤夫外祖父母、伯叔父母、兄弟、姑、姊妹及与夫之缌麻以上亲、若妻母奸及欲害夫者，虽会赦，皆为义绝。谓恶疾及奸，虽有三不去，亦在出限，故云“不用此律”。妻无子者，听出。妻年五十以上无子，听立庶以长。

（1）何为“义绝”？请根据该段文字说明适用“义绝”的情形。

（2）请根据该段文字分析不得以“义绝”论处的主要情形。

（3）如何评价唐律的该条规定。

2.《唐律疏议·斗讼律》（卷二十二）：诸部曲殴伤良人者，加凡人一等。奴婢，又加一等。若奴婢殴良人折跌支体及瞎其一目者，绞；死者，各斩。其良人殴伤杀他人部曲者，减凡人一等；奴婢，又减一等。若故杀部曲者，绞；奴婢，流三千里。相侵财物者，不用此律。

（1）上述材料反映了唐代哪一种刑法适用原则？该原则的基本内容是什么？

（2）请根据材料分析奴婢和良人相犯论处情形。

（3）如何评价上述材料？

单元四答案要点

1.（1）“义绝”即夫妻情义已绝，是唐朝规定的强制离婚的条件。“义绝”的情形包括：①丈夫殴打妻子的祖父母、父母以及杀害妻子的外祖父母、伯叔父母、兄弟、姑、姊妹，或者夫妻上述亲属之间相互杀害的。②妻子殴打、咒骂丈夫的祖父母、父母，杀伤丈夫的外祖父母、伯叔父母、兄弟、姑、姊妹以及丈夫缌麻以上亲。③如果妻子的母亲与丈夫通奸或谋害丈夫的，虽遇赦免，都以义绝论处。④对于以无子休妻的，必须是妻子年 50 以上。⑤妻子如果有重大疾病或者犯有奸罪，虽然有“三不去”的理由，仍可休妻。

（2）①妻子没有“七出”情形而休妻的，丈夫处徒一年半。②妻子有“三不去”的理由而休妻的，丈夫处杖一百。

（3）①唐律将“七出”“三不去”作为强制离婚的条件，这不仅是对传统婚姻解除制度的继承，而且也体现了唐朝对稳定婚姻关系的重视。②唐律将“义绝”认定的着眼点放在夫妻一方杀伤对方直系或旁系尊亲属上，旨在维护男女不平等的封建等级秩序和伦理尊卑。

2.（1）上述材料反映的是唐代良贱相犯依身份论处的刑法适用原则。根据该原则，以良犯贱依法可减轻处刑；以贱犯良则较常人加重处刑。

（2）奴婢和良人相犯的论处情形为：①奴婢殴伤良人的，比照凡人殴伤加二等处刑；如果奴婢殴打良人致其肢体损害或瞎一目的，处绞刑，致使良人死亡的，处斩刑。②良人殴伤奴婢的，比照凡人殴伤减二等处刑。如果故意杀死奴婢的，处流 3 000 里。

（3）评价：①良贱相犯同罪异罚，体现了儒家思想强调的良贱、尊卑身份的差别，说明唐代法律的身份法的性质。②严格划分良贱并依身份论处，说明唐律以维护封建等级秩序为己任。

单元五

请运用中国法制史的理论和知识对下列材料进行分析，并回答问题：

1.《唐律疏议·斗讼律》规定：诸告人罪，皆须明注年月，指陈实事，不得称疑。违者，笞五十。官司受而为理者，减所告罪一等。即被杀、被盗及水火损败者，亦不得称疑，虽虚，皆不反坐。其军府之官，不得辄受告事辞牒，若告谋叛以上及盗者，依“为受即送官司”之法。

（1）请根据该段文字分析唐朝对提起诉讼的限制和处断情形。

（2）何为依“为受即送官司”之法？

（3）如何评价唐律的该条规定？

2.《后汉书·章帝纪》：“律十二月立春，不以报囚。（月令）冬至以后，在顺阳助生之文，而无鞫（音居——编者注）狱断刑之政。朕咨访儒雅，稽之典籍，以为王者生杀，宜顺时气。”

《盐铁论·论菑（音资——编者注）》：“春夏生长，利以行仁。秋冬杀藏，利以施刑。”

（1）这两段文字反映了汉朝的什么制度？该制度的历史渊源是什么？

（2）汉朝实行该制度的原因是什么？体现了什么思想？

（3）汉朝实行该制度有何例外规定？为什么？

单元五答案要点

1.（1）唐朝对于当事人提起诉讼的，必须注明犯罪的年月，指陈犯罪的实际情况，在陈述时不得有疑点，违者笞五十。审案官员受理有疑点的辞讼，并依此判决的，比照所告犯人之罪减一等处理。对于危害特别严重的杀人、盗窃重罪，或者被人决水、纵火焚烧财物的，陈述时也不得有疑点。对于审问时有疑点的，此时不适用诬告反坐。对于军府的官员，不得受理诉状，但对于犯谋叛以上以及盗窃案件，依照“为受即送官司”法论处。

（2）所谓“为受即送官司”之法，是指规定由官府正式受理案件的法律条文。对于犯谋叛以上及盗窃的案件，应当将案件移交官府处理，官府依据有关规定依法处理。

（3）①唐朝为了防止诬告，在提起诉讼时对当事人的告诉权进行了限制，以避免社会和司法混乱的发生。②当事人提起诉讼，必须到有管辖权的官府告诉。③对于受理有疑点的诉状，唐律规定了较为严格的司法官责任，这对于防止诬告的发生和司法腐败具有积极意义。

2.（1）这两段文字反映的是汉朝的刑罚执行制度——秋冬行刑。秋冬行刑，是指中国古代将死刑的执行安排在秋冬两季进行的制度。这种做法起源于先秦，《周礼》中就有相关记载，而先秦阴阳五行家“赏以春夏，刑以秋冬”的理论，则是这种思想最完整的体现。

（2）汉朝在刑罚执行上实行秋冬行刑，表明当时的人们已经认识到，死刑执行必须合乎天意，如若违背天意，就会遭到惩罚。

汉朝在刑罚执行上实行秋冬行刑，也与考虑不误农时有关。因为秋冬一般为农闲季节，此时断狱行刑，不致耽误农业生产，这对巩固统治秩序是有利的。

汉朝实行秋冬行刑，是汉朝法律儒家化在刑罚执行上的反映，充分体现了儒家思想向法律原则的转化。

（3）并不是所有的刑罚都要等待秋后执行，对于“决不待时”的重犯，以及谋反、大逆之罪，须立即执行，这表明，维护封建统治和稳定社会秩序是高于一切的。

单元六

请运用中国法制史的理论和知识对下列材料进行分析，并回答问题：

1.《明史·刑法志一》：五刑之外，徒有总徒四年，（遇例减一年者），有准徒五年，（斩、绞、杂犯减等者。）流有安置，有迁徙，（去乡一千里，杖一百，准徒二年。）有口外为民，其重者曰充军。充军者，明初唯边方屯种。后定制，分极边、烟瘴、边远、边卫、沿海、附近。军有终身，有永远。二死之外，有凌迟，以处大逆不道诸罪者。充军、凌迟，非五刑之正，故图不列。凡徒流再犯者，流者于原配处所，依工、乐户留住法。三流并决杖一百，拘役三年。拘役者，流人初止安置，今加以居作，即唐、宋所谓加役流也。徒者于原役之所，依所犯杖数年限决讫，应役无得过四年。

（1）请根据该段文字说明《大明律》在“五刑”之外所规定的刑种。

（2）请根据该段文字说明充军刑适用情形的发展。

（3）请根据该段文字说明凌迟和徒流再犯者的刑罚适用情形。

（4）请根据该段文字评价明朝刑罚制度的发展。

2.《明公书判清明集·户婚门·立继类》记载：“立继者谓夫亡而妻在，其绝则其立也当从其妻，命继者谓夫妻俱亡，则其命也当唯近亲尊长。立继者与子承父分法同当尽取其产与为之。命继者于诸无在室、归宗诸女，止得家财三分之一。又准户令：诸已绝之家立继绝子孙（谓近亲尊长命继者），于绝家财产者，若止有在室女，即以全户四分之一给之，若又有归宗诸女，给五分之一。止有归宗诸女，依户绝法给外，即以其余减半给之，余没官。止有出嫁诸女者，即以全户三分为率，以二分与出嫁女均给，余一分没官。”

（1）上述记载反映的是什么制度？

（2）对于反映的制度，宋朝是如何作出规定的？

（3）对于记载中提到的在室女，宋朝是如何规定的？

（4）试说明该段记载反映的问题。

单元六答案要点

1.（1）《大明律》在五刑之外规定的刑种有特殊徒刑（总徒四年、准徒五年的徒刑）、特殊流刑（安置和迁徙）、充军刑和凌迟刑。

（2）明初，充军刑仅适用于边境卫所屯种，后成为定制，分为极边、烟瘴、边远、边卫、沿海、附近六种。刑期分为终身和永远两种。但由于充军并非五刑规定的正式刑种，因此在《大明律》附载图中没有列明。

（3）①凌迟适用于犯有大逆不道诸罪。②对于徒流再犯的，原处流刑的罪犯在原发配处依照工、乐户留住法处理（工户和乐户都是贱民——编者注）。对于犯三流的徒流再犯者，除本罪外，并处决杖一百，拘役三年。对于并处拘役的，该刑罚产生之初仅限于安置，但明朝改为居作，类似于唐朝的加役流。对于犯徒罪的徒流再犯者，在原地服役，但服役年限不能超过四年。

（4）①明朝继续沿用封建制五刑，但徒刑、流刑都附加杖责。如迁徙刑，准徒二年并杖一百，三流拘役并杖一百。②准适用的情形有所扩大。③徒刑、流刑附加杖责，充军刑和凌迟刑的适用说明明朝的刑罚较前代日趋残酷，这是封建专制主义恶性发展在刑罚领域的充分体现。

2.（1）该段记载说明的是有关宋朝“户绝”财产的继承，对于“户绝”财产，宋朝包括立继和命继两种方式。所谓立继，即妻子收养同宗子辈为立继子；所谓命继，即夫妇皆亡后由近亲属尊长所指定的同宗子辈为命继子。

（2）宋朝有关“户绝”财产的继承有立继和命继两种方式：凡是夫亡而妻在，立继从妻，称为“立继”；凡是夫妻俱亡，立继从其尊长亲属，称为“命继”。立继子的财产继承权与亲生子相同，而命继子在没有在室女的情况下，享有对死者 1/3 的财产继承权，其余财产由出嫁女、归宗女继承。

（3）如果有在室女，继子与绝户子女虽都享有继承权，但在室女享有 3/4 的财产继承权，命继子享有 1/4 的财产继承权。如果没有在室女，出嫁女享有 1/3 的财产继承权，命继子享有 1/3 的财产继承权，另外 1/3 收归国有。

（4）由于宋朝商品经济的发展和私有观念的深化，财产继承的范围不仅扩大到继子，而且妇女的继承份额也相应增加，这表明宋朝的财产继承制度更加完备。

单元七

请运用中国法制史的理论和知识对下列材料进行分析，并回答问题：

1.《唐律疏议·断狱律》：“死罪囚，决前一日二复奏，次日又三复奏。谓奏画已讫（音起——编者注），应行刑者，皆三复奏迄，然始下决。若不待复奏报下而决者，流二千里，复奏讫毕，听三日乃行刑，若限未满而行刑者，徒一年，即过限，违一日杖一百，二日加一等。但犯恶逆以上罪及部曲杀主罪，行一复奏。”

（1）该段文字反映的是唐朝的什么制度？该制度的历史渊源是什么？

（2）该段文字的基本含义是什么？

（3）该制度在适用上有何例外规定？为什么？

（4）该制度的立法宗旨是什么？

2.《宋史·刑法志三》：“（绍兴）二十九年（公元 1159 年——编者注），令杀人无证、尸不经验之狱，具案奏裁，委提刑审问。如有可疑及翻异，从本司差官重勘，案成上本路，移他监司审定，具案闻奏。否则监司再遣官勘之，又不伏，复奏取旨。先是，有司建议：外路狱三经翻异，在千里内者移大理寺……鞫勘本路累尝差官犹称冤者，惟檄邻路，如尚翻异，则奏裁。”

请运用中国法制史的知识和理论，分析上述文字并回答下列问题：

（1）该段文字反映的是宋朝何种司法制度？该司法制度的含义是什么？

（2）该制度是如何适用的？

（3）实施该制度的意义是什么？

单元七答案要点

1.（1）该段文字反映的是唐朝的死刑复奏制度。三国曹魏时期最早确立了死刑复奏制度，后被隋、唐发展成为死刑三复奏、死刑五复奏制度。

（2）该段文字的基本含义是，人犯在死刑执行前一日，应复奏两次，次日再复奏三次，复奏完毕后，应当执行死刑的，都应当三复奏，然后执行死刑。如果不等到奏报便执行死刑的，处流刑二千里。复奏完毕后，听奏三日才能行刑，如果期限未满而行刑的，徒一年。超过期限奏报的，多一日处杖刑一百，多二日加一等处刑（此处加一等为徒一年——编者注）。但是如果是犯恶逆以上的罪以及部曲杀害主人的罪，行一复奏即可。

（3）对于犯恶逆以上的大罪以及部曲杀主人的罪，只行一复奏。这说明对于该制度的适用必须以不妨碍封建君主专制统治和封建伦理纲常为限。

（4）死刑复奏制度的适用说明唐朝对于死刑执行的重视，该制度不仅体现了司法执行中的慎刑思想，而且也有利于缓和阶级矛盾。

2.（1）该段文字反映的是宋朝翻异别推制的司法制度。翻异别推制就是在发生犯人推翻原口供，而且所翻情节实碍重罪时，案件须重新审理，应将该案改由另一法官或者另一司法机关审理。

（2）对于杀人但无证可查的、尸体未经检验的案件，案件要具结奏请裁决，并委托提刑司审问，如有可疑及犯人推翻原口供的翻异案件，令提刑司派遣官员重新勘验，案件移送路一级司法机关具结后奏请裁决。否则，路一级司法机关应当派遣官员再次勘验，犯人仍不服的，再次奏请裁决，但翻异次数不能过三。经三次翻异者，千里以内的移送大理寺审理。对于千里之外的路级案件的翻异，奏请裁决。

（3）翻异别推制是宋朝独有的制度，该制度对于防止冤假错案具有积极意义，该制度也有利于皇帝对各级司法审判权的控制和监督。

单元八

请运用中国法制史的理论和知识对下列材料进行分析，并回答问题：

1.《唐律疏议·斗讼律》规定：“诸部曲、奴婢告主，非谋反、逆、叛者，皆绞。”又：“诬告反坐”疏议：“本应加杖者，谓诬告部曲、奴婢流罪，若实，部曲、奴婢止加杖二百；既虚，诬告者不流，亦准杖法反坐。”

（1）该段文字反映的是唐朝何种定罪量刑原则？

（2）从刑法方面看，请根据本段文字说明该定罪量刑的适用情形。

（3）从诉讼方面看，请根据本段文字说明该定罪量刑的适用情形。

（4）试说明该段记载反映的问题。

2.《唐律疏议·断狱律》：“诸应讯囚者，必先以情，审察辞理，反复参验；犹未能决，事须讯问者，立案同判，然后拷讯。违者，杖六十。”

（1）该段文字反映的是唐朝的什么制度？

（2）该段文字的基本含义是什么？

（3）该段文字说明了什么问题？

单元八答案要点

1.（1）该段文字反映的是唐朝良贱相犯依身份论处和诬告反坐的定罪量刑原则。

（2）从刑法方面看，良贱相犯，同罪异罚。对于属于贱民的部曲、奴婢，必须为主人隐罪，对于告发主人的，处绞刑；但主人告发部曲或奴婢的，即便诬告，也可以减刑。可见，对于贱人侵犯良人，处刑从重，侵犯主人则处刑更重。反之，主人侵犯贱人，则处刑从轻，甚至不处刑。

（3）从诉讼方面看，对于主人犯罪，贱人只能隐罪，不能告发，而主人则可告发贱人，而且即便诬告，也可以减刑。

（4）该段文字反映的问题是：①唐朝奴婢的法律地位十分低下，良民和贱民在法律地位上极其不平等。②在诬告反坐原则的适用上，如果属于良民或主人诬告贱民，则该原则在适用上受到了身份的限制。③良贱相犯依身份论处，不适用于谋反、谋叛和谋大逆的犯罪，如果主人犯有上述三罪，贱民必须告发，且不从重处罚，这体现了唐朝对于封建统治根本利益的维护。

2.（1）该段文字反映的是唐朝的审讯制度。

（2）该段文字的基本含义是，在一般情况下，诸审判官在拷讯之前，必须依法观察被告的心理活动，判断口供的真伪，然后反复查验证据。证据确凿，仍狡辩否认的，经过审判官员共同决定，可使用刑讯。违反上述规定的，处杖刑六十。

（3）唐朝法律规定，认定证据，特别是为了取得口供，允许实施拷讯，并规定了拷讯的程序和要求。拷讯制度体现了封建法律的残酷性和野蛮性，但将其限制在法律允许的范围内，这也是一种历史的进步。

单元九

请运用中国法制史的理论和知识对下列材料进行分析，并回答问题：

1. 材料1：《唐律疏议·名例律》（卷六）：诸断罪而无正条，其应出罪者，则举重以明轻；其应入罪者，则举轻以明重。

材料2：《大明律·吏律》（断罪无正条）：凡律令该载不尽事理，若断罪而无正条者，引律比附。应加应减，定拟罪名，转达刑部，议定奏闻。若辄断决，致罪有出入者，以故失论。

（1）上述材料体现了古代法律的何种适用原则？

（2）请根据材料1简要说明唐代对该原则的适用情形及该规定的意义和作用。

（3）请对比材料1、2说明明代在该原则适用上的主要变化。

（4）请根据材料2说明明朝适用该原则的程序和擅用该原则的法律责任。

2.《唐律疏议·杂律》："诸坐赃致罪者，一尺笞二十，一疋（音匹——编者注，一疋就是一匹的意思）加一等；十疋徒一年，十疋加一等，罪止徒三年。"疏议曰："赃罪正名，其数有六，谓受财枉法、不枉法、受所监临、强盗、窃盗并坐赃。然坐赃者，谓非监临主司，因事受财，而罪由此赃，故名坐赃致罪。"

（1）该段文字反映的是唐朝的什么制度？

（2）根据该段文字分析该制度适用的情形？

（3）唐律规定该制度的意义是什么？

（4）唐律规定该制度的立法宗旨是什么？

单元九答案要点

1.（1）上述材料体现的是古代法律适用的类推原则。（回答为"比附断罪、引律比附原则"亦可）

（2）对唐律中无明文规定但又需要予以惩处的犯罪行为，凡应减轻处刑的，应列举重罚条款的类似规定，比照从轻处断；凡应加重处刑的，则应列举轻罚条款的类似规定，比照从重处断。唐律的这一规定体现了司法官类推断狱的严格要求，反映了唐朝对于类推适用的基本价值取向：既予以认可，以发挥现行律典的灵活补充作用，又予以规范和限制，以防止其破坏国家法制。

（3）明代该原则在适用上的变化体现在：①适用范围更加广泛，凡是律无正条的，都可以适用比附。②规定了比附断罪的适用程序和法律责任。

（4）初审官员根据比附原则定罪量刑，上呈转达刑部，由刑部议定后，上奏皇帝决定。司法官员违反比附规定，随意裁判，导致"出罪"（重罪轻判或有罪判作无罪）或"入罪"（轻罪重判或无罪判作有罪）的，区分故意或过失，分别追究法律责任。

2.（1）这段文字反映的是唐朝的六赃犯罪之一——"坐赃"犯罪。

（2）唐朝的六赃是指犯赃罪的六种情形：受财枉法、受财不枉法、受所监临、强盗、窃盗和坐赃六种情形。

（3）唐朝将赃罪区分为六种情形，并具体规定了坐赃犯罪，区分了坐赃犯罪的量刑幅度，使得贪污受贿的各类犯罪在法律上有法可依。

（4）唐律规定六赃犯罪以惩办贪官污吏，净化官吏队伍，但规定六赃犯罪的根本目的在于维护封建统治，稳定统治秩序。

单元十

请运用中国法制史的理论和知识对下列材料进行分析，并回答问题：

1.《唐律疏议·名例律》："诸犯罪未发而自首者，原其罪。其轻罪虽发，因首重罪者，免其重罪；即因问所劾之罪而别言余罪者，亦如之……即自首不实及不尽者，以不实不尽之罪罪之；至死者，听减一等。其知人欲告及亡叛而自首者，减罪二等坐之；即亡叛者，虽不自首，能还归本所者，亦同。其于人损伤，于物不可赔偿，即事发逃亡，若越度关及奸，并私习天文者，并不在自首之列。"

（1）该段文字反映了唐朝的什么制度？

（2）该段文字的基本含义是什么？

（3）适用该原则有何例外？

（4）这一规定的立法宗旨是什么？

2.《唐律疏议·斗讼律》（卷二十四）：诸被囚禁，不得告举他事。其为狱官酷己者，听之。即明知谋叛以上，听告；余准律不得告举。即年八十以上，十岁以下及笃疾者，听告谋反、逆、叛、子孙不孝及同居之内为人侵犯者，余并不得告。官司受而为理者，各减所理罪三等。

（1）唐朝关于限制告诉权的例外情形。

（2）对于违法受理限制告诉的案件，应如何处理？

（3）该段文字反映的问题。

单元十答案要点

1.（1）该段文字反映了唐朝的自首原则。

（2）该段文字的基本含义是，凡是犯罪未被告发而自首的，免其罪；因轻罪被告发而自首其重罪的，免其重罪；因此罪被审而另言别罪的，赦免别罪……自首不真实或者不彻底的，按照其所隐瞒的罪行和情节处刑，但应当处死刑的，减刑一等；知道他人将要告发，或者同伙亡叛将要案发而自首的，减刑二等，亡叛的虽未自首，但是能够返回当初亡叛之处的，减罪二等。但是对于杀伤他人、不能返还原物、案发后逃亡、无公文过关以及强奸和私自研习天文的，不在自首范围。

（3）对杀伤他人、不能返还原物、案发后逃亡、没有公文过关以及强奸和私自研习天文的，不适用自首。

（4）唐律关于自首原则无比详尽的规定，有利于分化瓦解犯罪分子，提高破案效率，稳定社会秩序。此外，自首原则不仅表明唐朝刑法适用原则的重大发展和法律的完善，也表明对于严重危害封建统治秩序的重罪以及后果无法挽回的犯罪不适用自首，体现了唐朝对统治秩序的关切和对长治久安的维护。

2.（1）唐朝对告诉的限制及其例外情形包括：①在押犯只准告谋叛以上之罪和狱官非法残害自己之事，其他罪不得告诉。②80 岁以上、10 岁以下以及轻病残者只准告谋反、谋大逆、谋叛以及子孙不孝或者同居之内受人侵害之事，其他罪不得告诉。

（2）对于违法受理限制告诉的案件，审案官员应依据所受理案件涉及的罪名论处并减该罪三等处理。

（3）该段文字表明：①唐朝对某些案件限制控告有利于维护封建伦理关系和社会的稳定。唐律限制在押囚犯行使告诉权是出于稳定社会秩序的需要；唐朝限制 80 岁以上、10 岁以下以及轻病残者行使告诉权是出于维护封建伦理关系和当事人生理条件的考量。②唐律对于危害封建政权和皇权的严重犯罪，强制知情者告发，有利于维护封建君主专制和至高无上的皇权。③唐律对于违法受理限制告诉案件，确立了严格的法官责任制，并规定了明确的法律责任，这对于加强行政官吏对部属官员的督察及维护社会秩序的责任感，对于防止官员滥用职权伤及无辜等，都有积极意义。